Erkenntnisprojekt Geschlecht

W0109574

Geschlecht und Gesellschaft

Herausgegeben von

Ilse Lenz
Michiko Mae
Sigrid Metz-Göckel
Ursula Müller
Marlene Stein-Hilbers

Band 17

Bettina Dausien/Martina Herrmann/
Mechtild Oechsle/Christiane Schmerl/
Marlene Stein-Hilbers (Hrsg.)

Erkenntnisprojekt Geschlecht

Feministische Perspektiven
verwandeln Wissenschaft

Leske + Budrich, Opladen 1999

Gedruckt auf säurefreiem und altersbeständigem Papier.

ISBN 3-8100-2222-5

© 1999 Leske + Budrich, Opladen

Das Werk einschließlich aller seiner Teile ist urheberrechtlich geschützt. Jede Verwertung außerhalb der engen Grenzen des Urheberrechtsgesetzes ist ohne Zustimmung des Verlages unzulässig und strafbar. Das gilt insbesondere für Vervielfältigungen, Übersetzungen, Mikroverfilmungen und die Einspeicherung und Verarbeitung in elektronischen Systemen.

Druck: Druck Partner Rübelmann, Hemsbach
Printed in Germany

Inhalt

Einleitung:
Sisters in Crime? – Sisters in Science!

Christiane Schmerl

Vor 30 Jahren, am 7.7.1969, veröffentlichte eine Gruppe junger radikaler Feministinnen in New York City das *Redstockings Manifesto* und löste damit gewaltiges Aufsehen und innerhalb der ‚neuen' sozialen Bewegungen[1] einen Skandal aus: Sie hatten knallhart und kurz behauptet, daß „alle Männer" Frauen unterdrückten – also auch unsere Ehemänner, Väter, Brüder, Liebhaber, Freunde und politische Genossen.

„We identify the agents of our oppression as men ... Men have controlled all political, economic, and cultural institutions and backed up this control with physical force. They have used their power to keep women in an inferior position. *All men* receive economic, sexual and psychological benefits from male supremacy. *All men* have oppressed women." (109)

Es waren nicht mehr in erster Linie ‚das Kapital', ‚das System' oder die historisch entstandenen ‚ungerechten Verhältnisse', wie es die Neue Linke sah, nicht mehr nur ‚die Kultur', ‚die Gesellschaft' oder ‚die Institutionen', wie es kritische Liberale formuliert hatten. Das Patriarchat bekam Namen und Adresse. Männer waren nicht nur Opfer und Handlanger ‚des' Systems, sondern sie waren außerdem Nutznießer und aktive Gestalter.

Auch für Feministinnen wie z.B. Betty Friedan waren diese ‚Radikalen' unbequem, weil sie den Feminismus als männerfeindlich und ideologisch verbohrt erscheinen ließen, also als politisch unklug oder sogar falsch. Viele zeitgenössische Feministinnen hielten vielmehr in erster Linie rigide ‚Geschlechterrollen', frauenfeindliche ‚Einstellungen', antiquierte und diskriminierende Gesetzgebung und Erziehungspraktiken für die primären Ursachen der Frauenunterdrückung, nicht den Mann auf der Straße oder den in der Familie.

Weiterhin interessant ist, daß im Redstockings Manifesto nicht nur eine Einladung an aufgeklärte und kritische Männer enthalten war, die interessiert waren, „to give up their male privileges and support women's liberation in the interest of our humanity and their own" (111) – also kein universeller Männerhaß –, sondern auch Strategievorschläge, die für die vorliegenden Zwecke besonders beachtenswert erscheinen:

„We regard our personal experience, and our feelings about that experience, as the basis for the analysis of our common situation. We cannot rely on existing ideologies as they are the products of male supremacist culture." (110)

Was macht den Rückblick auf ein 30 Jahre altes programmatisches Manifest aus den Anfängen der Zweiten Frauenbewegung – die damals noch nicht von der Existenz einer ‚Ersten' Frauenbewegung im selben Jahrhundert wußte – so interessant für die aus der Frauenbewegung hervorgegangenen feministischen Wissenschaften, die Frauen- bzw. Geschlechterforschung? Zwei Punkte scheinen über die zeitliche Distanz hinweg aufschlußreich: Die damals so schockierende, ‚radikale' Einbeziehung aller konkreten Männer ins patriarchale Profiteure-System legt heute keine trennenden Schneisen mehr durch die Mitte des feministischen Spektrums, sondern findet, wenn überhaupt noch, als Randgeplänkel mit sympathisierenden Frauen statt, die sich beeilen festzustellen, keine Männerhasserinnen zu sein. Die Frauenbewegung insgesamt wie auch die feministischen Wissenschaftlerinnen haben inzwischen genügend breite Erfahrungen sowohl mit Männern als Individuen, als auch mit männlichen Institutionen gesammelt, um sich gelassen darüber klar zu sein, daß beide Einsichten sich keineswegs widersprechen: Männer sind ‚auch' Opfer des Systems, in der Regel aber zugleich seine Stützen, Verteidiger, Täter und Nutznießer. ‚Doing gender' findet selbstverständlich auch auf der Ebene des individuellen Männchens der Spezies Mensch statt. Radikale Positionen der Frauenbewegung/Frauenforschung können offensichtlich innerhalb einer Generation zu allgemein geteilten Einsichten werden; die Grenze zwischen ‚radikal' und ‚mainstream' ist beweglich.

Die im zweiten Zitat der Redstockings formulierte Devise scheint dagegen programmatisch wie strategisch durchgängig stabil gewesen zu sein: Die persönliche Erfahrung von Frauen als Ausgangspunkt der Wissensfindung und -erarbeitung zu benutzen, die eigenen Reaktionen/Gefühle/Reflexionen dieser Erfahrungen für eine gemeinsam neu zu entwickelnde Analyse der weiblichen Situation einzusetzen, den Rückgriff auf existierende Ideensysteme der männlichen Dominanzkultur bewußt zu verweigern.

Dieser Appell richtete sich damals vorrangig auf die pragmatische Erkenntnis der alltäglichen Lebensbedingungen von Frauen im Patriarchat und sollte gemeinsame Erkenntnisse ermöglichen, die nicht schon von patriarchalen Deutungen des Frauenlebens kontaminiert waren. Die nach diesen Prinzipien arbeitenden Consciousness-Raising-Groups konnten denn auch einen nicht zu unterschätzenden Erkenntniszuwachs bei den in ihnen sprechenden und analysierenden Frauen erzeugen bezüglich der eigenen und der Situation von anderen Frauen – eine erste Art alltagssoziologischer Handlungsforschung. Spätestens mittels dieser Art von systematisierter Erfahrung/Empirie war den beteiligten Frauen klar, daß und warum das Persönliche politisch ist.

Programmatisch analog hieß dieses Vorgehen für die *Wissenschaftlerinnen* innerhalb der Frauenbewegung aber noch viel mehr: Skepsis und Kritikfähigkeit gegenüber den herrschenden Traditionen der eigenen Disziplin; eigene Forschungsfragen; eigene Empirie, die nicht nur von den männlich geprägten wissenschaftlichen Vorgaben ausgeht; Suche nach und reflektierter Einsatz von wissenschaftlichen Methoden, die den Lebensbedingungen des ‚zweiten Geschlechts' angemessen Rechnung tragen; Reflexionen des eigenen Standorts bei der Analyse von Erkenntnissen.

Was diese beiden zentralen Punkte – Kritik/Infragestellung des bisherigen Wissenschaftskanons, selbstbestimmte Forschungsfragen und -methoden – tatsächlich für die Entwicklung feministischer Wissenschaft bedeuten würde, ließ sich damals nur ansatzweise ahnen. Erst mit wachsendem Zeitabstand und angesichts der unterdessen entwickelten Erkenntnisse, Konzepte, Diskurse und Selbstreflexionen kann die Kühnheit wie die überfällige Berechtigung eines solchen Aufbruchs angemessener eingeschätzt werden – in erster Linie durch das an Volumen wie an Qualität beeindruckende vorgelegte wissenschaftliche Werk.

1   Die Geschlechterperspektive in den Einzelwissenschaften: Arbeiten auf drei Baustellen zugleich

1.1 Prüfung der Fundamente: Kritik und Dekonstruktion

Tatsächlich konnten die ab den 60er und 70er Jahren vermehrt in den Wissenschaftsbetrieb eindringenden Frauen in ihren jeweiligen Disziplinen die von den Redstockings formulierten Einsichten direkt auf ihre eigenen Erfahrungen übertragen. War es zunächst in erster Linie um Zugang und gerechte Teilhabe für beide Geschlechter an Wissen und Erkenntnisproduktion gegangen, so zeigte sich bald, daß sowohl das vorhandene Wissen als auch das zu seiner Erzeugung benutzte Werkzeug deutliche Spuren des Herstellungsprozesses zeigte: Es war in zunehmend sichtbar werdendem Umfang von Männern für Männer gemachtes Wissen, hervorgegangen aus männlicher Perspektive und aus dem Werkzeug- und Methodengebrauch von männlichen Akteuren. Das damit erlangte Wissen war keineswegs objektiv und wertfrei entdeckte Wahrheit, sondern ein Konstrukt, das die Zeichen seiner Herstellung trug – die seiner Hersteller, seiner Herstellungsmethoden und die der Interessen seiner Hersteller.

Der erste grundlegende Schritt in dieser unerwarteten Konfrontation mit ‚der' Wissenschaft bestand für die Novizinnen im Wissenschaftsprozeß also in sorgfältigen exemplarischen wie übergreifenden Kritiken an den androzentrischen Fragestellungen, Forschungsdesigns, Methodeneinsätzen und Ergebnisinterpretationen ihrer Disziplinen. Diese unter dem Stichwort ‚Andro-

zentrismuskritik' zusammengefaßte Auseinandersetzung mit dem vorgefundenen – und bis heute noch vorfindbaren – male main stream in den Wissenschaften war der erste und grundlegende Schritt in der Auseinandersetzung
mit der bis dato unter Frauenausschluß funktionierenden Bildungs- und Wis-
sensfabrikation. Er ist in 30 Jahren nicht überflüssig geworden.

Bis heute sind Androzentrismuskritik und Wissenschaftsdekonstruktion
nur möglich gewesen durch die *Zusammenarbeit* von Frauen *in den Wissenschaften* und durch ihren Einsatz von *Logik* und von *Perspektivwechsel*. Sie
sind nach wie vor die schärfsten Waffen gegen jene sich als objektiv und
wertfrei gerierende Wissensproduktion geblieben, die Mensch gleich Mann
setzt. Sie weisen am schnellsten und am eindeutigsten Einseitigkeit, Blindheit
und Interessengeleitetheit betreffender Arbeiten nach, indem sie die Standards der Wissenschaft gegen ihre eigenen Konstrukteure wenden, nämlich
sachlich, logisch, vorurteilsfrei in Fragestellung, Methodenumgang und Interpretation zu sein.

1.2 Neue Grundlagen, Kampf gegen Altlasten, Prüfung eigener Konstruktionen: Innovation, Transformation, Selbstreflexion

Der zweite, daran notwendig sich anschließende Schritt war allen Beteiligten
klar: Er bedeutete, den Prozeß der Wissensherstellung zu verändern, und
zwar durch Frauen: also jener menschlichen Hälfte, die potentiell mit anders
strukturierten Sichtweisen ausgestattet ist – zusätzlich zu den in den Wissenschaften entwickelten und von ihnen ebenfalls beherrschten. Dies hieß, nach
neuen Konzepten zu suchen oder sie zu entwickeln, andere Fragestellungen
zu formulieren, andere Methoden einzusetzen, bzw. den Umgang mit den
vorhandenen zu reflektieren und zu verändern. Es hieß ebenso, Frauen zu
höheren Anteilen als Produzentinnen am Wissenschaftsbetrieb zu beteiligen,
sie für den Zugang dahin auszubilden, zu fördern *und* die dazugehörigen
Differenzen *zwischen* Frauen (nach Herkunft, sozialer Position, Ressourcen,
Interessen, Neigungen, Strategien, Alter usw.) so einzubinden, daß sie sich
produktiv und nicht lähmend oder zerstörerisch auswirken. Ein Mammutpro-
gramm, wenn nicht sogar ein Sisyphos-Programm. Vor allem, wenn man
hinzunimmt, daß diese in Angriff genommenen Aufgaben nicht im neutralen
Raum stattfanden und -finden, sondern in der Regel im Widerspruch zu dem
bereits eingespielten Wissenschaftsbetrieb. Und das heißt, gegen den Widerstand der dort etablierten und durchaus zufriedenen Männer – mit ihrem
dreifachen Vorsprung: an Definitionsmacht, an Positionsmacht und – nicht
zu unterschätzen – an Macht durch eine hautnah zugeschnittene Interessen-
und Biographie-Kongruenz zwischen Wissens-Inhalten, Wissens-Herstel-
lungsmaschinerie und Wissens-Hohepriestern.

Dieser zweite Schritt – weiterführende Kritik durch eigene Forschungs-
konzepte, die die Geschlechterfrage in die Wissenschaft hineintragen – ist

seit 30 Jahren trotz aller Widrigkeiten, Rückschläge und Behinderungen in vollem Gange und hat in dieser Zeit zu eigenen wissenschaftlichen Diskursen innerhalb der Disziplinen, aber auch disziplinübergreifend geführt. In den Sozialwissenschaften (wie Soziologie, Kulturanthropologie, Psychologie, Pädagogik, Geschichtswissenschaften) bzw. den Geistes- und Textwissenschaften (wie Sprach- und Literaturwissenschaften, Philosophie, Kunstgeschichte) ist es innerhalb nur einer Generation sehr schwer geworden – zumindest auf einem internationalen Niveau – Kritiken und Arbeiten der Frauen- und Geschlechterforschung zu ignorieren oder zu desavouieren.

Feministische Forschungen auf diesen Gebieten stimmen weitgehend darin überein, daß die Absetzbewegungen von der einen herrschenden Perspektive auf ‚die‘ Wahrheit zu einer mehrfacettigen Sichtweise von komplexeren ‚Wahrheiten‘ führen kann (und muß), die sich nicht notwendigerweise ausschließen, sondern ergänzen, weil sie z.B. Standpunktabhängigkeiten der Forschenden nutzen und nicht dogmatisch verengen. Die aktive Berücksichtigung des Standorts (sprich der Erfahrungen, Eigenschaften, Interessen) der forschenden Personen und ihrer Blickunterschiede wie -überschneidungen bringt aufschlußreichere und den sozialen Wahrheiten besser angenäherte Ergebnisse (wie auch Korrekturmöglichkeiten) mit sich als das kanonische Vorgehen entlang der als ‚klassisch‘ etablierten Fragen und Methoden der jeweiligen Disziplin.

Die feministische Infragestellung des einen, richtigen (männlichen) Wissenskanons und dessen konstruktive Transformationsversuche haben allerdings seit den späten 60er und den 70er Jahren Unterstützung erfahren durch die zeitgleiche Krise in den Sozialwissenschaften, die ebenfalls die positivistischen Grundsätze und das daraus abgeleitete Erkenntnis-Procedere als alleinigen Königsweg der wissenschaftlichen Forschung aus anderen Erwägungen[2] in Frage gestellt hatte und andere, der flexiblen Natur sozialer wie kultureller Gebilde Rechnung tragende Methoden propagiert hatte (vgl. Glaser/Strauss 1967; Freire 1970; Geertz 1973; Reason/Rowan 1981; Reinharz 1981). Interessant ist, daß feministische Forscherinnen sich dieser Ansätze und ihrer ‚weichen‘ Methoden durchaus empirisch wie argumentativ bedient haben, andererseits die männlichen Vertreter dieser neuen Richtungen in den Sozialwissenschaften nur in den wenigsten Fällen ihrerseits die wachsende Evidenz an Fruchtbarkeit und Ergiebigkeit einer feministischen Forschung und Wissenschaftstheorie gewürdigt haben. Bisweilen wurde sogar versichert, die feministische Wissenschaft habe ja ‚nur‘ für ihren eigenen – schmalen – Bereich dankbar nachvollzogen, was andernorts schon vorgedacht und gebrauchsfertig bereitgestellt worden sei.

Dessen ungeachtet haben feministische Wissenschaftlerinnen sowohl inner- wie außerhalb akademischer Einrichtungen inzwischen so vielfältige und originäre Forschungsfelder in 30 Jahren eröffnet und bearbeitet, daß diese sich weder unter einem bescheidenen ‚Beitrag zu ...‘ (ihrer jeweiligen Herkunftsdisziplin) noch unter der bloßen (Rezepte-) ‚Anwendung von ...‘ (Anstößen großer Denker) verstecken lassen. Feministische Arbeiten zu vorher ‚unsichtbaren‘ Problemen wie: Gewalt in der Ehe, Diskriminierung am Arbeitsplatz, sexuelle Übergriffe, Abtreibungsverbote, Alleinerziehende, Eßstörungen, weibliche Armut, weibliche Moral, weibliche Kulturschaffende, Geschlecht und Sprache, Geschlecht und Politik, Frauenberufe, weiblicher Umgang mit Macht, usw. sind nicht nur als seriöse wissenschaftliche Forschungsfragen geachtet, die die zuvor bestehende Blindheit für diese Phänomene nachträglich unbegreiflich erscheinen lassen, sondern sie verdeutlichen außerdem ein typisches strategisches wie methodisches Merkmal feministischer Forschung, nämlich jenes eines ernstgenommenen interdisziplinären Vorgehens, das an Problemstellungen und Problemlösungen orientiert ist und weniger an Fächergrenzen.

Dadurch wurden zentrale sozialwissenschaftliche Forschungsfelder wie Familie, Staat, Arbeit, Kriminalität, Sexualität entscheidend verändert: Familiensoziologische Forschungen z.B. können heute Macht und Geschlecht als zentrale Kategorien nicht mehr übersehen; arbeitswissenschaftliche Untersuchungen sind in ihren Analysen nicht nur auf die formelle und informelle Ökonomie angewiesen, sondern ebenso auf die der Hausarbeit; Devianz- und Kriminalitätsstudien kommen ohne die Einbeziehung öffentlicher wie privater Gewalt gegen Frauen und gegen Kinder nicht mehr aus, usw.

Zwei übergreifende Merkmale dieser Expansion feministischer Wissenschaft auf etablierten wie auf neuen Forschungsfeldern bleiben noch hervorzuheben: der Umgang mit Methoden und die Reflexion und Weiterentwicklung von eigenen Forschungsansätzen aus dem feministischen Spektrum.

Die Kritik feministischer Wissenschaftlerinnen hat sich – ganz im Sinne der Redstockings – von Anfang an auf die in ihren Disziplinen herrschenden Untersuchungsmethoden gerichtet: als einseitig und verengt auf *quantifizierbare* Daten, die wichtige *Qualitäten* der eigentlichen Forschungsfragen nicht aufspüren können, verzerren, ignorieren oder unzugänglich machen. Die Bevorzugung qualitativer Verfahren wie Interviews, teilnehmende Beobachtung, Erhebung biographischer und historischer Daten und textanalytische Ansätze haben überzeugende Ergebnisse, aber auch heftige Debatten über ‚genuin‘ feministische Forschungsmethoden ausgelöst. Trotz engagierter Debatten pro und contra ‚weiche‘ Methoden als ‚typisch‘ feministisch sind aber mit wachsender Erfahrung und Zeit mehr Flexibilität und Gelassenheit in dieser Frage eingekehrt (vgl. Zentraleinrichtung für Förderung ... 1984; Reinharz 1993; Stanley 1993; Diezinger et al. 1994; Matlin 1996). Feministische Geschlechterforschung benutzt neben qualitativen Methoden dort, wo es inhaltlich (und ethisch) vertretbar ist, heute selbstverständlich auch quantifizierende und standardisierte Verfahren[3] (vgl. z.B. Kolip 1997). Für Fragen feministischer Wissenskonstruktion und Epistemologie hat sich inzwischen der Schwerpunkt der Debatte auf die zentrale Frage verlagert, *wie* Wissens-Herstellungsprozesse überhaupt ablaufen, und welchen Einfluß dieser Prozeß auf die Art und Gültigkeit des Wissensprodukts hat (vgl. Harding 1987; Stanley 1993).

Der Verlauf der Debatte um feministische Methoden in den Sozialwissenschaften zeigt bis heute, daß feministische Forscherinnen eigene methodische Wege gegangen sind, diese aber flexibel und undogmatisch gehandhabt haben, je nach Problemstellung und auch in Berücksichtigung der mit verschiedenen Methoden über die Jahre gesammelten Erfahrungen.

Eine spezifisch feministische Bereicherung der Methodendebatte scheinen die positiven Erfahrungen mit und die Wertschätzung von ‚Feminist Research Support Groups‘ (Reinharz 1984) zu sein, die den Forschungskontext durch wechselseitigen Support unterstützen und die ganz bewußt als Weiterführung der klassischen feministischen Tradition der Erkenntnisgewinnung durch Consciousness-Raising-Groups gesehen werden (vgl. MacKinnon 1983). Zusätzlich wird für die Methodenfrage inzwischen von vielen Feministinnen die Einbeziehung von historischen Kontexten (auch solche der eigenen Disziplin) als unverzichtbar angesehen. „Feministische Forscherinnen aller Disziplinen engagieren sich bei der Suche nach ihren Vorfahrinnen– einer anderen Version der Suche nach Schwestern" (Reinharz 1993, 432; vgl. auch Reinharz 1989a, 1989b). Um patriarchale Wissensstrukturen zu überwinden, bedarf es eben auch der Anknüpfung an unterbrochene Traditionen und des aktiven Bewußtseins für die Auswahl, Weiterführung und Nutzung von periodisch immer wieder abgebrochenen weiblichen Wissenskulturen (vgl. Carrol 1976; Lerner 1993; Honegger/Wobbe 1998).

Schließlich bleibt als letzter Punkt zur Charakterisierung von 30 Jahren feministischer Wissenschaftsbaustellen zu betonen – durchaus in Fortführung des letztgenannten Punktes –, daß die Forschungsarbeiten entlang bestimmter Konzepte und Fragestellungen sich über den beobachtbaren Zeitraum deutlich weiterentwickeln und verändern.

Frühe widerständige feministische Konzepte aus den 70er Jahren sind in den 80er und 90er Jahren ihrerseits weiter der Kritik, der Präzisierung und der Umstrukturierung unterworfen worden – also aktiv benutzt, bestritten, korrigiert oder neu formuliert worden. Als bekannteste Beispiele mögen hier die vielzitierten Arbeiten von Martina Horner zur weiblichen ‚Furcht vor Erfolg‘ (Horner 1970, 1972) und deren Weiterführung und überzeugende Neuinterpretation durch Monahan et al. (1974), Condry/Dyer (1976) und Mednick/Thomas (1993) gelten (vgl. auch den Psychologie-Beitrag von C. Schmerl in diesem Band); weiterhin die Arbeiten von Carol Gilligan in ihrer Auseinandersetzung mit den von ihrem Lehrer Kohlberg behaupteten Entwicklungsstufen menschlicher Moralentwicklung hin zu einer ‚weiblichen Moral‘, deren Bestreitung und kritische Weiterentwicklung durch jüngere Autorinnen und auch sie selbst hin zur Perspektive verschiedener moralischer Haltungen, die von beiden Geschlechtern eingenommen werden können (Gilligan 1984, 1991; Nunner-Winkler 1991; vgl. dazu den Beitrag von M. Herrmann in diesem Band). Ähnliches gilt auch für die vielbeachteten Ar-

beiten von Sandra Bem über ‚Androgynie‘ als mögliches Persönlichkeits-
merkmal beider Geschlechter (1974, 1975) hin zu einer von ihr selbst revi-
dierten Analyseform der Geschlechterspezifik unter der Perspektive einer
‚Geschlechter-Schema-Theorie‘ (Bem 1987, 1993).

Feministische Forschung ist also ihrerseits an einer selbstkritischen Reflexion ihrer Fragen und Ergebnisse interessiert, an einer Streitkultur um
bessere, d.h. stimmige Erkenntnisse und Deutungen, an Selbst- und Fremd-
kritik. Die bis heute vorgelegten Arbeiten weisen nicht nur die Entwicklung
disziplinärer und interdisziplinärer Wissenstraditionen und -diskurse auf,
sondern auch eine aktive und reflexive Streitkultur, für die gesichert erscheinende Erkenntnisse und renommierte Autorinnen nicht per se sakrosankt
sind. Schwesternstreit in diesem Sinne kann zwar anstrengend sein, hat sich
bisher aber überwiegend konstruktiv ausgewirkt – und sei es in der Rückver-
sicherung sinnvoller Konzepte auch durch ‚überflüssigen‘ Streit – für die
jeweils *nächste* Forscherinnen-Generation.

1.3 Weitere Stockwerke? Implementation und Integration der Geschlechterforschung

Was läßt sich nun nach 30 Jahren über den derzeitigen Stand der wissen-
schaftsinternen Akzeptanz, der Integration der Impulse der Frauenforschung
in die Einzelwissenschaften bzw. in den main stream der Wissenschaften
sagen? Und: anhand welcher Kriterien könnte sich eine solche Fragestellung
überprüfen lassen? Am Anteil von Frauenforscherinnen am wissenschaftlichen Personal? Der Anzahl der von ihnen besetzten akademischen Lehrstühle? Der Berücksichtigung von Konzepten und Ergebnissen der Geschlechterforschung in den Standardlehrbüchern? Der Einrichtung von interdisziplinären Frauenstudiengängen bzw. der von Pflicht- und Wahlfächern in regulären
Studiengängen? Am Umfang von eingeworbenen Forschungsgeldern für
wissenschaftliche Projekte? Oder an der Anzahl der Veröffentlichungen zur
Geschlechterforschung in Fachzeitschriften und ihrer Teilhabe am Zitierin-
dex? In all diesen Bereichen möglicher Kriterien sind unbestreitbar Einflüsse
und Veränderungen feststellbar. Gemessen an dem, was vor 30 Jahren als
Ausgangsbasis vorhanden war und was bei allem radikalen Elan realisti-
scherweise erreichbar erschien, ist das inzwischen Geleistete ein immenser
Erfolg und ein unglaublicher Schritt in Richtung einer neuen Wissenschaftskultur. Gleichzeitig wissen alle daran beteiligten Frauengenerationen, daß
gemessen an dem, was inhaltlich und strukturell notwendig, geschlechterpoli-
litisch gerecht und systemverändernd wäre, die feministische Forschung ein
marginales Leben im Rahmen des gesamten Wissenschaftsbetriebes führt –
mit gewissen nationalen Unterschieden. Und daß vor allem bestimmte Bereiche (v.a. technische und naturwissenschaftliche Disziplinen) sich völlig un-

berührt von feministischer Kritik geben und erst recht von epistemologischen Fragen des Feminismus[4].

Angesichts der Verteilung realer materieller Macht in Wissenschaft und Forschung scheint es derzeit offen, ob feministische Geschlechterforschung weiterhin ein freundlich geduldeter Randbereich des Wissenschaftsbetriebs bleibt – Sigrid Weigel nennt ihn „Frauenforschung als Quarantäne-Station" (1993) –, den Mann sich gönnerhaft, aber gefahrlos leisten kann. Es scheint fraglich, ob sie nicht sogar vielerorts durch feststellbare Backlash- und Überdruß-Phänomene in ihrem Bestand vielmehr gefährdet ist, oder ob eine geistige und intellektuelle Infiltration durch ‚gute‘ bzw. ‚bessere‘ feministische Wissenschaft bereits zu neuen Selbstverständlichkeiten geführt hat, hinter die anspruchsvolle Wissenschaft in Zukunft nicht mehr zurück kann.

Wie könnte sich vor diesem ambivalenten Hintergrund des ‚Viel-erreicht-aber-noch-lange-nicht-genug‘ eine so wichtige aber auch schwierige Frage wenigstens ansatzweise ins Auge fassen lassen? Die Frauenbewegung hat bereits in ihren Anfängen klar erkannt, daß ihre Positionen, Diskussionen, Aktionen, Strategien, Erfolge und Analysen der *Dokumentation* bedürfen, um aus der absoluten Traditionslosigkeit, der Geschichts- und Erfahrungs-Enteignung immer neuer Frauengenerationen herauszukommen. D.h., daß Möglichkeiten bereitgestellt werden müssen, um Wissen, Erfahrung und eigene Geschichte nutzen und weiterentwickeln zu können. Seit 30 Jahren – und das gilt besonders für die in den Wissenschaften arbeitenden Feministinnen – hat daher die Publikation ‚weiblicher‘ Stimmen, ‚weiblicher‘ Sprache und ‚weiblicher‘ Erkenntnis eine zentrale Rolle gespielt, gerade angesichts des für Frauen erschwerten Zugangs zu männlich dominierten Publikationsorganen. Die Publikation der von Frauen geschaffenen Erkenntnis war und ist somit eins der Fundamente feministischer Forschung: die Berichterstattung und der schriftliche Austausch über Erreichtes, Fragestellungen, Kontroverses. Seit den Anfängen gibt es daher in regelmäßigen Abständen Zwischenbilanzen, Übersichten, Anthologien und Resümees über den Stand der inhaltlichen Auseinandersetzungen, über zentrale Probleme feministischer Projekte und Politik. Von daher liegt es nahe, vor allem dorthin – auf einschlägige Veröffentlichungen – zu schauen, wenn es um diese Frage gehen soll: Haben sich wissenschaftliche Fragestellungen und Konzepte durch die Arbeiten der Frauen- und Geschlechterforschung verändert und wenn ja, wie? Gibt es Anzeichen für gelungene exemplarische Einzelfälle oder für übergreifende strukturelle Tendenzen, wo das Einbringen einer feministischen Geschlechterperspektive innerhalb der Einzeldisziplinen Vorgehensweisen und disziplinäres Selbstverständnis dergestalt neu strukturieren, daß sowohl die jeweilige Disziplin nach eigenem wohlverstandenem Interesse davon profitiert, als auch die eingeführten feministischen Perspektiven (von Geschlecht, Macht, Interessen, Ressourcen u.ä.) als organische und notwendige wahrnehmbar sind, und zwar für alle mit der jeweiligen Fragestellung Vertrauten?

Die hier vorgelegte Dokumentation stellt sich in diese bewußte Tradition der Zwischen-Bilanzierung und fragt in ihrem dritten Teil: Gibt es also schon Beispiele wissenschaftlichen Arbeitens, die aufzeigen, daß (über die in den Punkten 1.1 und 1.2 genannten Prozesse der Dekonstruktion, Innovation und Transformation hinaus) Forschungsaktivitäten, die Geschlechterfragen wissenschaftlich bearbeiten und darin ganz selbstverständlich feministische und jeweils disziplinäre Vorgehensweisen integrieren, nicht nur prinzipiell erwünscht sind, sondern geradezu als notwendig und für den Erkenntniszugang optimal erscheinen? Wo sozusagen (jenseits des derzeit noch dominierenden o.a. Zugangs von feministischer Forschung als immer noch auf die Borniertheiten patriarchaler Zugänge Bezug-nehmen-Müssens) unbelastet und mit genuiner Selbstevidenz feministische Forschung vorgeführt und reflektiert wird?

In der Tat gibt es heute solche feministischen Forschungsarbeiten, die zumindest innerhalb ihrer jeweiligen Fächer als selbstverständlich und berechtigt gelten – nicht zufällig sind dies Disziplinen, die aus inhaltlichen Gründen mit der Zweigeschlechtlichkeit der menschlichen Kultur besonders konfrontiert sind, wie z.B. die Geschichtswissenschaften, die Gesundheitswissenschaften oder die Kulturanthropologie/Ethnographie, wo Probleme anfallen, die den Umgang mit Macht, den Umgang mit Körper(n) oder Fragen des Alltagshandelns betreffen.

Hier sind in der Tat häufig feministische Arbeiten anzutreffen, die selbstverständlicher als in manchen anderen Nachbardisziplinen die Geschlechterfrage als wissenschaftlich legitim verfolgen, und die die teilweisen Transformationsprozesse innerhalb ihrer Disziplin als Konsens voraussetzen können, ohne marginalisiert oder ideologisiert zu werden. Bezeichnenderweise sind diese Arbeiten in Einzelwissenschaften angesiedelt, die das Thema ‚Geschlecht‘ und ‚Frauen‘ weniger bequem ausgrenzen können und in denen sich deutlicher als anderswo auch bei männlichen Gate-Keepern Reflexion und Veränderungswillen ansatzweise entwickelt haben. Diese Beispiele sind bisher zwar selten, aber es gibt sie – und das ist hier der interessierende Punkt. Sie kommen unangestrengt überzeugend daher. Ob sie eine Vorreiterfunktion für die Implementation und Integration feministischer Wissenschaft in die bereits etablierten Wissenschaften haben werden – im Sinne einer Impulsgebung für inhaltliche und strukturelle Veränderungen dieser Unternehmen auf lange Sicht –, ist zur Zeit offen. Auszuschließen ist es nicht, wenn man an die bisherige Entwicklung denkt, die vor 30 Jahren so auch nicht für möglich gehalten wurde.

2 Zu diesem Band

Der vorgelegte Band ist ein Versuch, diesen Fragen auf einer anschaulichen und überprüfbaren Ebene nachzugehen, d.h. konkret, die Auswirkung feministischer Wissenschaftsimpulse auf die Geschlechterperspektive in den Wissenschaften anhand exemplarischer Arbeiten auszuloten. Dabei sehen sich die Herausgeberinnen in der oben genannten Tradition des Dokumentierens, Bilanzierens und Reflektierens des jeweils Erreichten. Wir orientieren uns an den vorne genannten drei metaphorischen Bauvorhaben: Prüfung der Fundamente, Prüfung eigener Konstruktionen sowie Ausbau weiterer Stockwerke und stellen dementsprechend Forschungsarbeiten aus den drei dazu passenden Schwerpunkten vor – *Kritik/Dekonstruktion, Innovation/Transformation/Selbstreflexion, Implementation/Integration* –, die sich unserer Beobachtung nach in *allen* feministischen Forschungen wiedererkennen lassen, wenn auch mit jeweils unterschiedlicher Gewichtung. Dies spiegeln die drei Teile dieses Buches wider:

– Feministische (*Androzentrismus-)Kritik* ist nach wie vor der Ausgangspunkt feministischer Erkenntnisprojekte; die *Dekonstruktion* der vorgefundenen patriarchalen Wissensprodukte ist grundlegende und anhaltende Notwendigkeit, um mit eigenen Fragestellungen und Problemanalysen überhaupt beginnen zu können.

– *Innovation, Transformation, (Selbst-)Reflexion* und daraus abgeleitete Forderungen und deren Umsetzung in eigene Forschungszugänge sind in der Regel die Folge der geleisteten kritischen (Selbst-)Aufklärung und der direkte pragmatische Zugang zur heutigen Forschungssituation. Das Gros feministischer Arbeit in und zwischen den Einzelwissenschaften hat seine Schwerpunkte in diesem Bereich (wobei Androzentrismuskritik und -dekonstruktion immer den Kontrast-Hintergrund bilden).

– *Implementation* und *Integration* sind angestrebte Selbstverständlichkeiten feministischer Wissenschaft, insofern sie einen sich vollziehenden Bewußtseinswandel ihres jeweiligen Fachgebiets für Geschlechterfragen bereits voraussetzen (können), wie die Beiträge dieses Teils unserer Meinung nach zeigen.

Die Geschichte der zweiten Frauenbewegung ist von Differenz geprägt: von vorgegebenen, aufgezwungenen Differenzen zu Männern, sowie von selbstgewählten und -geforderten Differenzen zu ihnen, aber auch – und das interessiert hier – *von Differenzen zwischen Frauen.* Gleichzeitig ist sie auch eine (Erfolgs-)Geschichte des zunehmend offenen und konstruktiven Umgangs mit den deutlicher, zahlreicher und interessanter werdenden Unterschieden zwischen Frauen. Je mehr gleichmachende und Gleichheit erzwingende Frauenunterdrückung überwunden wurde, desto mehr Facetten an Meinung,

Bildung, politischer und wissenschaftlicher Position, an Kontroversen, Perspektiven, Interessen und Strategien sind möglich und real. Wenn wir uns im vorliegenden Band also an den oben genannten drei Strängen orientieren, so spiegelt dieses Vorgehen außer einer chronologischen und strategischen Verflechtung feministischer Wissensproduktion zusätzlich auch Breite, Binnen-Differenzierung und Referenzlinien unterschiedlicher Wissenszugänge *innerhalb* des feministischen Spektrums wider. Dies ist von den Herausgeberinnen beabsichtigt und ist zugleich auch eine vielsagende Spiegelung der eigenen Wissensproduktionsgeschichte an einem bestimmten Ort zu einer bestimmten Zeit. Diese soll als Entstehungshintergrund für den hier vorliegenden Band kurz genannt werden:

3   Exkurs: Feministische Provinzblüten

An der ostwestfälischen Reform-Universität Bielefeld des Bundeslandes Nordrhein-Westfalen, an der die Herausgeberinnen und Beiträgerinnen dieses Bandes zeitversetzt ihre Arbeit aufgenommen haben, gab es seit 1974 die ersten frauenthematischen Seminare – zuerst an der Fakultät für Soziologie[5], getragen von Frauen des akademischen Mittelbaus und von Studentinnen, danach auch an den Fakultäten für Pädagogik[6], für Literatur und Linguistik[7] und für Geschichte und Philosophie[8]. Diese multi- wie interfakultativen Aktivitäten führten 1979 unter Anwendung der damals bestehenden Universitäts-Satzung zur Gründung eines zusätzlichen interfakultativen, Universitätsschwerpunktes Frauenforschung', der in Folge des politischen Einsatzes der hier aktiven Frauen und des Arbeitskreises Wissenschaftlerinnen in NRW in ein festes Forschungsinstitut „IFF" (‚Interdisziplinäre Forschungsgruppe Frauenforschung', ab 1992 ‚Interdisziplinäres Frauenforschungszentrum') verwandelt wurde. Diese Geschichte ist andernorts dokumentiert (z.B. Schmerl 1984; Stein-Hilbers 1994) und bezeichnet hier nur die Bedeutung der Kontinuität von über 25 Jahren feministischer Wissenschaftspolitik. Diese hat an einem bestimmten Universitäts-Standort nicht nur zur Einrichtung des ersten feministischen Forschungsinstituts an einer deutschen Universität geführt, sondern in der Folge auch zu vier Frauenforschungs-Professuren (an den Fakultäten Soziologie, Geschichtswissenschaften, Pädagogik und dem Zentrum für Lehrerbildung[9] – durch eine engagierte und in Frauennetzwerke eingebundene Wissenschaftsministerin[10]), 1987 zur Einrichtung eines interdisziplinären Studiengangs ‚Frauenstudien', sowie auf der inhaltlichen Ebene zur Entwicklung einer breiten feministischen Forschungs- und Lehrtätigkeit, die sich unter anderem beispielsweise *auch* in der Tradition regelmäßiger interdisziplinärer Frauenforschungs-Kolloquien niedergeschlagen hat.

Dieses Frauenforschungs-Kolloquium, aus dem der vorliegende Band mit seinen Beiträgen entstanden ist, hat tatsächlich schon eine kleine Tradition, die hier nicht verschwiegen werden soll: Es fand erstmalig ab 1983 regelmäßig statt (Christiane Schmerl: ‚Fragen zur Frauenforschung in den Sozialwissenschaften'), wurde ab 1990 personell wie thematisch erweitert (Gisela Bock/Ursula Beer/Juliane Jacobi/Ursula Müller/Christiane Schmerl: „Interdisziplinäres Kolloquium Frauenforschung") und findet seit 1993 nochmals erweitert statt mit teils wechselnden Veranstalterinnen (Ilse Brehmer, Ursula Müller, Mechtild Oechsle, Christiane Schmerl, Marlene Stein-Hilbers, nun auch unter offizieller Einbeziehung des IFF als mitveranstaltender Einrichtung). Auch aus dieser Entwicklungslinie speist sich die Idee der multidisziplinären Frauen- und Geschlechterforschungs-Dokumentation in Form des vorliegenden Bandes. Konkret geht er zurück auf das im Winter 1997/98 gehaltene Frauenforschungs-Kolloquium, das von Ursula Müller, Mechtild Oechsle und Christiane Schmerl angeboten und maßgeblich von Mechtild Oechsle gestaltet wurde. Dieses Kolloquium zeigte unserer Meinung nach ganz besonders augenfällig, wie viele feministische Wissenschaftlerinnen unterschiedlicher Disziplinen nach 25 Jahren Frauen-Wissenschaftspolitik an ‚unserem' Standort hauptberuflich vertreten sind d.h. forschen und lehren. Alle im vorliegenden Band vertretenden Autorinnen haben – teils mehrfach schon – Beiträge zu unseren Frauenforschungs-Kolloquien geliefert und sind (mit einer Ausnahme) gleichzeitig auch an derselben Universität tätig – d.h sichtbar vorhanden, virulent und effektiv Diesen besonderen Genuß von Frauen-Power zu dokumentieren – feministische Kontinuität, Synchronizität und Vielseitigkeit an *einem* Ort – wollten wir uns nicht entgehen lassen.

4   Sisters in Science

Den Nutzen wissenschaftlicher Erkenntnis für die – selbstbestimmten – Interessen und Problemlösungen der ‚anderen' Hälfte der Menschheit zugänglich zu machen, hat nicht als Heldentat großer Einzelkämpferinnen funktioniert, was wir gerade aus den 25jährigen Bemühungen und Kämpfen an unserer Provinzmetropolen-Universität ablesen können. Vereinzelte berühmte Ausnahme-Frauen hat es in den Wissenschaften schon immer (mal) gegeben – ohne Folgen für die strukturelle oder konzeptionelle Veränderung einer Disziplin. Erst eine wachsende und vielfältige Teilnahme von Frauen hat einen qualitativen Wechsel an inhaltlichen und methodischen Herausforderungen ermöglicht, an radikaler wissenschaftstheoretischer Kritik und an innovativen Forschungszugängen. Diese Entwicklung war in den vergangenen 30 Jahren nur möglich durch eine Form solidarischer, wenn auch streitbarer Kooperation und Förderung von Frauen untereinander innerhalb der Wissenschaften. Dabei ging es sowohl um Zusammenarbeit im Sinne wechselseitiger Unterstützung und Bekräftigung, als auch um einseitige Forderungen wie Förderungen zwischen Frauen versetzter Generationen und Positionen, aber vor allem um intellektuelle Anregung, Kritik, Rückmeldung, Austausch, Streit, Abgrenzung, Beharrungsvermögen und Kompromißfähigkeit. Für diese besonderen Qualitäten paßt noch immer am besten die klassische Metapher der ‚sisterhood' der Zweiten Frauenbewegung. Bei allen mit dieser Metapher gemachten ambivalenten, ernüchternden wie beflügelnden Erfahrungen bleibt sie doch nach wie vor ‚powerful', weil sie die spezifischen Eigenschaften von unterstützenden, meist wechselseitigen Beziehungen zwischen Frauen bündelt. Diese bauen nicht auf Hierarchie, Autorität, Macht- und Altersvorsprung auf, sondern trotz aller möglichen zeitgebundenen Erfahrungs- und Positionsunterschiede auf der Gleichwertigkeit an Fähigkeiten und Engagement, wie sie bei Schwestern unterschiedlichen Alters, aber mit gemeinsamem Familienhintergrund vorkommen. Schwestern sind ähnlich, aber nicht gleich; es gibt sogar extrem unähnliche Schwestern. Das Bild von gegenseitig sich unterstützenden und anleitenden Schwestern scheint auf Wissenschaftlerinnen verschiedener Generationen besser zuzutreffen als die im Wissenschaftskanon vorherrschenden Bilder von ‚Vätern' und ‚Müttern', die erfahrungsgemäß zentnerschwer sind, und wo selbst der befreiende Vater- oder Muttermord wie Pech haften bleibt. Mit älteren wie jüngeren Schwestern kann frau gelassener umgehen – Unterschiede und Streit sind im Bild enthalten, lebenslange Loyalitäten und Erbansprüche werden nicht erwartet. Schwestern braucht man im Zweifelsfall nicht umzubringen, man kann sie wechseln oder verlassen; mit Müttern und Vätern bleibt man lebenslang verstrickt – auch posthum. Wenn schon Altersunterschiede, dann lieber schwesterliche, und: unter Schwestern kann man auswählen.

Eine in den Anfängen der Frauenbewegung benutzte und durch Erfahrungen handlich gewordene Metapher für die Arbeits- und Unterstützungsbedingungen für Frauen im Wissenschaftsbetrieb wieder nützlich zu machen, hat den Vorteil, daß besonders den Frauen in diesem Arbeitsbereich deutlich bleibt, daß Wissenschaft – auch unter Männern – in der Regel keinesfalls von einsamen Genies gemacht wird, sondern von gut eingespielten Teams. Dies gilt um so mehr für Frauen, die unter erschwerten Bedingungen antreten und um so kritischer auf Netzwerke, Förderung und Vorbilder angewiesen sind, wie sie für ambitionierte Männer so beiläufig bereitstehen. Das ausdrückliche Bewußtsein, daß Frauen in den Wissenschaften für ihr erfolgreiches Arbeiten mangels kritischer Masse stärker auf wohlwollende wie inspirierende Förderung und Ermutigung angewiesen sind (die eben nicht en passant bereitstehen), kann die Metapher der Schwester – ähnlich, nicht gleich; jünger/älter, aber nicht gleichgültig – anschaulich transportieren: auf kleinere Schwestern paßt frau auf; auf größere kann frau sich verlassen; Schwesternstreit ist kein

Weltuntergang; Stafetten können an mehr als nur eine weitergegeben werden. Die Frage der Geschwisterposition ist stets eine von Zeit, die sich auswächst.

5   Sisters in Crime

1975 hatte die Kriminologin Freda Adler in ihrem aufsehenerregenden Buch ‚Sisters in Crime' behauptet, daß die steigenden Kriminalitätsraten von Frauen eine direkte Folge der Frauenbewegung seien. Frauen würden durch die vom Feminismus geförderte Ablehnung weiblicher Moral und weiblicher Eigenschaften auch den Ehrgeiz entwickeln, ‚männliche' Verbrechen zu begehen. Ihr weitzitiertes Buch wurde in der Folge gründlich zerpflückt: Kriminelle Frauen zeigten eindeutig keine Vorlieben für Women's Lib, sondern hingen konservativen Geschlechtsrollen an.

Korrelationen sollten also nicht automatisch mit Kausalitäten gleichgesetzt werden: Wenn Frauen – via Emanzipation – erstmalig Zugang zu eigenem Bankkonto und bezahlter Berufsarbeit bekommen, stehen damit auch neue Betätigungsfelder offen (z.B. Scheckbetrug, Firmendiebstahl), die sonst exklusiv Männern vorbehalten waren. Nicht die Ideen der Frauenbewegung hatten sie dazu angestiftet, sondern nur die neuen Gelegenheiten.

Gilt dies auch für den Zugang und die Aktivitäten von Frauen in die/den Wissenschaften? War (und ist) es für Frauen in patriarchalen Gesellschaften nicht lange genug ebenso ein ‚Verbrechen', wie die Männer Wissen anzustreben und zu produzieren? („Ein Kind mit eines Riesen Waffen – halb vom Menschen, halb vom Affen" (Friedrich Schiller); „Der Frau aber gestatte ich nicht, zu lehren" (Apostel Paulus), usw. usw.). Hat der ertrotzte Zugang zu den heiligen Hallen des Wissens und Denkens neue Gelegenheiten für die Entwicklung ketzerischer krimineller Gedanken geschaffen? Ist hier ein männliches Walhall (‚Wissenschaft') mit männlichen Spiel- und Ausschlußregeln frevlerisch anverwandelt worden?

Vermutlich ist es noch viel schlimmer, als die Kriminologin Adler befürchtete: Frauen begehen im neuen Terrain der Wissenschaft nicht einfach die *gleichen* Verbrechen wie Männer, sondern ihre eigenen. Hier sind ganz andere ‚Sisters in Crime' am Werk, wie es auch der – zufällig? – gleichnamige Club der anglo-amerikanischen Kriminalroman-Schriftstellerinnen signalisiert: Aus der Erkenntnis heraus, daß das inzwischen auch literaturwissenschaftlich als seriöser Untersuchungsgegenstand geltende Genre der Kriminal-/Detektivliteratur lange genug von den ‚hard boiled' Autoren dominiert und definiert wurde (wie z.B. Chandler, Hammett u.a.), hat sich inzwischen nicht nur herausgestellt, daß weibliche Autoren schon jahrhundertelang dieses Genre erfolgreich betrieben (vgl. Reddy 1990; Keitel 1998), sondern daß sie trotz Publikumserfolgs und trotz großer ‚Ausnahmen' (z.B. Christie, Sayers u.a.) als Autorinnen für dieses Genre als ungeeignet galten, belächelt und totgeschwiegen wurden.

Die seit den 80er Jahren verstärkt neu einsetzende – und enorm erfolgreiche – weibliche Kriminalschriftstellerei durchbricht dieses lächerliche Klischee und zeigt verblüffende Analogien zu der Entwicklung einer ,weiblichen' Wissenschaftskultur. Auch hier war das Fundament der Ausschluß von Autorinnen aufgrund der männlichen Definitionsmacht über das Feld; die Maskulinisierung des Genres durch vorgegebene Spielregeln (nach Motiven, Themen, Subkulturen und Stil) verschwieg und unterband die vorhandenen weiblichen Traditionen. Auch hier steht die Wiederentdeckung und die Wiederaneignung dieser Tradition im Zusammenhang mit der „fundamentalen Subversivität" (Reddy 1990, 8) der zweiten Frauenbewegung. Die neuen Krimiautorinnen schaffen andere Heldinnen, andere Motive, Verwicklungen und Perspektiven für die Entstehung und Aufklärung von Verbrechen, *und* sie haben Erfolg damit. Die Rollen der Akteurinnen sind vielfältig: Amateurinnen, Polizistinnen, Detektivinnen, Hausfrauen, Fachfrauen, Einzelgängerinnen – der ,tough guy' vom Dienst als Träger von Handlung und Spannung hat spürbar Konkurrenz bekommen.

Zuviel – analoge – Zukunftsmusik für die ,Sisters in Science'? Bleiben wir vorerst auf dem Teppich: Der 1986 von Sara Paretsky für weibliche Krimiautoren gegründete Club ,Sisters in Crime' hält immerhin in seinen Statuten fest: „Das Ziel von Sisters in Crime ist es, die Diskriminierung von Frauen im Bereich der Kriminalliteratur zu bekämpfen, Verleger und Publikum für die Ungerechtigkeiten im Umgang mit weiblichen Autoren sensibel zu machen und das Aufmerksamkeitsniveau für deren Beiträge zu diesem Genre zu erhöhen." (zitiert nach Keitel 1998, 112; Übers. v.V.).

Wenn Frauen erfolgreich das als männliches Monopol definierte Genre ,Kriminalroman' um- und neuschreiben, so ist dies vielleicht spektakulärer als analoge Prozesse im Wissenschaftsbetrieb, aber diese erscheinen als nicht minder befriedigend, als nicht minder gefährlich. Also dann doch: Sisters in Crime and Science!

Anmerkungen

1   Civil Rights Movement, New Left- und Anti War Movement, Women's Liberation Movement.
2   Diese Kritiken hatten ihrerseits eine Vorgeschichte (z.B. Chicago School, Handlungsforschung), die einerseits hoffnungsvoll stimmen kann – auch aus einem dominanten Wissenschaftskanon können sich neue Gegenströmungen entwickeln –, als auch zu heilsam desillusionierenden Einsichten führen kann: Selbst die rebellierenden Söhne und Brüder sind sich in ihrer Blindheit gegenüber den Rechten, Talenten und Leistungen ihrer Schwestern/Partnerinnen/Töchter merkwürdig ähnlich.

3 Die Frage ethischer Vertretbarkeit stellt sich für alle qualitativen Verfahren selbstverständlich ebenso.

4 Die als ‚hart' bezeichneten Naturwissenschaften (v.a. Physik, Chemie, Astronomie) verhalten sich national wie international gegenüber feministischer Wissenschaftskritik völlig unzugänglich, obwohl sie in den gegenwärtig tobenden ‚Science Wars' durchaus angefaßt reagieren – auf die Argumente *männlicher* Vertreter der klassischen Geistes- und Textwissenschaften (vgl. u.a. Silvers 1996; Horgan 1997; Latour 1999; Hagner 1999; Scharping 1999). Vorsichtige Berührungen gibt es lediglich in einigen Bereichen von Architektur- und Ingenieurwissenschaften, sowie in manchen Gebieten der Biologie (vgl. hierzu den Beitrag von K. Palm in diesem Band).

5 Von den damaligen Assistentinnen Christel Rammert-Faber, Christiane Schmerl, Veronika Bennholdt-Thomsen, Irmtraud Schlosser, Claudia von Werlhof, Christine Woesler, sowie von der Studentinnengruppe um Ulla Bock, Michaela Huber, Rita Rosen.

6 Von den damaligen Assistentinnen Juliane Jacobi-Dittrich, Kordula Langhof.

7 Von den damaligen Assistentinnen Christine Doppler, Ingrid Hudabiunigg und von der „LiLi"-Studentinnengruppe um Ursula Geitner, Monika Hengsbach, Gudrun Friese, Marlene Müller, Martina Herrmann, Gaby Fröhler, Hilge Landweer.

8 Abteilung Geschichte: Ab 1979 Studentinnengruppen wechselnder Generationen (vgl. Löther 1994), ab 1989 die erste Frauenforschungsprofessur. In der Abteilung Philosophie: Die Studentinnengruppe um Ulrike Kleemeier, Hilge Landweer, Gabriele Petersen, Gundula Kayser, Alexandra Busch, die zusammen mit der o.a. „LiLi"-Frauengruppe durchsetzten, daß an der Abteilung Philosophie Ruth Großmaß und Christiane Schmerl gemeinsam ab dem WS 79/80 scheinfähige Frauenseminare anbieten konnten. Die Zusammenarbeit in diesen von Studentinnen initiierten Seminaren war so fruchtbar, daß die besten Arbeiten daraus in Buchform erschienen (Großmaß/Schmerl 1981,1989, 1996).

9 Soziologie mit dem Schwerpunkt „Sozialwissenschaftliche Frauenforschung", besetzt ab Mai 1989 durch Ursula Müller; Geschichtswissenschaften mit dem Schwerpunkt „Sozialgeschichte mit besonderer Berücksichtigung der Geschlechterbeziehungen", besetzt von Oktober 1989 bis Mai 1996 durch Gisela Bock; Allgemeine Pädagogik mit dem Schwerpunkt „Theorie und Geschichte des Geschlechterverhältnisses", besetzt von Juni 1991 bis Februar 1995 durch Juliane Jacobi; „Soziologie – insbesondere Frauen in Entwicklungsländern", besetzt ab Juni 1992 durch Gudrun Lachenmann; „Sozialwissenschaft mit dem Schwerpunkt Berufsorientierung und Arbeitswelt unter besonderer Berücksichtigung der Geschlechterverhältnisse", besetzt ab Oktober 1994 durch Mechtild Oechsle.

10 Anke Brunn, Wissenschaftsministerin des Landes Nordrhein-Westfalen von 1984 - 1998

Literatur

Adler, Freda. 1975. *Sisters in crime*. New York: McGraw-Hill.

Bem, Sandra. 1974. „The measurement of psychological androgyny." *Journal of Consulting and Clinical Psychology* 42: 155-162.

Bem, Sandra. 1975. „Sex role adaptability: One consequence of psychological androgyny." *Journal of Personality and Social Psychology* 31: 634-643.

Bem, Sandra. 1987 „Gender schema theory and the romantic tradition." In *Review of Personality and Social Psychology*, Vol. 7, eds. P. Shaver and C. Hendrick, 251-271. Newbury Park: Sage.

Bem, Sandra. 1993. *The lenses of gender*. New Haven: Yale University Press.

Campbell, Kate, ed. 1992. *Critical feminism. Argument in the disciplines*. Buckingham: Open University Press.

Carroll, Berenice, ed. 1976. *Liberating women's history*. Chicago: University of Illinois Press.
Condry, John and Sharon Dyer. 1976. „Fear of success: Attribution of cause to the victim." *Journal of Social Issues* 32 (3): 63-83.
Diezinger, Angelika, et al., Hg. 1994. *Erfahrung mit Methode – Wege sozialwissenschaftlicher Frauenforschung*. Forum Frauenforschung, Bd. 8. Freiburg i.Br.: Kore.
Freire, Paolo. (1970) 1973. *Pädagogik der Unterdrückten*. Reinbek: Rowohlt.
Geertz, Clifford. 1973. *The interpretation of culture*. New York: Basic Books.
Gilligan, Carol. (1982) 1984. *Die andere Stimme. Lebenskonflikte und Moral der Frau*. München: Piper.
Gilligan, Carol. 1991. „Moralische Orientierung und moralische Entwicklung." In *Weibliche Moral*, Hg. Gertrud Nunner-Winkler, 79-100. Frankfurt: Campus.
Glaser, Barney and Anselm Strauss. 1967. *The discovery of grounded theory*. Chicago: Aldine.
Großmaß, Ruth und Christiane Schmerl, Hg. 1981. *Philosophische Beiträge zur Frauenforschung*. Bochum: Germinal.
Großmaß, Ruth und Christiane Schmerl, Hg. 1989. *Feministischer Kompaß, patriarchales Gepäck, Kritik konservativer Anteile in neueren feministischen Theorien*. Frankfurt: Campus.
Großmaß, Ruth und Christiane Schmerl, Hg. 1996. *Leitbilder, Vexierbilder und Bildstörungen. Über die Orientierungsleistung von Bildern in der feministischen Geschlechterdebatte*. Frankfurt: Campus.
Hagner, Michael. 1999. „Annäherung an die Experimentalkultur. Plädoyer für eine dynamische Betrachtung der Wissensentwicklung." *Franfurter Rundschau*. 2.3.99: 7.
Harding, Sandra, ed. 1987. *Feminism & methodology*. Bloomington: Indiana University Press.
Honegger, Claudia und Theresa Wobbe, Hg. 1998. *Frauen in der Soziologie*. München: Beck.
Horgan, John. 1997. *An den Grenzen des Wissens. Siegeszug und Dilemma der Naturwissenschaften*. München: Luchterhand.
Horner, Martina. 1970. „Femininity and successful achievement: Basic inconsistency." In *Feminine personality and conflict*, eds. J. Bardwick, E. Douvan, M. Horner, and D. Gutman, 45-74, Belmont: Brooks Cole Publishing Company.
Horner, Martina. 1972. „Toward an understanding of achievement-related conflicts in women." *Journal of Social Issues* 28 (2): 157-176.
Keitel, Evelyne. 1998. *Kriminalromane von Frauen für Frauen*. Darmstadt: Wissenschaftliche Buchgesellschaft.
Kolip, Petra. 1997. *Geschlecht und Gesundheit im Jugendalter*. Opladen: Leske & Budrich.
Latour, Bruno. 1999. „Die alberne Suche nach der Wirklichkeit." *Frankfurter Rundschau*, 19.1.99: 18.
Lerner, Gerda. 1993. *Die Entstehung des feministischen Bewußtseins*. Frankfurt: Campus.
Löther, Andrea. 1994. „Historikerinnengruppen. Ein fiktives Gespräch." In *.../innen-Ansichten. 25 Jahre Universität Bielefeld. Ein Frauenlesebuch zum Jubiläum 1994*. Hg. Anke Budde, Birgit Ebel, Birgit Kampmann, Christa Kuhnt und Monika Lenniger, 48-54. Bielefeld: Marion Schnepf.
MacKinnon, Catharine. 1983. „Feminism, Marxism, method and the state: Toward feminist jurisprudence." *Signs: Journal of Women in Culture and Society* 8 (4).
Matlin, Margaret. 1996[3]. *The Psychology of women*. New York: Harcourt Brace College Publishers.

Mednick, Martha and Veronica Thomas. 1993. „Women and the psychology of achievement: A view from the eighties." In *Psychology of women: A handbook of issues and theories*, ed. Florence Denmark and Michele Paludi, 585-626. Westport: Greenwood Press.

Monahan, Lynn, Deanna Kuhn, and Phillip Shaver. 1974. „Intrapsychic versus cultural explanations of the „Fear of success" motive." *Journal of Personality and Social Psychology* 29: 60-64.

Nunner-Winkler, Gertrud, Hg. 1991. *Weibliche Moral. Die Kontroverse um eine geschlechtsspezifische Ethik*. Frankfurt: Campus.

Reason, Peter, and J. Rowan, eds. 1981. *Human inquiry: A sourcebook of new paradigm research*. New York: John Wiley.

Reddy, Maureen. (1988) 1990. *Detektivinnen. Frauen in modernen Kriminalromanen* Wien/Mühlheim: Guthmann & Petersen.

Redstockings Manifesto. 1969. In *Voices from women's liberation*, ed. Leslie Tanner. 108-111. New York: New American Library.

Reinharz, Shulamit. 1981. „Implementing new paradigm research: A model for training and practice." In *Human inquiry: A sourcebook of new paradigm research,* eds. Peter Reason and J. Rowan, 415-436. New York: John Wiley.

Reinharz, Shulamit. 1984. „Feminist research methodology groups: Origins, forms, and functions." In *Feminist visions and revisions*, eds. Louise Tilly and Vivian Petraka. 197-228. Ann Arbor: University of Michigan Press.

Reinharz, Shulamit. 1989a. „Teaching the history of women in sociology: Or Dorothy Swaine Thomas, wasn't she the one who was married to W.I.?" *The American Sociologist* 20 (1): 87-94.

Reinharz, Shulamit. 1989b. „Finding her sociological voice: The work of Mirra Komarovsky." *Sociological Inquiry* 19 (4): 374-395.

Reinharz, Shulamit. 1993. „The principles of feminist research. A matter of debate." In *The knowledge explosion. Generations of feminist scholarship*, eds. Chris Kramarae and Dale Spender, 423-437. New York: Harvester Wheatsheaf.

Scharping, Michael. 1999. „Keine freie Erfindung. Der Konstruktivismus und sein Verhältnis zur Realität." *Franfurter Rundschau*. 2.3.99: 7.

Schmerl, Christiane. 1984. „Frauenforschung an der Universität Bielefeld." *Spektrum der Wissenschaft* 11: 19-20.

Silvers, Robert, Hg. 1996. *Verborgene Geschichten der Wissenschaft*. Berlin: Berlin Verlag.

Stanley, Liz. 1993. „The impact of feminism on sociology in the last 20 years." In *The knowledge explosion*, eds. Chris Kramarae and Dale Spender, 254-269. New York: Harvester Wheatsheaf.

Stein-Hilbers, Marlene. 1994. „Interdisziplinäres Frauenforschungs-Zentrum." In *Reformuniversität Bielefeld 1969 - 1994. Zwischen Defensive und Innovation*, Hg. Peter Lundgreen, 295-299. Bielefeld: Verlag für Regionalgeschichte.

Weigel, Sigrid. 1993. „Gegenrede. Querelles des Femmes in der Literaturwissenschaft." *Frankfurter Rundschau* 102, 4.5.93, 110.

Zentraleinrichtung zur Förderung von Frauenstudien und Frauenforschung an der Freien Universität Berlin, Hg. 1984. *Methoden in der Frauenforschung. Symposium an der FU Berlin vom 30.11. - 2.12.1983*. Frankfurt a.M.: R.G. Fischer Verlag.

I Bilanz, Kritik, Dekonstruktion

So verschieden und chronologisch versetzt sich die Ansätze der Frauen- und Geschlechterforschung in den Wissenschaftsdisziplinen auch entwickelt haben, eines haben sie gemeinsam: Ihr Ausgangspunkt war immer die Kritik an der Geschlechtsblindheit und am Androzentrismus der jeweiligen Disziplin. Moniert wurde, daß Erfahrungen und Lebensrealität von Männern zum Bezugspunkt wissenschaftlicher Forschung und Theoriebildung gemacht wurden und dabei die Realität von Frauen nicht zur Kenntnis genommen oder als abweichend und defizitär beschrieben wurde. Der erste Schritt feministischen Denkens war daher immer, die Realität von Frauen sichtbar zu machen und die androzentrischen Verzerrungen in den Fragestellungen, Begriffen, Methoden und Forschungsergebnissen aufzuzeigen.

Auch wenn die Entwicklung der Frauen- und Geschlechterforschung in vielen Wissenschaftbereichen diese Phase der Androzentrismuskritik überschritten hat und selbstbewußt eigene Forschungsfragen formuliert, so stellt sich die Aufgabe dieser Kritik doch immer noch und immer wieder aufs Neue. Sei es, daß es nicht wenige Disziplinen und Wissenschaftsbereiche gibt, die einen cultural lag gegenüber dem erreichten Stand der Frauen- und Geschlechterforschung aufweisen, sei es, daß sich mit sozialem Wandel und ökononomischen Transformationsprozessen auch die Fragestellungen und Forschungsperspektiven in verschiedenen Wissenschaftsbereichen verändern und sich von daher auch die Frage nach der Geschlechterperspektive neu stellt. Die Aufgabe der Bilanzierung, der Kritik und der Dekonstruktion ist also keineswegs abgeschlossen. Die folgenden Beiträge zeigen, wie vielfältig dieser Bereich feministischen Denkens in den Wissenschaftsdisziplinen und Forschungsfeldern ist.

Im Zentrum der ersten beiden Beiträge stehen die Politikwissenschaft und die politische Bildung als besonders widerständige Disziplinen gegenüber einer feministischen Perspektive. *Birgit Riegraf* gibt einen Überblick über die neuere sozialwissenschaftliche Debatte zur Modernisierung des Staates und macht die Leerstellen und Defizite dieser Diskussion hinsichtlich der Bedeutung von Geschlechterverhältnissen deutlich. Die Frauen- und Geschlechterforschung hat hier eine doppelte Aufgabe: sie muß sowohl die geschlechtsneutralen Konzepte herkömmlicher Staatstheorien in Frage stellen als auch Chancen und Risiken für den Wandel des Geschlechterverhältnisses in diesen Modernisierungsprozessen aufzeigen.

Mechtild Oechsle nimmt in ihrem Beitrag die politische Bildung in den Blick und zeigt in ihrer Analyse von Richtlinien, Schulbüchern, Unterrichtseinheiten und Handbüchern, daß das Geschlechterverhältnis als soziale Ungleichheitsstruktur und als Basisstruktur moderner Gesellschaften bislang nicht systematisch zum Gegenstand didaktischer Reflexionen und unterrichtspraktischer Entwürfe gemacht wurde. Sie fragt nach den Ursachen dieser Geschlechtsblindheit, diskutiert den Einfluß der Politikwissenschaft und den Politikbegriff in der politischen Bildung und entwickelt Perspektiven einer stärkeren Integration der Geschlechterthematik in die politische Bildung.

Während die feministische Kritik an der Politikwissenschaft und der politischen Bildung noch jüngeren Datums ist bzw. überhaupt erst beginnt, gibt es zwischen der Entwicklungssoziologie und der Frauen- und Geschlechterforschung bereits eine Tradition der kritischen Auseinandersetzung. *Gudrun Lachenmann* analysiert in ihrem Beitrag den Wandel verschiedener Konzepte einer frauen- und geschlechterbezogenen Entwicklungspolitik, wie er sich in den letzten Jahrzehnten – auch unter dem Einfluß einer transnationalen Frauenbewegung – vollzogen hat, und benennt Defizite und Desiderate einer entwicklungspolitischen Forschung aus der Geschlechterperspektive.

Christiane Schmerl zieht in ihrem Beitrag eine Zwischenbilanz des Verhältnisses von Feminismus und Psychologie und kommt zu dem ernüchternden Ergebnis, daß Verhalten, Einstellungen, Leistungen und Probleme von Frauen längst nicht mit der gleichen Selbstverständlichkeit und Unvoreingenommenheit erforscht und gelehrt werden wie die Psychologie des Mannes und daher viele Forschungsergebnisse defizitär und ideologielastig in ihren Aussagen über Frauen sind. Diese Defizite sind umso bemerkenswerter, vergleicht man sie mit dem elaborierten Stand feministisch-psychologischer Forschung im angloamerikanischen Sprachraum, den Schmerl überblicksartig wiedergibt. Perspektiven einer möglichen Annäherung an die internationalen Standards werden von ihr – zumindest für die Hochschul-Psychologie – eher skeptisch beurteilt.

Sind androzentrische Ausblendungen und Verzerrungen im Bereich der Humanwissenschaften noch vergleichsweise leicht aufzuweisen und einer Kritik zu unterziehen, so ist der Einfluß asymmetrischer Geschlechterverhältnisse auf die Wissensproduktion der Naturwissenschaften ungleich schwieriger zu analysieren. *Kerstin Palm* gibt in ihrem Beitrag einen Überblick über Ansätze feministischer Naturwissenschaftskritik und fragt nach der Rezeption dieser feministischen Kritik in der Biologie anhand einer empirischen Untersuchung über das Wissenschaftsverständnis von Biologieprofessoren und -professorinnen.

Die Kategorie „Geschlecht" in der Politikwissenschaft und die Staatsdiskussion in der Frauen- und Geschlechterforschung – Suchprozesse

Birgit Riegraf

1 Die Modernisierung des Staates

In den sozialwissenschaftlichen Debatten, die unter den Schlagworten „Zukunft des Staates" oder „Modernisierung des Staates" geführt werden, herrscht weitgehend Einigkeit darüber, daß Nationalstaaten – und damit auch die jeweiligen bürokratischen Apparate – ihre Gesichter grundlegend verändern (vgl. Hesse/Benz 1990; Naschold 1993; Messner 1998). Eine allgemeinverbindliche Definition, was unter „dem Staat" zu verstehen ist, liegt dabei in den herkömmlichen Staatstheorien nicht vor. Die klassischen Elemente des staatsrechtlichen Begriffs (Staatsgewalt, Staatsgebiet, Staatsvolk) sind für die sozialwissenschaftliche Beschäftigung mit dem Staat zentrale Ausgangspunkte. Die Klammer, die die neuzeitlichen Staatstheorien zusammenhält, sowie der Kernbestand und die zentralen Bezugspunkte des neuzeitlichen Staatsbegriffs bilden die Souveränität des Nationalstaates nach außen und die hierarchische Überordnung der Staatsgewalt (Gewaltmonopol) über alle partikularen gesellschaftlichen Interessen im Inneren. Die Kernelemente dieses Staatsverständnisses erodieren zunehmend und stellen damit auch die Staatstheorien vor neue Herausforderungen.

Im Laufe der 80er Jahre machte die Perspektive auf den zentral planenden Staat zunehmend einer skeptischeren Einschätzung über die Möglichkeiten des Staates, zielgerichtet und durch hierarchische Steuerung die Gesellschaft zu gestalten, Platz. Das sich wandelnde Umfeld der Nationalstaaten, wie der Druck globalisierter Märkte, Standortkonkurrenzen, Steuerwettbewerbe, die Verschiebung politischer Entscheidungsfindungsprozesse weg von nationalstaatlichen Institutionen hin zu supranationalen Institutionen in einer zunehmenden Zahl von Politikfeldern (vgl. Europäische Union; internationale Regime, wie das Montrealer Protokoll; Rio-Prozeß; Vereinte Nationen), sowie die „Ausdifferenzierungen der Gesellschaften" (Stichworte: Individualisierungsprozesse, Sektoralisierungen, politische Handlungsfähigkeit einer Vielzahl gesellschaftlicher Akteursgruppen) führen demnach zu einem Wandel der bisherigen Funktionslogik des Staates. Die nationalen Staaten – so scheinen sich wichtige Stränge in der sozialwissenschaftlichen

Literatur einig – bleiben zwar auch weiterhin erhalten, allerdings ändern sich ihre Organisationsmuster und Steuerungsformen. Während der Staat in den 60er Jahren als Steuerungszentrum der Gesellschaft konzipiert wurde, der die Fähigkeit besaß, die gesellschaftliche Umwelt umfassend, zielgerichtet und zentral gestalten zu können, wird der Staat im Zuge der sich verändernden Umweltbedingungen zunehmend nicht mehr im Sinne des über der Gesellschaft thronenden Leviathan interpretiert und seine Stellung als das Zentrum der gesellschaftlichen Organisation in Frage gestellt. Aus der Perspektive der Diskussionen über die „Modernisierung des Staates" und die „Zukunft des Staates" erfahren Nationalstaaten – durch die Transformation staatlicher Apparate, die Dezentralisierung von Entscheidungsfindungsprozessen und Globalisierung – einen Souveränitätsverlust. An die Stelle des eindeutigen Steuerzentrums Staat scheinen nun „polyzentrische Handlungssysteme" zu treten. In der sozialwissenschaftlichen Staatsdiskussion herrscht in wichtigen Beiträgen Einigkeit darüber, daß sich der Staat zukünftig von einem hierarchisch steuernden, territorialen Souverän zu einem kooperativen „Moderator" transformiert, der Interessen unterschiedlicher gesellschaftlicher Gruppen zu integrieren hat.

In einer Reihe von OECD-Ländern wurden bereits seit den 80er Jahren verstärkt Reformanstrengungen unternommen, um die öffentlichen Institutionen den neuen Anforderungen anzupassen und deren Leistungsfähigkeit zu steigern. Die Prozesse der „Modernisierung des Staates" lassen dabei eine (mehr oder weniger) deutliche Abkehr von dem bislang vorherrschenden Referenzmodell der klassischen öffentlichen Verwaltung (im Weberschen Sinne) erkennen. Ausgangspunkt der Debatten ist der beobachtbare Befund, daß die Anforderungen an den Staat immer vielfältiger und differenzierter werden, der Staat jedoch nicht mehr entsprechend des alten Paradigmas des Leviathan (als Spitze der Gesellschaft und „Schaltzentrale" der Politik) auf die Veränderungsprozesse in der Gesellschaft und auf Globalisierungstendenzen reagieren kann. Es kommt zu einer Neubewertung der Staatsaufgaben und einer Neuorganisation der Aufgabenerledigung, z.B. durch veränderte Formen der Kooperation und Arbeitsteilung zwischen nationalstaatlichen, kommunalen und privaten Institutionen, und zu einer Neubestimmung des Verhältnisses zwischen Staat, Gesellschaft und intermediären Organisationen unter globalen Bedingungen.

Die Handlungsfähigkeit eines großangelegten bürokratisch organisierten Staatswesens wird aus der Perspektive der aktuellen staatstheoretischen Ansätze durch drei ineinandergreifende Prozesse geschwächt, wobei die Gewichtung der jeweiligen Dimensionen unterschiedlich ausfällt: *Erstens* wird die Überregulierung der Gesellschaft und Wirtschaft durch den Staat sowie eine sich ausbreitende institutionelle Sklerose kritisiert. Thema ist in diesem Kontext also ein zu starker oder zumindest zu präsenter Staat. *Zweitens* wird angesichts steigender Sozialausgaben und Umverteilungserfordernisse in allen OECD-Ländern der ineffiziente und ineffektive

Einsatz öffentlicher Mittel beklagt. Gefordert wird, daß der Staat sich auf seine Kernkompetenzen zurückziehen soll und Aufgaben, die andere Institutionen besser erbringen können, ausgelagert werden. *Drittens* wird eine Überforderung der Steuerungsleistung des Staates konstatiert. Eine weitgehend zentral organisierte staatliche Bürokratie ist unfähig, zunehmend komplexe Aufgaben und vor allem grenzüberschreitende Probleme im „Alleingang" zu bewältigen.

In der herkömmlichen Staatsdebatte wird betont, daß es in diesem Wandel, der durch eine „Ausdifferenzierung der Gesellschaft" charakterisiert ist, zu einer grundlegenden Neudefinition der Grenzziehung zwischen dem Staat und seinem politischen, ökonomischen und gesellschaftlichen Umfeld sowie der Rahmenbedingungen von Demokratie kommt.

Es drängt sich die Frage auf, wie sich diese Umbrüche auf die Geschlechterverhältnisse auswirken. Gemeinsam ist den skizzierten Diskussionssträngen, daß sie die Fragen und die Ergebnisse über asymmetrische Geschlechterverhältnisse bislang gar nicht oder nur am Rande berücksichtigen. Die Erkenntnisse feministischer Forschung verdeutlichen nun ihrerseits, daß Restrukturierungsmaßnahmen staatlicher Aktivitäten und eine grundlegende Verschiebung der Pole Staat, Markt und Demokratie auch einen Wandel der Geschlechterverhältnisse bedeutet. Es gibt allerdings bisher in der Frauen- und Geschlechterforschung wenige Arbeiten, die sich direkt mit Transformationsprozessen des Staates beschäftigen.

Die Annahme einer „geschlechtsneutralen" Modernisierung des Staates ist jedoch angesichts der Ergebnisse über asymmetrische Geschlechterverhältnisse nicht mehr haltbar (vgl. bspw. Ferguson 1984; Acker 1991; Witz/ Savage 1992; Aulenbacher/Goldmann 1993; Riegraf 1996; Müller 1993, 1996). Die feministische Staats- und Demokratietheorie weist zum einen darauf hin, daß Frauen aus zentralen Handlungsfeldern des Staates und der Politik weitgehend ausgeschlossen sind. Zum anderen zeigen Forschungsergebnisse, daß der Staat die Bedingungen hierarchischer Geschlechterordnungen nicht nur vermittelt, sondern sie ständig neu reproduziert. Staaten sind demnach nicht lediglich Vermittlungsinstanz gesellschaftlicher Benachteiligung von Frauen, sondern sie tragen zu ihrer Reproduktion bei. Staaten selbst sind „the crux of the problem" (Witz/Savage 1992, 6). Der Staat ist damit – entgegen der in traditionellen Vorstellungen lange Zeit vorherrschenden Annahme – nicht geschlechtsneutral. Aus der Perspektive feministischer Forschung geht es in der Diskussion um die „Zukunft" und die „Modernisierung des Staates" um die gegenseitige Konstituierung von Staat und Geschlechterverhältnis unter sich wandelnden gesellschaftlichen Bedingungen.

Die Frauen- und Geschlechterforschung steht damit vor einer doppelten Herausforderung: Einerseits geht es darum, die geschlechtsneutralen Konzepte herkömmlicher Staatstheorien zu hinterfragen. Andererseits gilt es, die Chancen und Risiken für den Wandel des Geschlechterverhältnisses in diesem Umstrukturierungsprozeß auszuloten. Die Richtungen der Veränderungsprozesse des Staates müssen dabei nicht unbedingt zu einem Abbau ungleicher Geschlecherverhältnisse beitragen: „Im historischen Vergleich und bei der Analyse unserer Gegenwartsgesellschaft wird deutlich: Umbrüche ökonomischer, technologischer, politischer und zivilisatorischer Art, die gemeinhin als Modernisierung diagnostiziert werden, tragen zwar zur Veränderung im Geschlechterverhältnis bei, dies bedeutet jedoch nicht unbedingt, daß alte hierarchische Strukturen abgelöst werden, um eine gesellschaftliche Gleichrangigkeit zwischen Männern und Frauen herzustellen" (Becker-Schmidt/Knapp 1995, 8).

Die Randständigkeit der Kategorie „Geschlecht" ist nicht nur in den staatstheoretischen Diskussionen, sondern in der Politikwissenschaft schlechthin zu beobachten. Im folgenden sollen zunächst einige Gründe für die „Widerständigkeit" der Politikwissenschaft gegenüber der Strukturkategorie „Geschlecht" skizziert werden. Eine Erklärung für die „Geschlechtsblindheit" der gegenwärtigen Diskussion über die „Zukunft des Staates" liegt darin, wie die Politikwissenschaft ihren „Untersuchungsgegenstand" definiert. Anschließend werden Diskussionsstränge feministischer Staatstheorien bruchstückhaft vorgestellt, um Ansatzpunkte für eine Diskussion staatlicher Transformation aus Perspektive der Frauen- und Geschlechterforschung aufzuzeigen.

2   Die Politikwissenschaft: Eine Disziplin ohne Geschlecht?

Der Staat ist einer der zentralen Untersuchungsgegenstände der Politikwissenschaft. Das von Stacey/Thorne 1991 (Stacey/Thorne 1991, 830) gezeichnete Bild von der Politikwissenschaft als einer gegenüber den Erkenntnissen feministischer Forschung besonders widerständigen Forschungsrichtung und die von Ferguson konstatierte „radikale Taubheit" (Ferguson 1987, 211, vgl. auch: Hartsock 1995, 63) dieser Disziplin gegenüber feministischen Fragestellungen hat sich in den letzten Jahren zwar auch in der Bundesrepublik etwas relativiert, ist jedoch keineswegs hinfällig geworden. Die Auseinandersetzung feministischer Theorien mit der Politikwissenschaft findet dabei im wesentlichen in zweierlei Hinsicht statt: Zum einen kritisieren Frauenforscherinnen die geschlechtsneutrale Strukturierung zentraler Begriffe der Politikwissenschaft (wie: Staat, Demokratie, Öffentlichkeit, Politik, Macht, Institutionen, Interessen, Konflikte, Entscheidungen, Partizipation, etc.). Zum anderen bemüht sich die Frauen- und Geschlechterforschung um eine Neufassung von Konzepten und Kategorien unter Einbezug des „Geschlecht" (vgl. Kreisky 1995).

Die nachhaltige „Widerständigkeit" der Politikwissenschaft gegenüber der Kategorie „Geschlecht" läßt sich im wesentlichen auf zweierlei Ebenen konstatieren:

Einerseits stellen sich die Universitäten und außeruniversitären Forschungseinrichtungen – wie in anderen Disziplinen auch – gegenüber Wissenschaftlerinnen als „geschlossene" Gesellschaften dar: Insgesamt beläuft sich der Anteil der Wissenschaftlerinnen an den politikwissenschaftlichen Professuren 1991 auf 10,3% (Kreisky/Sauer 1995, 20). Die feministische Wissenschaftskritik weist darauf hin, daß dieser Ausschluß von Wissenschaftlerinnen auch Auswirkungen auf die „Wissens- und Erkenntnisproduktion" in dieser Disziplin hat. Ein niedriger Anteil von Frauen in der Wissenschaft birgt aus dieser Perspektive immer auch die Gefahr, daß der wissenschaftliche Blick auf die Welt ein „männlicher" ist und „weibliche" Sichtweisen in Forschung und Lehre ausgeklammert werden oder „randständig" sind.

Andererseits liegt aber auch im Untersuchungsgegenstand der Politikwissenschaft die Begründung für die – im Vergleich zu anderen Wissenschaften – nach wie vor besonders hartnäckige Abschottung gegenüber den Ergebnissen der Frauen- und Geschlechterforschung und in der fehlenden Akzeptanz der Kategorie „Geschlecht" als relevanter Untersuchungskategorie für die Disziplin:

Die gesamte politische Theorie der Neuzeit durchzieht eine klare Aufspaltung der Gesellschaft in einen „öffentlichen" Bereich (Staat, Politik, Recht und Wirtschaft) einerseits und einen „privaten" Bereich (Familie, persönliche Beziehungen) andererseits. Die scharfe Trennung zwischen diesen beiden Sphären geht mit geschlechtsspezifischen Zuschreibungen einher: „Die Identifizierung der öffentlichen Sphäre mit männlicher Vernunft und rationaler Handlungsweise und der Privatsphäre als Bereich weiblichen Gefühls, geprägt von irrationalen, unberechenbaren Handlungsmustern, zieht sich als roter Faden durch die politische Philosophie und Gesellschaftsanalysen. Eine umfassende Degradierung weiblicher Arbeit, die Entwertung der gesamten Reproduktionssphäre sowie der Ausschluß von Frauen aus der männlich definierten Sphäre sind unmittelbare Folgen dieser Zuschreibung" (Lang 1995, 85).

Die Politikwissenschaft konzentriert ihre Aufmerksamkeit auf den „öffentlichen" Bereich, während der „private Bereich" (wie beispielsweise die Familie) nicht als originärer Gegenstand der Disziplin betrachtet wird. Die Aufgabe des Staates besteht zum Beispiel darin, die im Interesse der „Öffentlichkeit" liegenden Belange zu verfolgen. Forschungsthemen, die den Untersuchungsgegenstand der Familie oder emotionalen Zusammenlebens betreffen, werden in den Bereich der (Familien-)Soziologie und der Psychologie verwiesen. In den Konzepten der herkömmlichen Politikwissenschaft gilt zudem der „öffentliche" Bereich, und damit der Staat, Politik, Recht, und Wirtschaft, nicht als geschlechtsspezifisch strukturiert. Diese „Geschlechtsblindheit der Politikwissenschaft" und die Ausblendung der Kategorie „Geschlecht" läßt sich in unterschiedlichen Staatstheorien beobachten.

Die in der Tradition des Liberalismus stehenden Staatskonzeptionen stellen vor allem das Verhältnis zwischen Individuum, Gesellschaft und Staat in das Zentrum ihrer Analysen. Das Individuum wird aus dieser Perspektive losgelöst von den jeweiligen sozialen Kontexten konzipiert, und der Anspruch der Individuen auf gesellschaftliche Rechte und die Existenz von Pflichten wird als unabhängig von Geschlecht, Klasse und Ethnie betrachtet. Der Staat gilt als neutrale und interessenlose Instanz, die die Aufgabe erhält, das Leben, die Freiheit und den Besitz der Bürger und Bürgerinnen – eben unabhängig von Geschlecht, Klasse und Ethnie – zu schützen. Macht- und Herrschaftsbeziehungen werden in dieser Perspektive unterbelichtet. Demgegenüber betrachten sozialistische und anarchistische Staatstheorien den Staat keineswegs als neutrale und interessenlose Institution, sondern als Herrschaftsagenten sowie als Vertreter der Interessen der herrschenden Klasse des Kapitals. Diese Analysen berücksichtigen also (auf allerdings sehr reduktionistische Art) die gesellschaftlichen Stellungen, in denen sich Staatsbürger und Staatsbürgerinnen befinden, sowie den sozialen Kontext, in dem sich der Staat herausbildet und in dem er agiert. Die Funktion des Staates wird in der Absicherung von Klassen- und Kapitalinteressen gesehen. Herrschaftsstrukturen werden thematisiert, aber auf „Kapitalverhältnisse" reduziert. Das Geschlechterverhältnis gilt jedoch nicht als zentrale und dominante Strukturkategorie. Die Ausblendung des Geschlechterverhältnisses trifft auch für die Webersche Herrschafts- und Bürokratieanalyse zu. Staatliche Bürokratien bilden aus der Weberschen Perspektive zwar Herrschaftsapparate aus, sie gelten jedoch ebenfalls als geschlechtsneutral (vgl. Franzway/Court/Connell 1989; Connell 1992). Im folgenden wird die „Staatskonzeption" der liberalen Vertragstheorie genauer beleuchtet.

3 Die Geschlechtsblindheit der klassischen Vertragstheorien

Die Entstehung des Staates aus einem Gesellschaftsvertrag zwischen gleichgestellten und souveränen Individuen, als Ursprung politischer Rechte und bürgerlicher Freiheiten, und die scharfe Trennung zwischen der Sphäre des Staates (als Bereich des universellen Altruismus und einheitsstiftendes Zentrum), der Gesellschaft (als System partikularer Interessen und des Bereichs des universellen Egoismus) und der Familie (als Ort des Privaten, der Emotionen und der Sexualität) zählen – wie im vorherigen Kapitel bereits angedeutet – zu den fundamentalen Paradigmen der Politikwissenschaft. Die in der Politikwissenschaft übliche Trennung zwischen „Staat", „bürgerlicher

Gesellschaft" und „Familie" geht auf Hegel zurück, der die bürgerliche Gesellschaft als die Differenz, „welche zwischen Staat und Familie" tritt, entdeckte. Das Konzept Hegels von den drei getrennten Sphären „Staat", „bürgerliche Gesellschaft" und „Familie" findet sich u.a. auch in der Vertragstheorie, die seit dem 17. Jahrhundert zum liberalen Kernbestand der politischen Theorie zu zählen ist.[1]

Als Väter der Vertragstheorie gelten Hobbes, Locke, Montesquieu und Rousseau. Die Vertragstheorien stellen eine systematische Ausarbeitung der aufklärerischen Idee dar, daß sich gesellschaftliche Ordnungen und Entwicklungen nicht mehr durch den Bezug auf den Willen Gottes oder eine objektive natürliche Wertordnung begründen lassen. Als Vertragstheorie gelten ganz allgemein moral-, sozial- und politikphilosophische Konzeptionen, die eine rationale Grundlage für die institutionelle gesellschaftliche Ordnung und die Legitimationsbedingungen politischer Herrschaft zu legen versuchen. Die verbindliche Autorität des Staates und des bürgerlichen Rechts ebenso wie die Legitimität der modernen Regierung wird erklärt, indem vorausgesetzt wird, unsere Gesellschaft gründe sich auf einen Vertrag. Eine zentrale Ausgangsüberlegung ist dabei, daß „im Naturzustand lebende Menschen sich entschließen (aus Gründen der Sicherheit wie bei Hobbes, zur Stärkung der natürlichen Solidarität und aus Gründen der Eigentumssicherung wie bei Locke, aus Gründen der Leidvermeidung wie bei Rousseau)" (Holland-Cunz 1995, 20), sich eine gemeinsame regulierende, von allen anerkannte, konfliktbewältigende Macht (Staat) zu geben, unter die sie sich freiwillig stellen, um friedlich miteinander leben zu können. Die Vertragstheoretiker gehen dabei von einem hypothetischen, zwischen freien und gleichen Individuen in einem wohldefinierten Ausgangszustand geschlossenen Vertrag aus. In diesem Vertrag werden Regeln der Handlungskoordination und der Güterverteilung in einer Gesellschaft festgelegt, die moralische Verbindlichkeit beanspruchen können und als gerecht angesehen werden. In der Vertragstheorie darf das Individuum in seiner Freiheit nur durch solche Gesetze eingeschränkt werden, auf die es sich mit allen anderen im Rahmen fairer Verfahren und auf der Grundlage der gleichberechtigten Teilnahme geeinigt hatte. Ob Herrschaft legitim ist, Regeln der Handlungskoordination moralische Verbindlichkeit beanspruchen dürfen, Prinzipien der Güterverteilung als gerecht angesehen werden können, hängt aus dieser Perspektive gleichermaßen davon ab, ob sie allgemein zustimmungsfähig sind, ob sie als Ergebnis einer vertraglichen Einigung betrachtet werden und von den Betroffenen argumentativ entwickelt werden können.

In der Vertragstheorie sind Staaten eine eher neutrale – von den Staatsbürgern und Staatsbürgerinnen legitimierte – Institution, mit der Konflikte in der Gesellschaft geschlichtet und Handlungen reguliert werden, so daß den Individuen die Freiheit gegeben ist, ihre privaten Ziele zu verfolgen. Der Staat muß demnach gewährleisten, daß die Bürger und Bürgerinnen ihre privaten Belange verwirklichen können. Er soll die private Sphäre gegen

Fremdeinwirkungen schützen. Der Staat habe primär den Auftrag, die frei-willige vorpolitische Gesellschaft von Bürgern und Bürgerinnen zu sichern und zu perfektionieren. Die Instanz des Staates findet aus dieser Perspektive ihre Legitimität darin, daß sie gewaltsame Konflikte zwischen Individuen mittels eines absoluten Gewaltmonopols einschränkt und die Einhaltung der Regeln des Zusammenlebens über Gesetze garantiert. Die Ausübung der Staatsmacht wird als Treuhänderschaft der Bürger und Bürgerinnen verstan-den und ist deshalb zivilen Gesetzen unterworfen. Wenn es der Regierung demnach nicht gelingt, ihren gesetzlichen Auftrag zu erfüllen, nämlich Le-ben, Freiheit und Besitz der Bürger und Bürgerinnen unter allen Umständen zu schützen –, kommt den Bürgern das Recht zu, der Regierung die aufgetra-gene Treuhänderschaft zu entziehen. Diese Einsichten sind zum Kernstück liberaler Rechts- und Demokratietheorien geworden.

Der allgemeine Wille der Staatsbürger und Staatsbürgerinnen kommt in der Vertragstheorie in der „political" oder „civil society" zum Ausdruck. Die Gesellschaft, in der Mensch „von Natur aus" lebt – nach Locke die Gesell-schaft der Familie –, ist in dieser Theorie aber noch nicht die politische, d.h. zum Teil staatlich organisierte Gesellschaft. Der politische Teil der Gesell-schaft – in dem die Regeln der Handlungskoordination und der Gütervertei-lung verhandelt und festgelegt werden – entsteht Vertretern der Vertragstheo-retikern zufolge erst, wenn jeder „master of family" sein natürliches Recht auf Leben, Freiheit und Besitz wie das Recht, Verletzungen dieses Rechts zu rächen, abtritt.

In ihrem bereits als Klassiker zu bezeichnenden Buch „The Sexual Con-tract" setzt sich Carole Pateman kritisch mit der geschlechtsneutralen Staats-konzeption der Vertragstheorie auseinander und versucht darüber hinaus eine präzise Bestimmung des Konzeptes „Patriarchat" (vgl. Pateman 1988, 1992, 1994, 1996).

Pateman thematisiert den Geschlechtervertrag als eine nicht sichtbare Voraussetzung des Gesellschaftsvertrages bei Theoretikern wie Hobbes, Locke, Montesquieu und Rousseau. Das ursprüngliche Patriarchat – als „Herrschaft der Väter" – wird nach Pateman abgelöst durch die Vertrags-konzeption der Aufklärung, die zu einer neuen Ordnung geführt hat. In der modernen bürgerlichen Gesellschaft ist die Unterordnung von Frauen unter Männer nicht mehr durch die patriarchalen Gesetze begründet. Im Gegensatz zu früher wird die Subordination der Frauen nun vertraglich besiegelt (z.B. über den Ehevertrag). Dieser Geschlechtervertrag führt dazu, daß Frauen immer wieder neu auf die privaten Sphären verwiesen werden.

Während in der Vertragstheorie der Staat einer Übereinkunft zwischen freien und gleichen Individuen entspringt, geht Pateman davon aus, daß dem Gesellschaftsvertrag immer auch ein impliziter Geschlechtervertrag zugrunde liegt. Ihrer Ansicht nach muß die Entstehung des Staates in der Vertragstheo-rie als Vertrag zwischen freien und gleichen „masters of family" betrachtet werden, die immer als männliche Individuen gedacht werden. Die freien und gleichen Individuen in der Vertragstheorie sind zunächst vor allem Familienväter, die die Rechte der Familie, und damit auch der Frauen, in der öffentlichen Sphäre vertreten. Die Konzeption des Gesellschaftsvertrages sieht vor, daß die Bürger im Austausch für ihren Gehorsam gegenüber dem Staat dessen Schutz genießen. Pateman zeigt, daß der Geschlechtervertrag in vergleichbarer Weise eine Unterordnung der Frauen unter den Mann in der Familie beinhaltet. Bürgerinnen erhalten den Schutz nicht vom Staat, sondern über die Institution der Familie. Der Geschlechtervertrag verweist die Frau auf den „privaten", staatsfreien Bereich und in die direkte Abhängigkeit von Männern. Pateman verdeutlicht, daß diese Konstruktion bei den klassischen Staatstheorien darüber abgesichert wird, daß den Frauen zum einen die Mündigkeit abgesprochen wird, die bei Männern dafür maßgeblich ist, daß sie als Staatsbürger gelten und Verträge schließen können; zum anderen wird ihnen allerdings die Fähigkeit zugeschrieben, in bestimmte Verträge wie den Ehevertrag einzutreten.

Das Wesen der bürgerlichen Gesellschaft kann – nach Ansicht von Pateman – nicht adäquat erfaßt werden, wenn nicht auch die „zweite Hälfte der Geschichte" erzählt wird, aus der hervorgeht, wie die patriarchalen Rechte der Männer über die Frauen auf dem Vertragswege begründet werden. Pateman zeigt, daß die Konzeptionen der Vertragstheorie mit der Zweiteilung in einen öffentlichen und einen privaten Bereich einhergeht, also unreflektiert auf geschlechtsspezifischen Zuweisungen basiert. Lediglich eine, nämlich die „öffentliche" Sphäre, erweckt Aufmerksamkeit und korrespondiert mit „bürgerlichen" Freiheiten. Die andere, nämlich die private Sphäre, blieb ohne politische Relevanz. Die Unterordnung von Frauen unter Männer wird über die Zuweisung von Frauen in die private Sphäre besiegelt. Pateman führt aus, daß der „Gesellschaftsvertrag" als Geschichte der Freiheit der Männer, der Geschlechtervertrag aber als Geschichte der Unterwerfung der Frauen unter „Männer als Männer" oder unter „brüderlich vereinte Männer" zu deuten ist. Pateman betont, daß die Fixierung der politischen Theorie auf den Gesellschaftsvertrag als Ursprung politischer Rechte und bürgerlicher Freiheiten die patriarchale Fundierung gesellschaftlicher Ordnung unsichtbar hält. Aus dieser Perspektive untersucht Pateman neben dem Ehevertrag auch den Arbeits-, den Prostitutions- und den Leihmuttervertrag.

An den Konzeptionen der klassischen Vertragstheorie kritisiert Pateman zu Recht, daß sie „die andere Hälfte der Geschichte" (Pateman 1994) nicht zur Kenntnis nehmen. Die „andere Hälfte der Geschichte" verweist darauf, daß im öffentlichen Bereich der „political" oder „civil society" lediglich die Interessen der männlichen „masters of family" zum Ausdruck kommen. Die mit dem Status des Staatsbürgers verbundenen Rechte und Pflichten gelten damit für Frauen nur vermittelt. Der Staat agiert demnach im Interesse der – in der Regel männlichen – Familienvorstände. Die Belange von Frauen werden demgegenüber dem privaten und nicht dem öffentlichen Bereich zugeordnet.

In der Folge der Frauenbewegung und ihrer Forderung „Das Private ist politisch" kam es zwar zu einer Grenzverschiebung der öffentlichen und privaten Belange. Seit den 60er Jahren sind Themen wie sexuelle Gewalt und sexueller Mißbrauch in der Familie, Pornographie, sexuelle Belästigung zunehmend Bestandteil öffentlicher Debatten geworden (Pauer-Studer 1996, 60). Die geschlechtstypische Zuweisung auf die einzelnen Sphären blieb jedoch weitgehend erhalten. Arbeiten der Frauen- und Geschlechterforschung (vgl. bspw. Fraser 1994) zeigen nun, daß das Aufheben eines zentralen Kernstückes der liberalen Vertragstheorien, nämlich die Aufrechterhaltung der Differenz von „Privat" und „Öffentlich", allein kein erfolgversprechender Ansatzpunkt für einen Wandel des asymmetrischen Geschlechterverhältnisses sein kann. Ein zentraler Ausgangspunkt der Kritik sind demgegenüber die geschlechtsspezifischen Konnotationen, die in den Vorstellungen über die Funktionsweisen der öffentlichen und privaten Sphären zum Ausdruck kommen.

Die Vertragstheoretiker sehen im öffentlichen Bereich der „political" oder „civil society" und des Staatswesens einen Ausdruck der unparteiischen, von Emotionen und Affekten gereinigten Vernunft. Dieses Ideal der bürgerlichen Öffentlichkeit beruht auf einer Gegenüberstellung zwischen den öffentlichen und privaten Dimensionen des menschlichen Lebens. Als ideale Umgangsregeln und -formen im öffentlichen Bereich gelten Vernunft und die Verpflichtung auf das allgemeine Interesse. Die Besonderheit des Gefühlslebens, des Begehrens und des Körpers sollten aus den öffentlichen Debatten herausgehalten werden, behindern sie doch die vernunftsgeleiteten und dem allgemeinen Interesse verpflichteten „Vertragsverhandlungen". In den Bereich des „Privaten" werden Gefühle, Leidenschaft und Affektivität verbannt: „Dieser Separierung liegt die Annahme zugrunde, daß die beiden Bereiche nach unterschiedlichen Prinzipien des Zusammenlebens funktionieren: Während für den öffentlichen Bereich Interaktionen „rechtsförmiger" Art typisch seien, beruhten die Beziehungen im Privaten auf „Verständnis, Zuneigung und Liebe" (Pauer-Studer 1996, 55). Diese Trennung geht mit Vorstellungen von „männlichen" und „weiblichen" Zuschreibungen einher und wird auch für die Zuweisung der Geschlechter in die unterschiedlichen Sphären relevant, ohne daß dies von den Vertragstheoretikern thematisiert würde. Die geschlechtstypische Zuteilung auf die einzelnen Sphären erfolgt dabei auch über vielfältige staatliche Maßnahmen und bürokratische Regelungen.

4 Staatliche Bürokratien aus Sicht der Frauen- und Geschlechterforschung

Feministische Theoretikerinnen bemühen sich seit geraumer Zeit, die „geschlechtsblinden Flecken" der herkömmlichen Staatstheorien aufzuzeigen und haben in unterschiedlichen Kontexten kritische Auseinandersetzungen mit diesen Ansätzen entwickelt. 1982 konstatierte Catharine MacKinnon in einem vielzitierten Artikel, daß der Feminismus selbst jedoch über keine ausgearbeitete Staatstheorie verfüge (MacKinnon 1982). In den letzten Jahren haben sich auch im deutschsprachigen Raum eine Reihe von Arbeiten aus geschlechtsspezifischer Perspektive mit dem Staat beschäftigt (vgl. bspw. Seemann 1995), in der polarisierende Betrachtungsweisen überwunden werden. Der Staat wird nicht mehr nur entweder als „die Verkörperung des Patriarchats" betrachtet, dem nur mit „autonom-feministischen" Strategien begegnet werden kann, oder als Apparat gesehen, den es „staatsfeministisch zu instrumentalisieren gilt" (Seemann 1998, 2). In neuerer Zeit werden beispielsweise verstärkt poststrukturalistische Arbeiten diskutiert, die den Staat nicht als einheitlichen monolithischen Block denken, sondern ihn als eine „Vielzahl und Vielfalt unterschiedlicher ´Apparate´, Institutionen, Politiken" (Holland-Cunz 1995, 20; vgl. bspw.: Brown 1992) konzipieren (vgl. Seemann 1998, 2). Auch wenn nach wie vor keine entwickelte feministische Staatstheorie existiert, lassen sich gemeinsame Ausgangspunkte der theoretischen Diskussion herauskristallisieren:

– In den Auseinandersetzungen der Frauen- und Geschlechterforschung mit den Staatstheorien wird betont, daß die strikte Trennung zwischen einer „privaten" und einer „öffentlichen" Sphäre der Unterbau des Credos aller Staatstheorien ist (Rumpf 1992; Kreisky 1995): „Die Trennung von Öffentlichkeit und Privatheit ist der zentrale Fokus aller Ansätze, denn (...) diese Trennung (ist) Voraussetzung des modernen Politikbegriffs und zugleich der Geschlechterasymmetrie, die sich in diesem Politikbegriff niederschlägt" (Kreisky/Sauer, 1995). Im Zentrum der Kritik steht demnach nicht die Trennung zwischen einer privaten von einer öffentlichen Sphäre, sondern die Abwertung der privaten Sphäre, die „Abschiebung" von Frauen in die private Sphäre und ein Politikbegriff, der die Belange von Frauen tendenziell als nicht im öffentlichen, sondern im privaten Interesse liegend, kennzeichnet. „Diese Dichotomie von Öffentlichkeit und mit der Welt der Familie assoziierte Privatheit, die ein für die Unterordnung von Frauen entscheidendes gesellschaftliches Organisationsmuster reflektiert, wird – oft in versteckter Form – auch in vielen der gegenwärtigen politischen Theorien, die zum demokratisch-kritischen Spektrum zählen, tradiert" (Pauer-Studer 1996, 56).

– Über alle unterschiedlichen Zugänge hinweg ist den Ansätzen feministischer Staatstheorie ebenso gemeinsam, daß sie die Konzeptionen von einem geschlechtsneutralen und interessenlosen Staat, wie ihn beispielsweise die Vertragstheorie entwickelt, in Frage stellen. Die Frauen- und
Geschlechterforschung betont, daß über unterschiedliche staatliche Regulierungen nicht nur das Verhältnis zwischen Staat, Markt und Ökonomie (Öffentlichkeit) und Familie (Privatheit) festgelegt wird, sondern
staatliche Maßnahmen die Zuweisung von Frauen in die private Sphäre
vorantreiben. Staatliche Maßnahmen wirken bislang eher zugunsten von
Männern, die in die „öffentliche Sphäre" integriert werden und zuun-
gunsten von Frauen, die häufiger auf den „privaten Bereich" verwiesen
werden, wobei die Festlegung auf den privaten Bereich in der Regel
auch den Ausschluß aus der öffentlichen Sphäre bedeutet. Staatliche
Maßnahmen können die Trennung zwischen „öffentlich" und „privat"
(z.B. über sozialstaatliche Maßnahmen und bürokratische Regulierungen) verschieben und die geschlechtsspezifischen Zuweisungen in
Transformationsprozessen neu herstellen oder auf ihre Aufhebung hin-
wirken.

Die Funktionsweise bürokratischer Regulierungen erhalten bei der Zuweisung von Frauen in den privaten Bereich demnach einen zentralen Stellenwert. In den letzten Jahren versucht Eva Kreisky im deutschsprachigen Raum
in einer historisch ausgerichteten Untersuchung der geschlechtsspezifischen
Funktionsweise des modernen Staates der Entstehung seines bürokratischen
Apparates auf die Spur zu kommen. In Bezug auf marxistische Konzeptionen
und in Auseinandersetzung mit der Weberschen Herrschafts- und Bürokratie-
soziologie betont Kreisky, daß dieser Organisationsmodus zwei grundlegende Hierarchien der Vergesellschaftung hervorbringt: Die Hierarchie zwischen
Planenden und Ausführenden und die Subordination zwischen Männern und
Frauen. Diese Unterordnungsverhältnisse werden über bürokratische Regelungen und über im bürokratischen Apparat eingelassene Symboliken permanent produziert und reproduziert (vgl.auch Witz/Savage 1992). Im Begriff
des „Männerbundes" entwickelt Kreisky nun ein analytisches Instrument, um
die im bürgerlichen Staatsapparat der Neuzeit historisch eingeschriebene
„Männlichkeit als System" explizit zu machen.
    In ihrer Analyse erweitert Kreisky die geschlechtslosen Konzeptionen
von der Funktionsweise und der Entstehung des bürokratischen Staates um
das Analyseinstrument des „Männerbundes". In Anlehnung an Max Webers
Untersuchungen zum Entstehungsprozeß moderner Bürokratien versucht
Kreisky, der Geschlechtlichkeit des Staates auf die Spur zu kommen. Die
Entstehung der Bürokratie gilt bei Weber als Keimzelle der modernen okzi-
dentalen Staatsanstalt. Die Staatsbürokratie bildet demnach einen anstaltsmä-
ßigen Herrschaftsverband, in dem „angestellte Beamte (...) über alle Alltags-
bedürfnisse und Alltagsbeschwerden" (Weber 1980, 822) entscheiden. Es ist

demnach notwendig, die historische Entwicklung staatlicher Bürokratie auf-
zuarbeiten, um deren „männliche Sedimente" genauer beleuchten zu können.
Kreisky zeigt, daß die Organisation der Staatsbürokratie an den inneren Prinzipien des preußischen Militärs, wie strenger Disziplin und Hierarchie, orientiert war. Anhand einer „feministischen Institutionenarchäologie" weist sie
nach, daß das Militär und die modernen bürokratischen Strukturen auf männerbündischen Netzwerken und Mechanismen basieren, die die traditionelle
„Männlichkeit" bestätigen und das „Nicht-Männliche" ausschließen und
abwerten.

Kreisky betont, daß sich „Männlichkeit als System" in der Organisation
des Staatsapparates historisch eingeschrieben hat und zur Handlungsorientie-
rung der Beschäftigten innerhalb staatlicher Bürokratien wurde. Als „weiblich" geltende Erfahrungen mit Hausarbeit, Kindererziehung oder Altenpfle-
ge werden dagegen durch den staatlichen Apparat abgewertet. „Typisch
weibliche" Erfahrungen sind für einen Aufstieg innerhalb der staatlichen
Bürokratie kaum „förderlich". Die staatlichen Institutionen erweisen sich aus
dieser Perspektive als sedimentierte „männliche Interessen" und Ausdruck
„männlicher Lebenserfahrung". „Männlichkeit" wird auf symbolischer Ebene und über Rituale mit „Staatlichkeit" konnotiert. Diese Symbiose zwischen
„Männlichkeit" und „Staatlichkeit" „wird auf symbolischer Ebene als ideologisches Mysterium tradiert und in realer Hinsicht durch Frauenausschluß
beinhart praktiziert. 'Männlichkeit' ist in staatlichen Bürokratien immer
höher bewertet als 'Weiblichkeit'. So kann es kaum verblüffen, wenn Frauen
der Einbruch in den bürokratischen „Herrenclub" nicht zu gelingen vermag.
Die relevanten Herrschaftspositionen in staatlichen Bürokratien sind − wie
ehedem − fest in Männerhand. Männlichkeit ist nicht nur gesellschaftlich
konstruiert, sondern sie konstruiert auch selbst gesellschaftliche Strukturen"
(Kreisky 1995, 114). Der Verweis auf allgemein verbindliche, neutrale und
rationale Regeln und Ziele, nach denen staatliche Bürokratien funktionieren
sollen, verschleiert aus dieser Perspektive die Klassen- und Geschlechtsinter-
essen, die in den Regelsystemen tief verankert sind: „It can be argued that
while the rational-legal or bureaucratic form presents itself as gender-neutral,
it actually constitutes a new kind of patriarchal structure. The apparent neu-
trality of rules and goales disguises the class and gender interests served by
them" (Pringle 1988, 161).

Die skizzierten Ergebnisse der Frauen- und Geschlechterforschung zeigen, daß sich der Wandel des Staates nicht ohne einen Wandel im Geschlechterverhältnis vollzieht. Die Diskussion über die „Zukunft des Staates"
und über die „Modernisierung des Staates" kann in der Terminologie von
Pateman als Transformation der Relation zwischen dem Gesellschafts- und
Geschlechtervertrag interpretiert werden. Die „Neuaushandlung" beider
Verträge kann eine Neuzuweisung der Geschlechter in die „öffentliche" und
„private" Sphären nach sich ziehen und auch als „offene" Verhandlungssituation interpretiert werden. In diesem Prozeß sind staatliche Maßnahmen

von zentraler Bedeutung für eine Aufhebung der Benachteiligung von Frauen. Mit dem Konzept von Kreisky ließe sich die „Modernisierung des Staates" als eine Reorganisation des „männerbündischen" bürokratischen Herrschaftsapparates beschreiben. Um die Richtung der Entwicklung und der Transformationsprozesse genauer bestimmen zu können, bedarf es der Analyse historisch konkreter „Staatsregime", wie des keynesianischen Wohlfahrtsstaates, der gegenwärtig tiefe Veränderungsprozesse durchläuft.

5 Der Wohlfahrtsstaat – Eine Diskussion aus Sicht der Frauen- und Geschlechterforschung

In den 60er Jahren setzte sich im Kontext des langen wirtschaftlichen Aufschwungs im Nachkriegseuropa in vielen Ländern die „Vision des demokratisch gesteuerten Kapitalismus" durch. Im Zentrum dieser Diskussionen – die bis Mitte der 70er Jahre anhielten – stehen Begriffe des „Wohlfahrtsstaates" und des „geplanten Kapitalismus". Der Staat wurde – wie oben ausgeführt – als über der Gesellschaft stehende „Steuerungszentrale" konzipiert. Eine Expansion der planenden Verwaltung und ein Ausbau bürokratischer Regulierungselemente setzte ein und führte allmählich zu einer „Verbürokratisierung" der Gesellschaft. In diesem Modell war der Staat über wirtschaftspolitische Steuerungsleistungen und sozialpolitische Transfers für eine ökonomisch „effiziente" und „sozial ausgewogene Gesellschaftsgestaltung" verantwortlich. Der keynesianische Wohlfahrtsstaat sollte für eine progressive gesellschaftliche Nutzung und die gerechte Verteilung des produzierten Wohlstandes sorgen. Der Staat trat den Bürgern und Bürgerinnen im wesentlichen in Form von bürokratischen Regulierungen und Anweisungen entgegen. Die wohlfahrtsstaatliche Ausweitung der Bürokratie bedeutete ein Vordringen des Staates in vormals private Sphären. Der Ausbau staatlicher Tätigkeiten ging auch mit einer Ausweitung der Frauenerwerbstätigkeit in bestimmten Sektoren wie Gesundheit, Bildung etc. einher. Dies änderte jedoch wenig an der generellen Zuweisung der Frauen in die private Sphäre – insbesondere in Zeiten hoher Erwerbslosigkeit. So sind weibliche Beschäftigte vor allem in solchen Erwerbsarbeitsverhältnissen zu finden, die sich mit der geschlechtsspezifischen Arbeitsteilung vereinbaren lassen (z.T. Teilzeitbeschäftigung).

Im Umkreis der Frauen- und Geschlechterforschung finden sich nun Hinweise darauf, daß „der Sozialstaat" und die „Sozialpolitik" in allen westlichen Industrieländern eng an die Herausbildung der „Kernfamilie" und die Auflösung der Großfamilien geknüpft war[2]. Die Transferleistungen des Staates an private Haushalte in Form von Kindergeld, Sozialhilfe, Renten, öffentlichen Pensionen, Kranken-, Unfall- und Erwerbslosenversicherungen, sowie durch Sachleistungen aller Art wie Ausgaben für Bildung, Leistungen für den sozialen Wohnungsbau usw., nahmen in den Nachkriegsjahren zu. Die Entstehung dieser Staatsformation und der Ausbau staatlicher bürokratischer Regulierungen in der Nachkriegszeit in allen OECD-Länder bleibt an unbezahlte Frauenarbeit in der Kleinfamilie geknüpft. Die Analysen verdeutlichen, daß ein Großteil der Arbeiten, die weder vom Staat übernommen, noch marktmässig organisiert wurden, zu Hause von Frauen erbracht wurden – der Wohlfahrsstaat brach die geschlechtsspezifischen Formen der Arbeitsteilung also nicht grundlegend auf. Sozialpolitische Maßnahmen übernahmen kompensatorische Aufgaben und reproduzierten zugleich die Kleinfamilie. Staatliche Regulierungsmaßnahmen – z.B. Sozial- und Arbeitsmarktpolitik – hatten das „männliche Normalarbeitsverhältnis" zur Grundlage und verwiesen Frauen normativ und materiell auf die Familie. Die Kleinfamilie wiederum bildete das Zentrum eines dichten Geflechts staatlicher Administration und blieb der Schnittpunkt einer Vielzahl von gesellschaftlichen Institutionen von der Schule bis zur Krankenversicherung.

Die Expansion des Wohlfahrtsstaates der Nachkriegszeit basierte damit auf zwei grundlegenden Säulen, die über öffentliches Recht (oder in Patemans Worten über eine Verbindung von Gesellschafts- und Geschlechtervertrag) und staatliche, „männerbündische" Bürokratien hergestellt und abgesichert wurden: Zum einen war ein zentraler Ausgangspunkt das „männliche" Normalarbeitsverhältnis und zum anderen das damit verbundene Familienernährermodell. Die Ausweitung dieses Modells ging zwar einerseits mit einer Expansion der Frauenerwerbstätigkeit einher, diese änderte jedoch andererseits wenig an der Zuständigkeit von Frauen für das „Private". Die „privaten" Bereiche wurden auch über die bürokratischen Staatsapparate und deren „männerbündische" Funktionsweise abgewertet. Dieses Modell unterliegt nun einem grundlegenden Transformationsprozeß, der weder mit der Herangehensweise von Pateman noch mit dem Ansatz von Kreisky umfassend analysiert werden kann.

6 Die Modernisierung des Staates in den 90er Jahren – Sichtweisen der Frauen- und Geschlechterforschung

Einige wenige Diskussionsbeiträge in den politischen und wissenschaftlichen Debatten der Frauen- und Geschlechterforschung beschäftigten sich direkt mit dem Zusammenhang der Transformation des Staates und den Auswirkungen auf das Geschlechterverhältnis. Diese Beiträge lassen durchaus unterschiedliche Einschätzungen erkennen. Im wesentlichen sind die folgenden Positionen zu unterscheiden:

– *Der Ausbau von Staatstätigkeit führte zu einer Ausweitung der Frauen-erwerbstätigkeit und mehr Chancengleichheit*:

„Die Integrationschancen von Frauen in den Arbeitsmarkt haben mit dem Ausbau der Staatstätigkeit und der Zunahme relativ qualifizierter und sicherer Arbeitsplätze in den vergangenen Jahrzehnten nachweisbar zugenommen, und der öffentliche Sektor hat zugleich eine Vorreiterrolle in Bezug auf Frauenförderung und die Herstellung von mehr Chancengleichheit" (Oppen 1996, 4; vgl. auch: Oppen 1994).

Es wird u.a. befürchtet, daß die Prozesse der „Modernisierung" und „Verschlankung" Frauenerwerbstätigkeit reduzierten und die Entwicklung sowie die Umsetzung von Gleichstellungsmaßnahmen in der Verwaltung erheblich beeinträchtigen. Aus dieser Perspektive gilt es, den Wohlfahrtsstaat zu erhalten, seine Potentiale zur Verbesserung von Chancengleichheit weiterzuentwickeln und die Chancen von Frauen auf dem Arbeitsmarkt zu verbessern. Suchprozesse in diesem Korridor drohen tendenziell die Errungenschaften des Wohlfahrtsstaates positiv zu überzeichnen, gegenüber den „neoliberalen Angriffen" auf das soziale Sicherungssystem einseitig reaktiv zu argumentieren (Verteidigung der existierenden Strukturen des Wohlfahrtsstaates), Anpassungszwänge und Probleme der Sozialsysteme (z.B. Abbau von Bürokratie, Überprüfung von Sozialleistungen für gutsituierte Mittelschichten, Erosion gesellschaftlicher Solidaritätspotentiale durch „Verstaatlichung sozialer Verantwortung") zu übersehen oder zu unterschätzen und daher Spielräume für neue politische Optionen unterzubelichten.

– *„Vermarktwirtschaftlichung" der Gesellschaft bedroht Frauenpolitik und Chancengleichheit:* Von einer Reihe von Autorinnen wird auf die systematische Unvereinbarkeit einer „staatlichen Logik der Konfliktvermeidung und Gemeinwohlorientierung, einer marktförmigen Logik von Kostenminderung und Effizienzsteigerung und einer politischen Logik demokratischer Öffentlichkeit und ziviler Gesellschaft" (Holland-Cunz 1995, 23; vgl. auch Oppen 1996) hingewiesen. Es wird betont, daß die Formel: „Entbürokratisierung = lean administration und lean management = Demokratie" zu schlicht sei. Frauengleichstellung sei beispielsweise kein kommerzielles, sondern ein soziales Gut, das im Kontext von Verwaltungsreformen nur schwer quantifizierbar und qualifizierbar sei und in Marktkategorien nicht gemessen werden könne und dürfe. Der Staat habe in Bezug auf die Frauengleichstellung in mehrfacher Hinsicht eine Vorbildfunktion einzunehmen – diese Aufgabe könne nur gegen den Markt durchgesetzt werden (vgl. Holland-Cunz 1995, 23). Markt, Staat, Gesellschaft werden hier nicht als Spannungsverhältnis, sondern in „Widerspruchskategorien" interpretiert. Staatliche Steuerung und Marktallokation können sich jedoch auf das Geschlechterverhältnis, Chancengleichheit und die Arbeitsteilung zwischen Männern und Frauen positiv wie negativ auswirken. Das Primat der Politik verteidigen zu wollen, um

Frauenpolitik zu ermöglichen, heißt nicht nur, die „Vermarktwirtschaftlichung der Gesellschaft" zu verhindern, sondern kann auch bedeuten, solche staatliche Bürokratien abbauen zu helfen, die Gestaltungsspielräume verbauen – was zuweilen durch Privatisierung oder die Delegation von öffentlichen Funktionen an private Akteure bewerkstelligt werden muß.

– *Modernisierung des Staates als Chancen für die Frauen:* Von anderen Theoretikerinnen wird (entgegen der gerade skizzierten Argumentation) betont, daß die Entwicklung hin zu mehr Effizienz, Effektivität, weniger Hierarchie und die Ausdehnung demokratischer Mitsprachemöglichkeiten die Potentiale für die Herstellung von mehr Chancengleichheit von Frauen und Männern erweitere. Der „strukturelle Konservatismus" (Häussermann 1977) der „männerbündischen Bürokratie" (Kreisky 1995) gerate endlich unter nachhaltigen Veränderungsdruck. Die Überwindung des dem Militär nachgebildeten und männlichen Interessen und Lebenserfahrungen entsprechenden Verwaltungssystems eröffne Gestaltungsspielräume für Frauen (nach dem Motto „besser Markt und Demokratie als Männerbund"). Aus dieser Perspektive wird die relative Offenheit des Umbruchprozesses betont und zur Einmischung aufgerufen. Frauen- und Geschlechterforschung kann und muß einen Beitrag zur Erweiterung von Handlungsspielräumen für Frauenpolitik leisten.

Während die ersten beiden Diskussionsstränge die Risiken der aktuellen Veränderungen betonen, werden in dem dritten Diskurs deren Chancen hervorgehoben. A priori kann keine dieser Debattenbeiträge für sich beanspruchen, die komplexen Veränderungsprozesse in Gänze abzubilden. Da in der „jungen" feministischen Staatsforschung bislang keine kohärente Staatstheorie existiert, muß an die skizzierten Sichtweisen angeknüpft werden. Dabei kommt dem Diskurs zwischen den unterschiedlichen Perspektiven, die jeweils Ausschnitte des Gesamtprozesses beleuchten, große Bedeutung zu, um die Validität der bisher präsentierten Argumente zu prüfen und eine Gewichtung von Einflußfaktoren zu erreichen.

Die „Modernisierung des Staates" und die „Zukunft des Staates" stellt feministische Wissenschaftlerinnen vor neue Herausforderungen, die einer weiteren Arbeit von Frauen- und Geschlechterforscherinnen an der Frage der Staatskonzeptionen bedürfen. Zukünftige Arbeiten werden um drei Problemfelder kreisen müssen:

– Die Herausbildung *„polyzentrischer Handlungssysteme"* zieht einen Wandel der Funktionslogik des Staates und eine qualitative Neuorganisation des Verhältnisses zwischen Staat und Geschlechterverhältnissen unter den Bedingungen von „Globalisierung" und „Ausdifferenzierung" der Gesellschaft nach sich. Die Folgen für das Geschlechterverhältnis sind noch längst nicht absehbar – und zudem kein unbeeinflußbarer, quasi selbstläuferischer Prozeß.

- In diesen Transformationsprozessen wird es zu einer *Neuziehung der Grenzlinien zwischen „öffentlichen" und „privaten" Sphären* kommen. Diese Umbrüche können mit Neuzuweisungen von Tätigkeiten und Zuweisungen einhergehen und einen Ansatzpunkt für den Abbau hierarchischer Geschlechterverhältnisse bilden. Sie können aber auch eine Zurücknahme von Errungenschaften der Frauenbewegung bedeuten.
- Der Zusammenhang zwischen „*Bürokratie*" und „*Geschlecht*" gilt es genauer zu beleuchten als bisher. Die Grenzlinien zwischen „privat" und „öffentlich" und die geschlechtsspezifischen Zuweisungen werden über staatliche Maßnahmen und bürokratische Regelungen festgeschrieben; deren Ausgestaltung ist also zentral für das Geschlechterverhältnis. Staatliche Steuerung ist weder per se von Übel („Männerbünde"), noch a priori ein Segen (Staat als Vorbild für Frauenförderung und Wohlfahrtsstaat als Motor der Herstellung von Chancengleichheit).

Angesichts der weitreichenden gesellschaftlichen Veränderungen am Ende des 20. Jahrhunderts, die zu neuen Formen und Funktionen von „Staatlichkeit" führen werden, die noch nicht absehbar und schwer prognostizierbar sind, und der Tatsache, daß eine (oder mehrere) ausdifferenzierte „Staatstheorie(n)" aus frauentheoretischer Sicht nicht existiert(en), wird es für „die" Frauen- und Geschlechterforschung immer wichtiger, die skizzierten Problemfelder und Sichtweisen mit großer Ergebnisoffenheit auszuleuchten, Forschungsergebnisse rasch in Bezug zueinander zu setzen und den Diskurs gerade auch zwischen den z.T. divergierenden Ansätzen zu pflegen.

Anmerkungen

1   Es wird in der Politikwissenschaft die klassische von der modernen Vertragstheorie unterschieden. Die moderne Vertragstheorie erfuhr – vor allem mit dem vielbeachteten Buch von Rawls „A Theory of Justice" (Rawls 1971) – große Aufmerksamkeit in den Staatsdiskussionen.
2   Es gibt zudem eine breite Diskussion die stärker die Differenzen der Wohlfahrtsstaatsregime und ihre jeweiligen Auswirkungen auf das Geschlechterverhältnis betonen (vgl. bspw. Pfau-Effinger 1998).

Literatur

Acker, Joan.1991. „Hierarchies, Jobs, Bodies: A Theory of Gendered Organizations." In *The social Construction of Gender,* eds. Judith, Lorber/Susan Farell, 162-179. London/New Delhi: Sage.

Aulenbacher, Brigitte, und Monika Goldmann. eds. 1993. *Transformation im Geschlechterverhältnis.* Frankfurt a. M./New York: Campus.

Becker-Schmidt, Regina, und Gundrun-Axeli Knapp. 1995. „Einleitung." In her *Das Geschlechterverhältnis als Gegenstand der Sozialwissenschaften,* 7-18. Frankfurt a. Main/New York: Campus.

Brown, Wendy. 1995. *States of Injury. Power and Freedom in late Modernity.* Princeton/ New Jersey: Princetown University Press.

Connell, Robert W. 1992. *The State,Gender and Sexual Politics.* Theory and Society 5: 507-544.

Hartsock, Nancy C.M. 1995: „Feministische Forschung und Politikwissenschaft in den USA." In *Feministische Standpunkte in der Politikwissenschaft. Eine Einführung,* eds. Eva Kreisky/Birgit Sauer, 63-80. Frankfurt a. Main: Campus.

Ferguson, Kathy. 1984. *The Feminist Case Against Bureaucracy.* Philadelphia: Temple University Press.

Ferguson, Kathy. 1987. „Male-Ordered Politics: Feminism and Political Science." In *Idioms of Inquiry: Critique and Reneval in Political Science,* ed. Terence Ball, 173-190. Albany: University Press.

Franzway, Suzanne, Dianne Court, and Robert W Connell. 1989. *Staking a Claim. Feminism, Bureaucracy and the State.* Cambridge/Oxford: Polity Press.

Fraser, Nancy. 1994. „Sex, Lügen und die Öffentlichkeit: Überlegungen zur Bestätigung des Bundesrichter Clarence Thomas." In *Geschlechterverhältnis und Politik,* ed. Institut für Sozialforschung, 19-42. Frankfurt a. Main: Suhrkamp.

Häussermann, Hartmut.1977. *Die Politik der Bürokratie. Einführung in die Soziologie staatlicher Verwaltung.* Frankfurt a. Main/New York: Campus.

Hesse, Joachim, und Arthur Benz. 1990. *Die Modernisierung der Staatsorganisation.* Baden-Baden: Nomos.

Holland-Cunz, Barbara. 1995. „Frauenpolitik im schlanken Staat." In *Zeitschrift für Frauenforschung* 1+2: 16-27.

Kreisky, Eva. 1995. Der Stoff aus dem die Staaten sind. Zur männerbündischen Fundierung politischer Ordnung." In *Das Geschlechterverhältnis als Gegenstand der Sozialwissenschaften,* eds. Regina Becker-Schmidt/Gudrun-Axeli Knapp, 85-125. Frankfurt a. Main: Campus.

Kreisky, Eva, und Birgit Sauer. 1995. „Der Politik der Männer – die Wissenschaft der Männer?." In *Feministische Standpunkte in der Politikwissenschaft. Eine Einführung,* 9-24. Frankfurt a. Main: Campus.

Lang, Sabine.1995. „Öffentlichkeit und Geschlechterverhältnis. Überlegungen zu einer Politologie der öffentlichen Sphäre." In *Feministische Standpunkte in der Politikwissenschaft. Eine Einführung,* eds Eva Kreisky/Birgit Sauer, 83-121. Frankfurt a. Main: Campus.

Messner, Dirk. 1998. *Die Netzwerkgesellschaft.* Köln: Weltforum-Verlag.

Müller, Ursula.1993. „Sexualität, Organisation und Kontrolle." In *Transformation im Geschlechterverhältnis,* eds. Brigitte Aulenbacher/Monika Goldmann, 97-114. Frankfurt a. Main/New York: Campus.

Müller, Ursula. 1996. Asymmetrische Geschlechterkultur an der Hochschule und Frauenförderung als Prozeß am Beispiel sexueller Belästigung. Unveröffentlichter Projektantrag. Universität Bielefeld.

MacKinnon, Catharine A. 1982. „Feminism, Marxism, Method, and the State: A Agenda for Theory." *Signs: Journal of Women in Culture and Society* 7(3):515-544.

Nagl-Docekal, Herta, und Herlinde Pauer-Studer. eds. 1996. *Politische Theorie. Differenz und Lebensqualität.* Frankfurt a. Main: Suhrkamp.

Naschold, Frieder. 1993. *Modernisierung des Staates. Zur Ordnungs- und Innovationspolitik des öffentlichen Sektors.* Berlin: Sigma.

Oppen, Maria. 1994. Modernisierung als Privatisierung. Folgen für den öffentlichen Sektor und die Frauen im Westen. In *Das Argument* 204:185-198.

Oppen, Maria. 1996. Schlanker Staat – magere Beschäftigungsperspektiven? Discussion paper FS II 96-201. Wissenschaftszentrum Berlin für Sozialforschung. Berlin.

Pateman, Carole. 1988. *The Sexual Contract.* Cambridge/Oxford: Stanford University Press.

Pateman, Carole. 1992. „Gleichheit, Differenz und Unterdordnung. Die Mutterschaftspolitik und die Frauen in der Rolle der Staatsbürgerinnen." In *Feministische Studien* 1:54-69.

Pateman, Carole. 1994. „Der Geschlechtervertrag." In *Feministische Politikwissenschaft,* eds. Erna Appelt, und Gerda Neyer, 73-95. Wien: Verlag für Gesellschaftskritik.

Pateman, Carole. 1996. „Der Feminismus und der Ehevertrag." In *Politische Theorie. Differenz und Lebensqualität,* eds. Herta Nagl-Docekal/Herlinde Pauer-Studer, 174-219. Frankfurt a. Main: Suhrkamp.

Pauer-Studer, Herlinde. 1996. „Geschlechtergleichheit: Gleichheit und Lebensqualität." In *Politische Theorie. Differenz und Lebensqualität,* eds. Herta Nagl-Docekal/Herlinde Pauer-Studer, 55-95. Frankfurt a. Main: Suhrkamp.

Pfau-Effinger, Birgit. 1998 „Welfare Regimes and the Gendered Division of Labor in Cross-National Perspective-Theoretical Framework and Empirical Results". In: eds. Christiansen, Jens, Anna Kovalarinen and Pertti Koistinen: *European Employment Systems and Welfare States.* Aldershot: Asligate.

Pringle, Rosemary. 1988. *Secretaries talk. Sexuality, Power and Work.* London: Verso.

Rawls, John. 1971. *A Theory of Justice.* Oxford: Clarendon Press.

Riegraf, Birgit. 1996. *Geschlecht und Mikropolitik.* Opladen: Leske+Budrich.

Rumpf, Mechthild. 1992. „Staatliches Gewaltmonopol, nationale Souveränität und Krieg. Einige Aspekte des männlichen ‚Zivilisationsprozesses'". In *L'Homme* 3 (1): 7-30.

Stacey, Judith/Thorne, Barrie. 1991. „Feministische Paradigmenwechsel in den Wissenschaften? Die Revolution in der Soziologie fand nicht statt." In *Das Argument* 33: 829-844.

Seemann, Birgit. 1996. *Feministische Staatstheorie. Der Staat in der deutschen Frauen- und Patriarchatsforschung.* Opladen: Leske+Budrich.

Seemann, Birgit.1998. Staat, Schutz und Sicherheit aus der Perspektive politikwissenschaftlicher Geschlechterforschung. Unveröffentlichtes Manuskript für die Tagung des ÖGPW Arbeitskreises „Das Geschlecht des Staates". Transformation von Staatlichkeit in Europa'. 06. Juni in Wien.

Weber, Max.1980: *Wirtschaft und Gesellschaft.* Tübingen:Mohr.

Witz, Anne/Savage, Michael. 1992. „The Gender of Organizations." In *Gender and Bureaucracy,* eds. Michael Savage/ Anne Witz, 3-65. Oxford: Blackwell.

Geschlecht und Geschlechterverhältnis – keine Kategorien der politischen Bildung?[1]

Mechtild Oechsle

Im September 1998 veranstaltete die Bundeszentrale für politische Bildung in Fulda einen großen Kongreß über „Wege in die Zukunft – Politische Bildung vor neuen Aufgaben". Auf diesem Kongreß sollten zukunftsrelevante Herausforderungen der politischen Bildung und Fragen der Zukunftsgestaltung moderner Gesellschaften diskutiert und neue Perspektiven entwickelt werden. Was auch immer an Gestaltungsaufgaben für das 21. Jahrhundert erörtert wurde – eine Neugestaltung des Geschlechterverhältnisses gehörte nicht zu den dort diskutierten Zukunftsaufgaben. Zwar konnten die Veranstalter die weitreichenden Umbrüche in der Lebensführung von Frauen auch in ihrer Bedeutung für die politische Bildung nicht gänzlich ignorieren, so wurde denn auch ein Arbeitskreis über „Frauenbewegung und Frauenbild an der Zeitenwende" angeboten. Aber der Blick blieb auf die Situation der Frau beschränkt; die weitreichenden Implikationen dieses Wandels für das Geschlechterverhältnis als Basisstruktur moderner Gesellschaften blieben außerhalb des Horizontes dieser Tagung. Dieses inhaltliche Defizit war – sicher nicht zufällig – mit einem personellen verknüpft: Am Ende der Tagung wurde von verschiedenen Seiten moniert, daß es keine einzige Referentin auf den Podien gegeben habe, daß feministische Positionen auf dieser Tagung gefehlt hätten. Die politische Bildung habe sich auch auf dieser Tagung – immer noch – als eine Männerdomäne präsentiert, in der das Wissen und die Kompetenz von Wissenschaftlerinnen und Praktikerinnen nur von marginaler Bedeutung sind.[2]

Dieses Streiflicht soll zum Anlaß genommen werden, genauer danach zu fragen, welche Relevanz die Kategorien Geschlecht und Geschlechterverhältnis für die politische Bildung, für Konzepte und didaktische Ansätze wie für unterrichtspraktische Entwürfe haben. Die Auseinandersetzung mit dieser Frage geschieht in doppelter Perspektive. Aus der Perspektive der Frauen- und Geschlechterforschung, die nach fast 20 Jahren intensiver empirischer Forschung wie theoretischer Diskussion zu einer vielfältigen Perspektivenerweiterung in den verschiedenen Wissenschaftsdisziplinen geführt hat, ist danach zu fragen, wieweit die politische Bildung diese Impulse aufgegriffen und für die theoretische und empirische Entwicklung der eigenen Disziplin genutzt hat. Aus der Perspektive der politischen Bildung ist zu fragen, welche Notwendigkeiten es gibt, im Hinblick auf die Aufgaben und Ziele der politischen Bildung die Geschlechterperspektive systematisch mitzudenken.

Anders als in den anderen Beiträgen dieses Bandes richtet sich der kritische Blick aus der Geschlechterperspektive nicht auf eine Wissenschaftsdisziplin, sondern auf ein *Schulfach*, das anders als die meisten Schulfächer keine eindeutige Bezugsdisziplin hat. Wenn auch meist die Politikwissenschaft als Leitwissenschaft für die politische Bildung gilt, so hat sie doch auch Bezüge zu anderen Sozialwissenschaften und befindet sich deshalb von vornherein im spannungsreichen Schnittpunkt mehrerer Bezugsdisziplinen. Deutlich wird dies etwa in vielen Schulbüchern, deren Aufbau sich an den drei Lernfeldern Gesellschaft, Wirtschaft und Politik orientiert. Eine weitere Besonderheit der politischen Bildung – im Gegensatz zu fast allen anderen Schulfächern – ist die je nach Bundesland und oft auch nach Schulform und Schulstufe variierende Bezeichnung[3]; das jeweilige Label verrät immer auch einiges über die fachwissenschaftliche (und z.T. auch normative) Orientierung und Schwerpunktsetzung des Faches in den einzelnen Bundesländern. Wenn im folgenden von politischer Bildung die Rede ist, dann ist mit diesem Label lediglich eine länderübergreifende Bezeichnung für ein Schulfach intendiert und keine Aussage über eine mögliche Funktion der Politikwissenschaft als Leitfach impliziert.

Neben dem komplexen Bezug auf mehrere sozialwissenschaftliche Disziplinen ist die politische Bildung – wie jedes andere Schulfach – durch das Spannungsverhältnis zwischen Fachwissenschaft und Fachdidaktik[4] bestimmt und befindet sich damit auch im Einflußbereich erziehungswissenschaftlicher Fragestellungen und Theoriebildung. Nach dem Zusammenhang von politischer Bildung und Geschlechterverhältnis zu fragen, bedeutet also, sich auf ein komplexes Terrain zu begeben, in dem mehrere sozialwissenschaftliche und erziehungswissenschaftliche Diskurse in einem spannungsreichen Verhältnis zueinander stehen und auf sehr verschiedene Weise die Thematisierung von Geschlecht in der politischen Bildung strukturieren.

1   Geschlecht und Geschlechterverhältnis in Veröffentlichungen zur politischen Bildung

Heidrun Hoppe stellt in ihrer Analyse des Forschungsberichts „Geschlechterverhältnisse im Bildungswesen" (Sommerkorn/Hoeltje/Liebsch 1993) fest, daß es zwar vielfältige Initiativen und Aktivitäten in Schulen, Hochschulen, Weiterbildungseinrichtungen gibt, die sich mit der sozialen Ungleichheit zwischen den Geschlechtern befassen und auf einen Abbau der Benachteiligung von Mädchen und Frauen zielen, daß es aber keine Aktivitäten gibt, die sich mit Geschlechterfragen im Bereich der politischen Bildung auseinandersetzen. „Die meisten einschlägigen Projekte befassen sich mit Fragen der Berufsorientierung von Mädchen, ihres Zugangs zu Technik, Naturwissenschaft und Informatik, wenige mit dem Thema ‚Frauen in der Geschichte‘, dem geschlechtsspezifischen Sozialverhalten oder den Möglichkeiten der Selbstverteidigung. Insgesamt zeigt der Forschungsbericht, daß die Geschlechterthematik meist im Rahmen der Allgemeinen Erziehungswissenschaft, kaum aber in den Fachdidaktiken auftaucht." (Hoppe 1996, 110) Insbesondere in der politischen Bildung stellt sie ein gravierendes Defizit hinsichtlich der Auseinandersetzung mit der Geschlechterthematik fest.

Um diese These zu überprüfen, werden im folgenden einschlägige Handbücher und Sammelbände zur politischen Bildung sowie Richtlinien, Schulbücher und Unterrichtseinheiten für den Politikunterricht daraufhin untersucht, ob und wie sie die Geschlechterthematik aufgreifen und zum Gegenstand schulischer Lernprozesse machen. Eine systematische Analyse kann allerdings in diesem Kontext nicht geleistet werden und liegt meines Wissens bisher auch nicht vor. Bereits ein kursorischer Streifzug aber kann uns einen ersten Eindruck von der Relevanz oder Nichtrelevanz der Kategorien Geschlecht und Geschlechterverhältnis in der politischen Bildung vermitteln.

In einschlägigen *Handbüchern und Sammelbänden* zur politischen Bildung findet sich erst seit den 90er Jahren eine Behandlung der Geschlechterthematik – wenn auch sehr zögernd und meist in Form singulärer Beiträge. Themen sind u.a. weibliche Zugänge zur Politik, die Notwendigkeit einer frauenspezifischen politischen Bildung, geschlechtsspezifische Zusammenhänge politischen Lernens. Vor diesem Zeitpunkt war diese Thematik in der politischen Bildung, bis auf wenige Ausnahmen, praktisch nicht existent. Wenn sich der Blick auf Mädchen und Frauen richtete, dann unter einer Defizit-Perspektive: So wurde etwa nach den „Besonderheiten politischen Lernens bei Mädchen und Frauen" gefragt und nach Möglichkeiten gesucht, deren Sozialisationsdefizite durch politische Bildung auszugleichen (Mickel/ Zitzlaff 1988).

Der Stellenwert der Geschlechterthematik in den *Richtlinien* ist höchst unterschiedlich und hängt von verschiedenen Faktoren ab. Exemplarisch sollen hier die Richtlinien von Nordrhein-Westfalen in den Blick genommen werden, wobei allerdings zu berücksichtigen ist, daß diese sich im Vergleich zu den Richtlinien anderer Bundesländer durch eine relative Aufgeschlossenheit gegenüber dieser Thematik auszeichnen, die allerdings nicht durchgehend ist. Während in einigen Richtlinien das Geschlechterverhältnis als Gegenstand der Sozialwissenschaft letztlich nicht existent ist, gewinnt Geschlecht in anderen Richtlinien nahezu den Charakter einer Querschnittskategorie. In den Richtlinien Sozialwissenschaften für die gymnasiale Oberstufe von 1989 spielt das Geschlechterverhältnis als Strukturkategorie keine Rolle – sieht man vom Stichwort der Geschlechtsrolleninterpretation im Rahmen sozialisationstheoretischer Fragestellungen einmal ab. Weder unter dem

Stichwort sozialer Ungleichheit (Kategorien sind hier Kaste, Stand, Klasse, Schicht), noch in den Theorieansätzen zur Erklärung sozialen Wandels werden Geschlecht und Geschlechterverhältnis als Kategorien benannt – immerhin erstaunlich, wenn man bedenkt, daß die zunehmende Erwerbsintegration von Frauen und die damit einhergehenden Folgeprobleme ein zentrales Element des sozialen Wandels darstellen.

Die Richtlinien für den Politikunterricht in der Sekundarstufe I und Sekundarstufe II von 1987 enthalten interessante Ausführungen zum Politikbegriff. Es wird darauf hingewiesen, daß die Reichweite des Politikbegriffs sich als Folge gesellschaftlicher Konflikte und Auseinandersetzungen ändern kann. Sachverhalte, die zu einer bestimmten Zeit als privat und daher als nicht politisch regelungsbedürftig gelten, können zu anderen Zeiten zum Gegenstand politischer Regulierungen werden. Überdies ist nach Meinung der Autoren der Richtlinien zu „berücksichtigen, daß auch um die Fragen der Ausdehnung des Politischen innerhalb unserer Gesellschaft gestritten wird" (Richtlinien 1987, 15). Politikunterricht darf sich deshalb „nicht auf die Bearbeitung anerkannter politischer Probleme beschränken, sondern muß auch Raum geben für zum Beispiel von Minderheiten als problematisch empfundene Situationen" (Richtlinien 1987, 35). Trotz dieses produktiven Versuchs, den Politikbegriff selbst historisch zu definieren und damit die Möglichkeit zu eröffnen, Verschiebungen zwischen als privat und als öffentlich konnotierten Bereichen selbst als politische Prozesse zu analysieren, bewegt sich die Behandlung der Geschlechterthematik dann wieder vorzugsweise im Bereich sozialisationstheoretischer Fragestellungen. Im Lernfeld Gesellschaft geht es im thematischen Schwerpunkt „soziales Verhalten in unterschiedlichen Rollen" um Verhaltenserwartungen gegenüber der Frau in der heutigen Gesellschaft, um Sprachverhalten, Erziehungspraktiken, Rollennachahmung, um geschlechtsspezifische Sozialisation und um Leitbilder von Weiblichkeit und Männlichkeit.

In den Richtlinien Geschichte/Politik, Lernbereich Gesellschaftslehre für die Hauptschule von 1989 wird Geschlecht zu einer zentralen Strukturkategorie. Geschlechtergeschichte wird zu einem wichtigen Aspekt in den verschiedenen Gegenstandsbereichen und Geschlechterbewußtsein zu einer wichtigen Dimension innerhalb der Bedingungen des Lernens und Lehrens. Geschlecht erhält damit den Charakter einer Querschnittskategorie. Auch die Bandbreite frauen- und geschlechtsspezifischer Fragestellungen ist weiter gefaßt. Im Gegenstandsbereich „Leichtlohn" sollen unter dem Stichwort „Leben in der Demokratie" die folgenden Themen behandelt werden: Gleichberechtigung von Frau und Mann; geschlechtsspezifische Erziehung und Arbeitsteilung; Frauen in Geschichte und Politik; Geschichte der Frauenbewegung, Frauenwahlrecht, Lohnarbeit und Hausarbeit, Frauenbildung.

Da alle drei Richtlinien aus den Jahren 1987 - 1989 stammen, ist das Argument eines cultural lag nicht sehr erklärungskräftig; auch der Hinweis auf die verschiedenen Schulformen scheint mir hier nicht weiterzuhelfen. Vielleicht machen diese Beispiele aber deutlich, wie kontingent die Integration bestimmter Fragestellungen und Kategorien in die Richtlinien ist, vermutlich abhängig von der Zusammensetzung der jeweiligen AutorInnengruppe. Daß die Geschlechterperspektive vor allem durch die Geschichtswissenschaft stärker in den Richtlinien repräsentiert wird, macht allerdings deutlich, wie wichtig eine in der jeweiligen Fachdisziplin verankerte Geschlechterperspektive ist.[5]

Ähnlich wie für Handbücher und Sammelbände zur politischen Bildung gilt auch für Unterrichtseinheiten und Schulbücher, daß die Geschlechterthematik bis zu Beginn der 90er Jahre praktisch nicht existent war. Eine Anfang der 90er Jahre von der Bundeszentrale für politische Bildung veröffentlichte Bibliographie von *Unterrichtseinheiten*, die von 1970-1990 in Zeitschriften veröffentlicht wurden, enthält weder „Geschlecht" noch „Geschlechterverhältnis" als Stichwort. Unter dem Stichwort „Frauen" findet sich eine Seite Literaturangaben; im Vergleich mit dem Umfang anderer Themen (so finden sich zum Stichwort „Umwelt" 20 Seiten Hinweise auf Unterrichtseinheiten) macht dies die krasse Unterbelichtung dieses Themas in unterrichtspraktischen Entwürfen zum Politikunterricht deutlich. Seit Anfang bis Mitte der 90er Jahre hat sich diese Situation geändert; es gibt ein breiteres Spektrum von in Unterrichtseinheiten behandelten Themen, die von Frauenerwerbsarbeit, Berufsorientierung und Lebensplanung über Familie und Arbeitsteilung, Frauen in der Geschichte, Geschlechterrollen bis hin zu Themen wie Gleichberechtigung und politische Partizipation (die beiden letzteren allerdings in geringerem Umfang) reichen (vgl. dazu Arndt 1998).

Auch in den *Schulbüchern* findet sich ein ähnliches Bild: In den 70er und meist auch noch in den 80er Jahren ist das Geschlechterverhältnis als Gegenstand der politischen Bildung nicht existent. Vereinzelt finden sich Beiträge zur Rolle der Frau und möglichen Veränderungstendenzen; Stichworte hierzu sind Bildungsbeteiligung, Situation der Frau in Beruf, Haushalt und Familie und die Doppelbelastung von Frauen (vgl. etwa Zens/Mausolf/Weber-Schäfer 1979; Sutor 1979). In den 90er Jahren zeichnet sich eine Erweiterung des Themas „Rolle der Frau" in Richtung „Geschlechterrollen" ab. Typische Themen sind: Frauen und Beruf, Familie und Arbeitsteilung, Geschlechterrollen, Gleichberechtigung (vgl. etwa Floren u.a. 1992; Schneider/Zindel 1993), seltener politische Partizipation (vgl. etwa Dieckerhoff u.a. 1993) oder die Geschichte der Frauenbewegung (Kaiser u.a. 1998); ab und zu wird die – vorsichtige – Frage gestellt, ob Vereinbarkeit nur ein Frauenproblem sei. Dieses Spektrum an Frauen- und Geschlechterthemen wird weit überwiegend im Lernfeld Gesellschaft abgehandelt; im Lernfeld Politik und Ökonomie scheinen Geschlechterverhältnisse ohne Bedeutung zu sein.[6]

Trotz aller positiven Veränderung in den Schulbüchern der 90er Jahre – vergleicht man sie mit den Schulbüchern Ende der 70er Jahre –, trotz zaghafter Andeutungen in Richtung einer Thematisierung von Geschlechterverhältnissen dominiert doch immer noch eine Perspektive, die die Situation der

Frau in den Vordergrund rückt und das Geschlechterverhältnis als strukturelle Kategorie weitgehend vernachlässigt. Immer noch gilt, was Uta Enders-
Dragässer in einem Aufsatz von 1990 festgestellt hat: „Die Probleme des
Geschlechterverhältnisses, die Konfliktlinien, die aus den unterschiedlichen
Lebensverhältnissen und Lebenschancen der Geschlechter resultieren, sind
als ‚Frauenprobleme' definiert. Sie gelten nicht als Gegenstand eines
‚allgemeinen' Interesses, insbesondere von Männern, sondern werden als
sogenannte ‚Frauenfragen' der – ausschließlichen – Zuständigkeit von Frauen
überlassen. (...) Die übliche Behandlung des Geschlechterverhältnisses als
Frauenfrage greift zu kurz und reproduziert, was sie zu überwinden vorgibt"
(Enders-Dragässer 1990, 369f).

2   Die Geschlechtsblindheit der politischen Bildung – mögliche Erklärungsansätze

Die langanhaltende Immunisierung der politischen Bildung gegenüber der
Geschlechterthematik ist in der Tat „erstaunlich" (Hoppe 1995, 302), nicht
zuletzt im Hinblick auf die spezifischen Aufgaben und Ziele der politischen
Bildung. Geht man davon aus, daß Mündigkeit, politische Urteils- und
Handlungsfähigkeit zentrale Ziele der politischen Bildung sind, dann ist
schon erstaunlich, wie wenig Aufmerksamkeit den Ungleichheits- und
Machtstrukturen zwischen den Geschlechtern geschenkt wurde und wie wenig Bemühungen es gibt, Mädchen und Frauen den Zugang zur
‚Männerdomäne Politik' zu ermöglichen. Ebenso verwundert es, daß es innerhalb der Fachdidaktik so wenig Aufmerksamkeit gegenüber geschlechtsspezifischen Differenzen in den politischen Orientierungen gibt. Wie ist diese
Ignoranz gegenüber Geschlechterfragen zu erklären? Verschiedene Erklärungsansätze bieten sich an; sie beziehen sich auf verschiedene Dimensionen
des Ausschlusses von Frauen aus der politischen Bildung – sowohl auf der
Ebene des personellen Ausschlusses als auch im Hinblick auf die behandelten Themen und die verwendeten Kategorien.

2.1 Politische Bildung als Männerdiskurs und als Männerdomäne

Auf die Ebene der quantitativen wie qualitativen Beteiligung von Frauen an
der politischen Bildung zielt die These von Helga Kutz-Bauer, Leiterin der
Landeszentrale für politische Bildung in Hamburg; sie bezeichnet die politische Bildung als „Männerdiskurs und Männerdomäne" (Kutz-Bauer 1992).
Auch Ende der 90er Jahre ist die politische Bildung an den Universitäten und
den Landeszentralen sowie der Bundeszentrale für politische Bildung immer

noch fast ausschließlich in Männerhand. Kutz-Bauer weist darauf hin, daß es eine enge Verbindung von Institutionen politischer Bildung mit Parteien und den parteinahen Stiftungen gibt, die sich ebenfalls schwerpunktmäßig mit politischer Bildung befassen. Die geringe Repräsentanz von Frauen in den politischen Parteien setzt sich unmittelbar in der geringen Repräsentanz von Frauen in den Institutionen der politischen Bildung fort. Auch die universitären Lehrstühle, an denen politische Bildung bzw. die Didaktik der politischen Bildung gelehrt wird, befinden sich weitgehend in Männerhand, ebenso wie die Politikwissenschaft (die zentrale Bezugswissenschaft der politischen Bildung) ein Männerfach geblieben ist (Sichtermann 1994). Sicher hat die geringe Repräsentanz von Frauen in den Institutionen der politischen Bildung mit dazu beigetragen, daß eine angemessene Auseinandersetzung mit Geschlechterfragen in diesem Bereich nicht stattgefunden hat. Aber damit allein läßt sich die weitgehende Vernachlässigung der Kategorie Geschlecht in der politischen Bildung nicht erklären. Ein anderer Zusammenhang wird sichtbar, wenn wir nach den Bezugswissenschaften der politischen Bildung und nach deren Einfluß auf die Fragestellungen und Kategorien der politischen Bildung fragen.

2.2 Der Einfluß der Politikwissenschaft auf die politische Bildung

Politische Bildung hat, im Gegensatz zu anderen Schulfächern, keine eindeutige Bezugswissenschaft. Eine Mehrzahl von Wissenschaften erhebt den Anspruch, Bezugswissenschaft zu sein, entweder exklusiv oder in Kooperation mit anderen. Häufig wird die Politikwissenschaft als „fächerintegrative Leitwissenschaft" (Mickel 1988, 519) der politischen Bildung gesehen und als Bezugswissenschaften Soziologie und Ökonomie, z.T. auch noch Rechtswissenschaft, Geschichtswissenschaft und Geographie. Was als Bezugswissenschaften gesehen wird, ist von Bundesland zu Bundesland unterschiedlich; deshalb gibt es auch keine einheitliche Benennung des Faches. Trotz der Unterschiede zwischen den einzelnen Bundesländern aber gilt, „daß in der Rangfolge der Bezugswissenschaften die Politikwissenschaft mit starkem Übergewicht an erster Stelle rangiert, gefolgt von der Wirtschaftswissenschaft und der Soziologie, mit einem leichten Vorteil für die Ökonomie" (Meuser 1997, 251). Ein ähnliches Bild ergibt die Auswertung der für den Unterricht zugelassenen bzw. empfohlenen Schulbücher; auch hier zeigt sich ein Anteil der Politikwissenschaft von über 50% gegenüber allen anderen Bezugsdisziplinen (vgl. Meuser 1997, 252).

Die historischen Wurzeln dieser Dominanz der Politikwissenschaft liegen u.a. in der langen Tradition der politischen Bildung als Institutionenkunde (vgl. Sander 1997); diese war nach 1945 mit einer Etablierung und Re-Institutionalisierung der Politikwissenschaft als fachlicher Fundierung demokratischer politischer Bildung verbunden. Zwar gab es Ende der 60er, Anfang der 70er Jahre eine Aufwertung der Soziologie als Bezugswissenschaft für die politische Bildung (die hessischen Rahmenrichtlinien für *Gesellschafts*lehre sind sicher das prominenteste Beispiel für den stärkeren Einfluß der Soziologie), aber in den 80er und 90er Jahren hat sich die Dominanz der Politikwissenschaft erneut durchgesetzt. Erst in allerjüngster Zeit gibt es Tendenzen, den ,Hegemonieanspruch' der Politikwissenschaft für die politische Bildung in Frage zu stellen und die Bedeutung der Soziologie wieder stärker zu betonen (vgl. Lamnek 1997).

Die Dominanz der Politikwissenschaft innerhalb der politischen Bildung ist ein wesentlicher Faktor für die weitgehende Vernachlässigung der Kategorie Geschlecht in der politischen Bildung. Zum einen hat sie dazu geführt, daß Ergebnisse der sozialwissenschaftlichen Frauenforschung kaum oder gar nicht in der politischen Bildung rezipiert wurden; dies gilt insbesondere für die Entwicklung didaktischer Konzeptionen. Zum anderen hat das ,feministische Defizit' der Politikwissenschaft auch die politische Bildung nachhaltig geprägt und wirkt bis heute noch weiter fort.[8]

Politikwissenschaft hat sich länger als andere Sozialwissenschaften gegen feministische Herangehens- und Sichtweisen immunisiert (Kreisky/Sauer 1995). Kreisky bezeichnet die Politikwissenschaft als eine gegenüber dem Feminismus besonders widerständige Disziplin. Sie zitiert Okin, die 1992 für die USA feststellt, daß die zeitgenössische politische Theorie, verglichen mit anderen Disziplinen, geradezu im frühen Mittelalter verharrt. Während andere Wissenschaften die feministische Herausforderungen durchaus angenommen und viele feministische Erkenntnisse in ihre Disziplin integriert hätten, stehe dieser Schritt einer ernsthaften Auseinandersetzung mit der Kategorie Geschlecht bei den meisten politischen Theoretikern immer noch aus. Kreisky stellt sich die Frage, wie vernichtend Okins Votum erst ausfallen würde, „wenn sie die ,geschlechtsverdrängende' oder ,geschlechtsverleugnende' Politikwissenschaft im deutschen Sprachraum kennenlernen würde" (Kreisky 1995, 27). Besonders augenfällig ist dieses Defizit im Bereich der Policy-Forschung. „Während Ökologie- und Umweltpolitik ... längst zum festen Bestandteil entsprechender Sammel- und Einführungsbände geworden ist, ist Gleichstellungspolitik genauso abwesend wie das Geschlecht bei der Untersuchung von Arbeitsmarkt-, Rechts- oder Sozialpolitik" (Kulawik/Sauer 1996, 25). Eine Geschlechterperspektive wurde nicht integriert.

Kreisky weist auf den engen Zusammenhang, den männlichen „Schulterschluß" zwischen politischer Praxis und politischer Wissenschaft hin. „Politik ist eine Männerwelt und die Politikwissenschaft als Disziplin bewahrt sie als solche" (Bourque/Großholtz 1984, 103, zitiert nach Kreisky 1995, 36). Sie fährt fort: „Die Paradigmen der Politikwissenschaft sind in ihrem Kern ,männlich' und erfüllen noch immer eine beachtliche Funktion zur Erhaltung des männlich-herrschaftlichen Status-quo: Die zentralen Begriffe der Politikwissenschaft (Staat, Öffentlichkeit, Politik, Macht, Institutionen, Interessen, Entscheidungen, Konflikte, Partizipation usw.) reflektieren eine männlich gestaltete und männlich beherrschte Welt" (Kreisky 1995, 37).

Eine besondere Schwierigkeit für jede feministische Herangehensweise in der Politikwissenschaft besteht darin, daß der Gegenstand dieser Disziplin, das Politische, von vornherein so definiert ist, daß er Frauen als Subjekt und Objekt ausblendet. Der Politikbegriff beruht gerade auf der Trennung von Öffentlichkeit und Privatheit, diese Trennung ist zugleich die Voraussetzung der Geschlechterasymmetrie. Diese Geschlechterungleichheit ist aber im Rahmen der herkömmlichen politikwissenschaftlichen Kategorien gar nicht mehr erfaßbar, da für sie die Trennung von Öffentlichkeit und Privatheit konstitutiv ist. Diese Perspektive führt dazu, daß Geschlecht als scheinbar bloß privater Aspekt unserer Lebensweise zumindest vom Mainstream der Politikwissenschaft externalisiert wurde. [9]

Die Realität von Frauen sichtbar zu machen war eine der wichtigsten Absichten der Frauenforschung von ihrem Beginn an. Von zentraler Bedeutung ist der Hinweis von Kreisky, daß diese Erkenntnisstrategie im Falle politischer und bürokratischer Institutionen nicht funktionieren kann. „Formeller und informeller Frauenausschluß waren so umfassend und nachhaltig, daß die institutionelle Welt immer noch als intakte männliche Lebenswelt erhalten ist, daß also ‚Weibliches' beim besten Willen nicht sichtbar zu machen ist." Für Kreisky ergibt sich aus diesem Sachverhalt die Notwendigkeit zu „methodischer Inversion", wie sie es nennt. „Das ‚Unsichtbare', das es in Staat und Politik freizulegen gilt, ist nichts ‚Weibliches'. ‚Weibliche' Lebenserfahrung und ‚weibliche' Lebensinteressen haben in der Sphäre von Politik und Staat kaum noch gestaltend wirken können. Wenn etwas freizulegen ist, so ist es das ‚Männliche', das sich unter einem Deckmantel von ‚Neutralität' bis in unterste Gefilde politischer und bürokratischer Institutionen hinein verborgen hat" (Kreisky 1995, 47). Es muß also vorrangig darum gehen, die Institutionen als männliche zu dechiffrieren.

Der feministische Perspektivwechsel, der damit angedeutet ist, ist umfassender als in anderen Disziplinen; er beginnt gleichsam mit einer Reformulierung grundlegender politikwissenschaftlicher Kategorien, ja mit einer Infragestellung der konstitutiven Grundannahmen der Disziplin und der Definition ihres Gegenstandsbereiches. Selbstverständlich schließt dieser Perspektivwechsel den Blick auf die Realität und die Erfahrung von Frauen nicht aus; von zentraler Bedeutung waren in diesem Zusammenhang die Analyse der politischen Partizipation von Frauen (z.B. Meyer 1992) oder verschiedene Studien über Frauen in politischen Führungspositionen (z.B. Schaeffer-Hegel 1995; Meyer 1997). Aber diese Ansätze blieben für die Entwicklung der Politikwissenschaft als ganzes doch marginal.

In den letzten Jahren hat sich allerdings eine intensivere feministische Diskussion innerhalb der Politikwissenschaft entwickelt – angefangen von der Gründung eines Arbeitskreises „Politik und Geschlecht" in der Deutschen Vereinigung für Politische Wissenschaft (1991) über die Formulierung

„Feministischer Standpunkte in der Politikwissenschaft" (Kreisky/Sauer 1995, vgl. auch Kreisky/Sauer 1998) bis hin zu einer ausdifferenzierten Demokratie- und Staatsdiskussion in der Frauen- und Geschlechterforschung (Holland-Cunz 1998; Seemann 1996; Kulawik/Sauer 1996; Riegraf in diesem Band) und einer breit geführten Debatte über das Verhältnis von „Staat und Privatheit" (Kerchner/Wilde 1997). Die Auseinandersetzung zwischen diesen feministischen Ansätzen und dem Mainstream der Politikwissenschaft steht allerdings erst am Anfang; immerhin sind in neueren Handbüchern und Sammelbänden zunehmend auch feministische Theorien vertreten (Neumann 1996; Leggewie 1994).

Damit sind einige Probleme angedeutet, mit denen das feministische Erkenntnisprojekt in der Politikwissenschaft konfrontiert ist, und die die besondere Widerständigkeit dieser Disziplin gegenüber der Perspektive der Frauen- und Geschlechterforschung erklären können. Diese Widerständigkeit der Politikwissenschaft hat auch die politische Bildung in ihrer Auseinandersetzung mit der Geschlechterthematik nachhaltig geprägt. Die starke Orientierung der politischen Bildung an der Politikwissenschaft, deren Dominanz gegenüber anderen Bezugswissenschaften, insbesondere gegenüber der Soziologie, haben dazu geführt, daß Geschlecht und Geschlechterverhältnis – bis vor kurzem und mit wenigen Ausnahmen – keine relevanten Kategorien für die politische Bildung darstellten.

2.3 Zum Politikbegriff der politischen Bildung

Von zentraler Bedeutung für die Thematisierung bzw. De-Thematisierung von Geschlecht in der politischen Bildung ist ihr Politikbegriff. Jeder Politikbegriff strukturiert die Wahrnehmung sozialer Wirklichkeit und entscheidet über die Auswahl von Unterrichtsinhalten. Gerade in den letzten Jahren ist innerhalb der politischen Bildung eine Kontroverse über den Politikbegriff entbrannt. In ihr geht es nicht nur um die strittige Frage, an welchem Politikbegriff – einem engeren oder einem weiteren – sich die politische Bildung orientieren sollte; letztlich geht es um die Frage, was der Kern des Politikunterrichts sein soll und was die dominante Bezugswissenschaft. Während von Befürworterinnen und Befürwortern eines eher weiteren Politikbegriffes eine stärker an der Lebenswelt der Schüler und Schülerinnen orientierte Ausrichtung des Faches gefordert wird (Hoppe 1996; Kahsnitz 1996), wird dies von anderer Seite als unpolitische „Lebenshilfe" und „soziales Lernen" kritisiert, weil es den Kern der Politischen Bildung, nämlich die Politik, verfehle (exemplarisch dazu Massing/Weißeno 1995).

Diese Kontroverse um den Politikbegriff hat weitreichende Implikationen für die Möglichkeiten, Geschlecht und Geschlechterverhältnis als relevante Kategorien in die politische Bildung zu integrieren. Auch hier gilt die konstruktivistische Erkenntnis, daß jeder Politikbegriff eine Unterscheidung

und damit eine Auswahl trifft und damit bestimmte Bereiche des gesellschaftlichen Lebens als nicht-politische ausgrenzt; Politikbegriffe hängen
vom Erkenntnisinteresse und der Verwendungsperspektive ab (vgl. von Alemann 1988).

Dominierend innerhalb der politischen Bildung und ihrer Didaktik ist die
Orientierung am angelsächsischen Politikbegriff mit seinen drei Dimensionen
des Politischen – polity, politics und policy [10] – sowie die Orientierung am
Modell des Politikzyklus. Insbesondere die Orientierung am Politikzyklus ist
ein zentrales Moment der Politikdidaktik, wie sie heute im Mainstream der
politischen Bildung vertreten wird (Massing 1995; Ackermann u.a. 1995).
Dieses Modell, das Politik als Prozeß der Problemverarbeitung faßt, der in
verschiedenen Phasen verläuft, soll in besonderer Weise das Politische eines
Problems erschließen.[11] Nach Massing kann von einem politischen Problem
im eigentlichen Sinne erst dann gesprochen werden, „wenn zum einen die
Formulierung des Problems Gegenstand politischer Auseinandersetzungen ist
und wenn zum anderen das Problem zum Thema eines politischen Entscheidungsprozesses gemacht wird" (Massing 1995, 83). „Ein Problem wird zu
einem *politischen* Problem, wenn es *nach* einem Prozeß politischer Auseinandersetzung für eine Vielzahl von Gesellschaftsmitgliedern als dringend
lösungsbedürftig erscheint, und wenn es zum Gegenstand eines politischen
Willensbildungs- und Entscheidungsprozesses gemacht wird, dessen Folgen
ungewiß sind" (Massing 1994, 2).

Entscheidend für die Behandlung eines Problems im Rahmen des Mo-
dells des Politikzyklus ist jedoch nicht nur seine Definition als politisches
Problem, sondern seine politische und administrative Handlungsrelevanz.
Erst wenn ein politisches Problem im Rahmen des Politikzyklus zum Gegenstand administrativer Regelungen und Prozeduren geworden ist, wird es für
die politische Bildung relevant. Massing selbst benennt die Grenzen dieses
Modells; er weist darauf hin, daß aus verschiedenen Gründen bestimmte
Probleme gar nicht in den Politikzyklus gelangen können; deshalb hält er es
für wichtig, auch zu fragen, warum bestimmte Probleme trotz Dringlichkeit
keinen Eingang in den Zyklus finden. Dennoch hält er die mit diesem Modell
verbundene Beschränkung für sinnvoll; sie fördert seiner Meinung nach
einen Politikunterricht, der auf die Politik als den Kern des Faches zielt und
einen ‚unpolitischen' Politikunterricht vermeidet.[12]

Dieser Politikbegriff ist nur begrenzt dazu geeignet, asymmetrische Geschlechterverhältnisse als politische Probleme im Sinne Massings zu thematisieren. Liest man die Geschichte der Frauenbewegung ebenso wie die Entwicklung der Frauen- und Geschlechterforschung als – in mancherlei Hinsicht zwar erfolgreiche, aber keineswegs abgeschlossene – Auseinandersetzung darum, die soziale Ungleichheit zwischen den Geschlechtern überhaupt
erst als soziales und politisches Problem zu definieren und auf die politische
Entscheidungsagenda zu setzen (Zugang zu Bildung, Frauenwahlrecht,
§ 218, Änderung des Familienrechts), dann wird deutlich, daß im Modell des

Politikzyklus′ immer nur die letzte Phase solcher Prozesse erfaßt und analysiert werden kann. Viele Probleme und Konflikte im Geschlechterverhältnis heute, in denen es um die Um- und Neugestaltung der Arbeitsteilung – nicht nur zwischen den Geschlechtern, sondern zwischen den verschiedenen Teilbereichen der Gesellschaft geht – erscheinen in dieser Perspektive eher als Probleme der privaten Lebensführung denn als politisches Problem. Aber auch die politischen Probleme im engeren Sinne werden nicht aufgegriffen und behandelt. Viele Themen aus dem Bereich der Frauen- und Geschlechterforschung würden durchaus in das Raster eines engeren Politikbegriffs passen und werden trotzdem nicht oder nur selten behandelt (z.B. Gleichstellungspolitik oder die politische Partizipation von Frauen).

Wäre das Problem eines asymmetrischen Geschlechterverhältnisses das einzige, das im Rahmen dieses engen Politikbegriffes in wesentlichen Dimensionen nicht zureichend erfaßt und zum Gegenstand politischen Unterrichts gemacht werden könnte, so wäre das aus der Sicht der Frauen- und Geschlechterforschung immer noch ein gravierendes Defizit, aber für die politische Bildung als ganzes vielleicht doch von untergeordneter Bedeutung. Nun gibt es aber eine Reihe von Hinweisen, daß die mit diesem Politikbegriff verbundenen Probleme weiterreichender Natur sind und das Fach durchaus in seinem Kern treffen könnten.

Sowohl in der Politikwissenschaft als auch in der Soziologie gibt es seit geraumer Zeit eine Debatte um den „Gestaltwandel des Politischen" (Hornstein 1991), um Prozesse der „Entgrenzung von Politik" (Beck 1993), um die „Krise des Politischen" (Meyer 1994). Ausgangspunkt solcher Diagnosen ist die Feststellung einer zunehmenden Diskrepanz zwischen „Problemdruck einerseits und politischer Problembewältigungskapazität andererseits" (Hornstein 1991, 199); aufgrund umfassender Globalisierungsprozesse gelangen „die Reichweite politischer Gestaltungsmacht und die der massivsten politischen Problemquellen nicht mehr zur Deckung " (Meyer 1994, 9). Parallel zum Verlust politischer Gestaltungskraft wird eine abnehmende Partizipationsbereitschaft und zunehmende Politikverdrossenheit konstatiert; politisches System und Lebenswelt der Menschen driften mehr und mehr auseinander. Während von einigen Autoren eher die Krise des Politischen betont wird, der Aspekt des Verlustes und des Versagens, versuchen andere Autoren, politische Gestaltungsmöglichkeiten in anderen Bereichen – jenseits der traditionellen Sphäre des Politischen – zu entdecken und finden sie im Bereich der „Subpolitik" (Beck 1993) oder einer Politik der Lebensführung (Giddens 1997). Auch wenn die Diagnosen zum Gestaltwandel des Politischen im Hinblick auf die damit verbundenen Chancen oder Risiken durchaus unterschiedlich ausfallen, so deuten sie doch alle darauf hin, daß das Verhältnis von Politik und Gesellschaft, die Abgrenzung zwischen Politik und Nichtpolitik sich verändert.

Politische Bildung, die auf politische Urteils- und Handlungskompetenz zielt, muß diesen „Gestaltwandel des Politischen" stärker als bisher in den

Blick nehmen, sonst trägt sie mit dazu bei, daß politisches System und Lebenswelt der Bürger weiter auseinanderdriften und die Entpolitisierung der Politik weiter zunimmt. Das Beharren auf einem engen Politikbegriff und die Orientierung am Modell des Politikzyklus als „Wege zur Überwindung unpolitischen Politikunterrichts" (Massing/Weißeno 1995) gleichen in diesem Kontext dem eigensinnigen Beschwören einer Gestalt des Politischen, deren Voraussetzungen längst hinfällig geworden sind. Die Diagnose eines „cultural lag" der politischen Bildung (Hilligen 1996) ist in diesem Zusammenhang sicher zutreffend.[13] Dies gilt im übrigen nicht nur für die objektive Seite des Gestaltwandels von Politik, sondern auch für die subjektive Seite. Hornstein untersucht diese subjektive Seite unter dem Stichwort eines „Strukturwandels der Jugend"; er geht davon aus, daß sich auch „die Art der Involviertheit der Individuen in den politischen Prozeß, ihre Stellung zur Politik, die Art der ‚Betroffenheit' (verändert hat)" (Hornstein 1991, 216). Individuen stehen heute anders zur Politik, und politische Bildung muß dies in ihrem Bezug auf die Adressaten systematisch mitdenken. Für beide Dimensionen der hier nur angedeuteten notwendigen Reflexion könnte die politische Bildung einiges von der Frauen- und Geschlechterforschung lernen.

3 Feministische Spurensuche: ‚weibliche' Zugänge zur Politik

Anders als in Staat und Politik, in denen es nach Kreisky nichts ‚Weibliches' freizulegen gibt, und deshalb die feministische Erkenntnisstrategie nicht greifen kann, ist die Situation im politischen Unterricht an Schulen. Hier gibt es keinen Ausschluß von Frauen und Mädchen; im Unterricht sind sowohl Jungen als auch Mädchen präsent, und sie werden von Lehrern und Lehrerinnen unterrichtet. Daß diese Geschlechtszugehörigkeit möglicherweise von Belang für die Fachdidaktik sein könnte; daß es einen Unterschied machen könnte, ob Lehrerinnen oder Lehrer Politikunterricht entwerfen, analysieren oder durchführen; daß es von Bedeutung sein könnte, ob die beteiligten Schüler männlichen oder weiblichen Geschlechts sind – diese Fragen werden seit kurzem in der Didaktik der politischen Bildung gestellt. Erstaunlich spät, wenn man dies mit der Koedukationsdebatte vergleicht.

Geschlecht wird als eine relevante Einflußgröße entdeckt, die die Unterrichtsrealität der politischen Bildung prägt und strukturiert. Der Blick richtet sich auf Differenzen in den politischen Orientierungen und Kompetenzen von Schülerinnen und Schülern, auf geschlechtsspezifisch differierende Lern- und Kommunikationsformen, es wird nach den Unterschieden männlichen und weiblichen Politikunterrichts und nach geschlechtsspezifisch unterschiedlichen Weltzugängen und Fachkulturen gefragt (Reinhardt 1996)

Kurzum, in der politischen Bildung wird die Geschlechterdifferenz ‚entdeckt‘ – wenn auch bislang eher von einer Minderheit, die in ihrer Mehrheit weiblichen Geschlechts ist.

Im Vordergrund dieses Differenzansatzes steht das Bemühen, ‚weibliche‘ Zugänge zur Politik nicht länger aus der Defizitperspektive zu betrachten (vgl. Lück 1995), sondern sie als gleichwertige Perspektiven (Meyer 1992) in die politische Bildung zu integrieren. Hoppe (1995, 1996) geht noch weiter. Ihr Interesse richtet sich auf eine Neubewertung bisher gering geschätzter weiblicher Fähigkeiten und Eigenschaften. Es geht ihr um die Entwicklung einer „frauenzentrierten Sichtweise" (Hoppe 1995, 309), die danach fragt, welche weiblichen Eigenschaften und Kompetenzen für die Bearbeitung gesellschaftlicher Probleme und politischer Konflikte nutzbar gemacht werden und welche Schlußfolgerungen für den Sozialkundeunterricht daraus gezogen werden können. Ziel ist ein Sozialkundeunterricht, in dem die Sicht und die Interessen der Mädchen in Unterrichtsinhalten und Arbeitsformen zur Geltung kommen können. Dies impliziert einen weiteren Politikbegriff, der sich nicht auf die staatlich verfaßte und institutionelle Politik beschränkt, sondern der die Verwobenheit von privater und öffentlicher Sphäre in den Blick nimmt und das Politische auch in scheinbar privaten Lebensformen aufspürt.

Auch wenn von den verschiedenen Autorinnen auf die Gefahr einer Reifizierung der Geschlechterdifferenz hingewiesen wird (Hoppe 1995, 1996; Reinhardt 1996; Richter 1997[14]), so wird doch die Notwendigkeit betont, solche geschlechtsspezifischen Differenzen im Politikunterricht überhaupt wahrzunehmen, empirisch zu erforschen und für die Fachdidaktik fruchtbar zu machen. Unterstützt wird die Suche nach und die Erforschung von Geschlechterdifferenzen im Politikunterricht durch eine insgesamt stärker empirische Orientierung der Didaktik im Sinne einer systematischen empirischen Unterrichtsforschung, wie sie sich in den letzten Jahren vor allem im Bereich qualitativer Methoden entwickelt hat (vgl. dazu etwa Sander 1997).

Nach der in den letzten Jahren heftig geführten Debatte um die soziale Konstruktion (und Dekonstruktion) von Geschlecht wirkt diese Fokussierung auf die Geschlechterdifferenz zunächst befremdlich, gemessen an dem Stand feministischer Theoriebildung nicht ganz zeitgemäß. Eine solche Kritik wäre aber unangemessen. Diese Fokussierung scheint mir zunächst ein wichtiger und notwendiger Schritt zu sein; sie entspricht der Erkenntnisstrategie und dem Impetus der frühen Frauenforschung, die gesellschaftliche Realität und die Lebenserfahrungen von Frauen erst einmal sichtbar zu machen (Becker-Schmidt/Bilden1991) und damit zwangsläufig die Geschlechterdifferenz zu betonen, sie ins Zentrum der Aufmerksamkeit zu rücken. Daß diese Erkenntnisstrategie erst so spät in der politischen Bildung aufgegriffen wird, sollte nicht so sehr diesem Ansatz angelastet werden, sondern eher als Hinweis auf den bemerkenswerten cultural lag der politischen Bildung gegenüber der Frauen- und Geschlechterforschung gelesen werden.

Dennoch halte ich diesen geschlechtsdifferenzierenden Ansatz für begrenzt. Wenngleich von den verschiedenen Autorinnen der enge Politikbegriff des Mainstreams der politischen Bildung kritisiert und ein weiterer Politikbegriff gefordert wird, so wird diese Kritik doch nicht konsequent in eine Kritik des Curriculums und vor allem des kategorialen Gerüsts der politischen Bildung umgesetzt. Der Blick bleibt im wesentlichen doch auf die (geschlechtsspezifisch unterschiedlichen) Lernvoraussetzungen von Mädchen und Jungen in der politischen Bildung beschränkt. Zwar geht es darum, Lebenswelt und Politik stärker miteinander zu verknüpfen, aber die Definitionsmacht der Politikwissenschaft über das Politische, über das „Proprium" (Massing 1995, 61) des Unterrichtsfaches, wird damit nicht berührt.

Die Konzentration der Fachdidaktik auf das Problem ‚weiblicher' oder ‚männlicher' Zugänge zur Politik reduziert das Geschlechterverhältnis auf eine Frage geschlechtsspezifisch unterschiedlichen Verhaltens und bietet keine Möglichkeit, das Geschlechterverhältnis als Strukturkategorie, in seiner institutionellen und politischen Bedeutung, in den Blick zu bekommen. Sicher ist es kein Zufall, daß solche Ansätze in der Fachdidaktik, die nach ‚weiblichen' Zugängen zur Politik fragen, sich an feministischen Ansätzen in der Erziehungswissenschaft und der Psychologie orientieren (von besonderer Bedeutung ist in diesem Kontext der Bezug auf Gilligans Konzept einer weiblichen Moral) und Ergebnisse der feministischen Politikwissenschaft kaum rezipieren. In dieser Perspektive wird das Geschlechterverhältnis nicht strukturtheoretisch, sondern sozialisationstheoretisch gefaßt; die Analyse ist am Konzept der Geschlechterrollen[15] orientiert und die kritische Auseinandersetzung reduziert sich auf eine Kritik von Geschlechterstereotypen. Deutlich wird dieses Konzept in den neueren Schulbüchern: die Geschlechterthematik ist hier fast ausschließlich im Lernfeld Gesellschaft angesiedelt. Unter der Überschrift „der einzelne in der Gesellschaft" scheint es im wesentlichen um eine Emanzipation von rigiden und einengenden Geschlechterrollen und -stereotypen zu gehen.

Kulturelle Leitbilder von Weiblichkeit und Männlichkeit stellen sicher ein wesentliches Moment der Produktion und Reproduktion von Geschlechterverhältnissen dar (Oechsle 1998; Schneider/Rost 1998), und die kritische Analyse von Leitbildern und Geschlechterstereotypen sollte auch zu den Aufgaben politischer Bildung gehören. Das Problem asymmetrischer Geschlechterverhältnisse jedoch im wesentlichen darauf zu reduzieren, ist nicht nur soziologisch naiv, sondern vermittelt Schülerinnen und Schülern auch unangemessene Begriffe und Vorstellungen über gesellschaftliche Strukturen, in deren Kontexten sie (gegenwärtig und zukünftig) handeln werden. Eine soziologische Perspektive auf das Geschlechterverhältnis, die sich nicht auf den Rollenbegriff beschränkt, könnte deutlich machen, daß das asymmetrische Geschlechterverhältnis und die damit verbundenen Probleme sozialer Ungleichheit zwischen den Geschlechtern eine Basisstruktur moderner Gesellschaften darstellen, die sich einer Veränderung allein durch aufklärerische Reflexion von Geschlechterstereotypen weitgehend entzieht.

Damit sind Möglichkeiten einer Integration der Geschlechterperspektive in die politische Bildung angedeutet, die nicht auf die Wahrnehmung geschlechtsspezifischer Differenzen in den Lernvoraussetzungen von Schülern und Schülerinnen beschränkt ist, sondern die längerfristig die Kategorien und Konzepte der politischen Bildung und – damit zusammenhängend – auch ihr Curriculum verändern könnte. Diese Perspektive kann hier nicht systematisch entwickelt werden; ich werde mich deshalb auf einige wesentliche Überlegungen beschränken.

4 Geschlechterverhältnis und politische Bildung – Perspektiven einer möglichen Annäherung

Feministische Politikwissenschaft, wie sie sich in den letzten Jahren entwikkelt und ausdifferenziert hat, hat nicht nur auf androzentrische Verzerrungen und Auslassungen in der Politikwissenschaft hingewiesen; sie ist zunehmend mit der theoretischen Neufassung von Kategorien und Konzepten beschäftigt, „die auch eine schrittweise ‚Reformulierung' der Politikwissenschaft bewirken könnten" (Kreisky 1994, 13). Dies zu ignorieren, kann sich auch die politische Bildung nicht erlauben, wenn sie nicht den Anschluß an die Entwicklung der Fachwissenschaft verlieren will. Eine *Rezeption* der Theorieentwicklung und der Ergebnisse *feministischer Politikwissenschaft* (vgl. dazu etwa den Überblicksband von Kreisky/Sauer 1998) scheint mir deshalb für die politische Bildung überfällig zu sein und könnte wichtige Impulse für Demokratie- und Staatstheorien und den Politikbegriff geben.

Darüber hinaus scheint mir eine Veränderung im *kategorialen Gerüst* der Politikdidaktik unerläßlich zu sein. Henkenborg (1997) hat darauf hingewiesen, daß die dominierenden fachdidaktischen Kategoriensysteme einen bemerkenswerten Rückstand gegenüber neueren Gesellschaftstheorien aufweisen und so vielfach den Bezug zu aktuellen und zukünftigen politischen und gesellschaftlichen Problemkonstellationen verlieren. Diese Defizite sieht er in allen vier grundlegenden Dimensionen der Situationsanalyse, der Möglichkeitserörterung, der Urteilsbildung und der Bezogenheit von Politik auf die eigene Situation. Er diskutiert eine Anzahl von Kategorien, die entweder unterbewertet sind oder ganz fehlen; neben Kategorien wie Risiko, Ungewißheit, Globalisierung, Gewordenheit und Veränderbarkeit, Zielkonflikte, Bedeutsamkeit, Lebensstile, Deutungsmuster u.a.m. nennt er auch die Kategorie Geschlecht. Diese Kategorie kann nach Henkenborg drei „didaktische Aufmerksamkeitsrichtungen" (Henkenborg 1997, 101) erschließen: diese richten sich auf die Kritik der Geschlechterverhältnisse, die Kritik des traditionellen Politikbegriffs und – damit zusammenhängend – auf eine Kritik der Trennung zwischen Öffentlichem und Privatem. An der Grenzziehung zwischen privatem und öffentlichem Bereich läßt sich exemplarisch analysieren, wie sich Verschiebungen in dem vollziehen, was als politisch regulierungsbedürftig angesehen wird. In den Blick gerät damit nicht nur das „Sehen - Beurteilen - Handeln" (so der Titel eines weit verbreiteten Schulbuchs) von und gegenüber politischen Problemen im gegebenen politischen Rahmen, sondern auch die Konstitution des Politischen selbst in seiner historischen Veränderbarkeit. Eine solche Ausweitung der Fragestellung und Perspektive mag als nicht zu bewältigende Ausweitung von Komplexität beklagt werden, sie scheint mir jedoch unumgänglich zu sein, wenn politische Bildung und die Lebenswelt der Schüler und Schülerinnen sich wieder mehr einander annähern sollen.

Auch auf der Ebene des *Curriculums* scheint mir eine Öffnung der politischen Bildung gegenüber Fragen und Themen der Frauen- und Geschlechterforschung überfällig zu sein. Neben den in Schulbüchern seit einiger Zeit behandelten Themen wie Frauen und Beruf, Familie und Arbeitsteilung sowie Geschlechterrollen ist der Blick stärker auf die strukturelle und institutionelle Seite des Geschlechterverhältnisses zu richten. Sowohl die soziale Ungleichheit zwischen den Geschlechtern als auch institutionelle und politische Regulierungen des Geschlechterverhältnisses sollten zum Gegenstand politischer Lernprozesse gemacht werden. Dabei ist es von entscheidender Bedeutung, dies nicht als neueste Variante einer Institutionenkunde zu betreiben, sondern die Verknüpfung institutioneller Rahmenbedingungen und politischer Regulierungen mit den – scheinbar privaten – Problemen der Lebensführung sichtbar zu machen. Die Analyse der impliziten und expliziten politische Regulierungen des Geschlechterverhältnisses in den verschiedenen Politikbereichen wie Familienpolitik und Sozialpolitik, Arbeitsmarktpolitik und Gleichstellungspolitik könnte hier in mehrfacher Hinsicht anregend sein.

Geschlecht als soziale und politische Strukturkategorie in die politische Bildung zu integrieren und damit das Geschlechterverhältnis als Basisstruktur moderner Gesellschaften in den Blick zu nehmen, ist letztlich aber nur möglich, wenn sich die politische Bildung mehr als bisher an der Soziologie orientiert und eine *soziologische Perspektive* in ihre Fragestellungen integriert. Dies gilt im übrigen nicht nur für die Geschlechterthematik; generell kann der von Hilligen geforderte Bezug der politischen Bildung auf „übereinstimmende Zeitdiagnosen" (Hilligen 1996, 171) ohne eine stärkere Nutzung des zeitdiagnostischen Potentials der Soziologie nicht gelingen. Hier wäre die neuere Debatte über „Soziologie und politische Bildung" (Lamnek 1997) aufzugreifen und weiterzuentwickeln, möglicherweise auch unter Heranziehung älterer Konzepte wie dem der „soziologischen Phantasie" von Negt. Generell wäre nach dem Bildungsgehalt soziologischer Erkenntnis zu fragen und Ansätze einer stärker soziologisch orientierten Didaktik der politischen Bildung, die dann vielleicht besser und zutreffender sozialwissenschaftliche Bildung genannt werden sollte, zu entwickeln.[16]

Anmerkungen

1 Für Kritik und Anregungen danke ich Karl Otto, Birgit Riegraf und den übrigen Herausgeberinnen

2 In der Zwischenzeit hat die Bundeszentrale für politische Bildung auf diese Kritik reagiert und im Februar 1999 einen Kongreß veranstaltet, der sich mit der „Geschlechterdemokratie im 21. Jahrhundert" als einer wesentlichen Zukunftsaufgabe der politischen Bildung befaßt hat.

3 In Baden-Württemberg, Hamburg, Hessen und Rheinland-Pfalz heißt es Gemeinschaftskunde, in Bayern und Mecklenburg-Vorpommern Sozialkunde, in Berlin Politische Weltkunde, im Saarland und Bremen Politik und in Nordrhein-Westfalen heißt es Sozialwissenschaften; daß hier Soziologie, Ökonomie und Politikwissenschaft als gleichwertige Bezugswissenschaften gesehen werden, stellt im bundesrepublikanischen Spektrum eher die Ausnahme dar.

4 Die Aufgabe einer jeden Fachdidaktik ist es, Antworten auf die Fragen, was, warum, wozu und wie in einem Fach gelehrt und gelernt werden soll, zu geben. Dies beinhaltet die Formulierung von Zielen und Inhalten, die Begründung und Legitimation dieser Ziele und Inhalte sowie eine Analyse der Lehr- und Lernbedingungen und die Entwicklung eines methodischen Instrumentariums für die Organisation von Lehr- und Lernprozessen. Dafür greift die jeweilige Fachdidaktik sowohl auf die entsprechende Fachdisziplin wie auf die Erziehungswissenschaft zurück.

5 Während es in der Geschichtswissenschaft bereits eine längere Tradition der Einbeziehung der Frauen-und Geschlechterforschung gibt und diese Geschlechterperspektive auch von der Geschichtsdidaktik aufgegriffen wurde (vgl. dazu insbesondere die umfangreichen wie einflußreichen Arbeiten von Annette Kuhn), gibt es für die politische Bildung bislang keine vergleichbare Entwicklung.

6 Auch eine Analyse von Schulbüchern, die die – quantitative wie qualitative – Darstellung von Frauen und Männern in Schulbüchern für die politische Bildung untersucht, kommt zu dem Ergebnis, daß trotz einiger Veränderungstendenzen Frauen und Mädchen bei den auftretenden Personen nach wie vor unterrepräsentiert sind, daß das Spektrum der dargestellten Berufe von Frauen viel begrenzter ist und daß auch die dargestellten Tätigkeiten von Jungen und Mädchen sich immer noch stark geschlechtsspezifisch unterscheiden (Hempel 1994).

7 Vgl. dazu Anmerkumg 3.

8 Auch in neueren didaktischen Ansätzen, die sich um eine Integration der Kategorie Geschlecht in die Fachdidaktik bemühen, wird selten auf feministische Ansätze in der Politikwissenschaft Bezug genommen; statt dessen beziehen sich die Autorinnen auf feministische Ansätze in der Psychologie und der Erziehungswissenschaft.

9 Diese Aussage gilt sicher für den Mainstream der Politikwissenschaft; allerdings gibt es immer wieder auch Versuche, den Begriff des Politischen so zu definieren, daß er auch das Politische in scheinbar privaten Lebensbereichen zu erfassen in der Lage ist. Exemplarisch dazu etwa Greven (1994), der die „Allgegenwart des Politischen" betont und sein Kriterium des Politischsein sicher nicht zufällig mit Bezug auf die Frauenbewegung und ihre Parole „das Private ist politisch" entwickelt.

10 Polity bezeichnet die normative und strukturelle Dimension des Politischen und bezieht sich auf Ideologien, auf Verfassung und Institutionen sowie auf Gesetze und Normen; po-

litics bezieht sich auf die prozessualen Dimensionen von Politik und beschreibt den konflikthaften Prozeß des Politikgestaltens zwischen verschiedenen Akteuren und Interessen; policy bezeichnet den Inhalt der Politik und bezieht sich auf Ziele, Programme und Maßnahmen von Politik (Massing 1995; von Alemann 1991).

11 „Ein Problem tritt als solches ins öffentliche Bewußtsein, wird aufgrund von Forderungen bestimmter Gruppen und dominanter gesellschaftlicher Wertvorstellungen als handlungsrelevantes Problem definiert und auf die politische Entscheidungsagenda gesetzt. Begleitet von Auseinandersetzungen und Aushandlungsprozessen zwischen verschiedenen politischen Gruppen wird ‚das Problem' in die Form einer politisch-administrativ verbindlichen Entscheidung gebracht, die dann im Durchführungsprozeß (...) ihre konkrete Ausgestaltung erfährt. Die daraus resultierenden konkreten Policy-Ergebnisse und -Wirkungen (...) schließlich rufen eine politische Reaktion der Zustimmung oder Ablehnung hervor, die wiederum politisch umgesetzt wird und zur Weiterführung, Veränderung oder Beendigung der Policy führt" (Windhoff-Héritier 1985, 65).

12 „In der Anwendung wird allerdings auch deutlich werden, daß trotz aller Komplexität der Politikzyklus im Vergleich zu den anderen in der Fachdidaktik üblichen Politikbegriffen sehr viel enger erscheint. Dies ist aber eine bewußte Entscheidung, getroffen vor dem Hintergrund, daß allein in der Institution Schule und hier im Politikunterricht die Chance besteht, sich systematisch mit Politik im engeren Sinne zu befassen. Es gibt dafür kein funktionales Äquivalent, und Politikunterricht, der diese Möglichkeit nur bedingt eröffnet, erscheint leicht überflüssig." (Massing/Weißeno 1995, 18)

13 Hilligen bezieht sich in seiner Diagnose eines „cultural lag" der politischen Bildung zwar nicht explizit auf das Problem eines Gestaltwandel des Politischen selbst, aber er weist auf die – seiner Meinung nach in der politischen Bildung weitgehend vernachlässigte – Notwendigkeit hin, nach dem „Bedingungsverhältnis von politischen Aufgaben und Institutionen" (Hilligen 1996, 171) zu fragen. Erst mit dieser Frage eröffnet sich die Möglichkeit, das von verschiedenen Autoren konstatierte Auseinanderdriften von Problemdruck einerseits und politischer Bewältigungskapazität und politischer Gestaltungsmacht andererseits überhaupt in den Blick zu bekommen. Daß nach diesem Bedingungsverhältnis nicht systematisch gefragt wird, liegt – so Hilligen – nicht zuletzt daran, daß politische Bildung häufig „abseits von übereinstimmenden Zeitdiagnosen (und den darin implizierten politischen Aufgaben, M.Oe.) geplant und erteilt" (Hilligen 1996, 171), und damit der existentielle Bezug der politische Bildung eingebüßt wird.

14 Sehr dezidiert äußert sich Richter zu den Fallstricken eines solchen Differenzansatzes. Die Kategorie Geschlecht sollte ihrer Meinung nach nur zur Kritik des Bestehenden, nicht aber zur Beschreibung von Individuen oder gar zur Entwicklung von Leitbildern verwendet werden (Richter 1997).

15 Vergleiche dazu auch Connell, der sich an mehreren Stellen kritisch mit den Möglichkeiten und Grenzen des Geschlechterrollenkonzepts für eine Analyse sich wandelnder Geschlechterverhältnisse auseinandergesetzt hat (Connell 1979; Carrigan/Connell/Lee 1996).

16 Vergleiche dazu das Fach Sozialwissenschaften in Nordrhein-Westfalen, das an verschiedenen Universitäten des Landes als interdisziplinärer Studiengang eingerichtet ist (Otto 1997).

Literatur

Ackermann, Paul u.a. 1995. *Politikdidaktik kurzgefaßt. Planungsfragen für den Politikunterricht.* Bonn: Bundeszentrale für politische Bildung.

Alemann, Ulrich von. 1988. „Politikbegriffe" In *Handbuch zur politischen Bildung,* Hrsg. Mickel, Wolfgang, und Dietrich Zitzlaff, 535-538.

Arndt, Silke. 1998. *Das Geschlechterverhältnis als Thema im Unterricht. Eine Bibliographie zu Unterrichtseinheiten der politischen Bildung in Fachzeitschriften im Zeitraum von 1990 bis 1997.* Bielefeld, IFF-Forschungsreihe; Bd. 8.

Beck, Ulrich. 1993. *Die Erfindung des Politischen.* Frankfurt: Suhrkamp Verlag.

Becker-Schmidt, Regina, und Helga Bilden. 1991. „Impulse für die qualitative Sozialforschung aus der Frauenforschung." In *Handbuch qualitative Sozialforschung. Grundlagen, Konzepze, Methoden und Anwendungen.* München: Psychologie Verlags Union.

Borries, Bodo von, und Anette Kuhn. (Hrsg.) 1986. *Frauen in der Geschichte VIII. Zwischen Muttergottheiten und Männlichkeitswahn.* Düsseldorf: Schwann.

Carrigan, Tim, Robert W. Connell und John Lee. 1996. „Ansätze zu einer neuen Soziologie der Männlichkeit." In: *Kritische Männerforschung. Neue Ansätze in der Geschlechtertheorie,* Hrsg. BauSteineMänner, 38 - 75. Hamburg: Argument-Verlag.

Connell, Robert W. 1979. „The Concept of ‚Role‘ and What To Do With It." In *Australian and New Zealand Journal of Sociology 15,* 7 - 17.

Cremer, Will, und Ansgar Klein. (Hrsg.) 1990. *Umbrüche in der Industriegesellschaft. Herausforderungen für die politische Bildung.* Opladen: Leske und Budrich.

Dieckerhoff, W., K. Friedrichs, R. Gericke und H.-J. von Olberg. 1993. *Lernfelder der Politik. Lehr- und Arbeitsbuch für den politischen Unterricht.* 2. Auflage. Köln; München: Stam-Verlag.

Enders-Dragässer, Uta. 1990. „Das Geschlechterverhältnis als Gegenstand politischer Bildung." In *Umbrüche in der Industriegesellschaft. Herausforderungen für die politische Bildung,* Hrsg. Cremer, Will, und Ansgar Klein, 369 - 381. Opladen: Leske und Budrich.

Floren, Franz Josef, Brigitte.Binke-Orth, Gerhard Orth, Jörg Sensenschmidt, Uwe Taenzer und Helmut Trost. 1992. *Politik 3. Ein Arbeitsbuch für den Politikunterricht.* Paderborn: Ferdinand Schöningh.

Giddens, Anthony. 1997. *Jenseits von Links und Rechts.* Frankfurt: Suhrkamp Verlag.

Greven, Michael Th. 1990. „Die politische Gesellschaft als Gegenstand der Politikwissenschaft." In *Ethik und Sozialwissenschaften,* H. 2, 223-228.

Greven, Michael Th. 1994. „Die Allgegenwart des Politischen und die Randständigkeit der Politikwissenschaft." In *Wozu Politikwissenschaft? Über das Neue in der Politik,* Hrsg. Leggewie, Claus, 285 - 296. Darmstadt: Wissenschaftliche Buchgesellschaft.

Hempel, Marlies. 1994. *Mädchen und Jungen im Schulbuch.* Potsdamer Studien, Heft 3. Potsdam.

Henkenborg, Peter. 1995. „Wie kann die politische Bildung neu denken? Ambivalenzen gestalten." In *Gegenwartskunde 2,* 167 - 181.

Henkenborg, Peter. 1997. „Gesellschaftstheorien und Kategorien der Politikdidaktik: Zu den Grundlagen einer fachspezifischen Kommunikation in der politischen Bildung." In *Politische Bildung 3,* 95 - 121.

Hilligen, Wolfgang. 1996. „Politische Bildung im cultural lag." In *Politische Bildung in der Bundesrepublik. Zum dreißigjährigen Bestehen der deutschen Vereinigung für politische Bildung,* Hrsg. Weidinger, Dorothea, 168 -174. Opladen: Leske und Budrich.

Holland-Cunz, Barbara. 1998. *Feministische Demokratietheorie.* Opladen: Leske und Budrich.

Hoppe, Heidrun. 1995. „Brauchen wir eine frauenspezifische politische Bildung." In *Verantwortung in einer unübersichtlichen Welt. Aufgaben wertorientierter politischer Bildung,* Hrsg. Bundeszentrale für politische Bildung, 300 - 316. Bonn.

Hoppe, Heidrun. 1996. *Subjektorientierte politische Bildung.* Opladen: Leske und Budrich.

Hornstein, Walter. 1991. „Der Gestaltwandel des Politischen und die Aufgaben der politischen Bildung." In *Politische Sozialisation und Individualisierung. Perspektiven und Chancen politischer Bildung*, Hrsg. Heitmeyer, Wilhelm, und Juliane Jacobi, Weinheim und München: Juventa Verlag.

Kahsnitz, Dietmar. 1996. „Politische Bildung: Ohne Krisenbewußtsein in der Krise." In *Aus Politik und Zeitgeschichte*, B 47/96, 23 - 33.

Kaiser, Heinz, Karl A. Otto, Gerd Rohlfing und Peter Weinbrenner. 1998. *Zeitzeichen Lehr- und Arbeitsbuch für den historisch-politischen Unterricht an beruflicher Schulen*. Neusäß: Kieser Verlag.

Kerchner, Brigitte, und Gabriele Wilde. (Hrsg.) 1997. *Staat und Privatheit. Aktuelle Studien zu einem schwierigen Verhältnis*. Opladen: Leske und Budrich.

Kreisky, Eva. 1994. „Aspekte der Dialektik von Politik und Geschlecht. Plädoyer gegen ‚geschlechtshalbierte Wahrheiten und Blickrichtungen' in der Politikwissenschaft." In *Feministische Politikwissenschaft*, Hrsg. Appelt, Erna, und Gerda Neyer, Wien Verlag für Gesellschaftskritik.

Kreisky, Eva. 1995. „Gegen ‚geschlechtshalbierte Wahrheiten'. Feministische Kritik an der Politikwissenschaft im deutschsprachigen Raum." In *Feministische Standpunkte in der Politikwissenschaft*, Hrsg. Kreisky, Eva, und Birgit Sauer, Frankfurt/Main; New York: Campus Verlag.

Kreisky, Eva, und Birgit Sauer. (Hrsg) 1995. *Feministische Standpunkte in der Politikwissenschaft. Eine Einführung*. Frankfurt/Main; New York: CampusVerlag.

Kreisky, Eva, und Birgit Sauer. (Hrsg.) 1998. *Geschlechterverhältnisse im Kontext politischer Transformation. Politische Vierteljahresschrift*, Sonderheft 28. Opladen; Wiesbaden: Westdeutscher Verlag.

Kuhn, Anette. 1980. „Frauengeschichte und die geschlechtliche Identitätsbildung von Mädchen. Ansätze in einem frauengeschichtlichen Curriculum." In: *Frauenbildung und Geschlechterrolle. Historische und erziehungswissenschaftliche Studien zum Wandel der Frauenrolle – Familie und Gesellschaft*, 69 - 144. Gelnhausen; Berlin; Stein: Burckhardthaus Laetare-Verlag.

Kuhn, Annette, und Gerhard Schneider. (Hrsg) 1979. *Frauen in der Geschichte*. Düsseldorf: Pädagogischer Verlag Schwann.

Kultusministerium NRW. 1987. *Richtlinien für den Politikunterricht*. (3. Auflage), Düsseldorf.

Kultusministerium NRW. 1989. *Richtlinien für Sozialwissenschaften in der gymnasialen Oberstufe*. Düsseldorf.

Kultusministerium NRW. 1989. *Richtlinien Geschichte/Politik, Lernbereich Gesellschaftslehre, Hauptschule*. Düsseldorf.

Kutz-Bauer, Helga. 1992. „Was heißt frauenspezifisches Lernen und Handeln? Politische Bildung als Männerdiskurs und Männerdomäne." In *Aus Politik und Zeitgeschichte*, B 25-26, 19-31.

Kulawik, Teresa, und Birgit Sauer. (Hrsg.) 1996. *Der halbierte Staat. Grundlagen feministischer Politikwissenschaft*. Frankfurt/ New York: Campus Verlag.

Lamnek, Siegfried. (Hrsg.) 1997. *Soziologie und Politische Bildung*. Opladen: Leske und Budrich.

Lück, Karin. 1995. „Gibt es weibliche Zugänge zur Politik?" In *Politik als Kern der politischen Bildung. Wege zur Überwindung unpolitischen Unterrichts*, Hrsg. Massing, Peter und Georg Weisseno, 253-281. Opladen: Leske und Budrich.

Massing, Peter. 1995. „Wege zum Politischen." In *Politik als Kern der politischen Bildung. Wege zur Überwindung unpolitischen Politikunterrichts*, Hrsg. Massing, Peter, und Georg Weisseno, 61-98. Opladen: Leske und Budrich.

Massing, Peter. 1994. „Politik als Prozeß der Problemverarbeitung – Arbeitsbegriff und Analysemodell für den Politikunterricht II." In *Wochenschau-Methodik*, März-Juni.

Massing, Peter, und Georg Weißeno. 1995. „Einleitung: Für einen politischen Politikunterricht." In: *Politik als Kern politischer Bildung. Wege zur Überwindung unpolitischen Politikunterrichts*, Hrsg. Massing, Peter, und Georg Weißeno, 9 - 25. Opladen: Leske und Budrich.

Meyer, Birgit. 1992. „Die ‚unpolitische' Frau. Politische Partizipation von Frauen oder: Haben Frauen ein anderes Verständnis von Politik?" In *Aus Politik und Zeitgeschichte*, B 25-26, 3- 18.

Meyer, Birgit. 1997. *Frauen im Männerbund. Politikerinnen in Führungspositionen von der Nachkriegszeit bis heute.* Frankfurt; New York: Campus Verlag.

Meyer, Thomas. 1994. *Die Transformation des Politischen.* Frankfurt: Suhrkamp Verlag.

Meuser, Michael. 1997. „Auf dem Weg zur marginalen Soziologie? Strategien gegen eine Verdrängung aus der politischen Bildung." In *Soziologie und politische Bildung*, Hrsg. Lamnek, Sigfried, 241 - 260. Opladen: Leske und Budrich.

Mickel, Wolfgang. 1988. „Leitwissenschaft und Bezugswissenschaften der politischen Bildung." In *Politische Bildung. Ein Handbuch für die Praxis*, Hrsg. Mickel, Wolfgang, und Dietrich Zitzlaff.

Mickel, Wolfgang, und Dietrich Zitzlaff. 1988. „Besonderheiten politischen Lernens bei Mädchen und Frauen." In *Handbuch zur politischen Bildung*, Schriftenreihe der Bundeszentrale für politische Bildung, Band 264, Hrsg. Mickel, Wolfgang, und Dietrich Zitzlaff. Bonn.

Neumann, Franz. (Hrsg.)1996 *Handbuch Politische Theorien und Ideologien. Band II.* Opladen: Leske und Budrich

Oechsle, Mechtild. 1998. „Ungelöste Widersprüche. Leitbilder für die Lebensführung von Frauen." In *Die ungleiche Gleichheit. Junge Frauen und der Wandel im Geschlechterverhältnis*, Hrsg. Oechsle, Mechtild, und Birgit Geissler, 185 - 200. Opladen: Leske und Budrich.

Otto, Karl. 1997. „Die Bedeutung der Soziologie in der sozialwissenschaftlichen Lehramtsausbildung." In *Soziologie und Politische Bildung*, Hrsg. Lamnek, Sigfried, 299 - 310. Opladen: Leske und Budrich.

Reinhardt, Sybille. 1996. „Männlicher oder weiblicher Politikunterricht? Fachdidaktische Konseqenzen einer sozialen Differenz." In *Politische Bildung 29*, 59-75.

Richter, Dagmar. 1992. „Stand und Perspektiven feministischer politischer Bildung für Jungen und Mädchen." In *Konzepte der Politikdidaktik. Aktueller Stand, neue Ansätze und Perspektiven*, Hrsg. Sander, Wolfgang, 153 - 168. Stuttgart.

Richter, Dagmar. 1997. „Geschlechtsspezifische Zusammenhänge politischen Lernens." In: Sander, Wolfgang (Hrsg) *Handbuch politische Bildung*, Hrsg. Sander, Wolfgang, 403 - 414 . Schwalbach/Ts.

Sander, Wolfgang. 1997. „Theorie der politischen Bildung: Geschichte – didaktische Konzeptionen – aktuelle Tendenzen und Probleme." In *Handbuch politische Bildung*, Hrsg. Sander, Wolfgang, 5 - 41. Schwalbach/Ts.: Wochenschau-Verlag.

Schneider, Norbert, und Harald Rost. 1998. „Vom Wandel keine Spur – warum ist Erziehungsurlaub weiblich?" In *Die ungleiche Gleichheit. Junge Frauen und der Wandel im Geschlechterverhältnis*, Hrsg. Oechsle, Mechtild, und Birgit Geissler, 217 - 236. Opladen: Leske und Budrich.

Schneider, Peter J., und Manfred Zindel. 1993. *Moment mal – ein handlungsorientiertes Politikbuch.* 2. Überarbeitete Auflage. Darmstadt: Winklers Verlag.

Seemann, Birgit. 1996. *Feministische Staatstheorie. Der Staat in der deutschen Frauen- und Patrirchatsforschung.* Opladen.

Sichtermann, Barbara. 1994. „Politikwissenschaft ist immer noch ein Männerfach – warum?" In *Wozu Politikwissenschaft? Über das Neue in der Politik*, Hrsg. Leggewie, Claus, 270 - 275. Darmstadt: Wissenschaftliche Buchgesellschaft.

Sommerkorn, Ingrid, B. Hoeltje und K. Liebsch. 1993. *Geschlechterverhältnisse im Bildungswesen. Abschlußbericht für das Bundesministerium für Bildung und Wissenschaft.* Universität Hamburg.

Sutor, Bernhard. (Hrsg.) 1979. *Politik.* Paderborn; München; Wien; Zürich: Ferdinand Schöningh.

Weißeno, Georg. 1989. *Lernertypen und Lernerdidaktiken im Politikunterricht. Ergebnisse einer fachdidaktisch motivierten Unterrichtsforschung.* Frankfurt/Main.

Windhoff-Héritier, Adrienne. 1985. *Policy-Analyse. Eine Einführung.* Frankfurt/New York: Campus Verlag.

Zens, Peter A., Wolfgang Mausolf und Peter Weber-Schäfer. 1979. *Politik.* 5. Völlig neu überarbeitete Auflage. Neuss/Rhein: Helmut Dähmlow Verlag.

Entwicklungssoziologie: Geschlechterforschung in der Entwicklungspolitik

Gudrun Lachenmann

1 Einleitung: Von der Frauenpolitik zur geschlechtsspezifischen Entwicklungsforschung

Frauen verrichten zwei Drittel aller Arbeit, erhalten ein Zehntel des Einkommens und besitzen nur ein Prozent des Reichtums; die Modernisierungsprozesse benachteiligen Frauen nicht nur weltweit, sie führen sogar zu einer tendenziellen Schlechterstellung und einem Ausschluß von ‚Entwicklungschancen'. Diese Aussage des Internationalen Arbeitsamtes (ILO) von 1978 rüttelte die internationale Gemeinschaft auf und ließ die „Frauenfrage" zu einem Thema transnationaler Politik werden, das von sozialen Bewegungen und globalen Vernetzungen aufgeworfen wurde und inzwischen in den „mainstream" der Entwicklungspolitik (so das explizite Mandat des UN-Frauenfonds UNIFEM) eingegangen ist. Die Forderung nach „empowerment", die zuletzt auf der Weltfrauenkonferenz der UN in Peking 1995 formuliert wurde, bedeutet, daß ein enggefaßtes Verständnis der Bekämpfung von Frauendiskriminierung und der Frauenförderung (WID Women in Development) von einer Forderung nach Veränderung der Geschlechterordnung der Gesellschaft mit Hilfe von Entwicklungspolitik abgelöst werden muß.

Eine geschlechtsspezifische entwicklungspolitische Forschung wurde mit Boserup 1970 (Boserup 1982) eingeleitet, die aus den Agrarwissenschaften kam. Inzwischen gibt es Geschlechterforschung v.a. im Bereich der soziologischen und politologischen Entwicklungstheorie und -politik sowie in dem Feld der insbesondere angelsächsischen Sozialanthropologie, wobei beide Felder im allgemeinen sich gegenseitig wahrnehmen. Diese Forschung ist wie in kaum einem anderen Bereich unmittelbar relevant für die Erarbeitung und Durchsetzung frauenpolitischer Konzepte und Forderungen, und es besteht eine sehr unmittelbare Verschränkung zwischen Frauenforschung und feministischer Theorie, transnationalen Frauenbewegungen (deren Vertreterinnen als Aktivistinnen auf der globalen Bühne bezeichnet werden) und frauenpolitischen Forderungen und Konzepten. Frauenforschung, -bewegung und -politik findet transnational statt; feministische Theorie muß sich immer den Spiegel der transnationalen Frauenbewegungen vor allem zwischen Nord-Süd vorhalten, allerdings scheint der anfänglich kaum überwindbar scheinende Gegensatz zwischen Frauen aus Industrie- und Entwicklungslän-dern zu schwinden zugunsten einer Pluralität auch auf regionaler Ebene und durch globale Vernetzung (Saskia Wieringa, ISS Den Haag, mündlich Biele-feld 1997).

Der genannten Verschränkung soll dieser Artikel dadurch gerecht wer-den, daß aufgezeigt wird, wie die Definitionsmacht von Forschungsansätzen auf der einen Seite und die Politikmacht der Frauen- und allgemeine ent-wicklungspolitische Konzepte, die den jeweiligen Analysen folgen, auf der anderen Seite, in den jeweiligen Instanzen der transnationalen Politik und Entwicklungszusammenarbeit geprägt und in neuen Foren ausgehandelt werden. Was damit gemeint ist, kann vor allem an dem o.a. Begriff des „em-powerment", des Machtgewinns der Frauen, deutlich gemacht werden. Er wurde von DAWN (Development Alternatives for a New Era), einem inzwi-schen global bekannten Zusammenschluß von Dritte-Welt-Forscherinnen und Aktivistinnen, im Rahmen des sog. Forums der Nichtregierungsorganisatio-nen bei einer Weltkonferenz der Vereinten Nationen (wo definitionsgemäß zunächst nur Regierungen beteiligt sind) eingeführt. Er basiert auf der von feministischer Theorie und Frauenforschung abgeleiteten und als politische Forderung formulierten Einsicht, daß die international konstatierte Diskrimi-nierung von Frauen nicht durch eine unmittelbare Verbesserung ihrer Situati-on behoben werden kann, sondern die Veränderung der gesellschaftlichen Machtposition, d.h. der Geschlechterordnung, impliziert. Inzwischen ist die-ses Konzept von den internationalen Entwicklungsinstanzen übernommen worden, vereinnahmt, wie viele meinen. Daraus müßte nun folgen, daß ten-denziell die den frauenpolitischen Konzepten zugrundeliegenden Analysen verändert werden müßten, genauso wie die Konzepte selbst im Hinblick auf einen „transformatorischen" Ansatz weiterzuentwickeln wären, der der Be-achtung der Geschlechterverhältnisse in allen Institutionen der Gesellschaft und Politikbereichen Rechnung trägt. Damit würde der „mainstreaming"-Ansatz als Rahmenkonzept abgelöst werden, der angetreten war, die Frauen-frage aus ihrer marginalen Position zu holen und in alle Bereiche zu integrie-ren. Ein derart breiter Analyse- und Policy-Ansatz wird weltweit inzwischen als Gender-Ansatz bezeichnet, der zu den entwicklungspolitischen Konzep-ten des „Gender and Development" bzw. „Gender and Sustainable Deve-lopment" (nachhaltige Entwicklung) geführt hat.

Klar zu erkennen ist, daß die Frauenforschung und die feministische Theorie zur Entwicklungstheorie und -forschung allgemein beigetragen ha-ben, obwohl durchaus großer Zweifel besteht, ob hier eine allgemeine Durchdringung des Faches in dem Sinne stattgefunden hat, daß nicht Frauen-forschung als eine Bindestrichdisziplin betrieben wird, sondern Geschlecht als soziale Analysekategorie verwendet wird. Das schließt nicht aus, daß in der Policy-Konzeption Frauenförderung im engeren Sinne betrieben werden sollte, darüber hinaus jedoch Analyse und Entwicklungspolitik sich permanent mit der jeweiligen Relevanz von Geschlecht auseinanderzusetzen hätten. In der internationalen Frauenpolitik ist durchaus noch unklar, wie diese geschlechtsspezifische Betrachtungsweise und Politik über die Institutionen und Programme der Frauenförderung hinaus in alle Policy-Bereiche der Entwicklungspolitik und der internationalen Politik hineingebracht werden können. Ein geschlechtsspezifischer Blickwinkel wird in letzter Zeit bereits von Forscherinnen und Aktivistinnen einmal in die Weltkonferenzen zu Themen hineingebracht, die lange Zeit als geschlechtsneutral galten (z.B. Menschenrechte), sowie in theoretische Analysen, auf denen neuere entwicklungspolitische Ansätze aufbauen (z.B. Strukturanpassung der Entwicklungsländerwirtschaften), bzw. die internationale Phänomene (z.B. Globalisierung) zu erklären versuchen.

In dem vorliegenden Beitrag sollen die wesentlichen Aspekte dieses breiten Feldes aufgezeigt werden, indem die in letzter Zeit wichtige Besetzung entwicklungspolitisch relevanter Themen skizziert wird. Danach wird die Abfolge der geschlechterpolitischen Konzepte in der Entwicklungspolitik nachgezeichnet und anschließend der Beitrag der Geschlechterforschung zur Entwicklungsforschung umrissen, von dem aus auf Forschungsdefizite und Desiderate übergeleitet werden kann. Am Beispiel der Behandlung der globalen ökonomischen Problematik werden die neueren geschlechterpolitischen Analyseansätze und Konzepte als besonders relevant für die Analyse und Lösungsansätze dargestellt und eine Perspektive hin zur geschlechtsspezifischen Analyse einer Zivilgesellschaft eröffnet.

2   Frauenpolitisch besetzte Themen der transnationalen Entwicklungspolitik

Angesichts der Umwälzungen durch Globalisierung und Transformationsprozesse kommt es zu einer „Feminisierung" sowohl der Armut wie der Arbeit, d.h. mit einer Flexibilisierung der Arbeitsplätze und ihrer Auslagerung in Drittweltländer werden neue Arbeitsplätze tendenziell mehr mit Frauen besetzt, wobei die Arbeitsbedingungen besonders schlecht sind. Zwei entgegengesetzte Problemsichten bzw. Ansatzpunkte für entwicklungspolitische Konzepte stehen sich gegenüber: einerseits werden Frauen als das globale Armenhaus apostrophiert, als „vulnerable groups", die ständig für den negativen „impact" sämtlicher Globalisierungsphänomene herangezogen werden (Verschuldung, Welthandelsabkommen, etc.), obwohl sie doch vor allem für das Überleben weiter Bevölkerungsteile zuständig sind. Andererseits wird weltweit (v.a. von der Weltbank gemäß dem Humanentwicklungsansatz) das ökonomische Potential der Frauen thematisiert und betont, so daß ihre instrumentelle Funktion bezüglich Wachstum immer mehr an Bedeutung gewinnt. In der transnationalen Frauenbewegung wird die „Viktimisierung" teilweise mitgemacht und die Auswirkungen der globalen Wirtschaftsprozesse werden radikal abgelehnt. Die verschiedenen Ansätze der Kritik müssen also genauer betrachtet werden.

Wichtig ist die Forderung ökonomischer Rechte weltweit. Einerseits wird die unbezahlte Haus- bzw. Subsistenz-Arbeit von Frauen jetzt beachtet (so auf dem Weltsozialgipfel 1995), auf der anderen Seite ist die Forderung nach gesonderter statistischer Erfassung in der volkswirtschaftlichen Gesamtrechnung umstritten. Auf jeden Fall wurde erreicht, daß Frauen und ihre Arbeit „sichtbar" geworden sind. International kommt es jedoch zu einer Instrumentalisierung der „Frauenfrage", und zwar ebenso in fundamentalistischen Strömungen wie in den westlich orientierten Kritiken an diesen. Einerseits ist es tendenziell der Nord-Süd-Bereich, in dem am härtesten die jeweiligen Positionen (Rassismus etc.) diskutiert werden. Andererseits wird die Frage des Universalismus der Menschenrechte verkürzt behandelt und kulturelle Besonderheiten, wie z.B. Frauenräume in der Gesellschaft kritisiert. Zur Bearbeitung dieser Problembereiche haben Frauen eine besondere Art von Instrumenten internationaler, trans- und subnationaler Politik, Foren, Gegenforen etc. entwickelt, nicht zuletzt im Zusammenhang mit den Weltfrauenkonferenzen, auf denen politische Forderungen und Ergebnisse der Frauenforschung zusammengebracht werden und Auseinandersetzung, Diskurse, Zusammenarbeit möglich werden, die in keinem anderen Politikfeld bzw. keiner anderen Bevölkerungsgruppierung so vorhanden sind (dazu Lachenmann 1996a; Ruppert 1998).

Was die internationale Frauenpolitik auf der Ebene der Vereinten Nationen anbelangt, so wurde zunächst besonders die Diskriminierung der Frau als Staatsbürgerin bekämpft und die Anerkennung der Frauenrechte als Menschenrechte durchgesetzt. Weltweit ein wichtiger Schritt, auf den sich viele Frauenorganisationen berufen, ist die 1979 verabschiedete „Konvention für die Beseitigung jeder Form der Diskriminierung von Frauen". Die UN erklärten 1974 zum Jahr der Frau; 1975 wurde in Mexiko die Weltfrauendekade ausgerufen mit dem Ziel, nach der erreichten formalen Gleichstellung die Rolle der Frauen in der Gesellschaft und besonders in der Entwicklung sowie ihre Rolle für den Weltfrieden hervorzuheben. Die Weltfrauenkonferenzen entwickelten sich zu wichtigen politischen Foren und führten zur Herausbildung transnational aktiver Frauenbewegungen. Einen Höhepunkt der Auseinandersetzung um das, was eine „Weltgeschlechterordnung" genannt werden könnte, stellte die Bevölkerungskonferenz 1994 in Kairo dar, wo die bisher weitestgehenden Forderungen nach reproduktiver Gesundheit und Akzeptanz differenzierter sexueller Orientierungen durchgesetzt wurden, die allerdings bei den nächsten Konferenzen bereits wieder heftig verteidigt werden mußten.

Die Weltfrauenkonferenzen haben erreicht, daß „empowerment" zum international anerkannten Thema geworden ist, aber es wird teilweise die Frage gestellt, ob dies eine Vereinnahmung und mögliches Aufbrechen der internationalen Frauenbewegungen darstellt, oder eine Entstehung von Pluralität und Aushandlung vielfältiger Positionen. Es wird diskutiert, ob nach „mainstreaming", d.h. der Integration der Frauen in den Entwicklungsprozeß, jetzt tatsächlich ein transformativer Ansatz möglich ist, d.h. Strukturveränderungen in allen Bereichen, wie es DAWN (1995), das Dritte-Welt-Frauen-Netzwerk, als „Nachhaltigkeit durch geschlechtergleichberechtigte Entwicklung" fordert. Sehr wichtig war, daß Frauen der sog. Dritten Welt eigene politische Forderungen, eigene Forschung bzw. die Einbeziehung in die internationale Debatte vorangetrieben und eigene politische Instrumente und Organisationsformen entwickelt haben.

3   Wandel der Konzepte: Von der Frauenförderung über internationale Frauenpolitik zur geschlechtsspezifischen Entwicklungspolitik

Die Analyse und programmatische Einbeziehung der Geschlechterverhältnisse (gender) hat offiziell in der Entwicklungspolitik den Ansatz der Frauenstudien bzw. des Konzepts der „Frauen und Entwicklung" (WID, women in development) verdrängt. Es geht nun selbstverständlich darum, Geschlecht als gesellschaftliche Analysekategorie zu verwenden und die Geschlechterordnung in Gesellschaften zu untersuchen. Jedoch besteht eindeutig die Gefahr, daß gerade aufgrund dieses Anspruchs de facto doch wieder zur Tagesordnung übergegangen wird und man sich nur mit kleinen Verbesserungen in Analyse, Forschung und Politik zufriedengibt und keine strukturellen Veränderungen bewirkt werden. Denn das Instrument der „Gender-Analyse", das auch in der deutschen Entwicklungszusammenarbeit unter diesem Begriff verwendet wird, hat das Problem, lediglich konkrete Tätigkeitsfelder von Frauen und Männern empirisch zu untersuchen, jedoch nicht die Geschlechterordnung und die gesellschaftliche Konstruktion von Geschlecht in den jeweiligen sozialen Institutionen zu betrachten (Deutsche Gesellschaft für technische Zusammenarbeit 1993). In der Entwicklungspolitik gab es schon lange den Gegensatz zwischen spezifischen Frauenprojekten und Frauenpolitik auf der einen Seite, und dem sogenannten Integrationsansatz auf der anderen, der davon ausging, daß Frauen als eine „Zielgruppe" unter anderen zu behandeln seien. Es wurde kritisiert, daß damit sehr wenig bewegt wurde, und es ist offensichtlich, daß damit keine frauenpolitische Ausrichtung aller Politikbereiche (z.B. Agrar-, Strukturanpassungspolitik, Sozialpolitik) erreicht wurde.

Aus dieser Enttäuschung heraus wurde dann ein „mainstreaming" verfolgt, das seit 1985 als offizielle Programmatik, d.h. als Mandat von UNIFEM, dem Frauenfonds der Vereinten Nationen, galt (dazu v. Braunmühl 1997). Seit dem Vorbereitungsprozeß der Weltfrauenkonferenz in Peking, der zur Anerkennung der Forderung nach „voller ökonomischer und politischer Partizipation der Frauen" auf der Basis von Gleichheit führte, wird es zwar nicht mehr als explizite Strategie vertreten, jedoch kann es als die entscheidende Weichenstellung angesehen werden. Zu fragen ist, was hinter dieser Metapher steckt: dient dieser Ansatz nur der ‚Gleichmacherei‘, der vorgeblichen Gleichbehandlung, der ‚Potentialförderung‘, der ‚Instrumentalisierung‘ für andere, ‚übergeordnete‘ Ziele (z.B. Verminderung des Bevölkerungswachstums durch Bildung von Frauen), oder läßt er sich frauenpolitisch auch so wenden, daß Frauen aus ihrer Position als „verletzliche" Objekte der ihnen international zugestandenen Förderung herauskommen und alle entwicklungspolitischen Bereiche frauenpolitisch gewendet werden? Der sog. Integrationsansatz war schon seit langem kritisiert worden, Frauen seien doch schon immer in die Wirtschaft und Gesellschaft integriert worden, die Frage sei nur auf welche Art und Weise. Inzwischen haben alle internationalen Instanzen den genannten Ansatz des „empowerment" übernommen, der auf der Erkenntnis basiert, daß Geschlechterverhältnisse Machtverhältnisse sind und auch diese sich ändern müssen, anderenfalls Frauenförderung keinerlei Erfolg hat und – dies ist ein neueres Zugeständnis – auch Strukturanpassungspolitik und Transformationsprozesse keinen Erfolg haben.

Nach Peking scheint sich diese Debatte stark auf die Frage der Einbeziehung von Gender in die ökonomische Entwicklungspolitik zuzuspitzen, d.h. auf die Verbesserung der Strukturanpassung einerseits, bzw. ein grundsätzlich anderes Entwicklungsparadigma andererseits, wobei ich diese Gegenüberstellung als nicht sehr nützlich ansehe. Eine Instrumentalisierung der Frauenforderungen in der Entwicklungspolitik ist ganz deutlich nachzuweisen, jedoch ist eine grundsätzliche Nichtanerkennung der erzielten Ergebnisse der Frauenpolitik in der internationalen Entwicklungspolitik sicherlich sehr problematisch. Natürlich gab es schon immer eine berechtigte Kritik an einer ‚gemäßigt‘ feministisch-pragmatischen Richtung. Eine solche wurde z.B. von Caroline Moser (1993) vertreten, die jetzt ein großes Gender-Programm der Weltbank leitet und die problematische Unterscheidung zwischen „practical" und „strategic gender needs" eingeführt hat, die dazu verleitet, die naheliegenden Bedürfnisse der Frauen zu befriedigen, wodurch dann leicht alles andere aus dem Blickfeld gerät. Aber Wissenschaftlerinnen wie Naila Kabeer (1994) u.a., die zu diesem „mainstreaming" des Frauendiskurses in der internationalen Entwicklungspolitik beigetragen haben, hatten eine breite Basis in der internationalen professionellen Frauen-Entwicklungsarbeit und ihre Konzepte sind sehr einflußreich. Die Diskussion über den Erfolg dieser Strategie in den letzten ca. 15 Jahren umfaßt Positionen wie Uma Lele (1986), damals Weltbank, die die „feministische" Literatur mit spitzen Fingern anfaßte, jedoch ihre Inhalte hinsichtlich der ländlichen Produktionssysteme und Marktintegration aufgriff, Gloria Scott (World Bank 1979), die die Unsichtbarkeitsdebatte einbrachte und als erste aus „taktischen" Gründen den Begriff des ökonomischen Potentials der Frauen einführte, sowie Safilios-Rothschild (1985) u.a., die vor allem die Widersprüchlichkeiten und ungewollten Folgen geschlechtsblinder ländlicher Projekte aufzeigten, bis hin zu methodologischen Kritikerinnen von Haushaltskonzepten u.ä. wie Jane Guyer (1986), die sich in den „mainstream-Diskurs" einbrachten. Nicht zu vergessen Buvinic (Buvinic/Lycette/McGrevey 1983) mit ihrem Engagement für die Beachtung der „women-headed households" etc., das stark zu der Etikettierung der Frauen als Benachteiligte beigetragen hat.

Deniz Kandiyoti (1990) kritisierte die WID-Forschung und -Politikformulierung wegen ihrer Vorstellung, es gäbe einen Zusammenhang zwischen der Zunahme der Produktivität und der Gleichheit für Frauen. Die Instrumentalisierung wird auch zurecht von Naila Kabeer (1994), ebenfalls von dem renommierten Institute of Development Studies Sussex, kritisiert, da das Argument des ökonomischen Wachstumspotentials der Frauen vorgebracht wird, ohne die Reproduktionssphäre zu betrachten. Stattdessen zu fordern, daß Frauen in die „effizienteren Sektoren" überwechseln sollten, erscheint tatsächlich zynisch. Ich meine, es geht nicht um ein „entweder - oder", entweder Haus- und Subsistenzarbeit und unrentable Markteinbeziehung oder vermeintlich effiziente Wirtschaftstätigkeit, sondern es sollte tatsächlich eine strukturelle Änderung der Ökonomie und Arbeitsbedingungen angestrebt werden (s. unten). Unter Bezug auf das jetzt von kritischer professioneller Seite verwandte Kriterium von „equity and empowerment" kritisiert Kabeer (1994, 290 ff.), daß frauenpolitische Planung als „eigenständige Planungstradition" verwendet wird und schlägt selbst einen „Social relations framework for gender planning" vor. Sie weist richtig darauf hin, daß es von höchster Bedeutung ist, wer welche Bedürfnisse für die praktische Politik definiert. Sie beabsichtigt, „to carve out an autonomous space for women in the planning process, and allows them to be perceived as actors competent to interpret their own needs rather than as merely recipients of officially defined provision" (Kabeer 1994, 300). Es wäre tatsächlich zu hoffen, daß dieser kritische Ansatz Wirkung erzielen könnte, auch wenn die Bereiche der mainstream-Entwicklungspolitik, in die er vordrang (wie z.B. partizipatorische Ansätze), eher sozialtechnokratisch ausgerichtet sind und immer noch keine offene Debatte über gesellschaftspolitische Gestaltung ermöglichen.

Wendy Harcourt (1994, 87 ff.) formuliert „feministische Perspektiven zu nachhaltiger Entwicklung" und analysiert „gendered alternatives to dominating knowledge systems". Insbesondere will sie die „Frage der Frauenpolitik, Umwelt und Entwicklungsalternativen" zusammenbringen. Sie vertritt die Ablösung von „WID" durch die Position „WED, women and environment and alternatives to development". D.h. sie bezweckt, zwischen den entwicklungspolitischen Ansätzen Gender, Umwelt und sog. alternativen Entwicklungsansätzen Allianzen zu bilden. Die Kritik an der Entwicklungsökonomie eröffnet ihrer Meinung nach die Möglichkeit für Feministinnen, zu Gender und Umwelt zu arbeiten und um die Einbeziehung der Geschlechterverhältnisse zu verhandeln bei solchen Ansätzen, die Umwelt in die allgemeine Entwicklungsdiskussion einbeziehen.

In den Entwicklungsländern sind Frauen zum Teil irritiert über den Wechsel zum Gender-Ansatz, nachdem gerade Institutionen zur Frauenförderung geschaffen worden waren. Nun entsteht eher eine Konkurrenz zu den „Gender-Frauen", die nicht mehr in isolierten Institutionen sind; formal gibt es Fachabteilungen (focal points) in Fachministerien. Tatsächlich ist die Frauenpolitik in der Entwicklungspolitik praktisch isoliert, nur selten wird versucht, verschiedene entwicklungspolitische Handlungsfelder als geschlechtsspezifisch strukturiert zu betrachten, im Sinne von Konstruktion von Geschlecht in Handlungsfeldern, Institutionen, der Aushandlung von Geschlechterverhältnissen auch in Entwicklungsprojekten etc. Der Gender-Ansatz wird additiv verwendet zu anderen ‚weichen Ansätzen‘ der Einbeziehung von soziokulturellen Faktoren, der Partizipation, Armutsbekämpfung etc.

4 Beitrag der Geschlechterforschung zur Entwicklungsforschung

Die hier angeschnittenen frauenpolitischen Debatten in der transnationalen Entwicklungspolitik wurden von der Frauen- und Geschlechterforschung gespeist, und es findet Politikberatung statt, die jeweils mit theoretischer Reflexion der aktuellen entwicklungspolitischen Konzepte einhergeht. Frauen sind auch in verschiedenen Bereichen der internationalen Sozialwissenschaft sichtbar geworden, die hier nur kurz skizziert werden können (s. dazu auch Lenz 1994). Die Entwicklungstheorie hat entscheidende Anstöße zur Neuausrichtung aus der Frauenforschung erfahren.

In der Weltsystemtheorie erfolgte eine Ergänzung durch die Patriarchatsanalyse (Mies 1988); ein wichtiger Beitrag war die Hausfrauisierungsthese (v. Werlhof, Mies, Bennholdt-Thomsen 1983), derzufolge die weibliche Arbeit im weltweiten Modernisierungsprozeß abgewertet und unsichtbar gemacht wird. Im Rahmen der Globalisierung wird jetzt von der Feminisierung der Arbeit gesprochen, die in Form von Flexibilisierung, ungesicherten Arbeitsplätzen etc. auftritt. In den internationalen statistischen Berichten (z.B. Weltentwicklungsbericht der Weltbank, Bericht über menschliche Entwicklung des UN-Entwicklungsprogramms, UNDP) ist die „unbezahlte Hausarbeit" jetzt eingegangen in die internationale Datenerhebung. Die in diesem Zusammenhang stehende Subsistenztheorie in der allgemeinen und feministischen Entwicklungssoziologie (sog. Bielefelder Ansatz, v.Werlhof/ Mies/Bennholdt-Thomsen 1983; dazu Lenz 1992) hat auf die Verflechtung zwischen Subsistenzproduktion und Marktintegration hingewiesen. Jetzt entsteht ein feministisch orientierter ökonomischer Ansatz (s. z.B. Cagatay/Elson/Grown 1995), der Ökonomie als „geschlechtsspezifisch strukturiert" ansieht und den reproduktiven Sektor in die makroökonomische Analyse miteinbeziehen will und insbesondere auch die geschlechtsspezifische Segregation des Arbeitsmarktes betrachtet (s. unten).

Ausgelöst war die Debatte dadurch, daß in der Entwicklungssoziologie Esther Boserup (1982) zunächst als zu einfach modernisierungstheoretisch ausgerichtet kritisiert wurde. Lange Zeit wurde die Frage diskutiert, ob Frauen im Modernisierungsprozeß wirklich schlechter gestellt werden, und es wurde teilweise eine Widerlegung der Benachteiligungsthese angestrebt. Die feministische Frauenforschung zur Entwicklungspolitik wurde in der angelsächsischen Diskussion, wie ich meine, fälschlicherweise in eine „radikale" und in eine „neo-marxistische" unterschieden (z.B. Marchand/Parpart 1995). Erst relativ spät kam es zu einer Annäherung an die Sozialanthropologie/Ethnologie, die in der Rezeption der feministischen Theoriedebatte führend war (s. z.B. Moore 1990; Guyer 1986; Hauser-Schäublin/Röttger-Rössler 1998). Hier fand eine Verbindung zur Subjektivitätsdebatte statt, die oft verkürzt als „postmodern" bezeichnet wird, obwohl schon lange vorher, insbesondere in der feministischen Sozialanthropologie, das Verhältnis der Forscherin zu ihrem Gegenstand thematisiert wurde. Ein oft bearbeitetes Forschungsproblem, das auch im frauen- und entwicklungspolitischen Diskurs eine wichtige Rolle spielt, betrifft die Einschätzung von ‚Tradition' als ‚primitiv', frauenunterdrückend etc.. Auf der anderen Seite werden traditionale Institutionen als Frauenmachtbegründend angesehen. Inzwischen geht es um die Analyse des Wandels.

Zunächst wurde in der internationalen Frauenforschung von Klasse, Rasse, Geschlecht im Rahmen einer Polarisierung Nord-Süd gesprochen, in der einerseits die verschiedenen Diskriminierungsfaktoren addiert wurden, andererseits Frauen(forscherinnen) des Nordens grundsätzlich als befangen angesehen wurden. Die Sozialanthropologie hat dagegen schon lange auf die kulturelle Konstruktion von Geschlecht verwiesen. Die feministische Debatte über Differenz wird im Hinblick auf die Konstatierung von weltweiten Unterschieden zwischen Frauen, im Zusammenhang mit Kulturrelativismus bzw. Kritik an kulturell begründeter Unterordnung, geführt; ein eklatantes Beispiel ist das Thema Beschneidung. Seit der Weltfrauenkonferenz in Peking 1995 wird über den Unterschied zwischen equality/equity (Gleichberechtigung/Gleichwertigkeit), die Frage der Komplementarität der Geschlechter diskutiert, die zum Teil von reaktionären Regimen vereinnahmt wird. Jedoch wird diese Debatte inzwischen weniger polarisierend geführt; es werden Unterschiede auch v.a. zwischen Frauen betrachtet. Frauenrechte sind als Menschenrechte anerkannt, die Anti-Diskriminierungskonvention ist wichtig, jedoch ist es heute keine Frage der Gleichmacherei mehr, vielmehr werden Inferiorität und Unterordnung grundsätzlich als Kriterium an eine Geschlechterordnung angelegt. Weder kommt es zu einer Mystifizierung der Frauen der Dritten Welt und ihrer ,Tradition' noch zu Gleichmacherei von Frauen weltweit.

Aus der Bewegungsforschung, insbesondere der Lateinamerikaforschung, kommt die Analyse von Frauen in neueren sozialen Bewegungen. Hier besteht ein besonders starkes Zusammenspiel zwischen Forschung und Frauen- bzw. sozialer Bewegung. Es gibt Debatten zur Frage, ob Frauen nicht für Überlebensarbeit, z.B. in Stadtteilarbeit, Volksküchen etc., lediglich instrumentalisiert würden. Dagegen kommt es zur Verknüpfung des Überlebenspragmatismus mit der Veränderung der Geschlechterordnung im Rahmen eines „popular feminism" (dazu Rodenberg 1998).

Im Bereich der Umweltforschung wurde ein wichtiger Beitrag für die internationale und transnationale Politik geleistet, einschließlich der sozialwissenschaftlichen Bereicherung der Problemsicht durch die feministische Betrachtungsweise. Ebenso wird allmählich der Bereich der Ökonomie mit einer geschlechtsspezifischen Betrachtungsweise besetzt im Sinne der geschlechtsspezifischen Einbettung in die Gesellschaft sowie der Globalisierung.

5 Defizite und Desiderate in der entwicklungspolitischen Forschung

Trotz dieser Vielfalt von Forschungsansätzen muß gesagt werden, daß in der Entwicklungssoziologie Geschlechterforschung als additiver Bereich angesehen wird; viele ForscherInnen sind nicht in der Lage, ihre Felder als von vornherein geschlechtsspezifisch strukturiert zu betrachten. Wenn sie feststellen, daß die Geschlechterdifferenz eine besondere Rolle spielt, stützen sie sich auf sehr herkömmliche Theorien über den Status der Frauen (statt Geschlecht und Geschlechterverhältnisse). Insbesondere gilt dies für die sog. Transformationstheorien, wo im besten Falle ein simpler ,Diskriminierungs'- oder ,Defizitdiskurs' geführt wird, d.h. der Blick sich lediglich auf die Analyse der Schlechterstellung richtet, ohne jedoch feministische Theorie und Forschungsergebnisse einzubeziehen. Zwar wurden Frauen tatsächlich entwicklungstheoretisch und -politisch sichtbar gemacht, jedoch fehlt es an einem gesellschaftstheoretischen Ansatz. Die Frauenforschung hat, wie bereits erwähnt, viele Anstöße für die Entwicklungssoziologie gegeben. Jetzt erfolgt eine neuerliche Herausforderung durch die Analyse von Prozessen im

Rahmen der Globalisierung, einschließlich Re-Traditionalisierung, Identitätsbildungsprozessen, Ethnizität etc.

Im Ethnizitätsdiskurs erscheinen Frauen zwar, jedoch sehr oft attributiv als Verkörperungen von traditionellen Identitäten. Oft werden bestimmte Klischees, die dem Bild der Fremden als grundsätzlich unterdrückte, traditionsverhaftete und rückständige Frauen verhaftet sind, nicht überwunden. Von großer Bedeutung ist hier eine differenzierte Forschung im globalen Kontext, z.B. über Re-Islamisierung von Frauen als Eroberung eines geistigen Feldes, über ihre transnationalen Bewegungen, Lebensstile (zu Ägypten: Werner 1997; laufende Forschung zu Sudan: Ruth Klein-Heßling 1998; zu einer transnationalen libanesischen community: Peleikis 1998).

Bestimmte neue Handlungsfelder müssen dabei im Sinne eines „genderizing" ,besetzt' werden, d.h. einer geschlechtsspezifischen Betrachtungsweise unterzogen werden, wie z.B. die Problematik des Ressourcenschutzes in der Entwicklungspolitik. Das Gleiche gilt für Theoriefelder der neueren internationalen Forschung, wie z.B. im Bereich der neuen ökonomischen Soziologie, in denen die Einbettung (embeddedness) der Wirtschaft in die Gesellschaft neu zu thematisieren wäre (Granovetter 1985), oder der institutionellen Ökonomie. Von der wissenschaftstheoretischen Logik aus bietet sich das an, da Geschlechterforschung immer Handlung, soziale Beziehungen und Institutionen angeht, bzw. sich immer stärker so orientiert – d.h. wie Geschlecht in Institutionen konstruiert wird (z.B. im Bereich der sozialen Sicherheit s. Lachenmann 1997; in Institutionen s. Goetz 1995). Natürlich ist es auch sehr interessant, die derzeitigen sozialwissenschaftlichen Debatten über Globalisierung und Lokalisierung mit zu beeinflussen; hier zeigt sich jedoch wieder das Problem, daß in grundsätzlichen sozialwissenschaftlichen Neuorientierungen die feministischen Erkenntnisse und methodologischen Prämissen kaum Eingang finden. Der Diskurs Frauen und Globalisierung ist zwar etabliert, aber wieder nicht im „mainstream", sondern in einem getrennten Diskurs (siehe unten).

Nicht oder viel zu wenig vertreten sind die Frauen jetzt in der entwicklungspolitischen und -theoretischen Diskussion über das Verhältnis von Staat und Markt, Demokratisierung und Zivilgesellschaft, „good governance" und lokale Selbstverwaltung – d.h. in der Debatte über die in der Dritten Welt sowie der ehemaligen Zweiten Welt ablaufenden Transformationsprozesse (dazu Lachenmann 1996b). Wo sie, wie ich meine, eher zu viel vertreten sind, ist der Armutsdiskurs, wo sie als „verletzliche Gruppe" etikettiert werden. Im allgemeinen wird in der Literatur zu Zivilgesellschaft die Frage der Geschlechterordnung als entscheidendes Strukturierungsprinzip und Gegenstand zivilgesellschaftlicher Aushandlungsprozesse nicht benannt. Im besten Falle wird in Sammelbänden ein Kapitel zu dem Thema Frauen aufgenommen. In einer neueren ethnographischen Betrachtungsweise (Hann 1996, 15) wird befürchtet, daß ein Mehr an Zivilgesellschaft nach westlichem Muster in Ländern mit „Staatsfeminismus" mit entsprechender patriarchaler Ideologie negative Konsequenzen für Frauen haben könnte und die Verschleierung mehr Vorteile bedeuten kann (z.B. Indonesien). Die Frage der Zivilgesellschaft in muslimischen Gesellschaften und die besondere Bedeutung der Geschlechterordnung entwickelt sich zu einem sehr fruchtbaren Forschungsbereich (s. z.B. Göle 1995; Werner 1997).

Das teilweise sich mit dem der Zivilgesellschaft überschneidende, herkömmlicherweise jedoch als getrennt angesehene Forschungsfeld des Verhältnisses von Frauen und Staat, ganz besonders im Hinblick auf die in den letzten Jahren ablaufenden Demokratisierungsprozesse, wird bisher wenig bearbeitet. Für die explizite Thematisierung der Geschlechterperspektive im Hinblick auf Staatstheorie ist Jane L. Parpart (1988; Parpart/Staudt 1989) zu Afrika, auch Moore (1990, 228 ff.), ganz besonders hervorgetreten. Nach Parpart (1988, 208) gilt es, die besondere Beziehung Frauen und Staat zu analysieren, um den Charakter des Staates und die Position der Frauen in diesem zu verstehen, insbesondere den Zugang zum Staatsapparat, die Folgen der Unterrepräsentanz im Staat und die Mechanismen, die Frauen entwickelt haben, um mit ihrer schwachen Machtposition umzugehen. Damit sind ihre indirekte Machtausübung gemeint, tatsächlich aber auch die anderen Formen und Räume gesellschaftlicher Macht von Frauen, wie Rückzug und Verweigerung, ritueller und transzendentaler Bezug, Verfügungsmacht über Nahrungsmittel, Beeinflussung des militärischen und politischen Handelns der Männer durch bestimmte Instrumente.

Die aktuellen Transformationsprozesse stehen im Zusammenhang mit Entstaatlichung und Demokratisierung, Liberalisierung und Privatisierung – wesentliche Ziele der seit der Entwicklungskrise Mitte der 80er Jahre im Zusammenhang mit internationalen Krediten mit Hilfe von sog. Strukturanpassungsprogrammen verfolgten Reformen. Sie machen die fehlende Kohäsion in vielen, von autoritären Steuerungsmodi gekennzeichneten Gesellschaften deutlich, die nur durch die Konstitution einer Zivilgesellschaft als Träger neuer Gesellschaftsvisionen überwunden werden könnte. Dabei sind die angesprochenen Entwicklungen ganz besonders im Hinblick auf die Veränderung der Geschlechterverhältnisse zu behandeln. In vielen Gesellschaften gibt es – oft kaum wahrgenommene – eigenständige Frauenräume, die sich in unterschiedlichster Weise abgrenzen und die sehr oft im Zuge der sozioökonomischen Wandlungsprozesse verschwinden. Sie sind definiert über Arbeitsteilung, unterschiedliche Zuständigkeiten und Produktionsbereiche sowie soziale Institutionen. Die Frage ist, wie diese Frauenräume in das Gesamtsystem integriert sind, wie die Differenz aufrechterhalten wird, wie Frauen trotzdem Gleichstellung im politischen Prozess einfordern können.

Methodologisch muß es meiner Meinung nach vor allem darum gehen, vorhandene Ansätze der Frauenforschung und der Entwicklungssoziologie für die Analyse dieser geschlechtsspezifischen Transformationsprozesse zu verwenden. Dabei sollte versucht werden, den Ansatz der Subsistenzproduktion und der Verflechtung von Produktionsformen und Wirtschaftsbereichen auf der einen Seite weiterzuführen und eine handlungstheoretische Analyse der Interaktion von Tätigkeitsbereichen und von Steuerungsmustern auf der anderen Seite zu verwirklichen. Damit soll soziales Handeln kontextualisiert und als strukturkonstituierend analysiert werden. Es geht darum, zu untersuchen, wie die bisherigen unangemessenen Verflechtungsformen zwischen den Handlungsbereichen Ökonomie und Politik (z.B. Klientelverhältnisse, autoritäre Steuerungsmuster etc.), in denen eine starke Geschlechterdifferenzierung zu verzeichnen ist, durch eine Zivilgesellschaft aufgehoben werden können, d.h. wie die gesellschaftliche Kontrolle von Staat und Markt hergestellt werden kann und welche Rolle Frauen(bewegungen) und Geschlechterverhältnissen dabei in den Transformationsprozessen zukommt.

Die Frage nach einer neuen Positionsbestimmung stellt sich. Dazu müssen noch einmal und wieder genauer die methodologischen Grundlagen betrachtet werden. Ich schlage also die Besetzung bestimmter neuerer Theoriedebatten der sich globalisierenden Sozialwissenschaften (z.B. zu „embeddedness" gemäß Granovetter 1985) und entwicklungspolitischer Felder vor (z.B. Strukturanpassung SAP) im Sinne eines „engendering"/„genderizing", einer geschlechtsspezifischen Betrachtung. Das Frauenthema sollte nicht nur additiv und nicht nur im Rahmen einer Defizit-, Status- bzw. Gleichstellungsdebatte behandelt werden, sondern Geschlecht als soziale Kategorie verwendet werden. Die Geschlechterordnung sollte im Sinne geschlechtsspezifischer Transformationsmodi in Transformationstheorien eingebracht werden und eine geschlechtsspezifische Analyse von Handlungsfeldern erfolgen, z.B. im Sinne der Analyse einer Frauenökonomie. Es geht um eine feministische bzw. allgemein geschlechtsspezifische Entwicklungsforschung, die die Überwindung des Gegensatzes strukturalistisch/sozialanthropologisch leistet. Statt eines Lamentos über arme Drittweltfrauen geht es um Gesellschaftsanalyse, Handlungstheorie, Akteurinnen, aktive geschlechtsspezifische Konstruktion von Gesellschaft.

International gesehen besteht ein großes geschlechtsspezifisches Datenproblem für die transnationale Entwicklungspolitik. Wie der vom UNDP (1995, 53ff.), der Entwicklungsagentur der UN, herausgegebene Human Development Report zeigt, verschlechtert sich der „Index der menschlichen Entwicklung" (HDI) bei geschlechtsspezifischer Betrachtung (sic!). Es reicht natürlich nicht aus, reine Statistiken über Frauenbeitrag und „Frauendiskriminierung" zu führen. International anerkannt ist inzwischen die Forderung, ein besonderes Konto in der volkswirtschaftlichen Gesamtrechnung über die (unsichtbare, unbezahlte) Frauenarbeit zu etablieren. Dies ist jedoch sehr aufwendig und dichotomisierend, es kommt dadurch zur Ablenkung von den akuten Problemen, es erfolgt keine oder nicht ausreichend feministische Forschung über Geschlechterordnung, Transformationsprozesse, Konstruktion von Geschlecht in gesellschaftlichen Bereichen etc. Es besteht die Gefahr einer nur technokratischen oder auch legalistischen Herangehensweise. Kritischer Forschung muß es darum gehen, den rein statischen, auf Defizite in der

Gleichstellung beschränkten Ansatz zu überwinden und den „mainstream" der jeweiligen Disziplin zu beeinflussen, im Sinne der Betrachtung von Geschlecht als relevanter theoretischer Kategorie.

Der GDI, geschlechtsbezogener Entwicklungsindex, „mißt die Leistung bei den gleichen grundlegenden Fähigkeiten wie der HDI, berücksichtigt dabei jedoch die Ungleichheit der Ergebnisse bei Männern und Frauen" (UNDP 1995, 79). Er setzt sich zusammen aus dem Anteil am Arbeitseinkommen, Lebenserwartung, Alphabetisierungsrate Erwachsener, Brutto-Gesamtverhältnis, Einschulung Primar-, Sekundar- und tertiäre Stufe (Tab. 3.1, 82). GEM, „das Maß für die Ermächtigung (empowerment, ich würde sagen Verbesserung der gesellschaftlichen Position, d.V.) der Geschlechter ... untersucht, ob Frauen und Männer in der Lage sind, aktiv am wirtschaftlichen und politischen Leben mitzuwirken und an Entscheidungsprozessen teilzunehmen. Während sich der GDI auf die Erweiterung der Fähigkeiten konzentriert, geht es dem GEM um den Einsatz dieser Fähigkeiten zur Wahrnehmung der Chancen, die das Leben bietet" (UNDP 1995, 79). Die skandinavischen Länder haben die kritische Schwelle von 30 % für eine „wirksame Beteiligung" der Frauen überschritten. Manche Entwicklungsländer erzielen bessere Ergebnisse als Industrieländer. Die oft sehr niedrigen Werte werden als Nachweis angesehen, daß viele Länder zwar Frauen Bildungschancen eingeräumt haben, nicht jedoch deren breite Umsetzung im wirtschaftlichen und politischen Sinne.

Ein methodologisches Problem des international praktizierten „Defizitansatzes" (hinsichtlich Gleichstellung) läßt sich an der von der internationalen Frauenforschung belegten „Feminisierung der Armut" zeigen. In den Analysen der internationalen Organisationen über Armut wird anerkannt, daß „Frauen und Männer Armut verschieden erleben und durch verschiedene Prozesse arm werden" (UN 1995, xi Frauen und Entwicklung). Das Problem bei der Armutsanalyse ist, daß hauptsächlich der ‚Haushalt' als Analyseeinheit und in diesem der Konsum als entscheidendes Merkmal herangezogen wird, wodurch eine frauenspezifische und eine produktionsorientierte, d.h. vor allem die Verbindung von reproduktivem und produktivem Sektor und den Zugang zu Produktionsfaktoren berücksichtigende Betrachtung nicht möglich wird. Die besondere Betroffenheit von Frauen durch Armut wird auf die Tatsache zurückgeführt, daß sie in Armutssituationen in besonderem Maße für das Auskommen der Familie (in der Statistik des Haushalts) zuständig sind. In der Statistik geht man von einem Zusammenlegen des Einkommens in Haushalten aus, jedoch ist inzwischen bekannt, daß die Ausgaben- und Konsumstruktur innerhalb des Haushalts nicht gleich ist, sondern geschlechtsspezifisch differiert. Trotz der problematischen Kategorie Haushalt – hier wurde eine Debatte zwischen Sozialanthropologie und v.a. Agrarökonomie geführt – wird der Hauptfaktor für weibliche Armut darin gesehen, daß sie der Kategorie der weiblichen Haushalte zugehören, die weltweit auf 10 bis 40 % geschätzt wird. Die Konstellationen sind jedoch sehr unterschiedlich hinsichtlich Haushaltsökonomie und Einkommensquellen; Frauen sind finanziell verantwortlich für die Familie, haben jedoch in unterschiedlicher Art und Weise Entscheidungsbefugnis und Kompetenz für Wirtschaftsentscheidungen, z.B. im Falle abwesender männlicher Familienangehöriger. Das heißt, Differenz – im Gegensatz zu Defizit an Gleichheit – wird ansatzweise gesehen. Die Analyse wird dadurch unscharf, daß nicht nur in Haushalten unterschiedliche Personen zeitweise kooptiert werden, sondern vor allem die weiblichen Wirtschaftsstrategien Verbindungen über den Haushalt hinaus herstellen, im Sinne von partieller Reziprozität, Austausch etc., die von Hauswirtschafts- und Subsistenzökonomie in den informellen Sektor übergehen. Wenn das Hauptaugenmerk auf weibliche Haushaltsvorstände, alleinerziehende Mütter etc. gelegt wird, wird übersehen, daß v.a. in Ländern der Dritten Welt auch innerhalb von Familien Frauen in ganz unterschiedlicher Art und Weise von Armut betroffen sind, da ihre Frauenökonomie nicht grundsätzlich mit der Haushaltsökonomie deckungsgleich ist.

6   Neuere Analysen globaler Prozesse: geschlechtsspezifische Betrachtung der ökonomischen Transformationen

Im folgenden konzentriere ich mich auf die neueren Debatten im Zusammenhang mit ökonomischen Fragestellungen (Lachenmann 1998a), nämlich die geschlechtsspezifische Betrachtung der Strukturanpassungspolitik und Globalisierung (dazu Wichterich 1998), die meiner Meinung nach zu verkürzt von der internationalen feministischen Debatte abgelehnt wird, sowie die neueren Versuche von Frauenforscherinnen, eine feministische Perspektive in die Makroökonomie einzubringen. Ich selbst argumentiere, daß es notwendig ist, über die engere Analyse von negativen „impacts" und die immanente Erweiterung makroökonomischer Modelle hinaus die geschlechtsspezifische Einbettung der Ökonomie in die Gesellschaft zu analysieren, und schlage den Begriff der ‚Frauenökonomie' für eine stärker gesellschaftswissenschaftliche Analyse und Politikdebatte auf der mittleren Ebene vor. Dabei sollte es z.B. um die Untersuchung konkreter Märkte gehen sowie die geschlechtsspezifische Bearbeitung und Veränderung von Sektorpolitiken, um so die ‚Transformationsmodi' von Staat, Wirtschaft und Gesellschaft im Hinblick auf die ihnen zugrundeliegende Konstruktion von Geschlecht zu verändern.

Die Debatte über die emanzipatorischen bzw. negativen Auswirkungen der Industrialisierung auf Frauen wurde zunächst stark polarisierend geführt, inzwischen erfolgt eine differenziertere Betrachtung im Rahmen der weltweit zu konstatierenden „Feminisierung der Arbeit" und der unterschiedlichen

Industrialisierungsmuster (z.B. Braig 1992), und es werden die Ambivalenz der Auswirkungen und die Selbstdefinitionsprozesse untersucht (z.B. Dannecker 1998). Das Gleiche gilt für die Entwicklung des Welthandels (z.B. Joekes/Weston 1994). Eine grundsätzlich globalisierungskritische Position wird von feministischen Aktivistinnen und Forscherinnen sowie von Lobby-Netzwerken vertreten. Vandana Shiva (1996, 78) betrachtet Globalisierung im Rahmen der neuen Weltordnung, beruhend auf Deregulierung des Handels und Freihandels, als einen Prozeß der immer stärkeren weltweiten Differenzierung in arm und reich – sie spricht von „globaler Apartheid". Sie unterscheidet zwischen denen, die an der globalen Wirtschaft teilnehmen, und denen, deren lokale Lebensgrundlagen (livelihoods) zerstört wurden und deren Überleben bedroht ist. „There can be no gender justice in a world of global apartheid when the social and political structures to protect the weak have been dismantled as ‚barriers' to free trade or as ‚inefficient' or ‚wasteful' in the market logic of profitability" (Shiva 1996, 78). Sie konstatiert die gleiche Betroffenheit und damit Allianz vieler Frauen aus Europa und der ehemaligen Sowjetrepubliken. Insbesondere die Aktivitäten der transnationalen Konzerne sieht sie als völlige Liberalisierung und Bindungslosigkeit von Arbeitskraft und Ressourcenzugang. Auch die UN sieht sie als gefährdet in ihrem Demokratie- und Gerechtigkeitspotential aufgrund der immer stärkeren Vormacht der internationalen Finanzinstitutionen. Sie schätzt daher die Aktionsplattform von Peking als Symptom einer Vereinnahmung der Frauenforderungen ein. Auf dem Forum der Nichtregierungsorganisationen 1995 bezeichnet Gita Sen, derzeit Koordinatorin des Netzwerkes DAWN (Development Alternatives for Women for a New Era) für die Arbeitsgruppe „alternative economic frameworks", eine grundlegende Änderung des Entwicklungsansatzes als notwendig, der das Eintreten für Gerechtigkeit zwischen den Geschlechtern einschließt. Sie kritisiert, daß bei der ablaufenden ökonomischen Restrukturierung Frauen wenig präsent sind und die von ihnen geschaffenen Netze der Solidarität zerstört werden. Sie hält es für notwendig, die Kapazität, Verbindungen und Netzwerke zu knüpfen, auszubauen, um die soziale Integration zu stärken und gemeinsame ökonomische Interessen zu vertreten.

Diane Elson (1993, 1995) hat früh eine frauenspezifische Kritik der auf Marktliberalisierung zielenden Strukturanpassungsprogramme (SAP) eingeleitet und beurteilt den Ansatz der Einbeziehung der Geschlechterproblematik durch die Weltbank als unzureichend, da die soziale Reproduktion nicht beachtet wird (Elson 1995, 1864). Sie argumentiert für eine geschlechtsspezifische volkswirtschaftliche Modellierung, da geschlechtsblinde Modelle auch „blind gegenüber der Vergeudung von Ressourcen und gegenüber der Verarmung (sind), die durch fehlende Gesamtnachfrage, undemokratische Entscheidungsfindung und unmittelbar unproduktive Ausgaben aufgrund der männlichen Machtausübung" entstehen (Elson 1995, 1851). Elson sieht den „Schlüsselfaktor bei der Reallokation von Ressourcen während der SAP nicht

in der Immobilität der Frauenarbeit, sondern in den schwachen und unausge-
glichenen Zugangsrechten und fehlenden Mitbestimmungsmöglichkeiten
hinsichtlich ökonomischer Prioritäten"(Elson 1995, 1863). Außerdem erwähnt sie die bekannten Marktunsicherheiten. Nachhaltige SAP erfordern
ihrer Meinung nach Investition in soziale Reproduktion und nicht nur eine
Verlagerung der Arbeitskräfte in die Marktproduktion. Als wichtiger als die
geschlechtsspezifischen Mobilitätsunterschiede der Arbeit sieht sie die andauernde Geschlechtersegregation innerhalb dieser Tätigkeiten sowie der
Zugangsrechte zu Ressourcen einschließlich zu Frauenarbeit. Zur Bekämpfung dieser Verschwendung, das Argument ist durchaus ambivalent im Sinne
der oben angesprochenen möglichen Instrumentalisierung, fordert sie „mehr
Gleichheit in den Geschlechterverhältnissen, wodurch Veränderungen in der
Struktur der Zugangsrechte (entitlements) und der sozialen Matrix, in die
makroökonomische Prozesse eingebettet sind", bewirkt würden (Elson 1995,
1851). Sie schlägt die Einbeziehung eines „nicht-monetären ‚social reproduction'-Sektor" (1852) vor als „constraint" oder Ressource, um in das Modell nicht lediglich die Marktökonomie einzubeziehen. Eine Volkswirtschaft
soll als geschlechtsspezifische Struktur betrachtet werden (Elson/McGee
1995). Es sollen politische Strategien entwickelt werden, wie in den Politik-
formulierungs- und -implementationsprozeß eingegriffen werden kann. Es
wird gefordert, und hier kommt die wichtige zivilgesellschaftliche Bedeutung
der Frauenbewegung und -forschung zum Tragen, eine Debatte über Wirt-
schaftspolitik öffentlich zu führen und diese nicht nur „Experten" zu überlassen.

Hier wird tatsächlich eine Verbindung zu den Erkenntnissen feministischer Theorieentwicklung und Frauenforschung hergestellt. Es werden für
die feministische Analyse schon lange herausgearbeitete Prämissen sozusagen übersetzt und in den ökonomischen „mainstream"-Diskurs eingebracht.
Auch die grundlegend ablehnende Position gegenüber Strukturanpassung
und Handelsliberalisierung ist überwunden; teilweise wird, wenn auch nicht
explizit, als methodologisches Anliegen formuliert, feministische Entwicklungstheorie mit Argumenten der Institutionenökonomie und strukturalisti-
schen Überlegungen zu verknüpfen. Und natürlich werden negative Auswirkungen für Frauen aufgezeigt, jedoch in einem sehr viel breiteren Sinne, so
daß die Argumente für eine Analyse der kreativen Veränderung der Ökonomie verwendet werden können. Außerdem folgt daraus, daß die Betonung
der Zivilgesellschaft und Diskussion von Handlungsfeldern entscheidend
wird.

7 Ausblick: Gesellschaftstheoretische, geschlechtsspezifische Ansätze in der Entwicklungsforschung

Die hier dargelegten Forderungen der kritischen Makroökonominnen kann man unterstreichen, allerdings gehen sie noch von einer grundsätzlichen Gleichstellung der ökonomischen Tätigkeiten der Geschlechter aus, die hinsichtlich der tatsächlichen Ausgestaltung offensichtlich unreflektiert ist. Ich meine, es muß um eine differenzierte, konstruktive Weiterentwicklung von Ansätzen einer geschlechtsspezifischen oder transformativen Ökonomie gehen. Das bedeutet, die „impact-Analyse" und die Behandlung der Frauen als „verletzliche" Gruppe muß überwunden werden. Stattdessen müssen die Interaktion und strukturelle Einbettung der Ökonomie, die Geschlechterbilder in Institutionen untersucht werden und ein relationaler und dynamischer Planungsansatz (Kabeer 1994) verfolgt werden. Notwendig ist die genaue Analyse und Betrachtung der Interaktion von Subsistenz- und Marktwirtschaft im Sinne einer ‚Frauenökonomie' als Handlungszusammenhang in Überschneidung und Interaktion mit anderen Handlungsfeldern (Lachenmann 1998a). Dies entspricht durchaus der Forderung der oben referierten Ökonominnen nach Betrachtung der reproduktiven im Verhältnis zur produktiven Ökonomie. Daraus könnte nun ein Gegenkonzept zu dem instrumentalisierenden Potentialansatz folgen, unter Nutzung solcher Konzepte wie nachhaltige Entwicklung (Harcourt 1994). Es geht um existenzsichernde Ansätze, die die Notwendigkeit von Subsistenzwirtschaft berücksichtigen, die Tatsache der teilweise geschlechtsspezifisch und regional segregierten Märkte sehen, einschließlich der Transformation der Zugangsrechte und Institutionen im ökonomischen Bereich Land sowie der Organisationsformen der Marktakteure. Dies würde eine Überwindung der alten Kluft zwischen informellem und formellem Sektor bedeuten, ein „upgrading" der weiblichen ökonomischen Felder und eine realistische Betrachtung der Chancen und Möglichkeiten von Liberalisierung und Abbau bürokratischer und autoritärer staatlicher Steuerungs- und patrimonialer Bevorzugungs- und Klientelstrukturen.

Ich halte es daher für notwendig, die geschlechtsspezifische Einbettung der Ökonomie in die Gesellschaft zu analysieren und die Verbindung zum theoretischem Ansatz der Analyse von „Räumen" (gegen traditionalistische Seklusionsvorstellungen) herzustellen, insbesondere in empirisch fundierten Analysen, wie dies am Bielefelder Arbeitsschwerpunkt versucht wird (z.B. Dannecker 1998). Ich schlage den Begriff der Frauenökonomie für eine stärker gesellschaftswissenschaftliche Analyse und Politikdebatte auf der mittleren Ebene im Sinne einer stärker relationalen und institutionenorientierten Analyse vor. Darunter verstehe ich ökonomische Beziehungen über die Haushaltsebene hinaus, d.h. Strukturen der Zusammenarbeit, Allianzen, des kollektiven Ressourcenzugangs, wie v.a. auch die soziale Organisation des Marktes. Es geht, z.b. in islamischen Ländern, um weibliche Sphären oder Räume auch in ,moderner' Industrie- und Wirtschaftsumgebung, wie sie z.B. in Pakistan für Frauen, die in technisch innovativen sowie freien Berufen ausgebildet wurden, entstehen (wie in einer Bielefelder Dissertation derzeit von Jasmin Mirza erforscht). Dies bedeutet nicht die Verhinderung sozialen Wandels oder Perpetuierung der Seklusion, im Gegenteil, es heißt die Autonomie von Frauen zu stärken und ihnen die Möglichkeit zu eigener kreativer Gestaltung zu geben. In ganz unterschiedlicher Form könnten sie durchaus vorhandene Chancen, auch Nischen, wahrnehmen und dabei bestimmte Strukturierungsmerkmale wie Frauenräume nutzen.

Für die Analyse der Entwicklungspolitik, insbesondere von Strukturanpassung und Frauenpolitik, meine ich, sollte der entscheidende Maßstab die Veränderung der Geschlechterverhältnisse auch im ökonomischen Bereich sein. Tatsächlich sollten als Querschnittsthema alle entwicklungspolitischen Bereiche geschlechtsspezifisch betrachtet werden. Wichtig sind dabei z.B. die Interaktionen zwischen den verschiedenen Bereichen, Gruppen, Institutionen, die Formen der Zusammenarbeit, auch mit bestimmten männlichen Funktionsträgern, die Flexibilität der Arbeitsorganisation und der Umgang mit den konkreten Risiken der Marktintegration. Der Zugang zu Ressourcen, ihre Allokation in den verschiedenen Sektoren, so z.B. in Projekten im Agrarbereich, wo Frauen teils ausgeschlossen, teils (durch die Hintertür) auch besondere Chancen erhalten; kollektive Formen der Landsicherung und Kapitalgarantie müssen ins Blickfeld genommen werden. Es muß jetzt im Zuge der Transformationsprozesse insbesondere die Gefahr des Ausschlusses von neuen Tätigkeiten und Chancen betrachtet werden. Dabei müssen die (angemessenen) Sicherheitsüberlegungen der Frauen, ihr Mißtrauen gegenüber Integrationsempfehlungen in die formale Wirtschaft und die notwendige Verfolgung eigenständiger Arbeitsbereiche betrachtet werden. Es sollte nicht um „mainstreaming" der Frauen gehen, wie der Frauenfonds der Vereinten Nationen (UNIFEM) dies nennt, oder lediglich um Nutzung des ökonomischen Potentials der Frauen durch Überwechseln in effiziente Sektoren, wie die Weltbank dies proklamiert, sondern um eine Umkehrung der Marginalisierungsprozesse und eine Beteiligung als eigenständige Akteurinnen in den Transformationsprozessen.

In der gleichen Weise sollte auch die Debatte über Zivilgesellschaft geschlechtsspezifisch geführt werden (z.B. Tripp 1994 zu Tansania; dazu Lachenmann 1998b). Über die seit längerem als interessanter Forschungsgegenstand untersuchten Frauenorganisationen und das Verhältnis von Frauen und Staat hinaus sollten Netzwerke auf der lokalen bis hin zur globalen Ebene betrachtet werden, da hier nicht nur ökonomische Veränderungen verhandelt werden können. Frauen erscheinen in der Analyse normalerweise nicht als Trägerinnen von Demokratie, sondern immer mehr als passive Rezipientinnen − „vulnerable groups" − von immer mehr zu Sozialhilfe degradierter

Politik. Die formale Demokratisierung bedeutet also eine wieder stärkere Ausgliederung von frauenrelevarten Themen aus der Politik, insbesondere der Wirtschafts- und Agrarpolitik. Frauenförderung findet in einem anderen Zusammenhang statt, der nicht politisch legitimiert ist, wobei dieser Bereich oft noch die letzte Basislegitimation des ansonsten gescheiterten Entwicklungsstaates liefert.

Auf dem Forum der Nichtregierungsorganisationen in Peking 1995 (Lachenmann 1996a) wurde von Süd-Vertreterinnen konstatiert, es gehe darum, die Kräfte der globalen Steuerung transparent und rechenschaftspflichtig zu machen; die Regierungen und Staaten zu transformieren; die Institutionen der Zivilgesellschaft aufzubauen, die Staat und Politik gestaltet. Die transnationalen Frauenbewegungen werden als konstitutives Element einer globalen Zivilgesellschaft angesehen und zu analysieren sein. Grundsätzlich geht es darum, die Geschlechterordnung innerhalb der Moderne bzw. den verschiedenen „modernities" im globalen Kontext zu analysieren (z.B. zu Japan Lenz/Mae 1997).

Literatur

Boserup, Ester. 1982 (1970). *Die ökonomische Rolle der Frau in Afrika, Asien, Lateinamerika*. Stuttgart.

Cordeliers. 1970. *Women's role in economic development*. London: George Allen & Unwin.

Braig, Marianne. 1992. „Mexiko – ein anderer Weg der Moderne. Weibliche Erwerbsarbeit, häusliche Dienste und Organisation des Alltags." *Sozialwissenschaftl. Forum* 27. Köln: Böhlau.

Braunmühl, Claudia von. 1997. „Mainstreaming gender oder von den Grenzen, dieses zu tun." In *Begegnungen und Einmischungen. Festschrift für Renate Rott zum 60. Geburtstag*, ed. M. Braig et al., 375-394. Stuttgart: H.-D. Heinz Akadem. Verlag.

Buvinic, Mayra et al. eds. 1983. *Women and poverty in the Third World*. Baltimore/London: J. Hopkins Univ. Press.

Cagatay, Nilüfer, et al. 1995. „Introduction." In *Gender, adjustment and macroeconomics*, eds. Nilüfer Cagatay et al., 1827-1836. Schwerpunktheft, *World Development* (Washington) 23 (11).

Dannecker, Petra. 1998. *Between conformity and resistance: women garment workers in Bangladesh*. Unveröff. Diss. Universität Bielefeld, Fak. f. Soziologie.

DAWN Development Alternatives from Women for a New Era. 1995. „Rethinking social development: DAWN's vision." In *Gender, adjustment and macroeconomics*, eds Nilüfer Cagatay et al, 2001-2004. Schwerpunktheft. *World Development* (Washington) 23 (11).

Deutsche Gesellschaft für technische Zusammenarbeit. 1993. *Technische Zusammenarbeit und Frauenförderung. Ein Positions- und Strategiepapier*. Eschborn.

Elson, Diane. 1993. „Feministische Ansätze in der Entwicklungsökonomie." *Prokla. Zeitschrift für kritische Sozialwissenschaft* 23: 529-55.

Elson, Diane. 1995. „Gender awareness in modeling structural adjustment." In *Gender, adjustment and macroeconomics*, eds. Nilüfer Cagatay et al., 1851-1868. Schwerpunktheft, *World Development* (Washington) 23 (11).

Elson, Diane, and R. McGee. 1995. „Gender equality, bilateral program assistance and structural adjustment: policy and procedures." In *Gender, adjustment and macroeconomics*, eds. Nilüfer Cagatay et al., 1987-1994. Schwerpunktheft, *World Development* (Washington) 23 (11).

Goetz, Anne Marie. 1995. „Institutionalising women's interests and gender-sensitive accountability in development. Introductory paper." In *Getting institutions right for women in Development*, ed. Anne Marie Goetz, 1-10. Schwerpunktheft, IDS Bulletin 26(3).

Göle, Nilüfer. 1995. *Republik und Schleier. Die muslimische Frau in der Moderne*. Berlin: Babel.

Granovetter, Mark. 1985. „Economic action and social structure: the problem of embeddedness." *American Journal of Sociology* 3: 481-510.

Guyer, Jane I. 1986. „Women's role in development." In *Strategies for African Development*. Robert J. Berg and Jennifer Seymour Whitaker, eds. Berkeley: Univ. of California Press: 393-421.

Hann, Chris. 1996. „Introduction: political society and civil anthropology." In *Civil Society. Challenging Western models*, eds. Chris Hann and Eliz Dunn. London, New York: Routledge.

Harbeson, John W. et al. eds. 1994. *Civil society and the state in Africa*. Boulder, London: Rienner.

Harcourt, Wendy. 1994. „Introduction: Negotiating positions in the sustainable development debate: situating the feminist perspective." In *Feminist perspectives on sustainable development*, ed. Wendy Harcourt, 1-8: 11-25. London, Rom: ZED Books SID.

Hauser-Schäublin et al. 1998. „Differenz und Geschlecht – eine Einleitung." In *Differenz und Geschlecht. Neue Ansätze in der ethnologischen Forschung*, ed. Hauser-Schäublin, 7-22. Berlin: Dietrich Reimer.

Joekes, Susan, Anne Weston. 1994. *Women and the new trade agenda*. New York: Unifem.

Kabeer, Naila. 1994. *Reversed realities. Gender hierarchies in development thought*. London, New York: Verso.

Kandiyoti, Deniz. 1990. „Women and rural development policies: The changing agenda." *Development and Change* 21 (1): 5-22.

Klein-Heßling, Ruth, 1998. *Muslimische Frauenorganisationen und Internationale Frauenpolitik*. Working Paper 296 Forschungsschwerpunkt Entwicklungssoziologie Bielefeld: Universität.

Lachenmann, Gudrun. 1996a. *Weltfrauenkonferenz und Forum der Nichtregierungsorganisationen in Peking – internationale Frauenbewegungen als Vorreiterinnen einer globalen Zivilgesellschaft?* Working Paper 251. Forschungsschwerpunkt Entwicklungssoziologie. Bielefeld: Universität.

Lachenmann, Gudrun. 1996b. „Transformationsprozesse in Westafrika – Widersprüche und Chancen für Frauenpolitik und Wandel der Geschlechterverhältnisse." *Afrika, Asien, Lateinamerika* 24: 231-251.

Lachenmann, Gudrun. 1997. „Selbstorganisation sozialer Sicherheit von Frauen in Entwicklungsländern. In Mainstreaming gender oder von den Grenzen, dieses zu tun." In *Begegnungen und Einmischungen. Festschrift für Renate Rott zum 60. Geburtstag*. eds. Marianne Braig, U. Ferdinand, Martha Zapata, 395-416. Stuttgart: H.-D. Heinz Akadem. Verlag.

Lachenmann, Gudrun. 1998a. „Strukturanpassung aus Frauensicht: Entwicklungskonzepte und Transformationsprozesse." In *Globalisierung aus Frauensicht. Bilanzen und Visionen*, Hg. Ruth Klingebiel und Shalini Randeria, 294-329. Bonn: Dietz.

Lachenmann, Gudrun. 1998b. „Frauenbewegungen als gesellschaftliche Kraft des Wandels. Beispiele aus Afrika." In *Lokal bewegen – global verhandeln. Internationale Politik und Geschlecht*, ed. Uta Ruppert, 208-232. Frankfurt/M.: Campus.

Lele, Uma. 1986. „Women und structural transformation." *Economic Development & Cultural Change* 34 (2): 195-221.

Lenz, Ilse. 1992. „Frauenarbeit und Frauenpolitik zwischen Subsistenzproduktion und Arbeitsmärkten. Frauen international – komplexe Beziehungen." In *Entwicklungsprozeß und Geschlechterverhältnisse. Über die Arbeits- und Lebensräume von Frauen in Ländern der Dritten Welt*, ed. Renate Rott, 75-92. Saarbrücken, Fort Lauderdale: Breitenbach.

Lenz, Ilse. 1994. „Frauen und Entwicklungssoziologie". In *Sozialwissenschaftliche Frauenforschung in der Bundesrepublik*, Hg. Senatskommission für Frauenforschung. Berlin: Akademie Verlag, 255-270.

Lenz, Ilse und Michiko Mae, Hg. 1997. *Getrennte Welten, gemeinsame Moderne? Geschlechterverhältnisse in Japan*. Opladen: Leske + Budrich.

Marchand, Marianne H., and Jane L. Parpart, eds. 1995. *Feminism, postmodernism, development*. London: Routledge.

Mies, Maria. 1988. *Patriarchat und Kapital. Frauen in der internationalen Arbeitsteilung*. Zürich: Rotpunktverlag.

Moore, Henrietta L. 1990. *Mensch und Frau sein. Perspektiven einer feministischen Anthropologie*. Gütersloh: Gütersloher Verlagshaus Gerd Mohn.

Moser, Caroline O.N. 1993. *Gender planning and development. Theory, practice and training*. New York: Routledge.

Parpart, Jane L. 1988. „Women and the state in Africa." In *The precarious balance. State and society in Africa*, eds. D. Rothchild and N. Chazan, 208-232. Boulder & London: Westview Press.

Parpart, Jane L., and Kathleen A. Staudt, eds. 1989. *Women and the State in Africa*. Boulder, London: Lynne Rienner.

Peleikis, Anja. 1998. *Lebanese in motion. The making of a gendered ‚globalized village* . Unveröffentlichte Dissertation. Universität Bielefeld, Fak. f. Soziologie.

Rodenberg, Birte. 1998. *Von der Mülltrennung zum Machtgewinn: Frauen in der Basisumweltbewegung Mexikos*. Unveröffentlichte Dissertation. Universität Bielefeld. Fakultät für Soziologie.

Ruppert, Uta, ed. 1998. *Lokal bewegen – global verhandeln: internationale Politik & Geschlecht*. Franfurt/Main: Campus.

Safilios-Rothschild, Constantina. 1985. „The persistence of women's invisibility in agriculture: theoretical and policy lessons from Lesotho and Sierra Leone." *Economic Development & Cultural Change* 33 (2): 299-317.

Shiva, Vandana. 1996. „Beijing conference: gender justice and global apartheid." Third World Resurgence 61/62. In *Vielfalt als Stärke: Beijing ,95. Texte von Frauen aus dem Süden zur vierten Weltfrauenkonferenz*, ed. Aiithal, Vathsala. epd Entwicklungspolitik Materialien II/96, 75-79.

Tripp, Aili Mari. 1994. „Rethinking civil society: Gender implications in contemporary Tanzania." In *Civil society and the state in Africa*, eds. John W. Harbeson et al., 149-168. London: Boulder.

UN United Nations (UNDP). 1995. *Women in a changing global economy. 1994 World survey on the role of women in development*. New York.

United Nations Development Programme (UNDP). 1995. *Human Development Report.* New York. Deutsch: 1996. *Bericht über die menschliche Entwicklung.* Bonn.

Werlhof, Claudia v. et al. 1983. *Frauen, die letzte Kolonie.* Reinbek bei Hamburg: Rowohlt.

Werner, Karin. 1997. *Between westernization and the veil: contemporary lifestyles of women in Cairo.* Bielefeld: transcript.

Wichterich, Christa. 1998. *Die globalisierte Frau. Bericht aus der Zukunft der Ungleichheit.* Reinbek: Rowohlt.

World Bank. 1979. (Gloria L.N. Scott). *Recognizing the „invisible" woman in development: the World Bank's Experience.* Washington.

World Bank. 1994. *Enhancing women's contribution to economic development.* Policy Paper, Washington D.C.

Der Prinz und die Kröte.
Feminismus und deutsche Psychologie –
Versuch einer Zwischenbilanz

Christiane Schmerl

Als die Wiener Philharmoniker, eines der Spitzenorchester dieser Welt, auf einer Pressekonferenz im Sommer '96 erklärten, sie würden es auch im 154. Jahr ihres Bestehens kategorisch ablehnen, Frauen als Musikerinnen in ihre Reihen aufzunehmen, weil der „mutterschaftsbedingte Leistungsabfall" und die „Babypause die musikalische Qualität mindere" (Der Spiegel 1996/33), war die öffentliche Empörung groß.

Könnte man – so meine hypothetische Frage – die Elitemusiker in Wien mithilfe wissenschaftlicher Argumente aus der Psychologie – jener Wissenschaft vom menschlichen Verhalten, die sich streng an den Naturwissenschaften orientiert – eines besseren belehren? Würde uns die akademische Psychologie wertfreie und objektive Ergebnisse über die berufliche Leistungsfähigkeit und Leistungsmotivation schwangerer Frauen liefern? Ich fürchte: Nein. Zwar gibt es einige Untersuchungen über die Lernleistungen trächtiger Ratten, aber über die Leistungsqualität schwangerer Menschenfrauen gibt es – wie eine Literaturübersicht von 1996 für englischsprachige Literatur zeigt (Matlin 1996) – so gut wie nichts und schon gar nichts über die musikalischen Höchstleistungen Schwangerer. Dies ist recht erstaunlich, da es über die *emotionale* und über die *körperliche* Befindlichkeit schwangerer Frauen jede Menge psychologischer Untersuchungen gibt. So bleiben wir auf Selbstzeugnisse und Befragungen schwangerer Frauen angewiesen – eigentlich unschön, da schwangere Frauen bekanntlich nicht objektiv sind. Immerhin, bei anstrengenden Berufen (wie z.B. Assistenzärzten) sagte in einer Studie von 1990 (Klevan et al. 1990) ein Viertel der Frauen, die Verbindung von Beruf und Schwangerschaft verliefe angenehm, die Hälfte meinte, sie sei erträglich und ein Viertel fand sie schlecht. Nebenbei gesagt, einer der vielen Hinweise, wie unterschiedlich Menschen desselben Geschlechts – trotz gleicher Hormonlage – reagieren können, doch davon später. Auch bei der musikalischen Leistungsfähigkeit bleiben wir auf die subjektiven – also unzuverlässigen – Aussagen der Musikerinnen selbst angewiesen. Weltspitzenmusikerinnen wie z.B. die Klarinettistin Sabine Meyer kennzeichnen ihre eigene Leistungsfähigkeit unter Bedingungen der Schwangerschaft als besser denn je – Sabine Meyer hat bis zum 8. Monat auf der Bühne gestanden. Immerhin haben Musikerinnen wie Meyer oder wie

Anne Sophie Mutter – endlich kommt hier ein hartes und objektives Leistungskriterium ins Spiel – trotz (oder wegen) mehrerer Kinder eine international erfolgreiche Karriere vorzuweisen. Tausende von Musikkritikern und Millionen von Zuhörern können sich nicht irren – aber dieses harte externe Validitätskriterium stammt leider nicht aus der Psychologie.

1   Die objektive Psychologie und die Frauen

Bleiben wir also bei der Psychologie. Wieso eigentlich liefert uns die wissenschaftliche Psychologie keine objektiven Daten über mögliche Leistungsfähigkeit schwangerer Frauen? Selbst die Sportmedizin hat schon Erkenntnisse über die förderlichen Einflüsse der ersten Schwangerschaftsmonate auf die sportlichen Leistungen von Athletinnen geliefert. Schließlich ließen sich alle körperlichen Parameter wunderbar kontrollieren und konstant halten: Schwangerschaftsalter, diverse Hormonspiegel, Körpergewicht, Lebensalter etc. etc. Immerhin wimmelt es in der Psychologie andererseits seit Jahren von entsprechenden Untersuchungen vergleichbarer Art zu Menstruation und Menopause! Wir bleiben somit auf die Annahme struktureller Gründe verwiesen. Böse Zungen würden hier vermuten: weil Interesse und Geld für die Erforschung eventueller weiblicher Defizite bei Menstruation und Menopause vorhanden sind: immerhin menstruieren Frauen alle vier Wochen und die Menopause erwischt alle; Forschungsergebnisse könnten somit für Pharmaindustrie und natürlich für Wiener Philharmoniker von Nutzen sein. Da Frauen in westlichen Industrieländern aber nur noch ein- bis zweimal im Durchschnitt schwanger werden (und ihre Abwesenheit vom Arbeitsplatz als Leistungsnachteil ja bereits ausreicht), sind wissenschaftliche Daten über weibliche Leistungsabfälle bei Schwangerschaft unnötig, für Menstruation und Menopause dagegen viel besser zu verwerten.

Die Idee, den Erkenntnisstand der Psychologie zum Thema Frau kritisch zu befragen, ist von der zweiten Frauenbewegung Ende der 60er, Anfang der 70er Jahre erneut angestoßen worden. Das Thema Psychologie und Frauen, Psychologie für Frauen, Psychologie über Frauen oder sogar feministische Psychologie verfolgt die etablierte Psychologie wie der legendäre Frosch die unwillige Prinzessin: er mäkelt ständig an ihr herum, will auf gleichberechtigter Ebene als Partner behandelt werden und benutzt sogar ihren Vater, den König – übersetzen wir ihn hier als das Überich der Prinzessin –, um ihr mit berechtigten Vorhaltungen ein schlechtes Gewissen zu machen. An dieser Stelle der Metapher möchte ich das grammatikalische Geschlecht der Protagonisten den wahren Verhältnissen anpassen: sprechen wir von einer feministischen Kröte, die einen Psychologie-Prinzen verfolgt. Sehen wir uns also die Vorwürfe der feministischen Kröte genauer an. Da Kröten klug sind, hat sie herausgefunden, daß die Prinzen nicht erst seit den 60er Jahren unfair zu Kröten sind. Mit anderen Worten: die Frauenbewegung und die feministischen Psychologinnen fanden heraus, daß ihr Prinz, die reine und objektive Wissenschaft Psychologie, schon seit ihren Anfängen gegen die eigenen Regeln verstieß und Frauen nicht als Hälfte der Menschheit sah und erforschte, sondern eher als – na eben *Kröten*: erdverbunden, dunkel, naturhaft. Recherchen feministischer Psychologinnen in den letzten 30 Jahren haben deutlich gemacht, daß die Voreingenommenheit ‚großer‘ psychologischer Forscher gegenüber Frauen auf eine lange Tradition zurückblicken kann (z.B. u.a. Stanley Hall, Lewis Terman, James McKeen Catell, Edward Lee Thorndike), und daß auch in der jüngeren Vergangenheit der Psychologie Verhalten, Leistungen, Einstellungen und Probleme von Frauen nicht mit der gleichen Selbstverständlichkeit und der gleichen Unvoreingenommenheit und Sensibilität erforscht und in Lehrbüchern abgehandelt wurden wie die Psychologie des Mannes, der als Mensch schlechthin gesetzt wird. Schon seit über einem Vierteljahrhundert verfügen wir über gut dokumentierte und brilliante Veröffentlichungen von Psychologinnen, die nachweisen, daß der Androzentrismus der Psychologie zu eklatanten wissenschaftlichen Kunstfehlern geführt hat (stellvertretend für viele: vgl. Carolyn Sherif 1977).

Ich nenne hier der Prägnanz wegen nur die zentralen und bekanntesten Kritikpunkte wie: Unterrepräsentanz weiblicher Versuchspersonen (Vpn), dementsprechend falsche Verallgemeinerungen anhand männlicher Stichproben, Setzung der männlichen Ergebnisse als die Norm, der von weiblichen als die der defizitären Abweichung, konzeptionelle wie methodische Festschreibung von konservativen Frauenrollen und ihrer wissenschaftlichen Bekräftigung durch die Art des Untersuchungsdesigns, durch einseitige Methodenauswahl und tendenziöse bis falsche Interpretation von Forschungsergebnissen, Vergrößerung von Geschlechterdifferenzen durch einseitige Suche nach Geschlechtsunterschieden und deren bevorzugter Publikation durch Autoren und Herausgeber (vgl. Matlin 1996). Praktisch gibt es keinen einzigen Forschungsschritt, der nicht potentiell – und leider durch viele nachgewiesene Negativbeispiele auch faktisch – für eine schiefe bis falsche Handhabung von Frauen- und Geschlechterfragen anfällig wäre und anfällig bleibt.

Viele der methodischen und konzeptionellen Kritikpunkte an der nach naturwissenschaftlichem Vorbild ausgerichteten Forschungspraxis der Psychologie und ihren negativen Effekten für die Qualität ihrer Forschung am Menschen wurden nicht nur von feministischer Seite formuliert. Auch die kritische Sozialpsychologie, die humanistische Psychologie, die Kritische Psychologie der Holzkamp-Schule, die radikale Psychologie sowie die Kritiken von Seiten der sogenannten ethnischen und sexuellen Minderheiten an einer unreflektierten und kontextisolierten Selbstmodellierung psychologischer Forschung nach dem Vorbild physikalischer Experimente teilen diese Sicht auf die akademische Psychologie.

Die feministische Kritik, die eine Psychologie für Frauen im Blick hat, geht aber in zwei Punkten über diese von anderen Sozialwissenschaften geteilte Kritik noch hinaus: sie stellt fest, daß die konventionelle psychologische Forschung für den Fall gefundener Verhaltensunterschiede von Frauen besonders schnell zu *biologischen* Erklärungen greift. Die oft bereitwillig abgelieferte Erklärung, daß abweichende weibliche Daten auf neuronale oder hormonelle Faktoren zurückzuführen seien, hat keine vergleichbare Parallele für männliche psychologische Daten. Gleichzeitig wird nicht im mindesten für notwendig gehalten, plausibel zu machen, worin denn die behaupteten neuronalen oder hormonellen Wirkmechanismen für die Erzeugung des weiblichen Verhaltens bestehen sollen (ganz abgesehen davon, daß solche gefundenen Unterschiede trotz statistischer Signifikanz oft in absoluten Größen sehr klein ausfallen). Interaktionistische oder kognitionspsychologische Hypothesen werden dagegen als Interpretation weder verfolgt noch geprüft (vgl. Unger 1983). Biologie spielt im psychologischen Denken über Frauen also eine unvergleichlich größere Rolle als für Männer und scheint so selbstevident zu sein, daß es nicht einmal einer Erklärung, geschweige denn eines Beweises bedarf. Frauen sind – das von der Psychologie bevorzugte biomedizinische Modell legt es nahe – wesentlich mehr von ihrer Natur und ihrer Biologie gesteuert als Männer; oder: sie *sind* mehr Natur und Biologie als Männer.

Diese Beobachtung unterstützt eine zweite Einsicht, die die feministische Psychologie von der Wissenschaftssoziologie übernommen hat, nämlich daß das positivistische Modell der Erkenntnisproduktion selbst, das die Psychologie von den Naturwissenschaften adaptiert hat, mit Geschlechterideologie beladen und durchsetzt ist. Evelyn Fox Keller (1986), Biologin und Physikerin und Sandra Harding, Philosophin und Wissenschaftssoziologin (1990; 1994) haben dies für den Bereich der Natur- wie Sozialwissenschaften in mehreren Büchern historisch wie forschungspolitisch aktuell nachgezeichnet. Für die Entwicklung der abendländischen Naturwissenschaften bedeutet dies, daß Natur und Materie als Metapher wie als Essenz für Weiblichkeit und Chaos gelten (und umgekehrt), die durch das männliche Denkprinzip durchdrungen, kontrolliert, beherrscht und geordnet werden müssen. Für den Bereich der Psychologie, die ja gerade keine Naturwissenschaft ist, sondern es mit interagierenden und wahrnehmenden Personen zu tun hat, bedeutet dies, daß das Modell des objektiven rationalen Forschers, der seine Forschungsobjekte, die Vpn, ohne Reflektion seiner eigenen Rolle, seines eigenen Status und Sozialgeschlechts und ohne die damit verbundenen kulturellen Hintergründe und Wertsysteme glaubt testen und beforschen zu können, ein schlechtes und falsches Modell ist, weil es die wesentlichen konkomitanten Variablen nicht sehen, geschweige denn berücksichtigen will. Wenn das Geschlechterverhältnis und die Psychologie von Frauen als der Hälfte aller möglichen Vpn für die Forschungsinteressen männlicher Institutsleiter und die Lehrpläne universitärer Psychologieausbildung als irrelevant, störend oder sogar ideologieverdächtig und somit als unwissenschaftlich eingestuft werden, dann ist nach Auffassung dieser Kritikerinnen die Psychologie dabei, ihren Anspruch als ernstzunehmende Wissenschaft vom Menschen zu verspielen.

2 Ein Vierteljahrhundert feministische Psychologie

Die feministische Psychologie ist nun in den ca. 25 Jahren ihrer Existenz keineswegs nur in der kritischen Schmollecke verharrt. Im Gegenteil: sie hat in dieser Zeit ihrerseits gezeigt, daß sie empirische Forschung über die Situation und die Erfahrungen von Frauen und über das Geschlechterverhältnis betreibt, und daß sie – ungeachtet interner Meinungsdifferenzen innerhalb des breiten feministischen Spektrums, das es natürlich gibt – nicht grundsätzlich bestimmte Forschungsinstrumente per se ausschließt. Sie hat wesentlich weniger Berührungsängste gegenüber sogenannten ‚weichen' qualitativen Verfahren, die von der etablierten Psychologie für eher suspekt oder weniger prestigevoll gehalten werden. Insgesamt sind die eingesetzten Forschungstechniken breiter, methodisch und konzeptionell kritischer reflektiert und die Interpretation der Ergebnisse ist sorgfältig und vorsichtig (vgl. Peplau/Conrad 1989). Wichtig scheint, daß feministische Arbeiten sich darüber klar sind, daß die unabhängige Variable ‚Geschlecht' nicht nur eine ‚Subjekt'-Variable[1] ist, sondern gleichzeitig auch immer eine ‚Stimulus'-Variable (vgl. Grady 1977, 1981). Entsprechend vermeiden feministische Empirikerinnen den häufig anzutreffenden Fehler, Geschlechtsunterschiede schlicht als personen- und subjektbezogen zu interpretieren, sogar dann, wenn sie eine biologische Komponente nicht per se ausschließen. So bemerkt z.B. Nora Newcombe, daß selbst möglicherweise biologisch gegebene oder biologisch erscheinende Unterschiede sich nicht starr und unbeeinflußt von sozialen Interaktionen entfalten. Für das oft zitierte Lieblingsbeispiel der wenigen, z.Zt. noch nachweisbaren psychologischen Geschlechtsunterschiede der räumlichen Fähigkeiten sagt sie, daß möglicherweise

„a) ein biologisch gegebener Geschlechtsunterschied in räumlichen Fähigkeiten potenziert und vergrößert werden kann durch kulturelle Umstände; b) daß ein biologischer Geschlechtsunterschied im Aktivitätsniveau zu Geschlechtsunterschieden in einschlägigen Erfahrungen führt, die ihrerseits Geschlechtsunterschiede in räumlichen Fähigkeiten verursachen; c) daß die biologisch unterschiedlichen Genitalien unterschiedliches Verhalten der Pflegepersonen hervorrufen und daß diese treatment-Unterschiede zu Unterschieden in räumlichen Fähigkeiten führen." (Newcombe 1980, 807)

Darüber hinaus läßt sich feststellen, daß feministische Psychologie weniger Berührungs- und Austauschängste vor Nachbardisziplinen wie Soziologie, Linguistik, Geschichte, Philosophie, Ethnologie, politische Wissenschaften usw. hat, und daher wesentlich stärker interdisziplinär orientiert ist als die Main-Stream-Psychologie – sowohl methodisch, als auch theoretisch-diskursiv.

Ich muß spätestens an dieser Stelle darauf hinweisen, daß ich mich bisher wie auch im folgenden ausdrücklich auf die Situation in den anglophonen Ländern beziehe: Großbritannien, USA, Kanada, Australien, Neuseeland: Ab den 70er Jahren expandierte die feministische Psychologie in diesen Ländern beeindruckend. Allein zwischen 1974 und 1976 erschienen neun neue allgemein einführende Werke über die Psychologie der Frau (Matlin 1996). In den 70er Jahren wurden vor allem jene Gebiete bearbeitet, die zuvor vernachlässigt oder ausgespart worden waren: z.B. Leistungsmotivation bei Frauen, Gewalt in der Ehe, Aggression bei Frauen u.ä. Ende der 70er Jahre gab es ein verstärktes Interesse an der historischen Rolle von Frauen als Pionierinnen in der psychologischen Disziplin. Es wurde entdeckt, daß viele der frühen klassischen Untersuchungen auf Frauen zurückgingen (z.B. Helen Thompson [Woolley] (1903) über mentale Unterschiede und Ähnlichkeiten zwischen den Geschlechtern oder Leta Stetter Hollingworth (1914) zur empirischen Widerlegung des Vorurteils, daß die Menstruation die weibliche Intelligenz beeinträchtige, um hier nur zwei zu nennen). Die 80er Jahre brachten eine enorme Verbreiterung der Palette an Themen und Untersuchungen, wobei zwei Beobachtungen verdienen, als interessant festgehalten zu werden: erstens, es wurde immer deutlicher, daß eigentlich keine der Subdisziplinen der Psychologie von der Geschlechterfrage ausgenommen werden konnte, sondern daß die interessanten und bisher vernachlässigten Fragestellungen eher komplexer wurden, als zunächst angenommen worden war. Der einfache Ansatz des „Add women and stir", wo es manchen zunächst so schien, als ob sich die bislang vernachlässigten Fragen relativ schnell würden nachholen und aufarbeiten lassen, erwies sich als irrig.

Zweitens wurde klar, daß eigentlich alle Forschungen und Konzepte, die von spezifischen Persönlichkeitseigenschaften von Frauen als der Ursache für ihre mangelnde Gleichberechtigung oder Chancengleichheit ausgingen, in z.B. die gleichen (Spitzen-)Positionen wie Männer vorzudringen, konzeptionell unzulänglich bis falsch waren. Und zwar aus dem eben schon erwähnten Grund, daß die Variable Geschlecht nur als Subjekt-Variable gesehen worden war, nicht aber auch als Stimulus-Variable. Mit anderen Worten: Wenn die Gründe, daß Frauen keine verantwortungsvollen und qualifizierten Tätigkeiten übernehmen, ihrem typisch weiblichen Mangel an Leistungsmotivation und Selbstsicherheit zugeschrieben wurden, und nicht jenen speziell anderen Bewerbungs- und Berufs-Situationen, auf die sie stießen, wurden ganz wesentliche Variablen (wie z.B. diskriminierende Institutionen, old boys networks etc.) einfach ignoriert.

Seit den 90ern hat die Breite der Forschungsarbeiten solche Ausmaße angenommen, daß eine neuere Übersicht für den englischsprachigen Bereich für den Zeitraum von 1972 bis 1987 an die 100.000 einschlägige Artikel und

Bücher zum Thema ‚Psychology of Women' schätzt und allein für die letzten vier Jahre (1993-1996) zusätzliche 400 neue Bücher zum gleichen Themenbereich zählt (vgl. Matlin 1996). Selbstverständlich spiegelt sich in dieser enormen Breite an Forschungs- und Publikationsaktivitäten sowohl ein *breites* inhaltliches wie auch *unterschiedliches* Verständnis von feministischer Psychologie und/oder von der Psychologie für/von/über Frauen. Noch immer lassen sich radikalere von weniger radikalen, integrationswillige von separatistischen Ansätzen unterscheiden. Daran hat sich seit den letzten Übersichten von Ende der 80er Jahre nichts geändert (vgl. Schmerl 1989a; Squire 1989) Es wäre auch eher verwunderlich, wenn das Bild anders, d.h. stromlinienförmig homogen wäre.

3   Schwerpunkte feministisch-psychologischer Forschung: Ein internationaler Überblick

Werfen wir also, um einen gewissen Eindruck wenigstens von der inhaltlichen Breite dieses Spektrums zu bekommen, einen Blick auf das, was inzwischen an Frauen- und Geschlechterthemen von der feministischen Psychologie bearbeitet wird und worden ist. Als Strukturierungshilfe greife ich dazu auf ein neues, 700 Seiten starkes amerikanisches Lehrbuch zurück, das 1996 in der dritten Überarbeitung erschienen ist und für die Qualität seiner Didaktik eine Menge Preise geerntet hat, das ‚Psychology of Women' von Margaret Matlin.

–   Wir erfahren dort an erster Stelle etwas über die umfangreiche Forschung zu Geschlechterstereotypen in der Sprache und den Medien: wie diese Stereotype das Verhalten beeinflussen, wie sie Wahrnehmungskontraste von ‚männlich' und ‚weiblich' vergrößern können.
–   Forschungen über frühe und späte Kindheit bei beiden Geschlechtern untersuchen das unterschiedlich reaktive Verhalten von Eltern auf männliche und weibliche Kinder, untersuchen Faktoren, die Geschlechtstypisierungen herausformen (Peers, Schule, Medien) und untersuchen geschlechtstypisches Spielverhalten, prosoziales Verhalten wie Wissen und Vorstellungen über Geschlecht und Geschlechterverhältnisse bei Jungen und Mädchen selbst.
–   Für den Bereich der ‚Adoleszenz' gibt es Untersuchungen über die Bedeutung von Menstruation im Zusammenhang mit Leistung und Attribution, über Selbstkonzepte, Zufriedenheit mit dem eigenen Geschlecht, über weibliche Kompetenz, frühe Erfahrungen mit Wissenschaft und Mathematik, eigene Lebens- und Berufsvorstellungen und über den

wichtigen Bereich der emotionalen Beziehungen zu weiblichen und männlichen Peers.

–   Nach wie vor ein zentraler Bereich bleibt die Forschung über kognitive Fähigkeiten und über Leistungsmotivation bei Frauen. Es gibt eine anhaltende Debatte über hormonelle, genetische und zerebrale Ursachen für die heute noch verbliebenen geringfügigen Geschlechtsunterschiede (v.a. in bestimmten mathematischen und räumlichen Aufgaben) und eine anhaltende Tradition, die die methodische Schwäche und die ideologischen Kurzschlüsse dieser Debatte analysiert.

–   Weiterhin finden wir nach wie vor Untersuchungen über soziales Verhalten und sogenannte Persönlichkeits-Eigenschaften, wie v.a. Altruismus, Empathie, moralisches Urteil etc., sowie über Aggressivität, Selbstsicherheit, Führungsqualitäten und Beeinflußbarkeit.

–   Andere Bereiche untersuchen die Berufswelt von Frauen und beschäftigen sich dort mit Hintergrunderfahrungen wie z.B. Job-Diskriminierung und Einstellungs-Praktiken, aber auch mit geschlechtsspezifischen Erfahrungen am Arbeitsplatz oder Vereinbarkeit von Beruf, Kindern und Ehe.

–   Ein breites Forschungsgebiet stellen die Arbeiten über Liebe und zwischenmenschliche Beziehungen im Erwachsenenleben dar: Hier geht es u.a. um Machtverteilung in Liebesbeziehungen, Gesprächsverhalten zwischen Partnern, Erfahrungen mit Ehe, Freundschaft, Scheidung und Alleinleben, um Gemeinsamkeiten und Unterschiede zwischen heterosexuellen, lesbischen und bisexuellen Frauen.

–   Der Bereich Sexualität stellt ein eigenes, sehr großes Forschungsfeld dar, auf dem viele neue Ergebnisse vorgelegt wurden: u.a. über sexuelles Rollenspiel, sexuelle Erziehung der Geschlechter, Doppelmoral und sexuelle Aktivität, die Bedeutung von Geburtenkontrolle und Abtreibung, sowie über Sexualität im Alter. Auch der Bereich Schwangerschaft, Geburt und Mutterschaft ist traditionell breit ausgewiesen (mit den anfangs erwähnten thematischen Ausfällen bei Schwangerschaft und ‚Leistung‘).

–   Schließlich gibt es viele neue Erkenntnisse in den Bereichen Frauen und physische Gesundheit, Frauen und psychische Gesundheit, die auch bei uns ihre Resonanz haben, wenn ich nur Stichworte wie Drogen, Alkohol, Aids, Eßstörungen, Depressionen und feministische Therapie nenne.

–   Was deutlich aus dem klassischen psychologischen Untersuchungskanon herausfällt, ist der Komplex Frauen und Gewalterfahrungen. Dieser ist seit seinen Anfängen ein zentrales Anliegen der Frauenbewegung gewesen und spiegelt sich somit nicht nur in entsprechend feministisch-psychologischen Untersuchungen, sondern eröffnet von seiner Perspektive her eine völlige neue theoretische und empirische Herangehensweise an alle damit zusammenhängenden Probleme. So werden z.B. Vergewaltigungen nicht als sexuelles Problem definiert, sondern als ein Gewaltproblem. Dies gilt natürlich auch für andere damit zusammenhängende Fragen, wie z.B. sexuelle Belästigung, eheliche Vergewaltigung, sexuellen Kindesmißbrauch, physische Gewalt und psychischen Terror in Ehe und Familie.

– Relativ neu für den Bereich Psychologie ist die Berücksichtigung der speziellen Situationen von Frauen im Alter. Hier gibt es inzwischen ein stattliches Forschungsfeld, das sich nicht nur mit der obligatorischen Menopause beschäftigt, sondern auch mit den Auswirkungen der ökonomischen Situation älterer Frauen, mit den Einstellungen ihnen gegenüber und ihrer Präsentation in den Medien, mit ihren Familienarrangements, den Erfahrungen des Verwitwetseins und Alleinlebens, aber auch mit ihrer Lebenszufriedenheit und mit interkulturellen Vergleichen.

Anhand der von mir hier nur überblicksartig vorgeführten äußerst breiten Palette an Forschungsfragen und -ergebnissen zur Psychologie von Frauen und zur feministischen Psychologie läßt sich ermessen, wie weit das Selbstverständnis, aber auch die Selbstverständlichkeit einer weiblichen Psychologie inzwischen entwickelt worden ist, die sich mit der Realität, den Problemen und Sichtweisen von Frauen genauso ernsthaft beschäftigt wie mit der von Männern. Von größter Bedeutung erscheinen mir daher die Schlußfolgerungen, die sich für uns aus diesem bisher akkumulierten Wissen ergeben. Als zentrale Fazits der empirischen Ergebnisse der feministischen Psychologie lassen sich (nach Matlin 1996) festhalten:

1. Psychologische Geschlechtsunterschiede sind generell klein und inkonsistent. Wenn sie überhaupt auftauchen, dann in der Regel in Settings, wo Personen sich selbst beschreiben sollen und/oder wissen, daß ihre Reaktionen von anderen bewertet werden. Geschlecht als Subjekt-Variable ist im allgemeinen unerheblich.

2. Menschen reagieren unterschiedlich auf Frauen und Männer. Geschlecht ist also eher als Stimulus-Variable ausschlaggebend bei der Produktion von unterschiedlichen Reaktionen der Umwelt. „Ironischerweise ist eine der Ähnlichkeiten der Geschlechter, daß sie beide, Frauen wie Männer, an Geschlechtsunterschiede glauben." (Matlin 1996, 20)

3. Frauen unterscheiden sich untereinander sehr stark. Dies erscheint mir persönlich fast als das wichtigste aller Fazits. Frauen zeigen eine beeindruckend große Variationsbreite in allen ihren psychologischen Eigenschaften, ihren Lebenserfahrungen und Lebensentscheidungen – gerade auch in ihren Reaktionen auf jene biologischen (!) Tatsachen und Zustände, wo nach allgemeinem Klischee die Hormone, die Gene oder die Hirnhälften das weibliche Verhalten vorprogrammieren. Manche Frauen *haben* Probleme mit Schwangerschaft, Menstruation, Entbindungen, Stillen und Menopause; andere haben *keine* oder sie empfinden diese Erfahrungen vielmehr als angenehm.

4 Kritik und Selbstkritik feministischer Psychologie: Ein Beispiel

Ich möchte die Wichtigkeit dieser abstrakten Fazits an einem klassischen Beispiel illustrieren. Es soll überdies zeigen, daß feministische Psychologie nicht dogmatisch vorgeht, sondern ihrerseits zu Selbstkritik und Weiterentwicklung fähig ist. Werfen wir einen Blick auf das klassische Gebiet der Leistungsmotivations-Forschung.

Die frühen Untersuchungen zur Leistungsmotivation waren – wenn sie sich überhaupt mit weiblichen Vpn abgaben – davon ausgegangen, daß Frauen eine niedrigere Leistungsmotivation als Männer aufwiesen. Dies schien auch dadurch ‚verifiziert‘ zu werden, daß Frauen trotz durchschnittlich gleicher Intelligenzleistungen wie Männer keine vergleichbaren Positionen in Wissenschaft, Wirtschaft oder Politik einnahmen (Alper 1974; McClelland et al. 1953). Obwohl es eine Reihe von Untersuchungsergebnissen gab, die keine oder wechselnde Unterschiede zwischen den Geschlechtern feststellen konnten, wandte man doch bevorzugt zur Erklärung der fehlenden oder geringeren weiblichen Leistungsmotivation die inzwischen entwickelte Typologie des ‚Erfolgsmotivierten‘ versus ‚Mißerfolg-Vermeiders‘ auf die Geschlechter an: danach tendieren Männer eher dazu, Erfolg ihren eigenen Fähigkeiten, Mißerfolg dagegen fehlendem Glück zuzuschreiben, während Frauen demnach eine ungünstigere Selbst-Attribuierungsstrategie verfolgen, nämlich eigenen Erfolg auf Glück oder Zufall zurückzuführen, Mißerfolg aber auf einen Mangel an eigenen Fähigkeiten. In den 70er Jahren setzte Martina Horner (1970, 1972) dem einen anderen Erklärungsansatz entgegen. Anhand von projektiven Geschichten, die über erfolgreiche Frauen oder Männer erzählt werden sollten, stellte sie fest, daß weibliche Vpn die Folgen von akademischen Höchstleistungen für Frauen überwiegend durch negative persönliche und soziale Konsequenzen beschrieben. Aus diesen und folgenden Untersuchungen wurde bei Frauen auf ein ‚Motiv, Erfolg zu meiden‘ geschlossen, weil sie die negativen zwischenmenschlichen Auswirkungen von zu großem weiblichen Erfolg fürchteten. Erst eine Neuinterpretation ihrer Daten sowie Vergleiche mit männlichen Vpn, die die Erfolgskonsequenzen für Frauen genauso negativ einschätzten wie die Frauen selbst, gab der Erkenntnis Raum, daß es sich hier weniger um ein spezifisch weibliches Motiv im Sinne eines Persönlichkeitszugs handelte, sondern eher um die – realistische – Einschätzung der sozialen Konsequenzen für erfolgreiche Frauen, die ihre Erfolge kaschieren oder verheimlichen müssen, um nicht unangenehm aufzufallen oder gar ‚unweiblich‘ zu wirken (vgl. Monahan et al. 1974; Condry/Dyer 1976). Außerdem wurde kritisiert, daß durch die Zuschreibung einer geschlechtsspezifischen Subjekt-Variable (‚Furcht vor Erfolg‘) das eigentliche gesellschaftliche Problem (des erschwerten Zugangs von Frauen in verantwortungsvolle Positionen) dem weiblichen Individuum angelastet wird und nicht den sozialen Umständen, auf die es trifft, bzw. die es als realistisch antizipiert (vgl. Schmerl 1978a+b, 1989a). Mithilfe neuer Forschungsdesigns kamen anschließende Untersuchungen zu dem Ergebnis, daß sich Männer und Frauen eher ähnlich sind in ihrer ‚Furcht vor Erfolg‘ (vgl. Mednick/Thomas 1993). Viele weitere Anschlußuntersuchungen zum Thema Leistungsmotivation, Selbsteinschätzung und Selbstvertrauen/Selbstattribution aus den 80er und 90er Jahren gehen die gesamte Fragestellung wesentlich differenzierter an und vermeiden Erklärungen vom Typ des ‚blaming the victim‘: Wir wissen heute, daß der Typus der zu *leistenden Aufgabe* eine entscheidende Rolle spielen kann und der Typus des *sozialen Settings*, in dem er gemessen wird. *Wenn* Geschlechtsunterschiede in Leistungsmotivation und Leistungsattribution überhaupt auftreten, dann zeigen sie sich abhängig von diesen beiden Variablen: Männer halten sich für fähiger in ‚männlichen‘ Aufgabentypen wie Mathematik oder Manageraufgaben, Frauen manchmal für fähiger bei ‚weiblichen‘ Aufgaben wie z.B. jemandem erfolgreich zu helfen oder zu trösten. Frauen neigen dazu, wenn andere ihre Antworten hören können, ‚bescheiden‘ zu sein und ihre Erfolge nicht ihren Fähigkeiten zuzuschreiben. Wenn die Antworten dagegen anonym oder privat abgegeben werden, zeigen sie die gleiche Neigung wie Männer, ihre persönlichen Fähigkeiten als Ursache für ihre guten Erfolge anzugeben. Generell gibt es heute für geschlechtsneutrale Aufgaben und für Aufgabentypen, die ein klares feed back über die eigene Leistung beinhalten, keinerlei systematische Geschlechtsunterschiede mehr. Vielmehr gibt es interessante Unterschiede *zwischen* Frauen im Bereich der Leistungsmotivation.

Der – hier im Eiltempo zusammengefaßte – Verlauf von ca. 40 Jahren Leistungsmotivations-Forschung und ihrer kritischen Überprüfung, Ausdifferenzierung und auch selbstkritischen Neubewertung durch feministische Psychologinnen kann exemplarisch veranschaulichen, wie psychologische Forschung, die die Lebensumstände und Erwartungen weiblicher Menschen ernsthaft als Forschungsherausforderung aufgreift, zu überzeugenderen Aussagen und neuen Forschungsansätzen kommen kann. Diese haben offensichtlich den Vorteil, der komplexen Situation, in der sich die beiden Geschlechter in modernen Gesellschaften befinden, angemessener zu begegnen, als so manche konventionelle Psychologie, die sich noch immer der klassischen Geschlechtertypologie oder der biologischen Funktionalität psychologischer Geschlechtsunterschiede verpflichtet fühlt oder dem moderner verkleideten Diskurs der Soziobiologie. Ähnliche Entwicklungsverläufe feministischer Kritik, neuer eigener Empirie und auch kritischer Selbstkorrektur lassen sich für viele andere Bereiche ebenso nachzeichnen, wie z.B. die Androgynie-Forschung von Sandra Bem und ihre Überwindung (Bem 1974, 1993; Cohen 1995), die Forschungsarbeiten von Carol Gilligan zu weiblicher Moral und deren Weiterentwicklung und Präzisierung (Gilligan 1984, 1991; Gilligan/Attanucci 1988; Nunner-Winkler 1991) oder auch die Ansätze von Nancy Chodorow zur Genese weiblicher und männlicher Sozialcharaktere durch die frühkindliche Betreuungs-Konstellation und deren heutiger Beurteilung durch jüngere Forscherinnen und Kritikerinnen (Chodorow 1985; Großmaß 1989; Benard/Schlaffer 1994).

Nun wachsen allerdings auch die feministisch-psychologischen Bäume der von mir geschilderten Bereiche nicht in den Himmel. Zwar ist wahr, daß feministische, frauenspezifische und Geschlechterfragen inzwischen in den englischsprachigen Ländern zum festen Ausbildungsstand der universitären Psychologie gehören. Forschungspolitisch und unter Prestige-Gesichtspunkten betrachtet, sind sie aber mit Sicherheit noch immer nicht als ‚gleichberechtigt‘ mit dem male main stream der akademischen Psychologie zu betrachten und auch die vorne angeführten inhaltlichen und methodischen Kritiken an diesem main stream sind noch längst nicht obsolet. Insbesondere britische Psychologinnen klagen heftig über den Sexismus ihrer männlichen Kollegen (vgl. Ussher 1990, 1992; Nicolson 1992). Trotzdem muß festgehalten werden, daß es für die Hochschulpsychologie der englischsprachigen Länder eine in Lehrplänen, Prüfungsordnungen, Kursangeboten und einschlägigen Lehrbüchern fest etablierte ‚Women‘s bzw. Feminist Psychology‘ oder ‚Psychology of Gender‘ gibt, daß es inzwischen eine beachtliche Anzahl etablierter psychologisch-feministischer Fachzeitschriften gibt und die englischen, kanadischen und US-amerikanischen Psychologie-Gesellschaften seit über 20 Jahren eigene offizielle Frauensektionen etabliert haben. Der akademische Psychologie-Nachwuchs – Studentinnen wie Studenten –, aber auch die männlichen Hochschulkollegen kommen nicht umhin, diesen Bereich der Psychologie zumindest zur Kenntnis zu nehmen. Die *Studentinnen* erfahren ihn von Anfang an als einen wichtigen Forschungs- und Wissensbereich, der die Lebenslagen und Erfahrungen von Frauen als gleichermaßen ergiebig und wichtig erachtet wie die des sprichwörtlichen Durchschnittsmenschen = Mannes.

5   Deutsche Universitäts-Psychologie und Feminismus? Fehlanzeige.

Ich betone dies deswegen so ausdrücklich, weil all diese in 25 Jahren erkämpften und etablierten Selbstverständlichkeiten der deutschen Hochschulpsychologie abgehen. Es gibt ein paar deutschsprachige Bücher und Zeitschriftenartikel, die sich mit Geschlechtsunterschieden, mit Geschlechterrollen oder mit weiblicher Sozialisation befassen. Feministische Psychologie, Psychologie des Geschlechterverhältnisses oder auch nur Psychologie und Frau(en) gehören jedoch nicht zum Ausbildungs-, Prüfungs- oder Spezialisierungskanon deutscher Psychologischer Institute. Aus den Interna vieler deutscher Psychologie-Institute wissen wir, daß sie sogar aktiv ausgeschlossen, bekämpft und diffamiert werden. Junge Wissenschaftlerinnen, die in diesen Themenbereichen forschen und sich qualifizieren wollen, wechseln in weniger engstirnige Nachbardisziplinen oder kehren der Universität ganz den Rücken. Auch die wissenschaftlichen wie die Mehrzahl der praxisorientierten Berufsverbände haben bis heute keine eigenen Frauensektionen zugelassen/gegründet (vgl. Schmerl 1983, 1989 a+b, 1999). Die blühenden feministisch-psychologischen Landschaften, wie wildblumenhaft bescheiden, aber omnipräsent sie auf den Äckern der anglophonen male-stream-psychology auch imponieren mögen, zu deutschen Studierenden finden sie nur als Ansichtspostkarten ihren Weg. Selbst ein auf über 60% angewachsener Frauenanteil an deutschen Psychologie-Studierenden kann an diesen Verhältnissen nicht rütteln. Vielmehr fühlte sich 1994 der Vorsitzende der Deutschen Gesellschaft für Psychologie angesichts solcher erschreckender Zahlenverhältnisse in seinem Rechenschaftsbericht zur Lage der Psychologie zu der öffentlichen Klage motiviert, den drohenden Qualitäts- und Prestigeverfall seiner Wissenschaft an die Wand zu malen, falls die Psychologie weiterhin proportional zu viele Frauen ausbilde (Baumann 1995). Somit kann ich eigentlich für die deutsche Psychologie keine direkte inhaltliche Bilanz ziehen, was ihr Verhältnis zum Feminismus und seinen Anregungen und Kritiken angeht, außer ex negativo. Erst aus der Schilderung des andernorts sowohl Möglichen, als inzwischen auch Selbstverständlichen läßt sich der Mangel- oder Minuszustand der deutschen Psychologie in dieser Hinsicht definieren und richtig würdigen. Die Vorstellung ‚Feminismus und Psychologie' findet in Deutschland vorerst nicht statt – jedenfalls nicht an den obligatorischen Ausbildungsinstituten der akademischen Psychologie, die den Nachwuchs heranzüchtet und über Forschungsschwerpunkte entscheidet. Sie findet allerdings *andernorts* statt, nämlich in den interessierten *Nachbardisziplinen* wie Soziologie, Pädagogik, Linguistik, und sie findet in den psychologischen *Praxisfeldern* statt.

Hebt man den Blick über den Schrebergartenzaun der deutschen Hochschulpsychologie und ihrer Prüfungslektüren, so erlebt man plötzlich multidisziplinäre Überraschungen angesichts einer Vielzahl von Publikationen, die sich wissenschaftlich und wissenschaftskritisch mit Fragen zum Thema Frauen und Psychologie auseinandersetzen. Man entdeckt Arbeiten von Niveau, die sich mit zweifellos psychologischen Aspekten des Frauenlebens beschäftigen: mit Problemen der Arbeitslosigkeit von Frauen, Fragen der weiblichen Sexualität, weiblichem Alkoholismus, Menstruationsproblemen, weiblicher Berufsarbeit, älteren Frauen, Frauen in Erziehungsberufen, feministischer Therapie, sexueller Gewalt, Frauenmißhandlung, Erziehungs- und Familienproblemen, mütterlichem Verhalten, weiblicher Hausarbeit, Mütter-Töchterbeziehungen, u.v.m. Zusätzlich gibt es eine Menge Arbeiten, die sich – für die Psychologie ebenso relevant wie für andere Sozialwissenschaften – mit Fragen der Forschungsethik, der Forschungsmethoden, des Wissenschaftsbetriebs, mit Perspektiven wissenschaftlicher Paradigmenwechsel,

Kriterien der Frauenforschung usw. beschäftigen – alles Fragen, die unmittelbar auch die Psychologie als Wissenschaft und als empirisches Forschungsgebiet betreffen.

Abschließend drängen sich somit zwei Fragen auf:
1.) Warum ist das so? Und: 2.) Was sind die vermutlichen Konsequenzen dieser denkwürdigen Situation?

Die amerikanische Psychologin Mary Brown Parlee hatte schon 1979 die erste Frage sehr schlicht mit der Gegenfrage beantwortet: „Wer profitiert von dieser Situation?" Die Fixierung der Hochschulpsychologie auf harte experimentelle und kontextisolierte Daten macht Untersuchungen des Geschlechterverhältnisses und der Psychologie von Frauen unmöglich bzw. von vornherein suspekt. Bei psychologischen Untersuchungen, die sich diesen Fragen widmen, könnte ja herauskommen, daß das Persönliche, das Psychologische politisch ist, d.h. von Machtstrukturen durchdrungen. Die Verweigerung, Ignorierung oder sogar Leugnung dieser Art von Forschungsfragen hat also eine klare Funktion – auch wenn sie manchem ihrer Vertreter nicht bewußt sein mag: sie dient dem Erhalt der eigenen Sichtweise, dem Erhalt und der Legitimation des eigenen Machtvorsprungs. Damit ist auch die Frage für die Wiener Philharmoniker beantwortet, wenn auch vielleicht gründlicher als anfangs gedacht. Mir ist seit 1979 keine neue, keine bessere Antwort begegnet, außer der inzwischen notwendigen Einschränkung, daß dies nur noch für die deutschsprachige Psychologie und ihre Funktionäre gilt, nicht mehr in Reinkultur für die internationale Situation.

Die zweite Frage scheint schwieriger zu beantworten, da sich eine Palette von mehreren Möglichkeiten anbietet. Am leichtesten ist vorherzusagen, daß die feministische Psychologie in Deutschland, wenn überhaupt, weiterhin *außerhalb* der Hochschulpsychologie stattfinden wird. D.h. sie wird multidisziplinäre und anwendungsbezogene Schwerpunkte setzen. Psychologie-Lehrlinge werden sich mit den psychologischen Aspekten der Geschlechterfrage *nicht* befassen, außer sie entwickeln während und nach dem Studium eigene Initiativen. Weiterhin denkbar wäre auch, daß die Überzahl weiblicher Studierender und deren Forderungen nach einer Behandlung von Frauenthemen im Psychologiestudium langsam zu einer Änderung in Richtung einer stärkeren Berücksichtigung dieser Inhalte zumindest in der Psychologie-Ausbildung führen werden. Schließlich gäbe es als eine dritte Möglichkeit die schon von Max Planck beschriebene Strategie des Paradigmenwechsels in einer Wissenschaft, wenn sich deren regierende Lehrstuhlpäpste als unzugänglich für neue Erkenntnisse zeigen: man wartet, bis sie das Zeitliche segnen und sich das Blockade-Problem auf biologisch-natürliche Weise von selbst löst und der nächsten wissenschaftlich besser erzogenen Generation Platz schafft. Und last not least gäbe es noch die Möglichkeit, daß sich die deutsche Psychologie international als so provinziell blamiert, daß sie zumindest bei Renommier-Veranstaltungen – Kongressen, Tagungen, Überblicks- und Standardwerken – händeringend nach ein paar feministischen

Psychologinnen suchen muß, um nicht auf diesem Parkett als allzu rückständig aufzufallen.

Ich muß gestehen, daß ich gegenüber all diesen denkbaren Möglichkeiten ziemlich skeptisch bin: Die erste Perspektive (feministische Psychologie außerhalb der Uni) ist zwar bereits real, verändert aber am Charakter der Hochschulpsychologie nichts: nicht an der Ausbildungssituation von weiblichen wie männlichen Psychologen und zusätzlich nichts an einseitig kontextisolierten Forschungsmethoden und -projekten. Die zweite Möglichkeit (Psychologie-Studentinnen setzen Frauenthemen durch) läßt mich ebenfalls skeptisch, weil Studierende zu wenig Macht im Vergleich mit Hochschullehrern haben, überdies von ihnen persönlich – durch Prüfungen und Gutachten – abhängig sind und alle paar Semester eine neue Generation wieder von vorne anfangen muß. Trotzdem schiene mir diese Veränderungsstrategie die sympathischste, weil sie die gerechteste und demokratischste wäre. Die dritte Möglichkeit (Aussterben der psychologischen Gerontokratie) beurteile ich ebenfalls nicht sehr aussichtsreich, weil unter den Fittichen der alten Päpste ständig neue nachwachsen, die nicht viel anderes gelernt haben und die die gleichen Interessen vertreten – siehe oben. Die Angst vor Blamage schließlich vor einer internationalen scientific community und ihren Erwartungen war bei den deutschen Psychologen bisher noch nicht sehr ausgeprägt, obwohl sie bei anderen Humanwissenschaften wie z.B. Soziologie und Pädagogik schon kleinere Wunder vollbracht hat – warten wir es also ab.

Ich möchte meine insgesamt eher skeptische Einschätzung der zu erwartenden Konsequenzen metaphorisch so zusammenfassen: Ich erwarte, daß unser teutonischer Prinz eher seinen *Vater* – sein personifiziertes schlechtes Gewissen – an die Wand werfen wird statt der feministische Kröte, und zwar um wenigstens *ihn* zum Schweigen zu bringen. Ich vermute weiterhin, daß er die Kröte vielmehr in einem Wetterfroschglas abstellen wird, zur gelegentlichen Verwendung als Sturmwarndienst, und um nicht ganz die Kontrolle über sie zu verlieren. Aber andererseits – da es sich bei der deutschen Psychologie um ein kleines provinzielles Königreich am Ende der Welt handelt – vielleicht braucht uns das gar nicht groß zu kümmmern? Die Krötenmetamorphose *andernorts* ist in vollem Gange...

Anmerkungen

1   Die psychologische Fachterminologie versteht unter ‚unabhängigen Variablen‘ solche variierbaren Merkmale, die in psychologischen Experimenten ‚kontrolliert‘ werden – also entweder konstant gehalten oder systematisch variiert werden –, um verschiedene Auswirkungen dieser Merkmale gezielt zu untersuchen.
   Die unabhängige Variable ‚Geschlechtszugehörigkeit‘ ist aber immer *zweierlei* gleichzeitig: ein der Versuchsperson (‚subject‘) zukommendes Merkmal – ‚Subjektvariable‘ – (auf

das viele Psychologen im Sinne einer Eigenschaft des Individuums automatisch andere seiner Verhaltensweisen im Experiment fälschlich zurückführen), *als auch ein sichtbarer Reiz* (,stimulus'), der das Verhalten der *anderen* Interaktionspartner im Experiment als ,Stimulusvariable' kulturkonform beeinflussen kann.

Literatur

Alper, Thelma. 1974. „Achievement motivation in college women: A now-you-see-it-now-you don't phenomenon." *American Psychologist* 29: 194-203.

Baumann, Urs. 1995. „Bericht zur Lage der deutschsprachigen Psychologie 1994 – Fakten und Perspektiven." *Psychologische Rundschau* 46: 3-17.

Bem, Sandra. 1974. „The measurement of psychological androgyny." *Journal of Consulting and Clinical Psychology* 42: 155-162.

Bem, Sandra. 1993. *The lenses of gender. Transforming the debate on sexual inequality.* New Haven.

Benard, Cheryl, und Edit Schlaffer. 1994. *Mütter machen Männer. Wie Söhne erwachsen werden.* München.

Cattell, James M.1906. „The school and the family." *Popular Science Monthly* 62: 359-377

Chodorow, Nancy. (1978) 1985. *Das Erbe der Mütter.* München.

Cohen, David. 1995. *Psychologists on psychology.* New York, 2nd ed., chap. 1: Sandra Bem, 19-44.

Condry, John, and Sharon Dyer. 1976. „Fear of success: Attribution of cause to the victim." *Journal of Social Issues* 32: 63-83.

Der Spiegel. 1996. „Die Welt ist voll Gedudel". Spiegel-Gespräch mit der Klarinettistin Sabine Meyer über Frauen in Elite-Orchestern. Heft 33 vom 12.8.96: 146-148.

Gilligan, Carol. (1982) 1984. *Die andere Stimme.* München.

Gilligan, Carol. 1991. „Moralische Orientierung und moralische Entwicklung." In *Weibliche Moral*, Hg. Gertrud Nunner-Winkler, 79-100. Frankfurt.

Gilligan, Carol, and Jane Attanucci. 1988. „Two moral orientations: Gender differences and similarities." *Merrill-Palmer Quarterly* 34(3): 223-237.

Grady, Kathleen E. 1977. „Sex as a social label: The illusion of sex differences." Doctoral dissertation, Graduate Center, City University of New York 1977 (*Dissertation Abstracts International*, 38,416 B)

Grady, Kathleen E. 1981. „Sex bias in research design." *Psychology of Women Quarterly* 5: 628-636.

Großmaß, Ruth. 1989. „Nicht die Mutter ist schuld, sondern „nur" ihr Geschlecht. Nancy Chodorows Analyse des weiblichen Mutterns." *Psychologie und Gesellschaftskritik* 13(49/50): 51-82.

Hall, Stanley G. 1904. *Adolescence.* Vol.2. New York.

Harding, Sandra. (1986) 1990. *Feministische Wissenschaftstheorie. Zum Verhältnis von Wissenschaft und sozialem Geschlecht.* Hamburg.

Harding, Sandra. (1991) 1994. *Das Geschlecht des Wissens. Frauen denken die Wissenschaft neu.* Frankfurt.

Hollingworth, Leta. 1914. *Functional periodicity: An experimental study of the mental and motor abilities of women during menstruation.* New York: Teachers College, Columbia University.

Horner, Martina. 1970. „Femininity and successful achievement: Basic inconsistency." In *Feminine personality and conflict* eds. J. Bardwick, et al., 45-74. Belmont.

Horner, Martina. 1972. „Toward an understanding of achievement-related conflicts in women." *Journal of Social Issues* 28: 157-176.

Keller, Evelyn F. (1985) 1986. *Liebe, Macht und Erkenntnis. Männliche oder weibliche Wissenschaft?* München.

Klevan, J.L., J.C. Weiss, and S.M. Dabrow. 1990: „Pregnancy during pediatric residency." *American Journal of Diseases of Children* 144: 767-777.

Matlin, Margaret. 1996. *The psychology of women*. 3rd ed. New York.

McClelland, David, John Atkinson, Russel Clark, and Edgar Lowell. 1953. *The achievement motive*. New York.

Mednick, Martha, and Veronika Thomas. 1993. „Women and the psychology of achievement: A view from the eighties." In: *Psychology of women: A handbook of issues and theories*, eds. Florence Denmark, and Michele Paludi, 585-626. Westport.

Monahan, Lynn, Deanna Kuhn, and Philip Shaver. 1974. „Intrapsychic versus cultural explanations of the „fear of success" motive." *Journal of Personality and Social Psychology* 29: 60-64.

Newcombe, Nora. 1980. „Beyond nature and nurture." *Contemporary Psychology* 25: 807-808.

Nicolson, Paula. 1992. „Feminism and academic psychology: Towards a psychology of women?" In *Critical feminism. Argument in the disciplines*, ed. Kate Campbell, 53-82. Buckingham.

Nunner-Winkler, Gertrud. Hg. 1991. *Weibliche Moral. Die Kontroverse um eine geschlechtsspezifische Ethik*. Frankfurt.

Parlee, Mary B. (1979) 1983. „Psychologie und Frauen." *Psychologie und Gesellschaftskritik* 26/27: 87-107.

Peplau, Letitia A., and E. Conrad. 1989. „Beyond nonsexist research: The perils of feminist methods in psychology." *Psychology of Women Quarterly* 13: 379-400.

Schmerl, Christiane. 1978a. „Sozialisation von Leistungsmotivation." In ihrem *Sozialisation und Persönlichkeit. Zentrale Beispiele zur Soziogenese menschlichen Verhaltens*, Kap.5. Stuttgart.

Schmerl, Christiane. 1978b. „Sozialisation geschlechtsspezifischen Verhaltens." In ihrem *Sozialisation und Persönlichkeit*, Kap. 7. Stuttgart.

Schmerl, Christiane. 1983. „OFP („Organisation Frauen in der Psychologie") – nicht lebensfähig in der etablierten Psychologie?" *Psychologie und Gesellschaftskritik* 26/27: 108-110.

Schmerl, Christiane. 1989a. „Die Frau im Mond: Weit entfernt, doch klar sichtbar – feministische Psycholgie in der BRD." *Psychologie und Gesellschaftskritik* 49/50: 5-27.

Schmerl, Christiane. 1989b. „Ich konnte die nicht von meiner Reihenfolge überzeugen ... Erfahrungen von Feministinnen mit dem Psychologiestudium – Interview mit 6 Studentinnen aus B." *Psychologie und Gesellschaftskritik* 49/50: 125-155.

Schmerl, Christiane. 1999. „Ten years after: Interview mit 5 Psychologiestudentinnen aus B." *Psychologie und Gesellschaftskritik* 92, in Druck.

Sherif, Carolyn. 1977. „Bias in psychology." In *The prism of sex. Essays in the sociology of knowledge*, eds. Julia Sherman and E. Beck, 93-133. Madison.

Squire, Corinne.1989. *Significant differences. Feminism in psychology*. London.

Terman, Lewis, and C.C. Miles. 1936. *Sex and personality. Studies in masculinity and femininity*. New York.

Thompson, Helen [Wooley]1903. *The mental traits of sex: An experimental investigation of the normal mind in men and women*. Chicago.

Thorndike, Edward L. 1906. „Sex in education." *Bookman* 23 (April): 211-214.
Unger, Rhoda K. 1983. „Through the looking glass: No wonderland yet!" *Psychology of Women Quarterly* 8,1:10-32.
Ussher, Jane.1990. „Sexism in psychology." *The Psychologist* 13: 388-390.
Ussher, Jane. 1992. „Science sexing psychology. Positivistic science and gender bias in clinical psychology." In: *Gender issues in clinical psychology*, eds. Jane Ussher and Paula Nicolson, 39-67 London.

„Feministische Naturwissenschaftsforschung – was soll das denn sein?" Zur Rezeption feministischer Theorie in der Biologie

Kerstin Palm

1 Einleitung

Die neuzeitliche Naturwissenschaft entwickelte sich in der Renaissance als ein Vorhaben, gegen die geistigen und politischen Autoritäten des Mittelalters und die spekulativen Lehren der Scholastik ein erfahrungsbasiertes Wissen bereitzustellen, dessen Erlangung auf einem transparenten, standardisierten und nachprüfbaren Verfahren beruhen sollte. Als entscheidende Voraussetzung für eine gelingende Forschungspraxis wurde dabei eine unvoreingenommene, von Vorurteilen befreite Forscherperson angesehen, die sich zudem von politischen und religiösen Interessen nicht vereinnahmen ließ. Unter diesen Bedingungen sollte im Rahmen einer bürgerlichen Neuordnung der Gesellschaft mit dem angestrebten wissenschaftlich-technischen Fortschritt unmittelbar ein humaner Fortschritt zum Wohle aller erreicht werden.

Lange Zeit galt diesem Entwurf entsprechend Naturwissenschaft als ein Bereich, in dem aufgrund der strengen erkenntnisgewinnenden Methode, der empirischen Begründung rationaler Schlußfolgerungen und der logischen Konsistenz des rationalen Verfahrens gesicherte, objektive Aussagen über Naturgegebenheiten entstehen. Diese mit der Garantieerklärung der Wertneutralität ausgestattete Vorgehensweise sicherte den Naturwissenschaften ein hohes Maß an Glaubwürdigkeit und damit eine zentrale Rolle bei der Bereitstellung wahren Wissens zur Deutung und Handhabung der Welt.

Auch für die wissenschaftstheoretischen, -historischen und -soziologischen Betrachtungen stand bis in die frühen 60er Jahre dieses Jahrhunderts die hohe Validität naturwissenschaftlichen Wissens sowie dessen wissenschaftliche und gesellschaftliche Fortschrittlichkeit außer Frage[2]. Dementsprechend waren diese Arbeiten zunächst nur auf die Untersuchung der sozialen Organisation der scientific community (z.B. Merton 1942)[3] bzw. auf die Rekonstruktion des logischen Begründungszusammenhanges, der Theorienevaluation gerichtet (v.a. Popper 1934). Erst die späteren wissenschaftstheoretischen Ansätze der 60er und 70er Jahre (z.B. Feyerabend 1976, Hanson 1965, Kuhn 1962, Laudan 1977 u.v.a.m.) problematisierten die positivistisch-empiristischen Fundamente naturwissenschaftlicher Erkenntnis und

stellten die gängige Sicht auf die Naturwissenschaftsgeschichte als eine fortschreitende Überwindung von Irrtümern in Frage. Mit der These von der
‚empirischen Unterdeterminiertheit von Theorien' (vgl. z.B. Lakatos 1974
oder auch schon Quine 1953) wurde dabei das Problem aufgeworfen, daß
durch Beobachtungsdaten noch keine eindeutige Theoriendetermination
garantiert ist. Um aus empirischen Einzeldaten einen kognitiven Zusammenhang zu formulieren, müßten noch weitere theoretische Zusatzannahmen
hinzugefügt werden, welche unter Umständen zu ganz verschiedenen, möglicherweise sogar sich widersprechenden Theorien bei gleicher empirischer
Ausgangsbasis führen könnten. In einer weiteren These wurde die ‚Theorie-
geladenheit aller Beobachtung' zu bedenken gegeben (v.a. Hanson 1965).
Denn das Beobachten selbst stelle bereits ein von Vorannahmen mitbedingtes
Verfahren dar, so daß eine Wahrnehmung kein passives Empfangen von
Sinnesdaten sei, sondern vielmehr ein aktiver, gestaltender Vorgang in Abhängigkeit von der Perspektive und dem Vorwissen der beobachtenden Per-
son.

Nach diesen Überlegungen sind sowohl die Beobachtungsdaten als auch
die logischen Ableitungen keine hinreichenden Grundlagen mehr, um wis-
senschaftliche Aussagen zu determinieren und in ihrer Geltung zu sichern.
Durch die Voreingenommenheit aller Naturbetrachtung entfällt letztlich auch
‚Natur' als unabhängiges Außenkriterium zur Validierung wissenschaftlicher
Tatsachen. Die Naturwissenschaftsforschung war durch diese Reflexionen
angestoßen, jene Faktoren aufzuspüren, welche die Beobachtung und die
Theorienformulierung beeinflussen und damit die eigentlich bestimmenden
Faktoren bei der Theorienentwicklung darstellen. Das Forschungsinteresse
wechselte von der rationalen Rekonstruktion der Theorienevaluation zu einer
Untersuchung der Theorienbildung unter Einbeziehung des gesellschaftlichen Entdeckungszusammenhanges (vgl. hierzu ausführlich Kelle 1994,
181ff).

Nun wurden das naturwissenschaftliche Wissen in seiner sozialen Bedingtheit eingehender untersucht und dabei zunächst die unausgesprochenen,
aber leitenden Annahmen[4] einer Forschergemeinschaft ausgemacht, die als
sozial organisierte Wissensbestände durch die Teilnahme an der Praxis einer
Kultur unbemerkt angeeignet und in der Art und Ausrichtung des Forschungsprozesses manifest werden. Unter diesen Bedingungen mußte auch
die Vorstellung eines kontinuierlichen rationalen Fortschritts der wissenschaftlichen Erkenntnisse aufgegeben und der Fortgang der Wissenschaft als
durch soziale Entscheidungs- und Aushandlungsprozesse bestimmt gesehen
werden (vgl. Kuhn 1976). Durch diese Reflexionen inspiriert entstand
schließlich mit der konstruktivistischen Wissenschaftsforschung[5] ein For-
schungszweig, der sich in verschiedenen Konzeptionen mit der sozialen Konstruktion von naturwissenschaftlichem Wissen befaßte.

Diese antipositivistische Wende in der Wissenschaftstheorie und Wissenschaftssoziologie der 60er und 70er Jahre war eingebettet in den politischen

Kontext einer grundsätzlichen Hinterfragung gesellschaftlicher Machtverhältnisse, in dessen Rahmen die hierarchisch strukturierten Besitz- und Geschlechterverhältnisse, die fragwürdig gewordene wissenschaftlich-technische Naturnutzung sowie die Indienstnahme der vorgeblich wertneutralen Wissenschaften durch Machtinstanzen etwa militärischer oder wirtschaftlicher Art analysiert und theoretisiert wurden.

Diese wissenschaftstheoretischen und -soziologischen Neuerungen sowie die gesellschaftspolitischen Neuorientierungen mit ihren verschiedenen Theorieansätzen bildeten den Hintergrund für die Entstehung feministischer Ansätze der Naturwissenschaftsforschung, die ich nun zunächst in einer kurzen Übersicht darstellen möchte, um anschließend ihre Rezeption in der Biologie zu beschreiben.

2 Ansätze feministischer Naturwissenschaftsforschung

Die feministische Naturwissenschaftsforschung entstand in Konvergenz zu den antipositivistischen und konstruktivistischen Ansätzen oder auch unter ausdrücklicher Bezugnahme auf diese (vgl. z.B. Harding 1991a, Keller 1986). Der Entdeckungszusammenhang naturwissenschaftlicher Theorien wird hier spezifiziert in Hinsicht auf die gesellschaftlichen Geschlechterverhältnisse, und deren konstitutive Rolle bei der Erlangung und Ausformung wissenschaftlichen Wissens wird ermittelt. Die zur Darstellung von Natur benutzten Begriffe werden dabei als soziale Konstruktionen auf der Folie der jeweils vorherrschenden Geschlechterordnung aufgefaßt und ihre dementsprechenden gesellschaftlichen Bezüge sowie ihre politischen und sozialen Auswirkungen analysiert.

Die meisten feministischen Studien orientieren sich an den anfangs genannten emanzipatorischen und ideologiekritischen Prinzipien der bürgerlichen Aufklärung, wobei deren fehlende Einlösung für Frauen sowohl für ihre berufliche Teilhabe am wissenschaftlichen Betrieb als auch für die inhaltliche und konzeptionelle Ausrichtung der Naturwissenschaften dargestellt und kritisiert wird.

Unter Rekurs auf verschiedene materialistische Theorien und auf die postmoderne Revision überkommener Begriffe der Aufklärung reflektierte die feministische Forschung im weiteren auch die elementaren Grundlagen der Naturwissenschaften, ihre Leitideen und ihre kognitiven Konzepte und dekonstruierte die dort abgelagerten Sinngehalte und kulturellen Bilder hinsichtlich ihrer Repräsentationen gesellschaftlicher Geschlechterverhältnisse.

Zunächst war es der feministischen Naturwissenschaftsforschung gemeinsam mit der sozialwissenschaftlichen Forschung ein Anliegen zu klären, warum Frauen trotz gleicher Studienleistungen in dem nach eigener Darstellung meritokratisch verfahrenden Wissenschaftsbetrieb in weitaus geringerem Maße in höheren Positionen anzutreffen waren als ihre männlichen Kollegen.

Historiographische und biographische Forschungen stellten anfangs heraus, daß der tatsächliche Frauenanteil in der Geschichte der Naturwissenschaften höher gewesen ist, als die auf männliche Leistungen abgestellte offizielle Geschichtsschreibung angibt (vgl. Alic 1991). Mit der Beschreibung der bisher unsichtbaren Lebensgeschichten und Karriereverläufe dieser Wissenschaftlerinnen[6], ihrer wissenschaftlichen Leistungen und auch ihrer Strategien, sich in einem stark männerdominierten Bereich einzurichten, lieferten sie zahlreichen Frauen bis dahin vermißte Vorbilder und ermutigten sie zu einer naturwissenschaftlichen Berufswahl.

Strukturell ausgerichtete Studien arbeiteten im weiteren die sozialorganisatorischen und sozialpsychologischen, oft subtil wirkenden Diskriminierungs- und Verdrängungsmechanismen heraus, die überhaupt zu dem jahrhundertelangen und bis heute andauernden Ausschluß von Frauen aus den Naturwissenschaften geführt haben. Schiebinger (1993) stellte beispielsweise in einer umfangreichen historischen Studie einen Zusammenhang her zwischen dem für Frauen vom 17. bis einschließlich 19. Jahrhundert geltenden Zutrittsverbot zu den Universitäten und den wissenschaftlichen bzw. kulturellen Weiblichkeitsentwürfen dieser Zeit, während Rossiter (1982) für die erste Hälfte des 20. Jahrhunderts zeigen konnte, daß auch nach der Zulassung von Frauen zur akademischen Ausbildung weiterhin Diskriminierungsmechanismen wirksam waren. Diese betrafen vor allem das Abdrängen von qualifizierten Frauen in Bereiche der Zuarbeit und Assistenz bzw. auf unterbezahlte und unsichere Stellen, oftmals unter Aneignung ihrer Forschungsergebnisse durch männliche Vorgesetzte.

Auch Arbeiten zur aktuellen Lage von Frauen im Wissenschaftsbetrieb beschreiben weiterhin geschlechtsspezifische Benachteiligungen, wie z.B. Nepotismus unter männlichen Kollegen, eine vorurteilsvolle Einstellungspraxis, überhöhte Leistungsstandards für Frauen bei gleichzeitiger ungenügender Anerkennung ihrer wissenschaftlichen Arbeit, den Ausschluß aus männerdominierten informellen Netzwerken sowie schließlich eine an der ‚klassischen' Männerbiographie orientierte hohe Arbeitsbelastung und Qualifikationsstruktur, die eine Entlastung von reproduktiven Arbeiten durch die Lebenspartnerin einkalkuliert, einen temporären Leistungsabfall durch die Geburt eines Kindes nicht toleriert und die Erziehungs- und Hausarbeit weiterhin als Aufgabe der Frauen voraussetzt (vgl. Etzkowitz et al. 1992; Reskin 1978; Wennerås/Wold 1997).

Sozialpsychologische Studien stellten zusätzlich heraus, daß kulturell verankerte Klischeevorstellungen von Naturwissenschaft als unpersönlich, wettbewerborientiert, distanziert und gefühlsneutral mit dem männlichen Rollenstereotyp korrespondieren, so daß Naturwissenschaftlerinnen in Identifikationskonflikte geraten können bzw. von ihrem sozialen Umfeld damit

konfrontiert werden, wodurch ihre Leistungsfähigkeit und ihre Zielgerichtet-
heit eingeschränkt werden (Wagner 1985, 1990). Schließlich wurde durch
Sozialisationsstudien verdeutlicht, daß bereits eine an Geschlechterstereotypen orientierte Erziehung, eine stärker auf Jungen ausgerichtete Förderung
und Ermutigung in naturwissenschaftlichen Schulfächern und schließlich die
gesellschaftlichen Rollenerwartungen bezüglich der Aufgabenverteilung in
Familie und Beruf Jungen bzw. Männer stärker motivieren, einen naturwissenschaftlichen Beruf anzustreben, während Mädchen und Frauen hier systematisch demotiviert werden (vgl. Beerman u.a. 1992).

Auf der Basis dieser Studien wurden zahlreiche Frauenfördermaßnahmen
zur Beseitigung der geschlechtsspezifischen Benachteiligungen für Mädchen
und Frauen in den Naturwissenschaften eingeleitet (vgl. Niedersächsisches
Ministerium für Wissenschaft und Kultur 1994), die jedoch durch gesamtge-
sellschaftliche Umstrukturierungen und Umwertungen der überkommenen
Produktions- und Reproduktionsbereiche noch ergänzt werden müßten (vgl.
Rose 1983).

Gesellschaftliche Geschlechtervorstellungen und -bewertungen beeinflussen jedoch nicht nur die Regeln des wissenschaftlichen Reputationssy-
stems und die Sozialisationsbedingungen der WissenschaftlerInnen maßgeblich, sondern werden auf einer weitergehenden Ebene der feministischen
Naturwissenschaftsanalyse auch als konstitutive, oft unreflektierte Hintergrundannahmen im Forschungsprozeß selbst ausgemacht, wo sie einen
Transfer der gesellschaftlichen Geschlechterordnung in die ausgedeutete
Ordnung der Natur anleiten und plausibel machen.

Die feministische Inhaltsanalyse biologischer Aussagen über Eigenschaften und Unterschiede der Geschlechter dokumentierte in diesem Zusammenhang für die Themenwahl, die Ausgangshypothesen, die Methoden
und Beobachtungsdaten sowie für die Dateninterpretation den Einfluß andro-
zentrisch-partikularer Sichtweisen und sexistischer Vorannahmen, die nicht
nur zu einer projektiven Abbildung des jeweils historisch vorherrschenden
hierarchischen Geschlechterverhältnisses und der sozialen Inferiorität von
Frauen führen, sondern durch dessen Naturalisierung diese gleichzeitig recht-
fertigen und damit stabilisieren. Für die männliche Überrepräsentation innerhalb der scientific community bedeutet dies außerdem nicht selten deren
Selbstaffirmation.

Die soziale Inferiorität von Frauen auf vorgeblich ‚natürliche' Inferiori-
täten zurückzuführen, hat eine lange Tradition und kann schon für die Antike
etwa bei Aristoteles und Hippokrates aufgewiesen werden, deren Vorstellungen gemeinsam mit denen Galens im wesentlichen noch im Mittelalter bis in
die frühe Neuzeit hinein bestimmend waren (Schiebinger 1993). Viele Studi-
en zeigten, daß die Überwindung der mittelalterlichen Vorstellungen durch
die europäische Aufklärung etwa im Zuge bürgerlicher emanzipatorischer
Egalitätsideen nicht zur Beseitigung dieser Inferioritätsthese führte, sondern
vielmehr zu ihrer argumentativen Neuformierung durch die sich entwickeln-

den empirischen Naturwissenschaften (vgl. Honegger 1996). Für die Bereiche Gehirn- und Intelligenzforschung, Evolutionsforschung, Endokrinologie, Soziobiologie, Anthropologie, Primatenforschung, Genetik, Zellbiologie, Botanik und weitere Fachgebiete konnte dazu eine auf den jeweiligen historischen Kontext beziehbare geschlechterideologisch verzerrte Perspektive bis in die aktuelle Forschung hinein herausgearbeitet werden.[7] So findet sich beispielsweise, wie Fausto-Sterling (1988) herausstellte, in vielen wissenschaftlichen Texten der Biologie über die hormonelle und morphologische Geschlechtsentwicklung eine ausführliche Beschreibung der männlichen Genese. Die Darstellung der weiblichen Geschlechtsentwicklung fällt hingegen oftmals sehr knapp aus und erscheint als eine Aneinanderreihung von Mangelzuständen im Vergleich zur männlichen Entwicklung, welche als Norm und Maßstab gesetzt wird. In anderer Weise zeigen feministische Studien in bezug auf verschiedene Theoreme der Zellbiologie, daß sich selbst in den zentralen Vorstellungen über die Funktionszusammenhänge zwischen den Zellorganellen die jeweils aktuelle Geschlechterordnung niederschlägt. So wird häufig die Beziehung zwischen dem Zellkern und dem Cytoplasma in Form einer eheähnlichen Verbindung beschrieben, wobei in Abhängigkeit von den jeweiligen gesellschaftlich gültigen Regeln diese als rigoros hierarchische oder als egalitäre Ordnung erscheint (vgl. The biology and gender study group 1989). Diese sehr kleine Auswahl von Beispielen ließe sich um die Ergebnisse vieler weiterer Studien ergänzen, die insbesondere im Falle der Gehirnforschung oder auch der Soziobiologie oft krasse Verstöße gegen die elementaren Regeln der empirischen Validierungsverfahren oder des logischen Schließens aufgrund von offensichtlichen Voreingenommenheiten aufzeigen.

Diese Art der Inhaltsanalyse wurde und wird überwiegend von Biologinnen angestellt mit dem Ziel, die wissenschaftlich Tätigen zu einem reflektierteren und strengeren Umgang mit den methodischen Normen der Naturwissenschaft anzuhalten und dadurch ideologische Verzerrungen zu verringern. Obwohl in diesem Ansatz davon ausgegangen wird, daß Frauen und Männer gleichermaßen unreflektiert Hintergrundannahmen in ihre Forschung einfließen lassen, wird doch eher Frauen aufgrund möglicher eigener Diskriminierungserfahrungen eine erhöhte Sensibilität gegenüber Geschlechterideologien und ein größeres Interesse an deren Aufhebung zuerkannt.

Die Möglichkeit, überhaupt einen Kern neutralen Wissens mit den Mitteln der Naturwissenschaft aufzufinden, wurde im weiteren durch die Befunde feministischer Reflexionen über Wissen, Wahrheit und Subjektivität neuzeitlicher Wissenschaftskultur grundsätzlich fraglich. Denn die gesellschaftlichen Geschlechterverhältnisse, vor deren Hintergrund die Definition der wissenschaftlichen Wahrheit im 17. Jahrhundert wider die vormals gültige theologische Wahrheit erfolgte, wurden von der feministischen Forschung auch in den kognitiven und ontologischen Grundkonzepten der Naturwissenschaften als deren wissenschaftsgeschichtlicher Subtext freigelegt.

Das Gebot der Kontrolle und die Abwehr des Subjektiven erwiesen sich beispielsweise als Konstituierung eines Erkenntnismodells, das einer hierarchischen Geschlechterbeziehung nachgebildet war (vgl. Scheich 1996, 9). Die spezifischen wissenschaftlichen Standards der Rationalität, Universalität, Objektivität und Abstraktion waren dabei im Rahmen des binär und hierarchisch geordneten Symbolsystems im abendländischen Denken als mit dem Identitätsentwurf des bürgerlichen männlichen Subjekts verknüpfte dekonstruierbar. Männliche Identität ist demnach durch Abtrennung, Abwertung und (Selbst-)Beherrschung der – weiblich codierten – Eigenschaften wie Emotionalität, Sinnlichkeit, Partikularität, Naturhaftigkeit und Körperlichkeit konzipiert (vgl. z.B. Lloyd 1985). In einem weiteren Schritt konnte wissenschaftliche Objektivität als die Verabsolutierung einer bestimmten männlich vereinnahmten Subjektivität entschlüsselt werden, welcher durch die Verleugnung ihrer Entstehungsgeschichte die Aura des Überzeitlichen und Unbedingten verliehen wurde. Die moderne Naturwissenschaft zeigte sich auf diese Weise zugleich als auf die Überwindung des (sogenannten) Weiblichen hin angelegt, womit auch die Grundlage und Legitimation für den realen Ausschluß von Frauen aus dem Wissenschaftsbetrieb gegeben war.

Desweiteren waren verschiedene ontologische Vorstellungen, wie z.B. eine gesetzmäßig geordnete Natur, eine atomistische Naturstruktur usw., ebenfalls als Repräsentationen jeweils zeitgenössischer patriarchaler Verhältnisse aufschlüsselbar (vgl. z.B. Scheich 1985). Um das zuletzt genannte Beispiel auszuführen: Im organizistischen Weltbild des Mittelalters wurde das feudalistisch strukturierte Gemeinwesen als organische Einheit wie ein menschlicher Körper imaginiert und in den Bezugsrahmen des hierarchisch gegliederten und geschlossenen kosmischen ‚Gesamtorganismus‘ eingefügt, während das Geschick aller zugehöriger Entitäten als durch ihnen innewohnende Kräfte bestimmt gesehen wurde. Im darauffolgenden mechanistischen Weltbild der Aufklärung wurden die korrespondierenden Projektionen zwischen Gesellschaftsordnung und Naturordnung nicht aufgegeben, sondern durch das Leitbild des politischen Liberalismus neu entworfen. Die Idee von der Gleichheit aller Menschen findet sich nun in der hierarchielosen Einheitlichkeit der Natur wieder. Dem damit verbundenen atomistischen Aufbau der Materie, deren kleinste Teilchen nur durch von außen wirkende Kräfte miteinander in Beziehung gesetzt werden, entspricht strukturanalog die Vorstellung von dem aus autonomen Subjekten zusammengesetzten Gemeinwesen, welche in ihren Rechten und Pflichten einem von außen auferlegten Gesetz gehorchen. Auf der Basis des realen Ausschlusses der Frauen aus der bürgerlichen Öffentlichkeit bildet dieses Naturmodell zugleich in androzentrischer Ausrichtung allein die soziale Wirklichkeit von Männern ab (vgl. Harding 1991a, 244ff.).[8]

Diese Sexualisierung der hierarchisch strukturierten Dichotomien bzw. die Entsprechung von androzentrischen Gesellschaftsmodellen und ebensolchen Naturmodellen wurden in Abhängigkeit von der theoretischen Perspektive in verschiedener Weise hergeleitet. Während materialistische Ansätze in diesen Verknüpfungen und Strukturanaloga den Niederschlag theoretisierter gesellschaftlicher Erfahrungen der neuzeitlichen geschlechtlichen Arbeitsteilung mit ihrer Trennung in Produktions- und Reproduktionsbereich bzw. in eine öffentliche und eine private Sphäre sehen (z.B. Fee 1986, Hartsock 1983; Rose 1986)[9] oder aus werttheoretischer Perspektive formgenetische Bezüge zwischen Ökonomie, Erkenntnis und Geschlecht herstellen (v.a. Scheich 1985, 1993; Woesler 1987), sind sie für postmoderne Reflexionen Ausdruck machtvoller Repräsentations- und Identitätspolitiken (vgl. z.B. Haraway 1995).

Mittlerweile wird durch die neueren wissenschaftstheoretischen feministischen Ansätze die Möglichkeit einer wertfreien, auf universale Erkenntnis ausgerichteten Naturwissenschaft verworfen, weil damit eine die eigene Subjektivität und historische Gewordenheit verleugnende totalitäre Illusion einer transzendentalen Subjektvorstellung einhergeht. Statt dessen wird auf die unumgängliche partiale Perspektive des erkennenden Subjekts durch seine historische und soziale Situiertheit verwiesen. Mit dieser materiellen Rückbindung von Erkenntnis an den konkreten Erkenntniskontext ergeben sich grundlegende Neuausrichtungen bezüglich der Praxis des Erkenntnisprozesses und des Naturbegriffes.

So schlagen einige Theoretikerinnen in verschiedenen Konzeptionen[10] vor, Konsequenzen aus der sozialen und kulturellen Kontextabhängigkeit des naturwissenschaftlichen Wissens zu ziehen. Sie plädieren für eine stärker heterogene personelle Besetzung der Forschungsinstitutionen, um eine Pluralität der Perspektiven und Standpunkte zu erreichen sowie für eine fortlaufende sorgfältige naturwissenschafts*interne* Reflexion der sozialen Bedingtheit und der Auswirkungen des naturwissenschaftlichen Wissens.

Der Forschungsprozeß selbst stellt nun nicht mehr die abbildhafte Entdeckung der Natur ‚als solcher‘ dar, sondern auch die naturwissenschaftlichen Naturvorstellungen sind aus der neueren feministischen Perspektive immer Produkt eines gesellschaftlichen Konstruktionsprozesses, ohne daß eine einzige und universal gültige Wahrheit über ‚die Natur‘ erlangt werden könnte. Diese Naturauslegungen werden damit aber nicht als völlig beliebig angesehen, da der materiellen Verfaßtheit der Welt selbst eine gewisse Widerständigkeit und eigene Definitionsmacht zugebilligt werden, welche wissenschaftliche Erkenntnisse über sie einerseits überhaupt ermöglicht, andererseits aber auch begrenzt. Der Forschungsprozeß verliert damit, da Natur nicht mehr als passive Verfügungsmasse des wissenschaftlichen Zugriffs angesehen wird, etwas von seinem herrschaftlichen Gestus und weist in Richtung eines dialogischen Vorgangs (vgl. Keller 1992, sehr ausführlich dazu Haraway 1996b, vgl. dazu auch Weber 1997).

Abschließend bleibt festzuhalten, daß die feministische Wissenschaftsforschung mit den Ergebnissen ihrer Analysen zu einer ideologiekritischen Erkenntnishaltung auffordern will und in ihrer poststrukturalistischen Ausrichtung Anregungen liefern möchte für eine Verschiebung des narrativen, bedeutungsproduzierenden Feldes „Wissenschaft von der Natur" in Richtung auf eine nicht misogyne Wissenschaftskonzeption.

3 Zum Wissenschaftsverständnis in der Biologie – eine empirische Studie

Obwohl die im Überblick dargestellten Theorien auf der Metaebene naturwissenschaftlicher Theorie und Praxis angesiedelt sind, wurden sie außerhalb der Naturwissenschaften im philosophischen, wissenschaftshistorischen und sozialwissenschaftlichen Bereich entwickelt. Denn im Gegensatz zu den Geistes- und Sozialwissenschaften ist in den Naturwissenschaften die Diskussion der Methodologie des Faches bisher nicht Bestandteil ihres wissenschaftlichen Kanons. Dieser Umstand veranlaßte mich zu meiner im folgenden skizzierten empirischen Untersuchung, die nach dem Wissenschaftsverständnis in der Biologie fragt.

Die neueren naturwissenschaftsreflektierenden Ansätze setzen mit ihren Forschungsausrichtungen an einer Problemlage an, die durch ein plausibel dargestelltes Ungenügen überkommener metatheoretischer Erklärungen bezüglich der Geltung und Entstehung naturwissenschaftlichen Wissens entstanden war und zu einer Untersuchung der sozialen, ökonomischen, politischen und kulturellen Bedingtheit auch dieser Wissensart Anlaß bot.

Mit der Betrachtung des Wissenschaftsverständnisses in den Naturwissenschaften möchte ich untersuchen, ob sich auch innerhalb dieser Wissenschaften selbst eine ebensolche ‚kognitive Wende', eventuell unter Bezugnahme auf die oben dargestellten Ansätze, vollzogen hat. Gibt es dort, unter Umständen inspiriert durch die wissenschaftstheoretischen und sozialwissenschaftlichen Diskussionen der letzten Jahrzehnte oder auch als interner Diskurs, ebenfalls Zweifel an den bisherigen Selbstverständlichkeiten der überlieferten wissenschaftlichen Selbstdarstellung? Und hat sich dies niedergeschlagen in einem anderen Selbstverständnis der WissenschaftlerInnen, in einem anderen Gegenstandsbezug oder einem anderen Erkenntnisbegriff als dem bisherigen positivistisch-empiristischen?

Weil sich das Wissenschaftsverständnis an den stark standardisierten und meistens nicht metatheoretisch ausgerichteten naturwissenschaftlichen Texten nur in sehr begrenztem Umfang bearbeiten ließ, entschied ich mich für die Durchführung von Interviews mit NaturwissenschaftlerInnen in der Hoffnung, in ihren Selbstauskünften auf eventuell im schriftlichen Diskurs nicht niedergelegte Interessenlagen, Spannungen und Diskussionsprozesse zu stoßen.

Als Untersuchungsbereich wählte ich exemplarisch die Biologie aus, da
ich als Biologin mit der Fachsprache und den dort verhandelten Sachverhal-
ten vertraut bin, und führte Leitfadeninterviews mit einer Personengruppe
durch, die mir aufgrund ihrer starken Involviertheit in den internationalen
wissenschaftlichen Diskurs im Rahmen ihrer Forschungstätigkeit sowie in
ihrer Funktion als Multiplikatoren von wissenschaftlichen Inhalten aufgrund
ihrer Lehrtätigkeit besonders geeignet und interessant erschien: die Profes-
sorInnenenschaft. Meine Untersuchung ist wegen der relativen Unerschlossen-
heit des Forschungsfeldes als empirische Exploration angelegt und damit
nicht als repräsentativ anzusehen. Sie umfaßt 30 zwei- bis dreistündige Leitfadeninterviews mit Professorinnen und Professoren verschiedener biologischer Fachgebiete und unterschiedlichen Alters im westdeutschen Bundes-
gebiet zu ungefähr gleichen personellen Anteilen in allen genannten Kategori-
en, die bis auf eine Ausnahme[11] nach dem Zufallsprinzip ausgewählt wurden.

Die Fragenkomplexe des Leitfadens sind an den Problemstellungen der
beschriebenen neueren Ansätze der Wissenschaftstheorie und Wissenschaftsforschung orientiert, wobei die feministische Wissenschaftsforschung aufgrund ihres umfangreichen und ausdifferenzierten, auf die Biologie bezogenen Repertoires ausdrücklich berücksichtigt wurde. Um einen Eindruck vom
institutionellen Kontext der vorgefundenen Positionen zu gewinnen, wurden
zusätzlich Fragen zu den Bedingungen des wissenschaftlichen Arbeitens
integriert. Der Leitfaden gliederte sich in sechs verschiedene Themenblöcke
mit jeweils 5-10 Fragen: 1. Berufliche Biographie und soziale Organisation
von Wissenschaft, 2. Forschungspraxis, 3. Wissenschaftssprache, 4. Erkenntnistheorie und Wissenschaftsgeschichte, 5. politische und kulturelle Dimension von Biologie· 6. Kritik und Änderungsperspektiven.[12]

Für keine andere Naturwissenschaft sind so viele und unterschiedliche
feministische Studien erstellt worden wie für die Biologie, so daß es angebracht erscheint, das Verhältnis zwischen diesem speziellen metatheoreti-
schen Diskurs und dem fachimmanenten Selbst- und Wissenschaftsverständnis eingehend zu berücksichtigen. Ich gehe daher im Rahmen meiner Untersuchung auf die Rezeption der feministischen Naturwissenschaftsforschung
als einem Teilbereich der Untersuchung ausführlicher ein und stelle im folgenden die dazu in den Interviews vorgefundenen Positionen[13] dar.

4   Zur Rezeption feministischer Ansätze in der Biologie –
Untersuchungsergebnisse

Im offiziellen Lehrangebot des Biologiestudiums ist die feministische Naturwissenschaftsforschung bisher nur sehr vereinzelt und häufig nur auf be-

sondere Initiative von Interessengruppen vertreten. Auch im Forschungsalltag und auf wissenschaftlichen Kongressen ist dieses Thema bisher nach meiner eigenen Erfahrung kaum anzutreffen. Ich vermutete daher, daß ich bei der Thematisierung dieses Forschungsbereichs im Rahmen meiner Interviews hauptsächlich auf Unkenntnis bzw. auch Unverständnis der Befragten stoßen würde. Diese Vermutungen erwiesen sich aber als zu pauschal und undifferenziert, da, wie im folgenden dargestellt ist, gewissermaßen hinter den Kulissen von Forschung und Lehre andere Diskurse abzulaufen scheinen.

Ich gliedere die Ergebnisse meiner Untersuchung[14] entsprechend der oben dargestellten Unterteilung des Forschungsfeldes „Feministische Naturwissenschaftsforschung" in zwei Bereiche: zum ersten in ‚Stellungnahmen zum Geschlechterverhältnis im Berufsfeld Biologie' und zum zweiten in ‚Stellungnahmen zu einer geschlechtsspezifischen Ausrichtung der Inhalte und Grundkonzepte der Biologie'.

4.1 Stellungnahmen zum Geschlechterverhältnis im Berufsfeld Biologie

Zur Thematisierung dieses Bereiches stellte ich im Rahmen des Themenblocks 1 (‚Berufliche Biographie und soziale Organisation von Wissenschaft') die Frage, warum nach Einschätzung der Befragten der Frauenanteil in den höheren wissenschaftlichen Berufspositionen der Biologie so gering sei, vor allem angesichts eines Frauenanteils von ca. 50% unter den StudienanfängerInnen in diesem Fach. In Abhängigkeit vom Antwortspektrum stellte ich im weiteren die noch nicht angesprochenen zentralen Untersuchungsgebiete der diesbezüglichen feministischen Forschung schlagwortartig[15] zur Diskussion und fragte schließlich nach eventuellen Möglichkeiten zur Erhöhung des Frauenanteils.

Auf den gesamten Fragenkomplex wurde, bis auf wenige Ausnahmen, engagiert und ausführlich geantwortet. Die Stellungnahmen betrafen sechs verschiedene Aspekte – Institutionenstruktur, Stellenvergabe, Atmosphäre im Kollegium, Konflikt Familie-Beruf, Sozialisation / Rollenidentität und Frauenförderung – und werden im folgenden in bezug auf diese in der angeführten Reihenfolge dargestellt.

In bezug auf den ersten Aspekt, die *Institutionenstruktur*, wurden zahlreiche Bedingungen benannt, die der Karriere von Frauen entgegenstehen. So ist vor allem die Habilitationszeit nach Ansicht von sechs Befragten[16] ein Problem, da diese Zeit mit der Familiengründungsphase zusammenfiele und für Frauen oft entweder eine extreme Doppelbelastung bedeute oder diese potentielle Belastung sie abschrecke und schon vorab zu einer Entscheidung gegen die Habilitation führe.

Die Arbeitsbelastung allgemein wurde von drei Professorinnen für Frauen als vergleichsweise höher eingeschätzt als für Männer, da diese meistens keine oder weniger Entlastung im reproduktiven Bereich erführen und zudem der Arbeitsalltag durch den häufigen Ausschluß aus etablierten Männernetzwerken mühsamer sei.

Fünf Befragte wiesen darauf hin, daß die Drittmittelabhängigkeit der meisten Forschungsprojekte zu einer deutlichen Bevorzugung männlicher Mitarbeiter führe, da mit dieser Finanzierungsart eine ununterbrochene Leistungsfähigkeit und entsprechende Erfolgsnachweise verbunden seien, die mit einem möglichen Mutterschaftsurlaub nicht vereinbar wären. Eine Professorin gab zusätzlich aus eigener Erfahrung zu bedenken, daß der Einsatz von Frauen auf Qualifikationsstellen aus diesem Grund, besonders in kleinen Arbeitsgruppen, ein Problem sei wegen eines möglichen Ausfalls der Lehrtätigkeit.

Als weitere Schwierigkeiten wurden von sechs Befragten die Berufungsbedingungen für eine Professur gesehen. Vorwiegend Professorinnen kennzeichneten die Voraussetzungen einer möglichst ununterbrochenen und kurzen Qualifikationszeit sowie eine hohe Veröffentlichungszahl als nachteilig für Frauen, die Kinderphasen eingelegt haben. Einige erwähnten zusätzlich, daß durch männerdominierte Zitierkartelle und eine Benachteiligung von Frauen bei der Akzeptanz von Artikeln für Zeitschriften der citation index und die Veröffentlichungsmöglichkeiten verringert würden.

Eine Mehrzahl der Befragten sah, zum zweiten, eine ungerechte *Stellenvergabe* als eine der entscheidenden Ursachen des geringen Frauenanteils auf höheren Positionen an. Für diese Vergabepraxis wurden verschiedene Gründe dargelegt (Reihenfolge nach Häufigkeit der Nennungen): Männernetzwerke, innerhalb derer meistens unbewußt, in den seltensten Fällen beabsichtigt, eher Männer für Stellen vermittelt oder ausgewählt würden, desweiteren Abwehrreaktionen von Männern, die durch gleich- oder höhergestellte Kolleginnen die klassische Statusordnung gefährdet sähen, und schließlich verschiedene Vorurteile von Männern, aber auch von Frauen bezüglich der fachlichen Befähigung von Frauen sowie ihres Vermögens, Familie und Beruf zu verbinden. Zwei Professorinnen berichteten von einem diffusen Gefühl der Benachteiligung während ihrer eigenen Bewerbungszeit.

Sieben der Befragten hingegen waren der Ansicht, daß die Stellenvergabe nur an der Leistung orientiert sei und daher bezüglich des Geschlechtes unvoreingenommen ablaufe bzw. heutzutage vorurteilslos sei. Vier Professorinnen wiesen ausdrücklich darauf hin, daß sie oft gute Erfahrungen mit der Förderung durch männliche Kollegen gemacht hätten.

Nahezu die Hälfte der befragten Professorinnen beschrieb, als dritten Aspekt, eine belastende zwischenmenschliche Atmosphäre an der Universität als weiteren karrierebeeinträchtigenden Faktor. Viele berichteten von diskriminierenden Bemerkungen und Verhaltensweisen der männlichen Kollegen ihnen gegenüber bzw. von einer ihrer Ansicht nach geringeren Anerkennung ihrer Leistungen. Häufig wurde auch beklagt, daß es zu wenige Ansprechpartnerinnen zur Auseinandersetzung mit den speziell Frauen belastenden Schwierigkeiten im Wissenschaftsbetrieb gebe, auch für die Studentinnen, die darüberhinaus durch zu wenige Vorbilder in ihrer Motivation und Zielstrebigkeit beeinträchtigt würden. Auch sei durch die geringe Frauenpräsenz in Gremien die Interessenvertretung für Frauen eingeschränkt. Durch die Überrepräsentanz der Männer entstehe, so die Selbstbeobachtung zweier Professorinnen, desweiteren ein Minderheiten- bzw. Fremdheitsgefühl. Zwei Professorinnen sahen sich unter ständigem Rechtfertigungszwang bezüglich ihres Anrechtes auf ihre (Sonder-)Stellung an der Universität. Die Konkurrenz zwischen Männern und Frauen an der Universität wird von vier Professorinnen als unangenehm stark charakterisiert. Eine Professorin hingegen betonte ausdrücklich, daß sie sich vorbehaltlos wohlfühle „in dem Männerklüngel".

Vorrangig wird der geringe Frauenanteil unter der ProfessorInnenschaft in einem zentralen vierten Aspekt in Verbindung gebracht mit dem von Frauen auszutragenden *Entscheidungskonflikt zwischen Familie und Beruf.*

Bezüglich des ‚Kinderproblems‘ sind im wesentlichen zwei Positionen vorzufinden. Aufgrund der extrem hohen Arbeitsbelastung und der Anwesenheit fordernden Labortätigkeit ist die Hälfte der Befragten der Ansicht, daß eine Vereinbarung von Beruf und Kindern nahezu ausgeschlossen sei. Deshalb stehe für Frauen eine ganz persönliche Entscheidung an, die sie oft aus traditionellen Neigungen zugunsten der Familientätigkeit träfen. Überwiegend männliche Befragte kennzeichneten dabei die Gebärfähigkeit als einen biologischen Grund, der Frauen allgemein an einer Berufstätigkeit hindere.

Von der anderen Hälfte der Befragten wird die Unmöglichkeit einer Vereinbarung von Familie und Beruf in Frage gestellt und als oft vorgeschobene oder auch als überkommene gesellschaftlich vermittelte Behauptung gekennzeichnet, durch die viele Frauen und Männer sich irreleiten ließen. Das Kinderproblem sei, da Schwangerschaft und Stillzeit nur einen geringen Zeitraum in Anspruch nähmen, kein biologisches Problem der Frauen, sondern ein organisatorisches Problem der Kinderbetreuung, unabhängig vom Geschlecht.

Auffällig an dieser Aufteilung war, daß die erste Position überwiegend von Professorinnen ohne Kinder bzw. von Professoren bezogen wurde, während die zweite Position überwiegend die Professorinnen mit mindestens einem Kind vertraten. Einige Befragte zeigten eine unentschiedene Zugehörigkeit zu beiden Positionen (einerseits ist es so... – andererseits müßte man...).

Als weiteres wichtiges Problem neben der ‚Kinderfrage‘ wurde die ‚Partnerschaftsfrage‘ von der Hälfte der Befragten thematisiert und verschiedene Status- und Akzeptanzprobleme des Partners mit einer statushohen und arbeitsintensiven Berufstätigkeit der Partnerin beschrieben sowie mangelnde

Unterstützung und Entlastung durch den Partner, so daß eine Tätigkeit als Professorin erschwert würde.

Schließlich wurde im Zusammenhang mit dem Entscheidungskonflikt Familie-Beruf das Wiedereinstiegsproblem von acht der Befragten aufgegriffen und die Tendenz vieler Frauen beschrieben, nach dem Mutterschaftsurlaub nicht wieder in den Wissenschaftsbetrieb zurückzukehren, da ihnen dieser im Vergleich zur familiären Sphäre als abschreckend erschiene. Drei Professorinnen wiesen dabei darauf hin, daß dies auch durch einen distanzierteren Blick von der Außenperspektive aus bedingt sei, wodurch der außerordentliche Streß und die unsozialen Mechanismen des Universitätsbetriebs kritischer betrachtet würden.

Die Hälfte der Befragten beschrieben im weiteren als fünften Aspekt verschiedene *geschlechtsspezifische Charaktereigenschaften und Verhaltensweisen* von Frauen, die sie als karrieremindernd ansahen, wie zuwenig Ehrgeiz, geringe Zielstrebigkeit, starke Selbstzweifel, geringes Zutrauen, zu starke Zurückhaltung und Zaghaftigkeit, wenig Mut sowie eine stärkere Ausrichtung auf den zwischenmenschlichen Bereich im Vergleich zum wissenschaftlichen Bereich. Zudem seien Frauen im Gegensatz zu den Männern häufig bereit, der Karriere des Partners den Vorrang zu geben und ihren Wohnort nach dem Ort seiner beruflichen Tätigkeit auszurichten.

Die Gründe für diese Eigenschaften und Neigungen wurden von drei der Befragten als teilweise in der menschlichen Biologie begründet gesehen, so als evolutiv entstandene Verhaltensweisen bzw. als Ausdruck einer geschlechtsspezifischen Hormonausstattung und/oder bedingt durch eine ebensolche Gehirnstruktur. Die überwiegende Mehrheit der Professorinnen und Professoren sahen die oben beschriebenen Charaktereigenschaften hingegen in der weiblichen Sozialisation, d.h. sowohl in dem gesellschaftlich vermittelten Rollenstereotyp als auch in der Erziehung begründet. Mehrere Professorinnen betonten dabei, daß Frauen dadurch oft in Rollenkonflikte bezüglich der Attribuierung von Berufsbild (Durchsetzungsfähigkeit, Konkurrenzstärke usw.) und weiblichem Rollenbild gerieten, wodurch ihre Berufsmotivation eingeschränkt würde. Dieser Effekt werde durch zu wenige weibliche Vorbilder in höheren Positionen und die schlechteren Berufsaussichten für Frauen zusätzlich verstärkt.

Während weibliche und männliche Befragte bezüglich der Beurteilung der Aspekte ‚Institutionenstruktur‘, ‚Stellenvergabe‘, ‚Konflikt Familie-Beruf‘ und ‚Rollenidentität‘ in ihrer Kennzeichnung der beruflichen Barrieren für Frauen ungefähr konform gingen und mit vielen der im ersten Teil aufgeführten Ergebnisse der feministischen Forschung übereinstimmten, ergaben sich deutliche geschlechtsspezifische Unterschiede bei der Wahrnehmung von Zusammenhängen und bei der Beurteilung des Arbeitsklimas. Ausschließlich weibliche Befragte thematisierten, wie oben dargestellt, den letztgenannten Bereich hinsichtlich seiner dort möglichen Belastungen und Zumutungen für Frauen. Sie stellten zudem, wie beschrieben, komplexere

Verbindungen her bezüglich der beruflichen Barrieren. So wurde beispielsweise die Arbeitsbelastung auch mit strukturellen Benachteiligungen durch
die geschlechtsspezifische Arbeitsteilung und die Kommunikationsstruktur in
der scientific community in Verbindung gebracht, das Wiedereinstiegsproblem nach dem Mutterschaftsurlaub auch als Kritik an der Wissenschafts-
struktur formuliert und die Nachteile der weiblichen Rollenidentität auch auf
den Konflikt zwischen Selbstbild und Berufsbild bezogen.

Diese unterschiedliche geschlechtsspezifische Perspektive läßt sich abschließend auch bei den Vorschlägen zu Frauenförderung, dem sechsten
Aspekt, erkennen. Nur sehr wenige Professoren äußerten sich ausführlicher
und konstruktiv zu Maßnahmen, die zu einer Verbesserung der Berufschan-
cen für Frauen führen könnten. Viele Professorinnen hingegen schlugen
verschiedene diesbezügliche Veränderungsmöglichkeiten vor, wie z.B. eine
Umstrukturierung der Qualifikationszeit und ihrer Bedingungen, eine Neudefinition von Berufungskriterien und Leistungsstandards sowie eine Neuordnung der Stellenvergabepraxis. Fast ausschließlich Frauen berichteten zudem
von ihren Bemühungen, Studentinnen zu unterstützen und zu fördern, eine
angemessene Berücksichtigung von Bewerberinnen in Berufungskommissionen zu erreichen oder mehr Frauen zu Veranstaltungsreihen einzuladen.
Deutlich mehr weibliche als männliche Befragte klagten darüber hinaus unter
Verweis auf die vorbildhafte Situation in vielen anderen Ländern eine bessere staatlich organisierte Kinderbetreuung bzw. Haushaltsentlastung ein und
hielten eine Änderung des Rollenverständnisses der Lebenspartner, aber auch
der Frauen selbst für notwendig oder wünschenswert. Zur Aufhebung der
oben genannten belastenden Bedingungen des Arbeitsklimas äußerten nahezu
ausschließlich weibliche Befragte ausdrücklich den Wunsch nach einem
höheren Frauenanteil im Kollegium.

Als Fazit aus den Stellungnahmen zu berufssoziologischen Aspekten läßt
sich festhalten, daß im allgemeinen eine sensibilisierte Wahrnehmung bezüglich der beruflichen Barrieren gegenüber Frauen im Wissenschaftsbetrieb
anzutreffen war, die möglicherweise Ausdruck einer Rezeption des in der
Öffentlichkeit verstärkt ausgetragenen Diskurses zu dem Thema ist. Auffällig
war dabei bezüglich einiger Aspekte ein geschlechtsspezifischer Unterschied,
der sich in der beschriebenen vergleichsweise komplexeren Reflexion und
dem größeren Engagement vieler weiblicher Befragter äußerte und damit ihre
besondere Betroffenheit signalisierte.

4.2 Stellungnahmen zu einer geschlechtsspezifischen Ausrichtung der Inhalte und Grundkonzepte der Biologie

Für diesen zweiten wissenschaftstheoretischen Bereich wurden im Rahmen
verschiedener Themenblöcke insgesamt vier Fragen gestellt: im Themenblock ‚Forschungspraxis' stellte ich erstens ein jeweils fachbezogenes For-

schungsergebnis aus dem Bereich der feministischen Inhaltsanalyse[17] zur Diskussion. Im Themenblock „Erkenntnistheorie und Wissenschaftsgeschichte" standen zweitens eine mögliche geschlechtsspezifische Konnotation verschiedener Grund- und Leitkonzepte wie Rationalität, Objektivität, Universalität, Wertneutralität, Naturbeherrschung usw. sowie drittens ein eventuelles geschlechtsspezifisches Naturverständnis zur Debatte. Am Schluß des Interviews stand viertens die Frage nach einer eventuellen expliziten Kenntnis der feministischen Naturwissenschaftsforschung. Die Antworten fielen hier im Vergleich zum ersten Themenbereich wesentlich knapper aus.

Nur etwa ein Viertel der Befragten konnte mit dem dargestellten Ergebnis der *feministischen Inhaltsanalyse* gar nichts anfangen, fand das Beispiel unplausibel oder betonte ausdrücklich, daß es keinen Einfluß des gesellschaftlichen Hintergrundes auf die Ergebnisse der naturwissenschaftlichen Forschung gebe. Die Mehrzahl dagegen sah diesen Einfluß in verschiedenem Ausmaß als gegeben an und kennzeichnete ihn entweder als Ausdruck subjektiver geschlechtsspezifischer Interessen oder als oft unbemerktes Wirksamwerden von gesellschaftlichen Rollenbildern. Eine geschlechtsspezifische Interessenlage wurde fast ausschließlich von Professorinnen als Beobachtung zugegeben und dafür jeweils verschiedene Gründe geltend gemacht (nach der Häufigkeit der Nennungen geordnet): die sozialisationsbedingte Rollenperspektive, eine abwertende Haltung von Männern Frauen gegenüber, eine Kombination sozialer und evolutiv-biologischer Prägungen oder eine biologisch determinierte geschlechtsspezifische Denkstruktur der Geschlechter.

Der gesellschaftliche Einfluß auf die biologische Forschung wurde von den meisten der diese Position vertretenden Befragten als ärgerlicher, erkenntnismindernder Faktor betrachtet und für eine erhöhte Aufmerksamkeit zu seiner Vermeidung plädiert. Vier Befragte würdigten ausdrücklich die erkenntniserweiternde Rolle einer Aufwertung bisher abgewerteter Bereiche bzw. einer Darstellung bisher ignorierter Sachverhalte in bezug auf die Geschlechterbeschreibungen.

Bezüglich der zweiten Frage nach einer eventuellen *geschlechtsspezifischen Konnotation* der oben angegebenen naturwissenschaftlichen Leit- und Grundkonzepte Rationalität, Objektivität, Universalität, Wertneutralität, Naturbeherrschung usw. stellten nahezu alle Befragten eine intuitive Verbindung zwischen den meisten oder allen diesen Begriffen einerseits und Vorstellungen von Männlichkeit andererseits her, kennzeichneten diese Konnotationen aber zugleich als Vorurteile bzw. gesellschaftliche Zuschreibungen, denen sie selbst nicht erlägen. Vier Professorinnen wiesen darauf hin, daß diese eigentlich neutralen Begriffe historisch von Männern besetzt und geprägt worden seien, heutzutage aber für alle geschlechtsunabhängig Gültigkeit erlangt hätten. Dennoch, wandten einige ein, besäßen diese Begriffe eine Ausstrahlung, die Frauen aufgrund eines Rollenkonfliktes in den Wissenschaften eventuell ein Unbehagen bereiten könnte.

Zwei Befragte hielten ‚Universalität' und ‚Abstraktion' aufgrund einer von ihnen postulierten unterschiedlichen kognitiven Strukturiertheit der Geschlechter für biologisch begründete, männliche Denkformen.

Bezüglich der dritten Frage nach einem eventuellen *geschlechtsspezifischen Naturverständnis bzw. -verhältnis* teilten sich die Antworten der Befragten in zwei Positionen auf, und ebenso viele Befragte waren jeweils der Überzeugung, es gebe keine Unterschiede, wie demgegenüber der Ansicht, es gebe geschlechtsspezifische Unterschiede. Diese Unterschiede wurden dabei verschiedenen Ursachen zugeordnet (Reihenfolge nach der Häufigkeit der Nennungen): durch die Sozialisation bedingt, teilweise biologisch und teilweise sozial bedingt, durch eine unterschiedliche Gehirnstruktur bedingt, allgemein durch unterschiedliches Körpergeschehen bedingt, vielleicht durch die Evolution des Verhaltens bedingt oder ganz sicher hierdurch bedingt.

Bei der vierten Frage bezüglich der *Kenntnis feministischer Naturwissenschaftsforschung* wurde erstmals explizit der Begriff ‚feministisch' verwendet, da ich seine negative, vorurteilsgeladene Konnotation vermutet hatte und eine Beeinträchtigung der Antworten bis zum Ende des Interviews ausschließen wollte.

Nur drei der Befragten hatten noch nie etwas von dieser Forschungsrichtung gehört. Die Mehrzahl hatte in verschiedenster Weise und unterschiedlichem Ausmaß Kenntnis davon erhalten und war zu einem Drittel positiv, zu zwei Dritteln negativ dazu eingestellt.

Eine positive Einstellung wurde in verschiedener Weise geäußert: vier der Professorinnen arbeiteten über feministische Ansätze bzw. konzipierten, durch diese inspiriert, eigene Forschungsansätze oder organisierten Veranstaltungsreihen. Einige Befragte äußerten prinzipielles Interesse, hatten aber bisher keine Zeit zu einer intensiveren Beschäftigung damit gefunden oder nur weniges gelesen. Eine Professorin erklärte ihre Offenheit gegenüber feministischer Forschung, deutete aber zugleich ihre Schwierigkeiten damit an, Naturwissenschaft und Feminismus zusammenzudenken. Drei der Befragten befürworteten eine Institutionalisierung der feministischen Naturwissenschaftsforschung im Rahmen der Universität.

Negative Einstellungen wurde mit verschiedenen Argumenten begründet: häufig wurde ein Ideologie- und Dilettantismusverdacht geäußert und damit zusammenhängend eine zu starke Einseitigkeit einer feministischen Forschungsausrichtung (Separatismusvorwurf) bzw. die ungerechtfertigte Überhöhung des Weiblichen bzw. der Frauen (differenztheoretischer Vorwurf) beanstandet. Weiterhin brachten viele zum Ausdruck, daß eine ihrer Ansicht nach in der feministischen Theorie postulierte genuin weibliche Sicht und Erkenntnis oder frauenspezifische Inhalte und Theorien abwegige und unakzeptable Behauptungen oder Ansprüche seien bzw. kraft der objektiven Methode das Geschlecht für die Erkenntnisse der Naturwissenschaften keine Bedeutung habe. Eine Professorin fand eine – nach ihrer Vermutung von der feministischen Forschung vorausgesetzte – geschlechtsspezifische Gehirnfunktion sehr abschreckend. Vier Befragte bekundeten ihre Interesselosigkeit bzw. eine allgemeine Antipathie gegenüber einer feministischen Forschung.

Ambivalent äußerten sich drei Professoren, die einerseits ein Interesse an den Ansätzen feministischer Forschung entwickelt hatten, andererseits durch den Besuch verschiedener Veranstaltungen in diesem Bereich eher enttäuscht und abgeschreckt waren. In anderer Weise ambivalent befand eine Professorin, daß die feministische Wissenschaftstheorie ihrer Ansicht nach keine Auswirkungen auf die Situation von Frauen an der Hochschule habe und die Bereitstellung von Möglichkeiten zur Beseitigung der berufsstrukturellen Barrieren gegenüber Wissenschaftlerinnen das vorrangige Ziel von feministischer Forschung sein solle.

Zusammenfassend läßt sich für die Rezeption der feministischen Wissenschaftstheorie sagen, daß bei den meisten Befragten Positionen zum Ausdruck kamen, die in ihrer Ausrichtung mit den Ergebnissen des ideologiekritischen Ansatzes der feministischen Theorie korrespondierten. Eine direkte Bezugnahme auf bzw. Übereinstimmung mit den feministischen gesellschaftstheoretischen und historischen Ansätzen in ihren materialistischen oder diskursanalytischen Varianten ließ sich indessen nur sehr selten feststellen. Zwar wird ein möglicher Geschlechterbezug des Naturverständnisses oder der Grundkonzepte der Naturwissenschaft, falls dieser gesehen wurde, meistens auf gesellschaftliche Zuschreibungen zurückgeführt, diese werden jedoch hinsichtlich ihrer Entstehung und Auswirkung von den Befragten nicht weiter aufgeschlüsselt.

In auffälligem Kontrast zu den Positionen im Kontext der drei ersten Fragen steht die Antwort auf die vierte Frage nach einer eventuellen Kenntnis der feministischen Naturwissenschaftsforschung. Waren die meisten Befragten während des gesamten Interviews noch mit vielen Ergebnissen der feministischen Forschung einverstanden oder hatten diese selbst benannt, so zeigte bei dieser letzten Frage die Mehrzahl eher eine dieser Forschungsrichtung gegenüber abgeneigte Haltung und zeichnete oft ein Schreckensbild des Separatismus und der differenztheoretischen Überzogenheit, das sich mit den real vorliegenden Ergebnissen der feministischen Forschung kaum in Verbindung bringen läßt. Offensichtlich waren in Abweichung von den selbst geäußerten wissenschaftlichen Ansprüchen, denen zufolge Beurteilungen erst nach sorgfältiger Prüfung eines Sachverhaltes vorgenommen werden sollten, nicht fundierte Kenntnisse, sondern eigene Vorurteile leitend bei dieser Einschätzung.

5 Schlußbetrachtung

Meine Erwartung, auf Unkenntnis oder Unverständnis der feministischen Naturwissenschaftsanalyse gegenüber zu stoßen, hat sich mit den vorliegenden Ergebnissen der Untersuchung zwar zum Teil bestätigt, andererseits gibt es sowohl in bezug auf die berufssoziologische Ebene als auch hinsichtlich der wissenschaftstheoretischen Ebene implizit oder auch explizit eine Offenheit und ein Interesse für die Ergebnisse der feministischen Naturwissenschaftsforschung.

Die Rezeption der feministischen Naturwissenschaftsforschung in bezug auf die wissenschaftstheoretische Ebene zeigt dabei Parallelen zur Rezeption anderer Bereiche der neueren Wissenschaftsforschung und Wissenschaftstheorie.[18] Obwohl das Interesse für einige theoretische Ansätze oder auch die Übereinstimmung der eigenen Positionen mit diesen Ansätzen recht hoch ist, gibt es nur wenige Befragte, die sich intensiver mit den damit in Zusammenhang stehenden feministischen Ansätzen befaßt hatten und entsprechende Kenntnisse aufwiesen.

Dieser Befund liegt sicherlich vor allem in der gewohnten und weiterhin akzeptierten disziplinären Trennung von Immanenz- und Metaebene in den Naturwissenschaften begründet, die eine Integration metatheoretischer Reflexionen in den naturwissenschaftlichen Arbeitsprozeß als fernliegend erscheinen läßt. Naturwissenschaft ‚funktioniert' – wie bisher – auch ohne die Beachtung der wissenschaftsanalytischen Metaebene. Trotz ihrer Legitimations- und Akzeptanzkrise in der Öffentlichkeit wegen der aufgetretenen ökologischen Probleme durch die wissenschaftlich-technische Naturnutzung oder durch ihre Indienstnahme durch wirtschaftliche und politische Interessen ist zudem die allgemeine Anerkennung naturwissenschaftlicher Forschungsergebnisse weiterhin sehr hoch. Anscheinend besteht keine weitere Veranlassung, die wissenschaftstheoretischen Fundamente des naturwissenschaftlichen Wissenserwerbs zu hinterfragen. Auch ist entgegen des Befundes, daß viele Befragte den Einfluß von Hintergrundannahmen in den Forschungsprozeß für möglich halten, ein relativ unerschüttertes positivistisch-empiristisches Wissenschaftsverständnis weiterhin sehr vorherrschend, wie auch eine Auswertung der weiteren wissenschaftstheoretisch bezogenen Antwortkomplexe ergab.

Aber auch bei einem Interesse an Metatheorien steht, wie die Befragten darlegten, der Beschäftigung mit diesen oft ein extrem arbeitsintensiver Forschungsalltag entgegen, der durch ein hohes Lehrdeputat vor allem aufgrund von Praktika und Exkursionen zusätzlich zu Seminaren und Vorlesungen, einem häufig hohen Leistungsdruck durch starke wissenschaftliche Konkurrenz und schließlich durch umfangreiche Managementleistungen zur finanziellen und personellen Erhaltung und Absicherung der Arbeitsgruppen und Forschungsprojekte gekennzeichnet ist.

Eine Auseinandersetzung mit Metatheorien beansprucht darüber hinaus nicht nur Zeit, sondern bedeutet auch eine voraussetzungsvolle, transdisziplinäre Grenzüberschreitung in Richtung auf andere Theorie- und Denkmodi als die in den Naturwissenschaften etablierten. So rekurrieren die naturwissenschaftstheoretischen Ansätze, wie beispielsweise auch die feministischen Theorien, auf elaborierte philosophische und gesellschaftstheoretische Konzepte, die innerhalb der Naturwissenschaften meistens unbekannt sind und einen Zugang zu diesen Studien für NaturwissenschaftlerInnen sehr erschweren. Ein mangels theoretischer Kenntnisse von Naturwissenschaftlerinnen manchmal mühsam unternommener Versuch, mit naturwissenschaftlichen Argumentationsweisen feministische Theorien aufzubereiten und vorzustellen, mutet nicht selten dilettantisch und substanzlos an und wirkt, wie einige Interviewpassagen verdeutlichen, auf Kolleginnen und Kollegen häufig eher abschreckend als vermittelnd. Aus fast ausschließlich auf Kausalerklärungen fixierter naturwissenschaftlicher Perspektive erscheinen schließlich nichtkausale Zusammenhänge wie z.B. die oben dargestellten Entsprechungsverhältnisse und Konzepttransfers unwissenschaftlich und wenig plausibel, eine Beschäftigung mit ihnen daher nicht geboten.

Abschließend läßt sich feststellen, daß eine Rezeption der Ergebnisse und Ansätze der feministischen Naturwissenschaftsforschung zwar für den berufssoziologischen Bereich, wenn auch in geschlechtsspezifisch unterschiedlicher Gewichtung und Ausrichtung, eingesetzt hat, weil dort offenbar durch eine sensibilisierte Wahrnehmung von vielen Befragten die strukturellen Barrieren für Frauen gesehen werden. Für den Bereich der Wissenschaftstheorie hingegen ist aufgrund nicht empfundener Veranlassung, nicht vorhandener Vermittlung oder fehlender zeitlicher Möglichkeiten eine Rezeption nur in geringem Ausmaß vorhanden, auch wenn ein kritisches und interessiertes Potential dazu anzutreffen ist. Gerade in bezug auf feministische Theorie wird deren Kenntnisnahme sicherlich im Vergleich zu der anderer naturwissenschaftsreflektierender Ansätze zusätzlich durch Vorurteile eingeschränkt.

Anmerkungen

Angelika Saupe, Ivana Weber und der Bielefelder Lektorinnengruppe möchte ich ganz herzlich für die konstruktiven Kommentare zu meinem Text danken.

1   Vgl. zu einer methodischen Programmatik neuzeitlicher Naturwissenschaft Bacon 1990.
2   Ausnahmen bildeten z.B. ab den 30er Jahren Bernal 1939, Fleck 1935, Hessen 1931, Horkheimer & Adorno 1947, Zilsel 1942.
3   Die Unterrepräsentiertheit von Frauen in den Naturwissenschaften wird hier noch nicht thematisiert.
4   Diese Hintergrundannahmen werden von verschiedenen Autoren in unterschiedlicher Bezeichnung und Konzeption dargestellt: als Denkstil bei Fleck, als Paradigma bei Kuhn,

als Forschungsprogramm bei Lakatos, als globale Theorie bei Feyerabend, als Forschungstradition bei Laudan. Vgl. hierzu Kelle 1994, S. 187ff.

5   Eine gute Übersicht über die zahlreichen VertreterInnen dieser Forschungsrichtung bieten dazu Felt et al. 1995.

6   Bekannte Biographien sind z.b. verfaßt worden über Rosalind Franklin von Sayre 1975, über Barbara McClintock von Keller 1983, über Lise Meitner von Sime 1995.

7   Vgl. z.B. Bleier 1984, Daston 1989, Fausto-Sterling 1988, Fausto-Sterling 1989, Fedigan 1986, Gould 1981, Haraway 1995, Hrdy 1981, Hrdy 1986, Hubbard 1989, Hubbard 1990, Keller 1987, Lewontin u.a. 1988, Longino & Doell 1983, Oudshoorn 1990, Rosaldo 1980, Sayers 1982, Schiebinger 1995, Star 1979, The biology and gender study group 1989, Tobach & Rosoff 1978,1979,1981,1984 u.v.a.m.

8   Vgl. dazu für die Biologie die Studie über die strukturelle Metapher des „atomic individualism" von Keller 1987.

9   In einer psychoanalytischen Variante bezogen auf den geschlechtsspezifischen Sozialisationsprozeß unter arbeitsteiligen Bedingungen vgl. auch die Objektbeziehungstheorie z.B. in der Fassung von Keller 1986.

10   Longino 1990: kontextueller Empirismus, Harding 1991b: multiple subject, Haraway 1996a: situiertes Wissen.

11   Diese Ausnahme betrifft die Auswahl einer Biologin, der durch ihre explizite Beschäftigung mit Wissenschaftstheorie insbesondere auch feministischer Ausrichtung im Rahmen ihrer wissenschaftlichen Tätigkeit die Position einer möglichen Vergleichsinstanz zugedacht ist.

12   Im einzelnen: 1. Studienmotivation, Studiensituation, Karriereverlauf, geschlechtsspezifische Situation an der Hochschule, Zwänge im Forschungsalltag, Konkurrenz, Arbeitsgruppenstruktur; 2. Kriterien der Auswahl des Fachgebietes und des aktuellen Forschungsthemas, aktuelle Forschungstätigkeit, Forschungsmethode, Vorgang der Interpretation der Daten, Einschätzung der Objektivität und Wertneutralität wissenschaftlicher Aussagen, Einschätzung des persönlichen und gesellschaftlichen Einflusses auf den Forschungsprozeß; 3. Charakteristika der Wissenschaftssprache, Zweck und Effekt des Metapherngebrauchs; 4. Unterschiede zwischen Natur- und Geistes-/Gesellschaftswissenschaften, Bedeutung von Empirie und Messung, eingeschätzte Rolle der Mathematik, wissenschaftsgeschichtliches Konzept, Validitätseinschätzung wissenschaftlicher Aussagen, Naturbegriff; 5. Aufgaben und Auswirkungen biologischer Forschung, ethische Probleme biologischer Forschung, Wechselwirkungen zwischen öffentlichem und wissenschaftlichem Bereich, finanzielle Situation biologischer Forschung, Struktur und Inhalte universitärer Lehre; 6. Unzufriedenheiten, Änderungswünsche, evtl. Wunsch nach Interdisziplinarität und metatheoretischer Debatte.

13   Es können im Rahmen dieser Untersuchung nur die Positionen selbst herausgearbeitet werden, nicht jedoch die Bezugsquellen dieser Positionen. Damit kann nicht zwischen Kenntnissen von Theorien, analytischen Selbstleistungen und Wirksamkeit einer unbemerkt wahrgenommenen Debatte etc. unterschieden werden.

14   Im Rahmen dieses Aufsatzes können die Ergebnisse nur relativ undifferenziert und simplifiziert in ihren wesentlichen Tendenzen dargestellt werden. Eine ausführliche Fassung ist in Arbeit.

15   Diese Schlagworte waren: Einstellungspraxis, Netzwerke, geschlechtsspezifische Arbeitsteilung, Sozialisation.

16   Falls nicht ausdrücklich auf die Geschlechtszugehörigkeit der Befragten hingewiesen wird, sind die diesbezüglichen Anteile bei den Antworten ungefähr ausgeglichen.

17   Die fachbezogenen Forschungsergebnisse sind vor allem der in Fußnote 7 aufgezählten Arbeiten entnommen.

18   Dies geht u.a. aus meinen noch unveröffentlichten Studien zur „Rezeption der konstruktivistischen Wissenschaftsforschung" und zur „Rezeption der neueren wissenschaftstheoretischen Konzepte" hervor.

Literatur

Alic, Margaret. 1991. Hypatias Töchter. *Der verleugnete Anteil der Frauen an der Naturwissenschaft.* 2. Aufl., Zürich.

Bacon, Francis. (1620) 1990. *Neues Organon: lateinisch-deutsch*, Hg. Wolfgang Krohn, Hamburg.

Beerman, Lily, et al. 1992. *Mathe: nichts für Mädchen? Begabung und Geschlecht am Beispiel von Mathematik, Naturwissenschaft und Technik.* Bern.

Bernal, John D. 1939. *Die soziale Funktion von Wissenschaft.* Köln.

Bleier, Ruth. 1984. *Science and Gender. A critique of biology and its theories on women.* Oxford, New York.

Daston, Lorraine. 1989. „Weibliche Intelligenz. Geschichte einer Idee." In *Jahrbuch des Wissenschaftskollegs zu Berlin*, Hg. Wolfgang Lepenies. 213-229, Berlin.

Etzkowitz, Henry, et al. 1992. „Athena unbound: barriers to women in academic science and engineering." *Science and Public Policy* 19 (3): 157-179.

Fausto-Sterling, Anne 1988. *Gefangene des Geschlechts? Was biologische Theorien über Mann und Frau sagen.* München.

Fausto-Sterling, Anne. 1989. „Life in the xy corral". In *Women's Studies International Forum.* 12: 319-331.

Fedigan, Linda M. 1986. „The changing role of women in models of human evolution." *Annual Reviews of Anthropology* 15: 25-66.

Fee, Elizabeth. 1986. „Critiques of modern science. The relationship of feminism to other radical epistemologies." In *Feminist approaches to science*, Hg. Ruth Bleier. 42-56. New York.

Felt, Ulrike, et al. 1995. *Wissenschaftsforschung. Eine Einführung.* Frankfurt a.M./New York.

Feyerabend, Paul. 1976. *Wider den Methodenzwang. Skizze einer anarchistiachen Erkenntnistheorie.* Frankfurt a.M.

Fleck, Ludwik (1935) 1980. *Die Entstehung einer wissenschaftlichen Tatsach*e. Frankfurt a.M.

Gould, Stephen J. 1981. *The mismeasure of man.* New York.

Hanson, Norwood R. 1965. *Patterns of discovery. An inquiry into the conceptual foundations of science.* Cambridge.

Haraway, Donna. 1995. „Primatologie ist Politik mit anderen Mitteln." In *Das Geschlecht der Natur. Feministische Beiträge zur Geschichte und Theorie der Naturwissenschaften*, Hg. Barbara Orland und Elvira Scheich, 136-198. Frankfurt a.M.

Haraway, Donna. 1996a. „Situiertes Wissen. Die Wissenschaftsfrage im Feminismus und das Privileg einer partialen Perspektive." In *Vermittelte Weiblichkeit. Feministische Wissenschafts- und Gesellschaftstheorie*, Hg. Elvira Scheich, 217-248. Hamburg.

Haraway, Donna. 1996b. „Anspruchsloser Zeuge@ Zweites Jahrtausend. FrauMann© trifft OncoMouse™. Leviathan und die vier Jots: Die Tatsachen verdrehen." In *Vermittelte Weiblichkeit. Feministische Wissenschafts- und Gesellschaftstheorie*, Hg. Elvira Scheich, 347-389. Hamburg.

Harding, Sandra. (1986) 1991a. *Feministische Wissenschaftstheorie. Zum Verhältnis von Wissenschaft und sozialem Geschlecht.* 2. Aufl., Hamburg.

Harding, Sandra. 1991b. *Whose science, whose knowledge. Thinking from women's lives.* Ithaka, New York.

Hartsock, Nancy. 1983. „The feminist standpoint: Developing the ground for a specifically feminist historical materialism." In *Discovering reality: Feminist perspectives* on epistemology, metaphysics, methodology and philosophy of science, eds. Sandra Harding,and Merill B. Hintikka. 283-313. Boston.

Hessen, Boris M. (1931) 1974. „Die sozialen und ökonomischen Wurzeln von Newtons ‚Principi'." In *Wissenschaftssoziologie II. Strukturen wissenschaftlicher Entwicklung* Hg. Peter Weingart, 262-325. Frankfurt a.M.

Honegger, Claudia. 1996. *Die Ordnung der Geschlechter. Die Wissenschaften vom Menschen und das Weib, 1750-1850.* München.

Horkheimer, Max, und Theodor W. Adorno. (1947) 1984. *Dialektik der Aufklärung.* Frankfurt a.M.

Hrdy, Sarah B. 1981. *The women that never evolved.* Cambridge.

Hrdy, Sarah B. 1986. „Empathy, polyandry and the myth of coy female." In *Feminist approaches to science*, ed.. Ruth Bleier, 119-146. New York.

Hubbard, Ruth. 1989. „Hat die Evolution die Frauen übersehen?" In *Denkverhältnisse. Feminismus und Kritik*, Hg. Elisabeth List, und Herlinde Studer, 301-333. Frankfurt a.M.

Hubbard, Ruth. 1990: *The politics of womens biology.* London.

Kelle, Udo. 1994. *Empirisch begründete Theoriebildung. Zur Logik und Methodologie interpretativer Sozialforschung.* Weinheim.

Keller, Evelyn F. 1983. *A feeling for the organism: The life and work of Barbara McClintock.* San Francisco.

Keller, Evelyn F. 1986. *Liebe, Macht und Erkenntnis.* München/Wien.

Keller, Evelyn F. 1987. „Reproduction and the central project of evolutionary biology." *Biology and Philosophy* 2: 383-396.

Keller, Evelyn F. 1992. *Secrets of life – secrets of death. Essays on language, gender and science.* New York.

Kuhn, Thomas S. (1962) 1976. *Die Struktur wissenschaftlicher Revolutionen.* Frankfurt a.M.

Lakatos, Imre. 1974. „The role of crucial experiments in science." *Studies of the History and Philosophy of Science* 4: 309-325.

Laudan, Larry. 1977. *Progress and its problems. Towards a theory of scientific growth.* London/Henley.

Lewontin, Richard C., et al. 1988. *Die Gene sind es nicht ... Biologie, Ideologie und menschliche Natur.* München/Weinheim.

Lloyd, Genevieve. 1985. *Das Patriarchat der Vernunft.* Bielefeld.

Longino, Helen. 1990. *Science as social knowledge.* Princeton.

Longino, Helen E., and Ruth Doell. 1983. „Body, bias and behavior: A comparative analysis of reasoning in two areas of biological science." *Signs* 9: 206-227.

Merton, Robert K. (1942) 1985. *Entwicklung und Wandel von Forschungsinteressen. Aufsätze zur Wissenschaftssoziologie.* Frankfurt a.M.

Niedersächsisches Ministerium für Wissenschaft und Kultur (Hg). 1994. *Frauenförderung ist Hochschulreform – Frauenforschung ist Wissenschaftskritik.* Hannover.

Oudshoorn, Nelly. 1990. „On the making of sex hormones: Research materials and the production of knowledge." *Social Studies of Science* 20: 5-33.

Popper, Karl R. 1934. *Logik der Forschung.* 9. Auf. Tübingen.

Quine, Willard V. O. (1953) 1979. „Zwei Dogmen des Empirismus." In seinem *Von einem logischen Standpunkt*, Frankfurt a.M./Berlin/Wien.

Reskin, Barbara. 1978. „Sex differentiation and social organization of science." In *Sociology of Science*, ed. Jerry Gaston, 6-37.San Francisco.

Rosaldo, Michelle Z. 1980. „The use and abuse of anthropology: Reflections on feminism and cross-cultural understanding." *Signs* 5: 389-417.

Rose, Hilary. 1983. „Hand, brain and heart: A feminist epistemology for the natural sciences." *Signs* 9: 73-90.

Rose, Hilary. 1986. „Beyond masculinist realities: A feminist epistemology for the sciences." In *Feminist approaches to science*, ed. Ruth Bleier, 57-76. New York.

Rossiter, Margaret. 1982. *Women scientists in America. Struggles and strategies to 1940.* Baltimore.

Sayers, Janet. 1982. *Biological politics: Feminist and antifeminist perspectives.* London.

Sayre, Anne. 1975. *Rosalind Franklin and DNA: A vivid view of what it is like to be a gifted woman in an especially male profession.* New York

Scheich, Elvira. 1985. „Was hält die Welt in Schwung? Feministische Ergänzungen zur Geschichte der Impetustheorie." *Feministische Studien* 1: 10-32.

Scheich. Elvira. 1993. *Naturbeherrschung und Weiblichkeit. Denkformen und Phantasmen der modernen Naturwissenschaft.* Pfaffenweiler.

Scheich, Elvira. 1996. „Denken im Kaleidoskop. Zu den Voraussetzungen feministischer Kritik an der Entwicklung moderner Wissenschaft." In *Vermittelte Weiblichkeit. Feministische Wissenschafts- und Gesellschaftstheorie*, Hg. Elvira Scheich, 9-36. Hamburg.

Schiebinger, Londa. 1993. *Schöne Geister. Frauen in den Anfängen der modernen Wissenschaft.* Stuttgart.

Schiebinger, Londa. 1995. „Das private Leben der Pflanzen: Geschlechterpolitik bei Carl von Linné und Erasmus Darwin." In *Das Geschlecht der Natur. Feministische Beiträge zur Geschichte und Theorie der Naturwissenschaften*, Hg. Barbara Orland, und Elvira Scheich, 245-269. Frankfurt a.M.

Sime, Ruth L. 1995. „13. Juli 1938: Lise Meitner verläßt Deutschland." In *Das Geschlecht der Natur. Feministische Beiträge zur Geschichte und Theorie der Naturwissenschaften*, Hg. Barbara Orland, und Elvira Scheich, 119-135. Frankfurt a.M.

Star, Susan L. 1979. „The politics of right and left: Sex differences in hemispheric brain asymmetry." In *Women look at biology looking at women*, ed. Ruth Hubbard et al, 61-76. Boston/Cambridge.

The biology and gender study group. 1989. „The importance of feminist critique for contemporary cell biology." In *Feminism and science*, ed. Nancy Tuana, 172-187. Bloomington.

Tobach, Ethel; and Betty Rosoff. 1978,1979,1981,1984. *Genes and gender.* Bd. 1-4. New York.

Wagner, Ina. 1985. „Frauen in den Naturwissenschaften. Institutionelle und kognitive Widerstände." In *Grenzprobleme der Wissenschaften*, Hg. Paul Feyerabend und Christian Thomas, 212-225. Zürich.

Wagner, Ina. 1990. „Das Erfolgsmodell der Naturwissenschaften. Ambivalenzerfahrungen von Frauen." In *Wie männlich ist die Wissenschaft?*, Hg. Karin Hausen und Helga Nowotny, 237-252. Frankfurt a.M.

Weber, Jutta. 1997. „Sprechen, wovon sich nicht sprechen läßt? Zum Naturbegriff in der aktuellen feministischen Debatte." *Feministische Studien* 2: 109-120.

Wennerås, Christine, and Agnes Wold. 1997 „Nepotism and sexism in peer-review." *Nature* 387: 341-343.

Woesler de Panafieu, Christine. 1987. „Feministische Kritik am wissenschaftlichen Androzentrismus." In *Klasse Geschlecht. Feministische Gesellschaftsanalyse und Wissenschaftskritik*, Hg. Ursula Beer, 95-131. Bielefeld.

Zilsel, Edgar. (1942) 1976. *Die sozialen Ursprünge der neuzeitlichen Wissenschaft.* Frankfurt a.M.

II Innovation, Transformation, Reflexion

Feministische Forschung hat sich nie auf die Kritik des Androzentrismus konventioneller Wissenschaft beschränkt, sondern von Beginn an eigene Fragestellungen, Konzepte, Theorieentwürfe und Methoden entwickelt. Ihr Bezugspunkt war und ist die Analyse der alltäglichen Lebensbedingungen und -praxen von Frauen und der gesellschaftlichen Geschlechterverhältnisse als historisch gewachsener Strukturen. Im Prozeß ihrer Erforschung haben feministische Wissenschaftlerinnen sich durchaus der vielfältigen theoretischen und methodischen Instrumente bedient, die sie in den etablierten Wissenschaften vorgefunden haben. Sie haben Ansätze und Konzepte kritisch aufgegriffen, unter einer anderen Perspektive und in neuen Kontexten eigensinnig weiterentwickelt und innovative Methoden und Analyseperspektiven vorgelegt. Dieser Prozeß hat auch Rückwirkungen auf die ‚normalen‘ Wissenschaften. Zumindest in einigen Forschungsfeldern hat die kritische Weiterentwicklung zentraler Konzepte durch die feministische Debatte in den innerfachlichen Diskurs eingegriffen und neue Perspektiven eröffnet, in anderen liegen innovative Potentiale für die Einzelwissenschaften bereit. Die Beiträge des folgenden Teils II reflektieren auf unterschiedliche Weise die Transformations- und Innovationsprozesse, die in der Auseinandersetzung zwischen feministischen Perspektiven und ausgewählten Forschungsfeldern in Gang gekommen sind und für die Entwicklung eigenständiger feministischer Konzepte und Methoden wichtig waren. Bei dieser Reflexion wird erkennbar, daß sich in der nahezu dreißigjährigen Geschichte systematischer feministischer Forschung auch die ihr eigenen Konzepte weiterentwickelt und z.T. in neue Ansätze und Blickwinkel transformiert haben.

Ursula Müller macht in ihrem Beitrag zunächst die Situation von Frauen in der Wissenschaft selbst zum Thema. Sie referiert und reflektiert aus einer sozialkonstruktivistischen Perspektive zentrale soziologische Konzepte und Analysen zur Erklärung der nach wie vor bestehenden eklatanten Geschlechterungleichheit in der Hochschule. Im Anschluß daran entwickelt sie, welche innovativen Erkenntnismöglichkeiten sich eröffnen, wenn neuere organisationssoziologische Perspektiven in die Analyse einbezogen werden. Der Gefahr, die Benachteiligung von Frauen an der Hochschule mit eindimensionalen Konzepten zu erklären, wird damit entgegengewirkt. Diskriminierung und strukturelle Barrieren, die Ambivalenz der Frauenförderung und ihre z.T. nicht-intendierten Effekte, die widersprüchlichen Handlungsstrategien und Karrieremuster der beteiligten AkteurInnen werden als kompliziertes Geflecht von subtilen und widersprüchlichen Prozessen im Kontext der

‚mikropolitischen Arena' Hochschule analysierbar. Die organisationssoziologische Perspektive verbindet sich mit dem feministischen Konzept von Geschlecht als kulturellem System zu einem innovativen Analyseansatz, den Müller unter dem Stichwort der 'asymmetrischen Geschlechterkultur" faßt.

Im klassischen Paradigma der Wirtschaftswissenschaften wird menschliches Handeln nicht in dieser Komplexität behandelt, sondern modellhaft auf den Aspekt der Nutzen-Maximierung reduziert. Daß ein solches Konzept etwas zur Aufklärung des Geschlechterverhältnisses beitragen könnte, erscheint angesichts vorliegender feministischer Kritik an etablierten wirtschaftswissenschaftlichen Theorien kaum erwartbar. *Notburga Ott* dagegen legt mit ihrem Beitrag ein überzeugendes Beispiel vor, daß die analytischen Möglichkeiten des konventionellen neoklassischen Modells keineswegs ausgeschöpft sind. Unter ausschließlicher Verwendung akzeptierter Methoden ihrer Disziplin zeigt die Autorin zunächst auf, wie die innerfamiliale Arbeitsteilung zwischen ‚weiblicher' Hausarbeit und ‚männlicher' Erwerbsarbeit auch im Rahmen des neoklassischen ökonomischen Modells berücksichtigt werden kann. Auf dieser Basis entwickelt sie die eigentliche Pointe ihrer Analyse, die sie auch als ein „Weiterdenken der Neoklassik" versteht. Sie zeichnet die innerfamiliale Dynamik nach, durch die Frauen, wenn sie einmal (z.B. wegen der Kindererziehung) auf Erwerbsarbeit verzichtet haben, ihren Nutzen im Vergleich zum Partner progressiv immer schlechter realisieren können. Ihre Verhandlungssituation bei Verteilungskämpfen innerhalb der Familie verschlechtert sich fortlaufend aus strukturellen Gründen. Geburtenrückgang, steigende Frauenerwerbsarbeit und steigende Scheidungszahlen sind statistische Indikatoren, die im Modell der individuellen Nutzenmaximierung als rationale Konsequenzen dieses Ungleichgewichts interpretiert werden können. Eine solche Analyse dürfte nicht nur für die traditionelle Ökonomie, sondern auch für deren feministische Kritik neue Denkanstöße geben.

Christiane Schmerl setzt sich ebenfalls mit einem klassischen Paradigma in einer etablierten Wissenschaft auseinander: dem Aggressionsmodell in der Psychologie. Anders als Ott verfolgt sie jedoch die Weiterentwicklung und Transformation dieses Modells aus der Perspektive feministischer Kritik. Aggressionsverhalten galt lange Zeit – auch unter kritischen Psychologinnen – als erwiesenes Differenzmerkmal zwischen Frauen und Männern. Erst seit kurzem scheint es hier eine Angleichung zwischen den Geschlechtern zu geben, die von den Medien wirksam in Zusammenhang mit der zunehmenden Emanzipation der Frauen gestellt wird. Schmerls Beitrag zeichnet zunächst die Thematisierung des Zusammenhangs von Aggression und Geschlecht in der psychologischen Forschung nach und diskutiert unterschiedliche Erklärungsansätze für die empirisch beobachteten Differenzen. Dabei wird deutlich, daß die Befunde selbst in hohem Maße mit einem männlichen Aggressionsmodell konfundiert sind – und zwar auf der Ebene der Gegenstandsdefinition, der Meßmethoden und der Theorie. Ausgehend von dieser klassischen Androzentrismuskritik diskutiert Schmerl die Forschungen zum Aggressionsverhalten im zweiten Schritt unter einer machttheoretischen Perspektive neu, und zwar sowohl hinsichtlich der Definitionsmacht innerhalb der wissenschaftlichen Konstruktion als auch in bezug auf das Alltagshandeln in Konfliktsituationen. So erscheint Aggression nur als ein – vorwiegend im männlichen Rollenbild verankertes – Problemlösungsverhalten neben ,anders' aggressiven und nicht-aggressiven Mustern vorwiegend weiblichen Rollenhandelns, die in der Folge auch als erweiterte Konfliktlösungsmöglichkeiten für beide Geschlechter diskutiert werden können.

Die Frage, wie beobachtbare Differenzen im sozialen Handeln und den Biographien von Frauen und Männern zu interpretieren sind, bildet auch den Ausgangspunkt des folgenden Beitrags. Eine Schlüsselfunktion zur Erklärung hatte hier lange Zeit das Konzept der ,geschlechtsspezifischen Sozialsation'. *Bettina Dausien* diskutiert seine wissenschaftliche Karriere im Spannungsfeld von feministischer Argumentation und der sich etablierenden Sozialisationsforschung. Dabei reflektiert sie die innovative Kraft des Konzepts ebenso wie seine Defizite und theoretischen Konstruktionsprobleme, die insbesondere in der aktuellen feministischen Theoriediskussion zu einer grundlegenden Kritik bis hin zur Verabschiedung des Begriffs geführt haben. Das Anliegen, das dem Begriff der „geschlechtsspezifischen Sozialisation' in den 1970er Jahren zur Konjunktur verhalf, war ein emanzipatorisches Projekt. Die scheinbar natürliche Ordnung der Geschlechter wurde als Ergebnis gesellschaftlicher Prozesse analysiert, die historisch variabel und veränderbar sind. Eine Fülle von empirischen Untersuchungen wurde durch diese Sichtweise inspiriert. Der Versuch einer theoretischen Integration erbrachte jedoch kaum mehr als eine abstrakte Rahmenkonzeption, die faktisch als eine Art Sammelbegriff für die unterschiedlichsten Theorien und Forschungsansätze fungiert. Ein solcher Sozialisationsbegriff hat in der feministischen Diskussion um die Weiterentwicklung einer Theorie der Geschlechterkonstruktion kaum noch Überzeugungskraft. Dausien schlägt deshalb vor, die ursprünglich mit dem Konzept verbundene Wendung zur gesellschaftlichen Konstruktion von Geschlecht in der Prozeßperspektive des individuellen Lebenslaufs beizubehalten, aber in eine andere Forschungskonzeption zu transformieren: Mit theoretischen und methodischen Ansätzen der Biographieforschung lassen sich – so ihr Argument – einige zentrale Probleme des Sozialisationsbegriffs vermeiden und zugleich Anknüpfungspunkte an die gegenwärtige feministische Theoriediskussion finden.

Ein prominentes feministisches Konzept, das auch im Kontext geschlechtsspezifischer Sozialisation gelesen werden kann, ist das Konzept einer ,weiblichen Moral'. Es ist ursprünglich aus der Kritik am unreflektierten Androzentrismus kognitionspsychologischer Modelle hervorgegangen, hat aber auch eine Debatte innerhalb der Philosophie ausgelöst. *Martina Herrmann* rekonstruiert in ihrem Beitrag zunächst den Entstehungszusammenhang der These in der Entwicklungspsychologie, interessiert sich aber im folgenden für die damit behaupteten idealtypischen Prinzipien der beiden Moralen: Fürsorge und Gerechtigkeit. Im zweiten Schritt ordnet sie diese Gegenüberstellung in die moralphilosophische Diskussion ein, in der Fürsorge- und Gerechtigkeitsethik als zwei konkurrierende Ideale mit langer philosophischer Tradition betrachtet werden, wobei die Möglichkeiten, diese Konkurrenz zu entscheiden, variieren und es keine allgemein akzeptierte Lösung gibt. Der Unentschiedenheit abstrakt-philosophischer Prinzipiendiskussion könnte – so Herrmann – die feministische Perspektive auf das gesellschaftliche Geschlechterverhältnis eine neue Richtung geben. Mit Blick auf die Alltagspraxis kann das Verhältnis zwischen den beiden Moralen, wenn sie in der modellhaft angenommenen Interaktion zwischen zwei Partnern – typischerweise unterschiedlichen Geschlechts – aufeinander treffen, das Machtgefälle zwischen Frauen und Männern erklären helfen und damit als Element und Movens einer strukturellen Unterdrückung analysiert werden.

Der letzte Beitrag greift ein gesellschaftliches Problem auf, an dem exemplarisch deutlich wird, daß feministische Forschungen zum Geschlechterverhältnis immer mit einer engen Verzahnung von Wissenschaft, Politik und Gesellschaft konfrontiert sind. Die Einstellung zu eigenen Kindern ist zunächst ein gesellschaftliches Phänomen, das, unter anderem durch den Einfluß feministischer Argumente, im Wandel begriffen ist. Eine privilegierte Beziehung als Elternteil zu einem Kind zu haben, gilt als sinnstiftende, ja beglückende Erfahrung – auch für Männer. In der Entwicklung des positiven Rechts hat sich diese Ansicht im Kindschaftsreformgesetz niedergeschlagen. Biologischen Vätern wird hier nach einer Trennung von der Mutter eines gemeinsamen Kindes geteiltes Sorgerecht und mehr Recht am Umgang mit dem Kind eingeräumt als bisher. Die Legitimation dafür, strategisch oder nicht, ist allerdings nicht das Interesse des Vaters, sondern das Wohl des Kindes, für dessen gesunde Entwicklung der Umgang mit beiden biologischen Eltern für förderlich gehalten wird. Diese Entwicklung kommentiert *Marlene Stein-Hilbers* in ihrem Beitrag anläßlich des 1998 verabschiedeten neuen deutschen Kindschaftsrechts. Sie reflektiert vor allem die negativen Auswirkungen der gesetzlichen Neuregelung auf das Leben von Frauen mit Kindern, deren rechtlich und sozial privilegierte Sorgerechtssituation durch einen faktischen Interessenschutz biologischer Väter aufgebrochen wird, obwohl weiterhin sie es sind, die in der Regel die alltägliche Sorgepflicht übernehmen. In den Konflikten der Eltern, die eine Trennung in der Mehrzahl der Fälle überdauern, behalten Väter – ohne daß damit entsprechende Pflichten verbunden sind – durch das Sorgerecht für die gemeinsamen Kinder einseitig Eingriffsmöglichkeiten in die Lebensgestaltung der Mütter, die für die betroffenen Frauen leicht bis zu unzumutbaren Härten führen können. Stein-Hilbers' Beitrag wie auch der Beitrag von Ursula Müller sind anschauliche Beispiele dafür, daß eine reflektierende feministische Analyse gerade dann besonders notwendig ist, wenn feministische Forderungen vordergründig in die Mehrheitspolitik Eingang gefunden haben.

Soziologie und Geschlechtergerechtigkeit am Beispiel der Forschung zu Frauen an Hochschulen

Ursula Müller

Dieser Beitrag widmet sich aus einer konstruktivistischen Perspektive der Behandlung des Geschlechterverhältnisses in der Soziologie. Sein empirischer Bezug sind Forschungen zur Situation von Frauen an Hochschulen. Hierzu gebe ich einen Überblick und diskutiere sodann neuere konzeptionelle Vorstellungen, die organisationssoziologische und -politische Ansätze auf die Hochschule übertragen, und diskutiere auf diesem Hintergrund Geschlechterpolitik als Innovation und paradoxe Intervention in Organisationen.[1]

1 Zur Konstruktion von Geschlechterdifferenzen

Ein wesentliches Element von asymmetrischer Geschlechterkultur in Bildungs- und Arbeitsorganisationen ist die ‚Herstellung' von Differenz zwischen den Geschlechtern, und damit die Zuschreibung von hoher Bedeutung an den Unterschied zwischen ihnen, die dann als Grundlage von Unterschieden in der Behandlung und Positionierung der Geschlechter innerhalb von Organisationen dienen. Diese ‚Herstellung' von Differenz ist insbesondere dann bedenklich, wenn sie in einer Weise vorgenommen wird, daß die eine Seite dieser Differenz – die ‚männliche' – als maßstabbildend und die andere Seite – die ‚weibliche' – auf diesen Maßstab bezogen definiert wird. Die Unterscheidung verläuft dann nicht nach dem Muster „A ≠ B", also nach Differenz zweier verschiedener Qualitäten, sondern nach dem Muster „A ≠ nicht-A", in dem das Unterschiedene nur negativ bezogen auf das Unterscheidende definiert ist. Es findet keine gleichwertige und gleichgewichtige Unterscheidung von Männern und Frauen statt, sondern Frauen erscheinen als das ‚Andere' der Männer. Von hier ist der Schritt zur Abwertung des auf diese Weise Abgegrenzten nicht mehr groß (vgl. hierzu Klinger 1995; Luhmann 1988; Heintz et al. 1997).

Eine für Frauen nachteilige Geschlechterdifferenz zu konstruieren und mit Hilfe der neuzeitlichen Wissenschaften auch zu untermauern, war lange Zeit unangefochtenes Privileg von Männern. Erst zu Beginn dieses Jahrhunderts wurden deutsche Universitäten auch für Frauen geöffnet; Preußen hat 1920 erstmals Frauen zur Habilitation zugelassen. Seither hat sich der Frauenanteil sowohl der AbiturientInnen als auch der Studierenden deutscher Hochschulen kontinuierlich erhöht. Vor allem Frauen haben vom Ausbau des Bildungswesens und der Öffnung der Hochschulen profitiert: Fast die Hälfte aller AbiturientInnen, über vierzig Prozent der Studierenden und über 50 % der StudienanfängerInnen sind heute weiblichen Geschlechts (vgl. Wissenschaftsrat 1998).

Gleichwohl sind Wissenschaft und Forschung nach wie vor von Männern bestimmte Domänen. Mit höherer Qualifikationsstufe und steigendem Berufsstatus sinkt der Frauen-Anteil in den Berufspositionen des Wissenschaftssystems immer stärker ab. Professoren-Stellen sind insbesondere in der statushöchsten C4-Gruppe fast nur mit Männern besetzt; in den Leitungsfunktionen der außeruniversitären Großforschungseinrichtungen und überregionalen Wissenschaftsorganisationen tendiert der Frauenanteil nahezu gegen Null (vgl. Müller/Stein-Hilbers 1996).

Der lange Ausschluß von Frauen aus der Wissenschaft bot viel Raum zur ‚Herstellung' von für Frauen nachteiliger Geschlechterdifferenz im oben beschriebenen Sinne. Auch in der Soziologie herrschte lange eine für Frauen nachteilige Konstruktion der Geschlechterdifferenz vor. Die von Cornelia Klinger (1995) genannten Formen asymmetrischer Differenzkonstruktion finden sich in der soziologischen Klassik, aber auch in neueren Werken bezogen auf das Thema ‚Frauen an Hochschulen' ohne Schwierigkeiten auf.[2]

Hierbei lassen sich in den Sozialwissenschaften unterschiedliche Formen der Entwertung feststellen, auf die die Frauenforschung seit einiger Zeit Antworten gibt. Exemplarisch seien genannt:

– Die *‚Klassiker'* der Soziologie verfügen durchweg über eine mehr oder weniger ausgearbeitete Konzeption des ‚Weiblichen' als des ‚Anderen', die meist männliche Suprematie begründen sollen. Bei einigen soll diese Suprematie allgemein gelten (deutlich bei Emile Durkheim, ambivalent bei Georg Simmel), oder zumindest die bessere Eignung des männlichen Geschlechts für die Wissenschaft begründen (Max Weber).[3] Bemerkenswert ist, daß main-stream-Vertreter in ihren Einführungen in soziologische Klassiker deren Geschlechterkonzeption bis auf wenige Ausnahmen entweder gar nicht oder nur kursorisch erwähnen – so, als bildete diese keinen integralen Bestandteil des Gesamtwerks. Die Beschäftigung mit der Geschichte, den Theorien und den Grundbegriffen der Soziologie verlangt weiblichen Studierenden also eine doppelte Leistung ab: Sie müssen sie als Einführung in ‚ihre' Wissenschaft ernst nehmen, die zu studieren sie sich entschlossen haben, und zugleich ihnen gegenüber unter dem Geschlechteraspekt kritische Kompetenz entwickeln, wenn sie sich nicht über die inhärenten Geschlechterkonzeptionen abwerten lassen wollen. Mit der Entwicklung fundierter kritischer Kompetenz entsteht für Studentinnen aber auch Überlegenheit, womit ein neues – vielleicht das eigentliche – Problem für den main-stream benannt ist. Für männliche Studierende mit traditionellem Gechlechterverständnis birgt diese Situation ein Potential, das ihre impliziten und nicht reflektierten Alltagstheorien bestätigen, aber auch herausfordern kann: Sie enthält die Anforderung und Chance, sich auf dem Wege der Selbstreflexion – nicht zuletzt mit Hilfe der Frauenforschung – über ihre impliziten Annahmen klarzuwerden und die traditionelle Konzeption der Geschlechterdifferenz aus der Perspektive der soziokulturellen Konstruktion von Männlichkeit zu hinterfragen.

– Daß die Gesellschaft im allgemeinen wie auch in ihren Teilbereichen aus Menschen zweierlei Geschlechts besteht, deren Position zueinander sich als hierarchisches Geschlechter*verhältnis* bezeichnen läßt, hat sich in soziologischen Publikationen außerhalb der Frauenforschung noch nicht sehr weit herumgesprochen. „Geschlecht" als „Strukturkategorie" (Regina Becker-Schmidt/Ursula Beer), also als Begriff, der „auf eine konstitutive Verbindung zwischen Geschlechterverhältnis und Gesellschaftsstruktur abzielt" (Braun 1995, 110), wird bestenfalls verkürzt als Merkmal sozialer Schichtung begriffen, zusammen mit Bildung, Beruf, Einkommen, etc. Allerdings ist es bereits ein großer Fortschritt, wenn „Geschlecht" als eigenes Kriterium sozialer Ungleichheit erkannt und nicht – wie früher durchgängig und heute noch häufig – unter Klassen- oder Schichtkonzeptionen subsumiert wird. Hier ist durch das Dazwischentreten der Frauenforschung Geschlecht überhaupt erst sichtbar gemacht worden (class and gender debate), was für Studierende beiderlei Geschlechts wichtige Anstöße zur Differenzierung des Denkens gibt, für weibliche Studierende speziell aber die Einladung und Ermutigung enthält, ihren Platz in der Wissenschaft zu finden und zu bestimmen.

– *Soziale Konflikte* auch als Geschlechterkonflikte zu begreifen, ist ebenfalls ein neuer Gedanke, der durch die Frauenforschung in die Sozialwissenschaften hineingebracht wird. Dies bezieht sich auch auf gesellschaftliche Bereiche, die in der bürgerlichen Ideologie des ausgehenden 19. Jahrhunderts bis hinein in die 60er Jahre dieses Jahrhunderts gern als „gesellschaftsfreier Raum" gehandelt wurden, wie insbesondere die Familie. Männliche Gewalt im privaten Raum, so zeigen Benard/Schlaffer auf, fand im zentralen wissenschaftlichen Publikationsorgan der Familienforschung, dem „Journal of Marriage and The Family", über Jahrzehnte hinweg keinen Platz (Benard/Schlaffer 1978). Dies änderte sich erst durch Frauenbewegung und -forschung. Damit wurde deutlich, daß unsere Kulturtradition durch die Abgrenzung von Räumen, die als „privat" oder als „öffentlich" gelten, wichtige Problemfelder der öffentlichen wie der wissenschaftlichen Aufmerksamkeit entzogen und diese Grenzlinie auch als Geschlechtergrenze verfestigt hat.

Ebenso wie in anderen Wissenschaften konnte sich die Soziologie im universitären Rahmen lange Zeit ohne gleichberechtigte Teilhabe von Frauen entwickeln. Zwar haben einige der sog. „Gründerväter" der Soziologie im Übergang vom 19. zum 20. Jahrhundert einen Kreis von Studentinnen um sich herum gebildet, die ihnen besonders begabt erschienen (und mit einigen von diesen auch außereheliche Liebesbeziehungen unterhalten). Auf Grund der generellen Nicht-Zulassung von Frauen zum Studium und zu akademischen Prüfungen waren diese aber noch weit davon entfernt, einen als gleichberechtigt anerkannten Beitrag zur wissenschaftlichen Entwicklung leisten zu können. Erst in der Weimarer Republik zeigten sich hier hoffnungsvolle Ansätze, z.B. im Umkreis des Frankfurter Instituts für Sozialforschung, die aber größtenteils durch die sich abzeichnende Verfolgung in der Nazizeit zunichte gemacht wurden (vgl. hierzu Honegger 1994). Nur ganz wenige dieser ersten, nach heutigem Verständnis professionellen, Sozialwissenschaftlerinnen konnten noch im Ausland an ihrer wissenschaftlichen Qualifikation weiterarbeiten; die allermeisten flohen mit unvollendeten Dissertationen, die nie mehr weitergeführt wurden. Die Nachkriegsgeneration der Soziologen konnte somit im deutschen Sprachraum ungestört fortfahren im Reden *über* Frauen; zu einer Auseinandersetzung *mit* ihnen auf gleichberechtigter Basis fehlten noch einige Zeit die Voraussetzungen. Erst mit der Durchsetzung der Frauenforschung änderte sich dieser Zustand.

2   Eine konzeptionelle Chronologie des Forschungsstandes zum Thema „Frauen an Hochschulen"

Erst seit etwa 20 Jahren verfügen wir über Forschungen zur Situation von Frauen an Hochschulen, die selbst von Forscherinnen verfaßt sind. Der weitaus größte Teil von Forschungsarbeiten, die zuvor zu diesem Thema entstanden sind, wurde von männlichen Forschern konzipiert. *Stereotype Einstellungen* zum Verhältnis von Frauen und Wissenschaft bzw. Frauen im allgemeinen herrschten bei handlungsmächtigen Akteuren an den Hochschulen lange Zeit vor. Hans Anger stellte in seiner Untersuchung „Probleme der deutschen Universitäten" 1960 auch Fragen zur Befähigung weiblicher Studierender zum Studium und zur Wissenschaft als Tätigkeitsbereich für Frauen. 400 Professoren – der Anteil der verbeamteten Professorinnen lag damals bei 0,6 % (entsprechend selten waren sie in der Stichprobe) – vertraten mehrheitlich die Ansicht, daß Frauen weniger begabt als Männer seien. Obwohl es bereits damals keine auffallenden Differenzen in den Examensnoten gab, wurden Studentinnen gleichwohl als minderbegabt aufgefaßt: Mängel im logischen, abstrakten und selbständigen Denken würden von ihnen durch besonderen Fleiß und Hang zum Auswendiglernen kompensiert.[4]

Während die Frau als Studentin – im Unterschied zu den Befunden von Kirchhoff von 1897 - 1960 weitgehend auf Akzeptanz stieß, wurde die Frau als Lehrende oder gar als Professorin nach wie vor weitgehend abgelehnt.

Zum einen mangele es ihr an Autorität, Durchsetzungsfähigkeit, Robustheit und Überzeugungskraft; zum anderen sei es die wesensentsprechende Bestimmung der Frau, für den häuslichen Bereich und die Kindererziehung zu sorgen. Lediglich für alleinstehende Frauen – denen durchgängig fehlende Attraktivität unterstellt wurde – konnte nach damaliger Meinung Berufstätigkeit an der Hochschule als Ausgleich in Betracht kommen, wenn auch nur im Mittelbau. Nicht wenige Hochschullehrer waren 1960 ferner der Meinung, Studentinnen nähmen den Studenten die Studienplätze weg, weil sie lediglich auf der Suche nach einem gut gestellten Ehemann seien und eine Berufstätigkeit in den von ihnen studierten Gebieten ohnehin nicht anstrebten.

Die Durchsicht neuerer Untersuchungen zeigt, daß Differenzkonstruktionen dieser Art zu Beginn der 90er Jahre nicht mehr artikuliert werden; allerdings ist zu bedenken, daß die 1960 befragten Hochschullehrer die Lehrer der heutigen Hochschullehrergeneration sind und somit Gelegenheit hatten, deren Einstellungen zu beeinflussen. Neuere Untersuchungen (z.B. Schultz 1992, Holzbecher/Müller/Schmerl 1993, Onnen-Isemann/Oßwald 1991, Geenen 1994) verweisen auf die *„Modernisierung" von Vorurteilsstrukturen*. Frauen werden nach heutiger Auffassung durch rückständige gesellschaftliche Leitbilder und Arbeitsverteilungen häufig daran gehindert, sich ihrer wissenschaftlichen Karriere im gleichen Ausmaß zu widmen wie Männer. Dies liegt nach Meinung der Hochschullehrer jedoch nicht an Strukturen wissenschaftlicher Karrieren und Prozessen universitärer Auswahl, sondern an gesamtgesellschaftlichen Prozessen, deren Veränderung viel Zeit brauche und sich zudem dem Einflußbereich von Hochschullehrern entziehe (vgl. auch Lehnert 1997). Das Argument, wissenschaftliche Arbeit widerspreche der weiblichen Wesensart, lautet in der modernisierten Version, eine kluge Frau werde den aufreibenden und undankbaren Professorenberuf ablehnen und ein ausgewogeneres Leben zwischen Familie, Freizeit, Hobbys und Beruf vorziehen (Holzbecher/Müller/Schmerl 1993, 54).

Wissenschaftlerinnen konnten erst als *Forschungsgegenstand ‚entdeckt'* werden, als sie in nennenswertem Umfang vorhanden waren. Die ersten Untersuchungen der 50er und 60er Jahre verhalfen den Frauen in der Wissenschaft noch keinesfalls zu einer Artikulation ihres Selbstverständnisses und ihrer Erfahrungen.[5] Erst mit der Beteiligung von Wissenschaftlerinnen an dieser Forschung ergab sich ein Perspektivwechsel, den Macha/Klinkhammer (1997) „Wissenschaftlerinnen aus Frauensicht" nennen.

Untersuchungen in der ersten Hälfte der 80er Jahre (z. B. Bock/Braszeit/Schmerl 1983) verwiesen insbesondere auf *strukturelle Probleme*. Die ‚Kinderfrage' als Vereinbarungsproblematik stellte sich als recht zentral heraus, da wissenschaftliche Qualifikationsnachweise in einem zeitlichen Rahmen erworben werden müssen, der für Personen, die kleine Kinder zu betreuen haben, in der Regel nicht eingehalten werden kann. Die Tätigkeitsanforderungen in einigen Disziplinen – z. B. lange Versuchsreihen in den Naturwissenschaften – erschwerten weitergehende wissenschaftliche

Qualifikation für Frauen zusätzlich, da sie längerfristige Anwesenheit am Arbeitsplatz erfordern. Zudem wurde darauf verwiesen, daß der Arbeitseinsatz für eine Karriere an der Universität als sehr hoch anzusetzen ist und Professorenstellen auf eine traditionelle Männerrolle zugeschnitten seien, bei der stillschweigend die Gattin als Karrierehelferin und Entlastung von jeglichen häuslichen Verpflichtungen eingeplant wird.

Benachteiligungen und Diskriminierungen an den Hochschulen werden von männlichen Professoren vorliegenden Befunden zufolge *eher geleugnet.* Der höchst geringe Frauenanteil unter den Professoren wird, wie bereits erläutert, als Resultat gesellschaftlicher Gegebenheiten, aber auch der Motivationslagen von Frauen gedeutet. Im Unterschied hierzu äußern sich Professorinnen häufiger dahingehend, daß ihnen Vorurteile und Ausschlußmethoden von männlich dominierten Gremien an Hochschulen gegenüber Frauen nicht unbekannt sind, obwohl sie meist darauf achten, keine negativen Erfahrungen aus ihrem eigenen Bereich zu berichten (Holzbecher/Müller/Schmerl 1993). Auch benennen Professorinnen konkret Vereinbarkeitsprobleme (Onnen-Isemann/Oßwald 1991), argumentieren jedoch eher lösungsorientiert und erbringen durch die eigene Erfahrung und Praxis den Beweis, daß das aus Kollegensicht scheinbar Unmögliche gelingen kann (ebd. und Holzbecher/Müller/Schmerl 1993). Gleichwohl sind immer noch viele Hochschullehrerinnen der Ansicht, daß Frauen sich zwischen Hochschulkarriere und Familienwunsch entscheiden müssen, während männliche Hochschullehrer – die überwiegend Familienväter sind – diesen Ambivalenzkonflikt nicht kennen. Sie sind allerdings mehrheitlich der Meinung, daß Kolleginnen, die Mütter kleiner Kinder sind, eine Professur weniger gut auszufüllen vermögen (Onnen-Isemann/Oßwald 1991). Kolleginnen, die gleichwohl diese von männlichen Professoren als unvereinbar bezeichneten Leistungen erbringen, wird dies nicht als besondere Leistungsfähigkeit, sondern als Leistungseinschränkung – als Frau oder als Mutter – zugerechnet.

Im Anschluß an die ersten Untersuchungen aus Frauensicht (z.B. Bock/Braszeit/Schmerl 1983) und in Verbindung mit diesen entwickelte sich der Zusammenschluß von Frauen im Wissenschaftssystem; zugleich verstärkte sich unter dem Einfluß der Frauenbewegung ein öffentlicher Diskurs, der Geschlechterungerechtigkeit in der Gesellschaft allgemein, sowie im Bildungs- und Beschäftigungssystem im besonderen als untragbar kennzeichnete. Frauenforschung wurde im Lauf der Zeit an einer Reihe von Hochschulen mit Ressourcen ausgestattet. In dieser Zeit entwickelte sich dann auch eine Vielfalt von Forschungsansätzen zum Thema „Frauen in der Wissenschaft".

Einer dieser Zugänge bezeichnet den geringen Frauenanteil an hohen Positionen im Wissenschaftsbetrieb als Resultat eines ‚Kulturschocks'. Frauen fühlen sich dieser These zufolge fremd in einer männlich geprägten Professionskultur, und der Versuch, in dieser Kultur zurechtzukommen, wird als *Akkulturationsprozeß* beschrieben. „Die heute junge Professorinnengeneration ist die erste, zu deren Lebzeiten die Universitäten in Deutschland den Frauen formal ununterbrochen und uneingeschränkt zugänglich waren und sind. Ihr Studium und ihre Berufskarriere konnte sich nur in Ausnahmefällen an Vorbildern ihres Geschlechts orientieren. Wissenschaft und Hochschule als deren kultureller wie auch institutioneller Kontext werden noch immer weitgehend von Männern verkörpert ..." (Schöning-Kalender 1995, 222). Mit der These von der Akkulturation ist gemeint, daß der Hochschullehrerberuf weitgehend von Männern geprägt ist und somit Frauen andere Anpassungs- und Auseinandersetzungsanforderungen auferlegt, als es die Sozialisation in einen Beruf hinein normalerweise tut. Es wird auf das Geschlechtersystem der Gesellschaft verwiesen, das Männern die relativ bruchlose Fortsetzung einer traditionell männlichen Sozialisation in der Hochschule erlaube, während Frauen eher widersprüchlich sozialisiert würden: als Frau (mit der Orientierung auf Hausfrau und Mutter) und als zukünftige Erwerbstätige; beide Sozialisationsziele und die darüber transportierten Normen widersprächen einander. Frauen in akademischen Berufen stehen daher dieser These zufolge vor der Notwendigkeit, verschiedene ‚Welten' zu einer stabilen Identität zu integrieren (Schultz 1992, 225 ff).

Die These von der „Akkulturation", die Wissenschaftlerinnen an der Hochschule durchlaufen müßten, was ihr langsames Vorankommen in gewisser Weise erkläre, ist nicht unwidersprochen geblieben. In einer Untersuchung mit formal hochqualifizierten Wissenschaftlerinnen, die die Hochschule verlassen haben, gelangte Barbara Duka (1990) zu einem anderen Schluß. Die jüngere Frauengeneration betrachte die Hochschule durchaus zunächst als „ihr" Feld, in dem sie selbstverständlich einen Platz hätten. Im Laufe ihres Qualifizierungsprozesses kommen ihnen jedoch Zweifel, ob die Hochschule ihnen in gleicher Weise Entwicklungs- und Karrierechancen bieten wird wie Männern (diese Sichtweise versucht der Ansatz der „Asymmetrischen Geschlechterkultur" (Müller 1998) Rechnung zu tragen; s.u. Abschnitt 3.3). Da die jüngere Frauengeneration zudem eine *starke Berufsorientierung* als Ausdruck selbständiger Lebensführung aufweist, tendieren Hochschulabsolventinnen und Wissenschaftlerinnen mit ersten Berufserfahrungen an der Hochschule dazu, ein sicheres Beschäftigungsverhältnis außerhalb der Universität den ungesicherten hochschulischen Beschäftigungsverhältnissen vorzuziehen. Angesichts der weitaus größeren Unsicherheiten einer Hochschulkarriereplanung bei jungen Frauen erscheint dieses Verhalten als durchaus der Realität angemessen (vgl. Metz-Göckel 1996a).

Ein anderer Zugang betrachtet die *homosoziale Kooptation* als zentrale Erklärung für die Benachteiligung von Frauen. Die Nachwuchsrekrutierung im Wissenschaftssystem sei weitgehend durch Selektivität nach maximaler Ähnlichkeit, insbesondere bezogen auf Geschlecht, gekennzeichnet, verbunden mit einem ebenfalls homosozial geprägten Bewertungsmodus von Arbeit und Leistung. Dies bedeutet, daß männliche Wissenschaftler, auch in hohen Positionen, fast ausschließlich Mitglieder ihrer eigenen Genusgruppe vor

Augen haben, wenn sie um Empfehlungen für die Besetzung von Lehrstühlen gebeten werden. Für die Bewertung vorgelegter Arbeiten und Leistungen zeigt sich auch im universitären Bereich ein „sexistisches Muster" (Kirsch-Auwärter 1992): Das wissenschaftliche Werk von Frauen wird von ihren männlichen Kollegen seltener gelesen und zitiert; in Experimenten zeigt sich, daß Schriften eines anonymen Autors von der Mehrheit männlicher Professoren höher bewertet werden, wenn behauptet wird, der Autor sei männlich. Erfahrungen weiblicher Mitglieder in Berufungskommissionen bestätigen, daß eine Reihe von Kollegen gewohnheitsmäßig die Schriften weiblicher Mitbewerber als weniger originell, weniger glänzend, näher an Wissenschaftsjournalismus usw. beurteilen, während die Schriften der männlichen Bewerber grundsätzlich als ernstzunehmende Beiträge zum wissenschaftlichen Fortschritt gelobt werden (vgl. auch Wenneras/Wold 1997).

Dies führt bei einer Reihe von Frauen, die sich auf eine wissenschaftliche Karriere vorbereiten wollen, zur Erfahrung einer großen Diskrepanz zwischen den meritokratischen Grundsätzen des Wissenschaftssystems – die Aufstieg an Qualifikation und Leistung binden – und den tatsächlichen Selektionsprozessen. Diese orientieren sich u.a. an Kriterien wie ‚Paßfähigkeit' und ‚Reputation' im Kreise von relevanten Meinungsführern. Wie diese Kriterien konstruiert und in einer vermachteten sozialen Situation auch in jüngster Zeit den Selektionsrahmen auf einen kleinen Kreis vorselektierter Kandidaten konzentriert werden, hat Zimmermann bezogen auf die Transformation ostdeutscher Universitäten aufgezeigt (vgl. Zimmermann 1998).

Die Selbstaufklärung der Hochschullehrer über ihre *selektive Wahrnehmung* und Auswahlpraxis läßt allerdings, wie US-amerikanische Untersuchungen belegen, zu wünschen übrig. Viele treten aus dem soziologischen Diskurs aus, wenn es darum geht, die Benachteiligung von Frauen im Wissenschaftsbetrieb zu beleuchten (vgl. Metz-Göckel 1997). Das Aufzeigen von Benachteiligung löst in den seltensten Fällen Betroffenheit aus, zumindest nicht von der Art, daß sich konkrete Handlungsbereitschaft entwickelt, um bestehende Nachteile zu kompensieren oder ihre Ursachen zu beheben (vgl. als deutsches Fallbeispiel auch Lehnert 1997). Weit häufiger ist der Fall, daß die inkriminierten Zustände durch zusätzliche Begründungen und erneute ‚Mythenbildung' legitimiert werden, gegebenenfalls auch mit der Folge einer (weiteren) Entwertung der Betroffenen (vgl. Kirsch-Auwärter 1993). Die Bereitschaft, eher ‚kognitive Landkarten' und moralische Bewertungsmaßstäbe der sozialen Wirklichkeit anzupassen als umgekehrt, weist die Sozialpsychologie bei Frauen wie bei Männern nach. „Am stärksten ausgeprägt ist sie allerdings, z. B. was Qualifikations- und Leistungsattributionen in der Wissenschaft betrifft, bei Männern mittleren Alters und in der Ausübung von Entscheidungsfunktionen (Lott 1985)" (Kirsch-Auwärter 1993, 176).

Daß *Qualifikationsargumente* zur *Verschleierung diskriminierender Praktiken* dienen, ist eine Überzeugung, die weit überwiegend von Frauen geteilt wird, während die Mehrheit der Männer an Hochschulen diese Aussage entschieden ablehnt (Ladd/Lipset 1975). Neuere Forschungen zeigen allerdings, daß eine jahrzehntelange öffentliche Diskussion und die Durchsetzung von gleichstellungspolitischen Maßnahmen längerfristig solche Tendenzen umkehren können: Aus der US-amerikanischen Forschung wird der Befund berichtet, daß weibliche Bewerber für die Spitzenpositionen des öffentlichen Dienstes mittlerweile deutlich besser abschneiden als männliche und überdurchschnittlich häufig für höchste Positionen empfohlen werden (Powell/Butterfield 1994).

Als weiteres erklärendes Moment zur Stabilität von Frauenbenachteiligung an den Hochschulen ist der Umstand zu sehen, daß ,*Feminisierung*' – hier rein quantitativ verstanden als Anwachsen der Anzahl von Frauen in einer Disziplin – häufig noch als Gefahr der *Entwertung* dieses Gebiets betrachtet wird, wenn auch infolge der Frauenbewegung an den Hochschulen und der Frauenforschung dies nicht mehr ungebrochen geschieht und Hochschulen durchaus auch wachsende Frauenanteile in bestimmten Fächern als Erfolgskriterium betrachten können (vgl. hierzu Roloff 1998).[6]

Ein anderer Zugang trägt in neuerer Zeit dem Umstand Rechnung, daß meritokratische Kriterien offensichtlich nicht für den Zugang von Frauen in höhere Positionen der Hochschule ausschlaggebend sind. Die Reproduktion geschlechtsspezifischer sozialer Ungleichheit ist durch die Angleichung des Bildungsniveaus von Frauen und Männern nicht grundsätzlich in Frage gestellt worden, und dies gilt auch für die Hochschule. Gesellschafts- und strukturtheoretisch orientierte Konzepte der Analyse *sozialer Schließungs- und Ausgrenzungsprozesse* stehen im Mittelpunkt dieser Richtung. „An die Stelle expliziter kollektiver Ausschlußverfahren sind indirektere Verfahren einer geschlechtshierarchischen Statusdistribution" getreten (Wetterer 1993, 9).[7] Dem Konzept der sozialen Schließung zufolge geht es bei dem kollektiven Ausschluß von Frauen zum einen um die Eindämmung möglicher Konkurrenz, zum anderen aber um die Angst vor einem generellen Status- und Prestigeverlust, der auf dem Hintergrund der bürgerlichen Geschlechterideologie die Folge einer Öffnung gegenüber Frauen wäre (Wetterer 1993, 63).

Schließlich bietet die Forschung noch eine Reihe von Untersuchungsergebnissen, die sich auf die *Motivation,* die *Selbsteinschätzung* und die *Karriereorientierung* des weiblichen wissenschaftlichen Nachwuchses beziehen, also nach Benachteiligungsursachen suchen, die in den Orientierungen und Verhaltensweisen der Betroffenen zu suchen sind. Untersuchungen aus den 70er und 80er Jahren dokumentieren, daß Frauen, denen eine wissenschaftliche Karriere gelungen ist, diese vielfach als Zufall und Resultat glücklicher Umstände hinstellen, während Männer in der gleichen Situation ihre Karriere als Ergebnis von Zielstrebigkeit und Leistung darstellen (Wetterer 1986; Kirsch-Auwärter 1992; Schultz 1992). Orientierungen auf inhaltlich interessierende Sachgebiete unabhängig von deren akademischer ,Marktfähigkeit', äußerst selbstkritische Einschätzung eigener Forschungsergebnisse und daher

zögerndes Publikationsverhalten und schließlich die Interpretation des eigenen wissenschaftlichen Qualifizierungsprozesses als individuellen Entwick-
lungs- und Selbstverwirklichungsprozeß, weniger als Herstellung eines kar-
rierefähigen Profils, sind weitere Elemente (Aisenberg/Har-rington 1988),
die hier genannt werden. Für die 90er Jahre, die geprägt sind durch *Resultate
der Frauenbewegung an Hochschulen,* der breiten öffentlichen Diskussion
über die Notwendigkeit, Nachteile abzumildern bzw. gänzlich zu beseitigen,
und durch gezielte frauenfördernde Initiativen teils von staatlicher, teils von
Hochschulseite, auch von wissenschaftlichen Stiftungen und von Zusammen-
schlüssen von Hochschullehrerinnen (z.B. Graduiertenkollegs), können wir
von einer Wandlung sprechen. Karriereplanung auch für Frauen an Hochschulen, steigende Nachfrage nach Promotions- und Habilitationsmöglich-
keiten sowie aktive Strategien, nach dem ersten qualifizierenden Abschluß in
eine entsprechende Tätigkeit einzumünden, verstärken sich (vgl. Plö-
ger/Riegraf 1998), ebenso wie die Möglichkeit für Wissenschaftlerinnen, in
die Gestaltung der Hochschule einzugreifen (vgl. Morley/Walsh 1995).

Wenn wir den Forschungsstand hier kurz bilanzieren, so fällt auf, daß
zwar in der Abfolge der analytischen Zugänge eine Chronologie feststellbar
ist, an der sich die obige Darstellung in etwa orientiert; bezogen auf die Problematiken, die in den unterschiedlich angelegten Untersuchungen zum
Thema geworden sind, läßt sich jedoch keine Chronologie in dem Sinne
feststellen, daß Problemlagen, die in Untersuchungen aus dem Beginn der
80er Jahre im Vordergrund standen, sich heute aufgelöst hätten. Vielmehr ist
davon auszugehen, daß die genannten Problematiken immer noch gültig sind
und sich zu einem komplexen Geflecht zusammenfinden, das in einer Art
Kumulation nachteiliger Effekte das Vorankommen von Frauen im Wissenschaftsbetrieb behindert (vgl. Macha/Klinkhammer 1997).

3   Neue Forschungsperspektiven: Hochschule als Organisation

Eine Erweiterung der Perspektiven des weiblichen wissenschaftlichen Nachwuchses, auch auf die Wissenschaft als möglichen Berufsbereich hin, hat
stattgefunden. Gleichwohl ist nach den vorliegenden Befunden die Hochschule noch weit davon entfernt, bereits junge Studentinnen, wie vielfach
gefordert (vgl. Arbeitskreis NRW 1996), als potentielle Hochschullehrerinnen zu behandeln oder sie zu ermutigen, dieses Ziel zumindest zu prüfen.
Eher scheint die Hochschule nach wie vor systematisch, wenn auch vielfach
unintendiert, Entmutigung für junge Frauen zu produzieren; diese haben
bisher noch wenig Anlaß, sich willkommen und eingeladen zu fühlen, an der
Entwicklung der von ihnen gewählten Wissenschaft mitzuwirken.

Im folgenden komme ich auf einige neuere Aspekte der Diskussion des Themas „Benachteiligung von Frauen in der Wissenschaft und Maßnahmen zu ihrer Beseitigung" zu sprechen und stelle dazu drei Ansätze vor, die die Thematik in einen organisationssoziologischen und -politischen Bezugsrahmen bringen: Die aus der Policy-Analyse hergeleitete Unterscheidung von distributiver und redistributiver Politik; der Fokus auf „Mikropolitik" in Arbeits- und Bildungsorganisationen und die Betrachtungsebene der „asymmetrischen Geschlechterkultur" in Organisationen.

3.1 Frauenförderung als „redistributive" Politik

Frauenförderung wird in der neueren Literatur als „paradoxe Intervention" bezeichnet (Wetterer 1994). Sie überbetont das Merkmal ‚Geschlecht' in der Absicht, dessen Wirkung als Selektionskriterium in der Zukunft abzuschwächen und obsolet zu machen. Bis dahin scheint der Weg jedoch noch weit zu sein.

„Rhetorische Präsenz – faktische Marginalität" nennt Angelika Wetterer daher ihren Aufsatz aus dem Jahre 1994, in dem sie eine Bilanz der Frauenförderung im Hochschulbereich zu ziehen versucht. Sie zeigt auf, daß die rhetorische Präsenz der Frauenthematik und der Frauenförderung in einem historisch einmaligen Ausmaß vorangeschritten ist. Dies gehe jedoch in keiner Weise einher mit einer Steigerung von Frauenanteilen in Positionen, in denen sie bisher unterrepräsentiert sind. Vielmehr haben Frauenfördermaßnahmen nach Wetterers Einschätzung zunächst dazu geführt, daß Verwaltungen und Selbstverwaltungsgremien ihre rhetorische Kunstfertigkeit verfeinert hätten, mit der sie darlegen, warum trotz aller Bemühungen keine qualifizierte Bewerberin für eine vakante Position gefunden werden konnte. Eine gängige argumentative Figur ist das Phantom der ‚Quotenfrau', die nur oder überwiegend durch weibliche Geschlechtszugehörigkeit in den Kreis der ernsthaften Konkurrenten hineingeraten sei, in Wirklichkeit aber „in der zweiten Liga spiele" und damit alle „objektiven" und damit selbstverständlich auch geschlechtsneutralen Qualifikationsstandards zunichte mache. Stellenlose männliche Bewerber sind der Vermutung nicht abgeneigt, als Frau wären sie schon längst in Amt und Würden. Die ‚Quotenfrau' als Phantom verliert ihre Bedeutung in diesen Argumentationen auch dann nicht, wenn sie mit der nüchternen Realität der Universitätsstatistiken konfrontiert wird.

Frauenfördernde Maßnahmen konnten sich in den 70er und 80er Jahren zunächst als „distributive Politik" etablieren: Sie waren erfolgreich in Zeiten, in denen *Zuwächse* zu verteilen waren – an Stellen, an neu etablierten Forschungsmitteln, etc. In verschiedenen Evaluationen der Frauenförderpolitik des Öffentlichen Dienstes (Stadt Dortmund 1996; MGFM 1994) wird betont, die beschlossenen frauenfördernden Maßnahmen hätten sich beispielsweise bei Neueinstellungen positiv für den Frauenanteil ausgewirkt. In Zeiten knapper werdender Haushalte wandelt sich Frauenförderpolitik zur „redistributiven Politik". Sie bezieht sich nicht mehr auf die – mehr oder minder gleichmäßige – Verteilung neu geschaffener oder neu hinzutretender Güter, sondern muß, will und soll einen vorhandenen Bestand an Gütern umverteilen. Redistributive Politiken müssen jedoch immer mit stärkerem Widerstand rechnen als distributive (Windhoff-Héritier 1987). Von daher ist der Widerstand, auf den Maßnahmen zur Einführung von Geschlechtergerechtigkeit an Hochschulen treffen, auch dem gewandelten Charakter dieser Maßnahmen geschuldet, den sie unter restriktiven Rahmenbedingungen in den Hochschulen annehmen.

3.2 Hochschule als „mikropolitische Arena"

Neuere Forschungen zur Frauenförderung sind sich darin einig, daß die Phase der Implementation bis hin zur Anwendung von Richtlinien auf die ersten Fälle die entscheidende Phase ist, was das weitere „Schicksal" frauenfördernder Maßnahmen in Organisationen angeht. Dabei wird in neueren Publikationen besonderer Wert gelegt auf die Ebene der „Mikropolitik". Welche Wirkung Grundsätze, Richtlinien oder Gesetzesvorschriften zur Frauenförderung haben, entscheidet sich diesen Ansätzen zufolge im Organisationsalltag, in dem verschiedenste Akteurinnen und Akteure sowie Akteursgruppen unterschiedliche Interessen haben, verschiedenste Strategien verfolgen und auch über unterschiedliche Möglichkeiten (‚Ressourcen') verfügen, um ihre Interessen durchzusetzen (vgl. Riegraf 1996).

Wie die Übersicht im „Memorandum III" des Arbeitskreises Wissenschaftlerinnen NRW für 1994 zeigt, variiert der Frauenanteil bei den Professuren an den wissenschaftlichen Hochschulen zwischen 0 % (Sporthochschule Köln) und 11 % (Universität Bielefeld), bei den Fachhochschulen zwischen 1,4 % (Krefeld) und 13 % (St. Augustin). Fächerbezogene Kriterien allein können diese Unterschiede jedoch nicht erklären; vielmehr wird in diesem Memorandum vermutet, daß „traditionelle oder aufgeschlossene Umfeldfaktoren" eine Rolle spielen (Arbeitskreis Wissenschaftlerinnen 1996, 13).

Diese Zahlen stammen aus einer Zeit, in der die Frauenförderrichtlinien des Landes Nordrhein-Westfalen erst kurz in Kraft waren. Mittlerweile zeigt sich, daß diese Maßnahmen sich erst längerfristig in zahlenmäßig faßbaren Ergebnissen niederschlagen, jedoch recht schnell den Legitimationsdruck auf Selektionsverfahren und damit befaßte Gremien und Instanzen erhöht haben (vgl. Müller u.a. 1998). Der ‚Störeffekt', den sie auf Verteilungsroutinen ausüben und der ihnen oftmals, z. B. als ‚Überbürokratisierung' zur Last gelegt wird, besteht zunächst darin, daß die Kosten der Aufrechterhaltung von Routinen unter gesteigertem Legitimationsdruck abgewogen werden gegen den Nutzen, den es hätte, sich der neuen Regelung entsprechend zu verhalten. Eine paradoxe Wirkung frauenfördernder Maßnahmen kann z. B. darin bestehen, daß sich Entscheidungsgremien für eine Frau entscheiden, jedoch ausdrücklich betonen, der Frauenfördergedanke habe bei dieser Entscheidung keine Rolle gespielt (vgl. Müller u.a. 1998).

Die mikropolitische Betrachtung hat in der sozialwissenschaftlichen Frauenforschung mittlerweile einen hohen theoretischen wie auch praktischen Stellenwert gewonnen. Im nationalen (vgl. Krell 1997) wie auch im internationalen Diskussionskontext (Lim 1996; Macdonald et al. 1997) werden eine Fülle von mikropolitischen Strategien diskutiert, die sich mit Organisationen befassen, die jahrelange Erfahrung mit Gleichstellungspolitik haben, und in denen es bereits zu mehr oder minder massiven Gegenreaktionen gekommen ist. Macdonald et al. empfehlen z.B. Strategien, die sich auf eine *differenzierte* Männeröffentlichkeit in Organisationen richtet; sie schlagen vor, nicht mehr die stramm Ablehnenden als Hauptbezugsgruppe feministischer Strategiebildung zu nehmen, sondern die große Gruppe der Unentschlossenen und im Prinzip Kooperationsbereiten, und somit die Vorstellung von Männerinteressen als einem monolithischen Block in Organisationen aufzugeben. Auch die Hochschule, laut Jutta Limbach eine der „dunkelsten Provinzen" (Limbach 1995), ist hiervon nicht unberührt geblieben (vgl. Plöger/Riegraf 1998; Müller u.a. 1998; Roloff 1998).

3.3 Asymmetrische Geschlechterkultur

Diese Sichtweise verbindet die Geschlechterthematik mit der Diskussion um die Rolle von ‚Kultur' in Organisationen. Die Hochschule wird hier als Organisation aufgefaßt, die mit Organisationen anderer Art (z.B. Betrieben und Verwaltungen) vieles gemeinsam hat, sich aber auch von diesen unterscheidet (z.B. müssen sie sich nicht wie Betriebe der Privatwirtschaft auf dem Markt bewähren; andererseits sind sie nicht nur durch Verwaltung, sondern auch durch das Prinzip der Selbstverwaltung geprägt).

Wenn wir uns der gängigen Auffassung anschließen, daß die Ebene der Organisationskultur Werte und Normen transportiert, denen das Organisationshandeln explizit folgt, sowie ebenso eine Reihe informeller Regeln, Situationsdeutungen, Interpretationen von formal definierten Handlungsanforderungen etc., so wird „Geschlechterkultur in Organisationen" als explizite oder implizite Wahrnehmungs- und Umgangsweisen bestimmbar, die das Verhältnis der Geschlechter in Organisationen zueinander regeln bzw. legitimieren. Im Unterschied zur Situation von vor 20 Jahren (vgl. Kanter 1977) als männliche Deutungsmuster noch unhinterfragt kulturelle Hegemonie aufwiesen, sehen wir heute eine Vielzahl kultureller Akteurinnen und Akteure am Werke. Zwar herrschen meist noch ‚männliche' Interpretationsmuster vor, Frauen in Organisationen sind aber auf vielfältige Weise eingetreten in den Aushandlungs- und Auseinandersetzungsprozeß darüber, wessen Stimme in einem Diskurs zählt und wessen Situationsdeutung sich durchsetzt. Dies kann auch als „Politisierung der Geschlechterdifferenz" (Heintz et al. 1997, 245) aufgefaßt werden. Dadurch wird deutlich, daß jede Organisation, ob es ihr bewußt ist oder nicht, „Geschlechterpolitik" betreibt.

Aspekte einer problematischen „Geschlechterkultur" prägen den gesellschaftlichen Alltag und finden sich auch in Organisationen vor – und dort dann in verschiedenen Ausdrucksformen, die mit der Art der Organisation, dem Organisationszweck, der Organisationsstruktur u.a. variieren. Elemente dieser Geschlechterkultur sind Symbolisierungen von Männlichkeit und Weiblichkeit (z.B. Kleidung, Geschlechterbilder in den Medien o.a.) und Kommunikations- und Wahrnehmungsformen, die unser „kulturelles System der Zweigeschlechtlichkeit" immer wieder hervorbringt.[8] Diese Geschlechterkultur ist problematisch, weil sie häufig mit einer quantitativen und positionalen männlichen Dominanz einhergeht, wie etwa im Wissenschaftsbetrieb und auf dem Arbeitsmarkt, und weil ‚männliche' Situationsdeutungen meist noch höhere Durchsetzungskraft haben als ‚weibliche'. Eine solche Geschlechterkultur können wir ‚asymmetrisch' nennen.

In der heutigen Zeit verringern sich die Möglichkeiten, Differenzen zwischen den Geschlechtern in der Weise zu konstruieren, daß ‚Frauen' oder ‚Weiblichkeit' abgewertet werden, von Tag zu Tag. Symbolische und kommunikative Mittel werden zur Herstellung von Separierungen der Geschlechter in dem Ausmaß bedeutsamer, in dem formale Grenzen wegfallen und in der Gesellschaft insgesamt die Sensibilität für geschlechtsdiskriminierende Maßnahmen wächst (Heintz u.a. 1997, 225; vgl. auch Benokraitis 1997; Clark et al. 1996).

Nicht nur Schülerinnen (wie neuere Untersuchungen zeigen), auch Studentinnen haben ‚gelernt', Koedukation mit Gleichberechtigung gleichzusetzen (vgl. Metz-Göckel 1996b). Hierin zeigt sich m.E. zum einen der Anspruch, an dem Realität kritisch gemessen werden kann: Sie erwarten, im vorgegebenen Rahmen einen selbstverständlichen Platz vorzufinden und wollen sich hier Anerkennung verschaffen, ohne speziell ‚gefördert' zu werden. Zum anderen zeigt sich aber auch eine Art diskursiver Enteignung. Es gilt vielfach, Diskriminierungserfahrungen aufgrund weiblicher Geschlechtszugehörigkeit nicht zu thematisieren, und die weiblichen Studierenden scheinen für diese „stille Post" besonders sensibel zu sein.[9] Die Botschaft lautet: Einer sozusagen ‚schwerelos' emanzipierten Frau (die keinen Feminismus und keine Frauenförderung nötig hat) stehen heutzutage alle Türen offen. Die Frau, die alle (widersprüchlichen) Anforderungen an Professionalität und Weiblichkeit problemlos miteinander verbindet „und diese gelungene Synthese in angenehmer Weise für alle sichtbar darstellt" (Brückner 1994, 40), ist gefragt; der idealen Frau, die bereits heute vollendet frei ist, obwohl die Rahmenbedingungen dies nicht im entferntesten befördern, würde auch jeder Kollege die gerade mit einem Mann besetzte ehedem vakante Professur gegeben haben – wäre sie doch nur vorhanden gewesen. „Nicht zuletzt dieses Wunschbild einer emanzipierten modernen Frau, die alles kann und jedes Problem meistert, macht deutlich, daß (ihm) jede in der Öffentlichkeit real existierende Frau nur mehr oder weniger mangelhaft Genüge zu leisten vermag. Sie scheint mit ihrer Person den Beweis dafür zu liefern, daß zwar ideale, nicht aber die tatsächlich vorhandenen Frauen für wichtige Positionen geeignet sind" (Brückner 1994, 41).

Diskriminierungserfahrungen gelten im dominanten Diskurs als Einzelfälle und nicht als Teil eines allgemeinen Musters. Dies entspricht dem Kern der Gleichheitsauffassung seit dem Zeitalter der Aufklärung: Individuen, nicht Gruppenmitglieder sind die rechtliche Basis. Erfolg bzw. Mißerfolg sind das Ergebnis individueller Bemühungen oder von deren Ausbleiben. Maßnahmen, die spezifische Gruppen identifizieren und darauf Politiken aufbauen, verstoßen gegen diese Gleichheitsauffassung (Liff/Cameron 1997). Bei den betroffenen Frauen selbst können widersprüchliche Ansichten wie „Frauen haben die gleichen Chancen" und „Frauen müssen mehr leisten als Männer, um weiterzukommen" auf diese Weise nebeneinander bestehen bleiben (Heintz u.a. 1997, 203).

Die Situation junger Frauen an Hochschulen erweist sich im Vergleich zur Situation junger Männer als komplexer, weil sie sich im Überschneidungsbereich mehrerer Gleichheitsdiskurse befinden, deren ‚Subtext' die fortbestehende Geschlechterungleichheit ist. Die Universität als Organisation wirkt, so läßt sich formulieren, entgegen ihrem Anspruch geschlechter- und damit differenzkonstruktiv. ‚Geschlecht' immer wieder zum Thema zu machen, ist zentrales Element des Frauenförder- bzw. Gleichstellungsgedankens, wirkt sich aber innerhalb von Organisationen meist als Marginalisierung von Frauen aus und bestätigt damit ohnehin vorhandene Stereotype. Eine Studentin, die in einer Lehrveranstaltung den Geschlechteraspekt anmahnt, macht sich in der Wahrnehmung des Dozenten wie auch der männlichen Studierenden zur ‚Frau' und nicht zur angehenden Wissenschaftlerin, die ihrer Wissenschaft zu einer wirklichen Geschlechterneutralität verhelfen will.

Ein Professorinnen-Anteil von 6,2 % 1996 bedeutet für männliche Studierende, daß sie von gleichgeschlechtlichen statushohen Personen in ihr Wissensgebiet eingeführt und in ihrer wissenschaftlichen Entwicklung begleitet werden; weibliche Studierende haben hierzu immer noch kaum Gelegenheit. Daß vor allem Männer in den Lehrveranstaltungen an der Hochschule das hier vermittelte Wissen produzieren und an Studierende weitergeben, drängt Erfahrungs- und Lebenswelten von Frauen an den Rand der Curricula und läßt sie zur Abweichung von einer männlich geprägten ‚Normalität' werden, die sich ihrer eigenen Standortgebundenheit nicht bewußt ist (Müller/Stein-Hilbers 1996).

4 Gleichstellungsmaßnahmen als organisationskulturelle Innovation

Die durch femistische Kritik inspirierte Organisationsforschung hat den Blick geöffnet für die „gendered substructure" von Organisationen (Acker 1991), die aber einer detaillierteren Analyse noch harrt. Sie hat ferner die Vorstellung von ‚Organisation' und ‚Bürokratie' als monolithischer Blöcke, in denen Weiblichkeit immer abgewertet wird und Frauen immer ‚Opfer' von Macht und Hierarchie sind, verlassen zugunsten einer flexibleren Sichtweise (vgl. Halford/Savage/Witz 1997, 17). In dieser Perspektive ist es z.B. durchaus möglich, daß Teile der Organisation Gleichstellungspolitik als Personalpolitik ablehnen, während andere dies befürworten, aktiv betreiben oder gar enthusiastisch begrüßen (ebd.). Geschlechterpolitik in Organisationen kann Element organisationeller Innovation sein oder aber auch – in traditioneller, hierarchisierender Form – Innovationsblockade (vgl. Rudolph/Grüning 1994).

Vor diesem Hintergrund lassen sich Gleichstellungsrichtlinien als wichtiges Element von kulturellem Wandel in Organisationen begreifen, die sich auch starkem kulturellen Widerstand ausgesetzt sehen. Sie stellen den Versuch dar, der nicht bewußt intendierten, gleichwohl aber nach wie vor wirksamen Ausgrenzung des weiblichen wissenschaftlichen Nachwuchses entgegenzusteuern, indem die sich real vollziehenden, aber der alltäglichen Wahrnehmung relevanter Akteure weitgehend entzogenen Ausgrenzungspraktiken ins Bewußtsein gehoben und für Umgestaltung zugänglich gemacht werden. Die Veränderung kultureller Muster erschöpft sich aber nicht in sich selbst, sondern leitet über die Uminterpretation von Relevanz- und Verteilungskriterien auch eine Umverteilung von Ressourcen, Positionen und Gestaltungsmacht ein. Insofern heißt Kulturwandel immer auch Machtwandel (Schreyögg 1988, 164). Die Reaktionsmöglichkeiten von und innerhalb von Organisationen bezogen auf eine solche Anforderung sind vielfältig: Abwehr en bloc, Kanalisierung, Marginalisierung, Verknüpfung mit anderen Regelwerken zwecks Verstärkung oder Minimierung der Wirkung sind einige der möglichen Optionen (vgl. Macdonald et al. 1997).

Die Veränderung von Geschlechterkultur in Organisationen interessiert hier insbesondere unter dem Aspekt, statt der traditionellen und tendenziell immer noch vorherrschenden asymmetrischen Geschlechterkultur eine symmetrische zu etablieren. Dieser Prozeß wird aus der Perspektive von Gleichstellungsinteressen heraus notwendig, wenn auch die Organisationsstruktur geschlechtersymmetrisch werden soll. In der Vorstellungswelt relevanter Akteure muß der Gedanke der Geschlechtersymmetrie Platz greifen, um bei Arbeitsstrukturierungs- und Personalentscheidungen nicht immer wieder unterzugehen zu Gunsten der traditionellen und gewohnten Asymmetrie. Umgekehrt muß die Vorstellung der Geschlechtersymmetrie bei relevanten

Akteuren entwickelt werden, wenn auf struktureller Ebene bereits Veränderungen eingetreten sind, die stabilisiert oder akzeptabel gemacht werden sollen.

Gleichstellungsmaßnahmen formulieren u.a. die Forderung, Geschlechtersymmetrie in Organisationen zu gewährleisten – auf der strukturellen wie auf der kulturellen Ebene[10] – und formulieren Verfahrensvorschläge, wie dies mit organisationseigenen Mitteln umzusetzen sei. Sie stellen damit einen Versuch der ,Uminterpretation' dar, als Element veränderter Geschlechterpolitik in Organisationen. Ihren Einfluß sehen wir in zweierlei Hinsicht: Als direkte oder indirekte Erfolge, z.b. in der allenthalben eingetretenen Sensibilisierung für Geschlechterdiskriminierung, in der Entwicklung einer Frauenöffentlichkeit innerhalb von Organisationen aller Art, etc.; und in Gegenreaktionen, die sich häufig einer Umdeutungsstrategie bedienen.

Es vollzieht sich eine Umdeutung der tatsächlichen Verhältnisse: Frauen erscheinen als die Angreiferinnen, die ungerechtfertigterweise aufgrund ihres Geschlechts Vorteile erringen wollen; Männer erscheinen als die Sachwalter und Verteidiger von geschlechtsneutraler Gerechtigkeit (vgl. z.B. für die Hochschule Wetterer 1994). Damit wiederholt sich ein aus der Geschichte der Frauenbewegung bekanntes Phänomen: nicht der gesellschaftliche Skandal als solcher – Geschlechterdiskriminierung gegenüber Frauen – steht im Mittelpunkt der Kritik, sondern diejenigen Personen und/oder Maßnahmen, die ihn aufzeigen und auf ihn reagieren. Dies bezeichne ich als Strategie der „diskursiven Enteignung" (vgl. Müller 1997, 1998) .

Die intendierte Uminterpretation der Geschlechterdifferenz auf dem Wege der Politisierung wird teils bekämpft, teils durch unbewußte Indolenz erschwert. Patriarchale Differenzkonstruktionen herrschen noch vor.

Frauenförderung, so erläutert Kirsch-Auwärter (1996a) am Beispiel der Hochschulen, basiert auf einer feministischen Kritik, die als Klientelpolitik begonnen hat, heute aber immer mehr zur Struktur- und Steuerungskritik wird. Sie hat die Diagnose gestellt: Transformationsbedarf der Institutionen. Damit hat Frauenförderung das Ziel, Optionen zu eröffnen, neue Formen der Interaktion zu ermöglichen, neue Professionalitätskriterien durchzusetzen, Qualifikationskriterien zu hinterfragen, auf verschwiegene, aber hochwirksame Zulassungsvoraussetzungen – z.B. männliche Geschlechtszugehörigkeit – mit dem Mittel „irritierender Inszenierungen" hinzuweisen (Kirsch-Auwärter 1996a).

Die Kritik an herkömmlichen Professionalisierungsprozessen und Professionalitätskriterien, deren vorgebliche Geschlechtsneutralität Frauen bisher erfolgreich ausgrenzt, gilt für Kirsch-Auwärter als Beispiel für gelungene praktische Dekonstruktionsprozesse. Dies gilt z.B. für die Altersgrenzen bei der Besetzung von wissenschaftlichen Nachwuchsstellen: sie sind traditionell orientiert am Lebenslauf einer Person, die schnurgerade vom ersten akademischen Abschluß aus weiter an ihrer Qualifikation arbeitet, ohne große Anteile ihrer Zeit auf die Sorge für andere verwenden zu müssen. Hier hat die seit

Jahrzehnten massiv vorgetragene Kritik aus der Selbstorganisation von Frauen im Wissenschaftsbetrieb zumindest an einigen Hochschulen und in einigen Bundesländern zu Veränderungen geführt.[11]

Jungen Frauen tritt die Hochschule gleichwohl häufig als eine Kultur der Entmutigung entgegen; „unsichtbare Schilder" signalisieren ihnen an vielen Stellen: „Dieser Platz ist nicht für dich". Dementsprechend länger sind ihre Wege, wenn sie dann doch in eine akademische Laufbahn einmünden wollen. Für diese tieferliegende Ebene von Geschlechterasymmetrie helfen die angedeuteten veränderten Voraussetzungen noch nicht weiter; eine Kultur der Aufmerksamkeit und Ermutigung für vielversprechenden weiblichen Nachwuchs muß erst noch etabliert werden. Dies gilt für Hochschulen wie für öffentlichen Dienst und Betriebe der Privatwirtschaft gleichermaßen.

Der Frauenförderdiskurs rührt an die Vorstellungen, die Organisationen von sich selbst haben, indem er die Kriterien offenlegt, anhand derer sie tatsächlich funktionieren (Kirsch-Auwärter 1996b). Insofern drücken diese vordergründig problematischen Entwicklungen auch Erfolge aus und damit eine Art paradoxer Anerkennung. Institutionalisierungen von Frauenforschung und Frauenförderung treten ein in die Auseinandersetzung darum, wessen Stimme in einem Diskurs zählt. Dies ist für Organisationen wie die Universität von entscheidender Bedeutung, da ihre Realität in vieler Hinsicht – nach Meinung einiger Autoren sogar in entscheidendem Ausmaß (Neuberger 1995) – eine diskursive ist.

Themen in Diskussionen zu verändern oder diese Veränderung zu verhindern, hat statusgenerierende Funktion (vgl. Kotthoff 1993). Dies geschieht auch mit Frauenförderung oder Frauenforschung; beide sind Akteurinnen in einem Diskurs und verfolgen die Strategie der Themengenerierung; die Reaktionsbildung auf sie versucht sich in der Strategie der Themenverhinderung. Interpretationen von Bedeutungen sind symbolische Hüllen, die auf Geschlechtersymmetrie gerichtete Ansprüche umdefinieren in Ansprüche auf ungerechtfertigte Bevorzugung von Frauen. Insofern helfen sie auch bei der Zurückweisung dieser Ansprüche, und zwar differenzierter als früher. In diesem Prozeß sind viele aktiv Handelnde in der Frauenforschung und der Frauenförderung aufgrund ihrer Erfahrung häufig enttäuscht, weil durch die Übersetzung ihrer Forderungen im Verwaltungshandeln bzw. Organisationshandeln Forderungen und Ziele sich in einer Weise verändern, daß der Bezug zu ihrem Ursprung schwierig herzustellen scheint (vgl. auch Douglas 1991).

Diese spezifischen Uminterpretationen führen dazu, daß Akteurinnen sich häufig nicht in dem wiedererkennen, was ihr Handeln in Institutionen bereits zur Konsequenz gehabt hat. Resignation und Verallgemeinerung von backlash-Erfahrungen, daß alles umsonst gewesen sei und die Frauenbewegung am Ende, können hier die Folge sein. Hier ist es bedeutsam, festzuhalten, daß die Übersetzung von Bewegungsforderungen in Verwaltungshandeln auch ein Erfolg der Frauenbewegung ist. Es ist ihr gelungen, ihre Forderungen in Problem- und Aufgabendefinitionen hineinzubringen, die bedeutsame

Organisationen zu bearbeiten haben. Diese ‚Übersetzung' geschieht aber nicht in einem gesellschaftsfreien Raum, sondern innerhalb einer asymmetrischen Geschlechterkultur.

„... Was subjektiv zunächst als eine backlash-Erfahrung wahrgenommen werden kann, entpuppt sich vom Standpunkt der Organisation her als etwas sehr Brisantes, als der Beginn einer geschlechtssensibilisierten, reflektierenden Analyse von Qualifikationskriterien, von Qualifikations-Zuschreibungsverfahren, von Prozessen der Dokumentation und der Erzeugung von Reputation ..." (Kirsch-Auwärter 1996b, 53).

5 Ein Ausblick

Frauenförderung und Frauenforschung erhellen nach Meinung von Christel Eckart die verleugneten problematischen Voraussetzungen des heutigen Status quo, sie erschüttern „Versteinerungen in Institutionen und Gewohnheitsrechte" (Eckart 1995, 89) und können zunächst nicht auf fortschreitende kommunikative Rationalität hoffen, sondern müssen mit affektgeladener Abwehr rechnen [12]. Diese massiven Abwehrreaktionen auf der Erfahrungsebene sind aber mehr als nur backlash: Sie sind auf der Strukturebene bereits Teil des Innovationsprozesses, den Frauenforschung und Frauenförderung in Gang gesetzt haben.

Inwieweit dieser Prozeß sich fortsetzt, hängt davon ab, inwieweit es gelingt, Fraueninteressen politikfähig zu halten. Ob dies wiederum möglich ist, hängt von strukturellen und kulturellen Aspekten der Organisationsentwicklung ab. Werden Gleichstellungsaspekte zum Evaluationskriterium für die Organisationsentwicklung (vgl. Krell 1997)? Entscheiden sich immer mehr Männer in Organisationen gegen vorherrschende männerbündische Elemente, weil sie diese als Innovationshindernis erkannt haben?[13]

‚Fraueninteressen' in Organisationen wie der Hochschule sind, wie gezeigt wurde, als Geschlechterauseinandersetzung zu dekonstruieren. Organisationstheoretisch bedeuten sie einen Innovationskonflikt, den die Organisation mit verschiedenen Strategien bewältigen kann, von denen einige den Konflikt verleugnen (und ferner diese Verleugnung wiederum verleugnen), andere ihn umlenken und wiederum andere schließlich ihn konstruktiv bezogen auf das Organisationsziel wenden können. Förderlich für eine integrative Strategie wäre die Etablierung von Aufmerksamkeitsstrukturen für die Geschlechterthematik, die Akzeptanz frauenzentrierter Uminterpretation gängiger Deutungsmuster, die Schaffung wertschätzender Kontexte gegen kulturell vorherrschende Muster der Abwertung. Bisher finden wir einen Kampf um Definitionsmacht vor, in dem sich noch keine Einigung abzeichnet. Aus verschleierten Geschlechterdifferenzen müssen artikulierte Kontroversen werden (vgl. Eckart 1995). ‚Geschlecht' muß in Entscheidungsprozesse und routinisierte Abläufe hineingebracht werden, in denen bisher geschlechts- blinde Akteure die Hauptrolle gespielt haben.

Anmerkungen

1 In diesen Aufsatz sind Gedanken und Formulierungen eingegangen, die ich in anderer Form und in anderen Zusammenhängen in folgenden Publikationen behandelt habe: Mül- ler/Stein-Hilbers 1996; Müller 1997; 1998; Müller et. al. 1998.

2 Klinger stellt fest, daß die abendländische Philosophie selten direkt, sehr häufig aber indirekt von Frauen spricht. Bezogen auf die indirekten Bezugnahmen unterscheidet sie den Geschlechtersymbolismus, der die Vorstellung des Geschlechterdualismus in einem übertragenen Sinn benutzt, also die beiden Geschlechter einander gegenüberstellt, um ei- nen anderen Dualismus zu repräsentieren, von der indirekten Form der „Frau als Meta- pher", in der nur das weibliche Geschlecht in Erscheinung tritt (vgl. Klinger 1995, 38 ff.).

3 Einige dieser Überlegungen gehen zurück auf Theorie-Seminare, die ich für unser Gradu- iertenkolleg „Geschlechterverhältnis und sozialer Wandel" mit Karin Gottschall und für die Frauenforschung mit Birgit Riegraf durchgeführt habe. Ihnen habe ich wichtige Anre- gungen zu verdanken, deren ‚Verwertung' in diesem Aufsatz jedoch allein in meiner Ver- antwortung liegt.

4 Hierzu bemerkte Margherita von Brentano bereits 1963, dieser „Mängelkatalog" sage nichts über das Objekt, dem sie zugeschrieben werde, nämlich die Frau in der Wissen- schaft oder Frauen überhaupt, aber so gut wie alles über den Mann oder die Frau, der/die sie äußere. Sie weist darauf hin, daß Aussagen über die „Natur" der Diskriminierten in Wahrheit Aussagen über die Natur der Diskriminierung seien, solange in der Beziehung einer Gruppe zur anderen Diskriminierung herrsche (v. Brentano 1963; hier zitiert nach Geenen 1994, 130). – Wir können auch formulieren: Eine andere Begrifflichkeit verwen- dend, hat v. Brentano in ihrer frühen Kritik auf das verwiesen, was wir weiter unten als „asymmetrische Geschlechterkultur" fassen.

5 Vielmehr ergab sich, daß die wenigen bei Anger vorfindbaren Wissenschaftlerinnen meist ebenfalls die Meinung äußerten, Frauen allgemein seien eher für die Wissenschaft unge- eignet.

6 Als Beispiel für den Zusammenhang von Feminisierung und Entwertung im traditionellen Denken kann die Äußerung des Präsidenten der Deutschen Gesellschaft für Psychologie gelesen werden, der noch 1995 in seinem Jahresbericht der Besorgnis über die Tatsache Ausdruck gab, daß Psychologie von der Seite der Studierenden her immer mehr zum „Frauenfach" werde; er sah hier die Gefahr eines Prestigeverlusts heraufziehen, da „Frau- enstudien" kein so hohes Ansehen genössen (DIE ZEIT 22.9.1995; vgl. auch den Psy- chologie-Beitrag von Schmerl in diesem Band). Diese Äußerung ist auch dahingehend bemerkenswert, als die Psychologie seit langer Zeit ein Numerus-Clausus-Fach mit be- sonders strenger Selektion ist und daher die „Feminisierung" klarer Ausdruck hoher Qua- lifikation der weiblichen Zugelassenen ist.

7 Am Beispiel der Entwicklung des Ärztestandes (Witz 1992; Wetterer 1993) ist aufgezeigt worden, daß die Entwicklung akademischer Professionen im Verlauf des 19. Jahrhunderts mit der Entwicklung bürgerlicher Geschlechtsstereotype einherging, die begründeten, weshalb Angehörige des weiblichen Geschlechts zur Ausübung dieser Professionen nicht in der Lage seien. Das allmähliche Eindringen von Frauen, zunächst ins Medizinstudium und später auch in den Ärztestand, wurde mit Strategien der Ausschließung und der Ab- grenzung beantwortet, die das Berufsfeld so strukturierten, daß Frauen lediglich an den

Rändern der Profession eindringen konnten. So wurde beispielsweise Studentinnen zu Beginn des Jahrhunderts in einigen Staaten die Teilnahme an Lehrveranstaltungen erlaubt, die Benutzung der Bibliothek jedoch verboten; nachdem sie den Zugang zu den akademischen Prüfungen erkämpft hatten, wurde ihnen der Zugang zum staatlichen Referendariat (Juristinnen) bzw. praktischen Jahr (Ärztinnen) verweigert; nach der Durchsetzung auch dieses Zugangs wurden innerhalb der Professionen ‚Frauenbereiche' geschaffen, die Frauen den Zugang zu dem männlich dominierten ‚Kern' der Profession verweigerten (Anästhesie, aber keine Chirurgie; Familienrecht, aber kein Steuerrecht).

8 Mit diesem Begriff bezeichnete Carol Hagemann-White (1988) erstmals im deutschen Sprachraum die theoretische Vorstellung, daß die Zweigeschlechtlichkeit des Menschen weniger biologisch als vielmehr sozio-kulturell definiert ist. Während im Alltagsverständnis davon ausgegangen wird, biologische Merkmale führten zur sozialen Zuschreibung von männlicher oder weiblicher Geschlechtszugehörigkeit, geht dieses Konzept im Gegenteil davon aus, daß die soziale Zuschreibung der Geschlechtszugehörigkeit vorrangig ist und die ‚passende' Körperlichkeit unterstellt wird. Das kulturelle System der Zweigeschlechtlichkeit stellt ein grundlegendes, aber weitgehend unbewußtes Wahrnehmungs- und Vorstellungsmuster in unserer gesellschaftlichen Ordnung dar. Die Geschlechter werden in diesem System als einander ausschließend und polar betrachtet; fließende Übergänge, wie etwa ‚weibliche' Aspekte innerhalb der ‚Männlichkeit', sind hierbei ebensowenig vorgesehen wie die Möglichkeit, sich für das Geschlecht einer Person einfach nicht zu interessieren.

9 In besonders erschütternder Weise zeigt sich dieses Phänomen am Beispiel von Sexismus und sexueller Belästigung. Sexismus- und Belästigungserfahrungen werden als unvereinbar mit dem Selbstbild als emanzipierter Frau empfunden. Durch die Diskussion über „political correctness" (als Metapher für kontrollierendes Spießertum), die anstelle einer Auseinandersetzung über täglichen Sexismus geführt wird, sehen sich viele weibliche Studierende in ihrem Selbstgefühl zusätzlich verunsichert und scheuen davor zurück, Verletzungen durch Übergriffe verbaler, körperlicher oder sonstiger Art zu benennen (vgl. Großmaß 1995; Müller 1997).

10 Zum Verhältnis von Struktur und Kultur scheint mir die neuere, von Halford/Savage/Witz 1997 (18 f.) formulierte Sichtweise weiterführend, daß vorfindbare Organisationsstrukturen, -praktiken und -kulturen, sofern sie stabil sind, Mittel darstellen, mit deren Hilfe vergangene Formen von Handeln ‚aufbewahrt' oder sedimentiert worden sind. Organisationspraktiken in ihrer gesamten Bandbreite (z.B. Kämpfe, Herausforderungen) werden in dieser Sichtweise Instrumente, die es den jeweiligen ‚Siegern' erlauben, ihren Erfolg in eine dauerhaftere Form zu bringen. Oft gibt es aber keine klaren Sieger, und damit kommt es häufig zu widersprüchlichen Ergebnissen. Verbündete an für unwahrscheinlich gehaltenen Orten oder Zustimmung durch einen Teil der Organisation bei heftiger Bekämpfung durch einen anderen zur gleichen Zeit können die Folge sein. Von daher ist es schwierig, harte und schnelle Unterscheidungen zwischen Strukturen und Kulturen in Organisationen festzulegen.

11 An Hochschulen in Nordrhein-Westfalen werden z.B. Zeiten der Kinderbetreuung, Doppelstudien, Forschungstätigkeiten im Ausland u.a.m. als ‚verjüngend' im Sinne der Laufbahnvoraussetzungen betrachtet.

12 Dies ist jedoch nicht simpel mit befürchtetem Machtverlust von Männerseite zu erklären; vielmehr repräsentieren Frauen in unserer, noch vielfach durch die bürgerliche Geschlechterdichotomie gekennzeichneten Kultur für viele immer noch das ‚Andere' der Männer, das Abgespaltene, unter Schmerzen und Konflikten Verdrängte; sie symbolisieren häufig auch das Unkonventionelle und erinnern Männer an schmerzhafte eigene Anpassungsprozesse, deren Sinn sie in Frage stellen, und sie konfrontieren Männer mit ungelebten Lebensmöglichkeiten von sich selbst (vgl. Müller 1993; Eckart 1993). Frauen in Organisationen aller Art sind immer wieder mit dem Versuch konfrontiert, diese Anteile abzuspalten, auf Frauen zu projizieren und bei diesen dann unter Kontrolle zu halten. – Diese Aussage verweist auf die unbewußte Analyseebene und stellt keine Beschreibung

der alltäglichen Wirklichkeit dar; hier mag durchaus das Bild der angepaßten Frau mindestens ebenso bedeutsam oder noch bedeutsamer sein als das der unkonventionellen oder rebellischen.

13   Rastetter weist zu Recht darauf hin, daß in Zeiten unsicherer werdenden Frauenausschlusses die Tendenz zur Verfestigung von Männerbünden sich verstärken kann (vgl. 1994, 242) – Michael Hartmann (1995) vertritt ferner – allerdings ohne Reflexion der Homosozialität – die These, daß die Globalisierung der Wirtschaft letztlich zur Verstärkung der Elitebildung im Management führt und die ohnehin schon vorhandene hohe Exklusivität und Selektivität eher verstärken als mildern wird. Die immer komplexer werdenden Entscheidungslagen im Zeitalter der Globalisierung führen seiner Meinung nach zu einem wachsenden Bedürfnis nach Reduktion von Komplexität. Dies wiederum führt, wie schon Kanter 1977 richtig erkannte, zu einer Verschärfung der homosozialen Auswahl und damit zur Absicherung des Ausschlusses von Frauen.

Literaturverzeichnis

Acker, Joan. 1991. „Hierarchies, Jobs, Bodies: A Theory of Gendered Organizations." In *The Social Construction of Gender*, ed. Judith Lorber and Susan Farell, 162-179. Newbury Park.

Aisenberg, Nadya, and Mona Harrington. 1988. *Women of Academe. Outsiders in the Sacred Grove.*Amherst.

Anger, Hans. 1960. *Probleme der deutschen Universitäten. Bericht über eine Umfrage unter Professoren und Dozenten.* Tübingen.

Arbeitskreis Wissenschaftlerinnen NRW. 1996. *Memorandum III: Vorwärts – Auf der Stelle!* Dortmund.

Benard, Cheryl, und Edit Schlaffer. 1978. *Die ganz normale Gewalt in der Ehe.* Reinbek.

Benokraitis, Nijole V. 1997. *Subtle Sexism. Current Practice and Prospects for Change.* London.

Bock, Ulla, Anne Braszeit und Christiane Schmerl, Hg. 1983. *Frauen im Wissenschaftsbetrieb. Dokumentation und Untersuchung der Situation von Studentinnen und Dozentinnen unter besonderer Berücksichtigung der Hochschulen Nordrhein Westfalens.* Weinheim.

Braun, Kathrin. 1995. „Frauenforschung, Geschlechterforschung und feministische Politik." *Feministische Studien* 2:107-117.

Brentano von, Margherita. 1963. „Die Situation der Frauen und das Bild ‚der Frau' an der Universität." In *Universitätstage 1963. Universität und Universalität,* 73–93. Berlin.

Brückner, Margrit. 1994. „Geschlecht und Öffentlichkeit. Für und wider das Auftreten als Frau oder als Mensch." In *Die sichtbare Frau. Die Aneignung gesellschaftlicher Räume,* Hg. Margrit Brückner und Birgit Meyer, 19-56. Freiburg.

Clark, VèVè, Shirley Nelson Garner, Margaret Higonnet, Ketu H Katrak, eds. 1996 *Antifeminism in the Academy.* New York.

Douglas, Mary. 1991. *Wie Institutionen denken.* Frankfurt/Main.

Duka, Barbara. 1990. *Biographiekonzept und wissenschaftlicher Werdegang. Narrative Interviews mit befristet beschäftigten und aus dem Hochschuldienst ausgeschiedenen Wissenschaftlerinnen und Wissenschaftlern.* Dortmund.

Eckart, Christel. 1993. *Normalarbeitstag, Teilzeitarbeit und Frauenautonomie. Die verleugneten Voraussetzungen des ‚Normalarbeitsverhältnisses' und ihre Wiederkehr in weiblichen Berufsbiographien.*Widerspruch 13: 109-123.

Eckart, Christel. 1995. „Feministische Politik gegen institutionelles Vergessen." *Feministische Studien* 1:82–90.

Geenen, Elke M. 1994. *Blockierte Karrieren. Frauen in der Hochschule.* Opladen.

Großmaß, Ruth. 1995. „Psychische Folgen sexueller Übergriffe auf Studentinnen." In *ZSB-Jahresbericht,* Hg. Zentrale Studienberatung, Universität Bielefeld.

Hagemann-White, Carol. 1988. „Wir werden nicht zweigeschlechtlich geboren...." In *Frauen, Männer, Bilder,* Hg. Carol Hagemann-White und Maria Rerrich, 224-234. Bielefeld.

Halford, Susan, Mike Savage und Anne Witz. 1997. *Gender, Careers and Organisations. Current Developments in Banking, Nursing and Local Government.* Houndmills, Basingstoke, Hampshire and London.

Hartmann, Michael. 1995. „Deutsche Topmanager: Klassenspezifischer Habitus als ‚Karrierebasis'." *Soziale Welt* 46(4):440-468.

Heintz, Bettina, Eva Nadai, Regula Fischer und Hannes Ummel. 1997. *Ungleich unter Gleichen. Studien zur geschlechtsspezifischen Segregation des Arbeitsmarktes.* Frankfurt/Main.

Holzbecher, Monika, Ursula Müller und Christiane Schmerl. 1993. *Die Einstellungen deutscher Hochschullehrer und Hochschullehrerinnen zum Frauenstudium und zur Wissenschaft als Beruf für Frauen. Forschungsbericht.* Bielefeld.

Honegger, Claudia. 1994. „Die bittersüße Freiheit der Halbdistanz. Die ersten Soziologinnen im deutschen Sprachraum." In *Denkachsen. Zur theoretischen und institutionellen Rede vom Geschlecht.* Hg. Theresa Wobbe und Gesa Lindemann, 69-84. Frankfurt/Main.

Kanter, Rosabeth Moss. 1977. *Men and Women of the Corporation.* New York.

Keitz von, Verena. 1997. „Männerspiele mit Seilschaften. Stellenausschreibungen an deutschen Universitäten." In *Frankfurter Rundschau,* Nr. 260 v. 08.11.97.

Kirchhoff, Artur. 1897. *Die akademische Frau. Gutachten hervorragender Universitätsprofessoren, Frauenlehrer und Schriftsteller über die Befähigung der Frau zum wissenschaftlichen Beruf.* Berlin.

Kirsch-Auwärter, Edit. 1992. „Überidentifikation und Unterbezahlung. Strukturbedingungen weiblicher Professionalisierung im Hochschulsystem." *Forum Wissenschaft* 4:28-32.

Kirsch-Auwärter, Edit. 1993. „Die negative Utopie. Über die Stärken der Schwäche." In *Ausgegrenzt und mittendrin: Frauen in der Wissenschaft. Dokumentation einer Tagung an der Humboldt-Universität,* Hg. Marlies Arndt, u.a., 175–188. Berlin, 23./24. Oktober.

Kirsch-Auwärter, Edit. 1996a. „Emanzipatorische Strategien an den Hochschulen im Spannungsverhältnis von Organisationsstrukturen und Zielvorstellungen." In *VBWW-Rundbrief* 12:51-55.

Kirsch-Auwärter, Edit. 1996b. „Anerkennung durch Dissidenz. Anmerkungen zu einer Kultur der Marginalität." In *Kultur in Bewegung,* Hg. Ilse Modelmog, 25-47. Freiburg.

Klinger, Cornelia. 1995. „Beredtes Schweigen und verschwiegenes Sprechen: Genus im Diskurs der Philosophie." In *Genus. Zur Geschlechterdifferenz in den Kulturwissenschaften,* Hg. Hadumod Bußmann und Renate Hof, 34-59. Stuttgart.

Kotthoff, Helga. 1993. „Kommunikative Stile, Asymmetrie und „Doing gender". Fallstudien zur Inszenierung von Expert(inn)entum in Gesprächen." *Feministische Studien* 2:79-95.

Krell, Gertraude, Hg. 1997. *Chancengleichheit durch Personalpolitik. Gleichstellung von Frauen und Männern in Unternehmen und Verwaltungen.* Wiesbaden.

Ladd, Everett C., und Seymour M. Lipset. 1975. *The Divided Academy.* New York.

Lehnert, Nicole. 1997. „Homo academica. Sichtweisen auf Hochschulkarrieren." In *Frauenförderung*, Bd. 10, Materialien zur Frauenforschung der Professur für Frauenforschung der WWU, Hg. Steffani Engler und Nicole Lehnert, 12-29. Münster.

Liff, Sonia und Ivy Cameron. 1997. „Changing Equality Cultures to Move Beyond Women's Problems." *Gender, Work & Organisation*, 4(1):35-46.

Lim, Lin Lean. 1996. *More and better jobs for women. An action guide.* ILO International Labour Organization, Geneva.

Limbach, Jutta. 1995. „Trügerische Frauen-Freiheit." *Die Zeit*, vom 24.02.95.

Lott, Bernice. 1985. „The Devaluation of Women's Competence." *Journal of Social Issues* 41:43-60.

Luhmann, Niklas. 1988. „Frauen, Männer und George Spencer Brown." *Zeitschrift für Soziologie* 1:47-71.

Macdonald, Mandy, Ellen Sprenger und Ireen Dubel. 1997. *Gender and organizational change: bridging the gap between policy and practice.* Royal Tropical Institute, Amsterdam.

Macha, Hildegard, und Monika Klinkhammer, Hg. 1997. *Die andere Wissenschaft: Stimmen der Frauen an Hochschulen.* Bielefeld.

Metz-Göckel, Sigrid. 1996a. „Frauenkarrieren an Hochschulen. Barrieren für Frauen auf dem Weg zur Hochschullehrerin in den Sozialwissenswissenschaften." *Neue Impulse* 2:11-14.

Metz-Göckel, Sigrid. 1996b. „Konzentration auf Frauen – Entdramatisierung von Geschlechterdifferenzen. Zur feministischen Koedukationskritik." *beiträge zur feministischen theorie und praxis* 43/44:31-68.

Metz-Göckel, Sigrid. 1997. „Geschlecht in der Hochschulforschung und im Hochschulalltag. Unerwünschte und gewollte Unterschiede." In *Frauenuniversitäten. Initiativen und Reformprojekte im internationalen Vergleich*, Hg. Sigrid Metz-Göckel und Felicitas Steck., 17-40. Opladen.

Ministerium für die Gleichstellung von Frau und Mann (MGFM). 1994. *Frauen in NRW. Berufliche Situationen und Existenzsicherung.* (Autoren: Rolf Winkel, Werner Friedrich), Düsseldorf.

Morley, Louise, und Val Walsh, Hg. 1995. *Feminist Academics. Creative Agents for Change. (Gender & Society: Feminist Perspectives on The Past and Present).* London.

Müller, Ursula. 1993. „Sexualität, Organisation und Kontrolle." In *Transformationen im Geschlechterverhältnis. Beiträge zur industriellen und gesellschaftlichen Entwicklung*, Hg. Brigitte Aulenbacher und Monika Goldmann, 97-114. Frankfurt/Main.

Müller, Ursula und Marlene Stein-Hilbers. 1996. „Arbeitsplatz Hochschule – Kein Platz für Frauen?" *In Geschichte der Mädchen- und Frauenbildung. Band 2. Vom Vormärz bis zur Gegenwart*, Hg. Elke Kleinau und Claudia Opitz, 487-496. Frankfurt/Main.

Müller, Ursula. 1997. „Von der Gegen- und Interventionskultur: „Frauenforschung" als institutionalisierte Sozialwissenschaft." In *Frauenuniversitäten. Initiativen und Reformprojekte im internationalen Vergleich*, Hg. Sigrid Metz-Göckel und Felicitas Steck, 157-177. Opladen.

Müller, Ursula. 1998. „Asymmetrische Geschlechterkultur in Organisationen – mit Beispielen aus Betrieben und der Universität." In *Geschlechterdifferenzen und Personalmanagement. Schwerpunktheft der Zeitschrift für Personalforschung*, Hg. Daniela Rastetter, 123-142.

Müller, Ursula, Monika Holzbecher, Christa Schmalzhaf-Larsen und Barbara Krischer. 1998. *Evaluierung der „Grundsätze zur Frauenförderung an den Hochschulen des Landes NRW"*, Abschlußbericht, Bielefeld.

Neuberger, Oswald. 1995. „Von sich reden machen. Geschichtsschreibung in einer organisierten Anarchie." In *Nach allen Regeln der Kunst. Macht und Geschlecht in Organisationen*, Hg. Birgit Volmerg et al., 25-72. Freiburg.

Neusel, Aylâ. 1998. „Funktionsweise der Hochschule als besondere Organisation." In *Reformpotential an Hochschulen Frauen als Akteurinnen in Hochschulreformprozessen*, Hg. Christine Roloff, 63-76. Berlin.

Onnen-Isemann, Corinna, und Ursula Oßwald. 1991. *Aufstiegsbarrieren für Frauen im Universitätsbereich. Schriftenreihe Studien zu Bildung und Wissenschaft 99*. Bad Honnef.

Plöger, Lydia, und Birgit Riegraf, Hg. 1998. *Gleichstellungspoplitik als Element innovativer Hochschulreform*. Wissenschaftliche Reihe, Bd. 105, Bielefeld.

Powell, Gary, and D. Anthony Butterfield. 1994. „Investigating the ‚glass ceiling‘ phenomenon: an empirical study of actual promotions to top management." *Academy of Management Journal*, 37(1):68-86.

Rastetter, Daniela. 1994. *Sexualität und Herrschaft in Organisaionen. Eine geschlechtervergleichende Analyse*. Opladen.

Riegraf, Birgit. 1996. *Geschlecht und Mikropolitik: Das Beispiel betrieblicher Gleichstellung*. Opladen.

Roloff, Christine, Hg. 1998. *Reformpotential an Hochschulen. Frauen als Akteurinnen in Hochschulreformprozessen*. Berlin.

Rudolph, Hedwig, und Marlies Grüning. 1994. „Frauenförderung: Kampf oder Konsensstrategie?" In *Arbeitsmarkt für Frauen 2000 – Ein Schritt vorwärts oder ein Schritt zurück? BeitrAB 179*, Hg. Petra Beckmann und Gerhard Engelbrech, 773-795. Nürnberg.

Schöning-Kalender, Claudia. 1995. „Akkulturation und kulturelle Zwischenwelten." In *Die soziale Konstruktion von Geschlecht in Professionalisierungsprozessen*, Hg. Angelika Wetterer, 221-223. Frankfurt/Main.

Schreyögg, Georg. 1988. „Kann und darf man Unternehmenskulturen ändern?" In *Organisationskultur. Phänomen – Philosophie – Technologie*, Hg. Eberhard Dülfer, 201-214. Stuttgart.

Schultz, Dagmar. 1992. „Akkulturationsprozesse und die Entwicklung kultureller Zwischenwelten." In *Profession und Geschlecht. Über die Marginalität von Frauen in hochqualifizierten Berufen*, Hg. Angelika Wetterer, 225-240. Frankfurt/Main.

Stadt Dortmund. 1996. *Frauenbericht 1989 - 1995*. Dortmund.

Tyrell, Hartmann. 1986. „Geschlechtliche Differenzierung und Geschlechterklassifikation." *KZfSS* 38(2):450-489.

Wennerås, Christine, and Agnes Wold. 1997 „Nepotism and sexism in peer-review." *Nature* 387: 341-343.

Wetterer, Angelika. 1986. „Nein. selbst beworben hätte ich mich nie!" Das Selbstverständnis von Wissenschaftlerinnen." In *Frauenforschung. Beiträge zum Deutschen Soziologentag*, Hg. Sektion Frauenforschung in den Sozialwissenschaften, 116-126. Dortmund, Frankfurt/M., New York.

Wetterer, Angelika, Hg. 1992. *Profession und Geschlecht. Über die Marginalität von Frauen in hochqualifizierten Berufen*. Frankfurt/Main.

Wetterer, Angelika. 1993. *Professionalisierung und Geschlechterhierarchie: vom kollektiven Frauenausschluß zur Integration mit beschränkten Möglichkeiten. (Wissenschaft ist Frauensache)*. Kassel.

Wetterer, Angelika. 1994. „Rhetorische Präsenz – faktische Marginalität. Zur Situation von Wissenschaftlerinnen in Zeiten der Frauenförderung." *Zeitschrift für Frauenforschung*, 1/2: 93-110.

Windhoff-Héritier, Adrienne. 1987. *Policy-Analyse. Eine Einführung.* Frankfurt/New York.

Wissenschaftsrat, Hg. 1998. *Empfehlungen zur Chancengleichheit von Frauen in Wissenschaft und Forschung*, Drucksache 3534/9, 15.05.98. Mainz.

Witz, Anne. 1992. *Professions and Patriarchy.* London.

Zimmermann, Karin. 1998. „Geschlechterverhältnis und Wissenschaftstransformation. Muster akademischer Selbstrekrutierung am Beispiel des Institutionentransfers an ostdeutschen Universitäten." Dissertation, als Manuskript gedruckt, Berlin.

The Economics of Gender – Der neoklassische Erklärungsansatz zum Geschlechterverhältnis[1]

Notburga Ott

Die Frage nach dem Geschlechterverhältnis hat in jüngerer Vergangenheit auch in die ökonomische Wissenschaft Einzug gefunden und führt dort mittlerweile ein nicht mehr nur „marginales" Dasein[2]. Nicht nur eine Vielzahl von Ökonominnen publiziert seit Jahren[3] Arbeiten über die Rolle und Stellung von Frauen in der Ökonomie und der Ökonomik und setzt sich kritisch mit den Lehren der herrschenden Wissenschaft auseinander, auch renommierte Ökonomen, die dem Mainstream zuzurechnen sind, haben sich diesen Fragen zugewandt. Immerhin wurde zweien von ihnen in diesem Jahrzehnt ein Nobelpreis verliehen – wenn auch nicht für ihre Arbeiten zum Geschlechterverhältnis. Gary S. Becker, Nobelpreisträger von 1992, gehört der sog. Chicago School an und hat mit der Anwendung der neoklassischen Methode auf bis dahin von der ökonomischen Wissenschaft unbeachtete Bereiche menschlichen Handelns dieses Instrumentarium auch für die Geschlechterfrage nutzbar gemacht. Amartya Sen, Nobelpreisträger von 1998, der als Ökonom und Philosoph dem neoklassischen Ansatz auch kritisch gegenübersteht, betont dagegen bei seinen Analysen die Bedeutung von Normen und Rollenzuschreibungen[4] und steht damit der feministischen Kritik am neoklassischen Ansatz sehr nahe.

Von feministischen Ökonominnen[5] wird vor allem kritisiert, daß die Neoklassik von ihrem Grundansatz her nicht in der Lage ist, Aspekte wie Macht, Gewalt und Emotionen zu erfassen, und damit wesentliche Elemente der gesellschaftlichen Realität von Frauen ausblendet. Sie bedienen sich daher vielfach einer stärker interdisziplinären Sichtweise. Nun ist zum umfassenden Verständnis des Geschlechterverhältnisses – wie bei allen gesellschaftlichen Phänomenen – eine interdisziplinäre Betrachtung, die alle Partialergebnisse der Einzelwissenschaften integriert, sicherlich unumgänglich, und gerade bei der Geschlechterfrage mögen die von der Ökonomie vernachlässigten bzw. die mit ökonomischem Instrumentarium nicht erfassbaren Aspekte von besonderer Wichtigkeit sein und daher besondere Beachtung verdienen.

Trotzdem soll hier in diesem Artikel vor allem die neoklassische Sichtweise und ihr Beitrag zur Klärung der Geschlechterfrage vorgestellt werden. Meines Erachtens ist dieser größer als üblicherweise angenommen wird.

Denn der Versuch, die Komplexität der Realität möglichst umfassend bei der wissenschaftlichen Analyse zu erfassen, verstellt auch häufig den Blick für systematische Zusammenhänge, die erst bei Partialanalysen deutlich zutage treten, wie sie die neoklassische Sichtweise sicherlich eine darstellt. In diesem Sinne kann der ökonomische Ansatz vor allem den Einfluß der wirtschaftlichen Entwicklung und die Folge von „wirtschaftlichen" Handlungen untersuchen. Betrachtet werden also Entscheidungen, die mit dem sog. ökonomischen Rationalprinzip beschrieben werden können, d.h. jene Verhaltensweisen, denen eine *kalkulierende Entscheidung* über *knappe Ressourcen* mit dem Ziel der *Nutzenmaximierung* oder – weicher ausgedrückt – das Abwägen von unterschiedlichen Handlungsalternativen mit dem Ziel der Nutzensteigerung zugrunde liegt.[6]

Damit sind gleichzeitig die Grenzen des ökonomischen Erklärungsansatzes abgesteckt. Es gibt sicherlich andere Bestimmungsgründe menschlichen Verhaltens – insbesondere affektiver Natur – die sich der Erklärung mit dem Rationalprinzip entziehen. Zwar ist der ökonomische Nutzenbegriff prinzipiell so weit definiert, daß sämtliche Faktoren, die menschliches Wohlbefinden beeinflussen, darunter gefaßt werden können; sofern jedoch keine empirisch gehaltvollen Hypothesen zum Zusammenhang einzelner Nutzenelemente und den Aktionen des Individuums vorliegen, bringt die Aufnahme solcher Elemente in ein ökonomisches Modell keinen zusätzlichen Erklärungswert. Letztendlich können nur solche Verhaltensweisen analysiert werden, für die der Zusammenhang zwischen den jeweiligen Restriktionen und den in der Nutzenfunktion betrachteten Elementen modellierbar ist und auch explizit modelliert wird. Sofern keine Restriktionen i.S. von knappen bzw. konkurrierenden Ressourcen vorliegen, wie dies m.E. im affektiven Bereich der Fall ist, oder keine empirisch gesicherten Hypothesen über Wirkungszusammenhänge zwischen Aktion und Nutzenveränderung zur Verfügung stehen, sind andere Wissenschaftsdisziplinen, insbesondere Psychologie, Soziologie und Sozialpsychologie gefordert.

Darüber hinaus ist eine Komplexitätserhöhung der Modelle durch Integration affektiver Komponenten der wissenschaftlichen Politikberatung nicht unbedingt förderlich. Politische Maßnahmen beeinflussen typischerweise die Rahmenbedingungen der Entscheidungen und nicht die Präferenzen und Emotionen der Entscheidungsträger.[7] Die für Politik relevanten Informationen sind somit die zu erwartenden Reaktionen auf Änderungen in den Rahmenbedingungen, die i. allg. zumindest von der Richtung her mit ökonomischen Verhaltensmodellen analysiert und prognostiziert werden können.[8]

Der neoklassische Mainstream: Gary Becker als „Entdecker" der Frauenfrage?

Ansätze des neoklassischen Mainstream, die sich mit Frauenfragen beschäftigen, sind vielfach mit dem Namen Gary Becker verbunden. Dieser hat seit Ende der 50er Jahre entsprechend seinem Anspruch, mit dem ökonomischen Ansatz menschliches Handeln generell erklären zu können, konsequent verschiedene bis dahin in der Ökonomie kaum beachtete Aspekte analysiert.[9] Dabei sind es einerseits seine mikroökonomischen Analysen der Verhaltensweisen von Anbietern wie Nachfragern am Arbeitsmarkt und andererseits seine „wissenschaftliche Entdeckung" des Haushalts als Produktionsstätte, die die Neoklassik für die Analyse der Geschlechterfrage fruchtbar machten. Viele Autoren führen entweder Beckers Ansätze weiter, wodurch sie einen durchaus bemerkenswerten Erklärungsbeitrag leisten können, andere setzen sich kritisch mit ihm auseinander, indem sie die „Neoklassik weiterdenken". Beides soll im nachfolgenden skizziert werden.

Der Arbeitsmarkt

Arbeit ist in der ökonomischen Theorie als originärer Produktionsfaktor definiert und meint unter den heutigen arbeitsteiligen Produktionsbedingungen und dem, was als volkswirtschaftliches Produktionsergebnis angesehen wird (dem Sozialprodukt), vor allem Erwerbsarbeit, d.h. Arbeit, die zur Erzielung eines Einkommens geleistet wird und auf dem sog. Arbeitsmarkt angeboten und nachgefragt wird. Entsprechend beschäftigen sich traditionelle ökonomische Theorien der Arbeit (labor economics), empirische Untersuchungen wie politische Konzeptionen, vorwiegend mit der am Markt gehandelten „Arbeit".

Es deutet sich bereits hier an, daß diese Betrachtungsweise auf Frauen bezogen zu kurz greift, da es doch auch Frauen, die nicht am Arbeitsmarkt auftreten, an Arbeit nicht fehlt. Von den vielen Aspekten, die Frauenarbeit und geschlechtsspezifische Arbeitsteilung umfassen, wird also in der traditionellen Ökonomie nur die Erwerbsarbeit betrachtet. Immerhin wurde seit den 50er Jahren die Diskussion um geschlechtspezifische Lohnunterschiede, Segregation und Diskriminierung von Frauen am Arbeitsmarkt von Seiten der ökonomischen Wissenschaftsdisziplin aufgegriffen, und es wurden verschiedene Ansätze, überwiegend neoklassischer Prägung, eingebracht, die die Stellung der Frau am Arbeitsmarkt zu erklären versuchen. Es handelt sich dabei vor allem um mikroökonomische Partialmodelle, die jeweils einen spezifischen Zusammenhang betrachten und die Entscheidung als Nutzenoptimierung bei gegebenen Ressourcen und Rahmenbedingungen ansehen. Dabei werden die Verhaltensweisen sowohl der Angebots- wie der Nachfrageseite am Arbeitsmarkt untersucht.[10]

Neben dem „Wunsch nach Diskriminierung" (Becker 1957) oder „sozialer Distanz" (Thurow 1969) auf der Nachfrageseite[11] ist vor allem die im Vergleich zu Männern geringere und diskontinuierlichere Erwerbsbeteiligung von Frauen ein wesentliches Element der Argumentationskette in den Arbeitsmarkttheorien, wobei diese Charakteristika weiblichen Erwerbsverhaltens für beide Seiten des Arbeitsmarktes – Nachfrage wie Angebot – von grundsätzlicher Bedeutung sind. Sofern Frauen aufgrund ihrer familiären Pläne nur ein kurzes Erwerbsleben bzw. längere Erwerbsunterbrechungen planen, fallen Erträge von Ausbildungsinvestitionen nur für kürzere Zeiträume an. Entsprechend dem in der Humankapitaltheorie[12] postulierten Rentabilitätskalkül werden sie dann weniger in ihre Ausbildung[13] investieren und treten mit von Männern abweichenden Merkmalen auf den Arbeitsmarkt. Gleiches gilt auch für die Entscheidungen von Arbeitgebern, sofern sie in betriebsspezifisches Humankapital, d.h. lange Ausbildungs- und Anlernzeiten ihrer Arbeitnehmer investieren. Aufgrund der erwarteten längeren Verweildauern von Männern im Betrieb werden sie Arbeitsplätze mit hohen Ausbildungkosten vor allem diesen anbieten. Letztlich verfügen Männer und Frauen aufgrund der unterschiedlichen Ausbildungsgänge über unterschiedliche Fähigkeiten und erhalten, sofern sie entsprechend ihrem Grenzprodukt entlohnt werden, unterschiedliche Löhne.

Zu diesem Effekt der unterschiedlichen Ausbildung tritt noch das Problem der unvollkommen Information. Da ein Arbeitgeber bei Einstellung die tatsächliche Produktivität und das zukünftige Erwerbsverhalten nicht kennt, wird die Entscheidung von seinen diesbezüglichen Erwartungen abhängen. Da diese vor allem durch seine Erfahrungen mit Vertretern bestimmter Gruppen geprägt sind, werden Personen entsprechend dem durchschnittlichen Verhalten der Gruppe, der sie angehören, eingeschätzt. Sofern Frauen im Durchschnitt im Vergleich zu Männern eine geringere Produktivität oder ein diskontinuierlicheres Erwerbsverhalten aufweisen, unterliegen dann bei Risikoscheu des Unternehmers alle Frauen einer „statistischen Diskriminierung" ungeachtet ihrer wahren Merkmale.[14] Aufgrund des höheren Risikos eines Arbeitgebers, daß den Kosten bei der Einstellung einer Frau nicht die kalkulierten Erträge entsprechen, werden Frauen auf Arbeitsplätze mit geringeren Kosten verwiesen, die im allgemeinen schlechtere Arbeitsbedingungen und niedrigere Löhne aufweisen.

Als erstes Fazit zeigen sich aus den neoklassischen Arbeitsmarkttheorien einige Argumente, die die schlechtere Stellung der Frau am Arbeitsmarkt als Folge ökonomisch rationalen Handelns erkennen lassen. Dabei spielen letztlich die Eigenschaften auf der Angebotsseite die entscheidende Rolle in diesem Erklärungszusammenhang: die geringere Humankapitalausstattung von Frauen und ihr diskontinuierliches Erwerbsverhalten. Wie es jedoch zu diesen Verhaltensweisen kommt, darauf geben die ökonomischen Arbeitsmarkttheorien keine Antwort. Die Eigenschaften der Frauen gehen dort als Datum ein oder werden als Folge der scheinbar selbstverständlichen geschlechtsspezifischen Arbeitsteilung in der Familie gesehen. Ob aber die Herausbildung dieser Eigenschaften oder vielleicht sogar die innerfamiliäre Arbeitsteilung auch *Folge* von Arbeitsmarktbedingungen sein kann, wird nicht gefragt.

Der private Haushalt

Diese Fragen leiten zu dem Problem der Allokationsentscheidung im Haushalt über, das im Mittelpunkt der seit den 60er Jahren entwickelten Haushaltsmodelle der „new home economics" steht.[15] Bei diesen Modellen wird der Haushalt dabei als ‚kleine Fabrik' (Becker 1965) angesehen, in der mit Marktgütern und Zeiteinsatz die für die Haushaltsmitglieder nutzenstiftenden Güter produziert werden. Diese elementaren Güter (household commodities) können sowohl materieller wie immaterieller Art sein. So zählen eigenproduzierte materielle Güter wie z.B. eine Mahlzeit oder die Wohnungsrenovierung ebenso zu den Elementargütern wie Kindererziehung oder eine gemütliche Wohnung. Kerngedanke ist dabei, daß die Marktgüter nicht direkt nutzenstiftend sind, sondern zu ihrem Konsum noch weiterer Zeiteinsatz notwendig ist. Teils wird unterstellt, daß zum Konsum eine gewisse „Konsumzeit" notwendig ist, teils wird angenommen, daß die Marktgüter zusammen mit Hausarbeitszeit zur Produktion der eigentlich nutzenstiftenden Güter eingesetzt werden. „Hausarbeit" bzw. „Haushaltsproduktion" wird damit explizit mittels einer Haushaltproduktionsfunktion in den Modellansätzen berücksichtigt.[16] Da zwischen dem Einsatz von Zeit in der Haushaltsproduktion oder zum Einkommenserwerb in gewissem Umfang Substitutionsmöglichkeiten bestehen (Güter können entweder am Markt erworben werden oder selbst produziert werden) besteht in der Aufteilung der Zeit auf die verschiedenen Tätigkeiten das eigentliche Entscheidungsproblem im Haushalt.

In einem Mehrpersonenhaushalt ergeben sich dadurch Möglichkeiten einer Steigerung der Wohlfahrtsproduktion im Haushalt, indem durch Spezialisierung der verschiedenen Haushaltsmitglieder auf verschiedene Tätigkeiten komparative Produktionsvorteile genutzt werden können. Ist eine Person bei einer Tätigkeit produktiver als bei einer anderen, so ist es effizient, wenn diese Person ihre Zeit ausschließlich bei dieser Tätigkeit einsetzt und die damit produzierten Güter anschließend gegen andere, von ihr benötigte Güter eintauscht. Haben die Tauschpartner unterschiedliche Fähigkeiten, können auf diese Weise insgesamt mehr Güter produziert werden, die bei entsprechender Verteilung zur Wohlfahrtssteigerung aller beitragen. Da durch die Tätigkeit selbst das spezifische Humankapital für die jeweilige Tätigkeit qua On-the-job-training steigt, wird üblicherweise davon ausgegangen, daß diese Wohlfahrtsgewinne im Verlauf der Ehe steigen und damit ehestabilisierend wirken (z.B. Pollak 1985). Voraussetzung für eine derartige arbeitsteilige Produktion im Haushalt ist freilich, daß die im Haushalt produzierten Güter zwischen den Haushaltsmitgliedern transferiert werden können. Dies trifft sicherlich nicht für alle Haushaltsgüter zu, insbesondere wenn sie immaterieller Art sind, wie z.B. die Freude am Zusammensein mit den eigenen Kindern oder die Befriedigung über selbstbestimmte und ganzheitliche Arbeitsabläufe bei der Hausarbeit. Für einen großen Teil der Haushaltsgüter kann jedoch Transferierbarkeit unterstellt werden: Mahlzeiten, gewaschene Wäsche und ähnliche Güter und Dienstleistungen können von einem Haushaltsmitglied für andere erstellt werden. In diesem Fall ist es dann rational, wenn sich die Person, die am Markt ein höheres Einkommen erzielen kann, auf den Einkommenserwerb spezialisiert und der andere Partner die transferierbaren Haushaltsgüter für alle Haushaltsmitglieder erstellt. Sofern hierfür bei optimaler Allokation nicht die gesamten Zeitressourcen dieser Person verwendet werden, wird diese ihre Zeit zwischen Hausarbeit und Marktarbeit aufteilen.

Geschlechtsspezifische Lohnunterschiede führen dann zu der traditionellen Arbeitsteilung im Haushalt, wonach Männer, die i.d.R. ein höheres Einkommen erzielen als ihre Frauen, sich der Marktarbeit und Frauen sich vorwiegend der Hausarbeit widmen.[17] Diese werden daher in geringerem Umfang erwerbstätig sein oder (zumindest bei zeitintensiver Haushaltsproduktion wie in Zeiten der Kindererziehung) die Erwerbstätigkeit ganz aufgeben. Die Antizipation einer solchen familialen Arbeitsteilung und ihre Implementierung als soziale Norm stellen zudem eine optimale premaritale Humankapitalbildung sicher, indem beide Partner (und bereits deren Eltern) mit hoher Zuverlässigkeit ein entsprechendes künftiges Arrangement erwarten können und durch Sozialisation und Bildungsweg entsprechende Fähigkeiten erwerben.

Teufelskreis ökonomischer Rationalität

In ihrer Gesamtheit zeigen die neoklassischen Theorien somit einen *Teufelskreis ökonomischer Rationalität*: Die geschlechtsspezifische innerfamiliäre Arbeitsteilung führt aufgrund unternehmerischen Rentabilitätskalküls zu Benachteiligung von Frauen am Arbeitsmarkt – zu geringeren Löhnen und schlechteren Arbeitsbedingungen. Diese wiederum schreiben aufgrund familialer Nutzenüberlegungen die geschlechtsspezifische innerfamiliale Arbeitsteilung fest.

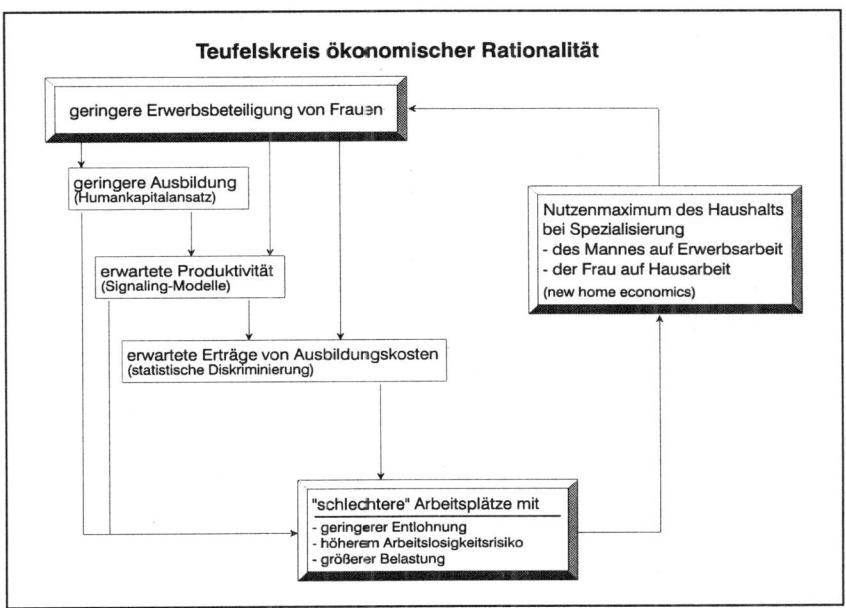

Soweit leisten die ökonomischen Theorien einen bedeutenden Beitrag zur Erklärung der Stellung der Frau am Arbeitsmarkt. Problematisch ist jedoch, daß diese Zirkularität im allgemeinen nicht explizit dargestellt wird, da es sich jeweils nur um partialanalytische Betrachtungen handelt. Durch den Modellcharakter – logische Ableitungen aus exogen gegebenen Rahmenbedingungen – stellen sie scheinbar „wertfreie" Ableitungen dar. Dadurch gewinnen die jeweils zugrundeliegenden Rahmenbedingungen und die daraus folgenden Entscheidungen den Anschein der „Normalität", der „Natürlichkeit": im Rahmen der Arbeitsmarkttheorien ist es „normal", daß Frauen Erwerbsunterbrechungen planen, sie akzeptieren somit aus „freier Entscheidung" geringere Löhne; in Zeitallokationstheorien ist es dagegen „normal", daß Frauen geringere Löhne vorfinden, sie entscheiden sich daher „freiwillig" für die traditionelle Rollenverteilung.

Eine geschlossene Darstellung der Theorien zeigt jedoch durch die Zirkularität das Festschreiben vorgefundener Strukturen durch ökonomisch rationales Verhalten. Die Merkmale der Frauen, aufgrund derer sie durch das unternehmerische Rentabilitätskalkül auf die „schlechteren" Arbeitsplätze mit den geringeren Löhnen verwiesen werden – geringere Humankapitalausstattung und ein diskontinuierliches Erwerbsverhalten – ergeben sich durch das Entscheidungskalkül des Haushalt als Folge der geschlechtsspezifischen Unterschiede am Arbeitsmarkt:

„Do the lower earnings, higher unemployment, and occupational segregation of women result from their higher turnover and lack of continuous job experience? Or are discontinuous work histories and high turnover the inevitable result of being restricted to secondary occupations, characterized by low earnings, unstable employment and little or no opportunity for advancement? The answer to both questions is yes" (Lloyd/Niemi 1979: 13).

Ist die Benachteiligung von Frauen am Arbeitsmarkt – aus welchen Gründen auch immer – erst einmal eingetreten, so führt rationales Verhalten sowohl auf der Nachfrage – wie der Angebotsseite zu einem Teufelskreis, über den die Verhaltensmuster reproduziert werden.

Allerdings zeigen sich in jüngster Vergangenheit vor allem auf der Angebotsseite Veränderungen, die mit diesem Erklärungszusammenhang nicht in Einklang stehen. Insbesondere die zunehmend zu beobachtende Tendenz, daß beide Ehe- bzw. Lebenspartner sich sowohl Markt- als auch Hausarbeit (wenngleich nicht gleichmäßig) teilen, läßt sich mit diesem Erklärungsmuster nicht mehr erfassen.

Neoklassik weitergedacht

Obwohl also die neoklassische Mikrotheorie einen nicht unerheblichen Beitrag zur Erklärung der Geschlechterverhältnisse in unserer Gesellschaft leistet, zeichnet sie dennoch ein sehr unzureichendes – nämlich statisches – Bild: sie zeigt einen Circulus vitiosus auf, der sich ständig reproduziert, und keine Änderung erwarten läßt. Weder die Entstehung dieser Situation noch ihre Veränderung kann mit diesen Ansätzen erklärt werden. Die wirtschaftliche und gesellschaftliche Entwicklung der Vergangenheit ist jedoch von einem ständigen Wandel hauswirtschaftlicher und marktwirtschaftlicher Produktion sowie der haushaltsinternen Aufgabenverteilung geprägt, der nicht mit diesem statischen Erklärungsansatz erfaßt werden kann. Dazu ist es notwendig, die Modelle in einer Weise zu erweitern, daß die Substitutionsmöglichkeiten zwischen Markt- und Hausarbeit sowie innerhalb des Haushalts angemessen abgebildet werden können.

„Arbeit" neu definieren

Dazu soll, ausgehend von der in den Zeitallokationsmodellen getroffenen Unterscheidung zwischen Haus- und Marktarbeit, zunächst der Arbeitsbegriff genauer beleuchtet werden. Unter „Arbeit" sollen jene Tätigkeiten verstanden werden, die als Input in einen Produktionsprozeß eingehen, dessen Output interpersonell transferierbar ist. D.h. es werden nur solche Aktivitäten betrachtet, die nicht von einer ganz bestimmten Person durchgeführt werden müssen. Tätigkeiten, die eine Person nur selbst durchführen kann, wie z.B.

Übersicht 1: Marktarbeit und Hausarbeit

Marktarbeit		Hausarbeit
	Arbeit = Produktion von Gütern und Dienstleistungen ⇒ Output transferierbar	
direkter, bilateraler Austausch von Leistung und Gegenleistung	Art der Transaktion	langfristige Austauschbeziehung: Austausch von vielen verschiedenen Gütern
gering	Transaktionskosten	hoch
große anonyme Güter- und Faktormärkte	relevante Märkte	kleine, auf „Reziprozität" basierende Gruppen

Schlafen, Sport treiben etc., werden als Freizeit[18] bezeichnet, ebenso partnerschaftliche Aktivtäten, die überwiegend als „gemeinsamer Freizeitkonsum' angesehen werden können[19]. Arbeit ist dagegen eine Leistung, die in einem Austauschprozeß in Erwartung einer Gegenleistung angeboten wird.[20]

Die Unterschiede zwischen Markt- und Hausarbeit sind in dieser Sichtweise nicht prinzipieller Natur, sondern liegen vor allem in der Art der Transaktion. Unter Markttransaktionen werden üblicherweise direkte, bilaterale Tauschaktivitäten verstanden, bei denen Geld als Tauschmittel eingesetzt wird, d.h. die Gegenleistung wird meist monetär abgegolten. Im Haushalt handelt es sich dagegen um den Austausch einer Vielzahl sehr verschiedenartiger Güter in einer auf lange Frist angelegten Austauschbeziehung, die zumindest in größeren Hauhalten i.d.R. auch nicht bilateral ist.[21] Der Grund für die unterschiedliche Ausgestaltung der Austauschbeziehung liegt in den mit der jeweiligen Transaktion verbundenen Kosten. Diese fallen je nach zu tauschender Leistung sehr unterschiedlich aus. Stark standardisierte Güter und Leistungen, inbesondere wenn sie erst nach ihrer Fertigstellung am Markt angeboten werden, verursachen nur geringe Transaktionskosten, im wesentlichen Informationskosten beim Kunden hinsichtlich der Eigenschaften des Produktes. Güter, bei deren Produktion bereits die spezifischen Bedürfnisse und Neigungen des Konsumenten berükichtigt werden, wie z.B. Mahlzeiten oder die Wohnungseinrichtung, erfordern dagegen hohe Informationskosten und häufig auch spezifisches Humankapital bei der Produktion[22]. Kontrollkosten entstehen i. allg. dann, wenn Leistungen nicht exakt spezifiziert werden können und wenn Leistung und Gegenleistung zeitlich auseinanderfallen, da dann der später zu leistenden Teil Anreize hat, die Gegenleistung nicht mehr zu erbringen. Dies ist vor allem dort ein Problem, wo die Vorleistung notwendige Voraussetzung zur Erbringung der Gegenleistung ist, wie bei allen Formen von Investitionen in das Humankapital anderer Personen.[23] Investitionen in langlebige Güter, die für den gemeinsamen Gebrauch bestimmt sind,[24] sowie Investitionen in spezifisches Humankapital, das nur zur Produktion personenspezifischer Güter verwendet werden kann, sind nur dann rentabel, wenn eine hinreichend lange Gebrauchs- bzw. Ertragszeit erwartet werden kann.

Langfristige Austauschbeziehungen sind nun bei allen Transaktionen mit hohen Transaktionskosten von Vorteil: für spezifische Investitionen sind sie geradezu eine Voraussetzung; Informations- und Kontrollkosten können erheblich gesenkt werden, wenn vielfache und wiederholte Transaktionen zwischen denselben Tauschpartnern stattfinden. Diese Transaktionen finden daher meist in kleinen, auf Reziprozität basierenden Gruppen statt, wie sie insbesondere ein Familienhaushalt darstellt. Die effiziente Produktion standardisierbarer Güter mit geringen Transaktionskosten erfordert dagegen die Existenz großer, anonymer Güter- und Faktormärkte, die eine stark arbeitsteilige Produktionweise ermöglichen.

Die theoretischen Reinformen dieser beiden institutionellen Arrangements – Spotmärkte auf der einen Seite, auf unbegrenzte Dauer angelegte kleine Institutionen auf der anderen – sind in der Realität kaum zu finden. Sie stellen vielmehr die theoretischen Grenzen des Kontinuums der realen Tauschmärkte dar. So sind z.B. auch Unternehmen auf längeren Bestand angelegte Institutionen, die längerfristige Lieferbeziehungen eingehen und v.a. langfristige Arbeitskontrakte schließen. Im Vergleich zum Familienhaushalt sind die Austauschbeziehungen jedoch weniger vielfältig und i. allg. auch leichter aufkündbar. Im Spektrum der möglichen Arbeitsbeziehungen steht somit Hausarbeit an dem einen Ende, dem der Tagelöhner am anderen Ende entgegensteht. Damit ist jede Hausarbeit im Prinzip auch marktgängig, d.h. sie kann auch auf großen, anonymen Märkten angeboten werden; inwieweit sie auch nachgefragt wird, ist jedoch eine Frage des Preises, da die jeweiligen Transaktionskosten mitentgolten werden müssen.[25]

Familie und privater Haushalt als ökonomische Institution

Der private Haushalt und die Familie können vor diesem Hintergrund als ökonomische Institution betrachtet werden, in der durch langfristige Kooperation der Mitglieder die Wohlfahrtsproduktion kostengünstiger als durch Marktbeziehungen erfolgt. Durch die Bildung einer Wirtschaftsgemeinschaft können im Haushalt eben jene Transaktionskosten gesenkt werden, die bei der Produktion und dem Austausch von Gütern am Markt entstehen (z.B. Ben-Porath 1980 und Pollak 1985). Indem Familienmitglieder eine *Produktionsgemeinschaft* bilden, können dann auch bei der Produktion von Gütern mit hohen Transaktionskosten durch Spezialisierung der Haushaltsmitglieder komparative Produktionsvorteile genutzt werden. Darüber hinaus können von der Familie als *Konsumgemeinschaft* durch den gemeinsamen Konsum oder Gebrauch haushaltsöffentlicher Güter[26] Effizienzgewinne sowie einfache Größenvorteile (economies of scale) erzielt werden. Als *Versicherungsgemeinschaft* bietet schließlich die Familie materielle wie immaterielle Absicherung von Risikofällen wie Krankheit, Arbeitslosigkeit und im Alter.

Durch langfristige Kooperation im Haushalt entstehen somit Zusatzgewinne, die den Haushaltsmitgliedern ein höheres Wohlfahrtsniveau ermöglichen, als sie es erreichen könnten, wenn sie jeweils für sich allein wirtschaften würden.[27] Von daher besteht ein individuelles Interesse der Haushaltsmitglieder an einer gemeinsamen Haushaltsführung, sofern sie an den Gewinnen partizipieren. Es entstehen also zusätzlich zu Allokationsentscheidungen im privaten Haushalt Verteilungsprobleme, die in einer für alle Mitglieder akzeptablen Weise gelöst werden müssen.

Derartige Situationen können mit spieltheoretischen Verhandlungsmodellen[28] untersucht werden. Diese gehen davon aus, daß die Verteilung des Kooperationsgewinns das Ergebnis eines Verhandlungsprozesses ist, dessen Verlauf vom Interesse beider Partner an einer kooperativen Lösung abhängt.[29] Da dieses Interesse je nach Attraktivität der Alternativen außerhalb der Familie unterschiedlich ist, bestimmen diese die Verhandlungsstärke der Partner. Änderungen in den externen Alternativen haben dann Änderungen der Verhandlungsmacht in der Familie zur Folge und führen so zu einer veränderten innerfamilialen Wohlfahrtsverteilung.

Bei einer Modellierung als kooperatives Spiel läßt sich dies graphisch veranschaulichen.[30] In Abb. 1 bezeichnen U^m und U^f die von den Partnern erreichten Nutzenniveaus bei gemeinsamem Haushalt und D^m und D^f die höchsten Nutzenniveaus, die jeweils außerhalb der Familie erreicht werden können.[31] Die Möglichkeit, durch Kooperation in einem gemeinsamen Haushalt Zugewinne zu erwirtschaften, erlaubt nun Nutzenkombinationen (U^m, U^f) bei der sich beide Partner gegenüber ihrer besten Alternative verbessern. Nur solche Nutzenkombinationen kommen bei rationalen Verhandlungen als Lösung in Frage (Linie *AB*).

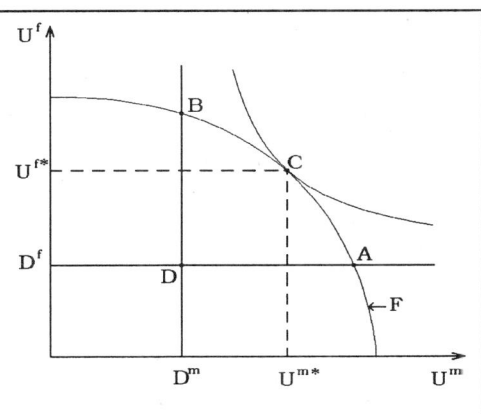

Abb. 1: Nash-Lösung eines kooperativen Verhandlungsproblems

Welche dieser Lösungen realisiert und als „fair" angesehen wird, hängt vom Verhandlungsverlauf ab. Bei den Ansätzen der kooperativen Spieltheorie resultiert dabei i. allg. eine mittlere Lösung, d.h. eine Aufteilung des Zugewinns, die nicht an den Rändern liegt (d.h. nicht Punkt *A* oder *B*). Dies folgt aus der Tatsache, daß die Kooperation beider Partner zur zusätzlichen Wohlfahrtsproduktion notwendig ist und damit beide in gewissen Umfang über das Drohpotential der Nichtkooperation verfügen. Welche Verhandlungsmacht sich daraus ergibt, hängt jedoch von den externen Alternativen ab, da die Drohung mit Nichtkooperation umso glaubwürdiger ist, je höher das Nutzenniveau D^i ist. Unter den Annahmen des Nash-Spiels ergibt sich eine innerfamiliale Verteilung, bei der das Produkt der individuellen Zugewinne maximiert wird.[32]

Das mit der besten externen Alternative verbundene Nutzenniveau D^i hängt dabei von den jeweils individuell zur Verfügung stehenden Ressourcen und insbesondere von der individuellen Einkommenserzielungskapazität ab. Diese ist jedoch nicht unveränderbar, sondern hängt neben den Ausbildungsentscheidungen auch vom Umfang des Arbeitsangebots ab, das durch On-the-job-training, d.h. Berufserfahrung, zur Bildung von einkommensteigerndem Humankapital beiträgt. Damit wirken sich Entscheidungen zur innerfamilialen Arbeitsteilung auch auf die individuelle Ressourcenausstattung aus, was wiederum Rückwirkungen auf die Verteilungssituation in der Familie hat.

Die Folgen innerfamilialer Arbeitsteilung: eine dynamische Betrachtung[33]

Geht man von dem in westlichen Industriegesellschaften üblichen Kleinfamilienhaushalt aus, in dem die Wohlfahrtsproduktion im wesentlichen durch ein (Ehe-)Paar erstellt wird, so wird nach dem traditionellen mikroökonomischen Ansatz die maximale Wohlfahrtsproduktion erreicht, wenn die beiden Personen sich entsprechend der komparativen Produktionsvorteile auf Marktarbeit und Hausarbeit spezialisieren und die jeweils produzierten Güter haushaltsintern getauscht bzw. gemeinsam verwendet werden. Die Akkumulation von jeweils spezifischem Humankapital durch die Ausübung der Tätigkeit wird dabei nur unter dem Gesichtspunkt der Steigerung der Produktivität betrachtet, wobei – meist implizit – unterstellt wird, daß damit eine Steigerung der Spezialisierungsgewinne und der Wohlfahrtsproduktion verbunden ist. Spezialisierung auf eine Tätigkeit und Akkumulation des entsprechenden Humankapitals bedeutet jedoch immer auch gleichzeitig den Verzicht auf Investitionen in andere Arten von Humankapital und damit den Verzicht auf eine Steigerung der Produktivität bei der anderen Zeitverwendungsart bzw., sofern Fähigkeiten im Laufe der Zeit vergessen werden bzw. veralten, sogar eine Produktivitätssenkung. Damit mag in dynamischer Sicht bereits unter dem Gesichtspunkt der maximalen Wohlfahrtsproduktion des gesamten

Haushalts eine Spezialisierung ineffizient sein, wenn nämlich die zeitintensive Haushaltsproduktion nur in vergleichsweise kurzen Phasen wie der Kindererziehung rentabel ist, für die anderen Lebensphasen jedoch ein höheres Markteinkommen von größerer Bedeutung ist (z.B. Lehrer/Nerlove 1981).

Daneben müssen jedoch auch noch die Effekte auf individueller Ebene berücksichtigt werden. Eine besondere Eigenschaft des Humankapitals ist daß es sich dabei um personenspezifische Fähigkeiten handelt, die nicht übertragbar und somit untrennbar mit der jeweiligen Person verbunden sind Damit werden durch das in Zeiten der gemeinsamen Haushaltsführung akkumulierte Humankapital auch die Produktionsmöglichkeiten der Personen bestimmt, die ihnen im Falle der Auflösung der Haushaltsgemeinschaft zur Verfügung stehen. Hierfür haben jedoch die Investitionen in die verschiedenen Arten von Humankapital eine sehr unterschiedliche Bedeutung, woraus sich langfristig asymmetrische Wirkungen der Spezialisierung auf Markt- und Hausarbeit ergeben.

Eine *Spezialisierung auf Marktarbeit* bedeutet die Akkumulation von Humankapital, das am Markt jederzeit verwertet werden kann und zum Einkommenserwerb dient. Die Erträge dieser Art Humankapital sind nahezu unabhängig vom jeweiligen Haushaltszusammenhang, da der direkte Ertrag – das Brutto-Einkommen – prinzipiell nur an die Arbeitsleistung gebunden ist.[34] Eine Spezialisierung auf Marktarbeit führt somit zu einer Steigerung der individuellen Einkommenskapazität, die auch im Konfliktfall größtenteils erhalten bleibt. Der Verzicht auf Akkumulation von haushaltsspezifischem Humankapital fällt dabei kaum ins Gewicht. Für einen Großteil von Haushaltsgütern existieren Marktsubstitute und durch den Einsatz von Vor- und Zwischenprodukten sowie entsprechenden Haushaltsgeräten kann das erforderliche Know how zur endgültigen Fertigstellung der Haushaltsprodukte erheblich gesenkt werden.[35] Im allgemeinen ist für die Haushaltsproduktion somit kein besonders spezifisches Humankapital erforderlich. Die Wohlfahrtseinbußen durch den Verlust der arbeitsteiligen Haushaltsproduktion im Falle einer Trennung sind für Personen mit hoher Einkommenskapazität daher vergleichsweise gering.

Dies gilt nicht bei einer *Spezialisierung auf Hausarbeit*. Diese ist i.d.R. mit hohen Verlusten in der Einkommenskapazität verbunden.[36] Zwar ergibt sich auf der anderen Seite eine Steigerung der Produktivität im Haushalt, deren Verwertbarkeit jedoch vom jeweiligen Haushaltskontext abhängt. Die im Haushalt produzierten Güter sind häufig dadurch gekennzeichnet, daß sie nicht oder nur schwer am freien Markt getauscht werden können und die Verminderung oder Vermeidung der beim Tausch dieser Güter anfallenden Transaktionskosten ja gerade einen Vorteil der gemeinsamen Haushaltsführung darstellt.[37] Solange der gemeinsame Haushalt besteht, ist ein Tauschmarkt vorhanden und eine gestiegene Produktivität bei der Haushaltsproduktion kann optimal genutzt werden. Im Falle der Auflösung der Austauschbeziehung gehen der auf Haushaltsproduktion spezialisierten Person die

Tauschmöglichkeiten größtenteils verloren. Die gestiegene Produktivität wirkt sich dann nur bei der Eigenproduktion aus, wodurch im Falle des Alleinlebens der Verlust in der Einkommenskapazität kaum kompensiert werden kann. Die Wohlfahrtsverluste im Falle einer Trennung sind damit für eine auf Hausarbeit spezialisierte Person ungleich höher.

Diese Asymmetrie in der langfristigen Entwicklung des Humankapitals hat dann u.U. wieder Rückwirkungen auf die Wohlfahrtsverteilung in der Familie. Zwar haben beide Partner aufgrund der im Trennungsfall anfallenden Wohlfahrtsverluste einen Anreiz, die Austauschbeziehung weiter aufrecht zu erhalten, jedoch in unterschiedlichen Ausmaß. Für den auf Marktarbeit spezialisierten Partner verbessern sich im Laufe der Zeit die Alternativmöglichkeiten aufgrund der steigenden Einkommenskapazität, während sie sich für den auf Hausarbeit spezialisierten Partner verschlechtern. Entsprechend dem Gedanken kooperativer Verhandlungen, wonach der Zugewinn gegenüber den jeweiligen Alternativen „fair" geteilt wird, bedeutet dies bei erneuten Verhandlungen eine Umverteilung der internen Wohlfahrtsverteilung zugunsten des Partners mit den besseren Alternativen, da sich dessen Verhandlungsposition verbessert.[38] Daraus ergeben sich jedoch solange keine Auswirkungen auf die Allokationsentscheidungen im Haushalt, solange der aus Spezialisierung resultierende Wohlfahrts-

gewinn so groß ist, daß trotz nachträglicher Umverteilung für beide Partner eine individuelle Wohlfahrtssteigerung resultiert.

Fällt der Wohlfahrtsgewinn jedoch geringer aus, liegt eine Situation vor, die dem aus der Spieltheorie bekannten „Prisoners' Dilemma" ähnlich ist. Prinzipiell kann durch Spezialisierung ein Wohlfahrtsgewinn realisiert werden, durch den sich bei gleichmäßiger Aufteilung gegenüber der Ausgangssituation beide Partner verbessern könnten. Wird jedoch nach der aus der Spezialisierung folgenden Veränderung der externen Alternativen eine neue Verteilung ausgehandelt, ergibt sich u.U. für den Partner mit der schlechte-

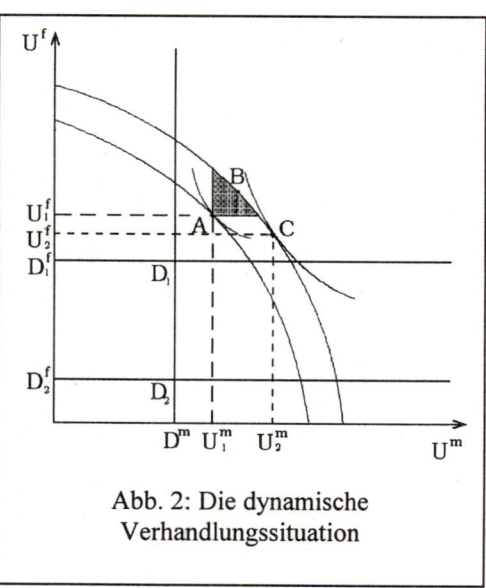

Abb. 2: Die dynamische Verhandlungssituation

ren Verhandlungsposition ein niedrigeres Wohlfahrtsniveau als im Status quo.

Geht man in Abb. 2 davon aus, daß die Ausgangssituation durch den Punkt A repräsentiert wird und daß durch weitergehende Spezialisierung zusätzliche Wohlfahrtsgewinne erreichbar wären, so existieren Lösungen, bei denen sich beide Partner gegenüber dem Status quo verbessern (schraffierter Bereich). Die Lösung bei unveränderter Verteilung wäre dann durch Punkt B gekennzeichnet. Verschlechtert sich jedoch infolge der Entscheidung die externe Alternative für einen Partner, folgt daraus eine Verschiebung des Konfliktpunktes von D_1 nach D_2 und damit eine neue kooperative Lösung C, die für einen Partner zu einem Nutzenniveau (U_2^J) (unterhalb der Ausgangssituation (U_1^J) liegt. Rational handelnde Individuen werden sich auf ein derartiges Arrangement nicht einlassen, es sei denn, es existiert eine Vereinbarung, die dem sich verschlechternden Partner eine Verteilung gemäß Punkt B auch nach Veränderung der Verhandlungsposition garantiert.

Insbesondere die Entscheidung für ein Kind mag einer solchen Situation gleichkommen. Angenommen, ein Kind stiftet den Eltern soviel Nutzen, daß auch unter Berücksichtigung der direkten und indirekten Kosten (Einkommensausfall) ein positiver Nettonutzengewinn auf Haushaltsebene verbleibt, so würde man eine Realisierung dieses Kinderwunsches erwarten. Ist nun aber diese Entscheidung für einen der Partner mit einer zeitweisen Erwerbsunterbrechung oder -reduzierung verbunden, so verändert nur dieser langfristig seine Verhandlungspostion. Bei späteren internen Verteilungsverhandlungen besteht damit die Gefahr, u.U. unter das Anfangsniveau abzusinken. Aus Sicht dieses Partners wäre eine Entscheidung für das Kind irrational. Um nun zu einer Lösung zu gelangen, bei der sich beide verbessern, ist eine Vereinbarung notwendig, die solche späteren Verteilungsverhandlungen ausschließt. Die traditionelle Arbeitsteilung in der Familie kann damit als ein (meist implizit geschlossener) *Vertrag* angesehen werden, bei dem die Frau die Hausarbeit und Kinderbetreung übernimmt und damit eine Verschlechterung ihrer Alternativmöglichkeiten hinnimmt, ihr im Gegenzug aber ein stets, d.h. lebenslang, unveränderter Anteil an der Wohlfahrtsproduktion des Haushalts zugesichert wird.

Bei solchen Verträgen, bei denen die Leistungen der Partner zeitlich auseinanderfallen, ist dann der Anreiz zu einem Vertragsbruch besonders hoch, wenn die Wohlfahrtsgewinne bereits größtenteils realisiert sind, und damit nur noch der Partner mit der besseren Verhandlungsposition durch eine Forderung nach Umverteilung den Vertrag einseitig aufkündigen kann. Sofern also derartige Vereinbarungen nicht mit Sicherheit eingehalten werden und evtl. mit Nachverhandlungen gerechnet werden muß, ist ein strategisches Verhalten der Beteiligten zu erwarten, indem sie einer Verschlechterung der Verhandlungsposition zugunsten einer höheren Wohlfahrtsproduktion nur soweit zustimmen, wie sie im Falle einer Nachverhandlung nicht unter das Ausgangsniveau absinken. Letztlich folgt daraus eine höhere Erwerbsneigung der Person, die überwiegend die Hausarbeit übernimmt, um die individuelle Einkommenskapazität nicht allzusehr absinken zu lassen. Desweiteren läßt sich als Ergebnis des vorausgehenden Verhandlungsprozesses eine innerfamiliäre Arbeitsteilung erwarten, die auch eine Beteiligung des anderen Partners an der Hausarbeit umfaßt, um insgesamt zu einer weniger asymmetrischen Situation zu gelangen. Maximale Spezialisierung erweist sich unter solchen Bedingungen nicht unbedingt als optimal. [39]

Die Verbindlichkeit familialer Vereinbarungen

Wenn also zur maximalen Wohlfahrtsproduktion im Haushalt langfristig bindende Verträge notwendig sind, diese aber häufig asymmetrischen Charakter haben und damit hohe Anreize zum Vertragsbruch enthalten, kann nicht a priori von deren Einhaltung ausgegangen werden.[40] Ohne entsprechende Verbindlichkeit werden diese Vereinbarungen aber bei rationalem Verhalten nicht getroffen, was Wohlfahrtsverluste zur Folge hat. Daher ist es notwendig, die Verbindlichkeit familialer Verträge zu untersuchen, ein Aspekt, der in der Familienökonomie bislang nicht beachtet wird. Der Bruch eines familialen Vertrages bedeutet in dem hier betrachteten Kontext zunächst den Versuch der Nachverhandlung mit dem Ziel einer internen Umverteilung. Wesentliche Auslöser sind hierbei Veränderungen in den externen Alternativen, die durch exogene Einflüsse wie Krankheit, Arbeitslosigkeit, Erbschaften etc., sowie die internen Entscheidungen, die auch die materielle wie immaterielle Ressourcenausstattung der Haushaltsmitglieder betreffen, bestimmt werden.[41] Die Größe des potentiellen Gewinns aus einem Vertragsbruch hängt damit von der Stärke der Veränderung in den Verhandlungspositionen ab. Auf der anderen Seite ist bereits die Nachverhandlung selbst mit Kosten, den Verhandlungskosten in Form von zeitlichem, intellektuellem und emotionalem Input, verbunden. Bei nur kleinen Änderungen in den Verhandlungspositionen ist daher ein Vertragsbruch kaum gewinnbringend. In Situationen, bei denen eine größere Asymmetrie zwischen den Vertragspartnern vorliegt wie bei einer Erwebsunterbrechung zugunsten eines Kindes, sind jedoch zusätzliche Mechanismen notwendig, um einen Vertragsbruch wirkungsvoll zu verhindern.

　　Betrachtet man die in der Literatur zur Kontrakttheorie genannten Durchsetzungsmechanismen, so erweisen sich diese zur Verhinderung von Vertragsbrüchen bei familialen Vereinbarungen als wenig geeignet (Ott 1993). Üblicherweise genannte *Selbsterfüllungsmechanismen* wie „Reputation" oder das „Interesse an der Fortführung der kooperativen Austauschbeziehung" greifen nicht, da es sich im Falle der innerfamilialen Spezialisierung i.d.R. um einmalige Entscheidungen handelt und somit auch einmaligen Vertragsbruch handelt, der zudem von Außenstehenden kaum wahrgenommen werden kann. Dies ist letztlich auch der Grund, warum *Durchsetzungsmechanismen durch eine externe Instanz* nur begrenzt wirksam sind. Weder gerichtlich einklagbare Regelungen im Ehe- und Scheidungsrecht[42] noch soziale Normen[43] können durch entsprechende Sanktionen die Realisierung einer ausgehandelten internen Wohlfahrtsverteilung erzwingen, da diese letztlich der Beobachtung durch Außenstehende entzogen bleibt.

Im Endeffekt reduziert sich auch das in traditionellen Haushaltsmodellen angeführte Argument zur Stützung der Annahme der hohen Verbindlichkeit familialer Vereinbarungen auf ein höchst unökonomisches Element, nämlich die affektive Beziehung der Familienmitglieder (z.B. Becker 1974 und 1993, Pollak 1985). Diese wird üblicherweise als ein Garant für die Einhaltung familialer Vereinbarungen angesehen, die sämtliche ökonomischen Anreize zum Vertragsbruch außer Kraft setzt. Gerade dies muß jedoch angezweifelt werden. Ökonomische Anreize werden von Personen auch dann wahrgenommen, wenn eine starke affektive Beziehung besteht, und insbesondere können hier Wechselwirkungen bestehen. Die emotionale Beziehung der Partner muß als eine eigene Austauschbeziehung betrachtet werden, die sich von üblichen ökonomischen Tauschbeziehungen unterscheidet. Normalerweise wird ein gegenseitiger Austausch emotionaler Zuwendung erwartet und eine Kompensation durch andere Leistungen nicht akzeptiert. Dieses Prinzip wird verletzt, wenn ökonomische Abhängigkeiten entstehen, was auf Dauer eine Partnerbeziehung belasten kann. In Partnerschaften, in denen die emotionale Beziehung eine hohe Bedeutung hat, wäre daher das Vermeiden von Entscheidungen mit sehr asymmetrischen Folgen für die Partner zu erwarten, um derartige problematische Situationen gar nicht erst entstehen zu lassen. So betrachtet führt die emotionale Beziehung dann weniger zur Einhaltung von asymmetrischen Verträgen, sondern trägt eher dazu bei, daß solche Vereinbarungen erst gar nicht getroffen werden.

Wirtschaftliche Entwicklung und Wandel familialer Beziehungen

Betrachtet man nun die wirtschaftliche Entwicklung in der Vergangenheit, so lassen sich verschiedene Prozesse ausmachen, die die traditionellen Vorteile der Familie reduzieren. Die Einführung verschiedener Sozialversicherungen[44] sowie die Zunahme von Versicherungsmärkten,[45] die die Existenzgrundlage bei fast allen Lebensrisiken sichern, haben zunächst die Versicherungsfunktion der Familie deutlich abgeschwächt. Allgemeine Wohlstandsteigerungen führten darüber hinaus zu einem Bedeutungsverlust der Familie als Konsumgemeinschaft, da einerseits die gemeinsame Nutzung von Gebrauchsgütern durch Mehrfachanschaffung überflüssig wurde[46] und zudem die „economies of scale" durch Einsatz entsprechender marktlicher Vor- und Hilfsprodukte[47] und kleinerer Haushaltsgrößen[48] geringer ausfallen.

Insbesondere nehmen aber in jüngerer Zeit die Vorteile aus Spezialisierung ab. So erhöhen zum einen die verbesserten Einkommensmöglichkeiten von Frauen die Opportunitätskosten bei Spezialisierung auf Hausarbeit, da auf ein höheres Einkommen, das für vielfältige, andere Zwecke verwendet werden kann, verzichtet wird. Zum anderen haben sich die Substitutionsmöglichkeiten von Haushaltsproduktion durch Marktarbeitszeit verbessert, da die marktmäßige Güterproduktion im Vergleich zur Haushaltsproduktion billiger geworden ist: die Entwicklung großer Märkte erlaubt es, die Vorteile einer stärkeren Arbeitsteilung und Spezialisierung sowie Größenvorteile, sog. „economies of scale", zu nutzen. Standardisierbare Güter, für die es prinzipiell viele Nachfrager gibt, können daher über Märkte kostengünstiger hergestellt werden als im privaten Haushalt, in dem die Anzahl der Abnehmer klein ist und eine Spezialisierung auf eine einzelne Tätigkeit nicht möglich ist.[49] Entsprechend lassen sich für verschiedene Gütergruppen in der Vergangenheit Phasen der Entwicklung und Verbreitung von Marktsubstituten zu den Haushaltsprodukten beobachten.

Betrachtet man z.B. die Preisentwicklung von Fertiggerichten bzw. vorbehandelten Lebensmitteln, so sieht man, daß der Preisanstieg dieser Güter im Zeitablauf geringer war als der allgemeine Preisanstieg und insbesondere geringer als die Lohnentwicklung (vgl. Abb. 3). Eine Substitution von Hausarbeit durch Marktarbeit mit dem Ziel der Einkommenserzielung ist damit gerade bzgl. dieser Güter besonders vorteilhaft. Auch hinsichtlich der Eigenproduktion von Textilien läßt sich ein solcher Effekt zeigen. Die Preise von fertiger Konfektionsware sind langsamer gestiegen als die der Vorprodukte für die Haushaltsproduktion (Meterware, Kurzwaren und Bänder, vgl. Abb. 4), woraus sich schließen läßt, daß Eigenproduktion zunehmend unrentabel wird.[50] Betrachtet man zudem die Preisentwicklung von Haushaltsgeräten (Abb. 5), so ist auch diese unterdurchschnittlich. Dies sind typischerweise Güter, die die Haushaltsproduktion stark vereinfachen, so daß hierzu kaum mehr spezifische Kenntnisse notwendig sind und sie auch von Personen, die lange Zeit keine Hausarbeit erledigt haben, ohne größere Probleme eingesetzt werden können.

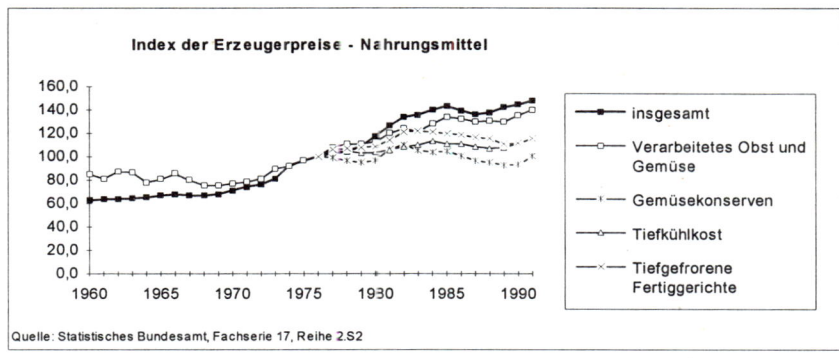

Abb. 3: Preisentwicklung bei Nahrungsmitteln

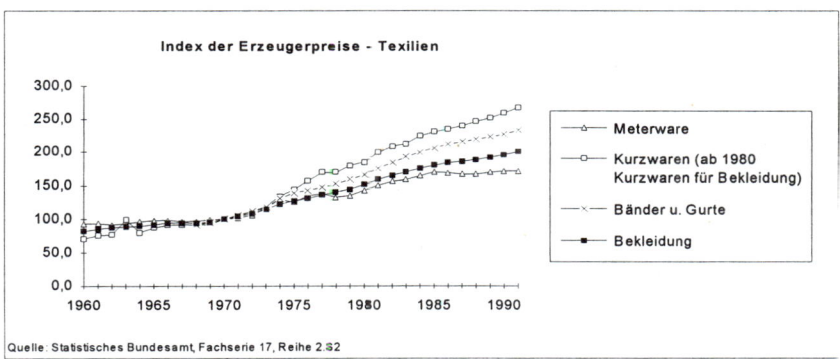

Abb. 4: Preisentwicklung von Textilien und Vorprodukten textiler Haushaltsproduktion

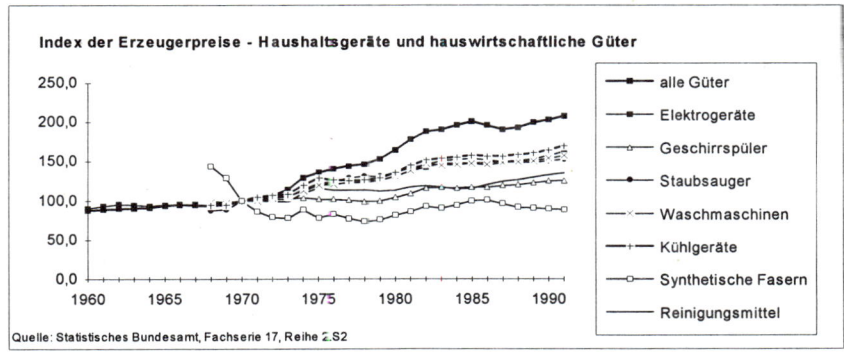

Abb. 5: Preisentwicklung bei Gütern der Haushaltstechnologie

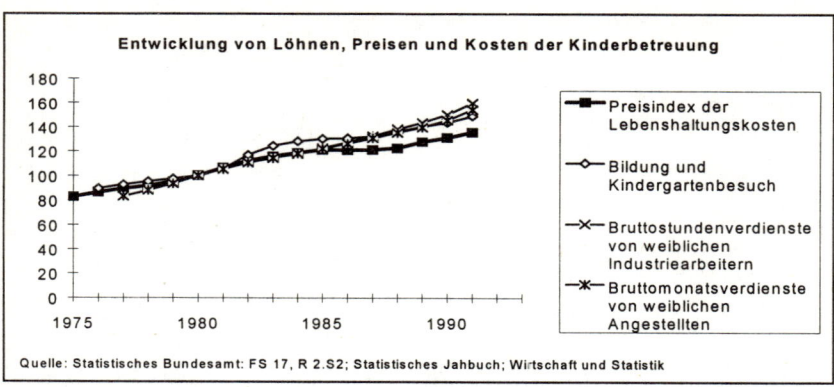

Abb. 6: Entwicklung der Löhne von Frauen und Kosten der Kinderbetreuung

Generell läßt sich daraus schließen, daß eine kapitalintensive Haushaltsproduktion mit hochwertigen Marktvorprodukten oder gar Marktsubstituten eine zeitintensive Haushaltsproduktion, die spezifisches Wissen verlangt, zunehmend ablöst. Bei steigenden Löhnen und sinkenden Preisen der Marktsubstitute und -vorprodukte ist es dann effizient, die Zeit zur Einkommenserzielung zu verwenden, da dadurch ein wesentlich höherer Gesamtoutput erzielt werden kann und zudem die Disponibilität der Ressourcen erhalten bleibt.

Lediglich bei der Kindererziehung läßt sich eine solche Entwicklung nicht beobachten. Marktsubstitute für Kinderbetreuung sind tendenziell nicht kostengünstiger als Eigenbetreuung geworden, da die Preisentwicklung für Kinderbetreuung etwa der Entwicklung der Opportunitätskosten, d.h. der Lohnsteigerungen von Frauenlöhnen entspricht (Abb. 6). Inwieweit diese Preisentwicklung allerdings die Präferenzen der Menschen widerspiegelt, läßt sich nicht ohne weiteres sagen, da die Marktentwicklung hier durch gesetzliche Regelungen stark eingeschränkt ist: Regelmäßige außerhäusliche Kinderbetreuung ist durch das Jugendamt zu genehmigen und öffentliche Betreuungseinrichtungen sind häufig mit den Anforderungen durch Erwerbsarbeit nicht kompatibel. Aufgrund fehlender preisgünstiger Substitute für Kinderbetreuung ist die „Kindererziehung" demnach nach wie vor sehr zeitintensiv. Bei steigenden Einkommensmöglichkeiten, auf die zugunsten der Kindererziehung verzichtet werden muß, und bei gleichzeitig weniger stark steigenden Preisen von anderen Gütern, ist daher Kindererziehung im Vergleich zu diesen Gütern relativ teurer geworden.

Generell läßt sich also feststellen, daß die wirtschaftliche Entwicklung zu einer Reduzierung der Gewinne aus gemeinsamer Haushaltsführung geführt hat. Die formale Ehe bietet daher heutzutage nur geringe materielle Vorteile,

woraus eine geringere Heiratsneigung resultiert, insbesondere da die nicht-
materiellen, affektiven Aspekte des Zusammenlebens mittlerweile auch ohne
formale Eheschließung realisiert werden können. Die hohen Opprtunitätsko-
sten der Kindererziehung übersteigen deren Nutzen, was den Geburtenrückgang zumindest zum Teil erklären kann.

Zudem haben durch diese Entwicklung auf individueller Ebene die Risiken der traditionellen geschlechtsspezifischen Arbeitsteilung zugenommen.
Während vor noch nicht allzu langer Zeit bei innerfamiliärer Spezialisierung
die Partner gegenseitig auf die Verfügbarkeit eines Tauschpartners innerhalb
des Haushalts angewiesen waren und bei Auflösung der Beziehung beide mit
hohen Verlusten zu rechnen hatten, resultiert in neuerer Zeit daraus eine
asymmetrische Wirkung. Da es heutzutage erheblich einfacher ist, Hausarbeitszeit durch Marktsubstitute als Marktgüter durch Eigenproduktion zu
ersetzen, kann bei Auflösung des gemeinsamen Haushalts der auf Marktarbeit
spezialisierte Partner die wegfallende Hausarbeitsleistung des anderen Partners relativ leicht ersetzen und muß daher nur geringe Wohlfahrtsverluste
hinnehmen, während dies bei Spezialisierung auf Hausarbeit nicht gilt. Hier
wirkt sich der Verzicht auf eine Steigerung der eigenen Einkommenserzielungskapazität in starken Wohlfahrtsverlusten aus.

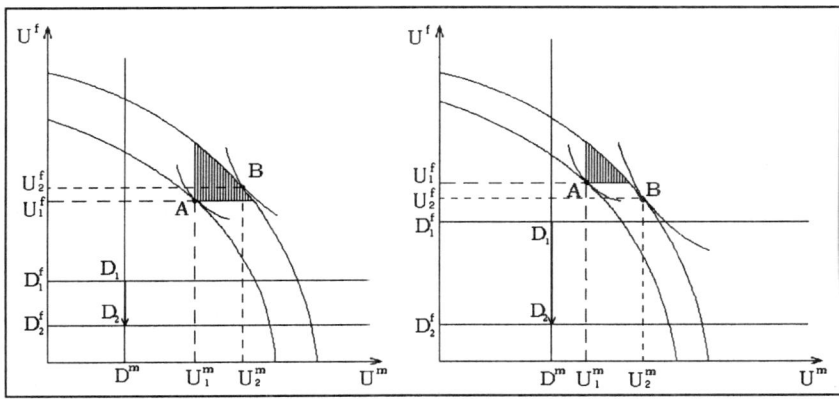

Abb. 7: Veränderung der Verhandlungssituation

Aus modelltheoretischer Sicht läßt sich die Entwicklung wie in Abb. 7 dargestellt beschreiben. Waren in früheren Zeiten im Falle der Spezialisierung
beide Partner auf den innerfamiliären Tausch von Markt- gegen Haushaltsgüter angewiesen, bedeutet dies, wie in der linken Abbildung dargestellt,
niedrige Konfliktauszahlungen L^m und D_1^f für beide. Entsprechend war der
mögliche Kooperationsgewinn durch gemeinsame Haushaltsführung groß.
War die Entscheidung für ein Kind auch einseitig mit einer Verschlechterung
der externen Alternativen für die Frau verbunden (Verschiebung von D_1 nach

D_2), so war der asymmetrische Verlust doch im Vergleich zu den möglichen Kooperationsgewinnen vergleichsweise gering. Unter solchen Umständen führt auch eine Nachverhandlung bei geänderten Verhandlungspositionen zu einer neuen kooperativen Lösung, bei der sich beide Partner verbessern (Punkt *B*).

Die wirtschaftliche Entwicklung mit ihren oben beschriebenen Auswirkungen auf die Haushaltsproduktion wandelt jedoch die Situation zu einer Prisoners' Dilemma-Situation, wie sie in der rechten Abbildung dargestellt ist. Beide Partner erreichen auch bei getrenntem Wirtschaften ein hohes Wohlfahrtsniveau, was hohen Konfliktauszahlungen D^m und D_1^f entspricht. Der mögliche Kooperationsgewinn ist dann vergleichsweise gering. Ein asymmetrisches Risiko der Verschlechterung der externen Alternativen mag dann auch eine interne Kooperation verhindern.

Bei fehlender Verbindlichkeit familialer Verträge resultiert dann unter solchen Bedingungen ein einseitig hohes Risiko für den auf Hausarbeit spezialisierten Partner. Sinkende Geburtenziffern und eine steigende Erwerbsbeteiligung von Frauen müssen dann als rationale Reaktion auf eben diese individuellen Risiken gesehen werden. Sofern aber asymmetrische Vereinbarungen in der Familie getroffen werden, führen tatsächliche und vermeintliche[51] Vertragsbrüche zu vermehrt nichtkooperativem Verhalten, was sich letzt endlich auch in steigenden Scheidungsziffern niederschlägt.

Politische Handlungsmöglichkeiten

Angesichts dieser Veränderungen in den Rahmenbedingungen von Haushaltsentscheidungen scheint eine Symmetrie in der individuellen Ressourcenausstattung zunehmend an Bedeutung zu gewinnen. Die möglichen Wohlfahrtsgewinne durch innerfamiliäre Spezialisierung sind heutzutage relativ klein und können die gestiegenen individuellen Risiken und potentiellen Verluste nicht mehr kompensieren. Damit ist zu erwarten, daß in den Familien in Zukunft Entscheidungen mit asymmetrischen Folgen vermieden werden und Frauen und Männer zunehmend mit ähnlichen Merkmalen auf dem Arbeitsmarkt als Anbieter auftreten werden. Hiermit sollte dann das Phänomen der statistischen Diskriminierung an Bedeutung verlieren.[52]

Dieser Prozeß kann durch geeignete politische Maßnahmen gezielt unterstützt oder auch behindert werden. Die gegenwärtige Familienpolitik ist durch eine Förderung der traditionellen Rollenmuster gekennzeichnet. Die bevorzugte Behandlung der Einverdienerehe im Steuer- und sozialen Sicherungssystem, Erziehungsurlaub und Erziehungsgeld in der gegenwärtigen Form sowie arbeitsmarktpolitische Maßnahmen, die eher den Wiedereinstieg nach einer Familienphase als die Möglichkeit einer ununterbrochenen Erwerbskarriere von Frauen fördern, setzen Anreize zu einer familialen Arbeitsteilung, die mit hohen individuellen Risiken für die Frauen verbunden ist. Letztlich stellt diese Art der Politik den Versuch dar, die Wohlfahrtsgewinne traditioneller Arbeitsteilungsmuster gegenüber anderen Arrangements zu erhöhen (vgl. Ott 1991). Angesichts der damit verbundenen individuellen Risiken ist jedoch kaum der intendierte Erfolg dieser Politik zu erwarten. Im Gegenteil mag eine solche Politik sogar zu Wohlfahrtsverlusten beitragen, indem unter den gegenwärtigen Rahmenbedingungen Paare zugunsten von symmetrischen Lösungen auf „mehr Familie" im quantitativen wie qualitativen Sinn verzichten.

Notwendig zur Realisierung aller möglichen Wohlfahrtsgewinne in der Familie und dem Abbau von Diskriminierung von Frauen am Arbeitsmarkt ist eine stabile Politik, die den Familien eine langfristige Planungsgrundlage gewährt und symmetrische Arrangements in der Familie ermöglicht. Dazu gehört vor allem eine Politik zur Vereinbarkeit von Beruf und Familie. Letztlich würde dadurch das Spektrum der möglichen Technologien in der Haushaltsproduktion erweitert, indem die für den jeweiligen Haushalt effiziente Kombination von Marktgütern und Eigenleistung beider Partner gewählt werden kann. Eine solche Politik würde damit die individuelle Entscheidungsfreiheit erhöhen und gerade dadurch die Voraussetzungen für familiale Arrangements schaffen, die eine möglichst hohe Wohlfahrtsproduktion erwarten lassen.

Schlußbemerkungen

Nimmt man den Homo oeconomicus als Instrument zur Analyse systematischer Verhaltensweisen unter Restriktionen ernst und wendet ihn konsequent in Form einer Femina oeconomica auch auf das Verhalten von Frauen an, so lassen sich Verhaltensweisen und Rollenmuster, die üblicherweise als nicht weiter erklärte Normen angesehen werden, als individuell rationale Reaktion auf die jeweiligen ökonomischen und institutionellen Bedingungen beschreiben. Ebenso kann auch zumindest ein Teil des gegenwärtigen Wertewandels als rationale Reaktion auf veränderte wirtschaftliche Gegebenheiten interpretiert werden. Damit erweist sich der ökonomische Ansatz als erklärungskräftiger als vielfach von feministischer Seite angenommen wird: Folgen von Änderungen in den Rahmenbedingungen für die Lebens- und Entscheidungssituation von Frauen werden sichtbar und zeigen damit Ansatzpunkte für politisches Handeln, das eher eine den intendierten Zielen entsprechende Wirkung erwarten läßt.

Anmerkungen

1   Dieser Artikel ist eine Zusammenfassung bereits früher erschienener Arbeiten: „Was können ökonomische Theorien zur Erklärung der geschlechtsspezifischen Arbeitsteilung beitragen?" (zusammen mit Karin Rinne), in: FIF – Forum für interdisziplinäre Forschung, Bd. 12, 1994: 141-182; „Eigenproduktion versus Dienstleistungen im Haushalt – Zum ökonomischen Wert der Hausarbeit", in: Zukunft im Zentrum (Hg.): Hausarbeit als Erwerbsarbeit. Eine Berliner Fachtagung zur Europawoche 1997, Berichte, Materialien, Dokumente, Berlin 1997: 15-32; „Beruf, Kinder, Familie – ein Spannungsfeld aus ökonomischer Sicht", in: Dokumentation des 6. Interdisziplinären Symposiums „Familienforschung" des Österreichischen Instituts für Familienforschung, Strobl, 20.-22. Nov. 1996, Materialiensammlung des des ÖIF, Heft 5/98: 15-32. Ich danke den Herausgebern für die Zustimmung zum teilweisen Wiederabdruck

2   Unter dem Thema „Out of the Margin: Feminist Perspectives on Economics" standen zwei Tagungen der IAFFE (International Association for Feminist Economics) in Zusammenarbeit mit der FENN (Feminist Economic Network in The Netherlands) in Amsterdam 1993 und 1998, vgl. Kuiper/Sap (1993).

3   Die rege Forschungstätigkeit feministischer Ökonominnen dokumentiert sich auch in der Zeitschrift „Feminist Economics" (Routledge), die im Jahr 1997 vom „Council of Editors of Learned Journals" zum „Best New Journal" gewählt wurde.

4   Vgl. z.B. Sen (1985), (1989, 1996) und (1990).

5   Vgl. zu den überwiegend neoklassikkritischen, feministischen Ansätzen in der Ökonomie z.B. Ferber und Nelson (1993), Backhaus u.a. (1993), Humphries und Rubery (1995) und Diskussionskreis „Frau und Wissenschaft" (1997).

6   In der neoklassischen Theorie wird dieses Verhalten mit dem Modell des „Homo oeconomicus" nachgezeichnet, der als Maximierer seines individuellen Nutzens unter Restriktionen definiert ist.

7   Dies gilt es jedoch in jedem Einzelfall zu überprüfen.

8   Um das quantitative Ausmaß von Reaktionen abschätzen zu können, ist allerdings der Einfluß anderer Faktoren sehr wohl von Bedeutung. Dies ist jedoch eine empirische Frage, die bei der grundsätzlichen Konzeption von Maßnahmen zunächst vernachlässigt werden darf, nicht jedoch bei der konkreten Ausgestaltung. Hier ist dann der interdisziplinäre Diskurs gefordert.

9   Zur kritischen Diskussion der Möglichkeiten und Grenzen des Beckerschen Ansatzes aus einer neoklassikinternen Sicht vgl. Ott (1998).

10   Eine ausführliche Diskussion der Arbeitsmarktmodelle und ihrer Erklärungskraft für die geschlechtsspezifischen Unterschiede am Arbeitsmarkt ist in Ott/Rinne (1994) zu finden.

11   Diese Diskriminierungstheorien hatten jedoch auf die spätere Diskussion wenig Einfluß, da sie lediglich die Folgen für die Stellung der Frau am Arbeitsmarkt aufzeigen, falls solche Präferenzen für Diskriminierung bestehen, die Ursachen dafür sich jedoch mit dem ökonomischen Erklärungsansatz nicht fassen lassen. Insofern hat die Ökonomie zu diesem Phänomen wenig beizutragen.

12   In der Humankapitaltheorie, die 1964 von Gary Becker in der heute üblichen formalen mathematischen Darstellung formuliert wurde, im Prinzip jedoch noch weiter zurückgeht, wird die Arbeitskraft – analog zu Kapitalgütern – als Investitionsgut interpretiert, in das zum Zwecke der Verbesserung des Arbeitsvermögens (durch Erziehung, Ausbildung und „Training on the Job") investiert werden kann. Anbieter von Arbeitskraft können also durch Akkumulation von Humankapital ihre Produktivität und damit ihr zukünftiges Einkommen erhöhen. Diese Ausbildung kann nun *allgemein* oder *spezifisch* sein. Allgemeines Humankapital ist überall verwendbar, d.h. allgemeine Ausbildung erhöht die Produktivität generell. Spezifisches Humankapital ist dagegen nur an bestimmten Arbeitsplätzen einsetzbar und wird durch On-the-job-training erworben. Da es die Produktivität nur in spezi-

ellen Betrieben erhöht, hat die Kosten in diesem Fall der Betrieb zu tragen, der dann aber auch die Erträge der Investition erhält. Die Erträge einer Investiton in Humankapital hängen neben der Produktivität jedoch auch von der Dauer der Erwerbstätigkeit ab, weshalb sich eine Investition in Humankapital um so weniger rentiert, je kürzer das Arbeitsleben ist.

13 Zwar läßt sich heute keine geringere Ausbildung (gemessen in Ausbildungsjahren) von Frauen mehr nachweisen, jedoch investieren sie nach wie vor in andere Ausbildungsgänge, nämlich überwiegend in Berufe, in denen sie eine bessere Vereinbarkeit von Familie und Beruf erwarten.

14 Vgl. hierzu die Signalling-Modelle (z.B. Spence 1973, Arrow 1973 und Stiglitz 1973), das Queueing-Modell von Thurow (1975) sowie die Ansätze zur Erklärung von Arbeitsplatzzuweisungsmechanismen auf segmentierten Arbeitsmärkten (z.B. Sawhill 1973, Sengenberger 1975).

15 Vgl. zum Überblick Galler/Ott (1992) und zu einer Lehrbuchdarstellung Cigno (1991).

16 Fast zeitgleich mit Becker haben auch Lancaster (1966) und Muth (1966) Modelle der Haushaltsproduktion entwickelt

17 Becker erklärt die geschlechtsspezifische Arbeitsteilung zwischen Markt- und Hausarbeit allerdings durch intrinsische komparative Vorteile der Frau bei der Kindererziehung, die durch die Fähigkeiten des Gebärens und Stillens bedingt sind, und die vor allem in Zeiten der Schwangerschaft zu komparativen Nachteilen bei der Marktarbeit führen. Er sieht die komparativen Vorteile bei der Kindererziehung vor allem in der gleichzeitigen Betreuung mehrerer Kinder bzw. in der Vereinbarkeit von Schwangerschaft und Kinderbetreuung (Becker 1981; 1991, 38). Später betont er die komparativen Vorteile bei der Haushaltsproduktion, die sich aus der Komplementarität von Kinderbetreuung zu Tätigkeiten im Haushalt ergeben (Becker 1985; 1996, 104). Im Kern basiert damit sein Argument der biologisch begründeten Unterschiede in der Produktivität auf Effekten der Kuppelproduktion bei Schwangerschaft. Als alternative Erklärung nennt Becker (1985; 41) auch noch Diskriminierung am Arbeitsmarkt, die zu komparativen Nachteilen der Frau bei der Marktproduktion führt, und mit dem gleichen Effekt, die Verstärkung der Unterschiede durch Humankapitalinvestitionen.

18 Lancaster und Becker verwenden auch den Begriff „Konsumzeit", den sie aber nicht klar von Hausarbeit abgrenzen.

19 Auf andere Aspekte sozialer Beziehungen, die oft auch als „Beziehungsarbeit" bezeichnet werden, wird später noch eingegangen werden.

20 Im Extremfall findet der Austausch nicht mit anderen Personen oder Wirtschaftssubjekten statt, und die Gegenleistung ist der Konsum des selbst produzierten Gutes. Wesentlich für die Kennzeichnung einer Tätigkeit als „Arbeit" ist die prinzipelle Transferierbarkeit des Arbeitsergebnisses an andere Personen.

21 Dies gilt auch für soziale Netzwerke, weshalb diese hier wie Haushalte betrachtet werden können.

22 Zum einen muß die Information über die Neigungen der Transaktionspartner erst gesammelt werden und zum anderen müssen die entsprechenden Kenntnisse zur Befriedigung dieser Bedürfnisse erworben werden, wie z.B. besondere Kochkenntnisse.

23 Dazu zählen sowohl die Erziehung von Kindern, die Unterstützung z.B. des Partners bei der Ausbildung, die Wiederherstellung der Arbeitskraft durch Versorgung im Krankheitsfall, wie auch die Leistungen zur täglichen Regeneration.

24 Zu denken wäre hier z.B. an gemeinsames Wohneigentum.

25 In diesem Sinne kann auch „Beziehungsarbeit" unter die Transaktioskosten subsumiert werden, als Ressourcen, die zur Schaffung und Aufrechterhaltung der Austauschbeziehung eingesetzt werden. Vergleichbare Kosten fallen auch in einem Unternehmen, das Investitonen für ein gutes Betriebklima (z.B. firmeneigene Freizeitstätten) tätigt.

26 Zu denken wäre hier an gemeinsam genutzte Güter wie Kühlschrank, Wohnung, Fernseher etc., die dann nur einfach beschafft werden müssen, sowie die Kostenersparnis bei der Produktion größerer Mengen bestimmter Güter wie Mahlzeiten oder Wäschewaschen.

27   Darüber hinaus gibt es in der Familie zusätzlich zu den genannten Punkten *affektive Beziehungen*, die in mehrfacher Weise die Wohlfahrt steigern können. Zum einen entstehen dadurch familien- oder ehespezifische Güter wie z.B. emotionale Geborgenheit, die außerhalb der Familie gar nicht produziert werden können. Zum zweiten führen affektive Komponenten in gewissem Umfang zu altruistischem Verhalten.

28   Zu einem Überblick vgl. z.B. Holler (1985). In der Literatur findet man auch eine Reihe nicht-kooperativer Ansätze zur Modellierung familialer Entscheidungen. Bei diesen wird von rein strategischem Verhalten der Haushaltsmitglieder ausgegangen und die Allokationsentscheidung bei individueller Nutzenmaximierung unter Berücksichtigung gemeinsamer Restriktionen betrachtet. Bargaining-Modelle unterstellen dagegen eine Kooperation der Haushaltsmitglieder zur Steigerung der Wohlfahrtsproduktion, was als die angemessene Modellierung erscheint. Vgl. zu einem Überblick Galler/Ott (1992).

29   Im Gegensatz zu Ansätzen Beckerscher Prägung wird hier keine „Haushaltsnutzenfunktion" zugrunde gelegt, sondern konsequent von eigenverantwortlich handelndeln Individuen ausgegangen. Zur Kritik an der Haushaltssnutzenfunktion vgl. Ott (1992) und (1998).

30   Die formale Darstellung des Problems ist bei Ott (1992) zu finden.

31   Diese externen Nutzenniveaus werden in der Spieltheorie „Konfliktauszahlungen" genannt.

32   Unter anderen Annahmen ergeben sich ganz ähnliche Ergebnisse. Ihnen allen gemeinsam ist die im nachfolgenden wichtige Eigenschaft, daß sich die Lösung bei Veränderung der externen Alternativen ebenfalls verändert. Vgl. zu den verschiedenen kooperativen Verhandlungsmodellen Holler (1985).

33   Eine formale Darstellung des Modells ist bei Ott (1992) zu finden.

34   Zwar verändern bestimmte familienabhängige Zuschläge (vor allem im öffentlichen Dienst) sowie steuerliche Regelungen den Nettoertrag in Abhängigkeit von der Familienzusammensetzung, der Effekt fällt jedoch vergleichsweise gering aus.

35   Vgl. Galler/Ott (1993, 114).

36   Dies gilt auch, wenn die Erwerbstätigkeit nur für einige Zeit unterbrochen oder reduziert wurde. Nach Schätzungen von Galler (1991) liegen die Einkommensverluste im Lebenslauf je nach Schulbildung bei einer 10jährigen Unterbrechung zwischen DM 400.000 und 800.000, wovon etwa ein Drittel (bei kürzeren Unterbrechungszeiten bis zur Hälfte) in Zeiten nach der Unterbrechungsphase entstehen, somit auf die Reduzierung der Einkommenskapazität zurückzuführen sind.

37   Vielfach handelt es sich dabei um personenbezogene Leistungen wie die Kindererziehung oder um Güter mit personenspezifischen Eigenschaften wie bestimmte Geschmacksrichtungen bei der Essenszubereitung oder der Wohnungsgestaltung, die in dieser spezifischen Form nur innerhalb langfristiger Austauschbeziehungen gehandelt werden können. Aber auch prinzipiell marktfähige Haushaltsgüter und -dienstleistungen – wie Mahlzeiten zubereiten, Wäsche waschen, putzen oder Besorgungen erledigen – können bei der in privaten Haushalten verwendeten Produktionstechnik kaum am externen Markt gehandelt werden, da sie zu den bestehenden Marktsubstituten nicht konkurrenzfähig sind. Die im Haushalt produzierten Güter können daher häufig nur innerhalb des Haushalts verwendet werden.

38   Die empirische Relevanz dieser Annahmen zeigen z.B. die Ergebnisse einer Schätzung von Galler/Ott (1990), wonach Hausfrauen sich umso schwächer in der Ehe fühlen, je höher das Einkommen des Ehemanns ist, und eher stärker, wenn sie über ein eigenes Einkommen verfügen.

39   Eine formale Darstellung dieser Zusammenhänge ist bei Ott (1992) zu finden.

40   Dies belegen allein schon die hohen Scheidungsziffern.

41   Auch die jeweils vorhandenen Optionen, andere profitable Partnerverbindungen einzugehen, bestimmen die Verhandlungsstärke. Diese Optionen bzw. der zu erwartende Ertrag aus anderen Partnerverbindungen werden allerdings selbst wieder durch die individuelle Ressourcenausstattung, die in die Beziehung eingebracht werden kann, bestimmt, so daß diese als die wesentlichen Bestimmungsfaktoren der Verhandlungsstärke angesehen werden können. Die Optionen können in gewissen Umfang jedoch auch durch die Intensität der externen Suche beeinflußt werden. Dies dürfte mit ein Grund sein, weshalb üblicher-

weise externe Suche durch den innerfamilialen Vertrag ausgeschlossen wird. Nichtsdesto-
trotz ist aus strategischen Gründen eine externe Suche in gewissem Umfang zu erwarten,
um Informationen über den eigenen Marktwert zu erhalten.

42 Allerdings wären hier durch eine entsprechende Gestaltung des Eherechtes weitergehende
Eingriffe möglich als dies bei der gegenwärtigen Gesetzeslage der Fall ist (vgl. ausführlicher Ott 1993).

43 Zwar existieren hinsichtlich der innerfamilialen Spezialisierung und insbesondere bei der
Entscheidung für Kinder soziale Normen, die sich jedoch nicht auf den gesamten Vertrag
beziehen. Die Normen beziehen sich darauf, wie lange ein Kind ausschließlich von den
Eltern betreut werden soll und welcher Elternteil diese Betreuung zu übernehmen hat. Der
andere Teil des Vertrages, die langfristig festgelegte interne Wohlfahrtsverteilung wird bestenfalls rudimentär berücksichtigt in der Norm, „seine Frau nicht sitzen zu lassen", die jedoch nur als Minimalabsicherung verstanden werden kann.

44 Bereits in der zweiten Hälfte des vorigen Jahrhunderts wurden erste Regelungen zum
Arbeitnehmerschutz sowie eine Kranken-, Unfall- und Altersversicherung für Arbeiter eingeführt. Im Laufe dieses Jahrhunderts wurde dann das Sicherungssystem kontinuierlich
weiter ausgebaut, indem einerseits die Leistungen und der Versichertenkreis ausgeweitet
wurden und andererseits weitere Sicherungssysteme (Sozialhilfe, Familienlastenausgleich,
Wohnungs- und Bildungspolitik, Pflegeversicherung) eingerichtet wurden (vgl. z.B. Lampert 1996).

45 So stieg der Anteil der Wertschöpfung der Versicherungsunternehmen am Bruttoinlands-
produkt von 0,6% in 1960 auf 1,3% in 1993 (vgl. Statistisches Jahrbuch für die Bundesrepublik Deutschland).

46 Dies sieht man vor allem bei der Versorgung mit dem Gut Wohnung. Hier sank die Anzahl
der Personen je Raum von 1,2 in 1950 auf 0,5 in 1987 (Statistisches Bundesamt, Datenre-
port 1994). Über die Mehrfachausstattung von langlebigen Gebrauchsgütern gibt es kein
geeignetes Datenmaterial.

47 So werden z.B. die economies of scale bei der Bereitung von Mahlzeiten überwiegend in
der industriellen Nahrungsmittelproduktion realisiert, die dann kleinere Portionen relativ
preisgünstig als Vorprodukte für die Haushaltsproduktion anbietet (Instantprodukte, Kon-
serven, Tiefkühlkost). Zudem ermöglichen verbesserte Lagermöglichkeiten (Kühlschrank,
Gefriertruhe) die Realisierung von economies of scale auch in kleineren Haushalten. Vgl.
zur ausführlichen Diskussion der Veränderung der Haushaltsproduktion Galler/Ott 1993,
Kap. 5.

48 Die durchschnittliche Haushaltsgröße sank von 4,5 Personen je Haushalt anfangs des
Jahrhundert auf 2,2 in 1994 (Statistisches Bundesamt, FS 1, R3, 1994).

49 Da die Haushaltsproduktion der Herstellung aller Güter umfaßt, die nicht als Marktgüter
erworben werden, besteht Hausarbeit typischerweise aus sehr verschiedenen Tätigkeiten,
die gleichzeitig vergleichsweise sehr kleine Anzahl der Haushaltsmitglieder erlaubt dann
keine Spezialisierung auf nur ganz wenige Aktivitäten.

50 Wesentlich für diese Entwicklung waren in der Vergangenheit vor allem sinkende Trans-
portkosten, die die Erschließung hinreichend großer Märkte ermöglichten, und technischer
Fortschritt, von dem einzelne Gütergruppen in ganz unterschiedlicher Weise betroffen waren. So waren für die Entwicklung des Marktes für Fertiggerichte verbesserte Konservie-
rungs- und Lagermöglichkeiten notwendige Voraussetzung. Neuerdings sind es vor
allem die neuen Informations- und Telekommunikationsmittel, durch die die Vorteile
marktwirtschaftlicher Produktion für weitere Gütergruppen, insbesondere auch im Dienst-
leistungsbereich, realisiert werden können, da durch sie Transaktionskosten erheblich gesenkt werden können. Insbesondere werden diese neuen Techniken dann auch die industri-
elle Produktion von weniger standardisierten oder standardisierbaren Gütern ermöglichen.
So lassen sich bereits heute individuelle Kundenwünsche durch computergesteuerte Pro-
duktionsverfahren berücksichtigen, was z.B. in der Automobilbranche mittlerweile zum
Standard gehört und in der Bekleidungsindustrie langsam Verbreitung findet. Für die Zukunft ist jedoch zu erwarten, daß hier die Entwicklung neuer Märkte erst noch am Anfang

steht. Die Tendenz zur Substitution von Haushaltsproduktion durch Marktgüter wird daher wahrscheinlich auch in Zukunft noch anhalten.

51   Bei der vorliegenden Dilemma-Situation mag in dynamischer Sicht das Verhalten des Partners u.U. auch fälschlicherweise als Bruch der Vereinbarung interpretiert werden, auch wenn diese nicht vorliegt. Aufgrund der geringeren Rentabilität von Hausarbeit, wenn keine Kinder in Haushalt leben, ist anzunehmen, daß der familiale Wohlfahrtsgewinn aus Spezialisierung auf Hausarbeit mit steigendem Alter der Kinder wieder sinkt. Wenn aber die gesamte Wohlfahrtsproduktion des Haushalts abnimmt, sinkt auch bei fixer interner Verteilung, d.h. bei eingehaltenen Verträgen, das individuelle Wohlfahrtsniveau der Haushaltsmitglieder. Wird jedoch diese gesamte Wohlfahrtsreduzierung von den Haushaltsmitgliedern nicht wahrgenommen, mag dies dann individuell von beiden Partnern als Umverteilung wahrgenommen werden, was u.U. das Vertrauen in die Verläßlichkeit des Partners trübt.

52   Ob damit wesentliche Elemente von Frauendiskriminierung wegfallen oder diese doch stärker durch andere nicht-rationale Faktoren bestimmt wird, wird jedoch erst die Zukunft zeigen.

Literatur

Arrow, Kenneth J. 1973a. „The Theory of Discrimination." In *Discrimination in the Labor Markets*, eds. Ashenfelder/Rees. Princeton.

Arrow, Kennth J. 1973b. „Higher Education as a Filter." *Journal of Public Economics*, 199-216.

Backhaus, Jürgen G., Gerd Grötzinger, und Renate Schubert, eds. 1993. *Jenseits von Diskriminierung.* Marburg: Metropolis.

Becker, Gary S. (1957) 1971. *The Economics of Discrimination.* Chicago: The University of Chicago Press.

Becker, Gary S. 1964. *Human Capital.* New York, London: Columbia University Press.

Becker, Gary S. 1974. „A Theory of Marriage: Part II." *Journal of Political Economy*, 82: 813-846.

Becker, Gary S. (1975) 1976. The Allocation of Time and Goods over Time. In his *The Economic Approach to Human Behavior*, 115-130. Chicago: The University of Chicago Press.

Becker, Gary S. (1981) 1991. *A Treatise on the Family.* Cambridge und London: Harvard University Press.

Becker Gary S. 1985, 1996. „Eine ökonomische Analyse der Familie." In *Familie, Gesellschaft und Politik – die ökonomische Perspektive*, übersetzt von Monika Streissler, hrsg. von Ingo Pies, 101-116. Tübingen: Mohr.

Becker, Gary S. 1985. „Human Capital, Effort and the Sexual Division of Labor." *Journal of Labor Economics* 3(12): 33-58.

Becker, Gary S. 1993. „Nobel Lecture: The Economic Way of Looking at Behavior." In *Journal of Political Economy*, 101: 385-409.

Ben-Porath, Yoram. 1980. „The F-Connection: Families, Friends and Firms and the Organisation of Exchange." *Population and Development Review*, 6: 1-30.

Cigno, Alessandro. 1991. *Economics of the Family.* Oxford: Clarendon Press.

Diskussionskreis „Frau und Wissenschaft", ed. 1997. *Ökonomie weiterdenken!* Frankfurt/New York: Campus.

Ferber, Marianne A., and Julie A. Nelson, eds. 1993. *Beyond Economic Man. Feminist Theory and Economics*. Chicago/London: University of Chicago Press.

Galler, Heinz P. 1991. „Zu den Oportunitätskosten der Familienbildung." In *Der private Haushalt – erkannte, verkannte und unbekannte Dimensionen,* ed. Silva Gräbe, 118-152. Frankfurt, New York: Campus.

Galler, Heinz P., und Notburga Ott. 1992. „Der private Haushalt als ökonomische Institution. Neuere Entwicklungen in der mikroökonomischen Haushaltstheorie." In *Der private Haushalt im wissenschaftlichen Diskurs,* ed. Sylvia Gräbe, 109-139. Frankfurt, New York: Campus,

Galler, Heinz P., und Notburga Ott. 1993. *Empirische Haushaltsforschung. Erhebungskonzepte und Analyseansätze angesichts neuer Lebensformen.* Frankfurt, New York: Campus.

Galler, Heinz P., und Notburga Ott. 1990. „Zur Bedeutung familienpolitischer Maßnahmen für die Familienbildung – eine verhandlungstheoretische Analyse familialer Entscheidungsprozesse." In *Bevölkerung und Wirtschaft,* Schriften des Vereins für Socialpolitik, ed. Bernhard Felderer. Bd 202: 111-134. Berlin: Duncker & Humblot.

Holler, Manfred. 1985. *Ökonomische Theorie der Verhandlungen.* Eine Einführung. München: Oldenbourg.

Humphries, Jane, and Jill Rubery, eds. 1995. *The Economics of Equal Opportunities.* Manchester: Equal Opportunities Commission.

Kuiper, Edith, and Jolande Sap, eds. 1995. *Out of the Margin.* London, New York: Routledge.

Lampert, Heinz. 1996. *Lehrbuch der Sozialpolitik.* Berlin, New York: Springer.

Lancaster, Kelvin. 1966. „A New Approach to Consumer Theory." *Journal of Political Economy,* 74: 132-157.

Lehrer, Evelyn, and Marc Nerlove. 1981. „The Labor Supply and Fertility Behavior of Married Women." In *Research in Population Economics,* 3: 123-145.

Lloyd, Cynthia Brown, and Beth T. Niemi. 1979. *The economics of Sex Differentials.* New York: Columbia University Press.

Muth, Richard F. 1966. „Household Production and Consumer Demand." In *Econometrica,* 34: 699-708.

Ott, Notburga. 1991. „Die Wirkung politischer Maßnahmen auf die Familienbildung aus ökonomischer und verhandlungstheoretischer Sicht." In *Vom Regen in die Traufe: Frauen zwischen Beruf und Familie,* eds. Karl U. Mayer, Jutta Allmendinger, Johannes Huinink, 385-407. Frankfurt, New York: Campus.

Ott, Notburga. 1992. *Intrafamily Bargaining and Household Decisions.* Berlin, New York: Springer.

Ott, Notburga. 1993. „Zum Rationalverhalten familialer Entscheidungen." In *Ehepartnerliche Erwerbsverläufe: auf der Suche nach Strukturgebern im Modernisierungsprozeß weiblicher Lebensführung,* eds. Claudia Born und Helga Krüger, 25-51. Weinheim: Deutscher Studienverlag.

Ott, Notburga. 1997a. „Eigenproduktion versus Dienstleistungen im Haushalt – Zum ökonomischen Wert der Hausarbeit." In *Hausarbeit als Erwerbsarbeit.* Eine Berliner Fachtagung zur Europawoche 1997, Berichte, Materialien, Dokumente, ed. Zukunft im Zentrum, 27-37. Berlin.

Ott, Notburga. 1997b. „Beruf, Kinder, Familie – ein Spannungsfeld aus ökonomischer Sicht. In *Das Private ist ökonomisch – Widersprüche der Ökonomisierung von Familien- und Haushaltsdienstleistungen,* ed. Ute Behning, 41-66. Berlin: Edition Sigma.

Ott, Notburga. 1998. „Der familienökonomische Ansatz von Gary S. Becker." In *Gary Beckers ökonomischer Imperialismus*, eds. Ingo Pies und Martin Leschke, 63-90. Tübingen: J.C.B. Mohr.

Ott, Notburga, und Karin Rinne. 1994. „Was können ökonomische Theorien zur Erklärung der geschlechtsspezifischen Arbeitsteilung beitragen?" *FIF – Forum für interdisziplinäre Forschung*, 12: 141-182.

Pollak, Robert A. 1985. „A Transaction Cost Approach to Families and Households." *Journal of Economic Literature*, XXIII: 581-608.

Sawhill, Isabel V. 1973. „The Economics of Discrimination against Women: Some new Findings." *Journal of Human Resources*, VIII(3): 383-396.

Sen, Amartya K. 1985. „Women, Technology and Sexual Divisions." *Trade and Development*, 6: 195-223.

Sen, Amartya K. (1989) 1996. „Cooperation, Inequality, and the Family." In *The Economics of the Family*, ed. Nancy Folbre. 171-186. Cheltenham: Elgar.

Sen, Amartya K. 1990. „Gender and Cooperative Conflicts." In *Persistent Inequalities – Women and World Development*, ed. Irene Tinker. 123-149. New York, Oxford: Oxford University Press.

Sengenberger, Werner. 1975. *Arbeitsmarktstruktur – Ansätze zu einem Modell des segmentierten Arbeitsmarkts*. Forschungsberichte aus dem Institut für Sozialwissenschaftliche Forschung e.V., München. Frankfurt am Main: Aspekte.

Spence, Michael. 1973. „Job Market Signaling." *Quarterly Journal of Economics*, 355-374.

Stiglitz, Joseph-E. 1973. „Approaches to the Economies of Discrimination." *American Economic Review, Papers and Proceedings*, 63(2): 287-295.

Thurow, Lester C. 1969. *Poverty and Discrimination*. Washington: Brookings Institution.

Thurow, Lester C. 1975. *Generating Inequality*. New York: Basic Books.

Wann werden Weiber zu Hyänen?
Weibliche Aggressionen aus psychologisch-feministischer Sicht

Christiane Schmerl

- Eine 53jährige Frau alarmiert die Polizei: Sie hat soeben ihren Ehemann mit dem Hammer erschlagen. Bei der Tataufnahme stellt sich heraus, daß ihr Oberkörper, ihre Arme und Beine mit Stichwunden übersät sind – ihr Mann war mit dem Messer auf sie losgegangen, sie hatte sich einen Hammer geholt ... (Frankfurter Rundschau vom 25.3.98)
- Genüßlich zelebriert Der Spiegel in zwei aufeinanderfolgenden Ausgaben (1998b/11 und 1998c/12) seine neue Lieblingsmetapher von „stutenbissigen Damen" (gemeint sind Frau-Frau-Scharmützel); die Tabakwerbung beglückt uns mit blonden Furien, die sich um denselben Mann prügeln, und die seriöse Presse berichtet, daß in deutschen Großstädten schon erste Mädchengangs zuschlagen und „immer mehr Mädchen prügeln und foltern" und töten – nämlich andere Mädchen (Frankfurter Rundschau vom 11.9.91; Der Spiegel 1998a/11).
- Auch auf kulturellem Gebiet dürfen wir uns seit einigen Jahren über einen Zuwachs an aggressiven Frauen gruseln. Filme wie ,Fatal Attraction' und ,Basic Instinct' lehrten uns, daß weibliche Aggressionen noch perfider und hemmungsloser als männliche sind. Romane wie ,Katzenauge' (Margaret Atwood) und ,Schmutziges Wochenende' (Helen Zahavi) lassen uns anschaulich fantasieren, was wir schon immer ahnten: Frauen sind bereits als kleine Mädchen von tödlicher Grausamkeit gegeneinander und als Erwachsene in ihren Mordgelüsten vollends gnadenlos gegen Männer, die ihnen dumm kommen.

Seit den Anfängen der Zweiten Frauenbewegung traktieren uns die Medien regelmäßig mit Horrorgeschichten von aggressiven Frauen – wie übrigens auch schon zu Zeiten der Ersten Frauenbewegung. Dabei werden meist zwei Erklärungsmuster mitgeliefert: Infolge der Emanzipation ziehen Frauen zunehmend mit Männern gleich, also auch mit derem bisherigen Monopol an Gewalttätigkeit, und zeigen wahlweise a) erst jetzt das wahre Potential ihrer (bisher gezähmten) Aggressivität, oder b) sie werden durch falsche Vorbilder und verrohte Sitten ihrer wahren, friedlichen Natur entfremdet.

Die auf der Hand liegenden Fragen wären also: Stimmt die behauptete Tatsache wachsender weiblicher Aggression? Stimmen die suggerierten Ur-

sachen, oder gibt es andere, differenziertere Erkenntnisse? Und: Welche
Funktion hat und welche Botschaft transportiert die kommerzielle Vermarktung weiblicher Aggression?

Bei der Beantwortung dieser Fragen sollen uns die Erkenntnisse der sozialpsychologischen Aggressionsforschung und vor allem die innerhalb dieser Wissenschaft durch die Frauenbewegung angestoßenen Diskussionen und
Erkenntnisse weiterhelfen. Bei der Sichtung dieser Fragen lege ich jenen
Aggressionsbegriff zugrunde, auf den sich die empirische Aggressionsforschung seit den 60er Jahren geeinigt hat: als Aggression gilt jenes *Verhalten*, das eine andere *Person* (oder ihr Eigentum) mit *Absicht schädigt*,
verletzt oder *zerstört*. Darunter fallen sowohl körperliche wie verbale Angrif-
fe, direkte wie indirekte, kaltblütig-instrumentelle wie emotionale, offensive
wie defensive. Aggressive Wünsche, Träume und Phantasien sollen *nicht*
darunter fallen, auch nicht die oft mißverständlich ebenso als ‚aggressiv‘
gehandelten Akte der Selbstbehauptung, des Ehrgeizes, der Aktivität oder der
Kreativität.

1   Menschliche Aggression aus der Sicht psychologischer Theorien des 20. Jahrhunderts

Die Psychologie hat in diesem Jahrhundert sehr unterschiedliche Aussagen
zum Thema Aggression und Geschlecht gemacht. Für Freud (1915) und seine
Zeitgenossen war Aggression ein Trieb, der auf die Sicherung des menschlichen Lebens durch Kampf (Führung, Auslese) und Sexualität (Fortpflanzung) gerichtet ist, und zwar ausschließlich beim Mann. Frauen waren das
friedfertige Geschlecht, das keinen Aggressionstrieb brauchte, weil es ja
seinen natürlichen Anlagen durch Pflege (des Nachwuchses) und Nach-
giebigkeit (gegenüber den sexuellen Avancen des Ehemanns) nachkommen
sollte. Ausnahmen bestätigten die Regel und wurden zufriedenstellend unter
‚Penisneid‘ abgelegt.

Erst 1939 wurde in Weiterverwendung des schon bei Freud auftauchen-
den Begriffs ‚Frustration‘, also eines Hindernisses, das eine zielgerichtete
Aktivität behindert oder unterbricht, ein neuer, anscheinend geschlechtsneutraler Zugriff auf die menschliche Aggression versucht: Aggression ist nun
kein spontaner Trieb mehr, sondern stets eine *Folge* von Frustration, also
eine Re-Aktion, die durch ein vorangegangenes Ereignis ausgelöst wird
(Dollard et al. 1939). Geschlechtsdifferenzierende Annahmen wurden nicht
gemacht, die „Frustrations-Aggressions-Theorie“ bezog sich auf menschliches Verhalten generell.

In den 60er Jahren wurden die Erkenntnisse der behavioristischen
Lerntheorien – alles menschliche Verhalten ist durch seine positiven und

negativen Folgen formbar – von Bandura und seinen Mitarbeitern weiterentwickelt: und zwar gerade anhand empirischer Untersuchungen von aggressiven Verhaltensweisen. Sie konnten zeigen, daß aggressive Akte nicht nur durch ihre zufälligen oder systematischen positiven Folgen geformt und aufrechterhalten werden, sondern daß menschliche *Vorbilder* mit sichtbaren positiven Aggressions-Erfolgen bei Beobachtenden aggressives Verhalten lernen und nachahmen lassen. In der Folge können auf Beobachterseite entsprechende Erwartungen als Anreize wie als Rechtfertigungen wirken, selbst aggressives Verhalten einzusetzen, auszubauen und beizubehalten (Bandura 1973; Bandura/Walters 1963). Dieser als ‚sozial-kognitive Lerntheorie‘ bezeichnete Ansatz zur Erklärung auch aggressiven Verhaltens hat sich inzwischen durch unzählige empirische Studien als der am breitesten akzeptierte in der sozialpsychologischen Aggressionsforschung bewährt (Bandura 1986; Eron 1994). Er ist zudem durch Längsschnittuntersuchungen, die v.a. den potentiell aggressionsfördernden Einfluß der drei Faktoren ‚Familie‘, ‚Peers‘ und ‚Medien‘ als entscheidend herausgearbeitet haben, auch auf breiter multinationaler Basis belegt (vgl. Huesmann/Eron 1986). Seine Wirkmechanismen sind geschlechtsneutral formuliert, können aber Unterschiede im aggressiven Verhalten der beiden Geschlechter aus deren unterschiedlich verlaufenden Lerngeschichten und den unterschiedlichen Vorbildern und Idealen für beide Geschlechter erklären.

2 Die Geschlechterfrage in der empirischen Aggressionsforschung

Systematische *empirische Geschlechtervergleiche* aggressiven Verhaltens gibt es seit den 70er Jahren, erste feministische Analysen von Aggressionsfragen stammen aus derselben Zeit. Die Zweite Frauenbewegung motivierte viele Psychologinnen dazu, ihre eigene Wissenschaft hinsichtlich Forschungsmethoden, Fragestellungen und Ergebnissen zu den Eigenschaften, Fähigkeiten und Verhaltensweisen beider Geschlechter zu befragen. Außer zu interessanten Einsichten in den Androzentrismus ihrer eigenen Disziplin (vgl. Sherif 1977; Parlee 1979) führten diese Fragen vor allem dazu, alle bis dato für wissenschaftlich ‚erwiesen‘ gehaltenen psychischen Geschlechtsunterschiede in den Bereichen intellektueller, kognitiver und leistungsbezogener Fähigkeiten, wie auch in denen des sozialen Verhaltens (Emotionalität, Abhängigkeit, Aggression, Kooperation etc.) nachhaltig zu erschüttern. Einschlägige Übersichtsarbeiten zu psychischen Geschlechtsunterschieden zeigten bereits ab den 70er Jahren immer eindeutiger, daß sich keine konsistenten und keine großen Unterschiede nachweisen lassen. Wenn überhaupt Unterschiede gefunden wurden, waren sie geringfügig und häufig *innerhalb* jedes

Geschlechts größer als *zwischen* beiden – ein Fazit, das sich in den letzten 25 Jahren zunehmend bestätigt hat und heute als allgemein gesichert gilt (vgl. Maccoby/Jacklin 1974; Walsh 1987; Matlin 1996; Walsh 1997). Der einzige Unterschied in diesen Analysen und Übersichtswerken, der nicht völlig verschwand, war ‚die' Aggression[1] – auch wenn sie als Begriff, als Meßgröße wie auch als genereller Unterschied zunehmend kritisiert und differenziert wurde (z.B. Macaulay 1985).

Seit den 70er Jahren lassen sich drei aufeinanderfolgende, bis heute aber auch parallel laufende Argumentationsstränge in der Debatte um die empirisch gesicherten Aggressionsunterschiede der Geschlechter verfolgen, die sich zudem nicht ausschließen müssen:

1. Frauen sind weniger aggressiv als Männer (so z.B. Maccoby/Jacklin 1974; Hyde 1984; Eagly/Steffen 1986);
2. Frauen sind anders aggressiv als Männer (d.h. auf der Verhaltensebene; so z.B. Frodi/Macaulay/Thome 1977; Macaulay 1985; Lagerspetz/ Björkqvist/Peltonen 1988; Björkqvist/Niemelä 1992);
3. Frauen haben andere Motive, andere Wahrnehmungen und andere Attributionen bezüglich ihrer Aggressionen als Männer (z.B. Campbell 1995).

Werfen wir im folgenden einen näheren Blick auf alle drei Argumentationsstränge.

2.1 Zeigen Frauen weniger Aggressionen als Männer?

In ihrer oft zitierten Übersichtsarbeit über den Stand der psychologischen Forschung zum Thema Geschlechtsunterschiede hatten Eleanor Maccoby und Carol Jacklin 1974 zwar gründlich mit überkommenen ideologischen Vorurteilen über die Existenz von Wesensunterschieden zwischen den Geschlechtern aufräumen können, hatten aber einen offensichtlich bleibenden Unterschied[2] zwischen den Geschlechtern in Untersuchungen (an Kindern) gefunden: weibliche Subjekte stellten sich in der Mehrzahl der überprüften Studien als weniger aggressiv heraus als männliche – wenn auch keineswegs in allen. Dies wurde durch Vergleiche mit Hilfe des exakteren Verfahrens der Meta-Analyse in den 80er Jahren weiter bestätigt (Eagly/Steffen 1986).

Obwohl die Gültigkeit dieses aus den wissenschaftlichen Daten extrahierten Trends – wegen seiner Übereinstimmung mit dem alltäglichen Augenschein dominanter männlicher Aggression – nicht bezweifelt wurde, so regte sich bereits in den 70er Jahren Zweifel an der von Maccoby/Jacklin angebotenen Erklärung, daß die höheren männlichen Aggressionswerte doch irgendwie biologisch bedingt sein müßten. Das Augenmerk wurde nun stärker auf die Unterschiedlichkeit der untersuchten Aggressions*arten* gelegt –

vor allem auf die geringe Vergleichbarkeit der in zahllosen Untersuchungen verwendeten Meßmethoden und ihre mangelnde Nähe zur Realität.

2.2 Zeigen Frauen Aggressionen anders als Männer?

Ann Frodi und ihre Kolleginnen (1977) sichteten 314 einschlägige Studien, die sich nur auf die Aggression *erwachsener* Frauen und Männer konzentrierten und faßten ihr Fazit unter dem bezeichnenden Titel „Sind Frauen immer weniger aggressiv als Männer?" zusammen. Sie konnten zeigen, daß sich in bestimmten Untersuchungen überhaupt keine Unterschiede zwischen den Erwachsenen beider Geschlechter zeigten – nämlich dort, wo es nicht mehr (wie bei Studien an *Kindern*) um *körperliche* Aggressionen wie Schlagen, Treten, Sich-Prügeln etc. ging. Gleich hohe Aggressionswerte bei Frauen waren, wenn sie auftraten, stets abhängig von der jeweiligen Untersuchungs*situation* und der untersuchten Aggressions*art*: Waren es Aggressionen, die *nicht* gegen weibliche Rollenerwartungen verstießen (z.B. Mitleid oder Einfühlungsvermögen für das ‚Opfer' zu haben) oder die eine *neutrale* Vergeltung (z.B. Geldstrafen statt körperlicher Strafen) zuließen, zeigten Frauen sich nicht weniger aggressiv als Männer. Wurden die Versuchspersonen (Vpn) geärgert und konnten mit Aggressionen (Elektroschocks) reagieren, die keinen handgreiflichen Einsatz erforderten, zeigten sich ebenfalls keine Geschlechtsunterschiede. Offensichtlich kann es für *beide* Geschlechter legitim und rollenkonform sein, auf Ärger aggressiv zu reagieren. Bei nichtgeärgerten Vpn sah es aber anders aus: Frauen verteilten in einer (vorgetäuschten) Lernsituation dem ‚schlechten Schüler' deutlich weniger aggressive Strafreize (Elektroschocks) als Männer. ‚Weibliches' Einfühlungsvermögen und Mitgefühl schienen hier aggressives Verhalten gar nicht erst aufkommen zu lassen. Auch die Art aggressiver Anreize konnte eine geschlechtsspezifische Rolle spielen: auf verbale Beleidigungen reagierten Frauen weniger aggressiv als Männer, ebenso in Situationen, wo Waffen als Hinweisreize auftauchten. Desgleichen neigten Männer eher dazu, in Selbstbeschreibungen und projektiven Tests offen eigene Aggressionen bzw. Aggressionsabsichten darzustellen, als Frauen. Wenn dagegen die Versuchsanordnung so angelegt war, daß aggressives Verhalten gerecht(-fertigt) erschien, oder es um die – distanziertere – Geschmacksangabe zu aggressivem Humor, bzw. um Billigung von fiktivem aggressiven Verhalten ging, zeigten sich keine Geschlechtsunterschiede.

Die Interpretation, die Ann Frodi und ihre Kolleginnen anbieten, lautet, daß Geschlechtsunterschiede in experimentellen Aggressionsuntersuchungen dann selten werden, wenn das jeweilige aggressive Verhalten ein für Frauen sozial erlaubtes ist. Sie glauben, daß Geschlechtsrollenerwartungen, die von Kindheit an konsistent gelernt werden, sich bis ins Erwachsenenalter als wirksam erweisen. Sie können ihrer Meinung nach aber nicht als eherne biologische Regel betrachtet werden, die gegenüber Situationsveränderungen oder Umlernen resistent wären.

2.2.1   Methodenabhängigkeit empirischer Aggressionsforschung

Was sich in der Übersicht von Frodi et al. schon andeutete, geriet in der folgenden Dekade noch stärker ins Visier feministischer Psychologinnen und ihrer Kritik an den Methoden der Aggressionsforschung (vgl. Macaulay 1985). Ein ganzes Bündel von Forschungsgewohnheiten hatte bislang quasi selbstverständlich die möglichen weiblichen Aggressionsweisen nicht nur ignoriert, sondern sie als Ausnahme von der männlichen Regel betrachtet und auch gleich qua Forschungs-Design bestätigt: Aggressionsexperimente waren in der Überzahl von *männlichen* Experimentatoren mit bevorzugt *männlichen* Vpn als ‚der Norm‘ durchgeführt worden. Die am häufigsten angewandte Meßmethode bestand im ‚Ärgern‘ der Vpn und der Aufforderung zum Austeilen von Elektroschocks als ‚Aggressionsabfuhr‘. Das stillschweigend dahinterstehende Aggressionsmodell ist das eines ‚gegnerzentrierten‘ instrumentellen Ausagierens situativ provozierten gerechten Zorns – ein sehr männliches Modell, John Wayne läßt grüßen.

Natürlich soll nicht übersehen werden, daß auch das ethische Problem, ‚echte‘ Aggressionen im Labor zu untersuchen, zur Dominanz dieser Erhebungsmethoden geführt hatte: Um aggressives Verhalten im Labor überhaupt glaubhaft hervorzulocken, wurden die Vpn meist ‚frustriert‘ (d.h. geärgert oder wütend gemacht), in der Annahme, daß ‚normalerweise‘ Frustrationen zu Wut und Wut zu Aggressionen führe. Wenn weibliche Vpn – wesentlich seltener – auch mal untersucht wurden, galt dieses Modell als Vorannahme für sie ebenso. Qualitativ *andere* Reaktionen auf Frustration als die erwarteten konnten bei Frauen dann aber nur unter ‚nicht aggressiv‘ registriert werden.

Die andere bevorzugte Vorgehensweise bestand in der Art der Messung: Da man im Labor Menschen sich nicht tätlich angreifen lassen kann, wenn man *physische* Aggressionen untersuchen will, wurde bevorzugt das von Buss (1961) entwickelte Lehrer-Schüler-Vorgehen angewandt: Die echte Vp bekommt die Aufgabe, eine andere (eingeweihte) Vp für schlechte Lernleistungen mit Elektroschocks zu bestrafen; die Stärke der applizierten Schocks gilt als quantifizierbares Maß für ‚die Aggression‘ der echten Vp. Es ist klar, daß durch eine solche Versuchsanordnung Menschen, die Hemmungen haben, unbekannten Dritten Schmerzreize zuzufügen, die Mitgefühl oder Angst vor Vergeltung haben, ‚nicht‘ oder ‚wenig‘ aggressiv erscheinen. Wenn Frauen in solchen experimentellen ‚Strafaktionen‘ mehrheitlich anders reagieren als Männer, d.h. wenn ihre vielleicht durchaus vorhandenen Aggressionsneigungen oder -angewohnheiten anders ausgelöst werden und anders aussehen als die des durchschnittlichen Mannes, dann ist ihnen mit solchen Experimenten nicht auf die Spur zu kommen.

Noch problematischer scheint die Gleichsetzung oder Verallgemeinerung dieser Art von künstlich herbeigeführter Aggression mit Alltagsaggressionen in Familie, Beruf und Öffentlichkeit. Von Männern für Männer entwickelte Aggressions-Paradigmata und Meßmethoden („Ein Mann wird wütend/aggressiv, wenn ..."; „Ein Mann wehrt sich, wenn ..."; Aggressive Vergeltung ist im Einklang mit der eigenen Geschlechterrolle) dürften es schwer machen, weibliche Aggressionen, so sie denn existieren, zu erfassen. Was bedeutet es, wenn Frauen in solchen Versuchsanordnungen zögerlicher oder weniger Elektroschocks austeilen? Hat die gesamte Versuchsanordnung für sie eine andere Bedeutung oder sind sie tatsächlich ,nur' weniger aggressiv als Männer?

In der Folge solcher Kritik, aber vor allem unter dem Einfluß der Frauenbewegung, die Frauen nicht länger nur als wehrlose Opfer, als Unschuldslämmer oder als unfähig zu gerechtem Ärger, zu Selbstverteidigung und Angriff sehen konnte, wurden in den 80er Jahren zunehmend Studien durchgeführt, die methodisch anders vorgingen, indem sie anteilmäßig stärker auf systematische Beobachtung in realen Situationen, auf Peer-Beurteilungen und auf den Einfluß von Rollenerwartung und Situationsdeutung setzten, um die unterschiedlichen Aggressionsformen bei beiden Geschlechtern faßbar zu machen. Außerdem wurden nun von psychologischer Seite zunehmend auch Ergebnisse aus Nachbardisziplinen zur Kenntnis genommen, wie z.B. kulturvergleichende und kriminologische Studien. Vor allem Beobachtungsstudien und Peer-Einschätzungen fanden nun überdeutlich, was sich bereits bei Maccoby/Jacklin's Analyse von ,Nur-Kinder-Studien' gezeigt hatte: Aggressionsunterschiede zwischen den Geschlechtern sind nur dann deutlich ausgeprägt, wenn es sich um die körperlichen Aggressionen bei Kindern und Heranwachsenden handelt, also um Schlagen, Raufen, Treten, Schubsen. Hierin sehen z.B. Björkqvist/Österman/Kaukiainen (1992) einen entwicklungsbedingten Unterschied: Je mehr die Kinder mit zunehmender Reife über verbale und andere Mittel verfügen, ihre Konflikte auszudrücken und zu regeln, desto mehr schwinden die direkten, körperlichen Methoden und die Unterschiede zwischen den Geschlechtern. Mädchen haben allerdings auch hier einen Entwicklungsvorsprung: sie lernen offensichtlich früher und strikter, Aggressionen und Konflikte mit nicht-körperlichen, sondern sprachlichen und vor allem mit indirekten Mitteln auszutragen. Eins der durchgängigsten Ergebnisse seit den 80er Jahren aus der finnischen Forschergruppe um Kirsti Lagerspetz ist, daß a) mit steigendem Lebensalter der deutliche männliche Vorsprung an körperlichen Aggressionen verschwindet, und daß b) weibliche Kinder und Jugendliche *indirekte* Aggressionen bevorzugen (Manipulationen, üble Nachrede, Entzug von Freundschaft u.ä.). Das heißt, weibliche Kinder und Jugendliche sind nicht weniger aggressiv als männliche, sondern sie sind mit anderen, indirekten Mitteln genauso aggressiv oder sogar aggres-

siver (vgl. Lagerspetz/Björkqvist/Peltonen 1988; Björkqvist/Lagerspetz/
Kaukiainen 1992). Im Alter von 8, von 11 und von 15 Jahren sind sie *verbal
genauso* aggressiv wie Jungen, *körperlich weniger* aggressiv, und ihre *indirekten* Aggressionen sind denen der Jungen gleich oder teilweise überlegen
(Björkqvist/Österman/Kaukiainen 1992). Der Trend dieser Ergebnisse wird
durch neuere amerikanische (Cairns et al. 1989; Crick et al. 1997) und deutsche Studien (Wellman/Bigbee/Crick 1997; Schäfer/Wellman 1998) bestätigt.

2.2.2   Kulturvergleiche weiblicher Aggressionen

Systematische Kulturvergleiche an mehreren hundert Ethnien haben im letzten Jahrzehnt die in den westlichen Ländern gesammelten Beobachtungen
durch eine breitere Datenbasis entscheidend bestätigt. Auch hier soll der
Blick nur auf die Aggressionen erwachsener Frauen gerichtet werden. Victoria Burbank (1987) analysierte in einem vielbeachteten Vergleich von 317
nicht-westlichen Gesellschaften *Formen, Ziele* und *Motive* weiblicher Aggression.

Sie fand, daß die Fälle insgesamt berichteter weiblicher Aggressionen die
volle Breite menschlicher Möglichkeiten ausschöpfte. Trotzdem ergaben sich
übergreifende charakteristische Muster für Frauen, die mit deren typischen
Lebensbedingungen zusammenhängen: Konflikte um Ressourcen (meist
Nahrung, Land, Geld, aber auch Männer), Schutz von Kindern, Konflikte mit
Ehemännern (Untreue, Faulheit, Eifersucht), Ärger mit der Verwandtschaft.

–   Die bei weitem häufigste *Form* weiblicher Aggression ist verbale Ag-
    gression (beleidigen, verspotten, streiten). Das für Frauen typische
    Spektrum umfaßt weiterhin die Verweigerung von Pflichten (wie Nah-
    rung bereitstellen oder kochen, Aussperren von fremdgehenden Ehe-
    männern), die Zerstörung von Eigentum (Hütten, Gärten, Kochgeschirr),
    das Bedrohen mit Gegenständen (eher mit eigenen Werkzeugen als mit
    ‚richtigen' Waffen) und schließlich Schlagen, Kratzen, Haarereißen.
–   Das häufigste *Ziel* einer weiblichen Aggression ist eine andere Frau, das
    zweithäufigste der eigene Ehemann. Danach richtet sich auch die Form
    der bevorzugten Aggression: Ehemänner werden beschimpft, ausgesperrt
    oder nicht mehr mit Essen versorgt; Gegnerinnen werden ebenfalls in er-
    ster Linie verbal attackiert, ihr Eigentum wird beschädigt, bevor persönli-
    che Angriffe erfolgen. Letztere werden häufiger mit bloßen Händen als
    mit Waffen ausgetragen und erzeugen tpyischerweise nur geringfügigen
    Schaden bei den Opfern. Vor allem gegenüber Ehemännern wählen
    Frauen lieber verbale und passiv/indirekte Aggressionsformen als kör-
    perliche.
–   Das häufigste *Motiv* für weibliche Aggressionen sind Männer und ihr
    Verhalten.

Sowohl für ,halb-modernisierte' (vgl. Archer/McDaniel 1995; Hines/Fry 1994; Heyne 1993) wie auch für vorindustrielle Gesellschaften (Knauft 1987; Schuster 1985; Burbank 1987) läßt sich festhalten, daß Frauen sehr wohl über den vollen Bereich menschlicher Aggressionsmöglichkeiten verfügen (einschließlich Mord, Folter, Waffengebrauch, Kindesmißhandlung). Sie geben aber quantitativ wie strukturell überall den verbalen, den indirekten, den weniger verletzenden und vor allem den nicht organisierten Aggressionsformen den Vorzug, um Interessen zu verfolgen und Konflikte auszutragen. Dies darf allerdings nicht vergessen machen, daß sich die einzelnen Kulturen und Gesellschaften viel stärker *untereinander* in ihrem Aggressionsausmaß und in ihren Aggressionsmitteln unterscheiden als dies kulturübergreifend ihre beiden Geschlechter tun! In Kulturen ohne scharfe männliche Statusunterschiede, ohne strukturelle männliche Dominanz über Frauen und ohne Verherrlichung von Kriegertum, von ,big-men'-Hierarchien, von Vergewaltigung und von konkurrenter Güteranhäufung sind schwere Gewalttaten überhaupt extrem selten, systematische Gewalt *zwischen* Männern und Frauen nicht existent und demzufolge auch Geschlechter*unterschiede* in aggressivem Verhalten irrelevant (vgl. Sanday 1981; Knauft 1987; Lepowsky 1994).

2.3 Haben Frauen und Männer unterschiedliche Motive zu aggressivem Verhalten?

Wenn wir den Blick zurückführen auf unsere eigenen, als ,zivilisiert' bezeichneten westlichen Gesellschaften, so ist unbestreitbar, daß all diese eindeutig aggressionsfördernden Bedingungen bei uns seit langem irreversibel etabliert sind, und sie somit das Geschlechterverhältnis in seinen typischen Aggressionsformen bestimmen. Daher lohnt es sich – wenn die realen Quantitäten und die potentiellen Kapazitäten beider Geschlechter geklärt sind –, noch mal einen genaueren Blick auf die spezielle Ethnologie der Motive und Formen aggressiven Verhaltens in unseren westlichen Gesellschaften zu werfen. Dazu soll exemplarisch auf die Arbeiten der britischen Psychologin Anne Campbell (1990; 1995) zurückgegriffen werden, die nicht wie der main-stream der westlichen Aggressionsforschung auf Laborexperimente mit Frustration und Elektroschocks gesetzt hat, sondern die über 20 Jahre lang sehr reale wie auch sehr heterogene Formen des menschlichen Aggressionsspektrums bei beiden Geschlechtern untersucht hat: weibliche Straßengangs in den USA[3], weibliche und männliche Straftäter sowie ganz ,normale' familiäre Aggressionen von weiblichen und männlichen Mittelschichtsangehörigen[4].

Anne Campbell findet in ihren Ergebnissen einen zusätzlichen Qualitätsunterschied in der subjektiven wie objektiven Bedeutung der Aggressionen der beiden Geschlechter, der über das inzwischen gut belegte

‚mehr/weniger', ‚anderes als' hinausgeht. Sie glaubt, daß Männer und Frauen nicht nur unterschiedliche Lern- und Erziehungsgeschichten in Alltagsaggression mitbekommen, sondern daß sich ihr Aggressionsverhalten auch deswegen unterscheidet, weil sie dessen Bedeutung unterschiedlich auffassen, so vor allem seine Ursachen und seine Folgen: „Frauen betrachten Aggression als zeitweiligen Kontrollverlust, verursacht von überwältigendem Druck und gefolgt von Schuldgefühlen. Männer sehen Aggression als Mittel, Kontrolle über andere Menschen auszuüben, wenn sie das Bedürfnis empfinden, Macht und Selbstwertgefühl zu erlangen. ... Beide Geschlechter sehen eine enge Verbindung zwischen Aggression und Kontrolle, doch für Frauen ist Aggression ein *Versagen* der Selbstkontrolle, während es für Männer bedeutet, anderen die eigene Kontrolle *aufzuzwingen.*" (1995, 10/11 u. 15).

Für Frauen sind Aggressionen ein expressives Mittel, übermächtig gewordenen Streß, lange angesammelte Frustrationen auszudrücken; für Männer sind sie ein instrumentelles Mittel, Konkurrenz, Konflikte und Zweifel an ihrer männlichen Autorität schnell, effizient und beeindruckend zu ihren Gunsten zu entscheiden – egal, ob mit oder ohne Emotion. Dies führt in der Tat dazu, daß Aggressionen bei Frauen anders aussehen als bei Männern. Frauen lernen, auf alltägliche Frustrationen und Provokationen zunächst *nicht* mit Wut oder gezielter Gegenwehr zu reagieren. Wenn die Provokation länger anhält, wird ihre Zurückhaltung leicht als Akzeptanz betrachtet, die weiter strapaziert werden kann. Wenn Frauen also erst sehr spät die Beherrschung verlieren, fällt diese Aggression entsprechend explosiv, d.h. expressiv aus und sie tendieren selbst dazu, dies als unangemessenes, ‚unweibliches' Verhalten und als ein Versagen ihrer Selbstdisziplin zu betrachten. Ihre eigene selbstkritische Einschätzung wie auch die ‚expressive' Qualität ihrer Aggression (Schluchzen, Schreien, Vorwürfe, Drohungen, Türen schlagen, Um-sich-werfen-mit-Gegenständen) ist nicht nur ineffektiv für die Beseitigung des frustrierenden Ereignisses, sondern auch – bei lange sich ansammelnden Erlebnissen – stets zu spät und wenig zielgerichtet.

Bei männlicher Aggression geht es dagegen Campbell's Auffassung nach vielmehr darum, schnell Kontrolle über andere oder über die Situation zu gewinnen, als nur bloße Spannung abzuführen. Unsere Zivilisation lehrt Jungen, Aggression als ein Mittel zwischenmenschlicher Dominanz-Regelung zu sehen, das überdies der männlichen Rolle angemessen und für ihren Akteur prestigeträchtig ist. Für Frauen gilt es dagegen als unweiblich, Feindseligkeit und Wut offen zu zeigen. Der instrumentelle Einsatz von Aggression ist für die weibliche Rolle nicht vorgesehen. Mädchen lernen vielmehr, daß sie bestenfalls ein Ventil für übermächtigen Streß sein kann und für Frauen zudem Gesichtsverlust bedeutet. Wenn Frauen zuschlagen, dann eher, weil sie wütend und überfordert sind, als weil sie jemandem ihre Überlegenheit beweisen wollen.

Viele von Anne Campbell's Recherchen zeigen, daß Frauen nicht etwa *weniger Wut* als Männer empfinden und *deswegen* seltener aggressiv werden, sondern daß sie ihre Wut *länger* zurückhalten und *dann* explodieren. Für Männer, die überdies die Deutungsmacht in Alltag, Medien, Wissenschaft und Gesetzgebung haben, erscheint dies unverständlich und sinnlos, weil nicht auf direkte Effizienz gerichtet. Männer erweisen sich demgegenüber als wesentlich geübter, gezielt aggressiv zu handeln, auch ohne persönlichen Groll. Das für den männlichen Sozialcharakter so einleuchtende Frustrations-Aggressions-Modell scheint also zumindest für Frauen nicht analog (bzw. nur zeitversetzt) zu funktionieren. Ob es für Männer stimmig zutrifft, bleibt ebenfalls noch die Frage, wenn wir erfahren, daß Männer Aggressionen vor allem instrumentell einsetzen, aber gerne den sie frustrierenden Anlaß als rollenkonforme Legitimation und als zusätzlichen Lorbeer genießen.

Hier soll nicht behauptet werden, daß Anne Campbell's These den gesamten Bereich weiblicher und männlicher Aggressionen in westlichen Gesellschaften erklären kann. Es wird deutlich, daß sie sich auf die ‚spektakulären‘ Formen von Aggression bezieht, auf die direkten, körperlichen wie verbalen Akte im Alltag und nicht auf die indirekten, manipulierenden oder passiv-verschwiegenen. Sie argumentiert keineswegs biologistisch, sondern analysiert die kulturell verschiedenen Aggressionsentwicklungen und -wahrnehmungen der Geschlechter vor allem unter dem Aspekt der unterschiedlichen Verteilung von *Macht* – und der Einübung in diesen Unterschied. Sie zeigt in ihren eigenen Untersuchungen, daß Frauen in bestimmten Konstellationen den instrumentellen Modus männlichen Aggressionseinsatzes sehr wohl ebenfalls ausüben. z.B. in weiblichen Straßen-Gangs, die sich durch die Erarbeitung eines aggressiven ‚Rufs‘ handfeste Vorteile durch Verbreitung von Angst und Respekt verschaffen (Campbell 1990).

Interessant an ihrem Ansatz ist, daß er die scheinbare Geschlechtsunabhängigkeit der bisherigen Aggressions-Definitionen bezweifelt (Aggression nur als intendiertes und auf Verletzung gerichtetes Verhalten), und ebenso die geschlechtsneutrale Anwendbarkeit der beiden wichtigsten Aggressionstheorien (Frustration und soziales Lernen). Es scheint vielmehr, daß Frauen gerade nicht nach dem einfachen Wenn-Dann-Muster von Frustration-Aggression handeln, sondern mit ihren Frustrationserlebnissen und mit ihrer Wut anders umgehen, als die Theorie vorhersagt. Und daß Männer offensichtlich einer für sie günstigen Kombination *beider* Theorien folgen, indem sie Frustrationen benutzen – sogar aufsuchen und ‚herbeideuten‘ –, um sich dann Kontroll- und Überlegenheitserlebnisse (und materielle Vorteile) zu verschaffen. Sie können also den kulturell männlich konnotierten Frustrations-Aggressions-Mythos für sich nutzen, um damit instrumentell Erfolg zu haben (und lerntheoretisch gesprochen sich weiter darin einzuüben). Für Frauen ist der lerntheoretische Aggressionsmodus zwar generell auch möglich, de facto mangels Belohnung und belohnter Vorbilder aber selten existent, außer in extrem atypischen Situationen, vor denen sie ihre Geschlechtsrolle in der Regel bewahrt.

Schließlich zeigt Anne Campbell darüber hinaus durch die praxisorientierte Anwendung ihrer These die gesellschaftspolitische Relevanz des von ihr kritisierten, bisher in der Wissenschaft dominanten, männerzentrierten Aggressionsverständnisses auf: Wenn Frauen ‚zurückschlagen' (etwa einen jahrelang mißhandelnden Ehemann im Schlaf oder im Suff töten), dann wird ihnen jener Aggressionsbegriff einer androzentrischen Jurisprudenz zum Verhängnis, der Töten nur im spontanen Affekt („Frustration – Aggression") strafmildernd als Totschlag oder Notwehr anerkennt. Weibliche Wut und Verzweiflung, die sich erst jahrelang ansammeln, bevor die Kontrolle über sie zusammenbricht, gelten nicht als Notwehr. Wenn weibliche Gegenwehr – mit schlechten Chancen bei spontanem physischen Körpereinsatz – heimlich oder zeitversetzt agiert, wird sie juristisch *nicht* als Affekttat (Notwehr oder Totschlag) bewertet, sondern als Mord (vgl. Oberlies 1995).

Anne Campbell hat so die Machtfrage in die Aggressionsforschung über Männer und Frauen eingeführt: die der Definitionsmacht über Aggressionsbegriffe und -theorien, die der Legitimationsmacht über begreiflich-verständliche und über irrational-unverständliche Ursachen sowie darüber, wer sich welche Aggressionen als nachgesehen, ‚natürlich' erlauben kann, und wer sie sich als verpönt, ‚unnatürlich' nicht erlauben sollte.

3 Das Paradox von aggressiven Potenzen und aggressiven Realitäten: Anreize, Ressourcen, Macht und Kompetenzen

Die skizzierten sozialpsychologischen und ethnologischen Erkenntnisse der letzten 20 Jahre haben hinreichend deutlich gemacht, daß Frauen nicht qua Natur das sanftmütigere, weniger gewalttätige Geschlecht sind. Fallstudien aus Geschichte und Sensationspresse lehren ebenfalls: Frauen können buchstäblich jede Grausamkeit, jede Brutalität, jede sadistische oder kaltblütige Aggression an den Tag legen, die die Menschheit sich bisher hat einfallen lassen – potentiell. Sie *können* es genau so wie Männer, aber: sie tun es derzeit (noch) nicht. Die Kriminalstatistiken belegen: der Vorsprung der Männer ist noch immer überdeutlich. Bis auf das Delikt der Kindstötung und -mißhandlung sind in allen Gewaltdelikten die Männer führend: Raub, Überfall, Mord, Totschlag, Erpressung, Entführung, Körperverletzung sind fast rein männliche Delikte. Ehemänner bringen – statistisch gesehen – ihre Frauen 2,4 mal häufiger um als umgekehrt[5], Frauen stellen (je nach Land und Jahr) nur zwischen 14 bis 17% der wegen Mord und Totschlag Verurteilten (Trube-Becker 1974; Einsele/Rothe 1982; Andersen 1988; Sternal 1996), nur zwischen 10 - 20% der Fälle der Gesamtkriminalitätsstatistik und nur 3 - 5% aller Gefängnisinsassen. Bei Erwachsenen blieb in den letzten Jahren (1984-

1995) der Anteil der registrierten Gewalttäter bei beiden Geschlechtern relativ konstant, d.h. es gab also keinen quantitativ bedeutsamen Anstieg von Gewalt und Aggression bei *erwachsenen* Frauen. Bei Jugendlichen (14- bis 18jährigen) und Heranwachsenden (18- bis unter 21jährigen) stieg dagegen die Anzahl der offiziell registrierten Gewalttaten als auch die der selbstberichteten, anonym erfragten (Pfeiffer 1996; Mansel/Hurrelmann 1998). Dementsprechend stieg der Anteil der beteiligten Mädchen – insgesamt jedoch blieb ihr ‚Sicherheitsabstand' zu dem der Jungen sehr groß: So übertrafen 1996 im Bundesland Nordrhein-Westfalen die männlichen jugendlichen Gewalttäter die weiblichen um das 6,7fache, die männlichen Heranwachsenden die weiblichen sogar um das 16,7fache. Bei selbstberichteten Aggressionen stieg der Anteil sowohl bei Jungen wie bei Mädchen von 1988 bis 1996 um 10% an; in absoluten Zahlen lagen die Jungen mit ihren selbstberichteten Aggressionen 1988 aber um gut das Doppelte (2,2fache), 1996 noch um knapp das Doppelte (1,8fache) über denen der Mädchen (Mansel/Hurrelmann 1998). Der Abstand wird geringer, bleibt aber noch beachtlich groß – zu groß, um bereits von einer Welle *weiblicher* Gewalt im Jugendalter zu sprechen.

Wenn also Frauen potentiell genauso aggressiv sein können wie Männer, sie es aber in einer Vielzahl von Alltagsaggressionen vorerst noch nicht sind, bzw. sie typischerweise ‚ihre' Aggressionen auf den ihnen zugewiesenen Wirkungskreis der privaten Beziehungen richten und ihre Methoden eher verbale und indirekte sind, was fangen wir dann mit diesem Auseinanderfallen von Potenzen und Realitäten an? Führt der Weg für Frauen, wie die Medien suggerieren, erst „durch Aggression zur Emanzipation"? Oder umgekehrt? Und: Wer hat ein Interesse an einer derartig aufgemachten kommerziellen Vermarktung des Themas in der Öffentlichkeit? Der suggerierte simple Zusammenhang von Emanzipation der Frau und weiblichen (Gewalt-) Delikten ist falsch und richtig zugleich. Falsch insofern, wie bereits in der Folge des Buchs ‚Sisters in Crime' (Adler 1975) sorgfältig nachgewiesen wurde, daß gerade straffällig und gewalttätig gewordene Frauen keinerlei feministisches Gedankengut vertreten, sondern eindeutig traditionell-konservativen Geschlechtereinstellungen anhängen (vgl. Chesney-Lind 1986). Tendenziell richtig an der suggerierten Verbindung ist ein allgemein gesellschaftlicher Rollenwandel der Frau, der sie – gegenüber früheren, restriktiveren Zeiten – mehr in Kontakt mit der Berufs- und Geschäftswelt bringt, ihr dadurch Gelegenheiten zu bestimmten Delikten (z.B. Diebstahl, Scheckbetrug u.ä.) gibt, die vorher nur Männern offenstanden. Daß Aggression nicht zur ‚persönlichen' Emanzipation einer Frau beiträgt, zeigen die klassischen Fälle: Eine Frau, die ihren Mann umbringt, landet für den Großteil ihres Lebens im Gefängnis oder in der Psychiatrie – wobei sie als Frau mit einer durchschnittlichen Strafe zwischen 15 und 20 Jahre rechnen kann, während einen entsprechend tätigen Ehemann nur eine Strafe zwischen zwei bis sechs Jahren erwartet (White/Kowalski 1994). Die Verbindung Emanzipation – Aggression scheint sich aber in einer anderen Richtung bemerkbar zu machen: So geht mit der steigenden Anzahl von Schutzangeboten für mißhandelte Ehefrauen (d.h. Frauenhäusern) die Anzahl der ihren Ehemann tötenden Frauen zurück, aber nicht die Zahl der Männer, die ihre Frauen umbringen (Zahn 1993).

Was bewirkt also die mediale Inszenierung ‚besorgniserregender‘ oder ‚wachsender‘ weiblicher Aggression und deren suggerierter Ursachen? Zunächst einmal kaschiert die gezielte Aufmerksamkeit auf Frauen die große Ähnlichkeit beider Erwachsenen-Geschlechter im Alltag. Der Großteil erwachsener Frauen und Männer ist in alltäglichen Interaktionen relativ unauffällig und relativ wenig spektakulär aggressiv. Zweitens lenkt die Behauptung zunehmender und/oder besonders perfider weiblicher Aggression von dem Faktum einer *statistisch eindeutig* höheren Durchschnittsaggression der Männer ab, an die die Gesellschaft sich als ‚Normalzustand‘ gewöhnt hat, und die eher ‚verstanden‘ und hingenommen wird – wenn auch mit Bedauern. Die mediale Aufbereitung von typisch weiblichen Aggressionen stellt bevorzugt dramatische Frau-Frau-Kämpfe heraus (Rivalinnen, Schwestern, Mütter-Töchter) sowie die mordenden Gattinnen und Mütter: eine gängige Ablenkung von der Tatsache, daß a) Männer noch immer eher Gewaltopfer von Männern als von Frauen werden, b) mehr Ehefrauen von ihren Männern umgebracht werden als umgekehrt, und c) die häufigsten von Frauen bevorzugten Aggressionsarten die verbalen und die indirekten sind, nicht die körperlich verletzenden bzw. tödlichen (s. oben).

Der von den Massenmedien meist gratis mitgelieferte Erklärungsmodus zielt mehr auf Abschreckung möglicher Nachahmerinnen – und überdies daneben hinsichtlich der Aufklärung über tatsächliche Ursachen: Nur wirklich verrückte, krankhaft ehrgeizige, hormonell gestörte, biologisch vermännlichte Frauen sind angeblich zu massiver Aggression fähig. Suggeriert wird der *Verlust* an ‚normaler‘ Weiblichkeit, der zu solchen Taten führe; bei Männern scheint es dagegen nur ein *Zuviel* an ‚echter‘ Männlichkeit, das sie aggressiv macht. Männer sind ‚logischerweise‘ aggressiv, wenn sie mit männlichen Mitteln männliche Ziele erreichen wollen. Weibliche Aggressionen sind dagegen irrational oder krankhaft, somit ist es nicht der Mühe wert, sie verstehen zu wollen, ihren Ursachen nachzugehen.

Die mediale Vermarktung lenkt des weiteren wirksam davon ab, daß die bis heute *existierenden* Aggressionsunterschiede zwischen Frauen und Männern eine Folge der herrschenden Macht- und Statusunterschiede sind. Wenn Frauen weniger und anders aggressiv sind als Männer, dann deswegen, weil ihnen Gelegenheiten, Mittel und Erfolgsaussichten für die vorherrschenden männlichen Aggressionsformen fehlen. Ganz offensichtlich sind die Aggressionen der beiden Geschlechter zu einem wesentlich geringeren Ausmaß ein individuelles Ereignis als vielmehr ein soziales Phänomen, das erst im prozeßhaften Zusammenspiel zwischen der betreffenden Person (ihren Erfahrungen), den kulturellen Erwartungen (was gilt als angemessen) und der jeweiligen Situation (welches Problem, welche verfügbaren Mittel) zu verstehen ist. Frauen sind nicht deswegen innerhalb ehelicher Auseinandersetzungen häufiger Opfer, weil sie weniger oder anders aggressiv sind, sondern sie sind häufiger Opfer und weniger/anders aggressiv, weil sie weniger Macht haben und dies als normal gilt. Nicht ihre physische Schwäche und ihre Friedfertigkeit/Passivität macht sie zu idealen Opfern, sondern ihre Machtlosigkeit – an Selbstbestimmungsrechten, an Zugang zu Ressourcen.

Aber es gibt noch einen weiteren, strukturellen Unterschied im Aggressionszugang der beiden Geschlechter, den nicht nur die Medien, sondern auch die Sozialwissenschaften in der Regel übersehen oder verwischen, weil er so unspektakulär ist: Den der fehlenden Anreize und Motive, aggressive Mittel überhaupt für situationserforderlich zu halten. Die Überlegungen zu weiblichen Machtdefiziten und zu weiblichen Sozialisationsrückständen bezüglich der so erfolgreichen instrumentellen männlichen Aggression übersehen gleichzeitig ein soziales Plus auf Seiten der Frauen. Viele Situationen, in denen ein ‚richtiger‘ Mann sich und sein Renommee provoziert sehen *muß* und es aggressiv-spektakulär wiederherstellen *muß*, haben für Frauen keinen vergleichbaren Aufforderungscharakter. Sie müssen nicht ständig klären, wer der Größte ist. Wenn sie in vielen Situationen *nicht* aggressiv reagieren, dann nicht aus Passivität, Sanftmut oder Unfähigkeit – wie es dem männlichen Betrachter vorkommen muß –, sondern weil sie die Situation anders wahrnehmen und überdies über andere, weniger spektakuläre Mittel verfügen, den pragmatischen Kern einer Situation zu sehen und zu beheben, statt daraus eine Status-, Macht- oder Selbstdarstellungsfrage zu machen. Diese ihnen oft mögliche andere Sicht- und Beurteilungsweise sowie die Wahlmöglichkeit anderer als nur aggressiver Mittel (z.B. bei Interessenkonflikten, Mißverständnissen, Regelverstößen, Erwartungsenttäuschungen in Familie und Verwandtschaft) sind aktive Leistungen und Fähigkeiten, die sie alltäglich in vielen Berufen und vor allem im Privatleben einbringen. Es sind keineswegs ‚Mangelerscheinungen‘ vom Typus einer passiven, ängstlichen und wenig durchsetzungskräftigen Minusvariante des ‚normalen‘ Mannes, sondern es sind erworbene, trainierte und bewährte Fähigkeiten in Alltagsdiplomatie, Gelassenheit und Flexibilität, die nicht von den Obsessionen der Selbstdarstellung geplagt sind. Die durchschnittlich geringeren weiblichen Aggressionen können also auch in einem anderen Licht betrachtet und erforscht werden – nämlich in dem einer aktiven menschlichen Fähigkeit zu einem Mehr an konstruktiven oder alternativen Verhaltensweisen. Dies können sich prinzipiell auch Jungen und Männer aneignen, so man ihnen die Gelegenheit dazu nicht verbaut. Die facettenreicheren sozialen Fähigkeiten von Frauen können auch als *männliches* Sozialisationsziel betrachtet werden und nicht bloß als weibliche ‚Natur‘ oder als weibliche Schwäche mißinterpretiert werden (vgl. Schmerl/Nestmann 1991).

Mit dieser Perspektive ließe sich auch die von Feministinnen häufig gestellte Frage besser beantworten, ob sich Frauen zur persönlichen oder gesellschaftlichen Emanzipation nicht ein Mehr an männlicher Aggressionsfähigkeit aneignen sollten. Damit ist natürlich meist gemeint, sie sollten mehr Mut, mehr Durchsetzungskraft, mehr Ehrgeiz und mehr Ellenbogen zeigen, um bessere oder gleiche Chancen und Ziele zu erreichen. Solange dieser – hier ausdrücklich nicht verwendete – metaphorische Aggressionsbegriff gemeint ist, ließe sich über solche Ermunterungen und ihre konkreten Umsetzungen trefflich diskutieren. Sobald aber die ‚harte‘, die ‚eigentliche‘ Aggression ins Spiel kommt – gezielte Verletzung und Schädigung einer anderen Person mit direkten oder indirekten Mitteln –, dürfte es schwer sein, dies als erstrebenswertes Emanzipationsziel zu formulieren, nur um endlich auch hier mit den Männern gleichzuziehen. So sehen einige Sozialarbeiter hierin einen gewissen Fortschritt, wenn beispielsweise Mädchen genauso töten und foltern wie Jungen, damit sie nicht nur immer die ihnen angetane „Gewalt mit Selbsthaß beantworten", sondern angreifen, statt „immer nur sich selbst zu vernichten" (Der Spiegel 1998a, 83).

Es ist schwer nachvollziehbar, daß dies die Lösung der (mit Sicherheit großen) Probleme der angesprochenen Mädchen sein soll, indem sie endlich genauso austeilen wie Jungen. Es ist überdeutlich, daß es noch eine dritte Möglichkeit geben muß und auch gibt, wenn wir humane Konfliktlösungsstrategien für beide Geschlechter anstreben. Wenn Frauen derzeit weniger durch Aggressionen auffallen als Männer, so bedeutet eine positive Wertung dieses Zustands keinesfalls ein Plädoyer für die Rückkehr oder Beibehaltung des alten Ideals für Frauen zu Selbstverleugnung, Bescheidenheit, Geduld und Opfersinn, oder eine Unterstützung ihrer indirekten Aggressionsfähigkeit. Es könnte vielmehr bedeuten, daß die Sichtbarkeit von Motiven und Funktionsweisen dieser Art von ‚Nichtaggressivität‘ auf einen machbaren *dritten* Weg hinweist, Konflikte und Interessenkollisionen anders zu bearbeiten als mit Aggression oder Viktimisierung. Es bedeutet weiterhin, daß eine solide Machtbasis davor schützt, selbst Opfer zu werden *und* daß Macht und Ressourcen ihrerseits zu etwas anderem benutzt werden können, als nur andere wiederum zu Opfern zu machen. Das Emanzipationsziel für *beide* Geschlechter könnte dann heißen, daß nicht beide quantitativ und qualitativ endlich ‚gleich‘ aggressiv sind/werden, sondern daß heute schon beobachtbare, weniger schädliche, konstruktive und auf Konfliktlösung zielende Fähigkeiten für beide Geschlechter erlernbar sind. Dazu ist es keinesfalls hilfreich, Frauen als entweder friedfertiger (= dümmer) oder als aggressiver (= gefährlicher) darzustellen. Vielmehr wird die Notwendigkeit deutlich, daß nach den *Ursachen* und *Motiven* aggressiver Akte gefragt werden muß (erfolgreiche Gewohnheit? Rache? Verzweiflung? Prestige? Notwehr? etc.), nach der *sozialen Vorgeschichte* und nach der *strukturellen Balance* an *Macht* und *Ressourcen* zwischen den Beteiligten. Dies würde präzisere Erkenntnisse darüber liefern, warum Menschen (beiderlei Geschlechts) in bestimmten Konstellationen unterschiedliche aggressive Mittel einsetzen – aber auch eine genauere Kenntnis davon, wie Menschen in tpyischen, machtgetränkten Konfliktsituationen intelligenter und mit weniger hohen Folgekosten miteinander umgehen können.

Dies wäre ein Projekt, das sich auf einer individuell-erzieherischen wie auf einer strukturell-gesellschaftlichen Ebene nur *gleichzeitig und parallel* vorantreiben lassen kann, soll es denn eine Chance auf Erfolg bei beiden Geschlechtern haben.

Anmerkungen

1   Neben kleineren, zunehmend verschwindenden Unterschieden in räumlichen und mathematischen Leistungen.
2   Vgl. Anmerkung 1
3   Mit den Methoden der Feldforschung, wie teilnehmende Beobachtung, Fallstudien, Interviews.
4   Mittels biographischer Interviews bei beiden Gruppen (StraftäterInnen, Erwachsene der Mittelschicht)
5   Nach neueren deutschen Untersuchungen töten Männer sogar neunmal häufiger ihre mißhandelten Frauen, als daß geschlagene Frauen ihren Mißhandler umbringen (Oberlies 1995).

Literatur

Adler, Freda. 1975. *Sisters in crime*. New York.
Andersen, Margaret. 1988. „Women, crime, and deviance." In her *Thinking about women. Sociological perspectives on sex and gender*. Chap. 9, 250-283. New York.
Archer, Dane, and Patricia McDaniel. 1995. „Violence and gender: Differences and similarities across societies." In *Interpersonal violent behaviors*, eds. R. Ruback and N. Weiner, 63-87. New York.
Atwood, Margaret. 1990. *Katzenauge.* Frankfurt.
Bandura, Albert. (1973) 1979. *Aggression. Eine sozial-lerntheoretische Analyse.* Stuttgart.
Bandura, Albert. 1986. *Social foundation of thought and action: A social cognitive theory.* Englewood Cliffs.
Bandura, Albert, and Richard Walters. 1963. „Aggression." In *Child Psychology. 62. Yearbook of the national study of education*, ed. H. Stevenson. Chicago.
Björkqvist, Kaj. 1994. „Sex differences in physical, verbal, and indirect aggression: A review of recent research." *Sex Roles*, 30(3/4): 177-188.
Björkqvist, Kaj, Kirsti Lagerspetz, and Ari Kaukiainen. 1992. „Do girls manipulate and boys fight? Developmental trends regarding direct and indirect aggression." *Aggressive Behavior*, 18: 117-127.
Björkqvist, Kaj, and Pirkko Niemelä. 1992. „New trends in the study of female aggression." In their *Of mice and women. Aspects of female aggression,* 3-25. New York.
Björkqvist, Kaj, Karin Österman, and Ari Kaukiainen. 1992. „The development of direct and indirect aggressive strategies in males and females." In *Of mice and women. As-

pects of female aggression, eds. Kaj Björkqvist, and Pirkko Niemelä. 51-64. New York.

Burbank, Victoria. 1987. „Female aggression in cross-cultural perspective." *Behavior Science Research,* 21: 70-100.

Buss, Arnold. 1961. *The psychology of aggression.* New York.

Cairns, Robert, Beverly Cairns, Holly Neckermann, Linda Ferguson, and Jean-Louis Gariépy. 1989. „Growth and aggression: 1. Childhood to early adolescence." *Developmental Psychology,* 25(2): 320-330.

Campbell, Anne. 1990[2]. *The girls in the gang.* Oxford.

Campbell, Anne. (1993) 1995. *Zornige Frauen, wütende Männer. Wie das Geschlecht unser Aggressionsverhalten beeinflußt.* Frankfurt: Fischer.

Chesney-Lind, Meda. 1986. „Women and crime: The female offender." *Signs,* 12(1): 78-96.

Crick, Nicki, Nicole Wellman, J. Casas, K. O'Brien, D. Nelson, J. Grotpeter, and K. Markon. 1997. „Childhood aggression and gender: A new look at an old problem." ed. D. Bernstein, *Nebraska Symposium on Motivation,* 45.

Der Spiegel. 1998a. „Da bleibt keine Nase heil". Brutalität von Jungen ist nicht länger eine Domäne von Jungen – immer mehr Mädchen prügeln und foltern. Heft 11: 74-83.

Der Spiegel. 1998b. Ich mach' was aus dir, Kleines. Heft 11: 116-126.

Der Spiegel. 1998c. Stutenbissige Damen. Heft 12: 259.

Dollard, John, L. Doob, N. Miller, O. Mowrer, and R. Sears. (1939) 1973. *Frustration und Aggression.* Weinheim.

Eagly, Alice, and Valerie Steffen. 1986. „Gender and aggressive behavior: A meta-analytic review of the social psychological literature." *Psychological Bulletin,* 100(3): 109-330.

Einsele, Helga, und Gisela Rothe. 1982. *Frauen im Strafvollzug.* Reinbek.

Eron, Leonard. 1994. „Theories of aggression. From drives to cognitions." In *Aggressive behavior: Current perspectives,* ed. L. Huesmann. 3-11. New York.

Frankfurter Rundschau: Straßenkriminalität: „Die Mädchen holen auf". 11.9.1991.

Frankfurter Rundschau: Streit unter Eheleuten endete tödlich. 25.3.1998.

Freud, Siegmund. (1915) 1960. „Triebe und Triebschicksale." In *Gesammelte Werke,* Bd. 10, 209. Frankfurt.

Frodi, Anne, Jacqueline Macaulay, and Pauline Thome. 1977. „Are women always less aggressive than men? A review of the literature." *Psychological Bulletin,* 84(4): 634-660.

Heyne, Claudia. 1993. *Täterinnen. Offene und versteckte Aggression von Frauen.* Zürich: Kreuz.

Hines, Nicole, and Douglas Fry. 1994. „Indirect modes of aggression among women of Buenos Aires, Argentinia." *Sex Roles,* 30(3/4): 213-236.

Huesmann, L. Rowell, and Leonard Eron. 1984. „Cognitive processes and the persistence of aggressive behavior." *Aggressive Behavior,* 10: 243-251.

Huesmann, L. Rowell, and Leonard Eron, eds. 1984. *Television and the aggressive child: A cross-national comparison.* Hillsdale.

Hyde, Janet 1984. „How large are gender differences in aggression? A developmental meta-analysis." *Developmental Psychology,* 20(4): 722-736.

Jones, Anne. (1980) 1986. *Frauen, die töten.* Frankfurt.

Knauft, Bruce. 1987. Reconsidering violence in simple human societies. *Current Anthropology,* 28: 457-500

Lagerspetz, Kirsti, and Kaj Björkqvist. 1994. „Indirect aggression in boys and girls." In *Aggressive behavior: Current perspectives,* ed. L. Huesmann, 131-150. New York.

Lagerspetz, Kirsti, Kaj Björkqvist, and Tarja Peltonen. 1988. „Is indirect aggression typical of females? Gender differences in aggressiveness in 11- to 12-year-old children." *Aggressive Behavior*, 14: 403-414.

Lepowsky, Maria. 1994. „Women, men, and aggression in an egalitarian society." *Sex Roles*, 30(3/4): 199-211.

Macaulay, Jacqueline. 1985. „Adding gender to aggression research: Incremental or revolutionary change?" In *Women, gender, and social psychology*, eds. Virginia O'Leary, Rhoda Unger, and Barbara Wallston, 191-224. Hillsdale.

Maccoby, Eleanor, and Carol Jacklin. 1974. *The psychology of sex differences*. Stanford.

Mansel, Jürgen und Klaus Hurrelmann. 1998. „Aggressives und delinquentes Verhalten Jugendlicher im Zeitvergleich. Befunde aus der ‚Dunkelfeldforschung' aus den Jahren 1988, 1990 und 1996." *Kölner Zeitschrift für Soziologie und Sozialpsychologie*, 50(1): 78-109.

Matlin, Margaret. 1996[3]. *The psychology of women*. London.

Oberlies, Dagmar. 1995. *Tötungsdelikte zwischen Männern und Frauen*. Pfaffenweiler. Centaurus.

Parlee, Mary B. (1979) 1983. „Psychologie und Frauen." *Psychologie und Gesellschaftskritik*, 7(26/27): 87-107.

Paul, Luci, and Mary Ann Baenninger. 1981. „Aggression by women: Mores, myths, and methods." In *Targets of violence and aggression*, eds. Roland Baenninger, 401-460. Amsterdam.

Pfeiffer, Christian. 1996. „Steigt die Jugendkriminalität?" *DVJJ-Journal*, 7(3): 215-229.

Sanday, Peggy. 1981. „The socio-cultural context of rape: A cross-cultural study." *Journal of Social Issues*, 37(4): 5-27.

Schäfer, Mechthild, und Nicole Wellman. 1998. *Offene Aggression und Beziehungsaggression als geschlechtstypische Formen von Aggression unter Schülern (Bullying)*. Bericht an das Bayerische Staatsministerium für Unterricht, Kultus, Wissenschaft und Kunst. Teil 1. München.

Schmerl, Christiane, und Frank Nestmann. 1991. „Frauen und Helfen: Wie weit trägt die ‚weibliche Natur'?" In *Frauen – das hilfreiche Geschlecht*, Hg. Frank Nestmann und Christiane Schmerl, 9-41. Reinbek, Rowohlt.

Schuster, I. 1985. „Female aggression and resource scarcity: A cross-cultural perspective." In *The aggressive female*. eds. D. Benton, M. Haug, and P. Brain. Montreal.

Sherif, Carolyn. 1977. „Bias in psychology." In *The prism of sex. Essays in the sociology of knowledge*, eds. Julia Sherman, and E. Beck, 93-133. Madison.

Sternal, Regina. 1996. „Frauen, die töten: Opfer oder Täterinnen?" In *Frauen legen Hand an*, Hg. Heidi Möller, 99-124. Tübingen.

Trube-Becker, Elisabeth. 1974. *Frauen als Mörder*. München.

Walsh, Mary Roth, ed. 1987. *The psychology of women. Ongoing debates*. London.

Walsh, Mary Roth, ed. 1997. *Women, men, and gender. Ongoing debates*. London.

Wellman, Nicole, M. Bigbee, und Nicki Crick. 1998. „Aggression und Viktimisierung in Schulen: ‚Chancengleichheit' für aggressive Mädchen." In *Aggression und Gewalt unter Kindern und Jugendlichen*, eds. Mechthild Schäfer und Dieter Frey. Göttingen: in Druck.

White, Jacquelyn, and Robin Kowalski,. 1994. „Deconstructing the myth of the nonaggressive woman." *Psychology of Women Quarterly*, 18: 487-508.

Zahavi, Helen. 1992. *Schmutziges Wochenende*. Berlin.

Zahn, M. 1993. „Homicide in the United States". Vortrag an der University of North Carolina at Greensboro, Greensboro, NC. April 93.

„Geschlechtsspezifische Sozialisation" – Konstruktiv(istisch)e Ideen zu Karriere und Kritik eines Konzepts

Bettina Dausien

Die folgenden Überlegungen beschäftigen sich mit dem in den 1970er Jahren entwickelten Konzept der „geschlechtsspezifischen Sozialisation" und der Frage, wie dieses heute aus der Sicht der späten 1990er Jahre einzuschätzen ist. Die Perspektive, aus der diese kritische Rekonstruktion erfolgt, ist zum einen geprägt durch die aktuelle feministische Diskussion um die soziale Konstruktion von Geschlecht, zum anderen durch eine langjährige empirische und theoretische Arbeit in der Biographieforschung. Damit ist ein doppelter Blick impliziert. Während das feministische „Auge" vor allem den Begriff der Geschlechtsspezifik kritisch betrachtet, richtet sich das biographietheoretisch geschulte Auge in erster Linie auf den Sozialisationsbegriff. Da in der Überschneidung der beiden Blickfelder kein statisches Objekt fixiert, sondern die Entwicklung einer Diskussion verfolgt werden soll, wird der Fokus des Sehens wechseln. LeserInnen, die sich für Fragen im Spektrum der Geschlechtersozialisation interessieren, sind eingeladen, mir zu folgen und Anknüpfungspunkte für eigene Einblicke und Ausblicke zu suchen.

Das Konzept der geschlechtsspezifischen Sozialisation ist schwer einzuordnen. Es hat wie nur wenige andere wissenschaftliche Begriffe auch außerhalb der akademischen Diskussion Karriere gemacht: in der Frauenbewegung als Erklärungsansatz für die gesellschaftliche Ungleichheit zwischen den Geschlechtern, in der pädagogischen Praxis als Begründung einer emanzipatorischen Mädchen- und Frauenbildung, in der Bildungsreform als Ansatzpunkt einer Politik der Chancengleichheit und der Aufhebung geschlechtsspezifischer Benachteiligungen. Eine sozialisationstheoretische Argumentation zu Geschlecht ist – zumindest in politisch-pädagogisch affizierten Milieus – Bestandteil alltagsweltlichen Denkens geworden. Als solches wirkt es in Gestalt impliziter Hintergrundannahmen und/oder als Gegenstand der Analyse auf die wissenschaftliche Forschung zurück. Eine klare Trennung zwischen wissenschaftlicher und alltagstheoretischer Begrifflichkeit erscheint kaum möglich.

Auch innerhalb des wissenschaftlichen Bezugsrahmens ist eine Lokalisierung des Konzepts nicht einfach. „Geschlechtsspezifische Sozialisation" bezeichnet keinen klar abgrenzbaren Bereich. Zum einen teilt es mit anderen Themen der Geschlechterforschung die eigenwillige Querlage in bezug auf die traditionelle Fachsystematik. Die methodologische Leitlinie feministischer Forschung, „Zusammengehöriges nicht zu trennen und Einzelnes nicht außerhalb seiner Vermittlung zu untersuchen" (Becker-Schmidt 1985, 94), verlangt ein Überschreiten disziplinärer Grenzen. Hinzu kommt, daß Sozialisationsforschung selbst ein interdisziplinäres Feld im Schnittpunkt von Soziologie, Psychologie und Pädagogik darstellt, um nur die drei wichtigsten Fächer zu nennen. Schließlich ist festzuhalten, daß eine systematische theoretische Diskussion des Konzepts in den letzten Jahren nicht mehr geführt wird.

Dieser komplizierte Forschungsstand hat durch die seit einigen Jahren entfachte Kritik der Kategorie Geschlecht innerhalb der feministischen Theoriediskussion (vgl. stellvertretend Feministische Studien Heft 2, 1993) eine weitere Verunsicherung erfahren. Wenn die wissenschaftliche Verwendung der Kategorie Geschlecht, wenn bereits das Fragen nach „weiblichen" und „männlichen" Geschlechtscharakteren, Sozialisationsmustern oder Verhaltensweisen eine Reifikation des gesellschaftlichen Geschlechterdualismus bedeutet und die radikale Abschaffung derartiger Kategorien diskutiert wird (vgl. stellvertretend Gildemeister/Wetterer 1992), so trifft das den Kern des Konzepts der geschlechtsspezifischen Sozialisation. Bereits Anfang der 1990er Jahre zieht eine prominente Vertreterin des Forschungsfeldes eine deutliche Konsequenz:

„Die Frage nach geschlechtsspezifischer gleich geschlechtstypischer Sozialisation war vor 10, 15 Jahren für die Frauenbewegung eine sinnvolle Frage, notwendig für die Selbstaneignung und Selbstverständigung von Frauen. Sie mag für die individuelle Selbstaneignung von Frauen, die unter dem immer dichteren Schleier der Gleichheitsideologie aufwachsen, noch Sinn machen. Sie wird inzwischen auch von Männern gestellt (...). Die feministische Forschung ist jedoch weitergegangen und hat andere Wege beschritten. Sie analysiert – aus verschiedenen Richtungen – das *Geschlechterverhältnis* und arbeitet jetzt deutlicher die *Differenzierungen zwischen den Frauen* heraus; sie spricht von *Geschlechterverhältnissen*. Wandeltendenzen unserer Gesellschaft wie auch die Erweiterung des Blicks von weißen euroamerikanischen Mittelschichten auf Schwarze, Türkinnen, die ‚Dritte Welt' machen die Suche nach *den* typischen Sozialisationsprozessen und Sozialcharakteren von Frauen und Männern weitgehend sinnlos" (Bilden 1991, 279f).

Das Zitat stammt aus Helga Bildens einschlägigem Handbuchartikel zur „geschlechtsspezifischen Sozialisation", der 1991 publiziert wurde und eine Revision des gleichnamigen Beitrags der Autorin von 1980 darstellt. Der Vergleich der beiden Artikel macht die Richtung der theoretischen Diskussion deutlich. Bilden stellt Anfang der 1990er Jahre in Frage, ob das Konzept überhaupt noch tragfähig ist angesichts der neueren feministischen Theoriedebatte. Sie kommt zu dem Ergebnis, daß ein geschlossener sozialisationstheoretischer Entwurf nicht mehr sinnvoll sei, und schlägt statt dessen einen Wechsel zu anderen Konzepten und die Multiperspektivität verschiedener Zugänge vor, die im Kern auf einem sozialkonstruktivistischen Ansatz beruhen (vgl. ebd., 300f). Andere Autorinnen (z.B. Hagemann-White 1984, 1988; Gildemeister 1988) hatten sich schon einige Jahre zuvor ähnlich kritisch geäußert, ohne jedoch das Konzept selbst aufzugeben. Vergleicht man die feministischen Positionen der 1990er Jahre mit den Ansätzen aus den 1970er Jahren, so wird eine theoretische Spannbreite sichtbar, die fragen läßt, ob das Gemeinte noch unter demselben Begriff gefaßt werden kann. Eine konstruktivistische Analyse von Geschlecht fordert dazu heraus, „von neuem nach Sinn und Stellenwert von Sozialisationstheorie zu fragen" (Breitenbach/ Hagemann-White 1994, 259). Eine Diskussion, die diese Fragen aufnimmt, steht bis heute weitgehend aus.

Der vorliegende Artikel möchte zu einer solchen Diskussion anregen.[1] Sie kann, wie einleitend schon bemerkt, mit Bezug auf mindestens zwei Kontexte geführt werden: die *feministische* und die *sozialisationstheoretische* Perspektive. Die folgenden Überlegungen versuchen, beides im Blick zu behalten: Nach einer Skizze zur jüngeren Geschichte der Sozialisationsforschung in Deutschland allgemein (1) wird die Thematisierung der geschlechtsspezifischen Sozialisation in diese Entwicklung eingezeichnet (2). Dieses Konzept ist paradigmatisch in den 1970er Jahren formuliert worden und soll in seinem Ursprungskontext in einem dritten Teil ausführlicher rekonstruiert werden (3), um anschließend theoretische Probleme des Konzepts zu diskutieren, die sich aus der Sicht der 1990er Jahre formulieren lassen (4). Im letzten Teil werden Anknüpfungspunkte für eine sozialkonstruktivistische Reformulierung des Konzepts und eine biographische Forschungsperspektive skizziert (5).

1   Sozialisationsforschung in Deutschland – Eine Skizze zur zeitlichen und inhaltlichen Orientierung

Die gut 30jährige Geschichte der Sozialisationsforschung in Deutschland[2] kann grob in drei Abschnitte unterteilt werden: die 1960er/70er Jahre, die als Phase der Programmatik und emphatischen Etablierung des Paradigmas bezeichnet werden können; die 1980er Jahre als eine Phase der Konsolidierung und des institutionellen Ausbaus des Forschungsgebiets; und schließlich die 1990er Jahre, die noch nicht abschließend eingeschätzt, jedoch durch die pointierte Frage gekennzeichnet werden können, ob wir es mit einer Normalisierung oder einer Krise des Paradigmas zu tun haben. Diese Einschätzung des Forschungsstandes deckt sich, zumindest was die ersten beiden Phasen angeht, mit einschlägigen Selbstbeschreibungen aus dem Fach (Geulen 1991; Hurrelmann/Ulich 1991; Zinnecker 1996). Sie kann bereits durch relativ grobe Indikatoren anschaulich gemacht werden, z.B. durch die Zahl der Buchpublikationen zum Thema. Ehe die einzelnen Phasen etwas genauer charakterisiert werden, soll ein solcher Oberflächenindikator exemplarisch herangezogen werden. Die nachfolgende Grafik zeigt den (deutschsprachigen) Literaturbestand zum Stichwort „Sozialisation" in der Bibliothek einer westdeutschen Universität, die unstrittig als ein Zentrum der Sozialisationsforschung gelten kann:

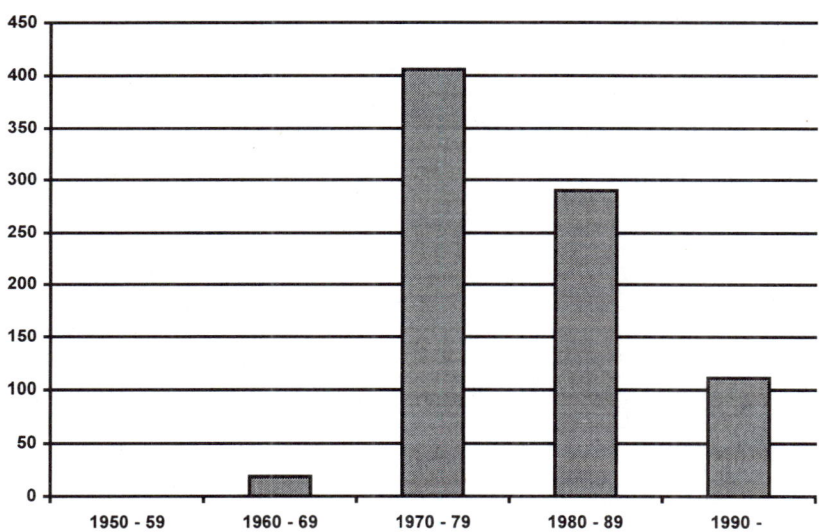

Literaturbestand der Bielefelder Universitätsbibliothek zum Stichwort „Sozialisation", aufgeschlüsselt nach dem Erscheinungsjahr (Stand 1/98).

Die 1970er Jahre: Programmatik und Etablierung eines neuen Paradigmas

In Deutschland kam das Sozialisationskonzept in den 1960er Jahren in die Diskussion (z.B. Wurzbacher 1963; Habermas 1973) und entwickelte sich in den 1970er Jahren sehr schnell zu einem interdisziplinären Leitparadigma, das seine Wirkung in der Psychologie, vor allem aber in der Soziologie und Pädagogik entfaltete (vgl. Walter 1973, 1974; Hurrelmann 1976; Geulen 1977; Schmerl 1978; Oevermann 1979 u.v.a.). Innerhalb der Pädagogik war das Sozialisationskonzept ein zentraler, wenn nicht *der* Motor für die „erziehungswissenschaftliche Wende", also für den Wechsel von der geisteswis-

senschaftlichen zur sozialwissenschaftlichen Perspektive. Der Sozialisationsbegriff versprach eine progressive Überwindung des klassisch-pädagogischen
Erziehungsbegriffs, indem zum einen der Aspekt der aktiven Selbstsozialisation und zum anderen gesellschaftliche Einflußbedingungen jenseits der
Intentionalität des Erziehungsprozesses in den Blick genommen wurden. Die
wissenschaftliche Debatte kristallisierte sich zunächst an der „schichtspezifischen Sozialisation" heraus, daneben entwickelte sich die Sozialisation von
Geschlecht zu einem zweiten Fokus der Diskussion.

In beiden Fällen ging es nicht nur um ein wissenschaftliches Programm,
sondern um eine explizit politische Perspektive. Es galt, den Einfluß der
Gesellschaft auf die Lebenschancen und Handlungsmöglichkeiten von Individuen und sozialen Gruppen sichtbar zu machen, den Status quo nicht als
„natürliche Ordnung", sondern als gesellschaftlich erzeugt zu begreifen und
damit auch Veränderungsperspektiven aufzuzeigen.[3] Zeitgenössische Stichworte wie „emanzipatorische Pädagogik", „kompensatorische" oder „ge-
schlechtskritische Erziehung" markieren deutlich ein politisch-aufkläreri-
sches Interesse. Das Sozialisationsparadigma lieferte eine zentrale wissenschaftliche Begründung für eine Perspektive der Gesellschaftsveränderung
durch Bildung und Erziehung.

Gesellschaftliche Ungleichheit, durch Sozialisationsprozesse (re)produ-
ziert, wurde vor allem als Ungleichheit zwischen den sozialen Klassen und
Schichten thematisiert[4], in zweiter Linie jedoch als Geschlechterungleichheit.[5] Im Kontext der linken sozialen Bewegung und ihrer sozialwissenschaftlichen Repräsentation an den Universitäten war damit nicht nur eine
zeitliche Nachordnung, sondern durchaus eine qualitative Relevanzabstufung
verbunden. Die „Emanzipation der Frau" wurde vielfach als sekundäres Ziel
gesehen, das sich nach der „Aufhebung der Klassengesellschaft" nahezu
automatisch ergeben sollte. Feministische Positionen, im Kontext der Soziali-
sationsdebatte allerdings in der Minderheit, richteten sich gegen diese Unterscheidung von „Haupt- und Nebenwiderspruch" und entwickelten eine auto-
nome Debatte, die sich – außeruniversitär – vor allem in Frauenprojekten und
Konzepten einer autonomen Mädchenarbeit manifestierte.[6]

Auch in der politischen Debatte um die Bildungsreform waren Klasse
und Geschlecht zwei entscheidende Eckpunkte der Argumentation, die sich
in der rhetorischen und statistischen Kunstfigur der „katholischen Arbeiter-
tochter vom Lande" miteinander verbanden (von Friedeburg 1994, 56). Die
Perspektive von Bildung und Erziehung hat im übrigen einen wichtigen und
bis heute umfangreichen Forschungsbereich etabliert, nämlich den der schu-
lischen Sozialisation, der auch im Hinblick auf die Geschlechterfrage ein
eigenständiges Themenfeld strukturiert.[7]

Die 1980er Jahre: Konsolidierung und institutioneller Ausbau des Forschungsfeldes

In den 1980er Jahren hat sich die Sozialisationsforschung an den deutschen Universitäten etabliert. Indikatoren hierfür sind Hand- und Lehrbücher (Hurrelmann/Ulich 1980, 1991; Hurrelmann 1986; Tillmann 1989), die Gründung einer eigenen Zeitschrift[8] sowie ein deutliches quantitatives Ansteigen der einschlägigen Publikationen (s.o.). Ein weiterer Beleg ist die geradezu explosionsartige Ausdifferenzierung empirischer Forschungsrichtungen. Neben die Themen Klasse und Geschlecht sind andere Aspekte getreten wie z.B. Beruf, Medien, Gesundheit, Sport oder Körper. Parallel zu dieser Entwicklung ist die politische Emphase deutlich relativiert worden. Nach der Programmatik der 1970er Jahre ist man zum wissenschaftlichen Alltagsgeschäft übergegangen. Gleichzeitig scheint der theoretische Streit um die „richtige" Analyse in den 1980er Jahren abgeflacht und zugunsten einer Systematisierung des Forschungsfeldes und einer Profilierung nach außen zurückgetreten zu sein.

Fragt man nach dem wissenschaftlichen Ertrag der 1980er Jahre, so können drei Aspekte festgehalten werden:

(1) Nach der Rezeption und Diskussion unterschiedlicher Ansätze und Traditionen sozialisationstheoretischen Denkens folgte die Suche nach einem *integrativen Rahmenmodell* der Sozialisation, das die ganze Komplexität des Themas umfassen sollte. Von den vorgelegten Entwürfen (z.B. Geulen 1977, 1981; Geulen/Hurrelmann 1980; Bronfenbrenner 1976) ist das von Klaus Hurrelmann (1983, 1986) entwickelte Konzept des „produktiv-realitäts-verarbeitenden Subjekts" bzw. das „Mehrebenenmodell" der Sozialisation vermutlich das prominenteste. Daß es sich innerhalb der Sozialisationsforschung als Rahmenmodell weitgehend durchgesetzt hat, könnte zwei Gründe haben. Zum einen formuliert es auf sehr abstraktem Niveau die anspruchsvolle erkenntnistheoretische Option eines dialektischen Verhältnisses zwischen Individuum und Gesellschaft in einer prozeßhaften (ontogenetischen) Perspektive. Zum anderen gibt es aber nicht vor, *wie* diese Dialektik inhaltlich gefaßt wird. Es handelt sich vielmehr um ein Meta-Modell von Sozialisation, das eine abstrakte Systematik des Feldes zur Verfügung stellt[9], ohne Entscheidungen über einzelne, sich durchaus widersprechende Theorien (z.B. Psychoanalyse, Behaviorismus, Symbolischer Interaktionismus, genetischer Strukturalismus u.a.) zu fällen. Diese können gewissermaßen in pragmatischer Koexistenz, in einer Art „Burgfrieden", nebeneinander bestehen.

(2) In dieser modellhaften Matrix wiederum können sich empirische Forschungen in einzelnen Feldern oder Ebenen verorten, ohne ihre theoretische Position explizieren zu müssen. Das Modell hat deshalb zweifellos eine große *Zunahme empirischer Forschungen* ermöglicht, die theoretische Diskussion ist seitdem jedoch eher stehengeblieben. Vorliegende Theorien wurden, wie Geulen (1991, 34) kritisch anmerkt (vgl. auch Veith 1996, 22), zuneh-

mend als „Fundus" verwendet, aus denen sich empirisch angelegte Forschungen bei Bedarf „ad hoc" bedienen konnten. Zentrale theoretische Forderungen für die Weiterentwicklung des Sozialisationskonzepts, vor allem
die Ausarbeitung der biographischen bzw. lebenslauftheoretischen Dimension (vgl. stellvertretend Hurrelmann 1976; Kohli 1980, 1991; auch Bilden
1980; Schmerl 1982), sind bis heute nicht befriedigend eingelöst worden.

(3) Spätestens mit der Differenzierung empirischer Forschungen in den
1980er Jahren ist deutlich geworden, daß die Sozialisationsforschung keinen
abgrenzbaren „Gegenstand" hat, sondern eine *Perspektive* darstellt, mit der
alle möglichen Gegenstände und empirischen Phänomene betrachtet werden
können. Sozialisation ist ein hochabstraktes theoretisches Konstrukt, das sich
auf eine zentrale Grunderfahrung der Moderne bezieht, nämlich die reflexive
Abhängigkeit zwischen Gesellschaft und Individuum, zwischen System und
sozialem Handeln (vgl. Veith 1996). Als solches abstrahiert es nicht nur von
der denkbaren Vielfalt sozialer Gegenstände, sondern liegt auch quer zu
einzelwissenschaftlichen Disziplingrenzen. – Die These, daß Sozialisation
keinen fest umrissenen empirischen Gegenstand hat, ist allerdings eher implizites Ergebnis der heterogenen Vielfalt empirischer Forschungen in den
1980er Jahren. Die theoretische und methodologische Bedeutung dieser Auffassung ist wenig diskutiert worden.

Die 1990er Jahre: Normalisierung oder Krise?

In den 1990er Jahren lassen sich Ansätze zu einer neuen Theoriediskussion
registrieren (vgl. z.B. Kelle/Breidenstein 1996; Zinnecker 1996), die allerdings nicht mehr den Versuch einer formal angelegten integrativen Sozialisationstheorie verfolgen, sondern eher neue theoretische Zugänge zu empirischen Forschungen und eine engere Theorie-Praxis-Verbindung suchen.[10]
Sieht man von Luhmanns Entwurf (1984, 1995; dazu auch Schulze/Künzler
1991) ab, der eher in der Soziologie als in der Pädagogik diskutiert wird, hat
es nach den genannten Mehrebenen-Modellen der 1980er Jahre keinen Ansatz zu einer integrativen Sozialisationstheorie mit einem vergleichbaren
Totalitätsanspruch mehr gegeben. Auch die von Veith (1996) vorgelegte
umfangreiche Arbeit – eine kenntnisreiche historisch-rekonstruktive Taxonomie sozialisationstheoretischer Ansätze – führt über das Postulat einer
„konzeptionellen Pluralität" nicht hinaus, gewissermaßen die Legitimation
eines Zustandes, der oberflächlich als „beziehungslose Vielfalt" von Ansätzen und Theorien erscheint (vgl. ebd.). Die Zeit der Entwürfe scheint vorbei
– nicht nur politisch, auch theoretisch. An ihre Stelle ist die Betonung der
legitimen Vielfalt von Theorien und Beschreibungsmöglichkeiten getreten,
die auch in Bildens (1991) Vorschlag zur Multiperspektivität reklamiert wird.

Der Rückgang von theoretischen und konzeptionellen Publikationen in
den 1990er Jahren könnte einerseits auf eine Normalisierung hinweisen:

Sozialisation ist längst kein vielversprechendes Leitparadigma mehr, sondern ein Konzept neben anderen, das nun seinen angemessenen Ort im Spektrum der Themen und Fächer erreicht hat. Provokanter und interessanter ist zweifellos Helga Bildens Lesart, daß das Sozialisationsparadigma an seine Grenzen gestoßen ist (vgl. 1991, 300f). Womöglich löst die feministische Kritik an der wissenschaftlichen Konstruktion von Kategorien wie „Männlichkeit - Weiblichkeit" oder „Geschlechtsspezifik", die unhinterfragt alltagstheoretische Typisierungen wiederholen und reifizieren, eine Krise des gesamten Sozialisationsparadigmas aus, die zu einer Aufkündigung jenes Burgfriedens zwischen verschiedenen theoretischen Ansätzen führt.[11] Was für die Konstruktion der Kategorie „Geschlecht" gilt, läßt sich auch für andere Kategorien diskutieren (z.B. „Persönlichkeit", „Identität", „Klasse") und legt in der Konsequenz den konstruktivistischen Charakter des gesamten Theoriemodells bloß. Fragen der Neubegründung und kritischen Revision bislang akzeptierter wissenschaftlicher Gewohnheiten und auch des Sozialisationsbegriffs selbst wären – bei ungewissem Ausgang – die Folge.

2 „Geschlechtsspezifische Sozialisation" – Eine kurze Einschätzung zur Forschungsgeschichte

Fragt man nach der Geschichte der „geschlechtsspezifischen" Thematik innerhalb des skizzierten Forschungsfeldes, so läßt sich für die ersten beiden Phasen eine gleichsinnige Entwicklung rekonstruieren: Nach einer politisch-programmatischen Begründung des Ansatzes in den 1970er Jahren folgte eine Ausweitung und Differenzierung empirischer Forschungen bis in die 1990er Jahre hinein. Neben der Vielfalt empirischer Aspekte – Bildung und Beruf, Schule, Sprache, Körper, Medien u.a. – sind auch unterschiedliche theoretische Entwürfe formuliert worden wie z.B. der psychoanalytisch orientierte Ansatz Chodorows (1985) oder das kognitionstheoretisch begründete Konzept der Moralentwicklung von Gilligan (1984; vgl. dazu Herrmann in diesem Band).

Während sich die Kritik innerhalb der feministischen Theoriediskussion gerade an diesen Konzepten und dem implizierten Postulat einer stabilen „Geschlechtsidentität" entzündet hat, sind sie im pädagogischen Fachdiskurs aufgenommen worden und gehören mittlerweile zum anerkannten Wissensbestand, der in Lehrbüchern diskutiert (vgl. Tillmann 1989) und als beliebtes Prüfungsthema gewählt wird (vgl. Gildemeister 1992), ohne daß damit jedoch eine weiterführende theoretische Ausarbeitung verbunden wäre. „Geschlechtsspezifische Sozialisation" scheint innerhalb des Fachdiskurses vielmehr eine Art Chiffre zu sein, die es erlaubt, die Geschlechterfrage auf eine in der scientific community akzeptierte Weise zu thematisieren – auf

eine gemilderte Weise, denn das Konzept wird eher mit individuellen Erzie-
hungs- und Entwicklungsprozessen assoziiert als mit Fragen von Macht und
Herrschaft in einer patriarchalen Gesellschaft. Daß in der Individualität biographischer Prozesse weniger Radikalität verborgen zu sein scheint als in der
Thematisierung gesellschaftlicher Strukturen, könnte freilich ein oberflächli-
cher Schluß sein, der mehr mit alltagsweltlichen Denkgewohnheiten zu tun
hat als mit wissenschaftlicher Argumentation. Trotz dreißig Jahren Frauenbewegung ist der Satz, daß das Private politisch sei, in seiner Radikalität
offensichtlich immer noch nicht überall „angekommen".

Die erneute Theoriediskussion geht nicht von der Sozialisationsforschung aus, sondern wurde von der feministischen Kritik der Geschlechterkategorie angestoßen. Die beiden Bezugskontexte der Forschungen zur Geschlechtersozialisation scheinen sich wieder voneinander entfernt zu haben,
und einiges deutet darauf hin, daß auch die zukünftige theoretische Entwicklung des Konzepts mehr von der feministischen Theoriediskussion als
von der Sozialisationsforschung inspiriert wird. Pointiert gesagt, geht sowohl
die „Erfindung" des Konzepts als auch seine mögliche Verabschiedung oder
„Überwindung" aus dem feministischen Forschungskontext hervor, während
die sozialisationstheoretische Debatte – bildhaft gesprochen – hinterherhinkt.
In diesem Bild könnte allerdings eine Fortschrittsperspektive impliziert sein,
die nicht unproblematisch ist.

Betrachtet man aktuelle feministische Rekonstruktionen der eigenen For-
schungsgeschichte im Hinblick auf die Kategorie Geschlecht und die „sex-
gender"-Debatte (vgl. stellvertretend Gildemeister/Wetterer 1992), so findet
sich tatsächlich, mindestens implizit, eine lineare Argumentationslinie, die
von einem naiv „differenztheoretischen" Ansatz in den Anfängen der Frauenforschung hin zu einer kritisch „dekonstruktivistischen" Perspektive in der
Gegenwart führt. Im Unterschied zu dieser Lesart gehe ich von der These
aus, daß das Konzept der geschlechtsspezifischen Sozialisation keine derartig
einlinige Entwicklung durchgemacht hat.

Es wäre m.E. zu einfach, die Reproduktion der dualistischen Geschlech-
terkategorie einseitig und pauschal den „alten" Ansätzen vorzuwerfen. Die
Veröffentlichungen aus den 1970er Jahren scheinen in ihrer programmatischen Ausrichtung z.T. weniger weit von der gegenwärtig so vehementen
Betonung entfernt zu sein, daß Geschlecht eine soziale Konstruktion ist, als
viele chronologisch jüngere Arbeiten zu Aspekten der Geschlechtsspezifik.
Erinnert sei hier z.B. an Forschungen, die mit der Kategorie des „weiblichen
Arbeitsvermögens" oder des „weiblichen Technikzugangs" argumentiert
und damit Elemente eines „weiblichen Sozialcharakters" konstruiert haben,
der einem sozialisationstheoretisch begründeten Essentialismus sehr nahe
kommt (vgl. kritisch Knapp 1993).

Diese Einschätzung gegenüber den frühen Ansätzen relativiert jedoch
keineswegs den Vorwurf, daß „geschlechtsspezifische Sozialisationsforschung" bereits in ihrem Ansatz die Geschlechterkategorie und das System

der Zweigeschlechtlichkeit reifiziert habe. Das Konzept der geschlechtsspezifischen Sozialisation hat – in der pädagogischen Praxis wie in der Wissenschaft – entscheidend mit dazu beigetragen, daß „dekonstruktiv" gemeinte Strategien, z.B. Modelle einer geschlechtskritischen Erziehung von Mädchen und Jungen oder Forschungen zur Geschlechterdifferenz, letztlich zu neuen Kategorisierungen nach Geschlecht geführt haben, zumindest aber das Klassifikationskriterium Geschlecht selbst verstärkt haben. Die notwendige Fokussierung der Geschlechterdifferenz hat vielerorts zu einer Überfokussierung geführt und andere gesellschaftliche Differenzen und Differenzierungen wie soziale und kulturelle Zugehörigkeiten, Ethnizität, Generation und historische Lagerung dabei zumindest partiell ausgeblendet. Diese unbeabsichtigten Tendenzen zur Essentialisierung sind im Fall eines sozialisationstheoretischen Erklärungsansatzes geradezu paradox, worauf einige Kritikerinnen schon seit längerem aufmerksam machen (vgl. Hagemann-White 1984, 1988; Gildemeister 1988, 1992; Gildemeister/Wetterer 1992). Die Kritik an der Reifizierung und Reproduktion der binären Kategorisierung führt jedoch nicht automatisch zu einer Lösung des Problems. Immerhin deuten sich in der Tradition sozialkonstruktivistischer Ansätze mindestens Perspektiven und erste Beispiele einer in diesem Punkt selbstreflexiven Forschung an (vgl. z.B. Kelle in diesem Band).

Ehe ich jedoch auf diese Perspektiven eingehe, sollen noch einmal ausführlicher die programmatischen Grundlinien des Konzepts in den 1970er Jahren rekonstruiert werden. Dies geschieht nicht in erster Linie in historiographischer Absicht, sondern mit dem Ziel, problematische Implikationen und Sackgassen des sozialisationstheoretischen Paradigmas zu identifizieren, die zwar in der „emphatischen Phase" besonders deutlich hervorgetreten, aber keineswegs überholt sind. Meine Vermutung ist, daß sich die Konstruktionsprobleme des Sozialisationsparadigmas in die feministische Perspektive eingeschlichen haben. Ihre kritische Rekonstruktion erscheint somit als Voraussetzung für die Entwicklung weitergehender Forschungsperspektiven.

3 Das Konzept der geschlechtsspezifischen Sozialisation in den 1970er Jahren

Obwohl sie historisch deutlich früher formuliert wurde, kann Simone de Beauvoirs These: „Man kommt nicht als Frau zur Welt, man wird es" (1951, 265), paradigmatisch an den Anfang der in den 1970er Jahren geführten Diskussion gestellt werden. Der Satz, der zu einem Slogan der Frauenbewegung geworden ist, richtet sich gegen die These eines „natürlichen" Geschlechts, das genetisch festgelegt und unveränderbar ist, und setzt den gesellschaftlichen Prozeß des Frau- bzw. Mann-*Werdens* dagegen. In Deutschland greift Ursula Scheu diesen Slogan mit einer sprachlich unauffälligen, inhaltlich aber folgenschweren Veränderung auf. 1977 erscheint ihr viel gelesenes und zitiertes Buch „Wir werden nicht als Mädchen geboren – wir werden dazu gemacht. Zur frühkindlichen Erziehung in unserer Gesellschaft". Im folgenden sollen am Beispiel dieses Buches einige Grundannahmen des Konzepts der geschlechtsspezifischen Sozialisation herausgearbeitet werden.

Das Beispiel

Scheu beginnt ihr Vorwort mit folgenden Sätzen: „Wir werden nicht als Mädchen (oder Junge) geboren – wir werden dazu gemacht! Was heißt das? Es heißt, daß Kinder vom ersten Tag an systematisch in eine Geschlechtsrolle gedrängt und zu Wesen deformiert werden, die wir ‚weiblich' oder ‚männlich' nennen... – einfach alles läuft auf das Fabrizieren des ‚kleinen Unterschiedes' hinaus" (1977, 7).

Hier geht es eindeutig um die Erzeugung von Geschlecht, das „Fabrizieren" der Differenz – eine Position, die durchaus Parallelen zur aktuellen Konstruktionsthese hat. (Die Frage, *wie* dieser Herstellungsprozeß analysiert und theoretisch gedacht wird, sei hier zunächst noch zurückgestellt.) Scheu spricht im weiteren Verlauf von der Herrschaft der Männer über die Frauen, vom „Drill zur Weiblichkeit" (ebd.), von „Rollenzwängen", die von Müttern und Vätern reproduziert werden, von Erzieher(inne)n, die, ohne es zu wissen, „selbst Instrument der Erziehung zu männlicher Macht und weiblicher Ohnmacht" (ebd., 9) sind, und den „Verbrechen, die an Mädchen im Namen der ‚Weiblichkeit' begangen werden" (ebd., 11). Hier ist die politische Kampfansage deutlich. Es geht um die „Befreiung der Frauen" (ebd., 126), die nur von den Frauen selber – und zwar von der Frauenbewegung, nicht individuell – erreicht werden kann. „Denn nur eigene Macht kann uns Frauen und Mädchen frei machen" (ebd.). – So lautet der letzte Satz in Scheus Buch.

Es wird erkennbar, daß es hier nicht in erster Linie um die Bearbeitung eines wissenschaftlichen Problems ging, sondern um eine politische Position, eine Perspektive der *Frauenbewegung*. Feministische Wissenschaft als parteiliche Forschung – Frauenforschung – steht in enger Verbindung zur politischen Bewegung, versteht sich als aufklärerisches Mittel im Machtkampf der Geschlechter. Was aber ist die wissenschaftliche Position? Wie wird Sozialisation theoretisch konzipiert?

Scheus Ausgangsthese lautet: „Die für ursprünglich gehaltenen weiblichen Eigenschaften wie Mütterlichkeit, Emotionalität, soziales Interesse und Passivität sind nicht etwa natürlich weiblich und angeboren, sondern kulturell anerzogen" (1977, 7). Grundlage für diesen kulturellen Erziehungsprozeß sind die gesellschaftliche Arbeitsteilung und Machtstruktur zwischen den Geschlechtern. Der Sozialisationsprozeß, der schon im Mutterleib beginnt, kann – so Scheus empiristischer Optimismus – „heute mit wissenschaftlicher Präzision in jeder Stufe der Entwicklung aufgezeigt werden" (1977, 7). In der Folge referiert sie eine Fülle (damals z.T. allerdings schon veralteter) empirischer Einzelbefunde, die *Differenzen* in der Erziehung bzw. dem päd-agogischen System und die dadurch produzierten Unterschiede belegen sol-len.[12]

Kritik der theoretischen Implikationen des Konzepts

Auch wenn Ursula Scheus Arbeit hier weniger aufgrund ihrer wissenschaftli-chen Güte als wegen ihrer Popularität als Beispiel gewählt worden ist, kön-nen an ihr einige typische Annahmen des Sozialisationskonzepts verdeutlicht und kritisiert werden. Eine erste Gruppe von Anmerkungen bezieht sich dabei auf den Stellenwert und die Anlage empirischer Forschungen (a), eine zweite Kritikebene betrifft die theoretische Konzeption von Sozialisation (b).

Zu (a): An Scheus Untersuchung ist exemplarisch festzuhalten, daß der Nachweis empirisch beobachtbarer Differenzen im Verhalten (bzw. in der sozialen Wahrnehmung und Behandlung) von Mädchen und Jungen strate-gisch verwendet wird, um die These der gesellschaftlichen Erzeugung zu untermauern. Diese auf den ersten Blick plausible und bis heute gängige Argumentation enthält jedoch implizit einige Annahmen, die durchaus pro-blematisch sind: Es wird dabei in der Regel nicht gefragt,
- wie diese empirischen Befunde *methodisch zustande gekommen* sind, was mithin überhaupt als „empirische Differenz" (an)erkannt wird und wie sie „gemessen" werden kann (dennoch setzen sich unter der Hand quantifizierende Methoden und eine statistische Rationalität durch);
- wie die *Signifikanzkriterien* definiert werden, um eine beobachtete und den Regeln entsprechend anerkannte Differenz als „Beweis" gelten zu lassen[13], wie „groß", „schwer" oder „dick" die Differenz also sein muß, um theoretisches Gewicht zu haben.
- Schließlich bleibt vollkommen unhinterfragt, ob eine an der empirischen Oberfläche erkennbare und irgendwie „meßbare" Differenz *überhaupt* ein geeignetes Beweismittel für die soziale Konstruktion von Geschlecht ist. Schließlich könnten dieselben empirischen Belege auch für eine bio-logische oder psychologische Kausalerklärung herangezogen werden. Beobachtete Differenzen zwischen Frauen und Männern – seien sie nun als „Eigenschaften", als „soziale Erwartungen" oder „soziales Verhal-ten" definiert – müssen keineswegs zwingend als Resultat von Sozialisa-tionsprozessen interpretiert, sondern könnten prinzipiell auch ganz an-ders begründet werden.

Während sich die ersten beiden Punkte eher auf methodologische und me-thodische Fragen beziehen, trifft der zuletzt genannte einen blinden Fleck in den theoretischen Ausgangsprämissen: Die Frage, wie empirische Beobach-

tungen, und seien sie methodisch noch so gut abgesichert, theoretisch interpretiert werden. Diese Frage läßt sich mit empirischen Forschungen allein
ebensowenig beantworten wie mit rein theoretischen Modellen. Hierzu wäre
eine Diskussion erforderlich, die gerade das *Verhältnis* von Theorie und
empirischer Forschung ins Zentrum stellt. Dieses Verhältnis ist in Scheus
Fall nicht expliziert, sondern durch eine – ungeprüfte – alltagstheoretische
Kausalverknüpfung bestimmt. Alle drei genannten Punkte, insbesondere der
dritte, verweisen auf das bis heute aktuelle Theorie-Empirie-Problem der
Sozialisationsforschung. Ich komme darauf zurück.

Zu (b): Darüber hinaus lassen sich an Scheus Beispiel einige konzeptionelle Festlegungen im theoretischen Verständnis von Sozialisation veranschaulichen, die sich bis heute wie rote Fäden durch die Sozialisationsforschung ziehen, auch wenn einzelne von ihnen gelegentlich im Gewebe kritischer oder konkurrierender theoretischer Fadenspiele in den Hintergrund zu
treten scheinen:

– Ein erstes Moment ist die Suche nach *Ursachen* bzw. ein Denken in
  Kausalzusammenhängen, dessen Angemessenheit keineswegs unum-
  stritten ist. Es gibt gute Gründe, für die Analyse von biographischen Prozessen des Frau- bzw. Mann-Werdens kein den Naturwissenschaften[14]
  entlehntes Ursache-Wirkungs-Modell („Weil“- Erklärung) zu verwenden, sondern einen historisch-rekonstruktiven Ansatz vom Typ einer
  „Wie es dazu kam daß“ -Erzählung.

– Des weiteren fällt die Selbstverständlichkeit auf, mit der Geschlecht nach
  dem *dichotomischen Differenzmodell* „männlich - weiblich“ konzipiert
  wird. Auch wenn diese Konzeptionsweise seit einigen Jahren durch die
  feministische De-Konstruktionsdebatte kaum noch derart ungebrochen
  vertreten wird, so ist sie doch noch längst nicht durch eine neue Selbstverständlichkeit ersetzt worden.

– Scheus Studie ist durch einen weiteren für das Sozialisationskonzept bis
  heute typischen Dualismus gekennzeichnet (vgl. Geulen 1991), der zunächst im Gewand einer bescheidenen Selbstbegrenzung versteckt ist.
  Die Autorin „beschränkt“ sich darauf, in ihrer Studie nur „die äußeren
  Zwänge aufzuzeigen“, und hat den „Prozeß der Verinnerlichung dieses
  Geschlechtsrollenzwangs“ bewußt „ausgeklammert“ (Scheu 1977, 10).[15]
  Damit hat sie stillschweigend eine dritte Festlegung getroffen, nämlich
  die Trennung zwischen „innen“ und „außen“, zwischen Psychostruktur
  und Sozialstruktur, zwischen *Individuum* und *Gesellschaft.* Scheu expliziert diese Unterscheidung und die dahinterstehende theoretische Konzeption nicht, aber ihr Vokabular verweist auf ein bestimmtes Modell,
  mit dem sie sich den „Verinnerlichungsprozeß“ von Gesellschaft vor-
  stellt. Sie spricht von „frühkindlicher Konditionierung“ (1977, 15) und
  von „geschlechtsspezifischer Deformierung“ (ebd., 16). „Geschlechtsidentität“ wird „zugewiesen“, ja „aufgezwungen“ (vgl. ebd., 8).

– Hier wird eine vierte typische Annahme erkennbar: Die Vorstellung, das Individuum sei im wesentlichen *Objekt* des Sozialisationsprozesses. Scheu betont die Prägung, der Frauen passiv unterworfen werden – sei es durch einen anonymen Sozialisationsprozeß oder konkrete „Erzieher" und „Unterdrücker". Ihre Verwendung von de Beauvoirs These weicht nicht nur von der deutschen Fassung des „Anderen Geschlechts" ab, sie betont einseitig den deterministischen Aspekt: „Wir werden nicht als Mädchen geboren – wir werden dazu *gemacht*." Diese Sichtweise akzentuiert weniger den Prozeß des Werdens als das Faktum des Gemacht-Werdens, und sie steht im deutlichen Kontrast zum interaktionistischen Konzept des „doing gender", das gegenüber dem Gemacht-Werden das Selbst-Machen betont.

– An anderer Stelle wiederum betont auch Scheu den *Prozeßcharakter* der Sozialisation, ein fünftes Bestimmungsstück des Paradigmas. Sie schreibt: „Denn die Annahme der geschlechtsspezifischen Rolle ist kein einmaliger Akt, ist nicht durch die Biologie determiniert. Es ist vielmehr ein kontinuierlicher Prozeß des Erwerbs geschlechtsspezifischer Fertigkeiten und Eigenschaften" (1977, 49). Dies liest sich fast schon wieder wie ein Argument aus der aktuellen Diskussion um die Konstruktion von Geschlecht.[16] Auch hier wäre jedoch genauer zu fragen, *wie* der Prozeß konzipiert wird, ob er tatsächlich als „kontinuierlicher" Prozeß über die gesamte Lebensspanne betrachtet wird, ob er in Phasen unterteilt ist und ob er ggf. einen Punkt relativer Abgeschlossenheit erreicht (das gelungene Sozialisationsprodukt „Frau" oder „Mann", die stabile „Geschlechtsidentität"). Scheu konzentriert sich auf die frühe Kindheit als Phase besonders „harter", entscheidender Prägung und favorisiert damit – entgegen ihrer abstrakten Absichtserklärung – die Produktperspektive gegenüber der Prozeßperspektive.

Ursula Scheus Buch verdeutlicht – als typisches Beispiel für die Diskussion der 1970er Jahre – zentrale Argumente und Probleme des Sozialisationsparadigmas, die auch aus heutiger Sicht noch relevant sind. Es macht außerdem die Aktualität einiger strategischer Argumente sichtbar: die politische Ausrichtung gegen biologistische Positionen, die in den späten 1990er Jahren noch immer (oder schon wieder) formuliert werden, und das Insistieren auf der Gesellschaftlichkeit der Geschlechterkategorie und ihren strukturellen Dimensionen (geschlechtsspezifische Arbeitsteilung, Machtverhältnisse), schließlich die Vorstellung, daß Geschlecht in einem redundanten und vielschichtigen, die feinen Poren alltäglichen Handelns durchdringenden Prozeß „gemacht" wird.

Differenzierung der Positionen und Suche nach einem theoretischen Rahmenkonzept

Es steht durchaus im Einklang mit der These einer nicht-linearen Theorieentwicklung, daß es bereits in den 1970er Jahren differenziertere Positionen und kritische Auseinandersetzungen mit Scheu und ähnlichen Argumenten gegeben hat. Ich möchte hier nur zwei zeitgenössische Ansätze hervorheben: Zum einen zeigt Christiane Schmerls Arbeit (1978, auch 1982), daß die bloße Frage nach empirisch feststellbaren Differenzen nicht automatisch mit einer Reifikation oder gar Naturalisierung dieser Differenzen einhergehen muß, sondern durchaus in dekonstruierender Perspektive erfolgen und den Blick auf die wissenschaftliche Konstruktion dieser Differenzen lenken kann. Dies demonstriert Schmerl schon durch die immanente Kritik, indem sie die empirische Wissenschaft an ihren eigenen Ansprüchen mißt und außerwissenschaftlich begründete Ausblendungen und Einseitigkeiten offenlegt. Darüber hinaus hat sie viele kritische Argumente zum theoretischen Konzept der geschlechtsspezifischen Sozialisation bereits damals „auf den Punkt gebracht", z.B. die Überfokussierung der frühen Kindheit und der Eltern als Sozialisationsagenten, die Vernachlässigung der Selbstsozialisation oder die Ignoranz gegenüber gesellschaftlichen Strukturbedingungen, vor allem dem gesamten Bereich des Arbeits- und Berufssystems.

Auch Helga Bilden legt in ihrem ersten Überblicksreferat von 1980 ein gegenüber Scheu sehr viel differenzierteres Verständnis des Sozialisationsprozesses vor und unternimmt den Versuch, einen konzeptuellen Rahmen zu formulieren, einen theoretischen Gesamtentwurf, der die Komplexität des Sozialisationsprozesses erfassen soll: Basierend auf Ansätzen der Kritischen Psychologie, historisch-feministischen Analysen des Geschlechterverhältnisses und einer biographischen Perspektive begreift sie die „Ontogenese als geschlechtsspezifische Aneignung der sozialen und physischen Welt angesichts der historischen Arbeitsteilung der Geschlechter" (1980, 784). Mit der Kernkategorie der Aneignung betont sie – anders als Scheu – die aktive Leistung der Subjekte. Charakteristisch für die zeitgenössische Diskussion (und hierin vergleichbar den Ansätzen von Geulen und Hurrelmann) ist auch an Bildens Konzept die Absicht, *alle* relevanten Ebenen des Sozialisationsprozesses zu integrieren – ein naheliegender Versuch angesichts der Vielzahl empirischer Einzelbefunde einerseits und der Sackgasse monokausaler Erklärungsansätze andererseits. Von gerade diesem Anspruch einer systematischen theoretischen Integration hat sich Bilden jedoch gut zehn Jahre später verabschiedet.[17]

Kritisches Fazit zu den 1970er Jahren

Bei der Durchsetzung des Paradigmas in den 1970er Jahren dominiert deutlich der Gedanke der gesellschaftlichen Herstellung, der „Fabrikation" der Geschlechterdifferenz. Die Biologie spielt keine Rolle. Naturargumente werden abgelehnt, Kausalitäten umgedreht: Nicht die geschlechtsspezifischen Unterschiede führen zur sozialen und kulturellen Geschlechterordnung, sondern umgekehrt, diese zwingt – via Sozialisation – den Individuen die Unterschiede auf. Die Biologie wird allenfalls als ideologisches Argument relevant, denn die sozialen Unterschiede werden der biologischen (genauer: der phänotypischen) Zweigeschlechtlichkeit des Körpers angeheftet (vgl. Bilden 1980, 777).

In der aktuellen Kritik an den Ansätzen der 1970er und 80er Jahre wird genau hier ein entscheidender Konstruktionsfehler gesehen, daß nämlich die Kategorie „sex", also die Ebene der biologisch-körperlichen Verfaßtheit [8] von Geschlecht, „links liegengelassen" worden sei. Damit sei – so Gildemeister/Wetterer (1992) – ein verdeckter Biologismus bestehen geblieben, der für das Festhalten an der dualistischen Geschlechterkonstruktion verantwortlich ist.

Die Kritik der *mangelnden Analyse der biologischen Dimension* trifft zurecht die Konzeptionen zur geschlechtsspezifischen Sozialisation aus den 1970er Jahren. Solange die Frage der Biologie ungeklärt ausgeklammert bleibt, besteht die Gefahr, daß alte biologistische Denkraster unterschwellig, d.h. auf der Ebene von Alltagstheorien, greifen und auch in die wissenschaftliche Arbeit eingreifen. Diesen Vorgang können wir bei vielen empirischen Studien beobachten, die in der Suche nach geschlechtsspezifischen Differenzen die zweiwertige Geschlechterkategorie als Ausgangsvariable bereits in ihr Design eingebaut haben. Die Gefahr, unreflektiert biologistischen Argumenten aufzusitzen, besteht aber auch, wenn aktuelle naturwissenschaftliche „Befunde" (z.B. aus der Hirnforschung oder Soziobiologie) als neue Argumente in die Geschlechterdebatte eingeführt werden.

Ein zweiter Kritikpunkt richtet sich auf die *formallogische Konstruktion*, die mit der stillschweigenden Unterscheidung von „Biologie" und „Gesellschaft" erfolgt. In der formalen Parallelkonstruktion von „sex" und „gender" als jeweils dichotomisch organisierten Kategorien (zwei soziale Genusgruppen entsprechen zwei biologischen Geschlechtern, ohne daß diese Analogie begründet würde) ist eine Denkfalle enthalten, die sich auch in der Konstruktion verschiedener Ebenen des Sozialisationsprozesses wiederholt (vgl. schon die Kritik von Schmerl 1978, sowie Gildemeister/Wetterer 1992). Nicht die Tatsache, daß solche Ebenen analytisch unterschieden werden, sondern daß eine stillschweigende Homologie zwischen den Ebenen konstruiert wird, d.h. daß Geschlecht auf allen Ebenen als dualistische Kategorie gedacht wird, ist das Problem.

Ein dritter Kritikpunkt betrifft schließlich die Dimension des „gender",
also die *Konzeption des Sozialen*: In den vorgestellten Konzepten der 1970er
Jahre wird der Prozeß der Verinnerlichung der gesellschaftlichen Strukturen
nur sehr abstrakt postuliert (Bilden, Schmerl) oder gar „ausgeklammert"
(Scheu). Dieser aber ist zentral für eine Theorie der Geschlechtersozialisation. Auf der politischen Ebene hat die Frauenbewegung mit ihrem Slogan
„das Private ist politisch" zum Ausdruck gebracht, daß Individuum und
Gesellschaft nicht zu trennen sind, daß die Gesellschaft nicht „außen" ist,
sondern mitten „in" den intimsten Winkeln des Privaten, im Alltagsleben, in
den Biographien, in den Körpern der Subjekte. Das Gesellschaftliche endet
nicht mit der Sichtbarkeit des Verhaltens an der Körpergrenze, sondern geht
„unter die Haut".[19] Umgekehrt endet das Subjektive nicht an den Grenzen
individuellen Verhaltens, sondern besteht in den „Verhältnissen zwischen
den Verhaltensweisen" (Sève 1977). – Wie aber wird dieser Gedanke im
wissenschaftlichen Modell konzipiert? Und wie kann er empirisch erforscht
werden, ohne daß die Denkfigur der (dualistischen) Geschlechtsspezifik auf
die eine oder andere Weise reproduziert wird? Damit sind wir bei Fragen der
Gegenwart angelangt.

4   Die sozialisationstheoretischen Probleme des Konzepts der geschlechtsspezifischen Sozialisation

Die Analyse unseres Beispiels hat begriffliche und methodologische Probleme sichtbar gemacht, die sich sowohl mit Blick auf die Kategorie *Geschlecht*
als auch hinsichtlich einer theoretischen Konzeption von *Sozialisation* ergeben. Die eingangs schon konstatierte Doppelperspektive von feministischer
Theorie und Sozialisationsforschung läßt sich nach dem bisher Gesagten in
folgender These zusammenfassen: Das Konzept der „geschlechtsspezifischen
Sozialisation" ist zwar durch die Frauenbewegung angestoßen worden, aber
es ist kein autonomes feministisches (Theorie-) Projekt. Es ist eingebettet in
die Entwicklung der Sozialisationsforschung und teilt deshalb im Ansatz die
Grundkategorien und Blickrichtungen – und damit auch die Probleme – des
Sozialisationsparadigmas.

Nun ist Scheus Arbeit allenfalls ein Indikator für die theoretischen Probleme des Sozialisationsbegriffs, geeignet zur Illustration, aber nur begrenzt
zur wissenschaftlichen Argumentation. Wenn Helga Bilden davon spricht,
daß die problematischen Dichotomien Individuum - Gesellschaft, Handeln -
Struktur, Subjekt - Objekt, Innen - Außen, Natur - Kultur, sex - gender (die
Reihe ließe sich fortsetzen) dem Sozialisationsbegriff und den dahinterste-
henden Konzepten theoretisch nicht „auszutreiben" sind (Bilden 1991, 279),

bezieht sich diese Kritik auf wissenschaftliche Konzeptionen von Sozialisation allgemein.

Jede einzelne Theorietradition könnte sich nun damit auseinandersetzen bzw. daraufhin geprüft werden, inwiefern sie die genannten Dichotomien reproduziert.[20] Die Kritik trifft jedoch auch – oder gerade – jenes abstrakte Meta-Modell der Sozialisation. Das von Hurrelmann (1983, 1986) vorgelegte Modell kann auch in den späten 1990er Jahren noch als elaborierte und wissenschaftlich weithin akzeptierte Konzeption des Sozialisationsbegriffs gelten. Es ist deshalb sehr viel angemessener als Scheus Buch, um die „sozialisationstheoretischen Probleme" aufzuzeigen, in die Forschungen zur Geschlechtersozialisation verstrickt sind. Meine These, die ich im folgenden kurz begründen werde, lautet, daß die dichotomische Struktur und die daraus resultierenden theoretischen und methodologischen Probleme konstitutiv sind für das *Mehrebenenmodell der Sozialisation*, obwohl es gerade den gegenteiligen Anspruch einer Integration der unterschiedlichen Aspekte und Dimensionen erhebt. Die Kritik an diesem und ähnlich konstruierten Modellen liefert zugleich Argumente, sich von derartigen theoretischen Gesamtentwürfen überhaupt zu verabschieden.

Mit der Option, jene Dichotomien zu überwinden, werden in dem Modell (vgl. noch einmal Hurrelmann 1986) die Ebenen „Individuum" und „Gesellschaft" sowie dazwischen gelagerte „Meso-Ebenen" in einen gemeinsamen Rahmen (Sozialisation) eingebunden. Entgegen der Intention des Modells werden damit jedoch die dichotomischen Unterscheidungen noch einmal wiederholt. Ihre Integration erweist sich bei genauerem Hinsehen als additives Nebeneinandersetzen. Diese Lösung des Komplexitätsproblems (vgl. hierzu Kelle 1997) legitimiert eine eher konventionelle Arbeitsteilung, die sich an eben jenen problematischen Dichotomien und Kategorisierungen orientiert, deren Überwindung das Modell beansprucht. So wird es z.B. akzeptabel, daß sich psychologische Theorien um das Individuum kümmern, während soziologische Analysen eher die Instanzen und Mechanismen auf institutioneller oder „struktureller" Ebene untersuchen.[21] Das Modell reproduziert also der Tendenz nach die traditionellen disziplinären Fächergrenzen, obwohl Sozialisation theoretisch als interdisziplinäres Konzept angelegt ist. Über die *Verknüpfung zwischen den Ebenen* sagt das Modell noch nichts aus. Damit aber weicht es der eigentlichen theoretischen Herausforderung des Sozialisationskonzepts aus, nämlich jene „subjektive Aneignung der sozialen Welt" oder die „Verinnerlichung gesellschaftlicher Strukturen" in einer Prozeßperspektive theoretisch zu begreifen.[22]

Die Mehrebenenkonzeption scheint jedoch nicht nur ungeeignet, jenes theoretische Integrationsproblem zu lösen. Sie produziert darüber hinaus – gewissermaßen unter der Hand – eine *Reifizierung*: Die gewählte Perspektive eines Elements des Modells wird scheinbar zu einer Eigenschaft des Gegenstands oder zum Gegenstand selbst. So suggeriert z.B. die Ebene „Individuum" die Existenz biologisch abgrenzbarer Einzelwesen als „reale" Einheiten des Sozialen, die z.B. von der Ebene der Institutionen als davon unabhängige „reale" Einheiten unterschieden und – im zweiten Schritt – wieder in Beziehung gesetzt werden müssen. Es sieht so aus, als sei die Welt – und nicht das theoretische Nachdenken über die Welt – in jene Ebenen eingeteilt, die das Modell formuliert. Eine solche Abbildbeziehung zur sozialen Wirklichkeit ist jedoch dem Sozialisationskonzept unangemessen. Wie oben ausgeführt, bezeichnet Sozialisation keinen empirischen Gegenstand, sondern eine hochabstrakte *modellhafte Konstruktion*, die gerade nicht an eine vergleichbar strukturierte Empirie oder – um mit Alfred Schütz (1971) zu sprechen – eine Konstruktion ersten Grades anknüpfen kann, also an die „realen" Konstruktionen der TeilnehmerInnen der Alltagswelt.

Dies hat weitreichende Konsequenzen auch für die *empirische Sozialisationsforschung*. Die „Eckpunkte", „Ebenen" oder „Dimensionen" des theoretischen Modells werden in der empirischen Forschung zwar abstrakt vorausgesetzt, aber häufig gerade nicht in die konkrete empirische Analyse einbezogen, entsprechend dem pragmatischen Modell der Arbeitsteilung zwischen den Ebenen. Damit aber geraten auch die *konkreten Zusammenhänge* zwischen den Ebenen aus dem Blick der empirischen Analyse, die ja durch das Modell gerade angezielt werden sollten. Anders gesagt: Durch die Definition abgegrenzter Variablen oder Variablenbündel, die in der Regel je einer Modellebene zugeordnet sind (z.B. Persönlichkeitsvariablen oder Verhaltensmerkmale auf der individuellen Ebene, Interaktionsstile oder elterliche Erziehungsstile auf der Ebene der Interaktionen, Institutionenvariablen, Indikatoren für soziale Milieus oder Schichten auf der Ebene der Gesellschaft usw.), wird die Komplexität des Sozialisationsprozesses reduziert und für die empirische Forschung handhabbar gemacht. Die *Kriterien* für diese Reduktion sind aus jenen modellhaften Annahmen abgeleitet. Sie sind weder theoretisch überzeugend begründet (denn es handelt sich ja um ein „theorieneutrales" Meta-Modell), noch knüpfen sie an empirisch beobachtbare Alltagspraktiken der Komplexitätsbewältigung an. Zusammenhänge zwischen derart konstruierten „Faktoren", „Instanzen" oder „Variablenbündeln" können auf der Ebene empirischer Forschung allenfalls korrelativ hergestellt werden. Die Aufgabe der Interpretation empirisch vorfindbarer Korrelationen erfolgt dann entweder in der von Geulen kritisierten Weise eklektizistischer „ad hoc"-Erklärungen oder wird auf eine abstrakte Modellebene verlagert. Als Resultat steht eine Fülle relativ kleinräumiger empirischer Analysen einer davon weitgehend abgekoppelten (meta-)theoretischen Diskussion (zuletzt Veith 1996) gegenüber – einer Theoriediskussion, die, wie oben dargestellt, kaum mit der Ausweitung der empirischen Forschung Schritt gehalten hat. Dieser *Bruch zwischen Theorie und Empirie* ist somit, neben der diskutierten Reifizierungsproblematik, ein zweites zentrales Problem jenes integrativen Sozialisationsmodells und der Sozialisationsforschung insgesamt.

Dabei ist anzumerken, daß das skizzierte Theorie-Empirie-Verhältnis kein genuines Problem der Sozialisationsforschung ist. Es wurde bereits in den 1960er Jahren als Grundsatzproblem in der Methodendiskussion der US-amerikanischen Soziologie artikuliert (vgl. Glaser/Strauss 1967) und führte zu einer Methodologie der „empirisch fundierten Theoriebildung", dem Entwurf einer sozialwissenschaftlichen Forschung, in der Theorie und Empirie systematisch und regelgeleitet miteinander verschränkt sind (vgl. U. Kelle 1994).[23] Eine vergleichbare methodologische Position wurde kritisch gegenüber dem sozialwissenschaftlichen „malestream" von der feministischen Forschung entwickelt (vgl. Becker-Schmidt/Bilden 1991). – Dennoch ist die Sozialisationsforschung nicht zufällig mit diesem Problem konfrontiert, denn sie ist im Kern um ein abstraktes theoretisches Konzept herum organisiert, dessen Anbindung an die Empirie – sowohl auf der Ebene der Erfahrungen alltagsweltlicher AkteurInnen als auch systematischer wissenschaftlicher Erfahrungen – methodologisch nicht geklärt ist.

Die bisherige Diskussion zum Konzept der Sozialisation hat eine Reihe von ernsthaften Kritikpunkten sichtbar gemacht, die sowohl den systematischen Anspruch einer integrativen Sozialisationstheorie als auch den vorliegenden Entwurf zur Realisierung dieses Anspruchs, das „theorieneutrale" Mehrebenenmodell, betreffen. Aus feministischer Sicht stellt sich damit in der Tat die Frage, ob eine derartige Modellvorstellung nicht aufgegeben werden sollte, da sie den „geschlechtertheoretischen Problemen" des Konzepts der geschlechtsspezifischen Sozialisation noch die „sozialisationstheoretischen Probleme" hinzufügt. Der geschilderte Bruch zwischen Theorie und Empirie leistet den Reifikationstendenzen dichotomischer Erklärungsansätze zur Kategorie Geschlecht bedenklich Vorschub. Was also ist zu tun?

5   Die biographische Konstruktion von Geschlecht – Plädoyer für eine andere Forschungsperspektive

Eine erste Konsequenz aus der bisherigen Analyse besteht zweifellos darin, sich von dem systematisch-theoretischen Anspruch des diskutierten Sozialisationsmodells zu verabschieden und es als das zu nehmen, was es ist: nicht mehr und nicht weniger als eine pragmatische Matrix für die Ordnung unterschiedlicher theoretischer Perspektiven und empirischer Forschungsbereiche. Der Verzicht auf ein „allumfassendes" theoretisches Modell würde von den Zwängen und Dichotomien mindestens *dieses* Modelltyps befreien. Mit dieser Verabschiedung soll jedoch nicht der Anspruch aufgegeben werden, die *komplexen Zusammenhänge* von Sozialisation theoretisch und empirisch zu erfassen – ein Anspruch, der aus feministischer Sicht konstitutiv ist (vgl. Becker-Schmidt 1985). Eine Forschung zur Geschlechtersozialisation, die an diesem Anspruch festhält und die Kritik an einer reifizierenden Theoriebildung ernst nimmt, kann die diskutierten Probleme und Optionen des Sozialisationsparadigmas gewiß nicht auf Anhieb lösen, aber sie kann sie aus einer anderen Perspektive heraus in den Blick nehmen. Es geht also nicht darum, sich von dem Forschungsproblem zu verabschieden, das bisher unter dem Begriff der geschlechtsspezifischen Sozialisation verhandelt wurde, sondern um eine neue Perspektive auf die Frage, wie Menschen in eine nach Geschlecht strukturierte Gesellschaft hineinwachsen und darin ihre je besondere Lebensgeschichte entwickeln.

Ausgehend von der bisherigen Analyse müßte sich eine alternative Forschungsperspektive vor allem durch zwei Merkmale auszeichnen: durch ein zum diskutierten Sozialisationsmodell alternatives „Leitparadigma" oder „sensibilisierendes Konzept" und durch ein anderes Theorie-Empirie-Verhältnis. Beide Aspekte kann ich abschließend nur kurz skizzieren. Sie sind nicht unabhängig voneinander, sondern ergeben sich aus der Grundidee, daß ein Weg zur Erforschung der Sozialisation von Geschlecht gefunden werden muß, bei dem jener Aneignungsprozeß von Gesellschaft nicht durch die Brille eines abstrakten sozialisationstheoretischen Modells hindurch erfaßt wird, sondern gewissermaßen durch die Strukturierungslogik des Prozesses selbst. Dieser wird auf der Ebene der konkreten Empirie immer nur in der Verschränkung von Subjekt- *und* Objektperspektive, von Individuum *und* Gesellschaft, von „innen" *und* „außen", „sex" *und* „gender" usw. zugänglich. Diese Tatsache nicht als Problem zu betrachten, das es durch reduktive Verfahren zu beseitigen oder zumindest zu „kontrollieren" gilt, sondern als Ausgangspunkt und eigentlichen Gegenstand der Forschung, ist eine methodologische Entscheidung und zugleich eine inhaltliche Frage, die auch die Konzepte von *Sozialisation* und *Geschlecht* berührt.

Die Einsicht, daß Geschlechter „gemacht werden" (Gildemeister/ Wetterer 1992), wird in der theoretischen Debatte seit etwa zehn Jahren mit dem Begriff des *doing gender* gefaßt (vgl. West/Zimmerman 1987). Das Konzept betont die aktive bzw. interaktive Herstellung, Reproduktion und Variation sozialer Regeln und Strukturen, die wiederum die Praxis der AkteurInnen beeinflussen. In dieser Perspektive werden problematische Dualismen wie „innen - außen" oder „Handeln - Struktur" im Ansatz vermieden. Statt dessen rückt der konkrete soziale Interaktionsprozeß in den Mittelpunkt. Dieser beschreibt jedoch keine Ebene „zwischen" Gesellschaft und Individuum. Die Gesellschaft steht dem Individuum nicht gegenüber, sondern ist in einem dialektischen Prozeß stets beides zugleich: objektive und subjektive Wirklichkeit. Die empirische Analyse von Interaktionsprozessen macht deshalb immer beide Perspektiven gewissermaßen „in actu" zugänglich. In der sozialen Praxis von Individuen wird „Geschlecht" als gesellschaftliche *und* als subjektive Konstruktion analysierbar. Die Fruchtbarkeit dieser Perspektive für die Sozialisationsforschung läßt sich an ersten Forschungsergebnissen auch im deutschsprachigen Kontext ablesen (vgl. noch einmal Breiden-stein/Kelle 1998).

Theoretisch steht das Konzept des „doing gender" in einer Tradition, die grundlegend davon ausgeht, daß *soziale Wirklichkeit* durch soziales Handeln und soziale Interpretationen, also durch komplexe interaktive Praktiken her-gestellt wird. Damit verbunden ist eine prozeßhafte Konzeption der sozialen Realität. Diese „altbekannte" sozialkonstruktivistische Position (z.B. Berger/ Luckmann 1969) ist sowohl aus sozialisationstheoretischer Sicht (vgl. schon Gildemeister 1978; Lindesmith/Strauss 1974/75) als auch aus feministischer Perspektive (vgl. z.B. Lorber/Farrell 1991) nicht mehr hintergehbar. Das heißt aber nicht, daß „alles schon gesagt" wäre oder daß wir den Sozialisati-onsbegriff durch das Konzept der „sozialen Konstruktion" bloß zu ersetzen brauchten, um die diskutierten Probleme zu lösen.

Die Bedeutung des interaktionistischen Ansatzes für die gegenwärtige Sozialisationsforschung liegt m.E. weniger in der bloßen Wiederaufnahme der abstrakten theoretischen Position als in der Neuorientierung der empiri-schen Forschung, die damit angeregt wird (vgl. Knorr-Cetina 1989). Die sozialkonstruktivistische Theorieperspektive und die damit verbundene re-konstruktive Forschungsdisposition ermöglicht nicht nur neue inhaltliche Erkenntnisse über die vielschichtigen und widersprüchlichen Sozialisations-prozesse in einer geschlechterstrukturierten Gesellschaft, sondern auch eine „Selbstanwendung" der konstruktivistischen Prinzipien auf den Forschungs-prozeß, d.h. eine systematische Reflexion und Re-Konstruktion, welche Ka-tegorien (z.B. „männlich - weiblich", „Individuum - Gesellschaft") durch die Forschung(spraxis) selbst definiert oder akzentuiert werden. Damit wird das Reifikationsproblem anerkannt und in den Forschungsprozeß einbezogen (vgl. Kelle in diesem Band). Damit werden auch neue theoretische Fragen aufgeworfen, allen voran die Frage nach einer Neufassung der Kategorie Geschlecht.

An dieser Stelle könnte es möglicherweise wieder zu einer konstruktiven Verknüpfung der beiden diskutierten Forschungsperspektiven kommen. Einerseits lassen sich zentrale Probleme des Sozialisationsparadigmas durch die Konzeption des „doing gender" lösen. Das Leitkonzept der „geschlechts-spezifischen Sozialisation" mit seinen problematischen reifizierenden und identitätslogischen Implikationen könnte aufgegeben werden, ohne zugleich die damit verbundene Fragestellung aufzugeben, wie Menschen in einer geschlechtercodierten Welt „Frauen" und „Männer" werden und ihrerseits zur Reproduktion und Veränderung des Geschlechtersystems beitragen. Den-noch lassen sich nicht alle Aspekte der sozialisationstheoretischen Perspekti-ve im Begriff des „doing gender" auflösen. Was diesem fehlt oder zumindest unterbelichtet wird, ist die lebensgeschichtliche Dimension des Geschlecht-*Werdens*. Die Ergänzung des „doing gender"-Ansatzes um den Gedanken der *biographischen Konstruktion von Geschlecht* könnte, wie ich an anderer Stelle ausführlicher diskutiert habe (Dausien 1998), auch aus einigen Widersprüche in der „konstruktivistischen" Diskussion und der vermeintlichen Gefahr einer Auflösung aller Strukturen (Gesellschaft und Subjekt) heraushelfen.

Die beiden Konzepte beziehen sich im Kern auf unterschiedliche Zeitebenen. Sozialisation meint, dem theoretischen Anspruch nach, eine *lebenszeitliche* Struktur: die Zeitgestalt der Biographie. Das Konzept des „doing gender" fokussiert dagegen Interaktionsprozesse im Horizont der *Alltagszeit*, d.h. der zeitliche Rahmen interaktiver Konstruktionen ist die Situation (oder eine Kette von Situationen). Die Frage, wie sich konkrete situationsgebundene Interaktionspraktiken zu dauerhafteren Strukturen verfestigen, bleibt zunächst offen. Sie kann nach zwei Seiten hin formuliert werden: Erstens als Frage, wie das „kulturelle System der Zweigeschlechtlichkeit" (Hagemann-White 1984) durch die Alltagspraxis der Gesellschaftsmitglieder zur Institution geworden ist und aufrechterhalten wird[24]; und zweitens als Frage, wie sich in dieser Praxis zugleich Subjektstrukturen oder besser: biographische Prozeßstrukturen herausbilden, die, wenn auch nicht „geschlechtsspezifisch" im Sinne einer dualistischen Codierung, so doch an die soziale Positionierung im Geschlechtersystem „gebunden" sind (vgl. Dausien 1996).

Dieser Aspekt, der in klassisch sozialisationstheoretischer Perspektive zum Begriff der „Geschlechtsidentität" und damit zu der diskutierten Gefahr der Reifikation und Essentialisierung führt, kann im theoretischen Konzept der *Biographie* (vgl. Fischer/Kohli 1987) aufgehoben werden[25], ohne die theoretische Grundannahme der sozialen Konstruktion und die damit verbundenen Vorteile eines rekonstruktiven empirischen Zugangs aus dem Auge zu verlieren. „Biographie" konzipiert jene „subjektive Aneignung der Gesellschaft" und die „gesellschaftliche Konstitution von Subjektivität" als dialektischen Prozeß (vgl. Fischer-Rosenthal 1991).

Allerdings ist Biographie keine bloß theoretische Kategorie, sondern selbst ein Produkt sozialer Konstruktionsprozesse, ein „sozialer Tatbestand" in modernen Gesellschaften, der in unterschiedlichen kulturellen und sozialen Kontexten historisch differenziert ist. Genauso wenig, wie man ein Geschlecht einfach „hat", „hat" man eine Biographie (vgl. Dausien 1996, 3). Eine Biographie wird vielmehr hergestellt, durch abstrakte und konkrete gesellschaftliche Vor-Bilder; durch Erwartungen aus dem sozialen Nahbereich und institutionalisierte Erwartungsfahrpläne, die sozial und kulturell erheblich variieren; durch strukturelle „Weichenstellungen", die sich als konkrete materielle, rechtliche und soziale Restriktionen des individuellen Handlungsspielraums rekonstruieren lassen; schließlich durch die reflexive Leistung der Subjekte selbst, ohne deren biographische Arbeit weder soziales Handeln denkbar wäre, noch soziale Strukturen reproduziert werden könnten. Auf allen diesen Ebenen spielt die Positionierung im Geschlechterverhältnis eine Rolle.

Die *empirische Analyse* von Biographien macht die komplexe prozeßhafte Verschränkung dieser Aspekte sichtbar, und zwar in je konkreten Gegenstandsbereichen bzw. Lebensgeschichten, die – sozialisationstheoretisch gesprochen – nichts anderes sind als konkrete Ausformungen jener lebenslangen Auseinandersetzung zwischen Individuum und Gesellschaft, die aber empirisch *nur* in der Konkretheit zu haben sind und deshalb eine andere Form der Verallgemeinerung und ein anderes Theorie-Empirie-Verhältnis implizieren als die oben diskutierte Modellbildung. Durch biographische Forschungen finden wir keine Kausalerklärung, sondern eine empirisch fundierte Re-Konstruktion von geschichtlichen bzw. lebensgeschichtlichen Prozessen. Statt „Warum" wird das „Wie" zum Thema gemacht. Statt Ursachenfaktoren für männliches und weibliches Verhalten zu extrahieren, die an einer statistischen Durchschnittslogik orientiert sind und im empirischen Einzelfall doch nur mehr oder weniger (im Extremfall nie) zutreffen, wird es möglich zu beschreiben, *wie* Individuen sich in einer geschlechterstrukturierten Welt auf eigensinnige Weise einordnen, ihre unverwechselbare Identität und Individualität entwickeln und zugleich allgemeine soziale Strukturen wie das Geschlechterverhältnis (re)produzieren, aber auch modifizieren.[26]

Damit geht es um die (Re-)Konstruktion von Geschichten des Frau- bzw. Mann-Werdens in bestimmten sozialen Kontexten, also um soziale Prozeßstrukturen unter der Bedingung *biographischer Reflexivität*. Ein solcher Ansatz zielt auf eine temporale Konstruktionslogik und damit eigentlich auf den Kern des Sozialisationsgedankens, wie er sich bei de Beauvoir, nicht aber in der Interpretation von Scheu findet, um noch einmal an obige Diskussion anzuknüpfen.

Methodologisch ist damit eine abduktive Forschungslogik (vgl. U. Kelle 1994; Sturm 1994) angesprochen, wie sie im bereits genannten Konzept einer empirisch-fundierten, rekonstruktiven Theoriebildung vorliegt.[27] In theoretisch angeleiteten, aber nicht deduktiv abgeleiteten empirischen Analysen wird die Komplexität von Sozialisation in einer geschlechterstrukturierten Welt an einem konkreten empirischen Gegenstandsfeld (z.B. Interaktionsprozesse in der Familie oder der Schule) *entfaltet* statt reduziert, um auf dieser Basis zu neuen theoretischen Konzepten zu gelangen. Für eine solche „gegenstandsorientierte" Forschungsperspektive liegen in der qualitativen Sozialforschung erprobte methodologische und methodische Konzepte vor, die jene Komplexität nicht nur zulassen, sondern ihre systematische Explikation zum Ziel haben. Sie können hier nicht im einzelnen diskutiert werden.[28]

Biographien können somit theoretisch als komplexe soziale Konstruktionsprozesse *in der Zeit*, genauer: in einer lebensgeschichtlichen Strukturlogik, interpretiert und zugleich empirisch konkret analysiert werden (vgl. Dausien 1994, 1996, 1998). Die Verbindung zwischen einer Theorie der Geschlechterkonstruktion und einem empirischen Zugang zu deren Analyse muß jeweils konkret ausbuchstabiert werden und ist u.U. gespannt, aber nicht „gebrochen" wie im diskutierten Sozialisationsmodell. Schließlich werden durch den Gegenstandsbezug einer biographischen Forschung Reifikationstendenzen zumindest erschwert, denn mit der rekonstruktiven Entfaltung je konkreter Lebensgeschichten und Alltagserfahrungen werden schematische Verallgemeinerungen und „saubere" subsumtionslogische Kategorisierungen vermieden. Keine Frau und kein Mann entsprechen hundertprozentig dem gesellschaftlichen Prototyp der Geschlechter. Keine Interaktionssituation (re)produziert „reine" Geschlechterordnungen. Die Analyse von Lebensgeschichten und Alltagswelten öffnet vielmehr den Blick für das Widersprüchliche, Bewegliche und Unreine lebendiger Prozesse. Das aber gilt es zu begreifen, wenn wir in bestehende gesellschaftliche Ordnungssysteme reflexiv eingreifen und sie verändern wollen.

Anmerkungen

1   Einen ähnlichen Versuch, in der Sozialisationsforschung wieder „eine theoriebezogene grundsätzliche Debatte ... anzuzetteln" unternimmt Jürgen Zinnecker aus der Perspektive der Kindheitsforschung (1996, 51). Seine Einschätzung zum Forschungsstand und dem Stellenwert des Sozialisationsparadigmas geht in vielen Punkten in eine ähnliche Richtung wie meine sozialisationstheoretische Argumentationslinie. Die geschlechtertheoretische Diskussion nimmt Zinnecker allerdings – trotz vereinzelter Referenzen – nicht auf.

2   Ich beziehe mich im vorliegenden Artikel weitgehend auf die deutschsprachige Forschungsdebatte (zur angloamerikanischen Tradition des Konzepts im Anschluß an Mead und Parsons vgl. z.B. Geulen 1991 und Veith 1996).

3   Auf den Zusammenhang zwischen der Entwicklung der Sozialisationsforschung seit den 1960er Jahren und spezifischen Problemlagen der deutschen Nachkriegsgesellschaft, insbesondere der „Bildungskatastrophe" (Picht 1964) und der Auseinandersetzung der jüngeren Generation mit dem Nationalsozialismus, weist Veith (1996) hin (zum Zusammenhang von Bildungsreform und Sozialisationsforschung vgl. auch Geulen 1983).

4   Der in diesem Kontext vieldiskutierte und einflußreiche Ansatz Basil Bernsteins (1972), der die familiale Sprachsozialisation als zentrales Erklärungsmoment für die Reproduktion der Klassenstruktur annahm, bildete die Grundlage für Modelle einer „kompensatorischen Erziehung".

5   Die explizite Verknüpfung von Klasse und Geschlecht in der Sozialisationsforschung war und ist bis heute dagegen eher selten (vgl. z.B. Becker-Schmidt/Knapp 1985 oder die aktuelle Studie von Brendel 1998).

6   Zum Zusammenhang zwischen Frauenbewegung, Frauenforschung und geschlechtsspezifischer Sozialisationsforschung vgl. Breitenbach/Hagemann-White (1994).

7   Auf Forschungen zur geschlechtsspezifischen Sozialisation in der Schule gehe ich im folgenden nicht genauer ein (vgl. z.B. Horstkemper 1987, Horstkemper/Wagner-Winterhager 1990, Luca/Kahlert/Müller-Balhorn 1992, Faulstich-Wieland 1995 u.v.a.).

8   Die *Zeitschrift für Sozialisationsforschung und Erziehungssoziologie (ZSE)* erschien erstmals im März 1981.

9   Das Modell unterscheidet bekanntlich verschiedene „Ebenen" der Sozialisation (Individuum, Interaktionen, Institutionen, die Gesamtgesellschaft) sowie „Instanzen", die den jeweiligen Ebenen zugeordnet werden können. Eine andere Kategorisierung erfolgt entlang der lebenszeitlichen Linie, die verschiedene „Phasen" des Sozialisationsprozesses unterscheiden läßt (vgl. Hurrelmann 1986).

10 Hier wurden insbesondere interaktionistisch orientierte Ansätze der angloamerikanischen „peer culture"-Forschung aufgegriffen (vgl. Kelle/Breidenstein 1996).

11 Zinnecker (1996) stellt in seiner kritischen Revision der Sozialisationsforschung eine ähnliche Frage, nämlich ob das Forschungsgebiet eine lineare Entwicklung nach dem Modell eines kumulativen Fortschritts zu verzeichnen habe, wie er es bei Hurrelmann/Ulich (1991) vertreten sieht, oder ob eher eine ungleichzeitige, krisenhafte Entwicklung rekonstruiert werden könne.

12 Ausführliche Sammelreferate dieser Art hat es schon früher und auch später immer wieder gegeben (vgl. Maccoby/Jacklin 1974; Bilden 1980 u.a.).

13 An diesem Punkt hat Hagemann-White (1984) ihre treffende Kritik festgemacht, daß die Varianzen innerhalb der Genusgruppen größer seien als die Differenz zwischen den Mittelwerten der beiden Gruppen. Damit wird die „empirische Differenz" zu einem statistischen Artefakt. Hagemann-White formuliert in der Folge ihrer kritischen Revision vorliegender Befunde zum „Geschlechtsunterschied" die sog. „Nullhypothese" (vgl. eine ähnliche Argumentation schon bei Schmerl 1978, 1982).

14 Dieses Modell ist auch innerhalb der Naturwissenschaften nur *ein* historisch und kulturell bestimmtes Paradigma, das der klassischen Mechanik, das spätestens mit Darwins Evolutionstheorie oder der Relativitätstheorie in seiner Gültigkeit eingeschränkt worden ist.

15 Diese Vorgehensweise ist vor dem Hintergrund der zeitgenössisch aktuellen Rollentheorie zu sehen (vgl. dazu bereits Habermas' scharfsinnige Kritik von 1968 (Habermas 1973)).

16 Die Parallele zu heute besteht wie schon angemerkt, auch in der eindeutigen Absage an die Biologie: „Menschen sind soziale Wesen, ihre Biologie ist heute vor allem Vorwand zur Zuweisung einer Geschlechtsidentität" (Scheu 1977, 8).

17 Bemerkenswerter als der systematische Integrationsversuch Bildens erscheint mir allerdings im Rückblick, auf welche empirischen Forschungsprobleme und Studien sie sich bezieht: Sie thematisiert bereits ausführlich die interaktive Herstellung und Aushandlung von geschlechtsbezogenem Handeln in Alltagssituationen, die Rolle von peers und Selbstsozialisation, die Verschränkung von Körperlichkeit und Sozialem, die historische Wandelbarkeit geschlechtstypischer Konstruktionen und die Perspektive des Lebenslaufs als einer Dimension, die sich explizit gegen die Überfokussierung der frühen Kindheit und der Eltern-Kind-Beziehung richtet (vgl. Bilden 1980; auch Schmerl 1978).

18 Zur Vielschichtigkeit und Widersprüchlichkeit der vermeintlich „eindeutigen" biologischen Ebene vgl. Christiansen 1995.

19 Diesen Gedanken hat schon George Herbert Mead (1980) zum Ausgangspunkt seiner „sozialbehavioristischer" Konzeption sozialen Handelns gemacht, die er damit trotz der begrifflichen Ähnlichkeit deutlich von der behavioristischen Idee der strikten Beschränkung auf Beobachtbares (=Sichtbares) unterscheidet. Die Tradition interaktionistischer Sozialisationstheorien ist deshalb m.E. in hervorragender Weise anschlußfähig für eine sozialkonstruktivistische gender-Konzeption.

20 Für eine solche Analyse ist hier weder der Ort, noch besteht eine zwingende Notwendigkeit dafür. In gewisser Weise hat Veith (1996) einen derartigen Versuch unternommen, der allerdings am Ende keineswegs zu einer „Lösung" oder einer „besseren Theorie" führt.

21 Vgl. z.B. die an den Disziplinen orientierte Einführung in die Sozialisationsforschung von Tillmann (1989).

22 Vgl. hierzu bereits die Kritik von Andreas von Prondczynsky 1982.

23 Daß dieser Ansatz mit bestimmten Theorietraditionen (z.B. Pragmatismus, Interaktionismus) einhergeht, die unter dem Sammelbegriff des interpretativen Paradigmas gefaßt werden können, ist nicht zufällig handelt es sich hierbei doch um theoretische Ansätze, die allesamt an den „Nahstellen" jenes sozialisationstheoretischen Modells ansetzen, also die *Interaktion* zwischen den Ebenen oder Elementen und nicht die Elemente selbst als Basiseinheit der Analyse fassen.

24 Hier ließe sich ein sozialkonstruktivistischer Begriff der *Institutionalisierung* anschließen (vgl. Berger/Luckmann 1980, 49ff).

25 Zum Verhältnis der Konzepte „Biographie" und „Identität" vgl. Fischer-Rosenthal 1995

26   Beispiele für empirisch-biographische Studien, die in diesem Sinne Sozialisationsprozesse untersuchen, sind Dausien 1996, Lemmermöhle 1997 und Brendel 1998.

27   Die unterschiedlichen erkenntnistheoretischen und methodologischen Traditionen, die mit einer solchen Perspektive verbunden sind, können hier nicht diskutiert werden. Ein möglicher Ansatz ist etwa im Programm eines „empirischen Konstruktivismus" (Knorr-Cetina 1989) oder der Methodologie der „Grounded Theory" (vgl. Glaser/Strauss 1967; Strauss 1991; Dausien 1996, 94ff) formuliert (zur empirisch fundierten Theoriebildung allgemein vgl. U. Kelle 1994). Die gemeinsame methodologische Grundidee besteht darin, daß die empirische Forschung und die Theoriebildung an die Lebenssituation und die Konstruktionsleistungen der alltagsweltlichen AkteurInnen anknüpfen (vgl. Schütz 1971). Deshalb sind grundsätzlich alle Methoden geeignet, die in der Lage sind, die sozialen Konstruktionen der TeilnehmerInnen konkreter Lebenswelten zu explizieren.

28   Die Methodenwahl richtet sich nach der Fragestellung. Wenn z.B. „synchrone" Prozesse der Interaktion in sozialen Situationen (peer groups, Klassenzimmer, Familiengespräch o.ä.) untersucht werden sollen, eignen sich ethnographische Verfahren wie die teilnehmende Beobachtung oder die beobachtende Teilnahme (vgl. Amann/Hirschauer 1997); wenn die „diachrone" Perspektive im Vordergrund steht, z.B. lebensgeschichtliche Erfahrungen oder historische Geschehensabläufe, sind narrative (biographische) Interviews eine bevorzugte Methode (vgl. Schütze 1983; Dausien 1994); für die Rekonstruktion kollektiver Erfahrungen sind u.U. Gruppenverfahren geeigneter als individuelle Interviews usw. (als Überblick zur qualitativen Forschung vgl. Flick u.a. 1991, Flick 1995; zu methodischen Ansätzen in der Frauenforschung vgl. Diezinger et al. 1994).

Literatur

Amann, Klaus, und Stefan Hirschauer, eds. 1997. *Die Befremdung der eigenen Kultur. Zur ethnographischen Herausforderung soziologischer Empirie.* Frankfurt a. M.: Suhrkamp.

Beauvoir, Simone de. (1949) 1951. *Das andere Geschlecht. Sitte und Sexus der Frau.* Frankfurt a. M.: Rowohlt.

Becker-Schmidt, Regina. 1985. „Probleme feministischer Theorie und Empirie in den Sozialwissenschaften." *Feministische Studien* 4 (2): 93-104.

Becker-Schmidt, Regina, und Gudrun-Axeli Knapp. 1985. *Arbeiterkinder gestern – Arbeiterkinder heute. Erziehungsansprüche und -probleme von Arbeiterinnen im intergenerativen Vergleich.* Bonn: Neue Gesellschaft.

Becker-Schmidt, Regina, und Helga Bilden. 1991. „Impulse für die qualitative Sozialforschung aus der Frauenforschung." In *Handbuch Qualitative Sozialforschung. Grundlagen, Konzepte, Methoden und Anwendungen,* eds. Uwe Flick et al., 23-30. München: Psychologie Verlags Union.

Berger, Peter L., und Thomas Luckmann. (1966) 1969. *Die gesellschaftliche Konstruktion der Wirklichkeit. Eine Theorie der Wissenssoziologie.* Frankfurt a.M.: Fischer.

Bernstein, Basil. 1972. *Studien zur sprachlichen Sozialisation.* Düsseldorf: Schwann.

Bilden, Helga. 1980. „Geschlechtsspezifische Sozialisation." In *Handbuch der Sozialisationsforschung,* eds. Klaus Hurrelmann und Dieter Ulich, 777 - 812. Weinheim u.a.: Beltz.

Bilden, Helga. 1991. „Geschlechtsspezifische Sozialisation." In *Neues Handbuch der Sozialisationsforschung,* eds. Klaus Hurrelmann und Dieter Ulich, 279-301. 4., völlig neubearbeitete Auflage. Weinheim, Basel: Beltz.

Breidenstein, Georg, und Helga Kelle. 1998. *Geschlechteralltag in der Schulklasse. Ethnographische Studien zur Gleichaltrigenkultur.* Weinheim, München: Juventa.

Breitenbach, Eva, und Carol Hagemann-White. 1994. „Von der Sozialisation zur Erziehung. Der Umgang mit geschlechtsdifferenter Subjektivität in der feministischen Forschung." In *Jahrbuch für Pädagogik 1994: Geschlechterverhältnisse und die Pädagogik*, eds. Ulla Bracht und Dieter Keiner, 249-264. Frankfurt a. M. etc.: Lang.

Brendel, Sabine. 1998. *Arbeitertöchter beißen sich durch. Bildungsbiographien und Sozialisationsbedingungen junger Frauen aus der Arbeiterschicht.* Weinheim, München: Juventa.

Bronfenbrenner, Urie. 1976. *Ökologische Sozialisationsforschung.* Stuttgart: Klett.

Chodorow, Nancy. (1978) 1985. *Das Erbe der Mütter. Psychoanalyse und Soziologie der Geschlechter.* München: Frauenoffensive.

Christiansen, Kerrin. 1995. „Biologische Grundlagen der Geschlechterdifferenz." In *Konstruktion von Geschlecht*, eds. Ursula Pasero und Friederike Braun, 13-28. Pfaffenweiler: Centaurus.

Dausien, Bettina. 1994. „Biographieforschung als ‚Königinnenweg'? Überlegungen zur Relevanz biographischer Ansätze in der Frauenforschung." In *Erfahrung mit Methode. Wege sozialwissenschaftlicher Frauenforschung*, eds. Angelika Diezinger et al., 129-153. Freiburg i. Br.: Kore.

Dausien, Bettina. 1996. *Biographie und Geschlecht. Zur biographischen Konstruktion sozialer Wirklichkeit in Frauenlebensgeschichten.* Bremen: Donat.

Dausien, Bettina. 1998. „Die biographische Konstruktion von Geschlecht." In *Einheit und Vielfalt. Das Verstehen der Kulturen*, eds. Notker Schneider, Ram Adhar Mall und Dieter Lohmar, 257-277. Amsterdam: Rodopi.

Diezinger, Angelika, et al., eds. 1994. *Erfahrung mit Methode. Wege sozialwissenschaftlicher Frauenforschung.* Freiburg i. Br.: Kore.

Feministische Studien 11 (2), 1993. *Kritik der Kategorie Geschlecht.* Weinheim: Deutscher Studien Verlag.

Faulstich-Wieland, Hannelore. 1995. *Geschlecht und Erziehung. Grundlagen des pädagogischen Umgangs mit Mädchen und Jungen.* Darmstadt: Wissenschaftliche Buchgesellschaft.

Fischer, Wolfram, und Martin Kohli. 1987. „Biographieforschung." In *Methoden der Biographie- und Lebenslaufforschung*, ed. Wolfgang Voges, 25-49. Opladen: Leske & Budrich.

Fischer-Rosenthal, Wolfram. 1991. „Zum Konzept der subjektiven Aneignung von Gesellschaft." In *Handbuch Qualitative Sozialforschung. Grundlagen, Konzepte, Methoden und Anwendungen*, eds. Uwe Flick et al., 78-89. München: Psychologie Verlags Union.

Fischer-Rosenthal, Wolfram. 1995. *The problem with identity: Biography as solution to some (post)-modernist dilemmas.* Comenius (Utrecht) 15: 250-265.

Flick, Uwe. 1995. *Qualitative Forschung. Theorien, Methoden, Anwendung in Psychologie und Sozialwissenschaften.* Reinbek: Rowohlt.

Flick, Uwe, et al., eds. 1991. *Handbuch Qualitative Sozialforschung. Grundlagen, Konzepte, Methoden und Anwendungen.* München: Psychologie Verlags Union.

Friedeburg, Ludwig von. 1994. „Bildung zwischen Aufklärung und Anpassung." In *Von der Arbeitsgesellschaft zur Bildungsgesellschaft*, eds. Peter Alheit et al., 48-67. Bremen: Universität Bremen.

Geulen, Dieter. 1977. *Das vergesellschaftete Subjekt. Zur Grundlegung der Sozialisationstheorie.* Frankfurt a. M.: Suhrkamp.

Geulen, Dieter. 1981. „Zur Konzeptualisierung sozialisationstheoretischer Entwicklungsmodelle." In *Lebenswelt und soziale Probleme. Verhandlungen des 20. Deutschen*

Soziologentages zu Bremen 1980, ed. Joachim Matthes, 537-556. Frankfurt a. M., New York: Campus.

Geulen, Dieter. 1983. „Bildungsreform und Sozialisationsforschung." In *Zeitschrift für Sozialisationsforschung und Erziehungssoziologie* (ZSE) 3 (2): 189-200.

Geulen, Dieter. 1991. „Die historische Entwicklung sozialisationstheoretischer Ansätze." In *Neues Handbuch der Sozialisationsforschung*, eds. Klaus Hurrelmann und Dieter Ulich, 21-54. 4., völlig neubearbeitete Auflage. Weinheim, Basel: Beltz.

Geulen, Dieter, und Klaus Hurrelmann. 1980. „Zur Programmatik einer umfassenden Sozialisationstheorie." In *Handbuch der Sozialisationsforschung*, eds. Klaus Hurrelmann und Dieter Ulich, 51-67. Weinheim u.a.: Beltz.

Gildemeister, Regine. 1978. *Sozialisation als Interaktionsprozeß. Darstellung und Diskussion sozialwissenschaftlicher Theorien zum frühkindlichen Sozialisationsprozeß und ihrer Implikationen für eine „kompensatorische" Vorschulerziehung.* Unveröffentlichte Diplomarbeit an der Fakultät für Soziologie der Universität Bielefeld.

Gildemeister, Regine. 1988. „Geschlechtsspezifische Sozialisation. Neuere Beiträge und Perspektiven zur Entstehung des ‚weiblichen Sozialcharakters'." In *Soziale Welt* 39: 486-503.

Gildemeister, Regine. 1992. „Die soziale Konstruktion von Geschlechtlichkeit." In *Feministische Vernunftkritik. Ansätze und Traditionen*, eds. Ilona Ostner und Klaus Lichtblau, 220-239. Frankfurt a.M., New York: Campus.

Gildemeister, Regine, und Angelika Wetterer. 1992. „Wie Geschlechter gemacht werden. Die soziale Konstruktion der Zweigeschlechtlichkeit und ihre Reifizierung in der Frauenforschung." In *Traditionen Brüche. Entwicklungen feministischer Theorie*, ed. Gudrun-Axeli Knapp und Angelika Wetterer, 201-254. Freiburg i. Br.: Kore.

Gilligan, Carol. (1982) 1984. *Die andere Stimme. Lebenskonflikt und Moral der Frau.* München: Piper.

Glaser, Barney G., and Anselm L. Strauss. 1967. *The Discovery of Grounded Theory. Strategies for Qualitative Research.* New York: Aldine.

Habermas, Jürgen. (1968) 1973. „Stichworte zur Theorie der Sozialisation." In ders. *Kultur und Kritik*, 118-194. Frankfurt a. M.: Suhrkamp.

Hagemann-White, Carol. 1984. *Sozialisation: Weiblich - männlich?* Opladen: Leske & Budrich.

Hagemann-White, Carol. 1988. „Wir werden nicht zweigeschlechtlich geboren...." In *FrauenMännerBilder. Männer und Männlichkeit in der feministischen Diskussion*, eds. Carol Hagemann-White und Maria S. Rerrich, 224-235. Bielefeld: AJZ Verlag.

Horstkemper, Marianne. 1987. *Schule, Geschlecht und Selbstvertrauen. Eine Längsschnittstudie über Mädchensozialisation in der Schule.* Weinheim: Juventa.

Horstkemper, Marianne, und Luise Wagner-Winterhager, eds. 1990. *Mädchen und Jungen, Männer und Frauen in der Schule. (Die Deutsche Schule*, Beiheft 1). Weinheim: Juventa.

Hurrelmann, Klaus, ed. 1976. *Sozialisation und Lebenslauf.* Reinbek: Rowohlt.

Hurrelmann, Klaus. 1983. „Das Modell des produktiv realitätsverarbeitenden Subjekts in der Sozialisationsforschung." In *Zeitschrift für Sozialisationsforschung und Erziehungssoziologie* (ZSE) 3 (1): 91-104.

Hurrelmann, Klaus. 1986. *Einführung in die Sozialisationstheorie. Über den Zusammenhang von Sozialstruktur und Persönlichkeit.* Weinheim: Beltz.

Hurrelmann, Klaus, und Dieter Ulich, eds. 1980. *Handbuch der Sozialisationsforschung.* Weinheim u.a.: Beltz.

Hurrelmann, Klaus, und Dieter Ulich. 1991. „Gegenstands- und Methodenfragen der Sozialisationsforschung." In *Neues Handbuch der Sozialisationsforschung*, eds.

Klaus Hurrelmann und Dieter Ulich, 3-20. 4., völlig neubearbeitete Auflage. Weinheim, Basel: Beltz.

Hurrelmann, Klaus, und Dieter Ulich, eds. 1991. *Neues Handbuch der Sozialisationsforschung.* 4., völlig neubearbeitete Auflage. Weinheim, Basel: Beltz.

Kelle, Helga. 1997. „Die Komplexität sozialer und kultureller Wirklichkeit als Problem qualitativer Forschung." In *Handbuch qualitativer Forschungsmethoden in der Erziehungswissenschaft*, eds. Barbara Friebertshäuser und Annedore Prengel, 192-208. Weinheim, München: Juventa.

Kelle, Helga, und Georg Breidenstein 1996. „Kinder als Akteure. Ethnographische Ansätze in der Kindheitsforschung." In *Zeitschrift für Sozialisationsforschung und Erziehungssoziologie (ZSE)* 16 (1): 47-67.

Kelle, Udo. 1994. *Empirisch begründete Theoriebildung. Zur Logik und Methodologie interpretativer Sozialforschung.* Weinheim: Deutscher Studien Verlag.

Knapp, Gudrun-Axeli. 1993. „Der ‚weibliche Sozialcharakter' – Mythos oder Realität? Soziologische und sozialpsychologische Aspekte des Sozialcharakter-Konstrukts." In *Was heißt hier eigentlich feministisch? Zur theoretischen Diskussion in den Geistes- und Sozialwissenschaften*, ed. Marlis Krüger, 93-120. Bremen: Donat.

Knorr-Cetina, Karin. 1989. „Spielarten des Konstruktivismus. Einige Notizen und Anmerkungen." In *Soziale Welt* 40 (1): 86-96.

Kohli, Martin. 1980. „Lebenslauftheoretische Ansätze in der Sozialisationsforschung." In *Handbuch der Sozialisationsforschung*, eds. Klaus Hurrelmann und Dieter Ulich, 299-317. Weinheim, u.a.: Beltz.

Kohli, Martin. 1991. „Lebenslauftheoretische Ansätze in der Sozialisationsforschung." In *Neues Handbuch der Sozialisationsforschung*, eds. Klaus Hurrelmann und Dieter Ulich, 303-317. 4., völlig neubearbeitete Auflage. Weinheim, Basel: Beltz.

Lemmermöhle, Doris. „‚Ich fühl mich halt im Frauenpelz wohler.' Biographisches Handeln junger Frauen beim Übergang von der Schule in die Arbeitswelt." *Feministische Studien* 15 (2): 23-37.

Lindesmith, Alfred R., und Anselm L. Strauss. 1974/75: *Symbolische Bedingungen der Sozialisation. Eine Sozialpsychologie.* 2 Bde. Düsseldorf: Schwann.

Lorber, Judith, and Susan A. Farrell, eds. 1991. *The Social Construction of Gender.* Newbury Park, London, New Delhi: Sage.

Luca, Renate, Heike Kahlert und Sigrid Müller-Balhorn, eds. 1992. *Frauen bilden – Zukunft planen. Dokumentation des 8. Fachkongresses Frauen und Schule.* Bielefeld: Kleine.

Luhmann, Niklas. 1984. *Soziale Systeme. Grundriß einer allgemeinen Theorie.* Frankfurt a. M.: Suhrkamp.

Luhmann, Niklas. 1995. *Soziologische Aufklärung 6: Die Soziologie und der Mensch.* Opladen: Westdeutscher Verlag.

Maccoby, Eleanor E., and Carol N. Jacklin. 1974. *The Psychology of Sex Differences.* Stanford: Stanford University Press.

Mead, George H. (1934) 1980. *Geist, Identität und Gesellschaft aus der Sicht des Sozialbehaviorismus.* Mit einer Einleitung hrsg. von Charles W. Morris. 4. Aufl. Frankfurt a. M.: Suhrkamp.

Oevermann, Ulrich. 1979. „Sozialisationstheorie. Ansätze einer soziologischen Sozialisationstheorie und ihre Konsequenzen für eine allgemeine soziologische Analyse." In *Deutsche Soziologie seit 1945. Entwicklungsrichtungen und Praxisbezug (Kölner Zeitschrift für Soziologie und Sozialpsychologie*, Sonderheft 21), ed. Günther Lüschen, 143-168. Opladen: Westdeutscher Verlag.

Picht, Georg. 1964. *Die deutsche Bildungskatastrophe. Analyse und Dokumentation.* Olten, Freiburg: Walter.

Prondcynsky, Andreas von. 1982. „Die mehrebenenanalytische Paradigmen-Verknüpfung. Zur Kritik eines Verfahrens additiver Theoriebildung in den Sozial- und Erziehungswissenschaften." In *Zeitschrift für Sozialisationsforschung und Erziehungssoziologie (ZSE)* 2 (2): 285-297.

Scheu, Ursula. 1977. *Wir werden nicht als Mädchen geboren – wir werden dazu gemacht. Zur frühkindlichen Erziehung in unserer Gesellschaft.* Frankfurt a. M.: Fischer.

Schmerl, Christiane. 1978. *Sozialisation und Persönlichkeit: Zentrale Beispiele zur Soziogenese menschlichen Verhaltens.* Stuttgart: Enke.

Schmerl, Christiane. 1982. „Einige Gedanken zur Sozialisation von Frauen." In *Frauen. Psychologische Beiträge zur Arbeits- und Lebenssituation,* eds. Gisela Mohr, Martina Rummel und Dorothee Rückert, 20-37. München, Wien, Baltimore: Urban & Schwarzenberg.

Schütz, Alfred. 1971. „Zur Methodologie der Sozialwissenschaften." In ders., *Gesammelte Aufsätze* I, 1-110. Den Haag: Nijhoff.

Schütze, Fritz. 1983. „Biographieforschung und narratives Interview." *Neue Praxis* 13 (3): 283-293.

Schulze, Hans-Joachim, und Jan Künzler. 1991. „Funktionalistische und systemtheoretische Ansätze in der Sozialisationsforschung." In *Neues Handbuch der Sozialisationsforschung,* eds. Klaus Hurrelmann und Dieter Ulich, 121-136. 4., völlig neubearbeitete Auflage. Weinheim, Basel: Beltz.

Sève, Lucien. 1977. *Marxismus und Theorie der Persönlichkeit.* 3. Aufl. Frankfurt a. M.: Marxistische Blätter.

Strauss, Anselm L. 1991. *Grundlagen qualitativer Sozialforschung. Datenanalyse und Theoriebildung in der empirischen soziologischen Forschung.* München: Fink.

Sturm, Gabriele. 1994. „Wie forschen Frauen? Überlegungen zur Entscheidung für qualitatives oder quantifizierendes Vorgehen" In *Erfahrung mit Methode. Wege sozialwissenschaftlicher Frauenforschung,* eds. Angelika Diezinger et al., 85-104. Freiburg i. Br.: Kore.

Tillmann, Hans Jürgen. 1989. *Sozialisationstheorien. Eine Einführung in den Zusammenhang von Gesellschaft, Institution und Subjektwerdung.* Reinbek: Rowohlt.

Veith, Hermann. 1996. *Theorien der Sozialisation. Zur Rekonstruktion des modernen sozialisationstheoretischen Denkens.* Frankfurt a. M., New York: Campus.

Walter, Heinz, ed. 1973. *Sozialisationsforschung, Bd. 1: Erwartungen, Probleme, Theorieschwerpunkte; Bd. 2: Sozialisationsinstanzen, Sozialisationseffekte.* Stuttgart: Frommann-Holzboog.

Walter, Heinz, ed. 1975. *Sozialisationsforschung, Bd. 3: Sozialökologie – neue Wege in der Sozialisationsforschung.* Stuttgart: Frommann-Holzboog.

West, Candace, and Don H. Zimmerman. 1987. „Doing Gender." *Gender and Society* 1 (2): 125-151.

Wurzbacher, Gerhard, ed. 1963. *Der Mensch als soziales und personales Wesen.* Stuttgart: Enke.

Zinnecker, Jürgen. 1996. „Soziologie der Kindheit oder Sozialisation des Kindes? Überlegungen zu einem aktuellen Paradigmenstreit." In *Kinder und Kindheit,* eds., Michael-Sebastian Honig et al., 31-54. Weinheim, München: Juventa.

Geschlechterethik und Selbstkonzept. Moralphilosophische Folgerungen aus der Kohlberg/Gilligan-Kontroverse

Martina Herrmann

Lange Zeit bestand die feministische Ethik in der Hauptsache aus einer Diskussion der Thesen der Entwicklungspsychologin Carol Gilligan. Diese Thesen sind in der feministischen Auseinandersetzung im Rahmen von Ethik und Moral immer noch ein fester Bezugspunkt, von dem aus sich die eigene Arbeit entwickeln kann, wenn auch mittlerweile einer unter mehreren. Ich möchte hier zunächst im Überblick darstellen, wie sich die akademische Moralphilosophie mit ihren Thesen auseinandergesetzt hat. Carol Gilligan hat behauptet, daß Männer und Frauen typischerweise verschiedene moralische Orientierungen haben, es *eine* Moral für beide Geschlechter nicht gibt. Gilligans Behauptung ist nur sehr eingeschränkt empirisch bestätigt worden. Trotzdem dauert die Diskussion darum an, in welcher Form sie zu halten ist und was daraus theoretisch folgt.

Als erstes möchte ich die Fürsorgeethik genauer vorstellen (1). Dann führe ich die verschiedenen Reaktionen in der Philosophie auf diese Ergebnisse entwicklungspsychologischer Forschung vor (2). In einem letzten Abschnitt möchte ich dann erläutern, wo ich mir vorstelle, daß in der philosophischen Diskussion um eine weibliche Moral ein neues Potential für die Moralphilosophie liegt (3). Dieses Potential ließe sich erschließen, wenn man eine femininistische Reaktion weiterverfolgt.

1 Die Entstehung der Fürsorgeethik als Kritik eines moralpsychologischen Paradigmas

Carol Gilligan leistet in „Die andere Stimme" primär einen empirischen Beitrag zur Entwicklungspsychologie. Er hat eine positive Pointe, nämlich die Entfaltung einer von ihr vorgefundenen weiblichen Moral. Er hat eine negative Pointe, nämlich die Zurückweisung des Paradigmas der Entwicklungspsychologie als einseitig an der Entwicklung von Jungen zu Männern orientiert. Normative Beiklänge schwingen nur mit.

In der Entwicklungspsychologie wurde und wird neben vielen anderen Dingen untersucht, wie sich die Fähigkeit zum moralischen Urteil in Kindheit, Adoleszenz und Erwachsenenalter entwickelt.[1] Diese Entwicklung wird in Zusammenhang gebracht mit anderen Aspekten der Persönlichkeit. In der Piaget/Kohlbergschen Tradition werden verschiedene, aufeinander aufbauende Phasen dieser Entwicklung unterschieden. Am Anfang steht das Kleinkind, ohne Urteilsvermögen und egozentrisch, am Ende steht der Erwachsene mit sozial und moralisch möglichst reifem Urteil. Untersuchungsgegenstand sind Urteile, nicht Verhalten. Es wird nicht unterstellt, daß man im eigenen Alltag so handelt, wie man unter Befragungsbedingungen urteilt. Aber die Untersuchungen sagen immerhin etwas darüber aus, zu welchen Urteilen zu kommen man überhaupt in der Lage ist, ob man also beim Überlegen, was man tun soll, die moralisch „richtige" Alternative erkennen und adäquat begründen kann. Noch in anderer Hinsicht gibt es Einschränkungen: Die Entwicklung zum moralisch reifen Urteil wird in den wenigsten Fällen abgeschlossen. Das Urteilsvermögen der meisten Menschen gilt als – gemessen am moralischen Ideal – eingeschränkt.

Am moralischen Ideal entzündet sich Gilligans Kritik an Kohlberg. Sie ist davon überzeugt, daß Kohlbergs Theorie mindestens unvollständig ist. Es stellte sich nämlich heraus, daß nach Kohlbergs Maßstäben erwachsene Frauen statistisch in der Entwicklung ihres moralischen Urteils weniger weit gelangten als Männer. Erwachsene Menschen erreichen Kohlbergs Ideal moralischer Entwicklung in der Regel nicht, aber Frauen schienen im Schnitt dabei noch eine Stufe unter den Männern zu liegen. Und das liegt, nach Gilligans Meinung, nicht daran, daß Frauen im Schnitt schlechter urteilen als Männer, sondern es liegt vielmehr daran, daß Kohlberg einen moralischen Maßstab zugrundelegt, der von Frauen in der Regel nicht geteilt wird. In der Entwicklung ihres moralischen Urteils erwerben sie eine andere Moral. Diese Moral entspricht nicht Kohlbergs Modell, und weil er sein Modell unzulässig von Männern auf Frauen verallgemeinerte, konnte er die andere Moral der Frauen nicht erkennen. Werden sie an dieser weiblichen Moral gemessen, gibt es keinen Unterschied hinsichtlich der moralischen Reife zwischen Männern und Frauen.

Männliche und weibliche Moral werden häufig ausschließlich ihrem normativen Inhalt nach gegenübergestellt. Was das moralisch Richtige ist, das getan werden soll, wird auf unterschiedliche Weise bestimmt. Die männliche Moral orientiert sich am Ideal der Gerechtigkeit, die weibliche an dem der Fürsorglichkeit. Diese Ideale müssen genauer beschrieben werden. Gerecht handeln heißt, seine eigenen Ziele so zu verwirklichen, daß man berechtigte Ansprüche anderer nicht verletzt. Um die eigenen Ansprüche und die anderer zu schützen, gibt es geteilte moralische Regeln, wie z.B. sich an Absprachen zu halten, nicht zu lügen, andere, begründete Standpunkte zu akzeptieren, anderen ihren Anteil zu geben. Dieser Schutz ist notwendig, weil die Interessen und Ansprüche der Mitglieder einer Gesellschaft häufig nicht miteinander vereinbar sind, und man dann Mittel haben muß, die Konflikte zu lösen. Dazu dienen solche moralischen Regeln. Sie legen fest, wessen Interesse oder Anspruch unter welchen Umständen Vorrang hat. Zur Geltung moralischer Regeln gehört, daß, wer sie bricht, mit Konsequenzen rechnen muß. Moralische Regeln werden durch ein Universalisierungsprinzip gerechtfertigt: Alle Menschen haben Anspruch darauf, als gleichberechtigt respektiert zu werden. Deshalb sind nur solche moralischen Regeln gerechtfertigt, die alle Menschen gleichermaßen berücksichtigen, und solche nicht, die den einen Vorteile gewähren und andere benachteiligen.

Ganz anders sieht das Ideal der Fürsorglichkeit aus. Von Interessen und Ansprüchen gegen andere ist nicht die Rede. Menschen sind zunächst einmal bedürftige Wesen, die auf die Hilfe ihrer Mitmenschen angewiesen sind. Fürsorglich handeln heißt, die Bedürfnisse anderer ernst zu nehmen und zu erfüllen. In einer idealen Gesellschaft fühlt sich jeder für seine Mitmenschen zuständig. Die Mitglieder der Gesellschaft verfügen über genügend Einfühlungsvermögen, um sich in die Lage der anderen, insbesondere der Schwächeren, hineinzuversetzen, und über genügend Anteilnahme, um bereit zu sein, Leid zu vermeiden und zu vermindern. Probleme entstehen, wenn sich für jemanden niemand zuständig fühlt oder Einfühlung und Anteilnahme nicht ausreichen. Sie werden gelöst, indem die Betroffenen die Situation in allen Einzelheiten durchsprechen und Verantwortlichkeiten klären.

Aus den Unterschieden im Ideal moralischen Handelns ergeben sich Unterschiede darin, was in der moralischen Entwicklung gelernt werden sollte. Das Ideal der Gerechtigkeit bedarf zu seiner Verwirklichung der Anerkennung des Universalisierungsprinzips durch die Individuen nebst der sich aus dem Prinzip ergebender Regeln. Zur Anwendung der moralischen Regeln bedarf es der Entwicklung bestimmter kognitiver Leistungen. Man muß Ansprüche erkennen und begründen können, man muß Regeln hierarchisch ordnen und differenziert anwenden können, man muß Interessen gegeneinander abwägen können, usw. Feministische Autorinnen vergleichen diese Leistungen manchmal – etwas herablassend – mit einem Rechenapparat. Das karikiert die geforderte Leistung, deutet aber einen Schwerpunkt an. Der Akzent liegt auf standpunktunabhängigem Begründen, für jeden und jede nachvollziehbar. Aber das bedeutet z.B. nicht, und darin überzieht das Bild, daß jedesmal und in aller Ausführlichkeit begründet werden muß, um dem Ideal zu entsprechen. Die Theorie läßt Raum für Intuition und Spontaneität im Regelfall, d.h. man weiß, sei es aus Erfahrung, sei es durch Erziehung, was zu tun richtig ist, und überlegt nur, wenn Zweifel aufkommen. Sie läßt auch Raum für Gefühle, die mit dem moralischen Urteil einhergehen. Manche, wie Empörung und Mißbilligung, können sogar durchaus elementar sein für die moralische Reaktion.

In der moralischen Entwicklung zur Fürsorglichkeit kommt es im Vergleich darauf an, die für ein fürsorgliches Handeln erforderlichen Dispositionen und Kompetenzen auszubilden. Grundlage für die Hinwendung zu anderen ist nicht die Anerkennung eines Gebots der gleichen Achtung für alle, sondern der Appell, der von der Bedürftigkeit jedes und jeder Einzelnen ausgeht. Auf diese Bedürftigkeit soll direkt reagiert werden, ohne Prüfung von Ansprüchen. Die Existenz menschlichen Leids allein soll die angemessene Hilfsreaktion auslösen, nicht die Anerkennung einer Regel, die einen Anspruch begründet. Ausgebildet werden soll die angemessene Reaktion. Dazu bedarf es möglicherweise auch kognitiver Fähigkeiten, wenn sie dazugehören, Hilfsbedürftigkeit zu erkennen. Aber es wird angenommen, daß affektive Komponenten unumgänglich und zentral sind. Jede Person und jede Situation ist besonders, so daß Regelwissen nur beschränkt helfen kann, Hilfsbedürftigkeit zu erkennen. Es bedarf der Empathie, Intuition und Kontextsensitivität, um sich in Person und Situation hineinzuversetzen. Diese Kompetenzen sollen durch Erfahrung und Vorbild gelernt werden. Die kompetente fürsorgende Person ist disponiert, auf Bedürnisse anderer mit angemessener Hilfeleistung zu reagieren.[2]

In der normativen Diskussion in der Moralphilosophie geht es um die Frage, wie man handeln soll, was zu tun richtig, angemessen, gut ist. Es ist nicht klar, ob Gerechtigkeitsideal und Fürsorglichkeitsideal hier differieren werden. Möglicherweise schreibt die perfekte Gerechtigkeit Hilfe nach Bedürftigkeit vor und die ideal ausgebildete Fürsorge disponiert zur fairen Gewichtung eigener Interessen. Dann würden beide moralischen Ideale zu den gleichen Handlungen anleiten (Nagl-Docekal/Pauer-Studer 1993), der Unterschied bestünde im Weg, auf dem die Personen zu ihren Handlungen kommen, und in der theoretischen Konzeption, die ihren Entscheidungen zugrunde liegt. Leicht übersehen wird aber, daß beide Ideale sich noch in einer weiteren Hinsicht unterscheiden, die bei Beantwortung der Frage, was zu tun das Richtige ist, nicht direkt sichtbar wird (Maihofer 1995). Traditionell würde man sagen, daß sie verschiedene Menschenbilder voraussetzen, modern könnte man von verschiedenen Konzepten des Selbst und der Gesellschaft sprechen.

Menschen, die ihr Verhalten am Maßstab einer universellen Gerechtigkeit ausrichten wollen, sehen sich und andere als Individuen, frei, unabhängig, mit Vernunft ausgestattet. Gesellschaftliche Zusammenschlüsse sind für sie zum einen wünschenswert, weil eine friedliche Kooperation den Interessen der Einzelnen dient. Gemeinsam sind Projekte realisierbar, die einer allein nicht schaffen kann, und die jedem einzelnen zugute kommen. Zum anderen ist im gesellschaftlichen Zusammenschluß ein wirksamer Schutz der eigenen Handlungsspielräume und Ansprüche gegen Verletzung durch andere möglich. Eine Gesellschaft kann Institutionen schaffen, die die Geltung von Regeln durchsetzen, und die bei Konflikten von Ansprüchen schlichten. Hier werden Menschen zunächst als Einzelne vorgestellt, die sich zusammenschließen, weil das für sie besser ist.

Dagegen wird in einer Moral der Fürsorge die Abhängigkeit der Menschen voneinander betont. Menschen leben in sozialen Gefügen zusammen.

In zwischenmenschlichen Bindungen, ursprünglich die des Kindes an seine Eltern, machen sie die Erfahrung, daß sie allein nicht existieren können, sondern aufeinander angewiesen sind. In der Gemeinschaft wirken die Mitglieder zusammen darauf hin, daß das soziale Netz stabil bleibt. Die Gesellschaft ist ein wirksamer Schutz vor Einsamkeit und Not. In ihr kann auch denjenigen geholfen werden, die selbst nicht mehr Verantwortung übernehmen können.

Gerechtigkeitsideal und Fürsorglichkeitsideal sind in der Entwicklungspsychologie normative Konstruktionen, die bei der Beschreibung der moralischen Entwicklung von Menschen als Ziel zugrundegelegt werden. Im Anschluß an Gilligans Bemühungen, das Fürsorgeideal als faktisch entwicklungsleitend für Mädchen und Frauen im Kontrast zu Kohlbergs Gerechtigkeitsideal als entwicklungsleitend für Jungen und Männer zu etablieren, ist diese Aufteilung der Moral auf die Geschlechter angezweifelt worden. Angehörige beider Geschlechter stellen moralische Überlegungen an, die eher dem Gerechtigkeitsideal entsprechen, und beide Geschlechter beziehen sich auf das Fürsorgeideal. Ein Unterschied ist allenfalls bei Prioritäten und in der Gewichtung feststellbar. Wenn Männer und Frauen sich beim moralischen Überlegen aber nicht systematisch unterscheiden, muß man dann nicht die These von den zwei Moralen fallenlassen? Das ist nicht zwingend. Zum einen handelt es sich immer noch um zwei unterscheidbare moralische Standpunkte, deren Anspruch, relatives Gewicht und systematische Einordnung von moralphilosophischem Interesse sind, und zwar unabhängig davon, ob diese Standpunkte Geschlechtern zuzuordnen sind.

Zum anderen ist es durchaus wahrscheinlich, daß die beiden moralphilosophischen Perspektiven trotzdem etwas Reales am Geschlechterverhältnis beschreiben, wenn auch nicht unterschiedliches moralisches Denken in psychologischen Testsituationen. In der psychologischen Forschung werden immer mehr Unterschiede zwischen Frauen und Männern, die als selbstverständliches Alltagswissen galten, nicht bestätigt. Die real existierenden psychischen Unterschiede zwischen Angehörigen verschiedener Geschlechter sind geringfügig. Trotzdem gibt es diese Unterschiede in anderer Form weiter, und zwar in den Erwartungen, die Akteure im sozialen Zusammenleben an andere haben, insbesondere, wenn sie diese anderen nicht kennen. Wir alle haben typische Erwartungen daran, wie Frauen sich verhalten und wie Männer sich verhalten (Matlin 1996). Diese Erwartungen sind sehr wirkungsmächtig. Sie bestimmen auf undurchsichtige Weise das Verhalten in gemischtgeschlechtlichen Situationen. Es ist deshalb vorgeschlagen worden, einen Unterschied der Geschlechter weniger bei den realen moralischen Urteilen, sondern bei den Geschlechterstereotypen anzusiedeln (Friedman 1993). Geschlechterstereotype prägen unsere Vorurteile. Sie repräsentieren das, was wir für typisch halten, ohne daß wir selber glauben, so zu sein. Zwischen Stereotyp und Realität kann eine ziemlich große Lücke klaffen. Trotzdem spiegeln Geschlechterstereotype einen Teil der Realität, soweit wir nämlich bereit sind, uns in vielen Situationen an Erwartungen zu halten, auch wenn wir nicht so „sind". Stereotyp sind zwar „nur" die Erwartungen, wie Mitglieder des eigenen und des anderen Geschlechtes wohl handeln werden. Wie mächtig solche Erwartungen sind, sieht man aber, wenn sie nicht erfüllt werden. Enttäuschte Erwartungen wirken häufig irritierend, der glatte Fluß der sozialen Interaktion wird gestört, Abwehr aufgebaut und als Druck zur Konformität, Abwehr oder Ausschluß an die Störer und Störerinnen zurückgegeben.

2 Zur Integration der Fürsorglichkeitsperspektive in die moralphilosophische Tradition

Für die normative philosophische Diskussion ist es nicht so wichtig, ob Frauen tatsächlich fürsorglich und Männer gerecht sind, oder ob Frauen ihr moralisches Denken überwiegend an der Fürsorglichkeitsperspektive ausrichten und Männer an der Gerechtigkeitsperspektive. Die philosophische Frage ist, wie *richtiges* Überlegen, Entscheiden und Handeln aussieht. Gerechtigkeitsideal und Fürsorgeideal können hier als Konkurrenten betrachtet werden und die Frage ist, welches Ideal die besseren Normen und/oder das bessere Verhalten abgibt. Die Entscheidung dieser Konkurrenz wird durch Normbegründung und -kritik ausgetragen. Einzige empirische Voraussetzung ist, daß menschliche Individuen überhaupt in der Lage sind, den Vorschriften einer Moral zu folgen.

In der Philosophie gibt es natürlich eine lange Tradition des Streits um die richtige Grundlegung der Moral. Damit ist heute meistens nicht mehr letzte Begründung moralischer Normen gemeint, sondern die Frage, was Kernbestand einer Moral ist, unabhängig davon, ob sich dieser Kern noch einmal begründen läßt. Fürsorglichkeitsethik und Gerechtigkeitsmoral sind verschiedene Möglichkeiten zu erläutern, was Kernbestand unserer Moral ist. Ich stelle in diesem Abschnitt Varianten dar, mir dieser Konkurrenz umzugehen.[3] Ich versuche, die Schwierigkeiten der verschiedenen Reaktionen kurz deutlich zu machen. Aus diesen Schwierigkeiten geht hervor, daß die Fürsorglichkeitsethik sich einer einfachen Einordnung, Überordnung oder Unterordnung gegenüber sperrig verhält und eigene Aufmerksamkeit verdient.

(1) Eine erste Reaktion besteht darin, der Gerechtigkeit den Vorrang zu geben. Die Alltagsmoral leistet dabei Vorschub. Wir unterscheiden nämlich zwischen anständigen Menschen und bewunderungswürdigen. Mutter Theresa ist bewunderungswürdig, aber einmalig; anständige Menschen gibt es häufiger, jede kennt den einen oder die andere. Verlangen kann man nur anständiges Benehmen, was darüber hinaus geht, ist freiwillige Leistung. Die

Anforderungen der Fürsorgemoral sind weitgehend, so daß man ihre Erfüllung nur als freiwillige Leistung einstufen kann. Es wird erwartet, für andere zu leben, statt für sich selbst. Außerdem gehört dazu, sich in andere hineinzufühlen, wenn sie einem nicht nahestehen, was nicht jeder kann oder will. Eine solche Moral ist zu streng, um sie allen abzuverlangen. Es besteht insofern auch gar kein Gegensatz oder keine Konkurrenz zwischen Gerechtigkeit und Fürsorge. In Wirklichkeit liegen die Forderungen der Gerechtigkeitsperspektive im Kernbereich der Moral, die Forderungen der Fürsorglichkeitsperspektive sind supererogatorisch, das heißt nicht verpflichtend sondern nur Möglichkeiten für freiwillige Zusatzleistungen, und damit keine eigentliche Moral. Was an der Fürsorgemoral legitim ist, ist in den Rahmen richtig verstandener Gerechtigkeit integrierbar und dort besser begründbar (Wolf 1982; Schwickert 1994; Kohlberg et al. 1986).

In dieser Auflösung der Spannung, von mir für die Zwecke einer systematischen Darstellung vereinfacht dargestellt, wird Verschiedenes ausgeblendet oder übertrieben. Dem normativen Gehalt nach ist Gilligans Entwicklungsmodell nicht so anspruchsvoll. Die ideale Fürsorgerin ist nicht völlig hingebungsvoll und selbstvergessen, sondern achtet auch auf ihre eigenen Bedürfnisse. Sie weiß, wann sie für sich selber sorgen muß. Insofern wird hier auch kein übertriebener Altruismus verlangt. Zum anderen gibt es in unserer Alltagsmoral auch Elemente der Fürsorge. An hervorragender Stelle ist das in der Familie der Fall. Hier wird von den Mitgliedern verlangt, auf die Bedürfnisse der anderen zu reagieren, ohne erst zu überlegen, ob die anderen auch einen Anspruch darauf haben. Soweit Familien nach dieser Beziehungsmoral tatsächlich funktionieren können, so weit können normale Menschen, ohne sich zu verbiegen, einer Fürsorgemoral folgen. Den Bereich persönlicher Beziehungen hat man ausgeblendet, wenn man die Gerechtigkeitsmoral als allein geltend proklamiert. Schließlich mag es zwar richtig sein, daß man Gefühle nicht verlangen kann, sondern sie stellen sich aktuell eben ein oder auch nicht. Aber an Dispositionen für Empathie und Mitgefühl kann man arbeiten, und das reicht für die Möglichkeit einer Fürsorgemoral aus.

(2) Unterstützen unsere verbreiteten moralischen Meinungen vielmehr eine Fürsorgemoral? Es besteht kein Zweifel daran, daß altruistisches Verhalten als besonders gut gilt. Dann sollte man doch nach seiner Verwirklichung streben, soweit das irgend möglich ist. Wem einleuchtet, daß das Fürsorgeideal attraktiver ist, der mag geneigt sein, die ganze Gesellschaft danach einrichten zu wollen. Unter günstigen äußeren Bedingungen könnte das alte sozialistische Ideal „Jeder nach seinen Fähigkeiten, jedem nach seinen Bedürfnissen" verwirklicht werden. Demgegenüber ist das Gerechtigkeitsideal sozial blaß und kalt. Und wenn man von zwei „Moralen" eine als die bessere erkannt hat, dann hat die bessere Anspruch auf Geltung, jedenfalls im Rah-

men des Menschenmöglichen (Noddings 1984; Kittay et al. 1987; Tronto 1993).

Auch diese Reaktion vereinfacht. Das Gerechtigkeitsideal verlangt mehr, als anderen nicht zu schaden. Eine Moral gleicher Achtung für alle fordert von den Starken Leistungen gegenüber den Benachteiligten. Das begleitende Gefühl sollte ein Pflichtgefühl sein, kein Mitleid und keine Besorgnis. Aber das mag denjenigen, die Hilfe brauchen, sogar lieber sein, verletzt es sie doch möglicherweise weniger in ihrer Selbstachtung. Nicht selbstverständlich ist zudem, ob wir es außerhalb unserer persönlichen Sphäre schätzen, mit fürsorglicher Hingabe behandelt zu werden. Nicht nur, daß die gute Absicht häufig fehlgeht, sie wirkt auch deplaziert und aufdringlich, wenn zum Wohltäter keine enge Beziehung besteht. Nicht wenige mögen es vorziehen, bedürftig zu bleiben, aber in Ruhe gelassen zu werden. Nicht zuletzt würde eine Fürsorgeethik, wenn man sie auf größere Gesellschaften überträgt, ihre Anhänger kognitiv überfordern. Man kann zwar möglicherweise die ganze Menschheit lieben, aber nicht jeden einzelnen so gut kennen, daß man seine Bedürfnisse berücksichtigen könnte. Zuständig für alle kann man nur in Gesellschaften sein, die man überblicken kann. Schließlich soll es Menschen geben, die keine Bindungen an andere haben oder sie nicht eingehen können, und deshalb keine Kapazitäten für Fürsorglichkeit haben. Schon dafür sollte man auf eine Gerechtigkeitsmoral als quasi minimalen Standard zurückgreifen können.

(3) Für Kohlbergs Entwicklungsideal liegt als Bezugsautor Kant als der „Regelethiker" der philosophischen Tradition nahe. Kohlberg selbst hat eine gewisse Nähe zu John Rawls, der sich wiederum in kantischer Tradition sieht. Das Ideal individueller Entwicklung ist für Kohlberg eine Persönlichkeit, die ein Universalisierungsprinzip in der Art des kategorischen Imperativs zur Leitlinie ihres Urteilens und Handelns macht. Aus dem Universalisierungsprinzip sind speziellere Pflichten ableitbar. Auf Kant geht die Unterscheidung zwischen negativen und positiven Pflichten zurück. Die negativen Pflichten gelten für alle ohne Einschränkung. Dazu gehört etwa die prominente Pflicht, nie zu lügen, auch nicht aus Menschenliebe. Es sind Vorschriften, bestimmte Dinge nicht zu tun. Positive Pflichten bestehen demgegenüber in wünschenswerten Handlungen, für die man andere lobt, die man aber nicht von ihnen in beliebigem Umfang verlangen kann, wie z.B. Handlungen aus Menschenliebe oder Sorge um sich selbst. Man sollte positiven Pflichten nachkommen, man sollte für andere etwas tun, aber es sind keine bestimmten Handlungen bindend vorgeschrieben. Wenn positive mit negativen Pflichten kollidieren, sind die negativen vorrangig. Einen kantischen Rahmen für eine Ethik der Fürsorge vertreten Nunner-Winkler (1991, 1994), Hill (1991), O´Neill (1996), in sehr differenzierter Form auch Pauer-Studer (1996).

Man kann in der Konkurrenz zwischen Gerechtigkeit und Fürsorge Elemente des Unterschieds zwischen positiven und negativen Pflichten erkennen. Gerechtigkeit verlangt, anderen nicht zu schaden, Fürsorge, für andere etwas zu tun. Die normative Konsequenz einer solchen Rückführung von Gerechtigkeit und Fürsorge auf negative und positive Pflichten hieße, wenn man die kantische Rangordnung akzeptiert, sich für den Vorrang des Gerechtigkeitsideals zu entscheiden.

Wenn man die Anforderungen einer Fürsorgeethik mit denen positiver Pflichten gleichsetzt, hat man aber ihren Anspruch ohne Argument reduziert. Sicher, fürsorglich zu sein bedeutet, für andere etwas zu tun. Aus der Fürsorglichkeitsperspektive wird aber die zentrale Stellung eines Universalisierungsprinzips gerade bestritten. Kein kategorischer Imperativ wird dazu herangezogen, bestimmte Verpflichtungen zu begründen, so daß auch die Argumention für die Vorrangigkeit negativer Pflichten vor den positiven nicht einfach vorausgesetzt werden kann. Es kann sein, daß man manchmal aus Menschenliebe lügen sollte. Nur der Anspruch, daß die fürsorgliche Moral für alle Menschen gilt, wird mit der kantischen Ethik geteilt, nicht das Prinzip der Universalisierbarkeit moralischer Regeln. Ein weiteres konstitutives Element der Fürsorgeethik wird ausgeblendet, das ebenfalls einer kantischen Ethik zuwiderläuft. Eine Fürsorgemoral setzt auf Affekte für die Motivation richtigen Handelns. Handeln „aus Pflicht" wird niedriger bewertet als Handeln „aus Anteilnahme", die moralisch höherstehende Person ist zum Mitgefühl disponiert. Aus kantischer Perspektive handelt aber, wer im Affekt handelt, gerade nicht moralisch, sondern höchstens moralkonform.

(4) Eine andere philosophische Reaktion nimmt die kritische Stoßrichtung der Fürsorgemoral gegen Kant ernst. Dafür findet sich Unterstützung in der philosophischen Tradition bei denen, die die soziale Natur des Menschen betonen und die Gefühle für eine Quelle der Moral hielten. Freundinnen und Freunde der Fürsorgemoral berufen sich gerne auf David Hume als Gewährsmann (Baier 1994b; Blum 1994). Hume glaubte, daß das menschliche Eigeninteresse durch eine auf natürliche Weise entstandene Moral im Zaum gehalten wird. Die Menschen gehen von Natur aus Bindungen an andere ein, mit denen sie ihre Gefühle teilen, bzw. Mitgefühl (Sympathie) haben. Hier sieht man eine Verwandtschaft zum Menschenbild der Fürsorgemoral. Zusätzlich haben sie einen moralischen Sinn, der sie mit Empörung reagieren läßt, wenn einem Mitmenschen ein Leid zugefügt wird, und mit Billigung oder Anerkennung, wenn jemandem etwas Gutes getan wird. Und sie suchen, als soziale Wesen, die Anerkennung anderer. Zwei Dispositionen ermöglichen moralisches Handeln: Sympathie läßt die Menschen bemerken, wenn andere Bedürfnisse haben, und ihr eigenes Bedürfnis nach Anerkennung motiviert sie, anderen zu helfen. Auch hier sieht man die Parallele: Moralisches Handeln besteht darin, für andere etwas zu tun, und zwar in Reaktion auf deren besondere Bedürfnisse, in die man sich einfühlt, und die Motivat-

on dazu ist wiederum ein Affekt. Hume glaubte nicht an ein Universalisierungsprinzip als Richtlinie menschlichen Handelns, weil er der Meinung war, daß nur Affekte zum Handeln motivieren können. Vernunft hielt er für ein passives Vermögen, das erst durch Affekte aktiviert wird, ein Gefühl der Verpflichtung wäre ihm als Motivation zu schwach gewesen.

Aber kann man Humes Auffassungen wirklich mit einer Fürsorgemoral zur Deckung bringen, und ihn damit als Verbündeten gegen eine Gerechtigkeitsmoral betrachten? Es gibt auch wesentliche Unterschiede zwischen Hume's Verständnis von Moral und der Fürsorgemoral, wie zwischen Kant und der Gerechtigkeitsmoral. Motivierend soll in einer Fürsorgemoral direkt das Bedürfnis des anderen sein, kein eigenes Bedürfnis, und es ist eine moralische Aufgabe, die eigene Person in diese Richtung weiterzuentwickeln. Für Hume ist es eine schlichte natürliche Tatsache, daß das eigene Bedürfnis nach Anerkennung, der Wunsch gemocht zu werden, die Triebfeder ist, auf die Handeln für andere aufbaut. Genuin auf andere bezogen ist nur der moralische Sinn, der Empörung (Ablehnung) und Billigung (Anerkennung) fühlen und ausdrücken läßt, je nachdem ob andere sich gut oder schlecht benehmen. Die Menschen handeln moralisch, weil sie Anerkennung suchen und Ablehnung vermeiden wollen, also aus eigeninteressierten und gerade nicht aus altruistischen Motiven.

Eine Gerechtigkeitsmoral muß außerdem nicht, wie Kant es glaubte, darauf beruhen, daß ein Universalisierungsprinzip für *unbedingt* verpflichtend gehalten wird. Eine Begründung aus reiner Vernunft wird heute kaum noch vertreten. Statt dessen ist es unter Vertretern einer Gerechtigkeitsmoral verbreitet, die Begründung des Universalisierungsprinzips letztlich im Eigeninteresse zu suchen. Wir achten die Interessen anderer, weil jeder einzelne lieber in einer Gesellschaft leben möchte, in der er oder sie geachtet wird. Hier treffen sich wiederum die Auffassungen Humes mit der Gerechtigkeitsmoral. Denn auch Hume glaubt, daß es im gesellschaftlichen Zusammenleben, wenn es sich um größere Gruppen ohne verwandtschaftliche Beziehungen handelt, nötig ist, ein System von Regeln zu haben. Und dieses System von Regeln, die bewährten Konventionen gesellschaftlichen Zusammenlebens, wird nur eingehalten, wenn es für die einzelnen vorteilhaft ist – und zwar über die persönliche Anerkennung hinaus. Sympathie und moralischer Sinn schienen Hume dafür nicht ausreichend, Regeln und Eigeninteresse müssen dazukommen.

(5) Eine weitere Verwandtschaft hat man mit der sogenannten Tugendethik entdeckt (Blum 1994; Baier 1994b; Nussbaum 1990). Diese zeitgenössische Strömung in der praktischen Philosphie versucht, die aristotelische Ethik wiederzubeleben. Es wird die Auffassung vertreten, daß eine kantische Moral mit ihren Prinzipien und Regeln den menschlichen Realitäten äußerlich bleiben muß. Integriert ins menschliche Leben kann nur eine Ethik oder Moral sein, in der es um ein gutes Leben für den einzelnen selbst geht. Es ist falsch,

dabei die eigenen Interessen auf der einen, die Interessen anderer auf der anderen Seite zu sehen, denen man aufgrund moralischer Regeln einen eigenen Bereich zugesteht. Zum glücklichen oder guten oder gelungenen Leben eines jeden gehört es, eine integrierte Persönlichkeit zu entwickeln. Was man für sich will und was man für andere will, wie man sein will und welche Beziehungen man haben will, gehört dabei auf komplexe Weise zusammen. Egal wie im einzelnen ein verfolgenswertes Persönlichkeitsideal aussieht, es erreicht zu haben heißt, bestimmte Gefühls-, Denk- und Handlungsdispositionen entwickelt zu haben, die traditionell Tugenden heißen. Diese Dispositionen lassen die Person in ihren verschiedenen Lebenssituationen richtig reagieren. Großzügig zu sein heißt, den Mangel eines anderen wahrzunehmen und aus eigenem Antrieb zu beheben, mit einer gewissen Freude am Geben. Ehrgeizig zu sein heißt, bereitwillig Mühe und Zeit für ein berufliches Ziel zu investieren. Freundlich zu sein, heißt, Freude daran zu haben, anderen eine Freude zu machen. Moralisch gelungen ist die Persönlichkeitsentwicklung, wenn man das, was für einen selbst und für andere gut ist, spontan und mit einer gewissen Selbstverständlichkeit tut, dabei nicht über- oder untertreibt, und angemessen fühlt.

Ähnlichkeit zur Fürsorgeethik besteht in zwei Hinsichten: in der angezielten integrierten Berücksichtigung eigener und fremder Bedürfnisse sowie in einer Dispositionsanalyse moralischen Handelns unter Einbeziehung der Affekte. Zentrale Übereinstimmung scheint mir jedoch die Dispositionsanalyse zu sein, die zu einer gemeinsamen Stoßrichtung gegen moralisches Handeln aufgrund von Regeln führt. Gut handelt, wer direkt auf die Situation reagiert und zwar geleitet durch die spezifischen Umstände und die eigenen Affekte.

Aber es gibt auch eine Reihe von Unterschieden, die es fraglich erscheinen lassen, ob hier wirklich ein *gemeinsames* Ideal verfolgt wird. In einer Tugendethik können viele Tugenden auftauchen, die in einer Fürsorgeethik nicht vorkämen: Ehrgeiz wurde schon genannt, Tapferkeit und Disziplin sind weitere Beispiele, und nicht zuletzt – Gerechtigkeit. Das liegt einerseits daran, daß der Anspruch einer Tugendethik umfassender ist. Sie bezieht sich auf das ganze Leben einer Person, und damit z.B. auch auf Bereiche, in denen die Bedürfnisse anderer nicht unmittelbar berührt sind, wie etwa bei Disziplin oder Ehrgeiz. Andererseits kommen eben auch Tugenden gleichgeordnet vor, die in einer reinen Fürsorgeethik untergeordnet sind, wie eben die Gerechtigkeit, die den allgemeinen Geltungsanspruch fürsorglichen Handelns in einer Tugendethik mindestens einschränkt. Wenn in manchen Situationen gerecht zu handeln das Richtige ist, hat dort die Orientierung an den speziellen Bedürfnissen der Beteiligten keinen Platz. Daraus ergibt sich, daß auch die allgemeine Beschreibung, wie man handeln soll, unterschiedlich ist. Die tugendhafte Person tut, was die Charakteristika der Situation erfordern. Die Bedürfnisse der anderen Beteiligten und ihre eigene Beziehung zu ihnen sind dabei nur eine Teilmenge der Charakteristika. Für die fürsorgliche Person sind ihre Beziehungen zu den beteiligten Personen und die Bedürfnisse aller die entscheidenden Parameter, nach denen sie handeln sollte.

(6) Bereits angeklungen ist eine weitere Möglichkeit, die Konkurrenz zwischen Gerechtigkeitsmoral und Fürsorgeethik zu entscheiden: man ordnet ihrer Geltung verschiedene Bereiche zu (Haan 1978). Gemäß der traditionellen Arbeitsteilung wacht die Frau über das Wohlergehen der Familie, während der Mann im feindlichen Leben für die nötigen Subsistenzmittel arbeitet. Die Anforderungen der verschiedenen Sphären bestimmen – dieser Auffassung nach zu Recht – die Moral der Geschlechter in diesen Bereichen. Zuneigung und Liebe in der Familie verlangen fürsorgliches Verhalten, die engen Beziehungen zwischen den Familienmitgliedern bedürfen der Pflege, eben der sogenannten „Beziehungsarbeit". Der Privatsphäre steht die öffentliche gegenüber, die anders organisiert ist. Die Individuen kennen sich häufig nicht einmal. Sie brauchen, gerade weil sie ohne besondere Bindung aneinander sind, Regeln für ihre erfolgreiche Kooperation. Eine Gerechtigkeitsmoral erlaubt es den Mitgliedern einer Gesellschaft, zum eigenen Nutzen zusammenzuarbeiten, ohne Angst haben zu müssen, die Früchte ihrer Arbeit an andere zu verlieren. Beide moralischen Perspektiven sollten das Handeln und Urteilen ihres jeweiligen Bereiches bestimmen. Eine Aufteilung der Moral nach Geschlecht ist falsch, weil Männer die Gerechtigkeitsmoral nicht in die Familie tragen sollen und Frauen die Fürsorglichkeitsmoral nicht in den Beruf. Männer sollten in der Familie die Fürsorglichkeitsmoral der Frauen übernehmen, und Frauen sollten entsprechend in der Öffentlichkeit gerecht sein. Eine Konkurrenz der Perspektiven existiert dann nicht mehr, weil es keine überlappenden Geltungsbereiche mehr gibt, in denen sie in Konkurrenz geraten könnten.

Gerade diese Konsequenz der Aufteilung auf Bereiche, daß nämlich eine Bereichsmoral exklusiv in ihrem Bereich gilt, ist problematisch. Vernachlässigt wird dabei der universelle Anspruch beider Moralen, und zwar ohne daß er durch ein normatives Argument zurückgewiesen würde. Die Begründung für die Aufteilung besteht im Hinweis auf Eigenheiten der Bereiche, so wie sie weitverbreitet gesehen werden, und der Plausibilität der Behauptung, daß jeweils eine Moral die gewünschte Funktion dieses Bereichs gut unterstützt. Aus dem universellen Anspruch beider Moralen folgen aber darüber hinaus durchaus Ansprüche auf Reorganisation des jeweils anderen Bereichs. Die Fürsorgeperspektive verlangt, zwischen den Mitgliedern einer Gesellschaft engere Bindungen zu installieren – und wäre das nicht schön für alle? Die Gerechtigkeitsperspektive verlangt, fürsorgliches Verhalten in der Familie als freiwillige (supererogatorische) Leistung zu betrachten (oder nur bedingt auf der Basis von Gegenseitigkeit) – und wäre es nicht erleichternd für die Frauen, wenn sie nicht mehr allein für die Beziehungspflege zuständig wären und nicht mehr allein zur Fürsorge verpflichtet? Diese Ansprüche müßten als verfehlt zurückgewiesen werden, wenn Bereichsmoralen gelten. So steht hier Meinung gegen Meinung.

Angenommen, diese Einwände gegen Versuche, die Konkurrenz zu reduzieren oder durch einen generellen Vorrang zu lösen, halten weiterer Diskussion stand. Dann ist davon auszugehen, daß beide Moralen in einer echten Konkurrenz zueinander stehen. Macht uns das frei, uns beliebig mal bei der einen, mal bei der anderen zu bedienen? Nicht unbedingt. Es könnte z.B. sein, daß diese Konkurrenz nur in aller Allgemeinheit besteht. Im besonderen, d.h. bezogen auf bestimmte Bereiche oder Situationen, könnte es sein, daß es eine Balance gibt. Ich meine damit, daß, kennt man die spezifischen Bedingungen, es jeweils Gründe geben kann, eine Moral für unter diesen Bedingungen angemessener zu halten. Die Bedingungen müßten allerdings spezifischer sein als die blosse Angabe eines ganzen Bereichs. Und es könnte zu den Bedingungen für die Angemessenheit gehören, daß die anderen Beteiligten die Situation aus der gleichen Perspektive betrachten.

3   Die feministische Pointe und ihre Berechtigung

Die Emphase, mit der Carol Gilligan ihre These von den zwei Moralen vorträgt, läßt darauf schließen, daß ihr mehr vorgeschwebt hat als eine Art Komplettierung der Moral. Sie war der Meinung, etwas beizutragen, was auf einen Mißstand nicht nur der Lage der psychologischen Forschung aufmerksam macht, sondern der das reale Leben von Frauen betrifft. Viele, die ihre Untersuchungen lasen, hatten den Eindruck, hier werde etwas Wesentliches am asymmetrischen Verhältnis zwischen Männern und Frauen theoretisch auf den Punkt gebracht. Die These von den zwei Moralen oder zwei moralischen Perspektiven war aufregend, neu und herausfordernd; sie versprach auch theoretische Weiterentwicklung.

In der bisherigen Diskussion um die philosophischen Folgerungen hat sich aber nicht gerade eine Revolution in der Moralphilosphie ergeben. Die Vertreter der liberalen Tradition der Gerechtigkeitsmoral behaupten weitgehend unbeindruckt den Primat ihres Standpunktes. Eine wie mir scheint kleiner werdende Fraktion verteidigt die revolutionäre Forderung, die Fürsorgemoral solle die Moral aller werden. Es wird darüber hinaus immer wieder darauf hingewiesen, daß der weibliche Standpunkt in der Moral Vorläufern in der Geschichte der Theorie der Moral entspricht, also gerade keine neue Entdeckung ist. Zudem tritt die Fürsorgeethik als nur eine von vielen kritischen Stimmen an der liberal-kantischen und der utilitaristischen Tradition auf, neben z.B. Kommunitaristen und Tugendethikern, die gegen die herrschende Tradition andere philosophische Traditionen wiederbeleben. Neu ist nur die Kombination von Elementen, eine Kombination, die die Fürsorgemoral mit keinem Vorläufer vollständig übereinstimmen läßt.

Wenn man trotzdem den Eindruck hat, daß es hier etwas Interessantes für die Beschreibung und Kritik des Geschlechterverhältnisses zu gewinnen gibt, dann liegt es nahe, nach einer feministischen Pointe zu suchen. Die feministische Diskussion hat gespalten reagiert. Einige Autorinnen, die die weibliche Moral für die menschlich wertvollere halten und z.B. glauben, daß sie nur durch die Unterdrückung der Frauen an ihrer segensreichen Entfaltung gehindert wird, fordern konsequenterweise die Berücksichtigung des weiblichen Standpunktes und eine möglichst weitgehende Verbreitung von Fürsorglichkeitsidealen unter Frauen und Männern. Diese Seite plädiert für einen Vorrang der Fürsorgemoral. Die Probleme damit wurden bereits genannt.

Es gibt aber auch eine gegenüber der Fürsorgeperspektive sehr kritische bis ablehnende feministische Reaktion. Die Kritik sieht den Unterschied im Geschlechterstereotyp als beklagenswerten Teil des Unterschiedes zwischen Opfern und Tätern, zwischen Unterdrückten und Unterdrückern. Den Opfern wird qua Geschlecht eine Moral zugemutet, die ihnen zwar ermöglicht, sich als die moralisch Überlegenen zu fühlen, die aber in Wirklichkeit nur ihre unterlegene Position festigt. Die Opfer werden, soweit sie sich am Geschlechterstereotyp orientieren, ausnutzbar, weil es von ihnen verlangt, sich hingebungsvoll um andere, die Täter eingeschlossen, zu kümmern, ohne darauf zu achten, was sie dafür zurückbekommen. Frauen sollen Beziehungen eingehen, ohne darauf zu achten, ob ihre Partner sich ihnen genauso verbunden fühlen und ihre Auffassungen über Beziehungen teilen. Sie halten zu Männern, die sie schlagen und vergewaltigen. Daß sie sich dabei manchmal moralisch überlegen fühlen dürfen, dient nur dazu, sie besser ausnutzen zu können (Rommelspacher 1992; Baier 1994a; Card 1997).

Das klingt nach Ideologiekritik und nach der Forderung nach Abschaffung der Fürsorglichkeitsperspektive. Die Pointe dieser Position ist im klassischen Sinn feministisch und verspricht Emanzipation durch Überwindung. Daß eine Person, die sich am Fürsorgeideal orientiert, leicht ausnutzbar ist, scheint mir völlig richtig zu sein, insbesondere auch deshalb, weil das Geschlechterstereotyp das Ideal in Richtung Altruismus verkürzt. Aber man kann den Ideologievorwurf nicht einfach auf jemanden anwenden, der die Gerechtigkeitperspektive einnimmt. Wer gerecht ist, ist auf seine Weise moralisch, und nicht nur scheinbar moralisch. Der Gerechte berücksichtigt die Interessen seiner Partnerin, er schlägt sie nicht und vergewaltigt sie nicht. Wer jemand anderen ausnutzt, handelt aus der Gerechtigkeitsperspektive unmoralisch, er verletzt das Prinzip gleicher Achtung. Die Ideologiekritik trifft, Fürsorglichkeit macht verwundbar und machtlos, aber sie trifft nicht die Gerechtigkeitsmoral, in der die Schwachen Anspruch auf Schutz haben.

Aus der Perspektive beider Moralen geschieht nichts Unrechtes, wenn man sich an sie hält, und eine übergeordnete Moral gibt es nicht. Das Fürsorglichkeitsideal, wenn alle danach leben würden, würde niemanden benachteiligen, das Gerechtigkeitsideal, wäre es ideal verwirklicht, würde niemandem Vorteile verschaffen. Meiner Meinung nach ist die Fürsorgemoral keine Ideologie. Die Fürsorgemoral, konsequent verwirklicht, führt nicht zu einer Entfremdung von den eigenen Bedürfnissen und ist nicht auf Ausbeutung angelegt. Im Gegenteil, sie ist ein sehr attraktives Ideal des Zusammenlebens. Die Fürsorgemoral führt allerdings als Teil des weiblichen Geschlechterstereotyps – wie ich noch etwas näher ausführen werde – zu *struktureller Unterdrückung*.

Was meine ich mit struktureller Unterdrückung in diesem Fall? Wenn jemand – entgegen seinen eigenen moralischen Überzeugungen oder weil er einfach Egoist ist – einen fürsorglichen Menschen ausnutzt, ist das eben ein Fall von Ausnutzen oder von Unterdrückung, wobei dies aber nicht seinen Grund in der Struktur der Situation hat. Solches Ausnutzen ist alltäglich. Wenn ich weiß, daß mein Partner aufräumt, was ich liegen lasse, und ich alles herumliegen lasse, weil ich zu faul bin, selber aufzuräumen, dann nutze ich ihn ganz offensichtlich aus. Das allein ist vielleicht noch kein Fall von Unterdrückung, auch wenn ich ihn dabei zu einem von mir gewünschten Verhalten manipuliere. Aber wenn ich auf diese Weise regelmäßig lästige häusliche Arbeiten delegiere und ich ihm so die Zeit stehle, in der er eigentlich besseres zu tun hat, unterdrücke ich ihn, indem ich seine fürsorgliche Art, sich um meine Bedürfnisse zu kümmern, ausnutze.

Anders scheint mir der Fall zu liegen, wenn eine Person einer akzeptierten Moral folgt, und dadurch eine andere unterdrückt. Ein besonders drastisches Beispiel wäre das Verhältnis vom Herrn zum Sklaven. Hier scheint mir die Unterdrückung im Verhältnis angelegt, dessen Struktur von den konkreten Individuen, die in ihm stehen, abgelöst werden kann. Deshalb scheint es mir hier angemessen zu sein, von struktureller Unterdrückung zu sprechen. Selbst wenn der Herr ausgesprochen milde und wohlwollend ist, handelt es sich um systematische Unterdrückung. Wie immer seine Absichten sind, das Herrschaftsverhältnis besteht, der Sklave wird unterdrückt.

Solche strukturelle Unterdrückung kann auch vorliegen, wenn zwischen den Personen kein Zwangsverhältnis besteht, z.B. wenn zwei Personen verschiedenen moralischen Idealen folgen, beide ihre Moral nicht verletzen und einer der beiden *dadurch* unterdrückt wird. Das Geschlechterverhältnis wird sich als so ein Fall erweisen. Personen sind zum Teil bestrebt, moralischen Idealen zu folgen, weil so zu sein und zu handeln ein Teil ihres Selbstbildes als Mann oder Frau ist. Auch wenn nicht jede Person versucht, ein Geschlechterstereotyp umzusetzen, sondern im Gegenteil die meisten bemüht sind, stereotypes Verhalten zu vermeiden, so beeinflußt das Selbstbild als Mann oder Frau in schwer durchschaubarer Weise Verhalten von Personen und Erwartungen an andere Personen, so daß es sich lohnt, das Verhältnis der Stereotype zueinander näher anzusehen.

Man wird den Begriff „Unterdrücken" nicht ohne Bezug auf ein Gleich-
heitsideal erläutern können. Das stellt mich vor ein Problem, denn Gleichheit
ist ein Ideal der Gerechtigkeit, und ich habe behauptet, daß prima facie weder
der Gerechtigkeitsperspektive noch der Fürsorglichkeitsperspektive der Vorrang gebührt. Legt man sich damit nicht auf ein Gerechtigkeitsprinzip als
oberstes Prinzip (hier zur Beurteilung von Moralen) fest, und damit auf den
Vorrang einer Gerechtigkeitsmoral? Das scheint mir nicht so zu sein, denn
Gleichheit kommt auch im Fürsorglichkeitsideal vor, wenn auch nicht als
oberstes Prinzip, und möglicherweise in etwas anderer Form. Die eigenen
Bedürfnisse sollten nämlich im Idealfall mitberücksichtigt werden, reiner
Altruismus ist nicht erstrebenswert. Insofern gibt es auch innerhalb einer
Fürsorgemoral die Möglichkeit, evtl. sogar die Notwendigkeit, Ungleichheit
zu thematisieren und dabei sogar nach Regeln zu verfahren (Bubeck 1995,
208-221).

Ich werde im folgenden die These vertreten, daß eine Beziehung zu Ungleichheit neigt, wenn ein Partner fürsorglich, der andere gerecht ist. Vorweg
möchte ich einen Einwand entkräften: Wenn Gleichheit das moralische Urteil
in beiden Moralen mitbestimmt, sind sich Fürsorge und Gerechtigkeit möglicherweise ähnlicher, als gedacht, und es sollte mindestens möglich sein, den
jeweils anderen Standpunkt in das eigene Urteil miteinzubeziehen. Richtig
verstandene Fairness gibt Schwächeren Kompensationspunkte für ein Handi-
cap, das verlangt das Prinzip gleicher Achtung für alle. Der Gerechte berücksichtigt also z.B. die Interessen *anderer* auch, wenn jemand seine Interessen
nicht artikulieren kann oder deren Berechtigung nicht selbst begründet.
Richtig verstandene Fürsorge berücksichtigt die *eigenen* Bedürfnisse im
Verhältnis zu denen anderer mit, setzt damit auch die Fähigkeit voraus, zwischen den eigenen und fremden Bedürfnissen unterscheiden zu können.[4]

Diese Ähnlichkeit besteht zwar in der Theorie, aber nicht in der Praxis.
Die Entwicklungspsychologie geht nämlich davon aus, daß die höchste Stufe
moralischer Entwicklung, auf der erst Fairness oder Fürsorge „richtig" verstanden werden, nur höchst selten erreicht wird. Das bedeutet aber, daß selbst
der moralisch denkende und handelnde Mensch normalerweise nicht die
Fähigkeiten hat, das moralische Ideal zu verwirklichen. Ob Frauen und Männer sich in ihrer moralischen Entwicklung unterscheiden, ist zwischen Kohlberg und Gilligan umstritten, nicht jedoch, daß die normale Entwicklung, die
man von einer Person erwarten kann, abgeschlossen ist, bevor das moralische
Ideal erreicht ist. Wenn wir die moralischen Ideale der Fürsorglichkeit und
Gerechtigkeit als Elemente der Geschlechterstereotype auffassen, heißt das,
daß es die mittleren Stufen sind, deren Anforderungsniveau normal entwi-
kelte Menschen für typisch männlich oder typisch weiblich halten. Das muß
schon deshalb so sein, weil die höheren Stufen kognitiv zu anspruchsvoll
sind, als daß eine normal entwickelte Person ihr moralisches Denken daran
ausrichten könnte.

Ich qualifiziere meine These entsprechend: Zwischen Männern und Frauen gibt es ein Verhältnis struktureller Ungleicheit. Ein Moment dieser strukturellen Ungleichheit besteht darin, daß die geschlechterstereoypen Erwartungen, wenn sie in Situationen, in denen Männer und Frauen sich auf eine moralische Entscheidung einigen, vollständig erfüllt werden, die Frauen systematisch benachteiligen. Diese Situationen sind in gewisser Weise irreal, weil reale Männer und Frauen meistens ganz anders sind, als es die Geschlechtersterotypen erwarten lassen. Diese Situationen sind in gewisser Weise aber trotzdem real, weil bei realen Frauen und Männern geschlechterstereotype Erwartungen an andere Menschen nachgewiesen sind (Matlin 1996). Die Wirkungsmacht dieser Erwartungen ist unbestritten, *wie* sie aber auf Handlungen wirken, ist undurchschaut. Für diese qualifizierte These möchte ich abschließend argumentieren.

Man muß die „mittlere" Entwicklung von Individuen gegeneinanderhalten, um zu sehen, ob sie zu struktureller Unterdrückung führt, und für die Argumentation eine idealisierte Situation, ein Modell annehmen, das nur einen unbestimmten Teil der Realität einfängt. Nur so kann das Verhältnis beider Perspektiven in Reinform untersucht werden. In der Modellsituation will die gerechte Person die offensichtlichen Interessen aller aushandeln, und die fürsorgliche Person reagiert auf die Bedürfnisse derer, zu denen sie eine persönliche Beziehung hat. Die Modellsituation enthält zwei Idealisierungen: Alle Menschen sind immer moralisch. Das stimmt nicht, außer für Heilige, alle anderen sind auch egoistisch bzw. mindestens gelegentlich unmoralisch. Und alle Menschen beherrschen nur die geschlechterstereotype Moral, eine Metadiskussion über die eigene Moral kann deshalb nicht stattfinden. Das stimmt so auch nicht, weil Menschen (unseres Kulturkreises) von der Fürsorglichkeits- zur Gerechtigkeitsperspektive und zurück wechseln können.

Betrachten wir jetzt, was passiert, wenn beide Moralen aufeinandertreffen. Nehmen wir als Bezugsgruppe nur die Familie, weil hier die ausschließliche Orientierung an einer Fürsorgeethik auf der Basis von persönlichen Beziehungen wenigstens möglich scheint. Die Frau soll sich an Fürsorge orientieren, der Mann an Gerechtigkeit in konventioneller Form. Die stereotype Frau betrachtet dann die Familie als Beziehungssystem, die Bedürfnisse von Mann und Kindern sind für sie präsente Gegenstände der Besorgnis. Moralisch sein heißt für sie, nach Handlungsmöglichkeiten zu suchen, die die Bedürfnisse aller berücksichtigen und den Beziehungen und deren Verbesserung Priorität geben. Eigene Bedürfnisse zu verfolgen hat mit ihrer Moral nichts zu tun. Ihr stereotyper Lebenspartner in diesem abstrakten Beispiel ist einer Moral des fairen Interessenausgleichs verpflichtet. Er versucht, die Interessen der Beteiligten zu ermitteln und in eine Rangordnung zu bringen, ohne sich selbst zu bevorzugen.

Denken wir an banale Dinge wie das Geldausgeben. Jeder würde, auf sich allein gestellt, das Geld anders ausgeben, als wenn es um das gemeinsame Budget geht. Die Kinderwünsche werden von den Eltern entsprechend ihrer jeweiligen Moral mitvertreteten (um die Situation noch ein weiteres Mal zu idealisieren). Es finden keine Machtspielchen statt, in denen einer den anderen bewußt ausnutzt und man sich gegenseitig Schuld in die Schuhe schiebt. Er betrachtet sie als gleichwertige Verhandlungspartnerin, mit der er auf faire Weise eine Entscheidung im Einvernehmen erreichen will. Er kommt mit seinen Interessen auf sie zu, um zunächst einmal zu erfahren, was sie will. Die gemeinsame Definition der Situation besteht darin, daß beide herausfinden wollen, was moralisch richtig ist. Aber beide verstehen – nach Annahme – Unterschiedliches unter „moralisch richtig". Das äußert sich zunächst darin, daß die Frau nicht einfach ihre Bedürfnisse vorträgt, jedenfalls nicht als etwas, was moralisch berücksichtigenswert ist. Sie ist disponiert, davon abzusehen, bzw. sie als nachgeordnet zu empfinden, denn ihre Aufgabe ist es, Bedürfnisse anderer wahrzunehmen und auf sie zu reagieren. Sie trägt vor, was sie für die Bedürfnisse von Mann und Kindern hält, und überlegt, was für die Beziehungen in der Familie das Beste ist. Ihre Bedürfnisse kommen nur zum Tragen, soweit deren Erfüllung gut für die Familie insgesamt ist. Die verschiedenen Optionen werden von ihr hinsichtlich ihrer Vor- und Nachteile für die Familie als Ganze vorgestellt. In der ersten Runde trägt der stereotype Mann neben seinen Interessen als Individuum das vor, was er für die Interessen der Kinder hält. Von der Partnerin erwartet er, daß sie ihre individuellen Interessen vorbringt und ihre Auffassung davon, was die Interessen der Kinder sind. Dann will er noch über die Dringlichkeit der verschiedenen Interessen diskutieren, bevor er anfangen kann zu gewichten.

Was wird dabei herauskommen? Es ist egal, wer zuerst spricht, beide müssen sich gegenseitig fehlinterpretieren, wenn sie sich im Rahmen der eigenen Moral interpretieren. Der Mann muß annehmen, daß die Frau keine eigenen Interessen hat, sondern das sie (im Moment) alles hat, was sie braucht. Sie trägt nur Optionen vor, die in der Hauptsache die Interessen von Mann und Kindern befriedigen, so daß er es für ihr Interesse halten muß, Geld für Mann und Kinder auszugeben. Das ist moralisch völlig in Ordnung. Die Frau wird den Mann möglicherweise als egoistisch empfinden, wenn er in erster Linie seine Interessen vorträgt und sich nicht fürsorglich um die ihrigen bemüht. Solange sie aber den Rahmen der eigenen Moral nicht verläßt, kann sie diese Fürsorge weder einfordern noch dem Mann im Gegenzug ihre eigenen Bedürfnisse als Interessen vortragen. Die Frau wird also auch eine Entscheidung im Sinne einer ihrer Optionen für die moralisch richtige halten. Bevor die Verhandlungen begonnen haben, hat sie, ohne daß es der Mann ahnen kann, schon *seine* Position eingenommen, als Ausdruck *ihrer* Moral, so daß es jetzt nichts mehr zu verhandeln gibt. Aus ihrer Perspektive wurde niemals um einen Interessenausgleich verhandelt, sondern es ging von vornherein nur um die wahrzunehmenden Bedürfnisse der jeweils anderen.[5] Selbst wenn sie bei ihrer Disposition, auf Bedürfnisse zu reagieren, auch die eigenen wahrnimmt und einbringt, so immer bereits gewichtet, nämlich zusammen mit den Bedürfnissen der anderen Familienmitglieder, während der

Mann schlicht seine Wünsche vortragen kann, weil seine Moral ein Gewichten erst für die zweite Runde vorschreibt. In dieser zweiten Runde gewichtet er dann seine eigenen Interesser und die der Kinder, und beide Partner können sich dann höchstens noch darüber streiten, welche Rangfolge für die Familie am besten ist, wobei der Mann die Dringlichkeit der Einzelinteressen betrachtet, die Frau das System der Bedürfnisse von Mann und Kindern.

Damit ist die strukturelle Benachteiligung oder Unterdrückung gezeigt. Einer hat Vorteile, eine hat Nachteile, ohne daß einer sich unmoralisch verhält, ohne daß einem ein Vorwurf zu machen ist. Die Bedürfnisse der Frauen kommen schlechter zum Zuge, sie werden durch die Unterschiede in der moralischen Konstruktion oder der Struktur der Situation unterdrückt oder nicht bemerkt. In dieser Form scheint mir die feministische Pointe richtig und, gegenüber der philosophischen Tradition, neu. Strukturelle Unterdrückung kommt im Modell durch die verschiedenen Inhalte weiblicher und männlicher Moral zustande und zwar mindestens in Situationen, in denen Männer und Frauen gemeinsam Entscheidungen treffen.

Es gibt noch ein weiteres Moment struktureller Unterdrückung, mit dem ersten verwandt, aber von ihm unterscheidbar. Es ergibt sich nicht aus den Unterschieden im Inhalt der moralischen Perspektiven, sondern aus Unterschieden in den Voraussetzungen, die sie machen. Im ersten Teil habe ich beschrieben, daß Fürsorge und Gerechtigkeit verschiedene Menschenbilder oder Selbstkonzeptionen voraussetzen. Im Rahmen einer Gerechtigkeitsmoral sind die Individuen als Einzelne mit bestimmten Interessen gegeben, als Einzelne, die Beziehungen herstellen, um diese Interessen zu verfolgen. Im Rahmen einer Fürsorgemoral wird als selbstverständlich angenommen, daß alle moralischen Wesen Teile eines Netzes von Beziehungen sind, ohne das sie nicht existieren würden, und in dem sie erst eigene Bedürfnisse entwickkeln. Die dahinterstehende Psychologie menschlicher Neigungen und Antriebe ist anders, das Ideal menschlichen Zusammenlebens ebenfalls.

Betrachtet man diese Unterschiede in der Selbstkonzeption, so führt das ebenfalls zu struktureller Benachteiligung. Der stereotype Mann bezieht sich auf sich, seine Frau und seine Kinder als einzelne, die ihm alle sehr wichtig sind, deren Interessen er oft bereit ist über die eigenen zu stellen, oder anders formuliert, er hat es zu seinem Interesse gemacht, daß es ihnen möglichst gut geht. Sein Ziel ist dementsprechend, möglichst viele ihrer und seiner Interessen zu berücksichtigen. Die stereotype Frau bezieht sich auf die Familie als Ganzes, von der sie ein Teil ist. Sie unterscheidet in ihrem Selbstkonzept nicht so klar zwischen den Mitgliedern, die sie als Gruppe zusammengebunden sieht und erhalten will. Ihr Ziel ist es, die optimale Entwicklung dieser Familie voranzutreiben. Das führt aber dazu, daß sie zwischen den Bedürfnissen der Familienmitglieder nicht als Interessen Einzelner unterscheidet, sondern sie alle als Bedürnisse der miteinander verbundenen Familie konzeptualisiert.

Der Prozeß der Entscheidungsfindung miteinander ist durch diese Unterschiede in der Selbstkonzeption asymmetrisch vorstrukturiert, und zwar noch weitgehender, als daß die Bedürfnisse der Frau, wie gesehen, nicht oder bestenfalls nur sekundär vorkommen. Sie hat darüber hinaus nicht die Chance, ein im Sinne ihrer Moral optimales Ergebnis mit den Mitteln ihrer Moral durchzusetzen, es sei denn der Zufall will es. Wie kommt das? Der Schlüssel liegt wieder in der gegenseitigen Fehlinterpretation im Rahmen der jeweiligen Moral. Hier sind es aber nicht die Inhalte, die systematisch anders aufgefasst werden, sondern die Konzeption des moralischen Selbst. In der Gerechtigkeitsmoral sind die Beteiligten Individuen, deren Interessen es zu fördern gilt, in der Fürsorgemoral bilden die Beteiligten eine zusammengehörige Gruppe, deren gemeinsame Entwicklung als Gruppe vorangebracht werden soll. In der Gerechtigkeitsmoral werden Lösungsvorschläge Beteiligter interpretiert als Ausdruck einer Rangfolge der Interessen der Beteiligten. In der Fürsorglichkeitsmoral schlagen Beteiligte vor, was sie für die Alternative halten, die wahrgenomme Bedürfnisse am besten befriedigt *und* die Beziehungen unter allen Betroffenen optimal gestaltet. Bedürfnisbefriedigung und Beziehungspflege stehen dabei in engem Zusammenhang. Die Pflege der Beziehungen kommt in der Gerechtigkeitsmoral nur vor, wenn sie im individuellen Interesse eines Beteiligten ist.[6] Ansonsten ist sie irrelevant. Wenn gute Beziehungen im Interesse aller Beteiligten sind, dann ist das ein Glücksfall für die Ziele einer Fürsorgerin, weil dann ihr moralisches Ziel Eingang findet in den Entscheidungsprozeß ihres Partners. Wenn das nicht so ist, geht dieser Teil ihrer Bemühungen nicht in die Entscheidungsfindung ein, weil die Familie oder die Gruppe als eigenständiger Wert in die Entscheidungsbegründung der Gerechtigkeitsmoral nicht integriert werden kann.[7] Die Pflege gegebener Beziehungen, der Schutz des sozialen Netzes als eigenständiges Ziel einer Fürsorgemoral lassen sich zwar mit anderen fürsorglich gesinnten Personen diskutieren und umsetzen, mit Gerechten aber nicht. Umgekehrt aber können Äußerungen von Interessen innerhalb einer fürsorglichen Moral als Äußerungen von Bedürfnissen verstanden werden. Die fürsorgliche Person wird ihre Wahrnehmung der Bedürfnisse der Beteiligten anhand von deren Interessensäußerungen gegebenenfalls korrigieren.

Die zweite strukturelle Ungleichheit besteht demnach darin, daß, wer die Gerechtigkeitsperspektive einnimmt, sich faktisch mit seiner Definition dessen, worum es in einer moralischen Entscheidungssituation eigentlich geht, durchsetzt. Wer die Fürsorglichkeitsperspektive einnimmt, verliert doppelt: an Bedürfnisbefriedigung und an Möglichkeit, die Situation nach den eigenen Vorstellungen zu definieren und damit das eigene moralische Ziel zu erreichen. Die zweite Asymmetrie scheint mir eine Ungleichheit an *Autonomie* im Sinne von Wirkungsmacht zu sein. Es kann der fürsorglichen Akteurin nicht gelingen, die Situation mitzubestimmen, wenn ihr Gegenüber die Gerechtigkeitsperspektive einnimmt. Der stereotype Mann muß das, was die stereotype Frau als Bedürfnis der Gesamtfamilie vorträgt, als ihr Interesse interpretieren. Die fürsorgliche Akteurin hat keine Chance, aus eigener Kraft die Situation im Sinne ihrer Moral zu gestalten und aus ihrer Sicht moralisch richtige Verhältnisse zu schaffen, nämlich gemeinsam mit dem Partner die Beziehungen innerhalb der Familie zu erhalten und zu stärken.

Die Konsequenz ist nicht ganz klar, scheint aber prima facie in einer Favorisierung der Fürsorgemoral nur unter Gleichgesinnten zu liegen. Fürsorge kann sich nur unter Fürsorglichen entfalten. Wer an seiner Gerechtigkeitsmoral festhält, sollte auch so behandelt werden. Diese Konsequenz zu ziehen hat natürlich etwas Paradoxes an sich: Innerhalb der Fürsorgemoral hat die Fortsetzung der Beziehung einen hohen Stellenwert, der aufgegeben wird, wenn man in die Gerechtigkeitsperspektive wechselt. Um diese Spannung zu vermeiden, müßte man vom Standpunkt des Entwicklungsideals für Fürsorge ausgehen. Dort werden Gerechtigkeitsgesichtspunkte wieder eingeführt: Fürsorge sollte vor Ausnutzung Schluß machen. Zur Beurteilung, wann man ausgenutzt wird, kann man aber auch innerhalb einer Fürsorgemoral nur unter Bezug auf Gerechtigkeitsvorstellungen kommen.

Traditionellerweise haben wir uns im Verhältnis zwischen verschiedenen Moraltheorien mit ihren relativen Geltungsansprüchen, mit ihren Vor- und Nachteilen beschäftigt. Die feministische Ethik hat dabei zusammen mit anderen Strömungen wie Kommunitarismus und Neo-Aristotelimus bereits die Alternative Utilitarismus oder Deontologie vervielfältigt. Es gibt viele ernstzunehmende Rekonstruktionen des Moralischen. Geschlechterforschung kann der Moralphilosophie darüber hinaus eine neue Wendung geben. Durch die Untersuchung von Geschlechterstereotypen werden wir genötigt, das Verhältnis zwischen verschieden Moralen auch als eine Quelle von relativer Macht und relativer Ohnmacht ihrer Anhänger zu deuten.[8]

Anmerkungen

1   Ich zeichne die entwicklungspsychologischen Theorien nur sehr grob nach. Für Standarddarstellungen mit größerem Anspruch auf Genauigkeit vgl. Montada 1995, Oser et al. 1992, für kurze Originaldarstellungen vgl. Piaget 1986, Colby und Kohlberg 1986, Gilligan 1984.

2   Meine Darstellung vereinfacht und erhöht so den Kontrast. In der Theorie von Kohlberg gehört es zu den beschriebenen Entwicklungsschritten, von einer rein ich-bezogenen Weltsicht Abstand zu nehmen und die Perspektiven anderer zu berücksichtigen. Aber auch hier liegt der Akzent eher auf den kognitiven Elementen dieser sozialen Fähigkeit. In der Theorie von Gilligan ist es erstrebenswert, nicht nur auf die Bedürfnisse anderer zu reagieren und sich aufzuopfern, sondern dabei auch die eigenen Bedürfnisse nicht zu vernachlässigen. Man sollte meinen, daß das Verhältnis, in das man beides dann setzt, sich an Gerechtigkeit orientiert. Aber auch hier kann man den Akzent auf eher affektive Komponenten legen, wie den Leidensdruck oder die emotionale Ausgeglichenheit.

3   Die Zuordnung von Literatur ist nicht ohne Willkür, weil die Positionen schematischer sind, als die ihnen zugeordneten Beiträge.

4   Das eigene Selbst als mit anderen verbunden zu sehen, muß ja nicht heißen, überhaupt keine Unterschiede zwischen sich und anderen mehr machen zu können. Und auch wer unmittelbar auf die Situation reagiert und nicht erklären kann, welche Unterschiede er oder sie macht, kann in der Lage sein, unterscheiden wie gleichbehandeln zu können.

5   Übrigens bietet die Gerechtigkeitsmoral die Möglichkeit, bei Ausnutzung der eigenen Fairness mit Empörung zu reagieren, sich abzuwenden und in Zukunft nicht mehr so viel Rücksicht zu nehmen. Die Fürsorgemoral setzt immer auf Investitionen in die Fortsetzung der Beziehung.

6   Ich unterstelle hier einen subjektiven Begriff von Interessen, der einer liberalen Moral auch nahe liegt, d.h. jede/r entscheidet letztlich selbst, was in ihrem/seinem Interesse ist.

7   Umgekehrt wird ein Entscheidungsvorschlag des Mannes in der Fürsorgemoral als Beitrag zur Förderung des familären Wohls verstanden, und mag der Frau weniger optimal als der eigene erscheinen. Wie immer die weiteren Auseinandersetzungen aussehen, wenn beide Vorschläge voneinander abweichen, ein Kompromiß würde aus Sicht der Fürsorgemoral aus sachfremden Gründen geschlossen. Auch tendiert die fürsorgliche Moral eher zum Nachgeben, um die Beziehung der Beteiligten für die Zukunft nicht zu belasten.

8   Der neueste mir bekannte deutsche Sammelband zur Kohlberg/ Gilligan Kontroverse, der mir leider erst nach Fertigstellung dieses Textes bekannt wurde, ist: Horster, Detlef, ed.. 1998. Weibliche Moral – ein Mythos? Frankfurt a.M.: Suhrkamp. Die neueste mir bekannte Sammelrezension zur feministischen Ethik ist: Bubeck, Diemut. 1997. „Ethic of Care and Feminist Ethics." *Women´s Philosophy Review* 18.

Literatur

Baier, Annette C. 1994a. „Wir brauchen mehr als nur Gerechtigkeit." *Deutsche Zeitschrift für Philosophie* 42 (2): 225-23.

Baier, Annette C. 1994b. *Moral Predjudices. Essays on Ethics*. Cambridge, Mass.: Harvard University Press.

Benhabib, Seyla. 1989. „Der verallgemeinerte und der konkrete Andere. Ansätze zu einer feministischen Moraltheorie." In *Denkverhältnisse. Feminismus und Kritik*, eds. Elisabeth List und Herlinde Pauer-Studer, 454-487. Frankfurt a.M.: Suhrkamp.

Blum, Lawrence A. 1994. *Moral Perception and Particularity*. Cambridge: Cambridge University Press.

Bubeck, Diemut. 1995. *Care, Gender, and Justice*. Oxford: Clarendon Press.

Card, Claudia. 1997. „Gender and Moral Luck." In *Feminist Social Thought: A Reader*, ed. Diana Tietjens Meyers, 646-663. London: Routledge.

Colby, Ann, und Lawrence Kohlberg. 1986. „Das moralische Urteil: Der kognitionszentrierte entwicklungspsychologische Ansatz." In *Gesellschaftlicher Zwang und moralische Autonomie*, ed. H. Bertram, 130-162. Frankfurt a.M.: Suhrkamp.

Friedman, Marylin. 1993. „Jenseits von Fürsorglichkeit: Die Entmoralisierung der Geschlechter." In *Jenseits der Geschlechtermoral*, eds. Herta Nagl-Docekal et al., 241-265. Frankfurt a.M.: Fischer.

Gilligan, Carol. 1984. *Die andere Stimme. Lebenskonflikte und Moral der Frau*. München: Piper.

Haan, Norma. 1978. „Two Moralities in Action Contexts. Relationship to Thought, Ego Regulation, and Development." *Journal of Personality and Social Psychology* (36), 286-305.

Hill, Thomas E. 1991. „The Importance of Autonomy." In his *Autonomy and Self-Respect*, 43-51. Cambridge: Cambridge University Press.

Kittay, Eva Feder and Diana T. Meyers, eds. 1987. *Women and Moral Theory*. New York: Rowman and Littlefield.

Kohlberg, Lawrence und D.R.Boyd und Ch. Levine. 1986. „Die Wiederkehr der sechsten Stufe: Gerechtigkeit, Wohlwollen und der Standpunkt der Moral." In *Zur Bestimmung der Moral*, eds. Wolfgang Edelstein und Gertrud Nunner-Winkler, 205-240. Frankfurt a.M.: Suhrkamp.

Larabee, Mary Jeanne, ed. 1993. *An Ethic of Care. Feminist and Interdisciplinary Perspectives*. London: Routledge.

Maihofer, Andrea. 1995. *Geschlecht als Existenzweise. Macht, Moral, Recht und Geschlechterdifferenz*. Frankfurt a. M.: Helmer.

Matlin, Margaret W. 1996 (3rd edition). *The Psychology of Women*. Fort Worth, Tex.: Harcourt Brace College Publications.

Montada, Leo. 1995. „Moralische Entwicklung und moralische Sozialisation." In *Entwicklungspsychologie*, ed. Rolf Oerter und Leo Montada, 3. Aufl., 862-894. Weinheim: Psychologie Verlags Union.

Nagl-Docekal, Herta, und Herlinde Pauer-Studer, eds. 1993. *Jenseits der Geschlechtermoral. Beiträge zur feministischen Ethik*. Frankfurt a.M.: Fischer Verlag.

Noddings, Nel. 1984. *Caring. A Feminine Approach to Ethics and Moral Education*. London: Women's Press.

Nunner-Winkler, Gertrud, ed. 1991. *Weibliche Moral. Die Kontroverse um eine geschlechtsspezifische Ethik*. Frankfurt: Campus.

Nunner-Winkler, Gertrud. 1994. „Der Mythos von den zwei Moralen." *Deutsche Zeitschrift für Philosophie* 42 (2): 235-254.

Nussbaum, Martha. 1990. *Love's Knowledge. Essays on Philosophy and Literature*. Oxford: Oxford University Press.

O'Neill, Onora. 1996. *Tugend und Gerechtigkeit. Eine konstruktive Darstellung praktischen Denkens*. Berlin: Akademie.

Oser, Fritz, und Wolfgang Althof. 1992. *Moralische Selbstbestimmung: Modelle der Entwicklung und Erziehung im Wertebereich*. Stuttgart: Klett-Cotta.

Pauer-Studer, Herlinde. 1996. *Das Andere der Gerechtigkeit: Moraltheorie im Kontext der Geschlechterdifferenz*. Berlin: Akademie Verlag.

Piaget, Jean. 1986. „Die moralische Regel beim Kind." In *Gesellschaftlicher Zwang und moralische Autonomie*, ed. H.Bertram, 106-129. Frankfurt a.M.: Suhrkamp.

Rommelspacher, Birgit. 1992. *Mitmenschlichkeit und Unterwerfung. Zur Ambivalenz der weiblichen Moral*. Frankfurt a. M.: Campus.

Schwickert, Eva-Maria. 1994. „Carol Gilligans Moralkritik." *Deutsche Zeitschrift für Philosophie* 42 (2), 255-273

Tronto, Jean C. 1993. *Moral Boundaries. A Political Argument for an Ethic of Care*. London: Routledge.

Wolf, Susan. 1982. „Moral Saints." *Journal of Philosophy* 79: 419-39.

Geschlechterbeziehungen im neuen deutschen Kindschaftsrecht

Marlene Stein-Hilbers

In der Bundesrepublik Deutschland wurde das Familienrecht novelliert; das neue Kindschaftsrechtsreformgesetz (KindRG) trat am 1. 7. 1998 in Kraft.

Dieses Gesetz reagiert auf den Strukturwandel von Familie, der auch in Deutschland das traditionelle Familienmodell – zwei miteinander verheiratete Eltern leben mit ihren gemeinsamen Kindern zusammen – als ausschließliche Leitfigur familienrechtlicher Regelungen in Frage gestellt hat. Dem entspricht einerseits, daß das neue Kindschaftsrecht nicht mehr durch die generelle Unterscheidung nach ehelich und nichtehelich geborenen Kindern strukturiert ist und eine rechtliche Gleichstellung von Kindern unabhängig vom Personenstatus ihrer Eltern angestrebt wird.

Zum anderen sollten dem Kind nach einer Trennung/Scheidung Bindungen und Kontakte zu den biologischen Eltern erhalten bleiben, vor allem zum biologischen Vater, der ja meistens nicht mehr mit dem Kind zusammenlebt. Das Kindeswohl wird als Recht des Kindes auf beide Eltern auch nach deren Trennung oder Scheidung interpretiert. Damit werden durch dieses Gesetz auch die Beziehungen und Rechte von Müttern und Vätern zu einem leiblichen Kind neu beschrieben. Unter der Prämisse des Kindeswohls wurden rechtliche Privilegien der Mütter abgebaut; faktisch gestärkt wurde die Rechtsstellung des nichtehelichen Vaters ebenso wie des geschiedenen ehelichen Vaters. Mit dem neuen Kindschaftsrecht sollte ein „Ausgleich zwischen Statusdenken, Matriarchat und Staatsintervention" (Böhm 1992, 337) angestrebt werden.

Einige wichtige Neuerungen des Gesetzes:

- Nach einer Trennung oder Scheidung behalten – als Regelfall – beide Eltern das gemeinsame Sorgerecht. Wenn ein Elternteil nicht mit dieser Regelung einverstanden ist, muß er/sie vor dem Familiengericht die alleinige elterliche Sorge beantragen und diesen Antrag (mit dem Wohl des Kindes) begründen.
- Der Umgang mit beiden Elternteilen gehört zum Kindeswohl (§ 1626 III S.1). Eltern (Mütter) sind verpflichtet, diesen Umgang zu gestatten und zu fördern. Zuwiderhandlungen werden mit Zwangsmaßnahmen geahndet.

– Das genetische Abstammungsverhältnis wird als so bedeutsam betrachtet, daß dem Kind – aber auch dem genetischen Vater – zukünftig eine isolierte Abstammungsfeststellungsmöglichkeit zuerkannt wird.
– Nicht miteinander verheirateten Eltern können gemeinsam eine gemeinsame elterliche Sorge für ein Kind beantragen (§ 1626 I Nr. 1). Auf Antrag des Vaters oder der Mutter kann auch dem nicht verheirateten Vater die alleinige elterliche Sorge übertragen werden.
– Nicht verheiratete Frauen können nicht mehr allein über die Freigabe eines Kindes zur Adoption entscheiden, notwendig ist vielmehr auch die Zustimmung des genetischen Vaters. Falls die Mutter des Kindes diesen nicht benennt, gilt als Vater, wer eine Vaterschaft glaubhaft machen kann (§ 1747 Abs. 1).

1 Hintergründe einer Reform des Kindschaftsrechts

Die Neuformulierung des Kindschaftsrechts erfolgte vor dem Hintergrund soziodemographischer Veränderungen und rechtspolitischer Diskussionen, die die Vorstellungen über Elternschaft und Kindheit in den letzten Jahren zentral verändert haben.

Familialer Strukturwandel

Der Neuregelung des Kindschaftsrechts liegt zum einen ein tiefgreifender *Wandel familialer Beziehungen* zugrunde. Sinkende Heiratsziffern, hohe Trennungs- und Scheidungsraten[1], die Ausbreitung der Lebensformen Ein-Eltern- und Stieffamilie (mit und ohne Trauschein) sowie der nichtehelichen Lebensgemeinschaften stellen lebensgeschichtliche Kontinuitäten in Frage und erzwingen ein Nachdenken darüber, wie ‚Familie' heute verstanden werden kann.

Nach wie vor wachsen die meisten Kinder in einer ‚Familie' auf. Diese ist aber nicht mehr notwendigerweise die zeitlich überdauernde, aus beiden Eltern und gemeinsamen Eltern bestehende Verwandtschaftsfamilie. Schätzungsweise ein Drittel, möglicherweise sogar mehr Kinder, leben im Jugendlichen-Alter nicht mehr mit beiden leiblichen Eltern zusammen. Die biologische Fundierung von ‚Familie' lockert sich. Neben traditionellen Kernfamilien verstehen sich auch Alleinerziehende, Stieffamilien, nichteheliche Lebensgemeinschaften mit Kindern eines/r Partners/in oder gemeinsamen Kindern und die sogenannten ‚Mosaikfamilien' mit Kindern unterschiedlicher Eltern als ‚Familie' im Sinne einer verantwortlich gelebten und gewollten Gemeinschaft.

Die familialen Umstrukturierungen haben vor allem das *Vater-Kind-Verhältnis* betroffen. Während Frauen auch nach einer Trennung oder Scheidung relativ kontinuierlich mit ihren Kindern zusammenleben, koppeln sich für Männer biologische Vaterschaft und ein familialer Alltag mit eigenen Kindern voneinander ab. Nichtehelich geborene Kinder wohnen in der Mehrzahl nicht mit ihren leiblichen Vätern zusammen und haben relativ wenig Kontakt zu ihnen (Vaskovics et al. 1994). Auch nach einer Scheidung reduzieren sich Vater-Kind-Kontakte sehr stark (in 40-60% aller Fälle) oder unterbleiben ganz (Napp-Peters 1988).

Gegenläufig dazu haben sich insbesondere in den letzten Jahrzehnten Vater-Kind-Beziehungen intimisiert und emotionalisiert, Kinder haben für das Leben von Männern neue Bedeutung erlangt (Stein-Hilbers 1991). Fast alle Männer sprechen sich in Umfragen dafür aus, Kinder zu haben; die Mehrzahl von ihnen möchte auch heiraten (IPOS 1997). Um Schwangerschaft, Geburtsvorbereitung und Geburt hat sich eine ‚Kultur‘ ausgebildet, die Väter nahezu selbstverständlich einbezieht. Väter engagieren sich in der Betreuung von Säuglingen und im Spiel mit Klein- und Schulkindern, sofern ihre Berufstätigkeit ihnen das erlaubt. Sie werden zu höchst bedeutsamen Bezugspersonen für ihre Kinder.

Gleichwohl haben sich die Strukturen der innerfamilialen Arbeitsteilung nicht verändert. Wie nahezu alle nationalen und internationalen Untersuchungen bestätigen, obliegt die reale Sorge für Kinder weiterhin ihren Müttern. Frauen schränken ihre Erwerbsarbeit zugunsten von Kindern ein oder geben sie auf. Sie stellen ihre Zeitplanungen und Erwerbsbiographien auf ein Leben mit Kindern ab. Korrespondierend dazu haben sich überdauernd geschlechtsspezifisch hierarchisierte Strukturen des Beschäftigungssystems ausgebildet. Die tatsächliche Sorge für Kinder ist mit strukturellen Diskriminierungen in allen Bereichen von Erwerbsarbeit, sozialen Sicherungen, ökonomischen und sozialen Zugangschancen verbunden.

Diskurse um Sorge- und Umgangsrechte

Mit wachsendem Interesse an Kontakt und engen emotionalen Beziehungen zu eigenen Kindern problematisieren viele Väter deren nahezu selbstverständliche Zuordnung zur Mutter in jenen Fällen, in denen sie nicht (mehr) mit ihr zusammenleben. In Deutschland gibt es seit Jahren einen intensiven Diskurs über die Neu- und Umgestaltung von Eltern-Kind-Beziehungen und insbesondere von Vater-Kind-Beziehungen. Er läßt sich in den Sphären von Wissenschaft und Politik ebenso beobachten wie in den sogenannten privaten Auseinandersetzungen. Dieser Diskurs gruppiert sich um die Rechte von Kindern und die Rechte von Vätern; in ihm werden Interessen neu ausgehandelt, politikfähig aufbereitet und in Form moralischer Prinzipien, pädagogischer Grundsätze und rechtlicher Ansprüche durchzusetzen versucht.

Ich habe diesen Diskurs an anderer Stelle beschrieben (Stein-Hilbers 1994a) und möchte ihn hier nur in Stichworten und mit einigen Schlaglichtern skizzieren:

Spätestens seit Beginn der achtziger Jahre beobachten wir national und international kontinuierlich zunehmende Debatten um ‚die Familie‘. In der Soziologie konzentrierten sie sich besonders stark auf Fragen ihrer Umstrukturierung, ihrer Zukunft, auf die Gefahren einer Auflösung der sog. Kernfamilie (vgl. Bertram 1995; Nauck 1995). Immer scheint darin auf, daß die Veränderung der sozialen und ökonomischen Situation von Frauen die Ansprüche von Kindern und von Männern zutiefst berührt.

Männer, Männlichkeit und männliche Identität sind seit einiger Zeit – und mit steigender Tendenz – explizit Thema neuerer sozialwissenschaftlicher Publikationen und auch der populärwissenschaftlichen Literatur (Stein-Hilbers 1994b). Das Vater-Sein und die neue Väterlichkeit nehmen darin einen herausragenden Platz ein. Wissenschaftliche Analysen heben seit etwa 1970 den Typ des ‚modernen‘, zur aktiven Kinderversorgung und -betreuung voll befähigten Vaters hervor (Fein 1978; Fthenakis 1985); unter dem Stichwort ‚Väter-Forschung‘ entwickelte sich (auch international) eine eigene Forschungsrichtung mit hoher Produktivität. In den Massenmedien, in dem *veröffentlichten* Bild von Vaterschaft ist der neue Vater symbolisch höchst präsent. Gleichzeitig wird zu Recht eine Krise der Vaterschaft konstatiert, weil ehemalige Selbstverständlichkeiten einer Rolle und einer Institution sich aufzulösen scheinen (Knijn 1995). Folgt man den Foucault'schen Gedankengängen, so sind solche öffentlichen Diskurse immer auch Anzeichen eines Macht- und Kontrollverlusts und Bestandteil eines Aushandelns neuer Machtbalancen (ebd., 174).

Ein zentraler Themenschwerpunkt der öffentlichen Diskussionen um veränderte Eltern-Kind-Beziehungen betraf die Gestaltung von Sorge- und Umgangsrechten miteinander verheirateter und nicht verheirateter Eltern.

Im Falle einer Scheidung haben in den vergangenen Jahren immer mehr Väter das alleinige Sorgerecht beantragt. Vorwiegend handelte es sich dabei um gut qualifizierte Männer mit hohem Berufsstatus. Sie beriefen sich auf die Rechtsposition „Gleichberechtigung“ im Verhältnis zu Kindern und forderten die Gleichbehandlung mit Müttern in der gerichtlichen Rechtsanwendung – allerdings nur mit begrenztem Erfolg, weil von Gerichten der tatsächlichen Betreuung und Versorgung eines Kindes und den daraus entstandenen Bindungen große Bedeutung beigemessen wurde.

Weil nicht verheiratete Väter bislang kein Sorgerecht für eigene Kinder haben konnten, selbst wenn sie mit ihnen zusammenlebten und enge Beziehungen zwischen ihnen bestanden, wurde die Verbesserung ihrer Rechtsstellung allgemein für notwendig gehalten. Relativ einhellig wurde deshalb die Entscheidung des Bundesverfassungsgerichts aus dem Jahre 1991 begrüßt, auch nicht verheirateten Eltern ein gemeinsames Sorgerecht zu ermöglichen, wenn beide Eltern dies beantragen.

Scharfe Auseinandersetzungen hingegen zentrierten sich um die Einführung und Ausweitung des Rechtsinstituts der gemeinsamen elterlichen Sorge nach einer Scheidung.

Seine vehementen Verfechter wiesen darauf hin, daß die einseitige Zuerkennung des Sorgerechts den nichtsorgeberechtigten Elternteil von der weiteren Mitverantwortung für ein Kind ausschlösse. Eine bei vielen Scheidungseltern ohnehin vorhandene Sieger-/Besiegtenmentalität sowie das Gefühl des Nicht-mehr-Zuständigseins für Kinder – und damit auch die väterlichen Kontaktabbrüche – würden dadurch befördert.

Demgegenüber verwiesen eher vorsichtige BefürworterInnen des gemeinsamen Sorgerechts auf die hohen Anforderungen dieses Rechtsinstituts an die (oft heillos zerstrittenen) Eltern. Es setze ein hohes Maß an kollaborativer Absprache und beständige Kommunikation voraus und sei deshalb als positive Alternative zum alleinigen Sorgerecht für jene Eltern zu bewerten, die trotz eigener Konflikte kindorientiert und kooperativ miteinander umgehen könnten. Die automatische oder gar erzwungene Beibehaltung eines Sorgerechtes für konfliktbelastete Eltern verlängere jedoch Auseinandersetzungen um jeweilige Machtpositionen.

Die Verallgemeinerung des nachehelichen gemeinsamen Sorgerechts bedeute eine starke Ausweitung väterlicher Rechtspositionen bei ohnehin bestehendem nachehelichen Machtgefälle zwischen Männern und Frauen. Über das gemeinsame Sorgerecht werde dem von Alltagspflichten entlasteten früheren Ehemann hohe Einflußmöglichkeit auf das Leben der früheren Ehefrau und damit auch auf das weiterer Kinder sowie erwachsener Liebes- oder Ehepartner eingeräumt. Den Mitbestimmungsrechten von Vätern ausgesetzt zu sein, bedeute für die mit den Kindern zusammenlebenden Mütter die Angewiesenheit auf Schmeicheleien, Bittgänge und Verhandlungen und damit insgesamt eine Konfliktverstärkung (Holtrust 1987).

In einem vielbeachteten Titelbeitrag des SPIEGEL (47/1997) polemisierte der Autor Matussek über „die feministische Muttermacht und Kinder als Trümpfe im Geschlechterkampf" und beklagte die Ungerechtigkeiten des deutschen Scheidungsrechts, das unabhängig von der Schuldfrage Frauen, die für Kinder sorgen, einen gewissen Unterhalt zuspricht. „Für die Heulsusen der Spaßgeneration" sei „die Muttermacht ein teils lebenslänglich, teils zynisch genutztes goldenes Ticket geworden". Nach Ansicht dieses Autors blieben Väter als rechtlose Clowns zurück, die um ihre Kinder betteln und für sie zahlen müßten.

Entgegen einem weit verbreiteten Medienstereotyp werden jedoch nacheheliche Unterhaltsverpflichtungen für geschiedene Frauen nur selten gezahlt; in einer für großstädtische Scheidungen repräsentativen Stichprobe von Scheidungsfällen wurden sie zu 17% realisiert (Caesar-Wolf/Eidmann 1985). Auch Unterhaltszahlungen für Kinder erfolgen nur zu einem geringen Teil, selbst wenn eine eindeutige rechtliche Regelung vorliegt. Nach Angaben des Verbandes alleinerziehender Mütter und Väter zahlt etwa ein Drittel der unterhaltspflichtigen Väter keinen Unterhalt (Frankfurter Rundschau v. 15. 1. 1998); in verschiedenen Untersuchungen schwankt die Quote geschiedener Frauen mit Kindern, die überhaupt Unterhalt für sie beziehen, zwischen 18 und 40 Prozent (Willensbacher u.a.,1987; Schumann 1988, 53 f).

Auch in anderen Feldern steht die angebliche Pivilegierung von Frauen seit längerem zur Diskussion. Mit den technischen Weiterentwicklungen der vorgeburtlichen Diagnostik wird das ungeborene Kind früher abbildbar und als werdendes Kind erkennbar. Damit sind auch Prozesse verbunden, den Fötus immer früher als Subjekt mit eigenen Rechten – insbesondere dem Recht auf Leben und Gesundheit – zu konzipieren, die das Recht der schwangeren Frau auf eigene Lebensführung und Umgang mit ihrem Körper begrenzen (van den Daele 1988). „Dritte (das Jugendamt oder der Vater) sind als Anwalt der Kindesinteressen berufen und können notfalls rechtlichen Zwang mobilisieren, um das Verhältnis der Schwangeren zu ihrem Fötus zu regeln" (ebd., 351).

Die alleinige Entscheidungsbefugnis von Frauen, einen legalen Schwangerschaftsabbruch vornehmen zu lassen, ist in den letzten Jahren vielfach in Frage gestellt worden. In Medienkampagnen ebenso wie in Entwürfen zum procedere von Beratung und Abbruch wurde die Beteiligung des Mannes und ein Mitspracherecht des potentiellen Vaters gefordert; auch gab es Versuche von Männern, ihrer schwangeren Ehefrau oder Freundin den Abbruch durch eine zivilrechtliche Unterlassungsklage verbieten zu lassen. In der familienrechtlichen Literatur wurde breit diskutiert, ob und wie ein Mitspracherecht des potentiellen Vaters juristisch verankert werden könnte.

In der Bundesrepublik gibt es seit einigen Jahren eine neuartige Form von Vaterschaftsfeststellungsklagen. Immer öfter müssen sich Gerichte mit Anträgen genetischer Väter auf justizielle Feststellung – nicht Abwehr(!) – ihrer biologischen Vaterschaft befassen. Dies geschieht zum Teil gegen die ausdrücklichen Wünsche der Mutter; die Kläger berufen sich dabei auf ihr Persönlichkeitsrecht, das auch ein Vaterschaftsrecht und das Recht auf Bezeugung der Vaterschaft umfasse (Lakies 1990).

Das historisch junge Phänomen der – manchmal gut situierten und mit ihren Kindern (und eventuell neuen Lebenspartnern) durchaus zufrieden lebenden – bewußt alleinerziehenden Frauen scheint tiefsitzende Ängste vor der Entbehrlichkeit des Vaters wachzurufen. Vielleicht erklärt sich auch daraus, daß vor allem männliche Pädagogen bis heute immer wieder die Schädlichkeit der Vaterabwesenheit im Hinblick auf die kognitive, moralische, emotionale und psychosexuelle Entwicklung von Kindern (Jungen) betonen (z. B. Fthenakis 1985, Bd 1, 325 ff). Indirekt wird damit die Stigmatisierung der ja meistens aus Frauen und Kindern bestehenden Ein-Eltern-Familie weiterbefördert. Nicht soziale Randständigkeit, Armut und Isolation Alleinerziehender (Frauen) wurden und werden als Ursache kindlicher Verhaltensauffälligkeiten hypostasiert und auszugleichen versucht, sondern eben die Nichtehelichkeit, die Vaterabwesenheit, das die Theorien abweichenden Verhaltens lange Zeit beherrschende Konzept des ,broken home' und neuerdings auch die Scheidung. Nur langsam wird, parallel zu den Strukturveränderungen von Liebes-, Familien- und Ehebeziehungen auch in der sozialwissenschaftlichen Auseinandersetzung eine Revision solcher Erklärungsmuster erkennbar (Niepel 1994), unter Einbeziehung der durchaus positiven Aspekte des Alleinerziehens (Gutschmidt 1993).

Politische Aktivitäten von Vätern und Väter-Verbänden

Politisch initiiert und begleitet wurden Diskussionen um die Neugestaltung von Sorge- und Umgangsrechten durch von einer Trennung oder Scheidung betroffene Väter und ihre Interessenvertretungen. Sie sehen sich – als nicht verheiratete oder geschiedene Männer – von den sozialen Möglichkeiten eines engen Kontaktes zum Kind abgeschnitten, in einer (eltern-)rechtlich defizitären Situation und zudem mit Unterhaltsforderungen für Kind(er) (und geschiedene Frau) belastet, ohne an einem familialen Leben mit Kindern hinreichend partizipieren zu können.

Betroffene Väter haben sich in Verbänden zusammengeschlossen, um ihre Interessen wirkungsvoll durchsetzen zu können. Mit unterschiedlichen politischen Akzentuierungen traten etwa der ,Bürgerbund gegen Scheidungsunrecht' (BUR), die Interessen- und Schutzgemeinschaft unterhaltspflichtiger Väter und Mütter – Verband der Unterhaltspflichtigen (ISUV) und der ,Verband Scheidungsgeschädigter, Bürgerinitiative gegen Kindesentzug und Unterhaltsmißbrauch' (USB) seit Jahren für „den ungehinderten Umgang der Kinder mit beiden Elternteilen, das gemeinsame Sorgerecht und die Anteilnahme des Nichtsorgeberechtigten am Leben seiner Kinder" ein (Grundsatzprogramm ISUV/VDU). Auch nach Ansicht eher gemäßigter Organisationen wie z.B. des 1988 gegründeten bundesweiten ,Väteraufbruch für Kinder' benachteiligt das geltende Familienrecht Väter hinsichtlich ihrer Sorge- und Umgangsrechte für Kinder. Stark forciert wurde das Anliegen einer gemeinsamen Elternverantwortung trotz Trennung oder Scheidung – und als deren Rechtsform das gemeinsame Sorgerecht beider Eltern – durch den 1990 gegründeten Verein „Dialog zum Wohle des Kindes e.V." mit Sitz in Aachen, der seine Forderungen durch eigene Beratungsstellen und rechtspolitische Veranstaltungen zu realisieren suchte.

Entscheidungskompetenzen der Mütter und Abhängigkeiten der Väter

Die Aktivitäten von Vätern und ihrer Interessenvertretungen beziehen sich mehr oder weniger explizit auf ein Phänomen, das eng mit der Verbesserung ökonomischer und sozialer Rahmenbedingungen des Lebens von Frauen in westlichen Industriegesellschaften zusammenhängt: der zunehmenden Wahrnehmung von Mutterschaft als Chance und als besonderes Privileg von Frauen.

In Industriegesellschaften ist heute – im Vergleich zu früheren Epochen – die emotionale Bedeutung von Kindern für ihre Eltern immens gewachsen. Während Kinder in finanzieller Hinsicht eher zur Belastung geworden sind, verbinden Frauen und zunehmend auch Männer heute mit dem Kinderwunsch Hoffnungen auf langfristige und stabile persönliche Beziehungen. (Eigene) Kinder sind zum Medium der Suche nach Lebenssinn und persönlicher Entfaltung geworden, auf sie richten sich Wünsche nach intensiver Erfahrung, Vitalität und der Authentizität emotionaler Beziehungen. Kinder geben dem Leben ihrer Eltern Bedeutung und Halt; sie vermitteln ihnen das Gefühl, gebraucht zu werden und direkt an der Entwicklung eines anderen Menschen beteiligt zu sein.

Derzeit scheint es für Frauen leichter, diese Hoffnungen – auch unabhängig von einem (Ehe-)Mann – tatsächlich zu realisieren. Damit entscheiden sie häufig auch, ob und in welcher Form sich eine psychosoziale Vater-Kind-Beziehung überhaupt entwickeln kann (Sullerot 1992, 114).

Effektive Methoden der Empfängnisverhütung und deren Zugänglichkeit ermöglichen es Frauen heute, sich für oder gegen ein Kind als Ausdruck ihrer persönlichen Lebensgestaltung zu entscheiden. Die Möglichkeit, sich autonom *für* ein Leben mit Kind(ern) auszusprechen, steht ohnehin nur ihnen offen; Männer sind dafür immer auf die Zustimmung einer Frau angewiesen und in diesem Sinne auch von ihr abhängig.

Mit Schwangerschaft und Geburt verbindet sich für Frauen ein biologischer Vorsprung, auch rechtlich und sozial Mutter des geborenen Kindes zu sein. Dies gilt insbesondere für nicht verheiratete Mütter, die in der BRD bislang in jedem Fall ein alleiniges Sorgerecht für eigene Kinder innehatten und die auch in Zukunft einem gemeinsamen Sorgerecht mit dem Vater des Kindes zustimmen müssen. Nicht verheiratete Mütter konnten bislang ihr Kind zur Adoption freigeben (oder es selber adoptieren und damit die Verwandtschaft zum leiblichen Vater erlöschen lassen). In mehr oder weniger abgeschwächter Form existieren ähnliche rechtliche Privilegierungen der Mutter-Kind-Beziehung in vielen internationalen Rechtsordnungen.

Frauen können ein Kind als Erfüllung einer Paarbeziehung betrachten, aber sie sind nicht mehr verpflichtet, ein Kind auf jeden Fall im Kontext von Ehe und Familie oder familienähnlicher Lebensformen zu gebären und aufzuziehen. Auch wenn gegenwärtig eine eigenständige Existenzsicherung für viele Frauen nicht möglich ist, hat doch die zunehmende Integration in die Erwerbsarbeit in vielen Industrieländern die familiale und soziale Situation von Müttern verändert. Erweiterte Teilhabechancen von Frauen und wachsende Ansprüche an eine ökonomisch und sozial eigenständige Lebensführung haben aber ihre Zwänge – oder auch Freiräume – reduziert, sich überdauernd an einen (Ehe-)Mann zu binden. Zudem sind in begrenztem Maße Leistungen einer sozialstaatlichen Absicherung von Müttern und Kindern vorhanden und ihre rechtliche Situation – auch im Familienrecht – hat sich verbessert.

Steigende Trennungs-/Scheidungsraten und die zunehmende Zahl alleinlebender und -erziehender Frauen markieren diese Entwicklung. Gleichzeitig sind deutliche Tendenzen der sozialen Aufwertung des Lebens alleinerziehender Frauen und Kinder erkennbar. Nicht mit einem Mann zusammenlebende Frauen und Kinder sind nicht mehr per se sozial stigmatisiert. Auch wenn ihre ökonomische Situation häufig schwierig bleibt, betrachten viele Frauen ein Leben mit Kind(ern) und ohne dazugehörigen Vater auch als Chance für sich selbst. Wie die zunehmende Zahl von Stieffamilien oder vergleichbaren Lebensformen zeigt, sind (mehr oder minder langfristige) Liebesbeziehungen weiterhin möglich und üblich.

2   Die Rahmennorm ‚Kindeswohl'

Das bundesrepublikanische Recht der Eltern-Kind-Beziehung hat sich zur Maxime gesetzt, Elterninteressen für grundsätzlich unbeachtlich zu halten bzw. sie nur von der Situation des Kindes her zu gewichten. Der in diesem Jahrhundert in die Rechtssprache des BGB eingeführte Terminus ‚Wohl des Kindes' ist orientierender Begriff für die Ausübung der elterlichen Sorge und ausschließliche Richtschnur für Eingriffe, Entscheidungen und Verfahrensweisen. Er enthält die Verpflichtung, „kindzentriert zu denken und jeden Gesichtspunkt, auch etwaige Elterninteressen, von der Situation des Kindes her zu bewerten" (Coester 1983, 218f).

Konsens besteht aber auch darüber, daß das Kindeswohl als Generalklausel des Rechtes der Eltern-Kind-Beziehung grundsätzlich ausfüllungsbedürftig (und erschließungsfähig) ist (ebd). Diese Generalklausel ist offen gegenüber sich historisch, kulturell und situativ wandelnden Auffassungen über Rechte und Bedürfnisse des Kindes.

Rechte und Bedürfnisse des Kindes

Eine Benennung der Ansprüche und Rechte des Kindes setzt eine Definition der materialen Grundwerte für die Entwicklung einer menschlichen Persönlichkeit voraus. Kindliche Bedürfnisse werden auf der Grundlage eines allgemein als gültig empfundenen Konsenses darüber definiert, was ein Kind für sein Aufwachsen und sein Leben braucht und wie es erzogen werden sollte.

Ein solcher Konsens über die für ein Kind notwendigen Grundbedingungen seiner Entwicklung läßt sich nur hinsichtlich der Sicherung primär physiologischer Bedürfnisse – Nahrung, Schutz vor Krankheit, Kälte, Hitze usw. – aus der „Natur" des Kindes ableiten. Erst in allerjüngster Zeit – seit etwa 30 Jahren – ist uns bewußt, wie sehr jede Form der ansonsten Kindern zugeschriebenen Bedürfnisse und auch jede Form von Erziehung ein Produkt soziokultureller Einflüsse ist, geprägt durch die jeweils dominanten Werte einer historischen Epoche.

Die Frage danach, was ein Kind „braucht", ist in unterschiedlichen erziehungswissenschaftlichen und entwicklungspsychologischen Traditionen – je nach Menschenbildern, Entwicklungskonzeptionen, politischen Zielvorstellungen – unterschiedlich beantwortet worden. Sie ist nur schwer zu trennen von den konkreten gesellschaftlich-historischen Lebensbedingungen erwachsener Menschen und auch vom politischen Verständnis und den Interessen derjenigen, die diese Frage zu beantworten versuchen (Rutschky 1983). Dies zeigt sich u.a. darin, daß für Kinder unterschiedlichen Geschlechts, unterschiedlicher sozialer Schichten, Regionen, politischer Systeme, Religionen usw. durchaus unterschiedliche Bedürfnisse und Ansprüche formuliert werden.

Weil Kinder in der Regel mit einem oder beiden Elternteilen in enger Symbiose zusammenleben und zumindest in jüngerem Lebensalter in all ihren Entwicklungsmöglichkeiten von ihnen abhängig sind, betrifft jede Definition kindlicher Bedürfnisse und Rechte immer auch das Leben ihrer Eltern mit. Psychologische und rechtliche Zielsetzungen für die Entwicklung eines Kindes tangieren insofern mehr oder minder stark den Persönlichkeitsbereich der mit dem Kind zusammenlebenden Eltern. Sie müssen für die Umsetzung dieser Zielsetzungen in eine konkrete Lebenspraxis sorgen. Sie sind damit in der Gestaltung des eigenen Lebensentwurfes und der Gestaltung einer kindlichen Lebensperspektive nicht frei, sondern haben sich an den materialen Grundbedürfnissen des Kindes zu orientieren. Die Interessenlagen von Kindern und Eltern sind aufs engste miteinander verbunden; mit der Verfolgung kindlicher Interessen werden in der Regel auch elterliche Interessen blockiert oder verwirklicht.

In mehr oder minder starkem Maße sind dabei die Kindern zugeschriebenen Bedürfnisse auch durch die Wahrnehmungsweisen und Interessenlagen ihrer Eltern mitbestimmt. Je jünger die Kinder sind, deren Ansprüche beschrieben werden, je größer ist der Spielraum für ihnen zuschreibbare Interessen und Bedürfnisse; mit zunehmendem Alter wachsen ja die eigenständigen Artikulationsmöglichkeiten eines Kindes und seine Fähigkeiten zur selbstbestimmten Lebensgestaltung.

Interpretationen des Kindeswohl-Begriffes

Der Kindeswohl-Gedanke erfährt heute eine inhaltliche Ausweitung, die als zunehmende Absicherung kindlicher Rechte gegen die Interessen seiner Eltern begriffen werden kann. Das Kind wird als autonomes Rechtssubjekt konzipiert, dessen definierte Rechte durch die Eltern gewahrt und realisiert werden müssen (Ramm 1990, 154).

Soweit damit inzwischen allgemein anerkannte Grundbedürfnisse von Kindern angesprochen sind – Schutz, Geborgenheit und Verläßlichkeit, Versorgung, Liebe, Verständnis, die Ermöglichung von Erfahrung, Lernen und Leistung (Schmidtchen 1989, 104ff) –, werden sie nicht mehr hinterfragt und sind konsensuell verfestigt.

Mit den sich umstrukturierenden familialen Lebensformen und dem Auseinanderfallen von biologischer Elternschaft und faktischer Sorge für ein Kind verschärfen sich aber Auseinandersetzungen darüber, *wer* berechtigt sein soll, die für Kinder definierten Grundbedürfnisse zu realisieren.

Nach allgemein geltendem Verständnis sind die biologischen Eltern eines Kindes in erster Linie berechtigt und verpflichtet, für ein Kind zu sorgen und seine Erziehung zu gestalten. Faktisch sorgen meistens Frauen für Kinder. Sofern dies im Kontext der zusammenlebenden Verwandtschaftsfamilie geschieht, werden das Recht und die entsprechende Verpflichtung dazu kaum in Frage gestellt. Erst wenn Kinder nicht mehr mit beiden biologischen Eltern zusammenleben, werden soziale und rechtliche Zuständigkeiten ungewiß.

Tatsächlich leben viele Kinder heute in Familienkonstellationen, die nicht durch den Alltagskontakt zu (leiblichen) Vätern geprägt, sondern als eine von der biologisch codierten Kernfamilie abweichende Lebensweise ausgestaltet sind. Dies verändert traditionelle Vorstellungen von Elternschaft und ,Familie'. Auf der gesetzgeberischen Ebene verstärken sich damit Notwendigkeiten einer Gewichtung von psychosozialen und biologischen Elementen des Eltern-Kind-Verhältnisses und den daraus resultierenden Ansprüchen von Kindern und Eltern aneinander.

Wie prekär die Ausbalancierung der hier formulierten Ansprüche manchmal sein kann, wird in familienrechtlichen Diskussionen des öfteren deutlich. Einerseits wird der Schutz biologischer Eltern-Kind-Beziehungen für besonders wichtig gehalten und auch aus diesem Grunde eine Ausweitung des gemeinsamen Sorgerechts favorisiert. Andererseits wird die faktische Lebenssituation des Kindes besonders in den Mittelpunkt gestellt und eine

Verrechtlichung sozial gelebter Beziehungen (z.B. in Stieffamilien oder Pflegefamilien) gefordert. In vielen Fällen lassen sich diese Forderungen schwer miteinander vereinbaren.

Der sozial- und rechtswissenschaftliche Diskurs über die Frage, was ein Kind für seine Entwicklung ‚braucht', spiegelt diese ambivalente Ausgangslage wider. Er ist geprägt von dem Bemühen, die Perspektive des Kindes sensibel wahrzunehmen. Immer sind in ihm aber auch elternrechtliche Elemente erkennbar. Aufgrund des Kindeswohl-Primats bleiben sie eher verdeckt und tabuisiert: Die Interessen von Müttern und Vätern an Kindern und am Zusammensein mit ihnen werden nicht mehr öffentlich als solche benannt, sondern ausschließlich als dem Wohl des Kindes dienend präsentiert. Das Kindeswohl gilt als Garant der Legitimität eigener Ansichten und Mittel der Effektivierung der Durchsetzung eigener Bedürfnisse. Auch einander diametral widersprechende rechtspolitische Vorschläge werden immer mit dem Kindeswohl begründet.

Der Kindeswohl-Gedanke wird heute zunehmend als Recht des Kindes auf beide leiblichen Eltern interpretiert. Dies schließt auch ein, daß die Annahme, Frauen hätten durch Schwangerschaft und Geburt primäre Zuordnungsansprüche auf Kinder, in Frage gestellt wird. Die rechtliche und soziale Privilegierung der Mutter-Kind-Zuordnung wird zur Disposition gestellt, das Recht des Kindes auf seinen leiblichen Vater und auch das Recht des Vaters auf sein leibliches Kind werden aufs Neue aufgewertet. Die Umstrukturierung familialer Lebensformen ist begleitet von einem Diskurs, in dem es um den Ausgleich der Interessen von Kindern und Eltern geht und um die Neugestaltung entsprechender rechtlich-sozialer Rahmenbedingungen. Sein zentraler Argumentationsstrang und die darin enthaltenen moralischen und/oder theoretischen Begründungen – die durchaus nicht immer den realen Tatsachen entsprechen – lassen sich folgendermaßen skizzieren:

1. *Väter sind heute ‚neue Väter'.* Ihr Verhältnis zu Kindern ist geprägt von Zärtlichkeit und Fürsorge. Sie nehmen von Beginn an aktiv am Leben ihrer Kinder Anteil und sind an deren physischer und emotionaler Versorgung und Betreuung beteiligt. Die daraus entstehenden Eltern-Kind-Bindungen stellen im Trennungs- und Scheidungsfall die rechtliche Privilegierung von Frauen als Hauptbetreuungspersonen ihrer Kinder in Frage.

2. *Kinder brauchen ihre (biologischen) Väter* von Geburt an und insbesondere auch nach einer Trennung oder Scheidung ihrer Eltern. Kinder haben ein Recht auf Kenntnis von und Betreuung durch beide Eltern. Die Lebenssituation von Kindern, die – zeitweilig oder dauernd – ohne Vater aufwachsen müssen, ist im Prinzip als defizitär einzuschätzen.

3. *Die Vater-Kind-Beziehung ist essentiell emotional und damit interessenfrei.* Sie konkretisiert sich auch unabhängig von der tatsächlichen Sorge für ein Kind und hat – neben der genetischen Verbindung – in erster Li-

nie mit der emotionalen Qualität dieser Beziehung, weniger mit der realen Sorge für ein Kind zu tun.

4. *Das Kind ist ein autonomes Rechtssubjekt mit eigenen Ansprüchen und Bedürfnissen, die gegen seine Eltern, speziell gegen Mütter, zu verteidigen und zu schützen sind.* Die Frage, ob ein Kind geboren wird und wie es aufwächst, sollte nicht mehr allein durch die Mutter, sondern ebenso durch den Vater entschieden werden. Das Kindeswohl kann inhaltlich eher durch wissenschaftliche Experten als durch die mit dem Kind zusammenlebenden Mütter beschrieben werden.

5. *Weil eine hohe Koinzidenz väterlicher und kindlicher Interessen besteht, können Kinder am besten durch die Erweiterung von Sorge- und Umgangsrechten für Väter unterstützt werden.* Vor allem das Rechtsinstitut der gemeinsamen elterlichen Sorge trägt zur Befriedung sich trennender Eltern und damit zur Vermeidung von Kontaktabbrüchen zwischen Kind und Vater nach einer elterlichen Trennung bei. Wenn Frauen den Vater gar nicht oder – im Falle der Trennung/Scheidung – nicht zur Hälfte an der elterlichen Sorge – im Rechtssinne, nicht im Sinne einer Übernahme der tatsächlichen Sorge – beteiligen, gefährden sie das Kindeswohl. Die ungleiche Verteilung der realen Sorge für ein Kind und die für Männer und Frauen unterschiedlichen (ökonomischen und sozialen) Folgen eines Lebens mit Kindern erscheinen demgegenüber nachrangig.

3   Die Verrechtlichung von Geschlechterbeziehungen

Die Diskussionen um die Neuformulierung des Kindschaftsrechts wurden in einem emotional hoch aufgeladenen Feld geführt. Zentrale Bedürfnisse und Interessen von Menschen – von Müttern, Vätern und Kindern – werden durch sie berührt, die man immer *auch* als legitim und gerechtfertigt empfindet. Einfache oder gar gerechte Lösungen sind nicht in Sicht. Es zeichnet sich auch nicht ab, daß Eltern sich in Zukunft seltener voneinander trennen, ganz im Gegenteil rechnen alle Fachleute mit einem Anwachsen der Trennungs- und Scheidungsquoten.

Es kann deshalb derzeit nur darum gehen, die Folgen einer elterlichen Trennung für die betroffenen Kinder so gut wie möglich zu minimieren und hierauf alle Bemühungen zu konzentrieren.

Das neue deutsche Kindschaftsrecht hat in diesen Auseinandersetzungen Stellung bezogen. Es hat die Angleichung der Rechtspositionen getrennt lebender Eltern als Mittel der Konfliktminimierung für Kinder gewählt. Das Kindschaftsrecht wurde ‚geschlechtsneutralisiert‘, die rechtliche Privilegierung der mit dem Kind zusammenlebenden Mutter wurde unter der Prämisse des Kindeswohl-Gedankens abgebaut (Stein-Hilbers 1993). Faktisch gestärkt wurde die Rechtsstellung des leiblichen Vaters. Damit wurden Lebensverhältnisse rechtlich egalitär verfaßt, die tatsächlich höchst unterschiedlich ausgestaltet sind. Die Geburt und die Erziehung eines Kindes betrifft nach wie vor das Leben von Frauen in völlig anderer Weise als das Leben von Männern.

Die Arbeitsteilung nach Geschlecht stellt ein Strukturprinzip von Industriegesellschaften dar und durchzieht als grundlegendes Prinzip die Gesamtheit aller gesellschaftlichen Arbeitsteilungen und Organisationsstrukturen. Frauen sind primär auf Erziehungs- und Versorgungsarbeiten für Kinder und Familienangehörige verwiesen, ihre Lebensplanungen und Erwerbsbiographien sind darum zentriert. Männer sollen hingegen ihre volle Arbeits- und Leistungsfähigkeit in erster Linie in die vergesellschaftete Erwerbsarbeit einbringen.

Diese geschlechtliche Arbeitsteilung hat normativen Charakter, weibliche und männliche Lebensentwürfe werden darauf abgestimmt. Ihre Konsequenzen für die Beteiligung von Männern und Frauen an Bildung, Ausbildung und Erwerbsarbeit, Wissenschaft, Politik und Kultur sind wohlbekannt.

Fast immer bleibt auch nach einer elterlichen Trennung die Sorge für Kinder ungleich verteilt. Dies bringt mit sich, daß nahezu alle empirischen Untersuchungen zur Scheidungs- und Trennungsproblematik das ökonomisch-soziale Gefälle getrennt lebender Mütter und Väter nachweisen: Frauen mit Kindern sind hinsichtlich ihrer Zugangs- und Teilhabechancen an Erwerbsarbeit, sozialen Sicherungen, ökonomischer und sozialer Gleichstellung strukturell benachteiligt. Die Verschlechterung ihrer ökonomischen Situation wirkt sich in vielfacher Weise direkt und indirekt auf Kinder aus – beispielsweise durch den Umzug in eine kleinere und schlechtere Wohnung und den damit verbunden Wechsel von Schule und Freundeskreis, sowie den finanziellen Einschränkungen und den Zwang, das Leben unter solchen Bedingungen (wieder) in den Griff zu bekommen. Furstenberg/Cherlin (1993) haben deshalb als Resultat ihrer Untersuchungen über die Folgen einer Scheidung für Kinder darauf verwiesen, daß – wenn man Kinder getrennter/geschiedener Eltern wirksam unterstützen will – anscheinend kein Weg daran vorbei geht, direkte Hilfen für den Elternteil zu schaffen, bei dem das Kind lebt, in der Regel also für Mütter: die Erhöhung des Unterhaltsbeitrags und Beihilfen zum Kindesunterhalt, auch Arbeitsplatz-Verbesserungen für verheiratete und nicht verheiratete Mütter kleiner Kinder.

Der Abbau von frauendiskriminierenden Folgen einer grundsätzlichen Arbeitsteilung nach Geschlecht kann wahrscheinlich die mit einer Trennung oder Scheidung verbundenen *emotionalen* Verletzungen von Eltern nicht beseitigen. Er kann aber zumindest die materiellen Konflikte abmildern, die deren Auseinandersetzungen nach wie vor begleiten: um die Verteilung von Pflichten und Rechten im Verhältnis zu Kindern, um Unterhaltszahlungen.

um Zugangschancen und Armut, insbesondere auch der alleinerziehenden und älteren Frauen.

Solange geschiedene/getrennt lebende Frauen die sozialen, beruflichen und ökonomischen Konsequenzen des Kinder-Habens nahezu alleine tragen und Kinder für Männer in erster Linie Bestandteil des Freizeit- und Wochenendprogramms sind, ist eine quasi-automatische Gleichverteilung von Rechten zumindest problematisch. Von den Sorgerechten des außerhalb lebenden Vaters ist die mit dem Kind zusammenlebende Mutter immer mitbetroffen. Sie benötigt seine Zustimmung zur Wahl ihres Wohnortes, bei Umzügen, Schulwechsel, Wochenend-, Freizeit- und Urlaubsgestaltungen etc. Wenn Frauen Kinder von unterschiedlichen Männern haben – eine heute nicht mehr ungewöhnliche Lebensform –, wird gleich mehreren Männern Einfluß auf den Lebensalltag der mit den Kindern zusammenlebenden Mutter zugestanden. Nicht mehr die Ehe – ein immerhin juristisch auszuhandelndes Vertragswerk – wohl aber die nicht juristisch verhandelbare Elternschaft begründet nunmehr eine lebenslange Bindung zweier Erwachsener, deren Rechte als nachrangig gegenüber denen des Kindes betrachtet werden.

Auch die in vielen Publikationen beschworene, nach Trennung und Scheidung weiterbestehende „Elternverantwortung" kann nicht über die Tatsache hinwegtäuschen, daß die „Verantwortung" der Väter sich vor allem auf Freizeit- und Wochenendkontakte beschränkt. MitarbeiterInnen von Trennungs- und Scheidungsberatungsstellen berichten von oftmals großen Schwierigkeiten, getrennt lebende Väter auf einen festen Zuständigkeits-Tag in der Woche zu verpflichten. Die öffentlich produzierte Legitimationsfigur des für seine Kinder zuständigen und sie verantwortlich versorgenden „neuen Vaters" erweist sich dann oftmals als Fiktion.

Beklagenswerte soziale Phänomene – das ökonomisch-soziale Gefälle zwischen Männern und Frauen, die (auch) daraus resultierenden Konflikte getrennt lebender Eltern, die ungleiche Verteilung der realen Sorge für Kinder, die hohe Quote von Kontaktabbrüchen zwischen Kindern und von ihnen getrennt lebenden Vätern – lassen sich nicht alleine durch die Verbesserung einer väterlichen Rechtsposition bewältigen, sondern setzen umfangreiche Strukturveränderungen zum Abbau geschlechtsspezifischer Hierarchien voraus.

Biologie und Gefühl als Leitlinien des Kindschaftsrechts

Ein Diskurs über veränderte Geschlechterbeziehungen hat die Neuformulierung des deutschen Kindschaftsrechts zentral beeinflußt; vor diesem Hintergrund wurden auch die Rechte von Kindern, Müttern und Vätern neu beschrieben. Väter haben nunmehr verbesserte Möglichkeiten, auch nach einer Trennung oder Scheidung Kontakt zu Kindern zu halten. Allerdings haben sie sich öffentlichkeits- und auch rechtswirksam als ‚neue Väter' dargestellt, ohne dafür veränderte familiale Arbeitsteilungen in Kauf nehmen zu müssen. Die inhaltliche Bestimmung des Kindeswohls als Recht auf beide Eltern und der Gedanke gleicher elterlicher Rechte für Mütter und Väter prägen die Neufassung des Kindschaftsrechts. Als Strukturprinzip einer Verrechtlichung von Geschlechterbeziehungen im Verhältnis zu Kindern schält sich heraus, daß eine Veränderung der realen Sorge für Kinder nicht angestrebt wird. Sie verbleibt den Frauen und wird ihnen weiterhin als eher ‚private' Arbeit zugeschrieben. Wohl aber werden affektive Beziehungsangebote und -wünsche des leiblichen Vaters und daraus resultierende Eltern-Kind-Bindungen mit Sorge*rechten* verbunden. Die Vater-Kind-Beziehung wird als emotional und damit interessefrei dargestellt, obwohl Emotionen aufs engste mit (persönlichen, sozialen, ökonomischen) Interessen verbunden sind. Die Forderung, sich Vaterschaft – auch im Rechtssinne – zu erarbeiten, wird ignoriert. Rechtlich belanglos bleibt damit, daß sich Frauen und Männer als getrennt lebende Eltern in einer grundsätzlich unterschiedlichen Situation befinden. Weibliche Arbeit für Kinder wird ‚unsichtbar'. *Biologie und Gefühl* – und weniger die Verpflichtung zur Übernahme der realen Sorge für ein Kind – bestimmen somit die Form, in der sich heute Vaterschaft präsentiert und auch rechtlich kodiert wurde.

Auswirkungen auf die zukünftige Gestaltung von Geschlechter- und Elternbeziehungen

Welche praktischen Auswirkungen das neue Kindschaftsrecht zukünftig auf die Gestaltung von Geschlechterbeziehungen zwischen Frauen und Männern haben wird, die Eltern sind, muß sich erst noch erweisen. Tendenzen sind jedoch bereits jetzt erkennbar.

Im Idealfall kooperieren beide Eltern auch nach einer Trennung oder Scheidung relativ konfliktfrei miteinander und gestalten ihre Sorge für gemeinsame Kinder einvernehmlich und gleichberechtigt zur allseitigen Zufriedenheit aller Beteiligten komplementär aus. Dieser Idealfall ist jedoch nur für eine Minderheit aller voneinander getrennten Eltern und Kinder tatsächlich zu realisieren.

Weitaus häufiger dürften jene Fälle sein, in denen Eltern auch nach einer Trennung oder Scheidung eine bereits vorher praktizierte Arbeitsteilung beibehalten. Die Kinder leben weiterhin bei ihren Müttern, die ihretwegen eine eigenständige berufliche und/oder ökonomische Sicherung zurückgestellt und ihren Alltag auf ein Leben mit Kindern ausgerichtet haben. Ihnen verbleibt die konkrete Arbeit und Verantwortung für Kinder, nunmehr allerdings unter deutlich erschwerten Bedingungen: den erweiterten Möglichkeiten früherer Partner oder Ehemänner, Einfluß auf ihr konkretes Alltagsleben zu nehmen und den damit erhöhten Abhängigkeitspotentialen der Mütter. Sofern beide Eltern ihre Trennung ohne größere Konflikte verarbeiten konnten, mag dies – wiederum idealtypisch – praktisch ohne allzu große Folgen für Frauen bleiben.

Zu erwarten ist aber, daß de facto für viele Mütter etwas anderes eintritt. Konflikte zwischen Eltern sind auch nach einer Trennung oder Scheidung nicht beendet; in vielen Fällen werden sie vielmehr durch die neue Familiensituation noch intensiviert. So bringt eine Trennung oder Scheidung für beide Eltern – insbesondere aber für Frauen – deutliche soziale und ökonomische Verschlechterungen mit sich. Viele alleinerziehende Mütter leben nach einer Scheidung an der oder unterhalb der Armutsgrenze; alleinerziehende Frauen müssen besonders häufig von der Sozialhilfe leben. Viele Väter können oder wollen keinen Unterhalt für (sie und auch nicht für) Kinder leisten: Im Jahre 1997 wurden aus staatlichen Mitteln für 519 000 Kinder Unterhaltszahlungen in Höhe von 1,7 Milliarden DM vorgestreckt, wobei die Anzahl der Väter, die keinen Kindesunterhalt zahlen können oder wollen, beständig ansteigt (IFPA 178, September 1998). Bei einem Drittel der nicht zahlenden Väter war den Müttern nicht einmal der Aufenthaltsort ihres früheren Partners bekannt.

Unter den oben beschriebenen Bedingungen erweiterten Mitbestimmungsrechten von Vätern ausgesetzt zu sein, bedeutet für Frauen und Kinder tatsächlich eine oft unzumutbare Härte. Sie wird für Frauen mit Kindern von mehreren Männern noch einmal dadurch verstärkt, daß gleich mehreren Vätern Einfluß auf ihre Lebensgestaltung zuerkannt wird. Wie dies in der Praxis tatsächlich auszugestalten ist, wurde in den Diskussionen zum neuen Kindschaftsrecht gar nicht berücksichtigt und wird den betroffenen Frauen als privat zu lösendes Problem überlassen bleiben.

Unter der Prämisse des Kindeswohls – und damit einer wahrscheinlich gut gemeinten Zielsetzung – hat das neue Kindschaftsrecht auf jeden Fall tatsächliche Ungleichheiten zwischen den Geschlechtern aufs neue festgeschrieben und damit zukünftige Eltern- Geschlechterbeziehungen in dieser Weise formiert.

Anmerkungen

1   1997 stieg die Scheidungsrate nach Auskunft des Statistischen Bundesamtes gegenüber dem Vorjahr noch einmal um 7% an. Insgesamt wurden im Jahre 1997 187 802 Ehen geschieden, davon 105 000 Ehen mit minderjährigen Kindern. Familien mit zwei oder mehr Kindern waren von der Zunahme der Scheidungen besonders betroffen; insgesamt erlebten 163 112 Kinder eine Scheidung ihrer Eltern.

Literatur

Bertram, Hans. 1995. „Individuen in einer individualisierten Gesellschaft." In *Das Individuum und seine Familie. Lebensformen, Familienbeziehungen und Lebensereignisse im Erwachsenenalter*, Hg. Hans Bertram, 9-34, Opladen: Leske+Budrich.

Böhm, Reglindis. 1992. „Gedanken zu einer Neuregelung des Kindschaftsrechts." *Zeitschrift für Rechtspolitik* 25: 334-337.

Caesar-Wolf, Beatrice, und Dorothee Eidmann. 1985. „Gleichberechtigungsmodelle im neuen Scheidungsrecht und deren Umsetzung in die familiengerichtliche Praxis." *Zeitschr. für Rechtssoziologie* 6:163-189.

Coester, Michael. 1983. *Das Kindeswohl als Rechtsbegriff: die richterliche Entscheidung über die elterliche Sorge beim Zerfall der Familiengemeinschaft*. Frankfurt: Metzner.

Coester, Michael. 1992. „Reform des Kindschaftsrechts". *JZ* 47: 809-816.

Daele van den, Wolfgang. 1988. „Der Fötus als Subjekt und die Autonomie der Frau. Wissenschaftlich-technische Optionen und soziale Kontrollen in der Schwangerschaft." *Kritische Justiz* 21: 16-31.

Fein, Robert A. 1978. „Research on Fathering: Social Policy and an Emergent Perspective." *The Journal of Social Issues* 34: 72-91.

Fthenakis, Wassilios E. 1985. *Väter*. Band 1, Zur Psychologie der Vater-Kind-Beziehung. Band 2, Zur Vater-Kind-Beziehung in verschiedenen Familienstrukturen. München: Urban & Schwarzenberg.

Furstenberg, Frank F., und Andrew J. Cherlin, 1993. *Geteilte Familien*. Stuttgart: Klett-Cotta.

Gutschmidt, Gunhild. 1993. „Kinder in Einelternfamilien. Positive Aspekte einer Lebensform". In *Kinder im Scheidungskonflikt*, Hg. Klaus Menne u.a., 299-305. Weinheim: Juventa.

Holtrust, Nora u.a. 1987. „Alte Rechte für neue Väter und den Staat." *Streit*(5): 3-16.

IPOS: Institut für praxisorientierte Sozialforschung. 1997. *Gleichberechtigung von Frauen und Männern – Wirklichkeit und Einstellungen in der Bevölkerung 1994*. Schriftenreihe 117.2 des BMFSFJ, Stuttgart: Kohlhammer.

Knijn, Trudie. 1994. „Hat die Vaterschaft noch eine Zukunft? Eine theoretische Betrachtung zu veränderter Vaterschaft." In *Neue Horizonte. Sozialwissenschaftliche Forschung über Geschlechter und Geschlechterverhältnisse*, Hg. Christof L. Armbruster u. a., 171-192. Opladen: Leske+Budrich.

Krabbe, Heiner Hg. 1992. *Scheidung ohne Richter. Neue Lösungen für Trennungskonflikte*. Reinbek: Rororo.

Lakies, Thomas. 1990. „Umgang zwischen Vater und nichtehelichem Kind." *Zeitschrift für Rechtspolitik* 23: 229-238.

Münder, Johannes. 1992. „Vom vorgegebenen gesetzlichen Leitbild zur autonomen Gestaltung bei nichtehelicher Kindschaft." *Familie und Recht* 3: 191-200.

Nauck, Bernhard. 1995. „Familie im Kontext von Politik, Kulturkritik und Forschung: Das Internationale Jahr der Familie." In *Familie der Zukunft. Lebensbedingungen und Lebensformen*, Hg. Uta Gerhardt u.a, 21-36. Opladen: Leske+Budrich.

Niepel, Gabi. 1994. *Alleinerziehende. Abschied von einem Klischee*. Opladen: Leske+Budrich.

Rutschky, Katharina. 1983. *Deutsche Kinder-Chronik. Wunsch- und Schreckensbilder aus vier Jahrhunderten*. Köln: Kiepenheuer.

Schmidtchen, Stephan. 1989. *Kinderpsychotherapie*. Stuttgart: Kohlhammer.

Schumann, Carola.1988. „Das Scheidungsrecht in der anwaltlichen Praxis." In *Rechtsalltag von Frauen*. Hg. Ute Gerhardt und Jutta Limbach, 105-125. Frankfurt: edition suhrkamp.

Schwab, Dieter. 1997. „Einführung in das Kindschaftsrecht." *FamRZ* 44, 1377-1383.

Stein-Hilbers, Marlene. 1991. „Die sogenannten ‚Neuen Väter'." *Widersprüche* 40: 43-52.

Stein-Hilbers, Marlene. 1993. „Biologie und Gefühl – Geschlechterbeziehungen im neuen deutschen Kindschaftsrecht." *Zeitschrift. für Rechtspolitik* 26: 256-261.

Stein-Hilbers, Marlene. 1994a. *Wem ‚gehört' das Kind? Neue Familienstrukturen und veränderte Eltern-Kind-Beziehungen.* Frankfurt: Campus.

Stein-Hilbers, Marlene. 1994b. „Männer und Männlichkeiten in der neueren sozialwissenschaftlichen Diskussion." *Psychologie & Gesellschaftskritik* 3/4: 67-80.

Sullerot, Evelyne. 1992. *Quels pères? Quels fils?* Paris: Fayard.

Vaskovics, Laszlo et al. 1994. *Lebenslage nichtehelicher Kinder (Zwischenbericht).* Bamberg: Sozialwissenschaftliche Forschungsstelle der Otto-Friedrich-Universität.

Willensbacher, Barbara u.a. 1987. „Auswirkungen des Ehegattenunterhaltsrechts in der Bundesrepublik Deutschland." *Zeitschr. für Rechtssoziologie* 8: 98-113.

III Implementation und Integration

Die Beiträge des letzten Teils verdeutlichen im folgenden, daß in einiger Forschungsfeldern oder ganzen Disziplinen ein konzeptuelles Nachdenker über Geschlecht schon relativ selbstverständlich vorausgesetzt werden kann Zunehmend wird Geschlecht als Strukturkategorie begriffen, die die Formulierung von Forschungsfragen, den Prozeß des Erkenntnisgewinns und damit auch Forschungsergebnisse bestimmt.

Entsprechend ihrer biologisch-zweigeschlechtlichen Orientierung hat die Medizin Krankheitsbilder immer sehr selbstverständlich nach Geschlecht aufgeschlüsselt und Unterschiede konstatiert. Auch Unterschiede im gesundheitlichen Risikoverhalten von männlichen und weiblichen Jugendlichen sind seit langem offensichtlich und mit der geschlechtsspezifisch unterschiedlichen Krankheitsbelastung von Jugendlichen in Verbindung gebracht worden. *Petra Kolip* benutzt in ihrem Beitrag über ‚Riskierte Körper: Geschlechtsspezifische somatische Kulturen im Jugendalter‘ diese vorgefundenen Strukturen und setzt sie zueinander in Beziehung. Geschlecht ist eine soziale Konstruktion und Geschlechtszugehörigkeit muß dargestellt werden − so lautet ihre These. Der Körper ist das Feld, über das Menschen ihre Geschlechtszugehörigkeit symbolisieren, und er wird entsprechend expressiv verwandt. Jugendliche entwickeln aktiv geschlechtlich aufgeladene Körperpraktiken, durch die sie sich als geschlechtliche (und sexuelle) Individuen darstellen können. Das gesundheitliche Risikoverhalten ist Teil einer spezifischen somatischen Kultur und individuell wie auch kollektiv Ausdruck von Weiblichkeit und Männlichkeit. Der Körper ist damit nicht ‚Natur‘ oder ‚Biologie‘, vielmehr schreiben sich kulturelle Symboliken in den Körper ein und bestimmen auch die Wahrnehmung und Gestaltung von Gesundheit oder Krankheit.

Mit ihrer methodologischen Reflexion eines ethnographischen Forschungsprozesses verdeutlicht *Helga Kelle* den Wandel theoretischer Konzepte der neueren Kindheits- und Jugendforschung. Nicht mehr die Erforschung von Unterschieden zwischen Mädchen und Jungen steht im Zentrum dieser Arbeiten, sondern die von Kindern selbst relevant gemachten Praktiken der Geschlechterunterscheidung; die Fragestellung hat sich also vom ‚Warum‘ (der Geschlechterunterschiede) zum ‚Wie‘ (der Geschlechterunterscheidung) verlagert. Soziale Wirklichkeit − und damit auch die Kultur der Zweigeschlechtlichkeit − wird in diesen alltagsweltlichen Praktiken interaktiv hergestellt und bekräftigt. Die methodischen Zugänge der sozialwissenschaftlichen Ethnographie sind nach Kelle geeignet, diese Prozesse aufzu-

hellen. Sie treffen aber immer auch auf inhärente zweigeschlechtlich vor-
strukturierte Wahrnehmungsperspektiven von Forschenden. Die Autorin
zeigt am Beispiel konkreten ihresForschungsmaterials, wie mit diesem Dilemma selbstreflexiv umgegangen werden kann.

Sexuelle Gewalt galt lange Zeit nicht als relevantes Thema der Geschichtswissenschaft, sondern als nahezu zwangsläufige Folge spezifischer
gesellschaftlicher Umstände und ‚normale‘ Konstante von Geschlechterbeziehungen. Neuere, historisierende und kontextbezogene Forschung zur gerichtlichen Behandlung sexueller Gewalt belegen hingegen, wie sehr sexuelle
Gewalt auch als Verletzung der persönlichen Integrität empfunden, aber nicht
in dieser Weise verhandelt wurde. Vielmehr war das Sprechen über Gewalt
eingebunden in kulturelle Rahmenbedingungen: in Ehrbarkeitscodes, Eigen-
tumsverhältnisse sowie zeitgenössische Männlichkeits- und Weiblichkeits-
imaginationen. An drei Fallbeispielen, die vor einem Basler Ehegericht in der
frühen Neuzeit verhandelt wurden, verdeutlicht *Susanna Burghartz*, wie sehr
das Sprechen über sexuelle Gewalt immer auch eine instrumentell-
strategische Funktion für die Gestaltung von Geschlechterbeziehungen hatte.
Im Kontext der Eheanbahnung erschien sexuelle Gewalt in dieser Zeit relativ
normal und war als solche kein Thema vor Gericht. Sie wurde nicht als Verletzung der Opfer verhandelt, sondern strategisch verwandt: als Argument,
um ein Eheversprechen bzw. die Heirat durchzusetzen oder abzuwehren. Ob
sexuelle Übergriffe als männliche Gewalt oder weibliche Verführung bezeichnet wurde, war relevant für die Geltung von Rechtsansprüchen und
korrespondierte mit Vorstellungen von männlichem Willen und weiblicher
Ehre. Ein strategischer Umgang mit dem Gewaltargument bedeutete für die
betroffenen Frauen dennoch keineswegs Indifferenz gegenüber der gegen sie
verübten Gewalt oder Irrelevanz für ihr persönliches Leben. Susanna Burghartz' Beitrag verdeutlicht paradigmatisch Forderungen an die Geschichtswissenschaft, sexuelle Gewalt kontextbezogen und historisierend zu analysieren.

Riskierte Körper:
Geschlechtsspezifische somatische Kulturen im Jugendalter

Petra Kolip

Einleitung

In den vergangenen Jahren hat der Gesundheitszustand von Jugendlichen und das Ausmaß gesundheitsriskanten Verhaltens dieser Altersgruppe in den Gesundheitswissenschaften zunehmend Aufmerksamkeit gefunden. Die Kategorie Geschlecht wurde dabei aber theoretisch weitgehend vernachlässigt. Dies ist insofern erstaunlich, als sich das gesundheitsbezogene Geschlechterverhältnis in der Pubertät gravierend wandelt. Bis zur Adoleszenz gelten die Jungen in gesundheitlicher Hinsicht als das „schwächere Geschlecht" (für einen Überblick siehe Kolip 1994, 1997): Die Sterblichkeit männlicher Kinder und Säuglinge ist höher, Jungen sind häufiger krank als Mädchen und sie werden häufiger verhaltensauffällig. Aus diesem Grund werden Jungen öfter als Mädchen dem Arzt oder der Ärztin vorgestellt, in psychologischen Beratungsstellen angemeldet und auf Sonderschulen überwiesen. Mit der Pubertät dreht sich das Geschlechterverhältnis in Gesundheit und Krankheit um und zeigt das typische Muster, das sich auch für Erwachsene aufzeigen läßt. Ab etwa dem 12. Lebensjahr sind Mädchen unzufriedener mit ihrem Gesundheitszustand, sie nehmen häufiger medizinische Hilfe in Anspruch und leiden häufiger unter solchen psychosomatischen Beschwerden, die dem sogenannten „Frauensyndrom" (Vogt 1983) zugerechnet werden: Kopfschmerzen, Schlafstörungen und Nervosität.

Während biologistische Erklärungsansätze darauf verweisen, daß z.B. die hormonelle Umstellung für diese Entwicklung verantwortlich ist und die Ausbildung spezifischer Beschwerden (z.B. niedriger Blutdruck) eine quasi-natürliche, weil biologische Begleiterscheinung des Frau-Werdens ist, wird in der feministischen Gesundheitsforschung betont, daß psychosomatische und körperliche Beschwerden Ausdruck eines spezifischen Umgangs mit dem Körper sind und daß nicht biologische, sondern kulturelle und psychosoziale Faktoren diesen Umgang mit dem Körper, die somatische Kultur beeinflussen. Der Begriff „Somatische Kultur" wurde von Luc Boltanski (1976) in die theoretische Diskussion um den durch gesellschaftliche Regeln geprägten Umgang mit dem eigenen Körper eingeführt. Er meint „einen

Kodex der guten Sitten für den Umgang mit dem Körper, der tief verinnerlicht und allen Mitgliedern einer bestimmten sozialen Gruppe gemeinsam ist" (Boltanski 1976, 154, Hervorhebung im Original). Somatische Kulturen sind der Versuch, sich individuell und kollektiv mit den sozialen und Umweltbedingungen auseinanderzusetzen. Sie umfassen alle Ebenen körperlichen Verhaltens: Neben Bewegung, Kleidung, Gestik, Mimik und Körpereinsatz bei der Erwerbsarbeit, die für Boltanski von besonderer Bedeutung waren, sind auch Dimensionen gesundheitsförderlicher und gesundheitsschädlicher Körperpraktiken sowie körperbezogene Einstellungen unter diesem Begriff zu fassen. Während Boltanski sich vor allem für die schichtspezifischen Ausprägungen der somatischen Kulturen interessierte, haben Frauenforscherinnen wie Marianne Rodenstein (1984), Marlene Stein-Hilbers (1994) und Cornelia Helfferich (1994) auf die geschlechtsspezifischen Differenzierungen hingewiesen. Nicht nur die Erscheinungsformen der somatischen Kulturen und ihrer einzelnen Komponenten variieren mit dem Geschlecht, sondern der spezifische Umgang mit dem Körper spiegelt auch die Verarbeitung je nach Geschlecht unterschiedlicher Belastungsfaktoren wider.

Der Umgang mit dem Körper ändert sich im Jugendalter gravierend. Zum einen verändert sich die Anatomie und Physiologie, und diese körperlichen Veränderungen müssen in das Selbstkonzept integriert werden. Dies gilt nicht nur für die Körperproportionen und die anatomische Geschlechtstypisierung, sondern auch und gerade für die neu erworbenen reproduktiven Fähigkeiten sowie die erwachenden sexuellen Bedürfnisse und Reaktionen. Zum anderen ist der Körper das zentrale Medium für die Darstellung von Weiblichkeit und Männlichkeit, die im Jugendalter eine bedeutende Rolle einnimmt. Jugendliche wollen und müssen sich ihren Körper aneignen, sie wollen ihn als geschlechtlichen und sexuellen Körper erleben und ausprobieren und sie wählen geschlechtlich konnotierte Körperpraktiken, die diesen Prozeß befördern. Gesundheitliches Risikoverhalten ist hier nur ein Aspekt unter vielen, allerdings einer, der in seiner Bedeutung für die Aneignung von Geschlechtlichkeit bislang vernachlässigt wurde. Der Wandel im gesundheitsbezogenen Geschlechterverhältnis findet jedoch eine Erklärung, wenn der Körper als Feld betrachtet wird, auf dem sich die Konstruktion von Weiblichkeit und Männlichkeit abspielt. Nicht das biologische Geschlecht bestimmt den Umgang mit dem Körper, sondern in den somatischen Kulturen wird Weiblichkeit und Männlichkeit erworben und ausgedrückt. Dieses Argument knüpft an die Arbeiten von West/Zimmerman (1987) zur Konstruktion von Geschlechtlichkeit (*doing gender*) an, die das soziale Geschlecht als eine interaktionsbezogene Kategorie begreifen, die alle Versuche umfaßt, sich situationsangemessen als Mann oder Frau, Junge oder Mädchen zu verhalten. Dem sozialen Geschlecht unterliegt somit ein Konstruktionsprozeß, bei dem alle AkteurInnen eine aktive Rolle innehaben und dem sich niemand entziehen kann, solange die Gesellschaft vom zweigeschlechtlichen System tiefgreifend geprägt ist (Hagemann-White 1984).

West/Zimmerman beziehen ihre Analysen auf Erwachsene – und hier interessieren sie sich besonders für jene Situationen, in denen es um Status und Machtverteilung geht (siehe auch West/Fenstermaker 1993) –, aber wie Cahill (1983) zeigt, evozieren bereits Vorschulkinder Situationen, in denen sie sich ihr Geschlecht von anderen bestätigen lassen. Die Studie von Cahill belegt zum einen, daß Kinder sich aktiv in das zweigeschlechtliche System einbinden (und nicht etwa passiv „hineinsozialisiert" werden), und zum anderen macht sie deutlich, daß dem *doing gender* ein identitätsstiftendes Moment innewohnt.

Im folgenden wird eine Facette der somatischen Kultur herausgegriffen – das gesundheitliche Risikoverhalten –, der in der Jugendgesundheitsforschung besondere Aufmerksamkeit geschenkt wird, ohne daß sie eine hinreichende geschlechtsspezifische Deutung erfährt. Es wird zunächst beschrieben, in welchen Bereichen des gesundheitsrelevanten Verhaltens sich Mädchen und Jungen unterscheiden. Hier sind sowohl quantitative als auch qualitative Unterschiede von besonderem Interesse, da in jüngster Zeit – auch angesichts der Ressourcenknappheit im Präventionsbereich – immer wieder die These vertreten wird, die Geschlechter hätten sich z.B. beim Konsum von Alkohol und Tabak soweit angeglichen, daß eine geschlechtsspezifische Differenzierung von Interventionsprogrammen nicht notwendig sei.

Im Kontext der Jugendgesundheitsforschung werden dem Risikoverhalten spezifische Funktionen zugesprochen, von denen die Hilfestellung bei der Bewältigung von Entwicklungsaufgaben eine zentrale Rolle einnimmt (Franzkowiak 1986; Silbereisen/Kastner 1985). Nach der Darstellung der empirischen Befunde wird deshalb an das Konzept der Entwicklungsaufgaben angeknüpft und es wird hinsichtlich seiner Erklärungskraft für die Ausbildung geschlechtsspezifischer somatischer Kulturen überprüft. Hier wird deutlich werden, daß geschlechtsspezifische Differenzierungen des Entwicklungsaufgabenkonzeptes bislang weitgehend vernachlässigt wurden; vielmehr wird so getan, als seien die zu lösenden Entwicklungsaufgaben geschlechtsneutral und für Mädchen und Jungen gleichermaßen gültig. Demgegenüber soll die These vertreten werden, daß die Aneignung von Geschlechtlichkeit eine übergeordnete Entwicklungsaufgabe ist, die alle anderen Aufgaben durchdringt und deshalb eine geschlechtsspezifische Analyse aller anderen Entwicklungsaufgaben notwendig macht. Dies gilt umso mehr, als die Rahmenbedingungen für die Lösung dieser „Meilensteine der menschlichen Entwicklung" (Helfferich u.a. 1986) für Mädchen und Jungen durchaus unterschiedlich sind.

Geschlechtsunterschiede im gesundheitsriskanten Verhalten Jugendlicher: Eine Übersicht über die empirischen Befunde

Geschlechtsunterschiede im gesundheitsrelevanten Verhalten Jugendlicher wurden in den vergangenen Jahren vielfach festgestellt – auch die Jugendgesundheitsforschung kann es sich nicht (mehr) leisten, ihre Datenbestände *nicht* nach Geschlecht auszuwerten –, die Ergebnisse werden aber nur selten systematisch aufbereitet. Für den *Tabakkonsum* in Deutschland läßt sich feststellen, daß die Unterschiede zwischen den Geschlechtern deutlich geringer geworden sind (von Stünzner 1994). Diese Verringerung der Geschlechtsunterschiede ist in der Erwachsenenbevölkerung sowohl auf einen Rückgang der Raucheranteile in der männlichen Bevölkerung, als auch auf eine Zunahme der Raucher*innen* zurückzuführen. Für die 12- bis 16jährigen Jugendlichen kann gezeigt werden, daß Mädchen und Jungen ähnliche Probiererfahrungen haben und sich beim Experimentierkonsum nicht unterscheiden (Kolip 1997); deutliche Geschlechtsunterschiede zeigen sich aber, wenn die Gruppe der RaucherInnen näher untersucht wird. Jungen rauchen regelmäßiger und sie bevorzugen „härtere" Zigaretten (filterlose, selbstgedrehte, Zigaretten mit hohem Teergehalt; BzgA 1992). Ein ähnliches Muster wird beim *Alkoholkonsum* deutlich: Bei den allgemeinen Erfahrungen mit Alkohol gibt es keine Unterschiede zwischen Mädchen und Jungen; ein Blick auf Qualität und Intensität des Konsum läßt aber Geschlechtsunterschiede zutage treten. So präferieren Mädchen und Jungen unterschiedliche Getränke, denn der Anteil der Jungen, die regelmäßig Bier trinken, ist bei den 12- bis 16jährigen Jungen dreimal so hoch wie bei den Mädchen, während Mädchen tendenziell häufiger Wein und Sekt konsumieren (Kolip 1997). Der wohl markanteste Unterschied läßt sich für das rauschhafte Trinken belegen. Jungen trinken wesentlich häufiger soviel Alkohol, daß sie davon einen Rausch bekommen, während rauschhaftes Trinken bei Mädchen eher ungewöhnlich ist. Dieses Muster spiegelt sich auch beim Alkoholmißbrauch wider: Nach Angaben des Max-Planck-Instituts für Psychiatrie müssen fast 4% der 16- bis 17jährigen als alkoholabhängig und 9% als alkoholmißbrauchend klassifiziert werden; Jungen sind hierbei dreimal so stark gefährdet (Wittchen u.a. 1996). Cornelia Helfferich (1994) faßt diese und andere empirische Befunde in der Formel zusammen, daß der Jungenanteil umso höher ist, je härter das Konsummuster ist.

Neben diesen Unterschieden im Konsum legaler Drogen läßt sich aber auch zeigen, daß Mädchen und Jungen *qualitativ unterschiedliche Risikobereiche* wählen, die sich den Polen internalisierend/weiblich und externalisierend/männlich zuordnen lassen. Jungen zeigen nach außen auffälliges Risikoverhalten: Sie riskieren ihren Körper bei Alkoholexzessen, indem sie S-Bahn-surfen oder ungeschützt mit dem Mountain-Bike Berge hinunter fahren. Sie riskieren im wahrsten Sinne des Wortes ihre Knochen. Ablesen läßt sich dies z.B. an der Häufigkeit von Knochenbrüchen und Prellungen, die männliche Jugendliche häufiger erleiden als Mädchen (Kolip 1997), an der Häufigkeit tödlicher Verkehrsunfälle – hier sind Jungen 1 ½ mal so häufig betroffen – oder an den höheren Prävalenzraten beim Konsum illegaler Drogen. Mädchen wählen eher unsichtbare Risikobereiche, wie z.B. den Medikamentenkonsum oder Eßstörungen. Auch wenn sich die Typisierung internalisierend/externalisierend am deutlichsten bei den problematischen Varianten des gesundheitsrelevanten Verhaltens aufzeigen läßt, so findet sie sich doch auch im alltäglichen Umgang von Mädchen und Jungen mit ihrem Körper wieder. Während z.B. etwa ein Drittel aller Mädchen Diäten macht – der Anteil steigt von 25% bei den 12jährigen auf über 40% bei den 16jährigen –, hat nur etwa jeder zehnte Junge Erfahrung mit induzierter Gewichtsreduktion (Kolip 1997). Sowohl das pathologische Verhalten (Eßstörung) als auch die „gemäßigtere" Variante greift auf als weiblich klassifiziertes Verhalten zurück, um die Zugehörigkeit zum weiblichen Geschlecht deutlich zu machen.

Gesundheitliches Risikoverhalten als Mittel zur Lösung jugendspezifischer Entwicklungsaufgaben

In der entwicklungspsychologischen Literatur hat sich die Ansicht durchgesetzt, daß gesundheitliches Risikoverhalten im Jugendalter spezifische Funktionen erfüllt. Neben den altersunspezifischen Funktionen – Entspannung, Anregung, Erleichterung der Kontaktaufnahme – werden vor allem die jugendspezifischen Aspekte untersucht. So wird davon ausgegangen, daß gesundheitliches Risikoverhalten, insbesondere der Konsum von legalen und illegalen Drogen, die Lösung von Entwicklungsaufgaben erleichtert (Franzkowiak 1986; Silbereisen/Kastner 1985). Das Entwicklungsaufgabenkonzept wurde Ende der 30er Jahre von Robert J. Havighurst (1974) formuliert, um gesellschaftlich definierte, normative Anforderungen zu beschreiben, die individuell bewältigt werden müssen. Havighurst entwickelte einen Ansatz, der die aktive Rolle der Individuen betont, die sich mit ihrer ebenfalls aktiven Umwelt auseinandersetzen müssen. Er formulierte für unterschiedliche Lebensphasen einen Katalog von Entwicklungsaufgaben, die in dem jeweiligen Lebensabschnitt bewältigt werden müssen. Der in der Vorkriegszeit für amerikanische Jugendliche formulierte Aufgabenkatalog wird auch für deutsche Jugendliche 50 Jahre später als weitgehend gültig akzeptiert (vgl. Dreher/Dreher 1985a, 1985b). Er umfaßt acht Aufgaben, darunter die Loslösung vom Elternhaus, die Integration in die Gruppe der Gleichaltrigen, die Vorbereitung auf Beruf, Karriere und Familie, die Aneignung des Körpers sowie den Erwerb der Geschlechtsrolle. Die Lösung der Entwicklungsaufgaben gilt als zentrale psychosoziale Belastung – oder, je nach theoretischer Orientierung: Herausforderung – im Jugendalter. Die Aufgaben sind in der Konzeption von Havighurst weder miteinander vernetzt, noch formuliert Havighurst eine Rangreihe. Zudem sind die Entwicklungsaufgaben geschlechtsneutral formuliert, obwohl sie es bei näherer Betrachtung nicht sind und auch nicht sein können (vgl. Helfferich 1994).

Im folgenden wird an zwei Beispielen – der Aneignung des Körpers und dem Erwerb der Geschlechtsrolle – gezeigt, daß sich erst durch eine geschlechtsspezifische Analyse der Entwicklungsaufgaben die Bedeutung des gesundheitlichen Risikoverhaltens für ihre Bewältigung erschließt.

Die Aneignung des eigenen Körpers als Entwicklungsaufgabe im Jugendalter

Die biologischen und körperlichen Veränderungen in der Pubertät bilden die Folie, vor der zahlreiche weitere Entwicklungsaufgaben bewältigt werden müssen. So ist die Integration in die Gruppe der Gleichaltrigen über Körperpraktiken vermittelt (z.B. über gemeinsames Schminken und Frisieren bei den Mädchen oder kampfbetonten Mannschaftssport bei den Jungen), und auch die Ablösung von den Eltern gelingt leichter durch elterlicherseits nicht gutgeheißene Körperinszenierungen (z.B. Frisur und Kleidung, Tattoos und Body Piercing).

Die Jugendlichen müssen ein neues Verhältnis zu ihrem Körper finden und sie müssen sich damit auseinandersetzten, daß ihre Umwelt den körperlichen Wandel ebenfalls zur Kenntnis nimmt und bewertet. In der Formulierung von Havighurst müssen Jugendliche „die eigene körperliche Erscheinung akzeptieren" und sie müssen lernen, „den Körper effektiv einzusetzen" (Havighurst 1974, 51; Übersetzung durch die Autorin). Sie sollen Toleranz, wenn nicht sogar Stolz gegenüber ihrem Körper entwickeln, sie sollen ihn schützen und effektiv einsetzen. Jungen und Mädchen sind dabei mit unterschiedlichen Rahmenbedingungen konfrontiert, wie auch die Kriterien der sozialen Umwelt zur Bewertung der Veränderungsprozesse unterschiedlich sind. So sind das *Timing* und das Tempo der körperlichen Entwicklung (im Vergleich zu anderen) von besonderer Bedeutung (Brooks-Gunn/Reiter 1990). Während bei Jungen ein frühzeitiger Eintritt in die Pubertät positiv beurteilt wird, da sie hierdurch männliche Attribute erwerben, die kulturell hoch bewertet werden (z.B. Größe, Kraft), müssen Mädchen bei einem frühzeitigen Eintritt in die Pubertät mit einer negativen Reaktion der sozialen Umwelt rechnen. Die Beurteilung der Gleichaltrigen und der Erwachsenen wirkt sich auf die Zufriedenheit mit dem Körper und auf das Selbstwertgefühl aus. Frühentwickelte Jungen sind im Vergleich zu anderen männlichen

Jugendlichen mit ihrem Körper zufriedener, sie werden als selbstsicherer und ausgeglichener wahrgenommen; frühentwickelte Mädchen hingegen sind unzufriedener mit ihrem Körper, sie haben ein niedrigeres Selbstwertgefühl und häufiger emotionale Probleme (Kracke/Silbereisen 1994). Diese negativen Auswirkungen verwundern nicht, entfernen sich die Mädchen doch durch die Pubertät von einem Schönheitsideal, das auf magere, mädchenhafte Körper setzt. Für die Mädchen geht deshalb die Entwicklung des Körpers zu einem weiblichen, runden Körper mit einem Verlust einher, während die körperliche Entwicklung der Jungen in der Regel als Gewinn wahrgenommen wird.

Mit der unterschiedlichen Relevanz von Schönheitsidealen ist bereits eine Rahmenbedingung benannt, die die Aneignung des Körpers zu einer bei Mädchen und Jungen qualitativ unterschiedlichen Aufgabe macht. Das Selbstwertgefühl der Mädchen speist sich anders als bei den Jungen aus dem Erfüllen ästhetischer Normen. Die auf die Figur bezogenen Normwerte setzen sich bereits in der Adoleszenz als individuelle Idealvorstellungen durch (Tobin-Richards u.a. 1983) und manifestieren sich z.B. in häufigen Diäten (s.o.). Mädchen lernen spätestens mit der Pubertät, daß die Anerkennung durch andere an gutes Aussehen gekoppelt ist. Während Jungen Anerkennung auch über spezifische Fähigkeiten und Leistung erwerben können, gilt dies für Mädchen nur in eingeschränktem Maße. Zwar haben sich hier in den letzten Jahren Veränderungen angedeutet in dem Sinne, daß auch Jungen zunehmend auf ihr Körperäußeres achten und z.B. verstärkt Fitneß-Studios aufsuchen. An der Relevanz der Erfüllung weiblicher Schönheitsnormen hat dies jedoch nichts geändert. Männliche und weibliche Körpermanipulationen bewegen sich zudem in unterschiedlichen Bedeutungskontexten: Wo Mädchen und Frauen Schönheit (und damit Anerkennung) erwerben wollen, steht bei männlichem Körpertraining Leistungssteigerung, Fitneß und instrumentelle Körperbeherrschung im Vordergrund. Ein spezifischer Aspekt, der hier hineinspielt, ist die Tatsache, daß der weibliche Körper stärker als der männliche sexualisiert wird. Der Blick auf den pubertierenden Mädchenkörper nimmt nicht nur Veränderungen wahr, sondern die Fremdeinschätzung basiert immer auf einem sexualisierten Blick, der eine Beurteilung der sexuellen Attraktivität vornimmt. Die meisten Mädchen und Frauen haben diesen Blick verinnerlicht, für sie findet ihre Weiblichkeit erst im sexuellen Begehren eines Mannes ihre Bestätigung (Flaake 1990). Die Sexualisierung wird dabei von den Mädchen durchaus als ambivalent wahrgenommen. Einerseits wollen sie sich davor schützen, andererseits stärkt sie – so denn ein begehrlicher Blick auf sie fällt – das Selbstwertgefühl. Wie auch immer: Die Sexualisierung ist Bestandteil des weiblichen Lebensgefühls im Jugendalter und beeinflußt stark die Aneignung des Körpers.

Zwei weitere Punkte sind als Beispiele für geschlechtsspezifisch wirkende Rahmenbedingungen zu nennen. Der wohl gravierendste sind sexuelle Mißbrauchserfahrungen in der Kindheit. Konservative Schätzungen gehen davon aus, daß jährlich etwa 100 000 bis 150 000 Kinder sexuell mißbraucht werden; auf einen Jungen kommen dabei je nach Schätzung zwischen drei bis neun Mädchen (Weber u.a. 1990). Eine repräsentative Studie des Kriminologischen Forschungsinstituts Niedersachsen kommt zu dem Schluß, daß bis zu 8 % der Mädchen bis zum 14. Lebensjahr Opfer einer sexuellen Gewalttat werden (Wetzels 1994). Auch wenn keine exakten epidemiologischen Zahlen vorliegen, ist unbestritten, daß sexueller Mißbrauch einschneidende körperliche und psychische Folgen hat, die die Aneignung der Körperlichkeit und das Akzeptieren des eigenen Körpers wesentlich erschweren.

Auf eine letzte Rahmenbedingung soll abschließend eingegangen werden. Die Pubertät wird zunehmend medikalisiert, d.h. die körperlichen Veränderungen werden nicht als natürliche Körpervorgänge wahrgenommen, die in der Regel normal ablaufen, sondern sie werden von medizinischen Professionellen mit einem pathologischen Blick „betreut". Die Medikalisierung körperlicher Umbruchphasen (Schwangerschaft, Geburt, Wechseljahre und zunehmend auch die Pubertät) betrifft fast ausschließlich Frauen; der Gynäkologe/die Gynäkologin tritt als „Manager weiblicher Umbruchphasen" auf den Plan (Schindele 1996, 21). Unter dem Etikett „Teenager-Sprechstunde" bieten sich GynäkologInnen wohlmeinend als GesprächspartnerInnen für die Umbruchphase an. Dabei darf die Kompetenz dieser selbsternannten BeraterInnen durchaus angezweifelt werden, denn in der medizinischen Ausbildung nimmt die Psychologie und Soziologie des Jugendalters einen geringen Raum ein und es ist fraglich, ob die MedizinerInnen in der Lage sind, ihren pathologischen Blick abzulegen. So wird in einem von der Pharmaindustrie gesponserten Informationsheft für Mädchen als expliziter Grund für einen Besuch beim Gynäkologen oder der Gynäkologin die Bestätigung der Normalität genannt: „Du bist normal ... Trotzdem kann ich mir vorstellen, daß es Dich sehr erleichtern würde, wenn Dir ein Arzt oder eine Ärztin nach einer Untersuchung bestätigt, daß alles 'ganz normal' verläuft" (Schüßler/Bode 1992, 146). Ein akzeptierender Umgang mit dem Körper wird auf diese Art eher behindert als gefördert. Mädchen lernen so, daß körperliche Umbruchphasen auf jeden Fall in die Hände eines Arztes oder einer Ärztin gehören und daß sie sich nicht auf die eigene Körperwahrnehmung verlassen können, sondern eine Bestätigung von Professionellen brauchen. Daß hinter der Teenager-Sprechstunde vor allem der Versuch steht, sich die Klientel zu sichern und Mädchen frühzeitig an die Regeln eines Besuchs beim Gynäkologen zu gewöhnen, wird von den VerfechterInnen vehement bestritten.

Der Erwerb der Geschlechtsrolle als Entwicklungsaufgabe im Jugendalter

Im Katalog der Entwicklungsaufgaben findet sich auch eine, die auf unterschiedliche gesellschaftliche Verantwortlichkeiten von Männern und Frauen

Bezug nimmt. Jungen und Mädchen sollen danach im Jugendalter die gesellschaftlich vorgegebenen Geschlechtsrollen übernehmen. Diese sind tiefgreifend von der geschlechtlichen Arbeitsteilung als gesellschaftlichem Strukturprinzip geprägt. Anknüpfend an das soziale Geschlecht werden Frauen und Männer unterschiedliche Handlungsbereiche zugeschrieben. Während Männer auf den außerhäusigen Produktionsbereich verwiesen werden, sind Frauen vorrangig für den Reproduktionsbereich zuständig. Die (vermeintliche) Aufweichung der polarisierten Geschlechtsstereotype hat zu einem erweiterten Rollenverständnis bei den Mädchen und jungen Frauen geführt. Sie wollen heute nicht mehr „nur Hausfrau und Mutter" sein, sondern ebenfalls einen Beruf lernen und ausüben (Geissler/Oechsle 1996). Allerdings ist dieser Wunsch gebrochen und ambivalent, denn die jungen Frauen sind sich bewußt, daß sie im Falle einer Familiengründung alleine für den Privatbereich zuständig sind und eine eventuelle Berufstätigkeit sich diesem Verantwortungsbereich unterzuordnen hat. So ist es nicht verwunderlich, daß Mädchen unsicherer sind als Jungen, ob sich ihre Berufswünsche realisieren lassen (Holler-Nowitzki 1994) und sie plagen sich früh mit der Frage der Vereinbarkeit von Beruf und Familie. So zeigt Fend (1991) in seiner Konstanzer Längsschnittstudie, daß sich bereits in der 6. Klasse die Lebensentwürfe von Mädchen und Jungen gravierend unterscheiden. Mädchen wie Jungen wollen einen guten Schulabschluß machen, einen Beruf erlernen und eine Familie gründen. Aber anders als die Jungen erwähnen die 12jährigen Mädchen, daß sich Beruf und Familie möglicherweise nur schwer vereinbaren lassen und daß sie darauf vertrauen müssen, den „richtigen" Mann zu finden, der für die weiblichen Lebenspläne Verständnis aufbringt. Zugespitzt formuliert: Mädchen und Jungen wollen heute beides, Beruf und Familie, aber es bleibt ihnen überlassen, wie sie die beiden Bereiche verknüpfen. Mehr noch: Es wird von ihnen verlangt, daß sie beides souverän unter einen Hut bringen. Die Rollenvorgaben haben sich zwar in den letzten Jahrzehnten erweitert, das dahinter stehende Prinzip der geschlechtlichen Arbeitsteilung, das Frauen und Männern unterschiedliche Verantwortungsbereiche zuschreibt, hat sich aber nicht verändert. Auffällig ist zudem, daß sich zwar die Rollenangebote für Frauen erweitert haben (so sie denn der ihnen zugedachten Privatbereich zufriedenstellend ausfüllen), die Rollenvorgaben für Männer haben sich hingegen kaum verändert. Die Gleichheits- und Partnerschaftsrhetorik verstellt den Blick darauf, daß sich der männliche Teil der Bevölkerung als ausgesprochen verhaltensstarr erweist: Mitte der 90er Jahre sind in gemeinsamen Haushalten drei Viertel der Frauen alleine für das Putzen zuständig (Berger u.a. 1995); der Anteil der Männer an den EmpfängerInnen von Erziehungsgeld liegt unter 2 %; drei Viertel der privaten Pflege wird von weiblichen Familienmitgliedern geleistet (Bundesministerium für Gesundheit 1993), um nur einige empirische Belege zu nennen.

Der Erwerb der Geschlechtsrolle wird von Havighurst als eine von acht Entwicklungsaufgaben des Jugendalters definiert, die gleichrangig neben den anderen steht. Bei einem differenzierten Blick auf den Katalog der Aufgaben wird aber deutlich, daß der Erwerb der Geschlechtsrolle – um im Sprachgebrauch Havighursts zu bleiben – eine *übergeordnete* Aufgabe ist, die die meisten anderen Entwicklungsaufgaben durchdringt. So ist die Vorbereitung auf Beruf und Familie selbstverständlich davon geprägt, welchen Aktivitätsbereich die Gesellschaft Individuen grundsätzlich zubilligt. Und auch die Ablösung von den Eltern oder die Integration in die Gruppe der Gleichaltrigen sind von den jeweiligen Geschlechtsrollen beeinflußt. Aus heutiger Sicht greift die Formulierung „Übernahme der Geschlechtsrolle" etwas kurz, suggeriert sie doch, daß Jugendliche in eine gesellschaftlich eindeutig definierte Rolle „hineinschlüpfen" und diese dann fest mit dem Individuum verbunden ist. Demgegenüber erweitert das Konzept der Konstruktion von Geschlechtlichkeit diese Perspektive und macht deutlich, daß die Herstellung von Weiblichkeit und Männlichkeit ein Prozeß ist, der alle sozialen Interaktionen bestimmt und sich nicht auf die passive Übernahme vorgegebener Geschlechtsrollen beschränkt. Vielmehr handelt es sich um eine aktive Leistung des Individuums, auch wenn diese Leistung nicht als solche wahrgenommen wird. Die Konstruktion von Geschlechtlichkeit ist zwar ein lebenslanger Prozeß, das Jugendalter ist in diesem Zusammenhang aber insofern eine besonders bedeutsame Phase, da der Druck der sozialen Umwelt auf Mädchen und Jungen zunimmt, eindeutig entsprechend dem sozialen Geschlecht zu agieren (*gender intensification*). Jugendliche müssen sich auf einer qualitativ anderen Ebene Geschlechtlichkeit aneignen und lernen, Weiblichkeit und Männlichkeit auszudrücken. Die Aneignung von Weiblichkeit und Männlichkeit meint, sich auf allen Ebenen – und eben auch im Umgang mit dem eigenen Körper – geschlechtsadäquat zu verhalten. So wird die Verbindung zur vorgenannten Entwicklungsaufgabe deutlich, denn die interaktive Konstruktion von Geschlechtlichkeit ist an die Aneignung des (geschlechtlichen) Körpers gebunden. Der Körper ist Träger kultureller Symbole und eignet sich deshalb in hervorragender Weise als Darstellungsmedium. An ihm und mit ihm wird Weiblichkeit und Männlichkeit demonstriert.

Abschließende Bemerkungen

Die aktive Konstruktion von Weiblichkeit und Männlichkeit ist eine zentrale Aufgabe, der sich Individuen in Alltagssituationen stellen müssen, auch wenn dieser Prozeß dem Bewußtsein in der Regel nicht zugänglich ist. Dieser Konstruktionsprozeß wurde in der Folge des richtungsweisenden Aufsatzes von West und Zimmerman vor allem in arbeitssoziologischen Studien untersucht. Gesundheits- und körperbezogene Themen blieben weitgehend außer acht, obwohl sich gerade im Umgang mit dem Körper, mit Gesundheit und

Krankheit das Geschlecht manifestiert. So zeigt die Studie von Saltonstall (1993), daß die individuelle Spannbreite gesundheitsförderlicher Aktivitäten an das Wissen gekoppelt ist, daß der Körper geschlechtlich geprägt (*gendered*) ist: „The doing of health is a form of doing gender" (Saltonstall 1993, 12).

Im Jugendalter ist dieser Prozeß der körperbezogenen Darstellung von Weiblichkeit und Männlichkeit besonders deutlich zu verfolgen, denn in dieser Lebensphase wird von den Jugendlichen zunehmend verlangt, sich entsprechend dem jeweiligen sozialen Geschlecht adäquat zu verhalten: Sie sollen geschlechtsangemessene Lebenspläne entwerfen, einen dem Geschlecht angemessenen Umgang mit dem Körper finden sowie mit und durch den Körper und körperbezogenen Praktiken eindeutig ihr Geschlecht ausdrücken. Nicht zuletzt deshalb bekommt der Körper in der Erfahrungswelt von Jugendlichen einen zentralen Stellenwert.

Zwei zentrale Entwicklungsaufgaben greifen ineinander: die Aneignung von Geschlechtlichkeit und die Aneignung des eigenen Körpers. Beide Entwicklungsaufgaben sind eng miteinander verwoben, denn die Konstruktion von Geschlechtlichkeit basiert auch auf geschlechtsspezifischen Körperpraktiken und meint in einem umfassenderen Sinn die Ver-Körperung von Männlichkeit und Weiblichkeit. Geschlechtlichkeit ist ein kulturelles Phänomen, das eben auch körperlich ausgedrückt werden muß.

Gesundheitliches Risikoverhalten erhält in diesem Kontext einen spezifischen Sinn. Es ist Teil einer somatischen Kultur und damit der individuelle und kollektive Versuch, im Umgang mit dem Körper Weiblichkeit bzw. Männlichkeit herzustellen. Jugendliche suchen explizit nach geschlechtlich aufgeladenen Körperpraktiken (und konstruieren sie notfalls selber), die ihnen die Konstruktion von Geschlechtlichkeit erleichtern. Männlich konnotierte Alkoholexzesse und weiblich konnotiertes Diätverhalten kommen ihnen deshalb gerade recht, denn der Ausdruck von Männlichkeit und Weiblichkeit wird so eindeutig an einen spezifischen Umgang mit dem Körper gekoppelt. Das gesundheitliche Risikoverhalten ist also nicht nur der Versuch, jugendspezifische, geschlechtsneutrale Entwicklungsaufgaben zu lösen, sondern es dient vor allem dazu, sich als (werdender) Mann bzw. als (werdende) Frau darzustellen und bestätigen zu lassen. Rauschhaftes Trinken von Jungen ist also nicht nur der Versuch der Integration in die Gruppe der Gleichaltrigen oder die Lust, körperliche Grenzen auszuloten, sondern es ist auch der Versuch, sich als Mann darzustellen. Weibliches Diäthalten ist nicht das bloße Befolgen von Schönheitsidealen sondern dient auch dazu, sich als werdende Frau darzustellen. Der Mißerfolg zahlreicher Suchtpräventionsprogramme ist nicht zuletzt darauf zurückzuführen, daß sie dieses identitätsstiftende Moment gesundheitsriskanten Verhaltens und seine Bedeutung für die Konstruktion von Weiblichkeit und Männlichkeit in ihren Konzeptionen völlig ausblenden.

Literatur

Berger, Martin u.a. 1995. *Gleichberechtigung von Frauen und Männern. Wirklichkeit und Einstellung in der Bevölkerung.* Bonn: Bundesministerium für Familie, Senioren, Frauen und Jugend.

Boltanski, Luc. 1976. „Die soziale Verwendung des Körpers." In *Zur Geschichte des Körpers,* Hg. Dietmar Kamper, Volker Rittner, 138-177. Wien: Hanser.

Brooks-Gunn, Jeanne, and Edward O. Reiter. 1990. „The Role of Pubertal Process." In *At the Threshold. The Developing Adolescent,* ed. Shirley S. Feldman, and Glen R. Elliott, 16-53. Cambridge: Cambridge University Press.

Bundesministerium für Gesundheit. 1993. *Daten des Gesundheitswesens 1993.* Baden-Baden: Nomos.

BzgA - Bundeszentrale für gesundheitliche Aufklärung. 1992. *Aktionsgrundlagen 1990 der Bundeszentrale für gesundheitliche Aufklärung. Ergebnisse einer Repräsentativbefragung der Bevölkerung ab 14 Jahren in der Bundesrepublik Deutschland einschl. Berlin (West). Teilband Rauchen.* Köln.

Cahill, Spencer E. 1983. „Reexamining the Acquisition of Sex Roles: A Social Interactionist Approach." In *Sex Roles,* 1: 1-15.

Dreher, Eva, und Michael Dreher. 1985a. „Entwicklungsaufgaben im Jugendalter: Bedeutsamkeit und Entwicklungskonzepte." In *Entwicklungsaufgaben und Bewältigungsprobleme in der Adoleszenz,* Hg. Detlev Liepmann, Arne Stiksrud, 56-70. Göttingen: Hogrefe.

Dreher, Eva, und Michael Dreher. 1985b. „Wahrnehmung und Bewältigung von Entwicklungsaufgaben im Jugendalter: Fragen, Ergebnisse und Hypothesen zum Konzept einer Entwicklungs- und Pädagogischen Psychologie des Jugendalters." In *Lebensbewältigung im Jugendalter,* Hg. Rolf Oerter, 30-61. Weinheim: VCH.

Fend, Helmut. 1991. *Identitätsentwicklung in der Adoleszenz.* Bern: Hans Huber.

Flaake, Karin. 1990. „Erst der männliche Blick macht attraktiv." In *Psychologie heute* 17 (12): 48-53.

Franzkowiak, Peter. 1986. *Risikoverhalten und Gesundheitsbewußtsein bei Jugendlichen.* Berlin: Springer.

Geissler, Birgit, und Mechthild Oechsle. 1996. *Lebensplanung junger Frauen. Zur widersprüchlichen Modernisierung weiblicher Lebensläufe.* Weinheim: Deutscher Studienverlag.

Havighurst, Robert J. 1974. *Developmental Tasks and Education.* Third Edition. New York: Mc Kay.

Hagemann-White, Carol. 1984. *Sozialisation: Weiblich - männlich?* Opladen: Leske+Budrich.

Helfferich, Cornelia. 1994. *Jugend, Körper und Geschlecht. Die Suche nach sexueller Identität.* Opladen: Leske+Budrich.

Helfferich, Cornelia u.a. 1986. *Mädchen-Gesundheit. Risikoaffinitäten und Gesundheitsverhalten in der Sozialisation weiblicher Jugendlicher.* Köln: Bundeszentrale für gesundheitliche Aufklärung.

Holler-Nowitzki, Birgit. 1994. *Psychosomatische Beschwerden im Jugendalter.* Weinheim: Juventa.

Kolip, Petra. 1994. „Jugend und Gesundheit: Eine notwendig geschlechtsspezifische Betrachtung." In *Lebenslust und Wohlbefinden. Beiträge zur geschlechtsspezifischen Jugendgesundheitsfor-schung,* Hg. Petra Kolip, 7-21. Weinheim: Juventa.

Kolip, Petra. 1997. *Geschlecht und Gesundheit im Jugendalter. Die Konstruktion von Geschlechtlichkeit über somatische Kulturen.* Opladen: Leske+Budrich.

Kracke, Bärbel, und Rainer K. Silbereisen. 1994. „Körperliches Entwicklungstempo und psychosoziale Anpassung im Jugendalter. Ein Überblick zur neueren Forschung." In *Zeitschrift für Entwicklungspsychologie und Pädagogische Psychologie* 26: 293-330.

Rodenstein, Marianne. 1984. „Somatische Kultur und Gebärpolitik. Tendenzen in der Gesundheitspolitik für Frauen." In *Die armen Frauen. Frauen und Sozialpolitik*, Hg. Ilona Kickbusch und Barbara Riedmüller, 103-134. Frankfurt am Main: Suhrkamp.

Saltonstall, Robin. 1993. „Healthy Bodies, Social Bodies: Men's and Women's Concepts and Practices of Health in Everyday Life." In *Social Science and Medicine* 36: 7-14.

Schindele, Eva. 1996. *Pfusch an der Frau. Krankmachende Normen, überflüssige Operationen, lukrative Geschäfte.* Frankfurt am Main: Fischer.

Schüßler, Marina, und Kathrin Bode. 1992. *Geprüfte Mädchen, ganze Frauen. Zur Normierung der Mädchen in der Kindergynäkologie.* Zürich: efeff.

Silbereisen, Rainer K., und Peter Kastner. 1985. „Jugend und Drogen: Entwicklung von Drogengebrauch – Drogengebrauch als Entwicklung." In *Lebensbewältigung im Jugendalter*, Hg. Rolf Oerter, 192-219. Weinheim: VCH.

Stein-Hilbers, Marlene. 1994. „Handeln und behandelt werden: Geschlechtsspezifische Konstruktionen von Krankheit und Gesundheit im Jugendalter." In *Lebenslust und Wohlbefinden. Beiträge zur geschlechtsspezifischen Jugendgesundheitsforschung*, Hg. Petra Kolip, 83-100. Weinheim: Juventa.

Tobin-Richards, Maryse H. u.a. 1983. „The Psychological Significance of Pubertal Change. Sex Differences in Perceptions of Self During Adolescence." In *Girls at Puberty. Biological and Psychosocial Perspectives*, Jeanne Brooks-Gunn, ed. Anne C. Petersen, 127-154. New York: Plenum Press.

Vogt, Irmgard. 1983. „Frauen als Objekte der Medizin: Das Frauensyndrom." *Leviathan* 11: 161-199.

von Stünzner, Wilfried. 1994. *Psychosoziale Bedingungen des Rauchens. Sekundärstatistische Analysen von Querschnittserhebungen zum Tabakrauchen zum Verständnis der Veränderung von Prävalenzraten.* Frankfurt am Main: Peter Lang.

Weber, Ingbert u.a. 1990. *Dringliche Gesundheitsprobleme in der Bundesrepublik Deutschland. Zahlen-Fakten-Perspektiven.* Baden-Baden: Nomos.

West, Candace, and Sally Fenstermaker. 1993. „Power, Inequality, and the Accomplishment of Gender." In *Theory on Gender – Feminism on Theory*, ed. Paula England, 151-174. New York.

West, Candace, and Don H. Zimmerman. 1987. „Doing Gender." *Gender and Society* 1: 125-151.

Wetzels, Peter. 1994. „Sexueller Mißbrauch: neue Zahlen." *Psychologie heute 21 (6)*: 66.

Wittchen, Hans-Ulrich u.a. 1996. *Vulnerabilitäts- und Protektionsfaktoren bei Frühstadien von Substanzmißbrauch und -abhängigkeit.* München: MPI für Psychiatrie.

Geschlechterunterschiede oder Geschlechterunterscheidung? Methodologische Reflexion eines ethnographischen Forschungsprozesses

Helga Kelle

Judith und Tanja kommen vom „Handarbeiten", es ist erst kurz nach 11 Uhr. Ich frage die beiden, ob nur Mädchen Handarbeiten haben. Judith erklärt, daß alle Handarbeiten haben, daß es aber verschiedene Förderunterrichtsgruppen gibt, die besseren und die schlechteren, und abwechselnd habe man „Förder" oder „Handarbeiten". Ich frage weiter, ob denn alle Mädchen bessere und alle Jungen schlechtere Schüler seien. Nein, meint Judith. Doch es gibt in der Gruppe der besseren nur zwei Jungen, Uwe und Björn, und in der Gruppe der schlechteren kein Mädchen. Aber Judith hat offensichtlich keine Lust, den genauen Sachverhalt aufzuklären, sie wirkt genervt von meinem ʻes-genau-wissen-wollen'. Also lasse ich davon ab.

Während ich als teilnehmende Beobachterin im Feld in dieser Szene aus einem vierten Schuljahr Judith ein Desinteresse unterstelle, mich „genau" über die Geschlechterverteilung auf die besseren und die schlechteren Schüler zu informieren (die sich doch objektiv feststellen läßt, so die zusätzliche Unterstellung), bin ich als Ethnographin, die sich für die Analyse über das Beobachtungsmaterial beugt, gegenüber dieser Interpretation skeptisch geworden. Denn in der Situation ist es die Ethnographin, die die Kategorie Geschlecht einführt und ‚abfragt'. Judiths „nein" muß nicht Unwillen sein, als zuverlässige Informantin zu funktionieren, sondern kann schlicht Ausdruck dessen sein, daß für sie die Geschlechtszugehörigkeit im angesprochenen Kontext der Schulleistungen gar nicht relevant ist.

An dem kleinen Beispiel läßt sich eine methodologische Anregung aus der Ethnographie veranschaulichen: die Bedeutsamkeit von „Geschlecht" nicht immer schon vorauszusetzen, sondern im Feld, situativ und in Anlehnung an die Sicht der Teilnehmer zu entdecken. – Dieser Beitrag reflektiert einen ethnographischen Forschungsprozeß in einem Projekt zur Geschlechterdifferenzierung unter Kindern und diskutiert methodologische Probleme, die sich in diesem Prozeß stellten.[1] Den Hintergrund für die Auseinandersetzung bilden die theoretischen Debatten der letzten Jahre auf dem Gebiet der Kindheits- und Geschlechterforschung sowie der sozialwissenschaftlichen Ethnographie.

Im Bereich der Forschung zur geschlechtsspezifischen Sozialisation hat sich – vor allem in den USA – eine zunehmende Aufmerksamkeit für *die peer culture* und eine Abkehr vom Individualismus älterer Sozialisationskonzepte entwickelt (vgl. Corsaro/Eder 1990). Auch hierzulande sind die identitätstheoretischen Implikationen des Konzepts geschlechtsspezifischer Sozialisation kritisiert und neue Konzepte und Methoden für die Geschlechterforschung gefordert worden (vgl. Bilden 1991; Hagemann-White 1993).[2] Die Kritik in der englischsprachigen Diskussion geht aber darüber hinaus: Im Rahmen einer neuentstehenden und sich international etablierenden „Soziologie der Kindheit" wird der Sozialisationsbegriff als solcher als erwachsenenzentriert apostrophiert und deshalb von manchen Autorinnen verworfen. Man hält der Sozialisationsforschung vor, sie konzipiere Kinder als defizitär und Noch-nicht-Mitglieder der Gesellschaft (vgl. Alanen 1988; Prout/James 1990). Die neuere soziologische Kindheitsforschung betont demgegenüber, daß Kinder in Gruppen ihre soziale Wirklichkeit als kompetente Akteure (ko)konstruieren und je gegenwärtig mit Bedeutung ausstatten. Infolge der unterschiedlich gelagerten Kritiken erforschen eine Reihe neuerer Arbeiten nicht in erster Linie die Entwicklung individueller Geschlechtsidentität, sondern vielmehr Mädchen- und Jungenkultur, sie wenden sich der kulturellen Praxis von Geschlechtsgruppen in Interaktionen und in ihrem Alltag zu (vgl. Thorne 1993; Eder 1995). Diese Akzentverschiebung in den Forschungsgegenständen schlägt sich in der Wahl der Methoden nieder: ethnographische, ethnomethodologische und konversationsanalytische Verfahren kommen in *peer culture* Studien vermehrt zum Einsatz.

Auf dem Gebiet der Geschlechterforschung ist in den letzten Jahren eine allgemeine methodologische Debatte entbrannt: Problematisiert wird die „Reifizierung" (Gildemeister/Wetterer 1992) der Geschlechterdifferenzierung durch die Forschung, die sich diesem Thema widmet. Man könne eine Unterscheidung, mit der man selbst operiere, nicht beobachten. Zu untersuchen sei vielmehr das „doing gender" (West/Zimmerman 1987), die interaktive Herstellung oder auch soziale Konstruktion des Geschlechts. Infolge des Reifizierungsproblems hat sich insbesondere auch im Feld der Forschung zur Geschlechtersozialisation ein Unbehagen an der eigenen Fragerichtung eingestellt: Wer nach Geschlechtsspezifika und Unterschieden zwischen den Geschlechtern sucht, wird auch welche finden, so der Einwand gegen die zirkuläre Konstruktion der Differenz-Forschungsansätze. Eine Kritik an Defizithypothesen, die die Sozialisationsforschung allgemein trifft, bestimmt das Forschungsfeld der Sozialisation von Jungen und Mädchen in besonderer Weise: Eine Skepsis macht sich breit, ob nicht der immer wieder durch die Forschung reproduzierte Vergleich zwischen Jungen- und Mädchensozialisation, vorgenommen im Hinblick auf eine pädagogische Kompensation oder Bearbeitung der Unterschiede, eine forschungsstrategische Sackgasse ist, weil man entgegen den eigenen Absichten an der Fortschreibung von Differenzen teilhat.

Bekommt man das Problem eines individualisierenden Blicks in den Griff, wenn man Mädchen- und Jungen-Gleichaltrigenkultur zum Forschungsgegenstand macht, so ist man noch nicht dem allgemeinen Dilemma der Reifizierung der Geschlechterdifferenzierung entkommen. Das war der Ausgangspunkt für einen Perspektivwechsel in unserem Forschungsprojekt: von der Frage nach den Unterschieden zwischen Jungen und Mädchen zu der nach den Praktiken der Geschlechterunterscheidung im sozialen Feld der Schulklasse (vgl. Breidenstein 1997). Um die Reflexion der Gründe und Effekte dieser Perspektivverschiebung in methodischer und theoretischer Hinsicht soll es in diesem Beitrag gehen. Ich stelle im ersten Teil den Forschungsansatz dar, indem ich wissenschaftstheoretische Hintergründe und Spielarten ethnographischer Beschreibung und Analyse einführe. Da ich die spezifischen Schwierigkeiten der Geschlechterforschung zunächst hintenanstelle, kann ich hier allgemeiner die methodologischen Probleme kulturanalytischer Forschungszugänge akzentuieren. In einem zweiten Teil begründe ich dann die Perspektivverschiebung für die Geschlechterforschung noch einmal ausführlicher und veranschauliche sie an einem empirischen Beispiel, um schließlich in einem dritten Teil die Erfahrungen mit der veränderten Forschungsperspektive im Verlauf des Forschungsprojekts zu reflektieren.[3]

1   Ethnographische Beschreibung und Analyse

Der Anspruch auf Kulturanalyse wird nicht nur auf dem Gebiet der sozialwissenschaftlichen *peer culture* Forschung mit dem Einsatz ethnographischer Methoden eingelöst. In der Tradition der Ethnologie versucht man bekanntlich fremde Kulturen und Ethnien, denen man selbst nicht entstammt, zu verstehen; in der Soziologie gibt es seit den Arbeiten der Chicago School aber auch eine Tradition ethnographischer Forschung in der eigenen Kultur beziehungsweise in Subkulturen der eigenen Gesellschaft.[4] Neuerdings postulieren Amann und Hirschauer (1997) eine Heuristik der „Befremdung der eigenen Kultur", dieses Programm begründen sie mit der „Explorationsbedürftigkeit komplexer Gesellschaften". Mit ihm verbinden sie die Aufforderung, sich von den eigenen Alltagsselbstverständlichkeiten, auch den wissenschaftlichen, methodisch zu distanzieren und sich im ethnographischen Vorgehen von Feld und Forschungsgegenstand leiten zu lassen.

Vorläufer dieses Ansatzes ist das „empirische Programm des Konstruktivismus". Knorr-Cetina (1989) betont darin die Notwendigkeit der empirischen Erschließung der (raum-zeitlich) lokalen Konstruktionsprozesse von Teilnehmern in ihren sozialen Feldern. Sie erhebt die Diversität von interaktiv erzeugten sozialen Wirklichkeiten zum Orientierungsmaßstab für empirische Forschung und vollzieht eine Abkehr von Perspektiven, die objektivistisch argumentieren. Sie bringt die Anforderung an qualitative Sozialforschung auf den Begriff eines „Symmetriepostulats" (vgl. ebd.: 93): Theoretische Konzepte wie z.B. „Sozialisation" sollten nicht immer schon vorausgesetzt werden, sondern nur dann ins Spiel kommen, wenn sie an Kategorien der Teilnehmer des Feldes angelehnt werden können. Eine „auf Distanz bleibende Modellbildung" lehnt diese Richtung ab.[5]

Der empirische Konstruktivismus markiert eine Position in einer allgemeineren wissenschaftstheoretischen Auseinandersetzung: Ethnographisches Verstehen ist im Zuge der Reflexivitäts- und Autoritätsdebatte einem Prozeß der Dekonstruktion unterworfen worden.[6] Für die ethnologischen Klassiker hat man z.B. die Verstrickung in Kolonialismus und Imperialismus am Duktus ihrer ethnographischen Darstellungen aufgezeigt.[7] Auch die eigene Kultur läßt sich nach dieser Debatte nicht länger naiv ‚verstehen' oder ‚abbilden', sondern allenfalls ‚entdecken' und ‚analysieren' (vgl. Knorr-Cetina 1989). Bezugspunkte und verwandte Richtungen für die konstruktivistische Variante der Ethnographie sind Symbolischer Interaktionismus und Ethnomethodologie (vgl. Atkinson/Hammersley 1994): Das Interesse richtet sich auf die Methoden der Herstellung sozialer Wirklichkeit in kulturellen Praktiken und auf das von den Teilnehmern geteilte Wissen.

Knorr-Cetina (1989) betont mit ihrem Postulat der Selbstanwendung konstruktivistischer Annahmen, daß wir auch die eigenen Konstruktionen analytisch betrachten müssen. Ihrer Auffassung nach ist die Rekursivität oder Selbstbezüglichkeit des ethnographischen Forschungsprozesses nicht vermeidbar, vielmehr ist sie zu methodisieren. Die Reflexivitätsdebatte in der Wissenschaftstheorie verweist uns auf die Konstruktionen durch die Wissenschaft: Spezifische Kulturen, die die Forschung abzubilden beansprucht, werden durch sie immer auch erzeugt.

Für unser Forschungsprojekt mündete die Auseinandersetzung mit der methodologischen Literatur in verschiedene Überlegungen: Wir waren zunächst bestrebt, sowohl zu unserem eigenen Alltagswissen über Schule als auch zur Sozialisationstheorie und -forschung Distanz zu gewinnen, um Beschreibungen anfertigen zu können, die sich an den Relevanzen der *Kinder* im Feld orientieren. Es stellte sich damit die Frage, wie man Teilnehmerwissen und -bedeutungen konzipieren und die Orientierung daran methodisch umsetzen kann. Neben der Frage nach spezifischen ethnographischen Methoden dachten wir auch über die Frage nach, wie wir in kulturtheoretischer Hinsicht den Zugang zu den Kindern und ihren kulturellen Praktiken fassen wollten. Inwiefern sollte denn „Kultur" der Gegenstand der Analyse sein? Wie strikt man selbst an der Konstruktion von Gleichaltrigenkultur mit? Als Ethnographinnen erzeugen wir in der selektiven Auswahl von Beobachtungssituationen spezifische Einheiten, die nicht nur die Fiktion homogener und eigenständiger (Sub)kulturen aufkommen lassen mögen, sondern die vor allem auch Differenzen etablieren oder reifizieren: Wollen wir die Schulkultur erforschen, setzen wir die Differenz des sozialen Ortes Schule zu anderen

Orten relevant; wollen wir die Gleichaltrigenkultur untersuchen, so ist uns deren Eigenständigkeit wichtig und damit die Differenz Kinder – Erwachsene (oder innerhalb der Schule auch die Differenz Schüler - Lehrer); nehmen wir Jungen- und Mädchenkultur in den Blick, setzen wir die Geschlechterunterscheidung relevant. Welche Prämissen macht man, wenn man geschlechtsspezifische Kulturen auf der einen Seite oder die Kultur der Zweigeschlechtlichkeit auf der anderen Seite zu analysieren sucht? Die kulturtheoretischen Implikationen müssen bei einer auf Befremdung setzenden Entdeckungssuche, die sich forschungspragmatisch notwendig auf bestimmte Ausschnitte konzentriert, also mitgedacht werden.

Zur konkreten methodologischen Einordnung unserer Forschung verlasse ich im folgenden die Ebene der Programmatik und öffne zunächst noch einmal den Blickwinkel für verschiedene Zugänge im Feld ethnographischer Forschung mit Kindern.[8] Ich gehe den Fragen nach, wie verschiedene ethnographische Ansätze das Wissen der Teilnehmer konzipieren, wie sie die lebensweltlichen Bedeutungen der Teilnehmer methodisch erschliessen und welche Forschungsgegenstände und Analysen sich daraus ergeben. Ich stilisiere, zugegebenermaßen, vier Herangehensweisen.

Die erste Forschungsrichtung sieht die Teilnehmer als Informanten über ihre Kultur an und führt ethnographische Interviews oder Befragungen im Feld durch. Die Ethnographin erhebt die expliziten Alltagstheorien der Teilnehmer anhand ihrer Auskünfte. Diese Sorte Ethnographie zeichnet sich durch eine Jäger- und Sammlermentalität aus, man kann sie auch als völkerkundliche Dokumentation von Sitten, Gebräuchen und Kenntnissen beschreiben, die keinen analytischen Anspruch an die Bearbeitung des gesammelten Materials stellt. Ein Beispiel aus der Ethnographie mit Kindern sind die Sammlungen von Kinderspielen durch Iona und Peter Opie (Opie/Opie 1959 und 1985). Die Kinderspielkultur wird über das explizite Regelwissen erhoben und soll für künftige Generationen aufbewahrt werden. In ihrer neuesten Arbeit veröffentlicht Iona Opie (1993) ihre Feldnotizen von britischen Schulhöfen.

Auch in der zweiten Richtung begreift man die Teilnehmer als Informanten. Die Alltagstheorien werden allerdings lediglich in dem Sinne zum analytischen Gegenstand, daß die Teilnehmerkonzepte thematisch sortiert oder taxonomisch bestimmt werden. Bei dieser Herangehensweise geht man davon aus, daß die erhobenen Konzepte Wesentliches über die kulturelle Praxis mitteilen. Ein Beispiel für eine solche Arbeit ist die von Robyn Holmes (1995), die untersucht, welche Wahrnehmungen von Hautfarbe und ethnischer Identität bei fünfjährigen Kindergartenkindern zu finden sind. Die Autorin begibt sich ins Feld und führt Befragungen und Gespräche mit den Kindern in ihrer natürlichen Umgebung durch. Sie erstellt z.B. eine Taxonomie der Teilnehmerkategorien für Freunde: „girlfriends/boyfriends", „beste Freunde", „gute Freunde", „Freunde" und die situative Kategorisierung von Familienmitgliedern als Freunden. Der Autorin geht es in ihrer Ethnographie explizit um „Denkmuster" der Kinder, ihr theoretisches Bezugsfeld ist durch kognitive Anthropologie und entwicklungspsychologische Vorurteilsstudien markiert. – Diese beiden ersten Forschungszugänge folgen demnach einem dokumentarischen oder systematisierenden Anspruch in bezug auf das von den Kindern explizierte Wissen *über* ihre Kultur.

In einer dritten Richtung unterstellt man dagegen, daß die wirklichkeitskonstruktiven Leistungen von Kindern über die erfragbaren Teilnehmerkonzepte hinausgehen. Das Wissen über ihre Kultur gibt dieser Auffassung nach keinen Aufschluß über das praktische Wissen, das Teilnehmer in ihrem Alltag brauchen und in ihren Aktivitäten zeigen. Man nähert sich deshalb diesem Wissen stärker über die teilnehmende Beobachtung von kulturellen Praktiken. Ihre soziale Welt konstruieren Kinder diesem Verständnis nach nicht in ihren Köpfen, sondern in ihrem Tun. Interpretative Leistungen in Interaktionen sind nicht notwendig der Selbstreflexion der Teilnehmer zugänglich und für sie explizierbar. Ein Beispiel für eine – man könnte sagen praxeologisch orientierte – Ethnographie ist die von Barrie Thorne (1993), die das Spiel der Geschlechter bei Schulkindern untersucht. Thorne interpretiert beobachtete kulturelle Aktivitäten wie „Jagden", „Invasionen" und „Beschmutzungsrituale", die sie auf den theoretischen Begriff „borderwork", die interaktive Arbeit an der Grenze zwischen den Geschlechtern, bringt. Sie geht im Sinne einer Deskription und Analyse integrierenden „dichten Beschreibung" vor, mit diesem Begriff charakterisiert Clifford Geertz (1991) die Aufgabe einer hermeneutisch orientierten Kulturanalyse.

Ethnomethodologie und Konversationsanalyse markieren die vierte Position. Auch wenn sie sich selbst nicht oder nicht notwendig als ethnographisch begreift, so sind doch ihre methodologischen Prämissen für die Ethnographie instruktiv. Sie unterstellt, daß Teilnehmer die Regeln ihrer kulturellen Praktiken nicht explizieren können, deshalb können sie auch nicht an der Erhebung der Teilnehmertheorien gewonnen werden. Ist die Ethnomethodologie in der Skepsis gegenüber Informantenbefragungen auch dem praxeologischen Ansatz vergleichbar, so liegt die Differenz doch in der methodischen Umsetzung des Zugangs zu kulturellen Praktiken. Man baut die Analyse auf Transkripten von ‚natürlichen' Situationen auf, deren inhärente Vollzugslogik interessiert. Durch den Einsatz von audio-visuellen Aufzeichnungstechnologien eröffnet sich die Möglichkeit der Fixierung sozialen Geschehens „ohne sinnhafte Erfassung und Bearbeitung" und „synchron mit dessen Vollzug" (Bergmann 1985). Die Aufzeichnungen können zum einen immer wieder abgespielt und zum anderen von verschiedenen Forschern unabhängig voneinander analysiert werden. Konversationsanalytische Verfahren der Materialgenerierung beanspruchen – im Unterschied zu herkömmlichen Methoden der Ethnographie wie Beobachtungsprotokolle und Feldnotizen – (Sprech-)aktivitäten in ihrem tatsächlichen Ablauf zu konservieren und zu dokumentieren. Der Detaillierungsgrad und die fehlende Selektion der Aufzeichnungen eröffnet dabei spezifische Analysemöglichkeiten.

Es geht der Ethnomethodologie darum, gewissermaßen in mikroskopischer Perspektive die Ordnung im Ablauf kommunikativer Praktiken zu rekonstruieren. Die Teilnehmer werden eher als Personal denn als Subjekte von Praktiken konzipiert, die einer bestimmten Vollzugslogik folgen. Ein Beispiel für diese Richtung ist die konversationsanalytische Arbeit von Marjorie Goodwin (1990), die „talk as social organization" untersucht, das heißt die sprachlichen Aktivitäten bei Kindern wie argumentieren oder Geschichten erzählen. Die relevanten Einheiten für die Analyse kultureller Phänomene sind hier nicht die Gruppe als ganze oder das Individuum, sondern Aktivitäten, in denen die Handlungen einzelner Akteure ineinander greifen und zu zusammenhängendem sozialem Geschehen verschmelzen (vgl. ebd.: 8f).

Die Beispiele[9] unterschiedlicher ethnographischer Herangehensweisen zeigen, daß das allgemeine Postulat, daß die Forschung sich auf das Teilnehmerwissen und die alltagsweltlichen Bedeutungen beziehen müsse, verschiedene konkrete methodische Umsetzungen offenhält. Pointiert gesprochen, können Ethnographinnen entweder analysieren wollen, wie Kinder selbst ihre Kultur beschreiben und erklären oder sie wollen analysieren, wie deren kulturelle Praktiken ablaufen und welche Regeln diesen immanent sind.[10] Wichtig ist jedenfalls der Hinweis, daß spezifische Methoden an der Gegenstandskonstruktion zentral beteiligt sind. Die expliziten Konzepte und Repräsentationen der Kultur durch die Teilnehmer müssen nicht als mit ihrem Wissen identische konzipiert werden. Das Teilnehmerwissen kann man im Sinne der Ethnomethodologie als den Praktiken innewohnend konzipieren, als implizites Wissen oder praktische Kompetenz. Diesen Ansatz faßt Shantz (1983: 501) zusammen: Kinder sollten nicht als Kenner, als Informanten über ihre soziale Welt, sondern als Akteure in ihr beforscht werden.

2 Von der Unterschiedsforschung zur Erforschung der Praktiken der Geschlechterunterscheidung

Für unser Forschungsprojekt stellte sich die Frage, in welchem Sinne und wie wir das Wissen der Kinder zur Geschlechterdifferenz erheben und wie wir uns auf dieses Wissen beziehen wollten. An den vorangegangenen Ausführungen dürfte deutlich geworden sein, daß wir eine Skepsis gegenüber Informantenethnographien hegten, es konnte nicht schlicht darum gehen, die Kinder zum Geschlechterverhältnis in ihrer *peer culture* zu befragen. Den Schwerpunkt der Erhebungen bildeten deshalb teilnehmende Beobachtungen, in den späteren Beobachtungsphasen ergänzt durch Tonaufzeichnungen. Uns interessierten in erster Linie die Aktivitäten der Kinder und nicht, was sie über ihre Kultur zu sagen hatten. Die Konzepte und sprachlichen Repräsentationen ihrer Kultur wollten wir allerdings auch einbeziehen, sie sind Gegenstand der am Ende der Beobachtungsphasen geführten Interviews. Die Auswertung begreift die Interviews jedoch nicht einfach als Information über die Kultur, sondern als Interaktionssituationen eigener Art, denen die Analyse gerecht werden muß. Ähnlich wie Goodwin (1990) Kindergeschichten als „situated cultural object in its own right" ansieht, so kann man auch das Sprechen im Interview als kulturelle Praxis mit eigenen Gesetzmäßigkeiten ansehen. Für die Auswertung gilt: Nicht so sehr „was", sondern „wie" gesprochen wird, orientiert die Analyse.

Geschlecht ist etwas, so vermuteten wir in Übereinstimmung mit interaktionistischen und ethnomethodologischen Ansätzen, was ‚getan' wird. Die Einstellung unserer Forschungsperspektive auf die kulturellen und diskursiven Praktiken, in denen Geschlecht relevant gemacht wird, wurde begleitet durch eine wachsende Kritik an Forschungsansätzen zur Geschlechtsspezifik bzw. zu Geschlechterdifferenzen. Wir fühlten uns herausgefordert, die Geschlechterdifferenz unter Gleichaltrigen in der Schule anders zu untersuchen, als weite Teile der *peer culture* Forschung es bis dahin getan hatten. Durch die Rezeption der Forschungsliteratur zeigte sich, daß nicht nur je spezifische Methoden, sondern auch die Auswahl der Beobachtungssituationen in eigener Weise die Forschungsgegenstände konstituieren. Die Bedeutung der Geschlechterseparation bei der Bildung von Gruppen unter Schulkindern stellte im Kontext der *peer culture* Forschung eine prominente Beobachtung dar. Sie war verantwortlich für die Prägung der These von den zwei „getrennten Welten" in der mittleren Kindheit, an die sich die Annahme anschloß, daß Mädchen- und Jungenkultur auch getrennt zu untersuchen seien. Als getrennte Kulturen wurden sie dann gegenübergestellt: So vergleichen etwa Thorne und Luria (1986) die Interaktionsformen in Jungengruppen mit denen von Mädchengruppen oder Eder und Parker beschreiben (1987) den Einfluß außerunterrichtlicher Aktivitäten auf die Ausbildung geschlechtsspezifischer Statusnormen.[11] Der alltagskulturelle Eindruck der Geschlechtsspezifik für eine ganze Reihe von Praktiken – man denke z.B. an Freundschaftsintrigen unter Mädchen oder rituelle Beleidigungen und sexualisierte Schimpfwörter unter Jungen – bestätigt sich also in der ethnographischen Jungen- und Mädchenkulturforschung. Dabei kann entweder stärker der Aspekt der Eigenständigkeit je einer Seite oder der Aspekt des Vergleichs und der Differenz im Vordergrund stehen.

Thorne und Eder haben jeweils zusammen mit anderen langjährige Forschungsprojekte durchgeführt und mit Monographien abgeschlossen (vgl. Thorne 1993 und Eder 1995). Seit vielen Jahren engagieren sich die beiden Forscherinnen in dem Gebiet der Geschlechterforschung in Gleichaltrigengruppen – und zwar mit sich wandelnden Konzepten. So ist Thorne sowohl maßgeblich an der Formulierung der „getrennte Welten"-These (vgl. Thorne/Luria 1986) als auch an deren Kritik und Überwindung beteiligt (vgl. Thorne 1990 und 1993).[12]

Die zentralen Kritikpunkte an der Forschung zu Differenzen nenne ich noch einmal überblicksartig. Auf das Argument gegen die „Reifizierung" von Geschlechterdifferenzen durch diejenige Forschung, die sich diesem Thema widmet, hatte ich bereits einleitend hingewiesen: Wenn man immer schon nach Unterschieden sucht, setzt man bereits voraus, was man erforschen möchte und bestätigt so die Unterschiede in naiver Art und Weise.[13]

Thorne (1993: 108) ergänzt die allgemeine Kritik an der Fortschreibung von Mädchentypik und Jungentypik für das Gebiet der kulturanalytischen Forschung: der Kultur- oder Subkulturbegriff reifiziere in besonderer Weise kontrastive Bilder und homogenisiere, was sich in der kulturellen Praxis doch häufig als mehrdeutig, widersprüchlich und vielfältig darstelle. Sie konstatiert, daß die vergleichende Forschung die Kohärenz innerhalb der jeweiligen Geschlechtsgruppen übertreibt. Diese Kritik bezieht sich darauf, daß die Unterschiedsforschung das ‚Mädchen ungleich Junge' immer schon wichtiger nimmt als das ‚Mädchen ungleich Mädchen' (vgl. auch schon Hagemann-White 1984). Hagemann-White (1993) weist darauf hin, daß die Frage nach den Unterschieden immer begleitet sein sollte von der Frage nach den Gemeinsamkeiten, um Zerrbilder zu vermeiden.

Spezifischer für die von uns untersuchte Altersgruppe hält Thorne der bislang verbreiteten Forschungslogik, die sich an den Phänomenen der Geschlechterseparation orientiert und im Anschluß daran nach Geschlechtsspezifika sucht, entgegen, daß die Gelegenheiten, bei denen Jungen und Mädchen zusammen sind, theoretisch genauso signifikant seien. Mit den getrennten Kulturen werde nur eine besonders sichtbare Dimension des Geschlechterverhältnisses beschrieben.

Die Getrennte-Kulturen-Forschung fädelt sich in Sozialisationstheorie ein über die These, daß die Entwicklung von Geschlechtsidentität in der mittleren Kindheit vor allem in der eigenen Geschlechtsgruppe stattfindet.[14] Damit orientieren sich aber auch Teile der *peer culture* Forschung an teleologischen Vorstellungen von Sozialisation – man gibt vor, deren Ziel zu kennen. Gegen solche Vorstellungen, so Thorne, sprächen aber die empirische Variabilität in Sozialisationsverläufen und die gegenwärtigen Bedeutungen der sozialen Praxis von Kindern. „Gender in context" bedeutet eine enorme Varianz an Geschlechtsbedeutungen in Interaktionen, die die bisherige Forschung eher zu- als aufgedeckt hat. Die theoretische Bedeutung interaktionistischer Zugänge zur Geschlechterdifferenz liegt darin, daß sie der Annahme der Dauerrelevanz der Kategorie Geschlecht widersprechen (vgl. West/Zimmermann 1987).[15] Die Analyse setzt an bei dem Umstand, daß Geschlecht situativ relevant wird – oder auch nicht. Der Blick auf die interaktive Herstellung von Geschlecht legt also eher eine Situationstypik als eine Personentypik nahe.

Gerade dieser komplexe letzte Kritikpunkt impliziert, daß die sozialisationstheoretisch übliche Frage nach dem „Warum" sozialer Differenzen den Blick auf das „Wie" sozialer Differenzierungspraxis eher verstellt. Der forschende Blick auf die Objekte des Interesses fällt erst auf diese, nachdem sie bereits als Jungen und Mädchen identifiziert und klassifiziert sind. Praktiken der Unterscheidung geraten aus dem Blick, die man aber aus soziologischer Sicht selbst zum Forschungsgegenstand machen sollte.[16] Unter dieser Perspektive gilt es z.B. dasjenige zu untersuchen, was Thorne „Choreographie von Geschlechterseparation und -integration" und „Arbeit an der Geschlechtergrenze" nennt.

Gegenüber den seit etwa 20 Jahren eingeführten Ansätzen zur geschlechtsspezifischen Sozialisation, die sich, sofern sie ethnographisch vorgehen, für Mädchenkultur und Jungenkultur interessieren, verschoben wir in unserem Projekt in zweierlei Hinsicht die Forschungsperspektive. Zum einen rückten wir statt der Frage nach den Unterschieden die Frage nach den Praktiken der Unterscheidung unter 9-12jährigen im sozialen Kontext ihrer Schulklasse in den Mittelpunkt. Daß wir dabei einem grundlegenden methodologischen Dilemma nicht entkommen, war uns bewußt. Es liegt „in der Schwierigkeit begründet, eine Unterscheidung untersuchen zu wollen, die in (fast) allen Bereichen von Alltagswirklichkeit eine soziale und kulturelle Selbstverständlichkeit ist und in die wir als Beobachter immer schon verstrickt sind. ... Es kommt darauf an, die Handhabung der Geschlechterunterscheidung in der Analyse des Beobachtungsmaterials zum Gegenstand zu machen" (Breidenstein 1997: 338). Das Potential der Befremdung zu mobilisieren ist auf dem Gebiet der Geschlechterforschung also ein besonderes Desiderat, gilt die Geschlechterdifferenz dem Alltagswissen doch als Naturtatsache.

Zum anderen bestand eine Strategie, mit den methodologischen Problemen umzugehen, darin, daß wir nicht nur die Praktiken der Geschlechterunterscheidung untersuchten, sondern auch andere interaktive Unterscheidungen durch die Kinder erforschten – Unterscheidungen nach Beliebtheit, Freundschaften und Entwicklungsstand.[17] Für diese kulturellen Themen versuchten wir wiederum, nicht die Bedeutsamkeit der Geschlechterunterscheidung vorauszusetzen, sondern in der interaktiven Praxis aufzuspüren. Außerdem ermöglichte dieses Vorgehen, den Stellenwert der Geschlechterunterscheidung in Relation mit anderen Ordnungen der Schulklasse zu sehen. Wir versprachen uns also neue Erkenntnisse für die Geschlechterforschung durch eine Kontextualisierung des Themas, die sich forschungskonzeptionell umsetzt: Im Zusammenhang mit und Kontrast zu anderen Kriterien sozialer Differenzierung werden die spezifischen Bedeutungen der Geschlechterunterscheidung im konkreten Feld deutlich.

An einem empirischen Beispiel möchte ich den Perspektivwechsel veranschaulichen. Es handelt sich um eine Beobachtung aus einem vierten Schuljahr.

In der Pause füllt sich die Fläche mit mehr Kindern als sonst: Neben fast allen Kindern aus der von uns beobachteten Gruppe[18] halten sich auch noch die Kinder aus anderen Gruppen hier auf, da diese Woche Projektwoche ist und die Kinder gruppenübergreifend an Projekten arbeiten. Ich habe einen Eindruck von ‚buntem Treiben‘ und Fülle.

Auf Maltes und Björns Tisch werde ich aufmerksam, als Malte ein Mädchen aus einer anderen Gruppe, dessen Namen ich nicht kenne, von diesem runterschubst. Als nächstes setzen sich zwei der fremden Mädchen auf den Tisch, worauf Malte und Björn den Tisch umkippen, um sie zu vertreiben. Als der Tisch wieder steht, sind auch sofort wieder zwei Mädchen darauf. Spätestens jetzt ist mir klar, daß ein ‚Geschlechterspiel‘ im Gange ist. Malte ruft: „Nee, ich hab‘ ne bessere Idee!“ Er geht um den Tisch herum und zieht ein Mädchen an den Füßen vom Tisch, was nicht ungefährlich ist, weil sie auf dem Hintern landen könnte. Björn tut es ihm nach, eins der Mädchen landet auf dem Boden, doch alle haben strahlende Gesichter. Inzwischen wollen drei Mädchen sich immer wieder auf den Tisch setzen, Björn und Malte schubsen sie immer wieder runter. Björn: „Geht doch an den Tisch oder den oder den, aber nicht an unseren.“ Björn hält die Fiktion aufrecht, daß er und Malte tatsächlich wollen, daß die Mädchen verschwinden. Björns und Maltes neue Taktik ist, sich selbst auf den Tisch zu setzen und von dort aus zu treten, wenn eine der Tischfläche nahekommt.

Jetzt wächst die spielende Gruppe rapide an: Uwe, Daniel und Thomas kommen auf der Seite der ‚Verteidiger‘ hinzu, die Mädchen sind inzwischen zu sechst (keine aus unserer Gruppe). ... Die Mädchen ziehen sich jetzt zurück, jedoch nur, um in einiger Entfernung dicht im Kreis stehend und flüsternd ihre Taktik zu besprechen. Auf einmal stürmen sie alle gleichzeitig auf den Tisch los und hoffen anscheinend, damit ihre Chancen zu erhöhen. Malte springt auf und fletscht die Zähne, es ist ein wildes Geschubse und Gezerre, immer mal wieder schafft es eins der Mädchen, sich auf den Tisch zu setzen, jedoch nur für einen ganz kurzen Moment, schon wird sie wieder vertrieben.

Björn hat eine neue Idee. Zusammen mit Malte stellt er den Tisch auf den Kopf, als Malte jedoch meint: „Dann können wir ja auch nicht mehr drauf sitzen“, stellen sie ihn wieder auf die Füße. Jetzt bilden sich auf beiden Längsseiten des Tisches verschiedene Parteien und schieben den Tisch, in einer Art ‚umgekehrtes Tauziehen‘ wandert er hin und her. ...

Thomas, Daniel, Malte und Björn sitzen jetzt in einer Reihe auf dem Tisch, so daß er ‚blockiert‘ ist. Eins der Mädchen krabbelt unter den Tisch, das umkämpfte Terrain ist damit erweitert. Sie wird unter dem Tisch hervorgezerrt. Björn meint zwar noch: „Malte, laß‘ sie ruhig drunter“ (und scheint dabei etwas im Schilde zu führen), doch schon ist diese Variante in vollem Gange.

Plötzlich geht die Mädchengruppe ein paar Schritte weg, eine setzt sich auf den Mülleimer. Björn ruft: „Malte, mach‘ mal den Mülleimer auf!“ Malte geht hinüber, aber die Mädchen rufen „das ist unser Mülleimer“ und umdrängen ihn dicht. Darauf kommen auch die anderen Jungen herüber und – glänzender Schachzug – die Mädchen stürmen auf den nun freien Tisch der Jungen los. Ihr Erfolg hält naturgemäß nicht lange vor, die Jungen vertreiben sie wieder. Also treffen sich die Mädchen noch einmal im Kreis zur Strategiebesprechung.

Als die Lehrerin nun erscheint, bedrängen die Jungen sie sofort und machen eine Beschwerde über die Mädchen. Die Ernsthaftigkeit, mit der sie diese vortragen, überrascht mich, weil sie offensichtlich ihren Spaß hatten. Karin, die Lehrerin, erinnert an die Regel, daß auch in der Pause auf der Fläche nicht getobt werden dürfe.

Das Beobachtungsprotokoll beschreibt eine soziale Situation, die typisch ist für die Pausengestaltung elfjähriger Kinder. Schon einmalige Lektüre reicht, um zu wissen, daß die Geschlechtszugehörigkeit der Akteure hier von Bedeutung ist – auch ohne den zusammenfassenden Hinweis der Protokollantin, daß es sich um ein 'Geschlechterspiel' handele. Nicht nur für dieses Beispiel müßte aber eine Interpretation, die auf geschlechtstypisches Verhalten, Unterschiede zwischen Jungen und Mädchen oder die Relevanz für die Sozialisation der Geschlechtsrolle hinauswollte, notwendig in Spekulationen übergehen. Denn die Beschreibung konzentriert sich auf den Ablauf von Aktivitäten, von denen man den Eindruck gewinnt, daß sie auch genau umgekehrt auf die Geschlechter verteilt sein könnten. Tatsächlich wechselt im Verlauf des Spiels auch einmal die Verteidigerrolle von den Jungen kurz zu den Mädchen und wieder zurück. Die situative Bedeutung der Kategorie Geschlecht liegt in diesem Beispiel darin, daß sie als Klassifikationskriterium die Verteilung auf zwei Parteien in einem spontanen, nicht formalisierten Spiel organisiert, auf zwei Spielparteien, die sich dann in komplementären Rollen gegenüberstehen. Die Komplementarität heizt das Spiel an. Über die Ad-hoc-Definition von Geschlechtsterritorien wird die Geschlechtergrenze aktiviert, in verschiedenen Varianten wird dann in das ‚fremde‘ Territorium einzudringen beziehungsweise dieses Eindringen zu verhindern versucht. Der Sinn dieses Spiels scheint aber weniger in der Ermittlung von Siegern und Verlierern zu liegen, als vielmehr in der einfallsreichen Arbeit an der Grenze, wie Thorne (1993) es mit ihrem Begriff des „borderwork“ ausdrückt. Der kollektive Spaß an den Grenzüberschreitungen ist nur deshalb möglich, weil sich die Ressourcen für Angriff und Verteidigung potentiell symmetrisch auf die Geschlechtsgruppen verteilen. Außerdem ist Geschlecht hier gewissermaßen externalisiert – ein Tisch und ein Mülleimer werden zu geschlechtlich definierten Territorien – und inhaltsleer – das Spiel ist von ‚nackter‘ Polarität gekennzeichnet, denn die Rollen sind reversibel.

Ein singuläres Beispiel kann nur ein Schlaglicht auf eine der Verwendungsweisen der Geschlechterunterscheidung unter Schulkindern werfen.[19] In der Auswertung des Beobachtungsmaterials haben wir die Fülle ganz unterschiedlicher Situationen kategorisiert und sortiert und so die Phänomene der Geschlechterunterscheidung einer Analyse unterzogen. Als binäre Kategorie und zugeschriebenes Identitätsmerkmal – für sein Geschlecht kann man nichts – stellt die Kategorie Geschlecht eine spezifische Ressource für die Strukturierung sozialer Praxis dar. Eine bei den kulturellen Praktiken ansetzende Forschungsperspektive, im Unterschied zu einer bei den Personen ansetzenden, ist in der Lage, die sozialen Ordnungsleistungen von Differenzierungen in alltagsweltlichen Aktivitäten (und in diesem Sinne ihren sozialen Sinn) zu entfalten.

3   Reflexion des Forschungsprozesses

Für die Darstellung der Erfahrungen mit dem Forschungsgegenstand der Praktiken der Geschlechterunterscheidung auf den Verlauf des Projekts gesehen bin ich wiederum auf eine Stilisierung (in bezug auf die Chronologie mancher Prozesse) angewiesen. Ich unterscheide drei Phasen im Forschungsprozeß: 1. Abgrenzungs- und Etablierungsphase, in der wir den eigenen Forschungsgegenstand gegen andere etablierten; 2. Ausdifferenzierungsphase, in der wir immer neue Entdeckungen machten und die methodische Kompetenz verfeinerten; 3. Modifikationsphase, in der wir die Probleme unserer Perspektive auf die Praktiken der Unterscheidung reflektierten und die Perspektive modifizierten.

Die erste Phase war, wie bei Forschungsprojekten allgemein üblich, durch vielfältige Abgrenzungen geprägt: Wir schärften das eigene analytische Interesse gegen alle möglichen Perspektiven, die die Forschung und unser Feld bestimmten. Auf die relevante Forschungsliteratur bin ich bereits, wenn auch kurz, eingegangen, deshalb beschränke ich mich hier auf die Abgrenzung zur pädagogischen Perspektive der Lehrerinnen, die mit uns kooperierten. Nicht nur waren sie, ein Spezifikum unseres Feldes, durch Konzepte „geschlechtsbewußter Pädagogik" an der Laborschule ausgesprochen sensibilisiert für Prozesse geschlechtsspezifischer Sozialisation, sie waren auch dezidierte Biographieforscherinnen in bezug auf „ihre" Kinder. Für den Blick auf das einzelne Kind und seine Besonderheiten und Probleme als Junge oder Mädchen wirkte die Form des Schreibens von Beobachtungsprotokollen, die wir kultivierten, ausgesprochen provozierend. Wir konzentrierten die möglichst wertfreien Beschreibungen auf Abläufe von Interaktionen, bei denen uns Zusatzinformationen zu den Akteuren eher störten. Um kulturelle Praktiken als Beschreibungsgegenstand herauszustellen, entwickelten wir eine radikal gegenwärtige Perspektive, und wir argumentierten gegenüber den Lehrerinnen, Biographien ließen sich nicht beobachten. Dieses empiristische Argument überzeugte sie nicht vollständig, mit der Zeit verstanden und akzeptierten sie aber unser Anliegen, eine soziologische Perspektive auf das je aktuelle Geschehen in der Schulklasse zu etablieren.

Distanzieren mußten wir uns auch von eigenen Selbstverständlichkeiten: Es wurde uns bewußt, daß wir immer wieder selbst von „Mädchen" und „Jungen" schrieben (vgl. noch einmal die Protokollausschnitte). An dem längeren Ausschnitt ist bezeichnend, daß ich als Protokollantin, die die Namen mancher Kinder nicht kennt, auf die Bezeichnung „Mädchen" zurückgreife, um ein bestimmtes Bild von der Situation für die Leserinnen zu evozieren. Wir versuchten in der Folge, diese Kategorisierung vor allem dann aufzugreifen, wenn sie im Feld auftauchte. Auf diese Weise fokussierten wir auf Geschlecht als Klassifikationsmerkmal statt auf Geschlecht als Eigenschaft von Personen. Wir etablierten eine ‚oberflächliche' Beschreibungsebene und suchten nach den Gelegenheiten, in denen die Geschlechterunterscheidung im Feld thematisch oder explizit wird, wie z.B. in Problemdiskussionen, in denen die Kategorien „Jungen" und „Mädchen" verallgemeinernd gebraucht werden. Die Konzentration auf das Thematischwerden im Feld war für uns zunächst eine Hilfestellung, um den Schwenk von den Unterschieden zu den Praktiken der Unterscheidung zu vollziehen. Allerdings verfolgten wir auch die Beschreibung anderer schul- und kinderkultureller Praktiken weiter, um das ethnographische Interesse nicht zu stark zu verengen.

Es folgte eine Phase der Ausdifferenzierung der eingeführten Perspektive und der Konzentration auf bestimmte Beobachtungssituationen. Neben Pausen beobachteten wir Aufteilungsverhandlungen, bei denen es um die Bildung von Mannschaften oder Tischen geht, wir nahmen an Versammlungen der ganzen Klasse teil, in denen die Angelegenheiten der Gruppe diskutiert werden, wir notierten die Aktivitäten und Gespräche in einzelnen Tischgruppen und wir wurden auch z.B. zu Karnevalsfeiern und anderen besonderen Anlässen eingeladen. Die verstreuten Beobachtungen wurden einem Kodierverfahren unterzogen und nach analytischen Kategorien neu sortiert. Mein Kollege erschloß in der Analyse den vielfältigen Gebrauch der Geschlechterunterscheidung in unterschiedlichen Situationen in der Schulklasse, während ich mich den Unterscheidungen nach Beliebtheit, Freundschaft und Entwicklung widmete und danach fragte, wie sie von der Geschlechterunterscheidung affiziert werden (vgl. Breidenstein/Kelle 1998).

Der situative Sinn der Geschlechterunterscheidung ist höchst verschieden. Die Bedeutung kann z.B. darin liegen, wie wir gesehen hatten, Spiele zu strukturieren und zu stimulieren. Als zugeschriebene kann die Geschlechtskategorie immer dort zum Einsatz kommen, wo ein ‚unverdächtiges' Kriterium für die Bildung von zwei Spielparteien benötigt wird. Eine ganz andere Bedeutung hat die Geschlechterunterscheidung für die Konstruktion von und den Umgang mit Sozialfällen in der Klasse, wie wir sie in Diskussionen in Betreuungsstunden beobachten konnten, bei denen das Problem des Übrigbleibens verhandelt wird. Hier konzipieren sich die Geschlechtsgruppen (unter Beteiligung der Lehrerinnen) wechselseitig als zuständige für die Integration von Außenseitern, Geschlechtszugehörigkeit verpflichtet gegenüber den Angehörigen des eigenen Geschlechts und entlastet von der Zuständigkeit für alle Mitglieder der Schulklasse, die die Pädagogik als formal Gleiche konzipiert. In vergleichbarer Weise bemühten wir uns auch für andere Kontexte, den sozialen Sinn der Geschlechterunterscheidung situationsspezifisch zu begreifen.

In der dritten Phase bestimmten die mit der Forschungskonzeption in den ersten Beobachtungsphasen gemachten Erfahrungen die Diskussionen in der Forschergruppe. Wir reflektierten die Geschlechterforschungsprobleme, die durch den Perspektivenwechsel nicht gelöst wurden bzw. die Mißverständnisse, die durch ihn erst aufkommen können. Im folgenden ordne ich diese Probleme.

Die methodische Distanznahme zu Geschlechtsunterschieden funktionierte besonders dort, wo Geschlecht im Feld explizit wird, was vor allem dann der Fall ist, wenn sich die Teilnehmer auf das jeweils andere Geschlecht beziehen. Die Geschlechterunterscheidung kann aber auch relevant sein, wo sie nicht explizit wird. Wir hatten unser Beobachtungsmaterial so breit gesammelt, daß auch viele Situationen darin beschrieben waren, in denen der Bezug auf die Geschlechterunterscheidung implizit bleibt. Hier kam uns zugute, daß wir auch auf andere Unterscheidungen fokussierten und nach Beliebtheits- und Freundschaftsordnungen fragten. Zum Beispiel wird die Präferenz für die Angehörigen des gleichen Geschlechts bei der Bildung von Freundschaften selten explizit, gleichwohl hat die Kategorie Geschlecht in diesem Kontext eminente Bedeutung. Daran wurde uns außerdem klar, daß man systematisch unterscheiden muß zwischen dem expliziten Bezug auf Geschlechtszugehörigkeit, der z.B. bei Gruppenbildungen hergestellt, aber nicht weiter thematisiert wird, und der Thematisierung der Geschlechtszugehörigkeit im Sinne einer Reflexion und Problematisierung durch die Teilnehmer. Wo Geschlechterklassifikation dagegen schon zu den impliziten Ausgangsbedingungen für Interaktionen zählt, da muß die Ethnographin reifizieren, will sie Geschlechtsbedeutungen in diesem Zusammenhang thematisieren.

Der Überblick über die Forschungsliteratur hatte uns dafür sensibiliert, daß die Modellierung bestimmter Thesen zur Bedeutung der Kategorie Geschlecht unter Gleichaltrigen in engstem Zusammenhang zur Auswahl und vor allem Beschränkung auf bestimmte Beobachtungssituationen steht. Eine ebenfalls zu enge Auffassung der Bedeutung der Geschlechterunterscheidung ergäbe sich, wenn man die Situationen der expliziten Separation oder Aufteilung als paradigmatisch für die kulturelle Bedeutung der Kategorie Geschlecht nähme, wenn man also den Blick auf die Geschlechterklassifikation zu eng auf die Bildung von Gruppen bezieht. Es war also sicherzustellen, daß ein breites Spektrum an Beobachtungssituationen für die Theoriebildung genutzt wurde. Doch holt einen das Dilemma der Reifizierung gerade auch hier wieder ein, wenn die Bedeutungskontexte danach unterschieden werden, ob die Interaktionen „unter Mädchen", „unter Jungen" oder im gemischtgeschlechtlichen Kontext ablaufen. Im kulturanalytischen Interesse an der differenzierten Beschreibung von Bedeutungen müssen diese Kontexte aber unterschieden werden.

Desweiteren kann die ethnographische Auffächerung von Situationen, in denen die Geschlecherunterscheidung je spezifisch relevant wird, das Mißverständnis provozieren, daß die Konstruktion und Bedeutung der Geschlechtszugehörigkeit sich in viele einzelne Interaktionen, gewissermaßen ohne Rest, auflösen läßt (man könnte hier von einem interaktionistischen Mißverständnis sprechen). Der genannte Rest besteht darin, daß die Teilnehmer immer schon qua Geschlecht identifiziert werden und daß es in einem Feld von untereinander Bekannten diesbezüglich auch keine Irritationen gibt, Geschlecht ist das Merkmal, das interaktiv nicht zur Disposition steht. So ist Geschlecht zwar nicht dauerrelevant (vgl. Thorne 1990), aber die Konstanz der Identifikation qua Geschlecht ist von einiger theoretischer Bedeutung und ist zentrales Merkmal der Praxis der Unterscheidung selbst: Mädchen und Jungen sind füreinander unhinterfragt und konstant Mädchen und Jungen. So gesehen berührt das Explizitwerden und die Thematisierung, die für uns zunächst so wichtige Zugänge zur Praxis der Unterscheidung gewesen waren, die Identifikation als Junge oder Mädchen erst in zweiter Ordnung.

Ein Schlüsselerlebnis stellte in diesem Zusammenhang ein methodologisches Experiment dar: Für eine Gruppe von Kollegen und Kolleginnen, die die Kinder nicht kannten, kodierten wir in Beobachtungsprotokollen das Geschlecht der Akteure, indem wir statt Namen lediglich Anfangsbuchstaben einsetzten. Der Effekt der Befremdung war enorm, einhellig berichteten unsere ,Versuchsteilnehmer', daß man sich von vielen Situationen kein rechtes Bild machen könne (man stelle sich eine entsprechende Kodierung für obiges Beispiel vor). Wir spekulierten in der Gruppe über das Geschlecht der Akteure, lernten auf diesem Wege aber vor allem etwas über eigene Erwartungen und Projektionen und nicht etwas über die Bedeutungen der Kategorie Geschlecht im Feld. Die Kodierung der Geschlechtszugehörigkeit erbringt also, heuristisch gesehen, einen wünschenswerten Verfremdungseffekt, aber im Sinne der Ethnographie auch sofort eine zu ,dünne' Beschreibung, die Interpreten ins Spekulieren bringt. Dahinter, daß man Mädchen und Jungen immer schon als solche identifiziert, kann die ethnographische Forschung also letztlich nicht zurück, sie kann aber dem Dilemma der Reifizierung selbstreflexiv und mit methodischer Distanznahme begegnen.

Wir entdeckten die Berechtigung des Blicks auf Geschlechtsspezifika wieder: neben der Konfrontation mit Beobachtungen, die nicht auf die neue Perspektive zugeschnitten werden konnten, vollzog sich dieser Prozeß vor allem anhand der Rezeption der Arbeit von Eder (1995), die den „school talk" von Jungen und Mädchen als differente Praktiken untersucht. Wo wir der Unterschiedsforschung vorwarfen, sie übertreibe die Kohärenz innerhalb der Geschlechtsgruppen, merkten wir, daß man uns würde vorwerfen können, wir untertrieben sie.

So stellten wir neben die Analyse der Praktiken der Unterscheidung die Analyse der z.T. impliziten Zugehörigkeits- und Zuständigkeitskonstruktionen qua Geschlecht und fragten uns, wie die durch die Praxis der Klassifikation nur virtuell vorhandenen Geschlechtsgruppen tatsächlich zu Gruppen mit gemeinsamer Praxis werden – die Getrennte-Welten-These läßt grüßen. In der Monographie (vgl. Breidenstein/Kelle 1998) analysieren wir folglich sowohl die Praxis der Unterscheidung in Mädchen und Jungen als auch Interaktionen in Mädchen-, Jungen- und gemischten Formationen. Von der Vorstellung einer orthodoxen methodologischen Lösung haben wir uns vorläufig zugunsten einer ethnographischen Auffächerung der Phänomene im Feld verabschiedet. Allerdings sehen wir den Unterschied darin, daß wir nicht Mädchen- und Jungenkultur als eigenständige konzipieren und untersuchen, sondern als Bestandteile des kulturellen Systems der Zweigeschlechtlichkeit. Dessen Erforschung muß die Unterschiede zwischen Jungen und Mädchen, die wir alltagskulturell immer schon kennen, gewissermaßen in Anführungszeichen setzen; wir können nicht bruchlos an unser Alltagswissen von den Unterschieden zwischen den Geschlechtern anknüpfen. Empathisches Verstehen und Eingehen auf Jungen und Mädchen als solche gehört zu den Kompetenzen, die die Ethnographin im Feld interaktiv braucht. Die Kulturanalyse und eine empirische Soziologie der Geschlechterdifferenz will aber auf anderes hinaus: Die kulturtheoretische Bedeutsamkeit von unterschiedlichen Jungen- und Mädchenpraktiken liegt nicht darin, daß sie eigene Kulturen begründen würden. Vielmehr liegt sie darin, daß differente Praktiken ein System ergeben und eine Funktion der Unterscheidung selbst sind: die Abgrenzung von den je anderen konstituiert erst das eigene.

Anmerkungen

1   Das ethnographische Forschungsprojekt führte ich zusammen mit meinem Kollegen Georg Breidenstein unter der Leitung von Juliane Jacobi von 1993-1997 an der Laborschule Bielefeld bei neun- bis zwölfjährigen Kindern durch. Wir beobachteten zwei Gruppen in den Schuljahrgängen vier, fünf und sechs und führten ethnographische Interviews durch. Georg Breidenstein danke ich für fortgesetzte Diskussionen über den gemeinsamen Forschungsprozeß und für kritische Kommentare zu diesem Beitrag.

2   Zur Kritik an Konzepten geschlechtsspezifischer Sozialisation vgl. auch Dausien in diesem Band.

3   Diese Reflexion erhebt nicht den Anspruch, sich dem eigenen Forschungsprozeß empirisch anzunähern bzw. diesen abzubilden. Sie ist eher an systematischen Ergebnissen interessiert und stilisiert deshalb bestimmte Erkenntnisprozesse, die sich in der Geschichte des Forschungsprojekts komplizierter darstellten.

4   Für einen Überblick über die Tradition der Ethnographie in Anthropologie und Soziologie vgl. Atkinson/Hammersley (1994).

5   Zur Beziehung dieses Ansatzes zum Sozialkonstruktivismus Bergers und Luckmanns und zur weiteren Einordnung vgl. Knorr-Cetina (1989).

6   Beiträge zu dieser Debatte finden sich in Clifford/Marcus (1986); Woolgar (1988); Geertz (1993); Berg/Fuchs (1993); Van Maanen (1995).

7   Für die Kindheitsforschung ist diese Kritik insofern interessant, als sie sich einem spezifischen Kolonialisierungsverdacht ausgesetzt sieht: Man warnt vor der Romantisierung der „Kindheit" (vgl. Honig 1996).

8   Dieser Forschungsbereich ist von unterschiedlichen Auffassungen der ethnographischen Methoden gekennzeichnet, die von den angerissenen wissenschaftstheoretischen Debatten zum Teil unbeeinflußt sind.

9   Ich habe hier nur Beispiele aufgefächert, die Dokumentationen oder Taxonomien erstellen oder immanente Kulturanalysen anstreben. Für die deutsche ethnographische Kindheitsforschung liegt der Fall komplizierter, weil sie tendenziell stärker theorieorientiert vorgeht: Die Ethnographie kinderkultureller Praktiken wird mit Bezug auf Entwicklungspsychologie (vgl. Krappmann/Oswald 1995) oder Modernisierungstheoreme (vgl. Zeiher/ Zeiher 1994, Behnken u.a. 1994) betrieben (vgl. zu diesem Punkt Kelle/Breidenstein 1996).

10   Diese Entgegensetzung schließt für Forschungsprojekte selbstverständlich eine Kombination beider Fragerichtungen nicht aus.

11   Die geschlechtsspezifisch ausgeprägten Möglichkeiten, Status in der Gleichaltrigengruppe zu erlangen, arbeiten auch Adler/Kless/Adler (1992) und Kless (1992) heraus.

12   Für eine ausführlichere Auseinandersetzung mit den Forschungskonzeptionen von Thorne und Eder vgl. Kelle (1997).

13   Angestoßen durch den Beitrag von Gildemeister/Wetterer (1992), der eine Rezeptionssperre gegenüber ethnomethodologischen Forschungsarbeiten und damit die Ignoranz der hiesigen Forschung gegenüber dem Problem der Reifizierung diagnostiziert, ist die Debatte um die „methodischen Konsequenzen einer theoretischen Einsicht" (Hagemann-White) in verschiedenen Beiträgen der Feministischen Studien 2/1993 und darüber hinaus geführt worden, vgl. z.B. Hagemann-White (1993), Hirschauer (1993), Knapp (1994).

14   Vgl. auch Krappmann/Oswald (1995), die dieser These widersprechen und deshalb ebenso wie Thorne gemischtgeschlechtliche Interaktionen in den Fokus rücken.

15   Hirschauer (1994) unterscheidet zwischen dem Hintergrundwissen über Geschlechtszugehörigkeiten und „Geschlecht" als Thema sozialer Situationen.

16   Geschlecht als Klassifikationskriterium haben z.B. Goffman (1994) und Tyrell (1986) zum Thema gemacht, jedoch nicht ethnographisch untersucht.

17   Hagemann-Whites (1993) Vorschlag, immer auch nach Gemeinsamkeiten von Mädchen und Jungen zu fragen, schien uns in diesem Zusammenhang zu individuumzentriert und zu offen zu sein. Auch der Vorschlag, neben „doing gender" auch „undoing gender" zu erforschen (vgl. Hirschauer 1994), unterlegt die Forschungsperspektive mit einer zweiwertigen Logik, die, versucht man sich eine forschungspragmatische Umsetzung vorzustellen, in eine Aporie führt.

18   „Klassen" heißen in der Laborschule „Gruppen".

19   Vgl. hierzu ausführlicher Breidenstein (1997) und Breidenstein/Kelle (1998).

Literatur

Adler, Patricia A., Steven J. Kless, Peter Adler. 1992. „Socialization to Gender Roles: Popularity among Elementary School Boys and Girls." In *Sociology of Education* 65: 169-187.

Alanen, Leena. 1988. „Rethinking Childhood" In *Acta Sociologica* 1: 53-67.

Amann, Klaus, und Stefan Hirschauer. 1997. „Die Befremdung der eigenen Kultur. Ein Programm." In *Die Befremdung der eigenen Kultur*, Stefan Hirschauer, Hg. Klaus Amann, 7-52. Frankfurt/Main.

Atkinson, Paul, and Martyn Hammersley. 1994. „Ethnography and Participant Observation." In *Handbook of Qualitative Research*, eds. Norman K. Denzin, Yvonna S. Lincoln, 248-261. Thousand Oaks, London, New Delhi.

Behnken, Imbke u.a. 1994. *Kindheit im Siegerland*. Arbeitsbericht. Siegen.

Berg, Eberhard, und Martin Fuchs, Hg. 1993. Kultur, soziale Praxis, Text. Die Krise der ethnographischen Repräsentation. Frankfurt/Main.

Berger, Peter, und Thomas Luckmann. 1969. *Die gesellschaftliche Konstruktion der Wirklichkeit*. Frankfurt/Main.

Bergmann, Jörg. 1985. „Flüchtigkeit und methodische Fixierung sozialer Wirklichkeit. Aufzeichnungen als Daten der interpretativen Soziologie." *Soziale Welt*, Sonderband 3: 299-320.

Bilden, Helga. 1991. „Geschlechtsspezifische Sozialisation." In *Neues Handbuch der Sozialisationsforschung*, Klaus Hurrelmann, Hg. Dieter Ulich, 279-301.Weinheim.

Breidenstein, Georg. 1997. „Der Gebrauch der Geschlechterunterscheidung in der Schulklasse." In *Zeitschrift für Soziologie* 26(5): 337-351.

Breidenstein, Georg, und Helga Kelle. 1998. *Geschlechteralltag in der Schulklasse. Ethnographische Studien zur Gleichaltrigenkultur*. Weinheim und München.

Clifford, James, and G.E. Marcus, eds. 1986. *Writing Culture: The Poetics and Politics of Ethnography*. Berkeley.

Corsaro, William, and Donna Eder. 1990. „Childrens peer cultures." *Annual Review of Sociology* 16: 197-220.

Denzin, Norman K., and Yvonna S. Lincoln, eds. 1994. *Handbook of Qualitative Research*. Thousand Oaks, London, New Delhi.

Eder, Donna, and Stephen Parker. 1987. „The Cultural Production and Reproduction of Gender: The Effect of Extracurricular Activities on Peer-Group Culture." *Sociology of Education* 60(3): 200-213.

Eder, Donna. 1995. *School Talk: Gender and Adolescent Culture*. New Brunswick, New Jersey.

Geertz, Clifford. 1991. *Dichte Beschreibung. Beiträge zum Verstehen kultureller Systeme*. Frankfurt/Main.

Geertz, Clifford. 1993. *Die künstlichen Wilden. Der Anthropologe als Schriftsteller*. München.

Gildemeister, Regine, und Angelika Wetterer. 1992. „Wie Geschlechter gemacht werden. Die soziale Konstruktion der Zweigeschlechtlichkeit und ihre Reifizierung in der Frauenfor-schung." In *Traditionen – Brüche*, G.-A. Knapp, Hg. A. Wetterer, 201-255. Freiburg.

Goffman, Erving. 1971. *Interaktionsrituale*. Frankfurt/Main.

Goffman, Erving. 1994. *Interaktion und Geschlecht*. Frankfurt/Main.

Goodwin, Marjorie Harness. 1990. *He-Said-She-Said: Talk as social Organization among Black Children*. Bloomington, Indiana.

Hagemann-White, Carol. 1984. *Sozialisation: weiblich - männlich?*. Opladen.

Hagemann-White, Carol. 1993. „Die Konstrukteure des Geschlechts auf frischer Tat ertappen? Methodische Konsequenzen einer theoretischen Einsicht." *Feministische Studien* 11(2): 68-78.

Hirschauer, Stefan. 1993. „Dekonstruktion und Rekonstruktion. Plädoyer für die Erforschung des Bekannten." *Feministische Studien* 11(2): 55-67.

Hirschauer, Stefan. 1994. „Die soziale Fortpflanzung der Zweigeschlechtlichkeit." Kölner Zeitschrift für Soziologie und Sozialpsychologie 46(4): 668-692.

Hirschauer, Stefan, und Klaus Amann, Hg. 1997. *Die Befremdung der eigenen Kultur*. Frankfurt/Main.

Holmes, Robyn M. 1995. *How Young Children Perceive Race*. Thousand Oaks, London, New Delhi.

Honig, Michael-Sebastian. 1996. „Normative Implikationen der Kindheitsforschung." *Zeitschrift für Sozialisationsforschung und Erziehungssoziologie* 16(1): 9-25.

Kelle, Helga, und Georg Breidenstein. 1996. „Kinder als Akteure. Ethnographische Ansätze in der Kindheitsforschung." *Zeitschrift für Sozialisationsforschung und Erziehungssoziologie* 16(1): 47-67.

Kelle, Helga. 1997. „Mädchenkultur - Jungenkultur oder eine Kultur der Zweige schlechtlichkeit. Zur Methodologie ethnographischer Kindheits- und Geschlechterforschung." *Feministische Studien* 15(2): 131-142.

Kessler, Suzanne J., and Wendy McKenna. 1978. *Gender: An Ethnomethodological Approach*. New York.

Kless, Steven J. 1992. „The Attainment of Peer Status. Gender and Power Relationships in the Elementary School." In *Sociological Studies of Child Development*, Eds. Patricia Adler, Peter Adler, 115-148. Vol. 5. Greenwich, London.

Knapp, Gudrun-Axeli. 1994. „Politik der Unterscheidung." In *Geschlechterverhältnisse und Politik*, Hg. Institut für Sozialforschung, 262-287. Frankfurt/Main.

Knorr-Cetina, Karin. 1989. „Spielarten des Konstruktivismus." *Soziale Welt* ½(40): 86-96.

Krappmann, Lothar, und Hans Oswald. 1995. *Alltag der Schulkinder*. Weinheim, 1995.

Opie, Iona, and Peter Opie. 1959. *The Lore and Language of Schoolchildren*. London.

Opie, Iona, and Peter Opie. 1985. *The Singing Game*. Oxford.

Opie, Iona. 1993. *The People in the Playground*. Oxford, New York.

Prout, Alan, and Alison James. 1990. „A New Paradigm for the Sociology of Childhood? Provenance, Promise, and Problems." In *Constructing and Reconstructing Childhood: New Directions in the Sociological Study of Childhood*, eds. Alan Prout Alison James, 7-34. London, New York, Philadelphia.

Rhode, Deborah ed. 1990. *Theoretical Perspectives on Sexual Difference*. New Haven:

Schwandt, Thomas A. 1994. „Constructivist, Interpretivist Approaches to Human Inquiry." In *Handbook of Qualitative Research*, eds. Norman K. Denzin, Yvonna S. Lincoln, 118-137. Thousand Oaks, London, New Delhi.

Schütz, Alfred, und Thomas Luckmann. 1979. *Strukturen der Lebenswelt*. Bd. 1, Frankfurt/Main.

Shantz, Carolyn U. 1983. „Social Cognition." In *Handbook of Child Psychology*, 495-555. Ed. Paul H. Mussen. Vol.III. New York.

Thorne, Barrie, and Zella Luria. 1986. „Sexuality and Gender in Children's daily Worlds." *Social Problems* 33: 179-189.

Thorne, Barrie. 1990. „Children and Gender. Constructions of Difference." In *Theoretical Perspectives on Sexual Difference*, ed. Deborah Rhode, 100-113. New Haven.

Thorne, Barrie. 1993. *Gender Play. Girls and Boys in School*. New Brunswick, New Jersey.

Tyrell, Hartmann. 1986. „Geschlechtliche Differenzierung und Geschlechterklassifikation." *Kölner Zeitschrift für Soziologie und Sozialpsychologie* 38: 450-489.

Van Maanen, John, ed. 1995. *Representation in Ethnography*. London, New Delhi.

Weingarten, Elmar, Fritz Sack, Jim Schenkein, Hg. 1976. *Ethnomethodologie. Beiträge zu einer Soziologie des Alltagshandelns*. Frankfurt/Main.

West, Candace, and Don H. Zimmerman. 1987. „Doing Gender." *Gender and Society* 1(2): 125-151.

West, Candace, and Sarah Fenstermaker. 1995. „Doing Difference." *Gender and Society* 9(1): 8-37.

Woolgar, Steven, ed. 1988. *Knowledge and Reflexivity*. London.

Zeiher, Helga, und Hartmut Zeiher. 1994. *Orte und Zeiten der Kinder. Soziales Leben im Alltag von Großstadtkindern*. Weinheim und München.

Verführung oder Vergewaltigung?
Reden über sexuelle Gewalt vor dem Basler Ehegericht in der Frühen Neuzeit

Susanna Burghartz

Vergewaltigung ist ein politisches Verbrechen, denn Vergewaltigung gehört zum Kernbestand der Geschlechterpolitik, seit es patriarchale Gesellschaften gibt. So lautete die These von Susan Brownmiller, die sie 1975 in ihrem Klassiker „Against Our Will" formuliert hat (Brownmiller 1975). Ihre provokative Interpretation nahm der Historiker Edward Shorter 1977 in einer kurzen Antwort auf: Für die Gegenwart bestätigte er den politischen Charakter von Vergewaltigungen und stellte einen direkten Zusammenhang zwischen der Zunahme der Vergewaltigungen und dem Erstarken der Frauenbewegung her. Für die Vergangenheit aber lehnte er diese These ab. Für die Zeit zwischen Reformation und Französischer Revolution setzte er als Erklärung auf „sexuelle Frustration" statt auf Politik: für die vielen Fälle von Vergewaltigung und sexueller Gewalt im frühneuzeitlichen Europa sei die reine Akkumulation der „misère sexuelle" verantwortlich. Diese Misere sei das Ergebnis verschiedener einander verstärkender Faktoren: das spezifische europäische Heiratsmuster mit hohem Heiratsalter, der Kampf gegen Unzucht in jeder Form, die Überwachungsmentalität einer vormodernen face-to-face-Gesellschaft, die fehlenden Geburtenkontrollmöglichkeiten und schließlich die Furcht vor Erotik; eine Furcht, die diese Gesellschaft mindestens ebenso ängstigte wie die Pest. Damit wurde sexuelle Gewalt zum Ergebnis sozio-ökonomischer Strukturen, die für die vormodernen Gesellschaften typisch waren und erst dank der Modernisierung, wie sie seit Ende des 18. Jahrhunderts einsetzte, verändert oder überwunden werden konnten. Dennoch schien sexuelle Gewalt noch lange vor allem ein soziologisches, psychologisches oder sozialpsychologisches Problem zu sein, für die Geschichtswissenschaft dagegen kaum Relevanz zu besitzen.

Neuere geschlechtergeschichtliche Arbeiten haben nun versucht, sexuelle Gewalt zwischen den Geschlechtern als historisches Problem zu thematisieren (vgl. Porter 1986). Die Historisierung sexueller Gewalt erlaubt es, den jeweiligen kulturellen Kontext einzubeziehen. Zu diesem Kontxt gehören zeitgenössische Männlichkeits- und Weiblichkeitskonzepte ebenso wie konkrete Ehrcodes und ihre geschlechtsspezifischen Auswirkungen, aber auch die spezifische Qualität, die den Geschlechterverhältnissen als Eigentumsverhältnissen zugeschrieben wurde (vgl. Roper 1989; Chaytor 1995; Walker

1998; Pelaja 1996; Koch 1991, 105ff; Rublack 1995a; Habermas 1992, 109-136 u. 282-288). In jüngster Zeit ist die Wahrnehmung von Gewalt und die Konstruktion von Sexualität und Geschlecht, wie sie sich im Reden über sexuelle Gewalt vor Gericht niederschlagen, zum Thema kontroverser Auseinandersetzungen geworden. Verschiedene Autorinnen haben gezeigt, wie sehr das Sprechen über Beziehungen zwischen den Geschlechtern und über sexuelle Gewalt vor Gericht kulturell geprägt war (vgl. Pelaja 1996; Chaytor 1995; Cohen 1988). Arlette Farge vertritt für Paris im 18. Jahrhundert die These, daß Frauen, die wegen nicht-ehelicher Schwangerschaften vor Gericht standen, über ihre sexuellen Beziehungen und über ihre Lust nur sprechen konnten, in dem sie sie als gewalthafte und damit schuldfreie Situationen schilderten, die ihnen aufgezwungen worden waren (Farge 1989, 37-54). Die beteiligten Männer dagegen versuchten, ihre eigene Ehre zu wahren, indem sie sich als Opfer von Verführerinnen stilisierten. Für Farge liegt die Aufgabe historischer Analyse darin, die stereotypen Erzählmuster herauszuarbeiten, in denen Frauen und Männer ihre illegitimen Beziehungen darstellen mußten, um überhaupt sprechen zu können. Sie interessiert sich für den „Roman und seine Muster", nicht für „das Geheimnis" der beteiligten Paare und damit nicht für die Frage nach der vermeintlichen Realität der geschilderten Gewalt in jedem Einzelfall. Farge nimmt also die kulturellen Muster in den Blick, in denen Geschlechterbeziehungen und ihre Gewalthaftigkeit wahrgenommen und dargestellt werden und thematisiert damit die Frage nach der kollektiven Imagination der Geschlechterbeziehungen. Myranda Chaytor dagegen versucht ausgehend von psychoanalytischen Überlegungen die subjektive Gewalterfahrung und ihre Historizität ins Zentrum zu stellen. Sie fragt in den Erzählungen über sexuelle Gewalt nach Tabuisierungen und dem, was unsagbar bleibt. Für die von ihr bearbeiteten Fälle im frühneuzeitlichen England kommt sie zum Ergebnis, daß nicht erst das Reden über Gewalt das Reden über Sexualität ermöglicht. Vielmehr analysiert Chaytor die Brüche und Verschiebungen, die Erzählungen über sexuelle Gewalterfahrungen aufweisen und bringt sie in Zusammenhang mit spezifisch frühneuzeitlichen Formen der weiblichen Identitätskonstituierung und Subjektivität. Nach ihrer Interpretation sind es die kulturellen Muster der Identitätsbildung, die die Wahrnehmung und Verarbeitung von sexuellen Gewalterfahrungen prägen und das Reden über Gewalt regulieren. Neuerdings hat Garthine Walker als Antwort auf Chaytor auf mögliche Verkürzungen einer psychoanalytisch informierten Lektüre von Vergewaltigungsfällen hingewiesen. Probleme sieht sie, wenn die Gerichtsfälle analysiert werden, „als ob sie Erzählungen über das Selbst seien, die den Zugang zu den verdrängten Erinnerungen einer Person oder ihren intimsten Erfahrungen ermöglichen" (Walker 1998, 4). Ohne die Bedeutung subjektiver Erfahrungen für die Frühe Neuzeit zu leugnen, betont Walker den kulturellen und institutionellen Kontext, in dem vor Gericht über sexuelle Gewalt und Vergewaltigung von Frauen und Männern gesprochen wird. Sie betont zugleich, daß im Sprechen über die sexuelle

Gewalt Frauen Möglichkeiten gefunden haben, ein Stück weit Handlungsspielräume (agency) zu nutzen – auch wenn diesen Spielräumen enge Grenzen gesetzt waren (ebd. 19f).

Im folgenden möchte ich anhand von drei Fallbeispielen, die vor dem Basler Ehegericht in der frühen Neuzeit verhandelt wurden, dem Reden über sexuelle Gewalt vor Gericht, seinen Grenzen und Möglichkeiten nachgehen. Diese Fallgeschichten zeigen, in welchem Ausmaß gesellschaftlich-kulturelle Stereotype, Ordnungen und Identitätskonzepte in der Gerichtssituation die Darstellung, Wahrnehmung und damit auch die Thematisierung sexueller Gewalt dominierten. Sie zeigen gleichzeitig, wie eng verknüpft vor Gericht das Reden über die subjektiven Gewalterfahrungen der Frauen mit deren argumentativer Nutzung im Prozeß sein konnte.

Der institutionelle Rahmen: Norm und Praxis des Basler Ehegerichts[1]

Mit dem Durchbruch der Reformation in Basel wurde 1529 nicht nur die erste Reformationsordnung, sondern zugleich auch das protestantische Ehegericht eingesetzt. Ziel dieser Institution, die aus fünf weltlichen und zwei geistlichen Richtern bestand, sollte es sein, die angeblichen bisherigen Mißbräuche und Laster zu beseitigen und eine neue christliche Ordnung herzustellen, die auch im Bereich von Ehe und Eheschließung „zur Mehrung göttlicher Ehre und Pflantzung eines friedlichen, christlichen Gemeinwesens" beitrug (Roth 1937, 383). Das Basler Ehegericht entsprach damit weitgehend den Ehegerichten, die andere reformierte Städte im gleichen Zeitraum einrichteten (vgl. Köhler 1932 u. 1942; Safley 1982 u. 1984; Harrington 1995). Die Bestimmungen der Reformationsordnung von 1529 und der kurz darauf erlassenen Ehegerichtsordnung von 1533 zur Gültigkeit von Eheschließungen sind für den Kontext, in dem vor Gericht mit Verführung versus Gewalt argumentiert wurde, von zentraler Bedeutung. Denn 1529 wurde im Kampf gegen die sogenannten Winkelehen die Öffentlichkeit und das Zeugenerfordernis für die Eheschließung zumindest auf der normativen Ebene eingeführt: nun waren zwei ehrbare männliche Zeugen erforderlich, um die Gültigkeit eines gegebenen Eheversprechens zu erweisen. Gleichzeitig griff die Reformationsordnung auf die biblisch verankerte Figur des männlichen Verführers zurück und verlangte, daß Männer, die Frauen „in verführerischer Weise hintergangen" hatten ohne ihrerseits von den Frauen „angereizt" worden zu sein, diese Frauen heiraten mußten. Im Gegenzug verloren Töchter, d.h. unverheiratete Frauen, die unverheirateten Männern zum Beischlaf „Anreizung" gaben, sich also wie Verführerinnen verhielten, den bisher üblichen Anspruch auf Schadenersatzzahlung für den Verlust ihrer Jungfräulichkeit und mußten sich – wenigstens laut Gesetz – mit einer Zahlung von fünf Schilling begnügen.[2] Neu wurde die Sexualität Unverheirateter – Männer wie Frauen – prinzipiell als Unzucht unter Strafe gestellt, sie sollte als „Büberei" gebüßt werden, eine Bestimmung, die sich in der Praxis aber erst etwa eine Generation später durchsetzte. Vier Jahre später dagegen wurde mit dem Erlaß der eigentlichen Ehegerichtsordnung von 1533 das Konzept der Verführung nur noch auf junge Frauen angewandt. Die Bestimmung von 1529, wonach junge Männer Frauen heiraten mußten, die sie verführt hatten, wurde ersatzlos gestrichen, weil daraus viel „Unrat" erwachsen sei. Die Bestimmung dagegen, daß junge Frauen, die Männer zum Beischlaf verführt hatten, nur noch marginale Schadenersatzansprüche stellen konnten, blieb bestehen. An dieser Gesetzeslage änderte sich in den nächsten zweihundert Jahren nichts mehr. Mit der Beibehaltung des Verführerinnenparagraphen bot die Ehegerichtsordnung den Männern ein Argument zu ihrer erfolgreichen Verteidigung, dem auf Seiten der Frauen kein Pendant entsprach.

Verführung wurde also als Argument in diejenigen Bestimmungen integriert, die sich mit der Gültigkeit von Eheversprechen und dem Anspruch von Frauen auf Entschädigung für die Entjungferung befaßten, während dagegen Gewalt in der Ehegerichtsordnung nur im Zusammenhang mit dem Notzuchtparagraphen berücksichtigt wurde. Vergewaltigungsfälle wurden dort ausdrücklich an die Blutgerichtsbarkeit gewiesen und waren nicht Sache des Ehegerichts. Bemerkenswert ist in diesem Zusammenhang, daß mit der Schwere der Strafandrohung auch die Seltenheit solcher Prozesse korrespondierte. Jedenfalls sind in den „criminalia", den nur fragmentarisch erhaltenen Akten der Kriminalgerichtsbarkeit in Basel, Vergewaltigungsfälle aus der frühen Neuzeit de facto nur für sehr junge Mädchen bzw. Kinder überliefert.

Im Unterschied zur Rechtslage änderte sich die Rechtspraxis und damit der Charakter des Ehegerichts im Lauf des 16. Jahrhunderts wesentlich. Zunächst diente das Ehegericht noch ganz traditionell als Instanz, die entschied, ob ein umstrittenes Eheversprechen gültig sei oder nicht.[3] In dieser Phase konnten Frauen das Ehegericht durchaus noch als Institution in Anspruch nehmen, die ihnen bei der Durchsetzung ihrer Ansprüche zur Seite stand. Seit der zweiten Hälfte des 16. Jahrhunderts aber brachten zunehmend nicht mehr die Parteien ihre Streitigkeiten in Ehesachen (wie Bruch des Eheversprechens oder Scheidungsklagen) vor Gericht, sondern der Gerichtsdiener leitete ein Verfahren wegen eines Unzuchtsdeliktes ein (also etwa wegen Eheversprechen und Schwängerung ohne Kirchgang, wegen nicht erfolgtem gemeinsamem Haushalten oder schließlich im 17. Jahrhundert wegen sogenannt frühzeitigem Beischlaf, d.h. Schwängerung vor der kirchlichen Trauung). Seit der zweiten Hälfte des 16. Jahrhunderts wurde damit das Ehegericht immer mehr zu einem Ort, an dem nicht mehr Ansprüche und Interessen der beteiligten Parteien verhandelt und auch durchgesetzt werden konnten, sondern vielmehr zu einem obrigkeitlichen Instrument, mit dem bestimmte Formen von Sexualität als Unzucht definiert und abgestraft wurden.[4] Entsprechend war das

Ehegericht nun auch keine Instanz mehr, vor der Frauen ihre Interessen erfolgreich vertreten konnten; vielmehr setzte das Ehegericht seit dieser Zeit zunächst und vor allem seinen Sündendiskurs durch.[5] Innerhalb dieses institutionellen Rahmens, in dem Männer wie Frauen nun unterschiedslos wegen Unzucht verurteilt wurden, versuchten Frauen ihre eigenen Interessen wenigstens argumentativ präsent zu halten und ihre Ehre in traditionellen Kategorien zu verteidigen, etwa indem sie darauf hinwiesen, sie seien zur Sexualität gezwungen worden und keineswegs Verführerinnen, während Männer umgekehrt darauf bestanden, sie seien „angereizt" worden.

Das Reden über Gewalt und seine Funktionen

1. Anna Schultheis und Hans Linck: Wille und Ehre

1540 ging Anna Schultheis aus Riehen, einem Dorf vor den Toren Basels, vor das Ehegericht und brachte folgende Anschuldigung gegen Hans Linck aus dem gleichen Dorf vor:[6] Als sie eine Grasbürde trug, sei er zu ihr gekommen und habe ihr mit Gewalt den Busen aufgerissen, „danach habe er sie auch im Stall nötigen wollen und zur Unlauterkeit zwingen. Dennoch habe sie sich seiner zwei oder drei Mal erwehrt; zuletzt aber, als sie eines abends seine Mutter zum Schlafen bereit gemacht hatte und der Vater nicht zu Hause war, sei er zu ihr in die Kammer gekommen, habe sie aus dem Schlaf geweckt und sie zur Ehe begehrt. Also habe sie ihn genommen, sie habe ihm und er ihr die Ehe mit Hand und Mund versprochen. Er habe sich zu ihr gelegt, sie beschlafen, sie habe ihm damals und später, so oft es ihm gefiel, jedesmal in den ehelichen Werken Gehorsam geleistet." Anna hatte sich laut ihrer Darstellung also den gewalttätigen Avancen von Hans nicht entziehen können und daher schließlich nach einem Eheversprechen in die sexuelle Beziehung mit ihm eingewilligt. Hans dagegen kehrte die Frage nach der Verantwortlichkeit um: Er gestand, mehrmals mit Anna geschlafen zu haben, betonte aber, die Initiative sei von Anna ausgegangen: „daß er sich mehrmals zu ihr gelegt habe und seiner Lust gepflogen, dazu habe die genannte Klägerin ihm Ursache gegeben und ihn unablässig gereizt, so daß er sich ihrer sonst nicht habe erwehren können." Gleichzeitig bestritt er auch, daß diese sexuelle Beziehung für die Zukunft Bedeutung haben könne, denn von Heiratsabsichten und Eheversprechen sei nie die Rede gewesen. Anna und Hans stellten ihre Sexualität also mit Hilfe eines klassischen Argumentationspaares dar: der männlichen Gewalt stand die weibliche Verführung entgegen (Meyer-Knees 1992). Mit ihrer Schilderung der gewaltsamen Übergriffe von Hans gleich zu Beginn der Beziehung machte Anna deutlich, daß nicht sie die Initiative ergriffen hatte. Sie fiel demnach nicht unter die Bestimmung

der neuen Ehegerichtsordnung, die junge Frauen von der Klage auf Durchsetzung des Eheversprechens ausschloß, wenn sie zuvor „dem Jüngling mit
Bitten, Briefen oder mit direkter Aufforderung selbst Anreiz gegeben hatten,
ihr anzuhängen und sie zu beschlafen" (Roth 1937, 397). Im weiteren Verlauf des Verfahrens sprach Anna davon, daß sie mit dem Vollzug des Geschlechtsverkehrs nach gegebenem Eheversprechen lediglich ihre Gehor-
samspflicht als Ehefrau gegenüber Hans erfüllt hatte. Sie argumentierte damit
noch ganz in den bisher üblichen Kategorien der Konsensehe, die allein und
unmittelbar durch die Zustimmung der beiden betroffenen Partner Gültigkeit
erlangte und keiner weiteren formalrechtlichen Anerkennung etwa durch
Zeugen oder ein formalisiertes kirchliches Ritual bedurfte. Annas ehelicher
Gehorsam konnte geradezu zum Beweis dafür werden, daß ein gültiges Eheversprechen vorgelegen hatte und Anna und Hans demnach rechtmäßig verheiratet waren, auch wenn sie die neuen formalen Bedingungen für ein gültiges Eheversprechen nicht erfüllten, weil sie ihr Eheversprechen nicht durch
Zeugenaussagen beweisen konnten. Hans dagegen versuchte, sich die neue
Rechtslage zunutze zu machen, indem er auf das Verführungsargument re-
kurrierte. Er gestand, daß er bei der Klägerin gelegen sei und sie aus Lust
beschlafen habe, weil sie ihn unablässig gereizt habe, so daß er sich ihrer
anders nicht habe erwehren können. Er versuchte also mit dem Hinweis auf
Anna als Verführerin, ihre Rechtsansprüche abzuwehren. Im Lauf des Verfahrens blieb er bei dieser Version, ebenso wie sein Vater, der ihm – ebenfalls eherechtskonform – mit Enterbung gedroht hatte. Im Unterschied dazu
war für sämtliche Zeugen klar, daß zwischen den beiden ein gültiges Eheversprechen vorlag, daß also Anna, wie sie es formulierten „nicht seine Hure
sondern seine Ehefrau" war.[7] Das Gericht schloß sich dieser Version an, und
damit der Wahrnehmung und Sprachregelung, über die – mit Ausnahme der
Familie von Hans Linck – im Dorf Einigkeit herrschte. Interessant in unserm
Zusammenhang ist, daß Hans Link das Verführungsargument benutzte, sich
damit aber trotz der Unterstützung durch seinen Vater und der Rechtslage
offensichtlich ebensowenig im Dorf wie vor dem Ehegericht durchsetzen
konnte.

Solange das Basler Ehegericht noch nach den kanonischen Regeln der
Konsensehe urteilte und seine eigenen neuen formalen Normen für die Gültigkeit von Eheversprechen noch nicht vollständig in die Praxis umgesetzt
hatte, hatte das Gewaltargument, wie in Annas Fall, also eine durchaus unmittelbar rechtsrelevante Funktion: es enthob die Frau der Verantwortung für
die unerlaubte Sexualität und berechtigte sie zur Klage auf Durchsetzung des
Eheversprechens. Aber auch nach der Durchsetzung der neuen Bestimmung
blieb die Frage nach der „Anreizung" zumindest symbolisch relevant: eine
Frau, die die Initiative zum Geschlechtsverkehr ergriff, gefährdete vor allem
ihre Ehre, sie verlor zudem den Anspruch auf Schadenersatz für den Verlust
der Jungfräulichkeit (Burghartz 1995, 214-234).

Gewalt und Verführung waren nicht nur relevant, um die Geltung von Rechtsansprüchen zu klären, sie korrespondierten zudem mit einem weiteren zeitgenössischen Begriffspaar, das die Wahrnehmung von männlicher und weiblicher Sexualität wesentlich prägte: männlicher Wille und weibliche Ehre. Lyndal Roper hat für Augsburg im 16. Jahrhundert betont, daß die Formel von männlichem Willen und weiblicher Ehre auf eine fundamentale Geschlechterasymmetrie verweist, „weil sie Geschlechtsverkehr als Resultat des männlichen Willens und des weiblichen Konsenses begreift: nur der Mann ‚hat seinen Willen'" (Roper 1989, 52). Auch Hans hatte nach Annas Angaben verlangt, daß sie „ihm in seinem Willen willfahre". Gegen diese Behauptung seines Willens setzte Hans aber eben die Verführung durch Anna. Mit Hilfe des Konzeptes der Verführung – das zudem zur Charakterisierung der Frauen als des begehrlichen Geschlechtes paßte – konnten die rechtlichen Konsequenzen umgangen werden, die sich aus der Konzeptualisierung der männlichen Sexualität als überlegenem Ausdruck männlichen Willens ergaben. Während also Anna mit dem Gewaltargument gegen das Konzept der weiblichen Triebnatur anging, das sich in der Figur der Verführerin konkretisierte, versuchte Hans seinerseits mit dem Verführungsargument gegen die Zuschreibung von Rationalität und damit Verantwortlichkeit zum Mannsein vorzugehen.

Die Schilderung ihrer Beziehung zu Linck, die Anna Schultheis mit der Gewaltszene begann, verweist nicht nur auf taktisch eingesetzte Strategien vor Gericht, die dazu dienen sollten, kulturell festgelegte Bilder von Männlichkeit und Weiblichkeit zu nützen oder in ihren rechtlichen Konsequenzen für den Prozeß aufzuheben. Sie thematisiert vielmehr auch die selbstverständliche Gewalthaftigkeit in den Beziehungen zwischen jungen Männern und jungen Frauen während der Phase des sich Kennenlernens, sowie die anscheinend problemlose Vermischung von Gewaltanwendung und Heiratsabsicht. Dieses Phänomen ist bereits für verschiedene europäische Gesellschaften dieser Zeit konstatiert worden. So hat Guido Ruggiero festgestellt, daß in Venedig im ausgehenden 15. Jahrhundert Vergewaltigung, vor allem in den sozialen Unterschichten, als Form des Liebeswerbens angesehen wurde (Ruggiero 1985; vgl. Pelaja 1996), während Silke Göttsch für Schleswig-Holstein im 18. Jahrhundert darauf aufmerksam gemacht hat, wie schmal der Verhaltensspielraum für junge Frauen im System der Ehre war, wie schnell Frauen ihren Ruf aufs Spiel setzen konnten, wenn sie sexuellen Avancen nachgaben, wie leicht sie ihre Chancen auf dem Heiratsmarkt verspielen konnten, wenn sie sich allzu abweisend verhielten, und wie selbstverständlich sexuelle Übergriffe und Gewalt gegenüber hierarchisch unterlegenen Frauen in abhängigen Positionen hingenommen, wenn nicht sogar gefördert wurden (Göttsch 1986). Als Dienstmagd bei den Eltern von Hans Link war Anna den Übergriffen des Sohnes nicht nur an abgelegenen Orten, sondern auch im Stall und in ihrer Kammer ausgesetzt. Entsprechend nutzte Hans die Situation, als Anna eines nachts die Mutter zum Schlafen bereit gemacht hatte und der Vater nicht zuhause war, um seinen Willen durchzusetzten. In Annas Fall funktionierte allerdings zu Beginn des 16. Jahrhunderts die Kontrolle durch Nachbarschaft und Dorf noch so weitgehend, daß dieses Verhalten Annas Ehre letztendlich nicht beschädigte (vgl. Cavallo u.a. 1990).

Festzuhalten bleibt, daß im Zentrum des Interesses nie die Gewalt als Verletzung physischer Integrität stand und zwar weder für die Beteiligten, noch für die Zeugen und Zeuginnen, noch für das Gericht. Über Gewalt wurde vor Gericht gesprochen, weil sie auf etwas anderes, für die Beurteilung des Falles Wichtiges verwies, nicht weil sie selbst Thema oder Gegenstand des Interesses gewesen wäre. Ein vom jeweiligen Kontext unabhängiges Konzept von menschlicher Würde, die den Schutz vor physischen Übergriffen selbstverständlich umfaßt hätte, war diesem Ehrcode fremd. Vielmehr erscheint sexuelle Gewalt im Kontext der Eheanbahnung als normal und weitgehend akzeptiert. Dennoch erweist sich der Schluß als vorschnell, ganz gewöhnliche Gewalt sei für die Beteiligten selbst deshalb auch als Erfahrung unproblematisch gewesen.

2. Maria Verborgen und Hans Jacob von Brun: Ehre und physische Integrität

Auch im Fall von Maria Verborgen und Hans Jacob von Brun handelte es sich um ein sozial ungleiches Paar, das entlang der Linien von Gewalt versus Verführung gegeneinander argumentierte. Maria Verborgen brachte 1588 gegen Herrn Hans Jacob von Brun, Bürger zu Basel, vor, er habe ihr mit Gewalt die Ehre genommen.[8] Er habe sie in einen Garten zu einer Unterredung bestellt. Sie sei, weil sie ihm nichts Böses zutraute, dorthin gegangen und von ihm dort trotz heftiger Gegenwehr zum Beischlaf gezwungen worden. Maria Verborgen und ihr Vater verlangten Wiedergutmachung durch Heirat, sie bezogen sich dazu explizit auf kaiserliches Recht und auf Moses Kap. 22 und damit auf den Rechtsgrundsatz, daß ein Mann, der eine unbescholtene Jungfrau verfehle, diese heiraten müsse. Es handelte sich aus ihrer Sicht also um einen Fall von „stuprum" (Schändung), der in der Basler Ehegerichtsordnung so eigentlich nicht mehr vorgesehen war.[9] Auf diese Ordnung bezog sich Hans Jacob von Brun in seiner Entgegnung und erklärte zudem, der Beischlaf sei keineswegs gegen den Willen von Maria erfolgt, diese sei vielmehr freiwillig in den Garten gekommen, sie sei ihm, nicht er ihr nachgegangen. Soweit verlief der Fall in den klassischen Argumentationsmustern. In unserem Zusammenhang interessant ist, daß Maria Verborgen die Gewalt vergleichsweise ausführlich schilderte und damit die psychischen Dimensionen ihres Falles zumindest ansatzweise thematisierte. Von Brun versuchte im Gegenzug, das Ausmaß der angewandten Gewalt zu bagatellisieren und zugleich die Anforderungen an die Gegenwehr der Frau zu erhöhen. Außerdem setzte er die klassische Strategie ein, den Ruf der Frau in

Zweifel zu ziehen. Zentral für Hans Jacobs Verteidigungsstrategie war dabei die Freiwilligkeit, die er Maria Verborgen unterstellte: Sie war ihm nachgelaufen, sie hatte ihm „Anreizung gegeben", war freiwillig zu ihm in den Garten gekommen, anstatt daheim zu bleiben, war nicht, wie sie behauptete, im Garten eingesperrt gewesen, sondern hatte den Schlüssel zur Gartentür „schon wieder im Sack gehabt, bevor sie sich miteinander eingelassen hatten". So kam Hans Jacob schließlich zur Meinung, „es sei aber vielmehr ihr Wille gewesen als seiner". Den Geschlechtsverkehr selbst bestritt von Brun nicht, er gestand im Lauf des Verhörs, er „habe sie als eine Jungfrau vorgefunden", behauptete jedoch zu einem späteren Zeitpunkt, „er könne nicht wissen, ob er der erste gewesen sei, wolle nicht dafür schwören" und versuchte so, eine hohe Schadenersatzzahlung abzuwenden. Auf die konkreten Schilderungen von Maria Verborgen über die Gewalt, die er ihr im Garten angetan haben sollte, ging er nicht weiter ein. Für von Brun blieb zentral, daß kein gültiges Eheversprechen vorlag, er also eine andere Frau heiraten konnte. Offensichtlich stand er bereits in Heiratsverhandlungen mit einer sozial sehr viel besser gestellten Frau, die er später tatsächlich heiratete. Die Gewalt war für ihn kein Thema: hatte er Gewalt angewendet, so hatte sich Maria Verborgen nach seiner Darstellung auf jeden Fall freiwillig darauf eingelassen. Juristisch relevant Gewalt im Sinne des Notzuchtparagraphen der Carolina wies er ausdrücklich zurück: weder war er sicher, daß sie Jungfrau gewesen war, noch hatte er wirklich gegen ihren Willen gehandelt, einen Willen, den sie juristisch eindeutig durch Schreien und Zuhausebleiben hätte zum Ausdruck bringen können und müssen.

Im Unterschied dazu berichtete Maria vergleichsweise ausführlich über die Gewalt, die ihr Hans Jacob angetan hatte. Eindringlich schilderte sie ihre ausweglose Situation im Garten: nach ihrer Darstellung hatte von Brun sie hineingezogen und sofort die Türe zugeschlagen, die man von innen nur mit einen Schlüssel öffnen konnte. Als sie sah, daß sie gefangen und damit von Brun ausgeliefert war, hatte sie sich dennoch gegen ihn zur Wehr gesetzt, war nicht zu ihm ins Gras gesessen, sondern hatte sich an ein Seil geklammert. Ihre Gegenwehr hatte sie so erschöpft, daß sie schließlich aufgeben mußte, oder wie sie formulierte „hatte soviel gearbeitet, daß sie sich seiner nicht mehr hatte erwehren (gestrichen: wollen) können". Daraufhin hatte von Brun sie zu Boden gerissen und ihr ihre Ehre genommen, „da hatte sie sich übel geschämt." Diese Scham bezog sich sicher zunächst auf die Konsequenzen, die sein Verhalten für ihre Ehre hatte, waren doch Scham und Ehre unmittelbar miteinander verbunden. Dennoch lassen die weiteren Aussagen von Maria Verborgen diesen Fall und ihre eigene Argumentation vielschichtiger erscheinen und verweisen auch auf die psychischen Dimensionen, die die Gewalterfahrung für Maria Verborgen gehabt haben muß. In einer weiteren Schilderung der Gartenepisode sagte sie aus, von Brun habe sie so sehr geängstigt, daß sie sich nicht mehr habe wehren könne, er habe sie derart gejagt, daß sie von den Brennesseln die Beine voller Blasen gehabt hatte.

„daß es eine Schande war." Die Brennesselblasen können sowohl als Ausdruck der Schande gelesen werden, die sich in einem körperlichen Zeichen manifestierte und damit für alle sichtbar wurde, wie auch als verschobene Erzählung über die physischen Schmerzen und Versehrungen, die Maria im Garten erlitten hatte. Eine weitere Episode, von der Maria vor Gericht berichtete, macht nochmals die Gewalthaftigkeit ihrer Beziehung deutlich und zeigt zugleich auch die symbolische und damit mehrschichtige Bedeutung dieser Gewalt: Nachdem von Brun Maria entjungfert und ihr, wie sie meinte, zugesichert hatte, sie „wieder zu Ehren zu bringen", begegnete er ihr im Haus des Bürgermeisters. Er erwischte sie bei den Zöpfen. Nach Marias Angaben gelang es ihr, sich seiner zu erwehren, indem sie ihre Zöpfe mit einem Messer abschnitt. Nicht nur scheint ihr Vorgehen drastisch, ihre Bereitschaft Hand an sich zu legen, um seiner Zudringlichkeit zu entgehen, bemerkenswert. Mit ihrem Schnitt zerstörte Maria auch ein Zeichen, das sie der Gruppe der Jungfrauen zuordnete, die ihre Haare in Zöpfen tragen durften und trugen. Sie entzog sich damit nicht nur der erneuten Sexualität oder sogar Gewalt von Seiten Hans Jacobs, sondern inszenierte zugleich auf einer körperlich-symbolischen Ebene, was ihr im Garten geschehen war: ihre Entjungferung.

Mit dem Bild der Brennesselblasen und der abgeschnittenen Zöpfe, aber auch in der Schilderung ihrer Gefangenschaft im Garten sprach Maria Verborgen vergleichsweise anschaulich von den Ängsten, die sie ausgestanden, und verschoben auch von ihren physischen und psychischen Verletzungen, die sie erlitten hatte; dennoch stand auch hier im Zentrum der rechtlichen Auseinandersetzung nicht die sexuelle Gewalt, sondern die verlorene Ehre der Frau. Schande zu vermeiden war, laut Aussage von Hans Jacob von Brun, Marias zentrales Ziel. Mit diesem Wunsch, der ganz der Logik des weiblichen Ehrencodes gehorchte, geriet sie in eine noch komplexere emotionale Abhängigkeit gegenüber demjenigen, der sie in ihren Augen vergewaltigt und ihr so diese Schande zugefügt hatte, denn nur eine Heirat mit ihm konnte den Schaden wieder gänzlich beheben. Aus dieser Abhängigkeit resultierte ein weitgehendes Unterwerfungsangebot von Maria:[10] sie bot ihm an, er könne sie „halten nicht wie eine Ehefrau, sondern lediglich als seine Dienstmagd". Maliziös setzte der Gerichtsschreiber hinzu: „das mit krokodillischen Tränen." Obwohl diese Bemerkung des Schreibers den Inszenierungscharakter von Maria Verborgens Aussage betonte, sah das Gericht in diesem Fall doch mehr als einen effektvollen Auftritt einer unzüchtigen jungen Frau. Das Schlußurteil macht deutlich, daß aus einem möglichen Notzuchtverfahren ein Verfahren wegen Bruch des Eheversprechens geworden war, in dem sich allerdings Maria Verborgen nicht eindeutig durchsetzen konnte. Das Gericht erklärte das Eheversprechen für nichtig und verurteilte beide Parteien wegen Unzucht zu einer Turmstrafe. Immerhin aber wurde von Brun nicht nur zu einer außergewöhnlich hohen Geldbuße von 50 Talern und zur Übernahme des Kindes und der Kindbettkosten, sondern auch zu einer ungewöhnlich hohen Schadenersatzzahlung von 100 Gulden an Maria Verborgen verurteilt. Noch bemerkenswerter ist die Tatsache, daß es in diesem Prozeß zu einem absolut unüblichen Minderheitsvotum kam. Zwei Eherichter wollten das Eheversprechen für gültig erklären und von Brun zum Kirchgang zwingen. Sie waren bereit, sich in diesem Fall auf die ursprünglich in die Reformationsordnung aufgenommene mosaische Bestimmung einzulassen, der zufolge ein Mann die Frau heiraten mußte, die er „verführerischer Weise hintergangen" hatte; eine Bestimmung, die wie gesagt, bereits mit der Ehegerichtsordnung von 1533 wieder gestrichen worden war. Die Gründe für diese Bereitschaft einer Minderheit lassen sich nur vermuten, sie könnten neben dem schlechten Ruf, in dem von Brun und seine Brüder standen, auch in der Gewalt gelegen haben, die er angewandt hatte. Die Mehrheit jedoch wählte die Lösung der Schadensersatzleistung.[11] Indem das Gericht Hans Jacob von Brun eine Zahlung von 100 Gulden auferlegte, erklärte es ihn implizit zum Verführer und folgte damit der Version von Maria Verborgen, wonach sie mit Gewalt zum Geschlechtsverkehr gezwungen worden war. Die Zahlung erfolgte aber nicht als Genugtuung bzw. Schmerzensgeld für die erlittene Gewalt, sondern als Schadenersatz für den Verlust der sexuellen Integrität.[12]

3. Anna Schwingdenhammer und Jacob Schlosser: Traumatisierung und Tabuisierung

In den bisherigen Fällen war die erlittene Gewalt von den Frauen als Argument benutzt worden, um ein Eheversprechen bzw. die Heirat durchzusetzen. Die Thematisierung der Gewalt sollte einerseits die Frauen vom Verdacht der Verführung befreien und so ihren möglichen Rechtsanspruch sichern. Andererseits hatte die erzählte Gewalt auch die Funktion, den Willen des Mannes zu unterstreichen: er war für die realisierte Sexualität verantwortlich und sollte sich entsprechend auch seiner Verantwortung stellen und die Konsequenzen ziehen.

Anders dagegen verwendete Anna Schwingdenhammer das Gewaltargument im Prozeß gegen Jacob Schlosser, der das Ehegericht im Jahr 1650 beschäftigte.[13] Sie mußte nicht beweisen, daß sie Jacob nicht verführt hatte, um ein nicht eingehaltenes Eheversprechen ihm gegenüber durchsetzen zu können, denn sie wollte Jacob gar nicht heiraten. Während Jacob Schlosser in diesem Fall darauf beharrte, ein angeblich gültiges Eheversprechen von Anna mit dem Kirchgang zu vollziehen, ging es Anna darum, ihren eigenen Willen gegen Jacob und ihre Eltern durchzusetzen. Sie versuchte entsprechend, das Argument des Mannes, ihre angebliche Zustimmung zur Eheschließung, mit Hilfe des Gewaltarguments zurückzuweisen. Die Rollen waren in diesem Prozeß also in gewissem Sinne vertauscht: es ging für ein Mal nicht zuerst um die sexuelle Ehre der Frau, sondern um ihren Willen. Im Lauf der Ver-

handlungen wurde immer deutlicher, daß Anna sogar bereit war, die Gefährdung ihrer sexuellen Ehre in Kauf zu nehmen, um diesen Willen durchzusetzen. Der Fall Schlosser/Schwingdenhammer war auch in anderer Hinsicht
kein typischer Ehegerichtsprozeß. Selten wurden Hinweise auf Gewalt und
Gewaltandrohungen auf so verschiedenen Ebenen in einen Prozeß eingebracht. Darüber hinaus wird in diesem Verfahren besonders deutlich, daß
Frauen, auch wenn sie Gewalt vor Gericht argumentativ nutzten, von der real
erlittenen Gewalt sehr wohl in ihrer Identität getroffen und verletzt worden
sein konnten, daß also ein strategischer Umgang mit dem Gewaltargument
vor Gericht keineswegs Einverständnis, Akzeptanz oder erfolgreiche Verarbeitung der erfahrenen Gewalt zur Voraussetzung hatte.

Am 20. Juni 1650 eröffnete der Gerichtsdiener ex officio das Verfahren
gegen Jacob Schlosser und Anna Schwingdenhammer: Sie hätten einander
die Ehe versprochen, seien aber nicht zur Kirche gegangen, daher verlange er
Auskunft.[14] Der Kummettsattler Jacob Schlosser erklärte daraufhin: Vor etwa
einem Jahr habe er Lust und Liebe zu Anna bekommen, sie angesprochen, ob
sie ihn heiraten wolle, ihr Strümpfe als Ehepfänder geschenkt und unter der
Bedingung, daß ihre Eltern einverstanden seien, weiter um sie geworben. Ein
erster Ehetag sei erfolglos geblieben, erst kürzlich aber hätten sie ihr Versprechen wiederholt und erneut bestätigt. Jetzt aber versuche Anna, sich
zurückzuziehen. Jacob verlangte, ihre Vorbehalte zu erfahren, vor allem, ob
sie etwas wegen seiner Herkunft oder seines Handwerks gegen ihn vorzu-
bringen habe. Der Anwalt von Anna erklärte, es lägen keine Vorbehalte bezüglich seiner Ehre vor, sie habe aber nie Lust und Liebe zu ihm gehabt (d.h.
juristisch, sie habe nie in das Eheversprechen eingewilligt) und sei zudem
minderjährig. Als zentrale Punkte, die allerdings nur zum Teil umstritten
waren, wurden also schon zu Beginn des Prozesses die Zustimmung der Frau
(„Lust und Liebe"), die Zustimmung ihrer Eltern, ihre Mündigkeit in Ehesachen und die Ehre des Mannes genannt. Nach einem weiteren Austausch von
Argumenten zwischen den Parteien wurde Anna Schwingdenhammer alleine
vom Gericht verhört. Sie erklärte, daß sie in keiner Form, weder verbal noch
nonverbal, einer Heirat zugestimmt habe. Ihre Aussage endete mit den Worten: „Vater und Mutter seien an allem schuld, haben sie gezwungen. Sie
begehre keinen, weder ihn, noch einen andern. Sie könne nicht bei ihm sein,
könne ihn auch nicht lieben. Wolle eher den Tod erleiden." Anna wollte
offensichtlich nicht gegen ihren Willen durch ihre Eltern verheiratet werden.
Dabei fällt die drastische Formulierung ihres Un-Willens auf: Sie wollte
diesen Mann nicht und überhaupt keinen, sie wollte sogar lieber sterben als
heiraten zu müssen. Eine derartige Äußerung mit ihrem durchaus autodestruktiven Potential war vor dem Ehegericht ungewöhnlich, sie macht entsprechend hellhörig, ohne daß zu diesem Zeitpunkt des Prozesses bereits
deutlich würde, wie sie motiviert war. Zunächst schien es vielmehr, als hätte
sich bis zum Beginn des Gerichtsverfahrens alles in den üblichen Formen der
Eheanbahnung abgespielt: Worte und Geschenke waren ausgetauscht wor-

den, mindestens ein Ehetag hatte stattgefunden, die Eltern der Frau waren informiert worden und hatten auch zugestimmt; lediglich die Zustimmung der jungen Frau war umstritten. Der nächste Verhandlungstag begann mit der schriftlichen Klagebeantwortung von Seiten Annas. Ihr Anwalt knüpfte an das Ende des vorhergehenden Prozeßtermins an, indem er seiner Antwort die Bitte der Eltern folgen ließ, „die Scheidung vorzunehmen; sonst könnte Gefahr für Leib und Leben entstehen." Wieder wurde also auf die dringende Gefährdung hingewiesen, die daraus entstehen könnte, wenn das Eheversprechen für gültig erklärt und Anna zur Heirat mit Schlosser gezwungen würde, ohne daß auch diesmal die Gründe für diese Gefährdung genannt wurden. Annas Eltern bestätigten vielmehr ihre prinzipielle Zustimmung zur Heirat, die nur dadurch beeinträchtigt wurde, daß sie ihre Tochter nicht dazu zu bringen vermochten, ihrerseits einzuwilligen. Anna bekräftigte ihren Widerwillen gegenüber der geplanten Heirat erneut, indem sie vorbrachte: „sie habe gemeint, ihren Eltern zu folgen, sie könne aber keine Liebe zu ihm haben, sie wolle ihn nicht nehmen, man möge mit ihr machen, was man wolle. Sie frage nichts danach, auch wenn man ihr verbiete, daß sie in acht oder zehn Jahren einen andern nehmen sollte." Die junge Frau war damit bereit, ihre Chancen auf dem Heiratsmarkt aufs Spiel zu setzen; lieber nahm sie ein langjähriges Heiratsverbot in Kauf als Jacob Schlosser zum Mann. Die Tochter beharrte so vehement auf ihrem Widerwillen, daß die Eltern die Verheiratung, der sie eigentlich bereits zugestimmt hatten, nun als ernsthafte Gefährdung für das Leben ihrer Tochter begriffen. Genau auf diesem Eheversprechen aber bestand Jacob Schlosser, denn er sah durch die Nichteinlösung seinen Ruf gefährdet. Das Gericht beschloß, einen Versuch zur gütlichen Einigung zu verhängen. Diese Einigung kam nicht zustande und Schlosser verlangte weiterhin sein Recht auf Kirchgang. Der Anwalt von Anna erklärte, die junge Frau sei noch minderjährig und habe nicht gewußt, was sie tat. Schlosser dagegen beharrte darauf, die Eltern seien einverstanden gewesen, zudem sei Anna „manche Nacht an seiner Seite und auf dem Schoß gesessen." Indem Schlosser das Verhältnis zwischen ihm und Anna nun als intim und damit auch sexuell beschrieb, sprach er implizit sowohl über ihr zu unterstellendes Einverständnis, wie über ihre Ehre. Ohne Heiratsabsichten hätte sich Annas Verhalten hier bereits bedenklich der Grenze zur Unzucht genähert. In der folgenden Konfrontation, in der Anna Jacobs Behauptungen bestritt, präzisierte dieser seine Angaben dahingehend, „daß sie ihm auf dem Schmiedstock ihres Vaters in der Schmiede auf den Schoß gesessen." Diese Doppelstrategie, mit Hilfe der sexuellen Beziehung einerseits Annas Zustimmung zu unterstellen und sie gleichzeitig zu kompromittieren, wenn sie weiterhin eine Heirat mit Schlosser ablehnte, verfolgte dieser im folgenden weiter. In der nächsten Verhandlung vor Gericht erklärte er explizit: „Er habe sie niedergelegt, ihr den großen Schlägel (Hammer) und seinen Mantel unter den Kopf gelegt. Er habe sie aller Orten betastet und sie habe sich gar willig darein geschickt. Aber die Unzucht sei nicht vollbracht worden." Damit war ein weiteres Stichwort gefallen, das für den Diskurs vor Gericht zentral war: Unzucht. Schlosser versuchte also hier, das dominierende Interesse des gerichtlichen Sündendiskurses an der Verurteilung von Unzucht zu nutzen. Wie schon im Fall Verborgen/von Brun wurde damit der Unzuchtsdiskurs des Gerichts zu einem weiteren wesentlichen Faktor im Bedingungsgefüge, in dem gehandelt und argumentiert werden mußte. Mit der drohenden Verurteilung wegen Unzucht und der damit verbundenen Beschädigung ihrer Ehre, versuchte Schlosser, Anna in ein Dilemma zu bringen, dem sie sich nur noch durch die Heirat mit ihm hätte entziehen können. Die Interessen der Frau schienen zwischen denjenigen des Mannes und denjenigen des Gerichtes aufgerieben zu werden. Folgerichtig legte das Gericht nach erneuter Konfrontation der beiden Parteien den Eltern nahe, sie sollten beim Stand der Dinge danach trachten, ihre Tochter mit Schlosser zu verheiraten. Nun widersetzten sich aber auch die Eltern deutlich Schlossers Ansinnen. Den Unzuchtsverdacht wiesen sie mit dem Argument zurück, er habe gedroht, „wenn er sie nicht bekommen könne, so wolle er sehen, das er sie in eine Schmach bringe." Erneut baten sie dringend um die Scheidung, „damit nicht etwas Ärgeres daraus entstehe, daß man die Hände über dem Kopf zusammenschlagen müsse." Drohung und Gegendrohung eskalierten, in der nächsten Gerichtssitzung verlangte Schlosser, das Gericht solle den Kirchgang verfügen. Alles deutete darauf hin, daß das Gericht nun die Eheschließung für gültig erklären und Anna zur Heirat mit Jacob zwingen werde. In dieser Situation leitete Annas Anwalt den Umschwung des Verfahrens ein, indem er explizit erklärte, Jacob habe Anna Gewalt angetan: „der Kläger habe ihr die Hände gebunden in der Schmiede, damit er sie habe betasten können." Das Gericht vermutete sofort Unzucht und verhörte Schlosser, der weiterhin Annas Zustimmung behauptete und einen einmaligen Geschlechtsverkehr in der Schmiede gestand. Einmal mehr wurde hier deutlich, daß das Gericht kein Interesse an Gewalt als Verletzung persönlicher Integrität hatte, sondern sich primär mit der Frage nach Unzucht, dann auch mit der Frage nach der Zustimmung (d.h. dem Willen) zu sexuellen Handlungen und allenfalls auch noch mit dem Problem der Verführung auseinandersetzte. Den Vollzug des Geschlechtsverkehrs stellte Anna umgehend in Abrede und betonte, es ergehe ihr wie der biblischen Susanna, über die von den zwei Richtern ebenfalls falsches Zeugnis abgelegt worden sei. Erneut vertagte sich das Gericht mit dem Entscheid: „Den Eltern zusprechen, daß sie noch einige Weibspersonen aus der Verwandtschaft beiziehen, die Tochter in Gespür nehmen und von ihr in Erfahrung bringen, ob die Vermischung (d.h. der Geschlechtsverkehr) geschehen sei." In der folgenden, achten Verhandlung in Sachen Schlosser contra Schwingdenhammer berichteten die Eltern von Anna darüber, wie sie ihre Tochter zusammen mit einer ehrlichen Frau aus der Verwandtschaft zwischen ein Uhr und sechs Uhr verhört hätten. Dabei hatte die Tochter schließlich das folgende Geständnis abgelegt: „Er habe sie auf den Schmiedstock niedergelegt, ihr die Hände an ihrem Kopf festgehalten und geglaubt, die Sache zu vollbringen. Das sei aber nicht geschehen, denn sie sei seinethalben noch so rein, wie sie aus dem Mutterleib gekommen. Lange vorher habe er ihr auch die Hände zusammen gebunden. Seit dem Liegen auf dem Schmiedstock habe sie einen solchen Widerwillen gegen ihn gehabt, daß sie ihn nicht mehr habe ansehen mögen." Nun endlich wurden die kategorische Weigerung der Tochter und die dunklen Drohungen verständlicher, es bestehe Lebensgefahr, falls nicht das Eheversprechen aufgehoben werde. Anna erschien durch ihre Aussage als Opfer sexueller Gewalt, das durch die erlittene Gewalt traumatisiert, lange Zeit im Prozeß den zentralen Vorfall tabuisiert und verschwiegen hatte. Nach ihrer Version lag hier, in den Vorgängen in der väterlichen Schmiede, ihr unüberwindlicher Widerwillen gegen Jacob begründet. Jacob dagegen beharrte auch jetzt noch darauf, Anna sei mit seinen Handlungen einverstanden gewesen, den behaupteten Vollzug des Geschlechtsverkehrs allerdings nahm er zurück. Gleichzeitig bestand er nun nicht mehr auf der Durchsetzung seines Eheanspruchs, sondern stellte den Entscheid ins Ermessen des Gerichts. In einem letzten Verhör betonte Anna nochmals, „sie habe seine Leichtfertigkeit niemals unterstützt" und könne ihn nicht heiraten, während Jacob erklärte, er könne nicht behaupten, „daß er sie um ihre Jungfräulichkeit gebracht habe." Dank dieser Erklärungen wurde es für Anna möglich, ihren Willen durchzusetzen, ohne ihre sexuelle Ehre zu verlieren. Erneut wird hier der enge Handlungsspielraum sichtbar, der jungen Frauen zur Verfügung stand, und für einmal von Anna in ihrem Sinne genutzt werden konnte. Das Gericht kam zum Schluß, das Eheversprechen sei wegen Minderjährigkeit und fehlender Zustimmung der Frau aufgehoben. Zusätzlich war im Urteil die Rede von anderen „erheblichen Ursachen", die allerdings nicht explizit genannt wurden; diese Formulierung bezog sich vermutlich auf die Anwendung von Gewalt durch Jacob Schlosser, ein Tatbestand, dessen Tabuisierung dazu führte, daß er bereits im Urteil nicht mehr explizit Erwähnung fand. Alle Hauptbeteiligten wurden zu einer Geldbuße verurteilt: die Eltern wegen Verstoß gegen die Ehegerichtsordnung, wonach Eltern ihre Kinder nicht in die Ehe zwingen sollten, die Tochter wegen „unbescheidenem Verhalten" und Jacob Schlosser, weil er vor Gericht widersetzlich gewesen und mit der Unwahrheit den falschen Weg gegangen sei. Anna erhielt zudem ein einjähriges Heiratsverbot auferlegt, während Jacob Schlosser Kostenersatz zugesprochen wurde. Mit dieser letzten Bestimmung wurde ein neues Feld der Auseinandersetzung eröffnet: Nachdem die Durchsetzung der Eheschließung und damit auch der definitive Zugriff auf Annas Körper mißlungen war, versuchte Jacob Schlosser nun wenigstens möglichst umfangreich auf das Geld von Heinrich Schwingdenhammer, Annas Vater, zuzugreifen, und so eine materielle Kompensation zu erlangen. Auch in diesem Bemühen konnte er aber nur einen Teilerfolg erzielen.

Im Fall Schlosser/Schwingdenhammer ging es wie im Fall Linck/Schultheis um Willen und Ehre, allerdings war es diesmal der Wille der Frau, der zur Diskussion stand. In beiden Fällen wurde Gewalt sehr früh im Prozeß zur

Sprache gebracht. Der Fall von Anna Schwingdenhammer und Jacob Schlosser unterschied sich aber von anderen Fällen dadurch, daß hier zunächst von Gewalt in einer autodestruktiven Form die Rede war, daß zunächst also nicht von der sexuellen Gewalt, sondern von der Gefährdung des Lebens der Beklagten durch Heirat gesprochen wurde. Mit dem Verweis auf Todeswunsch und Lebensgefahr zu Beginn des Prozesses wurde eine ungewöhnliche, indikatorische Ebene in den Prozeß eingeführt. Diese indikatorische Ebene hat unterschiedliche Auswirkungen. Sie akzentuiert zunächst die Interpretation, wonach Erzählungen über Gewalt vor Gericht eine wesentliche strategische Funktion zukommt: dies gilt im Fall von Anna Schwingdenhammer für das Gewaltargument allgemein (Hinweis auf Lebensgefahr etc.), wie für die Erwähnung der sexuellen Gewalt, die erst zu einem viel späteren Zeitpunkt als Argument in den Prozeß eingebracht wurde, und dann die entscheidende Wende brachte. Gleichzeitig legt in diesem Fall der Verweischarakter der Gewaltschilderung eine Lektüre nahe, die das Sprechen über die autodestruktiven Wünsche der Beklagten als Verschiebung liest, die auf das Kernproblem der Traumatisierung durch die sexuelle Gewalt zeigt, ohne es benennen zu müssen. Aus dieser Traumatisierung resultierte für Anna eine Tabuisierung des Redens über ihre Gewalterfahrung. Bemerkenswerterweise duplizierte das Gericht diese Tabuisierung sexueller Gewalt, indem es sie explizit nicht in die Urteilsbegründung aufnahm, sondern eine umschreibende Formulierung wählte. Schließlich hat die indikatorische Ebene eine kanalisierende Funktion für die Textinterpretation selbst: zunächst unverständliche Formulierungen können im Laufe des Verfahrens in einen Sinnzusammenhang eingeordnet werden, wodurch die Aufmerksamkeit der Lesenden besonders auf die Gewaltszene gelenkt wird.

Fazit

„Die gegenwärtige Diskussion ist beherrscht von der weithin akzeptierten Annahme, daß die Beziehungen zwischen Männern und Frauen immer schon in der ein oder anderen Weise durch männliche Aggression in Form von physischer Gewalt bestimmt gewesen sind. Allzu oft aber enthistorisiert eine solche Annahme die Gewalt radikal und reduziert sie auf das, was Eric Hobsbawm ‚den ewigen Kampf der Geschlechter' genannt hat. Auf diese Weise wird das Problem nicht nur aus der Geschichte, sondern auch aus der Kultur überhaupt entfernt..." (Sabean 1990, 133).

Mit diesen Worten hat David Sabean dafür plädiert, Gewalt in ihrem jeweiligen gesellschaftlichen und historischen Kontext zu untersuchen. Die neuere Forschung wie auch die vorliegende Fallanalyse zeigen, wie wichtig Historisierung und Kontextbezug sind, um die Wahrnehmung ebenso wie die Bedeutung von Gewalt in der Vergangenheit zu untersuchen. Eine Analyse des

Redens über sexuelle Gewalt vor dem Ehegericht läßt deutlich werden, in welchem Ausmaß die Thematisierung von Gewalt zwischen den Geschlechtern von den spezifischen Rahmenbedingungen abhängig war, unter denen erzählt wurde. In diesem Kontext dominierten die Argumentationsmuster von Verführung und Gewalt, die ihrerseits auf spezifische historische Konzepte einer Geschlechteranthropologie von Sexualität, Männlichkeit und Weiblichkeit rekurrierten. Vor Gericht konnte über sexuelle Gewalt zwischen Unverheirateten nur im Zusammenhang mit der Frage nach Willen und Verführung gesprochen werden. Das Reden über diese Form der Gewalt zwischen den Geschlechtern hatte damit immer schon eine strategische Funktion innerhalb eines Prozesses, in dem Gewalt als eigener Straftatbestand keinen Platz hatte. Denn sexuelle Gewalt war dann ohne juristische Bedeutung, wenn die Frau ihre Zustimmung zum Geschlechtsverkehr bereits gegeben hatte.

Auch wenn stereotype Formulierungen und Erzählmuster vor allem die strategisch-taktische Bedeutung sichtbar werden lassen, die das Sprechen über sexuelle Gewalt im Prozeß hatte, so hat sich doch deutlich gezeigt, daß der instrumentell-argumentative Umgang mit Gewalterfahrungen vor Gericht keineswegs gegen die Annahme psychischer Verletzungen oder Traumatisierungen spricht. Auch in einer Gesellschaft, die sexuelle Gewalt, Gewalt zwischen den Geschlechtern und Gewalt überhaupt für alltäglich und normal hielt,[15] konnten als Folge dieser Gewalt psychische Verletzungen auftreten, die das Sprechen über Gewalt erschwerten oder verunmöglichten. Die (All-) Gegenwärtigkeit und Gewöhnlichkeit von Gewalt zwischen den Geschlechtern führte demnach keineswegs zwangsläufig dazu, sie für die Identität der Opfer solcher Gewaltanwendung unproblematisch werden zu lassen. Gerade die enge Verknüpfung von weiblicher Ehre und weiblicher Identität unterstützte die Tabuisierung von Gewalterfahrungen; ein Zusammenhang, auf den Miranda Chaytor eindrücklich hingewiesen hat (Chaytor 1995, 396ff). So kam es zu einer doppelten Struktur des Verschweigens: Traumatischen Erfahrungen auf Seiten der Opfer stand das Desinteresse an der Wahrnehmung und expliziten Thematisierung des Gewaltproblems oder sogar dessen Tabuisierung durch die Gesellschaft gegenüber. Paradoxerweise waren es gleichzeitig eben gerade diese gesellschaftlichen Strukturen, der enge Zusammenhang von Ehre und Identität, die komplementäre Konzeptualisierung von männlichem Willen und weiblicher Unterwerfung und die juristische Nutzung dieser Konzepte im Prozeßverfahren, die es möglich machten, im Kontext des Verführungsarguments über sexuelle Gewalt zu sprechen. Sie eröffneten damit einen wenn auch engen, narrativen Spielraum.[16]

Vor frühneuzeitlichen Ehegerichten über sexuelle Gewalt zu reden, verwies immer auch auf zeitspezifische Konfliktkonstellationen wie etwa Widersprüche zwischen dem obrigkeitlichen Moralkonzept auf der einen und geschlechtsspezifisch unterschiedliche Ehrcodes auf der anderen Seite. Gewalt zwischen den Geschlechtern muß also in ihrem jeweiligen kulturellen Kontext und zugleich als Produkt der Kultur, die sie hervorbringt, verstanden werden. Als Argument vor Gericht konnte Gewalt zum Vehikel werden, um andere gesellschaftliche Konflikte und Machtverhältnisse auszudrücken oder doch zumindest auf sie zu verweisen.[17] Gleichzeitig aber erzeugte das Reden über sexuelle Gewalt vor Gericht einen Bedeutungsüberschuss, der über die prozeßstrategische Funktion hinaus auch auf die strukturelle Bedeutung verweist, die Gewalt für das Geschlechterverhältnis als Herrschaftsverhältnis hatte (vgl. Hohkamp 1996). Teil dieses Herrschaftsverhältnisses war die Tatsache, daß sexuelle Gewalt selbst zwar als verfahrenstechnisches Argument von Bedeutung sein konnte, materiell-rechtlich aber eine Leerstelle blieb. Auf doppelsinnige Weise war sexuelle Gewalt als Thema vor dem Ehegericht omnipräsent und zugleich merkwürdig inexistent. Vor Gericht über sexuelle Gewalt zu sprechen erwies sich als prekäre Aufgabe, der nur ein eng begrenzter, durch stabile Stereotype geregelter, narrativer Raum zur Verfügung stand. Die Form, in der sexuelle Gewalt vor Gericht überhaupt präsent gehalten werden konnte, läßt sich entsprechend als Teil eines allgemeineren gesellschaftlichen Prozesses interpretieren. In diesem Prozeß wurde permanent die Bedeutung sexueller Gewalt und zugleich der Charakter der Geschlechterverhältnisse verhandelt und festgeschrieben. Sexuelle Gewalt läßt sich daher auch für die frühneuzeitliche Gesellschaft nicht allein auf die sozioökonomischen Determinanten reduzieren, die Edward Shorter zur Erklärung herangezogen hat. Sie verweist vielmehr in einem umfassenderen Sinn auf die Kultur, die sie, ebenso wie die Geschlechterverhältnisse allgemein, konstruiert und produziert hat.[18]

Anmerkungen

1   Vgl. zum folgenden ausführlicher Susanna Burghartz. 1997. Reinheit – Ordnung – Unzucht. Ehe, Sexualität und Geschlechterverhältnisse am Beispiel des Basler Ehegerichts im 16. Und 17. Jahrhundert, unveröffentlichte Habilitationsschrift, Basel.
2   Verglichen mit der zeitgenössischen Diskussion um Entschädigung bei „stuprum" (Unzucht, Schändung) war dieser Betrag minimal (vgl. Koch 1991, 93).
3   Auf die erhebliche Traditionsgebundenheit der protestantischen Ehelehre und Ehegerichtspraxis hat neuerdings vor allem Harrington (1995) hingewiesen.
4   Vgl. auch Safley, 1984, 160ff zur Zunahme der ex-officio-Fälle in der zweiten Hälfte des 16. Jahrhunderts.
5   Von daher kann auch Safleys These (ebd. 179), wonach die Interessen der vor Gericht erscheinenden Frauen und die Interessen des Ehegerichts parallel strukturiert gewesen seien, für diesen Zeitraum nicht mehr überzeugen.
6   Staatsarchiv Basel-Stadt Gerichtsarchiv U4, fol.50, 51, 51v, 52v-53, 55v-56, 57, 60v, 65.
7   Staatsarchiv Basel-Stadt, Gerichtsarchiv Uf 1, fol. 104-106, 122-123.
8   Staatsarchiv Basel-Stadt Gerichtsarchiv U 7, fol. 129v -133.
9   Zu dieser Rechtsänderung vgl. oben S. 327f.
10 Die strukturell noch abhängigere Situation der Opfer sexueller Gewalt, die zur fast völligen Tabuisierung führte, hat Ulinka Rublack (1995b, 171-213) untersucht. In diesem Zusammenhang bemerkenswert ist vor allem ihr Ergebnis, daß die harten Strafen dazu führ-

ten, „daß in Familien mit Mißbrauch gelebt werden mußte..." (205). Anders formuliert war es in diesem Fall auch das Strafrechtssystem, das die innerfamiliäre Gewalt förderte, indem es ihre Thematisierung verhinderte.

11 Schon das kanonische Recht (X.5.16.1) sah für den Tatbestand des „stuprum" als Rechtsfolge Eheschließung oder Schadensersatzleistung vor („ducat aut dotet").

12 Zum rechtlichen Hintergrund der stuprum-Diskussion vgl. Koch 1991, 92 ff., besonders 95-96. Wie dominant der Unzuchtsdiskurs in Basel Ende des 16. Jahrhunderts bereits geworden war, zeigt sich auch darin, daß das Gericht nicht nur den stuprator, sondern auch sein Opfer zu einer Unzuchtsstrafe verurteilte.

13 Staatsarchiv Basel-Stadt, Gerichtsarchiv U 30a, 20.6.1650-12.9.1650.

14 Ob das Vorgehen des Ehegerichts auf eine Initiative von Schlosser zurückzuführen ist, läßt sich nicht mehr eindeutig klären, auch wenn der weitere Prozeßverlauf für diese Annahme spricht.

15 Normal war Gewalt von Männern gegen Frauen auch in dem Sinn, daß sie, solange sie sogenannt maßvoll angewandt wurde, explizit der Norm entsprach, wie sie etwa in Ehelehren und Erziehungsschriften vertreten wurde.

16 Hier lassen sich Chaytors Überlegungen zu weiblicher Erfahrung und Identität und Walker's „agency"-Ansatz für die Lektüre von Gerichtsfällen ein Stück weit vermitteln (Chaytor 1995; Walker 1998).

17 So etwa Sabean (1990); die umgekehrte Perspektive auf die gewalterzeugende Struktur familiärer Verhältnisse in der frühen Neuzeit betont Michaela Hohkamp (1995, 276-302, besonders 295f., 300ff.)

18 Für Anregungen und Kritik danke ich Claudia Töngi, den Teilnehmerinnen und Teilnehmern des Seminars „Gerichtsakten als historische Quellen" im Sommersemester 1996 an der Universität Basel und den Teilnehmerinnen und Teilnehmern des Arbeitskreises Frauen- und Geschlechtergeschichte zum Thema „Geschlecht in der Frühen Neuzeit: Konstruktionen, Projektionen, Perspektiven" vom 9.-11.10.1996 in Stuttgart-Hohenheim.

Literatur

Brownmiller, Susan. 1975. *Against our will: Men, women and rape.* New York.

Burghartz, Susanna. 1995. „Geschlecht – Körper – Ehre. Überlegungen zur weiblichen Ehre in der frühen Neuzeit am Beispiel der Basler Ehegerichtsprotokolle." In: *Verletzte Ehre. Ehrkonflikte in Gesellschaften des Mittelalters und der frühen Neuzeit,* Hg. Klaus Schreiner und Gerd Schwerhoff, 214-234. Köln.

Burghartz, Susanna. 1997. *Reinheit – Ordnung – Unzucht. Ehe, Sexualität und Geschlechterverhältnisse am Beispiel des Basler Ehegerichts im 16. Und 17. Jahrhundert,* unveröffentlichte Habilitationsschrift, Basel (erscheint 1999 unter dem Titel „Zeiten der Reinheit – Orte der Unzucht. Ehe und Sexualität in Basel während der frühen Neuzeit" im Schöningh-Verlag).

Cavallo, Sandra, und Simona Cerutti. 1990. „Female honor and the social control of reproduction in Piedmont between 1600 and 1800." In: *Sex and gender in historical perspective,* eds. Edward Muir and Guido Ruggiero, 73-109. Baltimore and London.

Chaytor, Miranda. 1995. „Husband(ry): Narratives of rape in the seventeenth century." *Gender & History* 7/3: 378-407.

Cohen, Elizabeth Storr. 1988. „La verginità perduta: Autorappresentazione di giovani donne nella Roma barocca." In *Quaderni storici* 67: 169-191.

Farge, Arlette. 1989. *Das brüchige Leben. Verführung und Aufruhr im Paris des 18. Jahrhunderts.* Berlin. (frz.: *La vie fragile. Violence, pouvoirs et solidarités à Paris au XVIII siècle.* Paris.)

Göttsch, Silke. 1986. „Weibliche Erfahrungen um Körperlichkeit und Sexualität nach archivalischen Quellen aus Schleswig-Holstein 1700-1850." In *Kieler Blätter zur Volkskunde* 18: 29-59.

Habermas, Rebekka. 1992. „Frauen und Männer im Kampf um Leib, Ökonomie und Recht. Zur Beziehung der Geschlechter im Frankfurt der frühen Neuzeit." In *Dynamik der Tradition. Studien zur historischen Kulturforschung*, Hg. Richard van Dülmen, 109-136, 282-288. Frankfurt/Main.

Harrington, Joel F. 1995. *Reordering marriage and society in reformation Germany.* Camebridge.

Hohkamp, Michaela. 1995. „Häusliche Gewalt. Beispiele aus einer ländlichen Region des mittleren Schwarzwaldes im 18. Jahrhundert." In *Physische Gewalt*, Hg. Thomas Lindenberger und Alf Lüdtke, 276-302. Frankfurt/Main.

Hohkamp, Michaela. 1996. „Macht, Herrschaft und Geschlecht: Ein Plädoyer zur Erforschung von Gewaltverhältnissen in der frühen Neuzeit." *L'Homme* 7/2: 8-17.

Koch, Elisabeth. 1991. *Major dignitas est in sexu virili. Das weibliche Geschlecht im Normensystem des 16. Jahrhunderts.* Frankfurt/Main.

Köhler, Walther. 1932. *Zürcher Ehegericht und Genfer Consistorium.* Bd. 1. Leipzig.

Köhler, Walther. 1942. *Zürcher Ehegericht und Genfer Consistorium.* Bd. 2. Leipzig.

Meyer-Knees, Anke. 1992. *Verführung und sexuelle Gewalt. Untersuchungen zum medizinischen und juristischen Diskurs im 18. Jahrhundert*, (Probleme der Semiotik 12). Tübingen.

Pelaja, Margherita. 1996. „Praxis und Darstellungsformen sexueller Gewalt im Rom des 19. Jahrhunderts." *L'homme. Zeitschrift für feministische Geschichtsschreibung* 7/2: 28-42.

Porter, Roy. 1986. „Rape – Does it have a historical meaning?" In *Rape. A historical and cultural enquiry*, eds. Sylvana Tomaselli and Roy Porter. Oxford, New York.

Roper, Lyndal. (1989). „Will and honor. Sex, words and power in Augsburg criminal trials." *Radical History Review* 43: 45-71.

Roth, P. (Hg.). 1937. *Akten zur Geschichte der Basler Reformation in den Jahren 1519 bis Anfang 1534.* Bd. III. Basel.

Rublack, Ulinka. 1995a. „Metze und Magd. Frauen, Krieg und die Bildfunktion des Weiblichen in deutschen Städten der frühen Neuzeit." In *Historische Anthropologie. Kultur, Gesellschaft, Alltag* 3/3: 412-432.

Rublack, Ulinka. 1995b. „Viehisch, frech vnd onverschämpt". Inzest in Südwestdeutschland, ca. 1530-1700." In *Von Huren und Rabenmüttern. Weibliche Kriminalität in der frühen Neuzeit*, Hg. Otto Ulbricht, 171-213. Köln.

Ruggiero, Guido. 1985. *The boundaries of Eros: Sex crime and sexuality in renaissance Venice.* New York.

Sabean, David W. 1990. *Property, production and family in Neckarhausen, 1700-1870.* Camebridge.

Safley, Thomas Max. 1982. „To preserve the marital state: The Basler Ehegericht 1550-1592." *Journal of Family History* 7/2: 162-179.

Safley, Thomas Max. 1984. *Let no man put asunder. The control of marriage in the German southwest: A comparative study, 1550-1600.* Kirksville, Missouri.

Staatsarchiv Basel-Stadt, Gerichtsarchiv U4, U7, U30a, Uf1.

Walker, Garthine. 1998. „Rereading rape and sexual violence in early modern England." In *Gender & History* 10/1: 1-25.

Die Autorinnen

Susanna Burghartz, Dr. PD, Dozentin für Geschichte der Frühen Neuzeit an der Universität Basel, Forschungsschwerpunkte: Frauen- und Geschlechtergeschichte, historische Kriminalitätsforschung, städtische Gesellschaften in der Frühen Neuzeit, Sozial-, Mentalitäts- und Perzeptionsgeschichte, Mitherausgeberin von "L'Homme. Zeitschrift für feministische Geschichtswissenschaft", Mitbegründerin und Organisatorin des Arbeitskreises "Geschlechtergeschichte in der Frühen Neuzeit" (assoziiert mit der Akademie der Diözese Rottenburg-Stuttgart). Lehrstuhlvertretung (G. Bock) ‚Allgemeine Geschichte unter besonderer Berücksichtigung der Frauen- und Geschlechtergeschichte' (SS 1998) an der Universität Bielefeld.

Bettina Dausien, Jg. 1957, Dr. phil., Diplom-Psychologin und Sozialwissenschaftlerin, seit 1996 wiss. Assistentin in der AG Sozialisationsforschung an der Fakultät für Pädagogik der Universität Bielefeld. Schwerpunkte in Forschung und Lehre: Theorien und Methoden der Biographieforschung, Frauen- und Geschlechterforschung, Bildungsprozesse im Lebenslauf, qualitative Sozialforschung.

Martina Herrmann, Dr. phil., Philosophin, wiss. Assistentin am Seminar für Philosophie der Universität Bielefeld. Schwerpunkte in Forschung und Lehre: Analytische Philosophie, Theorien personaler Identität, feministische Philosophie, angewandte Ethik. Habilitationsvorhaben zu Autonomie und Freiheit.

Helga Kelle, Jg. 1961, Diplom-Pädagogin, Dr. phil., Promotion an der Universität Bielefeld mit einer Arbeit über die Rezeption der kritischen Theorie in der Erziehungswissenschaft. Von 1993 bis 1997 ethnografisches Forschungsprojekt zum „Geschlechteralltag in der Schulklasse" und der Gleichaltrigenkultur bei neun- bis zwölfjährigen Kindern. Zur Zeit Habilitationsstipendiatin der DFG.

Petra Kolip, Dr. PD, Diplom-Psychologin, Abteilungsleiterin am Institut für Sozial- und Präventivmedizin der Universität Zürich. 1997 Habilitation an der Fakultät für Gesundheitswissenschaften der Universität Bielefeld mit einer Arbeit zur geschlechtsspezifischen Jugendgesundheitsforschung. Arbeitsschwerpunkte: Geschlecht und Gesundheit, Jugendgesundheitsforschung, Evaluationforschung.

Gudrun Lachenmann, Prof. Dr. an der Fakultät für Soziologie der Universität Bielefeld. Studium der Soziologie, Politikwissenschaft, Volkswirtschaftslehre, langjährige Tätigkeit am Deutschen Institut für Entwicklungspolitik Berlin. Forschungsschwerpunkte: Entwicklungssoziologie/Sozialanthropologie, Frauen in Entwicklungsländern; empirischer Schwerpunkt: (v.a. frankophones) Westafrika.

Ursula Müller, Professorin für sozialwissenschaftliche Frauenforschung an der Universität Bielefeld. Aktuelle Arbeitsschwerpunkte: Geschlecht und Organisation; Psychogenese und Soziogenese männlicher Gewaltbereitschaft gegenüber Frauen.

Mechtild Oechsle, Soziologin, Dr. phil. Professorin für Sozialwissenschaften mit dem Schwerpunkt Berufsorientierung und Arbeitswelt unter besonderer Berücksichtigung der Geschlechterverhältnisse am Zentrum für Lehrerbildung der Universität Bielefeld. Forschungsarbeiten und Veröffentlichungen zur Modernisierung weiblicher Lebensläufe und kultureller Leitbilder im Geschlechterverhältnis, zur Berufsorientierung und zum Übergang Schule - Arbeitswelt, zum Verhältnis von politischer Bildung und Geschlechterverhältnis.

Notburga Ott, Dr. rer. pol., Diplom-Volkswirtin, 1997-1999 Professorin an der Fakultät für Wirtschaftswissenschaften der Universität Bielefeld, jetzt Professorin für Sozialpolitik und öffentliche Wirtschaft in Bochum. Arbeitsgebiete: Sozialpolitik, Familienpolitik, Household economics, Entscheidungstheorie, empirische Wirtschaftsforschung.

Kerstin Palm, Jg. 1961, Studium der Biologie, Philosophie und Literaturwissenschaft in Göttingen und Freiburg, Promotion 1996 in Limnologie. Seit 1996 wissenssoziologische Forschungstätigkeit an der Universität Bremen über das Wissenschaftsverständnis in der Biologie, Teilnahme am dortigen Graduiertenprogramm „Erkenntnisprojekt Feminismus" und Gründungsmitglied des „Feministischen Zentrums" der Universität Bremen.

Birgit Riegraf, Dr. phil., Politikwissenschaftlerin, seit 1995 wiss. Assistentin an der Fakultät für Soziologie der Universität Bielefeld, Arbeitsschwerpunkt Frauenforschung. Derzeitige Arbeitsschwerpunkte: Feministische Organisationssoziologie; die Modernisierung des Staates im internationalen Vergleich: eine Diskussion aus Sicht der Frauenforschung.

Christiane Schmerl, Diplom-Psychologin, Promotion und Habilitation in Sozialpsychologie. Professorin an der Fakultät für Pädagogik der Universität Bielefeld mit dem Schwerpunkt Außerschulische und defizitäre Sozialisation. Forschungsarbeiten und Veröffentlichungen u.a. in den Gebieten: Sozialpsychologie, allgemeine Sozialisation, geschlechtsspezifische Sozialisation, Drogenabhängigkeit, Frauen und Medien, Frauen im Wissenschaftsbetrieb, feministische Wissenschaftstheorie.

Marlene Stein-Hilbers, Prof. Dr., Diplom-Psychologin, Interdisziplinäres Frauenforschungs-Zentrum der Universität Bielefeld. Veröffentlichungen zu sozialer Kontrolle und abweichendem Verhalten von Frauen, zu familalen Arbeitsteilungen, zu Männern und Väterlichkeit, zu Eltern-Kind-Beziehungen und deren Verrechtlichung, zur Bedeutung des Körpers in der Sozialisation von Jugendlichen, zu Sexualität.

Langenscheidt

W0109722

Fit in 30 Tagen
Russisch

von Natalia Hood und Antje Razuev

Langenscheidt

München · Wien

Fit in 30 Tagen – Russisch
Herausgegeben von der Langenscheidt-Redaktion

Fachlektorat: Gaby Bauer-Negenborn
Gestaltungskonzept: Farnschläder & Mahlstedt, Hamburg
Zeichnungen: Claas Janssen, Frankfurt/Main
Corporate Design Umschlag: KW 43 BRANDDESIGN, Düsseldorf
Umschlaggestaltung: Guter Punkt, München

Auf **www.langenscheidt.de/Fit-in-30-Tagen** steht Ihnen der kostenlose
Service-Download des gesamten Audio-Materials (MP3), Ihres
Lernkalenders sowie Ihres persönlichen Trainingsplans zur Verfügung.
Registrieren Sie sich dazu mit dem Code **FTR067**.

www.langenscheidt.de

© 2017 by Langenscheidt GmbH & Co. KG, München
Satz: Franzis print & media GmbH, München
Druck und Bindung: Druckerei C.H.Beck, Nördlingen

ISBN 978-3-468-28067-2

17010

Druckschrift	Schreibschrift	Buchstaben-name	Aussprache wie in	russisches Beispiel	deutsche Übersetzung
Р р	*Р р*	эр	*hurra*	Россия	Russland
			Reh	Мадри́д	Madrid
С с	*С с*	эс	*Fuß*	стол	Tisch
			wissen	Енисе́й	Jenissei
Т т	*Т т*	тэ	*Kost*	Татья́на	Tatjana
			lustig	те́ма	Thema
У у	*У у*	у	*Stute*	Екатеринбу́рг	Jekaterinburg
Ф ф	*Ф ф*	эф	*UFO*	фа́брика	Fabrik
			Käfig	фи́зика	Physik
Х х	*Х х*	ха	*ach*	Хаба́ровск	Chabarowsk
			ich	хи́мия	Chemie
Ц ц	*Ц ц*	це	*Zeit*	Швейца́рия	Schweiz
Ч ч	*Ч ч*	че	*Deutsch*	чай	Tee
Ш ш	*Ш ш*	ша	*Tasche*	Шве́ция	Schweden
Щ щ	*Щ щ*	ща	*Maschine*	щи	Kohlsuppe
– ъ	*– ъ*	твёрдый знак	–	объе́кт	Objekt
– ы	*– ы*	ы	–	ты	du
– ь	*– ь*	мя́гкий знак	–	Сиби́рь	Sibirien
Э э	*Э э*	э	*März*	мэр	Bürgermeister
Ю ю	*Ю ю*	ю (йу)	*Jugend*	Ю́рий	Juri
Я я	*Я я*	я (йа)	*ja*	Я́лта	Jalta

Es ist Ihnen bestimmt aufgefallen, dass hier für viele Buchstaben zwei Lautvarianten stehen. Diese und andere Besonderheiten werden in Tag 1 erklärt.

Mit dem Alphabetlied (Melodie: „Ein Männlein steht im Walde") lernen Sie nicht nur die Bezeichnungen der Buchstaben, sondern auch gleich deren Reihenfolge. Das kommt Ihnen beim Nachschlagen in den Wortlisten oder im Wörterbuch zu Gute.

⊙ 3

Benutzerhinweise

Herzlich willkommen zu Ihrem neuen Sprachkurs „Fit in 30 Tagen – Russisch". Wir freuen uns, dass Sie mit uns Russisch lernen möchten. Wenn Sie diesen Sprachkurs erfolgreich durchgearbeitet haben, sind Sie in der Lage, sich zu allgemeinen Themen und in einfachen, alltäglichen und routinemäßigen Situationen auf Russisch zu verständigen. Das entspricht dem Niveau A2 des europäischen Referenzrahmens.

Wie ist der Sprachkurs aufgebaut?

- Der Sprachkurs besteht aus **30 aufeinander aufbauenden Tagesportionen,** die in vier Abschnitte aus je sechs bis acht Tagen gegliedert sind.
- Durch die Lerneinheiten führt Sie eine unterhaltsame **Fortsetzungsgeschichte**. Stefan, ein junger Ingenieur aus Bayern, geht beruflich für einige Zeit nach Moskau. Dort arbeitet er bei einem Partnerunternehmen und ihm steht die russische Dolmetscherin Tatjana zur Seite. Sie hilft ihm, die Stadt zu erkunden und seine Russischkenntnisse zu verbessern. Gemeinsam unternehmen Sie eine Dienstreise nach St. Petersburg. Stefan findet neue Freunde und trifft sogar alte Bekannte. Bald fühlt er sich am neuen Arbeitsort wohl. Wird er seinen Aufenthalt verlängern?
- Der Sprachkurs startet mit dem Kapitel **Tipps zur Aussprache und zum Schreiben**. Keine Angst vor dem neuen Schrift- und Lautsystem! Sie werden viele Ähnlichkeiten mit dem Deutschen feststellen. Um Ihnen das Hören, Lesen, Sprechen und Schreiben in der Fremdsprache zu erleichtern, finden Sie hier auch kurze Übungen.
- Übung macht bekanntlich den Meister, daher möchten wir Sie anregen, in regelmäßigen Abständen bereits Gelerntes zu wiederholen. Nach 5–7 Kapiteln finden Sie deshalb jeweils eine **Wiederholungseinheit** und einen kurzen **Zwischentest**. Hier können Sie selbst testen, inwieweit Sie den Stoff schon beherrschen oder herausfinden, wo noch etwas Übungsbedarf besteht. Nach 30 Tagen gibt es einen Abschlusstest, der den Stoff des gesamten Kurses testet.
- Um Sie beim Selbstlernen nicht alleine zu lassen, stellen wir Ihnen am Ende des Buches einen umfangreichen **Anhang** zur Verfügung. Sie finden dort eine systematische Kurzgrammatik zum Nachschlagen, praktische Verbtabellen, Lösungen zu allen Übungen und Tests, Transkriptionen der Hörtexte sowie ein alphabetisches Wörterverzeichnis aller im Kurs vorkommenden Wörter.

Wie ist eine Lerneinheit aufgebaut?

Zu Beginn jedes Tages stellen wir Ihnen die **Lernziele** vor, damit Sie wissen, was Sie erwartet.

Lesen Sie zuerst den **Dialog** und hören Sie sich dabei die Vertonung auf der CD an. Versuchen Sie, im ersten Schritt die Gesamtbedeutung des Dialogs zu erschließen, ohne sich an jedem noch unbekannten Wort aufzuhalten!

Im **Lernwortschatz** sind die wichtigsten neuen Vokabeln des Tages übersichtlich in alphabetischer Reihenfolge dargestellt. Sie werden in den folgenden Lerneinheiten als bekannt vorausgesetzt. Dieser Wortschatz ist auf der MP3-CD vertont, sodass Sie sich die richtige Aussprache anhören sowie Wörter und Wendungen auch unterwegs üben können.

In der Rubrik **Übungen** können Sie das bisher Gelernte auf vielfältige Weise trainieren. Symbole signalisieren, welchen Schwerpunkt eine Übung verfolgt: Hören, Sprechen, Lesen oder Schreiben sowie den Schwierigkeitsgrad.

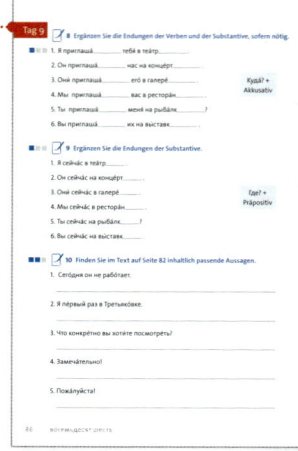

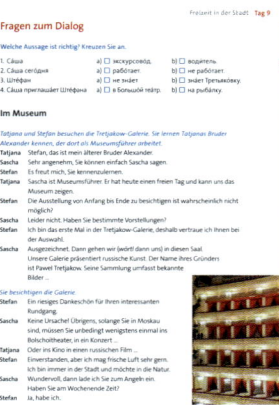

Wenn Sie die anschließenden **Fragen zum Dialog** beantworten, werden Sie sehen, dass Sie schon eine ganze Menge verstanden haben.

In der Rubrik **Grammatik und Redemittel** werden die neuen Grammatikthemen in leicht verständlicher Weise erklärt Verweise führen zur systematischen Kurzgrammatik im Anhang, mit der Sie das jeweilige Grammatikthema bei Bedarf noch vertiefen können.

Der **Kulturtipp** bietet interessante und wissenswerte Informationen über Land und Leute.

Die Rubrik **Was können Sie schon?** hilft Ihnen, Ihren Lernerfolg selbst einzuschätzen: Kreuzen Sie an, was Ihnen schon leicht fällt, was einigermaßen klappt und was Sie noch weiter üben möchten.

So nutzen Sie Ihr Online-Zusatzmaterial

Lernkalender

In Ihrem Lernkalender finden Sie zu jedem Tag Lerntipps. Diese enthalten Strategien, wie Sie das Gelernte sinnvoll vernetzen, Ihre Lernumgebung optimal gestalten und sich am besten motivieren. Erfahren Sie, wie Sie Ihrem Lerntyp entsprechend nachhaltig lernen.

Sie finden Ihren Lernkalender unter **www.langenscheidt.de/Fit-in-30-Tagen**. Geben Sie dazu bitte den Code FTR067 ein.

Trainingsplan

Erstellen Sie sich Ihren individuellen Lernplan, um Ihre persönlichen Ziele und Ressourcen in Einklang zu bringen und zu optimieren. Laden Sie sich dazu auf **www.langenscheidt.de/Fit-in-30-Tagen** Ihre Vorlage herunter. Sie können im Trainingsplan Ihren täglichen Lernfortschritt festhalten und Ihre weiteren Schritte anpassen und planen.

Welche Symbole werden verwendet?

Dieser Text, dieser Lektionswortschatz und diese Übung befinden sich auf der 1
CD. Die Zahl gibt die Tracknummer an. Sie können den Lektionswortschatz
sowohl nach dem Dialog als auch separat als Audio-Wortschatztrainer
anhören. Die Dialoge von Lektion 2 bis 12 haben wir für Sie in zwei Sprechge-
schwindigkeiten aufgenommen. Einmal in „normal schneller" Alltagssprache
und einmal etwas langsamer.

 Übung mit Schwerpunkt Sprechen

 Übung mit Schwerpunkt Hören

 Übung mit Schwerpunkt Lesen

 Übung mit Schwerpunkt Schreiben

 Schwierigkeitsgrad leicht
 Schwierigkeitsgrad mittel
 Schwierigkeitsgrad schwer

► *§1 Verweis zur Kurzgrammatik | Übung | Tag*

Achtung:
wichtiger Grammatikhinweis

Abkürzungen

A/Akk	Akkusativ, 4. Fall	*Pers*	Person, Personal-
Adj	Adjektiv	*Pl*	Plural, Mehrzahl
Adv	Adverb	*Poss*	Possessiv-
D/Dat	Dativ, 3. Fall	*P/Präp*	Präpositiv, 6. Fall
f	feminin, weiblich	*Präs*	Präsens
G/Gen	Genitiv, 2. Fall	*Prät*	Präteritum
I/Instr	Instrumental, 5. Fall	*Pron*	Pronomen
indekl	indeklinabel, nicht deklinierbar	*russ*	russisch
Inf	Infinitiv	*Sg*	Singular, Einzahl
Komp	Komparativ	*Subst*	Substantiv
Konj	Konjunktion	*ugs*	umgangssprachlich
Kurzadj	Kurzadjektiv	*uv*	unvollendeter Aspekt
m	maskulin, männlich	*v*	vollendeter Aspekt
n	neutral	*wörtl*	wörtlich
N/Nom	Nominativ, 1. Fall		

Inhalt

русский язык

Alltag – Russisch für jeden Tag

Grammatik: die reflexiven Verben | der Instrumental der Substantive | die Adjektive im Instrumental
Kulturtipp: Sport in Russland

Kommunikation: eine private Einladung meistern | sich über Essen und Trinken austauschen | über Vergangenes sprechen | den Namen und das Alter angeben
Grammatik: das Präteritum der Verben | der Dativ der Substantive | die Angabe des Alters | die Angabe des Namens
Kulturtipp: Ein privater Besuch

Kommunikation: Gefallen und Missfallen äußern | eine Wohnung beschreiben | über Einrichtungsgegenstände sprechen | Farben benennen
Grammatik: lokale Präpositionen | der Präpositiv Singular der Maskulina auf -y | der Präpositiv Plural der Substantive | die Adjektive im Genitiv | die Possessivpronomen im Genitiv | die Kategorie belebt / unbelebt
Kulturtipp: Wohnen in Russland

Kommunikation: Wochentage und Monate benennen | die Uhrzeiten angeben | regelmäßige alltägliche Tätigkeiten beschreiben
Grammatik: die Ordnungszahlen von 1.–12. | die Angabe der Uhrzeit | die Angabe der Wochentage und Monatsnamen
Kulturtipp: Feierabend gibt es nicht

Reise – Russisch für unterwegs

Kommunikation: nach dem Datum fragen | Fernverkehrsmittel beschreiben | die Art und Weise erläutern
Grammatik: die Ordnungszahlen von 13.–31. | die Angabe des Datums | die doppelte Verneinung | Modalwörter zum Ausdruck der Art und Weise
Kulturtipp: Zugbegleiter in russischen Zügen

Beruf – Russisch für den Beruf

Anhang

1 Stimmhafte und stimmlose Konsonanten

Sie kennen stimmhafte und stimmlose Konsonanten bereits aus Ihrer Muttersprache, z.B. *Seide – Seite*. Auch im Russischen ist diese Unterscheidung bedeutungsrelevant. Vergleichen Sie: **в**áзa *Vase* – **ф**áзa *Phase*, **г**од *Jahr* – **к**од *Code*. Bei den stimmhaften Konsonanten vibrieren Ihre Stimmbänder, bei den stimmlosen nicht. Das können Sie feststellen, wenn Sie beim Sprechen die Hände an den Hals legen.

Konsonantenpaare		Unpaarige Konsonanten	
stimmhaft	б в г д ж з	stets stimmhaft	м н р л й [j]
stimmlos	п ф к т ш с	stets stimmlos	х ц ч щ

Auch das kennen Sie schon aus dem Deutschen: Die stimmhaften Konsonanten werden im Wortauslaut stimmlos ausgesprochen: ко**д** [т] *Code*, Пари**ж** [ш] *Paris*. Beachten Sie: Im Gegensatz zum Deutschen werden die Laute [п], [т] und [к] im Anlaut nicht behaucht. Vergleichen Sie: *Peter* – **П**éтя, *Tanja* – **Т**áня, *Katja* – **К**áтя.

2 Harte und weiche Konsonanten

Die russischen Konsonanten haben eine Besonderheit – außer den Zischlauten und **й** (**и крáткое** *kurzes i*) kommen die Konsonanten immer in zwei Lautvarianten vor: hart (nicht palatalisiert) und weich (palatalisiert).* Diese Unterscheidung ist ebenso wichtig, da bedeutungsunterscheidend, wie die von stimmhaften und stimmlosen Konsonanten: ме**л** *Kreide* – ме**ль** *Sandbank*.
Die harten Konsonanten sind den deutschen ähnlich. Um die weiche Variante auszusprechen, versuchen Sie es zunächst mit deutschen Konsonanten in Verbindung mit einem langen hellen i oder e. Hören Sie den Unterschied: *Morgen – Miene*, *Park – Peter*. Im Russischen ist dieser Unterschied noch stärker. Im Grunde ist Ihnen dieses Phänomen bereits aus der Gegenüberstellung des weichen deutschen [l']** und des harten englischen [l] vertraut, z.B. in *schmal* und *small*.
In der Übersicht über das Alphabet (Seite II + III) sehen und hören Sie Beispiele für die jeweils harte und weiche Variante. Üben Sie den Unterschied mit diesen Beispielen.

hart	б п в ф г к д т з с х л м н р	immer hart	ж ш ц
weich	б' п' в' ф' г' к' д' т' з' с' х' л' м' н' р'	immer weich	ч щ [j]

* Der Begriff *palatalisiert* kommt vom lat. *palatum* (*den Gaumen betreffend*) und bedeutet, dass der Laut am vorderen Gaumen gebildet wird.

** Die Palatalisierung der Konsonanten wird in der Lautschrift durch den nachgestellten Apostroph ['] gekennzeichnet.

3 Zischlaute und ihre Besonderheiten

Russisch verfügt über verschiedene Zischlaute. Diese sollten Sie deutlich unterscheiden lernen, beim Hören wie beim Sprechen. Bei den Zischlauten gibt es keine Paare mit harten und weichen Varianten. Die Buchstaben **ж, ш, ц** werden immer hart ausgesprochen. Selbst das Weichheitszeichen **ь** (→ Punkt 5, Weichheits- und Härtezeichen) kann sie nicht erweichen. Nach diesen harten Zischlauten wird auch der nachfolgende Vokal hart ausgesprochen. Das **и** wird in diesem Fall wie [ы] gesprochen, das **e** wie [э] und das **ё** wie [ɔ].
Immer weich sind dagegen **ч** und **щ**. Daher wird in diesem Fall der nachfolgende Vokal ebenfalls weich und hell ausgesprochen. Auch die Lautverbindungen **сч, зч** und **жч** werden wie **щ** ausgesprochen: **счёт** [щ] *Rechnung*, **мужчи́на** [щ] *Mann*.
Übrigens: dieser Laut ist im Deutschen nicht vorhanden. Am besten gelingt er Ihnen, wenn Sie versuchen, das [sch] in *Schinken* möglichst lang zu dehnen, also **Schschsch**inken.

4 Der Laut [p]

Dieser Laut ist im Russischen sehr markant. Er wird nicht in der Kehle gebildet, sondern ähnlich wie das süddeutsche Zungenspitzen-[r]. Er klingt jedoch noch stimmhafter und wird länger gerollt. Versuchen Sie, dabei die Zungenspitze aktiv zu bewegen. Die weiche Variante kann man am besten in Verbindung mit dem Vokal [и] üben: **р**убль *Rubel* – **Р**им *Rom*.

5 Weichheits- und Härtezeichen

Neben den 31 Buchstaben enthält das russische Alphabet 2 Zeichen: **ь** (**мя́гкий знак** *Weichheitszeichen*) und **ъ** (**твёрдый знак** *Härtezeichen*). Wie ihre Namen verraten, verleihen diese dem vorangehenden Konsonanten entweder die Weichheit oder die Härte und treten demnach nur nach Konsonanten auf.
Das Weichheitszeichen steht am Ende eines Wortes oder vor den Vokalen **e, ё, и, ю, я**, die dann mit vorangehendem [j] ausgesprochen werden: **сто**л *Tisch* mit englischem [l] – **стиль** *Stil* mit deutschem [l'], на столé [l'e] *auf dem Tisch* – засто́л**ье** [l'jə] *Fete*.
Vor dem Härtezeichen werden die Konsonanten hart ausgesprochen, auch wenn ihnen die Vokale **e, ё, и, ю, я** folgen, die normalerweise den vorangehenden Konsonanten weich klingen lassen: об**ъé**кт [bje] *Objekt* – об**é**д [b'e] *Mittagessen*.

6 Konsonantenwechsel

Im Stammauslaut der Verben, Adjektive und Adverbien verändern sich einige Konsonanten bei der Formenbildung nach folgendem Schema:

г ↘	т ↘	с ↘	к ↘	б → бл	м → мл
д → ж	ст → щ	х → ш	т → ч	в → вл	п → пл
з ↗	ск ↗				

Doch keine Angst! Das müssen Sie nicht auswendig lernen. Der Konsonantenwechsel wird in der Wortschatzliste jeweils angegeben.

7 Die Länge der Konsonanten

Wundern Sie sich nicht, doch im Russischen ist es üblich, die Konsonanten statt der Vokale zu dehnen. Wie Sie bereits wissen, ist der Konsonant [щ] immer lang. Andere Konsonanten werden oft gedehnt, indem sie als Doppelkonsonanten (племя**нн**ик *Neffe*, отт**ý**да *dorther*) oder als Konsonantenpaar erscheinen (ó**тд**ых [д:] *Erholung*). Dagegen dehnt man Doppelkonsonanten nicht, wenn diese vor einem weiteren Konsonanten (рý**сск**ий *russisch*) oder in Fremdwörtern (ми**лл**иóн *Million*) stehen.

8 Angleichung der Konsonanten

Bleiben wir kurz beim Wort ó**тд**ых [д:] *Erholung*. Hier wird nicht der erste, sondern der zweite Konsonant gedehnt. Dies geschieht, weil man im Russischen die Konsonanten im Allgemeinen rückwärts angleicht. Auch in folgenden Wörtern werden stimmlose Konsonanten vor stimmhaften ebenfalls stimmhaft ausgesprochen – und umgekehrt: лё**гк**ий [хк] *leicht*, во**кз**áл [гз] *Bahnhof*, **в С**ибúри [фс] *in Sibirien*.

9 Vokale und ihre Besonderheiten

Die zehn russischen Vokalbuchstaben können in fünf Paare eingeteilt werden. In der oberen Reihe stehen die sogenannten harten Vokale und in der unteren Reihe die weichen. Eigentlich wird aber nicht der Vokal weich ausgesprochen, sondern der vorausgehende Konsonant, z.B. **Б**ерлú**н** *Berlin*, **Г**ермá**ни**я *Deutschland*, Тá**ня** *Tanja*.

a	o	y	э	ы
я	ё	ю	е	и

Im Russischen ist die Länge der Vokale nicht bedeutungsrelevant. In betonter Position werden sie immer halblang und deutlich ausgesprochen.

Unbetonte Vokale werden dagegen reduziert. Vergleichen Sie: балкóн [o] Balkon
– Горбачёв [ʌ]* Gorbatschow, мáма [a] [ə]** Mama – Венéция [и] [e] Venedig, яхта
[ja] Jacht – язы́к [jи] Sprache. Wie Sie bereits wissen, spricht man die Vokale е, ё, ю, я
am Wortanfang, nach Vokalen oder nach ь und ъ als Lautverbindung j + Vokal aus.

10 Die Laute [э] und [ы]

Der betonte Vokal [э] (wiedergegeben durch э) befindet sich in etwa zwischen dem
englischen [æ] in *cat* und dem deutschen offenen [ɛ] in *Herz*. Dagegen wird der betonte
Vokal [e] (wiedergegeben durch е) geschlossen und hell gesprochen, etwa wie in *leben*. Zu
den Ausnahmen gehören manche Fremdwörter: мéнеджер [э] *Manager*, aber тéма [e]
Thema.
Der Vokal [ы] hat keine Entsprechung im Deutschen. Er kennzeichnet sich dadurch,
dass er nicht gerundet, sondern mit breitem Mund gesprochen wird und sehr dunkel
ist. Ein Tipp: Sprechen Sie zunächst die folgenden deutschen Wörter in der angegebenen Reihenfolge nach. Sie werden dabei merken, dass der Laut [i] in den Wörtern
immer weiter hinten im Mund gebildet wird. Versuchen Sie anschließend das
russische Wort **ты** *du* so auszusprechen, dass der Vokal noch dunkler klingt als im
letzten deutschen Wort: *Nil – Kiste – Zirkus* – **ты** *du*.

11 Betonung

Im Russischen kann die Betonung auf jeder Silbe liegen. Einige Wörter unterscheiden
sich nur durch die Betonung: зáмок *Schloss/Burg* – замóк *Türschloss*. Manchmal
verschiebt sich die Betonung in den unterschiedlichen Formen eines Wortes. Darauf
wird in den Wortlisten gesondert hingewiesen.
Akustisch wird die betonte Silbe durch längere Dauer und Stärke und deutlichere
Aussprache hervorgehoben. Im Lehrbuch sind mehrsilbige Wörter mit Betonungszeichen
(Akzenten) versehen, um Ihnen das Sprechen zu erleichtern. Eine Ausnahme sind Wörter
mit ё, da dieser Laut immer betont ist. Allerdings müssen Sie die Akzente nicht mitlernen
oder mitschreiben und Sie werden diese auch in Originaltexten nicht entdecken. Der
Buchstabe ё wird in den für Muttersprachler bestimmten Druckerzeugnissen oft durch е
ersetzt.

12 Satzmelodie (Intonation)

Die Wortfolge ist in russischen Sätzen flexibel, deshalb spielt die Satzmelodie eine
entscheidende Rolle. Nur an der Intonation erkennen Sie Aussage, Frage oder Ausruf:
Мáма там. *Mama ist dort.* Мáма там? *Ist Mama dort?* Мáма там! *Mama ist dort!*

* [ʌ] kurzes a, etwa wie im englischen Wort *but*   ** [ə] kurzes e, etwa wie in *bitte*

13 Schreibschrift

Die russische Schreibschrift wird in der Regel leicht nach rechts geneigt wiedergegeben. Einige Buchstaben sind in ähnlicher Form im Deutschen vorhanden, werden aber leicht verändert geschrieben oder bezeichnen sogar einen anderen Laut. Prägen Sie sich diese besonders gut ein! Vorsicht – Verwechslungsgefahr:

deutsche Schreibschrift	B b	g	m	Y y	z	k
russische Schreibschrift	В в [в]	g [d]	m [т]	У у [у]	z [з]	n [к]

14 Allgemeine Aussprache- und Rechtschreibetipps

Manche Konsonanten werden in Verbindungen anders ausgesprochen (коне́чно [шн] *natürlich*, **чт**о [шт] *was*) oder gar ausgelassen (пожа́луй**ст**а [ус] *bitte*, здра́**в**ствуй [ас] *Grüß dich!*). Merken Sie sich besonders die Aussprache von его́ [ево́] *sein(e)*, auch in der Endung, z.B. хоро́ший – хоро́ш**его** [ево] *gut*.

Achtung:

Bei Endungen gilt Folgendes:

г, к, х + и, у, а ы, ю, я + г, к, х	ж, ч, ш, щ + и, у, а, ё/е ы, ю, я, о* + ж, ч, ш, щ	ц + у, а, е ю, я, о* + ц

* nur bei unbetontem **о**!

Fremdwörter und geografische Namen, die mit einem **h** beginnen, werden im Russischen entweder mit **г** oder mit **х** wiedergegeben: **Г**а́мбург *Hamburg*, **х**о́бби *Hobby*.

15 Schwundvokale und Schaltvokale

Zur Erleichterung der Aussprache werden im Russischen bei der Formenbildung der Substantive manchmal Vokale aus der letzten Silbe im Wortstamm ausgelassen oder eingefügt. Die sogenannten Schwundvokale sind Ihnen aus dem Deutschen bekannt (*sammeln – sammle*): д**е**нь *Tag* – дня *G Sg*. Diese Vokale werden in den Wortschatzlisten stets **fett** gedruckt.
Die sogenannten Schaltvokale betreffen nur die Form des Genitiv Plural. Diese Formen werden in den Wortlisten bzw. im Glossar zusätzlich angegeben. Sie können sie mit dem **e** in deutschen Endungen vergleichen (*sagte – redete*): окно́ *Fenster* – о́к**о**н *G Pl*.

Übungen

 1 Schreiben Sie das russische Alphabet in Schreibschrift auf. Achten Sie auf die Buchstaben, die in ähnlicher Form im Deutschen vorkommen.

 2 Schreiben Sie die Wörter in Silben in Schreibschrift auf ein extra Blatt Papier. Lesen Sie dann.

1. му-зе́й | де́-ти | Дре́з-ден | Гер-ма́-ни-я | Вар-ша́-ва
2. Пра́-га | Бер-ли́н | бал-ко́н | За́льц-бург | Е-ка-те-рин-бу́рг
3. Я́л-та | мэр | Си-би́рь | ты | объ-е́кт
4. щи | чай | Шве́-ци-я | хи́-ми-я | Ха-ба́-ровск
5. фи́-зи-ка | фа́б-ри-ка | Та-тья́-на | Мад-ри́д | Па-ри́ж

 3 Hören Sie die Wörter und sprechen Sie nach. Lesen Sie dann selbst. 4

> Варша́ва   Екатеринбу́рг   ёлка   Жене́ва   Кита́й   Москва́
> Новосиби́рск   Санкт-Петербу́рг   Росси́я
> фи́зика   хи́мия   Швейца́рия   Шве́ция

 4 Hören Sie zu und vergleichen Sie die harte und weiche Aussprache der 5 Konsonanten. Schreiben Sie die Wörter dann und lesen Sie.

> Берли́н – балко́н   музе́й – За́льцбург   Пари́ж – Санкт-Петербу́рг
> Ве́на – Варша́ва   Кита́й – Крым   Нил – Новосиби́рск
> Пра́га – Герма́ния   Ло́ндон – По́льша   Мадри́д – Росси́я
> де́ти – Дре́зден   Москва́ – Мю́нхен   Симферо́поль – стол
> Жене́ва   Татья́на – те́ма   фа́брика – фи́зика   Хаба́ровск – хи́мия
> щи   Швейца́рия   чай   Шве́ция

harte Aussprache: *балко́н*, ...   weiche Aussprache: *Берли́н*, ...

 5 Hören Sie die Wörter und sprechen Sie nach. Lesen Sie dann selbst und 6 achten Sie besonders auf die markierten reduzierten Vokale.

> Варша́ва   Жене́ва   Москва́   Новосиби́рск   Санкт-Петербу́рг
> Росси́я   Герма́ния   Сиби́рь   За́льцбург   Кита́й
> Екатеринбу́рг   Симферо́поль

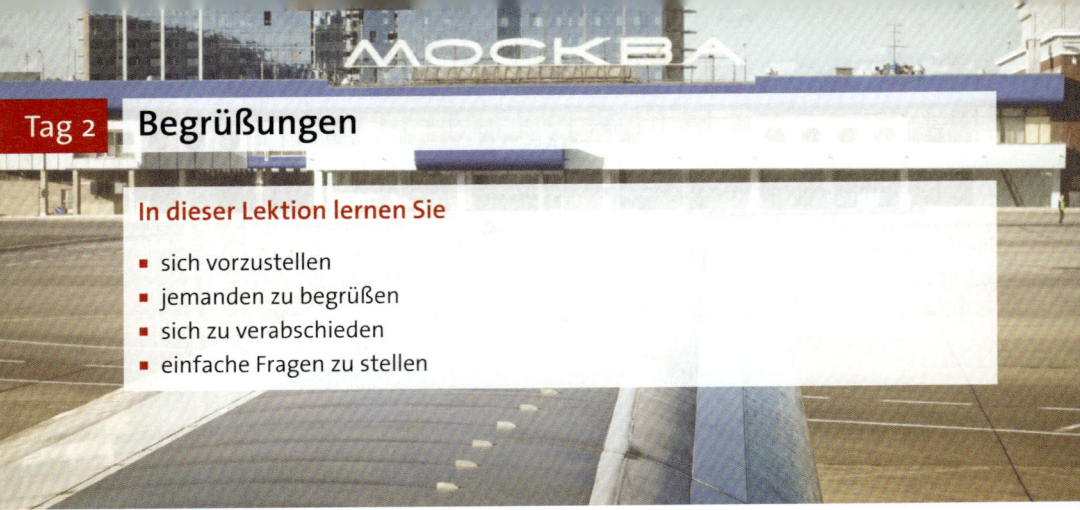

In dieser Lektion lernen Sie

- sich vorzustellen
- jemanden zu begrüßen
- sich zu verabschieden
- einfache Fragen zu stellen

⊙ 7
⊙ 8

Добро́ пожа́ловать!

Stefan Tauber trifft auf dem Flughafen in Moskau ein. Er wird von Tatjana Smirnowa empfangen. Der Fahrer Oleg Beljajew fährt die beiden ins Büro der Firma Olymp.

Штéфан   Прости́те, вы госпожа́ Смирно́ва?

Татья́на   Да, э́то я. Здра́вствуйте! А вы, наве́рное, господи́н Та́убер?

Штéфан   Да, Штéфан Та́убер. До́брый день!

Татья́на   Татья́на Смирно́ва. О́чень прия́тно. Добро́ пожа́ловать!

Штéфан   О́чень рад!

Татья́на   Води́тель уже́ ждёт. А где ваш бага́ж?

Штéфан   Здесь. Вот он: чемода́н и су́мка.

Татья́на   Прекра́сно. Сюда́, пожа́луйста. Познако́мьтесь, э́то наш води́тель.

Олéг   Олéг Беля́ев, мо́жно про́сто Олéг. С прие́здом!

Штéфан   Рад познако́миться!

Олéг   Извини́те, здесь откры́то окно́, э́то не меша́ет?

Штéфан   Нет, не меша́ет.

Олéг   О́чень хорошо́.

Im Zentrum

Олéг   Вы зна́ете, что э́то?

Штéфан   Э́то Кра́сная пло́щадь?

Олéг   Да, э́то Кра́сная пло́щадь.

Татья́на   А вот на́ша у́лица и наш о́фис. *(Sie steigen aus und Tatjana zeigt auf das Gepäck.)* Олéг, помоги́, пожа́луйста.

Олéг   Коне́чно. *(zu Stefan)* Разреши́те?

Штéфан   Спаси́бо. До свида́ния, Олéг!

Олéг   До встре́чи!

Fragen zum Dialog

Kreuzen Sie an, was zutrifft.

1. Stefan hat   a) ☐ zwei Koffer.   b) ☐ einen Koffer und eine Tasche.
2. Der Fahrer   a) ☐ wartet schon.   b) ☐ hat sich verspätet.
3. Tatjana   a) ☐ stellt den Fahrer vor.   b) ☐ begrüßt den Fahrer.
4. Bei   a) ☐ Tatjana   b) ☐ Oleg ist ein Fenster geöffnet.

Herzlich willkommen!

Stefan Tauber trifft auf dem Flughafen in Moskau ein. Er wird von Tatjana Smirnowa empfangen. Der Fahrer Oleg Beljajew fährt die beiden ins Büro der Firma Olymp.

Stefan   Verzeihen Sie, sind Sie Frau Smirnowa?
Tatjana   Ja, das bin ich. Guten Tag! Und Sie sind wahrscheinlich Herr Tauber?
Stefan   Ja, Stefan Tauber. Guten Tag!
Tatjana   Tatjana Smirnowa. Sehr angenehm. Herzlich willkommen!
Stefan   Sehr erfreut!
Tatjana   Der Fahrer wartet schon. Und wo ist Ihr Gepäck?
Stefan   Hier. Da ist es: der Koffer und die Tasche.
Tatjana   Wunderbar. Hier entlang, bitte. Darf ich vorstellen, das ist unser Fahrer.
Oleg   Oleg Beljajew. Sagen Sie einfach Oleg. Herzlich willkommen!
Stefan   Es freut mich, Sie kennenzulernen.
Oleg   Entschuldigen Sie, hier ist das Fenster offen, stört das nicht?
Stefan   Nein, es stört nicht.
Oleg   Sehr gut.

Im Zentrum
Oleg   Wissen Sie, was das ist?
Stefan   Ist das der Rote Platz?
Oleg   Ja, das ist der Rote Platz.
Tatjana   Und da ist unsere Straße und unser Büro. *(Sie steigen aus und Tatjana zeigt auf das Gepäck.)* Oleg, hilf (doch) bitte.
Oleg   Natürlich. *(zu Stefan)* Gestatten Sie?
Stefan   Danke. Auf Wiedersehen, Oleg!
Oleg   Bis bald!

◉ 9

а	und, aber
бага́ж	Gepäck
ваш, ва́ша *m, f*	ihr/e
води́тель *m*	Fahrer
вот	da (ist)
где?	wo?
господи́н	Herr
госпожа́	Frau
да	ja
ждёт (ждать)	(er, sie, es) wartet
здесь	hier
зна́ете (знать)	ihr wisst/Sie wissen
и	und
коне́чно	natürlich
Кра́сная пло́щадь *f*	Roter Platz
мо́жно про́сто	man kann einfach
меша́ет (меша́ть)	stören
наве́рное	wahrscheinlich
наш, на́ша *m, f*	unser/e
не	nicht
нет	nein
окно́	Fenster
откры́то	offen, geöffnet
о́фис	Büro
о́чень	sehr
пожа́луйста	bitte
прекра́сно	wunderbar
спаси́бо	danke
су́мка	Tasche
сюда́	hier entlang
уже́	schon

у́лица	Straße
хорошо́	gut
чемода́н	Koffer
что?	was?
э́то	das (ist), dies (ist)

Gruß- und Höflichkeitsformeln	
До́брое у́тро!	Guten Morgen!
До́брый день/ ве́чер!	Guten Tag/Abend!
Здра́вствуй(те)!	Guten Tag! Grüß dich/ Sie, euch! (zu jeder Tages- und Nachtzeit)
Приве́т! – Пока́!	Hallo! – Tschüs! (informell)
До свида́ния!	Auf Wiedersehen!
До встре́чи!	Bis bald!, Bis dann!
Добро́ пожа́ловать!	Herzlich willkommen!
С прие́здом!	Herzlich willkommen!
О́чень прия́тно!	Sehr angenehm!
О́чень рад/ра́да! *m, f*	Sehr erfreut!
Познако́мьтесь, э́то ...	Darf ich vorstellen, das ist ...
Рад/Ра́да познако́миться! *m, f*	Es freut mich, Sie/dich kennenzulernen.
Извини́(те)!	Entschuldige/n Sie!
Прости́(те)!	Verzeih mir!/Verzeihen Sie!
Разреши́(те)!	Gestatte/n Sie!
Помоги́(те)!	Hilf mir/Helfen Sie mir!

Grammatik und Redemittel

Die Personalpronomen und die e-Konjugation der Verben ▸ §5.1, §6.1

Den Infinitiv der Verben erkennen Sie an der Endung **-ть** (selten: **-ти**): знать *wissen*, ждать *warten*. Die Verben werden nach ihrer Konjugation in zwei Gruppen eingeteilt. Die erste Gruppe ist die **e-Konjugation**. Dazu gehören die meisten Verben, die im Infinitiv auf **-ать** enden.

Achtung:

Wenn die Endung betont ist, verwandelt sich das **e** in **ё**. In der 1. Pers Sg und 3. Pers Pl gilt: nach Vokal stehen -**ю**/-**ют**, nach Konsonant -**у**/-**ут**.

Personalpronomen	знать wissen	ждать warten
я ich	зна́ю	жду
ты du	зна́ешь	ждёшь
он, она́, оно́ er, sie, es	зна́ет	ждёт
мы wir	зна́ем	ждём
вы ihr, Sie	зна́ете	ждёте
они́ sie	зна́ют	ждут

Achtung:

Die Höflichkeitsform entspricht im Russischen der 2. Pers Pl: **вы** *Sie.*

Das Geschlecht der Substantive ▸ *§1.1, §1.3, §1.4*

Im Russischen gibt es keine Artikel. Das Genus der Substantive erkennt man an der Endung im Nominativ.

m	Konsonant	чемода́н	Koffer
f	-а/-я	су́мка/Та́ня	Tasche/Tanja
n	-о/-е	окно́/мо́ре	Fenster/Meer

Substantive auf **-ь** können männlich oder weiblich sein. Das Geschlecht ist in den Wortlisten immer angegeben: **води́тель** *m Fahrer,* **пло́щадь** *f Platz.*

Einfache Aussage- und Fragesätze ▸ *§6.8, §9*

Im Russischen entfällt im Präsens in der Regel das Verb *sein*:

▸ Что э́то? *Was ist das?*   ◂ Это Кра́сная пло́щадь. *Das ist der Rote Platz.*

▸ Где они́? *Wo sind sie?*   ◂ Вот они́. *Hier sind sie.*

Bei Fragen ohne Fragewörter verändert sich die Wortfolge nicht. Man unterscheidet durch die Satzmelodie (Intonation) zwischen Aussage- und Fragesatz. Beim Fragesatz steigt bei dem Wort, nach dem gefragt wird, die Stimme an.

◉ 10 🎧 **1 Hören Sie die Sätze und achten Sie auf die Satzmelodie (Intonation). Sind es Fragen oder Aussagen? Kreuzen Sie an.**

Frage	Aussage	Frage	Aussage
1. a) ☐	b) ☐	4. a) ☐	b) ☐
2. a) ☐	b) ☐	5. a) ☐	b) ☐
3. a) ☐	b) ☐	6. a) ☐	b) ☐

◉ 11 💬 **2 Lesen Sie zuerst die Antworten. Hören Sie dann die Sätze und reagieren Sie in der Sprechpause.**

1. Дóбрый день!
2. (*Ihr Name +*) Рад/Рáда познакóмиться!
3. До свидáния!
4. (*Ihr Name +*) Óчень приятно!

3 Setzen Sie die Verben in der richtigen Form ein.

1. А вы _____ (знать), что это? – Это Крáсная плóщадь.
2. Водúтель ужé _____ (ждать).
3. Это наш багáж? – Я не _____ (знать).
4. Татья́на и Штéфан ужé _____ (ждать).
5. Онú не _____ (знать), гдé чемодáн и сýмка.

4 Lesen Sie die Substantive laut und unterscheiden Sie: maskulin, feminin oder neutral? Tragen Sie sie in die Tabelle ein.

госпожá багáж Татья́на окнó чемодáн мóре
господúн óфис сýмка Олéг ýлица плóщадь

m	*f*	*n*
....	....	....
....	....	....
....	....	....
....	....	....
....	....	....

5 Ergänzen Sie den richtigen Buchstaben. ■ ■ ◻

ж oder ш ? з oder с ?

1. Это госпо............á Смирнóва.

1. ....дрáвствуйте!

2. Óчень хоро............ó.

2. По............накóмьте............ь, это ...

3. Добрó по............áловать!

3. Прекрá............но!

4. А где ва............багá............?

4. Вы............нáете, что это?

5. Сюдá, по............áлуйста.

5. ....па............йбо. До............видáния!

6. Разре............йте?

6 Streichen Sie das falsche Possessivpronomen durch. ■ ◻ ◻

1. Это ваш | вáша багáж?

6. Вот наш | нáша Большóй теáтр.

2. Это ваш | вáша сýмка?

7. Это наш | нáша фи́рма.

3. Это наш | нáша води́тель.

8. Вот ваш | вáша óфис.

4. Вот наш | нáша ýлица.

9. Это ваш | вáша чемодáн?

5. Это наш | нáша Москвá.

10. Вот наш | нáша Крáсная плóщадь.

7 Unterstreichen Sie die richtige Form. ■ ◻ ◻

1. Госпожá Смирнóва говори́т: Я óчень рад | рáда познакóмиться.

2. Господи́н Смирнóв говори́т: Я óчень рад | рáда познакóмиться.

3. Штéфан говори́т: Я óчень рад | рáда познакóмиться.

4. Мы говори́м: Мы óчень рад | рáды познакóмиться.

8 Finden Sie Wörter, die dieselbe Bedeutung haben, wie die ■ ■ ◻
hervorgehobenen Wörter (Synonyme).

1. **Дóбрый день**, Татья́на! ....

2. **С прие́здом**, Штéфан! ....

3. **Извини́те**, а где ...? ....

4. **Óчень хорошó!** ....

9 Bringen Sie die Sätze in eine sinnvolle Reihenfolge. Schreiben Sie danach den Dialog auf und lesen Sie ihn laut.

.... Да, э́то я. Здра́вствуйте! А вы, наве́рное, господи́н Та́убер?

.... Óчень хорошо́. Наш води́тель уже́ ждёт.

.... Татья́на Смирно́ва. Óчень прия́тно. Добро́ пожа́ловать!

___1___ Прости́те, вы госпожа́ Смирно́ва?

.... Э́то ваш чемода́н?

.... Да, Штéфан Та́убер. Здра́вствуйте!

.... Óчень рад!

.... Да, мой.

10 Wie sagt man das auf Russisch?

1. Herzlich willkommen!

_____

2. Verzeihen Sie, sind Sie Frau/Herr X?

_____

3. Es freut mich, Sie kennenzulernen.

_____

11 Kreuzen Sie die richtige Variante an. Welcher kyrillische Buchstabe entspricht dem deutschen ...

1. r: ☐ и ☐ п ☐ л ☐ р
2. g: ☐ б ☐ д ☐ г ☐ ч
3. u: ☐ и ☐ й ☐ ю ☐ у
4. n: ☐ м ☐ н ☐ п ☐ г

12 Ergänzen Sie die weichen Vokale.

hart	а	о	у	ы	э
weich					

Kulturtipp Grußformeln

Bei Begrüßung und Verabschiedung gilt es natürlich, die Situation zu beachten – formell oder informell? Mit den neutralen Ausdrücken wie **Дóброе ýтро!** *Guten Morgen!*, **Дóбрый день!** *Guten Tag!* und **До свидáния!** *Auf Wiedersehen!* liegen Sie immer richtig. **До встрéчи!** *Bis dann!* und **До зáвтра!** *Bis morgen!* setzen eine gewisse Ungezwungenheit oder längere Bekanntschaft voraus. Neutral oder formell begrüßen Sie eine oder mehrere Personen zu jeder Tages- und Nachtzeit mit **Здрáвствуйте!** *Seien Sie/Seid gegrüßt!* Mit **Здрáвствуй!** *Grüß dich!* sprechen Sie ein Kind an bzw. eine Person, die Sie duzen. Die umgangssprachlichen Formen lauten – unabhängig von der Anzahl der Personen – **Привéт!** *Hallo!* und **Покá!** *Tschüs!*

Verhaltensnormen bei der Begrüßung orientieren sich nach dem Geschlecht. Männer begrüßen und verabschieden sich untereinander gewöhnlich mit Händedruck. Im Gegensatz dazu ist der Händedruck unter Frauen bzw. zwischen Frauen und Männern vorwiegend im geschäftlichen Rahmen anzutreffen, vor allem dann, wenn es sich um Kontakte mit ausländischen Kollegen handelt. Im Freundes- oder Verwandtenkreis küsst man sich zur Begrüßung oder zum Abschied gern auf die Wangen. Dann aber dreimal!

Was können Sie schon?

	☺	☺	☹	
■ Fragen und Aussagen unterscheiden	□	□	□	▸ Ü1
■ sich vorstellen	□	□	□	▸ Ü2
■ jemanden begrüßen und sich verabschieden	□	□	□	▸ Ü2
■ sagen, dass Sie etwas (nicht) wissen	□	□	□	▸ Ü3
■ das Geschlecht von Substantiven unterscheiden	□	□	□	▸ Ü4

Kennenlernen und Small Talk

In dieser Lektion lernen Sie

- jemanden vorzustellen
- sich über die Herkunft auszutauschen
- über Sprachkenntnisse zu sprechen
- Berufsbezeichnungen zu verstehen

◉ 12
◉ 13

В о́фисе

In der Moskauer Firma eingetroffen, stellt Tatjana Smirnowa Stefan Tauber der Firmenleitung vor. Dies sind der Generaldirektor Juri Iwanowitsch Nikitin (Ю.И.) und die leitende Managerin Marija Nikolajewna Sujewa (М.Н.).

Татья́на Здра́вствуйте, Ю́рий Ива́нович. Разреши́те предста́вить: э́то наш гость Штефан Та́убер из Герма́нии.

Ю.И. Ники́тин Ю́рий Ива́нович, генера́льный дире́ктор. Рад познако́миться.

Штефан О́чень прия́тно. До́брый день!

Ю.И. А э́то Мари́я Никола́евна Зу́ева, она́ наш гла́вный ме́неджер. Её кабине́т здесь.

М.Н. О́чень ра́да. Добро́ пожа́ловать! *(erstaunt)* А Вы говори́те по-ру́сски?

Штефан Да, немно́го. Я изуча́ю ру́сский язы́к.

Ю.И. А заче́м тогда́ перево́дчица? Татья́на, Вы свобо́дны.

Штефан Нет, нет, что́ вы! Я ещё не всё понима́ю.

Ю.И. Это шу́тка, коне́чно. Мари́я Никола́евна, господи́н Та́убер — инжене́р. Его́ фи́рма — наш партнёр.

М.Н. Извини́те, господи́н Та́убер, Вы отку́да? Из Мю́нхена?

Штефан Нет, я из Даха́у. Это то́же в Бава́рии. А в Мю́нхене я рабо́таю. А Вы говори́те по-неме́цки?

М.Н. Я по-неме́цки немно́го чита́ю и слу́шаю ра́дио. Я учу́, учу́, но почти́ не говорю́.

Ю.И. Разреши́те переби́ть. У нас есть тради́ция: снача́ла го́стя угости́ть, а пото́м и говори́ть.

Fragen zum Dialog

Streichen Sie, was nicht zutrifft.

1. Stefan Tauber kommt *aus München | aus Dachau.*
2. Tatjana ist *Managerin | Dolmetscherin.*
3. Die leitende Managerin *liest Deutsch | spricht Deutsch.*
4. In der russischen Firma bewirtet man *den Gast | den Chef* zuerst.

Im Büro

In der Moskauer Firma eingetroffen, stellt Tatjana Smirnowa Stefan Tauber der Firmenleitung vor. Dies sind der Generaldirektor Juri Iwanowitsch Nikitin (J.I.) und die leitende Managerin Marija Nikolajewna Sujewa (M.N.).

Tatjana	Guten Tag, Juri Iwanowitsch. Darf ich vorstellen: Das ist unser Gast Stefan Tauber aus Deutschland.
J.I.	Nikitin, Juri Iwanowitsch, Generaldirektor. Es freut mich, Sie kennenzulernen.
Stefan	Sehr angenehm. Guten Tag.
J.I.	Und das ist Marija Nikolajewna Sujewa, unsere leitende Managerin. Ihr Büro ist hier.
M.N.	Sehr erfreut. Herzlich willkommen! *(erstaunt)* Sie sprechen Russisch?
Stefan	Ja, etwas. Ich lerne Russisch *(wörtl* die russische Sprache).
J.I.	Wozu brauchen wir dann eine Dolmetscherin? Tatjana, Sie können gehen *(wörtl* Sie sind frei).
Stefan	Nein, nein, nicht doch! Ich verstehe noch nicht alles.
J.I.	Das ist natürlich ein Scherz. Marija Nikolajewna, Herr Tauber ist Ingenieur. Seine Firma ist unser Geschäftspartner.
M.N.	Entschuldigen Sie, Herr Tauber, woher sind Sie? Aus München?
Stefan	Nein, ich bin aus Dachau. Das ist auch in Bayern. Aber ich arbeite in München. Sprechen Sie Deutsch?
M.N.	Ich lese ein bisschen auf Deutsch und höre Radio. Ich lerne viel, doch sprechen kann ich kaum *(wörtl* ich spreche kaum).
J.I.	Darf ich Sie unterbrechen? Bei uns gibt es eine Tradition: Zuerst den Gast zu bewirten und sich dann zu unterhalten.

14

в	in
всё	alles
Вы свобо́дны.	Sie können gehen.
говори́ть	sprechen
гость *m*	Gast
его́ *m, n*	sein/e
её *f*	ihr/e (3. Pers Sg)
ещё	noch
заче́м?	wozu?
из + *G*	aus, von … her
изуча́ть	lernen, erlernen
кабине́т	Arbeitszimmer
немно́го	etwas
но	aber
отку́да?	woher?
партнёр	Partner
переби́ть	unterbrechen
понима́ть	verstehen
пото́м	dann
почти́	fast
предста́вить	vorstellen
рабо́тать	arbeiten
ра́дио *indekl*	Radio
слу́шать	(zu-)hören
снача́ла	zuerst, erst
тогда́	dann
то́же	auch
тради́ция	Tradition, Sitte
у нас есть	bei uns gibt es
угости́ть го́стя	einen Gast bewirten
учи́ть	lernen
фи́рма	Firma

чита́ть	lesen
что Вы!	nicht doch!
шу́тка	Scherz
язы́к	Sprache

Herkunft

Отку́да Вы?	Woher kommen **Sie**?
Отку́да ты?	Woher kommst du?
Я из Герма́нии.	Ich komme aus Deutschland.
Я из Мю́нхена.	Ich komme aus München.

Sprachen

по-неме́цки	(auf) Deutsch
по-ру́сски	(auf) Russisch
неме́цкий язы́к	Deutsch (**Sprache**)
ру́сский язы́к	Russisch (Sprache)

Berufsbezeichnungen

перево́дчик/ перево́дчица *m, f*	Dolmetscher/in, Übersetzer/in
учи́тель/ учи́тельница *m, f*	Lehrer/in
дире́ктор (генера́льный)	(General-)Direktor/in
инжене́р	Ingenieur/in
ме́неджер (гла́вный)	(leitende/r) Manager/in
колле́га	Kollege/Kollegin

Grammatik und Redemittel

Die Verben der i-Konjugation ▸ §6.2, §6.7.1

Die meisten Verben auf **-ить** gehören zur **i-Konjugation**. Sie heißt so, weil in der Endung der Vokal **-и-** vorherrscht. In der 1. Pers Sg und 3. Pers Pl stehen die Endungen **-ю/-ят**, nach Zischlauten (**ж, ч, ш, щ**) stehen **-у/-ат**.

	говори́ть sprechen	**учи́ть** lernen
я	говорю́	учу́
ты	говори́шь	у́чишь
он, она́, оно́	говори́т	у́чит
мы	говори́м	у́чим
вы	говори́те	у́чите
они́	говоря́т	у́чат

Der Präpositiv der Substantive ► §1.3, §1.4

Im Russischen gibt es sechs Kasus (Fälle). Neu sind für Sie der Instrumental (5. Fall) und der Präpositiv (6. Fall). Der Präpositiv steht immer mit einer Präposition. Im Präpositiv erhalten die meisten Substantive die Endung **-e**.

Nominativ	о́фис *m*	окно́ *n*	су́мка *f*
Präpositiv	в о́фисе	в окне́	в су́мке

Achtung:

Eine Besonderheit sind Substantive auf **-ия**, z.B. Герма́н**ия** *Deutschland* und Бава́р**ия** *Bayern*. Hier lautet die Präpositivendung **-и**:
в Герма́н**ии**, в Бава́р**ии**.

Die Bildung der Vatersnamen ► §1.1

Der offizielle russische Name besteht aus Vornamen, Vatersnamen und Familiennamen: Ю́рий Ива́н**ович** Ники́тин, Мари́я Никола́**евна** Зу́ева. Der Vatersname wird vom Vornamen des Vaters abgeleitet:

Vorname des Vaters	Ива́н	Никола́й
Vatersname des Sohnes	Ива́нович	Никола́евич
Vatersname der Tochter	Ива́новна	Никола́евна

Achtung:

Die Endungen sind abhängig vom Endkonsonanten des Vornamens, bei harten Konsonanten steht **-ович/-овна**, bei weichen **-евич/-евна**. Bei weiblichen Familiennamen wird in der Regel ein **-a** angehängt:
Зу́ев – Зу́ев**а**.

⊙ 15 🎧 **1** Was sind die Personen von Beruf? Hören Sie die Kurzdialoge und kreuzen
■ ■ □ Sie an.

1. a) ☐ дире́ктор   b) ☐ ме́неджер
2. a) ☐ учи́тельница   b) ☐ води́тель
3. a) ☐ води́тель   b) ☐ перево́дчик
4. a) ☐ инжене́р   b) ☐ колле́га

■ ■ □ ✎ **2** Setzen Sie die Verben in der richtigen Form ein.

1. Он _____ (понима́ть) ру́сский язы́к, но почти́ не

    _____ (говори́ть).

2. Ты хорошо́ _____ (говори́ть) по-ру́сски?

3. Госпожа́ Зу́ева и господи́н Ники́тин _____ (рабо́тать).

4. Я _____ (изуча́ть) ру́сский язы́к.

5. Прости́те, Татья́на и Оле́г _____ (говори́ть) по-неме́цки?

6. Вы _____ (чита́ть) по-ру́сски? – Да, немно́го.

7. Мы _____ (слу́шать) ра́дио.

8. Ты _____ (знать), что э́то?

9. Штефан _____ (учи́ть) алфави́т.

⊙ 16 💬 **3** Lesen Sie zunächst die Antworten. Hören Sie dann die Fragen und reagieren
■ ■ □ Sie mit einer passenden Antwort in der Sprechpause.

1. Из Герма́нии.   2. Да, немно́го.   3. В Мю́нхене.   4. Здесь.

■ ■ □ 📖 **4** Raten Sie, wo diese Personen gerade sind. Verbinden Sie die Namen mit den
Ortsangaben im Präpositiv und markieren Sie die Endungen. Wie lauten die
Ortsnamen im Nominativ?

1. Штефан   a) в Даха́у, в Бава́рии
2. Алекса́ндр Смирно́в (*Tatjanas Bruder*)   b) в Санкт-Петербу́рге, в Росси́и
3. Ли́нда Та́убер (*Stefans Mutter*)   c) в Берли́не, в Герма́нии
4. Ри́хард Та́убер (*Stefans Vater*)   d) в Москве́, в Росси́и

5 Verbinden Sie die Sätze, die zusammengehören.

1. Verzeihen Sie, sind Sie Herr Schmidt?
2. Ja, das bin ich. Guten Tag!
3. Herzlich willkommen!
4. Wunderbar. Hier entlang, bitte.
5. Darf ich vorstellen, das ist Frau Berg.
6. Es freut mich, Sie kennenzulernen.
7. Entschuldigen Sie, stört das nicht?
8. Wissen Sie, was das ist?
9. Helfen Sie bitte!
10. Natürlich. Gestatten Sie?
11. Danke. Auf Wiedersehen!

a) Вы зна́ете, что э́то?
b) Помоги́те, пожа́луйста!
c) Спаси́бо. До свида́ния!
d) Извини́те, э́то не меша́ет?
e) Прости́те, вы господи́н Шмидт?
f) Добро́ пожа́ловать!
g) Познако́мьтесь, э́то госпожа́ Берг.
h) Коне́чно. Разреши́те?
i) Да, э́то я. Здра́вствуйте!
j) Прекра́сно. Сюда́, пожа́луйста.
k) Рад/Ра́да познако́миться!

6 Übersetzen Sie die Fragepronomen ins Deutsche.

1. Кто? .... 2. Что? .... 3. Где? .... 4. Отку́да? ....

7 Ergänzen Sie das passende Possessivpronomen.

1. Э́то Татья́на, э́то .... су́мка.

2. Э́то Мари́я, э́то .... партнёр.

3. Э́то Штефа́н, э́то .... бага́ж.   его́ oder её?

4. Э́то Гео́рг, э́то .... чемода́н.

5. Э́то госпожа́ Зу́ева, ... кабине́т здесь.

8 Ergänzen Sie die Endungen.

1. Где господи́н Та́убер? – В Москв............ .

2. Где госпожа́ Зу́ева? – В кабине́т............ .

3. Где Штефа́н? – В о́фис............ .   -e oder -и?

4. Где его́ фи́рма? – В Мю́нхен............ .

5. А где Даха́у? – В Бава́ри............ .

✎ **9 Ergänzen Sie die Endungen.**

■■■ 1. Откуда госпожа Зуева? – Из Москв_____ .

2. Откуда господин Таубер? – Из Мюнхен_____ .

3. Откуда Татьяна? – Из Росси_____ .   -ы oder -и?

4. Откуда гость? – Из Германи_____ .

5. Откуда Штефани? – Из Берлин_____ .

6. Откуда Штефан? – Из Бавари_____ .   -а oder -я?

7. Откуда Регина? – Из Кил_____ (Киль).

■■■ **10 Wie begrüßen Sie diese, Ihnen unbekannte Person? Kreuzen Sie drei Varianten an.**

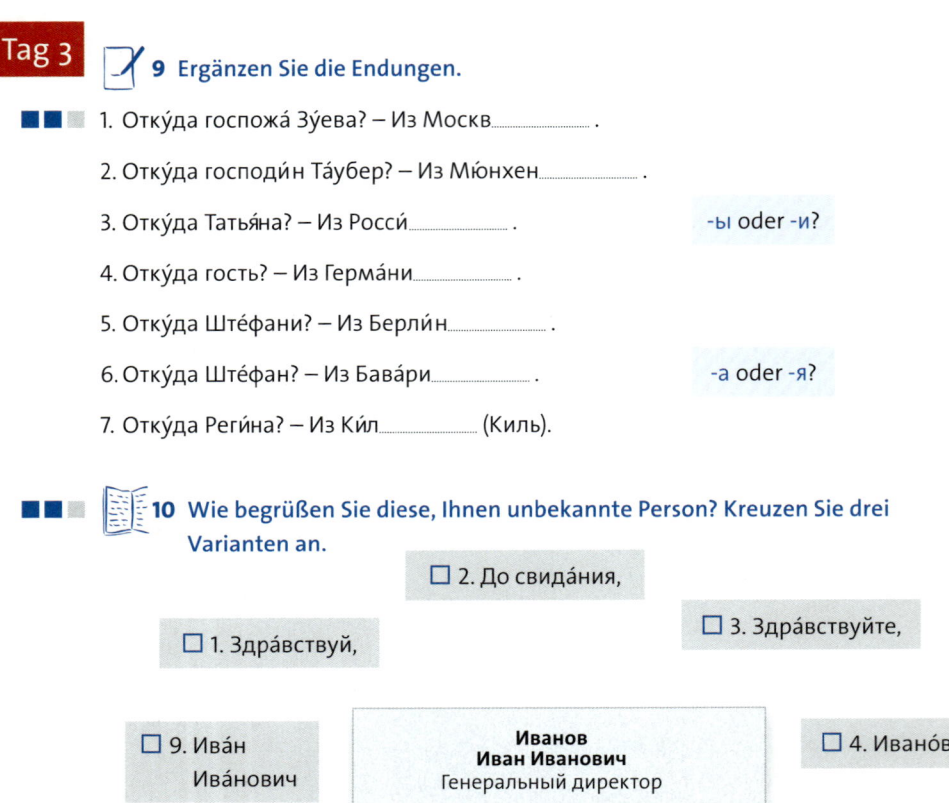

☐ 2. До свидания,

☐ 1. Здравствуй,

☐ 3. Здравствуйте,

☐ 9. Иван Иванович

**Иванов
Иван Иванович**
Генеральный директор

117939, г. Москва,
ул. Гарибальди, д. 28, к. 1
Тел.: + 7 (499) 724-52-94
www. master28.ru
6842828@gmail.com

КОМПАНИЯ
ЮРИДИЧЕСКИЕ УСЛУГИ

☐ 4. Иванов

☐ 5. госпожа Иванов

☐ 8. господин Иванович

☐ 7. господин Иван

☐ 6. господин Иванов

Kulturtipp Anredeformen

Lassen Sie sich von der Vielfalt der russischen Anredeformen nicht verwirren. Offiziell und im Umgang mit Ausländern wird häufig **господи́н/ госпожа́** *Herr/Frau* + Nachname verwendet. Bekannte ältere oder dienstältere Personen werden gewöhnlich mit dem Vor- und Vatersnamen und per Sie angesprochen: **Здра́вствуйте, Ю́рий Ива́нович**. So hat Tatjana ihren Vorgesetzten begrüßt.

Gleichaltrige Bekannte oder Kollegen können Sie mit dem Vornamen und per Sie anreden. Sie sollten erst zum Du wechseln, wenn es Ihnen ausdrücklich angeboten wird.

Man duzt sich unter Verwandten, guten Bekannten und Freunden. Statt des vollen Vornamens werden in Russland gerne Verkleinerungs- oder Koseformen verwendet. Viele können Sie leicht zuordnen, aber manche klingen nicht wirklich ähnlich: **Та́ня – Татья́на, Ю́ра – Ю́рий**, aber **Ма́ша – Мари́я**. Und zu manchen Namen gibt es gleich mehrere Verkleinerungsformen: **Ди́ма/Ми́тя – Дми́трий**. Manche Kosenamen verraten das Geschlecht der Person nicht: **Са́ша – Алекса́ндр/Алекса́ндра, Же́ня – Евге́ний/Евге́ния**. Sie werden für beide Geschlechter benutzt.

....

Was können Sie schon?

	☺	☺	☹	
■ Berufsbezeichnungen verstehen	☐	☐	☐	▸Ü1
■ verschiedene Anredeformen unterscheiden	☐	☐	☐	▸Ü1
■ sagen, womit Sie sich beschäftigen	☐	☐	☐	▸Ü2
■ sich über Sprachkenntnisse austauschen	☐	☐	☐	▸Ü2
■ die Herkunft angeben	☐	☐	☐	▸Ü3
■ Ortsangaben machen	☐	☐	☐	▸Ü4

Sie können schon mehr, als Sie denken!

In dieser Lektion lernen Sie

- Internationalismen zu verstehen
- jemandem etwas anzubieten
- „falsche Freunde" zu erkennen
- Einverständnis und Ablehnung auszudrücken

 17

18

В буфе́те

Stefan lernt die Firma näher kennen und wird bewirtet.

Ю.И.	Нас, наве́рное, уже́ ждут в буфе́те.
М.Н.	Ах да, коне́чно.
Штéфан	Извини́те, а что тако́е «буфе́т»?
Татья́на	Это кафе́ на фи́рме.
Штéфан	Да? А по-неме́цки «буфе́т» означа́ет про́сто стол, а на столе́ еда́ на любо́й вкус.
М.Н.	Интере́сно! Тепе́рь я зна́ю ещё одно́ сло́во по-неме́цки.
	Сюда́, пожа́луйста, буфе́т пря́мо. А кста́ти, заодно́ и коро́ткая экску́рсия.
Татья́на	Прекра́сная иде́я. Это приёмная. Здесь сиди́т секрета́рь. Тут сле́ва кабине́ты, спра́ва компью́терный зал и туале́ты. А в конце́ балко́н.

Sie erreichen die Cafeteria und nehmen am gedeckten Tisch Platz.

М.Н.	Господи́н Та́убер, Вы хоти́те чай и́ли ко́фе?
Штéфан	Ко́фе, пожа́луйста.
Татья́на	А вы, Ю́рий Ива́нович? Как обы́чно, чай?
Ю.И.	Нет, пожа́луй, лу́чше про́сто минера́лку.
М.Н.	А вот са́хар и сли́вки.
Штéфан	Нет, спаси́бо. Я люблю́ чёрный ко́фе.
Татья́на	Разреши́те предложи́ть бутербро́ды и сала́т.
Штéфан	Спаси́бо, с удово́льствием. *(Ein Handy klingelt.)*
Ю.И.	Извини́те, э́то мой телефо́н. *(Er spricht kurz.)* К сожале́нию, мне пора́. Внизу́ уже́ ждёт маши́на. Тогда́ до за́втра, господи́н Та́убер.
Штéфан	До свида́ния, Ю́рий Ива́нович!

Fragen zum Dialog

Welche Aussage ist richtig? Kreuzen Sie an.

1. a) ☐ Die Sekretärin ist am Empfang.   b) ☐ Die Sekretärin ist in der Cafeteria.
2. a) ☐ Juri Iwanowitsch trinkt Tee.   b) ☐ Juri Iwanowitsch trinkt Wasser.
3. a) ☐ Stefan möchte nichts trinken.   b) ☐ Stefan hätte gern Kaffee.

In der Cafeteria

Stefan lernt die Firma näher kennen und wird bewirtet.

J.I.   Wir werden wahrscheinlich schon in der Cafeteria erwartet.
M.N.   Ach ja, natürlich.
Stefan   Verzeihen Sie, was bedeutet „буфéт"?
Tatjana   Das ist die Cafeteria in der Firma.
Stefan   Ja? Auf Deutsch bedeutet „Büfett" einfach einen Tisch und auf dem Tisch
           (befindet sich) Essen für jeden Geschmack.
M.N.   Interessant! Jetzt kenne ich noch ein Wort auf Deutsch. Hier entlang bitte,
           die Cafeteria ist geradeaus. Übrigens, machen wir (doch) gleich einen
           kurzen Rundgang.
Tatjana   Eine wunderbare Idee. Dies ist das Empfangszimmer. Hier sitzt die
           Sekretärin. Hier links sind die Büros, rechts sind der Computerraum
           und die Toiletten. Und am Ende ist der Balkon.

Sie erreichen die Cafeteria und nehmen am gedeckten Tisch Platz.

M.N.   Herr Tauber, möchten Sie Tee oder Kaffee?
Stefan   Kaffee, bitte.
Tatjana   Und Sie, Juri Iwanowitsch? Wie gewöhnlich, einen Tee?
J.I.   Nein, ich denke, lieber nur ein Mineralwasser.
M.N.   Hier sind Zucker und Sahne.
Stefan   Nein, danke. Ich trinke gern schwarzen Kaffee.
Tatjana   Darf ich Ihnen belegte Brote und Salat anbieten?
Stefan   Danke, sehr gern. *(Ein Handy klingelt.)*
J.I.   Entschuldigen Sie, das ist mein Telefon. *(Er spricht kurz.)* Leider muss ich los.
           Unten wartet schon der Wagen. Dann bis morgen, Herr Tauber.
Stefan   Auf Wiedersehen, Juri Iwanowitsch.

19

в конце́	am Ende		спра́ва	rechts
внизу́	unten		стол	Tisch
до за́втра	bis morgen		тепе́рь	jetzt
еда́	Essen		тут	hier
заодно́	gleich(zeitig)		хоте́ть (хочу́/ хо́чешь/хотя́т)	wollen
и́ли	oder		чай	Tee
интере́сно	interessant		чёрный *m*	schwarz
как обы́чно	wie gewöhnlich		что тако́е ...?	was ist ... ?
к сожале́нию	leider			
коро́ткая *f*	kurz			
кста́ти	übrigens			
лу́чше	lieber, besser			
люби́ть (люблю́/ лю́бишь/лю́бят)	lieben, gern haben			
мне пора́	ich muss los			
мой *m*	mein			
на + *P*	auf, in			
на любо́й вкус	für jeden Geschmack			
нас *A*	uns			
одно́ *n*	ein			
означа́ть	bedeuten			
пожа́луй	ich denke/glaube			
предложи́ть	anbieten			
прекра́сная *f*	wunderbar			
приёмная *f*	Empfangszimmer			
про́сто	einfach			
пря́мо	geradeaus			
с удово́льствием	mit Vergnügen			
са́хар	Zucker			
сиде́ть (сижу́/ сиди́шь/сидя́т)	sitzen			
сле́ва	links			
сло́во	Wort			
сли́вки *Pl*	Sahne			

„Falsche Freunde"

бутербро́д	belegtes Brot
буфе́т	Cafeteria
кабине́т	Arbeitszimmer
маши́на	Auto, Wagen
экску́рсия	(Stadt-)Rundgang, Ausflug

Internationalismen

балко́н	Balkon
иде́я	Idee
кафе́ *n, indekl*	Café, Cafeteria
ко́фе *m* (!), *indekl*	Kaffee
компью́терный зал	Computerraum
минера́лка *ugs*	Mineralwasser
сала́т	Salat
секрета́рь *m*	Sekretär/in
телефо́н	Telefon
туале́т	Toilette
фи́рма	Firma

Grammatik und Redemittel

Besonderheiten der Konjugation ▸ *§6.3*

Bei einigen Verben kommt es in der Konjugation zu einem Konsonantenwechsel. Manchmal wechselt auch die Betonung. Deshalb finden Sie in den Wortlisten bei nicht regelmäßigen Verben künftig immer die 1. und 2. Pers Sg sowie die 3. Pers Pl. Davon können Sie alle anderen Formen ableiten.

	сиде́ть sitzen	**люби́ть** lieben	**хоте́ть** wollen
я	сижу́ (!)	люблю́ (!)	хочу́
ты	сиди́шь	лю́бишь	хо́чешь
он, она́, оно́	сиди́т	лю́бит	хо́чет
мы	сиди́м	лю́бим	хоти́м
вы	сиди́те	лю́бите	хоти́те
они́	сидя́т	лю́бят	хотя́т

Bei **сиде́ть** wird in der 1. Pers Sg **д → ж**, bei **люби́ть** wird ein **-л-** eingeschoben und es wechselt zusätzlich die Betonung ab der 2. Pers Sg (► *Tag 1, Punkt 6*).

Achtung:
Das Verb **хоте́ть** ist unregelmäßig. Die Konjugation sollten Sie gut lernen.

Der Nominativ Plural der Substantive ► *§1.2, §1.3, §1.4*

Maskulina und Feminina enden im Nominativ Plural auf **-ы**, Neutra auf **-a**.

Nominativ Singular	телефо́н *m*	фи́рма *f*	окно́ *n*
Nominativ Plural	телефо́ны	фи́рмы	о́кна (Betonung!)

Bei Substantiven mit weichem Stammauslaut endet der Nominativ Plural auf **-и** bzw. **-я**: гость *m* – го́сти, иде́я *f* – иде́и, мо́ре *n* – моря́ (Betonung!). Beachten Sie, dass nach **г, к, х** nie **-ы**, sondern immer **-и** steht: су́мки (► *Tag 1, Punkt 14*).

Der Akkusativ der unbelebten Substantive ► *§1.3, §1.4*

Im Akkusativ ändert sich die Endung nur bei den Feminina im Singular, alle anderen Endungen stimmen mit dem Nominativ überein: фи́рма – фи́рму.

Die Präpositionen в und на ► *§8*

Meist ist die Bedeutung eindeutig: **в** *in/im*, **на** *auf*: **в о́фисе** *im Büro*, **на столе́** *auf dem Tisch*. Doch manchmal taucht **на** an unerwarteten Stellen auf: **на (в) фи́рме** *in der Firma*, **на рабо́те** *in/auf der Arbeit*. Diese Ausdrücke sollten Sie auswendig lernen.

Übungen

20

🎧 **1 Hören Sie die Sätze und ergänzen Sie die Substantive im Plural.**

■■□ 1. На столе́ ко́фе, минера́лка, ... и ....

2. Э́то мой ....

3. Спра́ва компью́терный зал и ....

4. А сле́ва — ....

5. Здесь .... из Герма́нии.

■■□ 📝 **2 Vervollständigen Sie die Verben.**

1. Я о́чень люб .... минера́лку.

2. Здесь сид .... секрета́рь и чит ....

3. Штефа́н и Татья́на люб .... чёрный ко́фе.

4. Вы хо .... бутербро́д?

5. Мы немно́го чит .... и слу́ш .... ра́дио.

■■□ 📝 **3 Setzen Sie die Substantive in die Dialoge ein. Achten Sie auf die Endungen.**

бутербро́д (*Pl*)   Мю́нхен   минера́лка   буфе́т   сала́т

1. Нас, наве́рное, уже́ ждут в .... — Ах да, коне́чно.
2. Разреши́те предложи́ть .... и ....
   — Спаси́бо, с удово́льствием.
3. Извини́те, господи́н Та́убер, где вы рабо́таете? — В ....
4. А вы, Ю́рий Ива́нович? Как обы́чно, чай? — Нет, пожа́луй, лу́чше про́сто
   ....

■■□ 📖 **4 Verbinden Sie die passenden Sätze. Lesen Sie die Dialoge danach laut.**

1. Вы хоти́те чай и́ли ко́фе?   a) Нет, спаси́бо. Я люблю́ чёрный
                           ко́фе.

2. Разреши́те предложи́ть
   бутербро́ды и сала́т.   b) Ко́фе, пожа́луйста.

3. Ты хо́чешь чай?   c) Нет, про́сто минера́лку.

4. Вот са́хар и сли́вки.   d) Спаси́бо, с удово́льствием.

5 Vervollständigen Sie die Sätze und lesen Sie sie laut. ▪▪▫

по-ру́сски	ру́сский язы́к

1. Штéфан у́чит _____ .

2. Татья́на говори́т _____ .

3. Они́ лю́бят _____ .

4. Где вы изуча́ли _____ ?

5. А как _____ «Cafeteria»?

6. Он чита́ет _____ .

6 Ergänzen Sie, falls notwendig, die Endungen. ▪▪▫

1. Татья́на лю́бит Москв_____ .

2. Штéфан лю́бит Мю́нхен_____ .

3. Та́ня хо́чет сала́т_____ .

4. Ю́рий хо́чет минера́лк_____ .

5. Штéфан хо́чет ко́ф_____ .

6. Я хочу́ ча_____ .

7 Unterstreichen Sie das Verb und schreiben Sie dessen Infinitiv auf. ▪▪▫
   Übersetzen Sie die Sätze ins Deutsche.

1. Я учу́ слова́. _____

2. Вы говори́те по-ру́сски? _____

3. Я изуча́ю ру́сский язы́к. _____

4. Ты зна́ешь э́то сло́во? _____

5. Нас ждут в буфéте. _____

6. Где они́ сидя́т? _____

7. Вы хоти́те чай и́ли ко́фе? _____

8. Он лю́бит чёрный ко́фе. _____

8 Schreiben Sie die Pluralform folgender Substantive.

	-ы	-и	-а

1. фи́рма ....

2. кабине́т ....

3. маши́на ....

4. сло́во ....

5. бутербро́д ....

9 Verbinden Sie die Sätze, die zusammengehören.

1. Entschuldigung, und was bedeutet „…"?   a) Прости́те, где приёмная?
2. Eine wunderbare Idee.   b) К сожале́нию, мне пора́.
3. Verzeihung, wo ist das Empfangszimmer?   c) Вы хоти́те чай и́ли ко́фе?
4. Hier links sind die Büros.   d) Чёрный ко́фе, пожа́луйста.
5. Toiletten sind rechts.   e) Тогда́ до за́втра!
6. Möchten Sie Tee oder Kaffee?   f) Извини́те, а что тако́е «…»?
7. Schwarzen Kaffee, bitte.   g) Спаси́бо, с удово́льствием.
8. Darf ich Ihnen belegte Brote anbieten?   h) Прекра́сная иде́я.
9. Danke, sehr gern.   i) Туале́ты спра́ва.
10. Leider muss ich los.   j) Тут сле́ва кабине́ты.
11. Dann bis morgen!   k) Разреши́те предложи́ть бутербро́ды.

10 Unterstreichen Sie die richtige Konjugationsform.

1. Мы сижу́ | сиди́т | сиди́м в буфе́те.
2. Ты зна́ю | зна́ешь | зна́ете, что тако́е «буфе́т»?
3. Ю́рий Ива́нович, вы хо́чешь | хоти́те | хотя́т чай?
4.Ште́фан лю́бишь | лю́бит | лю́бят ко́фе.
5. Би́знес-партнёры уже́ жду | ждёте | ждут.
6. Я учу́ | у́чит | у́чим ру́сский язы́к.
7. Ште́фани немно́го говори́шь | говори́т | говоря́т по-ру́сски.
8. Вы всё понима́ешь | понима́ют | понима́ете?
9. Что означа́ет | означа́ете | означа́ют э́то сло́во?

Kulturtipp
Höflichkeitsnormen

Bei den Höflichkeitsnormen ist man in Russland eher konservativ.

Als Herr können Sie also mit den guten alten Verhaltensregeln aus Großmutters Zeiten punkten und sich als Gentleman zeigen. Dazu gehört beispielsweise, dass die Herren die Kopfbedeckung abnehmen, wenn sie ein geschlossenes Gebäude betreten. Aber natürlich ebenso, dass sie den Damen in der Regel den Vortritt lassen, ihnen die Tür öffnen, aus dem Auto helfen oder den Mantel abnehmen.

Als Dame können Sie die Fürsorge der Herren genießen ohne zu befürchten, ihre Emanzipation zu gefährden. Besonders im geschäftlichen, aber auch im privaten Bereich wird nach wie vor Wert auf höfliche Umgangsformen gelegt. Beachten sollten Sie, dass einige Gesprächsthemen einen bestimmten Bekanntheitsgrad voraussetzen.

So ist es unüblich, mit neuen Bekannten gleich über private Themen zu sprechen. Sie werden feststellen, dass zunächst eine gewisse Distanz gewahrt wird.

Und wenn die 17 Jahre überschritten sind, fragt man in Russland nicht mehr nach dem Alter – vor allem keine Dame!

....

Was können Sie schon?

☺ ☺ ☹

- Internationalismen verstehen und anwenden   ▪ ▪ ▪ ▸ Ü1
- ausdrücken, was Sie (nicht) gerne mögen   ▪ ▪ ▪ ▸ Ü2
- „falsche Freunde" erkennen   ▪ ▪ ▪ ▸ Ü3
- etwas zu essen oder zu trinken anbieten   ▪ ▪ ▪ ▸ Ü4
- ein Angebot annehmen oder ablehnen   ▪ ▪ ▪ ▸ Ü4

Meine Familie

In dieser Lektion lernen Sie

- von Ihrer Familie zu berichten
- die Grundzahlwörter von 0–10
- auszudrücken, dass etwas vorhanden ist
- mitzuteilen, dass etwas fehlt

21
22

Я в семье́ оди́н

Tatjana begleitet Stefan ins Hotel. Der Fahrer erwartet die beiden im Auto.

Татья́на   Вот и на́ша маши́на. А Оле́г, как всегда́, чита́ет газе́ту и́ли журна́л. Здра́вствуй, Оле́г.

Оле́г   Здра́вствуйте. Как Вам наш о́фис, господи́н Та́убер?

Штéфан   Симпати́чно. Мно́го ме́ста.

Sie setzen sich ins Auto. Da klingelt Stefans Telefon.

Штéфан   Извини́те, это мой телефо́н. ... моя́ ма́ма. Она́ скуча́ет. Оте́ц сейча́с в командиро́вке в Берли́не, а я в Москве́. Она́ одна́ и поэ́тому ча́сто звони́т.

Татья́на   Да-да, мои́ роди́тели то́же всегда́ звоня́т. А у вас нет бра́та и́ли сестры́?

Штéфан   Нет, я оди́н в семье́. А Вы?

Татья́на   У меня́ есть брат Алекса́ндр. Он жена́т. У него́ сын и дочь. Я ча́сто навеща́ю его́ семью́.

Штéфан   Зна́чит, Вы уже́ дя́дя?

Татья́на   *(lächelt)* Нет, я тётя, это Оле́г дя́дя. Пра́вда, Оле́г?

Оле́г   Да, у меня́ больша́я семья́ — два бра́та и три сестры́ и уже́ четы́ре племя́нника.

Штéфан   Ско́лько?

Оле́г   Четы́ре. Но все ма́льчики.

Штéфан   Как интере́сно! А де́ти у вас есть?

Оле́г   Пока́ нет, хоть я и жена́т, то́лько племя́нники. Пра́вда, у меня́ ве́чно нет вре́мени, и я их ре́дко ви́жу. Но иногда́ мы вме́сте де́лаем уро́ки ...

Татья́на   Прошу́ проще́ния, но ка́жется, мы уже́ на ме́сте.

Fragen zum Dialog

Richtig oder falsch? Kreuzen Sie an.

	richtig	falsch
1. Stefan ist ein Einzelkind.	☐	☐
2. Stefan vermisst seine Mutter.	☐	☐
3. Tatjanas Bruder hat eine große Familie.	☐	☐
4. Oleg ist verheiratet.	☐	☐

Ich bin ein Einzelkind

Tatjana begleitet Stefan ins Hotel. Der Fahrer erwartet die beiden im Auto.

Tatjana   Da ist unser Auto. Oleg liest wie immer eine Zeitung oder eine Zeitschrift. Grüß dich, Oleg.

Oleg   Guten Tag. Wie gefällt Innen unser Büro, Herr Tauber?

Stefan   Hübsch. Viel Platz.

Sie setzen sich ins Auto. Da klingelt Stefans Telefon.

Stefan   Entschuldigen Sie, das ist mein Telefon. … meine Mutter. Sie langweilt sich. Mein Vater ist zurzeit auf Dienstreise in Berlin und ich bin in Moskau. Sie ist allein und ruft deshalb oft an.

Tatjana   Ja-ja, meine Eltern rufen auch immer an. Haben Sie keine Geschwister *(wörtl* keinen Bruder oder keine Schwester)?

Stefan   Nein, ich bin ein Einzelkind *(wörtl* ich bin allein in der Familie). Und Sie?

Tatjana   Ich habe einen Bruder, Alexander. Er ist verheiratet. Er hat einen Sohn und eine Tochter. Ich besuche seine Familie oft.

Stefan   Das heißt, Sie sind schon Onkel?

Tatjana   *(lächelt)* Nein, ich bin eine Tante, Oleg ist ein Onkel. Richtig, Oleg?

Oleg   Ja, ich habe eine große Familie – zwei Brüder und drei Schwestern und schon vier Neffen.

Stefan   Wie viele?

Oleg   Vier. Aber alles Jungen.

Stefan   Wie interessant! Und haben Sie auch Kinder?

Oleg   Noch nicht, obwohl ich verheiratet bin, nur Neffen. Ich habe (zwar) wirklich nie Zeit *(wörtl* ewig keine Zeit) und sehe sie selten. Aber manchmal machen wir zusammen Hausaufgaben …

Tatjana   Ich bitte um Verzeihung, doch ich glaube, wir sind schon da.

⊙ 23

большáя *f*	groß
вѝдеть (вѝжу/ вѝдишь/вѝдят)	sehen
вмéсте	zusammen
врéмя *n*	Zeit
все	alle
всегдá	immer
газéта	Zeitung
дéлать	machen
есть	(vorhanden) sein
женáт	verheiratet (für Männer)
журнáл	Zeitschrift
зáмужем	verheiratet (für Frauen)
звонѝть	anrufen, klingeln
знáчит	das heißt
иногдá	manchmal
их *A*	sie (3. Pers Pl)
как	wie
кáжется	es scheint
командирóвка	Dienstreise
мéсто	Platz, Ort
моя́ *f*, мой *Pl*	meine
мнóго + *G*	viel
навещáть	besuchen
одѝн/однá *m, f*	hier: allein
покá	noch, bis jetzt
поэ́тому	deshalb
прáвда	richtig, wirklich
просѝть + *G* (прошý/ прóсишь/прóсят)	bitten (um)

прощéние	Verzeihung
рéдко	selten
сейчáс	jetzt, gerade
семья́	Familie
симпатѝчно	nett, hübsch
скóлько + *G*?	wie viel?
скучáть	sich langweilen
тóлько	nur
у + *G*	bei, an, neben
у меня́ вéчно нет врéмени	ich habe nie Zeit
урóки *Pl*	Hausaufgaben
хоть	obwohl
чáсто	oft

Die Zahlen von 0–10	
0	ноль
1	одѝн *m*, однó *n*, однá *f*
2	два *m/n*, две *f*
3	три
4	четы́ре
5	пять
6	шесть
7	семь
8	вóсемь
9	дéвять
10	дéсять

→ Die russischen Bezeichnungen für die Familienmitglieder finden Sie auf Seite 53.

Grammatik und Redemittel

Der Genitiv Singular der Substantive ▸ *§1.3, §1.4*

Auf die Präposition **у** *bei* folgt der Genitiv. Merken Sie sich die Endungen:

Nominativ	брат *m*	окнó *n*	сестрá *f*
Genitiv	брáт**а**	окн**á**	сестр**ы́**

Nach einem weichen Konsonanten lautet die Endung bei den Maskulina und Neutra
-я, bei den Feminina **-и**: води́тель – у води́теля, Та́ня – у Та́ни.

Der Genitiv der Personalpronomen ▸ *§ 5.1*

Auch Personalpronomen stehen nach der Präposition **y** im Genitiv.

Nominativ	я	ты	он/оно́	она́	мы	вы	они́
Genitiv	меня́	тебя́	(н)его́	(н)её	нас	вас	(н)их

Achtung:
Nach Präpositionen wird vor der 3. Pers Sg und Pl immer ein **н-** eingefügt:
y него́ *bei ihm*. Beachten Sie, dass **г** in **его́** als [в] gesprochen wird: [eвó].

Die Wiedergabe von „etwas (nicht) haben" ▸ *§ 6.8, § 11*

Das deutsche *etwas haben* wird mit **y** *bei* und dem Genitiv ausgedrückt:
У Татья́**ны есть** брат? *Hat Tatjana einen Bruder? (wörtl Ist bei Tatjana …?)*

> **y** + Besitzer im Genitiv + (**есть**) + Besitz im Nominativ

Bei der Verneinung steht auch das, was jemand nicht hat, im Genitiv:
У меня́ **нет** бра́т**а**. *Ich habe keinen Bruder. (wörtl Bei mir ist kein …)*

> **y** + Besitzer im Genitiv + **нет** + Besitz im Genitiv

Das Substantiv nach den Grundzahlen 1–4 ▸ *§ 4*

Die Zahlwörter 1 und 2 werden nach dem Geschlecht unterschieden:
оди́н журна́л *m*, **одно́** сло́в**о** *n*, **одна́** газе́т**а** *f*
два бра́т**а**/окн**а́** *m/n*, **две** сестр**ы́** *f*

Achtung:
Das Substantiv steht nach den Zahlwörtern 2, 3, 4 immer im Genitiv Singular.

Der Akkusativ der belebten Substantive ▸ *§ 1.3, § 1.4*

Der Akkusativ der Lebewesen (Sg/Pl) entspricht nicht dem Nominativ, sondern dem
Genitiv. Nur Feminina haben im Singular eine besondere Form (▸ *Tag 4*).

⊙ 24 🎧 **1 Aufgepasst: Zahlwörter! Welche Form hören Sie? Kreuzen Sie an.**

■■■

	N Sg		G Sg			N Sg		G Sg
1. a)	☐ бутербро́д	b)	☐ бутербро́да	4. a)	☐ де́вочка	b)	☐ де́вочки
2. a)	☐ окно́	b)	☐ окна́	5. a)	☐ води́тель	b)	☐ води́теля
3. a)	☐ перево́дчик	b)	☐ перево́дчика	6. a)	☐ маши́на	b)	☐ маши́ны

■■□ 💬 **2 Haben (+) oder nicht haben (–)? Reagieren Sie auf die Fragen und benutzen Sie die Personalpronomen im Genitiv.**

1. У Татья́ны есть брат, а у Штéфана? (–) *У него́ нет* ...
2. У Штéфана есть маши́на, а у Ли́нды и Ри́харда? (+) *У них то́же* ...
3. У Мари́и Никола́евны есть сестра́, а у Татья́ны? (–)
4. У ма́льчика нет телефо́на, а у тебя́? (+)
5. У Олéга вéчно нет врéмени, а у вас? (–)

■■□ 📝 **3 Wählen Sie jeweils 5 Substantive aus und schreiben Sie, was Sie haben bzw. was Ihnen fehlt.**

сýмка чемода́н бага́ж тётя учи́тель учи́тельница минера́лка де́вочка чай кабинéт ма́ма сын балко́н жена́ дя́дя муж семья́ племя́нница племя́нник ра́дио ко́фе маши́на телефо́н врéмя брат сестра́

1. У меня́ есть _____

2. У меня́ нет _____

■■□ 📖 **4 Lesen Sie die Kurzporträts und übersetzen Sie sie mündlich. Unterstreichen Sie danach alle Genitiv- und Präpositivformen.**

1. Э́то Штéфан. Он не жена́т. Егó роди́тели, Ли́нда и Ри́хард Та́убер, рабо́тают. Ли́нда учи́тельница, а Ри́хард инженéр. Сейча́с Ри́хард не в Даха́у. Он в командиро́вке в Берли́не. Поэ́тому егó жена́ скуча́ет и ча́сто звони́т. У Штéфана нет бра́та и́ли сестры́. Он в семьé оди́н. Штéфан изуча́ет рýсский язы́к.

2. Мари́я Никола́евна Зу́ева за́мужем. У неё два сы́на. Она́ мéнеджер, а её муж юри́ст (*Jurist*). Мари́я Никола́евна из Санкт-Петербу́рга, но сейча́с она́ рабо́тает в Москвé. Она́ немно́го чита́ет по-немéцки и иногда́ слу́шает ра́дио, но почти́ не говори́т.

5 Ergänzen Sie die passenden Begriffe, wie im Beispiel.   ■ ■ ■

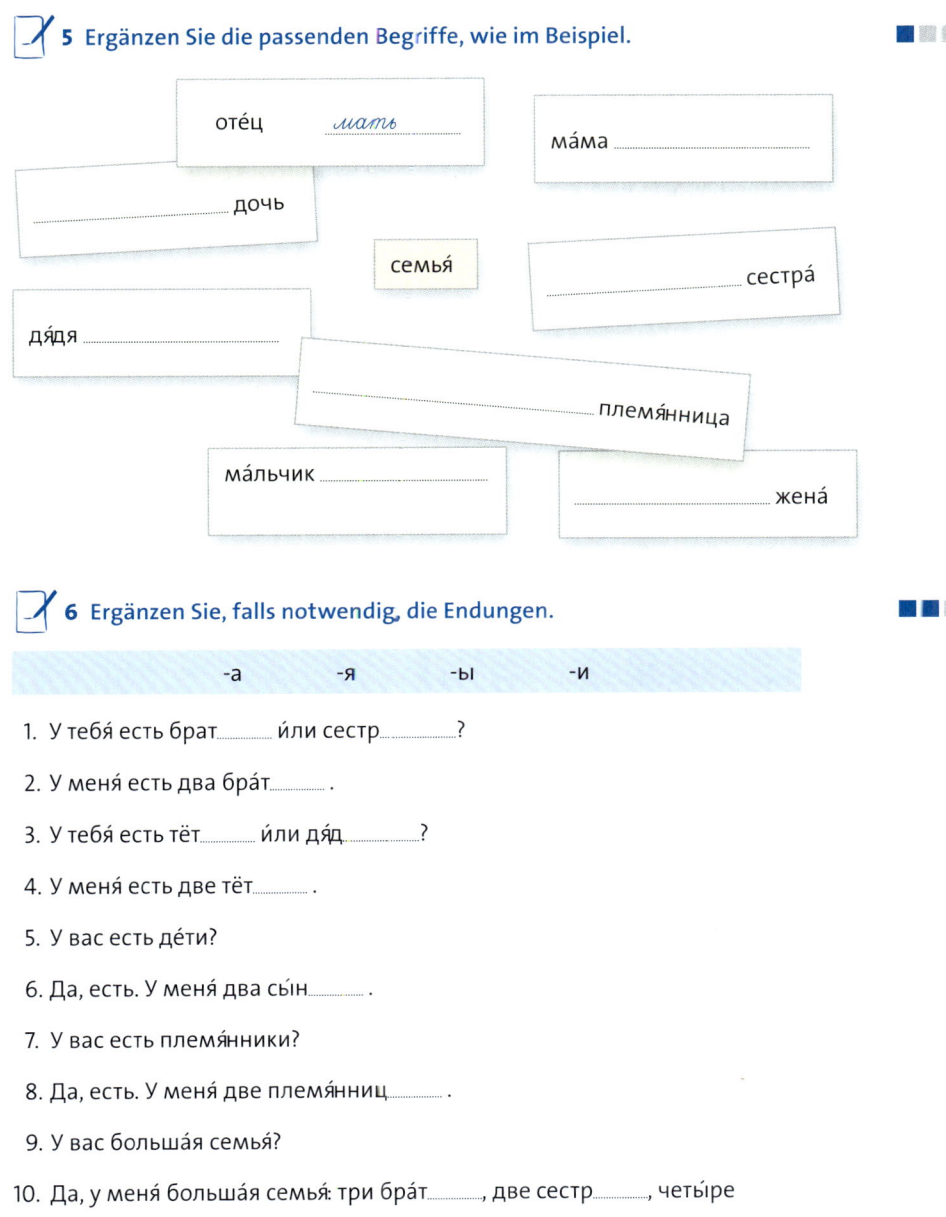

отéц   *мать*

мáма ....

.... дочь

семья́

.... сестрá

дя́дя ....

.... племя́нница

мáльчик ....

.... женá

6 Ergänzen Sie, falls notwendig, die Endungen.   ■ ■ ■

-а	-я	-ы	-и

1. У тебя́ есть брат............ и́ли сестр............?

2. У меня́ есть два брáт............ .

3. У тебя́ есть тёт............ и́ли дя́д............?

4. У меня́ есть две тёт............ .

5. У вас есть дéти?

6. Да, есть. У меня́ два сы́н............ .

7. У вас есть племя́нники?

8. Да, есть. У меня́ две племя́нниц............ .

9. У вас больша́я семья́?

10. Да, у меня́ больша́я семья́: три брáт............, две сестр............, четы́ре

    племя́нник............ — две дéвочк............ и два мáльчик............ .

7 Lesen Sie den Dialog auf Seite 46 und beantworten Sie die Fragen schriftlich.

■ ■ ■ ▢ 1. У Татья́ны есть сестра́?

2. У Татья́ны есть брат?

3. У Оле́га четы́ре бра́та и три сестры́?

4. У Ште́фана есть брат и́ли сестра́?

5. У Ште́фана есть жена́?

6. У Ште́фана есть сын и́ли дочь?

■ ■ ■ ▢ **8** Ergänzen Sie Wörter mit derselben Bedeutung wie die hervorgehobenen Wörter (Synonyme).

1. Это мой **роди́тели**. = Это мой _____

2. О́льга **не за́мужем**. = У _____

3. Алекса́ндр **жена́т**. = У _____

4. Это **дочь бра́та**. = Это моя́ _____

5. Это **сын сестры́**. = Это мой _____

6. У него́ **нет бра́та и нет сестры́**. = Он в семье́ _____

7. У неё **нет бра́та и нет сестры́**. = Она́ в семье́ _____

■ ■ ■ **9** Vervollständigen Sie die Sätze.

за́мужем	жена́т

1. Ваш сын _____? – Нет, он ещё не _____.

2. Ва́ша дочь _____? – Да, она́ _____.

3. Брат _____, а сестра́ ещё не_____.

4. Ште́фан не _____, Татья́на не_____.

Kulturtipp Alle zusammen – die Familie in Russland

Sowohl gesellschaftlich als auch privat hat die Familie in Russland einen hohen Stellenwert. Der Zusammenhalt der verschiedenen Generationen einer Familie ist traditionell stark ausgeprägt. Mancherorts wird die Geburt eines Kindes gefeiert wie eine kleine Hochzeit.

Nicht selten wohnen Kinder, Eltern und Großeltern in einer Wohnung bzw. einem Haus. Selbst unverheiratete Berufstätige um die 30–40 Jahre ziehen oft die Gemütlichkeit des Elternhauses der eigenen Freiheit vor. Die Großeltern beteiligen sich meist rege an der Betreuung und Erziehung ihrer Enkel. Auch Gäste werden mit großer Herzlichkeit und Wärme ausgesprochen schnell in die Familie aufgenommen.

Семья́	Familie		
па́па	Papa	ма́ма	Mama
оте́ц , G отца́	Vater	мать	Mutter
роди́тели	Eltern	де́ти	Kinder
муж	(Ehe-)Mann	жена́	(Ehe-) Frau
ма́льчик	Junge	де́вочка	Mädchen
сын	Sohn	дочь	Tochter
брат	Bruder	сестра́	Schwester
дя́дя	Onkel	тётя	Tante
племя́нник	Neffe	племя́нница	Nichte

Übrigens: Wenn jemand von **сестра́** oder **брат** berichtet, ist nicht immer von der Schwester oder dem Bruder die Rede – es können auch Cousinen oder Cousins gemeint sein. Und mit **дя́дя** und **тётя** sprechen Kinder generell alle Erwachsenen an.

Was können Sie schon?

	☺	☺	☹	
▪ die Anzahl von etwas angeben	☐	☐	☐	►Ü1
▪ ausdrücken, dass etwas vorhanden ist und mitteilen, dass etwas fehlt	☐	☐	☐	►Ü2, Ü3
▪ über Ihre Familie berichten	☐	☐	☐	►Ü4
▪ Informationen über die Familiensituation verstehen	☐	☐	☐	►Ü4

Wiederholen und üben Sie

Hier wiederholen Sie

- jemanden zu begrüßen und zu verabschieden
- sich und andere vorzustellen
- Fragen zu stellen und zu beantworten
- über Familie und Beruf zu erzählen
- die Anzahl von etwas anzugeben
- Einverständnis und Ablehnung auszudrücken
- das Vorhandensein und Fehlen von etwas mitzuteilen

25 🎧 **1 Hören Sie die Sätze und achten Sie genau auf die Satzmelodie (Intonation). Sind es Fragen oder Aussagen? Kreuzen Sie an.**

Frage	Aussage	Frage	Aussage
1. a) ☐	b) ☐	5. a) ☐	b) ☐
2. a) ☐	b) ☐	6. a) ☐	b) ☐
3. a) ☐	b) ☐	7. a) ☐	b) ☐
4. a) ☐	b) ☐	8. a) ☐	b) ☐

26 **2 Bilden Sie Sätze und achten Sie dabei auf die Endungen. Hören Sie nun die Sätze auf der CD und sprechen Sie nach.**

1. понима́ть / ещё / всё / я / не

....

2. Мюнхен / рабо́тать / инжене́р / в / ?

....

3. «Büfett» / про́сто / по-неме́цки / стол / означа́ть

....

4. хоте́ть / Юрий / чай / , / вы / и́ли / Ива́нович / ко́фе / ?

....

5. а / кабине́ты / спра́ва / тут / , / компью́терный зал / сле́ва

....

6. три / нас / племя́нница / и / у / две / племя́нник

....

7. знать / ма́льчики / сло́во / по-ру́сски / три

....

3 Anworten Sie verneinend in vollständigen Sätzen. ■ ■ ■

1. Они говоря́т по-ру́сски? ....
2. Татья́на за́мужем? ....
3. У Оле́га есть сы́н? ....
4. Разреши́те предложи́ть бутербро́ды? ....
5. Бага́ж в маши́не? ....
6. Э́то Кра́сная пло́щадь? ....
7. Вы хоти́те чай? ....
8. У Штéфана есть брат и́ли сестра́? ....

4 Hören Sie am Wortende einen weichen oder harten Konsonanten? ⊙ 27

weich	hart		weich	hart		weich	hart
1. a) ☐	b) ☐		4. a) ☐	b) ☐		7. a) ☐	b) ☐
2. a) ☐	b) ☐		5. a) ☐	b) ☐		8. a) ☐	b) ☐
3. a) ☐	b) ☐		6 a) ☐	b) ☐		9. a) ☐	b) ☐

■ ■ ■

5 In Gruppen lernen sich Vokabeln leichter. Ordnen Sie die Wörter zu. ■ ■ ■

здесь	сейча́с	вот	внизу́	всегда́	иногда́
пото́м	ча́сто	тут	спра́ва	сле́ва	снача́ла

Ortsangaben: ....
....
....
....

Zeitangaben: ....
....
....
....

6 Setzen Sie nun die passenden Wörter aus Übung 5 ein. ■ ■ ■

1. Э́то мой кабине́т. .... окно́, а .... стол.
2. .... коро́ткая экску́рсия, а .... чай и бутербро́ды
   в буфе́те.
3. Прошу́ проще́ния, а где ваш колле́га? – Мой колле́га ....
   в командиро́вке в Москве́.
4. Извини́те, а где приёмная? – ....
5. Господи́н Клюг, вас уже́ жду́т .... в маши́не.
6. Ты .... навеша́ешь ма́му? – К сожале́нию, нет.
7. Ваш сын .... чита́ет журна́лы? – Нет, но ....
8. Где ваш о́фис? – .... он.

7 Lesen Sie die Kurzdialoge und ergänzen Sie die passenden Ausdrücke.

С удово́льствием.   Рад/Ра́да познако́миться.
О́чень прия́тно.   Нет, спаси́бо.

1. ► Вот са́хар и сли́вки.
   ◄ .... Я люблю́ чёрный ко́фе.
2. ► Познако́мьтесь, э́то Евге́ния Семёновна.
   ◄ .... Дми́трий Алексе́евич.
3. ► Разреши́те предложи́ть бутербро́ды и сала́т.
   ◄ ....
4. ► Здра́вствуйте. Влади́мир Соро́кин.
   ◄ .... *(Ihr Name)* ....

8 Lösen Sie das Kreuzworträtsel zum Thema Essen und Trinken.

Senkrecht
1. Heißgetränk, in Russland weit verbreitet
2. beliebter Imbiss mit deutschem Namen
3. Darauf nimmt man das Essen ein.
4. Hier kann man einkehren.

Waagerecht
1. Hier kann man Pause machen und etwas essen.
2. wird aus verschiedenen Zutaten gemischt
3. beliebt als Durstlöscher
4. schwarzes Getränk

9 Streichen Sie falsche Zahlwörter, die nicht zu dem Substantiv passen.

1. оди́н | три | четы́ре брат
2. две | одна́ | три племя́нницы
3. одна́ | две | четы́ре сестра́
4. оди́н | две | четы́ре племя́нника

10 Hören Sie die Porträts und kreuzen Sie an: 28

	richtig	falsch
1. a) Tatjana kommt aus Russland.	☐	☐
b) Sie spricht kein Deutsch.	☐	☐
c) Tatjana ist verheiratet.	☐	☐
d) Sie hat einen Bruder.	☐	☐
2. a) Die Person arbeitet in Moskau.	☐	☐
b) Die Person ist Lehrer.	☐	☐
c) Die Person hat drei Kinder.	☐	☐
d) Die Person liest selten.	☐	☐
3. a) Oleg ist nicht verheiratet.	☐	☐
b) Er ist ein Einzelkind.	☐	☐
c) Er hat schon vier Neffen.	☐	☐
d) Er hat leider nie Zeit.	☐	☐

11 Entwerfen Sie nach den Mustern in Übung 10 Ihr eigenes Kurzporträt.

....

....

....

....

12 „Falsche Freunde!" Lesen Sie und verbinden Sie die passenden Wörter.

1. Arbeitszimmer	a) маши́на
2. belegtes Brot	b) экску́рсия
3. Cafeteria	c) кабине́т
4. Auto, Wagen	d) бутербро́д
5. Rundgang	e) журна́л
6. Zeitschrift	f) буфе́т

13 Lesen Sie und streichen Sie, was nicht in die Reihe passt.

1. учи́тельница | води́тель | кабине́т | инжене́р | перево́дчица
2. сала́т | секрета́рь | минера́лка | чай | бутербро́д
3. мать | оте́ц | дочь | колле́га | сын
4. приёмная | кафе́ | компью́терный зал | буфе́т | кабине́т
5. Добро́ пожа́ловать! | С прие́здом! | Пока́! | Здра́вствуйте!

14 Lesen Sie laut und übersetzen Sie auf einem extra Blatt Papier.

Рад познако́миться! Серге́й Фёдоров. Мо́жно про́сто Серёжа. Я из Росси́и, из Санкт-Петербу́рга. Я секрета́рь фи́рмы «Телемо́ст». Вот приёмная, где я рабо́таю: сле́ва два окна́, а спра́ва стол. На рабо́те у меня́ три телефо́на.

15 Ergänzen Sie die Wörter in Klammern im Akkusativ. Vorsicht: Lebewesen oder Gegenstände bei Maskulina?

1. Отку́да ты зна́ешь её _____ (сестра́)?
2. Вы ви́дите _____ (су́мка *Pl*) и _____ (чемода́н)? Это наш бага́ж.
3. Вы уже́ чита́ете _____ (газе́та *Pl*) по-ру́сски?
4. Я хочу́ _____ (минера́лка), _____ (сала́т) и _____ (бутербро́д).
5. Отку́да ты зна́ешь э́ти (*diese*) _____ (сло́во *Pl*)?
6. Мы слу́шаем _____ (учи́тель), но мы ещё не всё понима́ем.
7. Ты ви́дишь _____ (де́вочка)? Это до́чь Ю́рия.

16 Wählen Sie das Verb und setzen Sie es in der richtigen Form ein.

ви́деть   ждать   звони́ть   люби́ть   рабо́тать   сиде́ть   слу́шать

1. Секрета́рь _____ в кабине́те.
2. Внизу́ уже́ _____ маши́на.
3. Мы _____ ра́дио по-ру́сски.
4. Мои́ сёстры мно́го _____ и поэ́тому ре́дко _____ .
5. Вы ча́сто _____ племя́нника?
6. Ю́рий Ива́нович о́чень _____ чай, а я _____ ко́фе.

17 Setzen Sie die Personalpronomen in den Genitiv.

1. У _____ (вы) нет багажа́?
2. У _____ (ты) есть вре́мя?
3. У _____ (он) четы́ре племя́нника.
4. У _____ (я) нет бра́та и нет сестры́.
5. У _____ (мы) в семье́ есть одна́ тради́ция.
6. У _____ (она́) нет су́мки.
7. У _____ (они́) на фи́рме сейча́с нет секретаря́.

18 Lösen Sie das Kreuzworträtsel Wie lautet das Lösungswort? ■■■

1. die Tochter meiner
   Mutter, aber nicht ich
2. kein Junge, sondern ein ...
3. nach sechs Söhnen
   möchten wir gern eine ...
4. ein kleiner Mann
5. der andere Sohn
   meines Vaters
6. alle zusammen
7. der Sohn meines Bruders
8. Mutter, Vater, ...

1 С
2 О
3
4 Л
5
6 Е
7 Н
8 Е

19 Lesen Sie laut und beantworten Sie die Fragen mit на, в oder из. ■■■

1. Откýда Вы? – _____ Гермáнии.
2. Где рабóтает Татья́на? – _____ фи́рме «Оли́мп».
3. Где води́тель? – _____ маши́не.
4. Откýда егó брат? – _____ Берли́на.
5. Где бутербрóды? – _____ столé.
6. Откýда он? – _____ Москвы́.
7. Где сиди́т секретáрь? – _____ кабинéте, здесь слéва.
8. Где вы изучáете рýсский язы́к? – _____ рабóте.
9. Где минерáлка? – Навéрное, _____ сýмке.

**20 Ordnen Sie die Substantive in die richtige Gruppe ein. Hören Sie dann
die Wörter und überprüfen Sie Ihre Listen.** ◉ 2э ■■■

гость   сýмка   чемодáн   госпожá   тётя   учи́тель   минерáлка
дéвочка   чай   óфис   ýлица   мáма   кабинéт   сын   балкóн
женá   дя́дя   отéц   племя́нница   пáпа

m, belebt	*m*, unbelebt	*f*, belebt	*f*, unbelebt

Zwischentest 1

1 Welche Form des Verbs ist richtig? Kreuzen Sie an.

1. Олéг
   a) ☐ читáете   газéту.
   b) ☐ читáет
   c) ☐ читáем

2. Я с удовóльствием
   a) ☐ слýшаешь   рáдио.
   b) ☐ слýшают
   c) ☐ слýшаю

3. Штéфан и Татья́на
   a) ☐ лю́бят   чёрный кóфе.
   b) ☐ лю́бит
   c) ☐ лю́бите

4. Вы
   a) ☐ хóчет   чай и́ли кóфе?
   b) ☐ хоти́м
   c) ☐ хоти́те

5. Ты
   a) ☐ знáешь   Татья́ну?
   b) ☐ знáет
   c) ☐ знáют

6. Мы ужé немнóго
   a) ☐ говори́те   по-рýсски.
   b) ☐ говори́м
   c) ☐ говори́т

__/6

2 Ergänzen Sie eine vollständige Antwort.

1. У Штéфана есть брат?

   Нет, _____

2. Разреши́те предложи́ть салáт?

   Да, _____

3. Вы хорошó говори́те по-рýсски?

   Нет, _____

4. Татья́на ужé зáмужем?

   Нет, _____

5. Он понимáет рýсский язы́к?

__/5   Да, _____

3 Lebewesen oder Gegenstände? Kreuzen Sie die richtige Form an.

1. Я о́чень люблю́
   - a) ☐ чай
   - b) ☐ ча́я
   - c) ☐ ма́ма.
   - d) ☐ ма́му.

2. Алекса́ндр хо́чет
   - a) ☐ минера́лку
   - b) ☐ минера́лка
   - c) ☐ сы́на.
   - d) ☐ сын.

3. Вы ви́дите
   - a) ☐ маши́на
   - b) ☐ маши́ну
   - c) ☐ секрета́рь?
   - d) ☐ секретаря́?

4. Ты понима́ешь
   - a) ☐ сло́ва
   - b) ☐ сло́вс
   - c) ☐ учи́тельницу?
   - d) ☐ учи́тельница?

5. Отку́да ты зна́ешь
   - a) ☐ ру́сский языка́
   - b) ☐ ру́сский язы́к
   - c) ☐ её тётю?
   - d) ☐ её тётя?   __/5

4 Setzen Sie die Wörter in den Klammern im Genitiv ein.

1. У _____ (он) два бра́та.
2. У _____ (Татья́на) нет му́жа.
3. У _____ (она́) больша́я семья́.
4. У _____ (Штéфан) нет бра́та и́ли сестры́?
5. У _____ (они́) три сы́на.
6. У _____ (ты) нет багажа́?   __/6

5 Hören Sie die zwei Kurzporträts und kreuzen Sie an.   ⊙ 30

	richtig	falsch
1. a) Daria und Ekaterina sind Schwestern.	☐	☐
b) Ekaterina ist nicht verheiratet.	☐	☐
c) Sie hat zwei Kinder.	☐	☐
d) Daria ist nicht berufstätig.	☐	☐
e) Darias Schwager arbeitet in Berlin.	☐	☐
2. a) Stepan und seine Frau sind beide Lehrer.	☐	☐
b) Er kann ein wenig Deutsch.	☐	☐
c) Seine Frau spricht gut Deutsch.	☐	☐
d) Sie ist oft in Bayern.	☐	☐
e) Ihr Schwager ist in München.	☐	☐

__/5

6 Beantworten Sie die Fragen kurz.

1. Где вы рабо́таете? _____ (Мю́нхен)
2. Что чита́ет секрета́рь? _____ (журна́л, Pl)
3. Где ждёт води́тель? _____ (маши́на)
4. Отку́да вы? _____ (Берли́н)
___/5 5. Где она́ рабо́тает? _____ (фи́рма)

7 Ergänzen Sie den Dialog.

> из Герма́нии   о́чень прия́тно   разреши́те   наш гость
> здра́вствуйте   предста́вить   до́брый день

▸ _____ (1.), Ю́рий Петро́вич, _____ (2.).
_____ (3.). Э́то _____ (4.), Ма́ртин Клюг,
_____ (5.).
___/7 ◂ _____ (6.). Ма́ртин Клюг, _____ (7.).

⊙ 31 **8** Hören Sie die Kurzdialoge. Wie viele und welche Familienmitglieder werden erwähnt? Ergänzen Sie und kreuzen Sie an.

1. _____ a) ☐ тёти b) ☐ сёстры
2. _____ a) ☐ бра́та b) ☐ сы́на
___/3 3. _____ a) ☐ племя́нника b) ☐ племя́нницы

9 Was sagen Sie, wenn ...

1. ... Sie jemanden willkommen heißen möchten?
_____

2. ... Sie sagen wollen, dass Sie ein wenig Russisch sprechen?
_____

3. ... Sie jemandem vorgestellt werden? _____

4. ... Sie selbst jemanden vorstellen wollen?
_____

5. ... Sie ein Angebot gern annehmen? _____

6. ... Sie sich von einem Freund verabschieden möchten?
_____

7. ... Sie ein Angebot ablehnen möchten? _____

8. ... Sie sagen wollen, dass Sie ein Einzelkind sind?
___/8 _____

___/50

In dieser Lektion lernen Sie

- Obst und Gemüse einzukaufen
- die gewünschte Menge anzugeben
- Absichten und Notwendigkeiten auszudrücken
- die Grundzahlwörter von 11–100

⊙ 32
⊙ 33

Моско́вский ры́нок

Stefan Tauber möchte Obst einkaufen. Tatjana begleitet ihn auf den Markt.

Штéфан	Вот э́то ры́нок!?
Татья́на	Конéчно, Вы же в Москвé.
Штéфан	Интерéсно, скóлько здесь рядóв?
Татья́на	Навéрное, пятна́дцать – два́дцать. А что Вам ну́жно?
Штéфан	Я хочу́ купи́ть фру́кты.
Татья́на	Вот. Прила́вок нóмер три́дцать четы́ре. Каки́е я́блоки! Тóлько дороги́е.
Продавéц	Что ты, дорога́я, ра́зве э́то дóрого? Попрóбуй! Таки́е я́блоки тóлько у нас!
Штéфан	Да, óчень сла́дкое я́блоко! Пять штук, пожа́луйста.
Продавéц	Вот ви́дите! А тепéрь попрóбуйте вот э́ту гру́шу.
Штéфан	Ммм ... Как э́то: Sie zergeht auf der Zunge?
Татья́на	Та́ет во рту?
Штéфан	Тóчно.
Продавéц	Скóлько взвéсить?
Штéфан	Полтора́ килогра́мма и ...
Продавéц	И вот э́тот виногра́д, совсéм не дорогóй!
Штéфан	Ну хорошó, пожа́луй, полкилó.
Продавéц	Так ма́ло, молодóй человéк? На́до же дéвушку угости́ть!
Штéфан	Ла́дно, килó. Скóлько э́то стóит?

Sie bezahlen und gehen weiter.

Татья́на	Чтó-нибудь ещё, бана́ны и́ли óвощи? Вот э́ти помидóры, я зна́ю, óчень вку́сные!
Штéфан	Да, я понима́ю. Но не сейча́с. Я такóй голóдный! Как вы смóтрите на совмéстный обéд?

Fragen zum Dialog

Streichen Sie, was nicht zutrifft.

1. Рынок большо́й | совсе́м не большо́й.
2. Штéфан хóчет купи́ть óвощи   фру́кты.
3. Я́блоки дороги́е | совсе́м не дороги́е.
4. Штéфан хóчет купи́ть полтора́ килогра́мма | полкило́ виногра́да.

Ein Moskauer Markt

Stefan Tauber möchte einkaufen. Tatjana begleitet ihn auf den Markt.

Stefan	Das ist ja ein Markt
Tatjana	Natürlich, Sie sind ja in Moskau.
Stefan	Interessant, wie viele Reihen gibt es hier?
Tatjana	Wahrscheinlich fünfzehn – zwanzig. Was brauchen Sie denn?
Stefan	Ich möchte Obst kaufen.
Tatjana	Hier. Der Stand Nummer vierunddreißig. Was für Äpfel! Aber zu teuer.
Verkäufer	Nicht doch, meine Liebe, ist das denn teuer? Koste mal! Solche Äpfel gibt es nur bei uns!
Stefan	Wirklich ein sehr süßer Apfel. Fünf Stück, bitte.
Verkäufer	Seht ihr! Und nun kostet diese Birne.
Stefan	Mmm ... Wie heißt das auf Russisch: Sie zergeht auf der Zunge?
Tatjana	Sie schmilzt im Mund?
Stefan	Genau.
Verkäufer	Wie viel soll ich abwiegen?
Stefan	Anderthalb Kilogramm und ...
Verkäufer	Und diese Weintrauben hier, gar nicht teuer!
Stefan	Nun, ich denke, ein halbes Kilo.
Verkäufer	So wenig, junger Mann? Sie müssen doch die junge Frau bewirten!
Stefan	Na gut, ein Kilo. Wie viel kostet das?

Sie bezahlen und gehen weiter.

Tatjana	Noch irgendetwas, Bananen oder Gemüse? Diese Tomaten da, das weiß ich, schmecken sehr gut!
Stefan	Ja, ich verstehe. Aber jetzt nicht. Ich habe solchen Hunger! Was halten Sie von einem gemeinsamen Mittagessen (*wörtl* wie sehen Sie auf)?

⊙ 34

вам *D*	euch, Ihnen
взве́сить (взве́шу/ взве́сишь/ взве́сят)	abwiegen
вку́сные *Pl*	lecker
голо́дный *m*	hungrig
де́вушка	junge Frau
дорого́й *m*	teuer
до́рого *Adv*	teuer
Дорога́я!	Meine Liebe!
же	ja, doch
како́й, -о́е, -а́я; -и́е	welche(r, s)
купи́ть (куплю́/ ку́пишь/ку́пят)	kaufen
ла́дно	na gut, okay
ма́ло	wenig
молодо́й челове́к	junger Mann
моско́вский *m*	Moskauer
на́до + *Inf*	man braucht
но́мер	Nummer
ну	nun, na
ну́жно + *Inf*	man braucht
обе́д	Mittagessen
Попро́буй(те)!	Koste/n Sie mal!
прила́вок*	Stand
продаве́ц*	Verkäufer
ра́зве	etwa, denn
ры́нок*	Markt
ряд	Reihe
сла́дкое *n*	süß
смотре́ть на + *A* (смотрю́/ смо́тришь/ смо́трят)	(an)sehen

совме́стный *m*	gemeinsam
совсе́м не	überhaupt nicht
сто́ить	kosten
та́ет во рту	(es) schmilzt im Mund
так	so
тако́й, -о́е, -а́я; -и́е	solche(r, s)
то́чно	genau
что́-нибудь	irgendetwas
шту́ка	Stück
э́тот, э́то, э́та; э́ти	diese(r, s)

кило́ *n, indekl* + *G*	Kilo
килогра́мм + *G*	Kilogramm
полкило́ + *G*	ein halbes Kilo
полтора́ + *G*	anderthalb

фру́кты *Pl*	Obst
бана́н	Banane
виногра́д *Sg*	Trauben
гру́ша	Birne
я́блоко	Apfel

о́вощи *Pl*	Gemüse
лук *Sg*	Zwiebeln
карто́шка *Sg, ugs*	Kartoffeln
огуре́ц*	Gurke
помидо́р	Tomate

* Die markierten Vokale verschwinden in allen Kasus außer im N Sg und – bei unbelebten Substantiven – im A Sg. Das betrifft vor allem Substantive auf **-ок** und **-ец**: ры́нок – на ры́нке, огуре́ц – огурцы́. Schwundvokale sind künftig **fett** gedruckt.

→ Die Zahlen von 11–100 finden Sie auf Seite 71.

Grammatik und Redemittel

Die Adjektive im Nominativ Singular und Plural ▸ § 2.1

Adjektive stimmen in Genus, Numerus und Kasus mit dem Substantiv überein.

m	n	f	Pl
вку́сный обе́д	вку́сное я́блоко	вку́сная гру́ша	вку́сные фру́кты

Ist die maskuline Form endbetont, wird aus der Endung **-ый** ein **-о́й**: молодо́й
jung, большо́й *groß*. Nach **г, к, х** und **ж, ч, ш, щ** steht **и** statt **ы** (сла́дкий, хоро́ший)
und nach **ж, ч, ш, щ** und **ц** wird unbetontes **о** zu **e** (хоро́шее), (▸ *Tag 1, Punkt 14*)!

Der Genitiv Plural der Substantive ▸ § 1.3, § 1.4

Der Genitiv Plural hat verschiedene Endungen. Bei den Maskulina endet er auf **-ов**,
bei den Feminina und Neutra ist er endungslos. Zur leichteren Aussprache der
endungslosen Form wird in einigen Fällen ein **Schaltvokal** (**o**, **e** oder **ё**) eingeschoben
(▸ *Tag 1, Punkt 15*): о́кна – о́кон, де́вушки – де́вушек, сёстры – сестёр.

	m	n	f
Nominativ Plural	бана́ны	я́блоки	гру́ши
Genitiv Plural	бана́нов	я́блок_	груш_

Bei Substantiven mit weichem Stammauslaut lautet die Endung im Genitiv Plural in
der Regel **-ей** oder **-ь**: го́сти – госте́й, моря́ – море́й, тёти – тёть.

Die Substantive nach den Grundzahlen ab 5 ▸ § 4

Sie wissen, dass das Substantiv nach 2, 3, 4 immer im Genitiv Singular steht (▸ *Tag 5*).
Ab 5 brauchen Sie den Genitiv Plural: **пять штук** *fünf Stück*.

1 (21, 31, …) **+ N Sg**	2, 3, 4 (22, 23, 24, 32, …) **+ G Sg**	5–20 (25, 26, …) **+ G Pl**

Nach 11 und 12, 13, 14 steht trotz der Endziffern immer der Genitiv Plural.

Der Nominativ und Akkusativ der Demonstrativpronomen ▸ § 5.3

Auch das Demonstrativpronomen **э́тот**, **э́то**, **э́та**; **э́ти** *diese(r,s)* stimmt in
Genus, Numerus und Kasus mit dem Bezugswort überein.
Akkusativ gleich Nominativ, außer bei den Feminina im Singular: э́т**у** гру́ш**у**.

m	n	f	Pl
э́тот огуре́ц	э́то я́блоко	э́та гру́ша	э́ти фру́кты

35

1 Welche Zahl hören Sie? Ergänzen Sie die Zahlwörter und achten Sie auf die richtigen Endungen bei den Substantiven.

1. _____ (маши́на)   4. _____ (води́тель)
2. _____ (кабине́т)   5. _____ (учи́тельница)
3. _____ (бутербро́д)   6. _____ (журна́л)

2 Kombinieren Sie das Obst und Gemüse mit Adjektiven und tragen Sie alles in die passende Spalte ein.

бана́ны карто́шка я́блоко помидо́ры лук виногра́д огуре́ц гру́ша	дорого́й сла́дкое хоро́ший дороги́е вку́сный сла́дкая вку́сное хоро́шие вку́сная дорога́я

фру́кты   о́вощи

_____   _____
_____   _____
_____   _____

3 Что вам ну́жно? Что вы хоти́те купи́ть? Antworten Sie.

1. 1 kg Kartoffeln   4. 1 ½ kg Tomaten
2. 2 Gurken   5. 6 Birnen
3. 5 Äpfel   6. ½ kg Weintrauben

4 Hier sind die Endungen verloren gegangen. Lesen und ergänzen Sie.

1. Э́т ____ я́блок ____ (Sg) о́чень вку́сн ____ ! Я хоч ____ купи́ть полтора́ килогра́мм ____ .
2. Попро́буйте э́т ____ гру́ш ____ (Sg)! Она́ сла́дк ____ и совсе́м не дорог ____ .
3. Вы лю́б ____ фру́кт ____ (Pl)? – Да, где здесь мо́жно купи́ть бана́н ____ (Pl)?
4. Полкило́ виногра́д ____ , пожа́луйста, и три бана́н ____ . Ско́лько э́т ____ сто́ ____ ?
5. Каки́е помидо́р ____ (Pl)! – Я зна́ ____ , ты лю́б ____ помидо́р ____ (Pl).
   Но э́т ____ о́чень дорог ____ .
6. Кило́ лу́к ____ , пожа́луйста, и два килогра́мм ____ карто́шк ____ .
   И, пожа́луй, два огур ____ .

5 Ergänzen Sie das passende Demonstrativpronomen. ◼◻◻

	этот	это	эту

Попро́буйте вот …

1. .... огуре́ц!   4. .... помидо́р!

2. .... я́блоко!   5. .... гру́шу!

3. .... сала́т!   6. .... виногра́д!

6 Wie lauten die Wörter im Genitiv Plural? ◼◼◻

Ско́лько здесь …?

1. ры́нок   *ры́нков*   5. помидо́р   ....

2. ряд   ....   6. я́блоко   ....

3. бана́н   ....   7. килогра́мм   ....

4. гру́ша   ....   8. шту́ка   ....

7 Ergänzen Sie die Endungen. ◼◼◻

-ый / -ий	-ой	-ая	-ое	-ые /-ие

1. Э́то о́чень больш............ ры́нок.

2. Здесь о́чень дорог............ о́вощи и фру́кты.

3. Вот э́та гру́ша о́чень сла́дк............

4. Вот э́то я́блоко о́чень вку́сн............ .

5. Виногра́д о́чень хоро́ш............ и не о́чень дорог............ .

6. Э́ти помидо́ры о́чень вку́сн............ .

7. Э́то о́чень вку́сн............ сала́т.

8. Молод............ челове́к, помоги́те мне, пожа́луйста!

◼◼◻ **8** Vervollständigen Sie die beiden Sätze.

1. Я куплю помидо́ры, три килогра́мм............... и карто́шку, пять килогра́мм............... .

2. В Москве́ два́дцать два ры́нк............... . А ско́лько ры́нк............... в Мю́нхене?

9 Verbinden Sie die Sätze, die zusammengehören.

◼◼◻ 1. Вот э́то ры́нок!   a) Wie viel soll ich abwiegen?
2. А что вам ну́жно?   b) Noch irgendetwas?
3. Я хочу́ купи́ть фру́кты.   c) Na gut, ein Pfund.
4. Та́ет во рту́.   → d) Das ist ja ein Markt!
5. Ско́лько взве́сить?   e) Wie viel kostet das?
6. Ско́лько э́то сто́ит?   f) Was brauchen Sie denn?
7. Ну хорошо́, пожа́луй, по́лкило́.   g) Ich möchte Obst kaufen.
8. Что́-нибудь ещё?   h) Es zergeht auf der Zunge.

◼◼◻ **10** Kreuzen Sie die korrekte Antwort an.

1. «Та́ет во рту́» означа́ет:
    a) ☐ Э́то о́чень до́рого.   b) ☐ Э́то о́чень вку́сно.   c) ☐ Э́то прекра́сно.

2. «Ла́дно, по́лкило́» означа́ет: Хорошо́, ...
    a) ☐ 500 гра́ммов.   b) ☐ оди́н килогра́мм.   c) ☐ 100 грамм.

3. «Она́ за́мужем» означа́ет:
    a) ☐ У неё есть муж.   и) ☐ Она́ уже́ здесь.   c) ☐ У него́ есть жена́.

◼◻◻ **11** Schreiben Sie die Wortgruppen im Singular.

1. моско́вские ры́нки ....

2. хоро́шие помидо́ры ....

3. сла́дкие гру́ши ....

4. таки́е я́блоки ....

5. вку́сные бутербро́ды ....

Kulturtipp Besonderheiten der Verkaufskultur

In Russland können Sie mittlerweile in Supermärkten – oft sogar rund um die Uhr
– einkaufen. Daneben haben sich jedoch einige traditionelle Einkaufsmöglichkeiten
erhalten. Märkte z.B. finden Sie fast an jeder Ecke. Hier kann man nicht nur Lebens-
mittel kaufen, sondern von der Kleidung bis zu Baumaterialien so ziemlich alles.
Wundern Sie sich nicht, falls Sie auf dem Markt angesprochen und eingeladen
werden, die Ware zu kosten. Dabei kann es lustig, aber auch schon mal recht
burschikos zugehen. So wird z.B. Tatjana auf dem Markt mit Du angesprochen.

Weit verbreitet sind auch noch die typisch russischen, meist kleineren Geschäfte mit
verschiedenen getrennten Abteilungen. Hier gibt es z.B. Fleisch- und Käsetheken
oder auch Drogerie- und Spielwaren. In der jeweiligen Abteilung bestellen Sie die
gewünschte Ware und erfahren den Preis mündlich. Daraufhin gehen Sie zur
separaten Kasse, bezahlen mit der Angabe der Abteilung und gehen mit dem
Kassenbon zurück, um Ihre Ware zu erhalten. Viel Spaß beim Ausprobieren!

Die Zahlen von 11–100					
11	одиннадцать	18	восемнадцать	43	сорок три
12	двенадцать	19	девятнадцать	50	пятьдесят
13	тринадцать	20	двадцать	60	шестьдесят
14	четырнадцать	21	двадцать один	70	семьдесят
15	пятнадцать	30	тридцать	80	восемьдесят
16	шестнадцать	32	тридцать два	90	девяносто
17	семнадцать	40	сорок	100	сто

Was können Sie schon?

	☺	☺	☹	
■ Zahlen bis 100 verstehen und anwenden	■	■	■	►Ü1
■ Obst und Gemüse auswählen	■	■	■	►Ü2
■ Mengenangaben machen	■	■	■	►Ü3
■ Absichten und Notwendigkeiten ausdrücken	■	■	■	►Ü4
■ einfache Einkaufsgespräche führen	■	■	■	►Ü4

Im Restaurant

In dieser Lektion lernen Sie

- Speisen und Getränke zu bestellen
- eine Auswahl zu treffen
- Möglichkeiten auszudrücken
- die Grundzahlwörter bis 1.000.000

◉ 36 ## Я угоща́ю!
◉ 37

Stefan und Tatjana sind im Restaurant Drei Bären angekommen.

Официа́нт До́брый день! Этот сто́лик, пожа́луйста. Вот меню́. Рекоменду́ю вам бизнес-ла́нч.

Штéфан Бизнес-ла́нч?

Татья́на Ну, неме́цкое «Menü». А меню́ по-ру́сски означа́ет «Speisekarte». Это удо́бно и недо́рого, за всё две́сти пятьдеся́т рубле́й.

Штéфан Поня́тно. Борщ я уже́ зна́ю. А что тако́е щи?

Татья́на Суп из капу́сты. Вы мо́жете попро́бовать. То́лько я капу́сту не ем. Мне лу́чше № 3: на пе́рвое окро́шка, это холо́дный суп из ква́са, на второ́е котле́ты из ку́рицы и к ним пюре́, а на десе́рт моро́женое.

Штéфан Мне то́же.

Официа́нт Что зака́зываем?

Татья́на Два бизнес-ла́нча № 3, буты́лку воды́ ...

Штéфан И бока́л пи́ва. А мо́жет два?

Татья́на Нет, спаси́бо, я не пью.

Штéфан Тогда́ одно́ пи́во.

Официа́нт Вам све́тлое и́ли тёмное?

Штéфан Мо́жно тёмное.

Der Kellner serviert die Suppe, Stefan schaut etwas irritiert.

Штéфан Это ра́зве суп?

Татья́на *(lächelt)* Стра́нно вы́глядит? А вы попро́буйте.

Штéфан Непривы́чно, но вку́сно.

Татья́на *(nach dem Essen)* Официа́нт, счёт, пожа́луйста.

Штéфан Счёт мне, я угоща́ю.

Fragen zum Dialog

Kreuzen Sie an, was zutrifft.

1. Штéфан знáет,   a) ☐ что такóе борщ   b) ☐ что такóе щи.
2. Татья́на   a) ☐ лю́бит   b) ☐ не лю́бит капу́сту.
3. Они́ зака́зывают   a) ☐ оди́н бока́л пи́ва   b) ☐ два бока́ла пи́ва.
4. Бизнес-ла́нч – э́то   a) ☐ недóрого и удóбно   b) ☐ дóрого и неудóбно.

Ich lade (Sie) ein!

Stefan und Tatjana sind im Restaurant Drei Bären angekommen.

Kellner   Guten Tag! Diesen Tisch, bitte. Hier ist die Speisekarte. Ich empfehle Ihnen das Menü (*wörtl* business lunch).

Stefan   Business lunch?

Tatjana   Na, „Menü" auf Deutsch. Und auf Russisch heißt меню́ „Speisekarte". Es ist sehr praktisch und günstig, alles inklusive für 250 Rubel.

Stefan   Alles klar. Borschtsch kenne ich schon. Und was ist Schtschi?

Tatjana   Kohlsuppe. Sie können ja kosten. Ich esse aber keinen Kohl. Ich nehme lieber die Nr. 3: als Vorspeise Okroschka, das ist kalte Suppe aus Kwass, als Hauptgericht Frikadellen aus Hühnerfleisch und dazu Kartoffelpüree und zum Dessert Eis.

Stefan   Ich (*wörtl* mir) auch.

Kellner   Was (möchten) Sie bestellen?

Tatjana   Zweimal Menü Nr. 3, eine Flasche Wasser ...

Stefan   Und ein Glas Bier. Oder vielleicht zwei?

Tatjana   Nein, danke, ich trinke keinen Alkohol (*wörtl* ich trinke nicht).

Stefan   Dann ein Bier.

Kellner   Möchten Sie ein Helles oder ein Dunkles?

Stefan   Sie können ein Dunkles (bringen).

Der Kellner serviert die Suppe. Stefan schaut etwas irritiert.

Stefan   Ist das etwa eine Suppe?

Tatjana   *(lächelt)* Sieht seltsam aus, nicht? Doch kosten Sie mal.

Stefan   Ungewöhnlich, aber lecker.

Tatjana   *(nach dem Essen)* Herr Ober, die Rechnung bitte.

Stefan   Die Rechnung bekomme ich, ich lade (Sie) ein.

38

бизнес-ла́нч	Menü
вку́сно	lecker
вы́глядеть (вы́гляжу/ вы́глядишь/ вы́глядят)	aussehen
есть (!) (ем/ешь/едя́т)	essen
за + A	für
зака́зывать	bestellen
к + D	zu
капу́ста Sg	Kohl
мо́жет	vielleicht
мочь (могу́/ мо́жешь/мо́гут)	können
официа́нт	Kellner
пить (пью/ пьёшь/пьют)	trinken
поня́тно	alles klar
попро́бовать*	kosten
(не)привы́чно	(un)gewöhnlich
рекомендова́ть*	empfehlen
рубль m	Rubel
све́тлый	hell
сто́лик	kleiner Tisch
стра́нно	seltsam
счёт	Rechnung
тёмный	dunkel
угоща́ть	bewirten
удо́бно	praktisch
холо́дный	kalt

Rund ums Essen	
буты́лка	Flasche
стака́н	Glas
бока́л	Glas
ча́шка	Tasse
таре́лка	Teller
по́рция	Portion
пе́рец	Pfeffer
соль f	Salz

меню́ n, indekl	Speisekarte
блю́да Pl	Speisen
на пе́рвое	als Vorspeise
на второе	als Hauptgericht
на тре́тье	als Nachspeise
на десе́рт	zum Dessert
суп	Suppe
борщ	Rote-Bete-Suppe
щи Pl	Kohlsuppe
окро́шка	Kwasssuppe (kalt)
котле́та	Frikadelle
ку́рица	Hühnerfleisch
пюре́ indekl	(Kartoffel-)Püree
моро́женое n	Eis
напи́тки	Getränke
сок	Saft
вода́	Wasser
пи́во	Bier
вино́	Wein
квас	Kwass (gegorenes Getränk aus Brot)

* Verben auf -**ова**ть gehören zur e-Konjugation. Einzige Besonderheit: **-ова-** wird in allen Personen zu **-у-**: попро́б**ова**ть – я попро́б**у**ю.

→ Die Zahlen von 101–1.000.000 finden Sie auf Seite 79.

Grammatik und Redemittel

Unregelmäßige Verben ▸ §6, §61

Lernen Sie diese Verben auswendig, Sie werden sie häufig brauchen.

	есть essen	**пить** trinken	**мочь** können
я	ем	пью	могу́
ты	ешь	пьёшь	мо́жешь
он, она́, оно́	ест	пьёт	мо́жет
мы	еди́м	пьём	мо́жем
вы	еди́те	пьёте	мо́жете
они́	едя́т	пьют	мо́гут

Achtung:
Bei **я не пью** *ich trinke nicht* erstreckt sich der Verzicht nur auf Alkohol!

Der Dativ der Personalpronomen ▸ §5.1

Nach manchen Verben steht der Dativ ohne Präposition:
Рекоменду́ю **вам** бизнес-ла́нч. *Ich empfehle Ihnen das Menü.*

Nominativ	я	ты	он/оно́	она́	мы	вы	они́
Dativ	мне	тебе́	(н)ему́	(н)ей	нам	вам	(н)им

Auch die Präposition **к** *zu* erfordert den Dativ. Nach Präpositionen wird vor den Formen der 3. Pers Sg und Pl immer ein **н-** eingefügt: **к ним** *zu ihnen* (▸ *Tag 5*). Konsonantische Präpositionen werden häufig zur Erleichterung der Aussprache vor Wörtern, die mit zwei Konsonanten beginnen, mit **-о** erweitert: **ко мне**.

Die Aspekte der Verben ▸ §6.5

Den meisten deutschen Verben entsprechen im Russischen zwei Verbformen, die sogenannten Aspektpartner, z.B. **угоща́ть** *uv* und **угости́ть** *v*. Die Bedeutung *bewirten* erstreckt sich auf beide, doch bei der ersten Form steht der Verlauf im Vordergrund (*unvollendeter Aspekt = uv*) und bei der zweiten das Resultat bzw. die Vollendung (*vollendeter Aspekt = v*). Bisher kamen die *vollendeten* Verben nur als Infinitive vor, z.B. nach Modalverben. Diese Verben können aufgrund ihrer Bedeutung keine Gegenwart ausdrücken. Sie werden aber nach dem Ihnen vertrauten Schema konjugiert, um eine zukünftige Handlung zu bezeichnen: **я угощу́** *ich werde (dich) einladen*. Auf Seite 288–291 finden Sie eine Liste mit den nicht regelmäßigen Verbformen.

1 Hören Sie, was die Personen von ihren Essgewohnheiten berichten und streichen Sie, was nicht zutrifft.

1. Он ест всё | мно́го и лю́бит суп | пи́во.
2. Она́ не пьёт чай | ко́фе и не ест щи | окро́шку.
3. Они́ едя́т | не едя́т сала́ты. Они́ всегда́ едя́т ку́рицу | пьют ко́фе.
4. Их де́ти ча́сто пьют квас | со́ки. Они́ о́чень лю́бят моро́женое | о́вощи.

  2 Rechnen Sie aus und schreiben Sie die Gleichungen wie im Muster. Benutzen Sie плюс (+), ми́нус (–) und равно́ (=). Hören Sie danach die CD und sprechen Sie nach.

1. 999 − 403 = *596*
2. 137 + 256 = ...
3. 760 − 340 = ...
4. 1.925 + 6.812 = ...
5. 600.000 − 43.000 = ...
6. 405.519 + 594.481 = ...

1. *девятьсо́т девяно́сто де́вять ми́нус четы́реста три равно́ пятьсо́т девяно́сто шесть*

3 Sie feiern Ihren Geburtstag im Café und bestellen Speisen und Getränke für Ihre Gäste. Kombinieren Sie ein Wort links (**Akk**) mit einem Wort der Speisekarte (**Gen**).

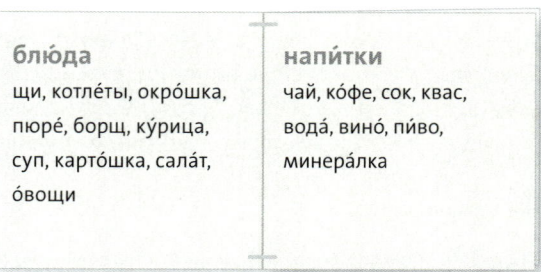

бутылка
стака́н
ча́шка
таре́лка
по́рция
бока́л

блю́да
щи, котле́ты, окро́шка, пюре́, борщ, ку́рица, суп, карто́шка, сала́т, о́вощи

напи́тки
чай, ко́фе, сок, квас, вода́, вино́, пи́во, минера́лка

1. На пе́рвое нам, пожа́луйста, *таре́лку окро́шки,*
2. На второ́е мо́жно ....
3. И напи́тки: ....

Sie haben selbst nur wenig Hunger und bestellen sich einen Salat aus Obst (фру́кты) oder Gemüse (о́вощи).

А мне, пожа́луйста, про́сто сала́т из ....

4 Ergänzen Sie das passende Verb in der richtigen Form.   ■ ■ ■

есть   знать   мочь   пить   зака́зывать   ~~рекомендова́ть~~   угоща́ть

1. Официа́нт *рекоменду́ет* _____ нам би́знес-ла́нч.

2. Штéфан не _____ , что тако́е щи.

3. Татья́на говори́т: «Вы _____ попро́бовать щи».

4. Татья́на не _____ капу́сту.

5. Они́ _____ два би́знес-ла́нча.

6. Татья́на не _____ пи́во.

7. Штéфан говори́т: «Счёт мне, я _____ .»

5 Kreuzen Sie die richtigen Aussagen an.   ■ ■ ▪

1. ☐ Сло́во «меню́» означа́ет «Speisekarte».
2. ☐ Сло́во «котлéта» означа́ет «Kotelett».
3. ☐ Окро́шка – э́то холо́дный суп из ква́са.
4. ☐ Щи – э́то суп из помидо́ров.
5. ☐ «Я не пью.» означа́ет «Я не пью алкого́ль.»
6. ☐ «Счёт мне, я угоща́ю.» означа́ет «Ich zahle die Rechnung.»

6 Was passt inhaltlich nicht in die Reihe? Streichen Sie es durch.   ■ ■ ▪

1. капу́ста, ку́рица, помидо́р, огуре́ц, карто́шка, лук
2. вода́, сок, счёт, ко́фе, чай, пи́во, квас
3. стака́н, блю́да, ча́шка, таре́лка, бока́л, буты́лка
4. пять, шесть, семь, соль, во́семь, де́вять

7 Sie gehen mit Ihrem Freund Martin, der kein Russisch versteht, in Moskau essen. Helfen Sie ihm bei der Bestellung. Übersetzen Sie das Gespräch.

Официа́нт	Что зака́зываем?
Вы	*Der Keller fragt, was wir bestellen möchten. Was möchtest du als Vorspeise?*
Ма́ртин	*Ich hätte gern eine Portion Borschtsch. Und als Hauptgericht bitte Frikadellen mit Kartoffelpüree.*
Вы	....
	.... (1)
	И мне то́же, пожа́луйста.
Официа́нт	Хорошо́. А что вы хоти́те на десе́рт?
Вы	.... (2)
Ма́ртин	*Ich hätte gern ein Eis.*
Вы	*Gute Idee, das nehme ich auch.* ....
	.... (3)
Официа́нт	Хорошо́. А что вы хоти́те пить?
Вы	.... (4)
Ма́ртин	*Ein Glas Mineralwasser und zum Dessert eine Tasse schwarzen Kaffee, bitte.*
Вы	*Gut, ich nehme ein Kwass.* ....
	....
	.... (5)
Официа́нт	Спаси́бо.

Kulturtipp
Essgewohnheiten

Die Esskultur in Russland wird stark von fürsorglichen Müttern geprägt. Oft beginnt der Tag mit einem üppigen Frühstück in einer gemütlichen, viel zu kleinen Küche. Heißer Brei, Nudeln, Omelett, Pfannkuchen (**блины**) sind angesagt. Kein Wunder, wenn das Mittagessen erst nach 14 Uhr serviert wird.

Die Gänge entsprechen den Ordnungszahlen: **на пе́рвое** *als erstes* steht eine Suppe auf dem Speiseplan, **на второ́е** *als zweites* wird der Hauptgang aufgetischt und **на тре́тье** *als drittes* bzw. **на десе́рт** *zum Dessert* wird das Ganze mit einem Getränk bzw. einer Nachspeise abgerundet. Für Kinder ist eine Zwischenmahlzeit (**по́лдник**) aus Milchspeisen fast Pflicht. Am Abend gibt es dann so ziemlich alles, was man auch zum Frühstück oder zum Mittagessen bekommen kann.

Im Restaurant bestellt man Salate, Vorspeisen sowie Alkohol gewöhnlich für alle, die an einem Tisch versammelt sind. Wichtiger Hinweis: Getrennt zu zahlen ist nicht üblich! Der Herr zahlt für die Dame oder ein Herr übernimmt die Rechnung für alle.

Die Zahlen von 101–1.000.000						
101	сто оди́н	600	шестьсо́т	2.000	две ты́сячи	
200	две́сти	700	семьсо́т	5.000	пять ты́сяч	
300	три́ста	800	восемьсо́т	100.000	сто ты́сяч	
400	четы́реста	900	девятьсо́т	101.000	сто одна́ ты́сяча	
500	пятьсо́т	1.000	ты́сяча	1.000.000	миллио́н	

Was können Sie schon?

	☺ ☺ ☹	
■ Speisen und Getränke benennen und bewerten	▪ ▪ ▪	▸Ü1
■ Zahlen bis eine Million verstehen und anwenden	▪ ▪ ▪	▸Ü2
■ eine Auswahl aus einem Angebot treffen	▪ ▪ ▪	▸Ü3
■ eine Bestellung im Restaurant aufgeben	▪ ▪ ▪	▸Ü3

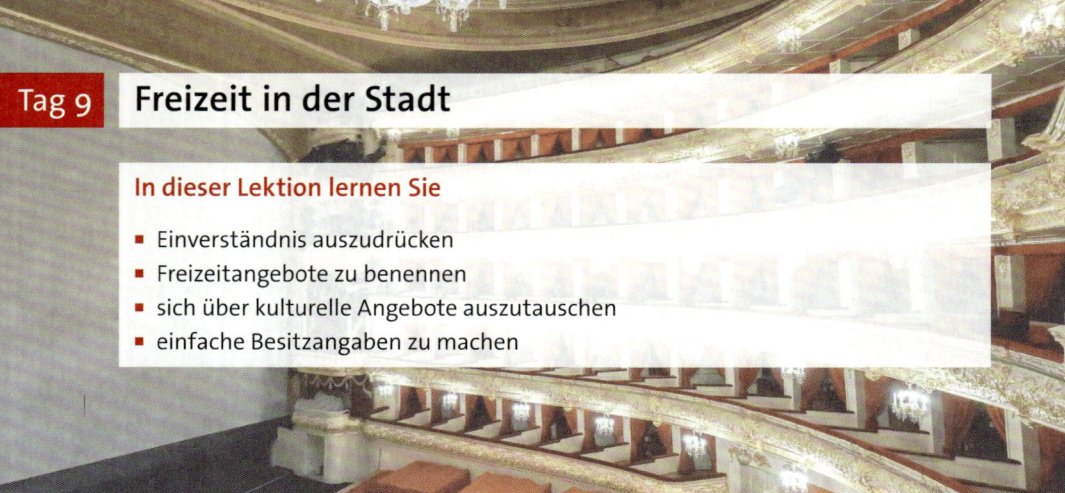

In dieser Lektion lernen Sie

- Einverständnis auszudrücken
- Freizeitangebote zu benennen
- sich über kulturelle Angebote auszutauschen
- einfache Besitzangaben zu machen

41 42 В музе́е

Tatjana und Stefan besuchen die Tretjakow-Galerie. Sie lernen Tatjanas Bruder Alexander kennen, der dort als Museumsführer arbeitet.

Татья́на Штéфан, э́то мой ста́рший брат Алекса́ндр.

Са́ша Óчень прия́тно, мо́жно про́сто Са́ша.

Штéфан Рад познако́миться.

Татья́на Са́ша – экскурсово́д. У него́ сего́дня выходно́й, и он мо́жет показа́ть нам музе́й.

Штéфан Посмотре́ть вы́ставку от нача́ла до конца́, наве́рное, невозмо́жно?

Са́ша К сожале́нию, нет. У вас есть конкре́тные пожела́ния?

Штéфан Я впервы́е в Третьяко́вке и поэ́тому доверя́ю вам в вы́боре.

Са́ша Отли́чно. Тогда́ нам в э́тот зал. На́ша галере́я представля́ет ру́сское иску́сство. И́мя её основа́теля – Па́вел Третьяко́в. Его́ колле́кция включа́ет изве́стные карти́ны …

Sie besichtigen die Galerie.

Штéфан Огро́мное спаси́бо за ва́шу интере́сную экску́рсию.

Са́ша Нé за что! Кста́ти, пока́ вы в Москве́, вам обяза́тельно ну́жно хоть раз в Большо́й теа́тр, на конце́рт …

Татья́на И́ли в кино́ на ру́сский фильм …

Штéфан Согла́сен, но я о́чень люблю́ све́жий во́здух. Я всегда́ в го́роде и хочу́ на приро́ду.

Са́ша Замеча́тельно, тогда́ я вас приглаша́ю на рыба́лку. У вас есть вре́мя в выходны́е?

Штéфан Есть.

Fragen zum Dialog

Welche Aussage ist richtig? Kreuzen Sie an.

1. Са́ша
   a) ☐ экскурсово́д.
   b) ☐ води́тель.

2. Са́ша сего́дня
   a) ☐ рабо́тает.
   b) ☐ не рабо́тает.

3. Штéфан
   a) ☐ не зна́ет
   b) ☐ зна́ет Третьяко́вку

4. Са́ша приглаша́ет Штéфана
   a) ☐ в Большо́й теа́тр.
   b) ☐ на рыба́лку.

Im Museum

Tatjana und Stefan besuchen die Tretjakow-Galerie. Sie lernen Tatjanas Bruder Alexander kennen, der dort als Museumsführer arbeitet.

Tatjana Stefan, das ist mein älterer Bruder Alexander.

Sascha Sehr angenehm, Sie können einfach Sascha sagen.

Stefan Es freut mich, Sie kennenzulernen.

Tatjana Sascha ist Museumsführer. Er hat heute einen freien Tag und kann uns das Museum zeigen.

Stefan Die Ausstellung von Anfang bis Ende zu besichtigen ist wahrscheinlich nicht möglich?

Sascha Leider nicht. Haben Sie bestimmte Vorstellungen?

Stefan Ich bin das erste Mal in der Tretjakow-Galerie, deshalb vertraue ich Ihnen bei der Auswahl.

Sascha Ausgezeichnet. Dann gehen wir (*wörtl* dann uns) in diesen Saal. Unsere Galerie präsentiert russische Kunst. Der Name ihres Gründers ist Pawel Tretjakow. Seine Sammlung umfasst bekannte Bilder ...

Sie besichtigen die Galerie.

Stefan Ein riesiges Dankeschön für Ihren interessanten Rundgang.

Sascha Keine Ursache! Übrigens, solange Sie in Moskau sind, müssen Sie unbedingt wenigstens einmal ins Bolschoitheater, in ein Konzert ...

Tatjana Oder ins Kino in einen russischen Film ...

Stefan Einverstanden, aber ich mag frische Luft sehr gern. Ich bin immer in der Stadt und möchte in die Natur.

Sascha Wundervoll, dann lade ich Sie zum Angeln ein. Haben Sie am Wochenende Zeit?

Stefan Ja, habe ich.

43

Большо́й теа́тр	Bolschoitheater
включа́ть	einschließen
во́здух	Luft
(не)возмо́жно	(nicht) möglich, (un)möglich
впервы́е	zum ersten Mal
вы́бор	Auswahl
выходно́й	freier Tag
выходны́е *Pl*	Wochenende
го́род	Stadt
до + *G*	bis
доверя́ть	(an)vertrauen
замеча́тельно	wundervoll
изве́стный	bekannt
и́мя *n*	Name
интере́сный	interessant
коне́ц	Ende
конкре́тный	konkret, bestimmt
нача́ло	Anfang
не́ за что	keine Ursache
обяза́тельно	unbedingt
огро́мный	riesig
основа́тель *m*	Gründer
от + *G*	von
отли́чно	ausgezeichnet
пожела́ние	Wunsch
пока́	solange, vorläufig
показа́ть *v* (покажу́/ пока́жешь/ пока́жут)	zeigen
посмотре́ть *v* (► *Tag 7*)*	besichtigen, ansehen
представля́ть (представля́ю, представля́ешь, представля́ют)	vorstellen
приглаша́ть	einladen

приро́да	Natur
рыба́лка	Angeln
све́жий	frisch
сего́дня	heute
согла́сен *m*	einverstanden
ста́рший	älterer
Третьяко́вка *ugs*	Tretjakow-Galerie
хоть раз	wenigstens einmal

культу́ра	**kulturelle Angebote**
музе́й	Museum
вы́ставка	Ausstellung
теа́тр	Theater
конце́рт	Konzert
кино́ *n, indekl*	Kino
цирк	Zirkus
колле́кция	Sammlung, Kollektion
о́пера	Oper
бале́т	Ballett
фильм	Film
карти́на	Bild
иску́сство	Kunst
галере́я	Galerie
экскурсово́д	(Museums-)Führer

* Oft unterscheiden sich die *vollendeten* Verben nur durch eine Vorsilbe von den *unvollendeten* Partnern (смотре́ть *uv* / **по**смотре́ть *v*). Die Konjugation stimmt dann überein.

Grammatik und Redemittel

Die Adjektive im Akkusativ bei unbelebten Substantiven ► §2.1

Wie bei Substantiven stimmt auch bei den Adjektiven der Akkusativ mit dem Nominativ überein, außer bei den Feminina im Singular.

m	n	f	Pl
интере́сн**ый**	интере́сн**ое**	интере́сн**ую**	интере́сн**ые**

Die Possessivpronomen im Nominativ ► §5.2

Genau wie die Adjektive stimmen auch die Possessivpronomen in Genus, Numerus und Kasus mit dem Substantiv überein, auf das sie sich beziehen.

	m	n	f	Pl
я	**мой** журна́л	**моё** пожела́ние	**моя́** карти́на	**мои́** газе́ты
мы	**наш** журна́л	**на́ше** пожела́ние	**на́ша** карти́на	**на́ши** газе́ты

Die 2. Pers Sg und Pl können Sie problemlos ableiten: **ты → твой, твоё, твоя́**; **твои́** *dein(e)*, **вы → ваш, ва́ше, ва́ша**; **ва́ши** *euer(e)/Ihr(e)*.
In der 3. Pers Sg und Pl gibt es jeweils nur eine Form: **он/оно́ → его́** *sein(e)*, **она́ → её** *ihr(e)*, **они́ → их** *ihr(e)*. Die Pronomen stimmen mit dem Genitiv der Personalpronomen überein (► *Tag 5*), allerdings wird vor Präpositionen hier kein **н-** eingefügt: У **его́** бра́та есть вре́мя. *Sein Bruder hat Zeit*. Aber: У **него́** есть вре́мя. *Er hat Zeit*. Achten Sie auf die Aussprache von **г** in **(н)его́**: [ево] (► *Tag 1, Punkt 14*).

Die Possessivpronomen im Akkusativ ► §5.2

Auch die Possessivpronomen haben nur bei den Feminina die typische Akkusativendung: Он хо́чет купи́ть **мою́/на́шу** карти́ну. Die 2. Pers Sg und Pl können Sie wieder ableiten und die 3. Pers (**его́, её, их**) bleibt immer unverändert.

Die Präpositionen в und на ► §8

Nach **в** *in/im* und **на** *auf* stehen die Substantive auf die Frage **куда́?** *wohin?* im Akkusativ, auf **где?** *wo?* dagegen im Präpositiv (► *Tag 4*).

куда? wohin?	**где?** wo?
в музе́й, кино́, галере́ю, цирк	в музе́е, кино́ (!), галере́е, цирке
на конце́рт, бале́т, вы́ставку, приро́ду, рыба́лку	на конце́рте, бале́те, вы́ставке, приро́де, рыба́лке

■ ■ ■ **1** Ordnen Sie die Possessivpronomen zu. Welche Substantive passen zu den Pronomen?

на́ше её мой их	маши́на телефо́н окно́ де́ти су́мка
твоя́ его́ ва́ши	кабине́т у́лица чемода́ны пожела́ние

я	ты	он/она́/они́	мы	вы
мой				
телефо́н				

◉ 44
■ ■ ■ **2** Где и́ли куда́? Ergänzen Sie в und на und achten Sie auf die Endungen. Hören Sie dann die Kurzdialoge und vergleichen Sie.

1. Я о́чень люблю́ све́жий во́здух. Я всегда́ .... го́род .... и хочу́ .... приро́д .... – Замеча́тельно, тогда́ я вас приглаша́ю .... рыба́лк ....
2. .... э́ти выходны́е мы хоти́м .... теа́тр, ... бале́т. – Прекра́сно, мы то́же хоти́м посмотре́ть э́тот бале́т .... теа́тр .... !
3. Моя́ сестра́ приглаша́ет .... кино́ на интере́сн .... фильм. У тебя́ есть сего́дня вре́мя? – К сожале́нию нет, сего́дня мне на́до .... рабо́т ....

◉ 45
■ ■ ■ **3** Sind Sie einverstanden? Hören Sie die Fragen und Angebote und reagieren Sie. Mehrfachnennungen und Kombinationen sind möglich.

> Отли́чно. Согла́сен./Согла́сна. Замеча́тельно. Коне́чно.
> О́чень хорошо́. С удово́льствием. Спаси́бо. Прекра́сно.

■ ■ ■ **4** Da ist ja alles durcheinander! Ordnen Sie die Wörter zu Sätzen.

1. экску́рсию / Огро́мное / за / интере́сную / спаси́бо / ва́шу / .
2. обе́д / смо́трите / Как / совме́стный / на / вы / ?
3. холо́дный / Я / лу́чше / суп / попро́бовать / капу́сту / ем, / не / .
4. э́ти / Вы / посмотре́ть / карти́ны / хоти́те / изве́стные / ?
5. в / есть / вас / выходны́е / У / вре́мя / э́ти / ?
6. окро́шку / Официа́нт / и́ли / рекоменду́ет / борщ / .

5 Setzen Sie das richtige Possessivpronomen ein.

мой	моя́	мой

Познако́мьтесь! Э́то …

1. _____ оте́ц.

2. _____ ма́ма.

3. _____ брат.

4. _____ сестра́.

5. _____ де́ти.

6. _____ води́тель.

6 Setzen Sie das richtige Possessivpronomen ein.

наш	на́ша	на́ше	на́ши

Э́то …

1. _____ теа́тр.

2. _____ музе́й.

3. _____ кино́.

4. _____ колле́кции.

5. _____ галере́я.

6. _____ цирк.

7. _____ иску́сство.

8. _____ пожела́ние.

7 Ergänzen Sie die fehlenden Endungen.

1. У Татья́н_____ есть ста́рш_____ брат.

2. У Са́ш_____ сего́дня выходн_____ .

3. Са́ша мо́жет показа́ть нам музе́_____ .

4. Он рабо́тает в музе́_____ .

5. Штéфан впервы́е в Третьяко́вк_____ .

6. Са́ша приглаша́ет Штéфан_____ на рыба́лк_____ .

7. Штéфан о́чень лю́бит приро́д_____ .

8. У Штéфан_____ есть вре́м_____ в выходны́е.

8 Ergänzen Sie die Endungen der Verben und der Substantive, sofern nötig.

■■■ 1. Я приглаша............... тебя́ в теа́тр............... .

2. Он приглаша............... нас на конце́рт............... .

3. Они́ приглаша............... его́ в галере́............... .

4. Мы приглаша............... вас в рестора́н............... .

5. Ты приглаша............... меня́ на рыба́лк...............?

6. Вы приглаша............... их на вы́ставк............... .

> Куда́? +
> Akkusativ

9 Ergänzen Sie die Endungen der Substantive.

1. Я сейча́с в теа́тр............... .

2. Он сейча́с на конце́рт............... .

3. Они́ сейча́с в галере́............... .

4. Мы сейча́с в рестора́н............... .

5. Ты сейча́с на рыба́лк...............?

6. Вы сейча́с на вы́ставк............... .

> Где? +
> Präpositiv

10 Finden Sie im Text auf Seite 80 inhaltlich passende Aussagen.

1. Сего́дня он не рабо́тает.

2. Я пе́рвый раз в Третьяко́вке.

3. Что конкре́тно вы хоти́те посмотре́ть?

4. Замеча́тельно!

5. Пожа́луйста!

Kulturtipp Eintritt in kulturelle Einrichtungen

In den Städten Russlands finden Sie in der Regel ein breites kulturelles Angebot, das von Einwohnern und Touristen gern genutzt wird. Museen, Galerien und Ausstellungen, Theater, Konzerte, Oper und Ballett erfreuen sich nach wie vor größter Beliebtheit.

An den Wochenenden können Sie ganze Familien bei Ausflügen und Besichtigungen beobachten. Eine Besonderheit beim Eintritt wird Sie vielleicht verwundern. In vielen besonders gut besuchten Museen oder Theatern gibt es mehrere Kategorien bei den Eintrittspreisen. Hier finden Sie die auch in Europa üblichen Preise für Erwachsene, Kinder und z.B. Studenten oder Senioren.

Aber auch ausländische Staatsbürger haben oft eine eigene Kategorie und müssen einen höheren Eintrittspreis entrichten als Einheimische. Nehmen Sie das nicht übel: Sie wissen ja, wie knapp solche Einrichtungen immer bei Kasse sind!

··· ····

Was können Sie schon?

	☺	☺	☹	
■ Besitz und Zugehörigkeit angeben	☐	☐	☐	▸ Ü1
■ Orts- und Richtungsangaben unterscheiden	☐	☐	☐	▸ Ü2
■ über Freizeitangebote sprechen	☐	☐	☐	▸ Ü2
■ Einverständnis und Zustimmung ausdrücken	☐	☐	☐	▸ Ü3
■ sich über kulturelle Einrichtungen austauschen	☐	☐	☐	▸ Ü3
■ korrekte Aussagen und Fragen bilden	☐	☐	☐	▸ Ü4

Sport und Hobbys

In dieser Lektion lernen Sie:

- die Tageszeiten anzugeben
- sich zu den Jahreszeiten zu äußern
- Sportarten und Hobbys zu benennen
- Neigungen und Vorlieben zu beschreiben

⊙ 46 **На рыба́лке**
⊙ 47

Sascha und Stefan sind beim Angeln. Sie haben schon einige kleinere Fische gefangen.

Са́ша	Нам уже́ хва́тит ры́бы. Штéфан, ты уме́ешь вари́ть уху́?
Штéфан	А что тако́е «у́ху»?
Са́ша	«Уха́» – э́то суп из ры́бы. На рыба́лке без неё нельзя́. Да что до́лго расска́зывать? Могу́ про́сто угости́ть све́жей ухо́й.
Штéфан	Я не про́тив!
Са́ша	Вообще́-то я не гото́влю, но на приро́де я варю́ уху́ и́ли жа́рю шашлыки́. Это мне нра́вится.
Штéфан	А ты ча́сто быва́ешь на рыба́лке?
Са́ша	Ле́том и зимо́й да, а о́сенью я люблю́ собира́ть грибы́. Иногда́ мы с колле́гами хо́дим в похо́ды.
Штéфан	А я увлека́юсь спорти́вными хо́бби: наприме́р, альпини́змом и лы́жами.
Са́ша	Ну коне́чно, у вас же ря́дом Альпы. А под Москво́й го́ры то́лько иску́сственные. Я из ви́дов спо́рта интересу́юсь футбо́лом и ча́сто хожу́ на стадио́н.
Штéфан	Ты игра́ешь?
Са́ша	Что ты, я смотрю́. Зато́ я хорошо́ игра́ю в ша́хматы.
Штéфан	Пра́вда? Я то́же.
Са́ша	А как насчёт па́ртии?
Штéфан	Хорошо́.
Са́ша	Мо́жно у меня́ до́ма. Днём все занима́ются ра́зными дела́ми. Поэ́тому мне удо́бно ве́чером, когда́ моя́ семья́ собира́ется за у́жином. За́втра и́ли послеза́втра?
Штéфан	Мне подхо́дит послеза́втра.
Са́ша	Договори́лись.

Fragen zum Dialog

Steht das im Dialog? Richtig oder falsch?

	ве́рно	неве́рно
1. Уху́ нельзя́ вари́ть до́ма.	☐	☐
2. Са́ша гото́вит то́лько на приро́де.	☐	☐

Beim Angeln

Sascha und Stefan sind beim Angeln. Sie haben schon einige kleinere Fische gefangen.

Sascha Es ist schon genug Fisch für uns. Stefan, kannst du „Uhu" kochen?

Stefan Was heißt „Uhu"?

Sascha „Уха́" ist eine Fischsuppe. Beim Angeln ist sie ein Muss (*wörtl* darf man nicht ohne sie). Was soll ich lange erzählen? Ich kann (dich) einfach mit frischer Fischsuppe bewirten.

Stefan Ich habe nichts dagegen!

Sascha Eigentlich koche ich nicht, doch im Freien koche ich Fischsuppe oder brate Fleischspieße. Das mache ich gern.

Stefan Und gehst du oft angeln?

Sascha Im Sommer und im Winter ja, doch im Herbst sammle ich gern Pilze. Manchmal gehe ich mit meinen Kollegen wandern.

Stefan Und mein Hobby ist Sport, z.B. Bergsteigen oder Skifahren.

Sascha Na klar, bei euch in der Nähe sind doch die Alpen. Um Moskau herum gibt es nur künstliche Berge. Was Sportarten angeht, interessiere ich mich für Fußball und gehe oft ins Stadion.

Stefan Spielst du?

Sascha Ach was, ich schaue nur zu. Dafür spiele ich gut Schach.

Stefan Wirklich? Ich auch.

Sascha Na, wie wäre es mit (*wörtl* wie hinsichtlich) einer Partie?

Stefan Gut.

Sascha Vielleicht bei mir zu Hause. Tagsüber sind alle mit verschiedenen Dingen beschäftigt. Deshalb ist es für mich abends günstig, wenn meine Familie sich zum Abendessen versammelt. Morgen oder übermorgen?

Stefan Übermorgen passt mir (gut).

Sascha Abgemacht.

◉ 48

А́льпы *Pl*	Alpen
без + *G*	ohne
быва́ть	(regelmäßig) sein
вари́ть (варю́/ ва́ришь/ва́рят)	kochen (im Wasser)
вид	Art
вообще́(-то)	eigentlich
гора́	Berg
гото́вить (гото́влю/ гото́вишь/ гото́вят)	kochen, zubereiten
да что ...	was soll man ...
де́ло	Sache, Ding
договори́лись	abgemacht
до́лго	lange
до́ма	zu Hause
жа́рить	braten
за + *I*	hier: bei, an
за́втра	morgen
занима́ться + *I*	sich beschäftigen
зато́	dafür
интересова́ться	sich interessieren
иску́сственный	künstlich
когда́	wann; wenn
наприме́р	zum Beispiel
насчёт + *G*	hinsichtlich
нельзя́ + *Inf*	man darf nicht
нра́виться (нра́влюсь/ нра́вишься/ нра́вятся)	gefallen
па́ртия	Partie; Partei
под + *I*	bei (Ort), unter
подходи́ть + *D*	passen
послеза́втра	übermorgen

про́тив + *G*	(da)gegen
ра́зный	verschieden
расска́зывать	erzählen
ры́ба	Fisch
ря́дом	nebenan
с + *I*	mit
собира́ть	sammeln
собира́ться	sich versammeln, sich fertigmachen
спорти́вный	sportlich, Sport-
стадио́н	Stadion
увлека́ться + *I*	(Hobby) betreiben
у́жин	Abendessen
уме́ть + *Inf* **(уме́ю/уме́ешь/ уме́ют)**	können (Fähigkeit)
уха́	Fischsuppe
хва́тит + *G*	es reicht
хо́бби *n, indekl*	Hobby
ходи́ть (хожу́/ хо́дишь/хо́дят)	gehen
шашлы́к	Fleischspieß

времена́ го́да	Jahreszeiten
зима́ Winter	**зимо́й** im Winter
весна́ Frühling	**весно́й** im Frühling
ле́то Sommer	**ле́том** im Sommer
о́сень *f* Herbst	**о́сенью** im Herbst

вре́мя су́ток	Tageszeit
у́тро Morgen	**у́тром** morgens
день *m* Tag	**днём** tagsüber
ве́чер Abend	**ве́чером** abends
ночь *f* Nacht	**но́чью** nachts

→ Die russischen Bezeichnungen für Hobbys und Sport finden Sie auf Seite 95.

Grammatik und Redemittel

Die reflexiven Verben ▸ §6.4

Die rückbezüglichen Verben erkennt man an der Partikel **-ся** (nach Konsonant) oder **-сь** (nach Vokal) am Wortende. Die Personalendung wird davon nicht beeinflusst.

	собира́ть	собира́ться
я	собира́ю	собира́**юсь**
ты	собира́**ешь**	собира́**ешься**
он, она́, оно́	собира́**ет**	собира́**ется**
мы	собира́**ем**	собира́**емся**
вы	собира́**ете**	собира́**етесь**
они́	собира́**ют**	собира́**ются**

Der Instrumental Singular und Plural der Substantive ▸ §1.3, §1.4

Der Instrumental (5. Fall) verdankt seinen Namen seiner Hauptfunktion: Er bezeichnet u.a. das Instrument oder das Mittel, mit dem etwas gemacht wird, und antwortet auf die Frage *womit?*. Einige Verben erfordern den reinen Instrumental, d.h. das Substantiv wird ohne Präposition angeschlossen.

	m	*n*	*f*
Nominativ	спорт	де́ло	вы́ставка
Instrumental	спо́рт**ом**	де́л**ом**	вы́ставк**ой**

Bei Maskulina und Neutra mit weichem Stammauslaut lautet die Instrumentalendung **-ем** (bei betonten Substantiven **-ём**: **день – днём**), bei Feminina **-ей** (betont **-ёй**: **семья́ – семьёй**). Die Pluralendung ist für alle drei Geschlechter gleich. Sie lautet **-ами** bzw. weich **-ями**: гор**а́ми**/па́рти**ями**. Nach der Präposition **с** *mit* wird ebenfalls der Instrumental gebraucht. Denken Sie an **с удово́льствием** *mit Vergnügen*. Vor Wörtern mit zwei Konsonanten wird **с** zu **со** (▸ *Tag 8*: **к/ко**).

Die Adjektive im Instrumental Singular und Plural ▸ §2.1

Sie wissen bereits, dass auch die Adjektive immer mitdekliniert werden: Могу́ угости́ть све́ж**ей** ух**о́й**. Schreibregeln beachten (▸ *Tag 1, Punkt 14*)!

m	*n*	*f*	*Pl*
ра́зн**ым** спо́ртом	ра́зн**ым** де́лом	ра́зн**ой** газе́той	ра́зн**ыми** дела́ми

⊙ 49 🎧 **1 Каки́е у них хо́бби?** Hören Sie die Texte und ergänzen Sie die Lücken.

■■■ 1. Татья́на о́чень лю́бит _____ . Ле́том она́ _____ быва́ет на _____ .
О́сенью _____ иногда́ собира́ет _____ . А _____ она́ увлека́ется
лы́жами. Под _____ э́то возмо́жно. Вообще́-то у неё _____ хо́бби,
вот _____ вре́мени нет.

2. Оле́г занима́ется _____ . Он прекра́сно _____ в футбо́л и в _____
те́ннис. _____ он увлека́ется _____ , а ле́том _____ в похо́ды.

3. Роди́тели Штефа́на _____ спо́ртом. Ри́хард игра́ет в _____ , а Ли́нда
в _____ игра́ет в гольф (Golf). _____ Ри́хард иногда́ смо́трит _____ ,
те́ннис и́ли хоккей (Hockey), а Ли́нда _____ и́ли гото́вит _____ .

■■■ ✏ **2 Setzen Sie die Verben in der richtigen Form ein.**

1. Она́ хорошо́ _____ (гото́вить). Сего́дня она́ _____ (вари́ть) щи
и _____ (жа́рить) карто́шку.

2. Я _____ (смотре́ть), ты уже́ _____ (собира́ться) на рабо́ту.

3. Как насчёт шашлыко́в? Вам _____ (подходи́ть) днём и́ли ве́чером?

4. Мы _____ (занима́ться) ру́сским языко́м.

5. Са́ша, твои́ де́ти _____ (интересова́ться) спо́ртом?

6. Вы ча́сто _____ (игра́ть) в футбо́л?

■■■ 💬 **3 Beschreiben Sie die Hobbys und Interessen Ihrer Angehörigen.**
Verwenden Sie die Wörter aus dem Kasten im Instrumental.

> похо́ды   футбо́л   лы́жи   ша́хматы   бале́т   цирк
> музе́и   вы́ставка   му́зыка   моско́вские теа́тры   конце́рты
> кино́   рыба́лка   иску́сство   изве́стные карти́ны
> ру́сский/неме́цкий язы́к   баскетбо́л   ра́зные ви́ды спо́рта

Моя́ жена́ | Мой муж увлека́ется *насто́льным те́ннисом*.
Мои́ де́ти | племя́нники интересу́ются *о́перой*.
Моя́ (ста́ршая) сестра́ | дочь занима́ется …
Мои́ роди́тели увлека́ются …
Мой (ста́рший) брат | сын …

4 Ergänzen Sie die Endungen und übersetzen Sie die Sätze ins Deutsche.

Чем? + Instrumental

1. Я хочу́ угости́ть вас ру́сск............. борщ.............. .

2. Она́ угоща́ет нас вку́сн............. окро́шк.............. .

3. Они́ угоща́ют Штефана тёмн............. пи́в.............. .

4. Мы хоти́м угости́ть вас шашлык............. .

5. Са́ша хо́чет угости́ть Штефана свеж............. ух............. .

5 Lesen Sie den Dialog auf Seite 88 und beantworten Sie die Fragen mündlich.

1. Что тако́е «уха́»?
2. Са́ша ва́рит и́ли жа́рит уху́?
3. Когда́ Са́ша хо́дит на рыба́лку?
4. Са́ша ча́сто хо́дит в похо́ды?
5. Чем увлека́ется Штефан?
6. Чем увлека́ется Са́ша?
7. Когда́ и где Штефан и Са́ша хотя́т игра́ть в ша́хматы?

6 Schreiben Sie Wörter mit gegensätzlicher Bedeutung auf.

1. ле́то ↔ ....
2. у́тром ↔ ....
3. чёрный ↔ ....
4. сего́дня ↔ ....
5. ча́сто ↔ ....
6. де́ти ↔ ....
7. мо́жно ↔ ....
8. на приро́де ↔ ....

7 Welches Wort passt nicht in die Reihe? Streichen Sie es durch und begründen Sie Ihre Entscheidung.

1. грибы́, лы́жи, ры́ба, огурцы́, шашлы́к, лук, я́блоки
2. ждать, знать, навеща́ть, рабо́тать, сиде́ть, слу́шать, чита́ть
3. ви́деть, вы́глядеть, изуча́ть, звони́ть, купи́ть, люби́ть, сиде́ть

8 Unterstreichen Sie das richtige Verb und übersetzen Sie die Sätze ins Deutsche.

1. О́сенью Са́ша собира́ет | собира́ется грибы́.
2. А вы лю́бите собира́ть | собира́ться грибы́?
3. Моя́ семья́ собира́ет | собира́ется за у́жином.
4. Я собира́ю | собира́юсь на рабо́ту.
5. Что ты собира́ешь | собира́ешься де́лать ле́том?

9 Verbinden Sie die Sätze, die zusammengehören.

1. Что тако́е «...»?
2. Ты не про́тив?
3. Тебе́ нра́вится?
4. Пра́вда?
5. А как насчёт па́ртии?
6. У́тром и́ли ве́чером?
7. Тебе́ подхо́дит за́втра?
8. Договори́лись!

a) Wie wäre es mit einer Partie?
b) Abgemacht!
c) Was ist eigentlich „...“?
d) Passt dir morgen?
e) Wirklich?
f) Hast du nichts dagegen?
g) Gefällt es dir?
h) Morgens oder abends?

10 Lesen Sie und beantworten Sie die Fragen.

1. Вы уме́ете жа́рить шашлыки́?

2. Вы лю́бите собира́ть грибы́?

3. Вы лю́бите ходи́ть в похо́ды?

4. Вы игра́ете в ша́хматы?

5. Чем вы увлека́етесь?

6. Чем вы интересу́етесь?

7. Вы хо́дите на фи́тнес?

8. Вы лю́бите чита́ть?

9. Чем вы лю́бите занима́ться в выходны́е?

Kulturtipp Sport in Russland

Zwischen dem professionellen Sport und dem Breitensport besteht in Russland eine große Kluft. Sportvereine sind hauptsächlich in Großstädten zu finden und werden in der Regel mit Profis in Verbindung gebracht. Dies bedeutet natürlich nicht, dass Russen nicht sportbegeistert sind. In den großen Höfen wird oft Fußball gespielt, man sieht viele Teenager mit Skateboards oder auf Rollschuhen.

Die meisten Stadtkinder treiben in ihrer Freizeit Sport: Fußball, Tennis, Schwimmen, Langlaufski und Eislauf gehören zu den beliebtesten Sportarten. Die Eltern helfen oft mit sanftem Druck nach. Doch wenn man feststellt, dass das Kind nicht zu den Besten gehört, lässt die Motivation immer mehr nach, sodass das Training spätestens zu Beginn der Studienzeit bzw. des beruflichen Werdegangs abgebrochen wird. Russen sind von Natur aus lieber leidenschaftliche Fans (**болéльщики**) als mittelmäßige Sportler. Talente werden nach wie vor von der Gesellschaft gefördert. Für sie gibt es sogar staatliche Sportinternate.

Der westeuropäische Einfluss hat in den Metropolen dazu geführt, dass Amateursportvereine gegründet und Sportarten wie Yoga, Reiten und Golf immer beliebter werden. Radfahren können zwar viele, doch die Verkehrssituation ist dafür viel zu gefährlich.

хóбби и спорт	Hobbys und Sport		
собирáть грибы́	Pilze sammeln	катáться на лы́жах	Skifahren
ходи́ть в похóд	wandern	альпини́зм	Bergsteigen
игрáть в шáхматы	Schach spielen	баскетбóл	Basketball
играть в футбóл	Fußball spielen	(настóльный) тéннис	(Tisch-)Tennis

Was können Sie schon?

	☺	☺	☹	
▪ Jahreszeiten und Tageszeiten verstehen und angeben	▪	▪	▪	►Ü1
▪ sich über Sommer- und Wintersportarten austauschen	▪	▪	▪	►Ü1
▪ Neigungen und Vorlieben beschreiben	▪	▪	▪	►Ü2
▪ über Hobbys und persönliche Interessen sprechen	▪	▪	▪	►Ü3
▪ sich über Musik, Kunst und Sport unterhalten	▪	▪	▪	►Ü3

In dieser Lektion lernen Sie

- eine private Einladung zu meistern
- sich über Essen und Trinken auszutauschen
- über Vergangenes zu sprechen
- den Namen und das Alter anzugeben

⊙ 50   ## У Са́ши
⊙ 51

Stefan ist zu Besuch bei Sascha. Die beiden haben ihre Schachpartie fast beendet.
Saschas Frau Lena, Tochter Dascha (8) und Sohn Kolja (5) haben den Tisch gedeckt.

Ле́на	Ну что, вы уже́ зако́нчили?
Са́ша	Да.
Ко́ля	Па́па, ты вы́играл?
Са́ша	Коне́чно я дал вы́играть го́стю. Прошу́ к столу́. Ммм ... па́хнет пельме́нями ...
Штéфан	Ничего́ себе́! Вы ещё госте́й ждёте?
Ле́на	Да э́то же то́лько заку́ски и пирожки́. А горя́чее на ку́хне.
Да́ша	Дя́дя Штéфан, спаси́бо за вку́сные конфе́ты. Ко́ля уже́ хоте́л их съесть, но ма́ма ему́ не дала́. Снача́ла у́жин.
Ко́ля	Я хоте́л то́лько попро́бовать.
Ле́на	Ну ла́дно, хва́тит отвлека́ться. Всё остыва́ет. К пельме́ням есть смета́на и́ли чесно́чный со́ус, а к мя́су карто́шка с ма́слом. Тут горчи́ца и хрен.
Штéфан	Вы что, три дня гото́вили?
Ле́на	Да что тут гото́вить! Для пельме́ней у меня́ бы́ло вре́мя, пока́ вы бы́ли на рыба́лке. А всё остально́е я сде́лала сего́дня.
Ко́ля	Ма́ма, мо́жно ко́шке дать кусо́чек колбасы́?
Ле́на	Ты же зна́ешь, что ей нельзя́.
Ко́ля	Жа́лко.
Штéфан	А как её зову́т?
Да́ша	Это на́ша Му́рка. Ей уже́ 8 лет, как и мне.
Ле́на	Де́ти, вот ваш компо́т.
Ко́ля	Ма́ма, а мо́жно мне вино́ попро́бовать?
Са́ша	Ты ещё ма́ленький. Штéфан, где твой бока́л? Предлага́ю тост ...

Fragen zum Dialog

Richtig oder falsch? Entscheiden Sie.

	вéрно	невéрнс
1. Пáртию в шáхматы выиграл Сáша.	☐	☐
2. Сáша и Лéна ждут ещё гостéй.	☐	☐

Bei Sascha

Stefan ist zu Besuch bei Sascha. Die beiden haben ihre Schachpartie fast beendet.
Saschas Frau Lena, Tochter Dascha (8) und Sohn Kolja (5) haben den Tisch gedeckt.

Lena   Nun, was ist, seid ihr schon fertig (*wörtl* habt ihr beendet)?

Sascha   Ja.

Kolja   Papa, hast du gewonnen?

Sascha   Natürlich habe ich den Gast gewinnen lassen. Ich bitte zu Tisch. Mmh ... es duftet nach Pelmeni ...

Stefan   Na so was! Erwarten Sie noch Gäste?

Lena   Das sind doch nur die Vorspeisen. Die Hauptgerichte (*wörtl* das Heiße) sind noch in der Küche.

Dascha   Onkel Stefan, danke für die leckeren Pralinen. Kolja wollte sie schon aufessen, aber Mama hat sie ihm nicht gegeben. Zuerst das Abendessen.

Kolja   Ich wollte nur kosten.

Lena   Na gut, lassen wir uns nicht ablenken. Alles wird kalt. Zu den Pelmeni gibt es saure Sahne oder Knoblauchsoße, zum Fleisch Kartoffeln mit Butter. Da sind Senf und Meerrettich.

Stefan   Sie haben wohl drei Tage gekocht?

Lena   Was soll man da groß kochen! Für die Pelmeni hatte ich Zeit, als ihr beim Angeln wart. Alles andere habe ich heute gemacht.

Kolja   Mama, kann ich der Katze ein Stück Wurst geben?

Lena   Du weißt doch, dass sie das nicht darf.

Kolja   Schade.

Stefan   Wie heißt sie denn?

Dascha   Das ist unsere Murka. Sie ist schon 8 Jahre alt, wie ich.

Lena   Kinder, hier ist euer Kompott.

Kolja   Mama, darf ich mal den Wein kosten?

Sascha   Du bist noch (zu) klein. Stefan, wo ist dein Glas? Ich möchte einen Trinkspruch anbringen ...

⊙ 52

вы́играть *v*	gewinnen
горя́чий	heiß
дать *v**	geben
для + *G*	für
жа́лко *ugs*	schade
зако́нчить *v*	beenden
звать (зову́/зовёшь/зову́т)	rufen, heißen
ко́шка	Katze
кусо́чек	Stückchen
ку́хня	Küche
ма́ленький	klein
Ничего́ себе́!	Na so was!
остально́е *n*	(das) andere(s)
остыва́ть	abkühlen
отвлека́ться	sich ablenken
па́хнет	es duftet, es riecht
предлага́ть	anbieten
сде́лать *v*	(zu Ende) machen
съесть *v* (▸ *Tag 8*)	aufessen
тост	Trinkspruch
чесно́чный со́ус	Knoblauchsoße

* Die Formen von **дать** sind unregelmäßig: дам, дашь, даст, дади́м, дади́те, даду́т. Bei **дава́ть** entfällt in allen Personen das **-ва-**: даю́, даёшь, даю́т.

Хлеб да ка́ша – пи́ща на́ша Brot und Brei sind unsere Nahrung (*russ. Sprichwort*)

заку́ска	Vorspeise
горя́чее *n*	warmes Essen
мя́со	Fleisch
пирожо́к	Pirogge
ма́сло	Butter; Öl
со́ус	Soße
смета́на	saure Sahne
пельме́ни *Pl*	Pelmeni (Teigtaschen)
хрен	Meerrettich
колбаса́	Wurst
конфе́та	Praline, Bonbon
сыр	Käse
компо́т	Fruchtsaftgetränk
чесно́к	Knoblauch
горчи́ца	Senf
у́ксус	Essig

Die Aspektpartner – unvollendete und vollendete Verben

Die russischen Verben haben in der Regel zwei Aspektpartner (▸ *Tag 7*).
Häufig unterscheiden sich diese durch Vorsilben. Das *unvollendete* Verb steht immer zuerst!

дава́ть/дать*	geben
сиде́ть/сесть	sitzen/sich setzen
понима́ть/поня́ть	verstehen
угоща́ть/угости́ть	bewirten
покупа́ть/купи́ть	kaufen
говори́ть/поговори́ть	sprechen
есть/съесть	essen
пить/вы́пить	trinken
де́лать/сде́лать	machen
учи́ть/вы́учить	lernen
чита́ть/прочита́ть	lesen
смотре́ть/посмотре́ть	anschauen

Grammatik und Redemittel

Das Präteritum der Verben ▸ § 6.5, § 6.7.2, § 6.8

Im Russischen gibt es nur eine Vergangenheitsform: das Präteritum. Zur Bildung benötigen Sie vier Endungen: **-л** *m*, **-ла** *f*, **-ло** *n*; **-ли** *Pl*. Diese werden in der Regel an den Verbstamm (Infinitiv ohne **-ть**) angehängt: рабо́та**ть** – он рабо́та**л**.

m (я, ты, он)	*f* (я, ты, она́)	*n* (оно́)	*Pl* (мы, вы, они́)
рабо́тал	рабо́тала	рабо́тало	рабо́тали

Achtung:

Vorsicht bei unregelmäßigen Verben, z.B.: ес**ть** – е**л**, е́**ло**, е́**ла**; е́**ли**.
Das Verb **быть** *sein* (был, была́, бы́ло; бы́ли), das in der Gegenwart (= **есть**) meist ausgelassen wird, wird nun in der Vergangenheit notwendig:
У него́ (**есть**)/**была́** маши́на. *Er hat/hatte ein Auto.*

Der Dativ Singular und Plural der Substantive ▸ § 1.3, § 1.4

Sie wissen schon, dass die Präposition **к** *zu* den Dativ erfordert (▸ *Tag 8*): Прошу́ **к столу́**. Nach manchen Verben steht die Ergänzung ohne Präposition im Dativ: Мо́жно **дать** ко́шк**е** кусо́чек колбасы́?

	m	*n*	*f*
Nominativ	стол	окно́	ко́шка
Dativ	столу́	окну́	ко́шке

Achtung:

Nach einem weichen Konsonanten lautet die Endung bei den Maskulina und Neutra **-ю**: гос**ть** – гос**тю**. Und im Plural gibt es wieder nur eine Endung: **-ам** bzw. weich **-ям**: конфе́т**ам**/пельме́н**ям**.

Die Angabe des Alters ▸ § 1.4, § 4, § 5.1

Zur Altersangabe brauchen Sie den Dativ (▸ *Tag 8*): Ско́лько **вам/тебе́** лет? *Wie alt sind Sie/bist du?* Die Form von **год** *Jahr* in der Antwort ist abhängig von der Zahl, die vorausgeht (▸ *Tag 7*): **Ему́** 34 го́д**а Ей** 8 **лет**.

1 (21, 31, …) **год**	2, 3, 4 (22, 23, 24, …) **го́да**	5–20 (25, 26, …) **лет**

Die Angabe des Namens ▸ *§5.1*

Bei der Namensangabe steht das Personalpronomen im Akkusativ: А как **её** зову́т? *Und wie heißt sie?* Der Akkusativ der Personalpronomen stimmt mit dem Genitiv überein (▸ *Tag 5*): **Меня́** зову́т Да́ша. *Ich heiße Dascha.*

Übungen

1 Ergänzen Sie был, бы́ло, была́ oder бы́ли. Lesen und vergleichen Sie.

1. Оле́г на рыба́лке. – Штефа́н и Са́ша то́же .... на рыба́лке.
2. У вас есть ко́шка? – У меня́ .... ко́шка.
3. У него́ сего́дня выходно́й. – У нас в суббо́ту .... выходно́й.
4. Непривы́чно, но вку́сно. – Пра́вда, непривы́чно, но .... вку́сно.

2 Wie alt sind diese Personen? Achten Sie auf die Endungen.

| Татья́на | Да́ша | Са́ша | Ко́ля | Ле́на | ~~Оле́г~~ | 54/59 | 5 | 31 | 26 |
| официа́нт | Ли́нда и Ри́хард Та́убер | | Штефа́н | | | 8 | 25 | 29 | 32 | 23 |

Оле́гу два́дцать пять лет. Ему́ два́дцать пять.

А ско́лько вам лет? ....

3 Trennen Sie die Wortschlange und finden Sie die Präteritumsformen. Setzen Sie danach die passenden Verben in die Sätze ein.

говори́ли|угоща́лпро́бовалпила́рабо́талозака́зываливы́играл

1. Ве́чером .... ра́дио.
2. Штефа́н в рестора́не *(Restaurant)* .... Татья́ну.
3. Они́ .... би́знес-ланч, буты́лку воды́ и бока́л пи́ва.
4. Ле́на .... мно́го воды́.

⊙ 53 **4 Hören Sie die Sätze. Ergänzen Sie die fehlenden Wörter.**

1. Рекоменду́ю .... -ланч. Это удо́бно и недо́рого.
2. .... два́дцать шесть лет, а её .... – три́дцать оди́н год.
3. К .... есть смета́на и́ли чесно́чный со́ус, а к ....
   – карто́шка с ма́слом.
4. Ма́ма, ... мо́жно попро́бовать конфе́ты, а .... нельзя́!
   – .... то́же мо́жно.

5 Setzen Sie das passende Pronomen in die Sätze ein.

его́	её

Познако́мьтесь! Э́то моя́ ма́ма, _____ зову́т О́льга Ива́новна.

Э́то мой оте́ц, _____ зову́т Оле́г Петро́вич. Э́то моя́ жена́,

_____ зову́т Еле́на Евге́ньевна. Э́то на́ша дочь, _____

зову́т На́стя. Э́то наш сын, _____ зову́т Артём.

6 Streichen Sie die falschen Varianten durch.

1. Мое́й ба́бушке 97 год | го́да | лет.
2. Моему́ отцу́ 74 год | го́да | лет.
3. Мое́й сестре́ 33 год | го́да | лет.
4. Моему́ бра́ту 35 год | го́да | лет.
5. Моему́ сы́ну 11 год | го́да | лет.
6. Мое́й до́чери 7 год | го́да | лет.
7. Мне 41 год | го́да | лет.
8. А ско́лько вам год | го́да | лет?

7 Unterstreichen Sie die Verben im Präteritum und schreiben Sie deren Infinitiv. Übersetzen Sie mündlich die Sätze ins Deutsche.

1. Мы жда́ли госте́й. _____

2. Са́ша дал вы́играть го́стю. _____

3. Ко́ля хоте́л съесть конфе́ты. _____

4. У Ле́ны бы́ло вре́мя пригото́вить пельме́ни. _____

5. Мы е́ли вку́сную уху́. _____

8 Übersetzen Sie folgende Sätze schriftlich ins Deutsche.

1. Прошу́ к столу́! _____

2. Ничего́ себе́! _____

3. Предлага́ю тост! _____

4. Мо́жно мне попро́бовать? _____

5. Всё о́чень вку́сно! _____

9 Lesen Sie den Dialog auf Seite 96 und beantworten Sie die Fragen.

1. Где сейчáс Штéфан? _____

2. У Лéны и Сáши есть дéти? _____

3. Как их зовýт и скóлько им лет? _____

4. Кто такáя Мýрка? _____

5. Скóлько лет Мýрке? _____

6. Что Лéна приготóвила на ýжин? _____

7. Что пьют Лéна, Штéфан и Сáша? _____

8. Что пьют дéти? _____

10 Schreiben Sie die Sätze im Präteritum.

1. Мы смóтрим фильм. _____

2. Официáнт рекомендýет борщ. _____

3. Сáша вáрит ухý. _____

4. Они жáрят шашлыкú. _____

5. Вы хóдите в похóды. _____

6. Дéти пьют компóт. _____

11 Ergänzen Sie die Endungen. Lesen Sie die Sätze und übersetzen Sie sie mündlich ins Deutsche.

Ммм ... вкýсно пáхнет.   Здесь пáхнет ...

1. борщ   борщ_____

2. пельмéни   пельмéн_____

3. пирожкú   пирожк_____

4. яблоки   яблок_____

5. чеснóк   чеснок_____

6. колбасá   колбас_____

> Чем? + Instrumental

Kulturtipp Ein privater Besuch

Gastfreundschaft wird in Russland großgeschrieben. Wundern Sie sich nicht, wenn Sie von neuen Bekannten gleich nach Hause eingeladen werden. Schon so mancher Gast war über die Wärme und Fürsorge, die ihm bei privaten Besuchen zuteil wurde, sehr erstaunt. Man wird umhegt, umsorgt und bewirtet, dass man sich fast im siebten Himmel wähnt.

Schon fast sprichwörtlich sind bei solchen Einladungen die „sich biegenden Tische". Vor-, Haupt- und Nachspeisen wechseln in großer Reichhaltigkeit. Ein kleiner Tipp: Essen Sie Ihren Teller nur nicht zu schnell leer. Denn sobald er leer ist, wird er garantiert wieder vollgeladen!

Der Gast bringt üblicherweise einige kleine Geschenke mit. Blumen erhält natürlich die Hausherrin, Kinder freuen sich über etwas Süßes, für den Hausherrn kann es z.B. eine Flasche Wein oder etwas Härteres sein. Aber Vorsicht! In Russland ist es nicht üblich, ein Glas lange voll zu lassen. Andererseits liebt man Trinksprüche in großer Zahl und Auswahl. Deshalb ist das reichhaltige Essen gut angebracht.

....

Was können Sie schon?

	☺	☺	☹	
▪ von Vergangenem berichten	☐	☐	☐	►Ü1
▪ Small Talk bei einer privaten Einladung führen	☐	☐	☐	►Ü1
▪ nach dem Alter fragen	☐	☐	☐	►Ü2
▪ das Alter angeben	☐	☐	☐	►Ü2
▪ über zurückliegende Ereignisse sprechen	☐	☐	☐	►Ü3
▪ über Essen und Trinken sprechen	☐	☐	☐	►Ü4

Meine Wohnung

In dieser Lektion lernen Sie

- Gefallen und Missfallen zu äußern
- eine Wohnung zu beschreiben
- über Einrichtungsgegenstände zu sprechen
- Farben zu benennen

54 **Где мы живём**

55

Das Abendessen ist zu Ende. Die Kinder wollen Stefan nicht gehen lassen.

Даша   Дядя Штéфан, мóжно показáть вам нáшу кóмнату?

Кóля   У нас там есть аквáриум.

Штéфан Ну лáдно, в какýю стóрону?

Даша   Дéтская вот здесь — мéжду вáнной и спáльней.

Штéфан Какие необы́чные кровáти!

Даша   Рабóта нáшего пáпы.

Кóля   Зелёная óколо шкáфа — моя́!

Штéфан А жёлтая под пóлкой твоя́?

Даша   Да, моя́. Вообщé-то я хотéла рóзовую, но мáма сказáла, что эти цветá не
            сочетáются. Пáпа предлагáл си́ний цвет, но мне он совсéм не нрáвится.

Штéфан А это что у двéри стои́т?

Даша   Дóмик нáшей Мýрки.

Штéфан Онá не лóвит вáших краси́вых ры́бок? *(Die Kinder lachen.)*

Даша   Что вы, мы её хорошó кóрмим.

Кóля   А мне так не хватáет нáшего люби́мого попугáя.

Штéфан У вас ещё и попугáй был?!

Кóля   Да, он улетéл чéрез фóрточку. Он так люби́л сидéть на пи́сьменном
            столé пéред окнóм.

Штéфан Как жаль! У вас отли́чная кварти́ра и такáя ую́тная кóмната! Вы,
            навéрное, чáсто приглашáете други́х детéй?

Даша   На дáче да, там мы постоя́нно ви́дим нáших друзéй. А дóма мы и сáми
            рéдко бывáем.

Штéфан Как это так?

Fragen zum Dialog

Kreuzen Sie an, was zutrifft.

1. Да́ша лю́бит   a) ☐ си́ний   b) ☐ ро́зовый цвет.
2. В ко́мнате необы́чные   a) ☐ крова́ти   b) ☐ по́лки.
3. До́мик ко́шки   a) ☐ у две́ри   b) ☐ пе́ред окно́м.
4. У дете́й   a) ☐ бы́ли ры́бки   b) ☐ был попуга́й.

Wo wir wohnen

Das Abendessen ist zu Ende. Die Kinder wollen Stefan nicht gehen lassen.

Dascha	Onkel Stefan, können wir Ihnen unser Zimmer zeigen?
Kolja	Dort haben wir ein Aquarium.
Stefan	Na gut, in welche Richtung?
Dascha	Das Kinderzimmer ist hier – zwischen Bad und Schlafzimmer.
Stefan	Was für ungewöhnliche Betten!
Dascha	Die hat unser Papa gemacht (*wörtl* eine Arbeit von).
Kolja	Das grüne neben dem Schrank ist meins!
Stefan	Und das gelbe unter dem Regal ist deins, (oder)?
Dascha	Ja, meins. Eigentlich wollte ich ein rosa (Bett) haben, doch Mama hat gesagt, dass diese Farben nicht zueinander passen. Papa hat dunkelblau vorgeschlagen, aber diese Farbe mag ich gar nicht.
Stefan	Und was steht denn da gleich neben der Tür?
Dascha	Das Häuschen von unserer Murka.
Stefan	Fängt sie eure schönen Fische (denn) nicht? *(Die Kinder lachen.)*
Dascha	Ach was, wir füttern sie doch gut.
Kolja	Und ich vermisse unseren Liebling, den Papagei, so sehr.
Stefan	Ihr hattet auch noch einen Papagei?!
Kolja	Ja, aber er ist durch die Lüftungsklappe im Fenster weggeflogen. Er hatte immer so gern auf dem Schreibtisch vor dem Fenster gesessen.
Stefan	Wie schade! Ihr habt eine tolle Wohnung und ein sehr gemütliches Zimmer! Ihr habt bestimmt oft andere Kinder zu Besuch, oder?
Dascha	Auf der Datscha ja, dort sehen wir unsere Freunde ständig. Doch zu Hause sind wir auch selbst (nur) selten.
Stefan	Wieso denn das?

○ 56

аква́риум	Aquarium
в каку́ю сто́рону?	in welche Richtung?
да́ча	Datscha
до́м(ик)	(kleines) Haus
друг, *N Pl* друзья́, *G Pl* друзе́й	Freund, Freunde
друго́й	anderer
жаль	schade
жить (живу́/живёшь/живу́т)	leben, wohnen
корми́ть (кормлю́/ко́рмишь/ко́рмят)	füttern
краси́вый	schön
лови́ть (ловлю́/ло́вишь/ло́вят)	fangen
люби́мый	Lieblings-
не хвата́ть	fehlen
(не)обы́чный	(un)gewöhnlich
отли́чный	ausgezeichnet
попуга́й	Papagei
постоя́нно	ständig
ры́бка, *G Pl* ры́бок	kleiner Fisch
сам, само́, сама́; са́ми	selbst
си́ний, -ее, -яя; -ие	dunkelblau
сказа́ть *v* (скажу́/ска́жешь/ска́жут)	sagen, mitteilen
сочета́ться	zueinander passen
сторона́, *A* -у	Seite
стоя́ть (стою́/стои́шь/стоя́т)	stehen
там	dort
улете́ть *v* (улечу́/улети́шь/улетя́т)	wegfliegen
ую́тный	gemütlich
цвет, *N Pl* цвета́	Farbe
что *Konj*	dass

кварти́ра/дом	Wohnung/Haus
ко́мната	Zimmer
гости́ная	Wohnzimmer
коридо́р	Flur, Korridor
де́тская (ко́мната)	Kinderzimmer
ва́нная (ко́мната)	Badezimmer
туале́т	Toilette
спа́льня	Schlafzimmer
(рабо́чий) кабине́т	Arbeitszimmer
стена́, *N Pl* сте́ны	Wand
дверь *f*	Tür
фо́рточка	Lüftungsöffnung
ме́бель *f Sg*	Möbel
(пи́сьменный) стол	(Schreib-)Tisch
крова́ть *f*	Bett
шкаф, *N Pl* шкафы́	Schrank
по́лка, *G Pl* по́лок	Regal
дива́н	Sofa
кре́сло, *G Pl* кре́сел	Sessel
стул, *N Pl* сту́лья	Stuhl
(насто́льная) ла́мпа	(Tisch-)Lampe
телеви́зор	Fernseher

цвета́	Farben
зелёный	grün
жёлтый	gelb
ро́зовый	rosa, pink
си́ний	dunkelblau
голубо́й	hellblau
кра́сный	rot
бе́лый	weiß
чёрный	schwarz
кори́чневый	braun
ора́нжевый	orange

Grammatik und Redemittel

Lokale Präpositionen ▸ §8

Genitiv	у bei, напро́тив gegenüber, о́коло neben/in der Nähe von
Dativ	к zu
Akkusativ	(wohin?) в in, на auf, за hinter/an, под unter, че́рез durch/über
Instrumental	(wo?) ме́жду zwischen, за hinter/an, пе́ред vor, под unterhalb/unter, над oberhalb/über
Präpositiv	(wo?) в in/im, на auf

Der Präpositiv Singular der Maskulina auf -y ▸ §1.3, §1.4

Eine Gruppe von Maskulina bildet den Präpositiv Singular nach **в** und **на** auf -**ý**: ýгол Ecke – **в** углý in der Ecke, шкаф Schrank – **на** шкафý auf dem Schrank.

Der Präpositiv Plural der Substantive ▸ §1.3, §1.4

Die Endung im Präpositiv Plural lautet -**ах** bzw. weich -**ях**: на дива́н**ах**/в спа́льн**ях**. Wie beim Instrumental (▸ Tag 10) und Dativ (▸ Tag 11) gibt es nur eine Endung.

Die Adjektive im Genitiv ▸ §2.1

Der Kasus der Adjektive stimmt immer mit den Substantiven überein: ча́шка горя́ч**его** ча́**я** eine Tasse heißen Tee(s). Schreibregeln beachten!

	m	n	f	Pl
Nominativ	бе́лый	бе́лое	бе́лая	бе́лые
Genitiv	бе́лого	бе́лого	бе́лой	бе́лых

Achtung:

Bei belebten Substantiven ist Akkusativ = Genitiv, außer bei Feminina im Sg (▸ Tag 9).

Die Possessivpronomen im Genitiv ▸ §5.2

Die Endungen der Possessivpronomen stimmen mit den Adjektivendungen überein. Die 2. Pers können Sie wieder ableiten: **твой** entspricht **мой** und **ваш** verhält sich wie **наш**. Die 3. Pers (**его́**, **её**, **их**) bleibt wie immer unverändert (▸ Tag 9).

	m	n	f	Pl
я	мо**его́** сту́ла	мо**его́** кре́сла	мо**е́й** кварти́ры	мо**и́х** ко́мнат
мы	на́**шего** сту́ла	на́**шего** кре́сла	на́**шей** кварти́ры	на́**ших** ко́мнат

57 **1** Kolja und Dascha haben einen neuen Papagei. Er kennt sich in der Wohnung noch nicht aus und fliegt in Panik herum. Hören Sie die Ortsangaben und unterstreichen Sie die Wörter, die Sie hören.

Ко́ля, наш попуга́й ...

1. в | на коридо́ре | спа́льне.
2. в | на ку́хне | ко́мнате.
3. над | пе́ред | под краси́вым | кори́чневым столо́м | сту́лом.
4. в | на телеви́зоре | кабине́те.
5. за | ме́жду | под чёрным | зелёным дива́ном | кре́слом.
6. о́коло | у | напро́тив пи́сьменного | краси́вого кре́сла | сту́ла | стола́.
7. о́коло | у | напро́тив бе́лой | ора́нжевой | голубо́й две́ри | фо́рточки.
8. над | пе́ред | ме́жду телеви́зором | аква́риумом и шка́фом | ла́мпой.
9. пе́ред | за | ме́жду люби́мой | ро́зовой по́лкой | фо́рточкой ма́мы.

 **2** Kombinieren Sie die Substantive mit einem passenden Adjektiv. (Vorsicht: belebt/unbelebt bei Maskulina!)

большо́й зелёный жёлтый молодо́й ро́зовый ора́нжевый голубо́й бе́лый чёрный вку́сный кра́сный краси́вый кори́чневый	де́вушка шкаф попуга́и сала́т кре́сло ко́шка су́мки ры́бки официа́нт маши́на помидо́ры карто́шка

Я ви́жу краси́вую де́вушку,

3 Beschreiben Sie ein Zimmer in Ihrer Wohnung mündlich.

1. Кака́я э́то ко́мната?
2. Ско́лько в ко́мнате о́кон и двере́й?
3. Что у вас (стои́т) в углу́/напро́тив дива́на/на сте́нах ...?
4. Где (стои́т) дива́н/крова́ть/стол/ла́мпа/кре́сло ...?
5. Ско́лько у вас сту́льев/по́лок/шка́фов/ламп/кре́сел ...?
6. А ско́лько в кварти́ре/до́ме ко́мнат и каки́е?

4 Tragen Sie die Wörter zum Thema „Кварти́ра" in das Rätsel ein. ■■■■

дверь	коридо́р	ко́мната	гости́ная	кабине́т
	ва́нная	туале́т	спа́льня	

 5 Ergänzen Sie die fehlenden Endungen. ■■■

-ого	-его

1. Э́то рабо́та на́ш............................ па́пы.

2. Крова́ть зелён............................ цве́та.

3. Дива́н жёлт............................ цве́та.

4. Шкаф кори́чнев............................ цве́та.

5. Сту́лья си́н............................ цве́та.

6. Ме́бель в ку́хне бе́л............................ цве́та.

7. Мы о́чень лю́бим на́ш............................ кота́.

8. Мне так не хвата́ет на́ш............................ люби́м............................ попуга́я.

9. Мы приглаша́ем на́ш............................ дру́га на да́чу.

6 Beantworten Sie die Fragen. ■■■

1. Како́го цве́та ва́ша ку́хня?
2. Како́го цве́та ваш пи́сьменный стол?
3. Како́го цве́та ваш дива́н?

7 Ergänzen Sie die Endungen und übersetzen Sie die Sätze ins Deutsche.

-ой	-ей

1. Это дом на́ш............... тёти.

2. В кварти́ре нет де́тск............... (ко́мнаты).

3. Это ко́мната мо............... до́чери.

4. Это до́мик на́ш............... ко́шки.

5. У меня́ нет так............... краси́в...............ры́бки.

8 Ergänzen Sie die passenden Präpositionen. Achten Sie auf die Endungen der Substantive und übersetzen Sie die Sätze ins Deutsche.

в	на	у	о́коло	ме́жду	пе́ред	под	че́рез

Да́ша и Ко́ля показа́ли Штéфану свою́* ко́мнату.

1. Их ко́мната .... ва́нной и спа́льней.

2. Пи́сьменный стол стои́т .... окно́м.

3. .... жёлтой по́лкой крова́ть Да́ши.

4. .... двери́ стои́т до́мик ко́шки Му́рки.

5. .... де́тской стои́т аква́риум.

6. .... Да́ши и Ко́ли был попуга́й,

   но он улете́л .... фо́рточку.

7. Их попуга́й люби́л сиде́ть .... пи́сьменном столе́.

*ihr eigenes

9 Finden Sie Wörter mit gegensätzlicher Bedeutung für die hervorgehobenen Wörter.

1. Мы **ре́дко** быва́ем на да́че. ↔ Мы ....

2. Как **хорошо́**, что … ↔ Как ....

3. У меня́ **есть** ко́шка. ↔ У меня́ ....

4. У меня́ **нет** попуга́я. ↔ У меня́ ....

Kulturtipp Wohnen in Russland

Мой дом – моя крепость *Mein Haus ist meine Festung* (auf Englisch *My home is my castle*) könnte man auch in Russland an die Wohnungstür schreiben. Das Zuhause ist meist der Mittelpunkt im Leben einer Familie oder Großfamilie. Städtische Wohnungen sind häufig klein und beengt. Doch ganz nach dem russischen Sprichwort **В тесноте, да не в обиде** „*Auf engstem Raum, aber trotzdem in Eintracht*" nimmt man diese Enge in Russland mit Humor und sieht auch Vorteile darin. Große mehrgeschossige Wohnsiedlungen prägen das moderne Stadtbild. Deshalb drängen wohlhabendere Schichten zunehmend an den Stadtrand und in die Vororte, um dort schmucke Häuser oder gar Villen zu errichten.

Wer sich Haus oder Villa nicht leisten kann oder möchte, nutzt oft ein Wochenendhäuschen zur Erholung. Die Datscha, meist mit einem Grundstück oder Garten verbunden, wird an den Wochenenden und in den Sommermonaten zum Zweitwohnsitz und kann schon mal die Ausmaße eines Einfamilienhauses annehmen. Auf dem Land findet man häufig noch die traditionelle Holzbauweise mit teilweise wunderschön verzierten Giebeln und Fenstern.

Was können Sie schon?

	☺	☺	☹	
▪ Wohnräume und Möbel benennen	☐	☐	☐	►Ü1
▪ detaillierte Ortsangaben verstehen	☐	☐	☐	►Ü1
▪ Gegenstände, Tiere und Personen beschreiben	☐	☐	☐	►Ü2
▪ Farben angeben	☐	☐	☐	►Ü2
▪ die Lage von Einrichtungsgegenständen angeben	☐	☐	☐	►Ü3

Tagesablauf

In dieser Lektion lernen Sie

- Wochentage und Monate zu benennen
- die Uhrzeit in vollen und halben Stunden anzugeben
- die Ordnungszahlwörter von 1.–12.
- regelmäßige alltägliche Tätigkeiten zu beschreiben

58 **Вы ра́но встаёте?**

Stefan und die Kinder setzen das Gespräch fort.

Штефан	Как э́то так?
Да́ша	Ну, по утра́м Ко́ля хо́дит в де́тский сад …
Ко́ля	А Да́ша в шко́лу …
Да́ша	Роди́тели же на рабо́те.
Штефан	Да, коне́чно. И когда́ же вы встаёте?
Да́ша	Я встаю́ ра́но, в семь часо́в, сра́зу умыва́юсь и одева́юсь.
	А Ко́ля до́лго лежи́т в посте́ли и ве́чно не хо́чет чи́стить зу́бы.
Ко́ля	У́тром мне так хо́чется спать.
Да́ша	Ведь ты встаёшь по́здно, ты же за́втракаешь в са́дике!
Штефан	А когда́ вы прихо́дите домо́й?
Да́ша	По́сле шко́лы я обы́чно остаю́сь на продлёнке до конца́. По вто́рникам я хожу́ в музыка́льную шко́лу и игра́ю на пиани́но. Домо́й я прихожу́ то́лько в полшесто́го и́ли в шесть …
Ко́ля	Я то́же люблю́ му́зыку. Мы по четверга́м поём в хо́ре.
Да́ша	Ты меня́ опя́ть перебива́ешь, дай мне договори́ть! *(zu Stefan)* В ма́е у меня́ да́же был пе́рвый конце́рт.
Штефан	Ну, а когда́ сле́дующий конце́рт?
Да́ша	В январе́, во вре́мя кани́кул.
Штефан	А ты, Ко́ля, то́же до ве́чера в са́дике?
Ко́ля	Ма́ма меня́ забира́ет в пять, а по пя́тницам в полпя́того, потому́ что мы хо́дим в бассе́йн.
Штефан	Тогда́ всё поня́тно. Не приглаша́ть же вам друзе́й пе́ред сном.

Fragen zum Dialog

Streichen Sie, was nicht zutrifft.

1. Ко́ля ещё не хо́дит в де́тский сад | в шко́лу.
2. Ко́ля по пя́тницам хо́дит в бассе́йн | в са́дике до конца́.
3. По вто́рникам Да́ша занима́ется му́зыкой | приглаша́ет друзе́й.
4. У Да́ши пе́рвый конце́рт был зимо́й | весно́й.

Steht ihr früh auf?

Stefan und die Kinder setzen das Gespräch fort.

Stefan	Wieso denn das?
Dascha	Nun, morgens geht Kolja in den Kindergarten ...
Kolja	Und Dascha in die Schule ...
Dascha	Die Eltern sind ja auf der Arbeit.
Stefan	Ja, natürlich. Und wann steht ihr denn auf?
Dascha	Ich stehe früh auf, um sieben Uhr, ich wasche mich gleich und ziehe mich an. Und Kolja bleibt (noch) lange im Bett und will sich nie die Zähne putzen.
Kolja	Morgens möchte ich doch so gern noch schlafen.
Dascha	Aber du stehst (doch) spät auf, du frühstückst ja im Kindergarten!
Stefan	Und wann kommt ihr nach Hause?
Dascha	Nach der Schule bleibe ich noch im Hort bis zum Schluss. Dienstags gehe ich in die Musikschule und spiele Klavier. Ich komme erst um halb sechs oder um sechs nach Hause ...
Kolja	Musik mag ich auch. Donnerstags singen wir im Chor.
Dascha	Du unterbrichst mich wieder, lass mich ausreden! *(zu Stefan)* Im Mai hatte ich sogar das erste Konzert.
Stefan	Und wann ist das nächste Konzert?
Dascha	Im Januar, während der Ferien.
Stefan	Und du, Kolja, bist du auch bis zum Abend im Kindergarten?
Kolja	Mama holt mich um fünf ab, und freitags um halb fünf, weil wir ins Schwimmbad gehen.
Stefan	Dann ist alles klar. Wer lädt schon Freunde vor dem Schlafen ein? *(wörtl* Ihr könnt ja nicht Freunde vor dem Schlafen einladen.)

⊙ 59

бассе́йн	Schwimmbad	по́сле + G	nach
ведь	ja, doch, nämlich	посте́ль f	Bett
во вре́мя + G	während	потому́ что	weil
встава́ть (встаю́/ встаёшь/встаю́т)	aufstehen	приходи́ть (→ Tag 8)	kommen
да́же	sogar	продлёнка ugs	Hort
дай(те)	hier: lass(t)	ра́но	früh
де́тский сад	Kindergarten	са́дик ugs	Kindergarten
договори́ть v	ausreden	сле́дующий	nächster
домо́й	nach Hause	сон	Schlaf, Traum
забира́ть	abholen	спать (сплю/ спишь/спят)	schlafen
зуб	Zahn		
игра́ть на + P	(ein Instrument) spielen	сра́зу	gleich
кани́кулы Pl	Ferien	умыва́ться	sich waschen
лежа́ть (лежу́/ лежи́шь/лежа́т)	liegen	хор	Chor
		час	Stunde; Uhr(zeit)
мне хо́чется + Inf	ich möchte gern	чи́стить (чи́щу/ чи́стишь/чи́стят)	putzen, bürsten
му́зыка	Musik		
музыка́льный	Musik-	шко́ла	Schule
одева́ться	sich anziehen		
опя́ть	wieder		
остава́ться (остаю́сь/ остаёшься/ остаю́тся)	bleiben		
перебива́ть	unterbrechen		
пе́ред + I	vor (zeitlich)		
петь (пою́/ поёшь/пою́т)	singen		
пиани́но indekl	Klavier		
по́здно	spät		

Mahlzeiten	
за́втрак	Frühstück
за́втракать/ поза́втракать	frühstücken
обе́д	Mittagessen
обе́дать/ пообе́дать	zu Mittag essen
у́жин	Abendessen
у́жинать/ поу́жинать	zu Abend essen

→ Die russischen Bezeichnungen für Wochentage und Monate finden Sie auf Seite 119.

Grammatik und Redemittel

Die Ordnungszahlen von 1.–12. ► §4

1.	пе́рвый	5.	пя́тый	9.	девя́тый
2.	второ́й	6.	шесто́й	10.	деся́тый
3.	тре́тий	7.	седьмо́й	11.	оди́ннадцатый
4.	четвёртый	8.	восьмо́й	12.	двена́дцатый

Die Ordnungszahlen werden nach dem Geschlecht unterschieden und sind Adjektive: **пе́рвый** *m*, **пе́рвая** *f*, **пе́рвое** *n*; **пе́рвые** *Pl*. Beachten Sie die Schreibweise von **тре́тий**, **тре́тья**, **тре́тье**; **тре́тьи**!

Die Angabe der Uhrzeit (volle und halbe Stunden) ► §2.1, §4, §5.6

Кото́рый час? *Wie viel Uhr ist es?* Wenn Sie diese Frage beantworten, brauchen Sie für die volle Stunde die Grundzahlwörter (► *Tag 5*) und das Wort **час** *Stunde, Uhr* mit dem entsprechenden Kasus (► *Tag 7*): **Семь часо́в.** *(Es ist) sieben Uhr.* Das Wort **час** kann nach 2–12 entfallen.

(оди́н) **час**	два, три, четы́ре **часа́**	пять – двена́дцать **часо́в**

Für die halbe Stunde verwenden Sie in der Umgangssprache die Vorsilbe **пол-** *halb* mit den maskulinen Ordnungszahlen (1.–12.) im Genitiv: **Полпя́того.** *(Es ist) halb fünf.* Die Betonung richtet sich nach dem Nominativ: пя́т**ый** – полпя́**того**, aber: шест**о́й** – полшест**о́го**. Auf die Frage **Когда́?** *Wann?* brauchen Sie die Präposition **в** *um + A*: **Когда́ вы встаёте?** – **В во́семь (часо́в)**.

Achtung:
Пол-**о**ди́ннадцатого *halb elf* wird mit Bindestrich geschrieben, da das Zahlwort mit einem Vokal beginnt. Beachten Sie auch полтре́т**ьего** *halb drei*.

Die Angabe der Wochentage und Monatsnamen ► §8

Bei der Antwort auf die Frage **Когда́?** *Wann?* müssen Sie nach den Präpositionen auf den Kasus achten. Stehen zwei Konsonanten im Anlaut, wird **в** zu **во** erweitert (► *Tag 10*: **с/со**): **во** вто́рник *am Dienstag*. Ausnahme: **в** сре́ду!

в + *A Sg*	**в** понеде́льник	am Montag	**в** сре́ду (Betonung!)	am Mittwoch
по + *D Pl*	**по** пя́тницам	freitags	**по** воскресе́ньям	sonntags
в + *P Sg*	**в** апре́ле	im April	**в** ма́е	im Mai

⊙ 60 🎧 **1** Schreiben Sie die Uhrzeiten, die Sie hören, erst in Ziffern und dann in Worten.

■ ■ ◻
1. .... 3. .... 5. ....
2. .... 4. .... 6. ....

■ ■ ◻ **2** Setzen Sie in den Tagesablauf von Kolja und Dascha die passenden Verben ein.

> остаётся   читают   хо́дит   отдыха́ют   встаёт
> был   прихо́дит   хо́дят   лежи́т   поёт

По утра́м Ко́ля .... (1.) в де́тский сад, а Да́ша в шко́лу. Да́ша ....
(2.) ра́но, в семь часо́в. А Ко́ля до́лго .... (3.) в посте́ли и встаёт по́здно.
По́сле шко́лы Да́ша обы́чно .... (4.) на продлёнке до конца́. По
вто́рникам она́ хо́дит в музыка́льную шко́лу. В ма́е у Да́ши да́же .... (5.)
пе́рвый конце́рт. Домо́й она́ обы́чно .... (6.) то́лько в полшесто́го и́ли в
шесть. Ко́ля по четверга́м .... (7.) в хо́ре. На неде́ле он почти́ до ве́чера в
са́дике. Ма́ма его́ забира́ет в пять, а по пя́тницам в полпя́того, потому́ что они́
по́сле са́дика .... (8.) в бассе́йн. Ве́чером в семь часо́в совме́стный
у́жин. Пе́ред сном де́ти ещё .... (9.). В выходны́е и во вре́мя кани́кул
они́ .... (10).

■ ■ ◻ 💬 **3** Beschreiben Sie Ihren Tagesablauf. Die Fragen helfen Ihnen dabei.

1. Когда́ вы встаёте?
2. Что вы де́лаете пото́м?
3. Вы за́втракаете до́ма?
4. Вы хо́дите на рабо́ту?
5. Когда́ у вас обе́д?

6. Что вы де́лаете по понеде́льникам/...?
7. Когда́ вы обы́чно прихо́дите домо́й?
8. Что вы де́лаете по́сле у́жина?
9. Вы чита́ете пе́ред сном?
10. ... ?

■ ■ ■ ✏ **4** Hier fehlen ja alle Endungen! Ergänzen Sie sie.

1. О́сенью по суббо́т .... и воскресе́нь .... Оле́г ча́сто собир .... гриб ....
2. По вто́рник .... Да́ша по́сле шко́л .... хо́д .... в музыка́льн .... шко́л ....
3. Де́тск .... ко́мнат .... вот здесь – ме́жду ва́нн .... и спа́льн ....
4. У вас есть вре́м .... в выходн .... ? Мо́жно посмотре́ .... вы́ставк ....
5. До у́жин .... де́т .... немно́го игра́ .... , а пе́ред сн .... обы́чно чита́ ....

5 Ordnen Sie a) die Zahlwörter und b) die Wochentage in aufsteigender
Reihenfolge.

a)

.... двена́дцать

.... два́дцать

___1___ де́вять

.... девяно́сто

.... девятна́дцать

.... со́рок де́вять

.... два́дцать де́вять

b)

.... среда́

.... пя́тница

.... воскресе́нье

.... вто́рник

.... четве́рг

___1___ понеде́льник

.... суббо́та

6 Verbinden Sie die Uhrzeiten, die zusammengehören.

1. в семь утра́
2. в шесть утра́
3. в полвосьмо́го ве́чера
4. в полдевя́того утра́
5. в во́семь ве́чера
6. в пол-оди́ннадцатого ве́чера
7. в полдеся́того ве́чера
8. в полшесто́го утра́
9. в полчетвёртого утра́

a) um 8:30
b) um 21:30
c) um 22:30
d) um 7:00
e) um 6:00
f) um 5:30
g) um 20:00
h) um 3:30
i) um 19:30

7 Schreiben Sie das Gegenteil zu den hervorgehobenen Wörtern auf.

1. **Ма́ма по́здно** встаёт.   ↔   ....

2. **Дочь** до **утра́** в са́дике.   ↔   ....

8 Welcher Wochentag basiert auf diesen Wörtern?

1. неде́ля ....

2. второ́й ....

3. четы́ре ....

4. пять ....

9 Unterstreichen Sie alle Verben und schreiben Sie deren Infinitiv. Übersetzen Sie mündlich die Sätze ins Deutsche.

1. Я ра́но встаю́.

2. Я умыва́юсь и одева́юсь.

3. По́сле за́втрака я чи́щу зу́бы.

4. Мы ча́сто хо́дим в бассе́йн.

5. По четверга́м мы поём в хо́ре.

6. Я прихожу́ домо́й в полшесто́го.

■ ■ ■ **10** Hier ist etwas durcheinandergeraten. Lesen Sie alle Sätze und ergänzen Sie die hervorgehobenen Satzteile durch die passenden Satzhälften. Schreiben Sie die richtigen Aussagen auf.

1. **Он инжене́р**, по́сле шко́лы он остаётся на продлёнке.

2. На́сте три го́да, **она́ хо́дит в шко́лу**.

3. **Оле́гу во́семь лет**, по суббо́там он не хо́дит на рабо́ту.

4. Ли́зе пятна́дцать лет, **она́ ещё не хо́дит в шко́лу**.

■ ■ ■ **11** Formulieren Sie die Sätze um. Finden Sie für die hervorgehobenen Wörter Begriffe mit gleicher Bedeutung.

1. Я встаю́ в **6:30**.   Я ....

2. Мне так **хо́чется** спать.   Я так ....

3. В **суббо́ту и в воскресе́нье**   В ....

 я не рабо́таю.

4. Я всё **по́нял (поняла́)**.   Мне всё ....

Kulturtipp Feierabend gibt es nicht

Der Tagesablauf ist bei vielen Menschen in Russland bis aufs Äußerste gefüllt.
Besonders in den Städten schlägt ein schneller Lebensrhythmus. Ständige Bewegung
prägt die Straßen und Plätze. Viele Geschäfte und Cafés haben das ganze Jahr über
rund um die Uhr geöffnet, auch Sonn- oder Feiertage sind kein Grund innezuhalten.

Kindergarten, Schule, verschiedene fest geplante Freizeitaktivitäten – oft haben
schon Schulkinder bis in den Abend einen vollen Terminkalender. Später in Ausbildung oder Studium wird es nicht weniger, dann die Arbeit – da bleibt wenig Zeit für
Langeweile.

Trotzdem lassen sich die meisten Menschen in Russland nur selten aus der Ruhe
bringen. Mußestunden und freie Tage werden bewusst ausgekostet und aktiv
genutzt. Dabei ist es in der Regel wichtiger, mit Freunden und Verwandten zusammen zu sein, als sich allein zu vergnügen.

дни недéли	Wochentage	мéсяцы*	Monate		
понедéльник	Montag	январь	Januar	июль	Juli
втóрник	Dienstag	феврáль	Februar	áвгуст	August
средá	Mittwoch	март	März	сентябрь	September
четвéрг	Donnerstag	апрéль	April	октябрь	Oktober
пятница	Freitag	май	Mai	ноябрь	November
суббóта	Samstag	июнь	Juni	декáбрь	Dezember
воскресéнье	Sonntag	*Alle Monatsnamen, auch die auf -ь, sind männlich.			

Was können Sie schon?

☺ ☺ ☹

	☺	☺	☹	
■ Fragen nach der Uhrzeit verstehen	□	□	□	►Ü1
■ die Uhrzeit in vollen und halben Stunden angeben	□	□	□	►Ü1
■ Wochentage und Monate benennen	□	□	□	►Ü2
■ regelmäßige alltägliche Tätigkeiten beschreiben	□	□	□	►Ü2
■ über den eigenen Tagesablauf berichten	□	□	□	►Ü3
■ regelmäßige Handlungen ausdrücken	□	□	□	►Ü4

Wiederholen und üben Sie

Hier wiederholen Sie

- Essen, Trinken und Einkaufen
- Grund- und Ordnungszahlen, Zeit- und Ortsangaben
- Freizeit, Hobbys und Tagesabläufe zu schildern
- Besitzangaben zu machen
- über Vergangenes zu sprechen
- Möbel, Wohnräume und Farben zu benennen

1 Я хочу́ сде́лать сала́т из … Kombinieren Sie und sortieren Sie alles in den passenden Salat. Achten Sie auf die Endungen.

| карто́шка я́блоки огурцы́ помидо́ры бана́н гру́ша лук виногра́д капу́ста | сла́дк____ вку́сн____ хоро́ш____ ма́леньк____ краси́в____ огро́мн____ све́ж____ больш____ | -их   -ого   -ых -ой   -ей   -его |

фрукто́вый сала́т (*Obstsalat*) из

большо́го бана́на,

овощно́й сала́т (*Gemüsesalat*) из

61 **2** Hier gibt es viele Internationalismen. Welche hören Sie in den Minidialogen? Ein Wort ist ein „falscher Freund". Welches?

| стадио́н меню́ колле́кция хо́бби коридо́р му́зыка па́ртия ро́зовый кино́ со́ус вино́ спорт кило́ фильм хокке́й теа́тр ша́хматы музе́й шту́ка аква́риум хор стул туале́т ора́нжевый |

1. _____
2. _____
3. _____
4. _____
5. _____
6. *„falscher Freund"*

3 На ры́нке: Что вам ну́жно?

| *1 kg Fleisch* | *6 Äpfel* | *1 Flasche Öl* | *2 kg Birnen* |
| *5 kg Kartoffeln* | *1 ½ kg Tomaten* | *½ kg Trauben* | *Stückchen Käse* |

4 **Wann unternehmen Sie was? Schreiben Sie Sätze wie in den Beispielen auf ein extra Blatt Papier.** ■ ■ ■

занима́ться спо́ртом / му́зыкой ‖ игра́ть на пиани́но ‖ собира́ть грибы́
игра́ть в футбо́л / хокке́й / баскетбо́л / гольф / ша́хматы
гото́вить обе́д / у́жин ‖ чита́ть газе́ты / журна́лы
ходи́ть в похо́ды / на стадио́н / в музе́й / на конце́рт / на рыба́лку

1. Зимо́й *я занима́юсь спо́ртом*.
2. Весно́й ...
3. Ле́том ...
4. О́сенью ...
5. Днём *я гото́влю обе́д*.
6. У́тром ...
7. Ве́чером ...
8. В выходны́е ...
9. По суббо́там ...
10. По пя́тницам ...

5 Setzen Sie das passende reflexive Verb ein. Achten Sie auf die Endungen. In eine Lücke passen zwei verschiedene Verben. ■ ■ ■

нра́виться   остава́ться   занима́ться   увлека́ться   собира́ться
интересова́ться   сочета́ться   умыва́ться   одева́ться

1. Оле́г, како́й вид спо́рта тебе́ _____ ?
2. Бе́лый и чёрный цвета́ прекра́сно _____ .
3. Ко́ля, ну где же ты? – Я уже́ _____ .
4. По утра́м Ле́на ра́но встаёт, _____ , _____ и гото́вит за́втрак.
5. В выходны́е мы обы́чно встаём не сра́зу, а ещё немно́го _____ в посте́ли.
6. Я слы́шал, у тебя́ спорти́вные хо́бби? – Не то́лько. Я, коне́чно, _____ спо́ртом, но и му́зыкой я то́же о́чень _____ .

6 Was war geschehen? Ergänzen Sie die Verben im Präteritum. ■ ■ ■

1. У Татья́ны в суббо́ту бы́ло мно́го госте́й. Она́ до́лго _____
   (гото́вить): _____ (вари́ть) борщ, _____ (жа́рить) мя́со, _____
   (де́лать) сала́ты и заку́ски. Го́сти _____ (есть) мно́го, но всё не _____
   (съесть).
2. Я тако́й голо́дный. Я ве́чером не _____ (у́жинать) и сего́дня не _____
   (за́втракать). А уже́ вре́мя обе́дать.
3. Штефан и Са́ша _____ (быть) на рыба́лке, они́ _____ (лови́ть) ры́бу
   и _____ (говори́ть) друг с дру́гом (*miteinander*).

7 Кото́рый час? Nennen Sie die Uhrzeiten (offiziell und inoffiziell).

■■□ 13:00   05:30   17:00   12:00   08:30   18:30   20:00   21:00

8 Lösen Sie das Kreuzworträtsel zum Thema Obst und Gemüse.

1. Apfel
2. Daraus macht man ein berauschendes Getränk.
3. Tomate
4. Kinder mögen es oft nicht.
5. Auf ihrer Schale kann man ausrutschen.
6. Grün und lang oder klein und knackig.
7. Davon gibt es Weiß ... und Rot ...
8. Birne
9. Sie beißt und hat doch keine Zähne.
10. Erdapfel, ugs.
11. Ein gesunder Snack in vielen Varianten.

9 Lösen Sie die Rätsel. Каки́е э́то ме́сяцы?

октя́брь   февра́ль   апре́ль   ию́ль   май   ию́нь   а́вгуст
ноя́брь   янва́рь   дека́брь   март   сентя́брь

1. тре́тий ме́сяц зимы́   ....
2. пя́тый ме́сяц го́да   ....
3. пе́рвый ме́сяц ле́та   ....
4. ме́сяц ме́жду ию́лем и сентябрём   ....
5. второ́й ме́сяц о́сени   ....
6. четвёртый ме́сяц го́да   ....
7. ме́сяц по́сле ноября́   ....
8. ваш люби́мый ме́сяц   ....

10 Lesen Sie die Speisekarte. Hören Sie dann die Dialoge. Was bestellen
die Personen und wie viel müssen sie zahlen? Schreiben Sie jeweils eine
Rechnung mit Bestellung, Preisen und Rechnungssumme (als Zahlwort)
auf einem extra Blatt Papier.

Меню́

закýски

пирожки́ с картóшкой / капýстой	45 р. за 1 шт.
бутербрóд с колбасóй / сы́ром / мáслом	50/50/40 р. за 1 шт.
салáт из помидóров / огурцóв / озощéй	160 р.
хлеб чёрный / бéлый	10 р. за 1 шт.

пéрвое		вторóе	
ухá	130 р.	пельмéни со сметáной /	
борщ	95 р	с чеснóчным сóусом	180 р.
щи	95 р.	мя́со с картóшкой	250 р.
суп из кýрицы	105 р.	котлéта из кýрицы и пюрé	200 р.
окрóшка	100 р.	ры́ба с овощáми	450 р.

десéрт			
морóженое	80 р.	тэрт (*Torte*)	120 р.
блины́ со сметáной	120 р.	слáдкие пирожки́	40 р. за 1 шт.

напи́тки				
морс (*Fruchtsaftgetränk*)	50 р.	пи́во	• бокáл	50 р.
компóт	30 р.		• буты́лка	80 р.
сок	110 р.	винó	• бокáл	150 р.
квас	40 р.	(крáсное/бéлое)	• буты́лка	700 р.
водá • стакáн	40 р.	кóфе		100 р.
• буты́лка	80 р.	чай		30 р.

би́знес-лáнч

№ 1 ухá, котлéта из кýрицы и пюрé, блины́ со сметáной	220 р.
№ 2 щи, мя́со с картóшкой, морóженое	230 р.
№ 3 борщ, пельмéни, слáдкие пирожки́	220 р.

11 Где и́ли куда́? Lesen Sie laut und ergänzen Sie в und на. Ergänzen Sie die Endungen, wenn nötig.

1. Я о́чень люблю́ све́жий во́здух. Я всегда́ _____ го́род _____ и хочу́ _____ приро́д _____ . – Замеча́тельно, тогда́ я вас приглаша́ю _____ похо́д _____ .

2. Мой муж мно́го рабо́тает. Но _____ э́ти выходны́е мы хоти́м _____ кино́, на интере́сн _____ фильм _____ . – Прекра́сно, мы то́же хоти́м посмотре́ть э́тот фильм _____ кино́ _____ !

3. Мой брат приглаша́ет _____ теа́тр _____ отли́чн _____ бале́т _____ . У тебя́ есть вре́мя _____ суббо́т _____ ? – К сожале́нию, нет, в суббо́ту я собира́юсь _____ рыба́лк _____ с дру́гом.

12 Was sehen Sie auf dem Bild? Beschreiben Sie das Zimmer. Die Wörter im Kasten helfen Ihnen dabei.

в за ме́жду на над напро́тив о́коло пе́ред под у сле́ва спра́ва пря́мо	зелёный жёлтый ро́зовый си́ний голубо́й бе́лый чёрный кра́сный кори́чневый ора́нжевый	ко́мната крова́ть шкаф по́лка дверь (пи́сьменный) стол дива́н стул (насто́льная) ла́мпа стена́ карти́на окно́ аква́риум

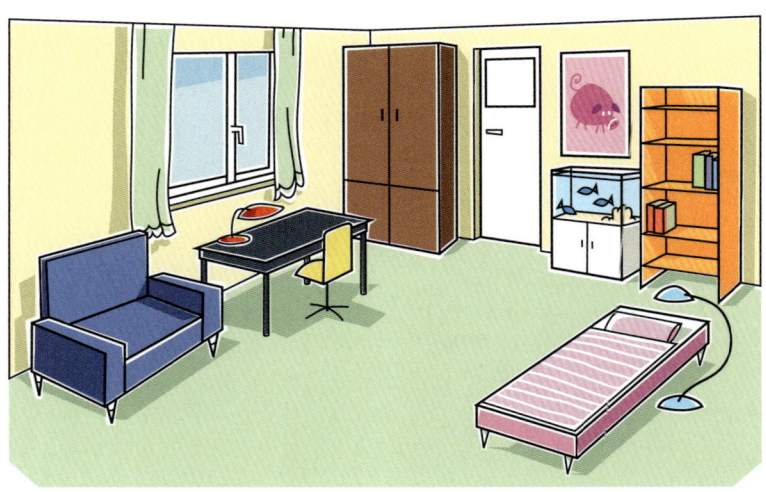

Сле́ва в ко́мнате ма́ленький си́ний дива́н.

13 Alarm! 12 falsche Adjektivendungen. Streichen Sie sie durch und schreiben
Sie die richtigen Formen auf.

1. ► Какóй вкýсным обéд! И совсéм не дорогáя.
   ◄ Да, это кафé óчень хорóшего.
2. ► У вас есть конкрéтную пожелáния?
   ◄ Я хочý посмотрéть эту извéстное выставку.
3. ► Как вы смóтрите на совмéстных обéд?
   ◄ Прекрáсный идéя, я такáя голóдной!
4. ► Здесь компьютерная зал, а там нáша приёмная.
   ◄ У вас отлúчного óфис!
5. ► Разрешúте предстáвить вам моегó стáршее
   брáта Сергéя.
   ◄ Óчень приятно. Вы занимáетесь настóльных
   тéннисом?

a) ....
b) ....
c) ....
d) ....
e) ....
f) ....
g) ....
h) ....
i) ....
j) ....
k) ....
l) ....

14 Versuchen Sie, jeweils das Gegenteil zu den Adjektiven und Adverbien
zu finden.

1. мáленький ....
2. холóдный ....
3. обычный ....
4. свéтлый ....
5. красúвый ....
6. зáвтра ....
7. возмóжно ....
8. рáно ....

9. мáло ....
10. дорогóй ....
11. извéстный ....
12. вкýсный ....
13. чёрный ....
14. рéдко ....
15. там ....
16. слéва ....

15 Ergänzen Sie die Personal- und Possessivpronomen. Hören Sie dann die
Sätze und überprüfen Sie.

◉ 63

1. Где .... машúна? – Вот ...., у .... дóма.
2. .... родúтели живýт рядом. Поэтому .... кормлю
   попугáев, когдá .... на дáче.
3. Как зовýт .... детéй? – .... дочь зовýт Дáша,
   а .... сына – Кóля.
4. .... зовýт Лéна. .... и .... муж Сáша любим, когдá
   к .... в гóсти прихóдят .... коллéги. А Дáше и Кóле нрáвится
   игрáть с .... детьмú.

Zwischentest 2

1 Welche Form des Verbs ist richtig? Kreuzen Sie an.

1. В среду наша дочь
   a) ☐ играют на пианино.
   b) ☐ играла
   c) ☐ слушала

2. Ночью за стеной
   a) ☐ звонил телефон. – Правда, во сколько?
   b) ☐ звонит
   c) ☐ звонило

3. Семья
   a) ☐ собираюсь за столом.
   b) ☐ собирает
   c) ☐ собирается

4. Дети хорошо
   a) ☐ кормят кошку?
   b) ☐ кормим
   c) ☐ угощают

5. Мы с удовольствием
   a) ☐ пьём блины с маслом.
   b) ☐ дадим
   c) ☐ едим

6. Ты часто
   a) ☐ бываешь на рыбалке?
   b) ☐ ловишь
   c) ☐ ловил

__/6

2 Beantworten Sie die Fragen in ganzen Sätzen. Verwenden Sie dazu die Vorgaben in den Klammern – natürlich auf Russisch!

1. Какие у вас хобби? (Sport treiben, Klavier spielen)

_____

2. Что ваши дети обычно делают в выходные? (Gäste einladen, in den Zirkus/ins Kino gehen) _____

_____

3. Что Даша делает утром? (früh aufstehen, sich waschen, sich anziehen)

_____

4. Что вы заказываете в кафе? (Kohlsuppe, Fisch mit Gemüse, Glas Wein)

_____

5. Где стоит настольная лампа? (auf dem Tisch vor dem Fenster)

__/5

3 Lebewesen oder Gegenstände? Welcher Akkusativ ist richtig?

1. На́ша тётя лю́бит
   a) ☐ све́жего сы́ра.
   b) ☐ све́жий сыр.

2. Мои́ роди́тели слу́шают
   a) ☐ ра́зную му́зыку.
   b) ☐ ра́зная му́зыка.

3. a) ☐ На́шего зелёного попуга́я зову́т Ке́ша.
   b) ☐ Наш зелёный попуга́й

4. Во вто́рник мы купи́ли
   a) ☐ краси́вых кори́чневых кре́сел.
   b) ☐ краси́вое кори́чневое кре́сло.

5. Там мо́жно посмотре́ть
   a) ☐ изве́стные ру́сские карти́ны?
   b) ☐ изве́стных ру́сских карти́н?

___/5

4 Setzen Sie die Personalpronomen im richtigen Kasus ein.

1. .... (он) три́дцать два го́да.

2. .... (я) не нра́вится э́тот цвет.

3. Уха́ – э́то суп из ры́бы. На рыба́лке без .... (она́) нельзя́.

4. Мы иногда́ приглаша́ем .... (они́) в го́сти.

5. Э́то моя́ ста́ршая сестра́ А́нна. А у .... (вы) есть сестра́?

6. Как .... (ты) зову́т?

___/6

5 Hören Sie die Texte und kreuzen Sie an. ◉ 64

	ве́рно	неве́рно
1. a) У Ю́рия Ива́новича для хо́бби нет вре́мени.	☐	☐
b) Он с удово́льствием игра́ет в те́ннис зимо́й.	☐	☐
c) Рыба́лку он то́же лю́бит.	☐	☐
d) Его́ жена́ не хо́дит на конце́рты.	☐	☐
e) Ю́рий Ива́нович уже́ не игра́ет на пиани́но.	☐	☐
2. a) У Са́ши есть рабо́чий кабине́т.	☐	☐
b) В кабине́те ма́ло ме́ста.	☐	☐
c) У пи́сьменного стола́ стои́т насто́льная ла́мпа.	☐	☐
d) Здесь есть три шка́фа и ма́ленький дива́н.	☐	☐
e) Иногда́ де́ти игра́ют в кабине́те.	☐	☐

6 Hören Sie die Dialoge und notieren Sie die Uhrzeit in Zahlwörtern. ◉ 65

1. .... 2. .... 3. .... 4. .... 5. .... ___/5

7 Ergänzen Sie den Dialog.

> а вы попро́буйте   ну ла́дно   за́ килогра́мм   хва́тит
> та́ет во рту   за сто во́семьдесят рубле́й

▸ Извини́те, ско́лько сто́ят э́ти я́блоки?

◂ 95 рубле́й _____ (1.).

▸ Э́то до́рого.

◂ Ра́зве э́то до́рого? _____ (2.) кусо́чек.

▸ Спаси́бо, ммм ... и пра́вда, о́чень вку́сное я́блоко, про́сто _____ (3.).

◂ Я же говори́л.

▸ _____ (4.), пять штук, пожа́луйста.

◂ Э́то о́чень ма́ло. Лу́чше килогра́мм и́ли два _____ (5.).

__/6 ▸ Нет, килогра́мма мне _____ (6.) ... Спаси́бо.

⊙ 66 **8** Hören Sie die Kurzdialoge. Ergänzen Sie Ordinal- oder Kardinalzahlen und kreuzen Sie das richtige Substantiv an.

1. _____ ☐ попуга́ев ☐ фи́льмов.

2. _____ ☐ напи́тка ☐ блю́да.

   На _____ борщ, а на _____ пельме́ни.

__/4 3. _____ ☐ штук ☐ рубле́й.

9 Wie sagen Sie, ...

1. ... wie Sie heißen?

2. ... wie alt Sie sind?

3. ... dass Sie sich für Sport interessieren?

4. ... dass Sie anderthalb Kilo Tomaten und ein Kilo Fisch möchten?

5. ... dass Sie einen Salat und ein Glas Wasser bestellen möchten?

6. ... dass Sie im Schlafzimmer ein Bett, zwei Regale und einen Fernseher haben?

7. ... dass Sie vor dem Schlafen noch gerne lesen?

__/8 8. ... dass Ihnen diese Farbe gar nicht gefällt?

__/50

Eine Reise planen

In dieser Lektion lernen Sie

- nach dem Datum zu fragen
- das Geburtsdatum anzugeben
- Fernverkehrsmittel zu beschreiben
- die Art und Weise zu erläutern

67 Командиро́вка в Санкт-Петербу́рг

Татья́на До́брый день, Штéфан. Как вы вчера́ провели́ ве́чер?

Штéфан Прекра́сно. Ка́жется, я никогда́ так мно́го не ел!

Татья́на Ничего́. Ско́ро привы́кнете. У нас так при́нято принима́ть гостéй. А кста́ти, вас пригласи́ли в наш филиа́л в Санкт-Петербу́рге.

Штéфан Пра́вда? Когда́?

Татья́на Они́ предложи́ли две да́ты на вы́бор: мы должны́ быть на мéсте в понедéльник, 18-го и́ли 25-го сентября́.

Штéфан Я давно́ хотéл попа́сть в Санкт-Петербу́рг и гото́в éхать хоть за́втра.

Татья́на Хорошо́, с да́той всё я́сно. В пéрвый раз мне поручи́ли вас сопровожда́ть. И тепéрь нам оста́лось то́лько вы́брать вид тра́нспорта: по́езд и́ли самолёт. Авто́бус, как вы понима́ете, сра́зу отпада́ет.

Штéфан А что лу́чше?

Татья́на Я предпочита́ю по́езд. Ночно́й экспрéсс, наприме́р, идёт ма́ксимум во́семь часо́в.

Штéфан А почему́ не на самолёте?

Татья́на Во-пéрвых, потому́ что по Москвé без про́бок до аэропо́рта не доéхать. Пра́вда, есть электри́чки, но они́ хо́дят с переры́вами. Во-вторы́х, я не о́чень люблю́ лета́ть. Ну а в-трéтьих, и э́то гла́вное, ру́сские поезда́ — э́то что́-то осо́бенное.

Штéфан Я согла́сен и на по́езде.

Татья́на Отли́чно, зна́чит, я могу́ ужé зака́зывать билéты и брони́ровать номера́ в гости́нице. Тогда́ мне нужны́ да́нные ва́шего па́спорта.

Штéфан А я ду́мал, они́ нужны́ то́лько для билéтов на самолёт?!

Татья́на Нет, в Росси́и они́ нужны́ всегда́ и вездé!

Fragen zum Dialog

Streichen Sie, was nicht zutrifft.

1. Штéфан готóв быть там 18-го сентября́ | 25-го сентября́.
2. Он éдет в Санкт-Петербýрг в командирóвку | на экскýрсию.

Geschäftsreise nach St. Petersburg

Tatjana	Guten Tag, Stefan. Wie haben Sie den Abend gestern verbracht?
Stefan	Ausgezeichnet. Ich glaube, ich habe noch nie so viel gegessen!
Tatjana	Macht nichts. Bald gewöhnen Sie sich daran. Bei uns ist es üblich, so Gäste zu empfangen. Übrigens, Sie sind in unsere Filiale nach St. Petersburg eingeladen.
Stefan	Wirklich? Wann (denn)?
Tatjana	Sie haben zwei Termine zur Auswahl vorgeschlagen: Wir sollen am Montag, dem 18. oder dem 25. September, dort (*wörtl* am Ort) sein.
Stefan	Ich wollte schon lange nach St. Petersburg (*wörtl* gelangen) und bin bereit, gleich morgen hinzufahren.
Tatjana	Gut, mit dem Datum ist alles klar. Das erste Mal hat man mich beauftragt, Sie zu begleiten. Nun bleibt uns nur, das Verkehrsmittel auszuwählen: Zug oder Flugzeug. Der Bus, wie Sie (sicher) verstehen, kommt nicht in Frage (*wörtl* entfällt gleich).
Stefan	Und was ist besser?
Tatjana	Ich bevorzuge den Zug. Der Nachtexpress beispielsweise fährt (*wörtl* geht) maximal acht Stunden.
Stefan	Und warum nicht mit dem Flugzeug?
Tatjana	Erstens, weil man in Moskau den Flughafen ohne Staus nicht erreichen kann. Es gibt zwar S-Bahnen, doch sie fahren nicht durchgehend. Zweitens fliege ich nicht so gern. Und drittens, und das ist das Wichtigste, sind russische Züge etwas Besonderes.
Stefan	Ich bin auch mit dem Zug einverstanden.
Tatjana	Ausgezeichnet, das bedeutet, ich kann die Fahrkarten schon bestellen und die Zimmer im Hotel reservieren. Dann brauche ich die Angaben aus Ihrem Pass.
Stefan	Aber ich dachte, man braucht sie nur für Flugtickets?!
Tatjana	Nein, in Russland werden sie immer und überall gebraucht!

68

брони́ровать	reservieren
везде́	überall
во-вторы́х	zweitens
во-пе́рвых	erstens
в-тре́тьих	drittens
вчера́	gestern
вы́брать *v**	auswählen
гла́вное *n*	das Wichtigste
гото́в/гото́ва *m/f*	bereit
давно́	lange (her)
да́нные *Pl*	Angaben, Daten
да́та	Datum
дое́хать *v* (→ е́хать)	(fahrend) hin- kommen
должны́ *Pl*	müssen
е́хать (е́ду/е́дешь/е́дут)	(zielgerichtet) fahren
идти́ (иду́/идёшь/иду́т)	(zielgerichtet) gehen
лета́ть	fliegen
ма́ксимум	maximal
никогда́	nie(mals)
ничего́	(macht) nichts
ночно́й экспре́сс	Nachtexpress
нужны́ *Pl*	nötig
осо́бенный	besonderer
оста́ться *v**	bleiben
отпада́ть	entfallen
переры́в	(Mittags-)Pause
по + *D*	durch, entlang
попа́сть *v**	gelangen
поручи́ть *v** + *D*	beauftragen
почему́?	warum?

предпочита́ть	bevorzugen
привы́кнуть *v**	sich gewöhnen
пригласи́ть *v**	einladen
принима́ть	empfangen
при́нято	üblich
про́бка	Stau
провести́ *v**	verbringen
ско́ро	bald
сопровожда́ть	begleiten
филиа́л	Filiale
хоть	hier: gleich
что́-то	etwas
(всё) я́сно	(alles) klar

путеше́ствие	Reise
самолёт	Flugzeug
по́езд	Zug
экспре́сс	Express(zug)
электри́чка	S-Bahn, Lokalbahn
авто́бус	(Omni-)Bus
тра́нспорт *Sg*	Verkehrsmittel
биле́т	Fahrkarte, Ticket
па́спорт	Pass
гости́ница	Hotel
но́мер	hier: Hotelzimmer
аэропо́рт (*P* в аэропорту́, ► *Tag 12*)	Flughafen, am Flughafen

Auf die Frage *womit?* steht bei Verkehrsmitteln **на** + Präpositiv oder der Instrumental ohne Präposition: **на по́езде = по́ездом** *mit dem Zug*.

* Die Formen der Verben finden Sie im Anhang, Seite 288–291.

Grammatik und Redemittel

Die Ordnungszahlen von 13.–31. ▸ *§4*

13.	трина́дцатый	17.	семна́дцатый	21.	два́дцать пе́рвый
14.	четы́рнадцатый	18.	восемна́дцатый	22.	два́дцать второ́й
15.	пятна́дцатый	19.	девятна́дцатый	30.	тридца́тый
16.	шестна́дцатый	20.	двадца́тый	31.	три́дцать пе́рвый

Achtung:

Die Ordnungszahlen sind Adjektive (▸ *Tag 13*). Bestehen sie aus zwei oder
mehr Teilen (z.B. **два́дцать пе́рвый**), wird nur das letzte Wort dekliniert.

Die Angabe des Datums ▸ *§4*

Auf die Frage **Како́е сего́дня число́?** *Der Wievielte (wörtl Welche Zahl) ist heute?*
antworten Sie mit dem Neutrum der Ordnungszahl im Nominativ und dem
Monat im Genitiv: **Сего́дня тре́тье (3-е) января́.** *Heute ist der 3. Januar.*
Auf die Frage **Когда́?** *Wann?* antworten Sie mit der Ordnungszahl im Genitiv
(ohne Präposition!): **Два́дцать пя́того (25-го) сентября́.** *Am 25. September.*
Ordnungszahlen werden nicht wie im Deutschen mit Punkt geschrieben, sondern es
werden 1–2 Buchstaben der Endung an die Ziffer angehängt: **3-е**, **25-го**.

Die doppelte Verneinung ▸ *§11*

In Allgemeinen wird die Partikel **не** vor das zu verneinende Wort gesetzt: Я **не** о́чень
люблю́ лета́ть. Einige Pronomen und Adverbien werden mit der Vorsilbe **ни**- verneint:
никогда́ *nie(mals)*, **ничего́** *nichts*. Wenn diese Formen stehen, muss das Verb immer
zusätzlich verneint werden (= doppelte Verneinung): Я **никогда́** так мно́го **не** ел.

Der Ausdruck der Art und Weise (Modalität) ▸ *§7*

Um die Art und Weise einer Tätigkeit zu beschreiben, benötigen Sie Modalwörter.
Darauf folgt häufig der vollendete Infinitiv (▸ *Tag 8*): Я давно́ **хоте́л попа́сть** в
Санкт-Петербу́рг. Hier eine Übersicht:
Vorliebe: люби́ть *mögen/lieben*; **Wunsch: хоте́ть** *wollen*;
Fähigkeit: уме́ть *können/beherrschen*, **мочь** *können*;
Möglichkeit/Erlaubnis: мочь *können/dürfen*, **мо́жно** *man kann/darf*;
Verbot: нельзя́ *man darf nicht*;
Notwendigkeit/Pflicht: на́до/ну́жно *man muss*, **ну́жен/ну́жно/нужна́/нужны́** *etw.*
brauchen/benötigen/*notwendig*, **до́лжен/должно́/должна́/должны́** *müssen/sollen*

■■■ 🗨 **1 Hier ist Tatjanas Geburtstagskalender. Setzen Sie ihren Bericht fort.**

мáма	28.03.	Лéна	29.02.	Ю.И.	10.07.
пáпа	15.11.	Дáша	11.12.	М.Н.	20.08.
Сáша	01.04.	Кóля	07.05.	я	08.10.

Татья́на: *День рожде́ния (Geburtstag) мое́й ма́мы два́дцать восьмо́го ма́рта. День рожде́ния моего́ па́пы ...*

А когда́ ваш день рожде́ния, ва́шей ма́мы, ва́шего па́пы, ...?

■■■ 📖 **2 Ergänzen Sie ein Wort aus dem Kasten und achten Sie dabei auf die richtige Form. Verbinden Sie die Sätze links mit einer passenden Fortsetzung rechts.**

ну́жно   мочь   уме́ть   должны́   хоте́ть   мо́жно

1. Ты .... игра́ть в ша́хматы?
2. Здесь .... собира́ть грибы́?
3. Нам .... купи́ть фру́кты и о́вощи.
4. Вы .... посмотре́ть вы́ставку?
5. В выходны́е мы .... посмотре́ть футбо́л.
6. Мы .... быть на ме́сте в понеде́льник, а сего́дня уже́ пя́тница.

a) Но я могу́ то́лько днём.
b) Да, здесь их о́сенью мно́го.
c) Тогда́ нам на́до зака́зывать биле́ты уже́ сейча́с.
d) Я хорошо́ игра́ю в ша́хматы.
e) То́лько за́втра у них выходно́й.
f) Сего́дня ве́чером у нас го́сти.

■■▪ 🗨 **3 Ergänzen Sie wie im Beispiel und achten Sie genau auf die Endungen.**

1. На да́чу мы мо́жем дое́хать *на электри́чке / электри́чкой.* – Туда́ хо́дят *электри́чки?* А ско́лько сто́ит биле́т на *электри́чку?* (электри́чка)
2. В командиро́вку он до́лжен е́хать на ... . – Туда́ хо́дят ...? А ...? (по́езд)
3. К дя́де мо́жно полете́ть *(losfliegen)* на ... . – Туда́ лета́ют ...? А ...? (самолёт)
4. В Пари́ж они́ хотя́т е́хать на ... . – Туда́ хо́дят ...? А ...? (ночно́й экспре́сс)
5. На рабо́ту мы мо́жем дое́хать на ... . – Туда́ хо́дят ...? А ...? (авто́бус)

4 Wie lauten die Fragen zu den folgenden Antworten? ■■■

1. .... Двадцать третье сентября.

2. .... Во вторник.

3. .... Восемнадцатого октября.

3. .... В полдевятого утра.

4. .... Летом.

5. .... Утром.

5 Ergänzen Sie die Sätze. ■■■

час	часа	часов

1. Поезд идёт восемь ....

2. Электричка идёт четыре ....

3. До аэропорта ехать один ....

4. Сколько .... ехать?

6 Schreiben Sie die Sätze im Präsens. ■■■

1. Я никогда так много не ел(а).

....

2. Он давно хотел попасть в Санкт-Петербург.

....

3. Мы часто ходили на выставки.

....

4. Они были на концерте.

....

7 Welche Satzteile passen zusammen? Verbinden Sie sie und übersetzen Sie die Sätze.

1. Как вы вчера́   a) не дое́хать.
2. Ничего́,   b) самолёт.
3. Хорошо́, я могу́ брони́ровать   c) идёт во́семь часо́в.
4. У нас так при́нято   d) и на электри́чке.
5. Я предпочита́ю   e) ско́ро привы́кнете.
6. Ночно́й экспре́сс   f) провели́ ве́чер?
7. Без про́бок до аэропо́рта   g) номера́ в гости́нице.
8. Мы согла́сны   h) принима́ть госте́й.

8 Übersetzen Sie die Sätze ins Russische.

1. Macht nichts. ....

2. Das ist hier so üblich. ....

3. Wirklich? Wann? ....

4. Ich bevorzuge den Zug. ....

5. Ich fliege nicht so gern. ....

6. Wie schade! ....

9 Ergänzen Sie die Endungen.

1. Зо́я предложи́ла е́хать в Москв........... два́дцать четвёрт........... ноябр........... .

2. Они́ е́дут на по́езд........... .

3. Зо́я заказа́ла два биле́т........... на по́езд и заброни́ровала два но́мер........... в

гости́ниц........... .

Kulturtipp Zugbegleiter in russischen Zügen

Russische Fernzüge sind ein besonderes Erlebnis, wenn man es auf Reisen nicht allzu eilig hat. Teilweise kann eine Fahrt zwei- bis dreimal so lange dauern wie in Deutschland. Entscheidend ist aber nicht nur die Geschwindigkeit der Züge. Oft sind nah gelegene Ortschaften nur über Umwege erreichbar. Außerdem halten die meisten Züge gewöhnlich öfter und länger. Besondere Aufgaben erfüllen in russischen Zügen die Zugbegleiter (**проводники**). Sie kümmern sich um das Wohl der Fahrgäste.

Neben der Fahrkartenkontrolle (in Russland übrigens bereits auf dem Bahnsteig noch vor der Waggontür!) überziehen sie im Liegewagen z.B. die oberen Liegen mit Bettwäsche und versorgen die Reisenden mit Tee oder Kaffee. Beachten Sie, dass Sie Pass und Fahrkarte zu Beginn einer längeren Fahrt beim Zugbegleiter abgeben müssen und erst kurz vor der Ankunft zurückbekommen. Die Freundlichkeit der Zugbegleiter kann erheblich schwanken. Doch gegenüber ausländischen Touristen zeigen sie meist Respekt.

Die lange Fahrt verkürzen sich die meisten Reisenden durch lebhafte Unterhaltungen mit den Abteilgefährten. Häufig duften die Waggons nach den verschiedensten Lebensmitteln, weil sich die Passagiere gewöhnlich selbst versorgen.

Was können Sie schon?

	☺	☺	☹	
■ Fragen nach dem Datum verstehen	■	■	■	▸Ü1
■ das (Geburts-)Datum angeben	■	■	■	▸Ü1
■ Vorlieben und Abneigungen ausdrücken	■	■	■	▸Ü2
■ die Notwendigkeit einer Handlung mitteilen	■	■	■	▸Ü2
■ sagen, welches Verkehrsmittel Sie benutzen	■	■	■	▸Ü3
■ sich über Fernverkehrsmittel austauschen	■	■	■	▸Ü3

In der Stadt unterwegs

In dieser Lektion lernen Sie

- Ansagen zu verstehen und Fahrpläne zu lesen
- die Uhrzeit minutengenau anzugeben
- Nahverkehrsmittel zu beschreiben

69 Поéдем на метрó?

Проводни́ца	(в пóезде) Вот ва́ши паспорта́ и биле́ты. Хорóшего пребыва́ния в Санкт-Петербу́рге!
Татья́на	Спаси́бо. (к Штéфану) Как вам понра́вилась поéздка?
Штéфан	Вполнé удóбно. Вы ча́сто éздите на пóезде?
Татья́на	Периоди́чески. (смóтрит на часы́) Ужé чéтверть восьмóго. По расписáнию мы прибыва́ем чéрез 10 минýт.

Чéрез полчаса́ на вокза́ле. Татья́на говори́т по телефóну.

Объявлéние	Внима́ние! Скóрый пóезд Санкт-Петербу́рг — Му́рманск № 12г отправля́ется в 8 часóв 34 мину́ты с пя́той платфóрмы, лéвая сторона́.
Штéфан	Ну что? Нас ра́зве не встреча́ют?
Татья́на	(закóнчила разговóр) Сегóдня нам не везёт, нас никтó не встреча́ет. Представи́тель фи́рмы задéрживается. Он ужé час стои́т в прóбке, а на часа́х без пяти́ вóсемь.
Штéфан	Что же нам дéлать?
Татья́на	Мóжно, конéчно, поéхать на такси́ …
Штéфан	Вы же сказа́ли, что там прóбка?!
Татья́на	Тогда́ на метрó до ста́нции «Примóрская», а оттýда на маршру́тке и́ли троллéйбусе.
Штéфан	Э́то далекó?
Татья́на	Нет, недалекó. Вход в метрó тут ря́дом. А вот и ка́сса.

Татья́на покупа́ет биле́ты. Они́ дóлго спуска́ются по эскала́тору.

Штéфан	Я ника́к не могу́ привы́кнуть. Э́ти бесконéчные эскала́торы!
Татья́на	Да, осóбенно в Санкт-Петербу́рге. А вот и наш пóезд.
Объявлéние	(в вагóне) Осторóжно, двéри закрыва́ются. Слéдующая ста́нция — «Гости́ный двор». Перехóд на ста́нцию «Нéвский проспéкт», переса́дка на втору́ю ли́нию.

Fragen zum Dialog

Streichen Sie, was nicht zutrifft.

1. По́езд прибыва́ет в че́тверть восьмо́го | че́рез 10 мину́т.
2. Штéфан и Татья́на ждут такси́ | éдут на метро́.

Fahren wir mit der U-Bahn?

Zugbegleiterin	*(im Zug)* Hier sind Ihre Pässe und die Fahrkarten. Angenehmen *(wörtl* guten) Aufenthalt in St. Petersburg!
Tatjana	Danke. *(zu Stefan)* Wie hat Ihnen die Fahrt gefallen?
Stefan	(Es war) Ganz bequem. Fahren Sie oft mit dem Zug?
Tatjana	Von Zeit zu Zeit. *(schaut auf die Uhr)* Es ist schon Viertel nach sieben. Nach dem Fahrplan kommen wir in 10 Minuten an.

Eine halbe Stunde später auf dem Bahnhof. Tatjana telefoniert.

Durchsage	Achtung! Der Schnellzug St. Petersburg – Murmansk, Nr. 12g, fährt um 8 Uhr und 34 Minuten vom Bahnsteig 5, linke Seite, ab.
Stefan	Nun, was ist? Werden wir denn nicht abgeholt *(wörtl* empfangen)?
Tatjana	*(hat das Gespräch beendet)* Heute haben wir kein Glück, niemand holt uns ab. Der Vertreter der Firma wurde aufgehalten. Er steht schon eine Stunde im Stau, und auf der Uhr ist es fünf vor acht.
Stefan	Was machen wir da?
Tatjana	Man kann natürlich mit dem Taxi fahren ...
Stefan	Sie haben doch gesagt, dass dort Stau ist?!
Tatjana	Dann mit der U-Bahn bis zur Haltestelle „Primorskaja" und von dort mit dem Linientaxi oder dem Obus.
Stefan	Ist es weit?
Tatjana	Nein, es ist nicht weit. Der Eingang zur U-Bahn ist gleich hier. Und da ist auch die Kasse.

Tatjana kauft Fahrkarten. Sie fahren lange mit der Rolltreppe nach unten.

Stefan	Nie kann ich mich daran gewöhnen. Diese endlosen Rolltreppen!
Tatjana	Ja, besonders in St. Petersburg. Da ist auch (schon) unser Zug.
Durchsage	*(im Waggon)* Vorsicht, die Türen schließen (selbsttätig). Die nächste Station ist „Gostiny dwor". Durchgang zur Station „Newski prospekt", Umsteigemöglichkeit zur Linie 2.

70		
бесконе́чный	unendlich	
внима́ние	Achtung	
вокза́л	Bahnhof	
вполне́	völlig	
встреча́ть	abholen, treffen	
вход	Eingang	
далеко́	weit	
е́здить (е́зжу/ е́здишь/е́здят)	fahren	
заде́рживаться	aufgehalten werden	
зако́нчить *v*	beenden	
закрыва́ть(ся)	(sich) schließen	
ка́сса	Kasse	
ле́вый	linker	
мину́та	Minute	
нам (не) везёт	wir haben (kein) Glück	
ника́к	gar nicht	
никто́	niemand	
объявле́ние	Ansage	
осо́бенно	besonders	
осторо́жно	hier: Vorsicht	
отправля́ться (отправля́юсь, отправля́ешься, отправля́ются)	abfahren	
отту́да	von dort, dorther	
перехо́д	Durchgang	
периоди́чески	von Zeit zu Zeit	
по + *D*	nach, gemäß	
пое́здка	Fahrt	
пое́хать *v* (▸ *Tag 15*)	(los)fahren	
полчаса́	halbe Stunde	
понра́виться *v* (▸ *Tag 10*)	gefallen	
пребыва́ние	Aufenthalt	

представи́тель *m*	Vertreter
прибыва́ть	ankommen
проводни́ца	Zugbegleiterin
разгово́р	Gespräch
ско́рый	Schnell-
спуска́ться	hinunterfahren
часы́ *Pl*	Uhr
че́рез + *A*	in, nach (zeitlich)
че́тверть *f*	Viertel
эскала́тор	Rolltreppe

городско́й тра́нспорт städtischer Nahverkehr	
тролле́йбус	Obus, Trolleybus
трамва́й	Straßenbahn
метро́ *n, indekl*	U-Bahn, Metro
такси́ *n indekl*	Taxi
маршру́тка *ugs*	Linientaxi
маршру́тное такси́	Linientaxi
расписа́ние	Fahrplan
ваго́н	Waggon
платфо́рма	Bahnsteig
переса́дка	Umsteigen
ста́нция	Station
ли́ния	Linie

Mit einem Verkehrsmittel fahren: **на +** Präpositiv oder Instrumental (▸ *Tag 15*): **на** тролле́йбусе = тролле́йбусом *mit dem Obus.*

Grammatik und Redemittel

Die Verben der Fortbewegung ► §6.6

Verben, die eine Fortbewegung beschreiben, kommen im Russischen als Paare vor: **éхать/éздить** *fahren.* Das **bestimmte** Verb drückt eine einmalige/einfache Bewegung aus, das **unbestimmte** eine mehrmalige/mehrfache. Die Verben der Fortbewegung sind alle unvollendet, Aspektpaare entstehen erst durch Vorsilben: **éхать/поéхать**.

bestimmtes Verb	unbestimmtes Verb
идти́ (иду́/идёшь/иду́т)	**ходи́ть** (хожу́/хо́дишь/хо́дят)
Да́ша сейча́с **идёт** на конце́рт.	По утра́м Ко́ля **хо́дит** в са́дик.
(*einmal*)	(*regelmäßig/mehrmals*)
éхать (éду/éдешь/éдут)	**éздить** (éзжу/éздишь/éздят)
Штéфан **éдет** в Санкт-Петербу́рг.	Вы ча́сто **éздите** на пóезде?
(*in eine Richtung* →)	(*hin und zurück* → ←)
летéть (лечу́/лети́шь/летя́т)	**летáть** (летáю/летáешь/летáют)
Э́тот самолёт **лети́т** в Москву́.	Я не óчень люблю́ **летáть**.
(*nur hin* →)	(*allgemein/generell*)

Die Deklination der Substantive auf -ия ► §1.4.1

Feminina auf **-ия** (z.B. **ли́ния, ста́нция**) enden im Gen, Dat und Präp Sg auf **-ии**.

Nom	Gen	Dat	Akk	Instr	Präp
ли́**ния**	ли́**нии**	ли́**нии**	ли́**нию**	ли́**нией**	ли́**нии**

Zu dieser Deklination gehören Ländernamen wie Росс**и́я**, Герма́**ния** (► *Tag 3*).

Die minutengenaue Uhrzeit ► §4

Offizielle Uhrzeitangaben erfolgen wie im Deutschen mit Stunden und Minuten: 1.01 оди́н **час** одна́ **мину́та**, 2.02 два **часа́** две **мину́ты**, 18.28 восемна́дцать **часóв** два́дцать вóсемь **мину́т** (► *Tag 7*, Substantive nach Grundzahlwörtern!). Umgangssprachlich sagen Sie in der 1. Hälfte der Stunde: **чéтверть восьмóго** *Viertel nach 7 (wörtl der 8. Stunde = Gen!)* **два́дцать мину́т восьмóго** *20 (Minuten) nach 7 (wörtl der 8. Stunde = Gen!)* In der 2. Hälfte der Stunde brauchen Sie das Wort **без** *ohne + Gen*: **без чéтверти вóсемь** *Viertel vor 8*, **без десяти́ вóсемь** *zehn vor 8* Alle Wörter enden auf **-и**, außer **однóй**, **двух**, **трёх**, **четырёх**.

71 **1 Hören Sie die Ansagen. Was ist richtig? Unterstreichen Sie.**

■■□ 1. По́езд отправля́ется из Москвы́ | прибыва́ет в Москву́.
2. Сле́дующая ста́нция «Влади́мирская» | «Достое́вская».
3. На ста́нции перехо́д закры́т | есть перехо́д на тре́тью ли́нию.
4. По́езд отправля́ется сего́дня с 5-ой | с 8-ой платфо́рмы.

■■■ **2 Sie stehen am Bahnhof. Informieren Sie sich über Abfahrt (отправле́ние) und Ankunft (прибы́тие) der Züge (offiziell und inoffiziell!) und sagen Sie, wie lange die Fahrt dauert (вре́мя в пути́).**

станция	отправление	прибытие	время в пути
Баку	07:30	08:08	72 ч. 38 м.
Волгоград	19:07	04:35	33 ч. 28 м.
Москва, «Северная Пальмира»	22:30	05:56	7 ч. 26 м.
Москва, «Невский Экспресс»	06:45	11:15	4 ч. 30 м.
Пестово	22:50	07:48	8 ч. 58 м.

1. По́езд в Баку́ отправля́ется в семь часо́в три́дцать мину́т/полвосьмо́го и прибыва́ет в во́семь часо́в во́семь мину́т/во́семь мину́т девя́того. Он идёт се́мьдесят два часа́ и три́дцать во́семь мину́т.

■■□ **3 Welche Verben der Fortbewegung passen hier? Setzen Sie sie ein.**

летя́т хожу́ е́здит лета́ют е́дет

1. По вто́рникам я обы́чно _____ в музыка́льную шко́лу.
2. Э́тот по́езд _____ в Москву́?
3. Они́ не _____ в Санкт-Петербу́рг, а е́дут на по́езде.
4. Татья́на ча́сто _____ на по́езде.
5. Из Москвы́ самолёты _____ в ра́зные стра́ны.

■■□ **4 Kombinieren Sie die Minidialoge und lesen Sie laut.**

1. Вы ча́сто е́здите на по́езде?   a) Мо́жно пое́хать на такси́ и́ли на метро́.
2. Что же нам де́лать?   b) Представи́тель фи́рмы заде́рживается.
3. Нас ра́зве не встреча́ют?   c) Периоди́чески.
4. Где э́тот перехо́д?   d) На ста́нции «Не́вский проспе́кт».

5 Lösen Sie das Rätsel zum Thema „Транспорт". Wenn Sie die Buchstaben in den markierten Kästchen in die richtige Reihenfolge bringen, erhalten Sie den Namen des Hochgeschwindigkeitszuges, der zwischen Moskau und St. Petersburg fährt.

1. Flugzeug
2. Linientaxi
3. Zug
4. Taxi
5. Straßenbahn
6. Waggon

Lösungswort: ....

6 Finden Sie Wörter mit gegensätzlicher Bedeutung für die hervorgehobenen Wörter.

1. Наш по́езд **прибыва́ет** в 10:15. ↔ ....

2. Пя́тая платфо́рма, **пра́вая** сторона́. ↔ ....

3. Она́ **никогда́** не е́здит на метро́. ↔ ....

7 Ergänzen Sie die Sätze. Setzen Sie das passende Verb in der richtigen Form ein.

е́хать / е́здить	лете́ть / лета́ть

1. Сейча́с я .... в аэропо́рт.

   В 10:20 я .... в Москву́.

2. А мы обы́чно .... в Москву́ на по́езде.

   Я не люблю́ .... на самолёте.

   За́втра у́тром мы .... на мо́ре.

8 Sehen Sie sich das Dokument an und beantworten Sie die Fragen schriftlich.

РЖД 20	АСУ «Экспресс»		ПРОЕЗДНОЙ ДОКУМЕНТ		ГП 2010115 959775		
ПОЕЗД	ОТПРАВЛЕНИЕ	ВАГОН	ЦЕНА руб.				ВИД ДОКУМЕНТА
№ шифр	число месяц часы мин	№ тип	Билет Плацкарта		Кол-во человек		ИНН 7708503727 ОКПО 00083262

1 014 УА   22. 06   20. 08   14 К   002150. 3 002597.6   01   ПОЛНЫЙ
2 МОСКВА   КАЗ*-ЧЕЛЯБИНСК   (2000003-2040000) ФИРМ КЛ. ОБСЛ. 2К
3 МЕСТА   023   Ю-УР ЮЖНО-УР РДОП
4 ГП 959775 285 42 1072533 040607 1631   ММ28М04/ФПД / Н
5 П7504123458 / ГОРБАЧЕВА=АЛЕНА=ЮРЬЕВНА
6 Н-4750. 2 РУБ   В Т.Ч. СТР. 2. 3 РУБ С БЕЛЬЕМ   80.0 РУБ   УО
7 ПРИБЫТИЕ 24.06 В 06.05
8 ВРЕМЯ ОТПР И ПРИБ МОСКОВСКОЕ

1. Что э́то за докуме́нт?

2. Отку́да и куда́ отправля́ется по́езд?

3. Когда́ он отправля́ется?

4. Когда́ он прибыва́ет?

5. Как зову́т пассажи́ра**?

6. В како́м ваго́не е́дет пассажи́р?

*КАЗ ist die Abkürzung für Каза́нский вокза́л, **Fahrgast, Passagier

9 Beantworten Sie die Fragen.

1. Како́й вид тра́нспорта вы предпочита́ете?
2. Вы ча́сто е́здите на по́езде? Куда́ вы е́здите?
3. Вы лю́бите лета́ть (на самолёте)? Вы ча́сто лета́ете? Куда́ вы лета́ете?

Kulturtipp
Die Metro in Russland

Die Metro, wie die U-Bahn in Russland genannt wird, hat einen besonderen Status unter den öffentlichen Verkehrsmitteln. Einerseits zeugt sie von der Größe und Bedeutung einer Stadt. So sind die Stationen teilweise üppig und immer individuell gestaltet. Andererseits können Sie mit der U-Bahn in der Regel schnell und unkompliziert an Ihr Ziel gelangen. Oberirdische Verkehrsstaus und Unregelmäßigkeiten bei den Fahrplänen von Bussen und Bahnen unterstützen die Beliebtheit der unterirdischen Züge.

Durch die geografischen Gegebenheiten sind die russischen U-Bahnen meist recht tief gelegen. Dies lässt die Auf- und Abstiege mit den endlos anmutenden Rolltreppen zu einem Erlebnis werden. Beachten Sie: **Стойте справа, проходите слева!** *Rechts stehen, links vorbeigehen!* Eilige sausen auf der linken Seite noch schneller als die rollenden Treppen in die Tiefe oder Höhe.

Übrigens, Schwarzfahren ist schwierig – ohne Fahrkarte kommt man in der Regel nicht durch die Einlassautomaten am Eingang. Und Vorsicht: Besonders zur Hauptverkehrszeit sind die vollen Metrozüge beliebte Orte für Taschendiebe. Achten Sie deshalb gut auf Ihr Gepäck. Dann können Sie die rasante Fahrt in Ruhe genießen.

Was können Sie schon?

	☺	☺	☹	
■ Ansagen und Durchsagen verstehen	■	■	■	▸Ü1
■ sich über Fahrpläne unterhalten	■	■	■	▸Ü2
■ die Uhrzeit minutengenau angeben	■	■	■	▸Ü2
■ Arten der Fortbewegung unterscheiden	■	■	■	▸Ü3
■ sich über Nahverkehrsmittel austauschen	■	■	■	▸Ü4
■ um Auskunft und Erklärungen bitten	■	■	■	▸Ü4

Nach dem Weg fragen

In dieser Lektion lernen Sie

- nach dem Weg zu fragen
- Wegbeschreibungen zu verstehen
- Ratschläge zu erteilen
- Unsicherheit auszudrücken

⊙ 72 **Прости́те, как пройти́ …?**

Татья́на и Штéфан выхо́дят из метро́ и и́щут остано́вку маршру́тки.

Татья́на	Да́йте мне поду́мать. Ка́жется, нам сюда́ … (чéрез пять мину́т) Стра́нно. Я ду́мала, что по́мню, куда́ идти́, но по-мо́ему, мы заблуди́лись.
Штéфан	Мо́жет, спроси́ть доро́гу?
Татья́на	Да. (к прохо́жему) Извини́те, пожа́луйста, мы и́щем остано́вку маршру́тки. Нам ну́жно дое́хать до гости́ницы «Фи́нский зали́в».
Прохо́жий	Ой, вы ушли́ не в ту сто́рону. Иди́те сейча́с напра́во, и поверни́те на на́бережную. Перейди́те чéрез мост и иди́те вдоль кана́ла по направле́нию к ста́нции метро́. А там ещё раз спро́сите. (бы́стро ухо́дит)
Татья́на	Вы всё запо́мнили?
Штéфан	Нннет, я не успéл … А здесь все так бы́стро говоря́т?
Татья́на	(улыба́ется) Почти́ все. Положи́тесь на меня́.

Ещё чéрез пять мину́т.

Штéфан	Вот ры́нок пéред метро́. Там да́льше магази́ны. А нам, навéрное, чéрез прохо́д мéжду дома́ми?
Татья́на	Лу́чше спроси́ть. (к прохо́жей) Прости́те, где здесь остано́вка маршру́тки?
Прохо́жая	Здесь ря́дом. Пройди́те чéрез ры́нок ми́мо магази́на о́буви и вы́йдите на проспéкт, где хо́дят тролле́йбусы. О́коло кио́ска остана́вливаются маршру́тки.
Татья́на	Большо́е спаси́бо.
Прохо́жая	Нé за что. (Татья́на и Штéфан ви́дят остано́вку.)
Татья́на	Хоти́те вéрьте, хоти́те нет, но мы пришли́.

Fragen zum Dialog

Was trifft zu? Unterstreichen Sie.

1. Татья́на и Штéфан и́щут остано́вку маршру́тки | гости́ницу.
2. Им ну́жно перейти́ че́рез на́бережную | мост.

Verzeihung, wie kommen wir ...?

Tatjana und Stefan kommen aus der Metro und suchen die Haltestelle des Linientaxis.

Tatjana	Lassen Sie mich (kurz) nachdenken. Ich glaube, wir müssen hier entlang. *(fünf Minuten später)* Seltsam. Ich dachte, dass ich mich noch erinnere, wohin wir gehen müssen, aber meiner Meinung nach haben wir uns verlaufen.
Stefan	Vielleicht sollten wir nach dem Weg fragen?
Tatjana	Ja. *(zu einem Passanten)* Entschuldigen Sie bitte, wir suchen die Haltestelle des Linientaxis. Wir müssen zum Hotel „Finski saliw" fahren.
Passant	Oh, Sie sind nicht in die richtige Richtung gegangen. Gehen Sie jetzt nach rechts und biegen Sie dann in die Uferstraße ein. Gehen Sie über die Brücke und gehen Sie (dann) den Kanal entlang in Richtung der Metrostation. Und da fragen Sie noch einmal. *(geht schnell weiter)*
Tatjana	Haben Sie sich alles gemerkt?
Stefan	Nein, das habe ich nicht geschafft ... Sprechen hier alle so schnell?
Tatjana	*(lächelt)* Fast alle. Verlassen Sie sich auf mich.

Noch fünf Minuten später.

Stefan	Da ist der Markt vor der Metro. Dahinter sind Geschäfte. Wir müssen bestimmt durch den Durchgang zwischen den Häusern (gehen)?
Tatjana	Ich frage besser noch einmal. *(zu einer Passantin)* Verzeihung, wo ist hier die Haltestelle des Linientaxis?
Passantin	Gleich hier. Gehen Sie über den Markt am Schuhgeschäft vorbei und Sie kommen auf die große Straße, in der *(wörtl* wo) die Obusse fahren. Neben dem Kiosk halten die Linientaxis.
Tatjana	Vielen Dank.
Passantin	Keine Ursache. *(Tatjana und Stefan sehen die Haltestelle.)*
Tatjana	Ob Sie es glauben oder nicht, aber wir sind angekommen.

🎯 73

бы́стро	schnell
ве́рить	glauben
выходи́ть/вы́йти* (▸ Tag 10)	herausgehen
да́льше	weiter
доро́га	Weg
ду́мать/поду́мать	(nach)denken
заблуди́ться v*	sich verlaufen
зали́в	Meerbusen
запо́мнить v	sich merken
иска́ть (ищу́/ и́щешь/и́щут)	suchen
кана́л	Kanal
кио́ск	Kiosk
куда́	wohin
магази́н	Geschäft
мост	Brücke
на́бережная	Uferstraße
направле́ние	Richtung
о́бувь f Sg	Schuhe
остано́вка	Haltestelle
перейти́ v*	hinübergehen
поверну́ть v*	einbiegen
положи́ться v*	sich verlassen
по́мнить	sich erinnern
по-мо́ему	meiner Meinung nach
прийти́ (приду́, придёшь, приду́т)	ankommen
пришли́ Pl Prät*	angekommen

пройти́ v*	vorbeigehen
проспе́кт	große Straße
прохо́д	Durchgang
прохо́жий/ прохо́жая m, f	Passant(in)
спроси́ть v (▸ Tag 5)	(nach)fragen
уходи́ть/уйти́*	weggehen
улыба́ться	lächeln
успе́ть v*	(es) schaffen
фи́нский	finnisch

Kasus	Präpositionen und Adverbien zur Wegbeschreibung
Genitiv	вдоль (an etw) entlang, ми́мо (an etw) vorbei, о́коло bei/neben
Dativ	к zu, по (auf etw) entlang
Akkusativ	че́рез über
Instrumental	ря́дом с in der Nähe von/neben
Adverbien	напра́во nach rechts, нале́во nach links, пря́мо geradeaus, ря́дом gleich hier/ daneben

* Die Formen der Verben finden Sie im Anhang, Seite 288–291.
Erhält **идти́** eine Vorsilbe, verändert sich die Grundform, z.B. **пройти́**. Konjugiert werden diese *vollendeten* Verben genau wie **идти́**, nur steht statt **-и-** jetzt **-й-**: **пройду́, пройдёшь, пройду́т**.
Die Vergangenheitsformen von **идти́** sind unregelmäßig: **шёл** m, **шла** f, **шло** n; **шли** Pl
(vgl. **мы пришли́** *wir sind angekommen*). Beachten Sie die Abweichung bei **прийти́ – я приду́**!

Grammatik und Redemittel

Verben der Fortbewegung mit Vorsilben ▸ *§6.5, §6.6.1*

In Tag 16 haben Sie die Verben der Fortbewegung kennengelernt. Diese Verben
können mit verschiedenen Vorsilben kombiniert werden. Je nach Vorsilbe verändert
sich die Bedeutung. Am Beispiel von **идти́/ходи́ть** *gehen*:

выходи́ть/вы́йти	herausgehen	переходи́ть/перейти́	hinübergehen
входи́ть/войти́	hineingehen	проходи́ть/пройти́	vorbeigehen
уходи́ть/уйти́	weggehen	приходи́ть/прийти́	ankommen

Die Formen für die Bewegungsverben **ёздить/ёхать** *fahren* und **лета́ть/лете́ть**
fliegen werden genauso gebildet: **уезжа́ть/уёхать** *wegfahren* (Vorsicht Abweichung:
aus **ёздить** wird **-езжа́ть**!), **приезжа́ть/приёхать** *(fahrend) ankommen*, **прилета́ть/**
прилете́ть *(fliegend) ankommen.*
Mit den Vorsilben bilden die Verben der Fortbewegung Aspektpaare. Der unvollendete Aspektpartner steht immer zuerst.

Der Imperativ ▸ *§6.9*

Der Imperativ (Befehlsform) ist notwendig, wenn Sie jemanden zu etwas
auffordern wollen. Er kommt nur in der 2. Pers Sg und Pl vor: **помоги́(те)**
hilf/helfen Sie (▸ *Tag 2*)! Den Imperativ bilden Sie aus der 3. Pers Pl der Verben.
Steht vor der Endung ein Vokal (**они чита́-ют**), lautet die Imperativendung **-й**.
Steht vor der Endung ein Konsonant, müssen Sie darauf achten, ob die 1. Pers Sg
endbetont (**я говор-ю́**) oder stammbetont (**я вёр-ю**) ist. Dafür ist die Pluralbildung
einfach: Es wird immer **-те** an den Singular angehängt.

-й (nach Vokal)	**-й** (nach Konsonant, 1. Pers Sg endbetont)	**-ь** (nach Konsonant, 1. Pers Sg stammbetont)
чита́-ют → чита́-й	говор-я́т → говор-и́	вёр-ят → вер-ь

Nebensätze ▸ *§9*

In Nebensätzen müssen Sie keine besondere Wortfolge beachten. Einfach das
Komma davor oder danach nicht vergessen und eine Konjunktion oder ein Fragewort
an den Anfang setzen. Nebensätze können vor oder nach dem Hauptsatz stehen.
Пока́ *(während)* вы в Москве́, вам обяза́тельно ну́жно хоть раз на конце́рт.
Мне удо́бно ве́чером, **когда́** *(wenn)* моя́ семья́ собира́ется за у́жином. Я ду́мала,
что *(dass)* по́мню, куда́ идти́. Прости́те, **где** *(wo)* здесь остано́вка маршру́тки?

⊙ 74 🎧 **1 Hören Sie die Minidialoge und ergänzen Sie die fehlenden Wörter.**

■■■ 1. ► Вы зна́ете, как идти́ от ста́нции метро́?

◄ _____ _____ _____ . _____ , нам ну́жно поверну́ть напра́во.

2. ► _____ . Я зна́ю э́ту у́лицу, но здесь нет остано́вки.

◄ Нам, _____ , на́до перейти́ че́рез мост.

3. ► _____ _____ , что я по́мню, куда́ идти́, но _____ , мы заблуди́лись.

◄ _____ , спроси́ть доро́гу?

■■■ 📝 **2 Bilden Sie Sätze aus Haupt- und Nebensatz. Denken Sie beim Schreiben an das Komma und markieren Sie die Konjunktionen.**

1. на / тролле́йбусы / хо́дят / Вы́йдите / проспе́кт / где.
2. не / что / Ма́ма / э́ти / сочета́ются / сказа́ла / цвета́.
3. за / Мне / когда́ / собира́ется / удо́бно / моя́ / ве́чером / семья́ / у́жином.

■■■ 💬 **3 Erklären Sie den Weg. Die Stichwörter helfen Ihnen dabei.**

1. Jetzt rechts gehen, in die große Straße einbiegen; über die Brücke gehen, am Kanal entlang; durch den Durchgang zwischen den Häusern gehen, zur Metrostation hinausgehen.
2. Über den Markt gehen, dann am Kiosk vorbei; dann nach links und auf die Straße, in Straßenbahnen fahren, hinausgehen; am Schuhgeschäft ist die Bushaltestelle.

■■■ 📖 **4 Ergänzen Sie die Vorsilben zu den Verben. Einige kommen mehrmals vor!**

вы-	при-	у-	пере-	про-	в(о)-

1. _____ ходи́те в го́сти в суббо́ту! — К сожале́нию, мы не мо́жем _____ йти́. Мы _____ езжа́ем к ма́ме на да́чу.
2. Самолёт в Москву́ _____ лета́ет в 6 часо́в 30 мину́т. — Зна́чит, нам ну́жно _____ ходи́ть из до́ма уже́ в полпя́того.
3. Оле́г в э́ти выходны́е в Москве́? — Нет, он уже́ вчера́ _____ éхал к бра́ту.
4. _____ йди́те че́рез э́тот прохо́д и _____ йди́те че́рез у́лицу. О́коло кио́ска остано́вка авто́буса.
5. Мо́жно _____ йти́? Я не меша́ю? — Нет, нет, _____ ходи́те, мы вас уже́ жда́ли.

5 Unterstreichen Sie die Imperativformen und schreiben Sie den Infinitiv auf. Übersetzen Sie die Sätze ins Deutsche.

1. Да́йте мне поду́мать. ....

....

2. Иди́те напра́во, пото́м поверни́те на на́бережную. ....

....

3. Перейди́те че́рез мост и иди́те вдоль кана́ла. ....

....

4. Спроси́те у э́того молодо́го челове́ка. ....

....

6 Kreuzen Sie die Imperativformen an und übersetzen Sie die Imperativsätze ins Deutsche.

1. ☐ У ста́нции метро́ ещё раз спро́сите.
2. ☐ Положи́тесь на меня́.
3. ☐ Не расска́зывай ей, что …
4. ☐ Ска́жете ему́, что …

5. ☐ Пото́м прочита́ете.
6. ☐ Попро́буйте э́тот суп.
7. ☐ Перейти́ че́рез мост.
8. ☐ Не верь, что …

7 Ergänzen Sie die Lücken mit den passenden Wörtern.

| ищу́ | пройти́ | ве́рьте | по́мню | заблуди́лся | дое́хать |

1. Я хорошо́ .... доро́гу.

2. По-мо́ему, я ....

3. Я .... остано́вку маршру́тки.

4. Скажи́те, пожа́луйста, как .... до аэропо́рта?

5. Прости́те, как .... к Эрмита́жу?

6. Хоти́те .... , хоти́те нет, но э́то так!

8 Welche Antworten passen zu den Fragen?

■ ■ ■ 1. Куда́ вам на́до е́хать?

2. На како́й ста́нции мне на́до сде́лать пересáдку?

3. А е́хать до́лго?

4. Извини́те, мне на сле́дующей остано́вке выходи́ть?

a) На ста́нции «Не́вский проспе́кт».

b) Нет, че́рез две остано́вки.

c) До гости́ницы «Ба́лтия».

d) Нет, три остано́вки.

■ ■ ■ **9 Bringen Sie die Sätze in eine sinnvolle Reihenfolge. Schreiben Sie danach den Dialog auf und lesen sie ihn laut.**

.... Большо́е спаси́бо!

.... Вам ну́жно е́хать на метро́ до ста́нции «Вы́боргская».

.... Э́то далеко́?

_1_ Скажи́те, пожа́луйста, как дое́хать до гости́ницы «Ба́лтия»?

.... Нет, не на́до, э́то то́лько три остано́вки.

.... А мне на́до де́лать пересáдку?

.... Не́ за что.

.... Нет, не о́чень.

■ ■ ■ **10 Ergänzen Sie, falls notwendig, die Endungen.**

1. Как дое́хать до Эрмита́ж............?

Перейди́те че́рез мост............ и иди́те вдоль кана́л............ по направле́ни............

к ста́нци............ метро́. Вам ну́жно е́хать на метро́ три остано́вк............ .

Вам на́до вы́йти на ста́нци............ «Не́вский проспе́кт».

2. Извини́те, как пройти́ к Петропа́вловской кре́пост............?

Иди́те пря́мо до Алекса́ндровского па́рк............ . Иди́те че́рез парк............,

перейди́те че́рез доро́г............ и иди́те к мост............ . Че́рез пять мину́т............

вы у кре́пост............ .

Kulturtipp Öffentliche Verkehrsmittel

Der städtische Nahverkehr scheint in Russland ganz eigenen Regeln zu unterliegen. Straßenbahnen, Busse und Obusse (**трамва́и, авто́бусы, тролле́йбусы**) haben zwar an jeder Haltestelle einen Fahrplan vorzuweisen, es wundert aber keinen einheimischen Fahrgast, wenn dieser eher ein Schmuckstück als ein echtes Hilfsmittel für Fahrgäste ist. Fahrscheine (**тало́ны**) gibt es in Bussen oder Straßenbahnen oft beim Fahrer oder Schaffner.

Besonders zu den Hauptverkehrszeiten sind die öffentlichen Nahverkehrsmittel meist hoffnungslos überfüllt. Deshalb gibt es mittlerweile einige alternative Verkehrsmittel. An vielen Haltestellen und öffentlichen Plätzen finden Sie in gekennzeichneten Zonen Taxis (**такси́**). Das sind sowohl kommunale mit dem typisch gelben Schachbrettmuster in der Anzeige, als auch private, die teilweise äußerlich gar nicht als Taxi gekennzeichnet sind. Diese zeigen dann lediglich an Front- oder Heckscheibe ein Schildchen **такси́**.

Es empfiehlt sich, vor Fahrtantritt den Fahrtpreis zum gewünschten Ziel zu erfragen. Außerhalb des Zentrums ist es auch allgemein üblich, einfach am Straßenrand zu winken, um einen Wagen anzuhalten. Als echte Alternative hat sich mittlerweile ein weit verzweigtes Netz von Linientaxis (**маршру́тные такси́**) etabliert.

....

Was können Sie schon?

☺ ☺ ☹

■ nach dem Weg fragen	☐	☐	☐	►Ü1
■ Anweisungen und Ratschläge erteilen	☐	☐	☐	►Ü2
■ Unsicherheit ausdrücken	☐	☐	☐	►Ü2
■ Fragen nach dem Weg beantworten	☐	☐	☐	►Ü3
■ den Weg beschreiben	☐	☐	☐	►Ü3
■ verschiedene Bewegungsarten ausdrücken	☐	☐	☐	►Ü4

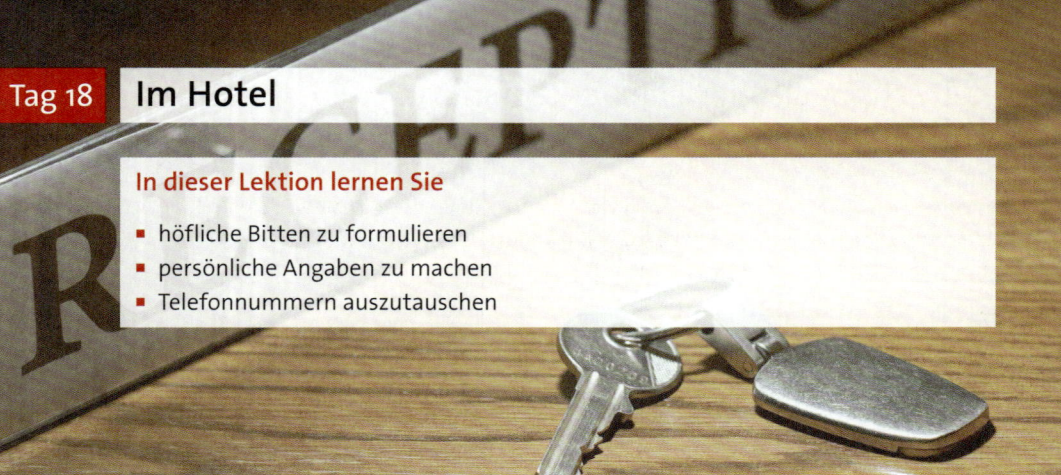

In dieser Lektion lernen Sie

- höfliche Bitten zu formulieren
- persönliche Angaben zu machen
- Telefonnummern auszutauschen

⊙ 75 **Вид на зали́в**

Стол регистра́ции гости́ницы «Фи́нский зали́в» (А. = Администра́тор)

А.   Здра́вствуйте, я вас слу́шаю.

Татья́на   До́брое у́тро, де́вушка, мы заброни́ровали два но́мера.

А.   На каку́ю фами́лию?

Татья́на   На фами́лию Смирно́ва от фи́рмы «Оли́мп».

А.   Мину́точку … Да, вот ва́ши да́нные: два одноме́стных но́мера с 16-го по 23-е сентября́. Вы бы не могли́ снача́ла запо́лнить вот э́ти анке́ты? Да, и не забу́дьте, пожа́луйста, расписа́ться внизу́.

Татья́на   Прошу́ проще́ния, нет ли у вас ру́чки?

А.   Коне́чно, пожа́луйста.

Татья́на и Штэ́фан заполня́ют анке́ты и даю́т их администра́тору.

А.   Всё в поря́дке. Вот ва́ши ключи́. Вам на деся́тый эта́ж. Ва́ши ко́мнаты нахо́дятся пря́мо у ли́фта.

Штэ́фан   Прости́те, а на каку́ю сто́рону выхо́дят о́кна? Я наде́юсь, э́то ещё не по́здно, но я хоте́л бы но́мер с ви́дом на зали́в.

А.   Из ва́шего но́мера открыва́ется прекра́сная панора́ма Фи́нского зали́ва.

Штэ́фан   Отли́чно. Ах да, бу́дьте любе́зны, нельзя́ ли у вас попроси́ть ка́рту го́рода?

А.   Возьми́те, пожа́луйста. Е́сли у вас есть ещё вопро́сы, обраща́йтесь к администра́тору ли́чно и́ли по телефо́ну 538.

Штэ́фан   Скажи́те, пожа́луйста, есть ли до́ступ к Интерне́ту пря́мо из ко́мнаты?

А.   Да, но он пла́тный … Кста́ти, е́сли вы хоти́те позвони́ть в го́род, набери́те снача́ла ноль. Жела́ю прия́тного пребыва́ния!

Штэ́фан   Благодарю́ вас.

Fragen zum Dialog

Richtig oder falsch? Entscheiden Sie.

	ве́рно	неве́рно
1. Татья́на заброни́ровала два но́мера.	☐	☐
2. О́кна выхо́дят на у́лицу.	☐	☐

Ausblick auf den Meerbusen

Rezeption des Hotels „Finski saliw" (E. = Empfangsdame)

E. Guten Tag, kann ich Ihnen helfen (*wörtl* ich höre Ihnen zu)?

Tatjana Guten Morgen, (junge Frau), wir haben zwei Zimmer gebucht.

E. Auf welchen Namen?

Tatjana Auf Smirnowa von der Firma „Olymp".

E. Moment ... Ja, da sind Ihre Daten: 2 Einzelzimmer vom 16. – 23. September. Könnten Sie zuerst diese Fragebogen ausfüllen? Ja, und vergessen Sie bitte nicht, unten zu unterschreiben.

Tatjana Ich bitte um Verzeihung, Sie hätten nicht (zufällig) einen Kugelschreiber (*wörtl* ob Sie keinen Kugelschreiber haben)?

E. Natürlich, bitte (sehr).

Tatjana und Stefan füllen die Fragebogen aus und geben sie der Empfangsdame.

E. Alles in Ordnung. Hier sind Ihre Schlüssel. Sie (müssen) in die 9. Etage. Ihre Zimmer befinden sich direkt neben dem Aufzug.

Stefan Verzeihung, auf welche Seite gehen die Fenster? Ich hoffe, es ist nicht zu spät, doch ich hätte gern ein Zimmer mit Blick aufs Meer.

E. Von Ihrem Zimmer aus öffnet sich ein wunderschönes Panorama auf den Finnischen Meerbusen.

Stefan Ausgezeichnet. Ach ja, seien Sie (so) nett, könnte man bei Ihnen einen Stadtplan bekommen?

E. Nehmen Sie bitte. Falls Sie noch Fragen haben, wenden Sie sich an die Rezeption, persönlich oder über die Telefonnummer 538.

Stefan Sagen Sie bitte, ob es einen Internetanschluss direkt im Zimmer gibt?

E. Ja, aber kostenpflichtig. Übrigens, wenn Sie ein Ortsgespräch führen wollen (*wörtl* in die Stadt anrufen), (so) wählen Sie zuerst die 0. Ich wünsche einen angenehmen Aufenthalt!

Stefan Ich danke Ihnen.

76

благодари́ть + A	danken
бу́дьте любе́зны	seien Sie (so) nett
Вы бы не могли́ ...?	Könnten Sie ...?
взять v*	nehmen
вид	Ausblick
вопро́с	Frage
всё в поря́дке	alles in Ordnung
е́сли	wenn, falls
жела́ть + D + G (!)	wünschen
заброни́ровать v	reservieren
забы́ть v*	vergessen
заполня́ть (заполня́ю, заполня́ешь, заполня́ют)/ запо́лнить	ausfüllen
Интерне́т	Internet
ли	ob
ли́чно	persönlich
мину́точку A (!)	Moment
могли́ Pl Prät*	konnten
набра́ть v*	wählen
наде́яться (наде́юсь/ наде́ешься/ наде́ются)	hoffen
находи́ться (► Tag 10)	sich befinden
обраща́ться к + D	sich wenden an
открыва́ть(ся)	(sich) öffnen
панора́ма	Panorama
пла́тный	kostenpflichtig

позвони́ть + D (!) v	anrufen
попроси́ть v (► Tag 5)	bitten
прия́тный	angenehm
пря́мо	direkt
расписа́ться v*	unterschreiben
с + G ... по + A	von/vom ... bis

в гости́нице	im Hotel
стол регистра́ции	Rezeption
администра́тор	Empfangsperson (m/f)
фами́лия	Nachname
одноме́стный но́мер	Einzelzimmer
ка́рта	Karte
анке́та	Fragebogen
ру́чка	Kugelschreiber
ключ	Schlüssel
эта́ж*	Etage
лифт	Aufzug
двухме́стный но́мер	Doppelzimmer
до́ступ	Zugang
страна́	Land
код	Vorwahl
* Im Russischen entspricht das Erdgeschoss dem 1. Stock!	

* Die Formen der Verben finden Sie im Anhang, Seite 288–291.
Die Vergangenheitsformen von **мочь** sind unregelmäßig: **мог** *m*, **могла́** *f*, **могло́** *n*; **могли́** *Pl* (vgl. **мы могли́** *wir konnten*).

Grammatik und Redemittel

Besonderheiten der Konjugation ▸ *§6.3, §6.6.1*

Erinnern Sie sich an die Informationen zum Konsonantenwechsel (▸ *Tag 4*)? Der
Konsonantenwechsel findet bei der **e-Konjugation** in allen Personen statt, bei der
i-Konjugation ist davon nur die 1. Pers Sg betroffen: **писа́ть** *schreiben* – **пишу́**,
пи́шешь, **пи́шут**, aber **проси́ть** *bitten* – **прошу́**, **про́сишь**, **про́сят**.
Vorsilben und die reflexive Endung **-ся/-сь** wirken sich nicht auf die Konjugation aus.
Vergleichen Sie **расписа́ться** *unterschreiben* – **распишу́сь**, **распи́шешься**,
распи́шутся mit **писа́ть**. Gelegentlich verlagert sich die Betonung auf die Vorsilbe:
игра́ть – **вы́играть**.

Der Konjunktiv ▸ *§6.7.2, §6.10*

Wenn Sie höflich um etwas bitten möchten oder einen Wunsch äußern wollen,
benötigen Sie den Konjunktiv (Möglichkeitsform). Im Dialog lesen Sie:
Вы **бы** не **могли́** снача́ла запо́лнить вот э́ти анке́ты? *Könnten Sie ... ?*
Für den Konjunktiv brauchen Sie das Präteritum des Verbs und die Partikel **бы**.
Diese kann vor oder nach dem Verb stehen, aber nie am Anfang eines Satzes.
Im Deutschen kann derselbe Konjunktivsatz drei Zeitformen entsprechen:
Éсли **бы** у меня́ **бы́ло** вре́мя, я **пое́хал(а) бы** в Москву́.
Wenn ich (jetzt/morgen) Zeit hätte, würde ich nach Moskau fahren.
Wenn ich (gestern) Zeit gehabt hätte, wäre ich nach Moskau gefahren.

Die Wörter е́сли und ли ▸ *§6.10*

Mit **е́сли** *wenn/falls* drücken Sie eine Bedingung aus: **Éсли** у вас есть вопро́сы,
обраща́йтесь к администра́тору. Das ist eine reale Bedingung aus dem
Dialog. Bei einer irrealen Bedingung brauchen Sie zusätzlich den Konjunktiv.
In diesem Fall steht im Nebensatz **е́сли бы**, und im Hauptsatz noch einmal **бы**.
Die Handlungen können je nach Situation in der Gegenwart, Zukunft oder
Vergangenheit liegen (siehe oben!).
Das Wort **ли** *ob* verwenden Sie in besonders höflichen Entscheidungsfragen
(ja/nein-Fragen ohne Fragewort), häufig mit einer Verneinung. Solchen Fragen
entsprechen im Deutschen Fragen im Konjunktiv. Das Wort **ли** wird in diesem Fall
nicht übersetzt. Vergleichen Sie:
У вас есть ру́чка? *Haben Sie einen Kuli?*
Нет **ли** у вас ру́чки? *Hätten Sie nicht (zufällig) einen Kuli?*

◉ 77 🎧 **1 Welche Telefonnummern hören Sie? Kreuzen Sie an. Die Abstände helfen, die Nummern beim Sprechen zu gliedern.**

1. ☐ 76 82 13   ☐ 67 28 13
2. ☐ 156 45 89   ☐ 157 45 89
3. ☐ 007 439 200 17 019   ☐ 007 439 217 07 019
4. ☐ 0178 943 31 00   ☐ 0178 043 31 00
5. А какие у вас номера телефона?

📖 **2 Sie möchten telefonieren. Verbinden Sie die Anweisungen.**

1. Сначала наберите код страны, например 007,
   потом код города и номер телефона.

2. Сначала наберите 8 и ждите гудка*. Теперь
   наберите 10 и код страны, например 49, потом
   код города без ноля и номер телефона.

a) Вы хотите позво-
   нить в Россию.

b) Вы хотите позво-
   нить из России.

* гудо́к, А гудка́ *Signalton*

💬 **3 Ergänzen Sie das Telefongespräch.**

► Гостиница «Финский залив», я вас слушаю.

◄ Добрый день, я бы хотел забронировать .... номер/
   номера с .... по ....

► На какую фамилию?

◄ На фамилию .... (от фирмы ....).

► Минуточку … Да, это возможно. Вы хотите комнату с видом на залив?

◄ ....

► Ваш номер телефона, пожалуйста.

◄ ....

► У вас есть факс или email?

◄ ....

► Вы бы не могли дать ваш адрес *(Adresse)*, пожалуйста?

◄ ....

► Спасибо. Это всё, что мне нужно. Счёт придёт на ваш email. У вас есть
   ещё вопросы или пожелания?

◄ ....

4 Finden Sie im Text auf Seite 154 die Entsprechungen für folgende Aussagen. ■■■

1. Прости́те, у вас есть ру́чка?

_____

2. Всё хорошо́.

_____

3. Ваш но́мер нахо́дится о́коло ли́фта.

_____

4. Бу́дьте добры́, мо́жно у вас попроси́ть ка́рту го́рода.

_____

5. Спаси́бо вам.

_____

5 Verbinden Sie die Satzhälften, die zusammengehören. ■■■

1. Скажи́те, пожа́луйста, есть ли з но́мере   a) с ви́дом на мо́ре.
2. Мы хоте́ли бы но́мер   b) вас.
3. Éсли у вас есть ещё вопро́сы,   c) снача́ла ноль.
    обраща́йтесь   d) прия́тного пребыва́ния!
4. Бу́дьте любе́зны,   e) до́ступ к Интерне́ту?
5. Жела́ю вам   f) помоги́те мне запо́лнить анке́ту.
6. Благодарю́   g) к администра́тору ли́чно и́ли
7. Éсли вы хоти́те позвони́ть в го́род,   по телефо́ну 538.
    набери́те

6 Bilden Sie den Imperativ und übersetzen Sie die Sätze ins Deutsche. ■■■

1. заброни́ровать два одноме́стных но́мера

    Бу́дьте любе́зны, ...

2. дать ключ от моего́ но́мера

    Бу́дьте любе́зны, ...

3. показа́ть доро́гу на ка́рте

    Бу́дьте любе́зны, ...

7 Sie checken in einem Hotel für die Zeit vom 16.–24. Januar ein.
Füllen Sie das Anmeldeformular auf Russisch aus.

АНКЕТА ГОСТЯ

1. Фамилия ....

2. Имя ....

3. Отчество ....

4. Дата рождения .... 5. Пол[1] муж./жен.

6. Место рождения: страна ....

7. Гражданство[2] ....

8. Паспорт № ....

9. Место жительства: страна ....

Город ....

Телефон ....

Электронная почта ....

10. Дата заезда .... 11. Дата выезда ....

12. Дата .... Подпись ....

[1]Geschlecht; [2]Staatsangehörigkeit

Kulturtipp Währung und Rechnungswährung

Die russische Nationalwährung ist bekanntlich der Rubel. Doch dieser konkurriert mit der sog. Rechnungswährung (Abkürzung **y.e.** für **усло́вная едини́ца** *relative Währungseinheit*), die in den 1990er Jahren im russischen Handelsbereich richtig Fuß fasste. Die damalige Hyperinflation führte dazu, dass sowohl Preise (**це́ны**) für Immobilien, Autos, Großelektrogeräte und Dienstleistungen, als auch Löhne nicht in Rubel, sondern in **y.e.** angegeben wurden. Damals entsprach eine **y.e.** einem amerikanischen Dollar (**до́ллар**), doch mit der Umstellung der EU-Länder auf Euro (**е́вро**), konnte der Verkäufer zwischen diesen zwei „stabilen" Währungen als Verrechnungseinheit wählen.

2006 beschloss das russische Parlament (**Госду́ма**), dass offizielle Wirtschaftszahlen, Lohnabrechnungen und alle Preise generell in Rubel erscheinen sollen. Da aber die meisten Bürger nach den Geldabwertungen seit den 1990er-Jahren immer noch misstrauisch sind, wird das gesparte Geld gewöhnlich in Dollar bzw. Euro angelegt oder „unter der Matratze" versteckt. Kein Wunder also, dass sich praktisch jeder mit dem aktuellen Wechselkurs auskennt und an jeder Ecke eine Wechselstube ist.

Übrigens, so könnte ein Anmeldeformular für ein Hotel aussehen:

Ф.И.О.* *Бело́в Ви́ктор Анто́нович*	па́спорт № *Nr.* 55 1893789
при́был *из Росси́и*	а́дрес *Adresse* ул. Мо́царта, д. 3, кв. 15
телефо́н 383 107 54 54	530001 г. Новосиби́рск
факс *Fax* нет	email belov@rambler.ru
да́та заéзда *Ankunft* 31. 10.	да́та вы́езда *Abreise* 4. 11.
да́та *Datum* 31. 10.	по́дпись *Unterschrift* Бело́в

*фами́лия, и́мя, о́тчество Familien-, Vor-, Vatersname

Was können Sie schon?

☺ ☺ ☹

■ Telefonnummern verstehen	☐ ☐ ☐	▸Ü1
■ Hinweise zu Telefonaten einordnen	☐ ☐ ☐	▸Ü2
■ höfliche Bitten formulieren	☐ ☐ ☐	▸Ü3
■ die Reisedauer angeben	☐ ☐ ☐	▸Ü3

Das Wetter

In dieser Lektion lernen Sie

- den Wetterbericht zu verstehen
- sich über das Wetter auszutauschen
- die Himmelsrichtungen zuzuordnen
- eine Steigerung auszudrücken

⊙ 78 Вéтер ю́го-зáпадный

Пéред кóмнатой Татья́ны. Штéфан стучи́т в дверь.

Татья́на	Заходи́те. Как вы устро́ились?
Штéфан	Неплóхо, и из окнá прекрáсный вид. Сегóдня так теплó, и сóлнце свéтит.
Татья́на	А мне кáжется, в Москвé бы́ло теплéе. Здесь óколо зали́ва всегдá прохлáдно. Вот послýшайте. Я как раз включи́ла телеви́зор, а тут прогнóз погóды.
Ведýщий	Сегóдня нас ожидáет я́сный день без осáдков. Температýра вóздуха днём 15–17 грáдусов Цéльсия (°C), нóчью 10–12. Поры́вистый вéтер с ю́го-зáпада … Зáвтра ожидáется перемéнная óблачность, возмóжны кратковрéменные дожди́.
Штéфан	Вот ви́дите, сухáя сентя́брьская погóда.
Татья́на	Да, но не забывáйте, что мы на сéвере, здесь вéтры горáздо сильнéе. И зóнтик я на вся́кий слýчай взялá.
Штéфан	Éсли вы ужé готóвы, мóжно éхать в центр на экскýрсию.
Татья́на	А я готóва.

Вéчером в цéнтре

Татья́на	Ну что, каки́е у вас впечатлéния?
Штéфан	Гóрод, конéчно, исключи́тельный. Но кáжется, что дни здесь корóче. И э́тот прони́зывающий вéтер! Я так замёрз! Мóжет, зайдём в кафé и погрéемся?
Татья́на	Я за. Ви́дите напрóтив магази́н «Дом кни́ги»? Там отли́чное кафé!

Fragen zum Dialog

Streichen Sie, was nicht zutrifft.

1. Татья́на говори́т, что в Москве́ бы́ло тепле́е | холодне́е.
2. В Санкт-Петербу́рге сего́дня со́лнце | дождь.
3. На се́вере сильне́е оса́дки | ве́тəр.

Südwestwind

Vor Tatjanas Zimmer. Stefan klopft an die Tür.

Tatjana	(Kommen Sie) Herein. Wie haben Sie sich eingerichtet?
Stefan	Nicht schlecht und aus dem Fenster habe ich einen wundervollen Ausblick. Heute ist es so warm und die Sonne scheint.
Tatjana	Mir scheint, in Moskau war es wärmer. Hier am Meer(busen) ist es immer kühl. Hier, hören Sie (mal). Ich habe gerade den Fernseher eingeschaltet und da kommt der Wetterbericht.
Moderator	Heute erwartet uns ein klarer Tag ohne Niederschläge. Die Temperatur (der Luft) beträgt tagsüber 15–17 Grad Celsius (°C), nachts 10–12. Böiger Wind aus Südwesten ... Morgen erwartet uns wechselnde Bewölkung, kurzzeitige Niederschläge (*wörtl* Regen) sind möglich.
Stefan	Da sehen Sie, trockenes Septemberwetter.
Tatjana	Ja, aber vergessen Sie nicht, dass wir im Norden sind, hier ist der Wind wesentlich stärker. Und einen Schirm habe ich für alle Fälle auch mitgenommen.
Stefan	Wenn Sie schon fertig sind, können wir zum Stadtrundgang ins Zentrum fahren.
Tatjana	Ich bin fertig.

Abends im Zentrum

Tatjana	Nun (was ist), wie sind Ihre Eindrücke?
Stefan	Die Stadt ist natürlich außergewöhnlich. Aber es scheint, dass die Tage hier kürzer sind. Und dieser durchdringende Wind! Ich friere so! Vielleicht gehen wir in ein Café und wärmen uns auf?
Tatjana	Ich bin dafür. Sehen Sie dort gegenüber das Geschäft „Haus des Buches"? Dort ist ein wunderbares Café!

79

веду́щий	Moderator
включи́ть *v*	einschalten
возмо́жны *Pl*	(sind) möglich
впечатле́ние	Eindruck
гора́здо	wesentlich
зо́нтик *ugs*	Regenschirm
забыва́ть	vergessen
замёрзнуть *v**	(er)frieren
заходи́ть/зайти́ (► *Tag 10/Tag 15*)	hineingehen
исключи́тельный	außergewöhnlich
как раз	gerade
кни́га	Buch
на вся́кий слу́чай	für alle Fälle
непло́хо	nicht schlecht
ожида́ется	(es) wird erwartet
погре́ться *v**	sich aufwärmen
послу́шать *v*	anhören
прони́зывающий	durchdringend
сентя́брьская пого́да	Septemberwetter
си́льный	stark
стуча́ть (стучу́/ стучи́шь/стуча́т)	anklopfen
устро́иться *v*	sich einrichten
я за	ich bin dafür

прогно́з пого́ды	**Wetterbericht**
со́лнце	Sonne
не́бо	Himmel
ве́тер	Wind
о́блачность *f*	Bewölkung
оса́дки *Pl*	Niederschläge
дождь *m*	Regen
снег	Schnee
температу́ра	Temperatur
гра́дус Це́льсия	Grad Celsius
све́тит	(er/sie/es) scheint
я́сный	klar
поры́вистый	böig
переме́нный	wechselnd
кратковре́менный	kurzzeitig
сухо́й	trocken
вла́жный	feucht
жа́рко	heiß
тепло́	warm
прохла́дно	kühl
во́здух	Luft

Himmelsrichtungen

се́вер	Norden	се́веро-восто́к	Nordosten
се́верный	nördlich	се́веро-восто́чный	nordöstlich
юг	Süden	се́веро-за́пад	Nordwesten
ю́жный	südlich	се́веро-за́падный	nordwestlich
восто́к	Osten	юго-восто́к	Südosten
восто́чный	östlich	юго-восто́чный	südöstlich
за́пад	Westen	юго-за́пад	Südwesten
за́падный	westlich	юго-за́падный	südwestlich

* Die Formen der Verben finden Sie im Anhang, Seite 288–291.
Die Vergangenheit von **замёрзнуть** ist unregelmäßig: **замёрз** *m*, **замёрзла** *f*,
замёрзло *n*; **замёрзли** *Pl*.

Grammatik und Redemittel

Wortbildung ▸ § 3

Auch beim Wetter gibt es Wörter mit demselben Wortstamm.

Substantiv	хо́лод Kälte	тепло́ Wärme	жара́ Hitze
Adjektiv	холо́дный kalt	тёплый warm	жа́ркий heiß
Adverb	хо́лодно (es ist) kalt	тепло́ (es ist) warm	жа́рко (es ist) heiß

Unpersönliche Sätze ▸ § 10

Im Russischen fehlt oft das Prädikat und manchmal sogar das Subjekt:

Я гото́ва.	Сего́дня так тепло́.	Мне хо́лодно.
Ich (bin) fertig.	Heute (ist es) so warm.	Mir (ist) kalt.

Die Kurzform der Adjektive ▸ § 2.3

Viele Adjektive werden als Kurzform verwendet. Diese werden nicht dekliniert, aber nach Genus und Numerus unterschieden: **согла́сен** *m* (Schaltvokal!), **согла́сна** *f*, **согла́сно** *n*, **согла́сны** *Pl*. Meist steht die Kurzform, wenn das Adjektiv prädikativ gebraucht wird. Dann steht es nicht vor, sondern nach dem Bezugswort. Im Deutschen steht dazwischen meist das Verb *sein*:
Он согла́сен. *Er ist einverstanden.*

Der Komparativ der Adjektive und Adverbien ▸ § 2.4.1

Die einfache Steigerungsform der Adjektive ist unveränderlich. Sie wird durch Anfügen von **-ee** oder **-e** an den Wortstamm gebildet.
Здесь ве́тры гора́здо сильне́е. *Hier sind die Winde wesentlich stärker.*
Но ка́жется, что дни коро́че. *Es scheint, dass die Tage kürzer sind.*
Die regelmäßige Endung **-ee** wird angehängt, wenn der Stamm auf Konsonant endet. Nach **г, к, х, д, т, ст** kommt es vor der Endung **-e** zu einem Konsonantenwechsel (▸ *Tag 1, Punkt 6*). Die unregelmäßigen Formen sollten Sie lernen.

-ee	-e	unregelmäßig
си́льный – сильне́е	коро́ткий – коро́че	хоро́ший – **лу́чше** besser
тёплый – тепле́е	дорого́й – доро́же	плохо́й – **ху́же** schlechter
све́тлый – светле́е	молодо́й – моло́же	ма́ленький – **ме́ньше** kleiner

Der Komparativ der Adverbien stimmt mit dem der Adjektive überein.

⊙ 80 🎧 **1 Wie ist das Wetter? Hören Sie den Wetterbericht und notieren Sie:**

■■■ 1. **сего́дня**

    a) о́блачность ⎯⎯⎯⎯⎯

    b) оса́дки ⎯⎯⎯⎯⎯

    c) температу́ра днём ⎯⎯⎯⎯⎯

    d) температу́ра но́чью ⎯⎯⎯⎯⎯

    e) ве́тер ⎯⎯⎯⎯⎯

2. **за́втра**

    a) день ⎯⎯⎯⎯⎯

    b) оса́дки ⎯⎯⎯⎯⎯

    c) температу́ра днём ⎯⎯⎯⎯⎯

    d) температу́ра но́чью ⎯⎯⎯⎯⎯

    e) ве́тер ⎯⎯⎯⎯⎯

■■■ 💬 **2 Wie sagen sie das kurz auf Russisch?**

1. Sind Sie fertig?
2. Ich brauche eine Tasche.
3. Das ist nicht interessant.

4. Das ist sehr teuer!
5. Er ist nicht einverstanden.
6. Heute ist es warm.

■■■ ✒ **3 Welche Komparative passen hier? Setzen Sie ein.**

сильне́е теплее́ коро́че моло́же доро́же лу́чше ху́же бо́льше

1. То́лько 4 часа́, а уже́ так темно́?! – Да, ка́жется, что дни здесь ⎯⎯⎯⎯⎯ .

2. Э́ти зелёные я́блоки совсе́м не дороги́е. – Пра́вда, кра́сные ⎯⎯⎯⎯⎯ .

3. Сего́дня так тепло́! – А мне ка́жется, вчера́ бы́ло ⎯⎯⎯⎯⎯ .

4. Ты лю́бишь кино́? – Не о́чень, я ⎯⎯⎯⎯⎯ люблю́ теа́тр.

5. Суха́я сентя́брьская пого́да. – Да, но на се́вере ве́тры гора́здо ⎯⎯⎯⎯⎯ .

6. Рекоменду́ю вам борщ. – Нет, спаси́бо, я ⎯⎯⎯⎯⎯ закажу́ окро́шку.

■■■ 📖 **4 Welche Wörter passen hier nicht? Lesen Sie und streichen Sie dann.**

1. се́вер | юг | ю́жный | за́пад
2. температу́ра | оса́дки | дождь | снег
3. тепло́ | я́сный | прохла́дно | хо́лодно
4. се́верный | восто́к | за́падный | ю́го-за́падный
5. поры́вистый | переме́нный | кратковре́менный | тепло́
6. сухо́й | жара́ | хо́лод | тепло́

5 Bilden Sie Sätze mit den Wörtern und schreiben Sie sie auf. ■ ■ ■

1. и | тепло́, | со́лнце | так | све́тит. | Сего́дня

....

2. зали́ва | о́коло | прохла́дно. | Здесь | всегда́

....

3. без | я́сный | ожида́ет | оса́дков. | день | Сего́дня | нас

....

4. ве́тры | се́вере | сильне́е. | На | гора́здо

....

5. 15 гра́дусов, | днём | 10 гра́дусов. | но́чью | Температу́ра | во́здуха

....

6. я | потому́ что | замёрзла, | пронизывающий | Вчера́ | ве́тер. | так | был

....

6 Schreiben Sie die Himmelsrichtungen auf Russisch. ■ ■ ◻

се́веро-восто́к

7 Stellen Sie sich eine Weltkarte vor und beantworten Sie die Fragen.

■ ■ ■ 1. Где располо́жен Санкт-Петербу́рг?

Санкт-Петербу́рг располо́жен на се́веро-за́паде Росси́и.

2. Где нахо́дится Москва́?

....

3. Где располо́жен Владивосто́к?

....

4. Где нахо́дится Мю́нхен?

....

5. Где располо́жен Га́мбург?

....

8 Finden Sie Wörter mit gegensätzlicher Bedeutung.

1. днём	↔	....	5. ре́дко	↔	....
2. тепло́	↔	....	6. вла́жный	↔	....
3. юг	↔	....	7. ле́том	↔	....
4. за́пад	↔	....	8. о́блачный	↔	....

9 Fehleralarm! Finden Sie zwölf Fehler, streichen Sie sie durch und schreiben sie die richtigen Formen auf.

Привет, Лена!

Как ты устроился? У меня из окно прекрас-
ная вид. У меня прекрасные впечатления.
Сегодня так тёплая, и солнце светит. Мне
нравится сухое сентябрьское погода. Я ду-
маю, в севере ветер сильнее. Вчера было
так жарко, я так замёрз. Я зашли в кафе и
погрелся. Завтра после обед я ездить на
экскурсию. Я позвоню тебя завтра.

Лукас

Kulturtipp Ist es in Russland tatsächlich immer kalt?

In Russland finden Sie die vielfältigsten Klimazonen – vom hohen Norden mit ewigem Eis und Temperaturen unter -50 °C bis zu trockenen Steppen oder dem warmen Wolgadelta im Süden. In Zentralrussland unterscheidet sich das Wetter nur wenig von Mitteleuropa. Allerdings sind die Temperaturunterschiede von Sommer zu Winter etwas höher und die Niederschläge fallen oft heftiger aus.

Die Grenzen der vier Jahreszeiten sind meist gut erkennbar und die kalten Tage ziehen sich etwas länger hin. So kommt der Frühling häufig einige Wochen später nach Moskau, als nach Frankfurt am Main oder Berlin. Im Sommer sind Sie auch bei hochsommerlichen Temperaturen gut beraten, einen Regenschirm dabei zu haben. Der Herbst bedient gern das Klischee von grauen, trüben und nasskalten Tagen.

Und der russische Winter ist ja sprichwörtlich – in der Regel schneereich, mit Temperaturen weit unter Null. Da lohnen sich die Pelzmütze und ein warmer Mantel.

Was können Sie schon?

	☺	☺	☹	
■ den Wetterbericht verstehen	☐	☐	☐	▸ Ü1
■ kurze Beschreibungen geben	☐	☐	☐	▸ Ü2
■ über den Wetterbericht sprechen	☐	☐	☐	▸ Ü2
■ Steigerungen ausdrücken	☐	☐	☐	▸ Ü3
■ die Himmelsrichtungen zuordnen	☐	☐	☐	▸ Ü4

Beim Arzt

In dieser Lektion lernen Sie

- sich über das Befinden auszutauschen
- körperliche Beschwerden zu schildern
- Ratschläge entgegenzunehmen
- Körperteile zu benennen

◉ 81 **Как вы себя чу́вствуете?**

За за́втраком на сле́дующий день.

Штéфан Извини́те за опозда́ние. Я сего́дня éле встал.

Татья́на Что случи́лось? На вас лица́ нет.

Штéфан По-мо́ему, я заболéл. Кáжется, у меня́ поднимáется температу́ра, а у меня́ дáже таблéток с собо́й нет.

Татья́на В такóм слу́чае вам нáдо сро́чно к врачу́, ведь нам зáвтра на рабо́ту.

По́зже на приёме у терапéвта.

Врач На что вы жáлуетесь?

Штéфан Мне тру́дно глотáть. У меня́ си́льно боля́т головá и го́рло и зало́жен нос.

Врач (даёт термо́метр) Измéрьте, пожáлуйста, температу́ру … Да, три́дцать во́семь и три (38,3). Откро́йте рот и покажи́те язы́к … Го́рло крáсное, но э́то не ангúна. А тепéрь подними́те рубáшку.

Дыши́те, не дыши́те … Здесь всё в поря́дке.

Ну что ж, ничегó стрáшного, у вас ОРЗ.

Штéфан (испу́ганно) Что у меня́?

Врач Обы́чная просту́да. Совéтую вам пить мнóго чáя и оставáться в постéли. Я вам выпи́сываю таблéтки и кáпли в нос. При дáнном заболевáнии обы́чно появля́ется и кáшель, поэ́тому я вам рекоменду́ю срáзу купи́ть миксту́ру от кáшля. Вот ваш рецéпт.

Штéфан Спаси́бо, до́ктор, а где я могу́ купи́ть себé э́ти лекáрства?

Врач В любо́й аптéке. Выздорáвливайте!

Fragen zum Dialog

Welche Aussage ist richtig? Unterstreichen Sie.

1. У Штéфана боля́т головá и гóрло | нос и гóрло.
2. При простýде нáдо пить мнóго чáя | таблéток.

Wie fühlen Sie sich?

Beim Frühstück am nächsten Tag.

Stefan Entschuldigen Sie meine Verspätung. Ich bin heute nur mit Mühe aufgestanden.

Tatjana Was ist los? Sie sehen furchtbar aus. (*wörtl* Auf Ihnen ist kein Gesicht.)

Stefan Ich glaube, ich bin krank (geworden). Ich habe das Gefühl, dass ich Fieber bekomme (*wörtl* dass bei mir die Körpertemperatur steigt), und ich habe nicht einmal Tabletten dabei.

Tatjana In diesem Fall müssen Sie sofort zum Arzt, wir müssen doch morgen zur Arbeit.

Später in der Sprechstunde beim Allgemeinarzt.

Ärztin Was fehlt Ihnen? (*wörtl* Worüber beschweren Sie sich?)

Stefan Ich habe Schwierigkeiten beim Schlucken. Ich habe starke Kopf- und Halsschmerzen, und meine Nase ist verstopft.

Ärztin (*gibt ihm das Thermometer*) Messen Sie bitte Fieber ... Tja, 38,3. Machen Sie den Mund auf und zeigen Sie die Zunge ... Der Hals ist gerötet, doch es ist keine Mandelentzündung. Nun machen Sie den Oberkörper frei (*wörtl* heben Sie das Hemd hoch). Atmen Sie (normal), halten Sie den Atem an ... Da ist alles in Ordnung. Nicht so schlimm, Sie haben eine akute Erkrankung der Atemwege.

Stefan (*erschrocken*) Was habe ich?

Ärztin Eine gewöhnliche Erkältung. Ich rate Ihnen, viel Tee zu trinken und im Bett zu bleiben. Ich verschreibe Ihnen Tabletten und Nasentropfen. Und noch etwas: Bei einer solchen Erkrankung taucht gewöhnlich auch Husten auf, deshalb empfehle ich Ihnen, gleich eine Hustenlösung zu kaufen. Da ist Ihr Rezept.

Stefan Danke, (Frau) Doktor, und wo kann ich mir diese Medikamente kaufen?

Ärztin In (jeder) beliebigen Apotheke. Gute Besserung! (*wörtl* Genesen Sie!)

⊙ 82

боле́ть (боли́т/ боля́т) *Sg/Pl*	wehtun, krank sein, (es tut weh)
встать *v**	aufstehen
выздора́вливать	genesen
выпи́сывать	verschreiben
глота́ть	schlucken
да́нный	gegeben (dies), hier: solch
дыша́ть (дышу́, ды́шишь, ды́шат)	atmen
е́ле	nur mit Mühe
жа́ловаться	sich beschweren
заболе́ть *v**	erkranken
зало́жен *m*	verstopft (Nase)
изме́рить *v*	messen
испу́ганно	erschrocken
любо́й	beliebig
обы́чный/-но	gewöhnlich
опозда́ние	Verspätung
откры́ть *v**	aufmachen
поднима́ться	sich erhöhen
подня́ть *v**	(auf)heben
по́зже *Kompr*	später
появля́ться (появля́юсь, появля́ешься, появля́ются)	auftauchen
при + *P*	bei
руба́шка	Hemd
си́льно	stark
слу́чай	Fall
случи́ться *v*	sich ereignen
сове́товать	raten
сро́чно	sofort
стра́шный	schlimm
тру́дно	schwierig
чу́вствовать себя́	sich fühlen

здоро́вье	Gesundheit
врач	Arzt, Ärztin
до́ктор	Doktor
терапе́вт	Allgemeinarzt, -ärztin
приём *Sg*	Sprechstunde
больни́ца	Krankenhaus
ОРЗ *Abk*	Atemwegserkrankung
голова́	Kopf
лицо́	Gesicht
го́рло	Hals, Rachen
нос	Nase
рот	Mund
у́хо, *Pl* у́ши	Ohr, Ohren
глаз, *Pl* глаза́	Auge, Augen
язы́к	Zunge
просту́да	Erkältung
боле́знь *f*	Krankheit
заболева́ние	Erkrankung
температу́ра	Fieber
ка́шель *m*	Husten
анги́на	Mandelentzündung
термо́метр	Thermometer
апте́ка	Apotheke
реце́пт	Rezept
лека́рство	Medikament
ка́пля, ка́пли	Tropfen
миксту́ра	Mixtur, Lösung
табле́тка	Tablette
санато́рий	Sanatorium

* Die Formen der Verben finden Sie im Anhang, Seite 288–291.

Grammatik und Redemittel

Das Reflexivpronomen себя ▸ §5.4

Das rückbezügliche Pronomen **себя** *sich (mich, dich, uns, euch)* brauchen Sie,
wenn sich die Handlung auf das Subjekt des Satzes bezieht. Es wird wie **ты** dekliniert,
kommt nie im Nominativ vor und ist für alle Personen in Sg/Pl gleich.

Nom	Gen	Dat	Akk	Instr	Präp
–	себя	себе́	себя́	собо́й	(при) себе́

Der Präpositiv der Personalpronomen ▸ §5.1

Der Präpositiv steht immer mit einer Präposition (z.B. **в, на** ▸ *Tag 3* oder **при**),
deshalb steht das **н-** in der 3. Fers Sg und Pl nicht in Klammern.

Nom		я	ты	он/оно́	она́	мы	вы	они́
Präp	при	**мне**	**тебе́**	**нём**	**ней**	**нас**	**вас**	**них**

Der Präpositiv Singular und Plural der Adjektive ▸ §2.1

Die Adjektive werden im Präpositiv mitdekliniert: при да́нн**ом** заболева́нии
bei gegebener Erkrankung, в любо́**й** апте́ке *in beliebiger Apotheke.*

m	n	f	Pl
на любо́м приёме	в любо́м окне́	в любо́й апте́ке	в любы́х дома́х

Schreibregeln beachten: (▸ *Tag 1, Punkt 14*)!

Der Präpositiv der Substantive auf -ий und -ие ▸ §1.4.1

Bei den Maskulina auf **-ий** (z.B. **санато́рий** *Sanatorium*) und den Neutra auf **-ие**
(z.B. заболева́**ние** *Erkrankung*) lautet die Endung im Präpositiv Singular **-ии**, alle
anderen Kasus sind regelmäßig: в но́вом санато́р**ии** *in einem neuen Sanatorium,*
при да́нном заболева́н**ии** *bei vorliegender Erkrankung.*

Die Deklination der Feminina auf -ь ▸ §1.4.2

Nom	Gen	Dat	Akk	Instr	Präp
боле́знь	боле́зни	боле́зни	боле́знь	боле́знью	боле́зни
боле́зни	боле́зней	боле́зням	боле́зни	боле́знями	боле́знях

Im Plural gilt bei belebten Substantiven die Regel: Akk = Gen (▸ *Tag 5*).

◯1 Formulieren Sie die Ratschläge des Arztes wie im Beispiel.

1. Сра́зу купи́те себе́ миксту́ру от ка́шля. Я вам рекоменду́ю *сра́зу купи́ть себе́ миксту́ру от ка́шля.*

2. Пе́йте мно́го ча́я и остава́йтесь в посте́ли. Сове́тую вам ...

3. Ча́ще быва́йте на све́жем во́здухе. Сове́тую вам ...

4. Пойди́те к до́ктору Степа́нову. Я вам рекоменду́ю ...

5. Ре́же смотри́те телеви́зор. Сове́тую вам ...

6. Попро́буйте э́ту дие́ту (*Diät*). Я вам рекоменду́ю ...

◉ 83 **2 Ergänzen Sie zunächst die Fragen des Arztes. Hören Sie dann den Dialog und vergleichen Sie.**

▸ До́брый день, до́ктор.

◂ Здра́вствуйте. На что _____ (1.)?

▸ Я о́чень пло́хо себя́ чу́вствую. Мне тру́дно говори́ть и да́же дыша́ть.

◂ А го́рло _____ (2.)?

▸ Нет, то́лько периоди́чески боли́т голова́, а иногда́ и грудь (*Brust*).

◂ _____ (3.)?

▸ Нет, у меня́ вообще́ ре́дко поднима́ется температу́ра.

◂ _____ (4.)?

▸ Я рабо́таю в шко́ле. Я учи́тель ру́сского языка́, поэ́тому мне ну́жно мно́го говори́ть.

◂ _____ (5.)?

▸ Нет, для спо́рта у меня́ нет вре́мени.

3 Hier sind die Endungen verschwunden! Ergänzen Sie sie falls notwendig.

1. Мне пора́ идти́ до́м _____ ? До свида́н _____ !

2. Откро́йте рот _____ и покажи́те язы́к _____ . А тепе́рь изме́рьте температу́р _____ .

3. Мой брат _____ взял у дру́г _____ 10 книг _____ и мно́го чита́л на кани́кулах.

4. Штефа́н _____ нра́вится в Росс _____ .

5. У неё си́льно боля́т у́ш _____ . – Тогда́ ей на́до сро́чно к врач _____ .

6. Я не могу́ сейча́с говори́ть по телефо́н _____ , потому́ что я на приём _____ у терапе́вт _____ .

7. Моя́ жен _____ снача́ла была́ в больни́ц _____ , а тепе́рь она́ в санато́р _____ .

4 Ergänzen Sie das Verb чу́вствовать in der richtigen Form. ■■□

1. Ири́на Петро́вна, как вы себя́ _____?

2. Спаси́бо, я хорошо́ себя́ _____?

3. А как ва́ши роди́тели себя́ _____?

4. Спаси́бо, они́ хорошо́ себя́ _____.

5. А как Штéфан себя́ _____?

6. Сего́дня он лу́чше себя́ _____.

7. Лéночка, а как ты себя́ _____?

5 Lösen Sie das Kreuzworträtsel zu Thema „Gesundheit". ■■□

1. Apotheke
2. Angina
3. Arzneimittel
4. Arzt
5. Gesundheit
6. Husten
7. Tabletten
8. Thermometer
9. Erkältung

6 Kreuzen Sie die korrekte Antwort an. ■□□

"Здра́вствуйте" означа́ет:

1. ☐ Я жела́ю вам здоро́вья.
2. ☐ Я жела́ю вам хоро́шего вéчера.

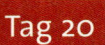

 7 Streichen Sie die falsche(n) Variante(n) durch und übersetzen Sie die Sätze mündlich ins Deutsche.

1. Извини́те меня́ **по | для | за** опозда́ние.
2. Что **случи́лся | случи́лось | случи́лась**?
3. Вам на́до сро́чно **к врачу́ | у врача́ | с врачо́м**.
4. У меня́ **боли́т | боля́т** голова́.
5. У ба́бушки **боли́т | боля́т** глаза́.
6. Откро́йте **нос | глаз | рот** и покажи́те язы́к.
7. Ничего́ стра́шного, у вас **заболева́ние | просту́да | лека́рство**.
8. У вас грипп[1], сове́тую вам остава́ться **в апте́ке | в шкафу́ | в посте́ли**.

[1]Grippe

 **8** Bringen Sie die Sätze in eine sinnvolle Reihenfolge und schreiben Sie das Gespräch auf.

У врача́

.... На что жа́луетесь?
.... Благодарю́ вас, до́ктор!
.... Да, у́тром была́, тридца́ть де́вять.
..*1*.. Здра́вствуйте, до́ктор! Мо́жно?
.... Подними́те руба́шку, дыши́те, не дыши́те ... У вас грипп[1]. Вот реце́пт. Купи́те э́то лека́рство в апте́ке.
.... До свида́ния! Выздора́вливайте!
.... А температу́ра есть?
.... Спаси́бо.
.... Хорошо́, ещё раз большо́е спаси́бо, до́ктор! До свида́ния!
.... Да, есть.
.... Пе́йте мно́го воды́ и ча́я! Остава́йтесь в посте́ли! Приходи́те че́рез неде́лю, в четве́рг, в оди́ннадцать.
.... Я о́чень пло́хо себя́ чу́вствую. У меня́ о́чень боли́т го́рло.
.... До́брый день! Да, проходи́те и сади́тесь[2] вот сюда́.
.... Так, откро́йте рот и скажи́те «А-а-а»!
.... У вас кра́сное го́рло. А ка́шель есть?
.... А-а-а.

[1]Grippe; [2]setzen Sie sich

Kulturtipp Eine Poliklinik – was ist das?

Das russische Gesundheitssystem erlebte in den letzten 20 Jahren viele Veränderungen. Zahlreiche Privatkliniken und Praxen wurden eröffnet. Die bisher kostenlose medizinische Versorgung, in den letzten Jahren durch eine allgemeine Krankenversicherung geregelt, wird trotz dieser allmählich kostenpflichtig. Beispielsweise kommt der Krankenwagen noch unentgeltlich, doch Medikamente müssen meist bezahlt werden. Viele Patienten haben Vorurteile gegenüber der kostenfreien Behandlung, da sie meinen, sie würden umsonst qualitativ nicht gut genug beraten.

Als erste Anlaufstelle bei jeder Krankheit gilt in der Regel nach wie vor die sogenannte Poliklinik (**поликли́ника**). Das ist eine große fachübergreifende Praxis, in der angestellte Ärzte für die ambulante Versorgung der Patienten aus einem bestimmten Stadtteil bzw. Landkreis zuständig sind. Für Kinder und Jugendliche unter 18 Jahren gibt es Kinderpolikliniken (**де́тские поликли́ники**).

Viele Apotheken haben rund um die Uhr geöffnet und bieten Arzneimittel aus aller Welt an. In Deutschland verschreibungspflichtige Medikamente bekommen Sie in Russland oft ohne Rezept. Ärzte und Patienten kennen sich fast gleich gut mit den lateinischen Krankheitsbegriffen aus. Selbst die seltsamsten Abkürzungen gehören zu ihrem aktiven Wortschatz.

Was können Sie schon?

	☺	☺	☹	
■ Ratschläge verstehen und erteilen	□	□	□	►Ü1
■ ein Gespräch mit einem Arzt führen	□	□	□	►Ü2
■ nach dem Befinden fragen	□	□	□	►Ü2
■ sich zu Befindlichkeiten äußern	□	□	□	►Ü3
■ körperliche Beschwerden schildern	□	□	□	►Ü3

Ein Notfall

In dieser Lektion lernen Sie

- einen Notfall zu bewältigen
- einen Verlust zu melden
- Personen zu beschreiben

⊙ 84 **Не мо́жет быть!**

В хо́лле гости́ницы (А. = Администра́тор, М. = Милиционе́р)

Штéфан Прости́те, мне нужна́ ва́ша по́мощь! У меня́, ка́жется, укра́ли но́утбук.

А. Не мо́жет быть! Не волну́йтесь, мы сейча́с всё ула́дим.
(зовёт охра́нника) И́горь, у на́шего го́стя пропа́л но́утбук. Ты ничего́ не ви́дел?

И́горь То́лько что вы́шла гру́ппа иностра́нных тури́стов с на́шим ги́дом. По-мо́ему, среди́ них был подозри́тельный тип. Я ещё сего́дня у́тром столкну́лся с ним у вхо́да.

Штéфан Вы име́ете в виду́ высо́кого молодо́го челове́ка? Он до́лго сиде́л напро́тив меня́ и, по-мо́ему, за мной наблюда́л.

А. Я вызыва́ю мили́цию. (прохо́дит вре́мя)

М. Кто вызыва́л?

А. Я. С на́шим го́стем произошла́ беда́. У него́ укра́ли но́утбук пря́мо здесь в хо́лле.

М. (к Штефану) Здра́вствуйте. Как э́то случи́лось?

Штéфан Я сиде́л вот за э́тим сто́ликом и проверя́л электро́нную по́чту. Пото́м я вы́шел буква́льно на 5 мину́т и оста́вил компью́тер на столе́. Когда́ я верну́лся, его́ уже́ не́ было.

М. Бы́ли ли свиде́тели? Кого́ я могу́ ещё опроси́ть? (...)
Тепéрь мне нужна́ по́дпись под ва́шими показа́ниями. Внима́тельно прочита́йте и распиши́тесь.

Штéфан (чита́ет показа́ния) ... худо́й мужчи́на, рост приме́рно метр во́семьдесят пять (1,85 м), во́зраст 23–25 лет, во́лосы ру́сые, коро́ткая стри́жка, осо́бых приме́т нет ...

М. Вы не беспоко́йтесь, жди́те на́шего звонка́. По како́му но́меру вам мо́жно звони́ть?

Fragen zum Dialog

Streichen Sie die falsche Aussage.

1. У Штéфана укрáли сýмку | нóутбук.
2. Охрáнник вѝдел мужчѝну | жéнщину.

Das kann nicht wahr sein!

Im Foyer des Hotels (E. = Empfangsdame, M. = Milizionär)

Stefan Verzeihung, ich brauche Ihre Hilfe. Wie es scheint, wurde mir mein Laptop gestohlen.

E. Das kann nicht wahr sein! Bleiben Sie ruhig *(wörtl* regen Sie sich nicht auf), wir erledigen gleich alles. *(ruft den Wachmann)* Igor, bei unserem Gast ist der Laptop verschwunden. Hast du nichts gesehen?

Igor Gerade ist eine Gruppe ausländischer Touristen mit unserem Reiseführer hinausgegangen. Ich glaube, unter ihnen war ein verdächtiger Typ.
Ich bin noch heute Morgen mit ihm am Eingang zusammengestoßen.

Stefan Meinen Sie den großen jungen Mann? Er saß mir lange gegenüber und hat mich, glaube ich, beobachtet.

E. Ich rufe die Miliz. *(es vergeht Zeit)*

M. Wer hat (die Miliz) gerufen?

E. Ich. Mit unserem Gast ist etwas *(wörtl* ein Unglück) passiert. Ihm wurde direkt hier im Foyer der Laptop gestohlen.

M. *(zu Stefan)* Guten Tag. Wie ist das passiert?

Stefan Ich saß an diesem Tisch und las meine E-Mails. Dann ging ich für gerade mal 5 Minuten hinaus und ließ den Computer auf dem Tisch. Als ich wiederkam, war er weg.

M. Gab es Zeugen? Wen kann ich noch befragen? (...)
Nun brauche ich Ihre Unterschrift unter Ihrer Aussage. Lesen Sie das aufmerksam durch und unterschreiben Sie.

Stefan *(liest die Aussage)* ... dünner Mann, Größe ungefähr 1,85 m, Alter 23–25 Jahre, dunkelblonde Haare, kurzer Schnitt, keine besonderen Merkmale ...

M. Beunruhigen Sie sich nicht, warten Sie auf unseren Anruf. Unter welcher Telefonnummer kann ich Sie erreichen?

85

беспоко́иться	sich beunruhigen
буква́льно	gerade mal, buchstäblich
верну́ться *v**	zurückkehren
внима́тельно	aufmerksam
волнова́ться	sich aufregen
гид	Reiseführer
гру́ппа	Gruppe
звоно́к	hier: Anruf
име́ть в виду́ + *A*	meinen
иностра́нный	ausländisch
кого́? *A*	wen?
компью́тер	Computer
но́утбук	Laptop (Notebook)
не мо́жет быть	das kann nicht sein
оста́вить *v**	lassen
приме́рно	ungefähr
проверя́ть (проверя́ю, проверя́ешь, проверя́ют)	(über)prüfen
среди́ + *G*	inmitten
столкну́ться *v**	zusammenstoßen
тури́ст	Tourist
ула́дить *v**	etwas erledigen
холл	Foyer
электро́нная по́чта *Sg*	E-Mails

* Die Formen der Verben finden Sie im Anhang, Seite 288–291.

беда́	Unglück/Notfall
мили́ция, поли́ция	Miliz, Polizei
милиционе́р, полице́йский	Milizionär, Polizist
охра́нник	Wachmann
показа́ния *Pl*	Aussage
свиде́тель *m*	Zeuge
подозри́тельный	verdächtig
тип *ugs*	Typ, Mensch
по́мощь *f*	Hilfe
вызыва́ть	herbeirufen
произойти́ *v**	geschehen
опроси́ть *v* (► *Tag 5*)	befragen
пропа́сть *v**	verschwinden
укра́сть *v**	stehlen
наблюда́ть	beobachten

челове́к/лю́ди	Mensch(en)
мужчи́на	Mann
же́нщина	Frau
худо́й	dünn, hager
стро́йный	schlank
по́лный	voll, beleibt
осо́бый	besonderer
приме́та	Merkmal
во́зраст	Alter
во́лосы *Pl*	Haare
стри́жка	Frisur, Schnitt
ру́сый	dunkelblond
дли́нный	lang
рост	Körpergröße
высо́кий	groß, hoch
сре́дний	mittel(groß)
ни́зкий	klein, niedrig
метр	Meter
сантиме́тр	Zentimeter

Grammatik und Redemittel

Der Instrumental der Personalpronomen ► §5.1

Der Instrumental steht häufig mit der Präposition **c/co** *mit* (► *Tag 10*). Mit diesem Kasus kennen Sie nun alle Formen der Personalpronomen.

Nom	я	ты	он/оно́	она́	мы	вы	они́
Instr	мно́й	тобо́й	(н)им	(н)ей	на́ми	ва́ми	(н)и́ми

Nach Präpositionen wird **н-** in der 3. Pers Sg und Pl eingefügt (► *Tag 5*).

Der Instrumental der Possessivpronomen ► §5.2

m/n	f	Pl
мои́**м** журна́лом	мое́**й** карти́ной	мои́**ми** анке́тами
на́**шим** пожела́нием	на́**шей** мили́цией	на́**шими** показа́ниями

Die 2. Pers Sg und Pl können Sie wieder ableiten: ты → твои́**м**, твое́**й**, твои́**ми**, вы → ва́**шим**, ва́**шей**, ва́**шими**. Die 3. Pers Sg und Pl (**его́/её/их**) bleibt wie immer unverändert (► *Tag 9*).

Die Deklination der Fragewörter кто? und что? ► §5.6.1

Bei einem Notfall werden Ihnen viele Fragen gestellt. Sie kennen bereits viele unveränderliche Fragewörter (**где?**, **как?**, **куда́?**, **отку́да?**, **когда́?**, **почему́?**). **Как** э́то случи́лось? *Wie ist es geschehen?*

Einige Fragewörter werden wie Adjektive dekliniert (► *Tag 7*: **како́й?**, **како́е?**, **кака́я?**; **каки́е?**). Die Fragewörter **кто?** *wer?* und **что?** *was?* haben dagegen eigene Formen in den verschiedenen Kasus:
Кто вызыва́л? *Wer hat gerufen?*
Кого́ я могу́ ещё опроси́ть? *Wen kann ich noch befragen?*

Nom	кто?	wer?	что?	was?
Gen	кого́?	wessen?	чего́?	wessen?
Dat	кому́?	wem?	чему́?	wem?
Akk	кого́?	wen?	что?	was?
Instr	(с) кем?	mit wem?	(с) чем?	womit?
Präp	при ком?	bei wem?	при чём?	wobei?

1 Verbinden Sie die passenden Sätze. Lesen Sie dann laut.

1. Прости́те, мне нужна́ ва́ша по́мощь!
2. С на́шим го́стем произошла́ беда́.
3. Мне нужна́ ва́ша по́дпись.
4. Она́ сиде́ла напро́тив меня́.
5. У меня́, ка́жется, укра́ли су́мку.
6. Ты ничего́ не ви́дел?

a) К сожале́нию, нет.
b) У меня́ пропа́л па́спорт.
c) Я вызыва́ю поли́цию.
d) Внима́тельно прочита́йте и распиши́тесь.
e) У него́ укра́ли но́утбук.
f) По-мо́ему, она́ за мно́й наблюда́ла.

2 Beschreiben Sie die Dame (де́вушка) und den Herrn (мужчи́на).

86 **3** Hören Sie die Dialoge und beantworten Sie die Fragen schriftlich.

1. Что пропа́ло у го́стя? Кого́ ви́дел И́горь? С чем она́ вы́шла?
2. С кем он столкну́лся? Где сиде́л молодо́й челове́к? Что он де́лал?
3. Отку́да молодо́й челове́к? Куда́ уе́хала его́ гру́ппа? Что сове́тует де́вушка?

4 Diese Präpositionen erfordern den Instrumental. Setzen Sie zunächst die Präpositionen, dann die Possessiv- und Personalpronomen ein.

ме́жду за с пе́ред над под

1. То́лько что вы́шла гру́ппа тури́стов _____ (unser) _____ ги́дом.
2. Прочита́йте и распиши́тесь _____ (Ihr) _____ показа́ниями.
3. Её дом недалеко́, пря́мо _____ остано́вкой и (sie f) _____ о́фисом.
4. Сын сиди́т _____ (ich) _____ .
5. Ма́ма живёт в кварти́ре _____ (wir) _____ .
6. _____ (er) _____ лежи́т кни́га.

■■■

5 Übersetzen Sie folgende Fragewörter ins Deutsche.

1. У кого? ....
2. Где? ....
3. Кого? Что? ....
4. Куда? ....

5. Кому? ....
6. Откуда? ....
7. С кем? ....
8. О ком? ....

■■■

6 Stellen Sie Fragen zu den hervorgehobenen Wörtern. Verwenden Sie die Fragewörter und beachten Sie das Beispiel.

> Что? (3x)   Кто?   У кого?   Чего?   ~~Кому?~~   Кого?
> Откуда?   С кем? За кем?   Где?

1. **Штéфану** нужнá **пóмощь**.
   a) *Кому нужнá пóмощь?*   b) *Что нýжно Штéфану?*

2. **У Штéфана** укрáли **нóутбýк**.

   a) ....

   b) ....

3. Штéфан говорúт **с полицéйским**.

   ....

4. Úгорь вúдел **подозрúтельного тúпа**.

   ....

5. **Подозрúтельный тип** дóлго наблюдáл **за Штéфаном**.

   a) ....

   b) ....

6. Штéфан остáвил **нóутбýк на столé**.

   a) ....

   b) ....

7. Штéфан ждёт **звонкá из полúции**.

   a) ....

   b) ....

7 Verbinden Sie die passenden Aussagen.

1. Ich brauche Hilfe.
2. Mir wurde meine Tasche gestohlen.
3. Ich saß an diesem Tisch.
4. In der Tasche waren meine Papiere.
5. Hier ist meine Telefonnummer.
6. Ich warte auf Ihren Anruf.

a) Вот мой но́мер телефо́на.
b) Я жду ва́шего звонка́.
c) Мне нужна́ по́мощь.
d) Я сиде́л(а) вот за э́тим сто́ликом.
e) У меня́ укра́ли су́мку.
f) В су́мке бы́ли мои́ докуме́нты.

8 Ergänzen Sie die Endungen.

| -ым / -им | -ом / -ем | -ой / -ей | -ыми / -ими | -ами / -ями |

1. Кем вы рабо́таете? — Я рабо́таю де́тск_____ врач_____, а моя́ жена́

   рабо́тает с иностра́нн_____ тури́стам_____ .

2. Ште́фан говори́т с ру́сск_____ полице́йск_____ .

3. У вхо́да он столкну́лся с подозри́тельн_____ ти́п_____ .

4. Э́т_____ тип наблюда́л за молод_____ высо́к_____

   же́нщин_____ с дли́нн_____ волос_____ .

5. Рестора́н нахо́дится ря́дом с на́ш_____ гости́ниц_____ .

6. Мне нужна́ по́дпись под ва́ш_____ показа́ни_____ .

9 Finden Sie für die hervorgehobenen Wörter Begriffe mit gegensätzlicher Bedeutung.

1. **Она́** говори́ла с **мужчи́ной**. ←→ _____

2. Вы име́ете в виду́ э́ту **стро́йную де́вушку**? ←→ _____

   _____

3. Ря́дом сиди́т **молодо́й** челове́к **сре́днего** ро́ста. ←→ _____

   _____

4. У **него́ коро́ткие** во́лосы. ←→ _____

Kulturtipp
Russland – ein besonders gefährliches Reiseland

In Europa steht man dem Reiseland Russland bisweilen mit Skepsis gegenüber. Doch die „unbekannten Weiten" bergen nicht mehr Risiken als jedes andere Land der Welt. Der Mythos von der Gefährlichkeit russischer Großstädte ist eben – ein Mythos. Wenn Sie unterwegs die gleichen Vorsichtsmaßnahmen walten lassen wie in jeder anderen Großstadt, unterscheidet sich eine Reise nach Moskau, St. Petersburg oder Wladiwostok nicht von einer Reise nach Paris, Rom oder New York.

Nutzen Sie bei Ihrer Reise auf jeden Fall die Gelegenheit, russische Menschen kennenzulernen. Sie werden feststellen, dass die meisten Bewohner des multinationalen Russlands ausländischen Gästen mit großer Gastfreundlichkeit und offenem Herzen entgegenkommen. Hilfsbereitschaft ist in der Regel eine Selbstverständlichkeit.

Eine Warnung an die Herren, die ihre Geldbörse gern in die Gesäßtasche stecken: In den häufig überfüllten U-Bahnen werden Sie leicht zum Opfer von Taschendieben. Falls Sie doch einmal Pech haben sollten, finden Sie hier fachkundige Hilfe: Notfalltelefonnummern in ganz Russland – 01 Feuerwehr (**пожа́рная охра́на**), 02 Polizei (**мили́ция**), 03 Krankenwagen (**ско́рая по́мощь**).

Was können Sie schon?

	☺	☺	☹	
■ einen Notfall bewältigen	☐	☐	☐	► Ü1
■ einen Verlust melden	☐	☐	☐	► Ü1
■ Personen beschreiben	☐	☐	☐	► Ü2
■ Fragen beantworten	☐	☐	☐	► Ü3
■ Personen durch Pronomen ersetzen	☐	☐	☐	► Ü4

Wiederholen und üben Sie

Hier wiederholen Sie

- Verkehrsmittel, Ansagen und Fahrpläne
- Wegbeschreibungen
- Erklärungen und Ratschläge zu geben
- Datum und Uhrzeit
- Personen und Befindlichkeiten zu beschreiben
- sich über das Wetter auszutauschen
- die Art und Weise auszudrücken
- irreale Bedingungen anzugeben
- Personen und Gegenstände zu vergleichen

 **1 Dies ist ein Fahrplanauszug aus St. Petersburg. Lassen Sie sich durch die unbekannten Wörter nicht irritieren. Sie können die Fragen beantworten, ohne jedes Wort zu verstehen.**

№ по-езда	станция назна-чения	от-прав-ление	категория поезда	периодич-ность курсиро-вания	время в пути	при-бытие
811	**Москва**	01:10	электричка	по пн., сб., вс.	8 ч. 15 м.	09:15
167	**Москва, «Невский Экспресс»**	06:45	скоростной	по ср.	4 ч. 30 м.	11:15
139	**Брянск**	14:50	скорый	по вт., сб.	16 ч. 52 м.	07:42
337	**Самара**	18:36	пассажир-ский	3 раза в неделю	40 ч. 24 м.	11:00
688	**Вологда**	20:00	фирменный	по сб.	13 ч.	09:00
607	**Углич**	21:00	местный	по отдельным дням	15 ч. 19 м.	12:19

1. Когда́ прибыва́ет по́езд в Брянск? ....
2. На каку́ю ста́нцию прибыва́ет по́езд в 12:19? ....
3. Ско́лько часо́в е́дет по́езд в Во́логду? ....
4. Когда́ отправля́ется по́езд в Сама́ру? ....
5. Куда́ е́дет по́езд № 167? ....
6. По́езд № 688 хо́дит по суббо́там (сб.). По каки́м дням хо́дит по́езд № 811?

2 Trennen Sie die Modalwörter in der Wortschlange. Fügen Sie die Wörter in die Sätze ein und achten Sie auf die richtige Form. ■■■

> ну́жно|мочьуме́тьлюби́тьдолжны́хоте́ть
> мо́жнона́донельзя́до́лжен

1. ▸ Ты _____ борщ?
   ◂ Да, но я совсе́м не _____ его́ гото́вить.
2. ▸ Нам _____ пое́хать на трамва́е?
   ◂ _____ , но на метро́ быстре́е.
3. ▸ Когда́ мы за́втра _____ выходи́ть?
   ◂ Наш самолёт в де́вять, в аэропо́рт нам _____ прие́хать в семь, выхо́дим в полседьмо́го.
4. ▸ Ма́ма, я так _____ моро́женое!
   ◂ Тебе́ _____ , у тебя́ просту́да.

 3 Hören Sie die Dialoge und tragen Sie die Informationen ein. ⊙ 87 ■■■

Путе-шéствие	Куда́?	Когда́?	Вид тра́нс-порта?	Как до́лго?
1.				
2.				
3.				
4.				

4 Кото́рый час? Sagen Sie die Uhrzeit offiziell und inoffiziell. ■■■

1. 15:07	3. 20:26	5. 06:40	7. 19:52
2. 09:15	4. 02:30	6. 10:45	8. 23:00

 5 Hören Sie die Ansagen. Was ist richtig? Unterstreichen Sie. ⊙ 88 ■■■

1. Переса́дка возмо́жна на ста́нции «Пу́шкинская» | «Спа́сская».
2. По́езд прибыва́ет в Москву́ | Волгогра́д.
3. По́езд отправля́ется с пя́той платфо́рмы | седьмо́й платфо́рмы.
4. Перехо́д на ста́нцию «Сенна́я пло́щадь» | «Садо́вая».

6 Hier sind 18 Wörter zum Thema Verkehr versteckt (senkrecht/waagerecht). Die unterlegten Buchstaben ergeben das Lösungswort.

Л	И	Н	И	Я	Л	Ь	Д	Ж	Э	П	Б	В	Щ	В
А	П	А	К	П	Р	Т	О	Ч	С	Л	М	О	У	А
Ц	Э	Л	Е	К	Т	Р	И	Ч	К	А	Ф	К	В	Г
Е	К	Г	Ш	Щ	З	О	Ъ	Х	Т	Т	Р	З	А	О
Н	С	Ю	Т	Б	М	Л	Т	И	М	Ф	С	А	О	Н
Г	П	Ф	Р	Ы	Е	Л	Ы	Т	В	О	А	Л	С	П
Ш	Р	О	А	Л	Т	Е	Д	А	Ж	Р	Э	Я	Т	Ч
А	Е	Я	М	Ч	Р	Й	С	К	М	М	И	Т	А	Ь
Э	С	А	В	Т	О	Б	У	С	С	А	О	Р	Н	П
Р	С	Б	А	Э	Ж	У	Д	И	А	Л	В	А	О	А
О	Й	Ц	Й	У	К	С	Е	А	М	О	Р	Л	В	Е
П	Х	З	Щ	Ш	Г	Н	Е	П	О	Е	З	Д	К	Ц
О	Ф	Ы	В	А	П	Р	Б	И	Л	Е	Т	О	А	К
Р	А	С	П	И	С	А	Н	И	Е	Й	Ы	Ф	В	А
Т	Э	Х	З	Ж	Ш	Н	Е	С	Т	А	Н	Ц	И	Я

Lösungswort: _____

 7 Bilden Sie die Imperative und vervollständigen Sie die Sätze.

скаж *и́(те)*	спрос _____	ве́р _____	слу́ша _____	меша́ _____
рабо́та _____	ид _____	ёш _____	позвон _____	взвес _____

1. Ма́ма, мы хоти́м на у́лицу! — _____, коне́чно.

2. _____, пожа́луйста, где здесь ста́нция метро́?

3. Не _____, пожа́луйста, я сейча́с не могу́!

4. Де́ти, _____ учи́теля!

5. У меня́ сейча́с нет вре́мени, _____, пожа́луйста, за́втра ве́чером.

6. Ско́лько вам взве́сить? — _____, пожа́луйста, полкило́.

7. Ко́ля, не _____ конфе́ты, снача́ла у́жин!

8. Хо́чешь _____, хо́чешь нет, но я вы́играл!

8 Finden Sie zu jedem Wort links die dazugehörige Steigerungsform rechts und notieren Sie sie. Setzen Sie dann die passenden Wörter ein.

вку́сный хоро́ший голо́дный дорого́й прохла́дно интере́сно све́жий све́тлый тёмный ую́тный ма́ленький хо́лодно си́льный большо́й стра́шный сухо́й жа́рко тепло́ коро́ткий молодо́й плохо́й краси́вый ни́зкий	бо́льше коро́че голодне́е интере́снее лу́чше ме́ньше свеже́е светле́е моло́же темне́е холодне́е ую́тнее ху́же вкусне́е ни́же прохла́днее страшне́е су́ше жа́рче краси́вее тепле́е доро́же сильне́е

1. Биле́ты на ночно́й по́езд о́чень _____ ! – Возмо́жно, но на
   экспре́сс ещё _____ .
2. Я тако́й _____ ! Ка́жется, я могу́ съесть две по́рции! – Хоти́те ве́рьте,
   хоти́те нет, но я ещё _____ !
3. Како́й здесь борщ _____ ! – А для меня́ нет ничего́ _____
   пельме́ней.
4. Вчера́ бы́ло так _____ , сего́дня уже́ _____ . А мне ка́жется,
   что сего́дня _____ .
5. Мы сего́дня не идём на у́лицу, пого́да _____ – вла́жный снег. – Но
   вчера́ пого́да была́ ещё _____ , а мы бы́ли на у́лице.
6. Смотри́, Пе́тя, э́та ры́бка така́я _____ ! – Она́ симпати́чная, но на́ши
   ры́бки ещё _____ .

9 Hören Sie die Wegbeschreibungen und ergänzen Sie die fehlenden Informationen. ⊙ 89

1. ► Извини́те, пожа́луйста, мы и́щем _____ .
   Нам ну́жно _____ до гости́ницы «Мо́ре».
   ◄ Ой, вы ушли́ не в ту́ сто́рону. Иди́те сейча́с _____ ,
   и _____ на проспе́кт, где хо́дят трамва́и. Иди́те _____
   и перейди́те _____ мост. _____ мосто́м остано́вка.
2. ► Прости́те, где здесь _____ _____ ?
   ◄ Здесь ря́дом. Пройди́те _____ _____ , пото́м
   _____ _____ о́буви и вы́йдите на _____ .
   О́коло _____ вход в метро́.
3. ► Скажи́те, пожа́луйста, как пройти́ _____ _____ ?
   ◄ Э́то недалеко́. Поверни́те сейча́с _____ и иди́те мину́т пять
   _____ по направле́нию к _____ .
   В конце́ у́лицы _____ на проспе́кт. Напро́тив нахо́дится вокза́л.

10 Füllen Sie das Kreuzworträtsel aus und finden Sie das Lösungswort.

1. Wir brauchen ihn zum Essen, Trinken, Sprechen, Atmen ...
2. Dabei hüpft der Bauch.
3. Damit kann man Fieber messen.
4. Hier bekommt man Medikamente.
5. Wir tragen es zur Apotheke.
6. Husten, Schnupfen, Heiserkeit.
7. Teil des Körpers, in dem das Gehirn liegt.
8. Klein und rund, macht uns gesund.
9. Zum Hören brauchen wir das ...
10. Pillen, Tropfen, Pülverchen (*Sg*)
11. Wenn wir krank sind, gehen wir zum ...

Lösungswort: ....

11 Wer macht was wann? Bilden Sie Sätze wie im Muster.

1. 15.04. / Юрий Ива́нович / е́хать / в / командиро́вка.

   Пятна́дцатого апре́ля Юрий Ива́нович е́дет в командиро́вку.

2. В / суббо́та / 29.01. / Татья́на / идти́ / на / конце́рт.

   ....

3. Мари́я Никола́евна / лете́ть / в / Москва́ / 11.10.

   ....

4. Са́ша / с 06.07. / по 02.08. / в / Санкт-Петербу́рг.

   ....

5. 31.12. / Штефан / идти́ / в го́сти.

   ....

6. У / Оле́г / день рожде́ния / 17.05.

   ....

12 Wie ist das Wetter an Ihrem Wohnort? Berichten Sie. ■■■

1. Вы живёте на се́вере / ю́ге / восто́ке / за́паде (Герма́нии)?
2. Кака́я пого́да быва́ет там зимо́й / весно́й / ле́том / о́сенью?
3. Там ча́ще идёт дождь весно́й и́ли о́сенью?
4. Каку́ю пого́ду / температу́ру во́здуха вы предпочита́ете?
5. Е́сли на у́лице хоро́шая, тёплая пого́да, что вы де́лаете?
6. Е́сли жа́рко, куда́ вы е́дете?
7. Е́сли в выходны́е на у́лице хо́лодно, что вы де́лаете?

13 Hören Sie die Dialoge. Wie werden die Personen beschrieben? ⊙ 90

■■■

	1. Person	2. Person
кто?		
рост		
фигу́ра (*Figur*)		
во́зраст		
во́лосы		
стри́жка		

14 Was dürfen die Personen nicht und warum? Bilden Sie Sätze. ■■■

1. я / голова́ / игра́ть в ша́хматы
   У меня́ боли́т голова́. Мне нельзя́ игра́ть в ша́хматы.
2. Татья́на / у́хо / идти́ на конце́рт
3. Штефан / го́рло / мно́го говори́ть
4. ты / глаза́ / чита́ть в посте́ли
5. учи́тель / грудь / встава́ть
6. де́ти / го́рло / есть моро́женое
7. мы / у́ши / слу́шать му́зыку

15 Formulieren Sie diese Sätze im Konjunktiv und schreiben Sie sie auf. ■■■

1. Я хоте́л пойти́ в кино́, но у меня́ не́ было биле́та.
   Я пошёл бы в кино́, е́сли бы у меня́ был биле́т.
2. Татья́на хоте́ла позвони́ть до́ктору, но у неё не́ было его́ но́мера телефо́на.
3. Представи́тель фи́рмы хоте́л пое́хать на маши́не, но у него́ пропа́л ключ.
4. Оле́г хоте́л пригласи́ть госте́й, но он заболе́л.
5. Ма́ма хоте́ла сде́лать сала́т, но забы́ла купи́ть ма́сло.
6. Я хоте́л прочита́ть электро́нную по́чту, но не взял с собо́й но́утбук.

Zwischentest 3

1 Welche Form des Verbs ist richtig? Kreuzen Sie an.

1. Ка́тя, пожа́луйста, ... мне за́втра в о́фис.
   a) ☐ позвони́ла
   b) ☐ позвони́т
   c) ☐ позвони́
   d) ☐ позвони́ла бы

2. Когда́ мы вы́шли из по́езда, нас уже́ ... представи́тель фи́рмы.
   a) ☐ встреча́ет
   b) ☐ встреча́л
   c) ☐ встреча́л бы
   d) ☐ встреча́й

3. Éсли бы я не оста́вил но́утбук на столе́, он не ...
   a) ☐ пропа́л бы.
   b) ☐ пропа́л.
   c) ☐ пропади́.
   d) ☐ пропадёт.

4. Она́ то́лько что ... одноме́стный но́мер на 3 дня.
   a) ☐ заброни́руй
   b) ☐ заброни́рует
   c) ☐ заброни́ровала
   d) ☐ заброни́ровала бы

5. Вам нельзя́ идти́ на рабо́ту, вы лу́чше снача́ла ...
   a) ☐ выздора́вливайте.
   b) ☐ выздора́вливаете.
   c) ☐ выздора́вливал бы.
   d) ☐ выздора́вливали.

6. Внима́ние, по́езд №35 ... с 6-ой платфо́рмы.
   a) ☐ отправля́йся
   b) ☐ отправля́лся
   c) ☐ отправля́лся бы
   d) ☐ отправля́ется

_/6

2 Setzen Sie die Adjektive und Substantive im richtigen Kasus ein.

1. Поли́ция нахо́дится о́коло _____ (ма́ленький санато́рий).

2. В Москву́ мы е́здили на _____ (ночно́й экспре́сс).

3. Карти́на виси́т над _____ (больша́я крова́ть).

4. Спорти́вный молодо́й мужчи́на и́щет _____ (интере́сная де́вушка).

_/5 5. Нам мо́жно вы́йти на _____ (втора́я ста́нция).

3 Verwenden Sie die vorhandenen Adjektive im Komparativ.

1. Фильм был неинтере́сный, и смотре́ть я его́ тебе́ не сове́тую. Лу́чше возьми́ кни́гу. Она́ была́ гора́здо _____ .

2. Не мо́жет быть! Я всегда́ ду́мала, что я о́чень высо́кая, а ты ещё _____ .

3. Ра́зве э́то ле́то? А́вгуст, а така́я плоха́я пого́да. А ты посмотри́ прогно́з пого́ды на за́втра – ещё _____ .

_/3

4 Antworten Sie mit den Vorgaben auf einem extra Blatt Papier.

1. Кака́я сего́дня пого́да? (wunderbar, Sonne, warm, trocken, kein Wind)
2. На что вы жа́луетесь? (Hals schmerzt, Nase ist zu, wahrscheinlich Fieber)
3. Каку́ю ко́мнату в гости́нице вы хоте́ли бы заброни́ровать?
   (Doppelzimmer, 15.08.–02.09., Blick auf den Meerbusen)
4. Где тут ста́нция метро́? (hier in der Nähe, fünf Minuten am Kanal entlang,
   rechts gegenüber dem Hotel)
5. Что случи́лось? (am Tisch gesessen und Buch gelesen, dann für 3 Minuten
   hinausgegangen und die Tasche auf dem Stuhl gelassen)   __/10

5 Hören Sie die Texte. Kreuzen Sie an.   ◉ 91

	ве́рно	неве́рно
1. a) Сего́дня ожида́ются оса́дки.	☐	☐
b) Переме́нная о́блачность, но тепло́.	☐	☐
c) За́втра немно́го прохла́днее.	☐	☐
d) За́втра ожида́ется поры́вистый ве́тер.	☐	☐
2. a) Ма́ша вчера́ не ходи́ла в шко́лу.	☐	☐
b) У неё была́ просту́да.	☐	☐
c) Сего́дня она́ отли́чно себя́ чу́вствует.	☐	☐
d) Ей опя́ть ну́жно к врачу́.	☐	☐	__/4

6 Welche Uhrzeit hören Sie in den Minidialogen?   ◉ 92
   Notieren Sie die Ziffern.

1. ....

2. ....

3. ....

4. ....

5. ....   __/5

7 Welche Fragewörter hören Sie? Kreuzen Sie an. (½ Punkt pro Antwort!)   ◉ 93

1.	☐ кто	☐ о чём	☐ чего́	☐ с кем
2.	☐ како́го	☐ како́й	☐ кака́я	☐ како́м
3.	☐ с чем	☐ о ком	☐ чему́	☐ что	__/3

8 Ergänzen Sie den Dialog. (½ Punkt pro richtige Antwort!)

> а́дрес   счёт   фами́лию   го́род   но́мер   фи́рмы   но́мер телефо́на
>   по   заброни́ровать   проспе́кт   с ви́дом   факс

- ► Гости́ница «Мо́ре», я вас слу́шаю.
- ◄ До́брый день, я хоте́ла бы ＿＿＿＿＿ (1.) одноме́стный ＿＿＿＿＿ (2.) с два́дцать пе́рвого ма́я ＿＿＿＿＿ (3.) шесто́е ию́ня.
- ► На каку́ю фами́лию?
- ◄ На ＿＿＿＿＿ (4.) Васи́льева, от ＿＿＿＿＿ (5.) «А́эро».
- ► Мину́точку ... Да, э́то возмо́жно. Вы хоти́те ко́мнату ＿＿＿＿＿ (6.) на зали́в?
- ◄ Да, с удово́льствием.
- ► Хорошо́. Ваш ＿＿＿＿＿ (7.), пожа́луйста.
- ◄ 8-963-785-72-91.
- ► У вас есть ＿＿＿＿＿ (8.) и́ли email?
- ◄ Факс на фи́рме 8-495-563-14-41.
- ► Вы бы не могли́ дать ваш ＿＿＿＿＿ (9.), пожа́луйста?
- ◄ А́дрес о́фиса – Соколо́вский ＿＿＿＿＿ (10.), дом 16, ко́рпус *(Gebäudetrakt)* 2, о́фис № 4, и́ндекс *(Postleitzahl)* 176158, ＿＿＿＿＿ (11.) Москва́.
- ► Спаси́бо. Э́то всё, что мне ну́жно. ＿＿＿＿＿ (12.) придёт на ваш факс.

__/6 У вас есть ещё вопро́сы и́ли пожела́ния?

9 Wie sagen oder fragen Sie(,) ...

1. ... dass Sie gerade Fahrkarten für den Bus kaufen?
2. ... dass die Haltestelle des Linientaxis vor dem Theatereingang ist?
3. ... dass Sie mit dem Zug fahren möchten, weil Sie nicht gerne fliegen?
4. ... dass Sie frieren, weil es kalt ist?
5. ... dass gerade ein sympathischer junger Mann hinausgegangen ist?
6. ... nach dem Weg zum Hotel „Moskau"?
7. ... höflich nach einem Stadtplan?

__/8 8. ... nach dem Befinden?

__/50

In dieser Lektion lernen Sie

- Telefongespräche zu führen
- Nachrichten zu hinterlassen
- Gesprächsfloskeln am Telefon zu verstehen

⊙ 94 Алло́

В понеде́льник у́тром в гости́нице «Фи́нский зали́в».

Татья́на	(серди́то ве́шает тру́бку) Я ника́к не могу́ дозвони́ться: то за́нято, то «непра́вильно на́бран но́мер». Попро́бую ещё раз. (норма́льные гудки́) Ну наконе́ц-то!
Секрета́рь	Фи́рма «Оли́мп», до́брый день!
Татья́на	Здра́вствуйте, с ва́ми говори́т Татья́на Смирно́ва. Мо́жно поговори́ть с гла́вным ме́неджером?
Секрета́рь	Михаи́л Влади́мирович на совеща́нии. Ему́ что́-нибудь переда́ть?
Татья́на	Скажи́те ему́, что мы с господи́ном Та́убером уже́ прие́хали. Но он, к сожале́нию, заболе́л. И попроси́те Михаи́ла Влади́мировича перезвони́ть.

Звоно́к че́рез час, на про́воде Михаи́л Влади́мирович (М.В.).

М.В.	Алло́, э́то господи́н Та́убер?
Штéфан	(хри́плым го́лосом) Я вас слу́шаю.
М.В.	Э́то Михаи́л Влади́мирович Проко́фьев, гла́вный ме́неджер фи́рмы «Оли́мп» в Санкт-Петербу́рге. Мне сообщи́ли о ва́шем прие́зде и о том, что вы больны́.
Штéфан	Вы обо мне́ не беспоко́йтесь. Мне уже́ гора́здо лу́чше. Я бы хоте́л договори́ться о на́шей ли́чной встре́че.
М.В.	Тогда́ догова́риваемся на послеза́втра. Мы вас с госпожо́й Смирно́вой ждём в 9 утра́ в на́шем о́фисе.
Штéфан	Да, ещё я предлага́ю перенести́ презента́цию со среды́ на четве́рг, что́бы успе́ть получи́ть необходи́мую информа́цию от колле́г из Москвы́. Я оста́вил им об э́том сообще́ние на автоотве́тчике и жду новосте́й.
М.В.	Нет пробле́м.

Fragen zum Dialog

Welche Aussage ist richtig? Unterstreichen Sie.

1. Гла́вный ме́неджер на совеща́нии | в буфе́те.

Hallo

Am Montagmorgen im Hotel „Finski saliw".

Tatjana	*(legt verärgert den Hörer auf)* Ich komme einfach nicht durch: Mal ist es besetzt, mal „kein Anschluss unter dieser Nummer". Ich versuche es noch einmal. *(normale Klingeltöne)* Na endlich!
Sekretärin	Firma „Olymp", guten Tag!
Tatjana	Guten Tag, hier *(wörtl mit Ihnen)* spricht Tatjana Smirnowa. Kann ich mit dem leitenden Manager sprechen?
Sekretärin	Michail Wladimirowitsch ist in einer Besprechung. Kann ich ihm etwas ausrichten?
Tatjana	Sagen Sie ihm, dass Herr Tauber und ich *(wörtl wir mit)* schon angekommen sind. Doch leider ist er erkrankt. Michail Wladimirowitsch soll uns bitte zurückrufen.

Ein Anruf eine Stunde später, Michail Wladimirowitsch (M.W.) ist in der Leitung.

M.W.	Hallo, ist das Herr Tauber?
Stefan	*(mit heiserer Stimme)* Am Apparat *(wörtl Ich höre Ihnen zu)*.
M.W.	Hier ist Michail Wladimirowitsch Prokofjew, der leitende Manager der Firma „Olymp" in St. Petersburg. Mir wurde von Ihrer Ankunft berichtet und darüber, dass Sie krank sind.
Stefan	Machen Sie sich um mich keine Sorgen. Ich fühle mich schon viel besser. Ich möchte unser persönliches Treffen vereinbaren.
M.W.	Dann legen wir übermorgen fest. Wir erwarten Sie und Frau Smirnowa um 9 Uhr in unserem Büro.
Stefan	Ja, außerdem schlage ich vor, die Präsentation vom Mittwoch auf Donnerstag zu verschieben, um noch die notwendigen Informationen von meinen Kollegen aus Moskau zu bekommen. Ich habe ihnen dazu eine Nachricht auf dem Anrufbeantworter hinterlassen und warte auf Nachrichten.
M.W.	Kein Problem *(wörtl Keine Probleme)*.

95

больны́ *Pl Kurzadj*	krank
ве́шать	aufhängen
встре́ча	Treffen
го́лос	Stimme
догова́риваться/ догово́риться	sich verabreden
информа́ция *nur Sg*	Information(en)
ли́чный	persönlich
наконе́ц(-то)	endlich
необходи́мый	notwendig
непра́вильно	falsch
но́вость *f*	Nachricht, Neuigkeit
норма́льный	normal
о + *P*	über, von
перенести́ *v**	verschieben
получи́ть *v**	bekommen
презента́ция	Präsentation
прие́зд	Ankunft
пробле́ма	Problem
раз, *G*, *Pl* раз	Mal
серди́то	verärgert
совеща́ние	Besprechung
сообщи́ть *v*	mitteilen
то … то	mal … mal
тот, та, то; те	jene(r,s)
хри́плый	heiser

телефо́нный разгово́р	Telefongespräch
алло́	hallo
тру́бка	Hörer
ве́шать тру́бку	auflegen
сообще́ние	Mitteilung
автоотве́тчик	Anrufbeantworter
про́вод	(Telefon-)Leitung
за́нято	besetzt
дозвони́ться *v*	telefonisch erreichen
переда́ть *v* (▸ *Tag 11*)	ausrichten
перезвони́ть *v*	zurückrufen
позва́ть *v* (▸ *Tag 11*)	rufen, holen
спра́вочное (бюро́)	Auskunft
непра́вильно на́бран но́мер	kein Anschluss unter dieser Nummer
вы оши́блись но́мером	Sie haben sich verwählt

* Die Formen der Verben finden Sie im Anhang, Seite 288–291.

Grammatik und Redemittel

Der Präpositiv der Demonstrativpronomen ▸ §5.3

Die Endungen der Demonstrativpronomen **э́тот** *dieser* und **тот** *jener* stimmen im Präpositiv bis auf den Plural mit den Adjektivendungen überein.

m	n	f	Pl
о(б) э́том/том про́воде	о(б) э́том/том ме́сте	о(б) э́той/той встре́че	о(б) э́тих/тех дела́х

Der Präpositiv der Possessivpronomen ▸ §5.2

m	n	f	Pl
о моём бра́те о на́шем прие́зде	о моём окне́ о на́шем мо́ре	о мое́й сестре́ о на́шей пробле́ме	о мои́х друзья́х о на́ших колле́гах

Die 2. Pers Sg/Pl können Sie ableiten: ты → тво**ём**, тво**е́й**, тво**и́х**, вы → ва́ш**ем**, ва́ш**ей**, ва́ш**их**. Die 3. Pers Sg/Pl (**его́/её/их**) bleibt unverändert (▸ *Tag 9*).

Die Präposition о/об/обо ▸ §8

Neben **в/на/при** (▸ *Tag 3*, *Tag 20*) steht mit dem Präpositiv häufig die Präposition **о** *über, von*. Sie gibt das Thema an, über das gesprochen oder nachgedacht wird, z.B. договори́ться **о** на́ш**ей** ли́чн**ой** встре́**че**.
Vor Vokalen (außer **e/ё/ю/я**, weil da im Anlaut ein [j] zu hören ist) wird **о** zu **об** erweitert (**об э́том** *darüber*), vor einsilbigen Pronomen mit mehreren Konsonanten im Anlaut steht die unbetonte Form **обо** (**обо мне́** *über mich*).

Die Präposition с zum Ausdruck der Gemeinsamkeit ▸ §8

Mit der Wendung **мы с** господи́н**ом** Та́убер**ом** *Herr Tauber und ich* im Dialog betont Tatjana, dass sie und er zusammen gemeint sind. Die Pluralform des Personalpronomens drückt Gemeinsamkeit aus. Auch mit **вы** kommt diese Wendung vor: мы ждём **вас с** жен**о́й** *wir erwarten dich und deine (Sie und Ihre) Frau*.

96 **1** Hören Sie die Dialoge und ergänzen Sie.

	Кто звони́т?	Кому́ звони́т?	По како́му де́лу?
1.	*мужчи́на*		
2.*			
3.			

* Der Witz entstammt dem Konzert eines bekannten russischen Kabarettisten.

2 Setzen Sie die Wörter in den Klammern in den Präpositiv und ergänzen Sie die Präposition о/об.

1. Хочу́ с ва́ми поговори́ть _____ (мой друг).
2. Переда́йте, пожа́луйста, э́ту информа́цию _____ (на́ши колле́ги).
3. Он про́сит вас _____ (по́мощь).
4. Мне никто́ не сообщи́л _____ (их прие́зд).
5. Мы мо́жем договори́ться _____ (то), что мо́жно купи́ть к её дню рожде́ния.
6. Его́ не́ было, поэ́тому я оста́вил сообще́ние _____ (его́ презента́ция) на автоотве́тчике.
7. Вы ра́зве не чита́ли в газе́те _____ (э́тот слу́чай)?

3 Verbinden Sie die russischen Wörter mit ihrer deutschen Entsprechung. Übersetzen Sie danach die Sätze. Vorsicht: Nicht jedes Wort ist buchstäblich zu verstehen! Die markierten Teile sollten Sie gut lernen.

туда́   слы́шно   кто́-то   висе́ть   предста́виться
jemand   sich vorstellen   hörbar   dorthin   hängen

1. **Вы не туда́ попа́ли**. – Извини́те.
2. **Вас пло́хо слы́шно**. Перезвони́те, пожа́луйста.
3. **Тебе́ кто́-то звони́л**, пока́ тебя́ не́ было. Но он не предста́вился.
4. Моя́ дочь **всё вре́мя виси́т на телефо́не**. До нас никто́ не мо́жет дозвони́ться.
5. **Э́то не телефо́нный разгово́р**. Поговори́м об э́том при встре́че.

4 Streichen Sie falsche Varianten durch. ■■■

1. Здра́вствуйте, **с тобо́й** | **с ва́ми** | **тебя́** | **вас** говори́т Татья́на Смирно́ва.
2. Мо́жно поговори́ть **гла́вного ме́неджера** | **с гла́вным ме́неджером** | **гла́вном ме́неджере**?
3. Скажи́те ему́, что мы с господи́ном Та́убером уже́ **приезжа́л** | **прие́хал** | **прие́хала** | **прие́хали**.
4. Попроси́те **Михайлу Влади́мировичу** | **Михайла Влади́мировича** | **Михайлом Влади́мировичем** | **Михайле Влади́мировиче** перезвони́ть.

 5 Verbinden Sie die Wörter mit der gleichen Wurzel. Übersetzen Sie   ■■▢
anschließend alle Wörter ins Deutsche.

1. сообщи́ть!	a) встре́ча	1. ....
2. заболе́ть	b) звоно́к	2. ....
3. договори́ться	c) четве́рг	3. ....
4. сове́товать	d) к сожале́нию	4. ....
5. прие́хать	e) сообще́ние	5. ....
6. жа́лко	f) дать	6. ....
7. перезвони́ть	g) больни́ца	7. ....
8. четы́ре	h) прие́зд	8. ....
9. встреча́ть	i) говори́ть	9. ....
10. переда́ть	j) совеща́ние	10. ....

 6 Ergänzen Sie die Endungen.   ■■▢

1. Гла́вный ме́неджер на совеща́ни........................ .

2. Штефан бо́лен, поэ́тому оста́лся в гости́ниц........................ .

3. Штефан хо́чет договори́ться о ли́чн........................ встре́ч........................ с Михайл........................

   Влади́мирович........................ Проко́фьевым.

4. Михайл Влади́мирович и Татья́на ждут Штефан........................ в их о́фис........................ .

5. Штефан предлага́ет перенести́ презента́ци........................ со сред........................ на

   пя́тниц........................ .

7 Lesen Sie Stefans E-Mail und kreuzen Sie danach die richtige Antwort an.

Новое сообщение

Татьяна!

К сожалению, я не могу говорить по телефону, у меня болит горло. Вчера утром у меня была высокая температура. Я был у врача. Доктор выписал таблетки и микстуру от кашля. Пять дней мне надо оставаться в постели. Сегодня я чувствую себя гораздо лучше. Я надеюсь, что скоро мы можем встретиться*.

До скорой встречи! Штефан

---

1. Сего́дня у Штéфана ...
   a) ☐ высóкая температýра.
   b) ☐ боли́т рукá.
   c) ☐ боля́т глазá.
   d) ☐ боли́т гóрло.

2. Штéфану нýжно ...
   a) ☐ рабóтать.
   b) ☐ идти́ к врачý.
   c) ☐ оставáться в постéли.
   d) ☐ встрéтиться* с Татья́ной.

*sich treffen

 8 Ergänzen Sie die fehlenden Wörter in Tatjanas Antwort.

жаль	оставáйтесь	пéйте	éсли	спаси́бо
выздоровлéния	лекáрства	заболéли		

Новое сообщение

Здравствуйте, Штефан!

Большое _____ за сообщение. Мне очень

_____, что Вы _____ . Обязательно

_____ в постели, принимайте

_____ и _____ больше

воды и чая с лимоном. Штефан, _____ Вам

что-нибудь нужно, обязательно дайте мне знать. Желаю Вам

скорого _____!

Татьяна

Kulturtipp
Telefonetikette

In Russland begegnen Ihnen zwei verschiedene Gesprächskulturen beim Telefonieren. Im geschäftlichen Bereich unterscheidet sich inzwischen der Anfang eines Telefongesprächs kaum noch von einem deutschen Telefonat. So sagt die Sekretärin im Dialog automatisch den Namen der Firma und begrüßt den Anrufer: **Фирма «Олимп», добрый день!** Manchmal stellt sich auch der Angerufene mit dem Namen vor: **Никитин слушает** oder **Никитин у телефона**. Wenn Sie allerdings eine Privatnummer wählen, hören Sie gewöhnlich das unpersönliche **алло, да** oder **слушаю** und müssen sich erst durch eine Frage vergewissern, ob Sie mit der gewünschten Person sprechen. Auch der Anrufer stellt sich oft nicht gleich oder gar nicht vor, sondern möchte direkt weiterverbunden werden.

Falls Sie eine Telefonnummer herausfinden wollen, können Sie sich an das **справочное (бюро)**, die Telefonauskunft, wenden. Da dort meist Frauen arbeiten, lautet die typische Anrede **девушка** *junge Frau* – ungeachtet dessen, wie alt die Person am anderen Ende der Leitung ist. Auch die in anderen Dienstleistungsbereichen tätigen Frauen werden auf diese Weise angesprochen. Erinnern Sie sich noch an die Empfangsdame in Tag 18? Die entsprechende Anrede für Männer **молодой человек** *junger Mann* (▸ Tag 7) erstreckt sich dagegen nur auf junge Männer.

....

Was können Sie schon?

	☺	☺	☹	
■ Telefongespräche führen	□	□	□	▸Ü1
■ einordnen, worüber gesprochen wird	□	□	□	▸Ü1
■ Nachrichten hinterlassen	□	□	□	▸Ü2
■ Gesprächsfloskeln am Telefon verstehen	□	□	□	▸Ü3

In dieser Lektion lernen Sie

- E-Mails zu verfassen
- schriftliche Anrede- und Grußformeln
- formelle und informelle Briefstile zu unterscheiden

97 **В интернéт-кафé**

Татьяна проверяет электрóнную пóчту, а Штéфан пишет письмó.

От:	Смирнóв Алексáндр <sashasmirnov@rambler.ru>
Кому:	Смирнóва Татьяна <tanechkasm@rambler.ru>
Отпрáвлено:	18 сентября, 08:03
Тема:	прóсьба

Привéт, сестрá!
Как ты провелá свобóдное врéмя? У нас такáя плохáя погóда, мы дáже в гóсти
к рóдственникам не поéхали. У меня к тебé прóсьба. Дáша готóвит доклáд о Питере.
Éсли тебé не трýдно, привези ей открытки с достопримечáтельностями. Позвони,
когдá вернёшься. Дéньги отдáм при встрéче. Порá закáнчивать, спешý на рабóту.
Вся моя семья передаёт большóй привéт Штéфану. Целýю и обнимáю.
До связи, Сáша

Кому:	Зýева Мария Николáевна <mnzueva@olymp.ru>
Тема:	Презентáция

Уважáемая Мария Николáевна!
Большóе спасибо за кóпии фáйлов. Тепéрь мóжно спокóйно проводить презентáцию.
Дóлжен Вам сообщить, что из-за моéй болéзни презентáцию мы перенесли на
четвéрг. Надéюсь созвониться с Вáми зáвтра. Нам необходимо обсудить детáли
встрéчи с делегáцией из Áнглии. Я знáю, что Вы óчень зáняты, поэтому прошý Вас
позвонить мне, когдá Вы освободитесь.
С уважéнием,
Штéфан Тáубер

Fragen zum Dialog

Welche Aussage ist richtig? Unterstreichen Sie.

1. В Москве́ шёл дождь | свети́ло со́лнце.
2. Са́ша про́сит привезти́ откры́тки | прочита́ть докла́д.
3. Штефан хо́чет обсуди́ть презента́цию | встре́чу.

Im Internet-Café

Tatjana überprüft ihre elektronische Post und Stefan schreibt eine E-Mail.

Von:	Smirnow Alexander <sashasmirnov@rambler.ru>
An:	Smirnowa Tatjana <tanechkasm@rambler.ru>
Datum:	18. September, 08:03
Betreff:	Bitte

Hallo, Schwester!

Wie hast du deine Freizeit verbracht? Wir haben so schlechtes Wetter, wir sind nicht einmal zu Besuch zu den Verwandten gefahren. Ich habe eine Bitte an dich. Dascha bereitet einen Vortrag über St. Petersburg vor. Wenn es nicht (zu) schwierig für dich ist, bringe ihr (doch) Ansichtskarten mit Sehenswürdigkeiten mit. Ruf an, wenn du zurückkommst. Das Geld gebe ich dir, wenn wir uns treffen. Es ist Zeit, Schluss zu machen, ich eile zur Arbeit. Meine ganze Familie übermittelt viele Grüße an Stefan. Ich küsse und umarme (dich).
Bis bald (*wörtl* Bis zur Verbindung), Sascha

An:	Sujewa Marija Nikolajewna <mnzueva@olymp.ru>
Betreff:	Präsentation

Sehr geehrte Marija Nikolajewna,

vielen Dank für die Kopien der Dateien. Nun kann ich die Präsentation in Ruhe durchführen. Ich muss Ihnen mitteilen, dass wir die Präsentation wegen meiner Krankheit auf Donnerstag verschoben haben. Ich hoffe, Sie morgen telefonisch zu erreichen. Wir müssen die Details des Treffens mit der Delegation aus England besprechen. (Da) ich weiß, dass Sie sehr beschäftigt sind, bitte ich Sie, mich anzurufen, wenn Sie Zeit haben.
Mit freundlichen Grüßen (*wörtl* Mit Verehrung),
Stefan Tauber

98

А́нглия	England
в го́сти *A Pl*	zu Besuch (gehen)
весь, всё, вся; все	ganz; alle
делега́ция	Abordnung
де́ньги *nur Pl*	Geld
дета́ль *f*	Detail
докла́д	Vortrag
достоприме-ча́тельность *f*	Sehenswürdigkeit
за́няты *Pl*	beschäftigt
зака́нчивать	beenden
и́з-за + *G*	wegen
ко́пия	Kopie
необходи́мо	(unbedingt) notwendig
обнима́ть	umarmen
обсуди́ть *v**	besprechen
освободи́ться *v**	hier: Zeit haben
отда́ть *v* (► *Tag 11*)	zurückgeben
откры́тка	Ansichtskarte
Пи́тер *ugs*	St. Petersburg
плохо́й	schlecht
привезти́ *v**	mitbringen
проводи́ть (провожу́/ прово́дишь/ прово́дят)	verbringen
про́сьба	Bitte
ро́дственник	Verwandter

свобо́дное вре́мя	Freizeit
связь *f*	Verbindung
созвони́ться *v*	sich anrufen
спеши́ть	eilen
споко́йно	ruhig
файл	Datei
целова́ть	küssen

интерне́т-кафе́	Internet-Café
отпра́влено	gesendet (von)
те́ма	Thema, Betreff
дорого́й/-а́я	liebe(r)
уважа́емый/-ая	sehr geehrte(r)
с уваже́нием	mit freundlichen Grüßen
передава́ть приве́т (► *Tag 11*)	Grüße ausrichten
до свя́зи *ugs*	bis bald
большо́й приве́т	viele Grüße

emails	E-Mails
. = то́чка	_ = ни́жнее подчёркивание
- = дефи́с	:-) = ро́жица *ugs*

* Die Formen der Verben finden Sie im Anhang, Seite 288–291.

Grammatik und Redemittel

Rund um die E-Mail

Neutrale Bedeutung		Übertragene Bedeutung	
мы́ло	Seife	мы́ло *ugs*	E-Mail
по́чта *nur Sg*	Post	(электро́нная) по́чта	(alle) E-Mails
письмо́	Brief	(электро́нное) письмо́	E-Mail
соба́ка	Hund	соба́ка	@

Das einfache Futur ▸ § 6.7.3

Es gibt zwei Futurformen: das einfache und das zusammengesetzte Futur (▸ *Tag 23*). Das einfache Futur bilden nur Verben im vollendeten Aspekt. Die Formen entsprechen den Präsensformen der unvollendeten Verben (▸ *Tag 8*). Teilweise steht die deutsche Entsprechung auch im Präsens:

Позвони́, когда́ **вернёшься**. *Ruf mich an, wenn du zurückgekommen bist.*

Де́ньги **отда́м** за́втра. *Das Geld gebe ich dir morgen.*

Nebensätze mit когда́ und е́сли

Wenn Sie sicher sind, dass ein Ereignis stattfindet, verwenden Sie die Konjunktion **когда́** *wenn*, falls nicht, benutzen Sie **е́сли** *falls*:

Позвони́, **когда́** вернёшься.

Ruf mich an, wenn (= nachdem/sobald) du zurückgekommen bist.

Е́сли тебе́ не тру́дно, привези́ ей откры́тки.

Falls es nicht zu schwierig ist, bring ihr Ansichtskarten mit.

Das Pronomen весь ▸ § 5.7

Dieses Pronomen übersetzen Sie im Deutschen mit *ganz* oder *alle(s)*: **весь** *m*, **всё** *n*, **вся** *f*; **все** *Pl*. Es wird dekliniert und kann mit oder ohne Substantiv stehen: **Вся** моя́ **семья́** передаёт большо́й приве́т Ште́фану. Это **всё**?

	Nom	Gen	Dat	Akk	Instr	Präp
m/n	весь/всё	всего́	всему́	весь*/всё	всем	обо всём
f	вся	всей	всей	всю	всей	обо всей
Pl	все	всех	всем	все*	все́ми	обо всех

* Bei belebten Substantiven entspricht der Akkusativ dem Genitiv (▸ *Tag 5*).

■■■   📖 **1 Когда́ oder е́сли?** Lesen Sie und ergänzen Sie die richtige Konjunktion.

1. Перезвони́те мне, пожа́луйста, ве́чером. – Я позвоню́ сра́зу, ... верну́сь домо́й.
2. Тебе́ привезти́ что́-нибудь из Москвы́? – .... тебе́ не тру́дно, привези́, пожа́луйста, кни́гу с ви́дами го́рода.
3. Нам необходи́мо обсуди́ть ва́шу презента́цию. – Коне́чно, приходи́те, ... вы освободи́тесь.
4. Ви́ктор Анто́нович, у меня́ к вам вопро́с. – .... э́то несро́чно, дава́йте обсу́дим его́ за́втра. Я о́чень спешу́.

◉ 99   🎧 **2** Hören Sie die Fragen und tragen Sie die Ziffer bei der Antwort ein.
■■□   Antworten Sie dann auf Russisch mit den richtigen Formen von весь.

a) ☐ Ihre ganze Familie.   c) ☐ Viele Grüße an alle Kollegen.
b) ☐ Die ganze Delegation.   d) ☐ Mit allen Verwandten.

■■■   📖 **3** Lesen Sie die E-Mails und vervollständigen Sie sie.

> приве́т   до встре́чи   хорошо́   спаси́бо   до свя́зи
> уважа́емый   целу́ю   перезвоню́   нет пробле́м
> прибыва́ет   сообщи́ть   дорога́я   с уваже́нием

1. .... Никола́й Андре́евич!
   Большо́е .... за Ваш отве́т. Должна́ Вам ...., что презента́цию перенесли́ на вто́рник. .... Вам за́втра.
   ...., Ната́лия Петро́ва
2. ...., Са́ша!
   У нас пого́да неплоха́я, но Штéфан немно́го заболе́л. Откры́тки привезу́, ... Приве́т семьé. .... и обнима́ю.
   ...., Та́ня.
3. .... ма́ма!
   Как твоё здоро́вье? У нас всё .... Прие́дем в суббо́ту.
   По́езд .... в 14:25. Целу́ю.
   ...., Ка́тя

4 Lesen Sie noch einmal die erste E-Mail auf Seite 204 und beantworten
Sie die Fragen schriftlich.

1. Кому Саша пишет письмо?

2. Что он пишет о погоде?

3. Какая у него просьба?

4. Куда спешит Саша?

5. Кому он передаёт большой привет?

5 Lesen Sie jetzt die zweite E-Mail auf Seite 204 und kreuzen Sie die
richtigen Aussagen an.

1. Штефан благодарит
    a) ☐ Татьяну
    b) ☐ Марию Николаевну
    c) ☐ Сашу
    d) за ☐ открытки.
    e) ☐ презентацию.
    f) ☐ файлы.

2. Презентацию Штефана перенесли на четверг, потому что ...
    a) ☐ презентация Штефана не была готова.
    b) ☐ Штефан был болен.
    c) ☐ Штефану нужно было срочно лететь домой к родственникам.

3. a) ☐ Штефан пишет, что он позвонит Марии Николаевне.
    b) ☐ Штефан просит Марию Никславну срочно позвонить ему.
    c) ☐ Штефан просит Марию Никопаевну позвонить ему, когда у неё будет
       время.

6 Wie lauten die russischen Begriffe?

1. E-Mail-Adresse: ....

2. @ .... 3. . (*Punkt*) ....

4. - (*Bindestrich*) .... 5. _ (*Unterstrich*) ....

7 Ihr russischer Geschäftspartner bittet Sie um Ihre E-Mail-Adresse. Diktieren Sie Ihre Adresse wie in den Beispielen.

1. **st-mar@online.de:** эс-тэ дефи́с эм-а-эр (мар) соба́ка о-эн-эль-а-и кра́ткое-эн (онла́йн) то́чка дэ-е

2. **max.muster_69@web.de:** эм-а-икс (макс) то́чка эм-у-эс-тэ-эр (му́стер) ни́жнее подчёркивание шестьдеся́т де́вять соба́ка вэ-е-бэ (веб) то́чка дэ-е

8 Setzen Sie die passenden Wörter ein.

больш́ой	со́лнце	прекра́сный	е́сли	провέли	твоё
пого́да	обнима́ю	~~брат~~	привезу́	провέла	Татья́ны
	Алекса́ндру	верну́сь	передаёт		

Новое сообщение	
От:	
Кому:	
Отпра́влено:	17 июня 2017 г. 17:28
Тема:	Привет из Питера!

Привет, *брат*!

Большое спасибо за .... письмо. Я прекрасно ....

свободное время. Здесь тёплая ....,

 светит. Сегодня мы со Штефаном весь день .... в Эрмитаже.

Конечно, я .... открытки с достопримечательностями.

Санкт-Петербург – .... город.

Саша, ... тебе ещё что-нибудь нужно, пиши! Я обязательно

позвоню, когда .... Штефан благодарит за привет и

.... всей семье .... привет. Целую и

....

До связи, Таня

Kulturtipp Transkription und Transliteration

Mit der Verbreitung des Internets und anderer moderner Medien gibt es natürlich auch im Russischen immer mehr Anglizismen (z.B. **интернéт-кафé**). Wenn Sie sich daran gewöhnt haben, dass beispielsweise viele Begriffe aus dem Englischen einfach mit kyrillischen Buchstaben wiedergegeben werden (*engl.* file = **файл**), finden Sie sicher bald „alte Bekannte". Teilweise kann die Betonung verlegt werden, so dass das Wort weniger fremd klingt (*engl.* notebook = **нóутбук** oder **ноутбýк**).

Auf den Computertastaturen in Russland sehen Sie in der Regel neben den kyrillischen Buchstaben auch lateinische. Man verwendet allerdings die englische Tastaturbelegung, die sich nur wenig von der in Deutschland üblichen unterscheidet (z.B. keine Umlaute). Um lateinische Buchstaben ins Kyrillische und umgekehrt zu übertragen, bedient man sich der Transkription oder der Transliteration – also der buchstabengetreuen Umsetzung in die jeweils andere Schrift.

In Deutschland unterscheidet man bei der Übertragung zwischen der aussprache-nahen Transkription (Duden) und der wissenschaftlichen Transliteration, die den international geltenden Normen. z.B. für offizielle Übersetzungen, entspricht. Hier im Lehrbuch wird **Марúя Николáевна Зýева** als *Marija Nikolajewna Sujewa* transkribiert. Transliteriert heißt sie *Maria Nikolaevna Zueva*. Oder **Михаúл Владúмирович Жýков** *Michail Wladimirowitsch Schukow* wird zu *Michail Vladimirovič Žukov.*

....

Was können Sie schon?

	☺	☻	☹	
▪ Bedingungen in Nebensätzen ausdrücken	▪	▪	▪	▸Ü1
▪ Nachrichten der gesamten Gruppe übermitteln	▪	▪	▪	▸Ü2
▪ E-Mails lesen und schreiben	▪	▪	▪	▸Ü2
▪ schriftliche Anrede und Grußformeln verwenden	▪	▪	▪	▸Ü3

Termine vereinbaren

In dieser Lektion lernen Sie

- Geschäftsverhandlungen vorzubereiten
- Vorschläge entgegenzunehmen
- Gegenvorschläge zu machen
- gemeinsame Lösungen zu finden

⊙ 100 **Делово́й разгово́р**

Мари́я Никола́евна (М.Н.) звони́т Штéфану по моби́льному телефóну.

Штéфан   Алло́.

М.Н.   Здра́вствуйте, г-н Та́убер. Я соверше́нно не узна́ла ваш гóлос.

Штéфан   Да, я немнóго охри́п. Спаси́бо, что перезвони́ли, Мари́я Никола́евна.

М.Н.   Англи́йский представи́тель сообщи́л нам, что паспорта́ ещё в посóльстве, но с ви́зами проблéм нет. В ближа́йшие дни нам необходи́мо соста́вить план приёма делега́ции.

Штéфан   Мину́точку, я всё сра́зу запишу́. Мне ну́жно бы́стро взять каранда́ш, бума́гу и свой календа́рь. (...) Продолжа́йте.

М.Н.   Вы́ставка «Телекоммуника́ция» открыва́ется 04.10. К э́тому момéнту нам ну́жно реши́ть все ва́жные вопрóсы.

Штéфан   Да, конéчно, дава́йте тогда́ сра́зу перейдём к мои́м конкрéтным зада́чам.

М.Н.   Вы смóжете передéлать свою́ презента́цию к слéдующей недéле?

Штéфан   Бою́сь, э́то нереа́льно, потому́ что по своéй неосторóжности я оста́лся без компью́тера. Я постара́юсь сдéлать э́то к середи́не слéдующей недéли, но не обеща́ю.

М.Н.   Ла́дно, но учти́те, что да́льше откла́дывать нельзя́, её же ну́жно провéрить. Англича́не прилета́ют 02.10. Трéтьего собира́ется кру́глый стол с представи́телями ра́зных компа́ний и ба́нка-спóнсора. Туда́ должны́ прийти́ и вы.

Штéфан   Непремéнно. Ведь мы об э́том ужé разгова́ривали?

М.Н.   Но тóлько в óбщих черта́х. Кста́ти, вы какóго числа́ обра́тно?

Штéфан   Мы лети́м отсю́да 23-го у́тром.

Fragen zum Dialog

Streichen Sie, was nicht zutrifft.

1. Английская делегáция мóжет | не мóжет приéхать.
2. Онá должнá приéхать на выставку | в гóсти.

Ein geschäftliches Gespräch

Marija Nikolajewna (M.N.) ruft Stefan am Handy an.

Stefan   Hallo.

M.N.   Guten Tag, Herr Tauber. Ich habe Ihre Stimme gar nicht erkannt.

Stefan   Ja, ich bin etwas heiser. Danke, dass Sie zurückgerufen haben, Marija Nikolajewna.

M.N.   Der (*wörtl* englische) Vertreter der Engländer hat uns mitgeteilt, dass die Pässe noch in der Botschaft sind, aber mit den Visa gibt es keine Probleme. In den nächsten Tagen müssen wir das Programm für den Empfang der Delegation erstellen.

Stefan   Moment, ich schreibe alles auf. Ich muss schnell einen Bleistift, Papier und meinen Kalender holen. (..) Fahren Sie fort.

M.N.   Die Ausstellung „Telekommunikation" wird am 04.10. eröffnet. Bis dahin müssen wir alle wichtigen Fragen geklärt haben.

Stefan   Ja, natürlich, dann gehen wir doch gleich zu meinen konkreten Aufgaben über.

M.N.   Können Sie Ihre Präsentation bis zur nächsten Woche überarbeiten?

Stefan   Ich fürchte, das ist unrealistisch, weil ich wegen meiner Unvorsichtigkeit ohne Computer geblieben bin. Ich bemühe mich, es bis Mitte nächster Woche fertig zu machen, aber ich kann es nicht versprechen.

M.N.   OK. Beachten Sie aber, dass man es nicht weiter aufschieben darf, wir müssen sie ja noch überprüfen. Die Engländer kommen am 02.10. an. Am dritten versammelt sich der runde Tisch mit den Vertretern verschiedener Firmen und der Sponsorenbank. Dorthin müssen auch Sie kommen.

Stefan   Unbedingt. Wir haben ja darüber schon gesprochen?

M.N.   Aber nur in groben Zügen. Übrigens, wann kommen Sie zurück?

Stefan   Wir fliegen von hier am 23. morgens.

○ 101

англи́йский	englisch	обра́тно	zurück
англича́не *Pl*	(die) Engländer	откла́дывать	aufschieben
банк	Bank	открыва́ться	eröffnet werden
ближа́йший	nächstgelegen	отсю́да	von hier
боя́ться (бою́сь/ бои́шься/боя́тся)	sich fürchten, befürchten	охри́пнуть *v**	heiser werden
		переде́лать *v*	überarbeiten
бума́га	Papier	план	Plan, Programm
в о́бщих черта́х	in groben Zügen	посо́льство	Botschaft
ва́жный	wichtig	постара́ться *v*	sich bemühen
ви́за	Visum	приём	Empfang
дава́й(те)	lass/en Sie (uns)	прове́рить *v*	überprüfen
делово́й	Geschäfts-	продолжа́ть	fortsetzen
зада́ча	Aufgabe	разгова́ривать	sprechen
записа́ть *v* (▸ *Tag 18*)	aufschreiben	реши́ть *v*	lösen, entscheiden
		середи́на	Mitte
календа́рь *m*	Kalender	смочь *v* (▸ *Tag 9*)	können, schaffen
каранда́ш	Bleistift	соверше́нно	vollkommen
компа́ния	Gesellschaft, Firma	соста́вить *v**	zusammenstellen
кру́глый	rund	спо́нсор	Sponsor
моби́льный	mobil	телекоммуни- ка́ция	Telekommunikation
моме́нт	Augenblick		
неосторо́ж- ность *f*	Unvorsichtigkeit	узна́ть *v*	erkennen, erfahren
		уче́сть *v**	beachten
непреме́нно	unbedingt		
нереа́льно	unrealistisch		
обеща́ть	versprechen		

* Die Formen der Verben finden Sie im Anhang, Seite 288–291.

Grammatik und Redemittel

Der Dativ Singular und Plural der Adjektive ‣ §2.1

Denken Sie bei den Adjektiven an die Schreibregeln (‣ *Tag 1, Punkt 14*).

m	n	f	Pl
ва́жному вопро́су	ва́жному сообще́нию	ва́жной те́ме	ва́жным дела́м

Der Dativ der Possessivpronomen ‣ §5.2

m	n	f	Pl
моему́ па́спорту	моему́ письму́	мое́й ви́зе	мои́м колле́гам
на́шему учи́телю	на́шему мо́рю	на́шей встре́че	на́шим гостя́м

Die 2. Pers können Sie wieder ableiten: **твой** entspricht **мой** und **ваш** verhält sich wie **наш**. Die 3. Pers (**его́/её/их**) bleibt wie immer unverändert (‣ *Tag 9*).

Der Dativ der Demonstrativpronomen ‣ §5.3

m	n	f	Pl
э́тому/тому́ пла́ну	э́тому/тому́ ме́сту	э́той/той зада́че	э́тим/тем вопро́сам

Das rückbezügliche Possessivpronomen свой ‣ §5.2.1

Das Possessivpronomen **свой** *m,* **своя́** *f,* **своё** *n,* **свои** *Pl* wird zum Ausdruck eines Besitzes gebraucht, wenn der Besitzer gleichzeitig Subjekt des Satzes ist. **Свой** bezieht sich auf das Subjekt zurück und wird mit *mein, dein, sein, ihr, unser, euer/Ihr, ihr (eigen)* übersetzt. Es wird wie **мой** und **твой** dekliniert:
Я возьму́ **свой** календа́рь. *Ich nehme meinen (eigenen) Kalender.*

Achtung: ────────────────────────────────────
Его́/её/их beziehen sich dagegen auf andere Personen!
Он взял **свои́х** **дете́й** на конце́рт. *Er nahm seine (eigenen) Kinder mit …*
Он взял **его́** **дете́й** на конце́рт. *Er nahm seine Kinder (= die eines Dritten) mit …*
──

Die Aufforderung zu einer gemeinsamen Handlung ‣ §6.7.3, §6.9

Dazu verwenden Sie das Futur der vollendeten Verben in der 1. Pers Pl: **обсу́дим** э́тот вопро́с *besprechen wir diese Frage* (‣ *Tag 24*). Zur Verstärkung wird in der gesprochenen Sprache oft **дава́й(те)** *lass/en Sie (uns)* vor diese Form gesetzt.

1 Reagieren Sie mündlich mit diesen Wendungen oder eigenen Ideen.

> Постара́юсь сде́лать э́то за́втра.   Непреме́нно.
> Я ду́маю, мы обсу́дим э́то в четве́рг.   Постара́юсь, но не обеща́ю.
> Дава́йте снача́ла созвони́мся с колле́гами.   Бою́сь, э́то нереа́льно.
> Но учти́те, что да́льше откла́дывать нельзя́.   К сожале́нию, нет.
> Тогда́ предлага́ю сде́лать э́то вме́сте.   Ла́дно.

1. Нам необходи́мо соста́вить план к сле́дующей неде́ле.
2. Вы успе́ете зако́нчить рабо́ту за́втра?
3. Я не смогу́ так бы́стро переде́лать презента́цию.
4. Вы уже́ обсуди́ли дета́ли докла́да?
5. У меня́ к вам про́сьба, напиши́те письмо́ Антони́не Андре́евне.

2 Unterstreichen Sie das richtige Possessivpronomen.

1. Па́вел купи́л себе́ маши́ну и тепе́рь е́здит на свое́й | его́ маши́не.
2. У моего́ отца́ есть маши́на, а у меня́ нет, поэ́тому я иногда́ е́зжу
   на свое́й | его́ маши́не.
3. В по́езде Татья́на показа́ла свой | её па́спорт.
4. Проводни́ца отдала́ Татья́не свой | её па́спорт у́тром.
5. Де́ти реши́ли все зада́чи. Учи́тельница прове́рила свою́ | их рабо́ту.
6. Англича́не не мо́гут откла́дывать своё | их путеше́ствие.

3 Lösen Sie die Klammern auf und ergänzen Sie die Wörter im Dativ.

1. Он звони́т _____ (наш генера́льный дире́ктор).

2. Вы сообщи́ли _____ (свои́ представи́тели) об э́тих пла́нах?

3. Андре́й Никола́евич написа́л _____ (неме́цкая делега́ция)
   письмо́.

4. Мы ника́к не мо́жем привы́кнуть к _____ (моско́вское
   метро́).

5. Банк-спо́нсор не хо́чет дава́ть де́ньги _____ (э́та фи́рма).

6. Ште́фан переда́л приве́т _____ (свои́ англи́йские колле́ги).

4 Verbinden Sie die passenden Wörter und übersetzen Sie sie anschließend ins Deutsche. ■ ■ ■

1. ведущий ———	a) школа	1. _____
2. врач	b) бюро переводов	2. _____
3. учитель	c) редакция журнала	3. _____
4. экскурсовод	d) поликлиника	4. _____
5. дипломат	e) полиция	5. _____
6. журналист →	f) радио	6. _____
7. переводчик	g) музей	7. _____
8. полицейский	h) фирма	8. _____
9. менеджер	i) посольство	9. _____

5 Ergänzen Sie die Sätze mit Wörtern aus Übung 4 und übersetzen Sie die Sätze mündlich ins Deutsche. ■ ■ ■

1. Если у вас очень высокая температура, вам нужно срочно вызвать

_____ .

2. Если у вас украли сумку или ещё что-нибудь, вам нужно вызвать

_____ .

3. Если у вас украли паспорт, вам нужно срочно идти в _____ и

позвонить в _____ своей страны.

4. Если вы очень плохо понимаете по-русски, вам нужно попросить вызвать

_____ .

6 Finden Sie für die hervorgehobenen Begriffe Wörter mit gleicher Bedeutung (Synonyme).

1. **В ближа́йшие дни нам необходи́мо** соста́вить план приёма делега́ции.

2. **К э́тому моме́нту нам ну́жно** реши́ть все ва́жные вопро́сы.

3. Я постара́юсь сде́лать э́то **к середи́не сле́дующей неде́ли**, но не обеща́ю.

4. Англича́не **прилета́ют 02.10.**

5. Я **непреме́нно** приду́.

7 Streichen Sie die falschen Varianten durch.

1. Алекса́ндр – э́то брат Татья́ны. Татья́на пи́шет письмо́ **его́** | **её** | **своему́** бра́ту.
2. Алекса́ндр ча́сто звони́т **его́** | **её** | **свое́й** сестре́.
3. Штефа́н был в гостя́х у Алекса́ндра и сфотографи́ровал Татья́ну с **его́** | **её** | **свои́м** бра́том.
4. Но́ра – э́то жена́ Штефа́на. Но́ра ча́сто хо́дит в теа́тр с **его́** | **её** | **свои́м** му́жем.
5. Штефа́н о́чень лю́бит **его́** | **её** | **свою́** жену́.
6. Госпожа́ Пе́терс и господи́н Мю́ллер – э́то на́ши деловы́е партнёры. Нам ну́жно встре́тить **его́** | **её** | **их** | **свои́х** деловы́х партнёров.
7. Мы благодари́м **его́** | **её** | **их** | **свои́х** деловы́х партнёров за отли́чную рабо́ту.

Kulturtipp Verschobene Feiertage und Amtsferien

In Russland feiert man sehr gern – auch die staatlichen Feiertage (**пра́здники**) berücksichtigen das. Falls Sie geschäftlich in Russland zu tun haben oder Ihre private Reise auf offizielle Feiertage fällt, sollten Sie darauf vorbereitet sein.

An besonders geschätzten Feiertagen bekommen nicht nur die Schulkinder Ferien. Auch Ämter und öffentliche Einrichtungen haben da schon mal einige Tage länger als in Deutschland geschlossen.

Am Jahresende – zu Neujahr und dem orthodoxen Weihnachtsfest – sind in der Regel eine gute Woche Ferien angesagt. Auch in den Firmen und Betrieben nehmen viele Mitarbeiter Urlaub, teilweise gibt es Betriebsferien. Manchmal ist allerdings im Anschluss an die sogenannten Amtsferien der Samstag oder auch der Sonntag ein allgemeiner Arbeits- und Schultag.

Falls zwischen einem Feiertag und dem Wochenende ein Brückentag liegt, ist dieser Brückentag in der Regel frei. Nur die Geschäfte arbeiten durchgehend.

Außerdem geht – anders als in Deutschland – kein Feiertag verloren. Die auf Samstag oder Sonntag fallenden Feiertage werden vor- bzw. nachgefeiert, also auf den Freitag davor oder den Montag danach verlegt. Keine schlechte Idee, oder?

Was können Sie schon?

	☺	☺	☹	
■ Vorschläge und Gegenvorschläge machen	■	■	■	►Ü1
■ gemeinsame Lösungen finden	■	■	■	►Ü1
■ den Besitz genau zuordnen	■	■	■	►Ü2
■ Geschäftsverhandlungen vorbereiten	■	■	■	►Ü3
■ den genauen Empfänger benennen	■	■	■	►Ü3

Kleidung und Beruf

Tag 26

In dieser Lektion lernen Sie

- sich über Kleidung auszutauschen
- auszudrücken, ob jemandem etwas steht oder passt
- die höchste Steigerungsstufe anzuwenden

102 Жéнские бесéды

Татья́на (Та́ня) вéчером в гостя́х у своéй пи́терской подру́ги Ири́ны (Йры).

Йра Мне ка́жется, э́та командиро́вка — са́мая лу́чшая идéя твоегó шéфа за послéдние полгóда. Ну что, ты довóльна свои́ми поку́пками? Пока́зывай.

Та́ня Да что я купи́ла: тóлько блу́зку и ту́фли. Ну, ша́рфик с колгóтками не счита́ются. По-мóему, здесь вéщи дешéвле, чем в Москвé.

Йра Приме́рь ещё раз блу́зку. Э́то как раз са́мый мóдный цвет, и он тебé óчень идёт.

Та́ня А гла́вное, она́ подойдёт и к костю́му, и к ю́бке, осóбенно для официа́льных мероприя́тий. Кста́ти, мóжно посмотрéть на твоё лёгкое пла́тье с откры́той спинóй, в котóром ты на фотогра́фии?

Йра Э́то моё са́мое люби́мое пла́тье, сейча́с принесу́. Слу́шай, а как твой нéмец вы́глядит?

Та́ня Совремéнный блонди́н в очка́х, высóкий такóй, с дли́нными нога́ми, и плéчи широ́кие. Он бéдный болéет.

Йра А одева́ется он в спорти́вном сти́ле: джи́нсы и футбóлки? Йли хóдит в брю́ках и пиджакé?

Та́ня Он одева́ется, как настоя́щий бизнесмéн. Ка́ждый день меня́ет одéжду. Нóсит как раз таки́е руба́шки, как те, котóрые ты сегóдня купи́ла му́жу.

Йра В клéточку?

Та́ня Нет, в полосóчку. И га́лстуки у негó всегда́ прили́чные.

Fragen zum Dialog

Richtig oder falsch? Kreuzen Sie an.

	ве́рно	неве́рно
1. Та́ня купи́ла мно́го веще́й.	☐	☐
2. Люби́мое пла́тье Йры с откры́той спино́й.	☐	☐
3. Та́не о́чень идёт блу́зка.	☐	☐
4. Штéфан одева́ется в спорти́вном сти́ле.	☐	☐

Frauengespräche

Tatjana (Tanja) ist abends zu Besuch bei ihrer Petersburger Freundin Irina (Ira).

Ira Mir scheint, diese Dienstreise ist die beste Idee deines Chefs im letzten halben Jahr. Nun, bist du zufrieden mit deinen Einkäufen? Zeig (doch mal).

Tanja Was habe ich schon gekauft: nur die Bluse und die Schuhe. Na, der Schal und die Strumpfhose zählen nicht. Meiner Meinung nach sind die Sachen hier billiger als in Moskau.

Ira Probiere noch mal die Bluse an. Das ist gerade die modischste Farbe und sie steht dir gut.

Tanja Vor allem passt sie sowohl zum Kostüm, als auch zum Rock, besonders für offizielle Anlässe. Übrigens, darf ich dein leichtes Kleid mit dem offenen Rücken anschauen, das du auf dem Foto anhast?

Ira Das ist mein absolutes Lieblingskleid, ich bringe es gleich her. Hör mal, wie sieht eigentlich dein Deutscher aus?

Tanja Ein moderner Blonder mit Brille, so ein großer, mit langen Beinen und breiten Schultern. Der Arme ist krank.

Ira Und kleidet er sich sportlich (*wörtl* im sportlichen Stil): Jeans und T-Shirts? Oder geht er in Stoffhosen und Sakko?

Tanja Er zieht sich wie ein richtiger Geschäftsmann an. Wechselt jeden Tag die Kleidung. Trägt gerade solche Hemden, wie die, welche du heute für deinen Mann gekauft hast.

Ira Die karierten?

Tanja Nein, die gestreiften. Und seine Krawatten sind auch immer geschmackvoll.

103

бе́дный	arm
бесе́да	Gespräch
бизнесме́н	Geschäftsmann
блонди́н	(der) Blonde
боле́ть (боле́ю/ боле́ешь/боле́ют)	krank sein
в гостя́х *P Pl*	zu Besuch (sein)
в кле́точку	kariert
в поло́сочку	gestreift
вещь *f*	Sache
дешёвле *Komp*	billiger
дово́льна *f Kurzf*	zufrieden
живо́т	Bauch
и ... и	sowohl ... als auch
идёт + *D*	(etwas) steht jmdm
ка́ждый	jeder
кото́рый	welcher
лёгкий	leicht
лу́чший	der beste
меня́ть	wechseln, ändern
мероприя́тие	Veranstaltung
мо́дный	modisch
настоя́щий	echt
не́мец	(der) Deutsche
носи́ть (ношу́/ но́сишь/но́сят)	tragen
нога́	Bein, Fuß
откры́тый	offen
официа́льный	offiziell
очки́ *nur Pl*	Brille
пи́терский *ugs*	Petersburger
плечо́	Schulter
подойти́ *v* (▸ *Tag 18*)	passen
подру́га	Freundin
пока́зывать	zeigen
поку́пки *Pl*	Einkäufe

полго́да	halbes Jahr
после́дний, -яя, -ее; -ие	letzter
прили́чный	anständig, nett
приме́рить *v*	anprobieren
принести́ *v**	(her)bringen
рука́	Arm, Hand
са́мый + *Adj*, са́мый большо́й	Superlativ, (der Größte)
совреме́нный	modern
спина́	Rücken
стиль *m*	Stil
счита́ться	dazu zählen
фотогра́фия	Foto
чем	als
шеф	Chef
широ́кий	breit

же́нская и мужска́я оде́жда Damen- und Herrenbekleidung	
ту́фли *Pl*	Schuhe
колго́тки *nur Pl*	Strumpfhose
блу́зка	Bluse
ша́рфик	kleiner Schal
ю́бка	Rock
пла́тье	Kleid
костю́м	Kostüm, Anzug
джи́нсы *nur Pl*	Jeans
футбо́лка	T-Shirt
брю́ки *nur Pl*	Hose
пиджа́к	Jackett, Sakko
га́лстук	Krawatte

* Die Formen der Verben finden Sie im Anhang, Seite 288–291.

Grammatik und Redemittel

Die Adjektive auf weiche Konsonanten ▸ *§2.2*

Bei einigen stammbetonten Adjektiven steht der weiche Konsonant **-н-** vor der
Endung, z.B. после́д**н**ий *letzter*, си́**н**ий *blau* (▸ *Tag 12*). Nach **-н-** steht die weiche
Variante des Vokals (▸ *Tag 1, Punkt 9*), d.h. statt **а, у, ы, о** steht **я, ю, и, е** (nicht **ё**!):
в после́д**ню**ю мину́ту, си́**ня**я бума́га.

Der Superlativ der Adjektive ▸ *§2.4.2*

Um die höchste Steigerungsstufe auszudrücken, brauchen Sie **са́мый** *m*, **са́мое** *n*,
са́мая *f*; **са́мые** *Pl*. Es steht vor dem Adjektiv und wird wie ein Adjektiv dekliniert:
Э́то как раз **са́мый мо́дный** цвет *Das ist gerade die modischste Farbe.*
Э́то моё **са́мое люби́мое** пла́тье. *Das ist mein liebstes Kleid.*

Achtung:
Das Wort **хоро́ший** *gut* hat im Superlativ eine Sonderform: **са́мый лу́чший**.
Э́та командиро́вка – **са́мая лу́чшая** иде́я твоего́ шéфа.
Diese Dienstreise ist die beste Idee deines Chefs.

Das Relativpronomen кото́рый ▸ *§5.5*

Das Relativpronomen **кото́рый** *m*, **кото́рое** *n*, **кото́рая** *f*; **кото́рые** *Pl welche(r,s)*
bzw. *der/die/das* wird wie ein Adjektiv dekliniert. Es steht zu Beginn eines
Nebensatzes und zwar immer in dem Kasus, den das Verb oder die Präposition im
Nebensatz erfordert.
Он живёт в кварти́ре, **кото́рую** он купи́л неда́вно. (= *Akk*)
*Er wohnt in einer Wohnung, **die** er vor kurzem gekauft hat.*
Пла́тье, **в кото́ром** ты на фотогра́фии, тебе́ о́чень идёт. (= *Präp*)
*Das Kleid, **das** du auf dem Foto anhast, steht dir sehr gut.*
Der Relativsatz kann auch mitten im Hauptsatz stehen und in der deutschen
Übersetzung von der russischen Satzstruktur abweichen.

Die Koseformen der Vornamen

In Russland spricht man Verwandte und Freunde gern mit Koseformen an. Die
Vielfalt hierbei ist groß. Nicht immer ist ersichtlich, woher die Koseform abgeleitet
ist: **Людми́ла** – Лю́да – Лю́ся – Ми́ла – Ми́лочка, **Татья́на** – Та́ня – Та́нечка –
Таню́ша, **Алекса́ндр(а)** – Са́ша – Са́ня – Шу́ра, **Никола́й** – Ко́ля – Ко́ленька.

⊙ 104 🎧 **1 Hören Sie zu und kreuzen Sie an.**

		вéрно	невéрно
1.	a) Кáтя вéчером надевáет (*anziehen*) зелёную ю́бку.	☐	☐
	b) Её муж надевáет коричневый пиджáк.	☐	☐
2.	a) Óле э́та блу́зка óчень идёт.	☐	☐
	b) Ей не нрáвится ю́бка.	☐	☐
3.	a) На концéрт нельзя́ пойти́ в джи́нсах.	☐	☐
	b) Макс мóжет дать ему́ костю́м.	☐	☐

💬 **2 Reagieren Sie auf die Aussagen / Fragen und verwenden Sie dabei den Superlativ in der richtigen Form.**

1. ► И́ре подхóдят любы́е ю́бки.
   ◄ у неё / дли́нный / конéчно / сáмый / ногá
2. ► Слу́шай, крáсная футбóлка тебé óчень идёт.
   ◄ моя́/ сáмый / футбóлка / э́то / спаси́бо / люби́мый
3. ► Мóжет, ты ку́пишь э́тот чёрный пиджáк?
   ◄ не / мóдный / он / нет / сáмый
4. ► Мне так нрáвится плáтье, в котóром сегóдня пришлá Кáтя.
   ◄ сегóдня / плáтье / прáвда / у неё / краси́вый / сáмый
5. ► У Ви́ктора óчень интерéсная презентáция.
   ◄ сáмый / всегдá / у негó / идéи / да / лу́чший

✏ **3 Ergänzen Sie котóрый in der richtigen Form.**

1. Рóдственники, _____ мы пригласи́ли, приéдут во втóрник.

2. Мóжно посмотрéть блу́зку, в _____ ты на фотогрáфии?

3. Письмó, _____ ты писáл вчерá, ещё не пришлó.

4. Друг, _____ я остáвил сообщéние, не перезвони́л.

5. Макс показáл мне сегóдня дéвушку, о _____ расскáзывал.

6. Это те коллéги, с _____ ты был в командирóвке?

4 **Lesen Sie nochmals den Text auf Seite 220 und beantworten Sie die Fragen.**

1. Как зову́т подру́гу Татья́ны?

2. Как до́лго они́ не ви́делись*? Почему́?

3. О чём они́ разгова́ривают?

4. Что купи́ла Та́ня?

5. Как вы́глядит Штéфан?

6. Как одева́ется Штéфан?

7. А како́й стиль в оде́жде вы предпочита́ете?

8. В чём вы хо́дите на рабо́ту? У вас на рабо́те есть дресс-ко́д?

*sich sehen

5 Ordnen Sie die Kleidungsstücke zu. Unterstreichen Sie die Kleidungsstücke, die für Frauen und Männer gleichermaßen geeignet sind.

блу́зка	колго́тки	пиджа́к	су́мка	пла́тье	га́лстук	очки́
футбо́лка	ю́бка	брю́ки	ша́рфик	руба́шка	джи́нсы	

Же́нская оде́жда	Мужска́я оде́жда	Аксессуа́ры

6 Ergänzen Sie die Endungen.

1. Сего́дня э́то са́м_____ мо́дн_____ цвет.

2. И́ра пока́зывает Та́не сво_____ са́м_____ люби́м_____ пла́тье.

3. Та́ня купи́ла си́н_____ блу́зку.

4. Штéфан предпочита́ет носи́ть бе́л_____ руба́шки, чёрн_____ и́ли

   си́н_____ брю́ки.

5. Обы́чно он хо́дит в чёрн_____ брю́ках и си́н_____ пиджаке́.

6. У него́ всегда́ краси́в_____ га́лстуки.

7. Он покупа́ет сти́льн_____ оде́жду.

Kulturtipp Kleider machen Leute

Wenn Sie sich in Russland auf der Straße umschauen, werden Sie bei der Kleidung keinen großen Unterschied zu anderen europäischen Ländern feststellen. Aber einige Besonderheiten lassen sich doch beobachten: Russische Frauen legen z.B. sehr viel Wert auf modische und feminine Kleidung, vor allem auch auf passende Schuhe.

Bei den Herren sieht man dagegen schon mal sehr legere Sportbekleidung, die Jeans und T-Shirt ersetzt. Im Berufsleben bleibt man lieber konservativ. Nicht nur in Banken oder internationalen Firmen, sondern auch in Büro- oder Lehrberufen, ja selbst bei Verkäuferinnen und Verkäufern in größeren Kaufhäusern sehen Sie deshalb Kostüme oder klassische Kombinationen bei den Damen sowie „Schlips und Kragen" bei den Herren. Auch bei den Farben ist man hier dezent, modische Akzente werden eher durch Accessoires gesetzt.

Kleidung ist in Russland oft ein Statussymbol, deshalb spielt Markenware eine große Rolle. Das Sprichwort *Kleider machen Leute* hat darum auch in Russland seine Bedeutung. Es lautet: **По одёжке встречáют**, ... *Nach der Kleidung wird man empfangen*, ... und hat eine interessante Fortsetzung ... **по умý провожáют**. ... *nach dem Verstand wird man verabschiedet.*

Was können Sie schon?

	☺	☺	☹	
■ sich über Kleidung austauschen	■	■	■	▸ *Ü1*
■ sagen, ob jemandem etwas steht oder passt	■	■	■	▸ *Ü2*
■ die höchste Steigerungsstufe ausdrücken	■	■	■	▸ *Ü2*
■ mitteilen, worauf sich etwas bezieht	■	■	■	▸ *Ü3*

Kontakte

In dieser Lektion lernen Sie

- soziale Kontakte zu pflegen
- Gesprächsfloskeln sinnvoll einzusetzen
- Länder, Nationalitäten und Einwohner

⊙ 105 Ста́рые знако́мые

Уча́стники совеща́ния пе́ред нача́лом презента́ции.

Та́ня	Макси́м! Ско́лько лет, ско́лько зим?!
Макс	Ой, Та́нечка, приве́т! Мы с тобо́й, пожа́луй, лет 5 не ви́делись! А ты с той поры́ совсе́м не измени́лась, то́лько похороше́ла.
Та́ня	Спаси́бо за комплиме́нт. Да, в после́дний раз мы, ка́жется, вме́сте пра́здновали Но́вый год. Бы́ло ужа́сно ве́село. Ты не по́мнишь, чья э́то была́ иде́я танцева́ть на газе́те*?
Макс	Э́то, коне́чно, Ната́ша приду́мала. Она́, кста́ти, тепе́рь в Аме́рике, за америка́нца за́муж вы́шла.
Та́ня	А ты, я слы́шала, во Фра́нции?
Макс	Да, э́то не слу́хи. Но мо́жно же иногда́ на ро́дину в командиро́вку прие́хать! Я так рад, что ты то́же здесь, хоть не так ску́чно. А ты что, перее́хала?
Та́ня	Нет, я тут то́же по де́лу. Ви́дишь того́ молодо́го челове́ка? (подхо́дит Штефа́н) Разреши́те вас познако́мить? Штефа́н, э́то Макси́м, мы с ним вме́сте в университе́те учи́лись.
Штефа́н	Макси́м и́ли Макс? Мы с ва́ми случа́йно не знако́мы?
Макс	Ещё как знако́мы! Мы же бы́ли сосе́дями по гости́нице в про́шлом году́.
Штефа́н	То́чно, в Ита́лии, на конфере́нции!
Та́ня	Не зря говоря́т, что мир те́сен! Ребя́та, а вам не ка́жется, что нам пора́ в зал заседа́ний?
Макс	Ка́жется да, а кста́ти, чей сейча́с докла́д?
Штефа́н	Мой, точне́е, моя́ презента́ция.

* Ein Spiel, bei dem jedes Paar zunächst auf einer aufgeschlagenen Zeitung tanzt und bei jeder neuen Runde diese einmal zusammenfaltet.

Fragen zum Dialog

Streichen Sie, was nicht zutrifft.

1. Та́ня зна́ла | не ви́дела Макси́ма пять лет.
2. Ната́ша рабо́тает | живёт в Аме́рике.
3. Макси́м перее́хал во Фра́нцию | в Ита́лию.
4. Штéфан и Макси́м знако́мы по университе́ту | рабо́те.

Alte Bekannte

Die Teilnehmer der Besprechung (warten) vor Beginn der Präsentation.

Tanja	Maxim! Es ist eine Ewigkeit her! (*wörtl* Wie viele Sommer, wie viele Winter?)
Max	Oh, Tanja, grüß dich! Wir haben uns, denke ich, etwa 5 Jahre lang nicht gesehen. Du hast dich seit jener Zeit gar nicht verändert, nur schöner geworden bist du.
Tanja	Danke für das Kompliment. Ja, das letzte Mal, glaube ich, haben wir Neujahr zusammen gefeiert. Es war schrecklich lustig. Weißt du noch, wessen Idee es war, auf der Zeitung zu tanzen?
Max	Das hat sich natürlich Natascha ausgedacht. Übrigens, sie ist jetzt in Amerika und hat einen Amerikaner geheiratet.
Tanja	Und du bist in Frankreich, habe ich gehört?
Max	Ja, es sind keine Gerüchte. Aber man kann doch ab und zu eine Dienstreise in die Heimat machen! Ich bin so froh, dass du auch da bist, dann ist es nicht so langweilig. Sag mal, bist du umgezogen?
Tanja	Nein, ich bin auch geschäftlich hier. Siehst du den jungen Mann dort? *(Stefan kommt)* Darf ich euch bekannt machen? Stefan, das ist Maxim, wir haben zusammen an der Uni studiert.
Stefan	Maxim oder Max? Kennen wir uns nicht (zufällig)?
Max	Und wie! Wir waren doch letztes Jahr (Zimmer-)Nachbarn im Hotel.
Stefan	Genau, in Italien, auf einer Konferenz!
Tanja	Nicht umsonst sagt man, dass die Welt klein (*wörtl* eng) ist. Jungs, glaubt ihr nicht, dass es an der Zeit ist, in den Sitzungssaal zu gehen?
Max	Doch, (ach) übrigens, wessen Vortrag (kommt) jetzt?
Stefan	Meiner, genauer (gesagt) meine Präsentation!

⊙ 106

ве́село	lustig
ви́деться (▸ *Tag 5*)	sich sehen
вы́йти за́муж (▸ *Tag 15*)	heiraten (bei Frauen)
ещё как *ugs*	und wie
заседа́ние	Sitzung
знако́мы *Pl Kurzadj*	bekannt
знако́мый	bekannt; Bekannter
зря	umsonst
измени́ться *v**	sich verändern
комплиме́нт	Kompliment
конфере́нция	Konferenz
мир	Welt
Мир те́сен.	Die Welt ist klein.
но́вый	neu
Но́вый год	Silvester, Neujahr
перее́хать *v* (▸ *Tag 15*)	umziehen
по де́лу	geschäftlich
подходи́ть (▸ *Tag 10*)	herantreten
познако́мить *v**	bekannt machen

похороше́ть *v**	schöner werden
пра́здновать	feiern
приду́мать *v*	ausdenken
про́шлый	vergangener
ребя́та *Pl ugs*	Jungs
ро́дина	Heimat
с той поры́	seit jener Zeit
Ско́лько лет, ско́лько зим!	Es ist eine Ewigkeit her!
ску́чно	langweilig
слух	Gerücht
случа́йно	zufällig
сосе́д/сосе́дка	Nachbar/in
ста́рый	alt
танцева́ть**	tanzen
ужа́сно	schrecklich
университе́т	Universität
уча́стник/ уча́стница	Teilnehmer(in)
учи́ться (▸ *Tag 3*)	studieren, lernen
чей, чьё, чья; чьи	wessen

* Die Formen der Verben finden Sie auf Seite 288–291.

** Verben auf **-ева**ть gehören zur **e-Konjugation**. Wie bei den Verben auf **-ова**ть wird **-ева-** in allen Personen zu **-у-**: танц**ева**ть – я танц**у́**ю (▸ *Tag 8*).

Grammatik und Redemittel

Länder, Staatsangehörigkeit und Einwohner(innen) ▸ §1.4.3

страна́	гражда́нство	жи́тель m	жи́тельница
Росси́я	росси́йское	ру́сский (!)	ру́сская (!)
Герма́ния	неме́цкое	не́мец	не́мка
А́встрия	австри́йское	австри́ец	австри́йка
Швейца́рия	швейца́рское	швейца́рец	швейца́рка
А́нглия	англи́йское	англича́нин	англича́нка
Аме́рика	америка́нское	америка́нец	америка́нка
Фра́нция	францу́зское	францу́з	францу́женка
Ита́лия	италья́нское	италья́нец	италья́нка
Украи́на	украи́нское	украи́нец	украи́нка

Achtung:
Der Plural wird gewöhnlich von der maskulinen Form gebildet: не́мц**ы**, францу́з**ы**. Vorsicht: Abweichung bei англича́**нин** *Sg* – англича́**не** *Pl*!

Die substantivierten Adjektive ▸ §2.5

Adjektive kommen manchmal ohne Bezugswort vor, wenn dieses aus dem Kontext zu erraten ist: ста́рые **знако́мые** *alte Bekannte* – hier fehlt das Wort **лю́ди** *Menschen*; **знако́мые** wird zwar als Adjektiv dekliniert, ist aber als Substantiv einzustufen, vgl. auch: **ру́сский** (челове́к) *Russe*, **ва́нная** (ко́мната) *Bad(ezimmer)*.

Der Genitiv der Demonstrativpronomen ▸ §5.3

m	n	f	Pl
э́того/того́ жи́теля	э́того/того́ письма́	э́той/той сосе́дки	э́тих/тех уча́стников

Bei belebten Substantiven ist der Akkusativ gleich dem Genitiv (▸ *Tag 5*).

Das Fragepronomen чей? ▸ §5.6, §5.6.2

Nach dem Besitzer fragt man mit **чей** *m*, **чьё** *n*, **чья** *f*; **чьи** *Pl* wessen. Das Fragepronomen stimmt mit dem Substantiv in Genus, Numerus und Kasus überein, kann aber von ihm getrennt im Satz stehen: **Чья** э́то была́ **иде́я**? *Wessen Idee war das?* Es kann wie das Possessivpronomen **мой** dekliniert werden, kommt aber meist im Nominativ vor.

■■□ 💬 **1 Fragen Sie nach dem Besitzer. Verwenden Sie чей in der richtigen Form.**

1. На выходны́х они́ пое́дут на да́чу Андре́евых. – На *чью* да́чу?

2. Совеща́ние в кабине́те Михаи́ла Ива́новича. – В _____ кабине́те?

3. Ка́жется, э́то су́мка Татья́ны. – _____ э́то су́мка?

4. Твоё пла́тье коро́че моего́. – _____ пла́тье коро́че?

5. Иде́и Ку́рта всегда́ осо́бенные. – _____ иде́и?

6. По-мо́ему, э́то чемода́н того́ америка́нского тури́ста. – _____ э́то чемода́н?

7. Оле́г ре́дко пи́шет свои́м роди́телям. – _____ роди́телям?

■■■ ✒ **2 Ergänzen Sie die fehlenden Endungen. Achten Sie auf den Kasus.**

1. Ты зна́ешь э́т___ молод___ челове́ка? – Коне́чно, э́то мой но́вый сосе́д.

2. Покажи́те мне, пожа́луйста, вот т___ си́н___ ту́фли.

3. Я не могу́ дозвони́ться до э́т___ швейца́рск___ колле́г.

4. Он рассказа́л тебе́ о т___ делов___ пое́здке в А́встрию?

5. Дава́йте перейдём к э́т___ ва́жн___ вопро́су.

6. Я никогда́ не забу́ду т___ до́бр___ комплиме́нт.

7. Э́т___ чёрн___ очки́ тебе́ о́чень иду́т.

⊙ 107 🎧 **3 Hören Sie die Aussagen auf der CD und finden Sie die passende Antwort.**
■■□ **Tragen Sie die Ziffern ein und lesen Sie die Sätze anschließend laut.**

a) ☐ Здра́вствуйте, Бори́с Серге́евич. Да, давно́ мы с ва́ми не ви́делись.
b) ☐ Спаси́бо за комплиме́нт.
c) ☐ Да, я вы́шла за́муж.
d) ☐ Да, э́то не слу́хи. Рабо́та у меня́ тепе́рь интере́сная, но тру́дная.
e) ☐ Ещё как знако́мы! Мы вме́сте лете́ли в самолёте в А́нглию.
f) ☐ Пра́вда? Я то́же. Не зря говоря́т, что мир те́сен!
g) ☐ Я что, так измени́лся?

4 Ergänzen Sie das passende Verb in der richtigen Form. ■■□

(по)слу́шать	слы́шать

1. Алло́! Ой, Та́нечка, как я ра́д(а) тебя́ ....

2. Моя́ жена́ .... класси́ческую му́зыку.

3. Я ...., что у вас в гостя́х неме́цкие друзья́.

4. Дава́йте вме́сте .... э́ту прекра́сную му́зыку!

5. Макс, говори́, пожа́луйста, гро́мче¹, я тебя́ пло́хо ....

6. Мы ...., ты тепе́рь живёшь во Фра́нции.

¹lauter

5 Streichen Sie die falsche Form durch. ■■□

1. Ште́фан, ты так хорошо́ говори́шь по-ру́сски, а где ты **учи́л | учи́лся** ру́сский язы́к?
2. Моя́ племя́нница Ю́лия **у́чит | у́чится** в университе́те?
3. Ште́фан с Макси́мом **учи́ли | учи́лись** вме́сте в университе́те.
4. Я ка́ждый день **учу́ | учу́сь** но́вые слова́.
5. Сейча́с я **учу́ | учу́сь** игра́ть на пиани́но.
6. Мой ма́ленький сын **у́чит | у́чится** писа́ть и чита́ть.

6 Finden Sie im Text auf Seite 228 Ausdrücke mit derselben Bedeutung wie die hervorgehobenen Wörter (Synonyme). ■■□

1. **Мы так до́лго не ви́делись!** ....

2. Ты **с того́ вре́мени** совсе́м не измени́лась. ....

3. **Благодарю́** за комплиме́нт! ....

4. Сейча́с она́ о́чень **хорошо́ вы́глядит!** ....

5. Я здесь **по де́лу**. ....

6. Макс говори́т, что он **зна́ет Ште́фана**. ....

7 Kreuzen Sie die korrekte Antwort an.

■ ■ ■ 1. "Бы́ло ужа́сно ве́село!" означа́ет:
☐ Es war sehr langweilig. ☐ Es war sehr lustig.

2. "Мир те́сен!" означа́ет:
☐ Die Welt ist ein Dorf. ☐ Die Welt ist groß.

■ ■ ■ **8 Ergänzen Sie das passende Fragepronomen.**

чей	чья	чьё	чьи

1. Прости́те, _____ э́то чемода́н?

2. Я не по́мню, _____ э́то иде́я была́.

3. Та́ня, _____ э́то ту́фли?

4. Макс, _____ сейча́с докла́д?

5. Кста́ти, а _____ э́то презента́ция?

■ ■ ■ **9 Ergänzen Sie die Endungen.**

1. Вы зна́ете то_____ молод_____ челове́ка?

2. Я ду́маю, э́то бага́ж то_____ подозри́тельн_____ ти́па.

3. Э́то соба́ка т_____ молод_____ же́нщины.

4. Он получи́л ко́пию эт_____ сообще́ния.

5. Вы ча́сто ви́дите эт_____ ребя́т?

6. Моя́ сестра́ вы́шла за́муж за эт_____ симпати́чн_____ не́мца.

Kulturtipp
Feste feiern

Die großen Veränderungen seit
Gorbatschow spiegeln sich auch in den
russischen Feiertagen wider.
Nur wenige behielten sowohl ihr Datum
als auch ihren Namen: Dazu gehören
der 1. Januar (**Но́вый год** *Neujahr*), der
8. März (**Междунаро́дный же́нский
день** *Internationaler Frauentag*)

– übrigens in Russland kein politisches, sondern ein familiäres Fest ähnlich unserem
Muttertag – und der 9. Mai (**День Побе́ды** *Tag des Sieges*). Inhaltlich fast wie früher,
aber anders benannt, wird seit einigen Jahren der 1. Mai (**Пра́здник Весны́ и Труда́**
Tag des Frühlings und der Arbeit) gefeiert. Der neue russische Nationalfeiertag (**День
Росси́и**) fällt seit 1990 auf den 12. Juni.

Als absolutes Lieblingsfest gilt bei den Menschen in Russland neben dem eigenen
Geburtstag das Neujahrsfest. An diesem Tag versammelt sich die ganze Familie bei
einem festlichen Essen und beschenkt einander. Die Kinder sind an diesem Feiertag
kostümiert. Daran können Sie erkennen, dass sich die Bräuche vermischen –
ein Teil erinnert an Weihnachten (z.B. der Tannenbaum), ein Teil an Karneval (z.B. die
Kostümierung).

Als die Kommunisten alle religiösen Feiertage abschafften, boten sie dem Volk diese
Alternative zu Silvester. In den 70 Jahren Sowjetunion schlug dies tiefe Wurzeln und ist
in Russland immer noch konkurrenzlos, selbst nach der offiziellen Rückkehr des
russisch-orthodoxen Weihnachtsfests am 7. Januar und anderer christlicher Feiertage.

Was können Sie schon?

	☺	☺	☹	
■ nach dem Besitzer fragen				►*Ü1*
■ Gespräche führen				►*Ü2*
■ Gesprächsfloskeln einsetzen				►*Ü3*
■ Länder, Nationalitäten und Einwohner(innen)				►*Ü3*

In dieser Lektion lernen Sie

- die Moderation einer Sitzung zu verstehen
- Meinungsverschiedenheiten auszudrücken
- Jahreszahlen anzugeben

⊙ 108 **Бу́дущее моби́льной свя́зи**

Михаи́л Влади́мирович (М.В.) открыва́ет заседа́ние.

М.В.   Уважа́емые да́мы и господа́! Приве́тствую вас на сего́дняшнем совеща́нии. В пове́стку дня вхо́дят презента́ция господи́на Та́убера, инжене́ра из Мю́нхена, обме́н мне́ниями, а та́кже обсужде́ние теку́щих вопро́сов. Предоставля́ю сло́во г-ну Та́уберу.

Штéфан   Спаси́бо. Уважа́емые колле́ги, я хоте́л бы обрати́ть ва́ше внима́ние на перспекти́вы моби́льной свя́зи в 21-ом ве́ке ...

По́сле выступле́ния.

М.В.   Благодари́м вас за информати́вную презента́цию. И всё-таки я хоте́л бы уточни́ть, что вы име́ли в виду́, когда́ сра́внивали положе́ние 2005-го го́да с сего́дняшним. Вам не ка́жется, что э́то сравне́ние не актуа́льно?

Штéфан   Напро́тив. Я счита́ю, что прогно́з на бу́дущее возмо́жен, то́лько е́сли взять пери́од с 2005-го го́да по сей день. Посмо́трим, наприме́р, на спо́собы отправле́ния СМС ...

Сигна́л СМС у Штéфана, а за ним дру́жный смех.

Штéфан   А вот и нагля́дный приме́р ...

Штéфан приво́дит приме́ры и отвеча́ет на вопро́сы.

М.В.   В заключе́ние я хочу́ поблагодари́ть всех за акти́вное уча́стие в диску́ссии и пожела́ть нам всем успе́шного проведе́ния междунаро́дной вы́ставки.

Че́рез де́сять ми́нут по́сле заседа́ния.

Штéфан   Та́ня, спаси́бо за эсэмэ́ску. Не зна́ю, как бы я без тебя́ смог так уда́чно зако́нчить презента́цию!

Татья́на   Не́ за что.

Fragen zum Dialog

Was ist richtig? Kreuzen Sie an.

1. В повéстку дня вхóдит   a) ❏ дискýссия   b) ☐ открытие выставки.
2. Сравнéние   a) ☐ не актуáльно   b) ☐ нýжно.
3. Презентáция прошлá   a) ☐ хорошó   b) ☐ плóхо.

Die Zukunft des Mobilfunks

Michail Wladimirowitsch (M.W.) eröffnet die Sitzung.

M.W.   Sehr geehrte Damen und Herren! Ich begrüße Sie auf der heutigen Besprechung. Zur Tagesordnung gehören die Präsentation Herrn Taubers, eines Ingenieurs aus München, der Meinungsaustausch (dazu) sowie die Erörterung laufender Fragen. Ich übergebe das Wort an Herrn Tauber.

Stefan   Danke. Sehr geehrte Kollegen, ich möchte Ihre Aufmerksamkeit auf die Perspektiven des Mobilfunks im 21. Jahrhundert lenken ...

Nach dem Auftritt.

M.W.   Wir danken (Ihnen) für die informative Präsentation. Und trotzdem möchte ich (gern) nachfragen, was Sie genau meinten, als Sie die Lage des Jahres 2005 mit der heutigen verglichen. Scheint Ihnen nicht, dass dieser Vergleich nicht aktuell ist?

Stefan   Im Gegenteil. Ich denke, dass eine Zukunftsprognose erst (dann) möglich wird, wenn man den Zeitraum von 2005 bis heute nimmt. Schauen wir, zum Beispiel, auf die Art und Weise der Versendung von SMS ...

Das Signal einer SMS bei Stefan, dann einhelliges Gelächter.

Stefan   Und da ist auch schon ein anschauliches Beispiel ...

Stefan führt Beispiele vor und antwortet auf Fragen.

M.W.   Zusammenfassend möchte ich allen für die aktive Teilnahme an der Diskussion danken und uns allen eine erfolgreiche Durchführung der internationalen Messe wünschen.

Zehn Minuten nach der Sitzung.

Stefan   Tanja, danke für die SMS. Ich weiß nicht, wie ich die Präsentation ohne dich so erfolgreich beendet hätte.

Tatjana   Gern geschehen.

109

акти́вный	aktiv
актуа́льно	aktuell
бу́дущее	Zukunft
век	Jahrhundert
внима́ние	hier: Aufmerksamkeit
всё-таки	trotzdem
входи́ть (▸ *Tag 10*)	hier: einschließen
выступле́ние	Auftritt
да́ма	Dame
диску́ссия	Diskussion
дру́жный	einhellig
заключе́ние	Schlussfolgerung
информати́вный	informativ
мне́ние	Meinung
нагля́дный	anschaulich
напро́тив *Adv*	hier: im Gegenteil
обме́н	Austausch
обрати́ть *v**	hinlenken
обсужде́ние	Erörterung
отвеча́ть	antworten
отправле́ние	Versendung
пери́од	Zeitraum
перспекти́ва	Perspektive
по сей день	bis heute
пове́стка дня	Tagesordnung
пожела́ть *v*	wünschen
положе́ние	Lage
предоставля́ть (предоставля́ю/ предоставля́ешь/ предоставля́ют)	übergeben

приве́тствовать	begrüßen
приводи́ть (привожу́/ приво́дишь/ приво́дят)	vorführen
приме́р	Beispiel
проведе́ние	Durchführung
прогно́з	Prognose
связь *f*	Verbindung
сего́дняшний, -яя, -ее; -ие	heutig
сигна́л	Signal
смех	Lachen
СМС/эсэмэ́ска *ugs*	SMS
спо́соб	Art und Weise
сравне́ние	Vergleich
сра́внивать	vergleichen
счита́ть	hier: meinen
та́кже	ebenso
теку́щий	laufend
уда́чно	gelungen
успе́шный	erfolgreich
уточни́ть *v*	konkretisieren, nachfragen
уча́стие	Teilnahme

Grammatik und Redemittel

Der Instrumental der Demonstrativpronomen ▸ § 5.3

Achten Sie wieder besonders auf die Pluralformen: э́тими/те́ми.

m	n	f	Pl
(с) э́тим/тем спо́собом	(с) э́тим/тем мне́нием	(с) э́той/той да́мой	(с) э́тими/те́ми приме́рами

Das Passiv und unpersönliche Sätze ▸ § 6.11, § 10

Um deutsche Passivsätze ins Russische zu übertragen, gibt es zwei Möglichkeiten.
Vor allem unvollendete Verben bilden das Passiv durch Anhängen der Reflexivpartikel
-ся/сь an die konjugierte Form: вы́ставка **открыва́ется** *die Ausstellung wird eröffnet*
(▸ *Tag 25*).
Die Verben des Mitteilens werden in der 3. Person Plural ohne Subjekt benutzt.
Im Dialog (▸ *Tag 23*) steht: Мне **сообщи́ли** о ва́шем прие́зде. *Mir wurde von*
Ihrer Ankunft berichtet. Diese Variante können Sie auch zur Übersetzung von
unpersönlichen deutschen Sätzen mit *man* verwenden: Не зря **говоря́т**,
что мир те́сен! *Man sagt nicht umsonst, dass die Welt klein ist!*
In unpersönlichen Nebensätzen oder nach unveränderbaren Modalwörtern (▸ *Tag 15*)
kommt der einfache Infinitiv zum Einsatz:
То́лько **е́сли взять** пери́од, ... *Nur wenn man den Zeitraum nimmt, ...*
Здесь **мо́жно пройти́**? *Kann/Darf man hier durchgehen?*

Die Wiedergabe der Jahreszahlen ▸ § 4

Für die Jahreszahlen benötigen Sie die Ordnungszahlen, die Adjektive sind.
Bei mehrteiligen Zahlwörtern ist nur das letzte Wort eine Ordnungszahl und wird
dekliniert (▸ *Tag 13, Tag 15*). Nach der Jahreszahl wird meist das Wort **год** (abgekürzt г.,
bei mehreren Jahren **гг.**) geschrieben und gesprochen. Beim Datum steht die
Jahreszahl im Genitiv.

1812 г.	ты́сяча восемьсо́т двена́дцатый **год**
в 1998 г.	в ты́сяча девятьсо́т девяно́сто восьмо́м году́
с 2003 по 2005 гг.	с две ты́сячи тре́тьего (**го́да**) по две ты́сячи пя́тый **год**
3-е января́ 2010 г.	тре́тье января́ две ты́сячи деся́того **го́да**

Achtung:
Hier ist das Zahlwort einteilig: 2000 г. – **двухты́сячный год**.

◉ 110 🎧 **1 Welche Jahreszahlen hören Sie?**

■■■ 1. ☐ 1983   ☐ 1938   4. ☐ 1984   ☐ 1994
2. ☐ 2005   ☐ 2009   5. ☐ 2010   ☐ 2009
3. ☐ 1946   ☐ 1947   6. ☐ 2000   ☐ 2002

■■■ 💬 **2 Wie sagen oder fragen Sie, ...**

1. ... dass man hier nicht mit dem Auto fahren darf?
2. ... dass Sie gehört haben, dass der Film sehr interessant sein soll?
3. ... dass die Ausstellung nächste Woche eröffnet wird?
4. ... dass man schon zur Diskussion übergegangen ist?
5. ... ob man dort Getränke kaufen kann?
6. ... ob jemandem schon von Ihrer Ankunft berichtet wurde?

■■■ 💬 **3 Sie nehmen an einer Besprechung teil. Eröffnen Sie diese. Dieser Ablaufplan hilft Ihnen dabei.**

> 1. Begrüßung
> 2. Tagesordnung
> 3. Vorstellung des Referenten N.*

* Im Russischen wird bei der Vorstellung von unbekannten Personen wie im Deutschen das lateinische Kürzel N. oder NN. verwendet.

Ein Teilnehmer ist nicht einverstanden. Mit welchen Gesprächsfloskeln können Sie reagieren?

1. ► Я хотéл бы уточнúть, что вы имéли в видý, когдá говорúли о положéнии нáшей фúрмы в прóшлом годý.
   ◄ ...
2. ► Вам не кáжется, что это сравнéние не актуáльно?
   ◄ ...
3. ► Я не считáю, что за этот год так мнóго изменúлось.
   ◄ ...

4 Lesen Sie die Nachricht und kreuzen Sie die richtige Antwort an.

1. Штéфану нýжно позвонить …
   a) ☐ Татьяне.
   b) ☐ господину Леóнову.
   c) ☐ госпожé Михáйловой.
   d) ☐ господину Михáйлову.

2. Им нýжно уточнить …
   a) ☐ врéмя встрéчи.
   b) ☐ детáли презентáции.
   c) ☐ детáли контрáкта.
   d) ☐ детáли командирóвки.

3. Татьяна увидит Штéфана …
   a) ☐ сегóдня вéчером.
   b) ☐ в понедéльник.
   c) ☐ во втóрник.
   d) ☐ в срéду.

¹findet statt; ² = контрáкт

> **Новое сообщение**
>
> Штефан!
> Руслан Олегович Михайлов, главный инженер фирмы «Дельта» звонил тебе по мобильному телефону, но, к сожалению, не смог дозвониться. Я тоже не могу дозвониться до тебя. Руслан Олегович попросил передать тебе, что заседание состоится¹ не завтра, а в среду, 15 марта, в 10:00. Их директор, г-н Леонов, вернётся из командировки сегодня, в понедельник, вечером. Обязательно позвони ему, пожалуйста, сегодня. Руслан Олегович хочет уточнить с тобой детали договора². Увидимся завтра на презентации. Желаю тебе удачного понедельника! До завтра! Татьяна.

 5 Streichen Sie die falsche Form durch.

1. **Уважáемый** | **Уважáемые** господá!
2. В повéстку дня **вхóдят** | **выхóдят** презентáции и обмéн **мнéний** | **мнéниями**.
3. Я хотéл бы **обращáть** | **обратить вáше** | **своё** внимáние на …
4. Что вы имéли в видý, **éсли** | **когдá** вы срáвнивали …
5. Прогнóз возмóжен, тóлько **éсли** | **когдá** взять периóд с … по …
6. В заключéние я хочý **благодарить** | **поблагодарить все** | **всех** за активное учáстие **в** | **на** дискýссии
7. Желáю **всем** | **всех успéшное провéдение** | **успéшного проведéния** междунарóдной вýставки.

✓ **6** Ergänzen Sie die Endungen.

1. Вы соглáсны с эт_____ мнéни_____?

2. Инженерý соглáсны с эт_____ прогнóз_____ .

3. Познакóмьте меня с эти_____ людьми.

4. Штéфан óчень рад, что Татьяна познакóмила егó с эт_____ человéк_____ .

7 Verbinden Sie die Zahlwörter mit den Jahreszahlen in Ziffern.

Это случи́лось в … году́.

1. ты́сяча девятьсо́т со́рок пя́том   a) 1147
2. ты́сяча девятьсо́т во́семьдесят шесто́м   b) 1812
3. две ты́сячи шестна́дцатом   c) 1945
4. двухты́сячном   d) 1986
5. ты́сяча восемьсо́т двена́дцатом   e) 1990
6. ты́сяча сто со́рок седьмо́м   f) 2000
7. ты́сяча девятьсо́т девяно́стом   g) 2016

8 Tragen Sie die Zahlwörter in die richtige Spalte ein. Welche Zahlen passen in keine Gruppe? Unterstreichen Sie sie.

11 – 18 – 20 – 30 – 40 – 50 – 80 – 90 – 200 – 300 – 400 – 500 – 900 – 1000

-надцать	-дцать	-десят	-сот	-сто	-ста	-сти

9 Übersetzen Sie die Sätze ins Russische.

1. Sehr geehrte Damen und Herren! Ich begrüße Sie auf meiner Präsentation.

2. Sehr geehrte Kollegen, ich möchte Ihre Aufmerksamkeit auf … lenken.

3. Und hier ist ein anschauliches Beispiel.

4. Ich möchte allen für die aktive Teilnahme an der Diskussion danken.

5. Ich wünsche uns allen eine erfolgreiche Durchführung der internationalen Messe.

Kulturtipp Пунктуáльность *Pünktlichkeit*

Eile werden Sie bei den Menschen in Russland sicher beobachten können, Hektik jedoch eher nicht. Auch der Begriff der Pünktlichkeit ist hier etwas dehnbarer als in Deutschland und abhängig von der Situation. Der einzige Bereich, in dem eine Verspätung als völlig inakzeptabel gilt, sind Lehrveranstaltungen in Schule oder Hochschule.

Im geschäftlichen Rahmen legt man aber durchaus auch Wert auf fest vereinbarte Zeiten. Hier wird übrigens die englische Korrektheit als beispielhaft betrachtet – **англи́йская пунктуáльность**. Doch auf fünf Minuten kommt es hier in der Regel nicht an. Je höher der Rang der Person, desto mehr Verspätung kann man einrechnen. So kann es schon einmal vorkommen, dass die Besprechung eine Viertelstunde später beginnt, weil der Vorgesetzte „aufgehalten" wurde. Daran findet niemand etwas Ungewöhnliches.

Im privaten Bereich werden vereinbarte Zeiten wesentlich lockerer gehandhabt. Eine halbe Stunde Verspätung oder mehr ist völlig im Rahmen. Bei einer privaten Einladung ist es fast schon unhöflich, pünktlich zu erscheinen. Keiner rechnet mit den Gästen früher als eine halbe bis ganze Stunde nach dem verabredeten Termin. Bewahren Sie also immer die Ruhe – und lassen Sie sich Zeit!

....

Was können Sie schon?

	☺	☺	☹	
■ Jahreszahlen unterscheiden	☐	☐	☐	►Ü1
■ unpersönliche Sätze bilden	☐	☐	☐	►Ü2
■ die Moderation einer Sitzung verstehen	☐	☐	☐	►Ü3
■ Meinungsverschiedenheiten ausdrücken	☐	☐	☐	►Ü3

Rückblicke und Ausblicke

In dieser Lektion lernen Sie

- Erfahrungen zusammenzufassen
- Gefühle und Empfindungen zu äußern
- sich über Zukunftspläne auszutauschen

⊙ 111 **В аэропорту́**

Татья́на и Штéфан поднима́ются по лéстнице в зал ожида́ния (О. = Объявлéние).

Штéфан Я ужé ду́мал, что нас никогда́ не отпу́стят. Всё так мéдленно.

Татья́на И пра́вда, на регистра́ции я чуть не усну́ла.

Штéфан Я тóже. Вот и кафé. (садя́тся к стóйке) Что ты бу́дешь, тóлько кóфе?

Татья́на Да, я не голóдная. Ну что, Штéфан, тебé, конéчно, в э́той поéздке не óчень повезлó. Но надéюсь, что пóсле э́того у тебя́ не оста́нутся одни́ отрица́тельные воспомина́ния.

Штéфан Не бу́дем о гру́стном. Как там говори́тся? Всё хорошó, что хорошó конча́ется. Я ужé совершéнно здорóв, презента́ция прошла́ без проблéм. Вот тóлько мой нóутбук не нашёлся. И вообщé, я встрéтил ста́рого знакóмого и подружи́лся с очарова́тельной перевóдчицей. И всё э́то в такóм необыкновéнном гóроде!

Татья́на Ты настоя́щий оптими́ст! Бу́дем надéяться, что и вы́ставка пройдёт как по ма́слу.

Штéфан В э́том я увéрен. А чем ты бу́дешь занима́ться пóсле э́того? Я слы́шал, у тебя́ óтпуск?

Татья́на Котóрого я жду не дождусь. Мы с подру́гой éдем отдыха́ть в Испа́нию. Там мы бу́дем гуля́ть, купа́ться, загора́ть и занима́ться испа́нским языкóм. А ты?

Штéфан Я éду на экску́рсию по Золотóму кольцу́ Росси́и. Я так мнóго слы́шал о нём. Меня́ вообщé óчень интересу́ет ру́сская архитекту́ра, осóбенно цéркви ...

О. Объявля́ется поса́дка на рейс № ПЛ203 Санкт-Петербу́рг — Москва́. Прóсим пассажи́ров приготóвить паспорта́ и поса́дочные талóны и пройти́ к вы́ходу А03.

Fragen zum Dialog

Richtig oder falsch? Kreuzen Sie an.

	вéрно	невéрно
1. Регистрáция прошлá быстро.	☐	☐
2. Штéфану поéздка понрáвилась.	☐	☐

Auf dem Flughafen

Tatjana und Stefan gehen die Treppe zum Wartesaal hoch. (D. - Durchsage)

Stefan	Ich dachte schon, sie lassen uns niemals gehen. Alles (lief) so langsam.
Tatjana	Ja, wirklich, beim Einchecken bin ich fast eingeschlafen.
Stefan	Ich auch. Da ist auch (schon) ein Café. *(sie setzen sich an die Theke)* Was nimmst du, nur Kaffee?
Tatjana	Ja, ich habe keinen Hunger. Nun, Stefan, du hattest natürlich auf dieser Reise nicht sehr viel Glück. Aber ich hoffe, dass dir nicht nur negative Erinnerungen bleiben.
Stefan	Wir werden nicht über das Traurige sprechen. Wie sagt man? Ende gut, alles gut. Ich bin schon (wieder) völlig gesund, die Präsentation ist ohne Probleme verlaufen. Nur mein Laptop hat sich nicht gefunden. Und überhaupt, ich habe einen alten Bekannten getroffen und mich mit einer bezaubernden Dolmetscherin angefreundet. Und all das in einer so außergewöhnlichen Stadt!
Tatjana	Du bist ein echter Optimist! Wollen wir hoffen, dass auch die Messe super verläuft.
Stefan	Davon bin ich überzeugt. Und was wirst du danach machen? Ich habe gehört, du hast Urlaub.
Tatjana	Den ich kaum erwarten kann. Meine Freundin und ich fahren nach Spanien. Dort werden wir spazieren gehen, baden, uns sonnen und uns mit der spanischen Sprache beschäftigen. Und du?
Stefan	Ich mache eine Rundfahrt um den Goldenen Ring Russlands. Ich habe so viel davon gehört und interessiere mich überhaupt sehr für russische Architektur, besonders Kirchen ...
D.	Passagiere gebucht für Flug Nr. PL203 St. Petersburg – Moskau werden gebeten, sich zum Ausgang A03 zu begeben und ihre Pässe und Bordkarten bereitzuhalten.

Lernwortschatz

архитекту́ра	Architektur
воспомина́ние	Erinnerung
встре́тить v*	treffen
вы́ход	Ausgang
гру́стный	traurig
гуля́ть (гуля́ю/ гуля́ешь/гуля́ют)	spazieren gehen
дожда́ться v (► Tag 2)	erwarten
загора́ть	sich sonnen
здоро́в m Kurzadj	gesund
золото́й	golden
интересова́ть	interessieren
Испа́ния	Spanien
испа́нский	spanisch
как по ма́слу	glatt (verlaufen)
кольцо́	Ring
конча́ться	enden
купа́ться	baden
ле́стница	Treppe
ме́дленно	langsam
найти́ v (► Tag 15)	finden
(не)обыкно- ве́нный	(un)gewöhnlich
объявля́ть (объявля́ю/ объявля́ешь/ объявля́ют)	ansagen
одни́ Pl	hier: allein, nur
ожида́ние	Warten
оптими́ст	Optimist

отдыха́ть	sich erholen
о́тпуск	Urlaub
отпусти́ть v*	loslassen
отрица́тельный	negativ
очарова́тельный	bezaubernd
пассажи́р	Passagier
подружи́ться v*	sich anfreunden
поса́дка	Boarding
поса́дочный тало́н	Bordkarte
пригото́вить v (► Tag 10)	vorbereiten
регистра́ция	Check-in
рейс	Flug(strecke)
сади́ться (сажу́сь/ сади́шься/ садя́тся)	sich setzen
сто́йка	Theke
тебе́ (не) повезло́ (► Tag 16)	du hattest (kein) Glück
уве́рен m Kurzadj	überzeugt
усну́ть v*	einschlafen
це́рковь f	Kirche
чуть	beinahe, kaum
успе́шный	erfolgreich
уточни́ть v	konkretisieren, nachfragen
уча́стие	Teilnahme

* Die Formen der Verben finden Sie im Anhang, Seite 288–291.

Grammatik und Redemittel

Das Futur des Verbs быть ▸ *§ 6.8*

Sie wissen, dass **быть** *sein* im Präsens weggelassen werden kann (▸ *Tag 2*), im
Präteritum aber stehen muss (▸ *Tag 11*). Auch im Futur muss **быть** immer verwendet
werden. Die Formen finden Sie unten in der Tabelle.

Штéфан на совещáнии. *Stefan ist auf einer Besprechung.*

Вчерá Штéфан **был** на совещáнии. *Gestern war Stefan auf einer …*

Зáвтра Штéфан **бýдет** на совещáнии. *Morgen wird Stefan auf einer … sein.*

Das zusammengesetzte Futur ▸ *§ 6.7.3*

Bisher können Sie das Futur nur von vollendeten Verben bilden. Sie wissen, dass die
konjugierten Formen dieser Verben Futurbedeutung haben (▸ *Tag 24*).

Neben dieser einfachen Futurform gibt es noch ein zusammengesetztes Futur,
das ähnlich wie im Deutschen gebildet wird. Dazu benötigen Sie die Futurform
des Hilfsverbs **быть** und den Infinitiv der unvollendeten Verben:

Мы **бýдем гулять**. *Wir werden spazieren gehen.*

я	бýду	
ты	бýдешь	
он, онá, онó	бýдет	купáться
мы	бýдем	загорáть
вы	бýдете	
они	бýдут	

Das zusammengesetzte Futur verwenden Sie, wenn Sie eine andauernde oder sich
wiederholende Handlung in der Zukunft ausdrücken wollen, im Gegensatz zu den
abgeschlossenen Handlungen bei vollendeten Verben.

Auch wenn Sie sagen wollen, was Sie sich zum Essen oder Trinken bestellen werden
(z.B. im Restaurant), können Sie die Futurformen des Verbs **быть** verwenden.

Im Dialog heißt es: Что ты **бýдешь**? *Was wirst du (nehmen)?* Hierbei handelt es sich
um das zusammengesetzte Futur, bei dem der Infinitiv ausgelassen wird. Wie nach
den Modalverben (▸ *Tag 15*), kann er nach den konjugierten Formen von **быть** auch
mal fehlen: Не **бýдем** (говорúть) о грустном. *Wir werden nicht über das Traurige
sprechen.*

Oft steht das Futur von **быть** in idiomatischen Ausdrücken: **Бýдем** надéяться,
что … *Wollen wir hoffen, dass …*

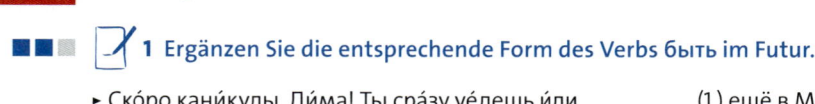

1 Ergänzen Sie die entsprechende Form des Verbs быть im Futur.

▸ Ско́ро кани́кулы, Ди́ма! Ты сра́зу уе́дешь и́ли _____ (1.) ещё в Москве́?

◂ В ию́не я _____ (2.) в Москве́. У нас _____ (3.) го́сти – прие́дет моя́ тётя
с детьми́. Они́ _____ (4.) у нас две неде́ли.

▸ А что вы _____ (5.) де́лать в го́роде? Здесь же неинтере́сно!

◂ Почему́, Маша? Мы с бра́том и сестро́й _____ (6.) ходи́ть в музе́и,
в бассе́йн, _____ (7.) вме́сте гуля́ть. Наве́рное, _____ (8.) ве́село.

▸ Ну, не зна́ю. Мы сра́зу уезжа́ем на да́чу. Там у меня́ мно́го друзе́й,
мы _____ (9.) купа́ться и загора́ть, собира́ть грибы́.

2 Im Café nach der Präsentation. Ergänzen Sie Stefans Gesprächsbeiträge in der richtigen gr. Form. Hören Sie dann den Dialog und markieren Sie dabei alle Futurformen.

113

Макс	Я никогда́ не ду́мал, что уви́жу тебя́ опя́ть, да ещё в Росси́и.
Штéфан	(свой / я и сам / Да / глаза́ / не ве́рить)
Официа́нт	Вы гото́вы зака́зывать?
Штéфан	Да. (стака́н / пожа́луйста, / минера́льная вода́ / мне / , / и котле́ты по-ки́евски.)
Макс	Ты что, пи́во не бу́дешь? Мо́жет, возьмём по бока́лу?
Штéфан	Нет, спаси́бо, лу́чше не на́до. (у / голова́ / боле́ть / я). Снача́ла презента́ция, пото́м дли́нное заседа́ние, плохо́й во́здух …
Макс	Понима́ю, а я возьму́ бока́л тёмного пи́ва и по́рцию пельме́ней.
Официа́нт	Что́-нибудь ещё: сала́т, заку́ски, хлеб … ?
Макс	Пока́ нет, спаси́бо. Мы вас позовём, де́вушка, е́сли что.
Штéфан	(когда́ / Фра́нция / лете́ть / ? / обра́тно /ты / во)
Макс	Послеза́втра. А че́рез ме́сяц я собира́юсь в о́тпуск. Хочу́ полете́ть в Аме́рику к ро́дственникам.
Штéфан	(везёт / ты). А мне ещё до́лго ждать до сле́дующего о́тпуска. (то́лько / я / в / отдыха́ть *Prät* / с / ию́ль / на / мо́ре / друзья́ / Се́верное).
Макс	Ну а в Росси́и ты ско́лько бу́дешь?
Штéфан	(я / вообще́-то / на / прие́хать *Prät* / ме́сяца / два), но наве́рное, (на / лу́чше / ру́сский / оста́ться *Fut* / язы́к /полго́да, / что́бы / вы́учить).

3 Verbinden Sie die passenden Aussagen. ■■■

1. Alles lief wie geschmiert. ─────────
2. Wir werden nicht über das Traurige sprechen.
3. Ich habe keinen Hunger.
4. Du hattest sehr viel Glück.
5. Ich kann den Urlaub kaum erwarten.
6. Ende gut, alles gut.

a) Я не го́лоден (голодна́).
b) Я о́тпуска жду не дожду́сь .
c) Всё хорошо́, что хорошо́ конча́ется.
d) Всё прошло́ как по ма́слу.
e) Тебе́ о́чень повезло́.
f) Не бу́дем о гру́стном.

4 Finden Sie zu den hervorgehobenen Wörter das Gegenteil (Antonyme). ■■■

1. Регистра́ция идёт о́чень **бы́стро**. ↔ ....

2. У меня́ оста́лись то́лько **плохи́е** воспомина́ния. ↔ ....

3. Сего́дня мне о́чень **ве́село**. ↔ ....

4. Он настоя́щий **пессими́ст**. ↔ ....

5. В э́ти выходны́е я хочу́ **рабо́тать**. ↔ ....

5 Ergänzen Sie die Endungen. ■■■

1. С кем вы подружи́лись? – С очарова́тельн........................ перево́дчиц........................ .

2. С кем вы е́дете отдыха́ть? – С мо........................ лу́чш........................ дру́г........................ .

3. Чем вы интересу́етесь? – Ру́сск........................ архитекту́р........................ .

6 Ergänzen Sie die passenden Verben im Präteritum. ■■■

1. Сейча́с мой брат занима́ется спо́ртом, а ра́ньше он им не ....

2. Сего́дня мой колле́га живёт в Берли́не, а ра́ньше он .... в Москве́.

3. Сего́дня меня́ о́чень интересу́ет ру́сская архитекту́ра, а ра́ньше она́ меня́

совсе́м не ....

4. Сего́дня мне ве́село, а вчера́ мне .... гру́стно.

7 Wählen Sie das inhaltlich passende Verb und ergänzen Sie es im Futur.

ждать   звони́ть   пройти́   быть   писа́ть   наде́яться   отдыха́ть

1. Сейча́с Штéфан в Москвé, а за́втра у́тром он .... в

Санкт-Петербу́рге.

2. Моя́ презента́ция гото́ва. Я ...., что всё ....

как по ма́слу.

3. В прошло́м году́ мы с подру́гой отдыха́ли в Карéлии, а э́тим лéтом мы

.... в Испа́нии.

4. Перезвони́ мне, пожа́луйста, вéчером. Я .... твоего́ звонка́.

5. Дай мне но́мер твоего́ моби́льного телефо́на, я .... и

.... тебé эсэмэ́ски.

8 Kreuzen Sie die richtige Antwort an.

1. Штéфан éдет на экску́рсию по Золото́му кольцу́ Росси́и.
   Золото́е кольцо́ Росси́и – э́то ...
   a) ☐ экску́рсия по всей Росси́и.
   b) ☐ туристи́ческий маршру́т по са́мым ста́рым ру́сским города́м.
   c) ☐ экску́рсия по Моско́вскому Кремлю́.

9 Beantworten Sie die Fragen.

1. А каки́е у вас пла́ны на о́тпуск?
2. Вы ужé бы́ли в Росси́и? Éсли да, то когда́ (в како́м году́) и где?
3. Вы хотéли бы соверши́ть путешéствие по Росси́и?

Kulturtipp
Der Goldene Ring

So wird eine touristische Rundreiseroute genannt, die in Moskau beginnt und nicht nur für Liebhaber der altrussischen Architektur von Interesse ist. Sie führt durch die Gebiete von Moskau, Jaroslawl, Kostroma und Wladimir und verdient ohne Zweifel den „goldenen" Namen.

Im Nordosten des alten Moskauer Reiches findet der interessierte Besucher außerordentliche Denkmäler der russischen Baukunst, nicht nur in Stein, sondern auch in der einzigartigen Holzbauweise. Teilweise sind ganze Stadtkerne als architektonische Ensembles zu besichtigen.

Da hier Kirchenbauten und Klöster eine besondere Rolle spielen, ist es ein wahres Wunder, dass nach der Oktoberrevolution 1917 noch so viele dieser Kulturgüter erhalten blieben. Bereits zu Beginn der 80er-Jahre des 20. Jahrhunderts begann die Restauration vieler Gebäude, die sie buchstäblich vor dem Verfall rettete. Nach dem politischen Umschwung in den 90ern und dem Neuaufbruch der Russisch-Orthodoxen Kirche sind viele dieser Altertümer zu neuer Blüte gelangt.

Bemerkenswert ist, dass die meisten historischen Kirchen und Klöster mittlerweile wieder ihrer ursprünglichen Bestimmung dienen. Ein besonderes Denkmal und Heiligtum für die Gläubigen ist z.B. das Dreifaltigkeits-Sergius-Kloster ganz in der Nähe von Moskau, das der nahe gelegenen Stadt ihren historischen Namen „Sergiew Posad" zurückgab.

Was können Sie schon?

	☺ ☺ ☹	
■ sich über Zukunftspläne austauschen	■ ■ ■	▸Ü1
■ Erfahrungen zusammenfassen	■ ■ ■	▸Ü2
■ von Zukünftigem berichten	■ ■ ■	▸Ü2

Hier wiederholen Sie

- Telefongespräche zu führen
- Nachrichten zu hinterlassen
- schriftliche Anrede- und Grußformeln
- Personen zu beschreiben
- Körperteile und Kleidung zu benennen
- Länder, Nationalitäten und Sprachen
- Jahreszahlen

 **1 Aus welchen Ländern kommen diese Personen? Die wenigen unbekannten Wörter können Sie erraten.**

1. Моя́ страна́ о́чень больша́я. В ней 50 шта́тов. На ю́ге у нас о́чень тепло́, на се́вере — хо́лодно. Мой язы́к — англи́йский.
2. На́ша страна́ нахо́дится к ю́гу от Герма́нии. Обы́чно у нас говоря́т по-неме́цки, но у нас свой диале́кт. Но есть и жи́тели, кото́рые говоря́т на други́х языка́х.
3. Моя́ страна́ ра́ньше была́ ещё бо́льше. Но и тепе́рь она́ не ма́ленькая. Она́ нахо́дится на двух контине́нтах. Са́мый гла́вный язы́к у нас — ру́сский. Но есть ещё мно́го други́х языко́в.

⊙ 114  **2 Welche Jahreszahlen hören Sie?**

1. ☐ 1925	☐ 1935	4. ☐ 1956	☐ 1965
2. ☐ 2002	☐ 2008	5. ☐ 2000	☐ 2003
3. ☐ 2010	☐ 2011	6. ☐ 2002	☐ 1992

3 Sie haben Ihren Gesprächspartner am Telefon nicht erreicht. Hinterlassen Sie eine kurze Nachricht auf dem Anrufbeantworter. Stellen Sie sich vor und sagen Sie, dass ...

1. ... Sie leider erkrankt sind und morgen nicht kommen können.
2. ... Sie dringend mit Frau Iwanowa sprechen müssen und um einen Rückruf bitten.
3. ... Sie auf der Arbeit aufgehalten werden und wahrscheinlich erst um 20:00 Uhr zurückkommen.

4 Wählen Sie das passende Verb aus und ergänzen Sie es in der richtigen Form. ■ ■ ■

> поéхать   бы́ть привезти́   полетéть   отдáть   уéхать
> вы́пить   смочь   взять   поéхать

1. Что ты .... – кóфе и́ли чай? – Мне так жáрко, я лýчше ....
   стакáн воды́.
2. Скóро у вас кани́кулы, Марк. Вы, навéрное, ... к роди́телям? –
   Сначáла я .... к роди́телям, а потóм с друзья́ми в Итáлию. Там
   мы .... купáться и загорáть.
3. Лéна сказáла, что .... мне откры́тки. Во втóрник онá ....
   в университéте, там онá мне их ....
4. Ты не слы́шал, какáя к вéчеру .... погóда? – Говоря́т, что ....
   дождь и вéтер. – Тогдá я лýчше .... зóнтик.
5. Таню́ша, узнáй, пожáлуйста, ... ли Ивáн Сергéевич зайти́ ко мне зáвтра.
   – Хорошó, когдá у вас .... врéмя? – Навéрное, пóсле трёх.
6. Мы .... на пóезде и́ли .... на самолёте? – Мне кáжется, лýчше
   на самолёте. На пóезде мы .... в пути́ почти́ три дня.

5 Kombinieren Sie die Kleidungsstücke und Accessoires wie im Muster. ■ ■ ■

чёрные тýфли	свéтлые джи́нсы
бéлая блýзка	кори́чневые брю́ки
дли́нный шáрфик	голубáя рубáшка
корóткая ю́бка	золоты́е / тёмные очки́
зелёное плáтье	мóдная сýмка
лёгкий пиджáк	мóдное / золотóе кольцó
дорогóй костю́м	тёмные колгóтки в си́нюю клéточку
жёлтая футбóлка	си́ний гáлстук в рóзовую полосóчку

1. К твои́м нóвым чёрным тýфлям подхóдит вот э́та мóдная сýмка.

**Sagen Sie nun, was Sie anziehen werden (Achtung: 2 Teile der Liste können nicht
nach dem Muster verwendet werden!).**

На рабóту / В гóсти я пойдý в *э́тих/тех чёрных тýфлях, ...*

6 Lesen Sie die E-Mail und schreiben Sie eine Antwort. Reagieren Sie dabei möglichst auf alle Punkte und verwenden Sie den Wortschatz aus der E-Mail.

Кому:	Плато́нова Екатери́на <pkate@mail.ru>
Тема:	Приве́т

Приве́т, Ка́тя!

Как у тебя́ дела́? Как тебе́ нра́вится в Нью-Йо́рке? Я наде́юсь, твоя́ презента́ция прошла́ успе́шно. По-мо́ему, мы с ма́мой волнова́лись да́же бо́льше, чем ты.

У нас всё отли́чно. Пого́да исключи́тельная. Ждём не дождёмся твоего́ прие́зда. Не забу́дь позвони́ть из аэропо́рта и сказа́ть, не заде́рживается ли рейс.

Целу́ю и обнима́ю,
твоя́ сестра́ О́ля

7 Achten Sie auf die Gemeinsamkeit! Wie sagen Sie, dass ...

1. ... Sie mit ihren Kollegen nächste Woche auf Dienstreise fahren?
2. ... Sie mit ihrer Freundin/ihrem Freund am Sonntag ins Konzert gehen?
3. ... Sie mit ihrer Familie am Wochenende wandern gehen wollen?

8 Wie heißen die Einwohner? Lösen Sie das Kreuzworträtsel und achten Sie auf feminin/maskulin. Wie lautet das Lösungswort – auf Russisch und auf Deutsch? ■■■

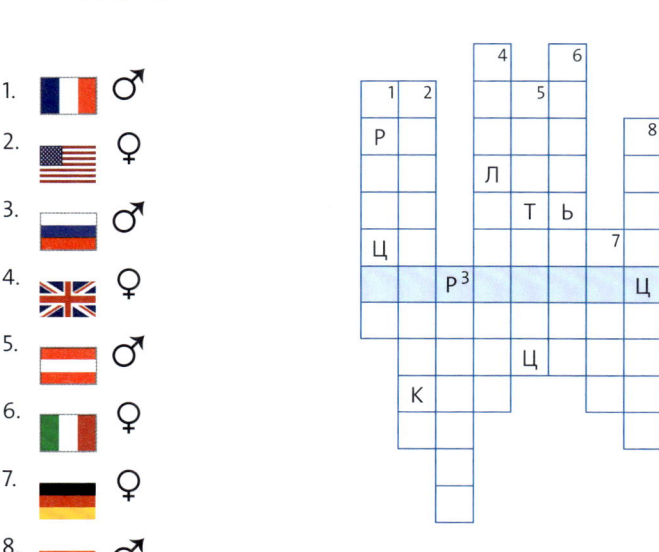

1. ♂
2. ♀
3. ♂
4. ♀
5. ♂
6. ♀
7. ♀
8. ♂

Lösungswort: .... – ....

9 Verbinden Sie die passenden Satzteile. Lesen Sie dann die unpersönlichen Sätze. ■■■

1. Мне сообщи́ли,
2. В докла́де говори́тся
3. Здесь мо́жно
4. Прогно́з на бу́дущее возмо́жен,
5. Не зря говоря́т,
6. Междунаро́дная вы́ставка
7. Вам уже́ говори́ли о том,

a) что мир те́сен!
b) то́лько е́сли сравни́ть э́ти два пери́ода.
c) открыва́ется во вто́рник.
d) что совеща́ние перенесли́ на понеде́льник?
e) о пробле́мах моби́льной свя́зи.
f) что вы заболе́ли.
g) пройти́?

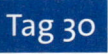

 10 Lesen Sie die Telefongespräche und ergänzen Sie die passenden Wendungen.

> ваш го́лос что́-нибудь переда́ть перезвони́ть до́брый день
> алло́ большо́е спаси́бо с ва́ми говори́т до вас дозвони́лась
> за́нято здра́вствуйте попроси́те виси́т на телефо́не
> я вас слу́шаю с кем я говорю́ дозвони́ться

1. ▸ Фи́рма «Оли́мп», _____ !

   ◂ Здра́вствуйте, _____ Алекса́ндр Смирно́в. Мо́жно поговори́ть с Татья́ной Смирно́вой?

   ▸ Татья́на на совеща́нии. Ей _____ ?

   ◂ Скажи́те ей, пожа́луйста, что мы с господи́ном Та́убером уже́ прие́хали. И _____ мою́ сестру́ _____ .

   ▸ Коне́чно, переда́м.

   ◂ _____ . До свида́ния.

2. ▸ _____ , э́то Андре́й Гле́бович?

   ◂ _____ .

   ▸ Как хорошо́, что я _____ ! У вас то _____ , то никто́ не подхо́дит к телефо́ну!

   ◂ Извини́те, а _____ ?

   ▸ Э́то Светла́на Ива́новна, учи́тельница ва́шей до́чери Лю́ды.

   ◂ _____ , Светла́на Ива́новна, я не сра́зу узна́л _____ . Э́то Лю́ся всё вре́мя _____ . До нас никто́ не мо́жет _____ .

   ▸ Вот-во́т! И в шко́ле то́же! Об э́том я как раз хоте́ла с ва́ми поговори́ть ...

⊙ 115 **11** Sie besprechen einige geschäftliche Dinge mit Ihren Kollegen. Reagieren Sie in den Sprechpausen mit einem passenden Satz. Tragen Sie die Nummer der Gesprächssituation ein.

a) ☐ Напро́тив, я счита́ю, что как раз тепе́рь мы нашли́ отли́чный вы́ход из положе́ния.

b) ☐ Я не могу́ реши́ть э́тот вопро́с сам. Я до́лжен/должна́ спроси́ть дире́ктора.

c) ☐ Нет проблем. Я гото́в/гото́ва ждать до конца́ неде́ли.

d) ☐ Хорошо́, я постара́юсь привести́ ещё оди́н приме́р.

e) ☐ Ла́дно. То́лько не в после́днюю мину́ту.

f) ☐ Да, я согла́сен/согла́сна.

12 Sie erhalten einen Telefonanruf. Reagieren Sie in den Sprechpausen mit der entsprechenden Aussage – natürlich auf Russisch! 116

1. Sie sind falsch verbunden.
2. Nicht am Telefon – das besprechen wir morgen beim Treffen.
3. Kein Problem. Dann schaffe ich es noch, diese Arbeit zu beenden.
4. Ich höre dich schlecht. Bitte ruf noch einmal an.

13 Beantworten Sie die Fragen. Nennen Sie Tag, Monat und ggf. das Jahr.

1. Когда́ в Росси́и нача́ло уче́бного го́да*?
   Пе́рвого (1-го) сентября́ в шко́лах и университе́тах.
2. Когда́ национа́льный пра́здник* в Герма́нии/Австрии/Швейца́рии?
3. Когда́ пра́зднуют национа́льный пра́здник в Росси́и?
4. Когда́ ваш люби́мый пра́здник?
5. Когда́ вы в после́дний раз отдыха́ли?
6. Когда́ ваш сле́дующий о́тпуск?
7. Когда́ вы в после́дний раз перее́хали?

* Sie können Ableitungen von bekannten Wörtern leicht erschließen:
   1. **учи́**ть *lernen* → **уч**е́бный год *Schul- oder Studienjahr* (wörtl *Lernjahr*);
   2. **пра́здн**овать *feiern* → **пра́здн**ик *Feiertag*, национа́льный **пра́здн**ик *Nationalfeiertag*

14 Ergänzen Sie das Relativpronomen кото́рый in der richtigen Form.

1. Пла́тье, _____ ты купи́ла вчера́, тебе́ о́чень идёт.

2. Мо́жно посмотре́ть на ту́фли, в _____ ты танцева́ла вчера́?

3. Делега́ция, _____ мы ждём во вто́рник, прилета́ет в оди́ннадцать.

4. Твой друг, с _____ ты был в о́тпуске, звони́л у́тром.

5. О́ля показа́ла мне сего́дня письмо́, о _____ расска́зывала.

 15 Hören Sie die Fragen und antworten Sie. Achten Sie auf die richtigen Formen von весь. 117

1. Viele Grüße von allen.
2. Allen Teilnehmern der Konferenz.
3. Alle unsere Kollegen.
4. Mit der ganzen Familie.

16 Lesen Sie den Brief und schreiben Sie eine kurze E-Mail an Ihren Chef. Sie wollen am Freitag nach Berlin in die russische Botschaft fahren. Deshalb schlagen Sie vor, Ihre Präsentation auf nächsten Montag zu verschieben. Sie bitten ihn, Ihnen bis Donnerstag mitzuteilen, ob Sie es so machen können.

> Уважа́емый господи́н Шмидт!
>
> Сообща́ем, что Ва́ша делова́я ви́за гото́ва. Па́спорт Вы мо́жете забра́ть ли́чно по а́дресу: г. Берли́н, … . Часы́ приёма посо́льства: в понеде́льник / сре́ду / пя́тницу – с 7:45 до 13:00, в четве́рг – с 7:45 до 13:00 и с 14:00 до 16:45. По вто́рникам приёма нет. Про́сим уче́сть, что отправле́ние докуме́нтов по по́чте в да́нный моме́нт невозмо́жно.
>
> С уваже́нием,
>
> Н. С. Бори́сова

17 Welches Possessivpronomen passt hier свой/своё/своя/свои oder его́/её/их? Achten Sie auf den richtigen Kasus.

1. Сего́дня же 23-е ма́я! На́до сро́чно позвони́ть бра́ту. Я чуть не забы́л .... день рожде́ния.
2. Моя́ колле́га всё вре́мя говори́т то́лько о .... пробле́мах.
3. К .... америка́нским ро́дственникам Макси́м е́здит ка́ждые два го́да.
4. И́ра одева́ется со вку́сом, ... стиль мне о́чень нра́вится.
5. Ле́на, твои́ де́ти ча́сто забыва́ют .... ве́щи в шко́ле и́ли в са́дике?
6. Де́ти уже́ пришли́ из шко́лы. – Отку́да ты зна́ешь? – Вот виси́т .... оде́жда. То́лько почему́ я их не слы́шу?
7. В письме́ дя́дя Са́ша пи́шет о .... путеше́ствии в А́встрию.

18 Beschreiben Sie diese Personen und vergleichen Sie sie. Verwenden Sie dazu den Superlativ und diese Vorgaben. ■■■

> groß   beleibt   traurig   schlank   älteste(r)   jung
> dunkle/helle Haare   große Augen   lange Haare
> kurzer Schnitt   rundes Gesicht

1. Сергéй   2. Антóн   3. Вéра   4. Úра

1. *Сергéй сáмый высóкий и сáмый пóлный. У негó сáмые тёмные вóлосы.*
2. *У Антóна* ...

Как вы дýмаете, кто из э́тих людéй сáмый симпати́чный/краси́вый/мóдный/совремéнный/спорти́вный/делово́й?

Beschreiben Sie nun Ira und ihre Kleidung genauer. Wenn Sie möchten, können Sie auch die anderen Personen beschreiben.

Úра .... Ей ....
У неё .... У неё .... вóлосы.
На ней ....
А чéрез .... виси́т ....

 19 Fragen Sie nach dem Besitzer. Verwenden Sie **чей** in der richtigen Form. ■■■

1. Сосéди пригласи́ли нас на концéрт своегó сы́на. – На .... концéрт?

2. Презентáции Мáкса всегдá интерéсные. – .... презентáции?

3. Конéчно, э́то былá идéя Натáши. – .... э́то былá идéя?

4. Её плáтье длиннéе моегó. – .... плáтье длиннéе?

5. Татья́на в кабинéте Ивáна Михáйловича. – В .... кабинéте?

Abschlusstest

⊙ 118 **1 В кафе́. Hören Sie den Dialog und kreuzen Sie an.**

	ве́рно	неве́рно
1. Жена́ о́чень голо́дная.	☐	☐
2. За́втрак в гости́нице был вку́сным.	☐	☐
3. Жена́ бу́дет есть сала́т.	☐	☐
4. Муж зака́зывает пирожки́.	☐	☐
5. Им не нра́вится в кафе́.	☐	☐

__/5

2 Kleine Wörter haben es in sich: Lesen und ergänzen Sie ein passendes Wort.

> когда́ что а что́бы е́сли потому́ что где же хоть
> уже́ пра́вда пото́м пока́ ну но кста́ти как и́ли и зато́

1. _____ ты придёшь домо́й, перезвони́ мне, пожа́луйста.
2. Снача́ла ну́жно заброни́ровать гости́ницу, а _____ купи́ть биле́ты на по́езд.
3. _____ Макс не зако́нчит презента́цию, мы не мо́жем перейти́ к обсужде́нию.
4. Моя́ подру́га купи́ла то́чно таку́ю же су́мку, _____ я, то́лько чёрную!
5. Письмо́ не бы́ло отпра́влено, _____ не рабо́тал Интерне́т.
6. _____ ты не смог бы сего́дня встре́тить Али́су? Я не успе́ю.

__/6

⊙ 119 **3 У врача́. Hören Sie das Gespräch und kreuzen Sie an.**

1. У де́вушки боли́т
   a) ☐ спина́
   b) ☐ го́рло
   c) ☐ голова́.

2. У́тром температу́ра была́:
   a) ☐ 39,3
   b) ☐ 38,9
   c) ☐ 33,9.

3. У де́вушки
   a) ☐ ОРЗ
   b) ☐ просту́да
   c) ☐ анги́на.

4. Врач выпи́сывает
   a) ☐ табле́тки
   b) ☐ миксту́ру
   c) ☐ лека́рство.

5. Врач сове́тует
   a) ☐ пить горя́чий чай
   b) ☐ остава́ться в посте́ли
   c) ☐ прийти́ за́втра.

__/5

4 Wie sagen oder fragen Sie, ...

1. ... dass die Ausstellung am Samstag eröffnet wird?
2. ... dass Sie im Stau stehen und sich deshalb verspäten?
3. ... dass man hier nicht durchgehen darf?
4. ... dass Ihnen nicht gut ist und Sie dringend einen Arzt brauchen?
5. ... dass Ihnen die Fahrt nach St. Petersburg sehr gefallen hat?
6. ... ob Sie das Fenster schließen dürfen, da es sehr kalt ist?
7. ... wann die Gäste erwartet werden?
8. ... ob die junge Frau vielleicht einen Kuli hat?
9. ... wo hier eine Metrostation ist?   ___/9

5 Welche Form des Verbs ist richtig? Kreuzen Sie an.

1. Штéфан, пожáлуйста, ... э́тот áдрес!
   a) ☐ записáл бы
   b) ☐ запи́шет
   c) ☐ запиши́
   d) ☐ записáл

2. В Санкт-Петербýрге мы ... стáрого знакóмого.
   a) ☐ встрéтит
   b) ☐ встречáли
   c) ☐ встречáл бы
   d) ☐ встрéтили

3. Éсли бы ты купи́л билéты ужé вчерá, ты ... на электри́чку.
   a) ☐ успéл бы
   b) ☐ успéл
   c) ☐ успéет
   d) ☐ успéешь

4. Онá прекрасно́
   a) ☐ танцýют.
   b) ☐ танцýет.
   c) ☐ танцевáли.
   d) ☐ бýдет танцевáть.

5. Я ... в Москвé чéрез три мéсяца.
   a) ☐ был
   b) ☐ бýдут
   c) ☐ бýду
   d) ☐ былá

6. Он ... э́ту кни́гу зáвтра.
   a) ☐ покупáл
   b) ☐ купи́л
   c) ☐ покупáет
   d) ☐ кýпит

   ___/12

6 Hören Sie die Dialoge und füllen Sie die Tabelle aus.

	ме́сто	поку́пки	когда́?	ско́лько	цена́ (за всё)
1.					
2.					
3.					

__/6

7 Fragen Sie wie im Muster. Denken Sie daran, dass einige der Fragepronomen dekliniert werden!

> где   куда́   когда́   чья   почему́   кто
> отку́да   ско́лько   чей   как   како́й   что

1. У **меня́** (a) пропа́л **компью́тер** (b).
   a) *У кого́ пропа́л компью́тер?* /   b) *Что у тебя́ пропа́ло?*
2. Ключ от кварти́ры лежи́т **на по́лке**.
   _____
3. По́езд № 35 **из Ки́ева** прибыва́ет на четвёртую платфо́рму.
   _____
4. Я не позвони́л **тебе́** (a), **потому́ что у меня́ не́ было вре́мени** (b).
   a) _____
   b) _____
5. Где Татья́на? Э́то ведь **её** (a) чемода́н! – Ка́жется, она́ се́ла в маши́ну **Са́ши** (b).
   a) _____
   b) _____
6. **На рабо́ту** (a) он е́здит **на авто́бусе** (b).
   a) _____
   b) _____
7. **Штéфан** (a) **пло́хо** (b) себя́ чу́вствует.
   a) _____
   b) _____
8. Биле́т на метро́ сто́ит **25 рубле́й**.
   _____
9. Ваш но́мер нахо́дится на **пя́том** этаже́.

__/12 _____

8 Ergänzen Sie die passende Form von кото́рый.

1. Э́то та учи́тельница, с _____ мы познако́мились в о́тпуске.
2. Врач, к _____ он всегда́ обраща́ется, сего́дня не рабо́тает.
3. Я хоте́ла встре́тить колле́г, о _____ говори́ла вчера́.
4. Инжене́р, _____ мы пригласи́ли на совеща́ние, к сожале́нию, заболе́л. ____/4

9 Lesen Sie Stefans Bericht und beantworten Sie die Fragen.

У мое́й фи́рмы в Москве́ ру́сский партнёр. Я инжене́р свя́зи и немно́го говорю́ по-ру́сски. Поэ́тому у меня́ неда́вно была́ необы́чная командиро́вка в Росси́ю. Два ме́сяца я провёл в Москве́. Э́то тако́й огро́мный го́род - бо́льше чем все, кото́рые я ви́дел до э́того. Я мно́го рабо́тал, но и ви́дел мно́го интере́сного. В гостя́х в Санкт-Петербу́рге я да́же встре́тил своего́ ста́рого знако́мого, с кото́рым я познако́мился в про́шлом году́ в Ита́лии. В октябре́ мы принима́ли уча́стие в междунаро́дной вы́ставке в Москве́. Вы́ставка прошла́ о́чень успе́шно.

По́сле э́того у меня́ была́ небольша́я пое́здка по Золото́му кольцу́. Я ви́дел краси́вые ста́рые це́ркви и узна́л мно́го но́вого о ру́сской архитекту́ре и вообще́ о стари́нном иску́сстве. В нача́ле ноября́ я лечу́ обра́тно в Мю́нхен. Но, мо́жет быть, в январе́ я уже́ опя́ть бу́ду в Москве́. Там меня́ ждут очарова́тельная перево́дчица и но́вые друзья́. Да и рабо́та с моско́вскими колле́гами мне нра́вится. С их по́мощью мо́жно споко́йно реши́ть все зада́чи и найти́ вы́ход из любо́го положе́ния. Все мы оста́лись о́чень дово́льны командиро́вкой.

1. Почему́ у Штефа́на была́ командиро́вка в Росси́ю?
2. Кого́ он встре́тил в Санкт-Петербу́рге?
3. Как прошла́ междунаро́дная вы́ставка?
4. Что он ви́дел в пое́здке по Золото́му кольцу́?
5. Когда́ он лети́т в Мю́нхен?
6. Прие́дет ли Штефа́н опя́ть в Москву́?
7. Почему́ Штефа́ну нра́вится рабо́та с моско́вскими колле́гами? ____/7

10 Bilden Sie Sätze. Achten Sie auf die richtigen Formen. (2 Punkte pro Satz!)

1. интере́сный / совсе́м / э́тот/ , / не / фильм / хоро́ший / кни́га / гора́здо.

---

2. кабине́т / отли́чный / виси́т / мой / рабо́чий / карти́на / в.

---

3. ва́ша / ря́дом / теа́тр / с / люби́мый / кварти́ра / нахо́дится / мой / но́вый.

---

4. чем / ру́сский / да́же / англи́йский / обы́чно / неме́цкий / дли́нный / , / и́мя / и́ли.

---

5. я / диску́ссия / в заключе́ние / все / в / хочу́ / наш / акти́вный / за / поблагодари́ть / уча́стие.

---

6. путеше́ствие / оста́лись / отрица́тельный / то / Татья́на / у / воспомина́ния / одни́ / о.

__/12

11 Beschreiben Sie das Wetter anhand der Übersicht. (3 Punkte pro Tag!)

день	число́	о́блач-ность	оса́дки	темпе-рату́ра во́здуха	ве́тер
1. вчера́	02.03.			+8 / +10	
2. сего́дня	03.03.			+4 / +5	
3. за́втра	04.03.			0 / -2	

__/9

12 Óколо остановки автобуса. Antworten Sie auf die Fragen.
(3 Punkte pro Wegbeschreibung!)

1. Скажите, пожалуйста, как пройти к театру?
2. Извините, а где здесь рынок?
3. Простите, как пройти к магазину детской одежды?

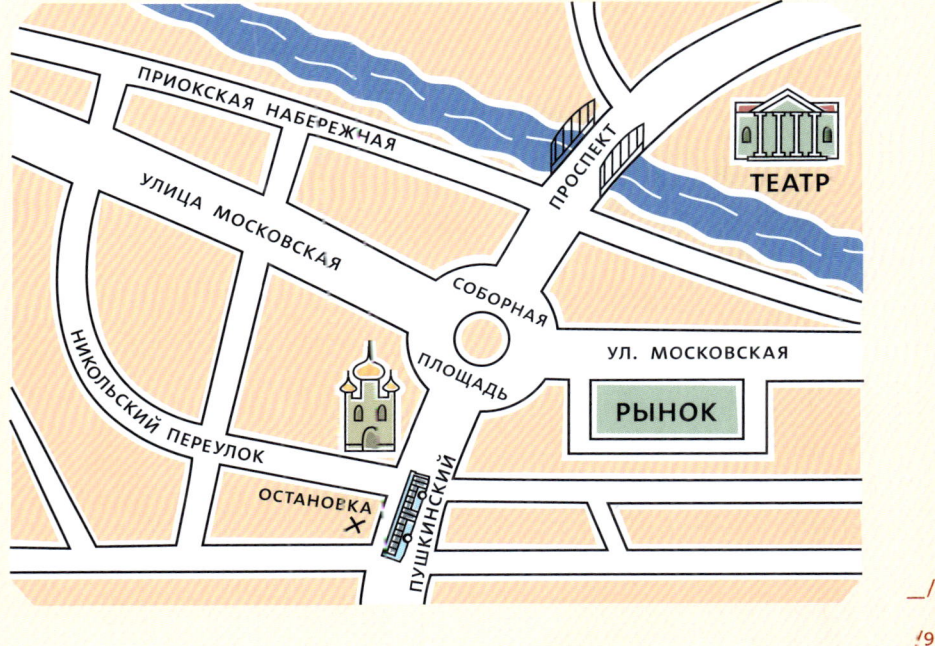

___/9

___/90

Grammatische Fachausdrücke

Fachausdruck	Deutsche Bezeichnung	Beispiel
Adjektiv	Eigenschaftswort	но́вый дом
Adverb	Umstandswort	Он живёт здесь.
Akkusativ	4. Fall, Wenfall	Я купи́л кни́гу.
Artikel	Geschlechtswort	–
Aspekt (unvollendet/ vollendet)	Hinweis auf den Verlauf einer Handlung	дава́ть/дать
Dativ	3. Fall, Wemfall	Что тебе́ купи́ть?
Deklination	Beugung der Hauptwörter, Eigenschaftswörter, Fürwörter und Zahlwörter	стол, стола́, столу́, …
Demonstrativpronomen	hinweisendes Fürwort	э́тот/тот дом
Determinativpronomen	bestimmendes Fürwort	весь день
Feminina/feminin	weibliche Hauptwörter/ weiblich	ма́ма, она́, но́вая
Futur	Zukunft	Я бу́ду ждать.
Genitiv	2. Fall, Wesfall	У него́ нет бра́та.
Genus	Geschlecht	*m, f, n*
Imperativ	Aufforderungsform	купи́/те!
Infinitiv	Grundform des Zeitworts	купи́ть
Instrumental	5. Fall (*womit?/mit wem?*)	занима́ться спо́ртом
Interrogativpronomen	Fragefürwort	где? кто?
Intonation	Satzmelodie	Он здесь?
Kasus	Fall	Nominativ, Genitiv, …
Komparativ	1. Steigerungsstufe des Eigenschaftsworts/ Umstandsworts	большо́й – бо́льше прия́тно – прия́тнее
Konjugation	Beugung des Zeitworts	я иду́, ты идёшь, …
Konjunktion	Bindewort	и, е́сли, что́бы
Konjunktiv	Möglichkeitsform	Она́ бы хоте́ла …
Konsonant	Mitlaut	б, в, г, …
Maskulina/maskulin	männliche Hauptwörter/ männlich	стол, он, но́вый
Neutra/neutral	sächliche Hauptwörter/ sächlich	окно́, оно́, но́вое
Nominativ	1. Fall, Werfall	Э́то мой о́фис.
Numerus	Zahl	Singular, Plural
Objekt	Satzergänzung	люби́ть дете́й/чай

Fachausdruck	Deutsche Bezeichnung	Beispiel
palatalisiert	erweicht (in Bezug auf Mitlaute)	мел – мель
Partikel	unveränderbare Wortart	же, бы, ли
Passiv	Leideform	двéри закрывáются
Personalpronomen	persönliches Fürwort	я, онú
Plural	Mehrzahl	стол – столы́
Possessivpronomen	besitzanzeigendes Fürwort	твой, нáши
Prädikat	Satzaussage	Онú отдыхáют.
Präposition	Verhältniswort	в, над, о
Präpositiv	6. Fall (nur mit Präposition)	Он дýмает о рабóте.
Präsens	Gegenwart	Я говорю́ сейчáс ...
Präteritum	Vergangenheit	Он говорúл вчерá ...
Pronomen	Fürwort	я, мой, э́тот
reflexives Verb	rückbezügliches Zeitwort	Дáша умывáется.
Reflexivpronomen	rückbezügliches Fürwort	чýвствовать себя́
Relativpronomen	bezügliches Fürwort	котóрый
Schaltvokal	Einfügen eines Selbstlauts	дéвушка – дéвушек
Schwundvokal	Auslassen eines Selbstlauts	день – дня
Singular	Einzahl	стол – столы́
Subjekt	Satzgegenstand	Олéг рабóтает.
Substantiv	Hauptwort	óфис, лáмпа
Superlativ	2. Steigerungsstufe des Eigenschaftsworts/ Umstandworts	большóй – сáмый большóй
Verb	Zeitwort	быть, идтú, мочь
Vokal	Selbstlaut	а, е, и, ...

Kurzgrammatik

§1 Das Substantiv · *Tag 2*

Im Russischen werden Substantive (außer Eigennamen) kleingeschrieben.
Man unterscheidet sie nach Genus, Numerus und Kasus. Russische Eigennamen
halten sich an die gleichen Regeln. Fremdwörter, die auf einen Vokal (außer **-a/-я**)
enden, bleiben oft unverändert: **такси** *Taxi*, **кино** *Kino*.

§1.1 Das Geschlecht (Genus) · *Tag 2, Tag 3*

Im Russischen gibt es keine Artikel. Man erkennt das Geschlecht in der Regel an
der Endung der Substantive. Ausnahmen: Substantive auf -**мя** sind neutral und
Substantive auf -**ь** können maskulin oder feminin sein.

m (Konsonant)	*f* (-a/-я)	*n* (-o/-e)
чемода́н/музе́й/учи́тель	су́мка/иде́я	окно́/мо́ре

Im Russischen wird zusätzlich zwischen hartem und weichem Auslaut
unterschieden. Bei den Maskulina lautet der weiche Auslaut -**й** oder -**ь**, bei den
Feminina -**я**, bei den Neutra -**е**.
Bei der Bezeichnung von Personen ist das natürliche Geschlecht für die Auswahl
der Adjektive, Pronomen usw. ausschlaggebend: **мой** люби́м**ый** па́п**а**.
Weibliche Vaters- und Familiennamen haben in der Regel die Endung -**a**.
Fremdwörter, die auf einen Vokal (außer -**a/-я**) enden, sind meist neutral:
кафе́ *Café*, **меню́** *Speisekarte* (Ausnahme: **ко́фе** *Kaffee* ist maskulin).

§1.2 Die Zahl (Numerus) · *Tag 4*

Russische Substantive treten im Singular und Plural auf. Einige Substantive
existieren nur im Singular (z.B. **виногра́д** *Trauben*, **о́бувь** *Schuhe*) oder nur im Plural
(z.B. **де́ньги** *Geld*).
Nur im Singular werden Sammelnamen, Stoffnamen und viele Abstrakta gebraucht.
Nur im Plural werden vor allem Wörter verwendet, die einen Gegenstand aus zwei
gleichen Teilen bezeichnen: **брю́ки** *Hose*, **очки́** *Brille*.
Das Wort **де́ти** *Kinder* wird im modernen Russisch nur im Plural benutzt, im Singular
wird **ребёнок** *Kind* verwendet, dessen ursprüngliche Pluralform **ребя́та** *Jungs* in der
Umgangssprache häufig vorkommt. Ähnlich verhält es sich mit **лю́ди** *Menschen* und
челове́к *Mensch*.

§1.3 Die Fälle (Kasus) ▸ *Tag 2–Tag 5, Tag 7, Tag 10–Tag 12*

Es gibt im Russischen sechs Kasus: Nominativ, Genitiv, Dativ, Akkusativ, Instrumental und Präpositiv. Die ersten vier Kasus kennen Sie aus dem Deutschen. Der Instrumental antwortet auf die Fragen *womit?/mit wem?*. Er benennt häufig das Mittel oder Instrument, mit dem etwas gemacht wird. Der Präpositiv antwortet u.a. auf die Fragen *wo?* bzw. *worüber?/über wen?* und steht nur nach Präpositionen.

§1.4 Die Deklination der Substantive ▸ *Tag 2–Tag 5, Tag 7, Tag 10–Tag 12*

Bei der Deklination müssen Sie auf die Rechtschreiberegeln nach **г, к, х** und Zischlauten (▸ *Tag 1, Punkt 14*) und auf die Verwendung von Schalt- und Schwundvokalen zur Erleichterung der Aussprache achten (▸ *Tag 1, Punkt 15*).

	Singular			Plural	
	m	*n*	*f*		
N	–	-о/-е	-а/-я	-ы/-и	-а/-я
	стол	окно́	стена́	столы́/сте́ны	о́кна/моря́
	гость	мо́ре	иде́я	го́сти/иде́и	
G	-а/-я		-ы/-и	-ов/-ев/-ей	–
	стола́	окна́	стены́	столо́в	о́кон
	го́стя	мо́ря	иде́и	бра́тьев	стен
				море́й	идей
D	-у/-ю		-е	-ам/-ям	
	столу́	окну́	стене́	стола́м	гостя́м
	го́стю	мо́рю	иде́е	о́кнам	моря́м
				сте́нам	идеям
A	= N oder G	= N	-у/-ю	= N oder G	= N
	стол	окно́	сте́ну	столы́/сте́ны	о́кна
	го́стя	мо́ре	иде́ю	госте́й/иде́и	моря́
I	-ом/-ем		-ой/-ей	-ами/-ями	
	столо́м	окно́м	стено́й	стола́ми	гостя́ми
	го́стем	мо́рем	иде́ей	о́кнами	моря́ми
				сте́нами	идеями
P	-е		-е	-ах/-ях	
	о столе́	об окне́	о стене́	о стола́х	о гостя́х
	о го́сте	о мо́ре	об иде́е	об о́кнах	о моря́х
				о сте́нах	об иде́ях

Die Betonung kann innerhalb der Deklination fest oder beweglich sein. Bei der Nullendung im Genitiv Plural werden weiche Konsonanten durch Weichheitszeichen gekennzeichnet und nach einem Vokal, der zum Stamm gehört, steht **-й**, vgl. **тётя** *Tante* – **тёть**, **идéя** *Idee* – **идéй**.

Bei belebten Substantiven entspricht der Akkusativ maskulin und der Plural dem Genitiv, bei unbelebten dem Nominativ.

Maskulina auf **-а/-я** werden außer im Genitiv Plural wie Feminina dekliniert: **пáпа/дя́дя** *N Sg*, **пáпу/дя́дю** *A Sg*, **пáп/дя́дей** *G/A Pl*.

Einige Maskulina bilden den Präpositiv nach den Präpositionen **в/на** auf **-ý**: **на шкафý** *auf dem Schrank*.

§1.4.1 Die Deklination der Substantive auf -ий/-ие/-ия ▸ *Tag 16, Tag 20*

Die Deklination dieser Substantive unterscheidet sich im Singular. Im Plural dagegen entsprechen die Endungen jeweils der weichen Variante aus der Tabelle in § 1.4. Der Genitiv Pl lautet: **санатóриев/мнéний/лńний**.

	m	n	f
N	санатóр**ий**	мнéн**ие**	лńн**ия**
G	санатóр**ия**	мнéн**ия**	лńн**ии**
D	санатóр**ию**	мнéн**ию**	лńн**ии**
A	санатóр**ий**	мнéн**ие**	лńн**ию**
I	санатóр**ием**	мнéн**ием**	лńн**ией**
P	о санатóр**ии**	о мнéн**ии**	о лńн**ии**

§1.4.2 Die Deklination der Feminina auf ▸ *Tag 20*

Die Feminina auf **-ь** haben eine besondere Deklination. Manche davon verlieren in allen Formen außer im Nominativ, Akkusativ und Instrumental Singular das **-о-** aus dem Stamm: **цéрковь** *Kirche* – **цéркви** (Schwundvokale ▸ *Tag 1, Punkt 15*).

	Singular	Plural	Singular	Plural
N	детáль	детáли	мать	мáт**ери**
G	детáли	детáлей	мáт**ери**	мат**ерéй**
D	детáли	детáлям	мáт**ери**	мат**еря́м**
A	детáль	детáли	мать	мат**ерéй**
I	детáлью	детáлями	мáт**ерью**	мат**еря́ми**
P	о детáли	о детáлях	о мáт**ери**	о мат**еря́х**

Die Feminina **мать** *Mutter* und **дочь** *Tochter* werden in allen Formen außer dem Nominativ und Akkusativ Singular um -**ер**- erweitert. Die Formen von **дочь** stimmen mit **мать** überein (Ausnahme: **дочерьми́** *I Pl*).

§1.4.3 Weitere Besonderheiten der Deklination ▸ *Tag 27*

Einige Maskulina enden im Nominativ Plural auf -**ья**: **брат** *Bruder* – **брат**ь**я́**, **дру**г *Freund* – **друз**ь**я́** (Konsonantenwechsel beachten!).
Es kann auch hier zu einer Stammerweiterung (**сын** *Sohn* – **сын**о**вья́**) oder einer Stammverkürzung (**англича́нин** *Engländer* – **англича́не**) kommen.
Die Substantive auf -**мя** sind neutral. Sie haben außer im Nominativ und Akkusativ Singular ebenfalls eine Stammerweiterung (**и́мя** *Name* – **им**е**на́**, **вре́мя** *Zeit* – **врем**е**на́**).

	Singular	Plural	Singular	Plural
N	сын	сынов**ья́**	и́мя	им**ена́**
G	сы́на	сынов**е́й**	и́м**ени**	им**ён**
D	сы́ну	сынов**ья́м**	и́м**ени**	им**ена́м**
A	сы́на	сынов**е́й**	и́мя	им**ена́**
I	сы́ном	сынов**ья́ми**	и́м**енем**	им**ена́ми**
P	о сы́не	о сынов**ья́х**	об и́м**ени**	об им**ена́х**

§2 Das Adjektiv ▸ *Tag 7*

Die russischen Adjektive stimmen in Genus, Numerus und Kasus immer mit ihrem Bezugswort überein. Bei der Deklination wird nach Adjektiven mit hartem und Adjektiven mit weichem Stammauslaut unterschieden.

§2.1 Die Deklination der harten Adjektive ▸ *Tag 7, Tag 9, Tag 10, Tag 12, Tag 20, Tag 25*

Bei der Deklination der Adjektive mit einem harten Stammauslaut müssen Sie auf die Schreibregeln (▸ *Tag 1, Punkt 14*) und auf die Betonung achten.
Nach **г**, **к**, **х** steht nie -**ы** (**высо́кий** *hoch*, **высо́кая, высо́кое; высо́кие**), nach **ж**, **ч**, **ш**, **щ** stehen weder -**ы** noch unbetontes -**о** (**хоро́ший** *gut*, **хоро́шая, хоро́шее; хоро́шие**).
Bei endbetonten maskulinen Adjektiven steht im Nominativ und Akkusativ statt -**ый** die Endung -**ой**: **молодо́й** *jung*, **большо́й** *groß*, **плохо́й** *schlecht*, **дорого́й** *gut*.

	m	n	f	Plural
N	но́вый	но́вое	но́вая	но́вые
G	но́вого		но́вой	но́вых
D	но́вому		но́вой	но́вым
A	= N oder G	= N	но́вую	= N oder G
I	но́вым		но́вой	но́выми
P	о но́вом		о но́вой	о но́вых

Bei belebten Substantiven entspricht der Akkusativ maskulin und der Plural dem Genitiv, bei unbelebten Substantiven dem Nominativ.
Beachten Sie die Aussprache des **r** beim Genitiv der Maskulina: [ово]!

§2.2 Die Deklination der weichen Adjektive ▸ *Tag 26*

Die Adjektive mit einem weichen Stammauslaut erkennen Sie an dem **-н-** vor der Endung: **после́дний** *letzter*, **сего́дняшний** *heutiger*, **сре́дний** *mittlerer*.

	m	n	f	Plural
N	си́ний	си́нее	си́няя	си́ние
G	си́него		си́ней	си́них
D	си́нему		си́ней	си́ним
A	= N oder G	= N	си́нюю	= N oder G
I	си́ним		си́ней	си́ними
P	о си́нем		о си́ней	о си́них

Auch hier die Aussprache des **r** beim Genitiv der Maskulina beachten: [ево]!

§2.3 Die Kurzformen der Adjektive ▸ *Tag 19*

Einige Adjektive bilden Kurzformen. Sie stehen immer nach dem Bezugswort. Diese Kurzformen werden nicht dekliniert, aber nach Genus und Numerus unterschieden: **Ка́тя больна́.** *Katja ist krank.* Bei maskulinen Formen mit zwei Konsonanten im Auslaut wird ein Schaltvokal eingeschoben (▸ *Tag 1, Punkt 15*): **Он согла́сен**. *Er ist einverstanden.*

Langform	m	n	f	Plural
согла́сный	согла́сен	–	согла́сна	согла́сны
больно́й	бо́лен	–	больна́	больны́
откры́тый	откры́т	откры́то	откры́та	откры́ты

§2.4 Die Steigerung der Adjektive ▸ *Tag 19*

§2.4.1 Der Komparativ (1. Steigerungsstufe) ▸ *Tag 19*

Der Komparativ wird in der Regel durch Anfügen von **-ee** oder **-e** an den Wortstamm gebildet. Manchmal kommt es zu einem Betonungswechsel und einem Konsonantenwechsel (▸ *Tag 1, Punkt 6*). Der Komparativ ist unveränderlich und steht immer nach dem Bezugswort.

-ee (regelmäßig)	-e (nach г, к, х, д, т, ск, ст)	unregelmäßig
краси́вый – краси́вее	коро́ткий – коро́че	хоро́ший – лу́чше
тёплый – тепле́е	дорого́й – доро́же	плохо́й – ху́же
све́жий – свеже́е	молодо́й – моло́же	ма́ленький – ме́ньше

Der Vergleich wird durch **чем** + Nominativ oder den Genitiv wiedergegeben:
Гру́ши **лу́чше**, **чем** я́блоки. *Die Birnen sind besser als die Äpfel.*
Кни́га **интере́снее** фи́льма. *Das Buch ist interessanter als der Film.*

§2.4.2 Der Superlativ (2. Steigerungsstufe) ▸ *Tag 26*

Für den Superlativ brauchen Sie **са́мый** *m*, **са́мое** *n*, **са́мая** *f*; **са́мые** *Pl*.
Es steht vor dem Adjektiv und wird wie ein Adjektiv dekliniert:
Э́то как раз **са́мый мо́дный** цвет. *Das ist gerade die modischste Farbe.*
Он взял **са́мую ма́ленькую** ча́шку. *Er nahm die kleinste Tasse.*
Das Wort **хоро́ший** *gut* hat im Superlativ eine besondere Form: **са́мый лу́чший**:
Э́то твоя́ **са́мая лу́чшая** иде́я! *Das ist deine beste Idee!*

§2.5 Substantivierte Adjektive ▸ *Tag 27*

Einige Adjektive werden in der Funktion von Substantiven gebraucht, z.B. **ру́сский** *Russe*, **знако́мый** *Bekannter*, **ва́нная** *Bad*, **приёмная** *Empfang/Rezeption*, **моро́женое** *Eis*.
Ihre Deklination ändert sich dadurch nicht. Sie können mit weiteren Adjektiven näher bezeichnet werden:
По-мо́ему, са́мое вку́сное **моро́женое** – италья́нское.
Meiner Meinung nach ist das leckerste Eis das italienische.

§3 Das Adverb ▸ *Tag 19*

Es gibt reine und abgeleitete Adverbien. Reine Adverbien sind z.B. **там** *dort*, **о́чень** *sehr*, **почти́** *fast*. Abgeleitete Adverbien werden mit dem Stamm der Adjektive und der Endung **-o** gebildet: **хоро́ший – хорошо́** *gut*, **прия́тный – прия́тно** *angenehm*.

(Ausnahme: Adjektive auf **-ский** bilden das Adverb auf **-и**, z.B.**периоди́чески** *von Zeit zu Zeit*).

Bei den Sprachenadverbien wird zusätzlich **по-** vorangestellt: **по-ру́сски, по-испа́нски, по-неме́цки**.

Die Adverbien der Art und Weise stehen immer vor dem Prädikat, alle anderen Adverbien danach: Он **хорошо́** говори́т **по-ру́сски**. *Er spricht gut (auf) Russisch.*

Der Komparativ der steigerungsfähigen Adverbien wird wie bei den Adjektiven gebildet, z.B. **прия́тнее, жа́рче, лу́чше** ▸ *§ 2.4.1.*

§4 Das Zahlwort - *Tag 5, Tag 7, Tag 8, Tag 13, Tag 15, Tag 16, Tag 28*

Die russischen Grundzahlwörter werden wie Substantive verwendet. Die Zahlen von 1–4 haben eigene Formen, ab 5 werden sie dekliniert wie die femininen Substantive auf **-ь**, z.B. **че́тверть** *Viertel* (▸ *§1.4.2*). Das gilt auch für zusammengesetzte Zahlwörter (z.B. 21, 22, ...). Die Grundzahlen brauchen Sie u.a. zur Angabe der Uhrzeit.

N	оди́н *m*, одно́ *n*, одна́ *f*	два *m/n*, две *f*	три	четы́ре
G	(без) одного́/ одно́й	(без) дв**ух**	(без) тр**ёх**	(без) четыр**ёх**

Die Substantive stehen nach den Grundzahlwörtern in verschiedenen Kasus:

1 (21, 31, ...) + *N Sg*   2, 3, 4 (22, 23, 24, 32, ...) + *G Sg*   5–20 (25, 26, ...) + *G Pl*

Das müssen Sie vor allem bei der Angabe des Alters und der Uhrzeit beachten:

Мне 21 **год**/22 **го́да**/25 **лет**.

Сейча́с оди́н **час** одна́ **мину́та**/дв**а** час**а́** дв**е мину́ты**/пять **часо́в** пять **мину́т**.

Die Ordnungszahlwörter sind Adjektive und werden auch wie Adjektive dekliniert. Ordnungszahlen brauchen Sie u.a. zur Angabe von Datum und Jahreszahlen.

§5 Das Pronomen

Die Pronomen werden unterteilt nach substantivischen Pronomen (Personal-, Reflexivpronomen) und adjektivischen Pronomen (Possessiv-, Demonstrativ-, Determinativpronomen).

§5.1 Das Personalpronomen ▸ *Tag 2, Tag 5, Tag 8, Tag 11, Tag 20, Tag 21*

Die persönlichen Fürwörter ersetzen ein Substantiv oder einen Namen.

	Singular				Plural		
N	я	ты	он/оно́	она́	мы	вы	они́
G	меня́	тебя́	(н)его́	(н)её	нас	вас	(н)их
D	мне	тебе́	(н)ему́	(н)ей	нам	вам	(н)им
A	меня́	тебя́	(н)его́	(н)её	нас	вас	(н)их
I	мной	тобо́й	(н)им	(н)ей	на́ми	ва́ми	(н)и́ми
P	обо мне́	о тебе́	о нём	о ней	о нас	о вас	о них

Für die höfliche Anrede wird die 2. Person Plural **вы** *Sie* verwendet, die in Briefen großgeschrieben wird.

Nach Präpositionen wird vor den Formen der 3. Person Singular und Plural immer ein **н-** eingefügt. **Я éду с ним.** *Ich fahre mit ihm.*

Konsonantische Präpositionen werden vor **мне** und **мной** mit **-о** erweitert: **ко мне́, со мно́й, во мне́**. Die vokalische Präposition **о** wird zu **обо**: **обо мне́.**

§5.2 Das Possessivpronomen ▸ *Tag 9, Tag 12, Tag 21, Tag 23, Tag 25*

Die besitzanzeigenden Fürwörter der 1. und 2. Person werden nach Genus und Numerus unterschieden und dekliniert: **мой** *m mein*, **моё** *n*, **моя́** *f*; **мой** *Pl*; **наш** *m unser*, **на́ше** *n*, **на́ша** *f*, **на́ши** *Pl*.

Die Deklination stimmt mit der weichen Adjektivdeklination überein.

Die Possessivpronomen der 3. Person Singular und Plural (**её**, **его́**, **их**) sind unveränderlich.

	m	*n*	*f*	Plural
N	мой	моё	моя́	мой
G	моего́		мое́й	мои́х
D	моему́		мое́й	мои́м
A	= N oder G	= N	мою́	= N oder G
I	мои́м		мое́й	мои́ми
P	о моём		о мое́й	о мои́х

Bei belebten Substantiven entspricht der Akkusativ maskulin und der Plural dem Genitiv, bei unbelebten Substantiven dem Nominativ.

	m	*n*	*f*	Plural
N	наш	на́ше	на́ша	на́ши
G	на́шего		на́шей	на́ших
D	на́шему		на́шей	на́шим
A	= N oder G	= N	на́шу	= N oder G
I	на́шим		на́шей	на́шими
P	о на́шем		о на́шей	о на́ших

Das Pronomen **твой** *dein* wird wie **мой**, das Pronomen **ваш** *euer/Ihr* wie **наш** dekliniert.

§5.2.1 Das reflexive Possessivpronomen свой ▸ *Tag 25*

Das rückbezügliche besitzanzeigende Fürwort **свой** *m*, **своё** *n*, **своя́** *f*; **свой** *Pl mein, dein, sein, ihr, unser, euer/Ihr, ihr (eigen)* wird nach Genus, Numerus und Kasus unterschieden. Es wird zum Ausdruck des Besitzes für alle drei Personen im Singular und Plural verwendet, wenn der Besitzer gleichzeitig Subjekt des Satzes ist.
Свой steht nie im Nominativ und wird wie **мой** dekliniert.
Я возьму́ **свой** чемода́н. *Ich nehme meinen (eigenen) Koffer.*
Оле́г взял **свой** чемода́н. *Oleg hat seinen (eigenen) Koffer genommen.*
Оле́г взял **его́** чемода́н (= чемода́н Ште́фана).
Oleg hat seinen Koffer genommen (= Stefans Koffer).
Die Possessivpronomen **его́/её/их** beziehen sich immer auf eine andere Person.

§5.3 Das Demonstrativpronomen ▸ *Tag 7*, *Tag 23*, *Tag 25*, *Tag 27*, *Tag 28*

Die hinweisenden Fürwörter werden nach Genus, Numerus und Kasus unterschieden. **Э́тот** *m*, **э́то** *n*, **э́та** *f*; **э́ти** *Pl diese(r,s)* weist meist auf räumliche oder zeitliche Nähe, **тот** *m*, **то** *n*, **та** *f*; **те** *Pl jene(r,s)* auf räumliche oder zeitliche Ferne hin.
Я живу́ в **э́том** до́ме. *Ich wohne in diesem Haus.*
Она́ рабо́тает в **том** о́фисе. *Sie arbeitet in jenem Büro.*
Э́то *das ist/sind* wird außerdem unveränderlich verwendet, wenn es einen Hinweis einleitet:
Э́то на́ша перево́дчица. *Das ist unsere Dolmetscherin.*
Э́то де́ти на́ших сосе́дей. *Das sind die Kinder unserer Nachbarn.*

	m/n	m/n	f		Plural	
N	э́тот / э́то	тот / то	э́та	та	э́ти	те
G	э́того	того́	э́той	той	э́тих	тех
D	э́тому	тому́	э́той	той	э́тим	тем
A	= N oder G	= N oder G	э́ту	ту	= N oder G	
I	э́тим	тем	э́той	той	э́тими	те́ми
P	об э́том	о то́м	об э́той	о то́й	об э́тих	о те́х

Bei belebten Substantiven entspricht der Akkusativ maskulin und der Plural dem Genitiv, bei unbelebten Substantiven dem Nominativ.

§5.4 Das Reflexivpronomen себя́ ▸ Tag 20

Das rückbezügliche Fürwort **себя́** *sich* wird für alle drei Personen im Singular und Plural verwendet. Da es sich auf die handelnde Person zurückbezieht, steht es nie im Nominativ. Es wird wie **ты** dekliniert.
Она́ купи́ла **себе́** мо́дные ту́фли. *Sie hat sich modische Schuhe gekauft.*
Посмотри́ на **себя́**, ты весь си́ний от хо́лода! *Schau dich (doch) an, du bist ganz blau vor Kälte!*

§5.5 Das Relativpronomen кото́рый ▸ Tag 26

Das bezügliche Fürwort **кото́рый** *m*, **кото́рое** *n*, **кото́рая** *f*; **кото́рые** *Pl welche(r,s)*, *der/die/das* leitet einen Relativsatz ein und wird wie ein Adjektiv dekliniert. Es stimmt in Genus und Numerus immer mit dem Bezugswort überein.
Де́вушка, **кото́рая** то́лько что пришла́, моя́ сестра́.
Die junge Frau, die gerade gekommen ist, ist meine Schwester.
Der Kasus des Relativpronomens wird durch das Verb oder eine Präposition im Relativsatz bestimmt.
Ве́чером придёт сосе́д, **кото́рому** я **дал** кни́гу.
Abends kommt der Nachbar, dem ich das Buch gegeben habe.
Сосе́д, **у кото́рого** два сы́на, мой друг.
Der Nachbar, der zwei Söhne hat, ist mein Freund.

§5.6 Das Interrogativpronomen ▸ *Tag 7, Tag 13, Tag 21, Tag 27*

Die Fragepronomen **како́й** *m*, **како́е** *n*, **кака́я** *f*; **каки́е** *Pl*, *was für ein(e)?* sowie
кото́рый *m*, **кото́рое** *n*, **кото́рая** *f*; **кото́рые** *Pl welche(r,s)?* werden nach Genus,
Numerus und Kasus unterschieden und wie Adjektive dekliniert.
Die Fragepronomen **кто?** *wer?* und **что?** *was?* sowie das Pronomen **чей?** *wessen?*
haben eine eigene Deklination.

§5.6.1 Die Pronomen кто und что ▸ *Tag 21*

Mit **кто?** *wer?* fragen Sie nach Personen, mit **что?** *was?* nach Dingen. Die Fragepronomen stehen im Singular und werden dekliniert. Nach **кто** steht das Prädikat in der maskulinen Form, nach **что** im Neutrum:

Кто согла́с**ен**? *Wer ist einverstanden?*
Что случи́**лось**? *Was ist passiert?*

N		кто?	wer?			что?	was?
G		кого́?	wessen?			чего́?	wessen?
D		кому́?	wem?			чему́?	wem?
A		кого́?	wen?			чего́?	was?
I	(с)	кем?	mit wem?	(с)		чем?	womit?
P	о	ком?	über wen?	о		чём?	worüber?

§5.6.2 Das Pronomen чей ▸ *Tag 27*

Das Fragepronomen **чей?** *m wessen?*, **чьё** *n*, **чья** *f*; **чьи** *Pl* bezeichnet die Zugehörigkeit. Es wird nach Genus, Numerus und Kasus unterschieden.

	m	*n*	*f*	Plural
N	чей	чьё	чья	чьи
G	чьего́		чьей	чьих
D	чьему́		чьей	чьим
A	= N oder G	= N	чью	= N oder G
I	чьим		чьей	чьи́ми
P	о чьём		о чьей	о чьих

Bei belebten Substantiven entspricht der Akkusativ maskulin und der Plural dem Genitiv, bei unbelebten Substantiven dem Nominativ.

§5.7 Das Determinativpronomen весь ‣ *Tag 24*

Das bestimmende Fürwort **весь** *m*, **всё** *n*, **вся** *f*; **все** *Pl ganz, alle* wird wie ein Adjektiv verwendet.

	m	n	f	Plural
N	весь	всё	вся	все
G	всего́		всей	всех
D	всему́		всей	всем
A	= N oder G	= N	всю	= N oder G
I	всем		всей	все́ми
P	обо всём		обо все́й	обо все́х

Bei belebten Substantiven entspricht der Akkusativ maskulin und der Plural dem Genitiv, bei unbelebten Substantiven dem Nominativ.

§6 Das Verb ‣ *Tag 2, Tag 3, Tag 4, Tag 8, Tag 10, Tag 11*

Der Infinitiv der russischen Verben endet auf **-ть**, seltener auf **-ти** oder **-чь**: **знать** *wissen*, **идти́** *gehen*, **мочь** *können*. Die Verben werden konjugiert und nach dem Bindevokal vor der Personalendung in zwei Konjugationsklassen unterteilt: **e-Konjugation** und **i-Konjugation**. Daneben gibt es unregelmäßige Verben. Deren Konjugationsformen finden Sie in der Tabelle auf Seite 238–242.

§6.1 Die e-Konjugation ‣ *Tag 2, Tag 8, Tag 27*

Zur **e-Konjugation** gehören die meisten Verben, die im Infinitiv auf **-ать**, **-ять** oder **-еть** enden. Außerdem werden die Verben auf **-нуть** sowie die einsilbigen Verben auf **-ить** nach der **e-Konjugation** gebeugt. In der 1. Person Singular und der 3. Person Plural gilt: nach Vokal stehen **-ю/-ют**, nach Konsonant **-у/-ут**.

	знать	усну́ть	пить	жить
я	зна́ю	усну́	пью	живу́
ты	зна́ешь	усне́шь	пьёшь	живёшь
он/она́/оно́	зна́ет	усне́т	пьёт	живёт
мы	зна́ем	усне́м	пьём	живём
вы	зна́ете	усне́те	пьёте	живёте
они́	зна́ют	усну́т	пьют	живу́т

Beim Verb **ждать** (**он ждёт**), allen endbetonten Verben auf **-нуть** (**он уснёт**) sowie den einsilbigen Verben auf **-ить** (он **пьёт**) steht **-ё-** statt **-е-** in der Endung.

Bei Verben auf **-овать** und **-евать** wird **-ова-/-ева-** in allen Personen durch **-у-** ersetzt: **сове́товать** (**сове́тую, сове́туешь, сове́туют**).

§6.2 Die i-Konjugation ▸ *Tag 3*

Die meisten Verben mit dem Infinitiv auf **-ить** gehören zur **i-Konjugation.**
In der 1. Person Singular und 3. Person Plural stehen die Endungen **-ю/-ят**, nach Zischlauten (**ж, ч, ш, щ**) stehen **-у/-ат**.

	говори́ть	учи́ть	люби́ть	проси́ть
я	говорю́	учу́	люблю́	прошу́
ты	говори́шь	у́чишь	лю́бишь	про́сишь
он/она́/оно́	говори́т	у́чит	лю́бит	про́сит
мы	говори́м	у́чим	лю́бим	про́сим
вы	говори́те	у́чите	лю́бите	про́сите
они́	говоря́т	у́чат	лю́бят	про́сят

Zum **л**-Einschub und Konsonantenwechsel in der 1. Person Singular sowie zum Betonungswechsel: ▸ *§6.3.*

Folgende Verben auf **-ать**, **-еть** und **-ять** werden nach der **i-Konjugation** gebeugt, wobei der Vokal vor der Infinitivendung entfällt: **спать, лежа́ть, дыша́ть, стуча́ть, лете́ть, сиде́ть, смотре́ть, ви́деть, висе́ть, вы́глядеть, стоя́ть, боя́ться**.

§6.3 Der Konsonanten- und Betonungswechsel ▸ *Tag 4. Tag 18*

Im Präsens kommt es bei Verben mit den Konsonanten **б, в, м, п** im Auslaut zu einem **л**-Einschub in der 1. Person Singular: **люби́ть (я люблю́)**. Bei Verben mit den Konsonanten **г/к, д/т, з/с, ск/ст** und **х** im Auslaut kommt es zu einem Konsonantenwechsel (▸ *Tag 1, Punkt 6*): **проси́ть (я прошу́)**.

Der Konsonantenwechsel findet in der **e-Konjugation** in allen Formen statt (**писа́ть – я пишу́, ты пи́шешь, они́ пи́шут**), in der **i-Konjugation** ist davon nur die 1. Person Singular betroffen (▸ *§6.2*). Bei einigen Verben kommt es zu einem Betonungswechsel. Dabei verschiebt sich die Betonung in allen Formen außer der 1. Person Singular von der Endung auf den Stamm (**смотре́ть – я смотрю́, ты смо́тришь, они́ смо́трят**).

§6.4 Die reflexiven Verben ▸ *Tag 10*

Die rückbezüglichen Verben bildet man im Russischen durch Anhängen der
Partikel **-ся** (nach Konsonant) oder **-сь** (nach Vokal) ans Wortende. Sie wird
stets mit dem Verb zusammengeschrieben, die Personalendung wird davon
nicht beeinflusst.

	учи́ться lernen, studieren		
я	учу́**сь**	мы	у́ч**имся**
ты	у́ч**ишься**	вы	у́ч**итесь**
он, она́, оно́	у́ч**ится**	они́	у́ч**атся**

Nicht alle deutschen reflexiven Verben sind auch im Russischen reflexiv –
und umgekehrt! Vergleichen Sie: **нра́виться** *gefallen*, **отдыха́ть** *sich erholen*.

§6.5 Die Aspekte ▸ *Tag 8, Tag 9, Tag 11, Tag 17*

Den meisten deutschen Verben entsprechen im Russischen zwei Verbformen,
die sogenannten Aspektpartner. Mit diesen Aspekten drückt der Sprecher die
Handlung als verlaufend/wiederkehrend (*unvollendeter Aspekt* = *uv*) bzw. als
abgeschlossen/einmalig (*vollendeter Aspekt* = *v*) aus. Die Aspektpartner **дава́ть** *uv*
und **дать** *v* übersetzen Sie zwar beide mit *geben*, doch bei der ersten Form stehen
Verlauf/Wiederholung/Gewohnheit im Vordergrund und bei der zweiten Resultat/
Vollendung/Einmaligkeit.
Aufgrund ihrer Bedeutung können die *vollendeten* Verben keine Gegenwart
ausdrücken und haben somit nur zwei Zeitformen: das Futur und das Präteritum.
Das *vollendete* Verb wird häufig durch Anfügen einer Vorsilbe an das *unvollendete*
Verb (**де́лать/сде́лать** *tun, machen*) oder durch eine Stammveränderung
(**понима́ть/поня́ть** *verstehen*) gebildet. Teilweise sind die Aspektpartner auch zwei
verschiedene Wörter (**говори́ть/сказа́ть** *sagen*). Beachten Sie, dass der *unvollendete*
Aspekt in den Wortlisten und im Glossar immer zuerst steht.

§6.6 Die Verben der Fortbewegung ▸ *Tag 16*

Eine weitere Besonderheit bei den russischen Verben betrifft die Verben der
Fortbewegung. Sie kommen im Russischen ebenfalls als Paare vor, sind aber **keine**
Aspektpartner: **идти́/ходи́ть** *gehen*, **е́хать/е́здить** *fahren*, **лете́ть/лета́ть** *fliegen*. Das
bestimmte Verb (es steht immer zuerst) drückt eine einmalige/einfache Bewegung
aus, das *unbestimmte* eine mehrmalige/mehrfache.

bestimmtes Verb	unbestimmtes Verb
Да́ша сейча́с **идёт** на конце́рт. Dascha geht gerade ins Konzert. (einmal)	По утра́м Ко́ля **хо́дит** в са́дик. Morgens geht Kolja in den Kindergarten. (regelmäßig/mehrmals)
Ште́фан **е́дет** в Санкт-Петербу́рг. Stefan fährt nach St. Petersburg. (in eine Richtung →)	Вы ча́сто **е́здите** на по́езде? Fahren Sie oft mit dem Zug? (hin und zurück → ←)
Э́тот самолёт **лети́т** в Москву́. Dieses Flugzeug fliegt nach Moskau. (nur hin →)	Я не о́чень люблю́ **лета́ть**. Ich fliege nicht so gerne. (allgemein/generell)

Die Verben der Fortbewegung sind alle *unvollendet*, Aspektpaare entstehen erst durch Vorsilben: **входи́ть/войти́** *hineingehen*, **уезжа́ть/уе́хать** *wegfahren*.

§6.6.1 Die Vorsilben der Verben ‣ *Tag 9, Tag 11, Tag 17, Tag 18*

Die Vorsilben der Verben haben keine Auswirkung auf die Konjugation. Die Verben **лете́ть**, **улете́ть** und **прилете́ть** haben die gleichen Endungen. Erhält **идти́** eine Vorsilbe, verändert sich die Grundform, z.B. **войти́**. Konjugiert werden diese Verben genau wie **идти́**, nur steht statt -**и**- jetzt -**й**-: **войду́, войдёшь, войду́т**.

Bei der Vorsilbe **вы**- verlagert sich manchmal die Betonung in allen Formen auf die Vorsilbe, z.B. **выходи́ть/вы́йти** *hinausgehen*. (Vorsicht: nur bei **вы́йти**, nicht bei **выходи́ть**!) Das gilt nicht nur für Verben der Fortbewegung mit Vorsilben, sondern auch für andere Verbpaare, z.B. **пить/вы́пить** *trinken*, **учи́ть/вы́учить** *lernen*.

Da -**ё**- immer betont ist, wird es in der Endung dann durch -**е**- ersetzt:
пьёшь – вы́пьешь, идёшь – вы́йдешь.

§6.7 Die Zeiten ‣ *Tag 2, Tag 3, Tag 11, Tag 24, Tag 29*

Im Russischen gibt es nur drei Zeitformen: Präsens, Präteritum und Futur.

§6.7.1 Das Präsens ‣ *Tag 2, Tag 3*

In der Gegenwart beschreibt man die Handlungen, die gerade im Verlauf sind, regelmäßig stattfinden, wiederkehren, seit einiger Zeit andauern oder für die zu beschreibende Person oder Sache charakteristisch sind.

Nur *unvollendete* russische Verben kommen im Präsens vor. Die Formen werden entsprechend den Konjugationstypen gebildet (‣ *§6.1, §6.2*).

§6.7.2 Das Präteritum ▸ Tag 11, Tag 17, Tag 18, Tag 18

Die Vergangenheit wird für beide Aspekte gleich gebildet. Während die Verben im Präsens oder Futur nach Person und Numerus konjugiert werden, unterscheiden sich die Präteritumsformen nach Genus und Numerus. Die Endungen **-л** *m*, **-ла** *f*, **-ло** *n*; **-ли** *Pl* werden dabei an den Verbstamm (Infinitiv ohne **-ть**) angehängt. Um die femininen und neutralen Formen besser voneinander zu unterscheiden, verschiebt sich bei der femininen Form oft die Betonung auf die Endung: **она́ ждала́, она́ жила́, она́ взяла́**.

Infinitiv	*m* (я, ты, он)	*f* (я, ты, она́)	*n* (оно́)	Plural (мы, вы, они́)
ждать	ждал	ждала́	жда́ло	жда́ли

Einige Verben (vor allem Verben auf **-ти**, **-чь** und unbetontes **-нуть**), haben besondere Präteritumsformen, die Sie in der Tabelle auf Seite 238–242 finden. Achten Sie besonders auf die unregelmäßigen Präteritumsformen des Verbs **идти́** und seiner Zusammensetzungen: **шёл** *m*, **шла** *f*, **шло** *n*; **шли** *Pl*: **прийти́ – мы пришли́** *wir sind angekommen*.

§6.7.3 Das Futur ▸ Tag 24, Tag 25, Tag 29

Es gibt im Russischen zwei Zukunftsformen: das einfache und das zusammengesetzte Futur. Die *vollendeten* Verben bilden das einfache Futur, die *unvollendeten* Verben das zusammengesetzte. Die Bildung des einfachen Futurs entspricht der Bildung der Präsensformen der *unvollendeten* Verben (▸ *§6.7.1*).
Das zusammengesetzte Futur besteht aus der Futurform des Hilfsverbs **быть** *sein* und dem Infinitiv der *unvollendeten* Verben:
Пе́ред сном я **бу́ду чита́ть**. *Vor dem Schlafengehen werde ich lesen.*

я	бу́ду	мы	бу́дем
ты	бу́дешь	вы	бу́дете
он, она́, оно́	бу́дет	они́	бу́дут

Während das einfache Futur das Ergebnis/die Vollendung einer Handlung beschreibt, steht beim zusammengesetzten Futur der Verlauf/die Wiederholung im Vordergrund. Das einfache Futur wird häufig auch zur Aufforderung zu einer gemeinsamen Handlung verwendet.

§6.8 Das Verb быть ▸ *Tag 2, Tag 11, Tag 29*

Das Verb **быть** *sein* wird in der Gegenwart (**есть** für alle Personen) meist ausgelassen. Nur in der Bedeutung von *vorhanden sein* steht es häufig in positiven Aussagesätzen und immer in Fragen:

Я сейча́с у врача́. *Ich (bin) gerade beim Arzt.*

У меня́ **(есть)** соба́ка. *Ich habe einen Hund. (wörtl bei mir ist)*

У вас **есть** сего́дня вре́мя? *Haben Sie heute Zeit?*

Dagegen ist das Verb **быть** sowohl im Präteritum als auch im Futur notwendig. Die Formen lauten:

был *m*, **была́** *f*, **бы́ло** *n*; **бы́ли** *Pl* (Betonung beachten! (▸ *§6.7.2*);

бу́ду, бу́дешь, бу́дет, бу́дем, бу́дете, бу́дут (▸ *§6.7.3*).

Вчера́ я **был/á** у врача́. *Gestern war ich beim Arzt.*

В пять я **бу́ду** у врача́. *Um fünf werde ich beim Arzt sein.*

§6.9 Der Imperativ ▸ *Tag 17, Tag 25*

Die Aufforderungsform kommt nur in der 2. Person Singular und Plural vor und wird aus der 3. Person Plural der Verben gebildet. Im Plural wird immer **-те** an den Singular angehängt. Die Höflichkeitsform entspricht der Pluralform.

-й (nach Vokal)	**-й** (nach Konsonant, 1. Pers Sg endbetont)	**-ь** (nach Konsonant*, 1. Pers Sg stammbetont)
зна́-ют → зна́-**й**/**те**	жд-ут → жд-**й**/**те**	ве́р-ят → ве́р-**ь**/**те**

*Ausnahme: Verben, deren Stamm auf zwei Konsonanten endet: по́мн-ят – по́мн-**и**/**те**!

Der Imperativ des Verbs **дава́ть** (**дава́й/те**!) wird in der gesprochenen Sprache zum Ausdruck einer Aufforderung zur gemeinsamen Handlung verwendet. Danach steht das *vollendete* Verb im einfachen Futur.

Дава́й посмо́трим фильм! *Lass uns einen Film ansehen!*

§6.10 Der Konjunktiv ▸ *Tag 18*

Die Möglichkeitsform verwendet man zur Formulierung höflicher Bitten, Wünsche oder Aufforderungen und um irreale Bedingungen auszudrücken:

Ты **бы** не **мог** купи́ть биле́ты сего́дня?

Könntest du nicht heute die Tickets kaufen?

Zur Bildung benötigen Sie das Präteritum des Verbs und die Konjunktivpartikel **бы**, die vor oder nach dem Verb stehen kann. Unabhängig davon, ob sich die Handlung auf die Vergangenheit, Gegenwart oder Zukunft bezieht, muss im Russischen das Verb immer im Präteritum stehen. Im Deutschen verändert sich dagegen die Zeitform. Vergleichen Sie:

Éсли **бы** вчера́ **была́** хоро́шая пого́да, мы **пошли́ бы** гуля́ть.
Wenn das Wetter gestern gut gewesen wäre, wären wir spazieren gegangen.
Мы **пошли́ бы** гуля́ть, éсли **бы была́** хоро́шая погода.
Wir würden spazieren gehen, wenn das Wetter gut wäre.

§6.11 Das Passiv ▸ *Tag 28*

Vor allem *unvollendete* Verben bilden das Passiv durch Anhängen der Reflexivpartikel
-ся/сь an die konjugierte Verbform (▸ *§6.4*):
Объявля́ется посáдка. (*wörtl*) *Boarding wird angekündigt.*
Verben des Mitteilens können auch in der 1. oder 3. Person Plural ohne Subjekt
verwendet werden.
Про́сим пассажи́ров пройти́ к вы́ходу A03.
Die Passagiere werden gebeten, sich zum Ausgang A03 zu begeben.
Говоря́т, что мир тéсен. *Man sagt, dass die Welt klein ist.*

§7 Die Modalwörter ▸ *Tag 15*

Modalwörter gibt es im Russischen in der Form von Verben, Kurzadjektiven oder
Adverbien. Diesen Wörtern kann ein Infinitiv folgen. Wenn dessen Bedeutung zu
erschließen ist, wird er oft weggelassen.
Мне **ну́жно** (поéхать) в командиро́вку. *Ich muss auf Dienstreise fahren.*

Vorliebe/Gefallen	**люби́ть** mögen/lieben
Absicht/Wunsch	**хотéть** wollen
Notwendigkeit/ Pflicht	**ну́жен/ну́жно/нужна́/нужны́** ist/sind notwendig **на́до/ну́жно** man muss/braucht **до́лжен/должно́/должна́/должны́** müssen **необходи́мо** (unbedingt) notwendig
Fähigkeit	**умéть** können/beherrschen **мочь/смочь** können **знать** wissen/beherrschen
Möglichkeit/ Erlaubnis	**мочь/смочь** können/dürfen **мо́жет** vielleicht **мо́жно** man kann/darf **возмо́жно** vielleicht, kann sein
Verbot	**нельзя́** man darf nicht

§8 Die Präposition - *Tag 4, Tag 9, Tag 12, Tag 13, Tag 15–Tag 18, Tag 23*

Verhältniswörter erfordern im Russischen immer einen bestimmten Kasus.
Sie können u.a. räumliche oder zeitliche Zusammenhänge ausdrücken. Manche
Präpositionen stehen nur mit einem, andere mit verschiedenen Kasus.

G	**из** aus, **напро́тив** gegenüber, **о́коло** neben/in der Nähe von, **от** von, **до** bis, **у** bei/an/neben, **вдоль** (an etw) entlang, **с** von, **по́сле** nach, **во вре́мя** während, **без** ohne, **для** für, **йз-за** wegen, **про́тив** gegen, **насчёт** hinsichtlich
D	**по** durch/entlang (räumlich); nach/gemäß (zeitlich); **к** zu
A	(auf die Frage wohin?) **в** in (räumlich)/um (zeitlich), **на** auf/in, **за** hinter/an/für, **под** unter, **че́рез** durch/über (räumlich); in/nach (zeitlich), **по** bis (zeitlich)
I	(auf die Frage wo?) **за** hinter/an, **ме́жду** zwischen, **над** über, **пе́ред** vor, **под** unter/bei/in der Nähe von, **с** mit
P	(*auf die Frage* wo?) **в** in, **на** auf/in, **при** bei/an, **о** über

Bei mehreren Konsonanten im Anlaut des folgenden Substantivs werden
Präpositionen, die aus einem Konsonanten bestehen, mit **-o** erweitert: **в – во**,
с – со, к – ко. Aus der Präposition **o** wird vor Vokalen **об**, vor einsilbigen Pronomen
mit zwei Konsonanten am Wortanfang **обо** (**об э́том**, **обо мне́**).

§9 Aussage- und Fragesätze - *Tag 2, Tag 17*

Die Stellung des Verbs ist in russischen Sätzen nicht festgelegt. Im Präsens entfällt
das Verb **быть** *sein* in der Regel (**▸** *§6.8*), teilweise fehlt das ganze Prädikat. Aussage-
und Fragesätze werden deshalb nicht durch die Satzstellung, sondern durch die
Intonation (Satzmelodie) voneinander unterschieden. Bei dem Wort oder Satzteil,
nach dem gefragt wird, steigt die Stimme an.

А э́то что? Und was (ist) das?	Э́то моя́ но́вая су́мка. *Das (ist) meine neue Tasche.*
Ваш дом здесь? (Ist) euer Haus hier?	Нет, наш дом там. *Nein, unser Haus (ist) dort.*
Где моя́ кни́га? Wo (ist) mein Buch?	Твоя́ кни́га на столе́. *Dein Buch (liegt) auf dem Tisch.*

§10 Unpersönliche Sätze - *Tag 19, Tag 28*

In russischen Sätzen fehlt manchmal nicht nur das Prädikat, sondern auch das
Subjekt: **Сего́дня дождь.** *(wörtl)* *Heute (fällt) Regen.*
Тебе́ не хо́лодно? *(wörtl) Dir nicht (ist) kalt?*
Außerdem können deutsche Sätze mit dem unpersönlichen *man* durch die
3. Person Plural ohne Subjekt wiedergegeben werden:
Говоря́т, что за́втра **дождь.** *Man sagt, dass (es) morgen Regen (gibt).*
In Nebensätzen oder nach Modalwörtern wird ein Infinitiv verwendet:
Что́бы вы́учить язы́к, **ну́жно** мно́го **говори́ть.**
Um eine Sprache zu erlernen, muss man viel sprechen.

§11 Die Verneinung - *Tag 5, Tag 15*

Zur Verneinung verwendet man in der Regel **нет** *nein, kein(e)* oder **не** *nicht.*
Нет verneint meist die ganze Satzaussage, **не** dagegen nur einzelne Wörter.
Es steht deshalb direkt vor dem zu verneinenden Wort:
Ты прие́дешь за́втра? *Kommst du morgen?* – **Нет**(, не прие́ду). *Nein.*
Я **не** прие́ду. *Ich komme nicht.*
Здесь **не** хо́лодно. *Hier ist es nicht kalt.*
Э́то **не** Оле́г. *Das ist nicht Oleg.*
Нет kann auch in der Bedeutung *etwas nicht haben* verwendet werden.
Dann folgt darauf der Genitiv:
У меня́ **нет** маши́ны. *Ich habe kein Auto.*
Bei Adjektiven und Adverbien wird **не-** manchmal als Vorsilbe verwendet.
Sie bezeichnen dann das Gegenteil, z.B. обы́чный *gewöhnlich* – **не**обы́чный
ungewöhnlich, ве́рно *richtig* – **не**ве́рно *falsch.*
Einige Pronomen oder Adverbien werden mit der Vorsilbe **ни-** verneint,
z.B. **ни**чего́ *nichts,* **ни**когда́ *nie.*
Stehen mehrere Verneinungen im Satz, heben sie sich nicht auf, sondern verstärken
die Verneinung vielmehr:
Я его́ **ни**когда́ **не** ви́дел. *Ich habe ihn (noch) nie gesehen.*
Он **ни**когда́ **ни**чего́ **не**обы́чного **не** говори́л.
Er hat noch nie etwas Ungewöhnliches gesagt.
Das Verb muss in solchen Sätzen immer zusätzlich verneint werden
(doppelte Verneinung).

Ausgewählte Verben

Infinitiv 1. Pers Sg/2. Pers Sg/3. Pers Pl	Imperativ	Präteritum
быть *uv* sein есть *(nur 3. Pers Sg)*	будь	был/-á/-о/-и
верну́ться *v* zurückkehren верну́сь/вернёшься/верну́тся	верни́сь	верну́лся
ви́деть *uv* sehen ви́жу/ви́дишь/ви́дят	–	ви́дел
висе́ть *uv* hängen вишу́/виси́шь/вися́т	виси́	висе́л
взять *v* nehmen возьму́/возьмёшь/возьму́т	возьми́	взял/-á/-о/-и
встава́ть *uv* aufstehen встаю́/встаёшь/встаю́т	встава́й	встава́л
встать *v* aufstehen вста́ну/вста́нешь/вста́нут	встань	встал
встре́тить *v* treffen встре́чу/встре́тишь/встре́тят	встре́ть	втре́тил
вы́брать *v* auswählen вы́беру/вы́берешь/вы́берут	вы́бери	вы́брал
вы́глядеть *uv* aussehen вы́гляжу/вы́глядишь/вы́глядят	вы́гляди	вы́глядел
вы́пить *v* austrinken вы́пью/вы́пьешь/вы́пьют	вы́пей	вы́пил
гото́вить *uv* kochen, zubereiten гото́влю/гото́вишь/гото́вят	гото́вь	гото́вил
дать *v* geben дам/дашь/даст/дади́м/дади́те/даду́т	дай	дал/-á/-ó/-и
е́здить *uv* (hin und her) fahren е́зжу/е́здишь/е́здят	е́зди	е́здил
есть *uv* essen ем/ешь/ест/еди́м/еди́те/едя́т	ешь	ел
е́хать *uv* (zielgerichtet) fahren е́ду/е́дешь/е́дут	поезжа́й	е́хал
жить *uv* leben, wohnen живу́/живёшь/живу́т	живи́	жил/-á/-о/-и
заблуди́ться *v* sich verirren заблужу́сь/заблу́дишься/заблу́дятся	(не) заблуди́сь	заблуди́лся
заболе́ть *v* erkranken заболе́ю/заболе́ешь/заболе́ют	(не) заболе́й	заболе́л
забы́ть *v* vergessen забу́ду/забу́дешь/забу́дут	(не) забу́дь	забы́л

Infinitiv 1. Pers Sg/2. Pers Sg/3. Pers Pl	Imperativ	Präteritum
замёрзнуть *v* (er)frieren замёрзну/замёрзнешь/замёрзнут	(не) замёрзни	замёрз/-ла/ -ло/-ли
звать *uv* rufen зову/зовёшь/зовут	зови	звал/-а́/-о/-и
идти *uv* (zielgerichtet) gehen иду́/идёшь/иду́т	иди́	шёл/шла/шло/ шли
измени́ться *v* sich verändern изменю́сь/изме́нишься/изме́нятся	измени́сь	измени́лся
иска́ть *uv* suchen ищу́/и́щешь/и́щут	ищи́	иска́л
лете́ть *uv* (zielgerichtet) fliegen лечу́/лети́шь/летя́т	лети́	лете́л
мочь *uv* können могу́/мо́жешь/мо́гут	–	мог/-ла́/-ло́/-ли́
набра́ть *v* wählen наберу́/наберёшь/наберу́т	набери́	набра́л/-а́/-о/-и
носи́ть *uv* tragen ношу́/но́сишь/но́сят	носи́	носи́л
обрати́ть *v* hinlenken обращу́/обрати́шь/обратя́т	обрати́	обрати́л
обсуди́ть *v* besprechen обсужу́/обсу́дишь/обсу́дят	обсуди́	обсуди́л
освободи́ться *v* frei werden освобожу́сь/освободи́шься/освободя́тся	освободи́сь	освободи́лся
оста́вить *v* lassen оста́влю/оста́вишь/оста́вят	оста́вь	оста́вил
оста́ться *v* bleiben оста́нусь/оста́нешься/оста́нутся	оста́нься	оста́лся
откры́ть *v* aufmachen, öffnen откро́ю/откро́ешь/откро́ют	откро́й	откры́л
отпу́стить *v* loslassen отпущу́/отпу́стишь/отпу́стят	отпусти́	отпусти́л
охри́пнуть *v* heiser werden охри́пну/охри́пнешь/охри́пнут	(не) охри́пни	охри́п/-ла/-ло/ -ли
переби́ть *v* unterbrechen перебью́/перебьёшь/перебью́т	перебе́й	переби́л
перенести́ *v* verschieben перенесу́/перенесёшь/перенесу́т	перенеси́	перенёс/ перенесла́/-о́/-и́
петь *uv* singen пою́/поёшь/пою́т	пой	пел

Infinitiv 1. Pers Sg/2. Pers Sg/3. Pers Pl	Imperativ	Präteritum
писа́ть *uv* schreiben пишу́/пи́шешь/пи́шут	пиши́	писа́л
пить *uv* trinken пью/пьёшь/пьют	пей	пил/-а́/-о/-и
поверну́ть *v* wenden поверну́/повернёшь/поверну́т	поверни́	поверну́л
погре́ться *v* sich aufwärmen погре́юсь/погре́ешься/погре́ются	погре́йся	погре́лся
подня́ть *v* (auf)heben подниму́/подни́мешь/подни́мут	подними́	по́днял/-а́/-о/-и
подружи́ться *v* sich anfreunden подружу́сь/подру́жишься/подру́жатся	подружи́сь	подружи́лся
познако́мить *v* bekannt machen познако́млю/познако́мишь/познако́мят	познако́мь	познако́мил
показа́ть *v* zeigen покажу́/пока́жешь/пока́жут	покажи́	показа́л
положи́ться *v* sich verlassen положу́сь/поло́жишься/поло́жатся	положи́сь	положи́лся
получи́ть *v* bekommen получу́/полу́чишь/полу́чат	получи́	получи́л
поня́ть *v* verstehen пойму́/поймёшь/пойму́т	пойми́	по́нял/-а́/-о/-и
попа́сть *v* gelangen попаду́/попадёшь/попаду́т	попади́	попа́л
поручи́ть *v* beauftragen поручу́/пору́чишь/пору́чат	поручи́	поручи́л
похороше́ть *v* schöner werden похороше́ю/похороше́ешь/похороше́ют	похороше́й	похороше́л
предложи́ть *v* anbieten предложу́/предло́жишь/предло́жат	предложи́	предложи́л
предста́вить *v* vorstellen предста́влю/предста́вишь/предста́вят	предста́вь	предста́вил
прибы́ть *v* ankommen прибу́ду/ прибу́дешь/прибу́дут	прибу́дь	при́был/-а́/ -о/-и
привезти́ *v* mitbringen привезу́/привезёшь/привезу́т	привези́	привёз/при- везла́/-о́/-и́
привы́кнуть *v* sich gewöhnen привы́кну/привы́кнешь/привы́кнут	привы́кни	привы́к/-ла/ -ло/-ли
пригласи́ть *v* einladen приглашу́/пригласи́шь/приглася́т	пригласи́	пригласи́л
прийти́ *v* (zu Fuß) ankommen приду́/придёшь/приду́т	приди́	пришёл/-шла́/ -шло́/-шли́

Infinitiv 1. Pers Sg/2. Pers Sg/3. Pers Pl	Imperativ	Präteritum
принести́ v (herbei)bringen принесу́/принесёшь/принесу́т	принеси́	принёс/ принесла́/-о́/-и́
провести́ v verbringen проведу́/проведёшь/проведу́т	проведи́	провёл/про-вела́/-о́/-и́
произойти́ v geschehen произойдёт/произойду́т (nur 3. Pers)	–	произошёл/ -шла́/-шло́/-шли́
пропа́сть v verschwinden пропаду́/пропадёшь/пропаду́т	пропади́	пропа́л
проси́ть uv bitten прошу́/про́сишь/про́сят	проси́	проси́л
расписа́ться v unterschreiben распишу́сь/распи́шешься/распи́шутся	распиши́сь	расписа́лся
сади́ться uv sich setzen сажу́сь/сади́шься/садя́тся	сади́сь	сади́лся
сесть v sich setzen ся́ду/ся́дешь/ся́дут	сядь	сел
смотре́ть uv (an)sehen смотрю́/смо́тришь/смо́трят	смотри́	смотре́л
соста́вить v zusammenstellen соста́влю/соста́вишь/соста́вят	соста́вь	соста́вил
спать uv schlafen сплю́/спишь/спят	спи	спал/спала́/ -о/-и
столкну́ться v zusammenstoßen столкну́сь/столкнёшься/столкну́тся	(не) столкни́сь	столкну́лся
стоя́ть uv stehen стою́/стои́шь/стоя́т	стой	стоя́л
угости́ть v bewirten угощу́/угости́шь/угостя́т	угости́	угости́л
укра́сть v stehlen украду́/украдёшь/украду́т	(не) укради́	укра́л
ула́дить v wiedergutmachen ула́жу/ула́дишь/ула́дят	ула́дь	ула́дил
усну́ть v einschlafen усну́/уснёшь/усну́т	усни́	усну́л
успе́ть v schaffen успе́ю/успе́ешь/успе́ют	успе́й	успе́л
уче́сть v beachten учту́/учтёшь/учту́т	учти́	учёл/учла́/ -о́/-и́
ходи́ть uv (hin und her) gehen хожу́/хо́дишь/хо́дят	ходи́	ходи́л
хоте́ть uv wollen хочу́/хо́чешь/хо́чет/хоти́м/хоти́те/хотя́т	–	хоте́л

Lösungen und Hörtexte

Tag 1

1 *Siehe Alphabet auf Seite II.*

2   **1.** *му-зе́й, де́-ти, Дре́з-ден, Гер-ма́-ни-я, Вар-ша́-ва*
    2. *Пра́-га, Бер-ли́н, бал-ко́н, За́льц-бург, Е-ка-те-рин-бу́рг*
    3. *Ял-та, мэр, Си-би́рь, ты, объ-е́кт*
    4. *щи, чай, Шве́-ци-я, хи́-ми-я, Ха-ба́-ровск*
    5. *фи́-зи-ка, фа́б-ри-ка, Та-тья́-на, Мад-ри́д, Па-ри́ж*

4 **harte Aussprache: б**алко́н, **З**а́льцбург, **П**ари́ж, **В**арша́ва, **К**рым, **Н**овосиби́рск, Пра́га, **Л**о́ндон, **Р**осси́я, **Д**ре́зден, **М**осква́, **с**тол, **Ж**ене́ва, **Т**атья́на, **ф**а́брика, **Х**аба́ровск, Швейца́рия, **Шв**е́ция
  weiche Aussprache: **Б**ерли́н, му**з**е́й, Санкт-**П**етербу́рг, **В**е́на, **К**ита́й, **Н**ил, Герма́ния, По́**л**ьша, Мад**р**и́д, **д**е́ти, **М**юнхен, **С**имферо́поль, **т**е́ма, **ф**и́зика, **х**и́мия, **щ**и, **ч**ай

Tag 2

Fragen zum Dialog

    1. b) – **2.** a) – **3.** a) – **4.** b)

1 **1.** a) – **2.** b) – **3.** b) – **4.** b) – **5.** a) – **6.** a)
  Hörtext
  1. Э́то наш бага́ж? – **2.** Здесь чемода́н и су́мка. – **3.** Наш о́фис вот здесь. – **4.** Э́то наш бага́ж. – **5.** Здесь чемода́н и су́мка? – **6.** Наш о́фис вот здесь?

2 **Hörtext**
  1. Здра́вствуйте! – До́брый день! – **2. Оле́г Беля́ев, о́чень прия́тно.** – *(Ihr Name +)* Рад/Ра́да познако́миться! – **3. До встре́чи.** – До свида́ния! – **4. Познако́мьтесь, э́то Татья́на.** – *(Ihr Name +)* О́чень прия́тно!

3 **1.** зна́ете – **2.** ждёт – **3.** зна́ю – **4.** ждут – **5.** зна́ют

4 ***m:*** бага́ж, чемода́н, господи́н, о́фис, Оле́г – ***f:*** госпожа́, Татья́на, су́мка, у́лица, пло́щадь – ***n:*** окно́, мо́ре

5 **1.** госпожа́ – **2.** хорошо́ – **3.** пожа́ловать – **4.** ваш, бага́ж – **5.** пожа́луйста – **6.** разреши́те – **1.** Здра́вствуйте – **2.** Познако́мьтесь – **3.** Прекра́сно – **4.** зна́ете – **5.** Спаси́бо, до свида́ния

6 **1.** ~~ва́ша~~ – **2.** ~~ваш~~ – **3.** ~~на́ша~~ – **4.** ~~наш~~ – **5.** наш –; **6.** на́ша – **7.** ~~наш~~ – **8.** ва́ша – **9.** ва́ша – **10.** ~~наш~~

7 **1.** ра́да – **2.** рад – **3.** рад – **4.** ра́ды

8 **1.** Здра́вствуйте – **2.** Добро́ пожа́ловать – **3.** Прости́те – **4.** Прекра́сно!

9 2 – 8 – 4 – 1 – 6 – 3 – 5 – 7

10 **1.** Добро́ пожа́ловать! **2.** Прости́те, вы госпожа́/господи́н Икс? **3.** Ра́д(а) познако́миться!

11 **1.** п – **2.** г – **3.** у – **4.** н

12 а – я, о – ё, у – ю, ы – и, э – е

Tag 3

Fragen zum Dialog

    1. ~~aus München~~ / aus Dachau. – **2.** ~~Managerin~~ / Dolmetscherin – **3.** liest Deutsch / ~~spricht Deutsch~~ – **4.** den Gast / ~~den Chef~~

1 **1.** b) мéнеджер – **2.** a) учи́тельница – **3.** a) води́тель – **4.** b) коллéга

Hörtext

1. ▶ Прости́те, вы госпожá Зýеваˀ
　　◀ Да, Зýева Мари́я Николáевна, глáвный мéнеджер.

2. ▶ Добрó пожáловать!
　　◀ Дóбрый день! Познакóмьтесˀ, это Елéна. Онá учи́тельница.

3. ▶ Извини́те, э́то ваш води́тель?
　　◀ Да, э́то Олéг, наш води́тель.

4. ▶ Здрáвствуйте, я Николáй Вик˧орович, ваш коллéга.
　　◀ Óчень прия́тно.

2 **1.** понимáет, говори́т – **2.** говорɔ́ишь – **3.** рабóтают – **4.** изучáю – **5.** говоря́т – **6.** читáе˧е –
7. слýшаем – **8.** знáешь – **9.** ýчит

3 **Hörtext**

a) Вы говори́те по-рýсски? 2. Да, нɘмнóго. – **b) Где ваш багáж? 4.** Здесь. – **c) Откýда ɔы?**
1. Из Гермáнии. – **d) Где вы рабóтаете? 3.** В Мюнхене.

4 **1.** d) – **2.** b) – **3.** a) – **4.** c)

5 **2.** i) – **3.** f) – **4.** j) – **5.** g) – **6.** k) – **7.** d) – **8.** a) – **9.** b) – **10.** h) –**11.** c)

6 **1.** wer – **2.** was – **3.** wo – **4.** woher

7 **1.** её – **2.** её – **3.** егó – **4.** егó – **5.** её

8 **1.** -е – **2.** -е – **3.** -е – **4.** -е – **5.** -и

9 **1.** -ы – **2.** -а – **3.** -и – **4.** -и – **5.** -а – **6.** -и – **7.** -я

10 3 – 6 – 9

Tag 4

Fragen zum Dialog

1. a) – **2.** b) – **3.** b)

1 **Hörtext**

1. На столé кóфе, минерáлка, **бутербрóды** и **салáты**. – **2.** Это мои́ **сýмки**. – **3.** Спрáва
компью́терный зал и **туалéты**. – **4.** А слéва – **óкна**. – **5.** Здесь **гóсти** из Гермáнии.

2 **1.** любл**ю** – **2.** сид**и́т**, читá**ет** – **3.** люб**я́т** – **4.** хот**и́те** – **5.** читá**ем**, слýш**аем**

3 **1.** буфéте – **2.** бутербрóды, салáт – **3.** Мюнхене – **4.** минерáлку

4 **1.** b) – **2.** d) – **3.** c) – **4.** a)

5 **1.** рýсский язы́к – **2.** по-рýсски – **3.** рýсский язы́к – **4.** рýсский язы́к – **5.** по-рýсски –
6. по-рýсски

6 **1.** -у – **2.** (–) – **3.** (–) – **4.** -у – **5.** -е – **6.** -й

7 **1.** учý, учи́ть: Ich lerne Wörter/Vokaɔeln – **2.** говори́те, говори́ть: Sprechen Sie/Sprecht ihr
Russisch? – **3.** изучáю, изучáть: Ich studiɘre Russisch/lerne die russische Sprache. –
4. знáешь, знать: Kennst du dieses Wort? – **5.** ждут, ждать: Man wartet auf uns in der
Cafeteria. – **6.** сидя́т, сидéть: Wo sitzen sie? – **7.** хоти́те, хотéть: Möchten Sie/Möchtet ihr
Tee oder Kaffee? – **8.** лю́бит, люби́ть: Er mag/liebt schwarzen Kaffee.

8 **1.** фи́рмы – **2.** кабинéты – **3.** маши́ны – **4.** словá – **5.** бутербрóды

9 **1.** f) – **2.** h) – **3.** a) – **4.** j) – **5.** i) – **6.** c) – **7.** d) – **8.** k) – **9.** g) – **10.** b) – **11.** – e)

10 **1.** сиди́м – **2.** знáешь – **3.** хоти́те – **4.** лю́бит – **5.** ждут – **6.** учý – **7.** говори́т –
8. понимáете – **9.** означáет

Tag 5

Fragen zum Dialog

1. richtig – **2.** falsch – **3.** falsch – **4.** richtig

1   **1.** b) – **2.** b) – **3.** a) – **4.** b) – **5.** b) – **6.** a)
     Hörtext
     1. Прости́те, но здесь то́лько три бутербро́да. – **2.** В кабине́те дире́ктора два окна́, одно́ сле́ва и одно́ пря́мо. – **3.** У нас на фи́рме оди́н перево́дчик, но сейча́с он в командиро́вке. – **4.** Четы́ре де́вочки сидя́т вме́сте и де́лают уро́ки. – **5.** На фи́рме «Э́кспо» рабо́тают три води́теля? – **6.** В конце́ у́лицы стои́т одна́ маши́на.

2   **1.** У него́ нет бра́та. – **2.** У них то́же есть маши́на. – **3.** У неё нет сестры́. –
     4. У меня́ есть телефо́н. – **5.** У нас то́же ве́чно нет вре́мени.

3   **1.** *Substantive bleiben im Nominativ.*
     2. *Substantive stehen im Genitiv:* су́мки, чемода́на, багажа́, тёти, учи́теля, учи́тельницы, минера́лки, де́вочки, ча́я, кабине́та, ма́мы, сы́на, балко́на, жены́, дя́ди, му́жа, семьи́, племя́нницы, племя́нника, ра́дио, ко́фе, маши́ны, телефо́на, вре́мени, бра́та, сестры́

4   **1.** Das ist Stefan. Er ist nicht verheiratet (ledig). Seine Eltern, Linda und Richard Tauber, arbeiten (sind berufstätig). Linda ist Lehrerin, und Richard ist Ingenieur. Jetzt ist Richard nicht in Dachau. Er ist auf einer Geschäftsreise in Berlin. Deshalb langweilt sich seine Frau und ruft oft an. Stefan hat keine Geschwister. Er ist ein Einzelkind. Stefan lernt Russisch.
     2. Marija Nikolajewna Sujewa ist verheiratet. Sie hat zwei Söhne. Sie ist Managerin, und ihr Mann ist Jurist. Marija Nikolajewna ist aus Sankt Petersburg, doch jetzt arbeitet sie in Moskau. Sie liest ein wenig auf Deutsch und hört Radio, doch sprechen kann sie kaum.
     Präpositiv: Дахау́ (*indekl*), командиро́вке, Берли́не, семье́, Москве́ – **Genitiv**: Штефа́на, бра́та, сестры́, неё, сы́на, Санкт-Петербу́рга

5   оте́ц – мать – ма́ма – па́па – брат – сестра́ – сын – дочь – дя́дя – тётя – муж – жена́ – племя́нник – племя́нница – ма́льчик – де́вочка

6   **1.** брат или сестра́ – **2.** два бра́та – **3.** тётя и́ли дя́дя – **4.** две тёти – **5.** (–) – **6.** два сы́на – **7.** (–) – **8.** две племя́нницы – **9.** (–) – **10.** три бра́та, две сестры́, четы́ре племя́нника, две де́вочки, два ма́льчика

7   **1.** Нет, у Татья́ны нет сестры́. – **2.** Да, у Татья́ны есть брат. – **3.** У Оле́га два бра́та и три сестры́. – **4.** У Штефа́на нет бра́та и нет сестры́. – **5.** У Штефа́на нет жены́. – **6.** У Штефа́на нет дете́й (нет сы́на и нет до́чери).

8   **1.** Э́то мой ма́ма и па́па (мать и оте́ц). – **2.** У О́льги нет му́жа. – **3.** У Алекса́ндра есть жена́. – **4.** Э́то моя́ племя́нница. – **5.** Э́то мой племя́нник. – **6.** Он оди́н в семье́. – **7.** Она́ одна́ в семье́.

9   **1.** жена́т, жена́т – **2.** за́мужем, за́мужем – **3.** жена́т, за́мужем – **4.** жена́т, за́мужем

Tag 6

1   **1.** a) – **2.** b) – **3.** b) – **4.** b) – **5.** a) – **6.** b) – **7.** a) – **8.** a)
     Hörtext
     1. Э́то ваш бага́ж? – **2.** Здесь три су́мки. – **3.** На́ша у́лица вот здесь. – **4.** Э́то наш бага́ж. – **5.** Су́мки здесь? – **6.** Она́ за́мужем. – **7.** Ва́ша у́лица вот здесь? – **8.** У него́ есть брат и́ли сестра́?

2   Hörtext
1. Я ещё не всё понима́ю. – **2.** Инжене́р рабо́тает в Мю́нхене? – **3.** По-неме́цки «Büfett»
означа́ет про́сто стол. – **4.** Ю́рий Ива́нович, вы хоти́те чай и́ли ко́фе? – **5.** Тут сле́ва
кабине́ты, а спра́ва компью́терный зал. – **6.** У нас две племя́нницы и три племя́нника.
– **7.** Ма́льчики зна́ют три сло́ва по-ру́сски.

3   **1.** Нет, они́ не говоря́т по-ру́сски. – **2.** Нет, она́ не за́мужем. – **3.** Нет, у Оле́га/него́ нет
сы́на. – **4.** Нет, спаси́бо. **5.** Нет, он не в маши́не. – **6.** Нет, э́то не Кра́сная пло́щадь. –
7. Нет, спаси́бо, я не хочу́. – **8.** У Ште́фана/него́ нет бра́та и́ли сестры́.

4   **1.** a) – **2.** a) – **3.** b) – **4.** a) – **5.** b) – **6.** b) – **7.** b) – **8.** a) – **9.** b)
Hörtext
1. води́тель – **2.** звони́ть – **3.** стол – **4.** день – **5.** рад – **6.** господи́н – **7.** наш – **8.** дочь –
9. звони́т

5   **Ortsangaben:** здесь, вот, внизу́, тут, спра́ва, сле́ва
Zeitangaben: сейча́с, всегда́, иногда́, пото́м, ча́сто, снача́ла

6   **1.** Тут, сле́ва / спра́ва – **2.** Снача́ла, пото́м – **3.** сейча́с – **4.** Здесь – **5.** внизу́ – **6.** ча́сто –
7. всегда́, иногда́ – **8.** Вот

7   **1.** Нет, спаси́бо. – **2.** О́чень прия́тно. – **3.** С удово́льствием. –
4. Рад/Ра́да познако́миться. (*Ihr Name*)

8   **Senkrecht: 1.** чай – **2.** бутербро́д – **3.** стол – **4.** кафе́
Waagerecht: 1. буфе́т – **2.** сала́т – **3.** минера́лка – **4.** ко́фе

9   **1.** оди́н, ~~три, четы́ре~~ – **2.** две, ~~одна́, три~~ – **3.** одна́, ~~две, четы́ре~~ – **4.** ~~оди́н, две~~, четы́ре

10   **1.** a) richtig, b) falsch, c) falsch, d) richtig – **2.** a) richtig, b) falsch, c) richtig,
d) falsch – **3.** a) falsch, b) falsch, c) richtig, d) richtig
Hörtext
1. Татья́на Смирно́ва из Росси́и. Она́ хорошо́ говори́т по-неме́цки. Она́ перево́дчица и
рабо́тает на фи́рме «Оли́мп». Татья́на не за́мужем. У неё есть брат Алекса́ндр. – **2.** Я
генера́льный дире́ктор фи́рмы «Интер» в Москве́. Моя́ жена́ учи́тельница. У нас два
сы́на и одна́ дочь. Я мно́го рабо́таю, но ча́сто чита́ю газе́ты и журна́лы. – **3.** Оле́г Беля́ев
води́тель. Он жена́т. У него́ ещё нет ребёнка. Но у него́ больша́я семья́ – два бра́та и три
сестры́. У Оле́га уже́ четы́ре племя́нника. Иногда́ они́ вме́сте де́лают уро́ки, хоть у него́
ве́чно нет вре́мени.

11   *individuelle Lösungen*

12   **1.** c) – **2.** d) – **3.** f) – **4.** a) – **5.** b) – **6.** e)

13   **1.** ~~кабине́т~~ – **2.** ~~секрета́рь~~ – **3.** ~~колле́га~~ – **4.** ~~кафе́~~ – **5.** ~~Пока́~~!

14   Es freut mich, Sie kennenzulernen! Sergei Fjodorow. Sagen Sie einfach Serjoscha.
Ich bin aus Russland, aus Sankt Petersburg. Ich bin der Sekretär der Firma „Telemost".
Hier ist das Empfangszimmer, in dem (*wörtl* wo) ich arbeite: links zwei Fenster und
rechts der Tisch. Auf der Arbeit habe ich drei Telefone.

15   **1.** сестру́ – **2.** су́мки, чемода́н – **3.** газе́ты – **4.** минера́лку, сала́т, бутербро́д – **5.** слова́ –
6. учителя́ – **7.** де́вочку

16   **1.** сиди́т – **2.** ждёт – **3.** слу́шаем – **4.** рабо́тают, звоня́т – **5.** ви́дите – **6.** лю́бит, люблю́

17   **1.** вас – **2.** тебя́ – **3.** него́ – **4.** меня́ – **5.** нас – **6.** неё – **7.** них

18   **1.** сестра́ – **2.** де́вочка – **3.** дочь – **4.** ма́льчик – **5.** брат – **6.** семья́ – **7.** племя́нник –
8. де́ти

19   **1.** Из – **2.** На/В – **3.** В – **4.** Из – **5.** На – **6.** Из – **7.** В – **8.** На – **9.** в

20   Hörtext
m, belebt: гость, учи́тель, сын, дя́дя, оте́ц, па́па – ***m, unbelebt:*** чемода́н, чай, о́фис,
кабине́т, балко́н – ***f, belebt:*** госпожа́, тётя, де́вочка, ма́ма, жена́, племя́нница – ***f,***
unbelebt: су́мка, минера́лка, у́лица

Zwischentest 1

1 **1.** b) – **2.** c) – **3.** a) – **4.** c) – **5.** a) – **6.** b)
2 **1.** у него́ нет бра́та – **2.** (спаси́бо,) с удово́льствием – **3.** я не(мно́го) говорю́ по-ру́сски – **4.** она́ ещё не за́мужем – **5.** он понима́ет ру́сский язы́к
3 **1.** a), d) – **2.** a), c) – **3.** b), d) – **4.** b), c) – **5.** b), c)
4 **1.** него́ – **2.** Татья́ны – **3.** неё – **4.** Штефана – **5.** них – **6.** тебя́
5 **1.** a) richtig, b) falsch, c) falsch, d) falsch, e) richtig – **2.** a) richtig, b) falsch, c) richtig, d) falsch, e) richtig

Hörtext

1. Это Екатери́на и Да́рья. Они́ сёстры. Екатери́на за́мужем. У неё уже́ три сы́на. Её муж рабо́тает в Берли́не. Да́рья не за́мужем. Она́ юри́ст и мно́го рабо́тает.
2. Степа́н Васи́льевич – учи́тель. Он жена́т. Его́ жена́ то́же учи́тельница. Они́ лю́бят и хорошо́ зна́ют неме́цкий язы́к. Степа́н Васи́льевич ча́сто в Бава́рии, поэ́тому он мно́го говори́т по-неме́цки. В Мю́нхене у него́ брат.

6 **1.** В Мю́нхене. – **2.** Журна́лы. – **3.** В маши́не. – **4.** Из Берли́на. – **5.** На/В фи́рме.
7 **1.** Здра́вствуйте – **2.** разреши́те – **3.** предста́вить – **4.** наш гость – **5.** из Герма́нии – **6.** До́брый день – **7.** о́чень прия́тно
8 **1.** две b) сестры́ – **2.** четы́ре a) бра́та – **3.** три a) племя́нника

Hörtext

1. ► У вас нет бра́та и́ли сестры́?
   ◄ У меня́ две сестры́.
2. ► Он в семье́ оди́н?
   ◄ Нет, у него́ больша́я семья́ – четы́ре бра́та.
3. ► Вы уже́ тётя?
   ◄ Да, у меня́ уже́ три племя́нника.

9 **1.** Добро́ пожа́ловать! – **2.** Я немно́го говорю́ по-ру́сски. – **3.** О́чень прия́тно!/О́чень рад/ра́да!/Рад/Ра́да познако́миться! – **4.** Познако́мьтесь, это ... – **5.** (Спаси́бо,) С удово́льствием. – **6.** До свида́ния!/До встре́чи!/Пока́! – **7.** Нет, спаси́бо. – **8.** Я оди́н/одна́ в семье́.

Tag 7

Fragen zum Dialog

1. большо́й | ~~совсе́м не большо́й~~ – **2.** о́вощи | фру́кты – **3.** дороги́е | ~~совсе́м не дороги́е~~ – **4.** ~~полтора́ килогра́мма~~ | полкило́

1 **Hörtext**

1. три́дцать четы́ре маши́ны – **2.** пятьдеся́т оди́н кабине́т – **3.** со́рок бутербро́дов – **4.** два́дцать семь води́телей – **5.** двена́дцать учи́тельниц – **6.** во́семьдесят пять журна́лов

2 **фру́кты:** дороги́е / хоро́шие бана́ны, сла́дкое / вку́сное я́блоко, дорого́й / хоро́ший / вку́сный виногра́д, сла́дкая / вку́сная / дорога́я гру́ша

о́вощи: вку́сная / дорога́я карто́шка, дороги́е / хоро́шие помидо́ры, дорого́й / хоро́ший / вку́сный лук, дорого́й / хоро́ший / вку́сный огуре́ц

3 Мне ну́жно ... / Я хочу́ купи́ть ... **1.** оди́н килогра́мм карто́шки. – **2.** два огурца́. – **3.** пять я́блок. – **4.** полтора́ килогра́мма помидо́ров. – **5.** шесть груш. – **6.** полкило́ виногра́да.
4 **1.** Это я́блоко о́чень вку́сное! Я хочу́ купи́ть полтора́ килогра́мма. – **2.** Попро́буйте э́ту гру́шу! Она́ сла́дкая и совсе́м не дорога́я. – **3.** Вы лю́бите фру́кты? – Да, где здесь

мо́жно купи́ть бана́н**ы**? – **4.** Полкило́ виногра́д**а**, пожа́луйста, и три бана́н**а**. Ско́лько э́то сто́**ит**? – **5.** Каки́е помидо́р**ы**! – Я зна́**ю**, ты лю́б**ишь** помидо́р**ы**. Но э́т**и** о́чень дороги́**е**. – **6.** Кило́ лу́к**а**, пожа́луйста, и два килогра́мм**а** карто́ш**ки**. И, пожа́луй, два огурц**а́**.

5   **1.** э́тот – **2.** э́то – **3.** э́тот – **4.** э́тот – **5.** э́ту – **6.** э́тот

6   **1.** ры́нков – **2.** рядо́в – **3.** бана́нов – **4.** груш – **5.** помидо́ров – **6.** я́блок –
     7. килогра́мм/ов – **8.** штук

7   **1.** большо́й – **2.** дороги́е – **3.** сла́дкая – **4.** вку́сное – **5.** хоро́ший и не о́чень дорого́й –
     6. вку́сные – **7.** вку́сный – **8.** молодо́й

8   **1.** три килогра́мма – пять килогра́мм/ов – **2.** ры́нка – ры́нков

9   **1.** d) – **2.** f) – **3.** g) – **4.** h) – **5.** a) – **6.** e) – **7.** c) – **8.** b)

10   **1.** b) – **2.** a) – **3.** a)

11   **1.** моско́вский ры́нок – **2.** хоро́ший помидо́р – **3.** сла́дкая гру́ша – **4.** тако́е я́блоко –
     5. вку́сный бутербро́д

Tag 8

Fragen zum Dialog

     1. a) – **2.** b) – **3.** a) – **4.** a)

1   **1.** всё | мно́го , суп | пи́во – **2.** чай | ко́фе, щи | окро́шку – **3.** едя́т | не едя́т, едя́т ку́рицу |
     пьют ко́фе – **4.** квас | со́ки, моро́женое | о́вощи
     Hörtext
     1. Я ем всё, пра́вда, супы́ я ем ре́дко. Из напи́тков я люблю́ пи́во и минера́лку. –
     2. Вы зна́ете, ко́фе я не пью, а вот чай я могу́ пить всегда́. Я не люблю́ щи и борщ. Я
     про́сто не ем капу́сту. Зато́ окро́шку я ем с удово́льствием. – **3.** Мы пьём мно́го ко́фе и
     еди́м мно́го фру́ктов и сала́тов. Мой муж лю́бит ку́рицу, а я нет, то́лько котле́ты из
     ку́рицы я могу́ есть. И к ним я люблю́ пюре́. – **4.** На́ши де́ти лю́бят со́ки и ча́сто их пьют.
     Едя́т они́ мно́го, но не всё. О́вощи они́ едя́т, то́лько когда́ на десе́рт моро́женое.

2   **2.** 393 – **3.** 420 – **4.** 8737 – **5.** 557.000 – **6.** 1.000.000
     Hörtext
     2. сто три́дцать семь **плюс** две́сти пятьдеся́т шесть **равно́** три́ста девяно́сто три –
     3. семьсо́т шестьдеся́т **ми́нус** три́ста со́рок **равно́** четы́реста два́дцать – **4.** ты́сяча
     девятьсо́т два́дцать пять **плюс** шесть ты́сяч восемьсо́т двена́дцать **равно́** во́семь ты́сяч
     семьсо́т три́дцать семь – **5.** шестьсо́т ты́сяч **ми́нус** со́рок три ты́сячи **равно́** пятьсо́т
     пятьдеся́т семь ты́сяч – **6.** четы́реста пять ты́сяч пятьсо́т девятна́дцать **плюс** пятьсо́т
     девяно́сто четы́ре ты́сячи четы́реста во́семьдесят оди́н **равно́** оди́н миллио́н

3   **1. На пе́рвое** нам, пожа́луйста, таре́лку окро́шки, таре́лку борща́, таре́лку щей, таре́лку
     су́па. – **2. На второ́е** мо́жно по́рцию котле́т, по́рцию пюре́, по́рцию ку́рицы, по́рцию
     карто́шки, по́рцию сала́та, по́рцию овоще́й. – **3. И напи́тки**: буты́лку минера́лки/воды́/
     пи́ва/вина́, стака́н минера́лки/воды́/ква́са/со́ка, ча́шку ча́я/ко́фе, бока́л пи́ва/вина́. –
     А мне, пожа́луйста, про́сто сала́т из фру́ктов (бана́нов, я́блок, груш и виногра́да) и́ли из
     овоще́й (помидо́ров, лу́ка, капу́сты и огурцо́в).

4   **2.** зна́ет – **3.** мо́жете – **4.** ест – **5.** зака́зываю – **6.** пьёт – **7.** угоща́ю

5   Richtig: 1 – 3 – 5 – 6; Falsch: 2 («Frikadelle».) – 4 (суп из капу́сты)

6   **1.** ку́рица – **2.** счёт – **3.** блю́да – **4.** соль

7   **1.** Ему́, пожа́луйста, борщ, одну́ по́рцию. А на второ́е котле́ты с карто́фельным пюре́. –
     2. *Und was möchtest du als Nachspeise?* – **3.** Нам, пожа́луйста, моро́женое, две по́рции. –
     4. *Und was möchtest du trinken?* – **5.** Стака́н минера́льной воды́ и оди́н квас,
     пожа́луйста. А на десе́рт ча́шку чёрного ко́фе.

Tag 9

Fragen zum Dialog

1. a) – **2.** b) – **3.** a) – **4.** b)

1 **я:** мой, телефо́н, кабине́т – **ты:** твоя́, маши́на, су́мка, у́лица – **он/она́/они́:** его́/её/их, *(alle Substantive)* – **мы:** на́ше, окно́, пожела́ние – **вы:** ва́ши, де́ти, чемода́ны

2 **Hörtext**
1. Я о́чень люблю́ све́жий во́здух. Я всегда́ **в** го́род**е** и хочу́ **на** приро́д**у**. – Замеча́тельно, тогда́ я вас приглаша́ю **на** рыба́лк**у**. – **2. В** э́ти выходны́е мы хоти́м **в** теа́тр, **на** бале́т. – Прекра́сно, мы то́же хоти́м посмотре́ть э́тот бале́т **в** теа́тр**е**. – **3.** Моя́ сестра́ приглаша́ет **в** кино́ на интере́сн**ый** фильм. У тебя́ есть сего́дня вре́м**я**? – К сожале́нию, нет, сего́дня мне на́до **на** рабо́т**у**.

3 **1.** Коне́чно. / Согла́сен. / Согла́сна. / С удово́льствием. – **2.** О́чень хорошо́. / Отли́чно. / Замеча́тельно. / С удово́льствием. – **3.** Спаси́бо. / Прекра́сно. – **4.** Отли́чно. / Замеча́тельно. / С удово́льствием. / Согла́сен. / Согла́сна. – **5.** Согла́сен. / Согла́сна. / С удово́льствием. – **6.** Коне́чно. / С удово́льствием. / Замеча́тельно.
Hörtext
1. Пока́ вы в Москве́, вам обяза́тельно ну́жно хоть раз в Большо́й теа́тр и́ли на конце́рт. – **2.** Вы то́же лю́бите иску́сство? Предлага́ю посмотре́ть Третьяко́вку. – **3.** У вас есть вре́мя в выходны́е? Я вас приглаша́ю в кино́. – **4.** Что вы хоти́те посмотре́ть в Москве́? Предлага́ю снача́ла экску́рсию. – **5.** В Санкт-Петербу́рге вам обяза́тельно ну́жно в Эрмита́ж. – **6.** Мо́жно посмотре́ть вы́ставку. У вас есть сего́дня вре́мя?

4 **1.** Огро́мное спаси́бо за ва́шу интере́сную экску́рсию. – **2.** Как вы смо́трите на совме́стный обе́д? – **3.** Я капу́сту не ем, лу́чше попро́бовать холо́дный суп. – **4.** Вы хоти́те посмотре́ть э́ти изве́стные карти́ны? – **5.** У вас есть вре́мя в э́ти выходны́е? – **6.** Официа́нт рекоменду́ет окро́шку и́ли борщ.

5 **1.** мой – **2.** моя́ – **3.** мой – **4.** моя́ – **5.** мой – **6.** мой

6 **1.** наш – **2.** наш – **3.** на́ши – **4.** на́ши – **5.** на́ша – **6.** наш – **7.** на́ше – 8.на́ше

7 **1.** У Татья́ны, ста́рший – **2.** У Са́ши, выходно́й. – **3.** музе́й – **4.** в музе́е – **5.** в Третьяко́вке – **6.** Штефан, на рыба́лку – **7.** приро́ду – **8.** У Штефана, вре́мя

8 **1.** Я приглаша́ю тебя́ в теа́тр. – **2.** Он приглаша́ет нас на конце́рт. – **3.** Они́ приглаша́ют его́ в галере́ю. – **4.** Мы приглаша́ем вас в рестора́н. – **5.** Ты приглаша́ешь меня́ на рыба́лку? – **6.** Вы приглаша́ете их на вы́ставку.

9 **1.** в теа́тре – **2.** на конце́рте – **3.** в галере́е – **4.** в рестора́не – **5.** на рыба́лке – **6.** на вы́ставке

10 **1.** Сего́дня у него́ выходно́й. – **2.** Я впервы́е в Третьяко́вке. – **3.** У вас есть конкре́тные пожела́ния? – **4.** Отли́чно! – **5.** Не́ за что!

Tag 10

Fragen zum Dialog

1. неве́рно – **2.** ве́рно

1 **Hörtext**
1. Татья́на о́чень лю́бит **све́жий во́здух**. Ле́том она́ **с удово́льствием** быва́ет на **приро́де**. О́сенью **она́** иногда́ собира́ет **грибы́**. А **зимо́й** она́ увлека́ется лы́жами. Под **Москво́й** это возмо́жно. Вообще́-то, у неё **ра́зные** хо́бби, вот **то́лько** вре́мени нет. – **2.** Оле́г занима́ется **спо́ртом**. Он прекра́сно **игра́ет** в футбо́л и в **насто́льный** те́ннис.

Зимо́й он увлека́ется **рыба́лкой**, а ле́том **хо́дит** в похо́ды. – **3.** Роди́тели Штéфана **интересу́ются** спо́ртом. Ри́хард игра́ет в **баскетбо́л**, а Ли́нда в **выходны́е** игра́ет в гольф. **Ве́чером** Ри́хард иногда́ смо́трит **футбо́л**, те́ннис или хоккéй, а Ли́нда **чита́ет** и́ли гото́вит **у́жин**.

2 **1.** гото́вит, ва́рит, жа́рит – **2.** смотрю́, собира́ешься – **3.** подхо́дит – **4.** занима́емся – **5.** интересу́ются – **6.** игра́ете

3 …, похо́дами, футбо́лом, лы́жами, ша́хматами, балéтом, ци́рком, музéями, вы́ставкой, му́зыкой, моско́вскими теа́трами, концéртами, кино́, рыба́лкой, иску́сством, изве́стными карти́нами, ру́сским/немéцким языко́м, баскетбо́лом, ра́зными ви́дами спо́рта

4 **1.** ру́сским борщо́м – **2.** вку́сной окро́шкой – **3.** тёмным пи́вом – **4.** шашлыко́м – **5.** свéжей ухо́й

5 **1.** «Уха́» - э́то суп из ры́бы. – **2.** Са́ша ва́рит уху́. – **3.** Летом и зимой Са́ша часто хо́дит на рыба́лку. – **4.** Са́ша иногда́ хо́дит в похо́ды. – **5.** Штефан увлека́ется альпини́змом и лы́жами. – **6.** Са́ша увлека́ется футбо́лом и ша́хматами. – **7.** Штéфан и Са́ша хотя́т игра́ть в ша́хматы вéчером у Са́ши до́ма.

6 **1.** зима́ – **2.** днём/вéчером – **3.** бéлый – **4.** вчера́/за́втра – **5.** иногда́/рéдко – **6.** роди́тели – **7.** нельзя́ – **8.** до́ма

7 **1.** лы́жи, э́то не еда́ – **2.** сидéть, gehört zur i-Konjugation – **3.** изуча́ть, gehört zur e-Konjugation

8 **1.** собира́ет – **2.** собира́ть – **3.** собира́ется – **4.** собира́юсь – **5.** собира́ешься

9 **1.** c) – **2.** f) – **3.** g) – **4.** e) – **5.** a) – **6.** h) – **7.** d) – **8.** b)

10 *Lösungsmöglichkeiten:* **1.** Да, я умéю/Нет, я не умéю жа́рить шашлыки́. – **2.** Да, я люблю́/Нет, я не люблю́ собира́ть грибы́. – **3.** Да, я люблю́/Нет, я не люблю́ ходи́ть в похо́ды. – **4.** Да, я игра́ю/Нет, я не игра́ю в ша́хматы. – **5.** Я увлека́юсь спо́ртом/альпини́змом/ теа́тром/му́зыкой/ша́хматами/… – **6.** Я интересу́юсь теа́тром/литерату́рой/ру́сской культу́рой/… – **7.** Да, я хожу́/Нет, я не хожу́ на фи́тнес. – **8.** Да, я о́чень люблю́/Нет, я не люблю́ чита́ть. – **9.** В выходны́е я люблю́ ходи́ть на стадио́н/в парк/на́ша семья́ собира́ется за за́втраком/обéдом/у́жином/…

Tag 11

Fragen zum Dialog

1. невéрно – **2.** невéрно

1 **1.** бы́ли – **2.** была́ – **3.** был – **4.** бы́ло

2 **Татья́не** два́дцать шесть лет. **Ей** два́дцать шесть лет. – **Да́ше** во́семь лет. **Ей** во́семь лет. – **Са́ше** три́дцать оди́н год. **Ему́** три́дцать оди́н год. – **Ко́ле** пять лет. **Ему́** пять лет. – **Лéне** два́дцать дéвять лет. **Ей** два́дцать дéвять лет. – **Официа́нту** два́дцать три го́да. **Ему́** два́дцать три го́да. – **Ли́нде** пятьдеся́т четы́ре го́да, а **Ри́харду** пятьдеся́т дéвять лет. **Им** пятьдеся́т четы́ре го́да и пятьдеся́т дéвять лет. – **Штéфану** три́дцать два го́да. **Ему́** три́дцать два го́да. – **Мне** … год/го́да/лет.

3 говори́ли, угоща́л, про́бовал, пила́, рабо́тало, зака́зывали, вы́играл – **1.** рабо́тало – **2.** угоща́л – **3.** зака́зывали – **4.** пила́

4 **Hörtext**
1. Рекоменду́ю **вам бизнес**-ла́нч. Это удо́бно и недо́рого. – **2.** **Татья́не** два́дцать шесть лет, а её **бра́ту** – три́дцать оди́н год. – **3.** К **пельмéням** есть сметáна и́ли чесно́чный со́ус, а к **мя́су** - карто́шка с ма́слом. – **4.** Ма́ма, **Да́ше** мо́жно попро́бовать конфéты, а **мне** нельзя́! – **Тебé** то́же мо́жно.

5 её – его – её – её – его

6 **1.** ~~год~~ | го́да – **2.** ~~год~~ | лет – **3.** ~~год~~ | лет – **4.** год | го́да – **5.** ~~год~~ | го́да – **6.** ~~год~~ | го́да – **7.** го́да | лет – **8.** ~~год~~ | го́да

7 **1.** ждáли, ждать: Wir haben auf die Gäste/den Besuch gewartet./Wir warteten … – **2.** дал, дать: Sascha hat den Gast gewinnen lassen. – **3.** хотéл, хотéть: Kolja wollte die Pralinen aufessen. – **4.** бы́ло, быть: Lena hatte Zeit, die Pelmeni zuzubereiten/zu kochen. – **5.** éли, есть: Wir haben die leckere Fischsuppe gegessen.

8 **1.** Ich bitte zu Tisch! – **2.** Na, so was! – **3.** Ich möchte einen Trinkspruch anbringen/aussprechen. – **4.** Darf ich mal kosten/probieren? – **5.** Das schmeckt alles sehr gut!/Alles ist sehr lecker!

9 **1.** Сейчáс Штéфан в гостя́х дóма у Сáши. – **2.** Да, у Лéны и Сáши есть дéти. – **3.** Их зовýт Дáша и Кóля./Их дочь зовýт Дáша, их сы́на зовýт Кóля. Дáше 8 лет, Кóле 5 лет. – **4.** Мýрка – э́то (их) кóшка. – **5.** Мýрке ужé 8 лет. – **6.** На ýжин Лéна приготóвила пельмéни, пирожки́, мя́со, картóшку. – **7.** Лéна, Штéфан и Сáша пьют винó. – **8.** Дéти пьют компóт.

10 **1.** смотрéли – **2.** рекомендовáл – **3.** вáрил – **4.** жáрили – **5.** хóдили – **6.** пи́ли

11 **1.** борщóм – **2.** пельмéнями – **3.** пирожкáми – **4.** я́блоками – **5.** чеснокóм – **6.** колбасóй

Tag 12

Fragen zum Dialog

1. b) – **2.** a) – **3.** a) – **4.** b)

1 *Hörtext*
Кóля, наш попугáй – **1.** кáжется, **в спáльне** – **2.** тепéрь **на кýхне** – **3.** внизý, **под кори́чневым стýлом** – **4.** ах, **на телеви́зоре** – **5.** **за чёрным дивáном** – **6.** ужé **у пи́сьменного столá** – **7.** там, **óколо бéлой двéри** – **8.** вот, **мéжду аквáриумом и шкáфом** – **9.** сейчáс **пéред люби́мой пóлкой мáмы**

2 *Lösungsmöglichkeiten*
belebt (A = G bei Maskulina): Я ви́жу краси́вую дéвушку, зелёных попугáев, чёрную кóшку, орáнжевых и голубы́х ры́бок, молодóго официáнта. – **unbelebt (A = N bei Maskulina):** Я ви́жу большóй шкаф, жёлтое крéсло, рóзовые сýмки, бéлую маши́ну, вкýсный салáт, крáсные помидóры, кори́чневую картóшку.

3 *Lösungsmöglichkeiten*
1. гости́ная / дéтская / (рабóчий) кабинéт / спáльня – **2.** однó окнó / два окнá / пять óкон, однá дверь / две двéри / пять дверéй – **3.** кровáть / шкаф / пóлка / пи́сьменный стол / дивáн / стýлья / стол / лáмпа / телеви́зор / крéсло / … – **4.** *Varianten mit verschiedenen Präpositionen möglich* – **5.** *nach 1 Substantive im N Sg, nach 2, 3, 4 im G Sg, nach 5–10 im G Pl wie in der Frage* – **6.** *siehe 5. und 1.*

4 **1.** кóмната – **2.** вáнная – **3.** спáльня – **4.** коридóр – **5.** туалéт – **6.** гости́ная – **7.** дверь – **8.** кабинéт

5 **1.** нáшего – **2.** зелёного – **3.** жёлтого – **4.** кори́чневого – **5.** си́него – **6.** бéлого – **7.** нáшего – **8.** нáшего люби́мого – **9.** нáшего

6 *Lösungsmöglichkeiten:* **1.** Моя́/Нáша кýхня бéлого/голубóго/си́него/… цвéта. – **2.** Мой пи́сьменный стол бéлого/голубóго/си́него/… цвéта. – **3.** Мой/Наш дивáн бéлого/голубóго/си́него/… цвéта.

7 **1.** нáшей – **2.** дéтской – **3.** моéй – **4.** нáшей – **5.** такóй краси́вой

8 **1.** мéжду – **2.** пéред – **3.** под – **4.** у/óколо – **5.** в – **6.** у, чéрез – **7.** на

9 **1.** чáсто/иногдá – **2.** Как жаль/жáлко/плóхо, что … – **3.** У меня́ нет кóшки. – **4.** У меня́ есть попугáй.

Tag 13

Fragen zum Dialog

1. ~~в детский сад~~ | в шко́лу – **2.** хо́дит в бассе́йн | ~~в са́дике до конца́~~ – **3.** занима́ется му́зыкой | ~~приглаша́ет друзе́й~~ – **4.** ~~зимо́й~~ | весно́й

1 **1.** 13.30, полвторо́го – **2.** 17.00, в пять часо́в – **3.** 12.00, двена́дцать – **4.** 20.30, до полдевя́того – **5.** 22.00, де́сять – **6.** 19.00, в семь часо́в

Hörtext

1. ► Извини́те, кото́рый час?
◄ Сейча́с полвторо́го.

2. ► А когда́ ты прихо́дишь домо́й?
◄ По́сле шко́лы я прихожу́ домо́й в пять часо́в.

3. ► Кото́рый час?
◄ Двена́дцать. Че́рез час обе́д.

4. ► Я вам вчера́ звони́л.
◄ Пра́вда, а когда́? Я была́ на рабо́те до полдевя́того.

5. ► Прости́те, кото́рый час?
◄ Уже́ по́здно – де́сять. Мне на́до домо́й.

6. ► Ты не зна́ешь, когда́ у́жин?
◄ Ка́жется, в семь часо́в.

2 **1.** хо́дит – **2.** встаёт – **3.** лежи́т – **4.** остаётся – **5.** был – **6.** прихо́дит – **7.** поёт – **8.** хо́дят – **9.** чита́ют – **10.** отдыха́ют

3 *Lösungsmöglichkeiten*

1. Я встаю́ ра́но / по́здно, в шесть часо́в / полседьмо́го ... – **2.** Пото́м я сра́зу умыва́юсь и одева́юсь. / Пото́м я ещё до́лго лежу́ в посте́ли – у́тром мне так хо́чется спать. – **3.** Я (не) за́втракаю до́ма / на рабо́те / в шко́ле / в кафе́ ... – **4.** Я (не) хожу́ на рабо́ту / в шко́лу / в о́фис ... – **5.** Обе́д у нас / меня́ обы́чно в двена́дцать / полпе́рвого / в два ... – **6.** По понеде́льникам / вто́рникам я занима́юсь спо́ртом / му́зыкой / пою́ в хо́ре / игра́ю в те́ннис ..., а по суббо́там / воскресе́ньям я хожу́ в похо́д / в музе́й / на вы́ставку ... – **7.** Обы́чно я прихожу́ домо́й в семь / полпя́того ... – **8.** По́сле у́жина я смотрю́ телеви́зор / игра́ю в ша́хматы / звоню́ ма́ме ... – **9.** Пе́ред сном я ча́сто чита́ю / обы́чно не чита́ю ... – **10.** ...

4 **1.** суббо́т**ам**, воскресе́нь**ям**, собира́**ет** гриб**ы́** – **2.** вто́рник**ам**, шко́л**ы**, хо́д**ит**, музыка́льн**ую**, шко́л**у** – **3.** Де́тск**ая**, ко́мнат**а**, ва́нн**ой**, спа́льн**ей** – **4.** вре́мя, выходн**ы́е**, посмотре́**ть**, вы́ставк**у** – **5.** у́жин**а**, де́т**и**, игра́**ют**, сн**ом**, чита́**ют**

5 a) **1.** де́вять – **2.** двена́дцать – **3.** девятна́дцать – **4.** два́дцать – **5.** два́дцать де́вять – **6.** со́рок де́вять – **7.** девяно́сто

b) **1.** понеде́льник – **2.** вто́рник – **3.** среда́ – **4.** четве́рг – **5.** пя́тница – **6.** суббо́та – **7.** воскресе́нье

6 **1.** d) – **2.** e) – **3.** i) – **4.** a) – **5.** g) – **6.** c) – **7.** b) – **8.** f) – **9.** h)

7 **1.** Па́па ра́но встаёт. – **2.** Сын до ве́чера в са́дике.

8 **1.** понеде́льник – **2.** вто́рник – **3.** четве́рг – **4.** пя́тница

9 **1.** встаю́, встава́ть: Ich stehe (gewöhnlich) früh auf. – **2.** умыва́юсь и одева́юсь, умыва́ться и одева́ться: Ich wasche mich und ziehe mich an. – **3.** чи́щу, чи́стить: Nach dem Frühstück putze ich (meine) Zähne. – **4.** хо́дим, ходи́ть: Wir gehen oft ins Schwimmbad. – **5.** поём, петь: Donnerstags singen wir im Chor. – **6.** прихожу́, приходи́ть: Ich komme um 17:30 (halb sechs) nach Hause.

10 **1.** ~~Он инжене́р,~~ Оле́гу во́семь лет, по́сле шко́лы он остаётся на продлёнке. – **2.** На́сте три го́да, ~~она́ хо́дит в шко́лу.~~ она́ ещё не хо́дит в шко́лу. – **3.** ~~Оле́гу во́семь лет,~~ Он инжене́р, по суббо́там он не хо́дит на рабо́ту. – **4.** Ли́зе пятна́дцать лет, ~~она́ ещё не хо́дит в шко́лу~~ она́ хо́дит в шко́лу.

11 **1.** Я встаю́ в полседьмо́го. – **2.** Я так хочу́ спать. – **3.** В выходны́е я не рабо́таю. – **4.** Мне всё поня́тно.

Tag 14

1 *Lösungsmöglichkeiten*
фрукто́вый сала́т из большо́го / сла́дкого / вку́сного / хоро́шего / ма́ленького / краси́вого / огро́много / све́жего **бана́на / виногра́да**; большо́й / сла́дкой / вку́сной / хоро́шей / ма́ленькой / краси́вой / огро́мной / све́жей **гру́ши**; больши́х / сла́дких / вку́сных / хоро́ших / ма́леньких / краси́вых / огро́мных / све́жих **я́блок**
овощно́й сала́т из большо́го / сла́дкого / вку́сного / хоро́шего / ма́ленького / краси́вого / огро́много / све́жего **лу́ка**; большо́й / сла́дкой / вку́сной / хоро́шей / ма́ленькой / краси́вой / огро́мной / све́жей **карто́шки/капу́сты**; больши́х / сла́дких / вку́сных / хоро́ших / ма́леньких / краси́вых / огро́мных / све́жих **помидо́ров / огурцо́в**

2 **1.** музе́й, колле́кция – **2.** па́ртия, ша́хматы – **3.** стул, аква́риум – **4.** меню́, вино́ – **5.** кило́, шту́ка – **6.** „*falscher Freund*“: меню́
Hörtext
1. ▸ Э́то о́чень интере́сная вы́ставка.
◂ Да, в на́шем музе́е вы уви́дите большу́ю колле́кцию изве́стных карти́н.
2. ▸ Предлага́ю сего́дня ве́чером па́ртию в ша́хматы.
◂ Прекра́сно. По́сле у́жина?
3. ▸ Где стоя́т сту́лья?
◂ Вот, ря́дом с аква́риумом.
4. ▸ Э́тот сто́лик, пожа́луйста. Вот меню́. Рекоменду́ю кра́сное вино́ к обе́ду.
◂ Спаси́бо. Нам два бока́ла.
5. ▸ Ско́лько вам взве́сить?
◂ Пожа́луй, кило́ я́блок и пять груш.
▸ Ско́лько груш?
◂ Пять штук, пожа́луйста.

3 (оди́н) килогра́мм мя́са – пять кило́(гра́ммов) карто́шки – шесть я́блок – полтора́ килогра́мма помидо́ров – одна́ буты́лка ма́сла – полкило́ виногра́да – два кило́(гра́мма) груш – кусо́чек сы́ра

4 *Lösungsmöglichkeiten*
1. Зимо́й я занима́юсь спо́ртом / хожу́ в музе́й / на конце́рт / ... – **2.** Весно́й я игра́ю в футбо́л / хожу́ на рыба́лку / ... – **3.** Ле́том я игра́ю в гольф / хожу́ на стадио́н / в похо́ды / ... – **4.** О́сенью я собира́ю грибы́ / ... – **5.** Днём я гото́влю обе́д / игра́ю на пиани́но / ... – **6.** / **7.** У́тром / Ве́чером я занима́юсь му́зыкой / игра́ю в ша́хматы / чита́ю газе́ты / журна́лы / ... – **8.** В выходны́е я хожу́ в похо́ды / на стадио́н / на рыба́лку / слу́шаю му́зыку / ... – **9.** По суббо́там я игра́ю в хокке́й / ... – **10.** По пя́тницам я игра́ю на пиани́но / ...

5 **1.** нра́вится – **2.** сочета́ются – **3.** собира́юсь – **4.** умыва́ется, одева́ется – **5.** остаёмся – **6.** занима́юсь, увлека́юсь / интересу́юсь

6 **1.** гото́вила, вари́ла, жа́рила, де́лала, е́ли, съе́ли – **2.** у́жинал, за́втракал – **3.** бы́ли, лови́ли, говори́ли

7 тринáдцать часóв/час – полшестóго – семнáдцать часóв/пять (часóв) – двенáдцать (часóв) – полдевятого – полседьмóго – двáдцать часóв/вóсемь (часóв) – двáдцать одѝн час/дéвять (часóв)

8 **1.** яблоко – **2.** виногрáд – **3.** помидóр – **4.** óвощи – **5.** банáн – **6.** огурéц – **7.** капýста – **8.** грýша – **9.** лук – **10.** картóшка – **11.** фрýкты
Lösungswort: овощнóй салáт

9 **1.** феврáль – **2.** май – **3.** июнь – **4.** áвгуст – **5.** октябрь – **6.** апрéль – **7.** декáбрь – **8.** *individuelle Antwort*

10 **1.** Муж и женá закáзывают окрóшку, котлéты из кýрицы и пюрé, бутýлку водý, бизнес-лáнч № 2, 4 кусóчка чёрного хлéба, бокáл пѝва. Их счёт – семьсóт (700) рублéй.
2. Мáма и ребёнок закáзывают два салáта из помидóров, два пирожкá с картóшкой, две пóрции пельмéней со смéтáной, однý пóрцию морóженого, чáшку кóфе, два стакáна компóта. Их счёт – девятьсóт дéсять (910) рублéй.
Hörtext
1. ► Э́тот стóлик, пожáлуйста. Еот менью. Рекомендýю бизнес-лáнч.
◄ Моéй женé на пéрвое окрóшку, а на вторóе котлéты из кýрицы и пюрé. Трéтье не нáдо. Ах да, и бутýлку водý. А мне, пожáлуйста, бизнес-лáнч № 2: щи, мясо с картóшкой и на десéрт морóженое. К сýпу четýре кусóчка чёрного хлéба. И бокáл пѝва, пожáлуйста.
2. ► Мáма, мóжно мне морóженое?
◄ Мóжет быть, но снача́ла обéд.
► Что закáзываем?
◄ На закýску два салáта из помидóров и два пирожкá с картóшкой. Пéрвое не нáдо. Потóм две пóрции пельмéней со смéтáной. И ещё два стакáна компóта.
► Мáма, а морóженое?
◄ Ну хорошó, однý пóрцию морóженого. А мне, пожáлуйста, чáшку кóфе.

11 **1.** в гóроде, **на** прирóду – в похóд – **2.** в, в, на интерéсный фильм – в кинó – **3.** в теáтр **на** отлѝчный балéт, **в** суббóту – **на** рыбáлку с дрýгом

12 *Lösungsmöglichkeiten*
Слéва в кóмнате мáленький сѝний дивáн. Пéред дивáном мáленький корѝчневый стол. Спрáва от дивáна окнó. Пéред окнóм чёрный пѝсьменный стол. На столé крáсная настóльная лáмпа. У пѝсьменного столá жёлтый стул. Прямо бéлая дверь мéжду корѝчневым шкáфом и аквáриумом. На стенé над аквáриумом картѝна. Спрáва в кóмнате в углý орáнжевые пóлки. Напрóтив корѝчневого столá голубáя лáмпа. Мéжду лáмпой и пóлкой рóзовая кровáть.

13 **a)** вкýсный – **b)** дорогóй – **c)** хорóшее – **d)** конкрéтные – **e)** извéстную – **f)** совмéстный – **g)** Прекрáсная – **h)** голóдная – **i)** компьютерный – **j)** отлѝчный – **k)** стáршего – **l)** настóльным

14 **1.** большóй / огрóмный – **2.** горячий – **3.** необычный – **4.** тёмный – **5.** некрасѝвый – **6.** сегóдня – **7.** невозмóжно – **8.** пóздно – **9.** мнóго – **10.** недорогóй – **11.** неизвéстный – **12.** невкýсный – **13.** бéлый – **14.** чáсто – **15.** здесь – **16.** спрáва

15 **Hörtext**
1. Где **вáша** машѝна? – Вот **онá**, у **моегó** дóма. – **2.** **Мо**й родѝтели живýт рядом. Поэ́тому **я** кормлю **их** попугáев, когдá **онѝ** на дáче. – **3.** Как зовýт **вáших** детéй? – **Мо**ю дочь зовýт Дáша, а **моегó** сýна – Кóля. – **4.** **Меня** зовýт Лéна. **Я** и **мой** муж Сáша любим, когдá к нам в гóсти прихóдят **нáши/егó/мой** коллéги. А Дáше и Кóле нрáвится игрáть с **их** детьмѝ.

Zwischentest 2

1 **1.** b) − **2.** a) − **3.** c) − **4.** a) − **5.** c) − **6.** a)

2 **1.** Я занима́юсь спо́ртом и игра́ю на пиани́но. − **2.** В выходны́е они́ приглаша́ют госте́й, хо́дят в цирк и́ли кино́. − **3.** Она́ ра́но встаёт, умыва́ется и одева́ется. − **4.** Я зака́зываю щи, ры́бу с овоща́ми и бока́л вина́. − **5.** Она́ стои́т на столе́ пе́ред окно́м.

3 **1.** b) − **2.** a) − **3.** a) − **4.** b) − **5.** a)

4 **1.** Ему́ − **2.** Мне − **3.** неё − **4.** их − **5.** вас − **6.** тебя́

5 **1.** a) неве́рно, b) неве́рно, c) ве́рно, d) неве́рно, e) ве́рно − **2.** a) ве́рно, b) ве́рно, c) неве́рно, d) неве́рно, e) ве́рно

Hörtext

1. Ю́рий Ива́нович мно́го рабо́тает, но и для хо́бби у него́ есть вре́мя. По суббо́там он по́сле обе́да обы́чно игра́ет в те́ннис, но то́лько не зимо́й. В э́то вре́мя го́да ему́ нра́вится рыба́лка. Му́зыку он то́же о́чень лю́бит и ча́сто быва́ет на конце́ртах с жено́й. Ю́рий Ива́нович игра́л на пиани́но, когда́ был молоды́м. А сейча́с оно́ про́сто стои́т в углу́, и на нём иногда́ сиди́т его́ ко́шка.

2. Штефан, могу́ показа́ть тебе́ мой рабо́чий кабине́т. Сюда́, пожа́луйста. Он небольшо́й, но здесь есть всё, что ну́жно для рабо́ты. Пе́ред окно́м стои́т большо́й пи́сьменный стол, а на столе́ компью́тер и насто́льная ла́мпа. Напро́тив две́ри ма́ленький дива́н. На стене́ три по́лки, а в углу́ ма́ленький стол и сту́лья для дете́й. Там они́ мо́гут игра́ть, когда́ они́ хотя́т быть ря́дом. Мне они́ не меша́ют.

6 **1.** 18:30, полседьмо́го − **2.** 1:30, полвторо́го − **3.** 19:00, семь − **4.** 20:00, во́семь; 20:30, полдевя́того − **5.** 14:00, два часа́

Hörtext

1. ► Хо́чешь в цирк?
   ◄ Когда́?
   ► В сре́ду в полседьмо́го.
   ◄ В э́то вре́мя я, к сожале́нию, не могу́.

2. ► Ты слы́шала? Но́чью за стено́й звони́л телефо́н.
   ◄ Пра́вда?
   ► Да, в полвторо́го.
   ◄ Так по́здно!

3. ► Как насчёт совме́стного у́жина?
   ◄ Отли́чная иде́я! Я могу́ в четве́рг по́сле рабо́ты.
   ► Я то́же. Тогда́ как обы́чно в семь?
   ◄ Договори́лись.

4. ► По понеде́льникам мой муж игра́ет в баскетбо́л. Поэ́тому домо́й он прихо́дит то́лько в во́семь − в полдевя́того.

5. ► Когда́ вы обе́даете?
   ◄ В два часа́, но то́лько в выходны́е, в други́е дни мы вме́сте не обе́даем.

7 **1.** за́ килогра́мм − **2.** А вы попро́буйте − **3.** та́ет во рту − **4.** Ну ла́дно − **5.** за сто во́семьдесят рубле́й − **6.** хва́тит

8 **1.** 38 (три́дцать во́семь) попуга́ев − **2.** 3 (три) блю́да, пе́рвое, второ́е − **3.** 9.250 (де́вять ты́сяч две́сти пятьдеся́т) рубле́й

Hörtext

1. ► Ты зна́ешь хоро́ший де́тский фильм?
   ◄ Да, мои́ де́ти о́чень лю́бят фильм «Три́дцать во́семь попуга́ев». У нас он есть. Хо́чешь, я тебе́ его́ дам.
   ► Спаси́бо, с удово́льствием.

2. ► Ско́лько блюд вы заказа́ли?

    ◄ Три. На пе́рвое борщ, на второ́е пельме́ни и десе́рт.

3. ► Здра́вствуйте, нам ну́жно купи́ть дива́н и два кре́сла.

    ◄ Я вам рекоменду́ю вот э́тот дива́н. Сейча́с он сто́ит совсе́м не до́рого: де́вять ты́сяч две́сти пятьдеся́т рубле́й.

9 **1.** Меня́ зову́т … – **2.** Мне … оди́н год /… два / три / четы́ре го́да / … … лет. – **3.** Я интересу́юсь / увлека́юсь спо́ртом. – **4.** Я хочу́ / Мне на́до купи́ть полтора́ килогра́мма помидо́ров и кило́(гра́мм) ры́бы. – **5.** Мне, пожа́луйста, (оди́н) сала́т и стака́н воды́. – **6.** У меня́ в спа́льне крова́ть, две по́лки и телеви́зор. – **7.** Перед сном я с удово́льствием ещё (немно́го) чита́ю. – **8.** Э́тот цвет мне совсе́м не нра́вится.

Tag 15

Fragen zum Dialog

1. в командиро́вку / ~~на экску́рсию~~ – **2.** 18-го / ~~25-го~~

1 **Татья́на**: День рожде́ния **мое́й ма́мы** два́дцать восьмо́го ма́рта. – День рожде́ния **моего́ па́пы** пятна́дцатого ноября́. – День рожде́ния **Са́ши** пе́рвого апре́ля. – День рожде́ния **Ле́ны** два́дцать девя́того февраля́. – День рожде́ния **Да́ши** оди́ннадцатого декабря́. – День рожде́ния **Ко́ли** седьмо́го ма́я. – День рожде́ния **Юрия Ива́новича** деся́того июля. – День рожде́ния **Мари́и Никола́евны** двадца́того а́вгуста. – Мой день рожде́ния восьмо́го октября́. – *individuelle Antwort:* Мой день рожде́ния … – День рожде́ния **мое́й ма́мы** (**до́чери**, *G Sg von* дочь / **сестры́** / **жены́** / **племя́нницы**), **моего́ па́пы** (**сы́на** / **бра́та** / **му́жа** / **племя́нника**), …

2 **1.** уме́ешь, d) – **2.** мо́жно, b) – **3.** ну́жно, f) – **4.** хоти́те, e) – **5.** мо́жем, a) – **6.** должны́, c)

3 **2.** на по́езде / по́ездом, поезда́? А ско́лько сто́ит биле́т на по́езд? – **3.** на самолёте / самолётом, самолёты? А ско́лько сто́ит биле́т на самолёт? – **4.** на ночно́м экспре́ссе / ночны́м экспре́ссом, ночны́е экспре́ссы? А ско́лько сто́ит биле́т на ночно́й экспре́сс? – **5.** на авто́бусе/авто́бусом, авто́бусы? А ско́лько сто́ит биле́т на авто́бус?

4 **1.** Како́е сего́дня число́? – **2.** Когда́? – **3.** Когда́?/Како́го числа́? – **4.** Когда́? – **5.** Когда́? – **6.** Когда́?

5 **1.** часо́в – **2.** часа́ – **3.** час – **4.** часо́в

6 **1.** Я никогда́ так мно́го не ем. – **2.** Он давно́ хо́чет попа́сть в Санкт-Петербу́рг. – **3.** Мы ча́сто хо́дим на вы́ставки. – **4.** Они́ на конце́рте.

7 **1.** f) – **2.** e) – **3.** g) – **4.** h) – **5.** b) – **6.** c) –**7.** a) – **3.** d)

8 **1.** Ничего́. – **2.** Здесь так при́нято. – **3.** Пра́вда? Когда́? – **4.** Я предпочита́ю по́езд. – **5.** Я не о́чень люблю́ лета́ть. – **6.** Как жаль/жа́лко!

9 **1.** в Москву́ два́дцать четвёртого ноября́ – **2.** на по́езде – **3.** два биле́та, два но́мера в гости́нице

Tag 16

Fragen zum Dialog

1. ~~в че́тверть восьмо́го~~ | че́рез 10 мину́т – **2.** ~~ждут такси́~~ | е́дут на метро́

1 **1.** прибыва́ет в Москву́ – **2.** «Достое́вская» – **3.** перехо́д закры́т **4.** с 5-ой

Hörtext

1. Внима́ние! Ско́рый по́езд Санкт-Петербу́рг – Москва́ № 159 «Авро́ра» прибыва́ет в 21 час 30 мину́т на второ́й путь. – **2.** Осторо́жно, две́ри закрыва́ются. Сле́дующая ста́нция – «Достое́вская». Перехо́д на ста́нцию «Влади́мирская», переса́дка на пе́рвую ли́нию. – **3.** Осторо́жно, две́ри закрыва́ются. Сле́дующая ста́нция – «Пло́щадь восста́ния». Внима́ние. Перехо́д на ста́нцию «Маяко́вская» закры́т. Переса́дка на тре́тью ли́нию че́рез ста́нцию «Влади́мирская». – **4.** Внима́ние! Пассажи́рский по́езд Санкт-Петербу́рг – Баку́ № 313а отправля́ется сего́дня не с восьмо́й, а с пя́той платфо́рмы, пра́вая сторона́.

2   **2.** По́езд в Волгогра́д отправля́ется в девятна́дцать часо́в семь мину́т / семь мину́т восьмо́го и прибыва́ет в четы́ре часа́ три́дцать пять мину́т / без двадцати́ пяти́ пять. Он идёт три́дцать три часа́ и два́дцать во́семь мину́т. – **3.** По́езд в Москву́ «Се́верная Пальми́ра» отправля́ется в два́дцать два часа́ три́дцать мину́т / пол-оди́ннадцатого и прибыва́ет в пять часо́в пятьдеся́т шесть мину́т / без четырёх шесть. Он идёт семь часо́в и два́дцать шесть мину́т. – **4.** По́езд в Москву́ «Не́вский Экспре́сс» отправля́ется в шесть часо́в со́рок пять мину́т / без че́тверти семь и прибыва́ет в оди́ннадцать часо́в пятна́дцать мину́т / че́тверть двена́дцатого. Он идёт четы́ре часа́ и три́дцать мину́т. – **5.** По́езд в Песто́во отправля́ется в два́дцать два часа́ пятьдеся́т мину́т / без десяти́ оди́ннадцать и прибыва́ет в семь часо́в со́рок во́семь мину́т / без двена́дцати во́семь. Он идёт во́семь часо́в и пятьдеся́т во́семь мину́т.

3   **1.** хожу́ – **2.** е́дет – **3.** летя́т – **4.** е́здит – **5.** лета́ют

4   **1.** c) – **2.** a) – **3.** b) – **4.** d)

5   **1.** самолёт – **2.** маршру́тка – **3.** по́езд – **4.** такси́ – **5.** трамва́й – **6.** ваго́н – *Lösungswort:* Сапса́н

6   **1.** отправля́ется – **2.** ле́вая – **3.** всегда́

7   **1.** е́ду, лечу́ – **2.** е́здим, лета́ть, е́дем

8   **1.** Э́то биле́т на по́езд. – **2.** По́езд отправля́ется из Москвы́ (с Каза́нского вокза́ла) в Челя́бинск. – **3.** Он отправля́ется 22 ию́ня (22.06.) в 20:08. – **4.** Он прибыва́ет 24 ию́ня (24.06.) 06:05. – **5.** Пассажи́ра зову́т Горбачёва Алёна Ю́рьевна. – **6.** Пассажи́р е́дет в ваго́не 14 К.

9   *Lösungsmöglichkeiten:* **1.** Я предпочита́ю по́езд/самолёт/… – **2.** – Да, я ча́сто е́зжу на по́езде./ Нет, я ре́дко/иногда́ е́зжу на по́езде. Я е́зжу в Берли́н/в Йе́ну/… – **3.** Да, я люблю́ лета́ть./ Нет, я не о́чень люблю́ лета́ть. Я ча́сто/иногда́/ре́дко лета́ю. Я лета́ю в Мю́нхен/в Москву́/…

Tag 17

Fragen zum Dialog

     1. остано́вку маршру́тки – **2.** мост

1   **1.** Да́йте мне поду́мать. Ка́жется – **2.** Стра́нно, наве́рное – **3.** Я ду́мала, по-мо́ему, Мо́жет

Hörtext

     1. ► Вы зна́ете, как идти́ от ста́нции метро́?
         ◄ Да́йте мне поду́мать. Ка́жется, нам ну́жно поверну́ть напра́во.
     2. ► Стра́нно. Я зна́ю э́ту у́лицу, но здесь нет остано́вки.
         ◄ Нам, наве́рное, на́до перейти́ че́рез мост.
     3. ► Я ду́мала, что я по́мню, куда́ идти́, но, по-мо́ему, мы заблуди́лись.
         ◄ Мо́жет, спроси́ть доро́гу?

2   **1.** Вы́йдите на проспе́кт, где хо́дят тролле́йбусы. – **2.** Ма́ма сказа́ла, что э́ти цвета́ не сочета́ются. – **3.** Мне удо́бно, когда́ моя́ семья́ ве́чером собира́ется за у́жином.

3   **1.** Иди́те сейча́с напра́во и поверни́те на проспе́кт. Перейди́те че́рез мост и иди́те вдоль кана́ла. Пройди́те че́рез прохо́д ме́жду дома́ми и вы́йдите к ста́нции метро́. – **2.** Пройди́те че́рез ры́нок, пото́м ми́мо кио́ска. Поверни́те нале́во и вы́йдите на у́лицу, где е́дут трамва́и. О́коло магази́на о́буви остано́вка авто́буса.

4   **1. При**ходи́те, **при**йти́, **у**езжа́ем – **2. вы**лета́ет, **вы**ходи́ть – **3. у**е́хал – **4. Про**йди́те, **пере**йди́те – **5. в**ойти́, вхо́дите

5   **1.** да́йте, дать: Lassen Sie mich (kurz) nachdenken. – **2.** иди́те и поверни́те, идти́ и поверну́ть: Gehen Sie nach rechts, danach biegen Sie in die Uferstraße ab/ein. – **3.** перейди́те и иди́те, перейти́ и идти́: Überqueren Sie die Brücke und gehen Sie den Kanal entlang. – **4.** спроси́те, спроси́ть: Fragen Sie diesen jungen Mann.

6   **2.** Verlassen Sie sich auf mich. – **3.** Erzähle ihr nicht, dass ... – **6.** Kosten Sie (mal) diese Suppe! – **8.** Glaube nicht, dass ...

7   **1.** по́мню – **2.** заблуди́лся – **3.** ищу́ – **4.** дое́хать – **5.** пройти́ – **6.** ве́рьте

8   **1.** c) – **2.** a) – **3.** d) – **4.** b)

9   7 – 2 – 3 – 1 – 6 – 5 – 8 – 4

10 **1.** до Эрмита́жа, че́рез мост, вдоль кана́ла, по направле́нию, к ста́нции, три остано́вки, на ста́нции – **2.** кре́пости, па́рка, парк, доро́гу, мосту́, мину́т, кре́пости

Tag 18

Fragen zum Dialog

1. ве́рно – **2.** неве́рно

1   **1.** 67 28 13 – **2.** 156 45 89 – **3.** 007 439 200 17 019 – **4.** 0178 943 31 00

Hörtext

1. Како́й у тебя́ но́мер телефо́на? – **67 28 13**, то́лько звони́ть мне лу́чше ве́чером. – **2.** Ты зна́ешь, где мо́жно вку́сно и недо́рого поу́жинать? – Мне нра́вится кафе́ «Примо́рское». Я всегда́ зака́зываю сто́лик по телефо́ну. – По како́му но́меру? – **156 45 89.** – **3.** Ма́ма, смотри́, нам сего́дня звони́ли, пока́ нас не́ было до́ма. – **007 439 200 17 019.** А, э́то твой дя́дя из Росси́и звони́л. – **4.** Ты е́дешь в Герма́нию? Мой брат там уже́ два го́да живёт. Позвони́ ему́ по но́меру **0178 943 31 00**, е́сли хо́чешь.

2   **1.** a) – **2.** b)

3   *Lösungsmöglichkeiten (siehe Anmeldeformular, Seite 160/161)*

▸ Гости́ница «Фи́нский зали́в», я вас слу́шаю.

◂ До́брый день, я бы хоте́л заброни́ровать **оди́н двухме́стный** но́мер **с 31-го октября́** по **4-е ноября́**.

▸ На каку́ю фами́лию?

◂ На фами́лию **Бело́в** (от фи́рмы „**Арго́**").

▸ Мину́точку ... Да, э́то возмо́жно. Вы хоти́те ко́мнату с ви́дом на зали́в?

◂ **Да, е́сли мо́жно. / Нет, не обяза́тельно.**

▸ Ваш но́мер телефо́на, пожа́луйста.

◂ **383 107 54 54.**

▸ У вас есть факс или email?

◂ **Фа́кса у меня́ нет, зато́ есть email. Пиши́те: belov@rambler.ru.**

▸ Вы бы не могли́ дать ваш а́дрес, пожа́луйста?

◂ **Коне́чно, ул. Мо́царта, д. 34. кв. 15, 630001 г. Новосиби́рск.**

▸ Спаси́бо. Э́то всё, что мне ну́жно. Счёт пойдёт на ваш email. У вас есть ещё вопро́сы или пожела́ния?

◂ **Нет, спаси́бо. / Пока́ нет. / Я бы хоте́л ... / Вы бы не могли́ ...**

4   **1.** Прошу́ проще́ния, нет ли у вас ру́чки? – **2.** Всё в поря́дке. – **3.** Ва́ша ко́мната нахо́дится пря́мо у ли́фта. – **4.** Бу́дьте любе́зны, нельзя́ ли у вас попроси́ть ка́рту го́рода? – **5.** Благодарю́ вас.

5   **1.** e) – **2.** a) – **3.** g) – **4.** f) – **5.** d) – **6.** b) – **7.** c)

6 **1.** заброни́руйте – **2.** да́йте – **3.** покажи́те

7 **1.** Фами́лия Мустерманн – **2.** Имя Макс – **3.** Отчество нет – **4.** Дата рождения 23.11.1991 – **5.** Пол <u>муж.</u>/жен. – **6.** Место рождения: страна Герма́ния – **7.** Гражданство ФРГ / неме́цкое – **8.** Паспорт № ххх – **9.** Место жи́тельства: страна Герма́ния, Город Дюссельдорф,Телефон ххх, Электро́нная почта maxmustermann@mail.de – **10.** Дата заезда 16.01.20… – **11.** Дата вы́езда 24.01.20… – **12.** Дата 16.01.20… – Подпись ххх

Tag 19

Fragen zum Dialog

1. тепле́е | ~~холодне́е~~ - **2.** со́лнце | ~~дождь~~ - **3.** ~~оса́дки~~ | ве́тер

1 **1.** a) переме́нная – b) кратковре́менные дожди́ или вла́жный снег – c) 1 – 3°C – d) -2 – 0°C – e) поры́вистый с се́веро-за́пада – **2.** a) я́сный, сухо́й, но холо́дный – b) без оса́дков – c) -3 – -5°C – d) -5 – -7°C – e) ю́жный

Hörtext
Сего́дня ожида́ется переме́нная о́блачность, возмо́жны кратковре́менные дожди́ или вла́жный снег. Температу́ра во́здуха днём 1 – 3, но́чью -2 – 0 гра́дусов Це́льсия. Поры́вистый ве́тер с се́веро-за́пада … За́втра нас ожида́ет я́сный день без оса́дков, сухо́й, но холо́дный. Температу́ра во́здуха днём -3 – -5, но́чью -5 – -7 гра́дусов Це́льсия. Ве́тер ю́жный.

2 **1.** Вы гото́вы? – **2.** Мне нужна́ су́мка. – **3.** Это неинтере́сно. – **4.** Это о́чень до́рого! – **5.** Он не согла́сен. – **6.** Сего́дня тепло́.

3 **1.** коро́че – **2.** доро́же – **3.** тепле́е – **4.** бо́льше – **5.** сильне́е – **6.** лу́чше

4 **1.** ~~ю́жный~~ – **2.** ~~температу́ра~~ – **3.** я́сный – **4.** ~~восто́к~~ – **5.** ~~тепло́~~ – **6.** ~~сухо́й~~

5 **1.** Сего́дня так тепло́, и со́лнце све́тит. – **2.** Здесь о́коло зали́ва всегда́ прохла́дно. – **3.** Сего́дня нас ожида́ет я́сный день без оса́дков. – **4.** На се́вере ве́тры гора́здо сильне́е. – **5.** Температу́ра во́здуха днём 15 гра́дусов, но́чью 10 гра́дусов. – **6.** Вчера́ я так замёрзла, потому́ что был прони́зывающий ве́тер.

6 се́вер – се́веро-восто́к – восто́к – юг – ю́го-восто́к – за́пад – се́веро-за́пад – ю́го-за́пад

7 **2.** Москва́ нахо́дится на ю́го-за́паде Росси́и. – **3.** Владивосто́к располо́жен на ю́го-восто́ке Росси́и. – **4.** Мю́нхен нахо́дится на ю́ге Герма́нии. – **5.** Га́мбург располо́жен на се́вере Герма́нии.

8 **1.** но́чью, ве́чером – **2.** прохла́дно, хо́лодно – **3.** се́вер – **4.** восток – **5.** иногда́, ча́сто – **6.** сухо́й, без оса́дков – **7.** зимо́й – **8.** я́сный

9 **1.** ~~устро́ился~~, устро́илась – **2.** ~~окно́~~, окна́ – **3.** ~~прекра́сная~~, прекра́сный – **4.** ~~тёплая~~, тепло́ – **5.** ~~сухо́е~~, суха́я – **6.** ~~сентя́брьское~~, сентя́брьская – **7.** ~~в се́вере~~, на се́вере – **8.** жа́рко, хо́лодно – **9.** ~~зашли́~~, зашёл – **10.** ~~обе́д~~, обе́да **11.** ~~е́здить~~, (по)е́ду – **12.** ~~тебя́~~, тебе́

Tag 20

Fragen zum Dialog

1. голова́ и го́рло – **2.** ча́я

1 **2.** пить мно́го ча́я и остава́ться в посте́ли. – **3.** ча́ще быва́ть на све́жем во́здухе. – **4.** пойти́ к до́ктору Степа́нову. – **5.** ре́же смотре́ть телеви́зор. – **6.** попро́бовать э́ту дие́ту.

2 **1.** вы жа́луетесь – **2.** у вас боли́т – **3.** Температу́ра у вас есть? – **4.** Где вы рабо́таете? – **5.** Вы занима́етесь спо́ртом?

Hörtext

▶ Дóбрый день, дóктор.

◀ Здрáвствуйте. На что **вы жáлуетесь**?

▶ Я óчень плóхо себя чýвствую. Мне трýдно говорúть и дáже дышáть.

◀ А гóрло **у вас болúт**?

▶ Нет, тóлько периодúчески болит головá, а иногдá и грудь.

◀ **Температýра у вас есть?**

▶ Нет, у меня вообщé рéдко поднимáется температýра.

◀ **Где вы рабóтаете?**

▶ Я рабóтаю в шкóле. Я учúтель рýсского языкá, поэтому мне нýжно мнóго говорúть.

◀ **Вы занимáетесь спóртом?**

▶ Нет, для спóрта у меня нет врéмени.

3 **1.** дом**óй,** До свидáн**ия** – **2.** рст, язы́к, температýр**у** – **3.** бра**т,** дрý**га,** книг –
4. Штéфан**у,** Росс**úи.** - **5.** ýш**и,** врач**ý** – **6.** телефóн**у,** приёмe**,** терапéвт**а.** –
7. жен**á,** больнú**це,** санатóр**ии**

4 **1.** чýвствуете – **2.** чýвствую – **3.** чýвствуют – **4.** чýвствуют – **5.** чýвствует – **6.** чýвствует –
7. чýвствуешь

5 *Senkrecht:* **2.** ангúна – **3.** пекáрство – **6.** кáшель – **8.** термомéтр – *Waagerecht:* **1.** аптéка –
4. врач – **5.** здорóвье – **7.** таблéтки – **9.** простýда

6 **1.** Я желáю вам здорóвья.

7 **1.** по | для – **2.** случúлся | случúлась – **3.** у врачá | с врачóм – **4.** болят – **5.** болúт –
6. нос | глаз – **7.** заболевáние | пекáрство – **8.** в аптéке | в шкафý

8 4 – 13 – 7 – 1 – 12 – 16 – 6 – 3 – 15 – 11 – 14 – 5 – 2 – 8 – 10 – 9

Tag 21

Fragen zum Dialog

1. сýмку | нóутбук – **2.** мужчúну | жéнщину

1 **1.** b) – **2.** e) – **3.** d) – **4.** f) – **5.** c) – **6.** a)

2 **1.** высóкая стрóйная дéвушка; длúнные тёмные вóлосы – **2.** нúзкий пóлный мужчúна,
свéтлые вóлосы, корóткая стрúжка

3 **1.** У гóстя пропáл чемодáн. Úгорь вúдел дéвушку. Онá вы́шла с большúм чёрным
чемодáном. – **2.** Он столкнýлся с молоды́м человéком. Он сидéл напрóтив. Он
наблюдáл за ней. – **3.** Молодóй человéк из Берлúна, из Гермáнии. Егó грýппа тóлько что
уéхала в аэропóрт. Онá созéтует заказáть таксú.

Hörtext

1. ▶ Úгорь, у нáшего гóстя пропáл чемодáн. Ты ничегó не вúдел?

◀ Тóлько что вы́шла дéвушка с бóльшим чёрным чемодáном.

2. ▶ Ты вúдела высóкого молодóго человéка? Я ещё сегóдня ýтром столкнýлся с ним у
вхóда.

◀ Да. Он дóлго сидéл напрóтив меня и, по-мóему, за мнóй наблюдáл.

3. ▶ Простúте, мне нужнá вáша пóмощь! Я из Берлúна, из Гермáнии. Моя грýппа тóлько
что уéхала без меня в аэропóрт.

◀ Не мóжет быть! Не волнýйтесь, мы сейчáс всё улáдим. Мы закáжем вам таксú.

4 **1.** с нáшим – **2.** под вáшими – **3.** мéжду, её – **4.** за мнóй – **5.** над нáми – **6.** Пéред ним

5 **1.** Bei wem? – **2.** Wo? – **3.** Wen? Was? – **4.** Wohin? – **5.** Wem? – **6.** Woher? – **7.** Mit wem? –
8. Über wen?/Von wem?

6 **2.** a) У кого́ укра́ли ноутбу́к? b) Что укра́ли у Штéфана? – **3.** С кем говори́т Штéфан? – **4.** Кого́ ви́дел Ѝгорь? – **5.** a) Кто наблюда́л за Штéфаном? b) За кем наблюда́л подозри́тельный тип? – **6.** a) Что оста́вил Штéфан на столé? b) Где Штéфан оста́вил ноутбу́к? – **7.** a) Чего́ ждёт Штéфан? b) Отку́да он ждёт звонка́?

7 **1.** c) – **2.** e) – **3.** d) – **4.** f) – **5.** a) – **6.** b)

8 **1.** дéтским врачо́м, с иностра́нными тури́стами – **2.** с ру́сским полицéйским – **3.** с подозри́тельным ти́пом – **4.** э́тот, за молодо́й высо́кой жéнщиной с дли́нными волоса́ми – **5.** ря́дом с на́шей гости́ницей – **6.** под ва́шими показа́ниями

9 **1.** Он говори́л с жéнщиной. – **2.** Вы имéете в виду́ э́того по́лного молодо́го человéка? – **3.** Ря́дом сиди́т ста́рый человéк высо́кого ро́ста. – **4.** У неё дли́нные во́лосы.

Tag 22

1 **1.** в 07:42 – **2.** на ста́нцию Ѝглич – **3.** 13 часо́в – **4.** в 18:36 – **5.** в Москву́ – **6.** по пя́тницам (пт), суббо́там (сб) и воскресéньям (вс)

2 ну́жно | мочь | умéть | люби́ть | должны́ | хотéть | мо́жно | на́до | нельзя́ | до́лжен – **1.** лю́бишь, умéю – **2.** ну́жно / на́до, мо́жно – **3.** должны́, ну́жно / на́до – **4.** люблю́ / хочу́, нельзя́

3 **1.** к тёте Ната́ше в Крым – 29-го ма́я – по́езд – 2 недéли – **2.** командиро́вка в Новосиби́рск – 26-го октября́ в 9 часо́в 15 мину́т – самолёт – 8 дней (с 26.10. по 02.11.) – **3.** в санато́рий – 9-го ма́рта – маши́на – 22 дня (с 09.03. по 31.03.) – **4.** в похо́д под Москво́й – 11-го ию́ля – электри́чка – с 11.07. по 14.07.

Hörtext

1. ▶ Ну что, Да́ша, ско́ро у тебя́ кани́кулы? Вы опя́ть в го́ры поéдете, навéрное?
   ◀ Мо́жет быть, но снача́ла мы поéдем к тёте Ната́ше в Крым. Две недéли на мо́ре! Ма́ма ужé купи́ла билéты на по́езд.
   ▶ И когда́ же вы éдете?
   ◀ 29-го ма́я.

2. ▶ Ю́рий Ива́нович, я к вам насчёт билéтов в Новосиби́рск. Вы мо́жете летéть 26-го октября́ в 9 часо́в 15 мину́т. Билéтов на Москву́ на 1-е ноября́, как вы хотéли, ужé нет.
   ◀ Спаси́бо, Ири́на Анто́новна, тогда́ зака́зывайте на день по́зже. Я надéюсь, э́то возмо́жно.
   ▶ То́лько что бы́ло возмо́жно.
   ◀ Прекра́сно.

3. ▶ Жéня, привéт.
   ◀ Привéт, Ди́ма, рад тебя́ ви́деть. Слу́шай, ты не зна́ешь, где Бори́с? Я ему́ звоню́, звоню́, а его́ всё нет.
   ▶ Он ужé недéлю в санато́рии, поэ́тому мо́жешь ему́ сейча́с домо́й не звони́ть.
   ◀ И как до́лго он ещё до́лжен там остава́ться?
   ▶ Он сказа́л, что éдет на 22 дня, зна́чит, до 31-го ма́рта.
   ◀ А далеко́ э́то? Я бы к нему́ в воскресéнье мог поéхать, éсли, конéчно, мо́жно на маши́не доéхать?
   ▶ Недалеко́, он маши́ной как раз и поéхал.

4. ▶ Ма́ша, мы тут в похо́д собира́емся. Ты не хо́чешь с на́ми?
   ◀ Éсли в э́ти выходны́е, тогда́ я не могу́.
   ▶ Нет, мы то́лько чéрез дéсять дней пойдём, с 11-го по 14-е ию́ля.
   ◀ Э́то мне бо́льше подхо́дит. А где э́то вообщé нахо́дится?
   ▶ Под Москво́й. Хо́чешь верь, хо́чешь не верь: на электри́чке éхать всего́ часа́ два, а во́здух там совсéм друго́й.

4 **1.** пятна́дцать часо́в семь мину́т, семь мину́т четвёртого – **2.** де́вять часо́в пятна́дцать мину́т, пятна́дцать мину́т / че́тверть деся́того – **3.** два́дцать часо́в два́дцать шесть мину́т, два́дцать шесть мину́т девя́того – **4.** два часа́ три́дцать мину́т, полтре́тьего – **5.** шесть часо́в со́рок мину́т, без двадцати́ семь – **6.** де́сять часо́в со́рок пять мину́т, без пятна́дцати / че́тверти оди́ннадцать – **7.** девятна́дцать часо́в пятьдеся́т две мину́ты, без восьми́ во́семь – **8.** два́дцать три часа́, оди́ннадцать

5 **1.** Спа́сская – **2.** Волгогра́д – **3.** с пя́той платфо́рмы – **4.** Садо́вая
Hörtext
1. Осторо́жно, две́ри закрыва́ются. Сле́дующая ста́нция – «Звени́городская». Внима́ние! Перехо́д на ста́нцию **«Пу́шкинская»** закры́т с 14 до 16 часо́в. Переса́дка на пе́рвую ли́нию че́рез ста́нцию «Спа́сская». – **2.** Внима́ние! Ско́рый по́езд Москва́ – **Волгогра́д** № 79а прибыва́ет в 5 часо́в 28 мину́т на восьмо́й путь. – **3.** Внима́ние! Пассажи́рский по́езд Санкт-Петербу́рг – Севасто́поль № 7ж, отправля́ется в 19 часо́в 07 мину́т с **пя́той** платфо́рмы, пра́вая сторона́. – **4.** Осторо́жно, две́ри закрыва́ются. Сле́дующая ста́нция – «Сенна́я пло́щадь». Перехо́д на ста́нции «Спа́сская» и «**Садо́вая**», переса́дка на четвёртую и пя́тую ли́нии.

6

Л	И	Н	И	Я	Л	Ь	Д	Ж	Э	П	Б	В	Щ	В
А	П	А	К	П	Р	Т	О	Ч	С	Л	М	О	У	А
Ц	Э	Л	Е	К	Т	Р	И	Ч	К	А	Ф	К	В	Г
Е	К	Г	Ш	Щ	З	О	Ъ	Х	Т	Т	Р	З	А	О
Н	С	Ю	Т	Б	М	Л	Т	И	М	Ф	С	А	О	Н
Г	П	Ф	Р	Ы	Е	Л	Ы	Т	В	О	А	Л	С	П
Ш	Р	О	А	Л	Т	Е	Д	А	Ж	Р	Э	Я	Т	Ч
А	Е	Я	М	Ч	Р	Й	С	К	М	М	И	Т	А	Ь
Э	С	А	В	Т	О	Б	У	С	С	А	Э	Р	Н	П
Р	С	Б	А	Э	Ж	У	Д	И	А	Л	З	А	О	А
О	Й	Ц	Й	У	К	С	Е	А	М	О	Р	Л	В	Е
П	Х	З	Щ	Ш	Г	Н	Е	П	О	Е	З	Д	К	Ц
О	Ф	Ы	В	А	П	Р	Б	И	Л	Е	Т	О	А	К
Р	А	С	П	И	С	А	Н	И	Е	Й	Ы	Ф	В	А
Т	Э	Х	З	Ж	Ш	Н	Е	С	Т	А	Н	Ц	И	Я

Lösungswort: тра́нспорт

7 скажи́(**те**) – рабо́тай(**те**) – спроси́(**те**) – иди́(**те**) – ве́рь(**те**) – е́шь(**те**) – слу́шай(**те**) – позвони́(**те**) – меша́й(**те**) – взве́сь(**те**)
1. Иди́те – **2.** Скажи́те – **3.** меша́й(те) – **4.** слу́шайте – **5.** позвони́(те) – **6.** Взве́сьте – **7.** ешь – **8.** верь

8 вку́сный – вкусне́е, хоро́ший – лу́чше, голо́дный – голодне́е, дорого́й – доро́же, прохла́дно – прохла́днее, интере́сно – интере́снее, све́жий – свеже́е, све́тлый – светле́е, тёмный – темне́е, ую́тный – ую́тнее, ма́ленький – ме́ньше, хо́лодно – холодне́е, си́льный – сильне́е, большо́й – бо́льше, стра́шный – страшне́е, сухо́й – су́ше, жа́рко – жа́рче, тепло́ – тепле́е, коро́ткий – коро́че, молодо́й – моло́же, плохо́й – ху́же, краси́вый – краси́вее, ни́зкий – ни́же
1. дороги́е, доро́же – **2.** голо́дный, голодне́е – **3.** вку́сный / хоро́ший, вкусне́е / лу́чше – **4.** жа́рко / тепло́ (жа́рче / тепле́е) – прохла́днее / холодне́е (прохла́дно / хо́лодно) – 5. плоха́я, ху́же – **6.** краси́вая / ма́ленькая, краси́вее / ме́ньше

9 **Hörtext**

1. ► Извини́те, пожа́луйста, мы и́щем **остано́вку авто́буса**. Нам ну́жно **дое́хать** до гости́ницы «Мо́ре».

◄ Ой, вы ушли́ не в ту́ сто́рону. Иди́те сейча́с **напра́во** и **поверни́те** на проспе́кт, где хо́дят трамва́и. Иди́те **пря́мо** и перейди́те **че́рез** мост. **За** мосто́м остано́вка.

2. ► Прости́те, где здесь **ста́нция метро́**?

◄ Здесь ря́дом. Пройди́те **че́рез ры́нок**, пото́м **ми́мо магази́на** о́буви и вы́йдите на **на́бережную**. О́коло **кио́сков** вход в метро́.

3. ► Скажи́те, пожа́луйста, как пройти́ **к вокза́лу**?

◄ Э́то недалеко́. Поверни́те сейча́с **нале́во** и иди́те мину́т пять **вдоль кана́ла** по направле́нию к **це́нтру**. В конце́ у́лицы **вы́йдите** на проспе́кт. Напро́тив нахо́дится вокза́л.

10 **1.** рот − **2.** ка́шель − **3.** термо́метр − **4.** апте́ка − **5.** реце́пт − **6.** просту́да − **7.** голова́ − **8.** табле́тка − **9.** у́хо − **10.** лека́рство − **11.** врач

Lösungswort: температу́ра

11 **2.** В суббо́ту, два́дцать девя́того января́, Татья́на идёт на конце́рт. − **3.** Мари́я Никола́евна лети́т в Москву́ оди́ннадцатого октября́. − **4.** Са́ша с шесто́го ию́ля по второ́е а́вгуста в Санкт-Петербу́рге. − **5.** Три́дцать пе́рвого декабря́ Штефан идёт в го́сти. − **6.** У Оле́га день рожде́ния семна́дцатого ма́я.

12 *Lösungsmöglichkeiten*

1. Я живу́ в (*Ortsname*) на се́вере / ю́ге / восто́ке / за́паде (Герма́нии). − **2.** Зимо́й у нас хо́лодно и ча́сто / ре́дко идёт снег. Весно́й пого́да быва́ет ра́зная. Иногда́ све́тит со́лнце, а иногда́ идёт дождь. Температу́ра во́здуха 0-25°C. Быва́ют си́льные ве́тры. Ле́том обы́чно жа́рко, но быва́ют и дожди́. О́сенью ча́сто оса́дки и си́льные ве́тры. В нача́ле о́сени тепло́, а в конце́ прохла́дно / хо́лодно. − **3.** О́сенью дождь идёт ча́ще, потому́ что пого́да холодне́е. − **4.** Я предпочита́ю тёплую пого́ду и осо́бенно люблю́, когда́ све́тит со́лнце. Мне нра́вится, когда́ на у́лице 23-25°. − **5.** Е́сли на у́лице хоро́шая, тёплая пого́да, я предпочита́ю / люблю́ быть на све́жем во́здухе / на приро́де / в гора́х. Я игра́ю в футбо́л / гольф / те́ннис. Я хожу́ в похо́ды / на стадио́н. Я собира́ю я́годы / грибы́. Я е́ду на да́чу / рыба́лку. − **6.** Е́сли жа́рко, я е́ду на мо́ре / да́чу. − **7.** Е́сли в выходны́е на у́лице хо́лодно, я иду́ в бассе́йн / кино́ и́ли на конце́рт / вы́ставку. Иногда́ я приглаша́ю госте́й и́ли про́сто чита́ю хоро́шую кни́гу. Я ча́сто игра́ю в баскетбо́л / ша́хматы, е́зжу на лы́жах.

13 **1. Person:** мужчи́на, ма́ленький, по́лный, 40 лет, тёмные, коро́ткая

2. Person: де́вушка, высо́кая, стро́йная и спорти́вная, 22 и́ли 23 го́да, дли́нные и ру́сые

Hörtext

1. ► Бори́с, у на́шего го́стя то́лько что пропа́л большо́й чёрный чемода́н, ты ничего́ не ви́дел?

◄ Как раз вы́шел ма́ленький по́лный мужчи́на с чёрным чемода́ном.

► Лет 40, тёмный, коро́ткая стри́жка? Я его́ то́же ви́дела.

◄ Где охра́нник?

2. ► Зна́ешь, И́горь, я вчера́ ве́чером познако́мился с о́чень симпати́чной де́вушкой.

◄ Пра́вда? Я её ви́дел?

► Возмо́жно. Её зову́т Ка́тя. Высо́кая де́вушка, во́лосы дли́нные, ру́сые.

◄ А, худа́я така́я, ей 22 и́ли 23 го́да?

► Не худа́я, а стро́йная и спорти́вная.

14 **2.** У Татья́ны боли́т у́хо. Ей нельзя́ идти́ на конце́рт. − **3.** У Штефана боли́т го́рло. Ему́ нельзя́ мно́го говори́ть. − **4.** У тебя́ боля́т глаза́. Тебе́ нельзя́ чита́ть в посте́ли. − **5.** У учи́теля боли́т

грудь. Ему́ нельзя́ встава́ть. – **6.** У дете́й боли́т го́рло. Им нельзя́ есть моро́женое. –
7. У нас боля́т у́ши. Нам нельзя́ слу́шать му́зыку.

15 **2.** Татья́на позвони́ла бы до́ктору, е́сли бы у неё был его́ но́мер телефо́на. –
3. Представи́тель фи́рмы пое́хал бы на маши́не, е́сли бы у него́ не пропа́л ключ. –
4. Оле́г пригласи́л бы госте́й, е́сли бы он не заболе́л. – **5.** Ма́ма сде́лала бы сала́т, е́сли
бы она́ купи́ла ма́сло. – **6.** Я прочита́л бы электро́нную по́чту, е́сли бы (я) взял с собо́й
но́утбук.

Zwischentest 3

1 **1.** c) – **2.** b) – **3.** a) – **4.** c) – **5.** a) – **6.** d)
2 **1.** ма́ленько**го** санато́р**ия** – **2.** ночн**о́м** экспре́сс**е** – **3.** больш**о́й** крова́т**ью** –
4. интере́сн**ую** де́вуш**ку** – **5.** втор**о́й** ста́нц**ии**
3 **1.** интере́снее – **2.** вы́ше – **3.** ху́же
4 **1.** Сего́дня прекра́сная пого́да. Све́тит со́лнце, тепло́, су́хо, ве́тра нет. – **2.** У меня́ боли́т
го́рло, зало́жен нос и, ка́жется, температу́ра. – **3.** Я хоте́л(а) бы заброни́ровать
двухме́стный но́мер с 15-го а́вгуста по 2-е сентября́ с ви́дом на зали́в. – **4.** Здесь ря́дом.
Иди́те пять мину́т вдоль кана́ла. Спра́ва напро́тив гости́ницы ста́нция метро́. –
5. Я сиде́л(а) за столо́м и чита́л(а) кни́гу. Пото́м я ушёл/ушла́ на три мину́ты и
оста́вил(а) су́мку на сту́ле.
5 **1.** a) неве́рно, b) ве́рно, c) ве́рно, d) ве́рно – **2.** a) ве́рно, b) неве́рно, c) неве́рно,
d) неве́рно
Hörtext
1. Сего́дня нас ожида́ет тёплый день без оса́дков. С утра́ со́лнце, а к ве́черу переме́нная
о́блачность. Температу́ра во́здуха днём 18–20 гра́дусов Це́льсия, но́чью 14–16. За́втра
возмо́жны кратковре́менные дожди́, температу́ра во́здуха немно́го прохла́днее – 15-
17. Поры́вистый ве́тер с ю́го-за́пада.
2. ▸ Ма́ша, почему́ ты вчера́ не была́ в шко́ле?
◂ Я ходи́ла к врачу́. Он сказа́л, что у меня́ анги́на.
▸ Пра́вда?
◂ Да, у меня́ си́льно боле́ло го́рло и была́ температу́ра.
▸ Я наде́юсь, ты уже́ себя́ лу́чше чу́вствуешь?
◂ Немно́го лу́чше, температу́ры, по-мо́ему, нет. Но мне тру́дно глота́ть и говори́ть.
▸ Тогда́ пока́. Выздора́вливай.
6 **1.** 17:48 – **2.** 20:20 – **3.** 18:15 – **4.** 19:55 – **5.** 6:15
Hörtext
1. ▸ Когда́ наш по́езд?
◂ В семна́дцать со́рок во́семь.
▸ Без десяти́ шесть?
◂ Без двена́дцати.
2. ▸ На часа́х уже́ два́дцать мину́т девя́того. Где же па́па?
◂ Наве́рное, он стои́т в про́бке.
▸ Возмо́жно, но он хоте́л прие́хать уже́ полтора́ часа́ наза́д. Мо́жет ему́ позвони́ть?
3. ▸ Приве́т, Ди́ма, хо́чешь за́втра с на́ми в кино́?
◂ За́втра? А когда́ то́чно?
▸ В пятна́дцать мину́т седьмо́го
◂ Так ра́но? В э́то вре́мя я, к сожале́нию, ещё на рабо́те.

4. ► Я пошёл в гости́ную, уже́ без пяти́ во́семь. На́до сро́чно включи́ть телеви́зор. Ско́ро нача́ло.

◄ Нача́ло чего́?

► Футбо́ла, коне́чно. Я про́сто до́лжен э́то посмотре́ть. На́ши игра́ют.

◄ И почему́ футбо́л всегда́ в тако́е неудо́бное вре́мя! А как же твой у́жин?

► Пото́м.

5. ► Каки́м самолётом вы предпочита́ете лете́ть, Мари́я Никола́евна? В шесть пятна́дцать и́ли в оди́ннадцать три́дцать пять?

◄ Зака́зывайте лу́чше на пятна́дцать мину́т седьмо́го.

7 **1.** кто, с кем — **2.** како́й, кака́я — **3.** чему́, что

Hörtext

1. ► Ка́тя, ты не зна́ешь, кто писа́л э́тот mail? Под ним нет по́дписи.

◄ Я говори́ла по телефо́ну с Ди́мой, он сказа́л, что писа́л нам вчера́.

► С кем ты говори́ла?

◄ С Дми́трием.

2. ► Скажи́те пожа́луйста, на како́й маршру́тке я могу́ дое́хать до гости́ницы?

◄ А кака́я гости́ница вам нужна́?

► Гости́ница «Фи́нский зали́в».

3. ► Же́ня, ты всё у́тро улыба́ешься. Чему́ ты так ра́да?

◄ Сего́дня ве́чером я иду́ в теа́тр с Ви́ктором.

► Пра́вда? Что ты говори́шь! Я то́же ра́да за тебя́.

8 **1.** заброни́ровать — **2.** но́мер — **3.** по — **4.** фами́лию — **5.** фи́рмы — **6.** с ви́дом — **7.** но́мер телефо́на — **8.** факс — **9.** а́дрес — **10.** проспе́кт — **11.** го́род — **12.** Счёт

9 **1.** Я как раз покупа́ю биле́ты на авто́бус. — **2.** Остано́вка маршру́тного такси́/ маршру́тки пе́ред вхо́дом в теа́тр. — **3.** Я хочу́ пое́хать на по́езде, потому́ что я не люблю́ лета́ть. — **4.** Я замёрз, потому́ что хо́лодно. — **5.** То́лько что вы́шел симпати́чный молодо́й челове́к. — **6.** Как пройти́ к гости́нице «Москва́»? — **7.** (Бу́дьте любе́зны,) нельзя́ ли у вас попроси́ть ка́рту го́рода?/ Нет ли у вас ка́рты го́рода? — **8.** Как вы себя́ чу́вствуете?

Tag 23

Fragen zum Dialog

1. на совеща́нии

1 **1.** мужчи́на — в спра́вочное — ему́ ну́жен но́мер телефо́на Екатери́ны Ива́новны Селезнёвой — **2.** де́вушка — она́ не зна́ет, кому́ — что́бы спроси́ть, кото́рый час (вре́мя) — **3.** господи́н Семёнов — жене́ — что́бы попроси́ть её забра́ть сего́дня дочь из са́дика

Hörtext

1. ► Э́то спра́вочное?

◄ Спра́вочное слу́шает.

► Де́вушка, мне ну́жен но́мер телефо́на Екатери́ны Ива́новны Селезнёвой.

◄ По како́му а́дресу она́ живёт?

► У́лица Гага́рина, дом 23.

◄ Мину́точку ... Пиши́те: 457 92 01.

► Спаси́бо. До свида́ния.

2. ► Алло́.

◄ Да.

► Скажи́те, пожа́луйста, кото́рый час.

◄ Вы что, де́вушка, так по́здно звони́те? И вообще́ я вам не спра́вочное?

▸ А что, и часо́в у вас нет?

◂ Почему́, есть.

▸ А что, сказа́ть жа́лко?

3. ▸ Приёмная больни́цы № 5.

◂ Здра́вствуйте, позови́те, пожа́луйста, до́ктора Семёнову.

▸ Извини́те, не могу́. У неё сейча́с приём.

◂ Тогда́ переда́йте ей, пожа́луйста, что звони́л её муж. Попроси́те её забра́ть сего́дня дочь из са́дика, потому́ что я до́лжен сро́чно в командиро́вку собира́ться.

▸ Коне́чно, переда́м.

◂ Большо́е спаси́бо. До свида́ния.

2 **1.** о моём дру́ге – **2.** о на́ших колле́гах – **3.** о по́мощи – **4.** об их прие́зде – **5.** о том – **6.** о его́ презента́ции – **7.** об э́том слу́чае

3 туда́ – *dorthin*, слы́шно – *hörbar*, кто́-то – *jemand*, висе́ть – *hängen*, предста́виться – *sich vorstellen*
1. Sie sind falsch verbunden. – Entschuldigung. – **2.** Man kann Sie schlecht hören. Rufen Sie bitte noch einmal an./Versuchen Sie es bitte noch einmal. – **3.** Jemand hat dich angerufen, während du weg warst. Doch er hat sich nicht vorgestellt. – **4.** Meine Tochter hängt ständig am Telefon. Uns kann niemand telefonisch erreichen. – **5.** So etwas bespricht man nicht am Telefon. Reden wir darüber beim Treffen.

4 **1.** с ~~тобо́й~~ | тебя́ | ~~вас~~ – **2.** ~~гла́вного ме́неджера~~ | гла́вном ме́неджере – **3.** ~~приезжа́л~~ | прие́хал | ~~прие́хала~~ – **4.** ~~Михаи́лу Влади́мировичу~~ | ~~Михаи́лом Влади́мировичем~~ | Михаи́ле Влади́мировиче

5 **1.** e) mitteilen, Mitteilung – **2.** g) erkranken, Krankenhaus – **3.** i) sich verabreden, sprechen – **4.** j) raten, Besprechung – **5.** h) (fahrend) ankommen, Ankunft – **6.** d) schade, leider – **7.** b) zurückrufen, Anruf – **8.** c) vier, Donnerstag – **9.** a) treffen, Treffen – **10.** e) ausrichten, geben

6 **1.** на совеща́нии – **2.** в гости́нице – **3.** о ли́чной встре́че с Михаи́лом Влади́мировичем – **4.** Штéфана в их о́фисе – **5.** презента́цию со среды́ на пя́тницу

7 **1.** d) боли́т го́рло – **2.** c) остава́ться в посте́ли

8 спаси́бо – жаль – заболе́ли – остава́йтесь – лека́рства – пе́йте – е́сли – выздоровле́ния

Tag 24

Fragen zum Dialog

1. шёл дождь – **2.** привезти́ откры́тки – **3.** встре́чу

1 **1.** когда́ – **2.** Éсли – **3.** когда́ – **4.** Éсли

2 **a)** 2. Извини́те, кто ждёт внизу́? – Вся ва́ша семья́. – **b)** 4. Кого́ пригласи́ть? – Всю делега́цию. – **c)** 1. Что переда́ть? – Большо́й приве́т всем колле́гам. – **d)** 3. С кем вы пое́дете? – Со все́ми ро́дственниками.

Hörtext

1. Что переда́ть? – **2.** Извини́те, кто ждёт внизу́? – **3.** С кем вы пое́дете? – **4.** Кого́ пригласи́ть?

3 **1.** Уважа́емый, спаси́бо, сообщи́ть, Перезвоню́, С уваже́нием – **2.** Приве́т, нет пробле́м, Целу́ю, До свя́зи – **3.** Дорога́я, хорошо́, прибыва́ет, До встре́чи

4 **1.** Cа́ша пи́шет письмо́ сестре́ Татья́не. – **2.** Он пи́шет, что у них плоха́я пого́да. – **3.** Он про́сит Та́ню привезти́ для Да́ши откры́тки с достопримеча́тельностями Санкт-Петербу́рга. – **4.** Cа́ша спеши́т на рабо́ту. – **5.** Он передаёт большо́й приве́т Штéфану.

5 **1.** Мари́ю Никола́евну, за фа́йлы. – **2.** Штéфан был бо́лен. – **3.** Штéфан про́сит Мари́ю Никола́евну позвони́ть ему́, когда́ у неё бу́дет вре́мя.

6 **1.** а́дрес электро́нной по́чты – **2.** соба́ка – **3.** то́чка – **4.** дефи́с – **5.** ни́жнее подчёркивание

7 Individuelle Lösungen.

8 От: Татья́ны tanechkasm@rambler.ru – Кому: Александру <sashasmirnov@rambler.ru> – Отправлено: 18 сентября, 08:06 – Тема: Привет из Питера!
бра́т – твоё – провела́ – пого́да – со́лнце – прове́ли – привезу́ – прекра́сный – е́сли – верну́сь – передаёт – большо́й – обнима́ю

Tag 25

Fragen zum Dialog

1. мо́жет / ~~не мо́жет~~ – **2.** на вы́ставку / ~~в го́сти~~

1 *Lösungsmöglichkeiten*
1. Непреме́нно. / Я ду́маю, мы обсу́дим э́то в четве́рг. / Дава́йте снача́ла созвони́мся с колле́гами. / Тогда́ предлага́ю сде́лать э́то вме́сте. – **2.** Постара́юсь, но не обеща́ю. / Ла́дно. / К сожале́нию, нет. / Бою́сь, э́то нереа́льно. – **3.** Ла́дно. Но учти́те, что да́льше откла́дывать нельзя́. / Тогда́ предлага́ю сде́лать э́то вме́сте. – **4.** К сожале́нию, нет. / Постара́юсь сде́лать э́то за́втра./ Я ду́маю, мы обсу́дим э́то в четве́рг. – **5.** Непреме́нно. / Постара́юсь сде́лать э́то за́втра. / Дава́йте снача́ла созвони́мся с колле́гами. / Постара́юсь, но не обеща́ю. / Ла́дно.

2 **1.** свое́й – **2.** его́ – **3.** свой – **4.** её – **5.** их – **6.** своё

3 **1.** на́ш**ему** генера́ль**ному** дире́ктор**у** – **2.** свои́**м** представи́тел**ям** – **3.** неме́цк**ой** делега́ц**ии** – **4.** моско́вск**ому** метро́ – **5.** э́т**ой** фи́рм**е** – **6.** свои́**м** англи́йским коллег**ам**

4 **1.** f) Moderator, Radio – **2.** d) Arzt, Poliklinik – **3.** a) Lehrer, Schule – **4.** g) Museums-/Stadtführer, Museum – **5.** i) Diplomat, Botschaft – **6.** c) Journalist, Zeitschriftredaktion – **7.** b) Dolmetscher/Übersetzer, Übersetzungsbüro – **8.** e) Polizist, Polizei – **9.** h) Manager, Firma

5 **1.** врача́ – **2.** поли́цию – **3.** поли́цию, посо́льство – **4.** перево́дчика

6 **1.** В ближа́йшее вре́мя, нам надо/нужно – **2.** К э́тому вре́мени, нам на́до/необходи́мо – **3.** к сле́дующей среде́ – **4.** прибыва́ют 2 (второ́го) октября́ – **5.** обяза́тельно

7 **1.** его́ | её – **2.** его́ | её – **3.** его́ | свои́м – **4.** его́ | её – **5.** его́ | её – **6.** ~~его́ | её | их~~ – **7.** его́ | её | их

Tag 26

Fragen zum Dialog

1. неве́рно – **2.** ве́рно – **3.** ве́рно – **4.** неве́рно

1 **1.** a) неве́рно b) ве́рно – **2.** a) неве́рно b) ве́рно – **3.** a) ве́рно b) неве́рно
Hörtext
1. ► Ка́тя, како́е пла́тье ты сего́дня ве́чером наде́нешь?
◄ Зелёное с откры́той спино́й, кото́рое я купи́ла неда́вно.
► Но мой си́ний пиджа́к к нему́ не подойдёт.
◄ Ведь у тебя́ есть ещё кори́чневый в кле́точку.
► Ну ла́дно, тогда́ кори́чневый.
2. ► Та́ня, смотри́, кака́я краси́вая блу́зка. И цвет тако́й мо́дный!
◄ Не зна́ю, О́ля, по-мо́ему, э́тот цвет тебе́ не идёт. Приме́рь лу́чше э́ту ро́зовую ю́бку.
► Но она́ така́я дли́нная, совсе́м не ви́дно мои́х ног!

3. ▸ Макс, Йра меня пригласи́ла в суббо́ту на свой конце́рт. Туда́, наве́рное, нельзя́ пойти́ в джи́нсах?

◂ У тебя́ что, нет костю́ма? Могу́ дать свой пиджа́к и чёрные брю́ки. То́лько га́лстука прили́чного у меня́ нет.

2 **1.** Коне́чно, у неё са́мые дли́нные но́ги! – **2.** Спаси́бо, э́то моя́ са́мая люби́мая футбо́лка. – **3.** Нет, он не са́мый мо́дный. – **4.** Пра́вда, у неё сего́дня са́мое краси́вое пла́тье. – **5.** Да, у него́ всегда́ са́мые лу́чшие иде́и.

3 **1.** кото́рых – **2.** кото́рой – **3.** кото́рое – **4.** кото́рому – **5.** кото́рой – **6.** кото́рыми

4 **1.** Подру́гу Татья́ны зову́т Ири́на. – **2.** Они́ не ви́делись полго́да, потому́ что они́ живу́т в ра́зных города́х: Ири́на живёт в Санкт-Петербу́рге, а Татья́на живёт в Москве́. – **3.** Они́ разгова́ривают о мо́де, об оде́жде и о Штефа́не. – **4.** Та́ня купи́ла блу́зку, ту́фли и ша́рфик с колго́тками. – **5.** Штефа́н прекра́сно/о́чень хорошо́ вы́глядит. Он высо́кий блонди́н, у него́ дли́нные но́ги и широ́кие пле́чи. Штефа́н но́сит очки́. – **6.** Штефа́н предпочита́ет спорти́вный стиль/одева́ется в спорти́вном сти́ле: джи́нсы и футбо́лки. Он одева́ется, как настоя́щий бизнесме́н. Ка́ждый день меня́ет оде́жду. – **7.** Я предпочита́ю спорти́вный/класси́ческий стиль. – **8.** На рабо́ту я хожу́ в … У нас на рабо́те есть дресс-ко́д/нет дресс-ко́да.

5

Же́нская оде́жда	Мужска́я оде́жда	Аксессуа́ры
блу́зка	пиджа́к	су́мка
колго́тки	руба́шка	га́лстук
пла́тье	брю́ки, джи́нсы	очки́
ю́бка	футбо́лка	ша́рфик
брю́ки, джи́нсы		
футбо́лка		

6 **1.** са́мый мо́дный – **2.** своё са́мое люби́мое – **3.** си́нюю – **4.** бе́лые руба́шки, чёрные и́ли си́ние брю́ки. – **5.** в чёрных брю́ках и си́нем пиджаке́ – **6.** Краси́вые – **7.** сти́льную

Tag 27

Fragen zum Dialog

1. ~~зна́ла~~ | не ви́дела – **2.** ~~рабо́тает~~ | живёт – **3.** во Фра́нцию | ~~в Ита́лию~~ – **4.** ~~университе́ту~~ | рабо́те

1 **2.** чьём – **3.** Чья – **4.** Чьё – **5.** Чьи – **6.** Чей – **7.** Чьим

2 **1.** э́того молодо́го – **2.** те си́ние – **3.** э́тих швейца́рских – **4.** той делово́й – **5.** э́тому ва́жному – **6.** тот до́брый – **7.** э́ти чёрные

3 **a)** 5. – **b)** 3. – **c)** 6. – **d)** 1. – **e)** 4. – **f)** 7. – **g)** 2.

Hörtext

1. А ты, я слы́шала, рабо́таешь в неме́цком посо́льстве? – **2.** Ви́ктор, ты то́же здесь. А тебя́ и не узна́ть. – **3.** Приве́т, И́рочка, ты прекра́сно вы́глядишь. – **4.** Мне ка́жется, что мы знако́мы. То́лько я не по́мню, где я мог вас ви́деть. – **5.** Ве́ра Макси́мовна, ско́лько лет, ско́лько зим?! – **6.** А ты что, перее́хала? – **7.** Я учи́лась 10 лет наза́д в Екатеринбу́рге.

4 **1.** слы́шать – **2.** слу́шает – **3.** слы́шал(а) – **4.** слу́шать/послу́шаем – **5.** слы́шу – **6.** слы́шали

5 **1.** учи́лся – **2.** у́чит – **3.** учи́ли – **4.** у́сь – **5.** учу́ – **6.** у́чит

6 **1.** Ско́лько лет, ско́лько зим?! – **2.** с той горы́ – **3.** Спаси́бо – **4.** похороше́ла – **5.** в команиро́вку – **6.** знако́м со Штефа́ном/они́ знако́мы

7 **1.** Es war sehr lustig. – **2.** Die Welt ist ein Dorf.

8 **1.** чей — **2.** чья — **3.** чьи — **4.** чей — **5.** чья

9 **1.** того́ молодо́го — **2.** того́ подозри́тельного — **3.** той молодо́й — **4.** э́того — **5.** э́тих —
6. э́того симпати́чного

Tag 28

Fragen zum Dialog

1. a) — **2.** b) — **3.** a)

1 **1.** 1938 — **2.** 2009 — **3.** 1946 — **4.** 1994 — **5.** 2010 — **6.** 2000

Hörtext

1. Роди́тели Ка́ти живу́т в Москве́ с **1938**-го го́да. — **2.** Сего́дня, 5-го апре́ля **2009**-го го́да,
нас ожида́ет суха́я тёплая пого́да. — **3.** День рожде́ния Антони́ны Андре́евны 27-го
сентября́ **1946**-го го́да. — **4.** Серге́й рабо́тал в А́нглии с **1994**-го по 2004-ый год. —
5. За́втра 17-ое ма́рта **2010**-го го́да. — **6.** В Но́вый **2000**-й год на Кра́сной пло́щади бы́ло
осо́бенно мно́го госте́й.

2 **1.** Здесь нельзя́ е́здить на маши́не. — **2.** Говоря́т, э́тот фильм о́чень интере́сный. —
3. Вы́ставка открыва́ется на сле́дующей неде́ле. — **4.** Уже́ перешли́ к обсужде́нию /
диску́ссии. — **5.** Там мо́жно купи́ть напи́тки? — **6.** Вам / Ему́ / Ей / Им уже́ сообщи́ли о
моём прие́зде?

3 *Lösungsmöglichkeiten*

1. Уважа́емые да́мы и господа́ / колле́ги! Приве́тствую вас на сего́дняшнем
совеща́нии. — **2.** В пове́стку дня вхо́дят докла́д / презента́ция господи́на
N. и обме́н мне́ниями / обсужде́ние теку́щих вопро́сов. Предоставля́ю сло́во г-ну N. /
гла́вному ме́неджеру. — **3.** Г-н N. — инжене́р из … / наш партнёр из … **Gesprächsfloskeln:**
1. Мне ка́жется / Я счита́ю, что прогно́з на бу́дущее возмо́жен, то́лько е́сли взять
пери́од с 2005-го го́да по сей день. / Я до́лжен/должна́ сказа́ть, что … / Я хоте́л(а) бы
обрати́ть ва́ше внима́ние на … — **2.** Напро́тив, я так не счита́ю. Я не согла́сен / согла́сна,
потому́ что … / Я хоте́л(а) бы обрати́ть ва́ше внима́ние на … — **3.** С э́тим я согла́сен /
согла́сна, но … / Напро́тив, я счита́ю, что … / Посмо́трим, наприме́р, на …

4 **1.** d) господи́ну Миха́йлову. — **2.** c) дета́ли контра́кта. — **3.** c) во вто́рник

5 **1.** ~~Уважа́емый~~ — **2.** ~~выхо́дят, мне́ний~~ — **3.** ~~обраща́ть, своё~~ — **4.** ~~е́сли~~ — **5.** ~~когда́~~ —
6. ~~благодари́ть, все~~ — **7.** ~~всех, успе́шное проведе́ние~~

6 **1.** с э́тим мне́нием — **2.** с э́тим прогно́зом — **3.** с э́тими людьми́ — **4.** с э́тим челове́ком

7 **1.** c) — **2.** d) — **3.** g) — **4.** f) — **5.** b) — **6.** a) — **7.** e)

8 40 — 1000

-надцать	-дцать	-десят	-сот	-сто	-ста	-сти
11, 18	20, 30	50, 80	500, 900	90	300, 400	200

9 **1.** Уважа́емые да́мы и господа́! Приве́тствую вас на мое́й презента́ции. — **2.** Уважа́емые
колле́ги, я хоте́л(а) бы обрати́ть ва́ше внима́ние на … — **3.** А вот (и) нагля́дный
приме́р. — **4.** В заключе́ние я хочу́/хоте́л(а) поблагодари́ть всех за акти́вное уча́стие в
диску́ссии. — **5.** Я жела́ю нам всем успе́шного проведе́ния междунаро́дной вы́ставки

Tag 29

Fragen zum Dialog

1. неве́рно — **2.** ве́рно

1 **1.** бу́дешь — **2.** бу́ду - **3.** бу́дут — **4.** бу́дут — **5.** бу́дете — **6.** бу́дем — **7.** бу́дем — **8.** бу́дет — **9.** бу́дем

2 Hörtext

Макс	Я никогда не думал, что <u>увижу</u> тебя опять, да ещё в России.
Штефан	**Да я и сам не верю своим глазам.**
Официант	Вы готовы заказывать?
Штефан	Да. **Мне, пожалуйста, стакан минеральной воды и котлеты по-киевски.**
Макс	Ты что, пиво не <u>будешь</u>? Может, <u>возьмём</u> по бокалу?
Штефан	Нет, спасибо, лучше не надо. **У меня голова болит.** Сначала презентация, потом длинное заседание, плохой воздух …
Макс	Понимаю, а я <u>возьму</u> бокал тёмного пива и порцию пельменей.
Официант	Что-нибудь ещё: салат, закуски, хлеб … ?
Макс	Пока нет, спасибо. Мы вас <u>позовём</u>, девушка, если что.
Штефан	**Ты когда летишь обратно во Францию?**
Макс	Послезавтра. А через месяц я собираюсь в отпуск. Хочу полететь в Америку к родственникам.
Штефан	**Тебе везёт.** А мне ещё долго ждать до следующего отпуска. **Я только в июле отдыхал на Северном море с друзьями.**
Макс	Ну а в России ты сколько <u>будешь</u>?
Штефан	**Вообще-то, я приехал на два месяца, но наверное, останусь на полгода, чтобы русский язык лучше выучить.**

3 **1.** d) – **2.** f) – **3.** a) – **4.** e) – **5.** b) – **6.** c)

4 **1.** медленно – **2.** хорошие/прекрасные – **3.** грустно – **4.** оптимист – **5.** отдыхать

5 **1.** С очаровательной переводчицей. – **2.** С моим лучшим другом. – **3.** Русской архитектурой.

6 **1.** занимался – **2.** жил – **3.** интересовала – **4.** было

7 **1.** будет – **2.** надеюсь, придёт – **3.** будем отдыхать – **4.** буду ждать – **5.** буду звонить и писать

8 **1.** b) туристический маршрут по самым старым русским городам. –

9 *Lösungsmöglichkeiten:* **1.** У меня такие планы на лето/отпуск: … / Я собираюсь поехать в Санкт-Петербург/в Москву/в Россию/на Чёрное море/… – **2.** Да, я уже был (была) в России, в Москве и в Санкт-Петербурге. Я был (была) там в прошлом году/в 2015 году. / Нет, я к сожалению, ещё не был (не была) в России. – **3.** Да, я хотел(а) бы совершить путешествие по России. Я хотел(а) бы поехать в Санкт-Петербург/в Москву/на Байкал/…

Tag 30

1 **1.** Америка – **2.** Австрия – **3.** Россия

2 **1.** 1935 – **2.** 2008 – **3.** 2011 – **4.** 1956 – **5.** 2000 – **6.** 1992

Hörtext

1. День рождения Владимира Антоновича 12-го октября **1935-го** года. Ему уже за 70. – **2.** Завтра, 2-го февраля **2008-го** года, нас ожидает холодная погода с осадками. – **3.** Вчера было 20-ое число. Значит, сегодня 21-ое августа **2011-го** года. – **4.** Нам здесь очень нравится. Ведь мы живём тут уже с **1956-го** года. – **5.** Катя закончила университет в **2000-ом** году. После этого она три года работала в Санкт-Петербурге. – **6.** С **1992-го** по 2004-ый год я работала в Италии. Потом я перешла в Швейцарию.

3 **1.** Это говорит … Я, к сожалению, заболел(а) и завтра не смогу прийти. – **2.** С вами говорит … Мне срочно нужно поговорить с госпожой Ивановой. Перезвоните мне, пожалуйста, (по телефону …). – **3.** Это … Я задерживаюсь на работе и, наверное, вернусь домой только в восемь.

4 **1.** бу́дешь, вы́пью – **2.** уе́дете, пое́ду, бу́дем – **3.** привезёт, бу́дет, отда́ст – **4.** бу́дет, бу́дут, возьму́ – **5.** смо́жет, будет – **6.** пое́дем, полети́м, бу́дем

5 *Lösungsmöglichkeiten*
m: **К твоему́** дли́нному ша́рфику / си́нему га́лстуку в ро́зовую поло́сочку / дорого́му костю́му / лёгкому пиджа́ку ... подхо́дит вот э́тот дли́нный ша́рфик / си́ний га́лстук в ро́зовую поло́сочку / дорого́й костю́м / лёгкий пиджа́к. – *f:* **К твое́й** бе́лой блу́зке / коро́ткой ю́бке / жёлтой футбо́лке / мо́дной су́мке / голубо́й руба́шке ... подхо́дит вот э́та бе́лая блу́зка / коро́ткая ю́бка / жёлтая футбо́лка / мо́дная су́мка / голуба́я руба́шка. – *n:* **К твоему́** зелёному пла́тью / мо́дному (золото́му) кольцу́ ... подхо́дит вот э́то зелёное пла́тье / мо́дное (золото́е) кольцо́. *Pl:* **К твои́м** тёмным колго́ткам в си́нюю кле́точку / све́тлым джи́нсам / кори́чневым брю́кам / золоты́м (тёмным) очка́м ... подхо́дят вот э́ти тёмные колго́тки в си́нюю кле́точку / све́тлые джи́нсы / кори́чневые брю́ки / золоты́е (тёмные) очки́ / чёрные ту́фли.

На рабо́ту / В го́сти я пойду́ в э́той / той бе́лой блу́зке, в э́той / той коро́ткой ю́бке, в э́том/ том зелёном пла́тье, в э́том / том лёгком пиджа́ке, в э́том / том дорого́м костю́ме, в э́той / той жёлтой футбо́лке, в э́тих / тех све́тлых джи́нсах, в э́тих / тех кори́чневых брю́ках, в э́той / той голубо́й руба́шке, в э́тих / тех золоты́х / тёмных очка́х, в э́тих / тех тёмных колго́тках в си́нюю кле́точку, в э́том / том дли́нном ша́рфике, в э́том/том си́нем га́лстуке в ро́зовую поло́сочку – **Nicht nach dem Muster verwendbar:** с э́той / той мо́дной су́мкой; с э́тим / тем мо́дным / золоты́м кольцо́м на руке́

6 *Lösungsmöglichkeiten*
Приве́т, О́ля!
У меня́ всё в поря́дке / норма́льно / хорошо́ / отли́чно. Мне здесь (не) (о́чень) нра́вится. Нью-Йо́рк — интере́сный го́род, но о́чень большо́й. Я бы не смогла́ здесь жить. Моя́ презента́ция прошла́ успе́шно / уда́чно / прекра́сно / хорошо́ / отли́чно / как по ма́слу. Вы зря так волнова́лись ☺. Коне́чно, позвоню́. Кста́ти, ты и сама́ мо́жешь прове́рить э́то (= вре́мя отправле́ния ре́йса) в Интерне́те. Ма́ме большо́й приве́т. До встре́чи.
Целу́ю, Ка́тя.

7 **1. Мы с колле́гами** на сле́дующей неде́ле е́дем в командиро́вку. –
2. В воскресе́нье **мы с подру́гой /с дру́гом** идём на конце́рт. –
3. В выходны́е **мы с семьёй** хоти́м пойти́ в похо́д.

8 **1.** францу́з – **2.** америка́нка – **3.** ру́сский – **4.** англича́нка – **5.** австри́ец –
6. италья́нка – **7.** не́мка – **8.** швейца́рец
Lösungswort: украи́нец – *Ukrainer*

9 **1.** f) – **2.** e) – **3.** g) – **4.** b) – **5.** a) – **6.** c) – **7.** d)

10 **1.** до́брый день – с ва́ми говори́т – что́-нибудь переда́ть – попроси́те – перезвони́ть – Большо́е спаси́бо **2.** Алло́ – Я вас слу́шаю – до вас дозвони́лась – за́нято – с кем я говорю́ – Здра́вствуйте – ваш го́лос – виси́т на телефо́не – дозвони́ться

11 **a)** 2. – **b)** 1. – **c)** 5. – **d)** 3. – **e)** 6. – **f)** 4.
Hörtext
1. Ну что, ва́ша компа́ния гото́ва принима́ть уча́стие в междунаро́дной вы́ставке? –
2. Вам не ка́жется, что при тако́м положе́нии дел у на́шей фи́рмы нет бу́дущего? –
3. Я не совсе́м понима́ю, что вы име́ете в виду́. – **4.** Вы смо́жете прочита́ть докла́д о бу́дущем моби́льной свя́зи в сле́дующий вто́рник? – **5.** Мне о́чень жаль, но я не успе́ю соста́вить план к нача́лу неде́ли. – **6.** Мне нужна́ твоя́ по́мощь! Мне на́до зако́нчить э́тот план к понеде́льнику, а вре́мени у меня́ ма́ло. Ты бы не смог прове́рить его́ на выходны́х?

12 **1.** Вы не туда́ попа́ли. – **2.** Э́то не телефо́нный разгово́р. Поговори́м об э́том при встре́че за́втра. – **3.** Нет пробле́м. Тогда́ я успе́ю зако́нчить свою́ / э́ту рабо́ту. – **4.** Тебя́ пло́хо слы́шно. Перезвони́, пожа́луйста.

Hörtext

1. Алло́. Мо́жно поговори́ть с Анто́ном? – **2.** Здра́вствуйте, э́то говори́т Викто́рия. Мы хоте́ли с ва́ми обсуди́ть презента́цию. – **3.** Я предлага́ю перенести́ нашу встре́чу с пя́тницы на понеде́льник. – **4.** Алло́, привет! Алло́, ты меня́ слы́шишь? Ничего́ не понима́ю.

13 **2.** Национа́льный пра́здник в Герма́нии тре́тьего (3-го) октября́ / в А́встрии два́дцать шесто́го (26-го) октября́ / в Швейца́рии пе́рвого (1-го) а́вгуста – **3.** двена́дцатого (12-го) ию́ня – **4. - 7.** *individuelle Antworten (Beachten Sie, dass in 5. und 6. ein Zeitabschnitt angegeben werden muss, z.B. с 24-го июня по 3-е ию́ля!)*

14 **1.** кото́рое – **2.** в кото́рых – **3.** кото́рую – **4.** с кото́рым – **5.** о кото́ром

15 **1.** Большо́й приве́т от всех. – **2.** Всем уча́стникам конфере́нции. – **3.** Все на́ши колле́ги. – **4.** Со всей семьёй.

Hörtext

1. Что переда́ть? – **2.** Кому́ отда́ть э́ти ко́пии? – **3.** Кто прие́дет на встре́чу? – **4.** С кем ты идёшь на конце́рт?

16 *Lösungsmöglichkeiten*

Уважа́емый ...!/Дорого́й господи́н ...!

Сего́дня я получи́л письмо́ из росси́йского посо́льства. Моя́ ви́за гото́ва, но па́спорт я до́лжен забра́ть ли́чно. По по́чте э́то / отправле́ние докуме́нтов, к сожале́нию, невозмо́жно. Я хочу́ пое́хать в Берли́н в пя́тницу, поэ́тому предлага́ю перенести́ презента́цию на сле́дующий понеде́льник.

Пожа́луйста, сообщи́те мне до четверга́, могу́ ли я так / э́то сде́лать.

С уваже́нием,
Ю́рген Шмидт

17 **1.** его́ – **2.** свои́х – **3.** свои́м – **4.** её – **5.** свой – **6.** их – **7.** своём

18 *Lösungsmöglichkeiten*

2. У Анто́на са́мая коро́ткая стри́жка и са́мое кру́глое лицо́. – **3. Ве́ра** са́мая ста́ршая и са́мая гру́стная. У неё са́мые больши́е глаза́. – **4. Йра** са́мая молода́я и са́мая стро́йная. У неё са́мые дли́нные и са́мые све́тлые во́лосы.

individuelle Antworten

Йра высо́кая стро́йная блонди́нка. Ей 20-25 лет. У неё дли́нные но́ги. У неё дли́нные све́тлые / ру́сые во́лосы. На ней коро́ткая чёрная ю́бка, голуба́я блу́зка, мо́дный ша́рфик и си́ние ту́фли. А че́рез плечо́ виси́т си́няя су́мка.

19 **1.** чей – **2.** Чьи – **3.** Чья – **4.** Чьё – **5.** чьём

Abschlusstest

1 **1.** неве́рно – **2.** неве́рно – **3.** ве́рно – **4.** ве́рно – **5.** неве́рно

Hörtext

Они́	Здра́вствуйте.
Официа́нт	До́брое у́тро. Вам подойдёт э́тот сто́лик? Вот меню́.
Она́	Спаси́бо. (к му́жу) Что ты бу́дешь? То́лько чай и́ли что́-нибудь ещё?
Он	Я о́чень голо́дный. За́втрак в гости́нице был не о́чень ...
Она́	Ну, тогда́ и я возьму́ что́-нибудь. Э́тот сала́т до́лжен быть о́чень вку́сным.
Он	Хорошо́, зака́зывай э́тот сала́т, а я возьму́ бутербро́ды и пирожки́.
Официа́нт	Я вас слу́шаю.
Он	Оди́н сала́т «Весна́», пожа́луйста, оди́н бутербро́д с ры́бой, два с колбасо́й и три пирожка́ с карто́шкой.
Официа́нт	Что вы бу́дете пить?

Он	Ча́шку ко́фе, стака́н ча́я и буты́лку воды́, пожа́луйста.
Официа́нт	Что́-нибудь ещё?
Она́	Ах да, принеси́те, пожа́луйста, бе́лый хлеб к сала́ту.
Официа́нт	Коне́чно.
Она́	Здесь ую́тно, пра́вда?
Он	Да, симпати́чно.

2 **1.** Когда́ − **2.** пото́м − **3.** Пока́ − **4.** как − **5.** потому́ что − **6.** А

3 **1.** b) − **2.** a) − **3.** c) − **4.** c) − **5.** b)

Hörtext

Врач	На что вы жа́луетесь?
Де́вушка	У меня́ ужа́сно боли́т го́рло. Мне тру́дно глота́ть, у меня́ сра́зу появля́ется ка́шель.
Врач	Температу́ра у вас есть?
Де́вушка	Сего́дня у́тром была́: 39,3. Очень боле́ла голова́. Но пото́м я вы́пила табле́тку, и сейча́с мне лу́чше.
Врач	Покажи́те язы́к. Да ..., го́рло кра́сное. У вас, к сожале́нию, анги́на. Подними́те блу́зку. Дыши́те, не дыши́те ... Здесь всё в поря́дке.
Де́вушка	Я ра́да.
Врач	Я вы́пишу вам лека́рство, кото́рое ну́жно пить ка́ждые во́семь часо́в. И не забу́дьте купи́ть себе́ любу́ю микстру́ру от ка́шля. Сове́тую пить мно́го ча́я, то́лько не горя́чего! Табле́тки от температу́ры у вас есть?
Де́вушка	Есть ещё.
Врач	Остава́йтесь не́сколько дней в посте́ли. Вот ваш реце́пт. Если на тре́тий день не бу́дет лу́чше, приходи́те опя́ть на приём. Выздора́вливайте!
Де́вушка	Спаси́бо. До свида́ния.

4 **1.** Вы́ставка открыва́ется в суббо́ту. − **2.** Я стою́ в про́бке и поэ́тому заде́рживаюсь. − **3.** Здесь нельзя́ пройти́. − **4.** Мне нехорошо́, мне сро́чно ну́жен врач. − **5.** Пое́здка в Санкт-Петербу́рг мне о́чень понра́вилась. − **6.** Мо́жно закры́ть окно́? Очень хо́лодно. − **7.** Когда́ ожида́ются го́сти? − **8.** Де́вушка, нет ли у вас ру́чки? − **9.** Скажи́те, пожа́луйста / Извини́те / Прости́те, а где здесь ста́нция метро́?

5 **1.** c) − **2.** d) − **3.** a) − **4.** b) − **5.** c) − **6.** d)

6 **1.** на ры́нке − фру́кты, о́вощи − 1,5 кг помидо́ров, полкило́ виногра́да − 200 рубле́й − **2.** в аэропорту́ − руба́шки, су́мку − две, одну́ − 255€ − **3.** в метро́ − биле́ты − четы́ре − 9$

Hörtext

1. Штефан	Како́й виногра́д! То́лько дорого́й: 125 рубле́й!
Продаве́ц	Что вы, молодо́й челове́к, ра́зве э́то до́рого? Попро́буйте!
Штефан	Да, о́чень вку́сный! Взве́сьте полкило́, пожа́луйста. И покажи́те вот э́ти помидо́ры.
Продаве́ц	Помидо́ры то́же о́чень хоро́шие! Кра́сные, сла́дкие! И всего́ 90 рубле́й за килогра́мм.
Штефан	Сла́дкие? И пра́вда. Полтора́ килогра́мма, пожа́луйста. Ско́лько с меня́?
Продаве́ц	200 рубле́й.
2. Жена́	Гёна, ты тут сиди́шь и чита́ешь газе́ты, а там тако́й хоро́ший магази́н «Duty Free»!
Муж	Пра́вда? И что там хоро́шего?
Жена́	Вот, я купи́ла тебе́ две замеча́тельные руба́шки, всего́ за 60 е́вро.
Муж	За одну́?
Жена́	Коне́чно за одну́, а ты как ду́мал? И су́мку я себе́ нашла́, совсе́м не дорогу́ю. И таку́ю мо́дную!

Муж	(улыбается) Симпатичная. И сколько стоит такая недорогая? 135 евро! Да, хорошо, что уже наш рейс объявляют!
Объявление	Объявляется посадка на рейс № SU 116 Москва – Париж. Просим пассажиров приготовить паспорта и посадочные талоны и пройти к выходу А06.
3. Тётя	Макс, не забудь, пожалуйста, что нам нужно ещё купить билеты на метро!
Макс	Хорошо, тётя Римма, а вот и касса. Сколько здесь у вас в Нью-Йорке стоит один билет?
Тётя	2 доллара и 25 центов. Давай купим сразу туда и обратно.
Макс	Нет проблём. Вот мы уже и подошли.
Тётя	Значит, четыре билета, да?
Макс	Конечно. Вот девять долларов.

7 **2.** Где лежит ключ? – **3.** Откуда прибывает поезд?– **4.** a) Кому ты не позвонил? b) Почему ты не позвонил? – **5.** a) Чей это чемодан? b) В чью машину она села? – **6.** a) Куда он ездит? b) На чём он ездит? – **7.** a) Кто себя плохо чувствует? b) Как себя чувствует Штефан? – **8.** Сколько стоит билет на метро? – **9.** На каком этаже находится мой номер?

8 **1.** которой – **2.** которому – **3.** которых – **4.** которого

9 **1.** У его фирмы в Москве русский партнёр. Он инженер связи и немного говорит по-русски. – **2.** Он встретил своего старого знакомого, с которым познакомился в прошлом году в Италии. – **3.** Выставка прошла очень успешно. – **4.** Он видел красивые старые церкви. – **5.** В Мюнхен он летит в начале ноября. – **6.** Может быть, в январе он опять приедет в Москву. – **7.** С их помощью можно спокойно решить все задачи и найти выход из любого положения.

10 **1.** Этот фильм совсём не интересный, книга гораздо лучше. – **2.** В моём рабочем кабинете висит отличная картина. – **3.** Ваша новая квартира находится рядом с моим любимым театром. – **4.** Русское имя обычно длиннее, чем английское или даже немецкое. – **5.** В заключение я хочу поблагодарить всех за активное участие в нашей дискуссии. – **6.** О том путешествии у Татьяны остались одни отрицательные воспоминания.

11 **1. Вчера,** 2-го марта, был ясный день без осадков. Температура воздуха была +8/+10°C, (лёгкий) ветер с юга. – **2. Сегодня,** 3-го марта, переменная облачность. Возможны кратковременные дожди. Температура воздуха +4/+5°C, порывистый ветер с северо-запада. – **3. Завтра,** 4-го марта, ожидается сильная облачность. Возможен снег с дождём. Температура воздуха 0/-2°C, сильный ветер с севера.

12 **1.** Это совсём просто. / Идите прямо по (Пушкинскому) проспекту, мимо церкви / пройдите через (Соборную) площадь / и через мост. За мостом справа театр. – **2.** Это недалеко. / Перейдите на другую сторону улицы. / Идите прямо до площади, поверните направо / на (Московскую) улицу. Справа (уже) рынок. – **3.** Идите прямо по (Пушкинскому) проспекту, / мимо церкви / пройдите через (Соборную) площадь/к мосту. Перед мостом поверните налево на (Приокскую) набережную. Там слева магазин (детской одежды).

Alphabetisches Wörterverzeichnis

Die Formen besonders gebräuchlicher Verben finden Sie in der Tabelle auf Seite 238–242. Aspektpaare, die sich alphabetisch in unmittelbarer Nähe befinden, sind zusammen aufgelistet. Dabei steht das *unvollendete* Verb zuerst. Adverbien auf -o, die vom Adjektiv abgeleitet werden können, sind nur zusätzlich aufgenommen, wenn es Abweichungen gibt (z.B. хоро́ший/хорошо́). Die Schalt- und Schwundvokale ▸ *Tag 1, Punkt 15* sind alle unterstrichen.

А

а und, aber, sondern
австри́ец Österreicher
австри́йка Österreicherin
австри́йский österreichisch
А́встрия Österreich
авто́бус (Omni-)Bus
автоотве́тчик Anrufbeantworter
администра́тор Empfangsperson
а́дрес Adresse
аква́риум Aquarium
акти́вный aktiv
актуа́льно aktuell
алло́ hallo (am Telefon)
алфави́т Alphabet
альпини́зм Bergsteigen
А́льпы *Pl* Alpen
Аме́рика Amerika
америка́нец Amerikaner
америка́нка, *G Pl* -нок Amerikanerin
америка́нский amerikanisch
анги́на Mandelentzündung
англи́йский englisch
англича́нин, *N Pl* англича́не Engländer
англича́нка, *G Pl* -нок Engländerin

А́нглия England
анке́та Fragebogen
апте́ка Apotheke
архитекту́ра Architektur
ах ach
аэропо́рт, *P* -у́ Flughafen

Б

ба́бушка, *G Pl* -шек Oma, Großmutter
бага́ж Gepäck
бале́т Ballett
балко́н Balkon
бана́н Banane
банк Bank
баскетбо́л Basketball
бассе́йн Schwimmbad
беда́, *N Pl* бе́ды Unglück, Notfall
бе́дный, *Komp* -ее arm
без + *G* ohne
бе́лый weiß
бесе́да Gespräch
бесконе́чный unendlich
беспоко́иться *uv* sich beunruhigen
бизнес-ла́нч Menü
бизнесме́н Geschäftsmann
биле́т Fahrkarte, Ticket

благодари́ть *uv + A* danken
ближа́йший nächstgelegen
блин, *N Pl* -ы́ Pfannkuchen
блонди́н(ка) Blonder (Blondine)
блу́зка, *G Pl* -зок Bluse
блю́до Speise
бока́л пи́ва/бока́л вина́ Bier-,
    Weinglas
боле́знь *f* Krankheit
боле́льщик Fan, Anhänger
бо́лен, −, -льна́,-льны́ *Kurzadj*
    krank
боле́ть *uv* krank sein
боли́т/боля́т *3. Pers Sg/Pl*
    tut/tun weh
больни́ца Krankenhaus
большо́й, *Komp* бо́льше groß
Большо́й теа́тр Bolschoitheater
борщ Rote-Bete-Suppe
боя́ться *uv* (sich) fürchten,
    befürchten
брат, *N Pl* бра́тья Bruder
брони́ровать *uv* reservieren
брю́ки *nur Pl* Hose
бу́дущее Zukunft
бу́дьте любе́зны
    seien Sie (so) nett
буква́льно gerade mal,
    buchstäblich
бума́га Papier
бутербро́д belegtes Brot,
    Sandwich
буты́лка, *G Pl* -лок Flasche
буфе́т Cafeteria
бы (Konjunktivpartikel)
быва́ть *uv* (regelmäßig) sein
бы́стро, *Komp* -ее schnell
быть *uv* sein

В

в/во + *A/P* in
в го́сти *A* zu Besuch (gehen)
в гостя́х *P* zu Besuch (sein)
в каку́ю сто́рону? in welche
    Richtung?
в кле́точку kariert
в конце́ am Ende
в о́бщих черта́х allgemein
в полосо́чку gestreift
ваго́н Waggon
ва́жный wichtig
ва́нная (ко́мната) Badezimmer
вари́ть *uv* kochen (im Wasser)
ваш, ва́ше, ва́ша; ва́ши ihr(e)
вдоль + *G* entlang
веду́щий Moderator
ведь ja, doch, nämlich
везде́ überall
везёт + *Person im D* Glück haben
век, *N Pl* -á Jahrhundert
ве́рить *uv* glauben
ве́рно richtig
верну́ться *v* zurückkehren
ве́село, *Komp* -ее lustig
весна́ Frühling
весно́й im Frühling
весь, всё, вся; все
    ganz; alle
ве́тер Wind
ве́чер, *N Pl* -á Abend
ве́чером abends
ве́чно ewig
ве́шать *uv* aufhängen
ве́шать тру́бку Hörer auflegen
вещь *f* Sache
взве́сить *v* abwiegen
взять *v* nehmen
вид Art; Ausblick
ви́деть *uv* sehen

ви́деться *uv* sich sehen

ви́за Visum

вино́ Wein

виногра́д *nur Sg* Trauben

висе́ть *uv* hängen

включа́ть *uv* hier: einschließen

включи́ть *v* einschalten

вкус Geschmack

вку́сный, *Komp* -ée schmackhaft,
 lecker

вла́жный, *Komp* -ée feucht

вме́сте zusammen

внизу́ unten

внима́тельно aufmerksam

внима́ние Achtung;
 Aufmerksamkeit

во вре́мя + *G* während

во-вторы́х zweitens

вода́ Wasser

води́тель *m* Fahrer

во́здух Luft

возмо́жен *Kurzadj* möglich

возмо́жно möglich

во́зраст Alter

войти́ *v* hineingehen;
 einschließen

вокза́л Bahnhof

волнова́ться *uv* sich aufregen

во́лосы *nur Pl* Haare

вообще́(-то) eigentlich

во-пе́рвых erstens

вопро́с Frage

воспомина́ние Erinnerung

восто́к Osten

восто́чный östlich

вот da (ist/sind)

впервы́е zum ersten Mal

впечатле́ние Eindruck

вполне́ völlig

врач, *N Pl* -и́ Arzt, Ärztin

вре́мя *n, G Sg* вре́мени,
 N Pl времена́ Zeit

вре́мя в пути́ Fahrtdauer

вре́мя го́да/су́ток
 Tages-/Jahreszeit

все alle

всегда́ immer

всё alles

всё в поря́дке alles in Ordnung

всё я́сно alles klar

всё-таки trotzdem

встава́ть/встать aufstehen

встре́ча Treffen

встреча́ть/встре́тить abholen,
 treffen

вто́рник Dienstag

в-тре́тьих drittens

вход Eingang

входи́ть *uv* hineingehen; einschließen

вчера́ gestern

вы ihr, Sie

вы свобо́дны Sie können gehen

вы́бор Auswahl

вы́брать *v* auswählen,
 bestimmen

вы́глядеть *uv* aussehen

вы́езд Abreise (aus Hotel)

выздора́вливайте!
 gute Besserung!

выздора́вливать *uv* genesen

вызыва́ть *uv* herbeirufen

вы́играть *v* gewinnen

вы́йти *v* hinausgehen

выпи́сывать *uv* verschreiben

вы́пить *v* austrinken

высо́кий, *Komp* вы́ше
 groß, hoch

вы́ставка, *G Pl* -вок Ausstellung

выступле́ние Auftritt

вы́учить *v* (er)lernen

вы́ход Ausgang

выходи́ть *uv* hinausgehen

выходно́й, *N Pl* -ы́е freier Tag; Wochenende

Г

газе́та Zeitung

галере́я Galerie

га́лстук Krawatte

где? wo?

генера́льный General-

Герма́ния Deutschland

гид Reiseführer

гла́вный wichtig; leitend

глаз, *N Pl* -á Auge, Augen

глота́ть *uv* schlucken

говори́ть *uv* sprechen, sagen

год, *G Pl* лет (!) Jahr

голова́, *N Pl* го́ловы Kopf

голо́дный, *Komp* -е́е hungrig

го́лос Stimme

голубо́й hellblau

гольф Golf

гора́здо wesentlich, ziemlich

гора́, *N Pl* го́ры Berg

го́рло Hals

го́род, *N Pl* -á Stadt

городско́й städtischer

горчи́ца Senf

горя́чий heiß

Госду́ма Staatsduma (russisches Parlament)

господи́н, *N Pl* -дá Herr (Anrede)

госпожа́ Frau (Anrede)

гости́ная Wohnzimmer

гости́ница Hotel

гость *m* Gast

гото́в *Kurzadj* bereit

гото́вить *uv* kochen, zubereiten

гра́дус Це́льсия (°C) Grad Celsius

гру́ппа Gruppe

гражда́нство Staatsangehörigkeit

гриб, *N Pl* -ы́ Pilz

грудь *f* Brust

гру́стный, *Komp* -е́е traurig

гру́ша Birne

гудо́к Signalton (Telefon)

гуля́ть *uv* spazieren gehen

Д

да ja

да что ... was soll man ...

дава́й(те) lass(t/lassen Sie) uns ...

дава́ть *uv* geben

давно́ lange (her)

да́же sogar

да́й(те) gib/gebt; hier: lass/t

далеко́, *Komp* да́льше weit

да́ма Dame

да́нные *Pl* Angaben, Daten

да́нный gegeben (dies)

да́та Datum

дать *v* geben

да́ча Datscha, Wochenendhaus

дверь *f* Tür

двухме́стный но́мер Doppelzimmer

де́вочка, *G Pl* -чек Mädchen

де́вушка, *G Pl* -шек junge Frau (auch Anrede)

де́лать *uv* machen

делега́ция Delegation, Abordnung

де́ло, *N Pl* -á Sache, Angelegenheit

деловой Geschäfts-,
geschäftlich

день *m, N Pl* дни Tag

день недели Wochentag

день рождения Geburtstag

деньги *nur Pl* Geld

деталь *f* Detail

дети *Pl (Sg* ребёнок) Kinder

детская (комната)
Kinderzimmer

детский сад Kindergarten

дефис Bindestrich

дешёвый, *Komp* дешёвле billig

джинсы *nur Pl* Jeans

диалект Dialekt

диван Sofa

диета Diät

директор Direktor(in)

дискуссия Diskussion

длинный, *Komp* -ее lang

для + *G* für

днём tagsüber

до + *G* bis

до свидания auf Wiedersehen

до связи *ugs* bis bald

добро пожаловать
herzlich willkommen

добрый gut, nett, barmherzig

доверять *uv* (an)vertrauen

довольный zufrieden

договариваться/договориться
sich verabreden

договорились *Prät* abgemacht

договорить *v* ausreden

доехать *v* (fahrend) hinkommen

дождаться *v* erwarten

дождь *m, N Pl* -й Regen

дозвониться *v* telefonisch
erreichen

доклад Vortrag

доктор, *N Pl* -á Doktor

долго, *Komp* дольше lange

должен, -ó, -á; -ы́ müssen

доллар Dollar

дом, *N Pl* -á Haus

дома zu Hause

домик kleines Haus

домой nach Hause

дорога Weg

дорого teuer

дорогой, *Komp* дороже teuer

Дорогой, -ая; -ие Mein(e) Liebe(r)!,
Liebe(r)

достопримечательность *f*
Sehens-würdigkeit

доступ Zugang

дочь *f, G Sg/N Pl* дочери Tochter

дружный einhellig

друг, *N Pl* друзья, *G Pl* друзей
Freund

другой anderer

думать *uv* denken

дышать *uv* atmen

дядя Onkel

Е

евро *indekl* Euro

его [ево] *m, n* sein(e)

еда Essen

её *f* ihr(e) (Sg)

ездить *uv* (hin und her) fahren

еле kaum, nur mit Mühe

если wenn, falls

есть *Präs von* быть
(vorhanden) sein

есть (!) *uv* essen

ехать *uv* (zielgerichtet) fahren

ещё noch

ещё как *ugs* und wie

Ж

жа́лко *ugs* / **жаль** schade

жа́ловаться *uv*
  sich beschweren

жара́ Hitze

жа́рить *uv* braten

жа́ркий, *Komp* **жа́рче** heiß

ждать *uv* warten

же ja, doch (Verstärkung)

жела́ть + *D* + *G* (!) *uv* wünschen

жена́, *N Pl* **жёны** (Ehe-)Frau

жена́т *Kurzadj* verheiratet
  (für Männer)

же́нский Damen-

же́нщина Frau

жёлтый gelb

живо́т, *G Sg* -á Bauch

жи́тель *m* Einwohner

жи́тельница Einwohnerin

жить *uv* leben, wohnen

журна́л Zeitschrift

З

за + *A/I* für; hinter, an

забира́ть *uv* abholen

заблуди́ться *v* sich verlaufen

заболева́ние Erkrankung

заболе́ть *v* erkranken

заброни́ровать *v* reservieren

забыва́ть/забы́ть vergessen

за́втра morgen

за́втрак Frühstück

за́втракать *uv* frühstücken

загора́ть *uv* sich sonnen

зада́ча Aufgabe

заде́рживаться *uv* aufgehalten
  werden

зае́зд Ankunft, Anreise

зайти́ *v* hineingehen

зака́зывать *uv* bestellen

зака́нчивать/зако́нчить
  beenden

заключе́ние Schlussfolgerung

закрыва́ть(ся) (sich) schließen

заку́ска, *G Pl* -сок Vorspeise

зал ожида́ния Wartesaal

зали́в Meerbusen

зало́жен *Kurzadj* verstopft
  (Nase)

замёрзнуть *v* (er)frieren

замеча́тельно wundervoll

за́муж вы́йти *v* heiraten (Frauen)

за́мужем *Adv* verheiratet (Frauen)

занима́ться *uv* + *I*
  sich beschäftigen

за́нят, -о, -á; -ы *Kurzadj*
  beschäftigt

за́нято (es ist) besetzt

заодно́ gleich(zeitig)

за́пад Westen

за́падный westlich

записа́ть *v* aufschreiben

заполня́ть/запо́лнить ausfüllen

запо́мнить *v* sich merken

заседа́ние Sitzung

зато́ dafür

заходи́ть *uv* hereinkommen,
  hinein-gehen

зачём? wozu?

звать *uv* heißen, rufen

звоно́к hier: Anruf

звони́ть *uv* + *D* anrufen, klingeln

здесь hier

здоро́в *Kurzadj* gesund

здоро́вье Gesundheit

здра́вствуй(те)! Guten Tag!
  Grüß dich (euch/Sie)!

зелёный grün

зима́ Winter

зимо́й im Winter

знако́мый bekannt; Bekannter

знать *uv* wissen

зна́чит das heißt

золото́й golden

зо́нтик *ugs* Regenschirm

зря umsonst

зуб Zahn

И

и und

и ... и sowohl ... als auch

игра́ть в + *P* (ein Spiel) spielen

игра́ть на + *A* (ein Instrument)
  spielen

иде́я Idee

идёт + *D* gut stehen (Kleidung)

идти́ *uv* gehen

из + *G* aus, von ... her

изве́стный bekannt

извини́(те)! Entschuldige/n Sie!

и́з-за + *G* wegen

измени́ться *v* sich verändern

изме́рить *v* messen

изуча́ть *uv* (er)lernen

и́ли oder

име́ть в виду́ *uv* + *A* meinen

и́мя *n, G Sg* и́мени, *N Pl* имена́
  (Vor)Name

инжене́р Ingenieur(in)

иногда́ manchmal

иностра́нный ausländisch,
  Fremd-

интере́сный interessant

интересова́ть(ся) *uv* (+ *I*)
  (sich) interessieren

Интерне́т Internet

интерне́т-кафе́ Internet-Café

информати́вный informativ

информа́ция *nur*
  Sg Information(en)

иска́ть *uv* suchen

исключи́тельный
  außergewöhnlich

иску́сственный künstlich

иску́сство Kunst

Испа́ния Spanien

испа́нский spanisch

испу́ганно erschrocken

Ита́лия Italien

италья́нец Italiener

италья́нка, *G Pl* -нок Italienerin

италья́нский italienisch

их *Poss Pron* ihr(e) (Pl)

К

к/ко + *D* zu

к сожале́нию leider

кабине́т Büro, Arbeitszimmer

ка́ждый jeder

ка́жется es scheint, ich glaube

как wie

как дела́? wie geht's?

как по ма́слу glatt (verlaufen)

как раз gerade

како́й welcher

календа́рь *m* Kalender

кана́л Kanal

кани́кулы *Pl* Ferien

ка́пля, *G Pl* -пель Tropfen

капу́ста Kohl

каранда́ш Bleistift

ка́рта Karte

карти́на Bild

карто́шка *ugs* Kartoffel(n)

ка́сса Kasse

кафе́ *indekl* Café, Cafeteria

ка́ша Brei

ка́шель *m* Husten

кварти́ра Wohnung

квас Kwass (gegorenes Getränk)

кило́ (килогра́мм) + *G*
Kilo(gramm)

кино́ *indekl* Kino

кио́ск Kiosk

ключ, *N Pl* -й Schlüssel

кни́га Buch

когда́ wann; wenn

код Vorwahl

колбаса́ Wurst

колго́тки *nur Pl* Strumpfhose

колле́га Kollege/Kollegin

колле́кция Sammlung, Kollektion

кольцо́, *N Pl* ко́льца Ring

командиро́вка, *G Pl* -во́к
Dienstreise

ко́мната Zimmer

компа́ния Gesellschaft, Firma

комплиме́нт Kompliment

компо́т Fruchtsaftgetränk

компью́тер Computer

компью́терный зал
Computerraum

коне́чно natürlich

коне́ц Ende

конкре́тный konkret, bestimmt

контине́нт Kontinent

конфере́нция Konferenz

конфе́та Konfekt, Praline, Bonbon

конце́рт Konzert

конча́ться *uv* enden

ко́пия Kopie

коро́ткий, *Kompr* коро́че kurz

коридо́р Flur, Korridor

кори́чневый braun

корми́ть *uv* füttern

костю́м Kostüm, Anzug

котле́та Frikadelle

кото́рый welcher

ко́фе *m (!), indekl* Kaffee

ко́шка, *G Pl* -шек Katze

краси́вый schön

Кра́сная пло́щадь *f* Roter Platz

кра́сный rot

кратковре́менный kurzzeitig

кре́пость *f* Festung

кре́сло, *G Pl* -сел Sessel

крова́ть *f* Bett

кру́глый rund

кста́ти übrigens

кто́-то jemand

куда́ wohin

культу́ра Kultur

купа́ться *uv* baden

купи́ть *v* kaufen

ку́рица Hähnchen, Huhn

кусо́чек Stückchen, Scheibe

ку́хня, *G Pl* ку́хонь Küche

Л

ла́дно na gut, okay

ла́мпа Lampe

ле́вый linker

лежа́ть *uv* liegen

лека́рство Medikament

ле́стница Treppe

лет *G Pl von* год Jahre
(bei Altersangabe)

лета́ть *uv* (hin und her) fliegen

лете́ть *uv* (zielgerichtet) fliegen

ле́то Sommer

ле́том im Sommer

лёгкий, *Kompr* ле́гче leicht

ли ob

ли́ния Linie

лифт Aufzug

лицо́, *N Pl* ли́ца Gesicht

ли́чный persönlich
лови́ть uv fangen
лук nur Sg Zwiebel(n)
лу́чше Komp besser, lieber
лу́чший der beste
лы́жи Pl Ski
люби́мый Lieblings-, geliebter
люби́ть uv lieben, mögen
любо́й beliebig
лю́ди Pl (Sg челове́к) Menschen

M

магази́н Geschäft
ма́ксимум maximal
ма́ленький, Komp ме́ньше klein
ма́ло wenig
ма́льчик Junge
ма́ма Mama, Mutti
маршру́тка ugs, G Pl -ток
   Linientaxi
маршру́тное такси́ n, indekl
   Linien-taxi
ма́сло Butter; Öl
мать f, G Sg/N Pl ма́тери Mutter
маши́на Auto, Wagen
ме́бель f Möbel
ме́дленно langsam
ме́жду + I zwischen
междунаро́дный international
ме́неджер Manager(in)
меню́ n, indekl Speisekarte
меня́ зову́т ich heiße
меня́ть uv wechseln, ändern
мероприя́тие Veranstaltung
ме́сто Ort, Platz
ме́сяц Monat
метр Meter
метро́ indekl U-Bahn, Metro
меша́ть uv stören

микстура́ Mixtur, Lösung
милиционе́р Milizionär
   (Polizist)
мили́ция Miliz (Polizei)
ми́мо (an) vorbei
минера́лка ugs Mineralwasser
минера́льный Mineral-
ми́нус minus
мину́та Minute
мину́точку A (!) Augenblick
мир Welt; Frieden
мне пора́ ich muss los
мне хо́чется + Inf
   ich möchte gern
мне́ние Meinung
мно́го + G, Komp бо́льше viel
моби́льный mobil
мог m, Prät von мочь konnte
мо́дный, Komp -ée modisch
мо́жет vielleicht
мо́жно man kann
мо́жно про́сто man kann einfach
мой, моё, моя́; мои́ mein(e)
молодо́й челове́к junger Mann
   (auch Anrede)
моме́нт Augenblick
мо́ре Meer
моро́женое (Speise-)Eis
морс Fruchtsaftgetränk
моско́вский Moskauer
мост, N Pl -ы́ Brücke
мочь uv können
муж, N Pl мужья́ (Ehe-)Mann
мужско́й Herren-
мужчи́на Mann
музе́й Museum
му́зыка Musik
музыка́льный Musik-,
   musikalisch
мы wir

мы́ло *nur Sg* Seife; E-Mail (ug**s**)
мя́со Fleisch

Н

на + *A/P* auf, in/im
на вся́кий слу́чай für alle Fälle
на второ́е als Hauptgericht
на десе́рт zum Dessert
на любо́й вкус für jeden
   Geschmack
на пе́рвое als Vorspeise
на тре́тье als Nachspeise
на́бережная Uferstraße,
   Promenade
наблюда́ть *uv* beobachten
набра́ть *v* wählen
   (Telefonnummer)
наве́рное wahrscheinlich
навеща́ть *uv* besuchen
нагля́дный anschaulich
над + *I* über, oberhalb
надева́ть *uv* selbst anziehen
наде́яться *uv* hoffen
на́до + *Inf* man braucht,
   es ist nötig
наза́д zurück
найти́ *v* finden
наконе́ц(-то) endlich
нале́во nach links
напи́ток Getränk
направле́ние Richtung
напра́во nach rechts
наприме́р zum Beispiel
напро́тив *Adv* im Gegenteil
напро́тив + *G* gegenüber
насто́льный Tisch-
настоя́щий echt
насчёт + *G* hinsichtlich
находи́ться *uv* sich befinden

нача́ло Anfang
национа́льный National-
наш, на́ше, на́ша; на́ши unser(e)
не nicht
(не) везёт + *Person im D*
   (kein) Glück haben
не́ за что keine Ursache
не мо́жет быть das kann
   nicht sein
(не) повезло́ + *Person im D*
   (kein) Glück haben
не хвата́ть *uv* fehlen
не́бо Himmel
неве́рно falsch
невозмо́жно unmöglich
неде́ля Woche
нельзя́ + *Inf* man darf nicht,
   es ist nicht erlaubt
не́мец Deutscher
неме́цкий deutsch
не́мка, *G Pl* -мок (die) Deutsche
немно́го etwas, ein bisschen
необходи́мый notwendig
необыкнове́нный
   ungewöhnlich
необы́чный ungewöhnlich
неосторо́жность *f*
   Unvorsichtigkeit
непра́вильно falsch
непреме́нно unbedingt
непривы́чно ungewöhnlich
нереа́льно unrealistisch
нет nein
неудо́бно unbequem
ни́жнее подчёркивание
   Unterstrich
ни́зкий, *Компр* ни́же
   klein, niedrig
ника́к gar nicht
никогда́ nie(mals)

никто́ niemand
ничего́ (+ G) (macht) nichts
ничего́ себе́! na so was!
но aber
но́вость f Nachricht, Neuigkeit
но́вый, Komp -е́е neu
Но́вый год Silvester, Neujahr
нога́, N Pl но́ги Bein, Fuß
но́мер, N Pl номера́ Nummer;
    Hotelzimmer
норма́льный normal
нос Nase
носи́ть uv tragen
но́утбук Laptop, Notebook
ночно́й Nacht-, nächtlich
ночь f Nacht
но́чью nachts
нра́виться uv gefallen
ну nun, na
ну́жно + Inf man braucht,
    es ist nötig
ну́жен, -о, -а́; -ы́ Kurzadj notwendig,
    nötig

О

о/об/обо + P über
обе́д Mittagessen
обе́дать uv zu Mittag essen
обеща́ть uv versprechen
оби́да Kränkung, Beleidigung
о́блачность f Bewölkung
обме́н Austausch
обнима́ть uv umarmen
обрати́ть v hinlenken
обра́тно zurück
обраща́ться к uv + D
    sich wenden an
обсуди́ть v besprechen,
    diskutieren

обсужде́ние Beurteilung
о́бувь f nur Sg Schuhwerk, Schuhe
объявле́ние Ansage, Anzeige
объявля́ть uv ansagen
обыкнове́нный gewöhnlich
обы́чный gewöhnlich
обяза́тельно unbedingt
о́вощи Pl Gemüse
овощно́й Gemüse-
огро́мный riesig
огуре́ц Gurke
одева́ться uv sich anziehen
оде́жда Bekleidung
оди́н, одно́, одна́; одни́
    ein(e); allein
одноме́стный но́мер
    Einzelzimmer
одну́ мину́точку A (!)
    einen Augenblick
ожида́ется/ожида́ются
    3. Pers Sg/Pl (es) wird/werden
    erwartet
ожида́ние Warten
означа́ть uv bedeuten
окно́, N Pl о́кна Fenster
о́коло + G neben, in der Nähe von
окро́шка Kwasssuppe
он, оно́, она́; они́ er, es, sie; sie
о́пера Oper
опозда́ние Verspätung
опроси́ть v befragen
оптими́ст Optimist
опя́ть wieder
ора́нжевый orange
оса́дки Pl Niederschläge
освободи́ться v hier: Zeit haben
о́сень f Herbst
о́сенью im Herbst
основа́тель m Gründer
осо́бенный besonderer

осо́бый Sonder-

оста́вить v lassen

оставаться/остаться bleiben

остально́й anderer, übriger

остано́вка, G Pl -вок Haltestelle

осторо́жно Adv hier: Vorsicht!

остыва́ть uv abkühlen

от + G von

оте́ц Vater

отвеча́ть uv antworten

отвлека́ться uv sich ablenken

отда́ть v zurückgeben

отдыха́ть uv sich erholen

отку́да? woher?

откла́дывать uv
  hinausschieben

открыва́ть(ся) uv (sich) öffnen;
  eröffnet werden

откры́тка, G Pl -ток Ansichtskarte

откры́т Kurzadj offen, geöffnet

откры́тый offen

откры́ть v aufmachen

отли́чный ausgezeichnet, toll

отпада́ть uv entfallen

отправле́ние Abfahrt;
  Versendung

отпра́влено gesendet (von)

отправля́ться uv abfahren

о́тпуск Urlaub

отпусти́ть v loslassen

отрица́тельный negativ

отсю́да von hier

отту́да von dort, dorther

о́тчество Vatersname

официа́льный offiziell

официа́нт Kellner

о́фис Büro

охра́нник Wachmann

охри́пнуть v heiser werden

очарова́тельный bezaubernd

о́чень sehr

очки́ nur Pl Brille

П

панора́ма Panorama

па́па Papa, Vati

па́ртия Partie; Partei

партнёр (Geschäfts-)Partner(in)

па́спорт Pass

пассажи́р Passagier

па́хнет es duftet, es riecht

пельме́ни Pl Pelmeni
  (Teigtaschen)

перебива́ть/переби́ть
  unterbrechen

перево́дчик Dolmetscher,
  Übersetzer

перево́дчица Dolmetscherin,
  Übersetzerin

пе́ред + I vor

передава́ть/переда́ть
  ausrichten

переде́лать v überarbeiten

перее́хать v umziehen

перезвони́ть v zurückrufen

перейти́ v hinübergehen;
  übergehen (zu)

переме́нный wechselnd

перенести́ v verschieben

переры́в (Mittags-)Pause

переса́дка, G Pl -док
  (das) Umsteigen

перехо́д Durchgang, Übergang

переходи́ть uv hinübergehen;
  übergehen (zu)

пе́рец Pfeffer

пери́од Zeitraum

периоди́чески Adv
  von Zeit zu Zeit

перспекти́ва Perspektive

петь *uv* singen

пиани́но *indekl* Klavier

пи́во Bier

пиджа́к Sakko

пирожо́к Pirogge

писа́ть *uv* schreiben

пи́сьменный стол Schreibtisch

письмо́, *N Pl* пи́сьма Brief,
E-Mail

Пи́тер *ugs* St. Petersburg

пи́терский *ugs* Petersburger

пить *uv* trinken

пи́ща Nahrung

план Plan, Programm

пла́тный kostenpflichtig

платфо́рма Bahnsteig

пла́тье, *G Pl* -тьев Kleid

племя́нник Neffe

племя́нница Nichte

плечо́, *G Sg* -á, *N Pl* плéчи
Schulter

пло́хо schlecht

плохо́й, *Komp* ху́же schlecht

плюс plus

по + *D/A* entlang; gemäß; bis
(beim Datum)

по де́лу geschäftlich

побе́да Sieg

поверну́ть *v* abbiegen, wenden

пове́стка дня Tagesordnung

пого́да Wetterbericht

поговори́ть *v* sprechen

погре́ться *v* sich aufwärmen

под + *A/I* unter(halb); um ... herum,
bei (+ *Ort*)

поднима́ться *uv* sich erhöhen,
(an)steigen

подня́ть *v* (auf)heben

подозри́тельный verdächtig

подойти́ *v* hier: passen

по́дпись *f* Unterschrift

подру́га Freundin

подружи́ться *v* sich anfreunden

поду́мать *v* nachdenken

подходи́ть *uv* (к + *D*) passen;
heran-treten

по́езд, *N Pl* -á Zug

пое́здка, *G Pl* -док Fahrt

пое́хать *v* (los)fahren

пожа́луй ich denke/glaube

пожа́луйста bitte

пожа́рная охра́на Feuerwehr

пожела́ние Vorstellung, Wunsch

пожела́ть *v* wünschen

поза́втракать *v* frühstücken

позва́ть *v* rufen, holen

позвони́ть *v* + *D* (!) anrufen

по́здно, *Komp* по́зже spät

познако́мить *v* bekannt
machen

пока́! tschüs!

пока́ *Adv* noch, bis jetzt

пока́ *Konj* solange, vorläufig

показа́ния *Pl* Aussage

пока́зывать/показа́ть
zeigen

покупа́ть *uv* kaufen

поку́пки *Pl* Einkäufe

пол- halb

полго́да halbes Jahr

по́лдник Zwischenmahlzeit

полете́ть *v* (los)fliegen

поликли́ника Poliklinik

поли́ция Polizei

полице́йский Polizist

по́лка, *G Pl* -лок Regal

полкило́ + *G* Pfund, halbes Kilo

по́лный voll, beleibt

положе́ние Lage

положи́ться *v* sich verlassen

полтора́ + *G* anderthalb

получи́ть *v* bekommen

полчаса́ halbe Stunde

помидо́р Tomate

по́мнить *uv* sich erinnern

помоги́(те)! hilf/helfen Sie!

по-мо́ему meiner Meinung nach

по́мощь *f* Hilfe

по-неме́цки (auf) Deutsch

понима́ть/поня́ть verstehen

понра́виться *v* gefallen

поня́тно alles klar; verständlich

пообе́дать *v* zu Mittag essen

попа́сть *v* gelangen

попро́бовать *v* kosten, probieren

попроси́ть *v* bitten

попуга́й Papagei

по-ру́сски (auf) Russisch

поручи́ть *v* + *D* beauftragen

по́рция Portion

поры́вистый böig

поря́док Ordnung

поса́дка, *G Pl* -док Boarding

поса́дочный тало́н Bordkarte

по́сле + *G* nach

после́дний, -ее, -яя; -ие letzter

послеза́втра übermorgen

послу́шать *v* anhören

посмотре́ть *v* besichtigen, ansehen

посо́льство Botschaft

постара́ться *v* sich bemühen

посте́ль *f* Bett

постоя́нно permanent, ständig

пото́м dann

потому́ что weil

поу́жинать *v* zu Abend essen

похо́д Wanderung

похороше́ть *v* schöner werden

почему́? warum?

по́чта *nur Sg* (elektronische) Post

почти́ fast

поэ́тому deshalb

появля́ться *uv* auftauchen

пра́вда richtig, wirklich

пра́вый rechter

пра́здник Feiertag

пра́здновать feiern

пребыва́ние Aufenthalt

предлага́ть/предложи́ть anbieten

предоставля́ть *uv* hier: übergeben, überlassen

предпочита́ть *uv* bevorzugen

представи́тель *m* Vertreter

предста́виться *v* sich vorstellen

представля́ть/предста́вить präsen-tieren, vorstellen

презента́ция Präsentation

прекра́сный wunderbar

при + *P* bei

прие́хать *v* (fahrend) ankommen

прибыва́ть/прибы́ть ankommen

прибы́тие Ankunft

привезти́ *v* mitbringen

приве́т! hallo!

приве́т + *D* Gruß, Grüße

приве́тствовать *uv* begrüßen

приводи́ть *uv* hier: vorführen

привы́кнуть *v* sich gewöhnen

привы́чно gewöhnlich

приглаша́ть/пригласи́ть einladen

пригото́вить *v* vorbereiten

приду́мать *v* ausdenken

прие́зд Ankunft

приезжа́ть/прие́хать (fahrend) ankommen

приём Sprechstunde,
Empfang

приёмная Empfang, Rezeption

прийти́ *v* ankommen (zu Fuß)

прила́вок Stand

прилета́ть/прилете́ть (fliegend)
ankommen

прили́чный anständig, nett

приме́р Beispiel

приме́рить *v* anprobieren

приме́рно ungefähr, circa

приме́та Merkmal

принести́ *v* (herbei)bringen

принима́ть *uv* empfangen

при́нято üblich

приро́да Natur

приходи́ть *uv* ankommen
(zu Fuß)

прия́тный angenehm

про́бка, *G Pl* -бок Stau

пробле́ма Problem

проведе́ние Durchführung

проверя́ть/прове́рить kontrollieren,
(über)prüfen

провести́ *v* verbringen

про́вод (Telefon-)Leitung

проводи́ть *uv* verbringen

проводни́к Zugbegleiter

проводни́ца Zugbegleiterin

прогно́з Prognose

прогно́з пого́ды Wetterbericht

продаве́ц Verkäufer

продлёнка *ugs* Hort

продолжа́ть *uv* fortsetzen

произойти́ *v* geschehen

пройти́ *v* vorbeigehen

прони́зывающий durchdringend

пропа́сть *v* verschwinden

проси́ть + *G* bitten (um)

проспе́кт große Straße

прости́(те)! Verzeih/en Sie!

про́сто, *Komp* про́ще einfach

просту́да Erkältung

про́сьба Bitte

про́тив + *G* (da)gegen

прохла́дно kühl

прохо́д Durchgang

проходи́ть *uv* vorbeigehen

прохо́жий/прохо́жая Passant(in)

прочита́ть *v* lesen (zu Ende)

про́шлый vergangener, letzter

прошу́ проще́ния (ich) bitte um
Verzeihung

пря́мо geradeaus, direkt

пунктуа́льность Pünktlichkeit

путеше́ствие Reise

пюре́ *indekl* (Kartoffel-)Püree

Р

рабо́та Arbeit

рабо́тать *uv* arbeiten

рабо́чий Arbeits-

равно́ gleich

ра́дио *indekl* Radio

раз, *G Pl* раз Mal

ра́зве etwa, denn

разгова́ривать *uv* sprechen

разгово́р Gespräch

ра́зный verschieden

разреши́(те)! gestatte/n Sie!

ра́но, *Komp* ра́ньше früh

расписа́ние Fahrplan

расписа́ться *v* unterschreiben

расска́зывать *uv* erzählen

ребя́та *Pl, ugs* Jungs

регистра́ция Check-in

ре́дко, *Komp* ре́же selten

рейс Flug(strecke)

рекомендова́ть *uv* empfehlen

рестора́н Restaurant

реце́пт Rezept

реши́ть *v* lösen, entscheiden

ро́дина Heimat

роди́тели *Pl* Eltern

ро́дственник Verwandter

ро́жица *ugs* Smiley

ро́зовый rosa, pink

росси́йский russisch
(z. B. Staatsangehörigkeit)

Росси́я Russland

рост Körpergröße

рот Mund

руба́шка, *G Pl* -ш_е_к Hemd

рубль *m*, *G Sg* -я́, *N Pl* -и́ Rubel

рука́, *N Pl* ру́ки Arm, Hand

ру́сский russisch

ру́сский/ру́сская Russe/Russin

ру́сый dunkelblond

ру́чка, *G Pl* ру́ч_е_к Kugelschreiber,
Kuli

ры́ба Fisch

рыба́лка (das) Angeln

ры́бка, *G Pl* ры́б_о_к kleiner Fisch

ры́нок Markt

ряд, *N Pl* -ы́ Reihe

ря́дом *Adv* nebenan,
in der Nähe

ря́дом с + *I* in der Nähe von,
neben

С

с/со + *G/I* mit; von/vom
(Zeitangaben)

с той поры́ seitdem

с уваже́нием mit freundlichen
Grüßen

с удово́льствием mit Vergnügen,
gern

са́дик *ugs* hier: Kindergarten

сади́ться *uv* sich setzen

сала́т Salat

сам, само́, сама́; са́ми selbst

самолёт Flugzeug

са́мый + *Adj* (Superlativ)

санато́рий Sanatorium

сантиме́тр Zentimeter

са́хар Zucker

све́жий frisch

све́тит (er/sie/es) scheint

све́тлый hell

свиде́тель *m* Zeuge

свобо́д_е_н *Kurzadj* frei

свобо́дное вре́мя Freizeit

связь *f* Verbindung

сде́лать *v* (zu Ende) machen

се́вер Norden

се́верный nördlich

сего́дня heute

сего́дняшний, -ее, -яя; -ие heutig

сейча́с jetzt, gerade

секрета́рь *m* Sekretär(in)

семья́, *N Pl* с_е_мьи Familie

сентя́брьский September-

серди́то verärgert

середи́на Hälfte

сестра́, *N Pl* сёстры, *G Pl* сестёр
Schwester

сесть *v* sich setzen

сигна́л Signal

сиде́ть *uv* sitzen

си́льный stark

симпати́чный nett, hübsch

си́ний, -ее, -яя; -ие dunkelblau

ско́рый Schnell-

сказа́ть *v* sagen, mitteilen

ско́лько + *G* wie viel(e)

ско́рая по́мощь *f* Krankenwagen

ско́ро bald

скуча́ть *uv* sich langweilen

ску́чно langweilig

сла́дкий, *Kompr* сла́ще süß

сле́ва links

сле́дующий nächster, folgender

сли́вки *nur Pl* Sahne

сло́во, *N Pl* -á Wort

слух Gerücht

слу́чай Fall

случа́йно zufällig

случи́ться *v (nur 3. Pers)*
    passieren

слу́шать *uv* hören

слы́шно hörbar

смета́на saure Sahne

смех Lachen

смотре́ть *uv* (на) + *A* (an)sehen

смочь *v* können, schaffen

СМС SMS

снача́ла zuerst, erst

снег Schnee

соба́ка Hund; @

собира́ть(ся) *uv* (sich ver)sammeln,
    sich fertig machen

соверше́нно vollkommen

сове́товать *uv* raten

совеща́ние Besprechung

совме́стный gemeinsam

совреме́нный modern

совсе́м не überhaupt nicht

согла́сен *Kurzadj* einverstanden

созвони́ться *v* sich anrufen

сок Saft

со́лнце Sonne

соль *f* Salz

сон Schlaf, Traum

сообще́ние Nachricht,
    Mitteilung

сообщи́ть *v* mitteilen

сопровожда́ть *uv* begleiten

сосе́д Nachbar

сосе́дка, *G Pl* -док Nachbarin

соста́вить *v* zusammenstellen

со́ус Soße

сочета́ться *uv* zueinander
    passen

спа́льня, *G Pl* -лен Schlafzimmer

спаси́бо danke

спать *uv* schlafen

спеши́ть *uv* eilen

спина́ Rücken

споко́йно ruhig

спо́нсор Sponsor

спорти́вный sportlich, Sport-

спо́соб Art und Weise

спра́ва rechts

спра́вочное (бюро́) Auskunft

спроси́ть *v* (nach)fragen

спуска́ться *uv* hinunterfahren,
    -gehen

сравне́ние Vergleich

сра́внивать *uv* vergleichen

сра́зу gleich

среда́, *A Sg* в сре́ду Mittwoch

среди́ + *G* inmitten

сре́дний, -ee, -яя; -ие mittlerer,
    Mittel-

сро́чно sofort

стадио́н Stadion

стака́н Glas

ста́нция Station

ста́рший älterer

ста́рый alt

стена́, *N Pl* сте́ны Wand

стиль *m* Stil

сто́ить *uv* kosten

сто́йка Theke

стол, *G Sg* -á, *N Pl* -ы́ Tisch

стол регистра́ции Rezeption

сто́лик kleiner Tisch

столкну́ться *v* zusammenstoßen

сторона́, *A Sg* сто́рону, *N Pl* сто́роны,
  G Pl сторо́н Seite

стоя́ть *uv* stehen

стро́йный schlank

страна́, *N Pl* стра́ны Land

стра́нно seltsam

стра́шный schlimm, furchtbar

стри́жка, *G Pl* -же́к Frisur,
  Schnitt

стул, *N Pl* сту́лья Stuhl

стуча́ть *uv* anklopfen

су́мка, *G Pl* -мо́к (Reise-)Tasche

суп Suppe

сухо́й, *Komp* су́ше trocken

счёт Rechnung

счита́ть *uv* hier: meinen

счита́ться *uv* dazuzählen

съесть *v* aufessen

сын, *N Pl* сыновья́ Sohn

сыр Käse

сюда́ hier entlang, hierher

Т

табле́тка, *G Pl* -то́к Tablette

та́ет во рту (es) schmilzt im Mund

так so

та́кже ebenso, auch

тако́й solcher

такси́ *n, indekl* Taxi

тало́н Fahrschein

там dort

танцева́ть *uv* tanzen

таре́лка, *G Pl* -ло́к Teller

теа́тр Theater

теку́щий laufend

телеви́зор Fernseher

телекоммуника́ция
  Telekommunikation

телефо́н Telefon

телефо́нный разгово́р
  Telefongespräch

те́ма Thema, Betreff

температу́ра Temperatur,
  Fieber

те́ннис Tennis

тепе́рь jetzt

тепло́ Wärme

тепло́ *Adv* warm

терапе́вт Allgemeinarzt, -ärztin

термо́метр Thermometer

теснота́ Enge

тёмный dunkel

тёплый warm

тётя, *G Pl* тёть Tante

тип *ugs* Typ, Mensch

то ... то mal ... mal

тогда́ dann

то́же auch

то́лько nur

то́лько что gerade

торт Torte

тост Toast, Trinkspruch

тот, то, та; те jene(r/s)

то́чка Punkt (Satzzeichen)

то́чно genau

тради́ция Tradition, Sitte

трамва́й Straßenbahn

тра́нспорт *nur Sg*
  Verkehrsmittel

Третьяко́вка *ugs*
  Tretjakow-Galerie

тролле́йбус Obus, Trolleybus

тру́бка, *G Pl* -бо́к Hörer

труд Arbeit

тру́дно schwierig, schwer

туале́т Toilette

туда́ dorthin

тури́ст Tourist

тут hier
ту́фли *Pl*, *G Pl* -ф**е**ль Schuhe
ты du

У

у + *G* bei, an, neben
уважа́емый sehr geehrter
увлека́ться + *I* als Hobby
    betreiben
у́г**о**л, *P* -у́ Ecke
угоща́ть/угости́ть bewirten,
    zum Essen einladen
уда́чно erfolgreich
удо́бно praktisch, bequem
уезжа́ть/уе́хать wegfahren
уже́ schon
ужа́сно schrecklich
у́жин Abendessen
у́жинать *uv* zu Abend essen
узна́ть *v* erkennen, erfahren
уйти́ *v* weggehen
Украи́на Ukraine
украи́н**е**ц Ukrainer
украи́нка, *G Pl* -н**о**к Ukrainerin
украи́нский ukrainisch
укра́сть *v* stehlen
у́ксус Essig
ула́дить *v* erledigen,
    wieder gutmachen
улете́ть *v* wegfliegen
у́лица Straße
улыба́ться *uv* lächeln
уме́ть *uv* + *Inf* können,
    vermögen
умыва́ться *uv* sich waschen
университе́т Universität
уро́ки *Pl* Hausaufgaben
усну́ть *v* einschlafen
успе́ть *v* schaffen
успе́шный erfolgreich

устро́иться *v* sich einrichten
уточни́ть *v* präzisieren,
    konkretisieren
у́тро (der) Morgen
у́тром morgens
уха́ Fischsuppe
у́хо, *Pl* у́ши Ohr, Ohren
уходи́ть *uv* weggehen
уча́стие Teilnahme
уча́стник Teilnehmer
уча́стница Teilnehmerin
уче́бный год Schul-, Studienjahr
уче́сть *v* beachten
учи́тель *m* Lehrer
учи́тельница Lehrerin
учи́ть *uv* lernen
учи́ться *uv* (в + *P*) studieren, lernen
    (in/an)
ую́тный gemütlich

Ф

файл Datei
факс Fax
фами́лия Familienname,
    Nachname
фигу́ра Figur
филиа́л Filiale
фильм Film
фи́нский finnisch
фи́рма Firma
фо́рточка, *G Pl* -ч**е**к
    Lüftungsöffnung (im Fenster)
фотогра́фия / фо́то Foto
Фра́ция Frankreich
францу́женка, *G Pl* -н**о**к
    Französin
францу́з Franzose
францу́зский französisch
фрукто́вый Obst-

фру́кты *Pl* Obst
футбо́л Fußball
футбо́лка, *G Pl* -лок T-Shirt

Х

хва́тит + *G* es ist genug,
es reicht
хлеб Brot
хо́бби *n, indekl* Hobby
ходи́ть *uv* (hin und her) gehen
хоккей Hockey
холл Foyer, Halle
хо́лод Kälte
хо́лодно kalt
холо́дный, *Komp* -е́е kalt
хор Chor
хоро́ший, *Komp* лу́чше gut
хорошо́ gut
хоте́ть *uv* wollen
хоть *Konj* obwohl
хоть *Adv* hier: gleich
хоть раз wenigstens einmal
хрен Meerettich
хри́плый heiser
худо́й dünn, hager

Ц

цвет, *N Pl* цвета́ Farbe
целова́ть *uv* küssen
цена́, *N Pl* це́ны Preis
це́рковь *f, G Pl* церкве́й Kirche
цирк Zirkus

Ч

чай Tee
час, *G Pl* часо́в Stunde;
Uhr(zeit)

ча́сто, *Komp* ча́ще oft
часы́ *nur Pl* Uhr
ча́шка, *G Pl* -шек Tasse
чей, чьё, чья; чьи wessen
челове́к *Sg (Pl* люди) Mensch
чем als (Vergleich)
чемода́н Koffer
че́рез + *A* durch, über; in, nach
чесно́к Knoblauch
чесно́чный Knoblauch-
че́тверть *f* Viertel
чёрный schwarz
число́, *N Pl* чи́сла, *G Pl* чи́сел
Zahl
чи́стить *uv* putzen, bürsten
чита́ть *uv* lesen
что́ вы! nicht doch!
что was?; dass
что тако́е ...? was ist ...?
что́-нибудь irgendetwas
что́-то etwas
чу́вствовать себя́ sich fühlen
чуть beinahe, kaum

Ш

ша́рфик (leichter) Schal
ша́хматы *nur Pl* Schach
шашлы́к Fleischspieß, Schaschlik
швейца́рец Schweizer
Швейца́рия Schweiz
швейца́рка, *G Pl* -рок
Schweizerin
швейца́рский schweizerisch
шеф Chef
широ́кий, *Komp* ши́ре breit
шкаф, *P* -у́, *N Pl* -ы́ Schrank
шко́ла Schule
шту́ка Stück
шу́тка, *G Pl* -ток Scherz

Щ

щи *nur Pl* Kohlsuppe

Э

экску́рсия (Stadt-)Rundgang
экскурсово́д Museums-, Stadtführer
экспре́сс Express
электри́чка, *G Pl* -ч<u>е</u>к S-Bahn,
    Lokalbahn
электро́нный elektronisch
эскала́тор Rolltreppe
эсэмэ́ска *ugs* SMS
эта́ж, *N Pl* этажи́ Etage
э́то das (ist), dies (ist)
э́тот, э́то, э́та; э́ти diese(r, s)

Ю

ю́бка, *G Pl* юб<u>о</u>к Rock
юг Süden
ю́жный südlich
юри́ст Jurist/in

Я

я ich
я́блоко, *N Pl* -и Apfel
язы́к, *N Pl* языки́ Sprache; Zunge
я́сный, *Komp* -ée klar

Bildnachweis

Getty Images: Compassionate Eye Foundation/Steven Errico – 129,
DOELAN Yann – 178, Miodrag Gajic – 195, Slavik – 88, Harald Sund – 220

iStock: Dontsov – 235, OJO_Images – 228, omersukrugoksu – 146, poladamonte – 137,
sphraner – 145, starush – 211

Thinkstock: adisa – 64, Andrey Artykov – 111, Yury Asotov – 130, Michael Blann – 103,
boggy22 – 63, Eldad Carin – 29, Creatas – 244, Iakov Filimonov – 177, Robert_Ford – 87,
Fuse – 30, Fuse – 38, gawriloff – 80, GeorgeRudy – 112, Adam Gryko – 154,
isaacz – 162, JackF – 219, Brian Jackson – 236, Brian Jenkin – 169, jesiotr9 – 170,
Jupiterimages – 45, Anna Lurye – 96, Aleksey Malakhov – 15, malexeum – 22,
Maridav – 7, monkeybusinessimages – 37, nautiluz56 – 138, osov – 72, Maxim
Petrichuk – 106, ppl58 – 153, prudkov – 196, RL Productions – 203, Ryan McVay – 16,
serezniy – 204, Oleg Shipov – 227, shipov – 243, Sergey Skleznev – 251, toxawww – 79,
Lilyana Vinogradova – 185, vivalaepobon – 212, Xerv_II – 46

Langenscheidt

„Sprachen verbinden."

Die praktischen Sprachführer von Langenscheidt enthalten alle wichtigen Sätze und Wörter sowie nützliche Verhaltenstipps für die Reise.

- Übersichtsseiten mit den wichtigsten Sätzen zu jedem Thema
- Mit umfangreicher Speisekarte
- Inklusive Reisewörterbuch mit dem relevanten Reisewortschatz
- Geeignet für alle, die sich auf Reisen schnell und problemlos verständigen wollen

Langenscheidt
Sprachführer
Russisch
Die wichtigsten Sätze und Wörter für die Reise

EXTRA: Gratis-Download

FÜR 24 SPRACHEN

MEIST-VERKAUFT Nr. 1 bei Sprachführern

www.langenscheidt.de

Begrüßungen und Verabschiedungen

Доброе у́тро!	Guten Morgen!
До́брый день!	Guten Tag!
До́брый ве́чер!	Guten Abend!
Здра́вствуйте!	Grüß Sie/euch!
Здра́вствуй!	Grüß dich!
Приве́т!	Hallo!
Добро́ пожа́ловать!	Herzlich willkommen!
До свида́ния!	Auf Wiedersehen!
До встре́чи!	Bis bald!
До за́втра!	Bis morgen!
Пока́!	Tschüs!

Höflichkeiten

Да.	Ja.
Коне́чно.	Natürlich.
Нет.	Nein.
К сожале́нию, нет.	Leider nicht.
Спаси́бо!	Danke!
Большо́е спаси́бо!	Vielen Dank!
Пожа́луйста.	Bitte.
Не́ за что.	Keine Ursache.
Извини́те!	Entschuldigen Sie!
Как дела́?	Wie geht es?
Хорошо́.	Gut.
Норма́льно.	Es geht.

SOS-Sprechstrategien

Я не понима́ю.	Ich verstehe nicht.
Что зна́чит ...?	Was bedeutet ...?
Что э́то?	Was ist das?
Вы говори́те по-неме́цки?	Sprechen Sie Deutsch?
Вы говори́те по-англи́йски?	Sprechen Sie Englisch?
Говори́те, пожа́луйста, ме́дленнее.	Sprechen Sie bitte langsamer.
Помоги́те, пожа́луйста!	Helfen Sie, bitte!